中国电信
CHINA TELECOM
世界触手可及
U0804145
商务领航
助力企业扬帆

SHANGHAI IN

2006

上海信息化年鉴

《上海信息化年鉴》编纂委员会

ORMATIZATION

上海科学技术文献出版社

图书在版编目（CIP）数据

2006上海信息化年鉴 /《上海信息化年鉴》编纂委员会. 上海：上海科学技术文献出版社，2006.7
ISBN 7-5439-2964-3

Ⅰ. 2… Ⅱ. 上… Ⅲ. 信息工作—上海市—2006—年鉴
Ⅳ. G202-54

中国版本图书馆CIP数据核字（2006）第075900号

责任编辑：于学松
封面设计：袁银昌

2006上海信息化年鉴
《上海信息化年鉴》编纂委员会

上海科学技术文献出版社出版发行
（上海市武康路2号 邮政编码200031）
全 国 新 华 书 店 经 销
上海印刷十厂印刷

开本787×1092 1/16 印张43 插页50 字数1150 000
2006年7月第1版 2006年7月第1次印刷
印数：1-2 000
ISBN 7-5439-2964-3 /Z · 1098
定价：280.00元
http : // www . sstlp . com

《2006上海信息化年鉴》编纂委员会

2005年，上海市按照“统一规划、联合共建、资源共享、加强管理”的原则，实施了一批市重大工程的信息基础设施配套建设。图为市政府一号重大工程——洋山深水港区的小洋山综合通信塔及雷达站

（邮通设计院提供）

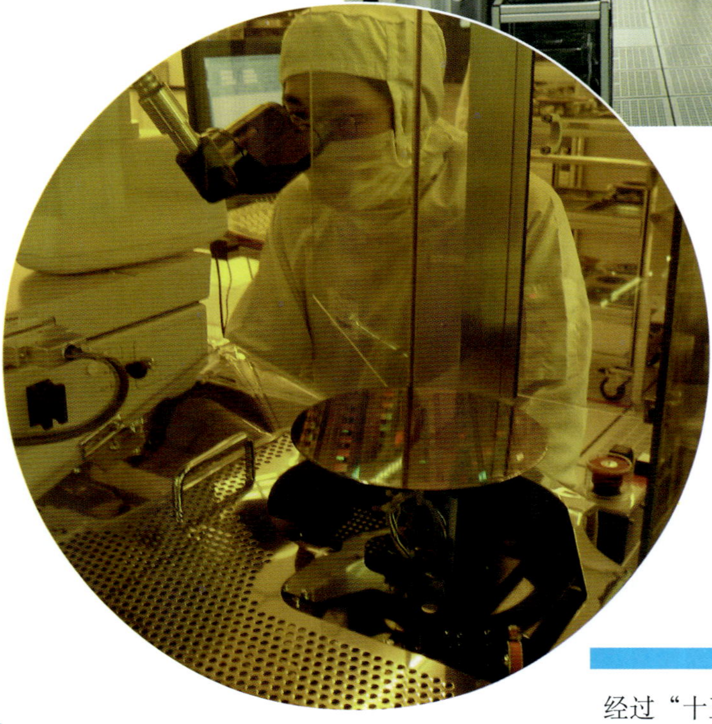

经过“十五”期间的大力推进，上海集成电路产业形成了以设计和制造为重点，覆盖设计、制造、封装、测试、设备和原材料等环节完整的产业链，2005年实现销售收入300亿元。图为中芯国际集成电路制造（上海）有限公司的集成电路生产场景

（中芯国际提供）

上海平板显示产业以“做强中游、拉动上游、推动下游”为原则，精心打造以TFT-LCD面板为核心的产业链。2005年11月8日，成立上海平板显示产业基地。图为上海广电NEC液晶显示器有限公司平板显示器生产线

（广电集团提供）

2005年，上海市分别在徐汇、黄浦、松江三区开展自然人、法人、城建管理领域的国家“地区电子政务原型试点”。图为2005年8月18日，全国地方电子政务建设现场会在宛平宾馆举行

（三亚广告提供）

2005年，上海市政府信息公开工作在规范申请处理流程、拓展公开形式等方面取得新进展，全年各政府机关主动公开信息5.6万条，依申请公开信息目录1.27万条。图为市民在卢湾区政府信息公开受理处进行政府信息查阅　（刘瑾摄）

至2005年末，市政府实事项目——“市民信箱”注册用户达86.98万人。图为市民在“市民信箱”受理点申请开通实名制信箱

（金山区信息委提供）

2005年，市政府实事项目——“付费通”平台与12家银行实现联网，通过“付费通”网站或自助缴费终端可缴付15种公用事业费。图为工作人员讲解“付费通”的使用方法

（黄浦区信息委提供）

至2005年末，市政府实事项目——“百万家庭网上行”共设立609个培训点，开展了1.48万期培训，72.6万名市民获得了考试合格证书，130多万市民参加了各类网上实践活动。图为市民参加“百万家庭网上行”培训　　　　（市妇联提供）

2005年6月19日，市政府实事项目——“市民（青少年）信息服务平台”正式开通。图为心理咨询专家通过平台热线为青少年提供心理咨询　　　　（团市委提供）

（周育成摄）

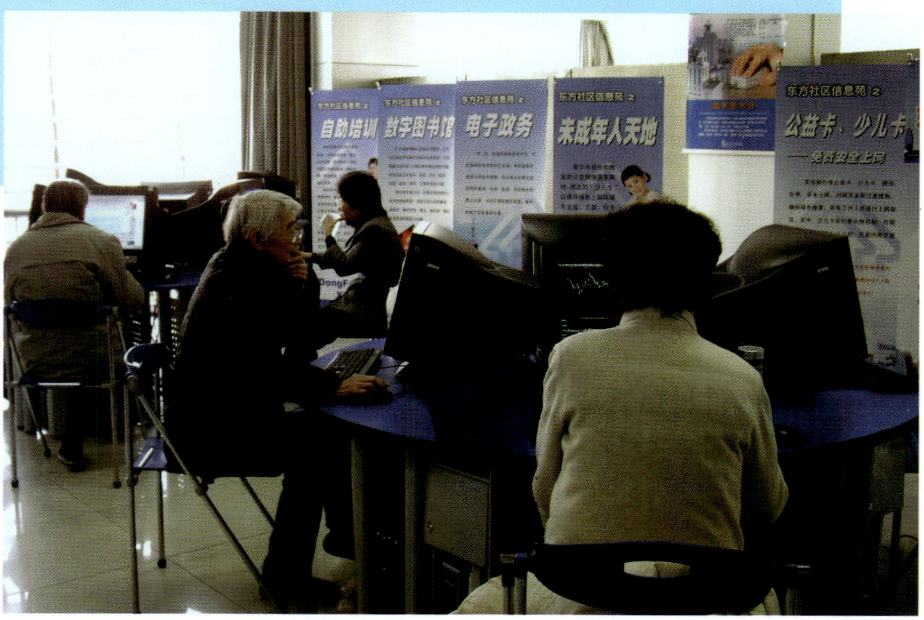

2005年，全市以街道为主体，全面推进社区管理和公共服务信息化，90个街道建成社区政务管理系统，18个区（县）建成东方社区信息苑200个。图为浦东新区潍坊新村街道社区事务受理中心办公大厅和普陀区曹杨街道东方社区信息苑

2005 年 3 月 4 日，上海地面无线测控网建设启动仪式在浦东金桥举行　（长城金点公司提供）

上海社保卡和银行卡绑定支付项目的实施，使市民在就医过程中的缴费业务更安全、方便、快捷。图为 2005 年 11 月 3 日，社保卡与银行卡绑定支付项目扩大试点签约暨开通仪式在岳阳医院举行　（三亚广告提供）

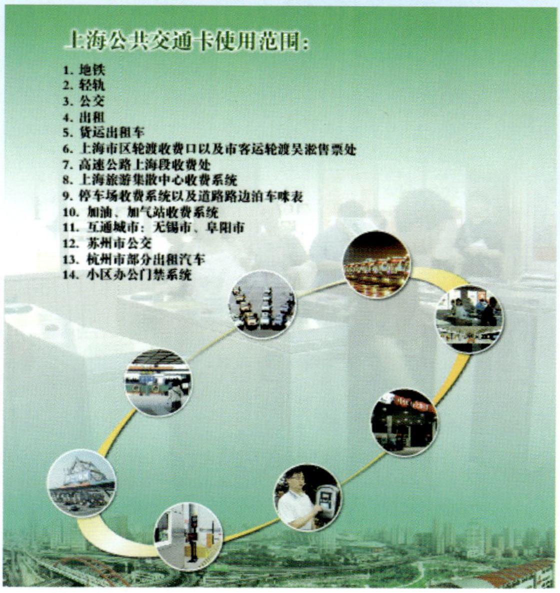

2005年，上海公共交通卡以简便、快捷、安全的公共交通付费网络为支撑，使用范围已涵盖公交、轨道交通、出租车、加油站、停车场等十几个交通及其相关行业，并与江浙两省的多个城市实现互通

（公共交通卡公司提供）

2005年，长宁、卢湾两区开展城市管理网格化试点工作，形成由市级监管平台、区级监督指挥平台等构成的城市网格化管理系统。至年末，两个试点区共处理案件1.7万宗，平均结案率达94%。图为长宁区城市网格化管理中心　　（长宁区信息委提供）

2005年，上海城市交通管理实现市中心城区地面和高架道路交通状态信息、视频监控信息、可变情报板诱导信息的实时传输与交换。图为快速路交通监控中心及地图形可变信息标志

（上海电科提供）

上海食用农副产品信息查询系统可以查询到产品名称、生产日期、厂商、认证、产地、检疫检测情况等信息。图为市民在购买农副产品前通过该系统进行信息查询

（市农委提供）

畜牧生产管理信息系统以生猪、种猪为核心，首次在国内将电子标签（RFID）应用于种猪的全程生产管理之中。图为使用电子标签技术的上海祥欣原种猪场

（市农委提供）

2005年11月4日，以“2005信息化与工业化（现代装备）”为主题的第七届上海国际工业博览会在上海新国际博览中心举行　（陈正宝摄）

2005年5月30日，第二届上海国际信息化博览会在上海展览中心举行　（管培鸣摄）

坐落于巨鹿大厦的上海信息会堂于2005年7月15日启用，成为集中展示上海信息化建设成果、宣传信息化理念的重要窗口

（市信息委提供）

2005年5月30~31日，亚太地区城市信息化论坛第五届年会在上海国际会议中心举行

（三亚广告提供）

2005年2月21日，联合国训练研究所城市信息化市长高级培训班开学仪式在宛平宾馆举行

（管培鸣摄）

由团市委、市信息委、市青联组织的“上海IT青年十大新锐”评选活动为激励优秀IT青年人才发挥了重要作用。图为2005年12月17日，第四届“上海IT青年十大新锐”颁奖典礼在新锦江大酒店举行

（团市委提供）

2005 年 10 月 18 日，2005 上海“诚信活动周”启动仪式在上海影城举行　（三亚广告提供）

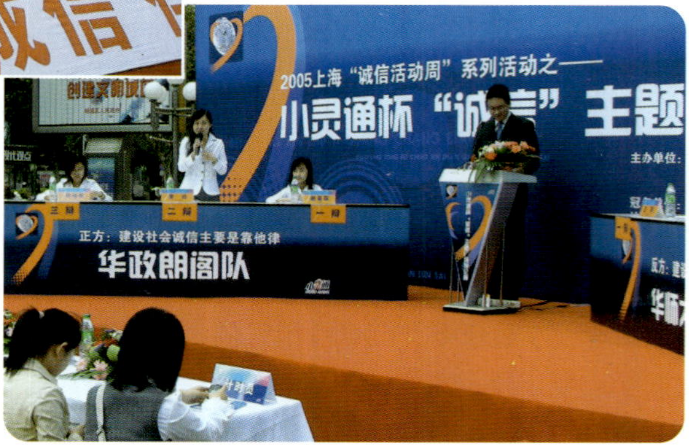

2005年，社会诚信创建活动在全市范围内蓬勃开展，为社会诚信体系建设营造良好的社会环境。图为宝山区、杨浦区开展的诚信主题系列活动现场

（宝山区、杨浦区信息委提供）

www.shanghaiit.gov.cn

目　录

CONTENTS

特　载

要论摘录

重要文件

总　述

第一编　信息基础设施

综　述

第一章　专业规划与重大工程

第二章　公共信息基础设施

第三章　信息网络设施

第四章　功能型服务设施

第二编　信息产业

综　述

第一章　信息产业环境建设

第二章　信息产品制造业

第三章　信息服务业

第三编　政务信息化

综　述

第一章　政务信息资源开发利用

第二章　政务基础支撑体系

第三章　重大应用和业务系统建设

第四编　经济领域信息化

综　述

第一章　农业信息化

第二章　制造业信息化

第三章　金融信息化

第四章　物流和航运信息化

第五章　商贸流通信息化

第六章　旅游和会展信息化

第七章 公共服务体系建设

第五编 社会事业与公共服务领域信息化

综 述

第一章 市政府实事项目

第二章　社会事业领域信息化

第三章　社区信息化

第六编　城市建设和交通领域信息化

综　述

第一章　重点项目

第二章　城市建设和交通业务信息化

第七编　信息安全

综　述

第一章　信息安全管理

第二章 信息安全服务

第三章 信息安全技术研发及产业化

第四章　重要信息系统安全建设

第八编　信息化环境

综　述

第一章　信息化管理

第二章　信息化政策法规

第三章 信息化标准与质量管理

第四章 信息化人才工作

第五章　信息技术创新与知识产权保护

第六章　信息化研究与咨询

第七章　信息化宣传

第八章　信息化行业协会

第九章　信息化合作交流及重要会展

第十章　信息化工作系统党群工作

第九编　区县信息化

综　述

第一章　浦东新区信息化建设

第二章　徐汇区信息化建设

第三章　长宁区信息化建设

第四章　普陀区信息化建设

第五章　闸北区信息化建设

第六章　虹口区信息化建设

第七章　杨浦区信息化建设

第八章　黄浦区信息化建设

第九章　卢湾区信息化建设

第十章　静安区信息化建设

第十一章　宝山区信息化建设

第十二章　闵行区信息化建设

第十三章　嘉定区信息化建设

第十四章　松江区信息化建设

第十五章　金山区信息化建设

第十六章　南汇区信息化建设

第十七章　奉贤区信息化建设

第十八章　青浦区信息化建设

第十九章　崇明县信息化建设

第十编　社会诚信体系

综　述

第一章　社会信用制度建设

第二章　信用服务体系建设

第三章　社会诚信创建活动

文　献

文　告

信息化法律法规

附　录

www.shanghaiit.gov.cn

特 载

大力推进社区网格化管理，不断提高政府管理和服务效能

2006年是“十一五”的开局之年，要按照市委八届八次全会确定的“落实、聚焦、突破”工作基调，以服务市民百姓为宗旨，以提高管理效率为目标，进一步探索和完善社区网格化管理，逐步实现“一口受理、一网协同”，促进信息资源整合和共享，提高执政能力，方便群众办事。

社区网格化管理试点启动以来，得到了有力推进，取得了宝贵经验和明显成效，看到了发展方向，要不断总结实践经验，进一步明确目标和方向，大力推进。网格化管理要实现四个全覆盖，即管理区间、管理对象、管理环节和管理时限的全覆盖；要加强协调，各条线、各地区在网格划分的基本单元上必须保持一致，才能做到信息共享，逐步实现一口受理、一网协同，做到发现、分析、分派、执行、监督等环节上环环相扣。要通过服务热线、网站等渠道，让老百姓可以365天、每天24小时都能向政府提出服务需求。要坚持网格化管理的三个原则，一是以管理单元为基础，在区域内进行综合管理和共同监督，探索“条主业、块用人”的机制；二是以百姓需求和管理需要为核心，通过构建统一的受理渠道，建立统一的资源调度和协调机制，有效整合各部门原先分散的管理和服务资源，支撑各部门的协同工作；三是以信息化手段为支撑，打破传统的部门和空间界线，实现信息资源共享，在网格化管理中实现及时发现、反应灵敏、处置有方和管理高效。

推进社区管理网格化，还要聚焦重点、突破瓶颈。在体制、机制上，要加强整体推进，形成自上而下、全面推进、配套跟进的整体方案和工作态势；处理好“条”与“块”的关系，形成合力。要以推进社区网格化管理为抓手，进一步下沉重心、下放事权，推动各项工作和任务落实到基层；完善建设模式，在区级层面形成一体化的信息系统平台。要在网络互联互通、率先形成人口管理领域整体方案等方面重点突破，尽快形成连接市、区、街道的统一网络，实现信息资源共享。在推进社区网格化管理过程中，不仅要重视硬件建设，还要重视软件建设，在现有工作基础上，坚韧不拔地持续推进，不断取得新进展。

陈良宇

二〇〇五年十二月二十九日

（上文是中共中央政治局委员、上海市委书记陈良宇调研本市社区网格化管理时的讲话摘要，已公开发表于2005年12月30日的《解放日报》。）

开拓进取，求真务实，把政府信息公开工作不断推向前进

推进政府信息公开，是政府自身建设的一件大事。今天会议的主要目的，是交流经验，明确目标，再接再厉，把政府信息公开工作推上一个新台阶，推动服务政府、责任政府、法治政府的建设。

一、充分肯定近一年来政府信息公开工作取得的成绩

去年5月1日，我们正式实施了《上海市政府信息公开规定》。近一年来，在全市各部门、各区县的精心组织、积极探索下，政府信息公开工作得到了稳步推进，取得了初步成效。回顾这一年的工作，有五个方面的特点：

一是内容实在。除了公开规范性文件外，各部门逐渐把精力集中到事关民生和发展的业务类信息公开上，特别是有关房屋拆迁、教育收费、政府采购、劳动人事等社会关注程度高的信息得到了系统公开，受到了群众欢迎。

二是形式多样。既有政府网站等现代化发布形式，也有便民小册子、社区信息苑等贴近群众的公开形式，还设置了档案馆等集中查阅的地点，满足了不同层次、不同群体的需要。

三是措施有力。重点加强各项制度建设，初步形成了涵盖信息公开工作各个重要环节的工作制度与规范，为下一步工作的推进打下了扎实的基础。

四是反响良好。社会评价总体是积极的。这项工作得到了中央的肯定和支持，受到了市民、企业、兄弟省市的广泛关注。

五是观念转变明显。越来越多的部门在对待公共信息时，思考的角度从"为什么要公开"逐渐转变为"为什么不公开"，反映了服务意识的增强。

二、抓住关键环节，深入持久地开展好政府信息公开工作

推进政府信息公开是一项长期性工作。目前我们只是取得了初步成效，还有许多工作要推进、要完善。要把这项工作扎扎实实开展好，既要积极，又要稳妥，重点是要处理好四个关键环节：

（一）要准确把握"公开"与"不公开"的界限。"公开为原则，不公开为例外"，是推进政府信息公开的总要求。从实践情况看，绝大多数部门都能遵循这一要求，但也有少数部门抱着少犯错的思想，对介于可公开与不可公开之间的信息，特别是对一些历史性的、政策类敏感信息，往往倾向于"免于公开"。对此，群众很不满意。因此，准确把握好公开与不公开之间的度，是深化政府信息公开工作的基础。怎么把握？除了要做到依法评定、百姓评判、社会评价外，还要坚持两项原则：一是要坚持分类处理。对不同类别的政府信息，要尽快明确公开的细化标准，准确把握信息公开的内容、范围、形式和时间。尤其是对群众高度关注、社会影响力大的政府信息，要加强梳理，完善主动公开的政府信息目录，逐步编制依申请公开的政府信息目录，界定不公开事项的范围。二是要坚持做到"新账不欠，老账尽力还"。对新产生的增量信息，应公开的必须全部公开；对政府信息公开规定实施前的存量信息，已归档的，依照《档案法》处理；没有归档的，在

不影响社会稳定的前提下，可以按照依申请公开信息进行处理，满足社会需求。

（二）要抓紧建立政府信息公开的整合共享机制。信息作为一种资源，只有做到整合共享，才能实现利用的最大化。我们花费大量的人力、物力、财力推进政府信息公开，一个重要目的就是要在政府与社会之间实现快速的信息传递，提高行政效率和整个社会的活力。政府信息公开工作要深入开展，必须立足于信息资源的整合和共享。现在，大量政府信息分散在条与块、市与区县的不同层面，部门之间的信息资源难以共享。虽然我们通过档案馆、门户网站，集中发布各类政府信息，但在各类信息没有整合的情况下，极大地降低了利用的效率。因此，必须建立起政府信息公开的整合共享机制，核心是利益的科学、合理调整；关键是要推进政府职能转变，理顺相关职能；当务之急是要加强规划指导，制定统一标准、统一规则。

（三）要建立健全政府信息公开工作与其他工作的互动机制。在推进过程中，我们感受到了政府信息公开对长期习惯的政府工作机制和工作方法带来的冲击，对政府职能转变带来的冲击。温家宝总理在国务院第三次廉政工作会议上就提出，要把推进政务公开作为一项基本制度加以推进。因此，我们要以政府信息公开为抓手，理顺与其他工作之间的关系，推动服务政府、责任政府、法治政府的建设。在整体规划上，要与各部门及区县电子政务建设相结合，同步规划、同步实施；在公开环节上，要与行政审批事项改革、政府业务流程优化相结合，明确办事程序，减少办事环节，提高政府运作效率；在公开内容上，要为全市阶段性的重点工作做好配合，突出亮点，着力体现政府的服务职能。

（四）政府信息公开要加快向基层延伸。要让广大百姓感受到政府信息公开的好处，就必须让他们能够便利地查阅到各类信息。目前，在政府信息公开的形式上，还偏重于通过网站公开，适合社区、农村等群众查阅的公开形式不够丰富；在公开内容上，百姓关心的热点信息的及时性、有效性还有待进一步加强。要改变这一现象，首先是要加强统筹规划，在全市范围内合理布局，增加适合社区和农村群众的政府信息公开查询点，推进基层政府的信息公开工作，形成市、区（县）、街道、乡镇的政府信息公开网络。另外，要紧扣基层实际，注重加强与市民、企业的交流，及时了解和适应社会公众的需求，从而能及时、主动公开市民百姓关心的热点信息、重点信息。

三、加强领导，务求实效，确保政府信息公开工作各项任务的落实

政府信息公开是提高政府行政透明度的有力措施，是转变政府职能的切入点。各部门、各区县必须进一步统一思想，提高认识，把政府信息公开工作放到重要议事日程，力争取得明显成效。

一是要高度重视，加强领导。各级政府部门要认识到政府信息公开工作是政府整体工作的一部分，要与其他业务工作一起部署、一起落实、一起检查、一起考核。政府信息公开联席会议及办公室要充分发挥组织协调作用，在做好面上工作推进与指导的同时，加强对涉及面广、敏感度高、影响力大的重要问题的研究协商和协调，形成全市合力。同时，要强化工作责任制，规范处理程序，每个环节都要做到人员到位、责任到位、工作到位。

二是要切实改进工作作风。通过政府信息公开，要让广大公众不仅能了解到各项工作的具体情况，更能感受到各部门的工作态度、工作积极性与主动性。要从三个方面入手，切实改进和形成良好的工作作风。内容上要更加务实，依法要公开什么，就得老老实实公开，不能搞花架子。态度上要更加亲民，要牢固树立“公开就是服务”的理念，以公开促服务，不断提高便民、利民的

服务水平。工作上要更加高效，既要以推行政府信息公开为抓手，提高政府工作效率，还要以高效的工作及时、主动地公开政府信息。

三是要加强前瞻研究。政府信息公开是一项创新工程。上海是全国省一级政府中第一个出台政府信息公开规定的，没有操作的范本，一切都得在实践中不断摸索。工作中会碰到不少疑难问题，必须加强前瞻研究，近期有三个方面值得我们重点研究：一是着眼于促进决策民主化，通过推进试点，探索建立重大决定草案的公开制度；二是针对信息公开工作中出现的争议问题，研究争议处理的原则与规范；三是针对目前国家正在酝酿的有关政府信息公开的法规，加强与国家有关部门的沟通，研究对上海的影响。

政府信息公开任务艰巨而繁重。各部门、各区县一定要按照市委、市政府的统一部署，围绕上海改革发展稳定大局，以求真务实的态度、开拓进取的精神和扎扎实实的工作，把政府信息公开工作不断推向前进，为提高政府行政能力作出更大的贡献。

韩 正

二〇〇五年三月十六日

（上文是中共上海市委副书记、市长韩正在全市政府信息公开工作电视电话会议上的讲话，略有删节。）

持续推进社会诚信体系，努力营造诚实守信的良好社会环境

市委、市政府连续两年把社会诚信体系建设列入重点工作。经过大力推进，上海的社会诚信体系建设正在成为规范市场经济秩序的重要抓手，成为优化城市软环境的重要标志，成为构建社会主义和谐社会的重要载体。可以说，现在上海的社会诚信体系建设已经处于实现新跨越的重要关口，需要我们一鼓作气进一步推进。

一、关于目前的工作基础与实践体会

去年，胡锦涛总书记、温家宝总理在上海视察工作时，对诚信体系建设给予了充分肯定，并进一步明确上海作为社会诚信体系建设的综合试点。根据中央领导同志的要求，在市委、市政府的统一部署和大力推动下，经过联席会议各成员单位以及社会各方面的共同努力，上海诚信体系建设不断取得新突破，主要是体现在"三个基本一致"，即全市对社会诚信的认识水平与推进步调相一致，工作进度与诚信三年行动计划部署相一致，实际成效与社会反响相一致。上海已经初步形成统一领导、协调推进、重点突破的工作格局，社会诚信体系建设水平继续保持在全国的领先地位。总结这两年的工作，有以下几个特点：

一是注重把诚信体系建设纳入发展全局并与部门业务工作有机结合。从筹划启动开始，我们就把这项工作放在上海进一步完善市场经济体制、加强精神文明建设、加快政府职能转变等大背景中加以思考与部署，探索形成服务于上海全局发展的诚信体系建设思路。同时，各方面逐步深化对诚信体系建设的认识，紧密结合实际，把诚信体系建设与日常业务有机地融合起来，形成了许多具有鲜明特点并富有成效的工作抓手，在有效拓展工作面的同时努力把诚信体系建设落到实处。

二是注重形成全市统一推进的工作合力。各有关部门和各区县政府通过联席会议工作机制，充分发挥职能优势，在统一认识、制定规划、组织推进、协商解决瓶颈问题等方面发挥了重要作用；市征信办作为全市社会诚信体系建设的牵头部门和征信行业的主管部门，发挥了重要作用；部分区县与部门相继成立诚信建设联席会议或领导小组，加大了推进力度。随着诚信联席会议成员单位的扩展，今后要继续完善有关工作机制，使成员单位各尽所能、分工协作，更有效地集聚资源，进一步形成全市建设社会诚信体系的合力。

三是注重采取全面部署与重点突破相结合的工作策略。社会诚信体系建设覆盖面广、内容丰富、头绪繁杂。为此，我们在明确整体建设框架的基础上，抓住征信行业发展、信用产品使用、社会诚信创建以及相关标准规范制定等重点领域，协同推进，有效地促进了个人与企业信用信息的记录与归集、信用产品加工、失信惩戒等环节的发育，有关长效制度安排正在形成。

四是注重以信用产品的使用来带动诚信体系建设。国内外征信实践证明，信用产品在社会经济领域的应用广度及深度，决定了诚信体系建设的作用。在上海社会诚信体系建设进程中，要始终围绕信用产品使用这一中心环节，来推动整体工作。各部门和区县政府要积极探索创新，带头使用信用产品，对社会起到良好的示范带动作用。但总体上看，这项工作在全市推进的面还比较

小，制度不够健全，迫切需要我们结合政府职能转变，加强制度创新，使社会诚信体系建设发挥促进依法行政、科学行政的积极作用。

五是注重增强法规、标准与环境等综合配套能力。为营造适应社会诚信体系建设顺利推进的社会环境，我们一方面通过建章立制，研制个人及企业信用信息数据的试行技术标准，初步形成了由政府规章、规范性文件和行业技术标准构成的综合保障机制；另一方面积极开展形式多样的社会诚信创建活动，通过宣传、培训、交流等方式，进一步凝聚社会各方面的优势，全社会知信用、用信用、守信用的意识普遍增强。

二、关于今年工作的总体思路与安排

2005年，是上海社会诚信体系建设三年行动计划的最后一年，也是诚信体系建设由全面启动转为深化拓展的关键一年，我们不仅要如期实现三年行动计划中确定的各项目标，而且还要形成制度化、规范化的工作套路。社会诚信体系建设经过市委、市政府两年的大力推进，已经成为一项常规性工作。下一步，要继续以饱满的热情和扎实的行动，把社会诚信体系建设抓实抓好。

为此，今年工作的总体思路是，根据“以道德为支撑，以产权为基础，以法律为保障”的要求，紧密结合实际，围绕实现“两个率先”与实施科教兴市主战略和构建和谐社会的全局，加快构建覆盖全社会的社会诚信体系框架，初步形成诚实守信的良好社会环境。今年工作的主要任务是，抓住信用产品使用“一个关键”，抓实法规、标准“两项保障”，抓好社会信用制度建设、培育征信服务行业、开展社会诚信创建活动“三大重点”。

在工作举措上，要着力加强“四个并举”。一是群众性创建活动与深化性工作并举，在加强面上整体推动的同时，要花大力气研究解决条块推进不协调、个人信用信息准确性不够、企业信用信息归集难等突出的瓶颈问题；二是制度创新与市场培育并举，创新政府管理体制和工作流程，积极引导社会使用信用产品，同时加紧培育第三方征信服务机构，激活信用需求；三是调查研究与工作落实并举，继续加强对信用体系框架、信用制度内部机理等问题的研究，同时注重建设长效机制，体现工作实效；四是上海的先试先行与争取中央支持并举，在国家征信模式尚未明朗的背景下，主动加强与中央有关部委的沟通联系，争取国家层面的理解支持，尽快形成便于推广的示范模式，做好与国家有关系统及数据库的对接。总的说来，我们要在巩固以往工作成果的基础上，继续边探索实践、边研究思考，边宣传解释、边组织协调，边大力推进、边求得支持，全方位地提高社会诚信体系的建设水平。

三、关于2005年的重点工作

今年，要在六个方面重点推进并力争取得突破性进展。

第一，强化落实执行征信规章与技术标准。针对已施行一年的《上海市个人信用征信管理试行办法》，市征信办、市政府法制办、人行上海分行要组织好执法检查，重点确保个人信用信息及时准确地汇集到个人信用联合征信系统，同时研究探讨这一规章进一步完善升级的空间。对今年计划出台的《上海市企业信用征信管理试行办法》，市征信办要配合市政府法制办做好各项准备工作，特别是细化和完善规则，并会同市宣传部门加强配套宣传。同时，各有关部门和单位要认真贯彻执行现行的上海个人、企业信用信息数据两项标准，进一步推动信用信息记录、公开、交换的规范化与标准化。

第二，不断拓展和完善信用报告使用的制度性安排。针对当前信用报告使用面还比较窄的情况，继续强调政府先行，各部门、各区县都要结合实际，通过改造业务流程、修改相关规定等做法，落实有关信用产品使用制度安排。在政府作为商务主体实施的政府采购、公共财政项目招投标等领域，固化和推广目前取得的成功经验，逐步在更大范围内形成使用信用报告的制度安排；在政府作为行政主体提供优惠政策、开展企业年检等具有行政自由裁量权的领域，逐步要求行政相对人提供信用报告作为裁量参考；在政府作为服务主体提供合同示范文本等领域，通过增加相关建议性条款，倡导企业或社会机构主动出具信用报告。另外，针对中小企业融资难的问题，人行上海分行、市经委、市金融办、市征信办要积极探索将信用报告引入信贷领域，推动建立中小企业的信用评级服务体系。

第三，加快行业信用管理制度建设。根据不同行业对信用管理的具体要求，重点做好三方面工作。一是加强对特殊行业、特定人群以及与老百姓生活密切相关行业等重点领域的信用管理制度建设。市金融办、市工商局等部门要协同做好94家担保机构的信用制度安排，市社会服务局负责组织经济鉴证类机构的信用信息归集、信用产品使用及从业人员信用培训，市建设交通委、市食品药品监管局、市农委、市房地资源局、市劳动保障局等部门负责抓紧建设分管领域的信用管理制度。其他部门、各区县也要会同相关行业协会，探索本行业、本区县的信用管理制度建设。二是在加强行业信用管理制度建设的同时，同步做好信用信息记录、公开、交换等工作，特别要建立起向征信机构及时准确提供相关信用信息的正常机制。对提供给征信机构信用信息中遇到的瓶颈问题，相关部门和机构要积极探索，有上位法规定的，按照相关规定执行；没有上位法规定的，要突破创新，找到切实可行的操作办法。三是加强行业信用等级评定的规范化。相关部门在推进本部门诚信体系建设过程中，直接或通过征信机构间接开展了以本部门监管信息为基础的企业信用等级评定工作，在促进企业诚实守信经营、加强对企业有效管理的同时，也同步造成了企业信用等级多头评定的现象，市征信办及相关部门要充分协调，加强行业信用等级评定的规范化，推动各行业信用管理的良性发展。

第四，加快建立守信受益、失信惩戒的长效机制。社会信用体系建设，必须通过让守信者受益、失信者受到惩戒才能切实体现社会与经济效益。目前，市劳动保障局、上海进出口检验检疫局等部门以及松江区等区县已经制定、施行了有关方案，取得了一定的效果，值得进一步巩固和推广。今年，各有关部门和区县都要在安排使用信用产品的过程中，研究制订行政领域内守信受益、失信惩戒的具体规定。同时，要积极推动公用事业、银行、保险等公共服务与商业机构，探索根据服务对象的信用情况提供相应服务的做法，并推进行业协会实施行业信用告知承诺等自律举措。年底前，争取初步建立起行政性、市场性与社会性“三管齐下”的失信惩戒机制。

第五，进一步深化发展个人信用联合征信系统。针对目前该系统快速发展中遇到的实际问题，今年要继续做好四个环节的衔接配合。在信用信息的归集上，民政、劳动保障、人事、公积金管理等部门要积极配合，及时将各自领域内的个人信用信息归集到个人联合征信系统；市资信公司要与商业银行等有关单位加强沟通，做好存量及新增数据的更新工作。在信用信息的加工上，市资信公司要练好内功，开发设计适合不同层次、需求的信用产品，激发市场需求。在信用产品的使用上，人行上海分行要督促各商业银行在信贷审批中严格执行信用报告查询与检查反馈机制，市征信办要会同有关部门推动个人信用产品在人事、工商、保险、证监等非金融领域的广泛使用。在信用报告的审核上，市征信办、市资信公司要针对不同人群形成试点方案，建立个人信用报告采集及披露中的审核机制，进一步提高个人信用信息数据的准确性。

第六，要继续开展广泛深入的社会诚信创建活动。去年开展的一系列社会诚信创建活动，取得了较好的社会效果。今年我们要在巩固成果的同时，继续开展内容丰富、形式多样的各类诚信创建活动，提高全社会的诚信意识。主题活动要突出针对性，借助全市重大活动、节日，从不同区域和领域的特点出发，开展独具特色的诚信创建活动。面上的宣传工作要突出阶段性，要注重根据年内工作推进节奏开展有重点的宣传。此外，今年要继续分层次开展诚信相关培训工作，针对领导干部与公务员、信用管理从业人员、在校学生及广大市民等不同类型的人群，因材施教进行普及培训和教育，宣传、教育等部门要加强协作，采取试点方式促进学生诚信教育，推动高等院校加强信用专业人才的培养。市征信办要会同有关部门加强对全市社会诚信创建活动的整体规划与协调，各部门与区县要主动参与、积极配合，通过诚信创建活动反映成果和推动实践。

各部门、各区县要根据会议的部署和要求，抓紧细化工作任务，形成可操作的实施方案，齐心协力突破瓶颈，使社会诚信工作再上一个新台阶，为上海的发展提供更加有力的支撑。

冯国勤

二〇〇五年三月二日

（上文是中共上海市委常委、常务副市长冯国勤在市社会诚信体系建设联席会议2005年第一次全体（扩大）会议上的讲话，略有删节。）

以人为本：上海城市信息化的导向标

信息化只有更好地坚持以人为本，才会更有效地保持张力、活力、恒力。众所周知，以人为本的思想，是人类在探求生存、生活、生命质量的漫长过程中逐步形成和发展起来的，虽然对其本质释义的学派很多，但都承认人是经济和社会生活的主体，并把致力于提高社会生产力发展水平视为促进自身全面进步的不竭动力。对人与自然、人与社会之间相互关系的探讨，在东西方文化中源远流长。距今2000多年前，无论是中国古代春秋时期前贤提出的"民为邦本"，还是古希腊先哲提出的"人是万物的尺度"，都表明人类对以人为本问题所给予的历史性关注。随着人类社会的发展，我们在不断创造前所未有物质财富的同时，也愈发对人的自身进步和发展予以了高度关注。有人说，农业社会靠体能、工业社会靠技能、信息社会靠智能，虽不能一语概全，但充分表明人类社会长期以来对以人为本的不懈追求，以及对其表现形式、实现途径的积极探索。

现代信息通信技术的出现及其快速发展，为实现以人为本的目标创造了无限空间，很大程度上能够变不能为可能、梦想成现实。因此，作为城市信息化工作的决策者和组织者，我们应当遵循以人为本的原则，准确把握推进信息化的基本导向。其一，以满足人的实际需求为导向，解决与人的行为相关的诸如降低劳动强度、满足个性需求等问题，提高公众的学习、工作、生活质量；其二，以促进人的普遍受益为导向，解决由于时间或空间影响而难以实现信息资源共享的问题，使公众特别是弱势群体能够享有平等获得信息的权益，消除"数字差距"或"数字鸿沟"；其三，以实现人的全面发展为导向，解决人力、资金、技术等要素资源的优化配置问题，实现经济与社会，人口、资源与环境的协调发展，使城市生活更加美好。信息技术在城市发展中如何以人为本地持续创新和广泛应用，需要我们共同持续努力并提供有效的解决方案。

上海作为中国的经济中心城市，已连续13年保持年均10%以上的经济增长速度，城市面貌焕然一新，人民生活水平不断提高。在本世纪前二十年，上海将建设成为国际经济、金融、贸易、航运中心，率先全面建成小康社会、率先基本实现现代化。为实现这一目标，我们正在按照以人为本的要求，落实全面协调可持续的科学发展观，通过全面实施城市信息化战略，进一步穿越资源约束、拓宽辐射范围，全面提升上海城市的综合实力。上海在应用信息化不断满足人民群众的物质和文化生活需求方面，主要的探索和实践是：

——通过加强电子政务建设，不断提高政府公共服务效率与水平。上海按照便民、利民、为民的要求，制定了电子政务发展规划，将在今后5年内构建一个"可亲、可信、可靠"的电子政务框架，基本实现政府内部的网上协同办公、面向社会的在线即时服务，为建设"服务政府、责任政府、法治政府"提供有力支撑。到2004年底，"中国上海"政府门户网站可直接受理的事项达367项，提供了707项共计2 379张表格下载，已成为市民办事和参政议政的新途径。在联合国经社理事会等国际组织开展的2003年度世界政府网站评比中，"中国上海"门户网站综合排名第五。近期，我们把原有的城市建设与管理领域的16个热线电话整合为一个呼叫中心，有效地降低了运营成本，也极大地方便了市民与企业办事。在全面推进电子政务建设的新阶段，我们将着力提高市民的参与度，建立和完善公众对政府公共服务质量的评价机制，更好地体现以人为本的理念。

——通过加快社会公共服务信息化，不断提高市民生活质量。上海大力推动信息技术在城市交通、教育、卫生、文化、社区服务等领域的广泛应用，促进以人为本的现代服务体系的构建。如，发行的1 600万张公共交通IC卡，极大地方便了市民乘用市内所有公共交通工具；大力发展的电子化金融服务，使银行卡刷卡消费占全市社会消费品零售总额比例，从2002年不到5%迅速上升至2004年的29%；免费提供的实名制电子信箱，使市民享受到了综合性与个性化的信息服务；建立的"付费通"系统，方便了市民通过电子化手段查询或缴付公用事业费。为使市民得到无缝的、全过程的"一体化"服务，上海将继续建设和整合一些受众面广、社会效益突出的公共服务信息化项目，探索推动信息资源开发利用和共享，进一步提高公共服务效率。

——通过发挥信息化对产业发展的带动作用，为社会事业的持续发展提供雄厚的经济基础。上海高度重视信息产业发展与传统产业信息化改造，促进产业结构调整升级和劳动人口就业，增加市民收入和政府税收。在过去的6年间，信息产业保持年均20%以上的增长，到2004年，已经吸纳了近40万就业人口，贡献了全市1/3的出口额，产业增加值占全市GDP的比重达到11.3%，今年一季度又上升到11.9%，成为上海第一支柱产业。同时，信息技术与应用方案在本市传统产业中广泛应用，有效增强了企业的核心竞争力。按照优先发展现代服务业和先进制造业的战略，我们正在继续推动软件、电信服务以及其他基于互联网的信息服务业发展，继续推动集成电路、新型显示设备、通信设备等重点制造行业发展，加快以先进适用的信息技术改造传统产业，全面提升产业能级，优化经济增长方式。

——通过提高网络接入能力和市民信息化应用能力，逐步缩小城市内部"数字差距"。上海注重创造市民善于和乐于使用信息技术的良好环境，开展各类面向社会公众的信息化普及教育和培训，不断提高各类信息终端的普及率和使用率，促进市民在信息社会进程中实现全面发展。上海现有9条国际海光缆登陆，拥有超过全国40%的国际通信容量；互联网国际出口带宽达到18.5G，全市固定电话和移动电话的普及率分别达到50.7%、76.3%，家庭计算机普及率近70%，家庭有线电视普及率已近饱和，近1/3的家庭实现了互联网宽带接入；全市针对不同特点群体开展的信息化普及教育和培训，提高了公众参与度，累计有近400万人次参加了由政府组织的计算机应用能力等级考试，"校校通"工程普遍提高了全市中小学的信息技术装备水平，面向社区的"百万家庭网上行"培训，在过去3年中培训了48万名社区居民。随着信息通信技术的发展和社会需求的不断增长，我们将不失时机地推进新的网络技术应用，持续增强信息基础设施的服务能力，着力建设社区信息苑、农村基层信息服务站等信息化的公共服务设施，使更多的市民群众掌握适应信息社会需求的基本技能，享受更为便捷的信息化服务。

以人为本的信息化实践来自人类对信息社会发展的深入审视和理性思考。目前，各国、各地区都在为信息技术增进公众福利和促进人的全面发展探索更优实践，这就需要不断加强相互学习和借鉴，形成人类共同受益的宝贵财富。就上海进一步加强国际合作交流，推动以人为本的信息化发展，我们有以下三点设想：

*第一，进一步增进信息化领域基于互惠互利的沟通与合作。*信息化与生俱来就有开放、合作、互利、共赢的特性，特别是互联网技术的发展，使国际交流合作不断超越传统边界，创造了普遍提高公众福利的共同机遇。我们将继续加强与国内外政府、企业、学术机构的协作，积极推动3G、IPv6等前沿技术的研发与国际标准制定，探讨着眼于公众需求的信息化应用实践模式，并在国际产业分工布局、信息化发展环境营造等方面开展更为广泛深入的合作与交流。我们欢迎有更多的IT企业和研发、咨询机构前来上海发展。

第二，进一步加强应对信息化“双刃剑”效应的合作研究。信息化所带来的网络犯罪、不良信息传播、计算机病毒、网络脆弱性以及“数字鸿沟”等负面效应，已经成为威胁人类社会和谐发展的重要因素。上海正从信息安全管理、普及教育等方面，最大限度降低信息化发展的负面影响。我们将继续在中央有关部门的指导下，积极与其他地区和城市一道致力于发展更为安全可靠的信息技术，严厉打击网络犯罪，共同遏制不良信息、垃圾信息的传播和侵扰，倡导信息技术兼容和标准的普适性，寻求消除“数字鸿沟”的有效方法，促进社会和谐发展。

第三，进一步发挥亚太地区城市信息化论坛机制的作用。2000年以来，联合国在上海以亚太地区城市信息化论坛年会为平台，开展了一系列信息化领域的国际合作项目，建立了具备交流、展示、培训等功能的工作机制。上海市政府将继续发挥亚太地区城市信息化合作办公室作为论坛常设机构的作用，完善以亚太论坛为载体的长效合作交流机制，为各国、各地区、各城市的信息化工作决策者和从业者提供交流发展经验、展示智力成果和共享信息资源的机会，共同探求城市信息化以人为本的最优解决方案和最佳有效途径。

杨 雄

二〇〇五年五月三十日

（上文是上海市副市长杨雄在亚太地区城市信息化论坛第五届年会大会上的主题演讲，略有删节。）

2005年上海市信息化工作要点

2005年，是本市全面贯彻党的十六届四中全会精神、落实市委八届六次全会精神的重要之年，是全面完成“十五”规划、谋划“十一五”发展承上启下的关键之年。2005年，本市信息化工作的指导思想是：以党的十六届四中全会精神和科学发展观的要求为指导，贯彻落实中央宏观调控政策和上海科教兴市主战略，着眼于全市的工作大局和中心任务，继续保持信息产业快速发展的势头，提升信息基础设施的综合服务能力，充分发挥信息化在国民经济和社会发展中的带动与促进作用，不断增强城市综合竞争力。

2005年，本市信息化工作的总体目标是：通过信息和通信技术的不断创新与扩散，加快信息资源的开发利用，完善信息基础设施建设，促进信息产业快速发展，推动城市信息化建设与其他各领域发展的有机融合与协调互动，进一步改善和优化信息化发展环境，全面完成“十五”国民经济和社会信息化重点专项规划和《上海信息化持续发展行动纲要》提出的各项目标和任务，使信息化主要功能性指标达到发达国家中心城市的平均水平。

依据以上指导思想和总体目标，2005年的主要工作是：

一、着眼于现代化基础设施体系建设，不断提升信息基础设施应用能级，促进城市基础设施整体服务功能的提高。

继续做好郊区新城镇、市级工业园区、开发区的信息基础设施专项规划编制工作，推进郊区新城镇信息基础设施建设，启动“数字世博”研究。推进全市信息基础设施集约化建设模式向大楼和小区延伸、向通信局房和无线基站拓展，试点推进室内分布系统合路建设和室外基站的景观化改造，完成海港新城等通信局房建设工程。根据市政府统一部署，继续推动本市信息架空线入地整治、公用电话亭标准化更新改造和通信井盖安全防盗等工作。实现800MHz集群通信由模拟专网向数字集群大平台的过渡；加强面向3G商用的无线通信保障；启动上海无线测控定位网建设。抓紧开发和引进10万亿次超级计算机相配套的软件平台，重点推进其在基础科学、公益事业、工业工程等领域的应用，承担好国家863网格主节点的研究与开发任务。完成上海互联网络交换中心网络扩容和分节点建设，进一步拓展其服务功能，形成区域互联网络交换中心。

二、按照“两个优先”的产业发展战略，优化信息产业布局和结构，提升产业核心竞争力。

根据本市科教兴市工作的总体安排和推进重大产业科技攻关项目的有关要求，继续做好信息产业领域第一批11个科教兴市重大项目的跟踪推进、协调落实工作。启动信息产业领域第二批科教兴市重大项目，建立信息产业重大项目备选库，加强科教兴市项目的标准和知识产权管理工作，探索形成较为完善的信息产业大项目、大企业引进和培育机制。

推动上海集成电路研发中心建设和汽车电子、移动通信领域的整机与IC设计业联动，初步形成以设计为核心，制造、测试、封装等配套的集成电路产业链，促进装备和原材料配套产业的发展。实施“促进传统产业电子水平提高计划”，加快培育若干重点领域软件企业，开发一批行业软件产品，促进软件业与传统制造业的结合，实现以应用为导向的软件产业持续发展。继续推动多媒体产业园区等信息服务业产业基地建设，加快培育以内容为重点的信息服务业知名企业。加快推进有线电视数字化整体平移，做好数字电视网络建设、节目制作、终端制造、宣传普及等工作。加快培育光电子、新型显示设备、第三代移动通信等新的产业增长点，优化产业结构，推动信息产业的持续快速健康发展。

三、加强信息资源开发利用，推进电子政务建设，促进政府职能转变。

加强信息资源开发利用，推动政府信息资源依法公开和充分共享。贯彻落实中办、国办《关于加强信息资源开发利用的若干意见》，研究制定本市加强信息资源开发利用的实施意见。继续全面施行政府信息公开规定，梳理、整合公开内容，规范和优化申请处理流程，拓展政府信息公开形式，建立信息更新维护机制、重大决定草案公开制度和免予公开的信息类目备案制度，编制并发布政府信息公开年度报告。

基本形成较为完善的全市电子政务网络平台，建成并开通政务外网和协同办事平台，着力推进基于公务网、政务外网的各项应用，开展电子政务建设绩效评估研究。深化"中国上海"门户网站的信息公开、网上办事等功能，加快推广数字认证，可上网行政审批事项网上办理率达到100%。加快推动一批面向社会公众的信息化应用项目，完善社会保障和市民服务信息系统，基本建成居住证信息系统，规划并启动科教兴市信息服务平台、政府综合咨询服务热线建设。继续推进一批重点业务应用系统建设，启动宏观经济管理、国有资产运营质量监测、决策咨询服务、知识产权管理等信息系统建设，完善电子采购、电子统计、电子档案工程及金审、金盾等业务系统建设。巩固并继续拓展人口、企业、空间地理等基础信息资源共享试点工作，不断规范政务信息资源的采集、维护、共享和管理，促进信息资源的开发和利用。

四、加快社会公共领域信息化建设，提高社会公共服务水平，不断满足社会公众的物质文化需要。

实施市政府实事项目"市民（青少年）信息服务平台"建设，开通"网上家庭教室"，为市民提供家庭教育、心理咨询、青少年保护等综合信息服务；完善"市民信箱"电子邮件系统、"付费通"业务平台的服务功能，进一步整合各方资源，丰富信息内容，拓展服务品种。

完善教育领域信息化，加快编制教育领域信息化总体规划，加强教育软件开发和教学资源库建设，着力发展远程教育和网上学校，推广和完善教育管理信息系统。推动面向大众的文化事业信息化服务体系建设，实施社区文化信息化综合服务建设工程，年内建成社区信息苑150个，拓展文化产品的覆盖面和渗透性。加快卫生领域信息化，实施上海市突发公共卫生事件应急信息系统建设，扩大电子病历系统（医生工作站）的应用面。推动旅游休闲、全民健身、国防动员等领域的信息化建设。

大力推进社区信息化建设，提升政府公共服务能力，不断满足社区居民的物质文化需求。重点开展信息化支撑社区党建和社区建设试点工作，探索建立社区实有人口动态信息"一次采集、多次使用"、"一口采集、多方使用"，逐步建立市、区相关条线信息资源共享和工作协作机制，支撑社区党建和社区建设；深化社区管理与公共服务信息化，扩大社区政务管理信息系统和城镇信息化的覆盖面，提高政府的社会公共服务能力和水平；继续完善社区服务网建设，拓展“安康通”、社区服务热线等的服务功能，促进社区为民、便民服务。

五、拓展经济领域信息化建设，促进经济运行质量和效率的不断提高。

构建电子商务社会服务体系。推进企业网上跨行电子支付、公共物流信息服务、网上创业等一批电子商务公共服务平台建设；推动钢铁、汽车、化工等重点行业的电子商务应用；建立投诉、仲裁、交易保险等电子商务中介服务体系。推动企业信息化建设，完善企业信息化标准测评、咨询，推动一批园区企业的信息化应用示范，着力扶持面向中小企业提供信息化服务的第三方服务平台。

推进“电子口岸”建设。建立健全“电子口岸”工作机制和监管体系，完善“大通关”平台，推广海关和检验检疫“一单两报”，建成进出口企业基础信息共享信息系统和相关部门协同办公平台。继续推进出口加工区信息化工作，全面推广物流联网监管、区间物资调拨，优化中小加工企业联网监管的信息化配套环境。推进洋山深水港港务管理信息系统建设，加强“长江多式联运”项目和长三角通关信息系统的区域合作，形成两岸三地通关交流与合作平台。

继续推进金融领域信息化。推动上海城市金融网扩容改造工作，加快银财库行安全联网系统的应用推广，扩大相关金融业务的传输。启动银税一体机项目，推动银行卡产业园建设，完善银行卡专业化服务和安全防范机制，推动银行磁条卡逐步向芯片卡的迁移；启动电子标签应用试点，开拓智能卡应用和产业发展的新领域。

继续推进农业领域信息化。以农业科技信息化、农业服务信息化、农村基层信息服务站建设为抓手，重点推进档案农业、农产品质量和食用安全信用体系建设，促进农产品生产、销售全过程的规范化管理。

六、加快城市建设与管理信息化建设，促进城市综合管理能力的不断增强。

加强城市地理信息系统建设与应用，完善城市基础地理信息、遥感影像信息的采集、维护和更新机制，基本完成全市基础地理信息库建设，统一基础应用数据标准，加快城建系统空间数据业务交换平台建设。继续做好本市区县地理信息系统综合应用工作，初步形成区域空间地理信息资源共享应用机制；启动上海海洋地理、海洋灾害预警预报、海洋防灾减灾信息系统建设的可行性研究。

推进城市应急处置信息系统建设，初步建成800M数字集群政务共网，推动应急联动、综合减灾等紧急处置信息系统建设规划的实施。推进智能交通建设，加快车载信息系统建设，初步形成应用机制和规模；继续推动停车诱导、出租车调度和轨道交通“一票通”等系统建设，开展中心城区拥堵收费等研究，继续推进交通“一卡通”项目。实施以土地管理、商品住宅建设、房屋管理为重点的土地房屋综合管理信息系统二期建设。

七、着眼于进一步规范市场经济秩序，营造诚实守信的社会氛围，大力推进社会诚信体系建设。

进一步完善社会信用制度。推动信用报告制度在部分政府机关、区县和企业的施行，引导和培育社会信用需求；贯彻落实个人和企业的信用征信管理试行办法及信用信息技术标准，促进和规范信用信息的记录和归集；规范行业信用等级评定，加强分级分类管理。进一步推进信用服务行业发展，加强行业规范管理，做好信用服务机构登记备案及对外公告工作；建成开通企业信用信息自主申报平台，扩大个人和企业的社会性信用信息采集覆盖面。广泛开展社会诚信创建活动，营造“知信用、用信用、守信用”的良好社会氛围。

八、根据国家信息安全保障工作的总体要求，进一步完善本市信息安全保障体系建设。

在国家信息安全战略指导下，全面落实《关于进一步加强上海市信息安全保障工作的实施意见》，深化本市信息安全发展战略和区域性信息安全保障体系研究。健全条块协同的信息安全通报、应急处置和组织协调机制，推动信息安全等级保护工作，完善信息安全责任制以及安全测评、应急预案等长效监管制度。加快推进市信息安全应急防范中心、网络与信息安全信息通报中心、电子政务容灾备份中心、电子政务外网数字认证平台建设。促进《上海市国家机关工作人员信息安全手册》在全市各级机关推广使用。继续建设国家信息安全成果产业化（东部）基地，吸引信息安全技术研发中心和企业入驻，形成产业集聚效应。

九、加强信息化法规标准建设，拓展信息化培训和合作交流，不断优化信息化发展环境。

制定发布信息安全测评、公共移动通信基站设置、基础通信管线管理、公共信息系统管理、电子政务数字认证管理等一批规章和规范性、政策性文件。加强信息化标准建设，强化信息产品、服务和信息系统的质量管理。

全面推动本市公务员电子政务培训；建立信息技术职业资格认证制度，开展信息安全、地理信息系统、社会信用体系、信息技术等专业知识培训；全面完成“百万家庭网上行”计划，推进各项任务与目标的实现。

筹备举办亚太地区城市信息化论坛第五届年会和第二届上海国际信息化博览会，做好2006年世界软件工程大会前期筹备工作，鼓励上海电子信息企业拓展海外市场。推进长三角区域无线电频率协同监管、物流一体化、社会诚信体系、交通卡互联互通等方面的建设，促进国内信息化项目合作。

加强信息化行业协会在行业代表、协调、自律、服务等方面作用的发挥，推进信息化服务外包，制定相关引导和扶持政策，培育服务外包企业，促进信息化中介服务体系的完善，提高信息化建设效益。

十、着眼于发挥规划的引导调控作用，全面做好国民经济和社会信息化“十一五”规划工作。

基本完成国民经济和社会信息化“十一五”规划以及社会诚信体系、信息基础设施、信息产业、信息安全、电子政务、电子商务等一批重点专项规划的编制；推动各行业、各区县信息化“十一五”规划的编制；广泛开展规划的研究论证工作，增强规划的前瞻性、战略性和专业性；加强下级规划和上级规划之间，专项规划、行业规划、区域规划和总体规划之间的衔接，促进各类规划在目标、任务、举措等方面的相互协调。

上海市信息化委员会

二〇〇五年二月三日

附件：

2005年信息化建设重点任务表

序号	名 称	目 标 任 务	责任单位	备注
1	完善以设计业为核心的集成电路产业链	进一步落实促进集成电路设计业发展的十项措施，推动上海集成电路研发中心建设和汽车电子、移动通信、信息家电等领域的整机与IC设计业联动，完善IC公共服务平台建设；落实集成电路产业相关政策，逐步形成以设计为核心，制造、测试、封装等配套的集成电路产业链。	市信息委、市发改委、市经委、市科委等相关部门和单位	
2	推进信息产业特色基地和园区的发展	推进信息产业基地建设，积极争取信息产业部信息产业特色园区落户上海；继续推动多媒体产业园区等一批信息服务业产业基地建设，加快培育以内容为重点的一批信息服务业知名企业；探索形成产业基地规划、建设、管理和协调机制，不断扩大产业规模。	市信息委、市科委、区县政府等相关部门，有关区县，相关产业基地和园区	
3	推进科教兴市产业攻关项目建设	落实项目管理监督职责，协调推进第一批科教兴市信息产业项目；启动第二批科教兴市信息产业项目，建立信息产业和重大应用项目备选库，加强科教兴市项目的标准和知识产权管理工作，探索形成较为完善的信息产业大项目、大企业引进和培育机制。	市发改委、市科委、市信息委、市经委等相关部门和单位	
4	推进数字电视应用及相关产业发展	支持数字电视芯片、应用软件、终端产品、内容产品产业化；加快数字电视网络、节目、终端、宣传普及等相关工作，深化试点。	市委宣传部、市文广局、市发改委、市信息委、市科委等相关部门和单位	
5	实施"促进传统产业电子水平提高计划"	在造船、冶金、电力、汽车、化工、医药、机械、金融、港口等重点领域中，加快培育若干基础条件好、行业应用特点强的行业软件开发单位，开发一批行业软件产品，加快利用软件技术提高传统产业信息化水平。	市国资委、市经委、市信息委、市科委、市外经贸委、市农委等有关部门和单位	
6	推进社会诚信体系建设	推动使用信用报告制度在部分政府机关、区县和企业施行，引导和培育社会信用需求；贯彻落实个人和企业征信管理试行办法及信用信息技术标准，促进和规范信用信息的记录和归集；规范行业信用等级评定，加强分级分类管理。加强行业规范管理，做好信用服务机构登记备案及对外公告工作；建成开通企业信用信息自主申报平台，扩大个人和企业的社会性信用信息采集覆盖面。广泛开展社会诚信创建活动，营造"知信用、用信用、守信用"的良好社会氛围。	市征信办等有关部门和单位	

续表

序号	名称	目标任务	责任单位	备注
7	加强信息资源开发利用	贯彻中办、国办《关于加强信息资源开发利用的若干意见》，研究制定本市加强信息资源开发利用的实施意见并推动落实，促进政府信息资源依法公开和充分共享。	市委办公厅、市政府办公厅、市信息委等有关部门和单位	
8	深化政府信息公开	编制政府信息公开规定释义，建立更新维护机制和重大决定草案公开制度、免予公开的信息类目备案制度，编制依申请公开的政府信息目录，加强统计分析，编制并发布政府信息公开年度报告，进一步拓展和规范公开渠道，开展并完善检查评议工作。	市政府办公厅、市信息委、市法制办以及各区县政府相关部门	
9	建设和完善电子政务网络平台	基本形成统一的电子政务网络平台，基本建成并开通政务外网和协同办事平台，推进基于公务网和政务外网的各项应用。深化"中国上海"门户网站信息公开和网上办事功能，推广数字认证，可上网行政审批事项网上办理率达到100%。	市委办公厅、市政府办公厅以及各有关部门，各区县政府	
10	建设和完善一批重点业务系统	加快推进金审、金质、国有资产运营质量监测和决策咨询服务信息系统、知识产权信息工程等业务信息系统建设；深化完善金盾、金财、金税、金水、金农等信息系统。	各相关部门和单位	
11	基本建成居住证综合管理信息系统	基本建成市、区（县）两级共享数据库系统和信息交换平台，实现与相关委（办、局）及19个区县的信息共享和管理服务的协同，优化相关委办局的来沪人员业务，建立集约化的社区事务受理中心服务窗口，规范对来沪人员的服务，实现对来沪人员的动态综合管理。	市信息委、市人口办以及相关部门和区县政府	
12	实施土地房屋综合管理信息系统二期建设	建立土地房屋综合管理信息系统运营机制，形成标准化、个性化增值运营服务；年内基本建成上海市土地房屋综合管理信息系统并整体试运行，同时建成以"地"为核心的土地房屋基础信息库。	市房地局、市建委、市互联网中心等部门和单位	
13	规划并启动建设科教兴市信息服务平台	初步形成信息资源的采集机制和运行模式；建成并开通具有基础性服务功能和配套服务体系的创新创业门户网站；开发基于信息采集、加工、存储的管理应用系统，建立数据存储和共享标准体系。	市信息委、市互联网中心及有关部门和单位	
14	规划并启动建设政府综合咨询服务热线	初步理顺业务流程，建成基础知识库，与劳动社保、城建等专业热线建立互联与互动机制，初步形成网络平台、业务处理平台和数据平台，年内实现热线开通。	市信访办、市信息委及有关部门和单位	

续表

序号	名称	目标任务	责任单位	备注
15	启动宏观经济管理信息系统建设	着眼实现宏观经济管理部门信息资源共享，提高科学决策能力，依托已有的信息资源，启动建设宏观经济基础信息库、调控信息服务系统和经济决策支持系统，形成综合经济信息资源共享环境。	市发改委及有关部门和单位	
16	实施"市民（青少年）信息服务平台"建设	开通"网上家庭教室"，为市民提供家庭教育、心理咨询、青少年保护等相关知识性信息，通过"市民信箱"为青年提供就业岗位信息；组建各由100人员组成的心理咨询、法律援助两支专业队伍，为青少年提供网上心理咨询、维权援助等服务。	市信息委、团市委	
17	继续推进"市民信箱"和"付费通"工程的实施	完善"市民信箱"和"付费通"系统功能，进一步整合各方面资源，丰富信息服务内容，拓展服务品种；扩大"付费通"自助缴费终端的布放。	市信息委及有关部门和单位	
18	实施上海市突发公共卫生事件应急信息系统建设	完成市级网络平台和信息系统安全体系建设，基本实现市与区（县）网络连接；完成市级数据中心的基础建设；完成指挥中心的框架建设；启动医疗业务、疾病控制、卫生监督、卫生资源四大数据库建设；建设指挥决策、监测预警、突发事件报告、应急处置四大应用系统，并开展试点工作。	市卫生局以及有关医院等	
19	推进社区管理和社区党建网格化管理	探索建立社区动态信息"一口采集"和市、区相关条线信息资源整合共享机制；加强社区管理与公共服务信息化，扩大社区政务管理信息系统和城镇信息化的覆盖面，分别达到95%和15%。	市信息委、各有关部门和区县信息委	
20	推进社区文化信息化综合服务建设工程	推进信息苑在文化传播、电子政务和便民服务方面的网络平台资源整合，年内建成150个信息苑。	市委宣传部、市信息委、市文明办、市文广局以及区县相关部门和单位	
21	推进企业网上跨行电子支付平台建设	充分利用政务外网的网络资源，以及各金融机构已有的信息基础设施，建设面向企业、具有网上跨行支付功能且与商务、政务流程相结合的公共支付服务平台。	市信息委及有关部门和单位	
22	建设全市性公共物流信息服务平台	建设面向物流需求者、物流服务者和中介服务者以及金融保险和政府执法监管部门的综合信息服务平台，年内建成空港、海港、深水港和陆路物流信息平台；制定相关业务流程、各类信息交换标准等。	市信息委、亿通国际公司以及各物流园区	

续表

序号	名称	目标任务	责任单位	备注
23	完善企业信息化发展环境	以园区信息化推动企业信息化，按照工业园、都市产业园、交易市场等不同类型推出一批企业信息化示范园区；进一步完善企业信息化测评标准，继续开展企业测评工作。	市信息委、示范园区以及各有关部门和单位	
24	规划并推进“电子口岸”建设	完善“大通关”平台，推广海关和检验检疫“一单两报”；全面推广物流联网监管、区间物资调拨，优化中小加工企业联网监管的信息化配套环境；健全“电子口岸”监管体系，建成进出口企业基础信息共享信息系统，形成口岸相关部门的协同办公平台；推进“长江多式联运”项目和长三角通关信息系统的合作。	市发改委、市外经贸委、上海海关、市信息委、亿通国际公司等相关部门和单位	
25	推进金融领域信息化应用和相关产业发展	推动上海城市金融网扩容改造工作，加快银财库行安全联网系统应用推广，扩大相关金融业务的传输；启动银税一体机项目，推动银行卡产业园建设，完善银行卡专业化服务机制，建立健全银行卡安全防范机制，推动银行磁条卡向芯片卡的迁移（EMV）工作，启动电子标签（RFID）应用试点。	人民银行上海分行、市信息委、各商业银行以及相关部门和单位	
26	推进农业领域信息化	推进“三网一线”农业信息服务平台建设，完善上海农业网4大功能，建成农产品市场信息智能分析系统；推进档案农业信息系统建设，细化上海档案农业系统的信息提供、保存和使用办法；启动食用农产品质量信用、安全监管体系建设；推进农村基层信息服务站建设，服务村务公开和村务管理。	市农委以及相关区县政府	
27	推广地理信息系统综合应用	做好区县GIS综合应用推广工作，发布标准指南；推动完成全市基础地理数据库和航空遥感数据库建设；推动城建系统空间地理数据共享交换系统建设，并初步形成共享应用机制。	市建委、市信息委、市质量技监局、市科委等相关部门以及各区县相关部门	
28	推动紧急处置相关系统建设	基本建成800M数字集群政务共网，推动应急联动、综合减灾等紧急处置信息系统建设规划的实施。	市信息委、市公安局、市减灾办等相关部门和单位	
29	推动智能交通建设	加快车载信息系统研究和建设，初步形成应用机制和规模；推动完成中心城区道路交通信息采集与发布系统建设；推动出租汽车信息服务（调度）平台建设，扩大入网调度车辆的规模；启动轨道交通单程票“一票通”系统建设；进一步拓展停车诱导系统的覆盖区域；做好中心城区拥堵收费等研究。	市建委、市公安局、市交通局、市市政局、市信息委、市科委等部门	

续表

序号	名称	目标任务	责任单位	备注
30	建设完善公共信息基础设施	推进全市信息基础设施集约化建设模式向大楼和小区延伸，试点推进室内分布系统合路建设和室外基站的景观化改造；加强面向3G商用的无线通信保障；实现800MHz集群通信由模拟专网向数字集群大平台的过渡；启动上海无线测控定位网建设，建设公共网络平台，广泛应用在定位、导航、监测等领域。	市信息委、市无管局以及相关部门和单位	
31	完善功能型服务设施	重点推进10万亿次超级计算机在基础科学、公益事业、工业工程等领域的应用；完成上海互联网络交换中心设备扩容和分节点建设。	市超级计算中心、市互联网络交换中心	
32	全面落实《关于进一步加强上海市信息安全保障工作的实施意见》	健全条块协同的信息安全通报、应急处置和组织协调机制，推动信息安全等级保护工作，完善信息安全责任制以及安全测评、应急预案等长效监管制度；加快推进市信息安全应急防范中心、网络与信息安全信息通报中心、电子政务容灾备份中心、电子政务外网数字认证平台建设；促进《上海市国家机关工作人员信息安全手册》在全市各级机关推广使用；继续建设国家信息安全成果产业化（东部）基地，吸引信息安全技术研发中心和企业入驻，形成产业集聚效应。	市网络与信息安全协调小组及其办公室，以及有关部门和单位	
33	举办亚太地区城市信息化论坛第五届年会	确保亚太论坛第五届年会在上海成功举办，策划安排年会议程和专题会主题；建立筹备工作分工协作机制，形成政府和市场两大固定板块。	市信息委、市互联网中心以及相关部门和单位	
34	推进信息化培训工作	继续推进信息化普及培训，全面完成"百万家庭网上行"计划，推进各项任务与目标的实现；全面推动面向本市公务员的电子政务培训；深化开展信息安全、地理信息系统、信用、信息技术等信息化专业知识培训。	市信息委、市人事局、市妇联、市信息化培训协会等相关部门和单位	
35	推进长三角信息化合作交流	推进长三角区域无线电频率协同监管、物流一体化、社会诚信体系、交通卡互联互通等方面建设，建立区域间信息化合作机制，促进国内信息化项目合作。	市信息委、市发改委、市合作交流办等部门	
36	加强信息化项目管理	开展市级机关信息化现状调研，编制并发布市级财力投资的信息化项目建设指南，形成申报、审核、审批等环节的管理规定；开展本市IT审计试点工作。	市发改委、市信息委、市财政局	
37	完成"十一五"信息化各项规划编制	基本完成国民经济和社会信息化"十一五"规划以及社会诚信体系建设、信息基础设施、信息产业、信息安全、电子政务、电子商务等一批重点专项规划的编制；推动各行业、各区县信息化"十一五"规划的编制。	市信息委、市发改委等相关部门以及各区县信息委	

2005年上海市区县信息化工作要点

2005年的区县信息化工作，要以党的十六届四中全会和市委八届六次全会精神为指引，坚持科学发展观，着眼于完善工作机制和确保长效发展，以一体化设计思想深化信息化的建设与应用，扎实有效地推进各项工作，用信息化手段为加强党的执政能力和促进区县国民经济和社会全面发展提供有效支撑。

一、总体目标和基本原则

(一) 总体目标

顺应全市信息化和区县发展新阶段的要求，加快推进信息资源与信息化基础设施的集成共享和跨部门工作协同，提高政府管理与服务的综合效能。加强协作，完善机制，巩固和深化市信息化实事项目及重点工作的成果，提升信息化服务区县经济和社会发展的水平。健全信息化管理、专业化培训等工作制度，加强信息安全和标准化建设，促进区县信息化工作高效、规范和有序发展。在促进区县综合发展中体现信息化的积极作用。

(二) 基本原则

一是分阶段推进原则，在建设与完善网络设施、OA系统、门户网站等信息化基本要素的基础上，逐步推进条块之间的信息资源共享，依托共享信息资源库和区（县）级协同工作平台实现跨部门业务工作的协同。二是协调发展原则，统筹区县信息化的规划、建设、应用与管理，加强规范化和制度化建设，推进区县信息产业、信息化应用及信息化环境的持续发展。

二、主要任务

(一) 以点带面，加快信息资源的开发和利用，提高行政管理和公共服务的效率与效益

1. 加强信息资源的开发和利用。以《中共中央办公厅、国务院办公厅关于加强信息资源开发利用工作的意见》（中办发[2004]34号）和《中共上海市委关于加强社区党建和社区建设工作的意见》（沪委[2004]17号）为指导，在试点区和其他有条件的区县，先行建成区（县）人口信息资源库，基本形成条块人口信息共享的模式和规范，实现存量信息的“一次采集、多次使用”和增量信息的“一口采集、多方使用”。同时依托区（县）级人口信息资源库，通过工作流程的优化和再造，支撑跨部门业务工作的协同，促进“一口受理、内部协办”的行政服务机制建设。

2. 持续推进社区管理与公共服务信息化及城镇信息化。按照《社区管理信息化应用技术规范》要求，在95%街道建成社区政务管理信息系统的基本框架，为全面推进信息化支撑社区党建和社区建设工作准备条件。总结试点经验，在15%的城镇开展信息化建设工作，提升城镇行政管理和公共服务的信息化水平。

3. 开展居住证信息系统建设。根据市人口综合调控领导小组的统一部署，上半年在全市范围内扩大居住证发放试点，并着手开展居住证信息系统建设，实现条线部门与区县的信息共享，提高对来沪人员管理与服务的效率，为区县实有人口库建设提供支持。

4. 在部分区县开展企业基础信息库建设试点工作。

5. 深化区县地理信息系统试点工作。部分试点区继续完善区级基础地理数据库，建立数据长效更新维护机制，建设并完善空间数据交换系统，拓展系统覆盖范围，逐步开展区域性城市建设与管理业务的一体化应用，形成相应管理规范。其他有需求且具备条件的区县参照相关规范，启动区级基础地理数据库及空间数据交换系统建设。

（二）落实保障措施，完善工作机制，确保全市信息化工作在区县稳步推进

1. 完成区县信息化“十一五”发展规划编制。把握好时间节点，借助相关力量，结合本区县特点和发展要求，统筹信息基础设施建设、信息产业发展、信息化应用推进、信息化环境建设，充分研究与论证操作主体、实施步骤、保障措施，确保规划的前瞻性、科学性和可操作性，做好与市信息化“十一五”规划及相关专项规划的衔接工作。

2. 深化政府信息公开工作。完成政府信息公开年度报告，加强政府信息公开培训，逐步规范政府信息公开申请处理工作，拓展信息公开渠道，加强政府信息公开的宣传和引导，完善政府信息公开的统计分析和监督检查、重大事项预公开、公开内容的维护更新和审查等相关工作制度。

3. 推动区县信息产业发展。优化政策环境，落实配套资金，加大扶持力度，支持重点产业领域的研究与发展。依托区县信息化统计工作，及时跟踪产业动态。完善组织管理模式，不断优化软件产业基地和信息产业基地的功能。

4. 推进银行卡应用和企业信息化建设。开展银行卡EMV迁移试点工作，创造良好的用卡环境，拓展金融IC卡的社会应用。开展企业信息化示范园区及网上创业园区建设试点工作。

5. 加快区县软件正版化应用。根据国务院办公厅《关于地方人民政府使用正版软件的通知》精神，以构建服务保障体系为抓手，继续推进区县政府软件正版化工作。已经完成正版化工作的区县着重巩固成果，防止盗版软件反弹。

6. 规范区县政务外网建设。未建设政务外网的，加紧按市统一要求启动建设；已经建设的，做好集成与衔接及运行维护，为推进行政管理和公共服务信息化应用提供网络基础。

7. 巩固和深化信息化实事项目成果。着眼需求，理顺关系，完善机制，落实人员、资金、制度等保障措施，稳步推进市民信箱与付费通、百万家庭网上行、社保卡等实事项目向纵深发展。

8. 继续做好区县社会诚信体系建设工作。按照社会诚信体系建设工作要点，落实相关任务和要求。

（三）优化环境，强化基础，促进区县信息化工作的规范化和专业化建设

1. 切实做好信息安全工作。严格遵照信息安全保障工作的要求，落实信息安全责任制，做好重要信息系统安全测评以及应急预案制订、演练等工作。推广《上海市国家机关工作人员信息安全手册（试行）》，配合做好市信息安全“十一五”专项规划和800MHZ无线数字集群基站建设工作。

2. 加强信息化标准和规范建设。参照相关标准和规范，推进区县信息化工作的标准化和规范化建设，提高区县信息委参与立法工作的程度，在区县层面落实信息化法规。年内形成区县GIS建设标准规范指南、企业信息化园区建设指南以及区（县）人口信息资源库的相关标准。

3. 坚持巩固信息化工作基础。制定培训计划，提高区县信息委领导干部的决策能力和专业化、职业化水平。适时组织面向社会的培训和宣传活动。完善制度建设，加强信息化项目的统筹管理和有效推进，配合开展IT审计试点。继续做好区县信息化统计工作。

三、工作要求

1. 加强条块协调。通过沟通与协调，理顺工作关系，统一对信息化重点、难点问题的认识，推进自然人、法人、空间地理等信息资源的共享，实现多方共赢，完善条块结合的政府管理模式，形成相关的制度性安排。

2. 深入研究总结。切实加强对区县信息化发展规律及存在问题的探索与研究，为理顺工作关系、突破信息化发展瓶颈问题提供解决思路和方案，奠定区县信息化长期发展的研究基础。

3. 形成区域优势。围绕区县中心工作，结合落实市信息化年度任务，重点在政务信息化、信息产业、社会信息化、现代服务业及农业信息化等领域，推进适应区域特点和居民需求的信息化项目，拓展经济增长点，丰富居民生活内容，以信息化促进区县经济和社会的协调发展。

4. 开展分类交流。根据中心城区与郊区的不同特点和优势，开展分类交流，加强城乡互动，倡导优势互补。通过有关评优表彰活动，推广区县信息化的有效做法和先进经验。

上海市信息化委员会

二〇〇五年一月二十五日

2005年上海市社会诚信体系建设工作要点

2005年，是全面完成《上海市2003～2005年社会诚信体系建设三年行动计划》目标任务的关键一年。按照中央领导同志对上海社会诚信体系建设的新要求及市委、市政府的部署，现制订2005年上海市社会诚信体系建设工作要点如下：

一、以制度建设为抓手，进一步构建和完善社会信用制度

社会信用制度是社会诚信体系建设的核心。在已初步形成的组织框架、法规标准基础上，积极探索、深入研究，进一步构建和完善社会信用制度。

（一）充实完善社会诚信体系建设的组织领导机构。进一步充实上海市社会诚信体系建设联席会议，增加成员单位,完善工作机制；加强上海市征信管理办公室力量，加大社会诚信体系建设推进和信用服务行业监管力度；有条件的区县建立相应机构，或者明确负责部门及人员。

（二）做好有关规划和行动计划的编制。组织编制上海市社会诚信体系建设“十一五”规划和三年行动计划。

（三）颁布实施相关规章。颁布实施《上海市企业征信管理试行办法》，规范和促进企业征信活动。

（四）推进信用产品使用的制度安排。

1. 进一步做好政府部门相关环节使用信用产品的制度安排。在政府采购、公共财政项目招投标等政府部门作为商务主体的环节，推广去年成功经验，形成使用信用报告的制度。在政府提供优惠政策及具有行政自由裁量权的环节，鼓励行政相对人提交信用报告作为参考，让信用良好的主体享受实惠和便利。在合同示范文本中，增加使用信用产品的建议条款，引导、提倡和促进市场主体自觉利用信用产品，防范信用风险。

2. 积极推进中小企业信用评级报告在信贷等相关领域的使用。建立中小企业信用评级服务体系。探索建立中小企业在信贷、享受扶持和优惠政策等环节中使用信用评级报告的制度，改变中小企业融资难的状况，促进非公经济组织发展。

3. 鼓励和支持区县及相关部门开拓创新，在商业、经营、消费等更多的环节使用信用产品。鼓励和支持各相关单位结合工作实际，在多种场合积极推广和使用个人或企业信用产品，促进信用信息通过信用产品在社会广泛流通，培育信用产品的市场需求。

（五）加强行业信用管理制度建设。

1. 做好个人和企业信用信息的记录。继续推进重点行业部门及行业协会等社会组织的信用管理系统建设，完善对个人和企业信用信息的记录，确保记录信息的准确性。

2. 推动和规范行业信用等级评估。促进行业信用等级评估结果在行业监管、企业经营、商务活动等业务工作中的共享使用，强化分类管理。加强对评估主体、评估标准、评估程序的备案登记，促进行业信用等级评估业务按照国际通行规则规范化发展。

3. 推进信用信息公开。相关政府部门要积极推进个人和企业信用信息通过网站、公报等形式向社会公开，通过依申请形式向专业征信机构公开。

4. 加强重点领域的信用监管制度建设。建立担保机构、经济鉴证等特殊行业的信用管理制度，

中介机构、金融机构高管人员等特殊人群的信用管理制度，以及食用农产品、加工包装食品、房地产、社会保障、就业管理、物业管理等与群众生活密切相关行业的信用管理制度；进一步完善进出口检验检疫等监管领域的信用管理制度，形成针对市场主体的社会性联合监督机制。

（六）逐步建立守信受益、失信惩戒机制。各部门、各区县及社会服务机构要结合实际，积极探索建立行政性的守信受益、失信惩戒机制，形成对失信主体的长久威慑力，减少和化解各类矛盾；根据信用记录状况，通过制定政策、提供服务和推动信用产品的广泛使用，探索建立市场性、社会性惩戒机制。

（七）推动企业建立信用管理制度。在部分国有大型企业和有条件的中小型企业设立专门的信用管理岗位，建立信用档案、授信决策、信用产品使用等信用管理制度。提倡企业在商务活动中主动出示信用报告，并通过专业征信机构获取相对方的信用报告作为重要参考。相关部门要加强指导，推动企业信用管理制度建设。

二、进一步规范和促进信用服务业发展，完善社会信用服务体系

按照完善法规、特许经营、商业运作、专业服务的方向，依据相关规章，大力规范和促进本市信用服务业发展，满足本市经济社会协调发展需要。

（一）贯彻落实征信法规，加强对征信机构的监管。组织对《上海市个人信用征信管理试行办法》施行情况进行执法检查，促进个人征信业务的规范运作，研究解决工作中出现的实际问题间。搞好《上海市企业信用征信管理试行办法》的宣传和贯彻落实，重点搞好信用服务机构的登记备案及对外公布。

（二）试行企业和个人信用信息数据标准。认真执行企业信用信息数据标准（试行）和个人信用信息数据标准（试行），严格按照标准进行信用信息的记录、存贮和交换，确保两个标准在年内作为地方标准立项并颁布，进一步提高信用信息的规范化程度。

（三）进一步推动个人信用联合征信系统快速发展。今年内个人信用联合征信系统入库人数超过600万人，信用报告日均查询量达到10 000份。征信、民政、劳动保障、人事、证券、公积金、医保等相关部门要积极配合，完成各领域个人信用信息向个人信用联合征信系统归集，加强信息比对，进一步提高个人信用信息的完整性和准确性。积极拓展个人信用产品在就业、公务员招聘等非金融领域的使用范围。研究制定个人信用信息采集及披露中的审核办法，提高个人信用信息的准确性及个人信用产品的权威性。

（四）加强信用服务行业自律。成立信用服务行业协会，加快形成信用服务行业自律机制，进一步提高信用服务行业的公信力及社会影响力。

（五）做好信用服务行业统计及数据发布工作。设计完成信用服务机构统计指标体系，按期做好行业统计及数据发布工作，积极引导社会对信用服务机构及信用产品的认知。

（六）促进长三角地区诚信体系建设的互动。加强长三角地区在信用制度建设方面的交流，推动各地征信机构间的业务合作，形成信用信息及信用产品的跨地区使用机制。

三、大力开展形式多样的社会诚信创建活动，进一步营造诚实守信的社会氛围

发挥各区县、各部门、各行业协会、新闻媒体的积极性，组织开展形式多样的社会诚信创建

活动。

（一）开展富有特色的主题性诚信创建活动。

1. 结合消费者权益保护工作开展诚信活动。搞好对违背诚信的经营服务行为的投诉受理，以及相关信用信息的记录、采集、核对工作。

2. 组织开展“诚信活动周”活动。集中一周时间，采用咨询、讲座、电视访谈、辩论赛等形式，开展诚信宣传教育活动。

3. 搞好诚信体系建设的学习交流。组织开展信用专题研讨会及论坛，通过讲座、报告、考察等形式，学习交流国内外信用建设先进经验，进一步探讨符合上海实际的社会诚信体系建设策略。

（二）持之以恒，开展常规性社会创建活动。

1. 组织开展行业诚信创建活动。在与群众生活密切相关的行业内开展诚信经营、诚信服务承诺活动，做好诚信承诺履行情况的记录、公开或向征信机构披露等工作。

2. 持续开展信用教育和培训。继续开展企业信用管理岗位培训；面向公务员、信用服务从业人员等特定人群，开展有针对性的信用培训。探索在大、中、小学开展学生诚信教育试点，使学生树立诚信价值观。加强专业人才培育，在高等院校进一步增设信用管理专业或开设信用管理课程。

3. 搞好社会诚信体系建设的宣传。制定《“重信用，建诚信之城”——2006～2010年上海社会诚信创建活动实施方案》，运用电视、广播、报刊、网络、宣传画、标语口号、公益广告等形式，及时、有重点地报道社会诚信体系建设工作，普及信用知识，使诚实守信成为上海城市精神的核心内容之一。

4. 开展相关研究。重点进行社会信用记录制度等前瞻性课题以及诚信工作推进中难点问题的研究。

5. 增强企业及个人的信用意识。组织部分企业开展诚信经营、诚信服务承诺活动。鼓励企业及个人主动查询自身的信用报告，促使其自觉维护自身信用形象。

上海市征信管理办公室

二〇〇五年四月四日

附件：

2005年上海市社会诚信体系建设工作任务分解表

序号	类别	工作任务	具体内容	工作进度	责任单位
1	社会信用制度	完善组织领导推进框架	完善市社会诚信体系建设联席会议制度，增加成员单位，完善工作机制；加强上海市征信管理办公室力量	第一季度	市征信办
2		编制规划和行动计划	组织编制社会诚信体系建设"十一五"规划和三年行动计划	全年	市征信办
3		施行规章	组织实施《上海市企业信用征信管理试行办法》	上半年	市征信办
4	社会信用制度	推进信用产品使用制度安排	进行信用产品使用制度安排的环节：政府采购、公共财政项目招投标，政府提供优惠政策及具有行政自由裁量权的环节；合同示范文本增加使用信用产品建议性条款；区县和相关部门创新设定的环节；其他环节	全年	区县政府、政府采购部门、市国资委、市建设交通委、市科委、市工商局、人行上海分行(配合单位)
5		加强信用管理制度建设	重点行业、机构及行业协会等社会组织的信用管理系统建设 推动和规范行业信用等级评估，搞好信用评级机构及评级标准的强制备案 贯彻落实《上海市企业信用信息数据标准〈试行〉》，推进信用信息公开 建立担保和经济鉴证行业及金融机构高管人员等特殊人群，以及食用农产品、加工包装食品、房地产、社会保障、就业管理及物业管理等与老百姓生活密切相关行业的信用管理制度，进一步完善进出口检验检疫信用管理制度	全年	市征信办、人行上海分行（配合单位）、市建设交通委、市食品药品监管局、市农委、市房地资源局、市劳动保障局、市环保局、市编办、市交通局、市港口局、市工商局、市财税局、上海海关、上海出入境检验检疫局、市社会服务局、市医保局等各相关部门，相关行业协会等
6		建立守信受益、失信惩戒机制	制定相关操作性文件，探索形成行政性、市场性、社会性的守信受益、失信惩戒机制	全年	各区县政府、各政府部门
7		企业信用管理制度建设	部分国有大型企业及有条件的中小型企业设立信用管理岗位，建成信用档案、授信决策、信用产品使用等信用管理制度	全年	市国资委、市经委、市外经贸委、市档案局、各区县政府等
8	社会信用服务体系	加强征信机构监管	对《上海市个人信用征信管理试行办法》进行执法检查并继续贯彻落实，宣传并贯彻落实《上海市企业信用征信管理试行办法》	上半年	市征信办，信用服务行业协会
9		试行企业和个人信用信息数据标准	贯彻落实企业信用信息数据标准（试行）和个人信用信息数据标准（试行），按标准进行信用信息的记录、存储、交换，总结试行效果；列为地方标准	全年	市征信办、市质量技监局，信用服务行业协会，各相关单位及信用服务机构

续 表

序号	类别	工作任务	具体内容	工作进度	责任单位
10	社会信用服务体系	大力发展个人信用联合征信系统	入库人数超过600万，信用报告日均查询量10 000份	全年	市征信办，区县政府、上海资信公司，信用服务行业协会，相关单位
			推进个人信息归集、比对和个人信用产品使用		
			研究制定个人信用信息采集及披露中的审核办法	第三季度	
11		形成信用行业自律机制	成立信用服务行业协会	第一季度	市征信办，信用服务行业协会
			加快形成信用服务行业自律机制	全年	
12		做好信用服务行业统计及数据发布	设计信用服务机构统计指标体系，按期做好行业统计及对外数据发布工作	第二季度	市征信办，信用服务行业协会
13		推进"长三角"地区性诚信体系建设	加强长三角地区在信用制度建设方面的交流，推动征信机构间的业务交流，形成信用信息及信用产品的跨地区使用机制	全年	市信息委（市征信办）、市发展改革委
14	社会诚信创建活动	开展主题性诚信创建活动	结合消费者权益保护开展诚信活动：做好对违背诚信的经营服务行为的投诉受理	3月份	市委宣传部、市精神文明办、市经委、市消保委、市征信办等相关政府部门
			诚信活动周：集中一周时间，采用咨询、讲座、电视访谈、辩论赛等形式，开展诚信宣传教育活动	第二、三季度	
			开展诚信体系建设学习交流：举行信用专题研讨会和论坛，举办讲座、报告、实地考察等活动	全年	
15		推动行业诚信创建活动	行业协会等社会组织在与群众生活密切相关的行业内开展提倡诚信经营、诚信服务承诺活动，做好诚信记录结果的记录、公开、采集	全年	各行业协会，市社会服务局、市经委等相关政府部门，上海资信公司
16		开展信用教育和培训	继续开展企业信用管理培训	全年	市委组织部、市人事局、市国资委、市征信办等相关政府部门、信用服务行业协会、各行业协会
			编写教材，开展面向公务员、信用服务行业从业人员的信用培训		市委组织部、市人事局、市征信办等相关政府部门、信用服务行业协会等
			大、中、小学校内开展诚信教育		市教委、团市委、人行上海分行（配合单位）
			在高等院校增设信用管理专业或开设信用管理课程		市征信办、相关高等院校

续 表

序号	类别	工作任务	具体内容	工作进度	责任单位
17		做好诚信宣传	制定宣传工作计划，运用电视、广播、报刊、网络、宣传画、公益广告等形式，报道、宣传诚信体系建设重点内容	全年	市委宣传部、市精神文明办、市工商局、市征信办
18		加强研究工作	开展社会信用记录制度以及诚信工作推进中难点问题的研究	全年	市征信办、市工商局、市建设交通委等相关政府部门
19		促进企业及个人自律	推动企业诚信经营和服务，促进企业和个人主动查询自身信用报告，增强信用意识	全年	各政府部门，区县政府、信用服务机构

2005年上海市政府信息公开工作要点

2005年是本市贯彻实施《上海市政府信息公开规定》的第二年，是政府信息公开各项工作制度从初步建立到逐步完善的一年。为进一步推进本市政府信息公开工作，制定如下工作要点。

一、指导思想

以"三个代表"重要思想为指导，贯彻落实党的十六届四中全会精神，按照"以公开为原则、以不公开为例外"的总体要求，以社会需求为导向，以提高执政能力和政府公信力为重点，总结工作经验，巩固已有成果，突出重点，讲究实效，促进公正透明的行政管理体制的建立，保障公民、法人和其他组织行使知情权、参与权和监督权，不断开创政府工作的新局面。

二、总体目标

根据上海建设服务政府、责任政府、法治政府的要求，从便民利民出发，进一步加大政府信息梳理和整合力度，深化政府信息公开内容；规范政府信息公开申请的处理流程，拓展政府信息公开形式，方便公众查阅和获取所需信息；深入推进区（县）、乡镇（街道）的政府信息公开，形成符合各地区特点的政府信息公开工作格局；继续开展多层次的培训和广泛的宣传，营造良好的社会氛围；建立健全各项政府信息公开工作制度，逐步形成政府信息公开的长效工作机制。

三、主要任务

（一）深化政府信息公开内容

1. 加强政府信息分类界定。按照"以公开为原则，以不公开为例外"的总体要求，进一步做好主动公开和免予公开的政府信息的界定，编制主动公开的政府信息目录和免予公开的政府信息类目，逐步编制依申请公开的政府信息目录，并建立免予公开的政府信息类目向政府信息公开联席会议办公室备案的制度。建立政府机关文件目录的备案制度。

2. 做好重要政府信息的主动公开。按照属地化管理的要求，各级政府及其派出机关重点做好涉及经济建设和社会发展的相关政策和总体规划、区域重大规划、重大审批事项、政府常务会议有关决策或事项、实事项目及进展情况、重大市政建设项目规划和具体情况、政府采购和招投标、房屋动拆迁、重大灾情疫情和安全事故、公务员录用和领导干部选拔考核等政府信息的主动公开。

3. 推进行政许可事项的全面公开。按照《行政许可法》的要求，做好现行有效的行政许可事项的全面公开，包括事项、依据、条件、数量、程序、期限以及需要提交的全部材料的目录和申请书示范文本等必需要件。

4. 建立政府公开信息的更新维护机制。将政府信息公开工作纳入政府机关日常工作管理，建立政府公开信息的更新维护机制；通过总结工作经验和开展试点，逐步形成文件在产生过程中即明确是否公开的工作制度，并逐步在全市推广。

5. 探索研究重大决定草案公开制度。按照《行政许可法》和《上海市政府信息公开规定》的要求，探索采用向社会公示、开听证会、专家咨询等形式，就拟作出的涉及社会公众重大利益的决策、规定、规划、计划、方案和有关行政许可事项等充分听取公众意见。先行推动各部门将重大决定草案的公开情况向联席会议办公室备案，在此基础上研究形成重大决定草案公开制度。

（二）规范、优化申请处理流程

1. 推广使用统一的申请处理格式文本，规范和优化申请处理的各环节。推动政府机关编制申请处理的工作手册，制订申请处理工作制度。提高工作效率，对可当场答复的申请要当场答复。

2. 完善第三方意见征询制度，公开涉及第三方商业秘密或者个人隐私的政府信息，可能影响第三方权益的，要书面征询第三方意见。

3. 加强调研，做好原有信息查阅收费制度与现行依申请公开信息收费制度的衔接，规范依申请提供政府信息的收费工作。

（三）拓展政府信息公开形式

1. 按照《关于加强政府公开信息送交工作的意见》的要求，进一步做好政府机关向各级档案馆送交政府信息的工作。逐步推广档案馆代理政府信息公开申请受理的工作模式，开展集中受理。进一步加强市和区（县）档案馆的政府信息集中查阅服务功能，做好政府信息接收、整合及联网共享工作，为各政府机关开展相关政策咨询工作提供交流平台。

2. 加强政府网站政府信息公开专栏建设，对公众需求量大、申请公开量集中的政府信息加强梳理和归类整合，建立相关事项的服务专栏。有涉外业务的部门，加强网上政府信息双语服务。“中国上海”门户网站做好各单位上网信息的整合，完善政策法规库，集中发布本市政府规章和规范性文件，并开发建设全市政府信息搜索引擎。

3. 加强政府信息咨询服务。各政府机关就使用频率高、公众咨询多的政策法规和相关办事程序等，编制便民问答。继续发挥“市长热线”的政府信息公开功能。规划并启动建设政府综合咨询热线，与已建的劳动社保、建设等领域的专业热线实现互联，为公众提供“一线式”咨询服务。

4. 进一步发挥政府公报、政府新闻发布会的政府信息公开作用。

5. 推动区（县）政府开拓便民的信息公开形式。各区（县）设立主动公开的政府信息集中查阅点和政府信息公开申请的集中受理点，理顺查阅点和受理点与区县相关职能部门的工作流程，做好政府信息的综合查阅、咨询和申请受理工作。利用市民信箱、社区信息苑、农村信息服务站、便民小册子等，将信息公开延伸到社区、居委会、街道一门式办事场所，方便公众获取政府信息。

（四）加强基础性工作

1. 完善和加强工作推进机制。充分发挥市和区（县）政府信息公开联席会议的作用，建立咨询研究机制，加强对政府信息公开工作推进过程中重点、难点问题的研究和协调，适时编制相关具体解释口径。

2. 加强监督评议工作。广泛听取人大代表、政协委员和社会各界对政府信息公开工作的建议；制订监督评议管理办法，畅通监督渠道，落实监督措施，明确评议标准和程序，年底开展全面检查评比。

3. 做好统计分析和年报编制工作。按照《规定》，在3月31日之前向社会公布2004年本市政府信息公开报告和各政府机关年度报告。开发统计分析信息系统，加强数据汇总，做好政府信息公开工作的月度统计和分析工作。

4. 加强政府信息公开培训。将政府信息公开逐步纳入行政学院的培训课程内容，加强对领导干部政府信息公开相关知识的培训；编制政府信息公开规定释义，加强对机关信息公开工作人员的培训。

5. 加大普及宣传。以“百万家庭网上行”市民基础信息技术培训为载体，扩大政府信息公开工作的知晓率；围绕重要会议和重要工作，开展集中新闻宣传。

6. 加强工作交流。通过组织考察、举办论坛、建立内部信息工作平台等方式，加强国际和国内工作交流。

四、有关要求

（一）进一步提高认识，健全政府信息公开工作机制

各政府机关要从促进政府职能转变、提高政府依法行政能力、坚持和发展人民民主的高度，进一步提高对政府信息公开工作重要性的认识；制定工作计划，完善工作制度，同时明确专门人员做好向市信息委报送月度统计分析情况和向档案馆报送相关政府信息的工作；进一步理顺组织推进机制，形成总体牵头和分工协作的工作格局：主要领导总体负责，综合部门统筹协调，信息技术部门做好技术支撑和公开信息上网，窗口部门做好咨询服务和受理接待，人事和监察部门做好监督考核，保密部门做好内容审核，业务部门做好信息更新维护和相关申请处理工作。

（二）加强内容审核，处理好公开与保密的关系

各政府机关要建立严格的内部内容审核机制，进一步完善对主动公开和依申请公开信息的保密审核机制，准确把握信息公开的内容、范围、形式和时间，准确界定不公开事项的范围，防止该公开的信息不公开、不该公开的信息随意公开；遇有难以解决的问题时，要加强与联席会议办公室的联络，取得咨询帮助。

（三）加强统筹规划，处理好不同层面信息公开的关系

做好政府机关之间、市级政府机关与区（县）政府机关之间、政府机关与相关授权或委托单位之间在信息公开权限和范围上的衔接。市级政府机关要加强对本系统政府信息公开工作的规划和指导，保障信息公开工作的统一性和协调性。

（四）加强监督检查，落实奖惩、考核机制

各政府机关要加强政府信息公开工作的监督、检查，对信息更新不及时、处理申请不规范等群众反映不满意的现象要及时予以纠正。要建立信息公开工作的考核奖惩制度，将信息公开工作纳入绩效考核和行政效能监察。要充分发挥监察部门、新闻媒体、社会公众和各部门内部力量的作用，改进工作中的薄弱环节，使政府信息公开各项工作落到实处。

上海市政府信息公开联席会议办公室

二〇〇五年三月十四日

2005年上海市国民经济和社会信息化工作综述

2005年，上海信息化工作以党的十六届五中全会精神和科学发展观为指导，贯彻落实市委、市政府要求和科教兴市主战略，紧紧围绕全市中心任务和市民普遍需求，进一步提升信息基础设施综合服务能力，继续推动信息产业平稳较快发展，深化拓展信息技术应用，不断优化信息化发展环境，圆满完成了“十五”信息化建设各项目标任务。上海信息化整体水平继续保持国内领先，并基本达到发达国家中心城市平均水平，站上了新的发展台阶。

一、信息基础设施综合服务能力不断增强，促进了城市基础设施整体服务水平的提升

基本形成满足上海经济社会发展要求的信息基础设施，固定电话、移动电话、互联网用户和家庭宽带用户普及率分别达到56.6%、81.2%、45.2%和35.1%，跃居国际先进行列；互联网国际出口带宽超过30G，上海互联网络交换中心全年总交换流量超过1 300TB；上海超级计算中心的总运算能力达到每秒11万亿次，在极地科学、生命科学、土木工程、航天航空等十多个领域广泛应用。继续加强信息基础设施规划编制和集约化建设，世博园区、浦东机场（二期）等一批区域性专业规划编制完成，规划面积累计达到730平方公里，比上年末增加108平方公里；集约化信息管线累计敷设1 621沟公里，中心城区信息管线基本成网，架空线入地累计完成900皮长公里；以集约化方式建设的临港新城通信中心建成并投入运行，铁路南站移动通信室内覆盖合路系统建设完成。

二、信息产业继续保持快速健康发展，促进了信息产业能级和对全市经济增长贡献率提升

产业规模继续扩大，信息产品制造业和信息服务业总收入实现5 022.8亿元，信息产业增加值完成1 097.91亿元，占全市GDP比重达到12%，巩固了全市第一支柱产业地位，信息产品制造业对全市工业增长的贡献率达到29.1%。重点产业优势明显，集成电路产业销售收入达到300亿元，全市设计、制造、封装、测试企业达到220家；软件业经营收入达到455亿元，年出口额达到6.81亿美元,共有27家软件企业被认定为国家规划布局内重点软件企业，56家软件企业通过CMM3以上国际认证；重点产品在全国保持领先优势，超大规模集成电路销售收入占全国的70%以上，打印机、笔记本电脑、液晶显示器等产品产量占全国三分之一以上。同时，信息服务业快速成长，年经营收入达到916.8亿元，同比增长37.1%，张江国家级网络游戏动漫产业基地建设进展顺利。科教兴市重大产业科技攻关项目取得成效，TD-SCDMA、桌面中文软件系统、EOS中间件、有线数字电视广播项目完成或进入中期评估，开放式集成电路中试线、高端硅基材料、兼容IPv6的高端路由交换设备等第二批信息产业领域科教兴市项目启动建设。

三、电子政务建设和信息资源开发利用工作深入推进，促进了政府公共服务职能不断完善

电子政务建设有力推进，初步建成以公务网、政务外网、政府门户网站为主体的电子政务基

础框架，政务外网协同办事平台主体功能进一步完善；"中国上海"门户网站集聚了1 568项网上办事和服务项目，提供表格下载6 743张，页面访问量累计达3 545.43万人次，获2005年全国省级政府网站绩效评估第一名。政府信息公开工作不断深化，建立了重大决定草案公开情况备案、政府信息公开监督检查和评估等制度，提供档案馆、现场咨询等多种形式的政府信息查阅服务；主动公开信息累计超过16万条，收到申请累计超过2万件，其中近80%得到了全部或部分满足。信息资源开发利用工作加快实施，制定发布了《关于加强本市信息资源开发利用工作的实施意见》，科教兴市信息服务平台基本形成可行性研究方案；实施了"地区电子政务原型"试点，推动人口、法人、空间地理等战略性基础数据的共享交换，其中工商、税务、质监三个部门42项企业基础信息已初步实现交换与共享。

四、信息技术在经济社会各领域应用拓展，促进了城市管理水平提高和经济社会和谐发展

经济领域信息化方面，"大通关"建设顺利推进，初步建成覆盖海空港、出口加工区及各通关环节的电子口岸平台，单证电子化率达到71%；全年电子商务交易额达到1 327.09亿元，占全市商品销售总额的10.3%；银行卡累计发行5 729.8万张，电子标签在物流、卫生、食品安全等领域试点应用；社会诚信体系建设有序推进，个人联合征信系统入库总人数达618万；实施促进传统产业电子化水平提高计划，成立了作为第三方专业服务机构的上海市企业信息化促进中心。社会领域信息化方面，开通运行市政府实事项目——"市民(青少年)信息服务平台"，"市民信箱"注册用户达到86.98万，"付费通"平台当年交易金额达7.27亿元；社会保障卡累计发放964万张，社会保障和市民服务信息系统增加了与银行卡绑定支付等新功能；居住证制度扩大试点在全市50个街道（镇）开展，居住证临时信息系统运行良好。城市建设和管理领域信息化方面，城市管理网格化试点在长宁区、卢湾区开展，初步形成了发现、处置、解决和监督问题的协作机制，与"12319"城建服务热线实现联动；启动建设800M数字集群应急救援政务共网，土地房屋综合管理信息系统不断完善；智能交通系统建设取得初步成效，轨道交通1～5号线实现"一票换乘"，公交卡累计发行1 974.02万张。

五、信息化发展综合环境进一步完善，促进了信息化工作的有力有效有序推进

信息化政策法规和规划编制工作顺利开展，完成《上海市国民经济和社会信息化"十一五"重点专项规划》意见征求，相关专项规划也形成了征求意见稿；在社会诚信、信息基础设施、信息产业、信息技术应用等领域，制定发布了《上海市企业信用征信管理试行办法》等一批政府规章和规范性、政策性文件。信息安全保障不断加强，形成了本市网络与信息安全事件应急预案框架和处置工作机制，完成信息安全风险评估试点工作，开展了对重要信息系统的安全测评，在国内率先推行手机实名制。信息化合作交流取得新进展，亚太地区城市信息化论坛第五届年会、软件工程和未来软件技术国际研讨会等成功举办，"长三角"地区社会诚信体系、物流信息一体化、无线电协同监管等合作取得新成果。信息化人才培养和知识普及加快推进，开展了面向企事业单位的CIO培训，以及高级信息技术主管（SIO）培训；圆满完成"百万家庭网上行"计划，共130多万市民参加了各类网上实践活动。

傅文彪

第 一 编

信息基础设施

综　述

2005年，上海市信息基础设施建设全面完成"十五"规划目标。经过五年对集约化建设模式的探索、总结和创新，开创了全市信息基础设施统筹规划、资源共享、科学管理的新局面，推动了上海城市信息化建设的健康有序发展。

信息基础设施专业规划覆盖面进一步扩大。适应城市新一轮发展重心向郊区拓展的要求以及多家运营商同城竞争的市场格局，专业规划工作正快速拓展广度和深度，管理机制进一步深化健全。截至2005年底，累计完成30多个新城镇和工业园区的信息基础设施专业规划，覆盖面积达730平方公里，占全市面积的11%，规划覆盖人口近400万。

信息基础设施集约化建设取得新成果。集约化信息管线覆盖中心城区且基本成网，截至2005年底，累计敷设完成1 621沟公里，累计完成架空线入地900皮长公里，建成并运行7 500平方米的国内第一座集约化通信局房——临港新城通信中心；完成铁路南站近20万平方米移动通信室内覆盖合路建设。

通信网络和功能型设施服务能力迈上新台阶。截至2005年底，全市固定电话交换机容量达到1 356.5万门，新增电话交换机444.5万门，固定电话用户达996.7万户，其中小灵通用户188.4万户、住宅电话685万户；移动电话交换机容量达1 991万户，比上年末增加223万户，移动电话用户达到1 444.2万户，比上年末增长138.2万户。互联网用户达到803万户，比上年末增加170万户；家庭宽带接入用户达222.66万户，新增用户79.72万户；有线电视用户达到427.3万户，比上年末增加49.3万户，其中有线电视双向改造用户185.66万户，比上年末增加12.77万户。全年长途电话通话时长达110亿分钟，同比增长11.8%，其中国际及港澳台电话通话时长达5.7亿分钟，同比增长7.5%。固定电话长途通话时长达31.2亿分钟，同比增长5.4%；移动电话长途通话时长达19.6亿分钟，同比减少2.5%；IP电话通话时长达59.2亿分钟，同比增长21.6%。在上海登陆的国际海光缆通信容量达260G，占全国总量的70%，互联网国际出口带宽超过30G，同比增长62%。曙光4000A高性能计算机系统已通过项目验收，高性能计算在气象、基因、药物等领域取得较大突破。上海互联网络交换中心全年总交换流量超过1 300TB，总交换互联带宽达到4.9G。

（崔艳春）

第一章 专业规划与重大工程

概 述

2005年，上海市新城镇和开发区信息基础设施专业规划的深度、精度和实用性进一步增强，基本做到了与规划区域基础设施建设工作同步开展；同时，还编制了中心城区通信局房的选址规划。除了区域性的专业规划编制外，信息基础设施规划的管理和推进思路日益渗透到中船及浦钢动迁基地、市重大工程动迁配套商品房、崇明越江工程设计等工程建设的规划中。

在临港新城信息基础设施建设中，形成了“统一规划、集约建设、规范管理”的新模式，建成了国内首个5家运营商共用的集约化通信局房（临港新城通信中心）、90沟公里集约化信息管线、多家运营商合一的公共移动通信基站，起到了节约土地、降低成本、保障运营商有序竞争的作用。同时，在中环线、铁路南站等市政重大工程的建设中，信息基础设施配套工程从管道、机房到基站和室内无线覆盖全面实现了集约化建设，取得了宝贵的经验。（崔艳春）

一、信息基础设施专业规划

2005年，共编制完成世博园区、芦潮港镇、泥城镇、万祥镇、徐泾镇、市重大工程动迁配套商品房（曹路基地、华新基地、顾村2基地、航头基地）的信息基础设施专业规划，规划覆盖面积达108平方公里，覆盖人口约48万，投资约10亿元。截至2005年底，累计完成30多个新城镇和工业园区的信息基础设施专业规划编制工作，规划覆盖面积达730平方公里，占全市面积的11%，覆盖人口近400万，投资约70亿元。

中心城区电信局房布局选址规划

2005年内，为促进全市通信局房的合理布局，市信息委会同市规划局、市规划院和上海电信等单位，编制了《上海市信息基础设施专业规划——中心城区电信局房布局选址规划》。

该规划期限从2005年到2020年，分近期、中期、远期三个阶段；规划覆盖范围为上海市中心城，即外环以内区域，总用地面积663.7平方公里；规划新增局房58处，使全市中心城区局房达到165处，为各运营商同城公平、有序竞争创造了条件。

由于上海市信息网络的最主要组成部分目前仍是上海电信的网络平台，中心城区则是信息化需求最为重要的地区，因此，该规划主要对中心城区内的上海电信通信局房进行合理规划，并兼顾中心城其他电信运营商的局房建设要求，同时对郊区上海电信通信局房规划提出了参考性建议。

世博园区信息基础设施专业规划

2005年内，配合世博园区总体规划编制工作，编制完成了《世博园区信息基础设施专业规划——总体规划阶段》，为世博建设和服务保障工作的全面展开打下了基础。

该规划覆盖区域为世博会场馆及配套设施区，规划范围总面积约5.28平方公里，其中浦东3.93平方公里，浦西1.35平方公里。预计会展期间参观、游览人次约7 000万，平均日流量为40万人，极端高峰日流量为80万人。会展期间信息基础设施建设总投资估算为1.8亿元，会展后二次开发追加投资估算为2.0亿元。

该规划通过对世博园区在会展期间和会展后通信业务需求的分析，对园区会展期间和会展后的集约化信息管线、通信网络结构、移动宏基站和室内覆盖系统、数字电视系统、集群通信系统等进行了全面描述；针对浦东后滩等二次开发的地区提出了各个专业网络的扩容建设要求。同时，规划对世博会展所需的信息处理平台和信息应用平台建设也进行了简要的分析和建议。

（崔艳春）

二、信息基础设施建设工程

无线电监测设施建设工程

【无线电监测网点建设】 上海市无线电监测站于2005年建成包括一个监测中心、“六站两车”的无线电监测网框架，监测范围覆盖上海市1 000多平方公里。

监测中心位于交通便利的市中心，具有联网监测指挥、数据集中处理和遥控固定监测站监测、测向等功能，可实现监测系统操作自动化、信息处理数字化、通信管理网络化。任何站与站、站与车、车与车都能通过有线、无线传输进行集中控制、联合行动。监测中心针对干扰信号可以进行实时监测、监听和数据存储、回放。监测网系统配备的GPS定位系统和电子地图还可以迅速查找到无线发射源地理位置，为快速干扰源查找提供信号分析数据。

“六站两车”中的“六站”均为无人值守固定站，围绕监测中心分布在全市东南西北各个方向，监测业务也从过去的常规及模拟通信业务增加到电视、VHF/UHF频段业务及电磁环境测试。“两车”指的是两辆具有无线电监测测向功能的移动监测车，此外还有两套可搬移监测站，可以机动地完成对重点区域或地区的无线电监测任务和干扰查处。

上海市无线电监测网结构图如下所示：

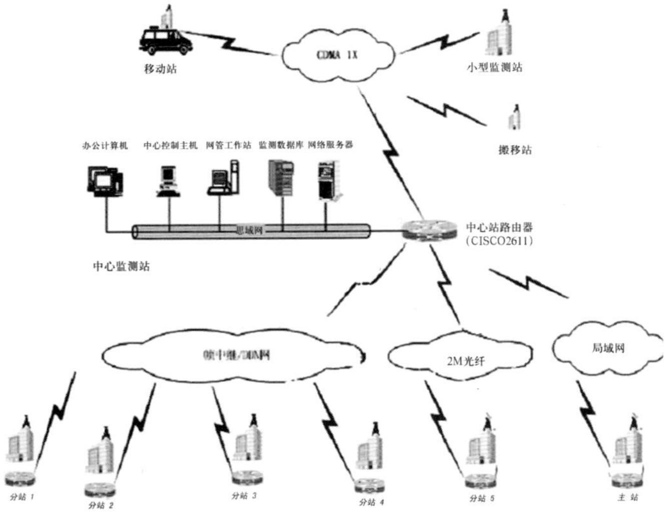

（市无管局）

市重大工程配套

【洋山深水港信息基础设施配套建设】 洋山深水港和临港新城建设，是上海增强中心城市集聚辐射功能、促进产业结构调整的重大战略项目。作为2005年市政府一号重大工程，港口和港城的建设始终得到市委、市政府领导的直接关心和指导。杨雄副市长在2003年港城信息基础设施集约化建设签约仪式上，明确提出各项信息基础设施必须按照“统一规划、联合共建、资源共享、加强管理”的指导思想进行有序推进。

两年来，按照市领导的指示，在深水港指挥部、临港新城管委会、南汇区及全市其他相关主管部门的支持和配合下，市信息委会同上海电信、上海移动、上海联通、上海网通、东方有线和信息管线等全市各通信运营企业，全面完成洋山深水港一期工程信息基础设施配套建设。2005年内，临港新城基础通信管线建设90沟公里已全部完成，7 500平方米的临港新城通信中心局房全面建成并启用，同盛模块机房300平方米全部完成，小洋山岛港区相关信息基础设施建设全部完成，为实现2005年底“港开、桥通、城用”的目标作出了贡献。

2005年9月15日，“临港新城通信中心落成暨通信系统开通仪式”正式举行。作为全国第一座采用集约化方式建设的通信局房，临港新城通信中心的顺利建成，以及港城集约化通信管线建设模式的成功实现，为全市信息基础设施统筹规划、集约建设、科学管理作出了示范，对上海城市信息化建设的健康有序发展具有积极意义，同时也为深水港和港城未来发展提供了有力支撑。

2005年10月，洋山深水港综合通信配套工程全面完成。该工程包括全长47公里的沪芦（上海——南汇芦潮港）高速公路和芦潮港到浙江舟山洋山岛全长32.5公里的东海跨海大桥的全部管线工程、洋山岛上面积为4 000多平方米的综合通信局房和位于洋岛观音顶上高17层、高度为57米的综合通信铁塔等项目，总投资超过1亿元人民币。（崔艳春　胡永龙）

【上海铁路南站信息基础设施配套建设】 上海铁路南站工程是“十五”期间全市重大交通基础设施建设工程之一。上海铁路南站位于沪闵路以南、石龙路以北、柳州路以西和桂林路以东，其建设不仅带动上海西南地区的快速发展，还对上海的经济和社会发展有着非常重要的意义。上海铁路南站信息基础设施配套建设工程由市信息委、市无线电管理局组织协调，上海移动、上海电信、上海联通、上海网通、上海铁通、东方有线和信息管线等全市各通信运营企业共同参与。

铁路南站主要由主站屋、南北地下广场、长途客运站、邮政局等部分组成，其各项信息基础设施按照“统一规划、联合共建、资源共享、加强管理”的指导思想进行，特别是主站屋和南北地下广场建筑面积近20万平方米的移动通信室内覆盖系统，完全按照集约化方式组织实施，采用合路建设技术，涵盖了上海移动GSM系统、上海联通GSM系统和CDMA系统、上海电信PHS系统以及上述企业和上海网通今后将发展的3G系统，充分体现了集约化建设原则。

【中环线信息基础设施配套建设】 中环线工程是上海中心城区道路交通“三环十连”骨架路网的重要组成部分，列入全市“十五”基础设施建设重大工程项目。中环线全线长约70公里，设置双向8车道，先期实施的浦西段约40公里，按逆时针走向依次为：翔殷路—汶水路—真北路—北虹路—虹许路—虹梅路—虹梅南路—上中路，跨越徐汇、闵行、长宁、普陀、宝山、闸北、虹口、杨浦8个区。

中环线（浦西段）不仅是上海城市交通的主干道，也是上海城市通信的主干道，上海电信、上海移动、上海联通、上海网通、东方有线、市信息管线公司等信息化工作系统单位在中环线规划路由上敷设有大量通信管道、通信光缆、电缆。为保证中环线工程的建设进度，市信息委牵头组织实施了通信管道搬迁和通信架空线入地工作，其中，上海电信搬迁管线40沟公里；市信息管线公司搬迁管线20沟公里，新建管线20沟公里；东方有线、上海联通、上海移动、上海网通等单位入地架空线约250皮长公里。

在中环线主体工程的建设中，通信管道搬迁和通信架空线入地工作属于隐蔽工程，信息化工作系统单位的广大干部职工克服任务重、时间紧、施工条件复杂等困难，在实施过程中做到“双保障”：一是在中环线主体工程建设同步建设中，必须保障中环线主体工程建设的顺利实施；二是在具体的搬迁和入地工程中，必须保障全市的通信安全。整个通信管线搬迁和架空线入地工作及时有效，得到广泛的赞同和认可。

【重大工程信息基础设施配套改造】 配合市政重大工程和景观改造，2005年共完成信息架空线入地350皮长公里，累计完成900皮长公里；完成约5万只基础通信管线窨井盖的更新改造，累计完成约16万只；在广泛吸收社会各界对公用电话亭使用意见的基础上，采用新工艺、新材料进一步优化公用电话亭结构与功能，年内完成了外环线内近4 000个公话亭标准化更新的收尾工作，累计更新公话亭8 000个，为市民提供了便利的生活条件和舒适的城市环境，提升了上海的国际都市形象。（崔艳春）

第二章 公共信息基础设施

概 述

经过五年的探索总结和不断创新，信息管线集约化建设模式已经得到了成功验证，并逐渐推广至公共移动通信基站、通信局房等其他公共基础设施，为上海市信息基础设施建设开创了新的局面。

2005年，共完成集约化信息管线敷设361沟公里，累计完成集约化信息管线敷设1 621沟公里；接入商业大楼338栋，累计完成约938栋大楼的接入。其中，配合中环线工程，共搬迁信息化工作系统的通信管线60沟公里，新建管线20沟公里；配合洋山深水港工程，完成临港新城基础通信管线建设90沟公里。年内，国内第一座采用集约化方式建设的临港新城通信中心机房建成启用，整个机房建筑面积约7 500平方米，有效满足了洋山深水港运转的信息通信需求和各电信运营商在临港地区的通信业务发展需求。

截至2005年底，上海登陆的国际海光缆有6个系统共9条，海光缆通信容量达260Gbps；长途光缆线路总长达到5 141公里，比上年增长538公里。微波占有信道1 216波道公里，数字微波线路总长2 872公里；累计卫星站点数915个，比上年末减少2个。

（崔艳春）

一、信息通信管线

2005年，上海市信息管线有限公司（以下简称“信息管线公司”）通过集约化建设，有效地减少了道路的重复开挖，提高了地下管位资源的综合利用率，降低了建设成本，也为城市未来的发展保留了必要的信息管道余量。五年来，作为全国率先进行的信息基础设施建设改革的重大举措，上海的信息管线建设初步实现了统一规划、集约化建设、专业化管理、有偿使用和普遍服务，为各运营商公平公正地开展业务竞争提供了必需的基础网络条件，加快了上海信息化的进程。

管线建设

2005年，信息管线公司通信管道建设量为431沟公里，其中海港新城信息管线建设65沟公里；A6、A7和A30高速公路信息管线建设61沟公里；外环线信息管线建设浦东段53沟公里，浦西段21沟公里。为缓解道路开挖对城市交通的影响，2005年，管道建设运用非开挖施工方式的比例有所提高，非开挖工程建设量超过180沟公里。

2005年，配合架空线入地建设完成信息管道35沟公里，特别是在上海站南广场架空线入地建设中，克服了时间紧、施工难度高等一系列困难，采取了多项技术措施，不仅按时完成了施工任务，而且确保了道路交通不受影响，受到了市道监办、市信息委和工程指挥部的一致好评。

截至2005年底，信息管线公司建设通信管道共计1 843沟公里，初步建立了覆盖全市的集约化信息管道基础网络，保证了上海信息化发展对通信业务的需求，基本满足了近年来用户提高通信服务质量和各运营商建网对信息管道的要求。

楼宇接入

2005年，完成接入商务楼宇291栋，基站47个，共计接入大楼338幢。截至2005年底，总计接入商务楼宇843栋，基站95个，共计接入大楼938幢，有力地支持了运营商的业务发展，还为公务网、教育网、科技网等专网提供了各种方式的接入。

维护保障

2005年信息管线公司配合运营商穿缆1 455人次，人井清理2 000余只，人井包封1 500余只，调换加密井盖3 000余只、复合井盖350只，保养整修管线桥架100余座，办理施工交底卡283张。2005年根据管道区域分布的情况组建了市区、郊区两个维护中心和临港新城、闵行两个维护站，对市区主要线路实施了重点保护，建立7 × 24小时值班制度，提高了运维抢修的反应速度，在处理突发性事件时的机动性得到明显的提高，特别是在2005年的“网球大师杯”和“洋山港开港仪式”期间，两个中心和两个维护站在管线安全工作中都发挥了卓有成效的作用。

（朱丽荣）

二、无线基站

公用移动通信基站集约化建设

【加大集约化建设的推进力度】 在2004年开展适应性试点验证的基础上，2005年，上海市无线电管理局（以下简称“市无管局”）将上海南站（20多万平方米）、北外滩泓邦国际大厦（9万多平方米）及长宁区政府大楼作为室内信号覆盖分布系统的年度试点项目，进一步加大了集约化建设的推进力度。同时，市无管局在洋山深水港、临港新城、陆家嘴、人民广场、徐家汇等20多处标志地点，组织牵头并落实了室外基站景观化设置和改造的工作。

【营造保障集约化建设的政策环境】 为了进一步保障集约化建设的有序发展，市无管局在政策环境营造、标准规范制订等方面积极开展了相关工作，取得良好成效。2005年11月11日，《上海市公用移动通信基站设置管理办法（104号令）实施细则》正式施行。该实施细则将移动通信室内信号覆盖分布系统明确纳入到公用移动通信基站管理的范围。同时，该实施细则对室内分布系统建设的管理办法，室内、室外协调规划的原则，室外宏基站的景观化设计均作了详细的要求，从而使移动通信室内信号覆盖分布系统的建设做到了有法可依、有章可循。2005年，《移动通信室内信号覆盖分布系统设计与验收规范》作为地方标准立项编写，通过编制进程的落实，该规范将于2006年3月1日在全市范围内正式施行。这标志着移动通信室内信号覆盖分布系统的设计与验收将统一纳入城市建筑功能性配套标准中，从而为规范基站集约化建设奠定基础。

（市无管局）

频谱资源综合利用

【短数据传输平台的应用】 2005年，频率资源大平台战略的推进已经初见成效。以天宇公司“诺特网”为代表的短数据传输平台已成功应用到市政、消防、交通等城市智能化管理的众多领域，在满足更为广泛用户需求的基础上，进一步提高了频率资源的利用率。同时，也促进了运作经营基本实现规模化，投入产出基本保持平衡，正现金流的流转基本趋于稳定。

【“iDEN”数字集群商务平台建设】 卫通国脉的“iDEN”数字集群商务平台通过加强现有网建设和原模拟网平滑过渡等保障工作，对数字集群网用频进行了调整配置及基站布局的优化，提高了系统容量，完善了覆盖范围，发挥了数字技术频率利用率及业务功能高于模拟技术的优势及潜力，促进了“模转数”发展进程，数字集群用户数量已突破了1万户。

（市无管局）

三、通信局房

上海临港新城通信中心局房

为及时满足临港新城的通信需求，围绕市委、市政府提出的“合作共赢”方针，2003年底，上海电信揽下承建国内第一个集约化机房的重任。面对时间紧、任务重的压力，上海电信多次组织召开项目协调会，与其他运营商沟通协调建设方案，仅用5个月的时间就完成了项目前期筹备，并于2004年11月底打下了第一桩。在建设初期，港区一片荒凉，工地条件相当恶劣，负责港城中心局房土建工作的南汇电信局克服各种困难，组织施工人员在建设前期铺设临时道路。由于地质、水电配套不能满足的原因，施工人员经常要面临道路下陷、水电中断等危险；在“麦莎”、“卡努”两次强台风期间，施工人员还抓紧时间坚持施工，为工程建设抢得了宝贵的时机，确保了临港通信中心局房的顺利开通。2005年9月15日，由上海电信负责承建，上海电信、上海移动、上海网通、上海联通、上海有线网络5家国内运营商首次联手建造的临港新城通信中心局房顺利开通。 （李家玻）

四、海光缆和长途通信光缆

海光缆现状

【上海电信海光缆现状】 上海电信是中国电信行业国际通信最大的出入口局，建有国际海缆登陆站和国际卫星站，是中美、亚太二号、欧亚、环球、中日等国际大容量光缆系统的重要节点或终端站。至2005年底，上海国际电路已通达约240个国家和地区，并为中国网通、中国联通、中国移动等公司提供国际通道。

（李家玻）

【上海网通海光缆现状】 中国网通（集团）有限公司上海市分公司（以下简称“上海网通”）拥有一流的国际网络，承担着中国网通近60%的国际带宽业务，拥有C2C、APCN2、FLAG、CJ、中美和SMW3等丰富的海光缆容量，通达美国、日本、韩国、新加坡、英国、西班牙等众多国家。上海网通可提供包括IPIC、FR、VOICE、DPLC、IPVPN、IDD等在内的各类国际业务开通和服务。2005年，国际网络运行稳定，国际网络可用率达到99.999%；共开通各类国际传输电路380多条、国际语音电路150多条。

上海网通下属的南汇登陆局是国内历史最悠久的国际海缆登陆站，目前拥有两个国际海缆登陆站（FLAG登陆站和C2C登陆站），分别承担着3条国际海光缆的维护工作。一是C-J FOSC海底光缆（中国第一条国际海底光缆）。该光缆于1993年底开通（南汇至日本九州宫崎），全长1 269公里，使用9只海底中继器。光缆采用4芯海底光缆，工作波长1 550nm，系统容量为一主一备两个591.2Mbit/s传输系统。二是环球光缆(FLAG)。该光缆于1998年初开通，它连接13个国家的17个登陆点，负载12万条语音电路。全长2.7万公里，贯穿了大西洋和太平洋。三是C2C国际海缆系统。该光缆于2001年在南汇登陆，目前直接连通了亚太7个国家和地区的9个登陆站，它是世界上容量最大的网络之一，采用最先进的密集波分复用技术，使系统每根光纤的线路速率可达96 × 10Gbit/s，即960Gbit/s；单方向有8对光纤，从而使设计容量达7.68Tbit/s。 （顾 净）

海光缆安全保护工作

【政府企业合作，确保海光缆安全】 自从中国大陆第一条海底光缆——中日海底光缆1993年在上海南汇登陆以来，已有“中日”、“环球”、“欧亚”、“中美”、“亚太”、C2C等6个系统9条海底光缆在上海登陆，连接世界30多个国际海底光缆登陆点。

在上海市通信管理局的组织协调下，沪、苏、浙两省一市，通过省际护缆工作会议，共商协同保护海光缆事宜。相关电信企业及公安、边防、渔政、海洋等部门加强合作，认真落实对海光缆进行3米深埋，对事故多发区域的海光缆进行改道，增加雷达观察站加强海上警戒维护，加大宣传力度，制定海光缆故障应急调度预案等一系列保护海光缆的措施，使海光缆的损坏中断事故明显减少，通信安全得到进一步提高。

（胡永龙）

【上海电信加大海光缆维护工作力度】 随着《中韩渔业协定》的生效，中国渔船进入韩国一侧过渡水域必须得到韩国发放的许可证方可进行捕捞，这使许多外海作业的渔轮返回中国沿海作业，给上海电信海光缆维护工作带来挑战。为确保海光缆的安全，上海电信长途通信部先后向舟山海洋与渔业局、江苏省渔业指挥部、东海区渔政管理局等国家渔政管理部门询问具体法规及许可证发放的情况，调查可能返回中国沿海作业渔船的基本数量。上海电信通过对基本情况的了解发现，仅浙江地区可能受到影响的船只就有近万条，其中大型帆张网及拖网船的数量在3 000条以上，调查还发现，在外海作业的渔船普遍存在吨位马力大、携带帆张网网具多、对沿海海光缆情况不熟悉的特点。对此，上海电信采取多项措施，确保海光缆安全。如在开捕后的潮汛期，加强海上巡逻；在船老大休整期，组织宣传小分队深入舟山、南通、洋口、盐城、射阳等地进行专题护缆宣传，并在当地渔政部门的配合下，召开渔老大座谈会；对大型户外宣传广告进行检查，对宣传效果好的广告位置进行现场调查；有针对性地发放宣传海图和宣传品等。

（李家玻）

长途通信光缆现状

2005年，全市长途光缆线路长度和纤芯长度分别达到5 141公里、13.3万芯公里，分别比上年增长11.7%和23.3%。本地中继及接入网光缆线路长度和纤芯长度分别达到3.7万公里、184.8万芯公里，分别比上年增长26.1%和32.3%。上海是中国电信国际、国内长途电信网的重要枢纽节点，国内传输光缆有京津沪、南沿海、北沿海、北沿江光缆和沪杭、沪宁光缆等。

（胡永龙　李家玻）

第三章 信息网络设施

概 述

2005年，上海电信业务总量完成375.8亿元，同比增长22.2%；实现电信业务收入304亿元，同比增长8.1%；实现电信业增加值约219亿元，同比增长7.0%，电信业增加值占全市生产总值的比重达到2.4%；完成电信固定资产投资99.4亿元，同比增长10.1%。

1. 通信用户持续增加，普及率提高

电话用户总数达到2 440.8万户，比上年增长267万户，增幅12.3%。其中，固定电话用户达到996.7万户，比上年增长129万户，增幅14.9%；移动电话用户达到1 444.2万户，比上年增长138万户，增幅10.6%。

固定电话用户中，无线市话（小灵通）用户达到188.4万户，比上年增长83万户，增幅78.8%；住宅电话用户达到685.0万户，比上年增长143万户，增幅26.3%；公用电话用户达到39.0万部，比上年增长8万部，增幅27.6%。

移动电话用户中，GSM移动电话用户达到1 272.9万户，比上年增长103万户，增幅8.8%；CDMA移动电话用户达到171.3万户，比上年增长35万户，增幅25.6%。

根据中国互联网络信息中心（CNNIC）的第十七次中国互联网络发展状况统计报告，2005年，全市网站达到59 837个，同比增长2.2%，占全国总数的8.6%。

互联网宽带接入市场的发展依然充满活力，2005年，互联网宽带接入用户数超过了247万户，比上年增长88万户，增幅55.3%，其中xDSL用户达到147.6万户，比上年增长50万户，增幅51%，约占互联网宽带接入用户总数的60%。

固定电话主线普及率达到57线/百人，比上年提高7线/百人；移动电话普及率达到83部/百人，比上年提高7部/百人。

无线寻呼业务持续萎缩，2005年无线寻呼用户数达到56.4万户，比上年减少15万户，减幅20.5%。

2. 通信话务量稳步上升

2005年，上海市固定电话本地网内通话量保持稳定，全年累计361.5亿次，同比增长5.9%。

固定电话本地网内拨号上网通话量50.8亿次，同比减少34.5%。

固定电话长途通话量全年累计31.2亿分钟，同比增长5.6%。其中，国内长途电话通话量30.0亿分钟，同比增长6.1%；国际及港澳台电话通话量1.2亿分钟，同比减少6.4%。

IP电话通话量全年累计59.2亿分钟，同比增长21.5%。其中，国内长途电话通话量55.7亿分钟，同比增长22.0%；国际及港澳台电话通话量3.6亿分钟，同比增长15.2%。

移动电话通话量全年累计290.1亿分钟，同比增长30.7%。其中，移动电话本地通话量270.5亿分钟，同比增长34.0%；移动电话长途通话量19.6亿分钟，同比减少2.3%。

移动短信业务量全年累计180.6亿条，同比增长36.0%。

3. 通信能力持续增长

2005年，上海市局用交换机容量(含接入网设备容量)达到1356.5万门，同比增长48.8%；长途电话业务电路达到4.6万个2M，同比增长33.7%，长途电话交换机容量达到50.7万路端，同比增长84.1%。

2005年，上海市移动电话交换机容量达到1991万户，同比增长12.6%，其中，GSM移动电话交换机容量达到1 741万户，同比增长14.7%；CDMA移动电话交换机容量达到250万户，与上年持平。移动短消息中心容量达到5 585万条，同比增长3.1%。

（胡永龙）

一、固定电话网

上海电信全面发展小灵通业务

2005年，上海市电信有限公司（以下简称“上海电信”）全面发展小灵通业务，不断为用户提供优质服务。至年底，小灵通用户数累计超过180余万户。上海电信采取的主要措施有：一是在提高小灵通来话接通率上狠下功夫，抓好基站建设，啃下“硬骨头”；对盲点制定针对性方案，加快基站安装步伐；结合小灵通网络和市场动态变化进行网络优化和室外补盲，并做好在网设备的监控与维护。二是加大宣传和营销力度，努力做到家喻户晓；多种渠道、多种方式拓展市场。三是推出一系列小灵通增值业务，为用户提供多样化服务。2005年初，上海电信小灵通用户实现了与全国移动、联通手机用户以及小灵通用户互发短信，信使服务、点播业务、订阅业务也在3月推出。5月17日（世界电信日），上海电信推出机卡分离小灵通，使换号变得十分方便；6月，推出小灵通七彩铃音业务；9月，推出QBOX(灵通无绳电话)业务，小灵通和固定电话为同一个号码，小灵通手机在室内具备数字无绳子机功能，同时也可以作为小灵通使用；12月，推出灵通邮箱业务（邮箱地址：小灵通号码@shphs.com）。通过灵通邮箱，客户可享受新邮件到达的短信通知，通过小灵通发送电子邮件、阅读电子邮件正文等服务。此外，上海电信还开通了114短信查号，实现小灵通接收查号短信的服务功能。（李家玻）

上海电信率先实行账单自然月开帐

2005年2月1日，上海电信自然月开帐项目正式启动，并顺利运行。自然月开帐工作是2005年上海电信为了适应广大客户的消费习惯、方便客户掌握电信账单收费情况而实施的一项重要工程。通过该项目的实施，上海电信客户账单结算周期将统一调整为按自然月结算，各类业务的结算时间将调整为每月1日至当月月底。由于该项目涉及面广、业务种类繁多，上海电信各相关部门通力合作，自2月1日凌晨开始进行全业务计费数据采集，并上传到帐务中心，至2月1日中午12点，数据采集工作圆满完成。上海电信帐务中心在对数据进行稽核无误后，进行了计费预处理，并进入开帐流程。自然月开帐是一项业务上和技术上处理极其复杂、实施难度很大的系统工程，上海电信千方百计克服困难，最终在中国电信集团内首家实施了自然月开帐。

2005年7月5日、6日，中国电信集团公司在上海组织召开了“自然月开帐工作上海现场交流会”，旨在推广上海电信自然月开帐试点的经验，以点带面顺利推进整个中国电信的自然月开帐工作。

（李家玻）

上海电信网络维护中心正式成立

根据中国电信集团《关于设立中国电信上海网络操作维护中心的通知》精神，中国电信股份有限公司决定在上海设立中国电信上海网络操作维护中心，作为股份公司的全网实时操作维护中心，负责对所辖网络进行实时监控和集中操作维护，同时可以作为中国电信北京网络操作维护中心的备份。2005年12月29日，上海电信网络维护中心(以下简称“上海NOC”)正式成立。上海NOC业务归口管理部门为股份公司网络运行维护事业部，而股份公司委托上海电信负责上海NOC的日常运作和管理。

上海NOC临时办公点设在上海民生大楼3楼，中心的电视电话会议系统、NGN软交换网管操作平台及各相关辅助设施等已初具规模，交换专业的人员也已基本到位。（李家玻）

二、移动通信网

上海移动提升网络运维能力

2005年，面对严峻的市场环境，上海移动积极应对竞争挑战，加快了建设步伐，完成室内覆盖楼宇建设450幢，居民小区覆盖100个，净增载频3 000余个，通信能力持续提高，经营效益实现稳步增长，客户总数达到941万户。

上海移动积极应对话务量快速增长的考验，成功实施了网络能力提升工程。公司积极跟踪市政重大工程建设，配套完成了洋山深水港、旗忠网球中心等配套工程建设，同步建设率达100%；积极抵御"麦莎"、"卡努"等台风灾害，迅速完成灾后恢复工作，体现了较强的快速反应和应急保障能力。上海移动不断总结重点通信保障工作的经验，采用新技术，做到在最忙时段基本无话务和信令溢出，确保了赛场、周边区域和相关重点路段的通信服务质量，圆满完成了F1、大师杯网球赛和东海搜救等重大通信保障任务。

上海移动加强网络运维的集中管理，推行了7×24维护模式，实现传输网和无线网的集中监控，有效提高了区域网络质量，网络运行质量稳中有升。同时，公司加强互联互通与合作，完善互联互通的接入管理，统筹协调，充分利用互联互通企业资源，推进网络建设和业务发展。（张　元）

上海移动完成洋山深水港地区移动通信网建设

上海移动仅用一年就完成了洋山深水港地区移动通信建设，成为惟一实现该地区移动信号全覆盖的运营商。

作为城市信息化建设的开路先锋，上海移动全面跟进洋山深水港通信建设，在港开、桥通、城用的同时，完成了移动通信配套设施建设。

为给洋山深水港这一国家重点战略工程提供优质的通信网络服务，上海移动早在2003年起就开始跟踪工程建设，仅用一年时间，便完成了通信局房、通信管道、无线基站、数据建设、传输建设等通信工程23项，涵盖了从通信基础设施建设到整体网络优化的全部工作，建成了一张与洋山深水港国际性地位相匹配的国际化移动通信网络。目前，小洋山港区由洋山和洋局两个基站共同覆盖，覆盖率已达到100%。

（张　元）

上海联通移动通信网建设

2005年全年，上海联通移动网上用户突破500万户，其中，GSM网332.3万户、CDMA网167.7万户；新建营业厅7个，至此，上海共有55家营业厅（含2家旗舰营业厅）和46家郊区专营店，全市共有4 378个销售缴费网点。同年，上海联通完成了网上营业厅二期的上线，服务体系日趋完善；完成GSM网12期扩容工程，以及CDMA、智能网多个系统的改造扩容工程，大幅提升了网络能力。GSM网络新增HLR能力160万，总容量达800万；新增交换机容量60万，MSC总容量达到438万；新增9个BSC、2 150个TRX载频数，总量达到了46个BSC、1.3734万个TRX载频数；CDMA网络新增HLR能力90万，总容量达360万；MSC总容量达到250万；BSC总量达到6个。上海联通当年完成了500幢楼宇的室内分布系统覆盖（共计完成2 400幢楼宇）和本地传输网建设重点工程，圆满完成了第48届世界乒乓球锦标赛和2005年上海网球大师杯等重大赛事的通信建设和通信保障工作。

（刘　苏）

上海联通改善网络运维质量

2005年，上海联通网络运维质量得到明显改善，CDMA系统接通率平均值为95.33%，同比提高2.52个百分点；GSM交换系统接通率平均值为92.88%，同比提高0.36个百分点；尤其是CDMA网络质量优势明显，经三网比对测试，其良好覆盖率达到94.36%，话务掉话比也持续保持较好水平。（刘　苏）

三、数据通信网

上海电信数据通信网现状

数据通信网由上海公用无线数据通信网、上海本地公用分组交换网、上海数字数据网和上海电信IP网组成。

公用无线数据通信网覆盖范围为上海市外环线以内及其周边地区，包括部分郊县县城，并能实现异地漫游。

上海本地公用分组交换网是一种将数据分割成短组、通过呼叫建立虚连接来传输数据，并在目的地分组被重新组装成原始格式的数据传输网络。该网已覆盖市区所有电信局和郊县大部分局站，方便用户接入，并可提供交换虚电路、永久虚电路、闭合用户群、虚拟专网、反向计费等多种业务类型。

上海数字数据网是一种利用数字信道传输数据信号的数据网，其特点是：传输速率高、传输质量高、协议简单、连接方式灵活、电路可靠性高、网络运行管理简便等。目前，该网已成为本地最大的基础数据网络，并已基本覆盖全市。

上海电信IP网是一个覆盖上海市、连通国内外主要IP网络的大型宽带城域网，是上海最大的IP骨干交换与接入网络。IP网承载各类综合业务，包括各类宽带用户接入、专线上网、视频等宽带网络业务，宽带接入方式有ADSL、FTTB+LAN、HOMEPNA。IP网为提高增值内容服务质量，专门构建了CDN平台，主要承载上海互联星空、ONLINE2以及各家合作SP的流媒体点直播应用，并提供分发IPTV业务。

（李家玻）

上海开通IP电视业务

经国家广电总局许可，上海电信和上海文广新闻传媒联合推出的IP电视业务于2005年12月正式开通，即日起，闵行、浦东部分区域的居民便可以申请IP电视业务。IP电视的最大特点是它的互动性，互动节目包括“视频点播”、“互动购物”、“互动体育比赛”、“互动电视教育”、“互动游戏”、“电视上网”等。上海IP电视集成运营平台将播出超过1 000小时的点播节目，下一阶段计划播出3 000～5 000小时的点播节目。另外，IP电视还具有信息集成、搜索和预订功能。IP电视播出的政府信息把“阳光政务”延伸到居民客厅，提供的天气预报、交通、餐饮、商场促销等信息查询和预订功能极大地方便了市民生活。与此同时，上海IP电视业务实时播出的直播频道达50个，它具有时移回看功能，可以让错过节目的观众重新收看。

（李家玻）

上海网通数据通信网建设

2005年，中国网通（集团）有限公司上海市分公司(以下简称“上海网通”)投资近6亿元用于上海市城域网的建设，全年新建光缆线路752皮长公里，其中新建与合建通信管道达到856孔公里。上海网通积极参与国家重点项目、市政府一号工程——上海航运中心洋山深水港、临港新城及2010年世界博览会重点工程——三林世博小区和浦江世博家园的通信配套设施建设，同时公司的管线资源成功进入中华第一高楼——金茂大厦，成功实现浦东陆家嘴地区管线的全面覆盖。

在小区宽带驻地网建设方面，2005年上海网通新建小区35个，覆盖新增1.38万余户，累计覆盖小区125个，覆盖数超过11万户；2005全年共完成CNC Connected商务楼宇接入230栋，累计完成接入商务楼宇550栋，其中高中档商务楼宇占全部楼宇的73%，新建楼宇占全部楼宇的21%。

（顾　净）

四、有线电视网

东方有线网络有限公司（以下简称“东方有线”）经过多年的建设和发展，已建成了覆盖全市的有线电视网络，为广大用户提供了公益性的有线电视服务以及数字电视、“有线通”等服务，这些服务极大地推动了城市信息化的发展。

有线电视网络建设和改造

2005年，东方有线通过优化有线网络、更新传输设备，极大提高了电视节目的传输质量，节目内容不断丰富。目前，公司已拥有267万直接有线电视用户；共传输了61套模拟频段的节目，包括16套中央台节目、15套本地节目和30套外省市卫星节目。

为提高有线电视网络的安全性和稳定性，更好地实现有线电视节目的传输，东方有线在原有光缆网基础上又新建了数条干线光缆和大量分配网光缆，使光缆分布更趋合理。同时，公司继续推进有线电视双向网建设，使有线电视双向网可以提供宽带接入、视频点播、电视会议、远程教学、网上视频游戏等服务，为因特网的普及、信息资源的开发和加快上海信息化的发展提供了基础，并将促进上海信息化服务向深层次发展。到2005年底，东方有线累计完成有线电视双向网改造185.66万户。

数字／交互电视建设

数字电视和交互电视是东方有线推出的全新业务，它通过双向交互式数字电视服务系统，将各类增值业务融合到有线网络平台上，并能综合提供数字视频服务、数字音频服务、数据信息服务等多种多媒体业务。数字电视业务平台于2002年9月28日试运行，并于2003年1月1日投入正式运行。2005年，公司对数字电视系统进行了扩展和完善，目前已推出了129套数字节目，包括101套视频、20套音频和8套数据广播节目。101套视频节目包括61套模拟频段的节目和40套数字付费电视节目。其中，付费节目包括上海付费节目30套，中央付费节目9套，华诚付费节目1套；模拟频段节目包括上海和央视模转数节目31套，外地卫视30套。20个音频包括上海广播节目10套，模转数广播节目10套。电视节目涵盖了电影、电视、动漫、体育、教育、音乐、娱乐、纪实、电视商务9类主题。

网络设备扩容

2005年，东方有线完成了有线网络设备第七次扩容建设，对“有线通”接入头端设备进行了升级扩容，采用了更为先进的密集形接入头端设备，大幅提高了网络的接入能力。东方有线完成网络升级后，网络容量更大，网络传输速度更快、更安全和更稳定，从而大大提升了“有线通”用户的网络质量，为有线网络扩大接入范围、推行更深入的宽带内容应用服务打下了技术基础。

（陈　静）

五、集群通信系统和寻呼网

800MHz数字集群政务共网

800MHz数字集群“政务共网”建设在市领导和市信息委的大力支持下取得了重大突破，为上海未来发展建设中形成TETRA政务共网、iDEN商用网、公安一级指挥网以及国安与民航共网等四大网络规划奠定了基础。截至2005年底，“政务共网”的功能需求、管理体制、招标方案、频率安排等方面已形成了一揽子的方案并得到了市领导的同意。运营商的招标工作已经顺利开展，四网规划的频率安排已经得到国家的认可，在此基础上相关网络二次转频工作计划以及模拟网络零点切割计划安排已经制定完毕并得到相关单位的确认。

（市无管局）

中卫国脉数字集群共网

【概况】 中卫国脉通信股份有限公司（以下简称“中卫国脉”）iDEN数字集群共网系统自2003年5月正式启动商业化运作以来，经历了三年建设、运营和发展，数字集群共网系统在系统建设、业务管理及市场运作方面都取得了一定经验，为今后的发展奠定了基础。

【系统建设进展】

1. 系统覆盖工程建设

数字集群网络的覆盖质量和运维质量是集群通信市场发展的关键保障，因此，为提高网络覆盖能力，确保网络通信质量，2005年，中卫国脉加大了建设力度，仅上半年就投资3 000万元，完成了新增23座基站的工程建设项目和MSO系统的扩容项目，下半年继续投资2 000余万元，进行了新增25座基站的扩容项目。

截至2005年12月底，中卫国脉数字集群共网系统基站总数已达到了85座，其中77座分布在上海各地区，另外有8座分布于上海与苏州、昆山交界处，用以满足物流、储运等行业用户跨省际调度管理的通信需求。85座基站中，有30座为3扇区基站，分布于上海外环沿线及其以内的地区，其余55座基站为全向基站，分布于外环以外的各个地区。这些基站在市区外环以内的站间距平均小于3 000米，确保了市区内路面平均覆盖率超过90%。而在郊区，47座基站分布于上海郊区的各个镇中心、重要卫星镇、交通枢纽和各条高速、国道等主干道路上的各个环节，由此构成了覆盖上海郊区近80%地区的覆盖网络。在江苏苏州和昆山，覆盖重点解决了上海与苏州、昆山互连的道路，以及重要的商业集中地区和工业园区。

此外，为满足各企业和社会团体对于室内通信的需求，中卫国脉一方面有规划性和预见性地解决了部分重要社会活动场所的室内覆盖问题，如旗忠村网球场、部分大型酒店等，另一方面也结合社会力量，实现了针对不同企业特殊要求的室内覆盖。

2. 系统畅通率工程建设

随着数字集群共网系统在专业用户通信市场领域的不断扩大和深入发展，对系统畅通性的要求也随之不断提高。2005年上半年，数字集群在网用户数超过了1万门，系统各个小区的话务量和话务信道的利用率也在节节攀升，平均信道利用率由原来的不足10%，提高到近18%，而利用率超过25%的小区数由原来不足15个，提升到了44个。为此，中卫国脉进行了单站内信道的扩容项目，该项目共投入了42个收发信机，从而使系统整体增加了240个话音信道。该项目的实施使调度业务的信道排队率得到了有效的抑制，整体平均忙时信道排队率不超过1%，单站情况下，信道排队率最高不超过5%。为保障系统整体通信的畅通率，中卫国脉同时也加大了维护和检修力度，使设备完好率达到100%，全系统阻断率为零，网络运行稳定，没有重大事故发生。

【增值业务发展情况】 中卫国脉数字集群共网业务发展定位为：以调度业务为主，电话业务和其他增值业务为辅。经过近三年的发展，中卫国脉向广大专业用户提供调度、电话两大传统话音业务的同时，还尝试开发并提供以短信、分组数据为传输模式的数据业务：

1. 短信应用

①iDEN短消息同联通G网、C网手机的互联：通过iDEN短消息服务器同呼叫中心服务器的网络互联，在短消息发送号码前添加10194实现了iDEN手机同联通G网、C网的短消息互联，为iDEN手机短消息业务拓展了应用范围。②网上企业短信平台：与呼叫中心合作，提出了企业网络短信平台，是企业通过登陆网页，建立、维护属于企业自己的短信调度网络。如在网络上建立联系册、选择联系人或联系部门通过Intenet网络向所选择的联系人iDEN手机，逐个或成批发送短信调度信息。

2. iDEN GPS定位应用

① iDEN GPS短信车台+卫通GIS平台服务：这是一项由3G提供车台开发、生产，由卫通提供GIS网络服务的项目，目前该项目初步完成了车台的开发，与GIS平台进行通信的接口协议转换中间模块已初步研发成功，须进一步优化。该项目实现了较为专业的GPS信息处理、定位以及与位置相关的调度、指挥、监控操作。目标对象为大型混凝土公司、交通物流企业。②GPS集成手机+JAVA应用程序：这是一项计划与新加坡V3公司合作的项目，手机终端的Java程序已为成熟产品，可以自动地向GIS服务器发送手机本身的GPS数据，GIS平台所需的硬件和服务程序也将由V3提供；该项目实现了灵活的手机定位，是前面车台项目的补充。③Buddy Finder（密友追踪）：这是一项由Motoroal开发的手机之间相互定位的应用，由于其需要系统提

供E911支持，目前尚无法进行完成性测试。

3. 工业遥信遥控应用

①民防报警器遥控：通过对iDEN短消息的应用开发、接入开发，使用专线将短消息服务器同民防指挥中心互联，民防指挥中心通过短消息实现对上海所有防空报警器的遥控、遥测。该项目为iDEN手机带来近千台销售量的同时，也在专项应用领域扩大了iDEN的知名度。② iDEN MODEM应用-消防火灾告警信息传送：将定制开发的iDEN工业MODEM集成在上海市消防局制订安装的火灾自动告警箱内，通过iDEN的分组数传功能实现火灾信息自动上传入上海市城市火灾自动告警信息中心。该项目应用前景可观，在实现了原先双向寻呼系统的转网任务后，可发展千余台数传客户。在市消防局对强制安装自动告警系统的政策引导背景下，该应用的客户数将稳步持续发展。

4. 其他应用

iDEN 手机浏览 WAP：这是一项在目前借用Openwave免费Gateway，和中大通WAP GATEWAY进行初步尝试的项目，利用手机内置的浏览器访问互联网上的WAP网站，查看新闻、娱乐、财经、游戏等网站。

【用户市场发展情况】 2005年，中卫国脉iDEN数字集群用户发展已初显规模，用户全年增长率为119.38%，同时，由于iDEN技术在电话通话能力和通话容量的改进，使电话用户、分组数传用户也有所增长。与模拟系统中94%用户为调度用户、只有6%的用户开设电话的数据相比，iDEN系统中，不仅电话用户达到了16%，而且分组用户也有7%。用户类型具体分布情况如下所示：

用户类型	所占比例
调度用户	77%
电话+调度用户	16%
分组数据用户	7%

2005年，中卫国脉集群用户中，公用事业、政府机构、货运运输行业所占比例较高，依次分别为24.13%、22.86%和14.39%，通信行业用户占了9.95%，市政工程用户占了5.87%，服务业用户占了5.71%，公路路政用户占了5.05%，此外，用户所占比例较高的行业还有环卫卫生业、快递业和公共交通业。2005年10月旬，中卫国脉数字集群圆满完成了F1上海站及全国第十届运动会江苏现场调度通讯保障。

（杨　俊）

寻呼网

【概况】 截至2005年底，上海地区实际从事无线寻呼经营业务的企业还有14家，现有寻呼机用户56.4443万户，其中数字机用户8.8241万户，约占用户总数的15.6%，中文（股票）机用户47.6202万户，约占用户总数的84.4%。14家经营单位合计实装电话中继线1 508条，据2005年12月的统计显示，全部经营单位月呼叫量为55.2541万次，每条中继线的平均话务量为0.01次；每台寻呼机每天平均得呼叫次数约为0.03263次。

目前，寻呼机能提供的信息服务内容有：天气预报、外汇牌价、文体活动消息、简明新闻等，尤其是大容量广播发送股票即时行情的功能，受到广大股民的喜爱。今后，一般用户单纯利用寻呼功能的会越来越少，而医护人员、出租车司机、企事业单位的消防、保安人员等因特殊的需要，会坚持使用寻呼机的单向联络的功能。（市呼叫中心与无线寻呼协会）

【中卫国脉无线寻呼】 近年来，受手机通信方式冲击，寻呼行业较前几年出现明显的萎缩趋势。中卫国脉努力寻找市场机会，积极探索寻呼业务的延续和转型方向。2005年，重点在两方面进行探索和尝试：一是不断丰富信息机资讯，包括股票、足彩、体彩、生活资讯等个性化信息，拓展信息机用户，满足用户对信息的需求，努力促进寻呼向信息广播方向的应用和转型；二是围绕用户需求，向提供专业通信服务转型。2005年，中卫国脉针对部分有特殊通信需求的企业用户，如医院、学校、宾馆等，利用寻呼广播式短信息的特点，设置了企业寻呼特设功能，包括组呼、群呼和个人呼在内的几种呼叫方式，取得一定进展。

在上述尝试的基础上，中卫国脉还努力维持原有公众寻呼用户的稳定，适时开展了旧机回收整理工作，对于老用户反映较多、质量不太稳定的机器提供免费更换服务。同时继续做好寻呼系统运行维护工作，确保各项通信运行指标均在受控范围内。在确保通信质量的基础上，继续对发信网络进行了调整和改造，进一步优化网络结构。2005年，公司虽然相继关闭了商城、梅陇、中原、东海等10多个基站，但寻呼网络的整体通信质量没有受到影响。

由于市场的原因，经上级主管单位批准，2005年，中卫国脉关闭了双向寻呼试验网和上海地区的198寻呼网。由于事先做了充分准备，制定了详尽的用户转网、关频计划，在整个198上海网和双向网的关闭过程中，把网络调整对用户的影响减到最低。

2005年，公司还积极寻找合作伙伴，盘活各类寻呼资源。包括盘活寻呼基站资源；充分利用目前的坐席及中继线路等富余资源的优势，加强同社会力量的合作，发展坐席租赁业务；积极探索信息异地有偿输出模式，利用各种资源逐步扩大合作广度和深度，进一步拓展市场机会。（杨 俊）

第四章 功能型服务设施

概 述

2005年，上海市信息基础设施的服务能力得到显著提升，进一步满足了城市的信息化需求。上海超级计算中心（以下简称“超算中心”）运算峰值达10.2万亿次/秒的曙光4000A高性能计算机系统通过项目验收，平均使用率达56%，超额完成年初指标，高性能计算在气象、基因、药物等领域取得较大突破。上海互联网交换中心全年总交换流量已超过1 300TB（太比特字节），日最高交换流量突破5TB，总交换路由信息达26个B类IP地址，总交换互联带宽达4.9GB（千兆比特字节）以上。中卫国脉呼叫中心积极尝试新的业务领域，服务范围向全国拓展。

（崔艳春）

一、超级计算中心

2005年，上海超级计算中心充分发挥中心近11万亿次/秒计算资源的作用，为上海乃至全国的科研用户、企业用户提供高性能计算服务，为实施“科教兴市”、“科教兴国”战略提供有力保障。

2005年，多个高性能计算领域专题会议在超算中心召开。其中由超算中心主办的“2005高性能计算应用大会”，邀请了来自美国、加拿大、韩国、芬兰等国家的专家学者，讨论超算中心的运作和发展，为中心走向国际打下了基础。在普及高性能计算知识方面，超算中心全年共接待来自社会各界参观团190批，6 781人次。

高性能计算应用环境

超算中心为给用户提供高效、安全的高性能计算应用环境，在软件、网络、安全等方面进行了大量的投入。截至2005年底，超算中心已有适用于各类工业应用的商业软件21个，建设了适合于汽车设计、大型工程、航天航空、船舶等多方面的工业应用软件平台；适用于科学研究的共享源代码软件12个。

2005年，超算中心加强与汽车制造用户、宝钢研究院、航空航天、船舶、上海核工院、上海隧道设计院等单位的合作；新增科学计算类用户65个；新增工业类用户20家；新增了近10个应用领域，如格点量子色动力学、蛋白折叠、极地科学等；同时，超算中心积极参与国家863网格计划南方主节点的建设任务和上海应用网格的建设任务(已参与应用网格项目3个)；建立了云南大学分中心，为支援西部建设提供高性能计算服务。

超算中心网络系统采用了千兆以太网技术，可以为用户提供高效、可靠、安全的服务，目前95%以上的用户采用远程登录的方式提交课题进行计算。

在信息安全方面，超算中心从加强系统安全、强化员工信息安全意识、完善管理制度着手，切实保护客户知识产权和商业秘密的安全。2005年8月24日，超算中心通过了英国BSI Management Systems的信息安全认证，并取得了BS7799信息安全管理证书。

曙光4000A系统落户超算中心后，缓解了中心机时紧张的矛盾。丰富的软件平台、安全的网络、有效的管理措施为科研用户和工业用户提供“随需应变”的服务，不仅推动了科研单位和工业企业科技创新能力的提高，而且为中心带来明显的经济效益，增强了中心可持续发展的实力。

2005年，曙光4000A系统平均使用率为56.13%，并在多个科研领域取得了可喜的成果。用户利用超算中心资源2005年共发表19篇文章，其中有多个国际顶级刊物；工程部工程师以超算中心的名义发表学术论文5篇；课题“基于超级计算机的结构动力学并行算法设计、软件开发与工程应用”中有6项成果获鉴定，3项软件著作权登记，获得2005年上海市科技进步一等奖。另有3个项目通过市信息委鉴定或验收，其中有两项软件著作权登记。

中国国家网格主节点

中国国家网格（简称CNGrid）由国家863计划重大专项支持，是聚合了高性能计算和事务处理能力的新一代信息基础设施的试验床。通过网格资源共享、协同工作和服务机制，有效支持科学研究、资源环境、先进制造和信息服务等应用，以技术创新推动国家信息化建设及相关产业的发展。该项目2002年10月启动，2005年11月顺利完成并通过鉴定验收。

中国国家网格由南北两个主节点和7个普通节点组成。超算中心是其中的南方主节点。中心在曙光4000A系统上部署了该项自主研发的网格软件，与其他节点联合构成开放的网格环境，参与和配合多个应用单位完成应用网格的研制工作，如中国气象网格、新药研发网格、交通信息网格、生物信息网格等。同时参与CNGrid运行管理的工作。2005年，超算中心通过国家863计划高性能计算专家组的现场阶段检查，作为国家网格主节点正式挂牌。

同时，超算中心还参与了上海市科委的上海网格、上海市教委的上海高校网格、国家自然基金委的中国科学网格以及国家发改委支持的基于CNGI的中国国家网格应用等项目。（吴 珩）

二、互联网络交换中心

上海互联网络交换中心

【概况】 2005年，上海互联网络交换中心（以下简称“交换中心”）进一步提升了交换平台的网络性能和服务能力。交换中心在原有交换平台的基础上，对核心网络进行了部分的扩容和优化，日均总交换流量从原来的4.5TB（最高峰时突破5TB）提升到6TB以上；总交换本地IP地址将从26个B类扩大到40个B类以上；与交换平台互联的总带宽将从4.9G增加至10G以上，大大提高了交换平台的性能和可靠性。同时，交换中心研制完成了面向互联网络之间的“网间结算系统”，对确保城市各种信息网络“互联互通”从运转机制上进行了探索。

【交换流量】 2005年，交换中心的交换流量稳中有升。日均总交换流量始终在4.5TB(最高峰时已突破到5TB)左右，全年总交换流量达到1 300TB。

2005年，排名前五位的会员单位具体的流量情况见表1和表2。（注：由于交换平台到上海电信通信上有“瓶颈”等现象，故在增幅表中未体现增幅。）

表1 2005年会员单位年总流量排名前5名

排名	会员单位	与2004年排名比较
1	上海电信	→
2	上海教科网	↑
3	东方有线	↑
4	长城宽带（上海）	↓
5	上海科技网	↑

注：表中→表示名次不变，↑表示名次上升，↓表示名次下降。

表2 2005年较2004年增幅

排名	会员单位	增幅
1	联通（上海）	28.92 %
2	中电飞华（上海）	23.43 %
3	优特交互网	7.62 %
4	上海教科网	5.22 %
5	铁通（上海）	5%

【网间结算系统】 2005年，交换中心以产、学、研联合开发的形式，研制出一套具有自主知识产权的“互联网网间结算业务系统”的原型系统，首次用“效用理论”来重新计算网间信息的效用价值和用“ISP贡献率”来代替网间结算中的各方付出的成本，比较科学、合理地解决了网间结算难题。该系统是交换中心面向互联网络流量的综合业务管理平台的一个重要组成部分，主要解决了互联互通中各网络运营商之间的利益再分配的补偿机制，具有一定的实用价值。该系统主要包括“三个系统”(数据采集系统、费率费用预生成系统和清分系统)、“两个算法”(“基于效用泛函数的结算模型”、“实用化的实施结算模型”）和“一项专利”（专利发明名称：一种宽带互联网络网间结算的方法，专利申请号为：200510110691.1)。 （上海互联网络交换中心）

国家计算机网络与信息安全管理中心上海互联网交换中心

国家计算机网络与信息安全管理中心上海互联网交换中心（以下简称为“上海互联网交换中心”）是中国三大国家级互联网交换中心之一，由上海市通信管理局负责建设、管理。从2002年4月正式运行以来，一直承担着为中国电信、中国网通、中国联通、中国移动集团公司等数个互联单位的互联网骨干网提供互联互通交换平台的运行、维护、服务和管理工作。这个由高速交换机、高性能路由器、服务器、若干工作站及多种应用软件等组成的互联网接入交换系统，可为接入的互联单位提供网间互联、信息共享等服务。互联单位网络均以骨干层方式多边平等接入，通过交换中心，可大大提高互联单位网间的互联互访速度，同时也为接入单位的网间结算提供数据流量计量依据。此外，上海互联网交换中心由于具备网络测试和数据流量计量、分析等功能，也有利于信息安全的管理和降低接入单位与国外互联网运营商的网间结算费用。

2005年，上海互联网交换中心配合中国网通集团完成了在上海互联网交换中心的二期扩容等重大工作，协助各有关互联单位优化其互联网（骨干层）互联结构，以及进一步降低信息通信传输的综合运营成本。

（凌 坚）

三、无线测控定位设施

地面无线测控网

上海地面无线测控网是引进国外自成体系、较为成熟的先进定位测控技术，为专业级定位测控服务设计构建的地面无线通信增值服务专用基础网络。为引进该技术应用、提高城市应用能级、满足产业落地的需要，上海市于2005年3月4日正式启动了上海地面无线测控网建设。

【系统组成】 该系统由客户指挥中心（CCP）、网络控制中心（NCC）、基站及移动终端四部分组成。其中，客户指挥中心拥有对所属的移动目标的查询、控制与调度等权利；网络控制中心负责对整个网络的定位计算、数据中转及日常维护；基站负责整个网络信号与数据的无线传输；移动终端是客户实现定位的基本工具，分个人终端（PAL）和车载终端（TULIP）两大类。

【系统的基本功能】

1. 专业级定位测控功能

在无线信号覆盖区域，一次动态定位精度达到5～30米（63%概率<5米，98%概率<30米)，系统一次处理时间约为13～26毫秒，并可实现二次定位，定位精度具备1*1米的能力。

2. 多类数据双向传输功能

在简单数据传输基础上，系统传输带宽可扩容，并可结合其他数据通信专网，实现图文声像双向传输，达到实时监控、远程指挥效果。

【系统原理】 该控制中心(NCC)接收后，通过下行链路由发射基站向移动终端激发定位信号，移动终端收到此信号后,通过上行链路由接收基系统采用直接序列扩频（DSSS）通信技术和到达时间差异（DTOA）先进定位技术，可通过自动和人工操作等方式实现定位和通信功能。具体为，用户发出位置查询请求，网络站向网络控制中心传输定位所需的数据和信号，网络控制中心在接收到4个以上基站信号后，利用“到达时间差异”等技术得出移动终端的准确位置。

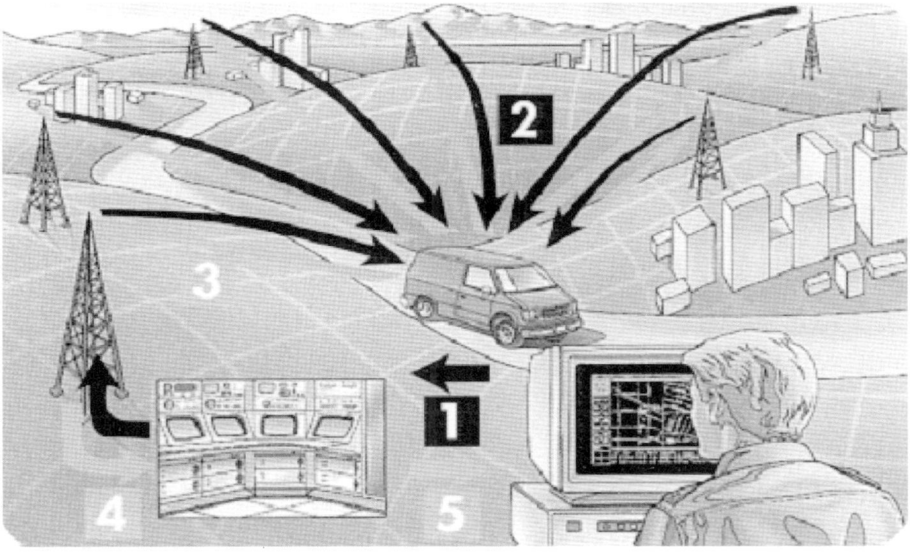

【技术优势】 上海地面无线测控网拥有835～837M无线频段和280.0125M无线频点资源。它与当前流行的GPS等定位技术相比，具有以下优势：

1. 通信优势

由于采用直接序列扩频技术,有极好的抗多径、抗衰落和抗各种干扰(有意/无意)能力，穿透力强、防窃听、抗屏蔽,并具有较强的自主安全性和传输可靠性。

2. 信号优势

适用于城市复杂电磁环境和高楼密集区,在室内、车库或立交、高架桥下都可稳定使用，弥补了GPS需对着天空无遮挡区域接收卫星信号且必须结合其他通信手段才能做到第三方定位，信号接收在室内和高架下有盲区的不足。信号灵敏度高，数据无线传输距离可以在80公里以上。

3. 终端优势

系统终端可编程，适用于各种不同应用领域，不易仿造。安装隐秘，具有极高的隐蔽性，不易被找到和拆毁。手持终端电源优势明显，终端耗电量小，持续供电时间最长可达80天，可以克服目前GPS终端冷启动时间长，耗电量大，电源无法满足长时间个人使用的缺点。

【应用领域】 为满足世博会举办和上海国际大都市建设需要，为促进城市管理的精细化、高效化，提升城市智能化水平，并带动相关产业发展，城市定位、监测等领域的需求日益增长。为此，上海地面无线测控网将形成一个覆盖上海全境的地面无线测控定位公共服务平台，以满足安全、便捷、廉价的专业化定位测控服务的需求。其主要应用的领域有：国防动员、应急联动、智能交通、物流监控管理、交通监控调度、汽车防盗保险、旅游管理、人员监控以及工业设备无线监测与数据采集等。 （葛越峰）

卫星导航定位平台

2005年，中国卫星通信集团公司上海分公司（以下简称“上海卫通”）建立并运营了GPS/GPRS导航定位综合信息服务平台，该平台是国家计委的高科技产业示范工程，是国家级的车辆信息化服务的基础服务平台。

该平台运用出色的卫星定位技术、移动通信技术和高质量的GIS地理信息系统，在为行业用户提供车况监控、记录历史运行轨迹(速度、方向、时间、位置等)、遇险报警、与驾驶员信息交互、出具管理报表等车辆管理基础服务的同时，还可基于用户生产管理系统做二次开发，提高用户的信息化管理水平，有效提高管理、生产效率。随着用户需求的多样化，该平台正在不断优化，现阶段公司对安装了GPS定位设备的车辆进行了浮动采集研究，并已取得阶段性的成果。

目前，该平台在上海地区的用户已经遍及物流、客运、危险品运输等多个行业。（上海卫通）

四、中卫国脉呼叫中心

中卫国脉呼叫中心一贯秉承"为客户赢得客户"的服务理念，以客户满意为最终服务目标，努力树立国脉呼叫中心一流的服务品牌。2005年，中卫国脉林内公司客服团队（10109100热线）先后荣膺"2004年度林内全国优秀服务网点"和"2005年上海市用户满意服务明星班组"的称号；11月，摩托罗拉市场部对中卫国脉呼叫中心为其提供服务的10106655销售热线进行了服务质量抽查，并给予了高度评价，称赞国脉的座席代表"专业的素质完美体现了MOTO的品牌形象"，并对国脉呼叫中心的严格培训与管理表示感谢。

【呼叫中心系统平台】 中卫国脉呼叫中心系统平台是以AVAYA软硬件系统为核心，并结合CTI与多媒体交互技术的集成体，能够实现电信交换接入与统计监督功能，可以通过电话、传真、语音信箱、电子邮件、Internet等多种方式在企业与客户间建立起全方位的沟通桥梁。该平台除了承载呼叫中心传统的外包、电话营销、IVR等业务以外，还由呼叫中心技术团队自主开发开通了针对企业用户的短信通平台，以及针对手机个人用户的移动增值业务平台，截至2005年底，使用短信通的企业用户已达10户，已上线的移动增值业务共计11项。

【呼叫中心业务领域】 2005年，中卫国脉呼叫中心业务积极尝试新的业务领域，如全国移动增值业务、服务承包、座席租用、电话营销/回访/调研、IVR自动语音、培训、软件开发、网站设计、服务器托管、通讯资源代理以及系统集成等诸多方面，为客户提供整体解决方案，服务和收费项目进一步得到细分。此外，中卫国脉呼叫中心业务领域也由上海向全国拓展。

【座席外包业务】 截至2005年底，中卫国脉呼叫中心已具有200个座席业务规模。林内公司、联通上海分公司、上海博物馆、森泰克公司、大正市场咨询公司、潮流公司等均为中卫国脉呼叫中心的忠实用户，长期租用座席或服务外包用以开展客户咨询、电话营销、市场调研、电视购物等商务活动。

【技术外包业务】 技术外包与座席外包一样，均属于服务类外包的范畴。目前，中卫国脉呼叫中心能够提供的技术服务包括：技术战略咨询、个性化应用软件开发、技术支持、系统集成等。2005年，中卫国脉呼叫中心先后为潮流、瀛韵等公司提供了电子商务订单系统、网站等应用开发服务，使技术开发从最初作为外包座席相配套的免费服务提升为可销售的技术产品。

2005年7月，中卫国脉呼叫中心与南京码也公司合作开展针对江苏联通的电话营销呼叫中心项目。合作期间，中卫国脉呼叫中心负责向其提供电话营销业务系统、电话呼入系统扩容、人员培训、业务流程设计、业务软件开发、业务管理、系统维护等支撑服务。

【移动增值业务】 中卫国脉呼叫中心是上海联通的重要合作SP之一，一直致力于为联通用户提供联通秘书、手机杂志、健康宝典、个股点评、联通城市、eFax、报信鸟、联通小秘书、有情点歌、足球通等增值服务。截至2005年底，用户数已达20万户。同时，2005年，公司还启动了与上海移动的增值业务合作，目前已试开通的业务有足球通和欢乐阵线。

2005年，中卫国脉呼叫中心先后与四川、浙江、江苏、天津、北京、河北、山西、山东、云南、重庆等省市的联通分公司进行了业务交流与申报。目前，四川、江苏、山东的联通业务均已上线开通，特别是四川、江苏两省的电话营销工作已于2005年8月先后正式启动，截至2005年底，两省的用户数已突破10万户。

【数据业务】 数据业务（主要为1010全国统一接入业务）发展稳定，除了麦考林、携程继续使用中卫国脉的服务以外，2005年，还增加了大众汽车、顺平公司两家新客户。

（杨　俊）

五、上海网通互联网数据中心

中国网通（集团）有限公司上海市分公司（以下简称“上海网通”）共有5个核心机房，分别位于浦东的乐凯、浦西的市北、茂名和漕河泾。核心机房总建筑面积达到1.6万平方米，其中，两个较大规模的互联网数据中心（以下简称IDC）分别位于浦东的乐凯大厦和浦西的漕河泾开发区。2005年，上海网通宽带网络运行稳定，其中IDC全网可用率>99.99%；用户端口可用率>99.99%；用户端口线路可用率>99.99%。

乐凯大厦内的IDC临近陆家嘴金融区，地理位置优越，机房面积为600平方米，内设两个机房共84个机柜。该中心拥有到CNC上海城域网的2个千兆链路，内部网络结构完整，具备高标准的环境、动力、消防和网络服务能力，是具有银牌资质的IDC，目前客户入驻率为80%。

位于漕河泾开发区内的IDC机房自2001年3月正式投入运行，机房使用面积达到3 500平方米，拥有机房区域15个，目前与骨干网有四条1G电路互连。漕河泾IDC是网通最大的IDC，基础设施完备，针对安全性要求比较高的客户，设计有6个VIP包房，实现了双路UPS电源接入，以满足客户对电力安全方面的考虑。并针对客户的需求设计了隔笼服务，从2～8个机柜不等，可自由进行划分，供客户灵活选择。IDC机房自投入运行以来，已有多家国内知名公司入驻，包括游戏运营业、电信设备制造业、金融业的多家著名企业，目前客户入驻率为90%。

上海网通互联网数据中心目前可提供多项增值业务和服务，包括数据和语音专线接入服务、空间服务、主机服务、7 × 24监控服务、代维操作服务、防火墙服务等。

（顾　净）

第 二 编

信 息 产 业

综 述

2005年，上海信息产业按照科学发展观要求，贯彻科教兴市主战略，坚持"两个优先"发展，认真落实加强和改善宏观调控的政策措施，积极主动地适应国内外环境的变化，经济运行的稳定性逐渐提高，继续保持健康发展的良好势头，并逐渐从高速扩张向稳步增长转换，继续成为拉动上海经济增长的重要力量，在上海经济发展中的地位不断提高。

2005年，上海信息产业发展呈现以下主要特点：

1. 信息产业发展保持良好势头，重点产业快速发展

2005年，上海信息产业工业销售收入和服务业经营收入合计完成5 022.8亿元，同比增长24.3%。其中，信息产品制造业累计完成销售收入4 106亿元，同比增长21.8%，高于全市工业增速3.5个百分点,对全市工业增长的贡献率达到29.1%，拉动全市工业增速18.3%中的5.3个百分点，在上海6个重点发展的工业行业中继续保持领先。

信息服务业(含软件业)实现经营收入916.8亿元，同比增长37.1%。其中，软件业经营收入455.2亿元，同比增长50.3%。

2. 重点产品产销两旺，占国内市场份额稳定

笔记本电脑、打印机、服务器等产品产量占全国1/3以上。2005年，全市生产移动通信基站115万信道，同比增长99%，产销率达到100.2%；笔记本电脑产量达1 644万部，同比增长106%，产销率达到97.5%；服务器产量308万部，同比增长1.3倍，产销率达到100.9%；液晶电视机产量34.8万台，同比增长2.7倍，产销率达到102.6%。

3. 软件产业呈现快速发展态势

软件产业保持快速发展，成为推动信息产业结构调整的重要力量。2005年，全市软件产业实现经营收入455.2亿元，同比增长52.3%；软件出口收入实现6.81亿美元，同比增长43.1%。软件自主创新能力不断增强，中标软件公司的操作系统和OFFICE产品成功纳入政府采购；普元公司的EOS构件平台在电信、金融等领域成功推广应用；华东计算所研发ReDe实时嵌入式操作系统获得"2005年国家信息产业重大技术发明奖"。国家和市级软件产业基地配套服务体系不断健全，产业集聚效应明显。

4. 集成电路产业发展势头强劲，产业链日趋完善

集成电路产业坚持以芯片制造业为主体，以IC设计业为突破口，着力推动覆盖设计、制造、封装、测试、设备等环节的IC产业链共同发展，2005年，上海集成电路产业实现销售收入300亿元。超大规模集成电路产量占全国的75%。

5. 通信制造业高端产品优势凸现

2005年，上海通信设备制造业实现销售收入622.3亿元，同比增长65.05%。其中，在小灵通、网络扩容等增长需求的带动下，移动通信基站增长较快，1～12月完成115万信道，同比增长99.5%，销售额呈进一步增长态势。

上海通信产品在中高端市场上优势凸现，在移动网络、固定网络、光网络、增值业务等领域形成了较为齐全的主力产品。

上海3G产业在2005年实现了重大突破，形成了上海贝尔阿尔卡特和上海大唐组合，开展国际化合作；形成了系统、芯片、终端、软件、测试仪器仪表等较为完整的3G产业链。产业链上的上海企业积极发起成立"新一代移动通信产业联盟"，并利用联盟资源开展相关工作，例如建立"3G专利数据库"，建立3G内容应用推进组，开展DMB手机电视产业链合作等。

6. 信息家电产业各领域同步发展

作为一个新兴行业，信息家电各领域的产业发展循序渐进，数字电视稳步推进，高清影碟机规范生产，家庭网络纳入正轨平稳起步。2005年，信息家电产业的总销售额达760亿元（含相关元器件）。全年生产彩电146万台，同比增长8%，其中液晶彩电35万台，比上年增产2.6万台；生产各类影碟机727万台，同比下降18.3%；生产数码相机154万架，同比增长21%；生产数字电视机顶盒约100万台，同比增长50%；有线电视双向网改造约240万户，市区用户覆盖率超过80%；数字付费电视用户增至8万户，同比增长60%；高清晰度数字电视产业链获得新发展，高清晰度数字电视节目开播。

7. 信息服务业多业态并存快速发展

通过利用各种虚拟和实体的网络，实现资源和能力的整合和共享，信息服务业已成为企业参与市场竞争不可或缺的手段。2005年，软件产业实现经营收入455.17亿元，同比增长50.3%；电信服务营业收入331.4亿元，同比增长16.3%；广电服务经营收入27.6亿元，同比增长16.9%；网络服务营业收入102.7亿元，同比增长131.8%。广电的传媒业转向数字电视及其内容提供领域，基于数字技术的新媒体正逐步成为市场主力。电信服务业随着电信市场整体的扩张而稳健发展。宽带互联网应用发展迅速，电子商务应用日益广泛，众多网络服务模式带来了巨大的市场。

（市信息委产业处）

第一章 信息产业环境建设

概 述

上海信息产业的快速发展离不开良好的环境建设。近年来，上海市政府在科教兴市重大产业科技攻关项目、在政策措施和资金引导、在公共服务体系建设等方面，努力营造促进产业发展的良好环境，保证了信息产业快速健康发展。

在已经组织实施的科教兴市重大产业科技攻关项目中，有三分之一是与信息产业相关的项目，如数字通信、数字电视、软件、半导体装备等，较好推动了上海信息产业的发展。

在公共服务体系建设方面，既重视产业园区、产业基地的建设，在公共服务平台建设方面也投入较大的资源。目前，上海已经建有国家微电子产业基地、国家软件产业基地、国家软件产业出口基地、国家信息安全基地、国家集成电路设计（上海）产业基地、上海市级软件产业基地等；近年来，又陆续建设了上海集成电路研发中心、上海市软件评测中心、上海硅知识产权交易中心等公共服务平台，将政府对产业的支持从项目资金资助扩展到公共服务，帮助更多企业享受到良好的产业发展环境。

在政策引导方面，上海进一步完善软件产品和软件企业的认定，支持软件企业开展CMM认证等工作。

（市信息委产业处）

一、科教兴市重大信息产业攻关项目

组织申报情况

2003年12月17日，在中共上海市第八届委员会第四次全体会议上通过了《上海实施科教兴市战略行动纲要》，明确了科教兴市是推进上海经济社会发展、提高持续创新能力的主战略；科教兴市重点支持能体现国家和上海市产业发展战略要求、具有核心自主知识产权、拥有良好产业化前景、能迅速形成市场规模的重大项目。

大力推进“科教兴市”主战略，就是要在一定的时间和空间内整合资源、集成技术、聚焦突破，最终推动城市经济增长方式的转变。项目申报单位必须是企业或以企业为主体的产学研联盟；企业必须在上海注册，注册资本不低于1 000万元人民币，具有良好的诚信、较强的资金筹措和项目组织实施能力；必须拥有优秀的领军人物、管理和技术团队，其中项目负责人应具有本领域较丰富的工作经验和较高造诣，熟悉本领域国内外技术、市场动态及发展趋势。所申报项目必须符合《项目指南》所规定的产业领域和重点方向；必须具有自主知识产权，能攻克一批制约重大产业发展的技术瓶颈，技术达到国际先进和国内领先水平，并在上海实施科技攻关及产业化；必须有利于新兴产业的形成壮大和传统产业的能级提升，拥有广阔的市场前景，3~5年内能形成较大的市场规模，取得较好的经济效益和社会效益。

信息产业作为上海的第一支柱产业，在发展过程中得到了市委、市政府的大力支持，在科教兴市项目安排上也向信息产业倾斜。在2005年上海市科教兴市项目中，有1/3是与信息产业相关的项目，如移动通信、数字电视、软件、半导体装备等，较好地推动了上海信息产业的发展。（市信息委产业处）

TD-SCDMA第三代移动通信系统开发及产业化

TD-SCDMA第三代移动通信系统开发及产业化项

目由上海大唐移动通信设备有限公司（以下简称“上海大唐移动”）承担。

截至2005年12月底，该项目科技攻关进展顺利，TD-SCDMA基站系统开发已完成NodeB、RNC、OMCR；开发完成TD-SCDMA终端全套解决方案，其中包括芯片、全套协议栈软件（L1/L2/L3）、人机接口和应用软件(MMI/APP)、软件开发平台(UE Tool kit)、手机模块(Module)、手机系统设计(Design House)；建立TD-SCDMA测试验证环境，按计划保质保量地完成了合同书中约定的各个节点目标，并已于2005年6月率先通过由上海市政府相关部门组织的中期评估验收。上海大唐移动计划将于2006年3月申请后期评估验收。

在项目实施过程中，上海大唐移动通过运用合理、有效的知识产权保护策略，对相关技术成果通过专利申请或技术秘密保护等方式进行有力的保护，已申请中国专利34件，其中28项为发明专利，1项为实用新型专利，5项为手机外观专利，还有多项创新技术正在专利申请准备中。

至2005年底，该项目所有成果已全面应用于国家信产部组织的MTnet内场、外场测试、TD-SCDMA产业化测试和当前开展的“TD-SCDMA规模网络技术应用试验”（预商用测试）中；在系统设备方面，公司已具备相当规模产能；在终端设备方面，自2006年3月起将按计划向“规模网络技术应用试验网”提供一定数量商用手机，并且已向中兴、华为、TCL、英华达、Simcom、LG、龙旗、华立等多家终端制造和开发商授权提供TD-SCDMA终端解决方案，以确保“规模网络技术应用试验”工作的顺利进行和产品的大规模商用。

桌面中文软件系统

桌面中文软件系统项目由上海中标软件有限公司(以下简称“中标软件”)承担，2004年立项。

该项目是基于开源技术，采用“一架式”软件体系结构，实施自主版权的桌面操作系统和办公套件的开发与产业化，以摆脱桌面中文软件系统对国外产品特别是微软Windows和Office的依赖，保障电子政务、电子商务、电子军务的安全可靠，打造上海自有版权基础的软件品牌，健全上海软件产业链，提升上海软件产业的核心竞争力，保持信息产业化发展环境。

为了保证项目的顺利进行，中标软件组织了100人的研发、产品、市场、销售、管理队伍。2005年，中共上海市委常委、副市长周禹鹏，市政府副秘书长李良园，及市发改委、市信息委、市科委、市经委等有关领导视察中标软件，对中标软件取得的成绩给予了充分肯定，并就科教兴市项目的进展情况及中标普华系列产品推广应用过程中感兴趣的问题进行了广泛的交流。

普元EOS面向构件的互联网应用基础平台系列中间件

普元EOS面向构件的互联网应用基础平台系列中间件项目由上海普元信息技术有限公司(以下简称“普元公司”）承担，2004年7月立项。

至2005年底，该项目各项工作进展顺利，并取得了诸多关键性的科技自主创新成果及良好的市场和社会效益，项目中期节点的各项任务指标均已圆满完成。

自项目实施伊始，普元公司就坚持走一贯的自主创新技术路线。面向构件的技术改变了软件开发的陈旧方式，由于软件开发基本单位从一行行的代码变成了一个个构件，开发时只需将已有的构件进行搭建，系统需要调整时只需增加或减少相应构件即可，从而使得大型系统软件的开发具有了新的面貌。

普元EOS正是采用了面向构件技术，并陆续攻克了业务构件及其独特的可视化表示技术、行业构件库及其复用技术、XML数据总线技术、数据字典技术、动态构件分布式处理技术、一体化开发工具等多个技术难题，使得EOS系列中间件可以提供稳固的应用软件架构，提高开发效率70%，降低维护成本50%，构件复用率60%以上，从而使企业的软件知识得以有效积累。同时，由于普元EOS作为软件开发平台处于产业链的中间位置，向上带动应用软件公司提升开发效率，向下带动数据库、操作系统等的发展。可以说，普元EOS是中国基础软件的切入点，带动软件产业链的中间件开发商、独立软件开发商、系统集成商各司其职，从而与其他软件企业利益互补，共同发展，共同进步。

普元相继发布了完全拥有自主知识产权与核心技术的项目自主创新攻关产品——普元EOS V5.0及普元

EOS 5.1，标志着普元面向构件的中间件技术迈向了更高和更成熟的技术层次。该项目系列成果已获得14项著作权登记证书，现正积极申请国内及美国相关专利。

普元EOS产品的先进技术价值同时也得到了广大用户的认可，产业化成绩卓著。截至2005年底，产品推广的最终用户数已达420余个，累计发展国内合作伙伴200余家，最终用户遍布全国各个地区，涉及电信、银行、电子政务、企业信息化等多个领域，陆续签约深圳华为、上海电信、浙江电信、浙江联通、广东联通、湖北联通、四川移动、四川网通、东莞农信、东风汽车、中南民航、胜利油田、云南烟草、首都之窗、人民教育出版社等大中型客户。2005年，公司销售业绩更是较2004年增长了300%。

随着普元EOS在各行业得到普遍且成功的应用，以及政府及领导的大力支持，相信自主创新的面向构件产品将日益发挥其产业和社会价值。

有线数字电视广播

有线数字电视广播项目由东方有线网络有限公司(以下简称"东方有线")承担。

数字电视和交互电视通过双向交互式数字电视服务系统，将各类增值业务融合到有线网络平台上，并能综合提供数字视频服务、数字音频服务、数据信息服务等多种多媒体业务。数字电视业务平台于2002年9月28日试运行，并于2003年1月1日投入正式运行。2005年，东方有线对数字电视系统进行了扩展和完善，目前已推出了129套数字节目，包括101套视频、20套音频和8套数据广播节目。101套视频节目包括61套模拟频段的节目和40套数字付费电视节目。其中，付费节目包括上海付费节目30套，中央付费节目9套，华诚付费节目1套；模拟频段节目包括上海和央视模转数节目31套，外地卫视30套。20个音频包括上海广播节目10套，模转数广播节目10套。电视节目涵盖了电影、电视、动漫、体育、教育、音乐、娱乐、纪实、电视商务9类主题。

高端硅基材料研发和产业化

高端硅基材料研发和产业化项目由上海新傲科技有限公司(以下简称"新傲公司")承担，2005年立项。

新傲公司是目前国内惟一的世界级SOI材料生产基地，世界六大SOI材料供应商之一，不仅彻底解决了中国SOI材料的供应问题，还有效满足了国家战略需要。新傲公司制备的SOI材料性能指标达到或超过国际SEMI标准。

在科教兴市项目实施中，新傲公司将努力建设有国际影响力的中国惟一的高端硅基材料生产与研发基地，面向8英寸SOI晶片突破性技术、8英寸单晶硅外延片替代性技术、应变硅前瞻性技术，开展研发和产业化工作。在三年项目期内，新傲公司将陆续建设Bonding-SOI生产线、扩建SIMOX-SOI生产线、外延生产线，实现SOI晶片和外延硅片产销量提升2～3倍、SOI和外延生产全面提升至8英寸技术水平、以及应变硅产品小批量供应的产业化目标，同时形成以Simbond(r)技术为代表的多项核心自主知识产权。

通过科教兴市项目的实施，新傲公司将在国内需求持续旺盛的情况下，迅速将SOI产业发展成为成熟的规模化产业，有效弥补上海在集成电路产业链上硅基材料环节长期薄弱的现状，基本完成为上海乃至全国的集成电路行业高端硅基材料提供支撑这一战略定位，为上海市集成电路产业的发展、中国集成电路技术水平的提高起到重大的促进作用，成为中国民族高科技产业通过努力逐步发展壮大的典范。

兼容IPv6的高端路由交换设备研发及产业化

兼容IPv6的高端路由交换设备研发及产业化项目由上海博达数据通信有限公司承担。

该项目总投资10 200万元，旨在研究、开发、生产中国网络通信事业下一步发展所急需的兼容IPv6高端路由交换设备，并迅速形成产业和市场规模，为中国的网络通信发展作出贡献。

该项目的核心是研制支持IPv4/IPv6、多业务、高性能、低成本、大容量的高端路由交换设备，总体设计采用通信网络处理器与核心交换矩阵相结合的交换式结构，在兼容IPv6、保证QoS、组播性能的同时达到2.5G端口线速转发。支持使用NP的多层处理转发线卡和高密度低成本的三层转发线卡，极大地提高产品性价比和产品适用场合，形成较好的产业化发展前景。公司从硬件设计、微码到整个路由操作系统平台BDROS都拥有完整的自主知识产权，从而杜绝任何潜在的后门，有力保障国家的信息安全。

该项目将实现批量生产，在产品完全进入销售后，公司将在高端路由交换设备同类产品市场上位居国内厂家前三位，产品能够替代同类进口产品，打破高端路由交换技术领域国外公司在中国市场的优势局面，提高国产路由交换设备的性能和市场竞争力，为电信运营商提供更具吸引力的产品选择，推动IPTV、虚拟场景、远程教学、远程医疗等现代服务业的快速发展，为CNGI、NGN和3G的建设和发展作出应有的贡献。

开放式集成电路中试线建设和关键工艺技术开发

开放式集成电路中试线建设和关键工艺技术开发项目由上海集成电路研发中心有限公司承担，2005年立项。

该项目将建成具有3 000平方米净化面积的试验厂房，通过采用和设备厂商合作共建的模式，形成设备工艺能力可至0.13微米到90纳米的开放式集成电路中试环境；完成从0.13微米到90纳米的共性工艺开发，获得知识产权保护并服务于大生产；争取建成为国家级集成电路研发中心。

该项目的建设为国内集成电路技术研发和自主创新提供良好的基础和环境：(1)形成和具备先进半导体工艺技术研发、验证以及向生产线转移的能力，在一定程度上解决集成电路制造企业的技术来源和专利保护问题；(2)为集成电路制造企业提供工艺研发试验的公共平台，大大降低集成电路制造企业的前期研发成本；(3)开发适合多种集成电路产品加工的特色工艺模块，加强国内设计企业的自主产品开发能力和速度；(4)为集成电路设备和材料厂商提供进入大生产前的试验、评测和改良服务，研发相关技术，加强国内自主研发的微电子装备和原材料的开发和市场应用能力；(5)为高校和科研院所提供人才实际培训，大大加强高层次人才的培养，为产业的持续发展提供人才储备。

（市信息委产业处）

二、公共服务体系

产业园区基地建设

近年来，上海坚持外向型、多功能、高科技的发展方向，先后建设了漕河泾、金桥、张江、外高桥等一批高科技园区，以独特的投资环境吸引了大批国内外著名高科技企业，成为上海信息产业研究开发、技术创新和产业发展的重要基地。在国家发改委、信产部、科技部的指导下，又批准成立了国家微电子产业基地、国家集成电路设计上海产业基地、国家半导体照明产业基地、国家软件产业出口基地、国家信息安全基地、国家软件产业基地，进而构成国家信息产业基地，成为技术创新和发展自主知识产权的重要载体。

1. 国家微电子产业基地

国家微电子产业基地依托上海在微电子产业领域的科技优势和产业基础，通过在上海及其周边地区范围内，与微电子产业相关的人才、资金、技术等资源的整合和重组，形成微电子产业的巨大生产能力和技术创新能力。在张江高科技园区、漕河泾开发区、松江高科技园区内形成了10条以上集成电路生产线的制造规模，以及与之配套的设计、封装、测试能力；形成了比较完整的微电子产业链，建立了微电子的技术研发中心和人才培训体系，使上海国家微电子产业基地成为全国规模最大、技术最先进、配套最全、出口最多的集成电路产业基地。

2. 国家软件出口基地

国家软件出口基地以浦东软件园建设为龙头，发挥交大徐汇软件园、漕河泾开发区软件园、长宁信息园、复旦软件园、科技京城等市级软件产业基地在软件出口、集成电路设计、信息安全产品等方面优势，开展了国家级和市级软件产业基地的软硬件建设，强化基地孵化培育功能，促进资源共享，优势互补，不断改善创业环境，为软件企业提供各种专业服务的业务平台，吸引了越来越多的软件企业入驻，形成了产业的集聚效应。

3. 国家半导体照明产业基地

以浦东张江为国家半导体照明工程产业化核心区，引入国内外企业落户，初步形成上、中、下产业链格局。强化半导体照明用的芯片制造、器件封装和应用研发与生产，以公共技术服务平台建设，带动相关配套和应用产业的发展，形成产业的集聚效应，并在开发具有自主知识产权的关键工艺与技术上取得进展。

4. 通信设备制造基地

2005年，上海通信设备制造基地得到进一步的巩固和发展，在建设金桥产业园区、漕河泾开发区通信产业基地的基础上，规划并启动建设新的产业园区。在园区建设中，以整机产品为前端，建立关键零部件的产业配套体系。在新一代移动通信技术与应用中，以市场为导向，整合各方资源，缔造运营商、制造商、内容服务商的价值链合作模式。

5. 汽车电子新兴发展基地

根据上海市汽车电子整体产业布局规划和产业结构调整的要求，嘉定汽车电子产业园区正式启动建设，在政策、资金、项目、试点等多方面进行聚焦。将依托现有产业基础和科研优势，吸引国内外一流汽车电子研发、生产和质量检测等企事业单位入驻，形成产业集聚效应。逐步建成产业规模大、科研开发能力强、骨干企业相对集中、产业链和配套服务体系完善的汽车电子产业特色园区，争取成为国家级汽车电子产业基地和园区。

6. 计算机生产制造基地

以达丰、惠普、联想、华硕为主体，加快松江、浦东、南汇计算机生产制造基地的建设，带动相关配套产业发展，上海计算机产业规模得到了进一步的壮大，产业竞争能力得到了进一步的提高，成为全球的计算机生产制造的重要基地。

7. 数字内容创业基地

依托电信、文广、网络数字内容产业的发展要求，长宁区多媒体园区、徐汇数字内容产业基地、张江国家级网络游戏动漫产业基地及普陀区国家动漫基地（华东师范大学）4个基地等产业培育、公共平台建设都取得了明显进展，逐步向研发、中试、产品、交易一条龙完整的产业链方向发展，使上海成为全国信息服务中心。

8. 平板显示产业基地

平板显示产业基地依托莘庄、浦东在平板显示产业中的优势，积极开展产业合作，加强上、中、下游产业的吸进和培育，完善产业链，形成产业集聚优势，提升产业链整体竞争力，建立完整的产业体系。

（市信息委产业处）

集成电路研发中心

上海集成电路研发中心有限公司（以下简称“研发中心”）是上海市政府根据党中央、国务院关于大力加强自主创新和发展集成电路产业的政策精神，并结合国家及上海产业发展的内在要求，于2002年底决策建立的、产学研结合、企业化运作的非盈利性公共研发机构，致力于开发先进的集成电路制造工艺技术，为国内生产企业提供技术来源和知识产权保护。

研发中心保持以发展与中国集成电路产业相适应的应用技术为主线，通过与产业界协调发展的方式获得持续发展能力。主要业务功能包括：⑴为行业提供技术来源和知识产权保护；⑵作为先进工艺研发和验证的公共平台向制造企业开放；⑶面向设计企业产品开发特色工艺模块；⑷为微电子装备和原材料提供试验条件；⑸为高校和科研院所提供人才培养的实训基地。

研发中心坚持“以国际化合作建立基础、以产学研结合集聚资源、以市场化运作获取发展”，与一批国际著名半导体厂商、研究机构保持着紧密的合作关系。研发中心拥有一支优秀的海内外技术人才团队，并秉承“创新、高效、坚韧、跨越”的文化理念，正在逐步打造成为一流的集成电路公共研发机构，将有力地推动中国集成电路产业持续快速发展。

研发中心的开放式集成电路中试线建设和关键工艺技术开发是上海市科教兴市重大产业科技攻关项目之一，2005年立项。（市信息委产业处）

上海市软件评测中心

【概况】 在上海市软件业发展中，软件评测是推进软件创新的动力。2005年，上海市信息委加强了对软件测试的引导和支持，主要着眼于对测试平台的投资与扶植。一年来，上海市软件评测中心（以下简称“评测中心”）加强了对国家软件新标准的学习和运用，并将之贯彻于软件评测的全过程中，先后建立了客户库、样品库和方法库，制定了测试规范和标准，在测试领域中进行先进技术的学习和交流，在公开、公平和公正的承诺下作为第三方在软件质量评测活动中发挥了重要作用。

【发布ISO－17025新标准】 2005年9月1日，国家实验室认可委员会（CNAL）发布了新的《检测和校准实验室认可准则》（CNAL/AC01：2005）。新认可准则等同于ISO/IEC17025：2005，是用来取代《检测和校准实验室认可准则》（CNAL/AC01：2003）的。同时，新认可准则也指出了与CNAL/AC01：2003的差异。根据CNAL的审核要求，软件评测机构应在评测实践中修改《GB/T 16260-1996 信息技术 软件产品评价 质量特性及其使用指南》为《GB/T 16260-2003信息技术 软件产品评价 质量特性及其使用指南》，即：增加ISO/IEC TR 9126-2 2003软件工程 产品质量 外部度量、ISO/IEC TR 9126-3 2003软件工程 产品质量 内部度量、ISO/IEC TR 9126-4 2003软件工程 产品质量 使用质量度量等3个环节。为此，评测中心在软件测试的适合性、成熟性、易操作性、易安装性等方面增加了评价审核度量，有效地提高了产品质量。

【开展测试业务】 2005年，评测中心各类软件测试项目继续呈现了增长势头。在项目的成果鉴定测试领域中，根据国家“863”软件项目要求，并为了真正提高软件质量，评测中心推行了“以测试取代专家评审会”、“以测试促进专家评审”的方式，中心的全年成果鉴定测试比2004年同期增长20%。在规范管理业务方面，评测中心使用了测试管理系统（TMS）V1.2，加强了测试中的过程管理。

2005年，评测中心完成的主要测试项目有：

1. 中标普华Linux桌面软件

中标普华Linux桌面软件系上海“科教兴市"项目。经过评测中心测试，上海中标软件有限公司开发的Office集成办公套件2004增强版（FOR LINUX）和中文2000 REDOFFICE V2.0（FOR LINUX）可以在中标普华Linux桌面V2.0上正常使用。该软件功能项包括了安装、启动、新建、编辑、保存、打开、打印等。

2. “国际海关监管区域内货物调拨管理”等项目

上海亿通国际股份有限公司开发的“国际海关监管区域内货物调拨管理”等项目系上海“大通关”项目。经评测中心测试，该项目调拨管理的海关端可以对出口加工区物流进行全程监控，实现严密政府监管，同时系统的企业端与海关端使用报文进行数据交互，在安全性方面也有可靠保障。在性能测试中，评测中心利用自动化的负载压力测试工具模拟多用户并发访问各项进出口管理系统，执行申报、调拨和监管等信息查询、信息写单、写单查询等业务，并通过综合分析交易执行指标及服务器资源占用指标进而评估系统性能，认为其技术文档基本完整、全面，符合鉴定要求。

同时，测试从网络上的应用故障定位及评估、应用网络的品质监控、后台服务器资源监控等几个方面对项目给予了评价，并采用Compuware公司的QLoad工具，针对测试中的问题给出了系统性能优化建议。

3. 控制软件

在控制软件测试方面，评测中心主要对上海泰山软件技术有限公司的宽带及仿真固件等5个控制系统、国信朗讯科技网络技术有限公司的故障单管理系统等8个电信通讯软件、上海银晨智能识别科技有限公司的人脸识别出入控制系统软件、上海亨钧科技有限公司的亨钧铁路信号微机联锁控制软件等进行了测试。

上海泰山软件技术有限公司的宽带及仿真固件等五个控制系统主要用于电信运营商的ADSL用户线路开通和维护测试，其主要功能模块为：系统初始化、采样和输入输出控制、仿真测试和宽带高频测试功能。

国信朗讯科技网络技术有限公司的故障单管理系统等8个电信通讯软件主要是对传输故障进行科学管理，从而使故障的管理规范化、合理化。该系统主要以监控中心为核心，负责申告单、派修单的记录与管理，通过派修单与出修部门产生联系，派修单可以传送到各出修部门。该系统的主要功能模块由申告单管理、派修单管理、监督管理、故障单统计、值班管理、系统管理和时限提醒等组成。

上海银晨智能识别科技有限公司的人脸识别出入控制系统软件是基于DSP处理器的一款人脸识别出入控制系统，它以人脸和ID卡等作为判决条件，从而对目标在出入口的出入行为实施放行、拒绝、记录和报警等操作。该系统的主要功能：前端功能（模块管理、系统设置、权限管理），后台管理（权限管理、日志管理、实时监控、设备管理、用户管理）。该项目将为“世博会”提供安全监保服务。

上海亨钧科技有限公司的亨钧铁路信号微机联锁控制软件主要用于铁路信号控制领域。该软件可实现对站场的控制，完成电气集中联锁系统的基本功能，实现对进路、道岔和信号的全面联锁控制，通过计算机网络传送站场画面、站场变化以及操作详细记录和现场的信号、轨道、道岔等信息；并对运行设备的各项参数（电流值、电压值）进行监测，获取设备的运行状态是否正常。

4. 国民经济赖以主导发展的项目

评测中心对上海公信扬知识产权司法鉴定所送交的韩国唯美德娱乐有限公司的《传奇3软件比对》进行了评测。评测中心通过对该软件测试，为今后处理知识产权纠纷、第三方鉴证提供了现代技术依据。这个项目被2005年公安部评为软件产权保护的首例案件。

上海复旦微电子股份有限公司的预付费售电管理软件是基于射频技术的预付费售电管理解决方案。该软件主要功能模块为：信息管理、售电业务、发卡业务和统计报表。用电用户只需持电卡到供电局授权的网点即可进行开卡、购电、查询和补卡等交易。

除了以上项目外，评测中心的其他项目遍及政务、金融、科技、通讯、建筑、汽车、医药和教育等领域，其中，上海硅知识产权交易中心有限公司的《硅知识产权统计分析软件》、上海贝尔三星移动通信有限公司的《贝尔三星电子流平台》（3G尖端技术）和台商投资的远翔信息技术（上海）有限公司的《远翔动迁信息管理软件》等软件均经过相应测试。

【软件素质工程建设】评测中心抓住开展CMM国内评估的契机，加大推进质量管理的组织工作，一支质量管理队伍已初步建成。截至2005年底，上海市已经有7家CMM5企业、3家CMM4企业、86家CMM3企业，总计CMM3以上企业已近100家。全市CMM3以上企业占全国比重的40%；全市软件产值超亿元的企业在软件质量管理体系建设和软件过程改进能力的提升方面已全面启动。

自2002~2005年底三年时间里，上海市财政和企业共同在软件企业质量体系和过程改进能力提高方面的投入总计超过1.5亿元，平均每年投入达到5 000万，投入的人力总计超过4 000人，平均每年的投入达到1300人/月，平均每个实施企业年投入45人/月，平均每个实施企业的总投入占该企业年销售收入的9%。

（徐　淦）

三、企业和产品认定

软件企业认定和软件产品登记

在国务院关于印发《鼓励软件产业和集成电路产业发展的若干政策》的通知（国发[2000]18号）和上海市人民政府印发《关于本市鼓励软件产业和集成电路产业发展的若干政策规定》的通知（沪府发[2000]54号）以后，上海市软件行业协会按照信产部2000年439号文的授权，作为上海地区“双软”（软件企业认定和软件产品登记）认定机构，在上海市信息化委员会的领导和指导下开展了一系列工作：成立双软认定领导小组，配备办公场地、办公设备和人员，制定岗位职责、业务工作报告流程、实施操作规程标准。

五年来，在双软认定的工作实践中，上海市软件行业协会逐步形成了一套组织落实、政策公开、操作透明、流程清晰、行之有效的方法。根据《软件企业认定标准及管理办法》（信部联产[2000]968号）和《软件产品管理办法》（中华人民共和国信息产业部令第5号）的规定，上海市软件行业协会制定并在协会网站上公布了《软件企业认定、软件产品登记申请须知》，达到标准的软件企业要申报，只要按照须知的步骤执行即可。

【软件企业认定、软件产品登记申请须知】

（1）进入网站（本文指www.softline.org.cn）的“文

档下载”栏目，下载“双软认定申报表系统安装程序。

1) 在双软认定申报表系统中的“申报受理”一栏中分别输入“企业申报”和“产品登记”的内容，然后保存并关闭；

2) 在“资料查阅”中打开“企业信息”一栏，用鼠标键选中这一栏(呈深蓝色)，按鼠标右键选择打印，之后再用同样方法选择“导出数据”，选“创建新的数据库”格式，将此申报表的数据保存在A盘中；“产品登记”申报表的打印和数据的保存用同样方法。

(2) 申请双软认定应提交如下的材料（以下申请表及提交书面材料均为A4纸，一式两份）。

申请软件企业认定的：

1) 《软件企业认定申请表》。

2) 企业法人营业执照副本及复印件。

3) 自主开发或拥有知识产权的软件产品证明材料复印件。它包括：软件产品登记证书、软件著作权证书或专利受理证。

4) 上年度审计报告、企业资产负债表、损益表、应交税金表、现金流量表(这些财务报表应是审计事务所审计盖章的复印件加盖企业财务章)。对软件企业认定申报表的财务数据,企业还应出具财务数据真实性声明。

5) 软件收入的明细清单及软件收入的部分合同及发票（数额较大的）。

6) 系统集成企业资质等级证明材料及复印件,或者系统集成合同或委托协议书复印件（没有就不提交）。

7) 通过ISO9000认证、CMM认证的企业提供证明复印件（没有就不提交）。

申请软件产品登记的：

1) 《软件产品登记申请表》。

2) 营业执照副本和复印件。

3) 法人代表身份证复印件（需法人签章）。

4) 著作权证明材料或能证明合法拥有知识产权的有效证明（包括软件著作权的受理通知书或软件著作权证书，专利受理证）。

5) 由市信息委制定的软件检测机构出具的检测证明材料。

6) 申请登记软件产品的样品。

7) 在网站的“文档下载”栏目下载“申请自主知识产权软件产品设计情况备案表”并填写（用电脑输入），此表可在领取软件产品登记证书时提交（一式两份）。在企业获得产品登记证书后，即可向税务所提出申请缓缴，待备案表经市政府批准后，就可办理免缴手续。此项奖励的政策是当年登记的产品当年享受。

(3) 企业提交的上述材料，凡是复印件的均需同时提供原件，经审核后，原件退回企业，复印件留存。属报表的均应同时提交数据导出的电子文档（软件企业认定的单独一张3寸软盘，软件产品登记的单独一张3寸软盘）。

企业在提交上述表格和材料的同时交纳费用：软件企业认定：800元；软件产品登记：500元/只产品。

(4) 在企业交齐申请认定或产品登记材料后，由认定机构核收申报表及提交的材料,报市联席会议办公室审批。如形式审核有疑问或不符要求，经征求企业同意，则转请专家评审。专家审核，一般由3～5名专家组成，企业需按每位专家300元的暂定标准另交专家评审费。

(5) “双软认定”的申报流程为每个月申报一批，每个月的截止日期为20日。每月25日之后报送市信息委，在下个月的20日左右可在网站上查看双软认定的批准名单并领取证书。

(6) 软件企业认定、软件产品登记办公地点设在钦州路100号706室（每周一至周五）。

(7) 为方便企业，认定工作办公室将和企业集中的软件园区联系，采取预约上门服务，接受企业咨询和办理受理手续。

【附：关于进一步规范软件产品登记的意见】 为了更好地贯彻信息产业部《软件产品管理办法》、进一步规范软件产品登记名称、提高软件企业专利资源的利用率，从2003年6月起，凡申请软件产品登记的企业，在提供软件产品自主知识产权证明材料时，应符合如下规范要求：

1. 软件产品名称规范要求

1) 软件产品名称必须由品牌、产品用途与功能、产品版本号三要素组成。软件产品名称构成：品牌+产品用途与功能+“软件”+产品版本号；定制软件产品名称构成：品牌+客户单位名称+产品用途与功能+“软件”+产品版本号。

2) 品牌。品牌中须包含软件产品厂商标识，亦可含产品标识，并可应用外文字母或拼音字母。但在品牌中不可单独出现“中国”、“中华”、地方名等字样及其他专有名称。

3) 产品用途与功能。在本段中应以简明的方式表明该软件的运用行业、用途与功能，不能笼统模糊，不准用全字母表示，如出现缩写须用括号标上，产品型号放在产品用途和功能前，不需加括号，国际公证的名称如LINUX、WINDOWS等可在该段中出现，不需用括号。

4) 产品版本号。软件产品的名称中必须表明VXX、XXX字样的版本号，其中X必须是具体数字，以年号和非标准式表明版本号的要做说明。

5) 软件产品外销名称可用全外文。

6) 软件产品在办理著作权登记、产品测试和产品登记时名称应该一致。

2. 软件产品自主知识产权证明材料规范要求

软件产品自主知识产权的证明材料必须是软件著作权证书（已取得国家版权局下发的该产品著作权受理通知书可视同软件著作权，可作为自主知识产权的证明材料随同提交）。

（软件行业协会）

第二章　信息产品制造业

概　述

2005年，上海信息产品制造业累计完成销售收入4 106亿元，同比增长21.8%，高于全市工业增速3.5个百分点,对全市工业增长的贡献率达到29.1%,拉动全市工业增速18.3%中的5.3个百分点，在上海6个重点发展的工业行业中继续保持领先。相关信息产品制造行业的发展呈现如下主要特点：

1. 集成电路产业继续保持强劲发展势头

2005年，上海集成电路产业的总销售额取得高速发展，从2000年的35亿元发展到2005年的303.2亿元，同比增长31.2%，占全国半导体销售额的43.2%；上海IC产业年平均增长率为72%，高出全国30个百分点。上海集成电路产业继续显示出产业规模大、产业链完整、工艺装备先进、人才集聚的产业优势并在国内保持龙头地位。在2005年度的“中国十大集成电路与分立器件制造企业排名”中，上海企业就占了第一、二、五、六和第十名的5个席位。其中，中芯国际仍然以117.14亿元居全国首位，并以51%的增长率位居全球芯片代工业增长之最。

2. 通信制造业高端产品优势凸现

随着信息化的推广应用与实施,通信技术日新月异的发展，上海通信产业保持健康、稳定的发展态势。2005年，上海通信设备制造业完成工业总产值667亿元,同比增长83.8%,销售收入622亿元,同比增长65%。

以市场为导向，积极做好移动通信、NGN、信息终端、定位导航等产业的技术和产品的研发与培育工作。TD-SCDMA各产品在2005年信息产业部组织的产业化专项测试和应用测试中均表现领先，为TD-SCDMA产业发展作出重大贡献，受到多方好评。上海正成为国内TD领域最大的产业基地。IPv6是下一代网络(NGN/NGI)的关键性支撑技术，目前上海的产、学、研等相关单位正积极开展应用和产品的开发。网络图书馆和手术现场直播已在IPv6网上实现。信息终端产业健康、稳定的发展。上海税控企业从产品研发、零部件配套、整机合成形成了完整的产业链。

3. 信息家电产业各领域同步发展

2005年，上海信息家电产业的总销售额达760亿元（含相关元器件），全年生产彩电约146万台，比上年增长8%，其中液晶彩电35万台，比上年增长2.7倍；生产各类影碟机727万台，比上年下降18.3%；生产数码相机154万架，比上年增长21%。作为一个新兴行业，上海信息家电各领域的产业发展循序渐进。数字电视稳步推进，影碟机规范生产，家庭网络纳入正轨。

“崇明家家通”无线数字电视试验工程。2005年国庆，崇明岛开始试播无线数字电视节目。上广电第五代TFT-LCD显示器开始批量生产，上海平板显示器产业基地成立为上海显示器产业今后的飞跃发展奠定了基础。《HVD视盘机通用规范》正式颁布标志着HVD影碟机的研发与生产从此走上了正轨，同时也给广大消费者的放心购买提供了质量上的保证。

4. 光电子产业即将腾飞

2005年,上海光电子产业发展格局已初具规模,在技术进步、产业规模、生产总值等方面均取得较大进步，达到国内领先水平。据不完全统计，全年产值达亿元，占全国的1/5，为进一步发展奠定坚实的基础。上海已初步形成引进、吸收、自主创新的产、学、研体系，以及可持续发展的模式。特别在半导体照明方面，上海已初步形成基材、外延设备、芯片制造、器件封装以及光源应用的产业链，产业规模和产品水平正在不断扩展和提高中。

5. 电子元器件产业继续保持了较快发展的态势

2005年，在全球电子元器件业不景气和国内电子信息产品制造业增长放缓的背景下,上海电子元器件行业继续保持了较快发展的态势，产业规模日益扩大，产品出口稳步增长，产业结构及产业布局不断调整，成为拉动上海电子信息产业快速增长的重要力量。股份制、三资企业依然是电子元器件产业的领头羊。2005年，片式元件、PCB、连接器已成为全市电子元器件行业三大优势产品门类。产业结构进一步优化，规模不断扩大。上海飞乐、上海金陵、上海德尔福派克、上海京瓷、上海欧姆龙等公司的产值和销售额均比上一年有较大幅度上升，成为拉动上海电子元器件行业增长的主力军。

6. 汽车电子产业开始集聚

在上海市委、市政府关于产业向园区集中政策引导下，上海地区的汽车电子逐步向嘉定、浦东、徐汇、松江等区县集中。2005年，市发改委、市信息委批准嘉定区政府建设上海汽车电子产业基地。

在“科教兴市”主战略指引下，2005年，上海汽车电子民族品牌建设开始加速。上海交大、上汽集团等共同申请建设国家汽车电子工程研究中心。浦东新区政府和国家汽车计算平台工程专家组签署合作备忘录，筹备国家汽车计算平台工程研发机构。与此同时，部分沪产汽车电子产品在国内市场占有率开始攀升，如汽车继电器、LED车灯等。特别是在汽车电子最核心的汽车设计、汽车安全控制领域，也有上海企业和研究机构参与其中。

（市信息委产业处）

一、集成电路（IC）产业

概况

2005年，上海IC产业在中国和上海整个经济社会发展的大好态势下，在国家18号文及其重要补充文件——《集成电路产业研究与开发专项资金管理暂行办法》（132号）等政策的促进下，产业克服了全球原材料上涨、企业利润空间下降的重重困难，无论在经济规模的增长、资本运作和企业、人才集聚性方面都取得了较好的业绩。

在经济规模增长方面，据SICA对110家重点企业的统计，上海IC产业的总销售额为303.2亿人民币，相比2004年增长了31.2%，占同期全国半导体销售额的份额43.2%，占全球的份额也由2004年的1.31%上升到1.67%。2004～2005年，上海IC产业的年平均增长率为72.1%，高出世界55个百分点左右，比全国高出30个百分点（见表1）。

表1 2003～2004年世界、中国大陆和上海的集成电路产业销售额及其比较

人民币与美元之比为8.23:1	世界（亿美元）		中国（亿元人民币）		上海（亿元人民币）	
	2004年	2005年	2004年	2005年	2004年	2005年
销售额	2130	2275	545.3	702.1	230.9	303.2
增长率（%）	28	6.8	55.2	28.8	113	31.2
占世界比例（%）	/	/	2.90	3.86	1.31	1.67
2004～2005年平均增长率	17.4%		42%		72.1%	

资料来源：根据美国半导体产业协会（SIA）和CCID、SICA相关数据整理

在资本运作方面，据SICA对行业的244家企业统计，截至2005年底，总注册资金为51.56亿美元，总投资为118.93亿美元。其中，2005年，新增注册资本达1.94亿美元，新增投资达18.90亿美元（见表2）。上海IC产业在资本运作中呈现多种模式，在上市融资、风险投资，包括并购等方面都作出了积极的探索。

表2 上海IC产业新增投资情况表（2004～2005）

单位：亿美元	设计		制造		封装、测试		配套（材料、设备等）		总计	
	注册额	总投资	注册额	总投资	注册额	总投资	注册额	总投资	注册额	总投资
2004年	0.07	0.07	6.14	15.46	0.41	1.67	0.57	0.57	7.19	17.77
2005年	0.26	0.53	0.03	16.22	0.86	1.24	0.79	0.91	1.94	18.90
企业累计额	2.64	4.07	37.33	91.8	8.71	18.55	2.88	4.51	51.56	118.93

资料来源：SICA

在企业和人才的集聚性方面，2005年，加入上海市集成电路行业协会的会员单位已达244家，相比2004年又增加了17%，已形成了IC设计、制造、封装测试、设备材料，包括IC设计服务在内的全国最为完善的产业链群体；另外，在上述244家中，从业人员已近5万，与2004年相比增长了13%，为上海增加了近9 000个就业岗位。其中，技术人员为1.91万人，与2004年相比增长15.5%（见表3）。

表3 2004～2005年上海集成电路企业及其从业人员基本情况

单位：（个）销售额：亿元	IC设计业		芯片制造业		封装测试业		设备材料业		总计	
	2004年	2005年	2004年	2005年	2004年	2005年	2004年	2005年	2004年	2005年
从业人数	4 631	5 624	12 794	14 285	17 781	19 819	4 339	8 472	39 545	48 200
技术人员	3 357	4 023	5 642	6 642	5 900	6 021	1 661	2 438	16 560	19 124
企业数	124	138	8	8	30	28	58	70	219	244

资料来源：SICA

芯片制造业

【概况】 2005年，由于全球晶圆材料上涨、价格下跌等原因，上海芯片制造业销售收入比2004年略微下降，为132.4亿元，跌幅为0.6%；其占上海IC产业总销售额的比重从2004年的57.9%下降到43.7%，前十名企业贡献如表4所示。

表4 2005年上海芯片制造企业排名

序号	单位名称	2005年（万元）	2004年（万元）	增长率（%）
1	中芯国际集成电路制造（上海）有限公司	800 000	776 880	2.98%
2	上海华虹NEC电子有限公司	241 217	267 884	-9.95%
3	上海先进半导体制造有限公司	95 000	114 737	-17.20%
4	上海宏力半导体制造有限公司	85 375	102 370	-2.31%
5	台积电（上海）有限公司	36 862	326	11 207.38%
6	上海新进半导体制造有限公司	35 000	39 440	-11.25%
7	上海贝岭股份有限公司	30 551	30 058	1.64%
总计		1 324 005	1 331 695	-0.578%

资料来源：SICA（注：上表中“中芯国际”销售收入仅为“中芯国际”上海地区销售额）

其中，上海芯片制造业的销售额占全国芯片制造业的比重也从2004年的73.48%下降到56.9%（见表5）。

表5 2004～2005年上海与全国芯片制造业的状况

	2004年		2005年	
	销售额（亿元）	增长率（%）	销售额（亿元）	增长率（%）
上海芯片制造业	133.2	131.4	132.4	-0.6%
全国芯片制造业	181.24	19.95	232.89	28.5
上海占全国比重	73.5%	/	56.9%	/

资料来源：CCID、SICA

总的来看，2005年，上海芯片制造业仍继续保持着全国最为集中、最具产能规模、晶圆尺寸最为齐全的龙头地位。在2005年度的“中国十大集成电路与分立器件制造企业排名”中，上海企业就占了全国第一、二、五、六和第十名的5个席位（见表6）。

表6 2005年中国十大IC和分立器件制造企业排名

排名	企业	2005年销售额
1	中芯国际集成电路制造（上海）有限公司	1 171 400
2	上海华虹NEC电子有限公司	241 217
3	和舰科技（苏州）有限公司	217 000
4	首钢日电电子有限公司	110 051
5	上海先进半导体制造有限公司	95 000
6	上海宏力半导体制造有限公司	85 375
7	无锡华润华晶微电子有限公司	83 622
8	华润上华科技有限公司	60 300
9	吉林华微微电子有限公司	52 147
10	上海新进半导体制造有限公司	35 000

资料来源：CCID

【引进消化吸收再创新】 2005年4月21日，华虹NEC与美国功率半导体IC供应商万代半导体元件有限公司（AOS）签订了10万片的代工合同；同时，AOS将最先进的DMOS的制程引入华虹NEC，共同以高性能、高质量的CMOS和POWER IC产品让客户获益；另外，华虹NEC产能的利用率在全球十大芯片代工企业中已占据首位，已向法国等世界最先进的智能卡公司提供芯片。

2005年，中芯国际成功地使美国MoSys公司的1T-SRAM-R技术（含Transparent Error Correction）、ARM公司ARM926EJ的处理器技术通过其0.13微米制程的验证；并与美国Magma公司合作，共同推出针对中芯国际0.13微米的低功耗的工艺参考流程，大大缩短了设计周期和提高投片成功率。另外，中芯国际与英飞凌公司在标准存储器芯片（DRAM）领域，在现有的0.14/0.11微米工艺技术合作的基础上，进一步扩展到90纳米标准的产品合作生产。中芯国际还与重邮信科共同开发成功了0.13微米TD-SCDMA 3G手机芯片。

2005年12月，宏力半导体与赛普拉斯半导体公司（Cypress Semiconductor）达成战略代工合作关系。根据协议，Cypress将向宏力半导体转移可编程系统芯片（PSoC）混合信号陈列、CMOS图像传感器、无线USB和PC时钟工艺技术，而Cypress优先获得宏力半导体的产能。2005年，宏力半导体与世界知名EDA供应商Synopsys公司共同推出了基于宏力的0.18微米的RTL-to-GDSII的参考设计流程，使用户可以通过下载预先验证的参考设计流程，迅速进行IC设计和验证。其还与ARM公司签订了首个授权协议，本授权的ARM物理IP产品包括Artisan SRAM、ROM和注册文件存储发生器，以及支持宏力公司0.18微米和0.13微米工艺制程和模型。

2005年3月，上海贝岭公司推出了基于0.35微米、8英寸混合信号CMOS工艺的第三代电能表芯片系列新产品，这是目前市场上同类芯片中静态功耗最低的。

【资源整合与资本运作】 2005年9月，世界最大的半导体设备商——美国应用材料公司的全球副总裁和亚洲区总裁王宁国就任上海华虹（集团）有限公司CEO、上海华虹国际公司副董事长、CEO和总裁，以及华虹半导体有限公司董事长。这对华虹NEC的12英寸新线建设，寻求国际资金、国际技术合作伙伴和国际化人才等大有裨益；特别是对华虹集团旗下，包括NEC旗下的IC设计、芯片制造、设计服务、工艺开发、市场销售等环节的资源整合和集成，有了世界级的领军人物挂帅，带来了朝着“国际性的半导体公司”方向发展的国内外资源整合的动力源。

2005年，中芯国际12英寸厂也开始动工。该公司已从欧洲银行获得8 500万欧元的贷款担保，将用来购置12英寸厂设备；上海先进半导体制造有限公司8英寸线已建成运作；上海新进半导体制造有限公司在紫竹科学园区建新的8英寸厂也破土奠基。

封装测试业

【概况】 2005，上海的封装测试业销售收入达到136.1亿元，同比增长85.1%；其占上海IC产业总销售额的44.9%，前十名企业贡献如表7所示。

表7 2005上海前十大封测企业排名

序号	单位名称	2005年（万元）	2004年（万元）	增长率（%）
1	英特尔产品（上海）有限公司	200 000	160 000	25%
2	上海松下半导体有限公司	182 473	85 796	112.68%
3	星科金朋（上海）有限公司	91 279	78 045	16.98%
4	上海凯虹电子有限公司	81 500	54 406.8	49.80%
5	威宇科技测试封装（上海）有限公司	69 990	42 580	64.37%
6	上海雅斯拓智能卡技术有限公司	60 931	74 207	-17.89%
7	安靠封装测试（上海）有限公司	54 000	45 000	20%
8	捷敏电子（上海）有限公司（4476$）	39 400	36 030.3	9.35%
9	上海新康电子有限公司	37 406	28 940	29.25%
10	上海纪元微科电子有限责任公司	24 534	21 556	13.82%
	其他	182 453	108 539	68.1%
	总计	1 360 966	735 100	85.14%

资料来源：SICA

其中，前五名都保持两位数以上增长，特别是，松下半导体以112.68%的高速增长，荣升“中国十大封装测试企业排名”第五名；另外，上海占全国封装测试业的比重也从2004年的26%上升到39.5%，增长率也高于全国近56个百分点（见表8）。

表8 2004～2005年上海与全国封装测试业的状况

	2004年		2005年	
	销售额（亿元）	增长率（%）	销售额（亿元）	增长率（%）
上海封装测试业	73.5	25.7	136.1	85.1
全国封装测试业	282.56	15.8	344.9	22.1
上海占全国比重	26.0%	/	39.5%	/

资料来源：CCID、SICA

【引进消化吸收再创新】 2005年，英特尔产品（上海）有限公司的多芯片集成封装技术已达到5个芯片叠装水平，国际上目前的最先进水平也只在5～7层。

引进倒装焊（Flip chip）技术是目前世界上一种先进的芯片互连和粘接技术，采用裸片封装形式，具有封装面积小、I/O密度高、散热性好和可测试性等特点，上海纪元微科电子有限责任公司计划在2006年左右与美国FCI合作，引进倒装焊（Flip chip）技术。

2005年，宏茂微电子（上海）有限公司在扩充DRAM产能的同时，已形成了薄膜晶体管液晶显示驱动器（如TCP）的封装能力，2006年一季度新的LCD驱动线将投产。优特半导体（上海）有限公司已从记忆电路测试技术提升到具备混合和射频电路测试技术能力。华微半导体（上海）有限责任公司封测CMOS传感器的市场，已占中国大陆市场的60%，全球的1/3。

星科金朋（上海）有限公司计划在高阶通讯IC封测领域，在原先的BGA和芯片级封装（CSP）基础上，2006年，将在松江设立金凸块厂并量产。

【资源整合与资本运作】 2005年，鉴于上海IC产业发展的良好态势，上海封装测试业的规模化、系统化和战略性的投资和资源整合又兴起新一轮的热潮。

如星科金朋（上海）有限公司自去年由金朋公司与新加坡晶科（STATS）两家公司重组以来，在原来的二期工程将要完工之际，三期已经开工，现今企业人员已发展到4 000人。

威宇科技测试封装（上海）有限公司自去年被中国台湾“日月光”并购以来，生产一直上升，2005年的销售额从2004年的4.26亿元人民币增长到7亿元，增长率达64.4%。

2005年，勤益电子（上海）有限公司进行了增资，从原先的500万美元注册资本增资到3 000万美金；产量也从最初的20kk月产提高到现在的120kk月产。上海凯虹电子有限公司随母公司（美国DIC电子有限公司）2005年8月在纳斯达克上市，目前注册资本已增资到1亿美元，其2005年的销售额已占母公司总营收的60%。

2005年7月，由日美等企业投资3 000万美元（其中注册资本2 000万美元），在上海松江设立了葵和精密电子（上海）有限公司；现封装线已在量产，主要产品是电源管理芯片。

上海封装测试业的新增生产线和设施的总情况如表9所示：

表9　上海封装测试业的新增生产线和设施情况

企业名称	原生产线及其设施状况	新增生产线和设施进展
英特尔	2个封装厂	新建第3个厂
松下半导体	原是3个楼面厂房	现扩展到4个楼面厂房
星科金朋	第二期工程将要完工	三期工程已经开工
威宇科技	原是2个楼面厂房	现扩展到4个楼面厂房
安靠公司	原厂房1.5万平方米	现扩建为10万平方米
纪元微科	原是2个楼面厂房	现扩展到2～3楼面厂房
宏茂微电子	原没有TFT-LCD封测能力	现LCD驱动封测线已安装
捷敏电子	原1.5万平方米	现日本三菱投入新的封测线
新康电子	原1万平方米	现扩展到2万平方米
优特半导体	仅测试线，面积小	新扩建到6 400平方米
华岭集成	面积小	现要扩大1 000～2 000平方米
葵和精密	2005年7月新成立	现租了1万平方米厂房

资料来源：SICA

IC设计业

【概况】 2005年，据SICA对上海62家IC设计企业的统计数据显示，上海IC设计业的销售额为14.74亿元，同比增长17.21%。其占上海IC产业总销售额的5%，占全国IC设计业总销售额的11.86%（全国IC设计业为124.3亿元）。

其中，年销售额超过亿元的企业从2004年的3家增加到4家，即上海华虹集成电路有限公司、展讯通信（上海）有限公司、上海复旦微电子股份有限公司和中颖电子（上海）有限公司，它们的销售总额为7.2亿人民币，占上海IC设计业总额的49%；其中，上海华虹集成电路有限责任公司、展讯通信（上海）有限公司分别被入选为“2005年度中国最具成长性集成电路设计企业”。

另外，年销售额在5 000～7 000万元之间的企业从2004年的2家增加到5家，增长速度最快的是百利通电子（上海）有限公司和上海英联电子科技有限公司。其中，百利通电子从去年的1 765万元上升到5 740万元，增长率达225.21%；英联电子虽然是一家民营企业，凭着自主创新，销售额从去年的2 700万元提升到5 615万元，增长率达107.96%。

表10显示了上海IC设计业前十名企业的贡献。从中可看出，在排名前十位的IC设计企业的销售额之和为10.5亿人民币，占上海IC设计业销售总额的71.4%；增长率超过30%以上的企业仍有7家。这说明了上海IC设计业在做大做强方面正作出积极的探索和努力。

表10 2005年上海设计企业前十大排名

序号	单位名称	2005年（万元）	2004年（万元）	增长率（%）
1	上海华虹集成电路有限责任公司	26 761	19 106	40.07
2	展讯通信（上海）有限公司	20 841.8	13 193	57.98
3	上海复旦微电子股份有限公司	14 193	18 175.33	-21.91
4	中颖电子（上海）有限公司	10 413	5 978	74.19
5	泰鼎多媒体技术（上海）有限公司	6 385.76	8 710	-26.68
6	百利通电子（上海）有限公司	5 740	1 765	225.21
7	上海英联电子科技有限公司	5 615	2 700	107.96
8	旭上电子（上海）有限公司	5 330	4 166	27.94
9	智芯科技（上海）有限公司	5 214.7	3 627	43.78
10	冠捷半导体（上海）有限公司（560$）	4 636.8	3 472	33.55
11	其他	42 225.61	44 828.94	–
	总计	147 356.67	125 721.27	17.21

资料来源：SICA（注：上表中“华虹”的销售收入仅为“华虹”上海地区的销售额）

【引进消化吸收再创新】 2005年，芯原微电子（上海）有限公司分别获得ARM认证的设计中心（ATAP）和LSI认证的ZSP设计中心（ADC）；其在IC设计服务方面，已为中芯国际（SMIC）、宏力半导体（GSMC）、上海先进半导体（ASMC）、华虹NEC（HHNEC）及和舰科技（HJTC）等晶圆代工厂提供了标准设计平台，工艺技术覆盖90纳米、0.13微米、0.15微米、0.18微米、0.25微米、0.35微米及0.6微米。其中，0.18微米及以下工艺设计的复杂的、百万门级的系统级芯片已经开始批量生产。

2005年9月，上海方泰电子科技有限公司的兼有64和弦加立体声环绕的MP3芯片，已成功应用于厦新手机上，销售量达50万块/月，产值近500万美元。上海复旦微电子的薄型交通卡芯片，现已完全替代磁卡而应用于轨道交通上，2005年销售了700万块，营收达2 100万元。锐迪科微电子（上海）有限公司在原先的小灵通/大灵通（SCDMA）射频芯片开发基础上，正在开发3G的TD-SCDMA射频芯片，2005年的销售额已达300万美金左右。

2005年，格科微电子（上海）有限公司的30万像素的COMS摄像头传感芯片，已开始量产，130万像素的芯片现已准备投产，200万像素的芯片也已开始研发。鼎芯半导体（上海）有限公司也已开始提供中国第一颗基于硅BiCMOS工艺、用于1.9GHz的射频集成电路功率放大器（PA）工程样片，该功率放大器（PA）的目标市场包括欧洲DECT标准的数字无绳电话和PAS/PHS手机终端。凯明信息科技股份有限公司和展迅通信有限公司分别成功开发了3G的TD-SCDMA基带芯片和解决方案，并都通过信息产业部组织的产业化专项测试。

2005年，在上海IC设计业中，从事电源管理芯片和TFT-LCD驱动器芯片，包括汽车电子芯片等开发的企业也获得了非常迅速的发展。如从事电源管理芯片的技领半导体有限公司、昂宝电子有限公司等产品已涵盖DVD、笔记本电脑、手机、MP4等应用领域；从事TFT-LCD驱动器芯片的上海新相微电子有限公司和龙鼎微电子（上海）公司，都已成功开发了源（Source）驱动芯片，且门（Gate）驱动芯片已着手开发，它们与华虹IC和上海SVA共同承担了2005年上海市的“整机与芯片”联动的TFT-LCD芯片招标项目；在汽车电子方面，上海士虹微电子科技有限公司和上海源赋创盈电子科技有限公司，分别成功开发了汽车多媒体芯片和霍尔传感器芯片等。

【资源整合与资本运作】 2005年8月，龙鼎微电子（上海）公司成功收购了上海美矽（MicroSilicon）半导体技术有限公司，美矽公司成立于2004年，主要基于0.6～0.35微米CMOS工艺，从事开发便携电源管理IC和信号处理芯片。龙鼎微电子通过收购，使其方便地进入便携式多媒体播放器（PMP）、便携式数字电视和功能型多媒体手机等IC市场。

2005年8月，芯原股份有限公司成功完成第二轮的1 350万美元融资，使该公司自2001年成立至今累计融资达2 000万美元；同时，其在美国硅谷、台北和东京分别设立了运营中心，以提供高效率、低成本的系统级芯片（SoC）设计及制造服务。

另外，2005年，鼎芯半导体（上海）有限公司和埃派克森微电子（上海）有限公司等多家IC设计公司都获得了新的风险投资的融资。

设备和材料业

【概况】 据SICA对18家设备材料企业统计，2005年，上海的设备材料业销售额达19.93亿元，同比增长了70.59%，占上海IC产业总销售额的6.6%。其中销售额1亿元及其以上的企业或单位从2004年的5家增至7家，即上海申和热磁电子有限公司、应用材料（中国）有限公司、三井高科技（上海）有限公司、迪思科科技（上海）有限公司、上海合晶硅材料有限公司、上海凸版光掩模有限公司和上海市合成树脂研究所。其中，上海申和热磁电子有限公司2005年的硅片月产达40万片，销售收入为5.2亿元，已形成了国内最大的硅片生产企业。其除生产硅材料以外，还有热电制冷材料、覆铜陶瓷基板、电子模块等新材料。

2005年，上海设备和材料企业从2004年的58家增加到70家，企业数递增了21%左右。表11显示了前十名企业的贡献，其中，设备2家，材料5家，引线框架1家，光掩模1家，气体1家。

表11 2005年上海前十大设备材料企业排名

序号	单位名称	2005年（万元）	2004年（万元）	增长率（%）
1	上海申和热磁电子有限公司	52 000	N	N/A
2	应用材料（中国）有限公司	30 296	20 610	47.00
3	三井高科技（上海）有限公司	20 354	15 772	29.05
4	迪思科科技（上海）有限公司	19 160	28 190	-32.03
5	上海合晶硅材料有限公司	15 548	12 234	27.09
6	上海凸版光掩模有限公司	14 254	12 867	10.78
7	上海市合成树脂研究所	10 000	7 327	36.48
8	普莱克斯（上海）半导体气体有限公司	9 506.6	990	860.26
9	上海新傲科技有限公司	5 815	3 747	55.19
10	上海银笛科技有限公司	5 532	1 039	432.43
11	其他	16 832.28	14 046.66	20.09
	合计	199 297.88	116 822.7	70.59

资料来源：SICA

【引进消化吸收再创新】 2005年，上海微电子装备公司100nm激光步进扫描投影光刻机开始整机组装，2006年完成样机调试，2007年实现产品化。其在研发过程中，已获得20项发明专利、60项实用专利、20项软件版权；在自主创新体系建立方面，将重点攻克超精密光学系统、机械加工和控制系统、光电测试系统和先进的掩模与光刻工艺系统，以此建成国家光刻设备工程技术中心，形成中国光刻机自主创新研发平台。

随着市场竞争的激烈和产业链的延伸，上海设备和材料企业不断将其产品线跟着延伸。如新阳电子化学有限公司，2005年的产品线不仅提供化学试剂，而且还配套提供电镀设备生产线以及高压水喷淋设备；并已形成了40多项具有自主知识产权的化学产品和配套设备产品。又如上海晶鑫电子有限公司是一家民营企业，原产品是区熔单晶和外延片，现将原产品线转为以生产半导体太阳能材料为主的领域。

2005年，上海新傲科技有限公司的SOI项目被纳入上海市科教兴市项目，其已经成为国内惟一SOI材料生产基地，同时也是世界六大SOI材料供应商之一；且SOI产品以国际领先的技术和高质量获得了广泛的认可，成功打入国际市场，销往世界各半导体厂商。

上海广济硅材料有限公司通过中科院种子基金扶持和上海市张江高科园区高科技成果转化，将其成果引入到湖北省大悟县经济技术开发区的大悟老铁合金厂（该厂有着冶炼化学级金属硅的长久历史），以生产太阳能电池多晶硅（有机硅）和多晶硅为主。

【资源整合与资本运作】 2005年，普莱克斯已将亚洲区域总部、亚洲业务技术支持中心、亚洲生产运行和质量管理部门设在上海。其于1988年进入中国市场，现在国内已设立了10家独资企业和10家合资企业，生产销售网点覆盖华北、华东和华南地区，在华员工超过980人。其中，普莱克斯（上海）公司2005年销售收入近1亿元，销售利润3 000万元。

2005年，由华裔人员回国创业举办的中微半导体设备（上海）有限公司，在不到一年时间建成了研发中心大楼，包括1 000平方米高标准的洁净室；同时，已申请了7项专利，主要开发产品是用于90和65纳米的12英寸生产线的化学薄膜设备和等离子体刻蚀设备。

上海银笛微电子有限公司从2004年的设备引进开始，2005年已经投产，现已形成月产外延片2万片的能力，并向先进、新进和贝岭等芯片制造企业供货试片。

（赵建忠）

中芯国际：打造世界级芯片企业

【概况】 中芯国际集成电路制造（上海）有限公司（以

下简称“中芯（上海）”）是国内规模最大、技术最先进、配套最齐全的集成电路芯片制造企业。目前，中芯（上海）共营运3座8英寸芯片厂，月生产能力达到12万片。2005年，在全球芯片代工需求增长放缓的情况下，中芯（上海）的全年销售额仍达到80亿元人民币，继续成为国内芯片制造业的“领头羊”，全球芯片代工的前三名。

【科技创新 赢得市场竞争优势】 中芯（上海）通过从海外招聘1 000多名高级技术和管理人才，强化本地人才培养等措施，在公司内部建立起一支强大的研发团队。由逻辑技术发展部（LTDM）、储存器技术发展部（MTD）、设计服务部（DSC）共500多名工程师、专家组成的技术发展中心成为公司技术创新的主体。几年来，中芯（上海）强大的自主研发和代工能力，涵盖了Logic、Mixed Signal、RFCMOS、High Voltage、DRAM、Flash、EEPROM、Specialty Memory、LcoS、SOC、CIS等多种集成电路领域，许多产品的技术和工艺到达了国际先进水平。公司每年将大于销售额5%的费用投入研发之中，保证了各项研发任务的顺利完成，并鼓励员工积极申请发明专利，建立专利评审和奖励的长效机制，促进了中芯国际技术创新的持续深入。截至2005年12月底，中芯（上海）申报的发明专利已累计达500多项。目前，公司拥有400多个自主研发及第三方提供的已验证IP，这些IP为设计业者提供了全面的支持和多种选择。

【专注技术服务，提升企业知名度】 中芯（上海）提供给所有客户从集成电路设计、光掩模板制造到芯片生产及测试的一条龙服务，可提供高性能的标准库、主流IP及可定制IP、ASIC设计服务、EDA支持和流程参考等，帮助集成电路设计人员增强芯片的可制造性及设计的灵活性。公司的光掩模厂配备了可生产0.5微米到90纳米工艺技术的光掩模版的先进设备，可帮助客户完成全套的光掩模版生产，实现了便捷的流片服务和增值服务。公司为客户设立了多项目硅圆片（MPW）服务；铜布线服务；芯片凸块工艺及其再分布层服务，这项技术服务可应用于LCD驱动电路、SOC及其他高性能的电路；晶圆片上重要参数探测服务，包括失效分析和失效测试，客户可通过电子商务系统，享有安全方便的网上服务，全天候查看测试数据、跟踪项目状态以及进行线上咨询。同时，公司还设立先进的化学和原材料分析实验室，可进行化学和原材料分析、失效分析、良率改进和可靠性检验等服务。

【开拓创新，构筑核心竞争力】 2004年，中芯（上海）销售的0.18微米及以下先进制程产品比重占43%；2005年第三季度，0.18微米及以下先进制程产品比重提高到了92%，使公司的盈利能力明显增强。

中芯国际芯片制造工艺技术的迅速提升，特别是中芯（北京）中国第一条12英寸生产线的建成投产，使中芯国际的芯片生产技术进入国际前沿水准。在低端产品代工越来越无利可图的今天，核心竞争力的形成，将把企业推上良性循环发展之路。中国3G通信以及高清晰数字电视市场的潜力巨大，给中芯国际技术创新提供了广阔的天地。中芯（上海）与重庆重邮信科共同研制的0.13微米国际领先第三代（3G）手机专用芯片开发成功；分辨率1080LCOS背投芯片已正式进入量产阶段，并开始批量供货；复旦大学“中视一号”数字电视芯片在中芯投产成功，这些标志着中国芯片制造在拥有自主知识产权形成核心竞争力方面跨出了重要的一步。（中 芯）

贝岭：荣获“中国智能卡十强企业”称号

【6英寸工程流片成功】 2005年12月23日，上海贝岭股份有限公司（以下简称“上海贝岭”）6英寸工程片BL8507产品经过全体员工的共同努力顺利下线，获得一次投片成功。该生产线管理系统启用了Promis制造系统软件，为生产线的现代化管理和提升生产制造水平奠定了基础，这一平台的建成将使上海贝岭在国内同类企业中处于领先位置。

贝岭6英寸生产线于2004年8月18日正式动工改造，这一项目是在原4英寸生产线基础上进行扩容，改建难度很大。一是基础设施陈旧，多数设施已运行十几年了，各类管道和设备有的已经老化或需要淘汰，有的已经不适应工艺提升和安全运营的要求；二是施工场地空间有限，管理要求很高；三是在改造的同时，日常的生产不能受任何影响，这在同行业中是不多见的。2005年9月30日，动力厂房竣工；12月，第一台工艺设备安装调试完成。

2005年12月12日，公司第一批三个无缝对接产品BL8507、C1278、C2209开始流片。12月23日，第1卡BL8507完成初测，9片平均初测合格率达到预期的水平，这表明上海贝岭具备了建设复杂芯片生产线建设的能力。

【宣布2006年全面供应符合欧盟RoHS标准的芯片】 2005年12月31日，上海贝岭宣布，公司主要的芯片产品已经符合欧盟的RoHS标准，并在该指令2006年7月1日开始生效前，将全面供应符合RoHS要求的产品。RoHS指令是限制在电子产品中使用铅、镉、汞、六价铬、PBB、PBDE等6种有害物质。该指令已属于欧盟范围内的正式法律，被业内人士称作全球最严厉的环保指令，“牵动全球电子产品制造业的神经”。

上海贝岭作为国内IC业关注环保的先驱，于2002年开始关注RoHS中提到的有害物质，2003年与供应商共同研究技术关键、材料选型，及焊接温度的提高对器件可靠性的影响等难题。目前，公司已经向松下、西门子、上海贝尔等海内外大厂供应符合RoHS或客户绿色规范的芯片产品。

上海贝岭的这项措施是经过长期论证和试验后的成果，同时也会遵循即将出台的电子信息产品污染控制管理办法。这个中国版的RoHS管理办法有望在2006年初公布，并与欧盟同步实施。目前，对已完成RoHS转换的产品，上海贝岭将在产品或包装箱上注明标识以示区别。如果客户有特殊需要，亦可提供严于欧盟RoHS标准的芯片产品。考虑到部分客户尚未实行无铅电焊或还需要认定周期，上海贝岭会继续按照客户需求提供传统的产品，以协助客户渡过适应阶段。

【技术创新成果显著】 2005年，上海贝岭技术创新不断取得新成果，有数批新品通过鉴定。1月7日，安保电路BL5912、LCD显示驱动电路BL55066、电子镇流器电路BL8301、DVD马达驱动电路BL58054和电话机电路BL34119五个集成电路新产品同时通过鉴定，由于这些新产品紧贴市场需求，因此产销对路，市场认同基础很好。1月30日，被列为市经委重点技术创新项目的“亚微米双极工艺技术开发”通过验收，此项目不仅完成0.6～0.8微米双极型集成电路工艺技术的开发，而且还在此工艺基础上研制成功特征频率fT为6MC的超高频低噪声晶体管新产品，产业化水平达到国内领先水平。3月10日，3款全新一代的数字化电能计量芯片BL0952、BL6503及BL6501通过鉴定，技术“处于国内领先地位，达到国际先进水平”。5月20日，上海市企业技术中心建设项目《建立特种数模混合集成电路设计及工艺技术开发平台》提请验收，该项目涵盖了上海贝岭国家级企业技术中心在2003～2004年内，建立新颖的集成电路设计平台及工艺研发平台的大型综合项目，反映了公司在技术创新体系建设方面的许多重要内容，如深亚微米高性能数模混合电能计量片上系统(SOC)设计平台建设及1.2微米Bipolar/1.2微米BiCMOS工艺平台开发等高水平项目。该项目通过鉴定验收表明，上海贝岭的国家级企业技术中心的数模混和集成电路和模拟集成电路设计开发和工艺研发的综合技术水平已进入国内同行的领先行列。

【成为上海市知识产权示范企业的培育单位】 2005年，经上海市知识产权示范企业创建工程推进委员会的评选，上海贝岭被评为第一批“上海市知识产权示范企业的培育单位”。

为贯彻《上海市人民政府办公厅转发市经委等六部门制定的上海市鼓励创建知识产权示范企业实施办法的通知》（沪府办发[2004]52号）精神，推进全市知识产权示范企业创建工作，经由市经委、市国资委、市财政局、市工商局、市知识产权局、市版权局组成的“上海市知识产权示范企业创建工程推进委员会”研究决定，从2004年12月29日起在上海市制造业、现代服务业的企业中开展知识产权示范企业创建活动的申报工作。本次评为“培育单位”的29家企业是在全市132家企业中选拔产生的，每一个参评企业都在知识产权方面做出了特色工作。上海贝岭结合行业特点和自身特色，积极投入创建知识产权创建活动，凭借长期来在知识产权维护和创新方面的工作成就，荣获“上海市知识产权示范企业（培育单位）”称号。

2005年，上海贝岭共申请专利和集成电路布图设计20项。从2002年以来共申请和授权的知识产权总数超过220项。2005年9月8日，在中国电子技术标准化研究所召开的“2005第二届中国智能卡十强企业评审会”上，上海贝岭被评为“中国智能卡十强企业”。

【贝岭投资企业杭州中正公司荣膺高成长型创业企业500强】 2005年12月10～11日在北京人民大会堂举行的“第三届中国竞争力论坛暨绿色GDP与高成长型企业高峰论坛”上，贝岭投资企业杭州中正生物认证技术有限公司被评为中国最具竞争力高成长型创业企业500强，总经理李健被评为“中国（中小）优秀创业企业家”200强、百名行业风云人物。

杭州中正由上海贝岭和美国INTEL共同投资，成立以来一直致力于包括指纹识别技术在内的生物识别技术的研发、生产和销售。尤其是近四年来，公司以超过300%平均年增长率高速发展，在技术、产品、市场占有率、客户忠诚度等方面保持了领先地位，实现了跨跃式发展。 （鲁宁华）

展讯：致力于无线通信核心芯片研发

【概况】 展讯通信（上海）有限公司（以下简称“展讯公司”）是一家由中国留学生创建的高科技公司，主要从事新一代无线通信专用集成电路产品和系统的开发与销售，它运用创新的软硬件架构和设计方法，为无线通信终端厂商、设计公司提供可快速市场化的无线终端整体解决方案。展讯公司发展迅速，成立不到五年就已成为拥有400多名员工，年产值数亿元人民币，产品已出口海外的初具规模的集成电路设计公司，在硅谷、北京、深圳等地都有分支机构。

展讯公司坚持自主创新，已申请了上百项国内外发明专利。目前，展讯公司正与国内手机厂商密切合作，共同开发具有各种功能的手机，力争打破国外垄断，建立全面的产业链，占领持续创新的制高点。

【研发成功中国首颗GSM/GPRS（2G/2.5G）无线通信核心芯片软件和整体解决方案】 展讯公司自主研发成功的中国首颗GSM/GPRS（2G/2.5G）无线通信核心芯片软件和整体解决方案，使中国首次拥有了手机全套核心技术，实现了移动通信终端核心技术的全面突破，打破了欧美大公司的技术垄断。这款芯片采用世界最先进的集成电路设计技术和独特的设计思路，把模拟基带芯片、数字基带芯片、电源管理芯片、多媒体芯片等通常由多枚芯片实现的功能，高度集成到一颗芯片中，集成度高达4 000万门。至今，展讯公司已经研制出了用于音乐手机、视频多媒体手机及智能手机等GSM/GPRS手机的系列核心芯片，产品涵盖了低端、中端和高端手机市场。

【研发成功世界首颗TD-SCDMA手机核心芯片】 在新一代移动通信领域，展讯公司自主研发成功世界首颗TD-SCDMA手机核心芯片，并提供与GSM/GPRS/TD—SCDMA网络兼容的、双模整体解决方案，为中国第三代移动通信发展提供了强有力的技术支撑，实现了中国集成电路产业在3G关键核心技术及产品研发和产业化方面的重大突破。 （李 论）

二、通信设备制造业

上海贝尔阿尔卡特：改革发展，自主创新

【概况】 上海贝尔阿尔卡特股份有限公司（以下简称“ASB”）是中国通信行业第一家外商投资的股份制企业，阿尔卡特拥有50%加1股，中方拥有50%股份。它是由原上海贝尔转股改制后，与阿尔卡特在华主要业务合并而成。公司隶属于国务院国有资产监督管理委员会。作为中国领先的全面通信解决方案供应商，公司提供端到端的解决方案和优质服务，业务覆盖固定

语音网络、移动通信网络、数据通信网络、智能光交换网络、网络应用、系统集成与服务、多媒体终端等。

2005年，ASB努力克服国际、国内IT行业投资水平趋缓、市场激烈竞争等诸多不确定因素，坚持改革发展，推动自主创新，保持了稳健的增长态势，为公司的长期可持续发展以及贯彻执行“十一五”规划的开局工作奠定了良好的基础。

【加大研发及产业投入，增强企业自主创新能力】公司自成立以来，始终把自主创新作为企业发展的基本战略，坚持走“引进、消化，吸收再创新、集成创新、原始创新3种方式逐步推进，相互结合”的道路。从过去对自主创新的实践管理来看，公司实现了两个“落地”，一是公司自主创新产生的知识权落地，二是知识产权的核心商业价值落地，2005年，ASB在研发及自主创新领域，一方面，通过接入阿尔卡特全球技术库，共享阿尔卡特的技术资源；另一方面，在2004年的基础上继续加大本地研发投入，注重具有自主知识产权产品的研究，公司全年投八的研发资金约点销售收入的8%，使公司研发水平在阿尔卡特全球六大研发中心中保持较为领先的地位。2005年，公司共有数百项发明披露，研创中心人均专利数在阿尔卡特集团位居第一。在保证硬件研发优势的基础上，公司努力培育在软件研发方面的能力。

2005年，ASB还有一大批本地化研发项目实施并产业化。公司凭借位于浦东的大规模生产制造基地，不断加快产品本地产业化进程，表面贴装、印刷电路板组装生产产品种类由最初的100多种增加到目前的880多种，产品线逐步扩充至6大类250余个品种，其中固定、移动、传输及接入4大类产品已全部实现本地化生产。在轨道交通通信及信号等方面，公司正积极进行本地化研发和产业化，除原型机以外的其他硬件制造，目前均由公司完成。在TD-SCDMA方面，公司与大唐电信加强合作，目前已基本完成产业化任务。

2005年11月，ASB在上海成功地召开了“阿尔卡特全球供应商大会”，目前，与公司配套的国内外零部件及配套产品供应商已达1 500家。借助公司物流与采购平台，阿尔卡特集团在DSL、WDM和BTS等多个产品系列的成本降低上都取得了较大的成效，公司正逐步发展成为阿尔卡特集团全球最大的生产制造基地、亚太区及中国的采购中心、物流中心及维修服务中心，带动了国内1 100多家企业相关产业链上下游的联动。

【巩固国内传统市场领域，拓展新业务领域】 2005年，ASB进一步巩固了程控交换机、ADSL宽带接入、GSM/CDMA移动通信、光传输等传统业务在国内市场的领先地位，各大类通信产品市场占有率稳中有升。

国内专网市场是公司2005年重点开拓的业务领域之一。通过近一年多的努力，公司在政府、石化、医疗、交通、城市基础设施建设等专网市场领域逐步形成了完善的系统集成能力，在电子政务网、城市应急系统、城市地铁信号/通信系统项目、石油管道通信项目等市场有了多项成功应用。

同时，公司在3G、NGN、IPTV等新兴业务领域持续投入力量，争取占据市场领先位置，赢得较大的市场主动权。

在3G研发方面，公司对于3种标准作了较为充分的准备，包括阿尔卡特在全球领先的WCDMA技术和成熟的解决方案；同韩国三星在CDMA2000制式上开展紧密合作；在国资委的领导下，与同为中央企业的大唐电信在TD-SCDMA领域形成了战略联盟，取得了重大进展。目前，公司已经具备这3种制式的全业务解决方案及大规模商用能力。

NGN是下一代网络建设的发展方向，公司在原有S12交换机平台平滑演进的基础上，推出了固定NGN解决方案，引入业界领先的Spatial Wireless移动NGN平台，大规模降低了网络的建设成本和运维成本，为平滑演进到全IP网络铺平了道路。2005年，公司在国内市场上实现了多个商用案例。

阿尔卡特拥有业界领先的IPTV解决方案，ASB在2005年成立了阿尔卡特亚太区IPTV方案研创中心，这是整个阿尔卡特集团第三个、也是最大的IPTV方案研创中心，支持亚太区电信运营商开展“三重播放”（语音、数据、多媒体三合一）业务。与此同时，ASB还与众多网络运营商结成广泛的战略联盟以加快国内IPTV产业链的形成，促进IPTV在中国的商业应用。

【贯彻"走出去"战略，重点开拓海外市场】 在海外市场方面，ASB继续贯彻国家"走出去"以及"科技兴贸"主战略，加强了同阿尔卡特亚太地区的业务合作，在拉美、非洲，特别是独联体、东南亚等国际市场上取得新的重大进展，先后与多哥、韩国、老挝、白俄罗斯等国家运营商开展合作，为今后几期项目奠定了坚实的基础。

目前，ASB海外出口业务遍及近50个国家和地区，企业国际化程度有了较大的提升，主要表现为以下四大特点：第一，国际化水平上了一个新台阶，呈规模化发展态势；第二，国际经营业务区域不断扩张，从原有东南亚、非洲、拉丁美洲等传统业务片区拓展至东亚、南亚、独联体等地区，业务范围新增近10多个国家，在白俄罗斯、韩国、多哥、泰国、委内瑞拉等国家连续获得大单；第三，海外项目管理水平得到了较快提升，进一步增强了国际大项目管理能力和方案的设计能力，能为海外用户提供"一揽子"解决方案和"交钥匙"工程，并强化了与阿尔卡特其他区域的协调；第四，实现了国际资本与技术的输出，通过与印度等国家开展合作，在产业化及生产制造领域取得了新的进展，加快了全球先进技术的双向流动。

【全面加强企业精益化管理】通过近年来的努力，ASB在企业内部管理已经初步达到了专业化、国际化的标准，形成了一整套重业绩、重能力、员工认可、公正规范的人才发展体系；公司制定了明确的使命、价值观和发展方向，创立了先进的信息化管理系统和完善的绩效管理体系，按照卓越绩效管理的模型（企业发展战略、领导、客户与市场、过程管理、资源配置、经营结果、测量分析与改进），持续改进业务流程，优化组织结构，以不断追求卓越的管理模式，努力提高和世界先进企业的对标分析。2005年9月，公司通过了中国质量协会的严格评审，荣获了"全国质量管理奖"，成为中国通信制造业第一家获此荣誉的企业。另外，公司在产品质量方面也取得了新进展，11月，公司顺利通过了法国国际质量认证有限公司进行的TL9000质量管理体系认证。

（贝尔阿尔卡特）

英华达：在TD-SCDMA终端领域自主创新

【概况】 英华达公司是1991年在上海设立的外资IT企业，是台商目前在中国大陆最大的手机和掌上电脑研发设计中心。公司已由成立初期的电子辞典产品研发企业发展成为无线网络终端产品研发、生产和销售的企业。公司现有7 200平方米的研发中心和3.36万平方米的生产基地，配备了28条自动化装配流水线以及自动仓储式系统，使公司具备了每月生产100万台以上无线智能型手持式终端的能力。目前，公司已获得ISO-9001、ISO-14001、CCIB、BABT、QS-9000等多项国际、国内质量认证。同时，公司出口额连续多年跻身上海市企业出口十强之列。2005年，公司实现了营业额30亿美元的销售目标。

英华达公司一贯注重高新技术的研究及相关产品的开发，为此投入大量的资金和人力从事智能高端手机的研发工作，以自有品牌OKWAP在中国推出了一系列自主研发的手机产品。目前，英华达公司正在积极把握3G移动通信经济增长点的发展机遇，以发展TD-SCDMA第三代移动通信为契机，积极开拓国外（英）和国内两种市场和资源，和集成电路零组件供应商、软件开发商、内容提供商和电信运营商开展广泛合作，达成移动通信产业链和谐发展和多赢的目标。

【建立专业的TD-SCDMA终端研发中心】 得益于多年来的手机产品研发经验，英华达公司在手机产品领域已具备几大优势：手机软硬件系统研发的整合能力；无线技术的实力；手机外观的设计能力；高效率与高质量的制造能力；完善的产品质量系统；利用内容与服务提升产品价值等。公司已累计申请363项国家专利。

英华达公司把多年来在手机自主研发方面的技术优势，移植到TD-SCDMA终端产品的设计、研发、制造上来，建立了专业的TD-SCDMA终端研发中心，在下一代移动终端规划中将TD-SCDMA移动终端产品进行重点研发，打造创新的合作模式，开发自主创新的TD-SCDMA终端。

【在TD-SCDMA终端上自主创新研发】 英华达公司在

智能型手持式终端设计和研发过程中始终遵循“自主研发”的原则，公司研发的TD-SCDMA终端具有“六机一体”的特色，即同时具备6大产品的功能：手机、个人数字助理、数码相机、无线网络终端机、电子词典和掌上型游戏机。

终端软件的人机界面(MMI)设计充分考虑市场的特点，在功能上也有多样化的创新：超大容量电话簿(本机最多可存5 000个号码)；超级短信王（500笔）；强大的电脑通讯功能，自主研发i-Sync软件可实现PC与手机的资料同步、备份；提升产品附加价值等。

【加入TD-SCDMA产业联盟】 2005年4月16日，英华达公司在北京加入TD-SCDMA产业联盟，成为TD-SCDMA产业联盟正式会员。英华达公司从TD-SCDMA产业联盟诞生起就积极跟踪TD-SCDMA技术，支持中国3G民族产业，其研发的TD-SCDMA终端已顺利完成信息产业部MTNet产业化专项测试。

【TD终端率先在鼎桥系统实现IMS功能】 英华达TD-SCDMA手机终端在鼎桥开放式实验室成功演示了基于IMS技术的网上聊天功能，这是TD-SCDMA系统首次在手机上实现IMS业务。本次业务演示成功是TD-SCDMA网络实现全IP应用端到端能力的标志性进展，也是TD-SCDMA终端研发的又一成果。

（张海鸣）

大唐移动：巩固并扩大优势，实现稳健发展

【概况】 2005年，上海大唐移动通信设备有限公司（以下简称“大唐移动”）在第三代移动通信系统TD-SCDMA产业化进程中，进一步巩固并扩大比较优势，实现公司稳健发展。大唐移动通过一次又一次的里程碑式的重大成就，成功地推进了TD-SCDMA迈向商用的步伐。在中央大力强调自主创新、建设创新型国家号召下，TD-SCDMA已成了国家重大科技创新的典范，被形象地誉为信息产业领域里的“神舟六号”。

【TD-SCDMA产品开发和测试工作硕果累累】 大唐移动TD-SCDMA产品单模解决方案（DTivy A1000）、双模解决方案（DTivy A2000）、TD终端（Sparrow）、TD无线数据卡（Hummer）、TD测试终端（Pecker）、TD商用终端（Swallow）、路测系统、网络规划优化项目均按计划顺利推进，并积极开展示范网工程的建设，为示范网工程提供可靠、稳定、足量的产品。此外，大唐移动TD-SCDMA各产品在2005年国家信息产业部组织的产业化专项测试和应用测试中均表现领先，为TD-SCDMA产业发展做出重大贡献，受到多方好评。目前，大唐移动TD-SCDMA终端产品销售情况良好，并和众多手机公司进行了战略合作，建立了比较完善的市场销售、技术支持体系，组建了高效的市场销售队伍，极大促进了公司的市场化转型，为3G市场的大规模启动奠定了坚实的基础。

（大　唐）

邮通：在行业电子领域实现新的腾飞

【概况】 上海邮电通信设备股份有限公司（以下简称“上海邮通”）于1993年10月由邮电部上海通信设备厂改制为股份有限公司，于1993年、1994年先后在境内发行A、B股股票并在上海证券交易所上市，发行B股后转为中外合资股份制企业。

上海邮通以开发、生产和销售高新技术信息通信产品为主营业务，为用户提供解决方案和优质服务，主要产品有：光纤数字传输设备系统、多媒体传输系统、综合接入设备、金融商业与税控计算机网络系统及外围配套设备、AFC自动售检票设备系统、二代身份证读卡设备、终端打印设备、邮政信息系统、通信电源、各类配线架等产品。产品遍布全国电信、邮政、国防、铁路、航空、水利、电力、矿产、银行、商业、公路等行业和部门，并出口亚洲、非洲和欧洲的部分国家和地区。

【市场平台】 通过对目标市场区域划分和对渠道中所有销售网络的细致化服务和管理，变分散管理为集中管理；以办事处为主建立市场平台，逐步形成矩阵管理模式。

【开发平台】 上海邮通技术中心是由上海市级科研机构、上海科学院及上海交通大学直接参与的上海信息

通信技术开发中心为基础的研发部门，负责规划和开发公司中长期产品。

【生产平台】 上海邮通的行业电子机具制造水平达到国内先进水平，机械加工制造能力的优势明显。依托奉贤工业园有利资源，逐步形成规模化生产基地。

【工程服务平台】 上海邮通承接电信运营商及重要制造商的工程及增值服务，公司积极与国际知名通信公司合作，为其用户提供督导类服务。

【优化资源配置明确主业定位】 上海邮通根据自身资源优势，大力发展行业应用产业，明确了以自动售检票系统AFC、金融与税控POS、二代身份证读卡设备、打印机等产品作为自主知识产权、自有品牌和自已制造的“三自产品”经营战略，进一步增强企业核心竞争力。

【不断完善的一体化管理体系】 质量、环境和职业健康安全管理体系的建立，表明上海邮通的基础管理完整规范、专业管理高效有序、综合管理科学合理，已形成了自我完善、持续改进的良好机制。上海邮通于2005年获得了“全国用户满意企业”、“上海市实施卓越绩效模式先进企业”等光荣称号。

上海邮通是中国普天信息产业集团公司下属企业中首家通过三大管理体系认证的企业，标志着上海邮通的企业经营管理水平已迈上了一个新的台阶。

（邮 通）

博达：专注民族网络通信

【概况】 上海博达数据通信有限公司（以下简称“博达公司”）成立于1994年，公司自成立之初就一直致力于数据网络产品的研发、生产和销售，形成了完善的研发、生产、销售体系和服务网络，在全国各地设立了9大平台、31个办事处、32个覆盖全国的服务网点。公司用户遍及国内金融、电信、教育、军队、邮政、税务、公安、气象等各大行业和机构，在全国各大重点行业中拥有1 000多个客户，已有数十万台设备在中国的互联网和企业专网上运行，部分产品已经打入东南亚、欧洲和中东市场。博达公司在行业内已经具有相当的知名度，已经拥有了比较稳定的客户群，已成为当前中国优秀的数据通信设备供应商。

博达公司的管理团队具有丰富的产品产业化能力及经验，在技术研究→产品开发→生产→市场推广的整个产业化流程中，已形成成熟的管理模式。公司通过了ISO9001质量体系的认证，已经建立了一整套科学有效的管理流程并运行多年，成功实现了路由器、交换机、语音产品等系列整机以及路由交换操作系统的开发和产业化，产品得到大量应用。

【高新技术研究与开发】 2005年是博达公司在研究开发新产品和新技术方面承上启下的一年。

在路由器产品方面，博达7200系列路由器经历了由开始、逐步应用到走向成熟的过程。7208系列是博达汲取国内外各种型号路由器产品的优点，同时根据国内用户的特点进行细致的考虑后改进开发的新一代高性能模块化路由器。除了高端之外，博达还在低端路由器方面推出了为用户量身定做的产品，包括有适应网吧或中小型企业的1705系列企业级智能宽带路由器和适合大中型企业远程分支节点或中小型企业中心接入的1722系列扩展灵活的边缘接入路由器。

在以太网交换机产品方面，博达推出了高性能千兆以太网路由交换机S3448系列和高性能全千兆以太网交换机S3512G系列。

在语音产品方面，博达推出了Super B Mini系列语音网关，同时GW232系列也已成功应用于市场。

【增强自主创新能力】 2005年，博达技术中心被认定为上海市级企业技术中心。技术中心是一个拥有高层次和高水平的研发机构，是博达公司技术进步和技术创新的主要技术依托。技术中心现拥有国际先进水平的试验仪器、产品设计软件系统，拥有国内先进的生产组装设备，还拥有一批高素质、高技术、高水平、充满朝气的年青开发团队，并应用先进科学技术手段进行技术创新活动，具有较高的研发新产品的能力。

博达技术中心每年投入大量的研发费用，用于新产品的研制、设计与开发，每年的研发费用都占销售额的15%以上，并且逐年递增。博达对所研发的产品全部享有自主知识产权。博达公司形成了统一的操作系统平台(BDROS)，并在此平台上自主开发完成了大部份网络协议模块，这些模块可广泛应用于各个系列的产品中。该系统发展至今已历时7年，支持目前通常使用的数据通信协议，应用于博达全线路由器、交换机，成为博达自主创新的集中体现。目前，博达在自主知识产权方面，已被受理发明专利2项，共取得了11项计算机软件著作权，其中，在2005年，博达公司在原有技术实力的基础上新增了3项计算机软件著作权。

【承担多项科研及产业化项目】 2005年，博达公司得到了各级政府的大力支持，作为拥有自主知识产权的高科技企业，博达公司承担了数项国家级、市级科研及产业化项目，包括上海市经委民营企业科教兴市产业升级项目，上海市科委信息技术领域重点科技攻关项目等。尤其值得骄傲的是，博达公司申报的“兼容IPv6的高端路由交换设备研发及产业化”项目经过层层筛选，最终被列入了上海市第二批科教兴市重大产业科技攻关项目。

【全方位合作，开拓全球市场】 博达公司通过在重点行业与高级认证代理商的合作销售，树立公司的品牌。公司已与数十家国内有实力的系统集成商建立了良好的合作关系，发展了数百家认证代理商。同时，博达公司通过渠道扩大市场规模，放大市场拓展和客户服务力量；通过在各省建立分销-经销渠道，扩大博达中低端产品在企业级市场的应用和品牌知名度；通过广泛的OEM合作，建立一批战略合作伙伴，包括海外的OEM销售。

此外，公司从2005年渐渐把重心移向海外市场，从2004年起，通过OEM合作伙伴陆续向东南亚、欧洲和中东市场销售产品，逐渐积累了海外销售的经验，2005年，公司专门设立了海外市场推广部门，一方面广泛和海外同行企业进行交流，寻求市场开拓和技术合作机会，一方面寻找海外销售合作伙伴，目前已在10余个国家产生了数百万销售额。

（博　达）

三、新型元器件产业

上海仪电：提升企业能级，加快企业发展

上海仪电控股（集团）公司（以下简称“上海仪电”）是以信息产业为背景的资产运作公司。公司主营业务有三块：电子制造业、不动产经营和资产经营。

2005年，上海仪电的产业架构有较大的调整：①根据市国资委的安排，通过股权划拨，从2005年7月1日起，原来由上海仪电控股的上海自动化仪表股份有限公司股份划归上海电气集团总公司；②根据市国资委的安排，上海仪电出资收购了上海有色金属（集团）有限公司的部分企业；③上海仪电控股的上海飞乐股份有限公司通过股权收购，收购了上海精密科学仪器有限公司的全部资产，从2005年1月起，上海精密科学仪器有限公司成为飞乐股份的全资子公司。

上海仪电的主要制造产业为：上海飞乐股份公司的汽车电子产业、线束产业、科学仪器产业和电子材料产业；上海金陵股份公司的电子印刷板产业、表面贴装产业、微电机产业；上海飞乐音响股份公司的IC卡产业、照明产业；上海松下半导体有限公司、上海华旭微电子公司、上海纪元微科电子有限公司等企业组成的集成电路封装产业。同时，上海仪电还参股上海华虹集团的集成电路制造业。

上海仪电针对产业发展提出了“落实科学发展观和科教兴市战略，提升企业能级，加快企业发展”的要求。2005年，上海仪电共完成工业销售产值157.51亿元，同比增加15.5%；完成出口交货值96.44亿元，同比增加23.1%；实现工业产销率101.7%，同比提高2.5%。

2005年，上海仪电的制造业发展呈现3大特点：

1. 产业聚焦战略初显成效

上海仪电产业聚焦战略针对产业战线过宽、投入力度不足的被动局面，进行了“有所为，有所不为”的

选择。对优势产业进行人、财、物聚焦，克服急功近利的浮躁心态，通过加大科技投入、加强基础设施建设，取得了较明显的效果。

飞乐公司的聚焦产业以年均近20%的速度递增，在线束制造、汽车电子等领域形成优势；飞乐音响的IC卡制造业，2005年也扭转颓势，出现30%的增长；其照明产业，从2000年起，保持每年销售收入增长近1个亿，2005年实现销售收入5.8亿元。

2. 提升科技含量，加速与大公司接轨的步伐

作为配套产业，必须紧跟国际信息产业的技术发展步伐。上海仪电在新产品、新工艺研发上，通过加大投入，逐步摆脱小打小闹。金陵公司紧贴大公司的战略，使产品贴近了电子产品主流市场；飞乐公司的汽车电子、线束产品从研发、制造手段上均实施与国际接轨的指导思想，不仅与上海大众、上海通用、一汽大众、海南马自达、奇瑞等大公司建立了稳定的供需关系，在产品技术上，还与美国GHSP公司、德国AFL公司等公司同步，保持了竞争优势。

3. 核心技术的培育仍处于初级阶段

目前，制约仪电产业发展的瓶颈仍然是核心技术的科技含量低，科技投入不足，研发力量单薄。推进产学研合作，跟上主流产品的发展，抓好核心技术的培育和研发，仍是仪电的长期任务。

（陈五凤）

飞乐：发展重点产业，拓展重点产品

【概况】 2005年，上海飞乐股份有限公司（以下简称"飞乐公司"）深化实施公司发展战略，结合自身产业分类和市场发展趋势，发展重点产业，拓展重点产品，逐步培育出飞乐公司的"核心产品群、核心技术群、核心人才群"。飞乐公司加强汽车电器、布线系统、电子材料等产业的开发与制造，2005年，科技投入为4 987万元，科技投入率5 %，提高了产品的技术含量。公司重点产业取得了良好发展，其中布线系统销售收入同比增长25.1%，利润总额同比增长28.1%；汽车电器销售收入同比持平；电子材料销售收入同比增长15.2%。

2005年，飞乐公司在中国第19届电子信息百强企业中名列第31位。

【布线系统】 2005年，飞乐公司布线系统产品实施了汽车传感器线束生产线及机器人线束生产线技改项目，实现了从传统的家电线束向汽车线束和装备类线束方向发展。汽车传感器线束和汽车发动机管理系统线束项目均批量投入生产；机器人及控制柜线束已批量出口供货，提升了公司装备类线束的制造能力。

【汽车电器】 2005年，飞乐公司继续推进汽车电器产业向大规模、高技术发展，与美国、德国的著名公司建立了战略伙伴关系，并通过引进技术进行二次创新。其中，汽车排档开关合作项目已完成试生产，2006年将正式投产。同时，在PQ35继电器合作项目正式供货的基础上，公司又签订了引进冷却风扇控制器技术的合同。为提升质量能级，飞乐公司投资近1 000万元，建成了汽车电器电磁兼容试验中心，以一整套完善的产品测试验证体系来保证产品质量，项目已通过大众集团的评估认可和市经委的项目验收，具备了与国外著名汽车厂配套的条件，为汽车电器市场的拓展、自身的基础管理水平及专业生产技术水平的提升夯实了基础。

2005年，飞乐公司完成的新产品主要有："PQ35（51、42）系列继电器"、"HG4901、4902、4903、4959、4960车门锁执行器"、"HG4420、4421雨刮控制器"等。"PQ35（51、42）系列继电器"是基于德国大众PQ35汽车平台，自行设计的产品。其技术性能等各项指标与国外同类产品水平相当，结构设计已申请实用新型专利。"HG4901、4902、4903车门锁执行器"是为上海大众GOL四门轿车国产化配套设计开发的，通过严格试验，寿命达到了5万次，已批量稳定供货；"HG4959、4960轿车门锁执行器"用于MG ROVER公司轿车门锁系统，达到国外同类产品水平。"HG4420、4421雨刮控制器"是为上海大众GOL轿车配套。HG4421后雨刮控制器采用单片机控制，具有控制间歇刮水和洗窗的功能；HG4420前雨刮控制器采用TEMIC专门芯片控制，具有控制间歇、延迟、优先等功能。

【电子材料】 飞乐公司继续扩大对电子材料产业的投入，2005年，完成了总投资约2 000万元的扩大阳极

箔生产基地技术改造项目，新建了阳极腐蚀生产线4条，阳极化成生产线5条。负极箔也通过连续数年的技术改造扩大了电极箔的生产规模，拥有10条生产线，提高了电极箔工艺技术水平和设备成新率及产能，增强了电极箔的市场竞争能力。

新产品——"高比容腐蚀箔"采用独特的发孔腐蚀工艺，在保证机械强度的前提下，使腐蚀箔的比电容量达到 $20V_f$ 71 μF/cm²。性能指标优于国内行业标准（ST11140），接近日本JCC公司同类产品的水平，居国内领先。超小型电容器所使用的化成箔，其机械强度（引张、折曲）必须高于传统电容器所用的化成箔。"超小型电容器专用箔"采用了先进工艺，对前处理槽的浓度、E1、E2槽的电流密度、化清槽的时间与温度等多种参数实现最佳搭配。产品保证了基带厚度，提高了机械强度，达到抗拉强度≥ 20N/cm，折弯次数≥ 90 次。

【电容器】 飞乐公司电容器分公司2005年完成研制新产品"CBB662A型抑制电源电磁干扰用固定电容器"、"CBB51型金属化聚丙烯膜介质直流穿心式电容器"。"CBB662A型抑制电源电磁干扰用固定电容器"由一个CBB662 X2类和两个Y2类三角形连接组成的网络电容器，是EMI（电磁干扰滤波器）的主要部件。应用于电气和电子设备并跨接到电源线上，降低电子设备或其他干扰源的电磁干扰。该电容器已采用国际标准，性能优越，耐105° 高温，获欧洲ENEC安全认证，符合欧盟ROSH指令。已有一项实用新型授权专利，经上海科学技术情报研究所水平查新检索：CBB662A型达到国际先进水平。2005年，出口欧盟20余万只。"CBB51型金属化聚丙烯膜介质直流穿心式电容器"，其结构芯子采用金属化薄膜，无感卷绕，穿心方式组装，使用于馈通滤波电路中。2005年，已实现批量出口。

（飞　乐）

金陵：在信息产业舞台上出色表演

【概况】 上海金陵股份有限公司（以下简称"金陵公司"）是中国首批扩大股份制试点的上市公司，经济指标八次刷新历史记录，为全国电子百强企业、上海市高新技术企业、上海市最佳工业企业形象单位。

金陵公司以高速成长著称，十多年来，主营收入增长了5倍多，总资产增长了6倍多，营利能力不断提高，净资产增长近10倍，股本金总额由5 099万元增加到52 408万元，形成了福州路商务中心和杨高路、漕河泾等五个生产经营基地，现正在上海金桥、松江兴建两个占地500多百亩的大型现代工业园区。

金陵公司在数字信息产品的服务和供应上，形成了网络通信、计算机系统集成、电子信息产品制造3个系列；子分公司及资产关联企业中有10家上海市高新技术企业，在计算机信息系统集成和建筑智能化系统集成方面具有国家级资质；并与UT斯达康、VCON、SUN、IBM、JVC、三星等十几家著名公司建立了战略伙伴关系。

金陵公司在政务网、校院网、医疗网、住宅小区、村村通、轨道交通、大型场馆音响系统、会议系统、安保系统等方面有广泛的市场基础，弱电工程遍及全国各地，并发展到海外。主要产品有光工作站、光传输平台、电缆调制解调器、数字卫星接收机及通信终端、电脑控制类基板、数字式调谐器、调制解调器等系列。

【网络信息发展势头喜人】 2005年，网络公司、JVC工程公司、金陵时威组成的网络板块全线告捷，形成了网络工程、信息产品和品牌代理三箭齐发的局面。其中网络公司销售额达到2.38亿元，比2004年增加了67%，并与联想集团签约，成为扬天产品上海地区分销商，开启了钻石级（最高级）增值服务之门，还新增了联想外设的分销商资质。金陵时威公司自主开发了轨道交通"一票换乘"系统应用软件，在评选上海市信息产业、信息技术应用和信息基础设施建设（2003～2005年）优秀项目活动中，被评为优秀项目。参与建设的上海城市网格化管理信息系统、洋山港综合信息服务平台、上海市企业基础信息共享应用系统、东方有线数据信息广播和多画面EPG等项目也同时被评为市信息化优秀项目。中标了轨道交通1至5号线的网络改造项目。

【手机产业实现新的突破】 继2003年在杭州建立与UT斯达康合作的分公司之后，2005年第三季度，在金桥建立了与禹华公司合作的生产加工点，第四季度与创维集团建立战略伙伴关系，又在深圳建厂并投产，上述3处的年加工手机产能在500万台以上。

【调谐器产业持续发展】 得益于数字式产品的大力开发，金鑫公司全年85%以上的销售收入由2004年开发的新产品提供。自下半年起,主要产品产量大幅度上升,月产量达到创记录的40万只，并已具备50万只的生产能力。上海阿尔卑斯巩固了在国内外同行中的领先和主导地位，销售收入达7.7亿元，内销调谐器年产量突破1 000万台，各项经济指标均创历史新高。

【印制电路板产业生产能力翻番】 2005年，金陵公司对7个工序进行了技术改造，投入资金250多万元，使瓶颈工序的生产能力得到了大幅提升，使多层板生产能力由2004年的5 000平方米/月上升到10 000平方米/月，经济效益也有较大幅度的增长。

（金　陵）

四、数字音视频产业

数字电视发展

【概况】 数字电视代表了电视技术发展的方向，是广播电视发展的里程碑，是推动产业发展的先进生产力和传播先进文化的重要手段。由于数字电视是涵盖内容制作、网络运营、中间件与终端设备制造的一个很大的产业群，因此，它的发展必定带动一大批相关企业的共同发展。加快发展数字电视符合人民群众的切身利益，也有利于带动广播电视产品制作业的发展和消费类电子信息产品制造业的升级换代，对加快城市信息化发展和形成上海新的经济增长点具有重大意义。

【节目集成与节目互动准确定位】 上海文广互动电视有限公司（以下简称“文广互动”）通过对行业发展和市场的研究，在数字付费电视上，以为用户提供丰富的精神产品和文化娱乐消费服务为目标，把自身定位于内容集成商。2002年试运营之初，文广互动的集成电视节目就达15套，合作节目量达到每月1 000小时左右，已经相当于一个公共电视频道8到10倍的节目更新量，在较短的时间内实现了节目内容的整合战略。在节目集成策略上，通过把更具品牌效应的节目提供商引入数字内容平台，逐渐形成自己的“SiTV”品牌效应，树立良好的社会形象。自2002年起，先后与维亚康姆、ESPN、星空卫视、DISCOVERY、CNBC、Fashion TV等海外知名电视播出机构建立了合作关系，为文广互动的数字电视内容平台提供独家的电视节目内容。2005年，SiTV又与韩国KBS、MBC先后建立长期合作关系，独家在SiTV数字平台播出其精品韩剧。“内容超级，服务互动”是SiTV互动电视平台的战略与追求。面临新技术、新媒体带来的挑战，随着网络发展与接收终端设备功能的不断增强，互动将成为有线数字电视业务的发展方向。2005年，SiTV投入互动内容开发，积极进行节目样式的创新，已开办益智节目《智慧财富》和彩票类个性化服务的《幸福彩》频道，为丰富数字付费电视节目类型跨出了重要一步。

【坚定高清数字电视发展方向】 文广互动早就开始跟踪HDTV高清晰度电视的发展，深知HDTV是全球数字电视广播发展的必然趋势，世界各国都在为实现HDTV这一数字电视高级阶段的开播而积极努力。在央视2005年9月开设高清数字电视频道之后，文广互动经过努力也于同年10月1日国庆56周年之际，专门辟出一个频道开始了高清数字电视节目的试播。由于一般的标清数字电视机顶盒不能收看高清节目，需要配备相应的高清数字电视机顶盒，因此，如何促进开发与规模生产这类机顶盒成了推进HDTV高清电视的重要一步。文广互动于2005年开始了高清电视产业链建设的考虑，力图通过高清产业联盟的组建将上海高清数字电视广播推向一个新的发展高度。无可置疑，称作“新视觉”的高清数字电视的开播是上海数字电视广播又一个新的里程碑。

【稳步扩大IPTV网络电视试验区】 2005年，文广互动为了扩大付费数字电视的家庭渗透，另辟蹊径进军IPTV领域。10月15日下午，上海市长宁区古北住宅区成功借助3Tnet高性能宽带信息网，实现了互动网络电视业务的开通，成为中国首个3Tnet互动网络电视业务示范小区（紧接着在上海闵行与浦东九城也进行了IPTV的试播）。3Tnet互动网络电视业务首先向长宁区古北小区1万户居民提供的服务，不仅能使该小区居民收看到原有线电视网络中的所有62套电视节目，还可以收看文广互动的数字付费电视节目，甚至包括刚推出的高清晰度电视节目。预计用不了多久，用户在电视机上还将享受到远程医疗、远程教学、三维展览、在线银行等一系列的交互电视服务，用户足不出户就能完成看医生、学习、交易等活动。11月29日，文广互动与上海电信等单位合作在大宁地区借助互联网也进行了IPTV网络电视的试播。

【创立交互式数字家庭综合信息服务平台】 2005年，东方有线网络有限公司（以下简称“东方有线”）除对数字电视系统不断进行扩展和完善外，把相当大的精力放在了“数字家庭综合信息服务平台”的打造上，并按计划顺利推出，给用户在家中了解各种信息提供了方便。借助该平台，用户可以实现高速宽带上网，“有线通”用户在登录“东方星天地”之后，能够在线点播，即时收看4 000多部（集）的电影和电视剧；安装了数字电视机顶盒的“TV通”用户，不仅可以看到更多更丰富的电视节目内容，还可以在“房产信息、房地动态、益智娱乐、彩铃推荐、股票行情”等增值服务板块中了解到更多生活实用信息。此外，新鲜的“多画面电子菜单”能让每台电视机都具备画中画功能，能方便用户提前安排好娱乐计划，而不必每次翻阅报纸查看节目，节目提醒功能更不会让用户错过任何精彩节目。日前，HDTV高清晰度电视节目的推出使东方有线的电视服务质量又上上了一个新台阶。2005年11月4日，“数字家庭综合信息服务平台”方案在上海工博会上正式公开亮相。在6天的展示活动中，共有5 000多人参观了展台，中央电视台等20多家传统媒体和网络媒体作了相关采访报道。由于“数字家庭综合信息服务平台”具有自主知识产权，并达到国际先进水平，且有着良好的市场前景，为此，经业内专家评审，该项目获得了上海工博会经国务院同意而设立的“创新奖”。

【DVB-C双模机顶盒产业化有望】 天柏宽带网络科技有限公司（以下简称“天柏宽网”）近几年一直致力于各类机顶盒新品的研发，特别在机顶盒的多功能化与多网络化上作了一番努力。2005年，经过多年的开发和试验，DVB-C双模机顶盒成功推出。双模机顶盒的问世使得电视机真正成为遨游于不同网络之间的信息终端，享受双网融合带来不同凡响的信息服务成为现实。DVB-C双模机顶盒集成了DVB-C的音、视频功能、中间件功能和IP的浏览器功能，是最早面市的双模机顶盒，其性能指标无论是作为DVB还是IP的传输模式在同行业均处于领先的地位。DVB-C双模机顶盒的研发及产业化已通过国家信息产业部审核并立项，获准成为国家2005年度电子发展基金项目，从而为该产品的产业化与规模化生产提供了保障，同时也为数字电视及家庭信息化的同步发展奠定基础。

【全力开辟数字电视系统集成业务市场】 天柏宽网的另一工作特色是以系统集成业务开拓与拓展全国市场。靠自己良好的声誉、雄厚的技术实力、优良的技术和营销队伍，天柏宽网的数字电视集成业务迅速发展。2005年6月13日下午，在云南省网络公司曲靖分公司的数字电视项目招标中，天柏宽网全面中标，一举成为曲靖市数字电视系统总集成商。2005年8月25日，在云南玉溪的数字电视项目招标中，天柏宽网一举中标SMS、CA、EPG、数据广播系统，成为其数字电视平台的总集成商。在2005年10月18日结束的云南文山州数字电视项目招标会上，天柏宽网又中标SMS、系统集成项目。至此，天柏宽网与云南数字电视环线建设中最为重要的几个试点城市均建立了全面合作关系。2005年，在经过了10个多月的努力后，天柏宽网包揽了广西14个地级市，一个区平台的所有CA、EPG、数据广播项目，成为广西省全境数字电视的总集成商。天柏宽网在数字电视集成业务上的接连中标，一方面标志着公司良好的集成商企业形象已被广泛认同，更重要的是，它为全国各地数字电视整体平移的全面加速推进作出了贡献。

【全线出击高清数字电视系统研发】 上海全景数字技术有限公司（以下简称“上海全景”）为上海数字电视运营和用户普及作出了相当大的努力。上海全景的主要业务涉及有线综合运营支撑管理系统、数字电视中间件、数字电视终端产品、多媒体宽带接入设备等产品的研发，致力于为有线网络最终实现交互电视网、数据网和电话网的三网融合创造条件。除了各款标清机顶盒的开发推广外，上海全景还将相当一部分精力投入到数模一体高清数字电视终端接收系统的开发和产品化上。上海全景的高清数字电视解决方案共分为HDTV升级卡（Add-On卡）、单芯片数模一体HDTV数字处理板（高清一体机）和单芯片数模一体HDTV机顶盒（高清伴侣）3种。其中，方案之一的HDTV升级卡软硬件实现的所有关键技术已被攻克，目前已开发完成多种升级卡，将与各电视机厂商进行联调和中试生产；方案之二的单芯片数模一体HDTV数字处理板经技术演示，已得到创维、TCL、康佳、SVA、海尔和台湾华德电子的高度认同，目前正与创维进行联合中试，产品量产后，即将被集成到各电视机厂商的CRT电视、ATSC电视（出口美国市场）、DVB-C LCD电视、等离子电视和LCoS电视（ATSC制式）中；方案之三的数模一体HDTV机顶盒则已完成全部样机生产和定型试验，即将进入批量生产阶段。上海全景的高清数字电视实现方案在价格上非常适合中国国情，做到了全球市场的最优性价比。在技术上，则保持“首创、新颖、独特”的创新优势，其中除ATSC和DVB-C兼容设计外，还包括已申请国家发明专利的“使用windows模拟器开发数字电视应用”和保证加密节目安全，维护运营商利益的“升级加密算法”以及采用信息产业部机卡分离方案，有利于运营商对各类业务实施加密和终端机顶盒厂商规模化大生产的“支持机卡分离设计”等。经科技查新，上海全景的高清数字电视实现方案达到国际先进水平。该3种产品的研发扫除了中国高清数字电视发展的技术障碍和价格瓶颈，从而为中国高清数字电视的产业化和快速普及铺平了道路。2005年3月20日，在北京CCBN展览会上，上海全景展出了其研发的中国第一台数模一体的高清数字电视接收机样机。

【大力推进崇明地区地面数字电视广播】 上海高清数字科技产业有限公司（以下简称“上海高清”）在发展中以“原创技术研发”为目标，以“完善数字电视技术产业链建设”为方向，以“多种数字电视技术开发并举”为准则，为多传输方式数字电视互为补充作贡献。

随着科技的发展，现今除有线数字电视外按传输方式分，还有地面（无线）、卫星、网络3种，它们之间各有优势与特色，也有各自的收视群。对于城市边缘地区或郊区农村，由于居住分散，铺设有线电缆成本过高，转嫁用户老百姓也不接受，因此地面数字电视传输方式的优点就凸现了出来。对于上海崇明岛电视收看难（频道少、图像不清晰等）的问题，上海市政府十分重视，于2005年8月29日召开专门会议加以研究，决定把先行试验区定在了崇明县向化镇。与此同时，崇明县政府、县文化局与上海交通大学、上海高清决定共同实施“崇明家家通”无线数字电视试验工程。经过各方通力协作，2005年国庆，崇明岛开始试播无线数字电视节目。“崇明家家通”无线数字电视试验工程采用的是上海交通大学自主研发的“神州家家通”地面数字电视技术，这项完全具备自主知识产权的技术已经达到了国际领先的水平。利用“神州家家通”地面数字电视技术，用户不需要接入有线电视网，只需添加一台机顶盒，就可收看到图像清晰的电视节目（清晰程度相当于DVD标准），而且频道增加很多。目前，收看所需要的机顶盒已全部实现国产化、规模化生产，可以大大降低农民的负担。“神州家家通”地面数字电视系统利用数字无线方式实现电视广播村村通，体现了中央“三农”工作精神，落实了国家广电总局领导的有关指示，是高校、企业以科技创新服务农村的成功实践。

平板显示产业

【上广电TFT-LCD显示器全面量产】 上海广电（集团）有限公司（以下简称“上广电”）第五代TFT-LCD显示器生产线是在上海市委与市政府的直接领导与支持下建成的。这条由上海广电光电子有限公司（SVA）和日本电气株式会社（NEC）合作投资的中国大陆第一条第五代TFT-LCD生产线项目从2003年开始启动，2004年4月厂房建设完成，5月开始迁入设备进行安装与调试，10月开始试生产。经过一年的运行与调整，2005年10月进入全面量产，规格有15、17、19英寸显示屏和26英寸电视用屏，其中15英寸显示屏的供货量已占全球市场的四成左右。上广电第五代TFT-LCD显示器生产线的建设与发展一直受到国家有关部门的高度重视。2005年5月31日，信息产业部副部长蒋耀平到上广电NEC调研，并参观了TFT-LCD生产线。信息产业部领导对上广电近几年走出一条改革发展的新路表示祝贺，并希望上广电NEC成为中国TFT-LCD产业的领头羊。

【上海平板显示器产业基地成立】 上广电第五代TFT-LCD显示器成品自2004年10月8日首次正式下线以来已一年有余，在2005年的一年中，无论是生产、销售还是成本控制、技术改进等都有明显进展，并带动了上下游企业共同进步。为了更好地做大做强上海显示器产业，使显示器上下游企业牢固结盟，2005年11月8日，上海平板显示器产业基地在上海莘庄工业区隆重建立，中共中央政治局委员、上海市委书记陈良宇等领导出席了建立仪式。基地总面积约2.2平方公里，由上广电集团为主体，以“做强中游、拉动上游、推动下游”为产业链规划原则，精心打造以TFT-LCD面板为核心的产业链，并建立液晶研究所。基地内将规划引进基板玻璃、彩色滤波膜、偏光片、特种化学材料等上游企业，建设两条（一条已经投产）五代以上TFT-LCD生产线；以及引进液晶电视、液晶显示器、笔记本电脑等下游企业。为有利于TFT-LCD新产品的设计和开发，提供下游企业上广电NEC更多适销对路的液晶新品，12月23日，广电集团在广电中央研究院举行了“中央研究院液晶研究所成立暨广电光电子公司与广电NEC公司联合设计开发新品意向书签字仪式”。上海平板显示器产业基地的建设为上海显示器产业今后的飞跃发展奠定了基础。

【上广电OLED显示器正在走向成熟】 上广电电子平板显示技术研发中心在上海市经委的大力支持下，从2002年起全面迈入了以OLED为代表的新型平板显示技术领域，引进了先进的OLED制作设备以及各种测试仪器，以单色、彩色小分子无源OLED手机屏产业化、商品化开发为导向，展开研发。经过两年多的努力，广电电子平板显示技术研发中心已经掌握了经典有机发光材料的合成、提纯技术以及单色、彩色小分子无源OLED手机屏的设计技术以及相关的制作技术，并在提高材料及器件性能方面取得了很大的突破，目前，已经研制出四款OLED显示屏样品，通过设备改造已经可以实施小批量生产。2005年4月28日，由上海市经委组织并委托上海广电（集团）有限公司主持召开了广电电子《新型平板显示技术开发》项目鉴定会。由复旦大学、上海大学、中科院上海有机所等资深专家组成的鉴定委员会和验收小组，在审查了项目试制总结报告、测试报告等文件，并观看了实验制作工场和实物样品后认为：由广电电子平板显示技术研发中心开发研制的有机发光电子显示器（OLED）属国内领先项目，体现了中国在显示器领域的核心能力水平，提高了中国与国外在显示器领域的竞争能力。同时，因OLED项目具有良好的国内外市场前景，对广电电子新一轮的发展、形成新的经济增长点有着重大的意义。项目研制过程中，还申报了4项国家发明专利，取得了部分自主知识产权。目前，广电电子平板显示技术研发中心正在筹建产品生产线，力争早日形成产业化和商品化。

【积极研发DLP显示器与背投】 上广电旗下的上海广电信息产业股份有限公司（以下简称“广电信息”）在彩电产品的开发上将发力点聚焦于三大高端平面视频显示产品——液晶彩电（LCD）、等离子彩电（PDP）和高清光学背投彩电（DLP）上，力图制造出与国际同业最先进水平齐肩的新产品。DLP是一种数字背投产品，使用了当今世界上最先进的投影技术，其核心的微米级DMD芯片面积只有人的指甲盖大小，却达到了普通彩电4至5倍的清晰度。DLP目前在专业领域里发展很好，而世界上仅有3到4家企业能够将DLP技术融入民用背投彩电，广电信息就是其中一家。广电信息在2004年底前成立了DLP光显光机引擎研发的专门部门，该部门在DLP光机技术引进消化吸收的基础上，进行持续改进和创新，经过科研人员的不懈努力，广电信息在DLP上拥有3项实用新型专利和一项发明专利，其中《具有显示模式互切功能的光学引擎》和《数码投影显示单元不同显示模式等视场、等投影距转换镜头》两项专利已经被应用到新产品中，并实现了批量生产。该两项专利技术的创新拓宽了现有产品的应用范围和市场。广电信息自行开发拥有自主知识产权的先进产品Rodeo光机从2005年7月起开始正式批量生产。2005年度，销往教育市场共3 000台（包括向其他厂家大批量供应的光机和SVA自行开发的57英寸、62英寸教育用DLP显示器，仅在上海就有浦东教育局和南汇教育局等项目采用了SVA的大屏幕显示器和光机）；在民用市场共销售2 700台，主要是16:9的55英寸、50英寸DLP光学背投彩电，其画质获得国内广大高端消费使用者的一致肯定和好评。

【合理化建议实施出成效】 上广电旗下的上海松下等离子显示器有限公司（以下简称“上海松下”）是中国大陆惟一的一家既生产PDP等离子显示屏又生产彩电整机的高新技术企业，该公司确保在成本降低的情况下，其显示屏及PDP等离子电视机产品仍具有较高的质量和竞争力，鼓励员工提合理化建议，2005年，公司员工共提出合理化建议489项，经评委会严格评审，有82条建议被采纳立项，其中21条已完成了实施，获得经济效益1 700多万元。在21条建议中，获一等奖的“氧化镁蒸镀维护方法——冷泵再生”项目解决了严重阻碍整个流水线生产能力发挥的氧化镁蒸镀设备工作效率低下、工艺繁杂、维护时间长等问题。该项合理化建议的实施，打开了氧化镁蒸镀工序瓶颈，实实在在地提升了公司整体生产能力，为公司PDP屏产量突破设计能力的120%作出了贡献，同时也为低耗能高质量地生产86亿显示色数的新型VIERA等离子电视机奠定了基础。2005年7月底，包括42英寸和50英寸等4个型号的VIERA系列等离子电视机隆重上市。该系列电视机不仅创造性地拥有86亿色，更具有2048灰度等级、最高1366*768分辨率等显示指标，并支持SD卡视频（MPEG4）动态录像与播放、支持PC电脑输入；不仅集外观超薄、重量轻、大画面显示等优点于一身，同时它更好地解决了传统CRT彩色显示器和LCD液晶显示器的一些难以避免的缺陷。由于采用矩阵模式来显示影像，与传统CRT的扫描技术不同，PDP画面每一部分的亮度完全平均，没有电子束、背光和光极化现象，画面图像边缘十分清晰。合理化建议的实施为新型等离子彩电以相对较低的价格赢得较多的市场份额创造了条件。

激光影碟机产业

【概况】 自20世纪90年代初VCD问世以来，影碟机经过十多年的发展已飞快走进千家万户。十余年时间已使上海的影碟机产业拥有了一支有力的研发队伍，并形成了一定的生产规模。随着世界高清光碟格式的探索与研发，国内的影碟机行业努力挖掘自身潜力，开发拥有自主知识产权的影碟机格式。经过开发者多年潜心专研，先后推出了以红光为基础的EVD/HVD/HDV等升级版的优质高清DVD影碟机系统。

【高清芯片为HVD影碟机规模化生产奠定基础】 上海晶晨半导体有限公司（以下简称“上海晶晨”）为了支持HVD影碟机从根本上提高性能、降低成本以及便于生产上规模，近几年在芯片的研发上投入了大量的精力，2004年研制成功并通过专家鉴定的HVD高清伺服解码一体化芯片就是其中之一。经过HVD影碟机整机企业一年多的应用，证明性能优异、质量稳定，受到HVD整机企业的广泛欢迎。2005年4月23日，上海晶晨举行了隆重的“百万芯片签约仪式”新闻发布会。信息产业部与市信息委的领导参加了发布会并致辞，联盟成员创维、海尔、万利达和国外企业汤姆逊等公司的代表在发布会上发了言。发布会上200万片芯片的当场签约，标志着新型HVD高清伺服解码一体化芯片已迈入了规模化生产的新时期，同时也预示提供消费者性价比更高的优质HVD影碟机有了可靠的保障。

【《HVD视盘机通用规范》颁布】 经过HVD联盟企业的共同努力，HVD已经成为中国高清光盘不可或缺的格式之一，而且HVD光盘产品因其可靠的质量和低廉的价格受到市场的广泛欢迎。为了保护消费者的利益，有必要对HVD影碟机从研发至生产的全过程进行规范，以确保到消费者手上的HVD影碟机具备应有的性能与稳固的质量，从而最终稳固和扩大HVD原有的市场份额。因此，经多家企业共同呼吁，拟制订产品通用技术规范。在高清视频光盘产业联盟（HVDIA）的大力支持下，2005年初，《HVD视盘机通用规范》形成初稿。该标准由中国电子科技集团公司第三研究所等28家企事业单位共同起草。2005年5月1日，《HVD视盘机通用规范》由上海市信息家电行业协会正式对外发布。这一联合性企业标准的颁布标志着HVD影碟机的研发与生产从此走上了正规，同时也给广大消费者的放心购买提供了质量上的保证。

大亚科技：重视产品质量，打造名牌产品

【概况】 上海大亚科技有限公司（以下简称“大亚科技”）于2001年成立，主要从事网络通信设备的研发、生产、营销与服务，是上海市高新技术企业。经过五年的努力，大亚科技已成为国内最大的ADSL终端设备提供商以及WLAN、WLL、宽带应用及数字电视技术的倡导者，并与中国电信、网通、移动、联通、铁通等各大电信运营商建立了良好的紧密合作关系。ADSL调制解调器是大亚科技的主产品之一，至今已开发6个规格型号，获得3项国家技术专利，连续三年被赛迪顾问评为国内市场占有率第一。2005年，ADSL销售量为550万台，销售额为7.8亿元，同比增长30%，其中出口120万台，创汇2 000万美元，同比增长200%。

【ADSL调制器申报上海市名牌产品】 大亚科技长期以来一直视质量为生命，于成立之初就依据国际质量管理体系标准建立了ISO9001质量管理体系，倡导全员质量管理文化，以业界先进的ISO9000、TL9000、SPC、PDCA质量环等为质量管理方法和工具，推行严谨科学的质量策划、质量控制、质量改进“三步曲”，有效保障了规模化生产的质量。在同行业中，率先通过了ISO9001:2000质量体系认证，并于2003年首批通过中国3C认证，同年又相继通过了美国UL强制产品安全认证和美国FCC的认证以及欧洲CE认证。2005年5月，又顺利通过了ISO9001:2000的复申，并于10月通过了ISO14001:2004环境体系认证。大亚科技的ADSL产品自推出以来已获得多项殊荣。2003年7月，成功跃居国内ADSL设备厂商第一品牌；2003年11月，荣获Conexant采购100万套ADSL芯片首家亚洲企业；2004年1月，当选“2003年十大ADSL终端厂商”与“十大中小型活力制造企业”；同年同月位居国内宽带接入市场2003年度全年产销量第一；2004年9月，荣获上海高新技术成果转化认定证书；2005年3月，被赛迪顾问评为“2004年度中国宽带接入设备市场年度业绩卓越企业”。作为目前国内最大的网络通信技术与产品供应商，大亚科技的ADSL/ADSL2+产品凭借良好品牌信誉、先进技术以及周到的售后服务，赢得了电信ADSL选型评审团专家的一致认可，再次入围中国电信2005下半年ADSL选型，继续成为中国电信主要的ADSL设备提供商。这是自大亚科技2003年入选以来，连续3年入围电信ADSL选型，市场占有率始终保持行业第一。这不仅充分证明大亚科技生产的ADSL产品，在电信行业具有很好的声誉，也表明，通过广大用户近三年的广泛应用，大亚科技生产的ADSL产品已获得了广大用户的信任与肯定。2005年11月，大亚科技正式向上海市名牌产品推荐委员会提出了申报申请。

索广电子：向管理要效益，取得初步成效

【概况】 上海索广电子有限公司（以下简称“索广电子”）是由上海广电信息产业股份有限公司与日本索尼株式会社共同投资的合资企业，成立于1993年9月，是以生产尖端电子产品为主体的高新技术企业，主要产品为DVD摄录一体机、DV摄录一体机、数码相机、组合音响、汽车音响、MP3以及与之配套的光学机芯、磁带机芯和实装基板。2005年，作为日本索尼在华的首

家也是骨干合资企业之一的索广电子，全年实现销售总额52.9亿元。

【Six Sigma管理法推动企业发展】索广电子自成立来一直注重企业内部运转的综合管理及如何提高用户对索尼产品满意度的方案策划，并将先进的管理理念及方法引进企业，Six Sigma管理法就是其中之一。该管理法强调一切以客户为中心，加强过程控制，品质改善，最大程度地满足客户的要求。在前几年的基础上，为了加大管理力度，进一步更好地运用Six Sigma，索广电子于2005年专门成立了“SSS（Sony Six Sigma）”推进室，以促进公司生产经营管理的水平更上一层楼。2005年，索广电子强调在公司内开展的现场实践活动必须将Six Sigma的理念、手法与生产革新相结合，对生产、物流及各类业务的管理流程进行改革和改善，同时，通过索尼互动中心自动语音调查系统、索尼直销回访等多种途径收集客户的声音、员工的声音和公司各部门的声音，并据此制订和开展有效的改善和跟踪方案。索尼互动中心通过数据网络将生产、销售和服务体系有机地联成了一体，拉近了索广公司和用户的距离，达到了更高的客户满意度，同时，在进一步加强与全国维修网络、市场销售单位及公司职能部门间的紧密合作中也同样发挥着应有的作用。近年来，特别是2005年，通过互动中心这一集中统一的窗口提供给了用户诸多更便捷更优质的服务。经过前几年SSS管理法实践的铺垫，2005年取得明显收效，节约了大量的人力、生产场地、物流资金和设备投资，并获得了可观的经济效益，共节省资金5 274.3万元。索广电子现正以更高的质量、更低的成本、更快的速度，向着成为“世界最强的制造集团”的目标前进。

联合光盘：重视版权保护，推进企业发展

【概况】 上海联合光盘有限公司（以下简称“联合光盘”）是由中国唱片上海公司和日本三菱商事株式会社、MTC株式会社、日本第一兴商株式会社共同出资组建的专业光盘复制企业，1991年10月正式成立。1996年10月，荣获上海市对外经济贸易委员会颁发的先进技术企业称号。联合光盘先后四次增资扩股，不断扩大规模：资产由合资初期的2 000万元，扩大到目前资产总额逾亿元。日产光盘由6 000片发展到今天日产30余万片，产能提高了50多倍。联合光盘拥有DVD节目制作压缩、母盘生产线、CD复制线、DVD复制线、丝网与胶印印刷等多种先进设备。2005年，尽管由于国际石油价格飞涨，造成光盘的主要原材料PC价格上涨了100%，但联合光盘仍取得了产值同比上升16%，销售收入同比上升19%的良好成绩。2005年，联合光盘实现产值1.06亿元，销售收入1.15亿元，利润472万元。

【重视版权保护取得客户信赖】联合光盘一向注重企业的规范化管理，除生产、经营、质量外，还在知识产权保护上下功夫。公司在提高认识、统一思想及经过多次完善管理机制的基础上，根据光盘复制行业的特点，在复制许可证制度、复制委托书制度、监督员制度、SID码制度、版权论证制度等方面，建立了一整套行之有效的规章制度和严密的防范措施，既保护了知识产权，同时也保护了企业自身的合法利益。作为IFPI国际唱片工业协会的成员，联合光盘长期来坚持诚信守法，严密防范，恪守职业道德和不断适应国际计算机软件行业的操作规范，在境内外音像与计算机软件出版界树立了良好的口碑与形象，合作业务对象与范围不断扩大，美国微软经过对公司版权保护的软件和硬件措施以及员工素质的多次考察、评估，选定联合光盘为美国微软在中国大陆光盘复制行业中的第一家软件生产厂商和OEM指定生产厂商。2005年，公司成为DVD CCA（Copy Control Association）协会DVD光盘复制会员，并经CCA授权许可使用DVD CSS加密技术。CSS加密技术可有效保护DVD-Video的内容不被非法拷贝复制，从而有效保护了版权所有人的知识产权不受侵犯。由于对版权的重视和保护知识产权的投入，使广大客户对联合光盘的信赖不断加强，公司的业务也因此蒸蒸日上。

【通过ISO14001环境管理体系认证】联合光盘致力于保护环境和推进持续改进的策略是公司总体经营战略的组成部分，并已成为公司发展的行为准则。联合光

盘在生产过程中充分考虑了清洁生产，尽可能采用先进的、低公害和低污染的生产工艺、设备和原辅材料，力图从源头预防和减少污染的产生，而不是末端治理。生产实践中，在技术、经济许可的情况下，制定出可行可测量的、以ISO14001为准则的环境目标和指标，记录在环境管理方案中，并从人员、资源等方面予以落实。联合光盘从2005年3月10日开始申请及启动ISO14001环境管理体系认证工作，经过长达9个月的一系列准备，于2005年12月顺利通过ISO14001环境管理体系认证。（信息家电行业协会）

广电集团：建立多个信息化平台

【概况】 上海广电（集团）有限公司（以下简称“广电集团”）成立于1995年，1997年资产重组后，重点建设以薄膜晶体管液晶显示器为核心产品的产业基地，逐步成为新型光电子显示产品制造商和网络信息服务提供商。集团主要生产和销售的产品包括液晶显示器（包括TFT、STN、TN）和液晶电视机（LCD-TV）、等离子显示器（PDP）和等离子电视机（PDP-TV）、阴极射线管（CRT）和阴极射线管电视机（CRT-TV），以及数字光处理投影引擎和数字光处理投影电视机（DLP）、真空荧光显示器（VFD）等显示类成品。同时，公司还提供其他电子类产品和服务，包括移动和固定电话机、数字照相机和摄像机（DC、DV）、数字视盘机（DVD、EVD）、空调、冰箱、洗衣机等家用电器；提供卫星双向传输和远程教育等网络增值服务。

广电集团成员包括上海广电信息产业股份有限公司(600637,sh)、上海广电电子股份有限公司(600602,sh)两家上市公司和30多家与国际著名公司合资合作建立的企业,有着广泛的合资经验和良好的商业信誉。迄今,集团在世界各地的雇员超过2.5万人,2005年销售收入达402亿元人民币,出口交货值达207亿元人民币，已连续数年名列中国电子信息十强企业前茅。

【业务监控及决策分析平台基本形成】 根据集团对下属企业的业务管控模式以及各级企业的信息化现状，广电集团信息中心通过慎重分析，决定建立集团业务监控及决策分析平台（以下简称“BI系统”）。通过建立BI系统的数据采集子平台，集团集中采集了各级企业的经营数据，使各级管理公司、各部门可以统一共享使用一套完整的数据，达到了及时、全面了解企业经营状况、及时发现企业经营管理中的问题，更好地服务企业的目的，同时通过对各企业数据的分析、综合处理，为集团正确决策提供了支持，也避免了多头采集、数据不规范、标准不统一、数据完整性差等现象。

2005年12月，BI系统上线，涉及的企业范围达21家。系统上线后，集团公司领导及员工基本可以通过BI系统及时了解21家企业的财务状况，经济运行情况，并可以通过综合分析，帮助发现一些企业或者整个集团存在的一些问题。2006年，集团将把监控范围扩展到集团下属所有企业。

【门户及综合信息平台基本形成】 广电集团通过建立集团门户及综合信息共享服务平台（简称“EIP”），将集团公司本部已有信息系统、信息资源以及其他单位的信息资源全部整合到一个平台，既方便了集团公司本部员工的日常办公，又扩充了信息资源的内容，扩大了信息资源的共享范围，提高了信息的使用价值，而且为集团实现知识管理和建立学习型组织打下了基础。EIP系统于2005年12月初成功上线。集团于12月底将集团门户及综合信息共享平台推广到了各级企业的高层，扩大了信息共享范围，提高了信息的利用价值。同时，该平台还实现了集团总部所有应用系统的单点登陆，消除了因要登陆不同系统带来的操作上的麻烦。

【VPN实施成功，互联互通网络平台初步形成】 广电集团网络互联互通平台通过SSL VPN的实施，于2005年10月底正式形成。至此，集团公司本部员工可以通过VPN实现远程办公；企业可以通过VPN直接访问集团公司的相关信息，为集团的信息上传下达提供了通道。

【业务管理系统已经建成】 根据集团公司总部业务管理的特点和定位，广电集团信息中心对总部业务管理信息系统的建设采取了分散建设策略，相继建设了集团总部财务核算管理系统、外事管理信息系统、档案管理系统等，基本满足了总部业务管理的需要。

【企业信息化推广工作和信息化团队建设】 在集团公司的要求和信息中心的全力推进下，广电集团下属各企业的信息化建设也取得了较大的进展，在2004年广电NEC的ERP项目成功实施的基础上，2005年，广电电器、广电信息平显分公司等企业的ERP项目也相继上线，初步达到了管理的要求。从2006年开始，集团将进一步推动下属企业的信息化建设，使信息化管理真正能在企业运营中发挥作用。

集团信息化队伍建设一直是集团信息化的重中之重。在信息化项目的推进过程中，广电集团的信息化团队建设也取得了一些成绩。一方面，广电通讯网络有限公司作为集团信息化的技术服务团队，在项目建设过程中，在其他软件供应商、咨询合作商的支持、带动下，逐步建立了自己的核心团队。该团队不仅能独立承担相关项目的建设，也能对外承接相应的信息化项目。另一方面，集团信息中心通过组织培训、交流，加强了各级企业信息化管理队伍的理论知识、实践经营以及IT技能，使集团信息化管理团队逐渐成熟。

（广电集团）

五、计算机产业

长江集团：经济运行继续保持稳步增长

【概况】 长江计算机（集团）公司（以下简称“长江集团”）创建于1987年3月，是具有计算机产品科研开发、生产制造、系统集成、销售服务等多功能并拥有进出口贸易自主权的国家计划单列企业集团，是上海市计算机产业的骨干企业，连续4年入选中国软件百强企业。2005年，长江集团以科学发展观统领全局，在产业结构、经营规模、经济效益上取得了新的进步，主要经营指标呈高位增长，全年硬件制造、软件开发、系统集成、信息服务实现销售收入33亿元，新产品产值率达到70%以上；利润总额为4 550万元，同比增长30%。

2005年，长江集团在激烈的市场竞争环境中，以“软件产品收入、系统集成收入、软件服务收入”的综合指标再次入选“中国软件产业最大规模前100家企业”行列，并从2004年的第59位跃升至第44位。长江集团曾是计算机行业以硬件著称的企业，在国民经济信息化建设的大背景下，集团大力调整产业结构，坚持走软件与硬件并举、制造与服务并重的多元发展道路。近年来，长江集团的软件和系统集成收入以年均两位数的速率快速增长，2005年实现销售收入5亿元，产业结构调整成效明显。经过广大技术开发人员的共同努力，知识产权申报数量再创历史新高，2005年，集团21项新产品申请了专利和软件著作版权，其技术含量、申报数量都比2004年有所提高。目前，集团已拥有各类自主知识产权83项，其中发明创造专利3项。

【软件和系统集成业务继续稳步发展】 随着信息应用技术市场的迅速发展和集团技术创新能力的提升，集团在信息应用领域的影响和知名度逐步提高。长江集团所属软件和系统集成企业2005年共承接和完成应用项目近140项，其中1 000万元以上的大项目8项，大量的政府项目、文教领域项目、石油领域项目已经成为集团的主阵地，医疗、交通、工控等领域日渐看好。其中，浦东新区环境质量与环境源在线网络项目、上海国家会计学院弱电二期工程、首都博物馆新馆数字博物馆系统等一批大项目在上海乃至全国都有较大影响。2005年，长江集团软件系统集成和信息服务实现销售收入5亿元。

【自主创新能力进一步增强】 2005年，长江集团完成技术开发项目16项，核心技术和产品得到稳步推进，其中包括国家“十五”科技攻关项目——“上海市电子商务平台与现代物流应用示范工程”；以流媒体服务器为核心的互动电视H.264端到端解决方案；以嵌入式技术整合的新款卡机联动、电脑加油头和液位仪产品；领先全国的社保卡银行卡绑定系统；体现产学研成果的舌像仪、脉象仪、嵌入式液位仪、流媒体服务器、无线网关等产品和RFID不停车收费系统、高性能宽带应用等。同时，长江集团的IPTV项目在H.264端到端解决方案上形成市场先发优势；以嵌入式技术整合的石油零配售系统已经进入东南亚市场；社保卡银行卡绑定系统将在政府支持下得到大规模推广应用。

【走出去战略取得成果】 一是信息应用技术和产品积极走出上海。面对长三角乃至全国迅速发展的信息化市场需求，长江集团所属企业主动把目光投向外地，已在石油、文博、金融、交通、智能建筑等领域纷纷走出上海，走向长三角地区，走向全国，大力拓展了信息技术应用市场，承接了包括首都博物馆新馆数字博物馆系统工程、南昌长途客运总站等一批地区的标志性项目。目前，长江集团的信息技术和产品已经开始进入北京、杭州、南昌、成都、长沙、深圳、合肥、重庆等城市以及湖北省、江苏省、福建省、河南省，为市场和产品的进一步拓展打下了基础。二是系统集成、应用软件和加工产品开始走出国门。2005年，长江集团以所属上海亚太计算机信息系统有限公司的石油项目为先导，积极尝试把成熟的应用技术输出国门。目前，长江集团已经成功地在印度尼西亚承接开发了IC卡加油联网结算系统和油库自动化配送系统；在香港承接开发了液位仪系统；在香港承接开发的信息系统基础架构项目，实现了两地互为容灾备份功能。与此同时，长江集团生产的银行存折打印机已销往中东、东南亚、南美洲、欧洲等国家；加工的印刷线路板也与美国、英国、加拿大等国有关公司联手，成功销往世界各地。2005年，长江集团在走出上海、走出国门、拓展国内外市场方面迈出了成功而坚实的一步。 （周慧琴）

亚太：销售业绩连续多年超亿元

上海亚太计算机信息系统有限公司(以下简称“亚太公司”）是长江计算机（集团）公司的主体企业。公司创建于1996年4月，是国家认定的软件企业，主要从事金融、证券、商业、物流、医院、石油、智能交通、工业控制、网络工程等计算机应用领域的系统集成工作，部分技术和产品已向海外拓展。公司销售业绩已持续多年超亿元人民币，并逐年稳步上升，业绩名列全市同行业前茅。公司现有400多名员工，其中，软件开发技术人员占80%，并有博士、硕士和学士组成合理的技术人才结构，大部分技术人员具有多年丰富的计算机软件应用开发经验。公司开发的黄金交易系统、高速公路联网收费结算系统、中石化IC卡加油结算网络系统、上海商业电子商务服务平台等应用软件和系统集成具有很高的知名度，曾多次荣获国家科技部、信息产业部、内贸部、中国人民银行总行、各商业银行、上海市经委、上海市科委颁发的各类奖项；并连续多年获得国家重点软件企业、信息产业部先进集体、上海市劳模集体、上海工业优秀企业、上海明星软件企业等殊荣。公司已获得由信息产业部颁发的计算机系统集成二级资质证书。

金鑫：中标首都图书馆数字博物馆系统

上海金鑫计算机系统工程有限公司(以下简称“金鑫公司”）是长江计算机（集团）公司的主体企业。公司创建于1993年5月，是上海市高新技术企业和国家认定的软件企业。近年来，公司在国内计算机系统集成市场异军突起，已成功地承接和开发了多个大型项目，其中最为著名的是由长江计算机集团总承包，金鑫公司与复旦大学、上海交通大学和上海图书馆共同开发的上海图书馆新馆计算机管理系统。上海图书馆新馆系统就其集成规模、技术和实用性方面，都已达到国际先进水平，处于国内领先地位，荣获上海市科技进步一等奖。上海图书馆项目的开发成功，标志着金鑫公司的技术开发、系统集成和大型项目管理能力已臻同行业的前列。此后，金鑫公司又相继开发了数字图书馆系统、中心图书馆系统和数字博物馆系统。由金鑫公司开发，上海博物馆、复旦大学（国际）数据库研究中心协助研制的上海市引进技术吸收与创新项目“文博资料信息化系统”再次达到国际国内先进水平，成功应用于上海博物馆信息化工程。2005年，公司在激烈的竞争中，中标首都博物馆新馆数字博物馆系统，并成为总集成商。

长江新成：入选上海市智能化建筑设计、施工优秀企业20强

上海长江新成计算机系统集成有限公司（以下简

称“长江新成”）是长江计算机（集团）公司的主体企业，是最早从事计算机系统集成的专业公司，是国家第一批认定的软件企业。公司的崛起在于拥有一流的专业人才、一流的技术和一流的服务。长江新成经营着从设备到工程、从电信到网络、从软件到硬件等一个庞大的业务范围。应用软件开发一直是该公司的核心竞争力所在，现有3个软件开发部门，分别从事不同领域的应用软件开发工作，公司可根据企业的具体业务需求，量身定做属于自己的应用系统软件。长江新成自主产权的软件产品有：GSM计费／客户服务系统、固定电话计费系统、物业管理和学院信息管理系统等，公司获得信息产业部颁发的计算机系统集成二级资质证书。该公司与IBM、HP、BEA、BMC等多家国际著名大公司有着合作关系。多年来，长江新成在中国联通、智能建筑、多媒体视频会议、CTI系统等软件和系统集成方面具有很高的知名度，2005年入选上海市智能化建筑设计、施工优秀企业20强。

长江科技：完成多项灾难备份领域的重要项目

上海长江科技发展有限公司（以下简称“长江科技”）是长江计算机（集团）公司主体企业，是长江计算机（集团）公司研究院技术开发的核心实体，主要从事计算机软件开发、系统集成、信息技术咨询和服务等业务，并承担长江计算机（集团）公司中长期新产品、新技术、新系统的研究开发，是国家认定的软件企业。公司拥有“ISO9001：2000质量体系认证证书”、“计算机信息系统集成二级资质证书”。近年来，公司开发的“集中式电子交易平台、网络多媒体信息处理平台”解决了10余项共性技术，提供了多项典型的用户解决方案，已应用在通讯、电子政务、金融证券、电子商务、企业信息化、交通、商业等领域。

公司在灾难备份领域的系统集成业绩十分突出，而且具有很高的知名度，能提供存储管理、备份与恢复、灾难备份成套解决方案和专业服务。其中，灾难备份领域的标志性项目有：杭州市数据容灾集中备份中心规划项目、福建联通综合营账系统容灾咨询项目、香港招商局集团数据中心容灾项目、国泰君安证券经济业务平台存储容灾项目等。同时，公司又是HDS和Stonesoft公司的金牌代理，拥有多名存储、备份、容灾领域的专家和认证工程师，并与Brocade、Falcon、Legato、Veritas、Adic多家国际著名企业结成战略合作伙伴。

广腾：开发完成华威档案管理系统

上海广腾信息科技有限公司（以下简称“广腾公司”）是长江计算机（集团）公司的主体企业，是国家认定的软件企业。公司是国内最早引进、开发、应用Unix工作站／服务器的企业之一，因此在Unix环境及各种复杂的计算机网络应用环境中积累了丰富的工作经验。近年来，公司在系统集成和软件开发方面取得了令人瞩目的业绩。公司是美国SUN公司华东区的第一个授权代理商，HP的华东区代理商、Cisco、3COM、Intel公司网络产品的先进代理，美国Polycom公司视频、音频全系列产品华东区授权经销商，同时也是AMP、AVAYA综合布线系统的主要代理商。作为世界著名IT厂商的代理，广腾公司拥有雄厚的技术支持能力、高水平认证资质和一批经验丰富的工程师。

作为从事软件开发、系统集成、计算机信息服务的企业，公司在经营管理上建立了完善的机制，形成了从经营、培训、维护、应用到推广一体化的服务体系。近年来，公司业务迅速扩展，员工队伍不断壮大，素质不断提高。广腾公司在计算机领域（尤其是在高端、复杂的计算机集成工程项目）和用户中享有很好的声誉。软件开发是公司的主营业务，标志性项目有：华威档案管理系统，应用范围涉及政府机关、事业单位、研究所、大型企业等。

亚太神通：进军电子商务领域

上海亚太神通计算机有限公司（以下简称“亚太神通”）是长江计算机（集团）公司所属企业，成立于1998年3月，是国家认定的软件企业。亚太神通公司一向注重软件品质与流程管理，是上海软件行业中第二家率先通过ISO 9001质量体系认证的企业。公司主要从事医疗信息系统、金融电子化、企业MIS/ERP等应用系统的开发与系统集成，并且专门为台湾神通电脑公司成立软件开发中心，为海外企业开发和加工软件。随着计算机网络通讯技术的发展，特别是互联网技术的突破，公司向电子商务领域进军，先后为中国外汇交易中心、上海黄金交易所、华安基金管理公司、华山医院等三级甲等医院提供应用解决方案。

亚泰：业务涉及金融、证券等多个领域

上海亚泰计算机软件有限公司（以下简称“亚泰公司”）是长江计算机（集团）公司所属专业网络公司，成立于1999年5月，主要从事专业网络系统的方案设计、智能大厦弱电系统、PDS综合布线工程、网络系统设备安装和系统技术支持以及行业应用软件的开发，在业界享有盛名。公司拥有较强的专业系统工程师队伍，为客户提供快速优质的系统技术支持、技术咨询，解决各种网络技术疑问。公司业务涉及金融、证券、电信、商业，教育、邮电等多个领域。近年来，亚泰公司的最具代表性软件和系统集成项目有：中国海运集团系统集成、信达证券公司系统集成、上海松江大学城外贸学院校园网、中国人民银行上海分行融资中心信息系统、中国人民银行外汇移存信息处理系统、飞利浦照明电子（上海）有限公司系统等。

（周慧琴）

长江集团在系统集成方面的成就

【中标首都博物馆数字化系统】 首都博物馆数字化工程实施方案范围包括计算机局域网络、多功能会议厅子系统、多媒体视听播放子系统、多媒体展示的后台系统、教育广播系统、首都博物馆网站、数据库系统、文化遗产管理系统、办公自动化系统、多媒体采集与存储系统、集成管理系统等11部分，总投资约5 000余万元。长江集团凭借集团的综合实力和集团所属上海金鑫计算机系统工程有限公司在文博领域积累的优势、知名度和精心设计的投标方案参与竞标，经评标委员会两轮评审，被业主选中为总包单位并以优异成绩中标计算机局域网络、数据库系统、集成管理系统以及多媒体展示后台系统，在项目总投资中占有1/3的份额。2005年4月28日，在首博数字化博物馆系统项目启动仪式上，首都博物馆领导正式宣布由长江计算机集团担任本项目的总集成方，并与长江集团达成作为总集成方的权利和义务的相关协议。长江集团中标首都博物馆数字博物馆系统项目，表明经过数年文博数字化技术的研发，集团终于成功走向全国。

中标首博数字化博物馆系统项目，标志着长江集团的数字博物馆技术和业绩已得到文博界同仁的广泛认同和充分肯定。上博信息化工程和首博信息化工程两大标志性项目，不仅为长江集团和上海金鑫计算机系统工程有限公司赢得良好的声誉，更为集团今后在国内乃至国际文博信息化建设市场的拓展打下了坚实的基础。

【发布《互动电视H.264端到端解决方案》】 长江集团顺应宽带化、数字化、多媒体化和智能化的趋势，注重向计算机与网络、通信、信息家电相结合的技术方向发展，努力开发市场适销对路和适合系统集成项目需要的高附加值、高品质的新产品。2005年9月，在上海世贸商城举办的“第二届（上海）国际多媒体技术与应用展览会暨学术研讨会”上，长江集团发布了《互动电视H.264端到端解决方案》。该方案是一种建立在数字电视播出平台上的，具备观众和播出平台双向交流功能的、新型的电视传播方式，还具备网络互动性、多媒体形式、立体传播机制、个性化服务等显著特点，它将以其得天独厚的优势，冲击传统电视。互动电视彻底改变了电视的观看方式，将传统的“人等电视”变为了“电视等人”。在技术方面，该解决方案不仅有直播视频信号的编制分发存储（节目自动录制）和播放、高密度点播服务、完整的后台运营支撑等功能，还有浏览器式EPG、随时的快进、快退、暂停等功能，而且具有准高清的图像质量、支持多频道时移组播等特性功能，经有关部门和专家的测评，达到了国际先进水平，在闸北大宁地区经过试用获得成功。11月在第七届上海国际工业博览会上，该技术和设备引起专业人士及参观者的广泛关注。

【楼宇、校园智能化系统建设】 随着计算机及相关电子信息技术的迅猛发展，智能建筑在上海已经相当普及。在这一领域，长江集团以其领先的技术相继完成了上海市市政府办公楼（金帆大厦）、上海市信息化委

员会办公楼（巨鹿大厦）等数10项智能化大厦项目。2005年，长江集团继上海国家会计学院弱电一期总包工程后，再次中标上海国家会计学院弱电二期总包工程。二期工程建筑面积近3万平方米，由教学会议中心、行政教研中心、研究生公寓、专家楼等组成，是一个以国际性会议为主、教学研究为核心功能的场所，工程建成后将与一期主体工程相融合形成一个整体。上海国家会计学院作为国内最优秀的智能化学院之一，整个智能化系统应用所涉及的弱电及电子系统几乎覆盖了业界所有的弱电系统。

8月初，长江集团中标上海海事大学智能化校园弱电总包工程。上海海事大学新校区总建筑面积约60万平方米，整个智能化校园共建设包括楼宇设备管理自动化系统、计算机网络系统、多媒体信息公告及导航服务系统、一卡通系统在内的12个弱电子系统。长江集团所属上海长江新成计算机系统集成有限公司将承担整个项目中的总体设计、单体设计、总施工管理、总集成及几个重要子系统的施工。上海海事大学智能化校园项目将成为长江集团继上海国家会计学院、上海市金帆大厦后的又一个标志性项目。

【"门诊间医生工作站系统"成功运行】 由长江集团所属上海亚太神通计算机有限公司研究开发的"门诊间医生工作站系统"在新落成的复旦大学附属华山医院门诊大楼平稳运行一年来，得到了华山医院医生及患者的认可和好评。该系统的成功应用彻底改变了传统的就医模式，是就医人工化到就医智能化的一次变革，它不仅大大减轻了医生的工作量，提高了医生的工作效率，同时也有助于加强医院对病人就医信息的管理。医生只需通过刷卡方式便能快速地接收已挂本科室号的病人信息，并能在同一主界面上完成包括书写电子病历、开电脑处方、化验单、检查单及单据结果等程序，准确、有效、快捷地将病人就诊信息传输到门诊收费、医技科室等相关模块，保证各类就诊信息流程的正常运转，真正实现了单据处方无纸化和信息共享。该系统的启用大大缩短了病人的就诊时间，使整个医院处于一种井然有序的状态，充分体现了医院人文关怀的新特点。目前，使用"门诊间医生工作站系统"的还有上海市第五人民医院、上海市第八人民医院、浦东新区中心医院、红房子医院等，该系统已成为上海城市信息化的新亮点。（周慧琴）

六、光电子产业

近年来，上海光电子产业在激光通信、光学元件、激光加工、光纤网络建设、光存储、光显示、光传导，以及半导体照明产业等分支产业领域取得较大的发展。初步形成了产业群体和分支产业链。

2005年，上海光电子产业在技术进步、产业规模、生产总值等方面均取得较大进步，达到国内领先水平。据不完全统计，全年产值达亿元，占国内总产业的1/5，为进一步发展奠定坚实的基础。上海市光电子产业的产业格局是由浦东新区、漕河泾开发园区、嘉定、松江光电子园区，以及崇明光纤园区组成的产业发展基础园区。

半导体照明产业

中国是传统照明产品的生产与出口大国，2004年上半年仅照明用的白炽灯泡，产量达40亿只，传统照明产品产值460亿元，出口达30亿美元。因此，在中国发展半导体照明产业，不仅是节能、环保的需要，也是传统产业升级换代，持续发展的需要。

⑴ 上海蓝光科技有限公司于2004年在引进了美国专业人才的基础上，研制出具有自主知识产权的半导体照明用的大功率高亮度芯片（蓝光）。此芯片性能已与美国著名的Cree公司的功率芯片Xlamp4550性能相当。上海兰宝光电材料有限公司在引进台湾专业人才并增资6 000万元后，企业的发展上了一个新台阶，这两家企业在国家科技部的两次考核中均获得第一名。

⑵ 上海金桥大晨光电科技有限公司与上海小糸车灯有限公司、上海信耀科技有限公司共同研发的汽车用半导体照明灯已被列入国家重点项目。上海金桥大

晨光电科技有限公司与浦东新区景观照明研究所、上海交技发展股份有限公司共同建设的浦东新区罗山路立交桥半导体照明景观工程已获得成功，并被列为国家景观照明示范工程。

⑶ 上海三思科技发展有限公司主要负责交通公路监控系统工程，生产各类室内外LED图文显示屏等。

光显示产业

光显示产业涵盖LCD、PDP、LED、OLED等系列产品。主要生产企业有30余家，总投资额上百亿元，规模较大的企业有上海广电NEC液晶显示有限公司（SVA-NEC）、上海松下等离子显示器有限公司等。其中，SVA-NEC投资10亿美元建造了第5代（1100*1300mm）TFT-LCD生产线，2004年10月正式投产；年产15英寸显示模块，达648万只，属国内第一条TFT-LCD生产线，填补了国内空白。上海松下等离子公司的PDP生产线是中国惟一的PDP一贯生产线，年产PDP电视机24万台，产值21亿元。在光显示高端技术方面，1990年上海大学就开展了OLED的研究，分别得到国家自然科学基金、863工程、上海科委、教委等各类项目13项，连续15年得到上海市教委重点学科支持，实验室成果处国内领先水平。目前，上海广电电子平板显示技术研发中心在前阶段的研发成果基础上，通过技术引进积极开展OLED产业化的准备工作。

为了推进光显示产业的发展，以张宏勇博士为首的研发LTPS-TFT的团队从日本回国，成立了民营上海华嘉光电子技术有限公司，开发LTPS-TFT技术和产品。目前，已拥有几百项专利技术，从高端技术切入，促进TFT领域跨越式发展。

太阳能光伏电池产业

2005年，上海已有10家太阳能光伏电池组件生产骨干企业，150余家相关企业，生产太阳能光伏电池组件12兆瓦，产能达300兆瓦，总产值达5亿元，占国内同类产品市场的20%～30%。目前，上海主要生产太阳能光伏电池的大企业有上海太阳能科技有限公司、中芯国际集成电路制造（上海）有限公司、上海交大泰阳绿色能源有限公司等，产品市场主要在国外，而且出口势头较好，年均增长30%以上。其中，上海太阳能科技有限公司和上海交大泰阳绿色能源有限公司规模较大，其生产能力分别达50兆瓦和20兆瓦。

企业技术水平方面，上海太阳能科技有限公司实力最强，其脱胎于上海空间电源研究所。这是一家在空间太阳电池领域久负盛名的研究所，在太阳电池技术领域处于国内领先水平。

应用方面，到2004年底，上海奉贤10KW并网发电系统已成功运作了两年多，获得了大量的并网发电试验数据，为示范应用与推广积累了经验。上海生态建筑示范集成系统将太阳能空调、太阳能采暖、太阳能蓄热、太阳能水源泵热，太阳能并网发电等多项先进技术与建筑有机结合，是中国目前规模最大的生态环保建筑，多项技术已经达到了世界先进水平。草坪灯、庭院灯、道路灯等光伏发电的低端产品已走入上海市民生活。随着2010年世博会的大量应用与未来“太阳能光伏屋顶计划”的实施，预计到2020年上海的太阳能电力应用将占到总量的10%以上。

光存储产业

进入21世纪，中国已成为世界光盘产品（包括视盘及其重要配件）的生产基地和消费大国，并对全球光盘产业的发展起重要影响。在VCD、DVD等光盘产品的开发和产业化过程中，上海广电（集团）有限公司、上海光学精密机械研究所、上海交通大学和上海新汇时代光盘技术有限公司等单位取得了一批研究成果，如5寸磁光盘、5寸可擦光盘、光盘盘基研制、新型高密度存储材料和技术、新型激光器、CD-R光盘生产工艺、母光盘和材料的开发研究等均已成功，成为上海发展光盘产业的科技基础。及时实现了DVD播放机的规模生产，上海已有年销售额在10亿元以上的DVD生产企业6家，如：上海JVC电气有限公司、上海乐金广电电子有限公司等；骨干企业10余家，如：上海德加拉电器有限公司、上海广电数码科技有限公司等，在国内享有一定的知名度。上海已形成发展光盘产业的基础，2004年，上海光盘产业总量达到150亿元左右，产量约占全国的20%以上。

激光及其应用产业

激光加工产业是一个综合材料、半导体技术、光学、精密机械等领域的新兴产业，属能量光电子范畴。上海地区以上海光机所等研究单位领衔，已取得了一批相当高水平的科研成果，主要在激光器、激光医疗仪器、激光加工及检测仪器的生产和推广应用等方面，已名列全国前茅，并形成一定规模，其年产值约10亿元。上海团结普瑞玛激光设备有限公司主要从事数控激光切割为一体的激光成套设备加工，激光切割机加工生产、数控机床和快轴流的激光焊接成套设备加工生产。

光通信基础元器件产业及光纤传感产业

光通信产业涵盖光通信传输、端机设备、光纤、光缆及系统设备等内容，形成了较为完整的产业链。商品占据国内30%的市场份额。全市拥有企业上百家，投入资本数百亿元，相应的产值规模约为30亿元/年，主要企业有上海光通信公司、上海霍普光通信有限公司、上海华源光纤通信有限公司、上海贝尔阿尔卡特公司、上海光桥公司、上海光网公司等。

在光通信基础元器件产业方面，上海处于国内领先地位。如上海大学特种光纤重点实验室、中国电子集团第23研究所等的光纤激光器、光纤放大器等，上海光纤公司和上海华源光纤公司等的光纤总产量占全国市场1/4。但上海缺乏半导体激光二极管的生产企业与产业链，需要填补这方面的缺失。

在光纤传感产业方面，上海已形成了产学研结合的优势，如上海龙东光电子有限公司等的光纤陀螺及其吊仓系统、中科院上海微系统与信息技术研究所的智能网传感器系统、中科院上海技物所的传感器和光通信以及光电仪器等。

在红外线传感器方面，上海尼塞拉传感器公司的年销售额已达1.2亿元，在国内属佼佼者。

上海的传感器产业要以光纤传感器件产业化为突破点，以新型特种光导纤维的研究、开发、生产为龙头和切入点，形成一个以特种新型光纤的开发制造为龙头的元件、器件、整机、系统产业群。

（光电子协会）

七、汽车电子产业

车载自导航业务

中国卫星通信集团公司上海分公司(以下简称“上海卫通”)推出了车载自导航业务。该项业务是基于“卫星导航定位综合业务平台（IISP）”，集卫星GPS智能定位导航、卫星数据及语音广播和多功能影音娱乐平台于一体的新型车载导航系统。

该业务依托公司自身的卫星资源优势，结合高精度电子地图、GPS定位、电子罗盘、实时交通信息，能为驾驶者提供完整、实时、多媒体的导航指引，引导驾驶者轻松到达目的地。凭借着中国卫通自身的卫星资源优势及良好的电子地图测绘、出版资质，该业务除了具有定位精准的优点外，还能根据使用者的不同需求（最近路线、最经济路线等），在综合考虑道路单行线、高架路等路面因素的基础上，自动设置合理路线，即使车辆偏离指引路线，系统也能瞬间重新设定路线。为使驾乘者的汽车生活更丰富多彩，该业务还能提供增值的信息服务和娱乐享受，如电视节目接收、mp3播放等。

（上海卫通）

第三章 信息服务业

概 述

2005年，上海信息服务业继续呈高速增长的态势。据统计，全年实现营业收入919.8亿元，同比增长50.2%。其中，软件产业实现经营收入455.17亿元，同比增长50.3%；电信服务业营业收入331.4亿元，同比增长16.3%；广电服务业经营收入27.6亿元，同比增长16.9%；网络服务业营业收入102.7亿元，同比增长131.8%。信息服务业已成为上海市信息产业增长的主要驱动力之一。其中，数字内容产业又是在信息服务业中最具发展势头的产业，它包括信息的传播、加工、处理和管理等。大力发展数字内容产业可以有力地促进信息服务业乃至整个信息产业结构的优化和升级，使信息服务效用渗透到社会的各方面。

2005年，上海以培育3个平台为抓手，建设了一批为信息服务业发展提供载体的重大基础性服务设施，带动了信息服务业发展。

一是建设和完善具有国际水平的数字电视播出平台。依托上海文广集团丰富的节目制作库，延伸内容增值服务，从宽频网络、移动内容、数字电视网络等多方面构建上海数字内容提供的"全平台"（该平台建设由东方有线网络公司承担），使市民可通过有线网络接受数字音频、数字视频、数据信息服务等多种业务服务，为上海市民提供公益性的便民利民信息服务，带动相关产业快速发展。加快高清电视发展和建设，2005年10月上海在全国率先开通数字高清电视免费频道。

二是推进企业信息化公共服务平台建设（电信ASP数据中心平台）。依托电信搭建ASP数据中心平台，推进企业信息化，实现网络、系统资源共享。目前已向4 000多家企业通过应用服务租赁提供专业化、高品质企业信息化服务，为企业减少了除必要的软、硬件投资外大量的专业网络安全、网络维护等后续投资，推动电子商务和企业、行业的信息化建设。

三是移动通信公司建设宽带多媒体平台、移动通信平台，结合IPTV（网络电视）产品的推出，积极开发信息内容服务的品种，推进信息资源的数字化、网络化和商品化，推动网络教育、电子娱乐和商业信息等多媒体内容的制作和经营。

四是规划启动了张江国家级网络游戏动漫产业基地等一批特色信息服务业产业园区。 （市信息委产业处）

一、软 件 业

"十五"期间软件业发展概况

在国务院关于优先发展信息产业，促进软件和集成电路产业快速发展的总体要求的指引下，信息产业已基本确立了上海第一支柱产业的地位。软件产业作为信息产业的核心，受到越来越多的重视。以2000年国务院出台18号文和市政府出台54号文为标志，软件产业迎来了难得的发展机遇。"十五"期末，上海在促进软件产业发展方面，已经形成了较为完善的政策体系、工作机制和管理模式，软件产业超额完成各项预定经济指标，产业规模不断扩大，出口优势逐步确立，技术创新能力不断提高，涌现了一批龙头企业和名牌产品，自主配套能力明显改善，生产技术和管理水平同步提高，产业带动作用显著，产业发展环境持续优化。

1. 产业总体规模扩大了9.6倍

上海软件产业发展始于20世纪80年代初。早在1986年，上海就开发了财务软件会计核算系统。但作为一个产业实现快速发展是在“十五”期间，上海软件产业连续5年保持了50%以上的增长速度，2005年，实现经营收入455亿元，是2000年的9.6倍（见图1），上海已成为全国软件产业最发达的地区之一。与2000年相比，上海软件企业数量增加了近千家，至2005年已达1 596家（见图2）。全行业利润率逐步上升，从2000年的全行业亏损，到2001年扭亏为盈，进而逐年增长，至2005年已达13%（见图3）。

图1　“十五”期间上海软件产业的经营收入情况

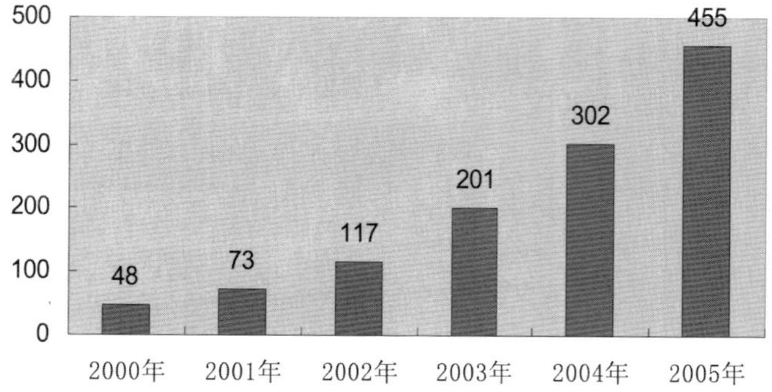

图2　“十五”期间上海软件企业数量情况

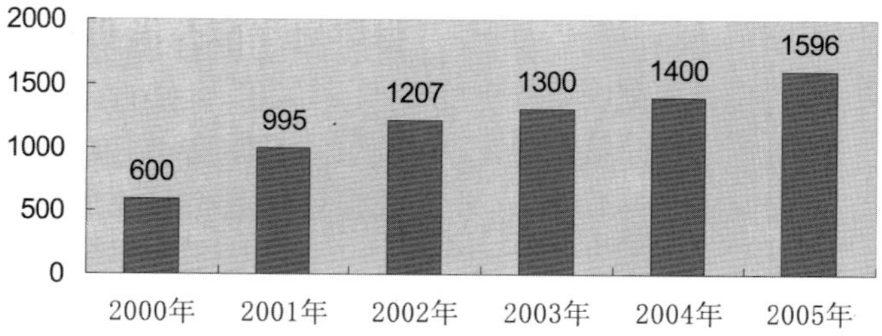

图3　“十五”期间上海软件产业利润率情况

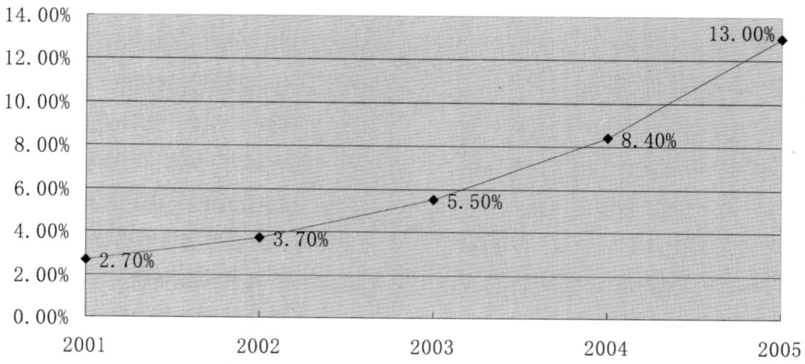

五年来,全市软件产业走出了一条高速发展的道路,从一个刚刚崛起的新兴产业,逐步成长为产业规模不断壮大,产业竞争力不断增强的"明星"产业,逐步确立了在国民经济和社会发展中的基础性、战略性地位。

2. 软件出口扩大了13倍

从出口额来看,2000年,全市软件出口仅为0.52亿美元,到2005年已经攀升到7亿美元,软件出口总额扩大了13倍(见图4),有力地带动了软件产业的发展,确立了上海在全国软件出口方面的优势地位。从出口形式来看,已由过去单一承接国外软件外包订单服务,发展到自主软件产品出口。如易保公司的保险业务软件、亚太公司的加油管理软件等分别出口到欧美和东南亚地区。从出口目的地来看,上海软件出口以日本为主,占出口总额的60%,欧美方面的外包订单增长速度较快,软件对外贸易的渠道有了大幅扩展。从出口企业来看,上海有各类软件出口企业200多家,如中和、启明等。目前还出现了专业软件发包公司和承接外包的企业联盟,如科技京城的申联软件企业联盟。软件产业已成为新的外贸出口增长点和高质量的创汇产业。

图4 "十五"期间上海软件出口情况

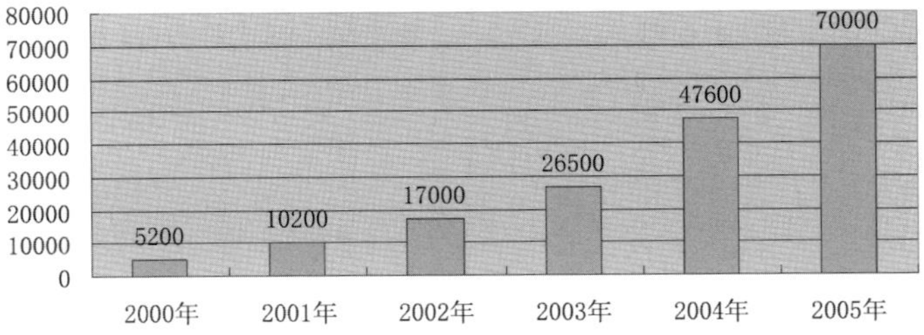

3. 软件从业人员扩大了近6倍

截至2005年,上海软件从业人员达到11.8万,较2000年的2万人扩大了近6倍(见图5)。

图5 "十五"期间上海软件产业从业人员情况

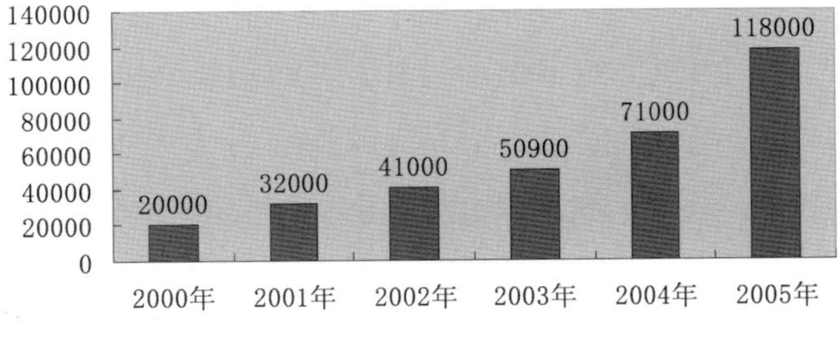

"十五"期间,全市采取自主培养和招贤引智相结合的方式,加快软件人才队伍建设。在自主培养方面,形成了学历教育、在职培训、认证考核、教育实习等相互促进、相互补充的教育培训体系。上海有4所国家教育部批准的软件学院(复旦、交大、同济和华师大软件学院)和100多家软件社会职业培训机构,其中华师大软件学院又被国家外专局认定为国际软件人才培训基地。全市加大了与跨国软件公司合作培养软件高级人才的力度,如与微软公司合作举办"软件架构师"培训,已免费培训学员400多名。同时,全市还协调推进6个市级软件产业基地和部分骨干软件企业成为软件人才实训基地。招贤引智方面，重点是鼓励海外留学人员来沪创办软件企业和为国内优秀软件人才来沪提供便利，营造人尽其才、学为所用的良好氛围。目前，全市以留学生为主创办的软件企业就有200多家。同时，市政府还对参与开发自主知识产权软件产品的人员，给予减免部分个人所得税的奖励（见表1）。

表1 软件开发人员减免部分个人所得税人数

年份	2001年	2002年	2003年	2004年
减免部分个人所得税人数（人）	2634	3705	4276	5080

4. 涌现了一批龙头软件企业

从收入规模来看，上海经营收入超亿元的软件企业有43家（见图6），2005年度超亿元软件企业经营收入已占全市总收入的近50%，产业集中度不断提高。从人员规模来看，千人以上软件企业有5家，500人以上的软件企业有12家。从上市情况来看，盛大、九城、掌上灵通等成功在纳斯达克上市；宝信、华东电脑等在国内市场上市；交大慧谷、西姆通等在香港上市。此外，上海列入国家规划布局内重点软件企业数也在逐年增加，2005年达到27家（见图7），占全国1/6。上海共有115家企业获得计算机信息系统集成资质认证，其中一级资质5家，二级资质24家，三级资质49家，四级资质37家。

图6 “十五”期间上海经营收入超亿元的软件企业数

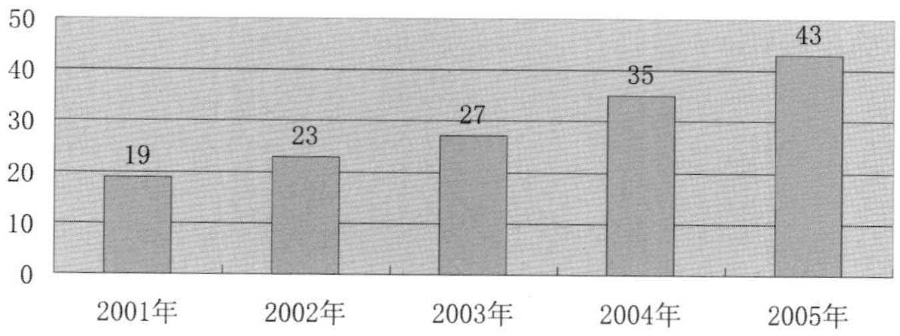

图7 “十五”期间上海列入国家规划布局内重点软件企业数

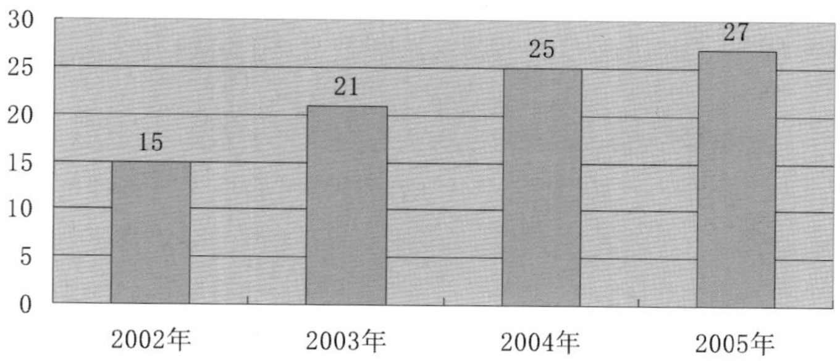

5. 涌现了一批名牌软件产品

“十五”期间，上海在基础软件研发方面取得较大突破，软件产品链不断健全，如中标软件公司的普华操作系统和办公软件、普元公司的EOS构件平台等成功推广应用。同时，上海在钢铁、电力、金融、电子政务、安全等重点应用领域也培育了一批具有一定知名度的软件产品，如宝信公司的钢铁ERP软件、新华公司的电力系统控制软件、华腾公司的支付网关软件、万达公司的电子政务平台软件等。从软件产业经营收入构成来看，自主知识产权软件产品的销售收入比例逐年上升，2005年达到40%。

6. 技术创新能力不断提高

软件企业注重研究、开发与试验，研发投入水平不断提高，2005年研发经费占经营收入的比重超过20%，远高于全社会平均水平。同时，在上海首批29项科教兴市重大产业科技攻关项目中，软件领域的有5项。

一批优秀的自主软件产品获得了国家级和市级奖励。特别是华东计算所的“ReWorks/ReDe实时嵌入式操作系统及开发环境”获得了2005年度信息产业重大技术发明奖，银晨公司等的“人脸识别理论、技术、系统及其应用”、上海交通大学等的“国家信息安全应用示范关键技术研究与应用（S219工程）”获得2005年度国家科技进步二等奖。

自主知识产权软件产品逐年增加，截至2005年底，上海共登记自主知识产权软件产品3 332件（见图8）。

图8 “十五”期间上海软件产品登记数

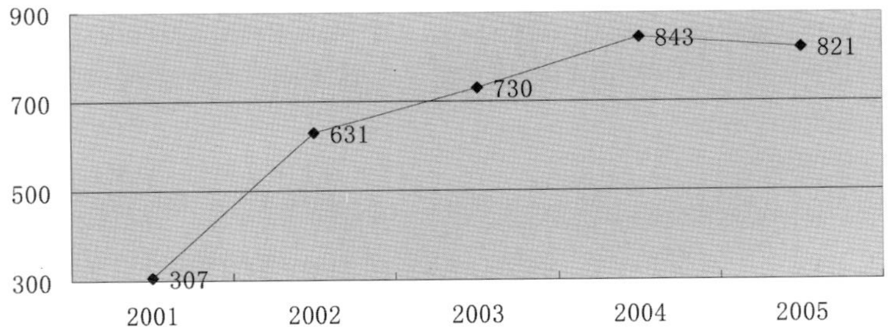

7. 企业管理素质明显改善

国外大量成功经验表明，以CMM（软件能力成熟度模型）、ISO9000质量管理体系等为主要内容的国际标准认证，特别适合软件企业，是达到知识管理的重要途径。目前，是否通过CMM评估已成为国际发包商选择承包商的重要参考依据之一。

为此，软件产业专项资金重点支持软件企业开展上述国际标准认证，对通过CMM和ISO9000认证的软件企业给予适当资助。目前，上海通过ISO9000的软件企业达到300多家，通过CMM3以上评估的软件企业有56家，其中通过CMM3有46家，CMM4有3家，通过CMM5有7家，占全球总数近5%，成为全球通过CMM最高级别评估最多的城市之一。

统计表明，通过有效实施CMM国际评估和持续改进，软件企业的开发效率提高了20%，开发成本降低了近30%，缺陷密度、成本偏差和进度偏差降低了50%以上，有力地提升了上海软件企业的国际竞争能力。

8. 政策环境不断完善

2000年6月，国务院颁布了《鼓励软件产业和集成电路产业发展的若干政策》（国发[2000]18号文），这是除汽车产业外，国家针对某一产业出台的又一专门政策。同年12月，市政府出台了《关于本市鼓励软件产业和集成电路产业发展的若干政策规定》（沪府发[2000]54号文），两个文件在税收、人才培养、投融资、进出口等方面提出了支持软件产业发展的措施。根据软件产业发展中出现的新情况和新问题，“十五”期间，上海市还制定了一系列配套政策（见表2）。

表2 “十五”期间出台的软件产业配套政策

序号	政策条款	颁布日期
1	做好软件产业和集成电路产业人才的工作意见	2001年2月
2	工程建设项目中计算机软件开发与购置的有关规定	2001年11月
3	市级软件产业基地评选办法	2001年11月
4	软件著作权登记费资助办法	2001年12月
5	简化软件企业认定为高新技术企业管理办法	2002年3月
6	海外留学人员来沪创办软件和集成电路设计企业创业资助专项资金管理暂行办法	2002年6月
7	软件企业能力成熟度模型认证资助资金管理暂行办法	2002年10月
8	振兴软件产业行动纲要	2004年1月
9	组织实施促进传统产业电子水平提高计划	2005年1月
10	具有自主知识产权的软件和集成电路设计人员奖金免征个人所得税办理办法	2005年12月

“十五”期间，市政府加大对软件产业的资金支持力度，每年安排2亿元软件和集成电路产业专项资金，保证了上述政策的积极贯彻和有效落实。同时专项资金对上海争取国家软件重大专项支持和吸引国内外大型软件企业落户等方面也发挥了积极的作用。

9. 产业基地集聚效应显著

国际成功经验表明，建设软件基地是落实软件政策、加强软件技术和人才交流、扩大软件出口、方便软件企业合作、降低软件企业商务成本的有效手段。

上海市积极争取国家的政策和资金支持，组织申报国家级软件产业基地和国家级软件出口基地。同时，市、区、高校联动，共同建设市级软件产业基地。软件产业专项资金除与国家资金配套，重点支持国家软件产业基地和国家软件出口基地建设外，还着重支持了市级软件产业基地的基础通信平台、网络基础设施和软件人才培训中心建设。基地管理水平明显提高、孵化功能明显增强、集聚效应明显，总体水平达到国内一流。

目前，全市有一个国家级软件产业基地（全国11家）、一个国家级软件出口基地（全国6家）和6个市级软件产业基地（见表3）。产业基地积聚了全市60%以上软件企业。

表3 “十五”期末软件产业基地基本情况表

基地名称	面积（万平方米）	软件经营收入（亿元）	入园企业数（家）
浦东软件园	12	70	198
长宁信息园	50	25	118
交大徐汇软件园	4.7	7.85	135
科技京城	21	46	100
复旦软件园	6	21	390
漕河泾软件园	20	25	83
合计	113.7	194.85	1 024

10. 中介机构不断健全

“十五”期间，上海市着重加强了软件行业协会、软件产业基地、软件评测中心、产业推进联盟和软件出口联盟等专业化中介服务机构建设。这些中介机构在企业认定（见图9）、产品登记、产品测试、技术扩散、成果转化、项目评估、创新资源配置等方面发挥了重要的作用。

图9 “十五”期间上海软件企业认定数

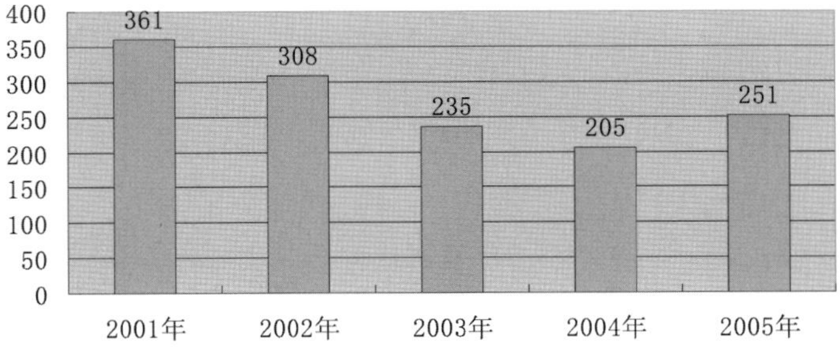

目前，上海软件行业协会制定的《软件工程师职业道德规范和实践要求》、《软件开发的推荐价格》和《软件系统维护收费的推荐价格》等得到了中国软件行业协会认可，已在全国软件界推广应用，成为行业规范和行业自律的重要依据。上海软件评测中心注重自身建设，多次组织国内外软件测试技术研讨会，还获得了中国软件评测中心上海分中心的授权。

尽管“十五”期间上海软件产业取得了较大发展，但从总体上看，软件产业规模还不够大，还缺少具有跨国经营和管理能力的特大型骨干软件企业、软件人才，尤其是高端人才还比较缺乏。“十一五”期间，上海软件产业应定位于增强持续创新能力，培育特大型龙头骨干企业和做大产业规模，努力成为支撑上海经济高速增长和社会事业快速进步的新的主导产业。

（市信息委产业处）

2005年度上海明星软件企业

以综合经济指标、出口软件的数额及开发自主软件产品的数量为依据，以软件企业提出申请为前提，由专家委员会评审，上海市软件行业协会常务理事会批准，上海市软件行业协会确定了20家软件企业为2005年上海市明星软件企业（经营型）、14家软件企业为2005年上海市明星软件企业（出口型）、17家软件企业为上海市明星软件企业（创新型）、10家软件企业为上海市明星软件企业（成长型）。

上海明星软件企业（经营型）

上海宝信软件股份有限公司
上海新华控制技术（集团）有限公司
龙旗科技（上海）有限公司
上海理想信息产业（集团）有限公司
上海复旦光华信息科技股份有限公司
卡斯柯信号有限公司
万达信息股份有限公司
九娱（上海）信息技术有限公司
上海中和软件有限公司
上海南天电脑系统有限公司
上海金桥信息工程有限公司
上海启明软件股份有限公司
上海华腾软件系统有限公司
上海博达数据通信有限公司
上海欣国信息技术有限公司
上海交大海隆软件股份有限公司
上海众恒信息产业有限公司
上海复旦金仕达计算机有限公司
上海新致软件有限公司
上海万申信息产业股份有限公司

上海明星软件企业（出口型）

上海中和软件有限公司
爱立信通讯软件研究开发（上海）有限公司
上海启明软件股份有限公司
上海交大海隆软件股份有限公司
上海新致软件有限公司
上海宝信软件股份有限公司

PFU上海计算机有限公司
上海索恩软件产业有限公司
上海晟峰软件有限公司
上海华钟计算机软件开发有限公司
上海华泰软件工程有限公司
上海思策软件有限公司
上海华之樱信息系统有限公司
卡西欧软件（上海）有限公司

上海明星软件企业（创新型）

万达信息股份有限公司
上海新致软件有限公司
上海华腾软件系统有限公司
上海互联网软件有限公司
上海复旦光华信息科技股份有限公司
上海复旦金仕达计算机有限公司
上海长城电子信息网络有限公司
上海梁江通信软件有限公司
上海中教信息技术有限公司
上海金鑫计算机系统工程有限公司
上海华之樱信息系统有限公司
上海思普信息技术有限公司
上海众恒信息产业有限公司
异联信息技术（上海）有限公司
上海因特奈信息有限公司
上海岱嘉医学信息系统有限公司
上海鹏达计算机系统开发有限公司

上海明星软件企业（成长型）

上海华之樱信息系统有限公司
上海因特奈信息有限公司
上海思策软件有限公司
卡西欧软件（上海）有限公司
上扬软件（上海）有限公司
上海一成汽车检测设备科技有限公司
上海理想信息产业（集团）有限公司
上海思普信息技术有限公司
上海互联网软件有限公司
龙旗科技（上海）有限公司

（软件行业协会）

浦东软件园：建设“上海国家软件出口基地”

【概况】 上海浦东软件园是由国家发改委批准，由国家信息产业部和上海市人民政府共同组建的软件产业园区，坐落在浦东张江高科技园区内，是目前全国11个“国家软件产业基地”之一和6个“国家软件出口基地”之一。浦东软件园根据确立的“园区建设为基础，技术服务为支撑，产业发展为目标”的基地建设和发展方针，经过6年多时间的建设和发展，在园区规模、产业发展、招商引资和服务平台建设等方面都取得了一定的成效，形成了自己的特色，已经成为国内外知名的优秀软件园区。

到2005年底，浦东软件园已完成一期、二期建设，总占地面积12万平方米，建筑面积16万平方米。园区共有注册企业978家，入驻软件企业198家。园区入驻企业包括：德国SAP（中国）研究院、德国汉莎集团属下英塔公司、美国花旗亚太软件开发中心、毕博全球技术开发中心、美国著名EDA工具提供商CADENCE公司、SYNOPSYS公司、日本索尼（上海）技术中心、京瓷公司、电装公司、印度TCS公司、INFOSYS公司、WIPRO公司、复旦金仕达公司、银晨科技公司、华岭公司、群硕公司等一大批国内外优秀软件企业。园区规划面积58.8万平方米的“上海国家软件出口基地（浦东软件园三期）”项目正在紧张地建设之中，三期合计总占地面积已达70万平方米。

2005年，园区实现销售收入70亿元人民币，上缴税收3.5亿元，软件出口7 500万美元，园区内软件从业人员已经超过了1.1万人。

【建设国内领先的软件技术增值服务平台】 浦东软件园在筹建之初，就根据国内一流专家的意见，成立了通讯信息中心、软件评测中心、软件培训中心、电子出版社、翻译咨询公司、会展中心等服务机构。2002年，浦东软件园在政府有关部门的支持下，着手软件技术增值服务平台项目可行性研究；2003年初，根据“政府引导、多元投资、市场化运作”的原则，园区在国内率先建成由宽带通讯、共享数据中心、软件评测、软件构件库、IC设计服务、安全代理服务、软件培训、软件出口服务等8个主要模块构成的平台一期项目，开始为软件企业提供专业化服务。2004年12月，平台二期工程建成投入运营。二期工程重点加强和完善了软件技术服务平台的在线服务，如E-Learning在线服务等，扩大了服务范围，提高了服务层次和质量。园区的在线服务主要致力于为软件企业、软件产品提供第三方技术资源共享、技术服务和软件交易服务，为软件企业技术创新提供技术、工具和环境资源服务，为企业市场开拓和经营提供软件产品交易服务。

【积极推进自主创新，产业集聚效应明显】 在浦东软件园落户的企业，绝大部分是纯软件企业，几乎每个企业都拥有自己的核心技术、具有自主知识产权的产品和服务。目前，入园企业的业务范围涵盖了软件开发、信息服务、系统集成、电子商务、数据通信、信息安全、芯片设计、软件出口、金融证券、企业管理等众多领域，尤其是芯片设计、信息安全、软件出口、系统集成、金融软件、电信软件、医药软件、企业管理软件等已在园区形成了产业群落。浦东软件园作为"国家软件产业基地"的产业集聚效应十分明显，已经形成了一个软件产业集聚、人才集聚的高地。

【国家软件出口基地建设】 2004年，上海国家软件出口基地（浦东软件园三期）完成了规划设计并于12月28日正式开工建设。为此，上海市政府专门成立了由市发改委牵头，市外经贸委、市信息委、市规划局等重要部门参加的"上海国家软件出口基地项目建设工作小组"。2005年，为响应土地集约化使用的原则，浦东软件园三期坚持项目规划形象不变，绿化率、建筑密度不变的原则，争取政府有关部门的理解和支持，调整三期项目内部分地块的规划。三期总建筑面积48.17万平方米，容积率1.07。目前，浦东软件园三期已完成动拆迁工作，区域内307家农户和5家企事业单位全部动迁完毕，而其他工程也正在紧张地建设之中，预计在2007年完成园区建设。

全球第三大软件企业——德国SAP中国研究院项目一期工程建设已在2005年12月15日之前完成并交付使用，这也是软件园三期首个正式启用的项目。除德国SAP中国研究院项目外，一些国内外著名的软件企业已基本确定了进园，这些企业需求已占三期工程总面积的近50%。

随着浦东软件园三期建设全面展开，一个集高科技产业园区和高品质人文社区于一体，开放的、自然的、节能的、国际一流的精品园区即将建成。在2008年北京奥运会、2010年上海世博会举行时，浦东软件园将作为一个上海 "科教兴市" 的亮点展现在世人面前。

（浦东软件园）

漕河泾软件园：总销售额突破30亿

【概况】 上海漕河泾开发区软件园经过三年的园区建设和功能开发，现已经进驻133家从事软件和有关IC设计研发领域的企业。2005年，软件企业总销售额达到30.14亿元人民币，同比增长31%；利润达1.67亿元人民币；出口达8 006万美元；研究开发投入1.36亿元人民币，软件从业人员达到了9 610人。园区超亿元企业达到9家，千万元销售收入的企业达到45家。

2005年，园区内共有55家企业通过软件企业的认定和复审，其中11家企业为新认定的软件企业，另外又有3家软件企业被新认定为高新技术企业；全年共有32家软件企业的78个软件产品进行了软件产品登记。目前，漕河泾开发区内集聚了一批具有较大规模和市场竞争力的软件骨干企业和IC设计企业，如：华东电脑、中标软件、万达信息、启明科技、携程科技、PFU、IDT-新涛科技等；同时一批高成长性、高起点的企业也在蓬勃发展，如：东电自动化、澜起科技、多威通讯、集通数码等。

【落实优惠政策，提供配套服务】 漕河泾开发区是全国惟一一家可以同时享受国家级经济技术开发区和高新技术产业开发区优惠政策的园区，园区内软件企业同时还能享受到上海市政府和徐汇区政府给予的信息化发展资金项目的资助。由于漕河泾开发区拥有良好的孵化体系，一些在孵的软件小企业还能通过开发区创业中心申请地方政府的科技企业扶持资金、申报国家科技部创新基金和地方政府的创新资金的资助。

漕河泾开发区拥有相当规模和良好的适合软件企

业发展的基础设施，引进了海关、工商、税收、银行、会计师事务所、商检、保险、邮电、法律、技术监督与测试、知识产权、现代物流、信息技术学院、企业与行业协会等机构为软件企业提供服务，同时还设有商标专利事务所、高新技术企业认定办公室、高新技术成果认定办公室，以及人才服务中心、留学生回国工作站等为企业提供全面的配套服务。继2004年成立了软件专业委员会之后，2005年，园区又成立了现代服务业专业委员会，为软件企业多提供了一个平台。

【重点软件企业和产品】

1. 汉略（上海）信息技术有限公司

汉略（上海）信息技术有限公司在入驻漕河泾开发区的短短二年时间内，已经成为销售收入超亿元，人员超过700人的软件企业。2005年，公司被认定为市级软件企业和市级高新技术企业，同时还申报了国家重点骨干软件企业。

2. 中颖电子（上海）有限公司

中颖电子（上海）有限公司是集成电路设计企业，2005年的销售收入超亿元，同时出口也比2004年增加约30%。

3. OKI日冲科技（上海）有限公司

2005年，OKI日冲科技（上海）有限公司销售额突破千万元，还被信息产业部认定为第三批集成电路设计型企业，公司进入了良好的发展态势。

【建设软件公共服务平台】 2004年，漕河泾开发区建成了600平方米的数据中心(IDC)，为开发区内的企业提供了主机托管、虚拟主机、DDN专线、FTTP+LAN等电信增值服务；同时，还建成了视频会议室和远程教室，为园区内软件企业提供了更为完善的共享服务。一年多来，远程教室已进行了近万人次的软件专业方面的培训。2005年，漕河泾开发区创业中心作为漕河泾软件园建设与服务的主要单位，积极打造和完善软件产业发展需求的软硬环境，在远程教室的基础上，搭建了以软件技术培训为主、软件管理知识和经营管理知识培训相辅的培训中心，同时为了加强企业的交流，园区建立了软件人员俱乐部和人才交流平台，为软件企业提供了相互沟通和交流的宽松平台，为企业的发展提供了广阔的信息渠道。

（漕河泾软件园）

徐汇软件基地：实现跨越式发展

【概况】 徐汇软件基地成立于1999年4月，园区的定位是搭建服务平台，降低企业成本，资源整合、优势互补，形成产业链。园区现共有虹桥路628号、数娱大厦等8块基地，总建筑面积达6.65万平方米。到2005年底，软件园区入驻企业135家；1999年到2005年，园区累计实现产值28.92亿元，累计上缴税收2.61亿元。

几年来，徐汇软件基地始终贯彻“保姆式服务”意识，把为企业服务放在第一位，为企业发展谋求各方面的资源。园区充分发挥应有的作用，以企业壮大带动基地发展，树立了徐汇软件基地的品牌效应。

【培育具有自主知识产权的知名企业】 几年来，软件基地培育出多家具有自主知识产权的知名企业，主要有：

1. 携程旅游网

目前，携程旅游网（www.ctrip.com）实现了3个全国最大：最大的订房中心、最大的旅游电子商务网站及最大的综合性旅游服务公司。

2. 上海银联电子支付服务有限公司

上海银联电子支付服务有限公司开发了ChinaPay网上支付系统，以B2B和网上支付代理业务为主要经营方向，推动电子商务的发展。

3. 上海第五空间网络传媒有限公司

上海第五空间网络传媒有限公司拥有自主知识产权的“高新技术市场界定标准产业化运作平台”。该平台已申请了美国、英国等18个国家的国际专利，主要是解决组织高新技术资源进入市场运作以及转换过程中的管理技术支持难题，同美国、英国、法国等30多个国家的科研与企业集团建有广泛的交往，同时该公司季永萍博士还开发了面向全球的情景规划、场景操作、人机互动的新型人力资源训练平台。

4. 上海汉峰科技有限公司

上海汉峰科技有限公司从事汉字、多媒体处理平台芯片设计，为嵌入式系统提供手写识别、语音识别和音、视频编解码产品。该公司研发完成MiniType™的曲线字库产品获中、美、日等9个国家和地区专利证书，是目前中国惟一的自主知识产权的曲线字库产品。该字库拥有10万个汉字量，适合手机、PDA（个人数字助理）、电子书、电子地图等应用；被中科院专家组认定为具有国际领先水平，是中国中文字形处理领域的一项重大突破。目前，国家公安部已与汉峰科技公司签订了合作开发协议，第二代身份证制作采用MiniType™字库。

5. 上海航天计算机系统工程公司

上海航天计算机系统工程公司拥有惟一获得国家信息产业部批准的医学行业专业平台，并拥有集"继续教育"和"学历教育"为一体的"全国高等临床医学教育卫星网"。医学行业专业平台将成为徐汇区枫林生命科技园"不圈地，建高地"的生命医学信息交流平台的组成部分。

6. 上海文思创新软件技术有限责任公司

上海文思创新软件技术有限责任公司主要和世界500强企业，如花旗银行、IBM、Microsoft、Oracle等进行合作，外包业务已从项目的概念转变为信息服务产业化模式。

7. 上海一维科技有限公司

上海一维科技有限公司是以生物识别技术为核心，从事身份识别、安全认证等相关软硬件研发的高科技网络安全公司，拥有高新技术成果转化证书及多项国家级知识产权认证。公司成功地通过了微软公司认证，并已正式成为美国BioAPI组织成员。BioAPI组织是生物测定技术厂家成立的联盟，该组织已经开发了一套叫做BioAPI的互操作性标准。一些供应商和OEM已开始采用该标准。

8. 上海交大海隆软件股份有限公司

上海交大海隆软件股份有限公司（原"上海交大欧姆龙软件股份有限公司"）是上海市著名软件企业、国家规划布局内重点软件企业，所有软件产品均出口日本，是上海出口明星企业。公司一直致力于先进信息技术的研发和推广应用，在计算机网络系统设计和集成、计算机应用软件系统开发等方面具有相当优势，并具有技术、市场、资金、管理等方面的综合优势。特别是在对日软件出口方面，公司已成长为中国重要的软件出口基地。目前，公司软件开发领域涉及银行、保险、证券、手机通信、物流、交通控制、Internet系统及业务应用系统等；客户多数为日本的大型企业，大部分客户已与公司建立了长期合作的关系。利用公司多年的技术与经验积累，加上强有力的人力资源培训与质量管理体系，公司已建立起了在同行业中的竞争优势，并直接参与系统分析、系统设计和系统开发及维护。公司目前已在海外设立子公司，直接服务于海外客户，在海外客户中建立了良好的声誉。

9. 上海和强软件有限公司

上海和强软件有限公司注重渠道建设，在全国建立了完善的营销服务网络，以"通用产品、个性应用，专业服务、快速部署"的理念，携手全国各地代理商共同致力于办公自动化应用的推广。该公司秉承创新与稳健的发展思路，连续六年增长速度均超过100%，目前已发展成为国内最为专业、用户数量最多、最具竞争力的办公自动化软件供应商。

10. 上海瑞控信息技术有限公司

上海瑞控信息技术有限公司专注于基于ARM架构的嵌入式低功耗SOM(System On Module)核心软硬件技术研发，公司拥有自主知识产权的以Motorola的i.MX系列(A RM9架构)芯片为核心的RCM9K核心模块产品，并配套推出RC-SPY仿真调试器、RC-DEV图形化开发环境、RCOS嵌入式操作系统等全线软硬件产品，以及以RCM9K核心模块为基础的针对各行业领域的应用产品解决方案。公司获得了FreeScale(原Motorola半导体)IDH认证，成为中国第三家通过FreeScale IDH认证的i.MX设计中心。公司已与兰州大学签约，通过赞助自行研发的嵌入式多媒体实验教学设备的方式与其共建嵌入式多媒体教学实验室。

11. 奇恩软件科技（上海）有限公司

奇恩软件科技（上海）有限公司目前主要开发以PC为基础的休闲型网络游戏（如MMORPG、FPS）及携带型IT机器。公司采用先进的技术和设计、设备和科学的管理方法，向客户提供优质的网络游戏和其他游戏软件及相关的服务。

【上海数字娱乐中心成立】 2005年，徐汇软件基地在多年产业发展基础上，在上海市通信管理局与徐汇区人民政府密切合作精神指引下，与上海市互联网协会共建了数字内容产业公共服务平台——上海数字娱乐中心。上海数字娱乐中心旨在通过政府的推动和业内合作，加强数字娱乐产业的行业自律，提供数字娱乐产业的版权服务与贸易、通信市场管理与服务、投融资资源交易服务、人力资源建设与培养等服务功能，并引入和培育一批在数字娱乐产业领域从事技术发展和推广、产品研发、运营及培训的相关企业与机构，为他们提供协调、咨询和国内外学术交流，以此促进上海地区数字娱乐产业的健康发展和成长。

上海数字娱乐中心以"政府推动、企业主体、市场运作"为运作模式，打造数字娱乐产业链，实现数字娱乐业作为徐汇主导产业由粗放型、外延式的发展途径向集约式、内涵式发展之路的转轨，逐步使数字娱乐产业成为区域经济的新增长点；同时，中心将利用好版权服务、资源交易和培训3大平台的综合优势，为中小企业创业、产业结构调整、健康有序的发展及降低企业成本培育"软环境"，在帮助企业不断提升技术优势的同时，提高企业管理、人才、规避和化解市场风险等综合能力，实实在在地为企业成长保驾护航，真正形成徐汇区数字内容的产业链、供应链和价值链。

【数娱大厦竣工】 作为上海数字娱乐中心发展的一号基地——数娱大厦已经竣工。上海数字娱乐中心的版权服务、资源交易和培训3大功能平台的主体都搭建在此大厦内。数娱大厦将成为上海市数字娱乐产业的标志性建筑之一，已吸引了美国EA、速汇佳、红摩炫数码等世界知名的从事数字娱乐技术研发、培训、各类技术平台和多媒体数据库建设的企业，他们将在服务平台上，资源整合、优势互补、共同发展。数娱大厦主要入驻企业介绍：

1. 美国艺电有限公司

美国艺电有限公司（Electronic Arts Inc）是全世界最大的互动性娱乐游戏软件开发公司。EA公司在世界范围内开发、出版发行供电子游戏主机、个人电脑和互联网使用的互动软件。2003年，EA公司已经有27款游戏的销售量突破100万份；2004年，公司年度财政总收入为29.6亿美元。EA的产品范围广泛，包括Sony Play Station 1 & 2、任天堂Game Boy、Game Boy Advance & X Box等电视游戏软件；风靡全球的经典游戏有EA SPORTS系列的《FIFA足球》、《NBA Live》；EA GAMES旗下的《模拟人生 The Sims》、《极品飞车 Need for Speed》等。EA综合运用多种媒体技术，并结合了小说家、电影导演和音乐家的创造，使EA的产品一直能引领互动娱乐的时代潮流。

2. 上海徐家汇多媒体技术发展有限公司

上海徐家汇多媒体技术发展有限公司是一家以新颖文化产业为核心的多媒体技术公司。公司专注高技术含量的美术动画和数字游戏的原创、制作、发行，以及多媒体技术的产业链接和发展。公司经营范围包括多媒体信息技术咨询服务，动漫设计、制作、销售，数字游戏产品研发等。公司已经取得国家广播电影电视总局颁发的《广播电视节目制作经营许可证》，具有包括动画片在内的电视节目制作和发行资质。目前，公司在线生产了两部作品，一部是武侠电影动画片《神剑天心》，另一部是电视系列短片集《英模风云录》。同时，公司与国际多媒体联盟、上海数字娱乐中心共同成立上海数字娱乐中心多媒体培训基地。

3. 上海速汇佳信息技术有限公司

上海速汇佳信息技术有限公司是一家从事金融服务的高科技外商独资企业，公司致力于为国内外客户提供各类高科技金融增值服务。

4. 上海合数网络科技有限公司

上海合数网络科技有限公司是由上市公司注资成立的高新技术企业，其核心是将尖端IT技术、先进的无线网络系统与金融服务紧密结合，整合多种跨行业资源，以覆盖面广泛的网点开展数字产品的全方位营销，其终端机具总投入超过亿元。公司的总部设在上海，在全国多个省、市的终端机具布放区域设有分支机构。公司的合作伙伴包括银联、移动、工行、招行、网易、盛大、骏网等各行业领域内的龙头企业，这使得合数网络能够充分整合数字产品销售的上、下游资源，建立完备的支付结算体系，打造全方位营销的综合服务网络。

5. 上海第五空间数字网络传媒有限公司

上海第五空间数字网络传媒有限公司是基地培育的具有产业带动性的龙头企业。公司涉及决策支持、自主创业、企业诊断、金融分析、资源交易、版权交易、才能训练、园区服务等多个领域，打造完整的知识生产、传播、消费产业链和供应链，进而创造一个世界知识信息的消费市场。该公司研发的人力资源训练服务平台为政府部门、企业家开创全新的训练环境，使他们更好地规划未来，同时对职业经理人、品牌经理人、项目经理人开展针对性训练，真正降低企业风险。

6. 上海市软件评测中心有限公司

上海市软件评测中心有限公司集咨询、评测及监理功能于一身，为软件企业提供一门式服务。同时，国家软件测评中心上海分中心、上海软件测评中心、上海软件与系统测试中心、上海硬件与网络测试中心、上海软件能力促进中心、上海软件质量咨询评估中心和上海软件工程监理中心都将落户上海数娱大厦，让企业共享昂贵的测试软件、测试工具和多种计算机平台，真正降低企业开发成本。

7. 上海星岸音乐文化传播有限公司

上海星岸音乐文化传播有限公司（StarzBank Music&Co.(Shanghai)）投资来自哲基传讯集团（Zenith Integrated Commuications）和私募个人资本（Private Placement）两部分。公司业务主要为音乐内容提供者，即CP和数字音乐（Digital Music）两大块。公司经营目标是计划在未来三年内成为中国TOP5的音乐内容提供者（CP）。

8. 上海红摩炫数码科技有限公司

上海红摩炫数码科技有限公司是一家集三维动画教学、科研、制作、出版于一体的国际化机构，目前已与中央电视台、中国奥组委、上海数字娱乐中心、无锡动漫基地、武汉动漫基地以及上海交通大学成人教育学院、美国硅谷科技大学、加拿大银河像素动画学院等机构建立了长期合作伙伴关系。公司拥有一个充满朝气活力的国际制作团队：制作总监、高级包装师、动画师、编导、摄像师、创意总监、音乐总监。同时，公司还致力于培养电视、电影、广告等行业的专业人才及相关领域的研究工作，进而推动中国数码艺术发展。数字动画中心引进海内外丰富教育资源、先进的教学理念、系统的管理模式，通过专业培-训独立设计-实际操作等几个步骤来实现学员轻松就业。数字动画中心汇集了国内外影视动画业的一流的教师和动画师，目前已成为中国培养未来CG人才的摇篮。目前，红摩炫公司与美国硅谷科技大学、加拿大银河像素动画学院资源重组，实现了强强联合，共同打造中国最大的国内外动画片加工基地。

9. 上海裕群投资咨询有限公司

上海裕群投资咨询有限公司是一家专业提供金融咨询服务的机构，公司和各大银行有着良好的业务合作关系。公司主要业务是提供各企业的贷款咨询以及为私人提供融资渠道，如：房屋买卖的抵押贷款和银行信用卡的办理等。

10. 上海哈金通信科技有限公司

上海哈金通信科技有限公司是全球领先的移动增值服务提供商，主要致力于无线娱乐、无线通信等电信增值业务的市场开拓，为用户提供全面的无线应用服务，包括手机游戏、手机电视、短信、彩信、WAP及无线定位等。作为国际化的公司，哈金通信科技有限公司的合作伙伴遍布亚洲、欧洲、南美洲及美国。公司的目标是通过平等诚信的合作，满足并且超越客户的需求和期望。

11. 上海润言律师事务所

上海润言律师事务所有一支教育背景良好，执业资历完整，精力充沛，成熟且年轻的律师团队。润言以对委托人的利益关切务必予以理解并关照的服务理念，辅以专业细分、优势组合的团队工作方式，能为客户提供有效的服务。公司、融资、并购、投资和房地产、建设工程法律事务是润言律师团队的传统业务。在这些领域，无论是争议事务的解决，还是提供项目咨询或中介，公司都累积了相当的经验和资源。

【开展X2创意空间大厦改造工程】 上海数字娱乐中心二号基地——X2创意空间大厦1.4万平方米的大楼改造工程正在积极开展之中。该基地以数字娱乐创意产业为定位，主要包括文化产业、设计类和建筑类3大块。作为现代服务业中最具发展潜力的产业，创意产业是二、三产业的结合点。该基地将聚集近60家创业设计企业。

上海数字娱乐中心规划中的其他几块基地分别为：3万平方米的天文大厦基地、4万平方米的虹桥路宜山路基地、18万平方米的邮通信息科技园等。

【举办系列活动】 自2005年3月17日中心成立大会后，数娱中心联合软件基地、协会举办了多次活动。如“数字娱乐杯”动漫科幻连环画竞赛暨中学生版权保护主题教育活动，接待马来西亚外贸促进中心代表团访问，参加第七届工博会，接待国家科技部体改司调研，召开数字内容产业发展论坛等。通过开展这些活动，中心全方位宣传了徐汇现代信息服务业，同时为数娱中心招商引资，为企业集聚和促进区域经济发展起了积极的作用。 （徐汇软件基地）

复旦光华：自主创新推动长远发展

【概况】 2005年，复旦光华信息科技股份有限公司（以下简称“复旦光华”）在保持和推进原有的信息安全、宽带流媒体、系统集成、电信管理软件等业务优势的基础上，以公安、电信、政府、检察、教育、烟草、交通、企业等为重点行业，积极探索软件出口、智能交通、医疗电子、汽车电子等新业务，坚持自主创新，以点带面，以市场需求为导向，不断调整现有业务结构和模式，加强核心自主知识产权技术和产品的推广应用。复旦光华每年投入10%以上的销售额用于产品研发与更新，至今已经拥有7大类40多种产品，包括信息安全、远程教育软件、宽带流媒体应用、电信核心业务管理软件、智能硬件产品（如触控一体机）、网络硬件应用（如基于背板交换的模块化10G接入处理设备）、医疗电子（如家用心电图监视仪）等。同时，为了挖掘新的市场机会和行业领域，复旦光华于2005年上半年分别在香港、荷兰设立了分公司，为下一阶段的自主创新产品和服务出口打下了良好的基础。

2005年，复旦光华被评为“国家火炬计划软件产业基地优秀软件企业”，蝉联“上海市民营科技企业100强”，同时得到“上海市科技企业百强中自主创新领先企业”称号；复旦光华的“光华网络媒体同步直播系统V4.0”获得上海市科技进步三等奖。公司于2005年通过CMMI L3认证。

【强化知识产权工作】 2005年，复旦光华的知识产权工作力度进一步加强，“旁路式垃圾邮件检查方法”等3项发明专利获得授权，“远程用户操作过程记录和还原方法”、“分布式应急反应控制系统”两项发明专利获得职工技术创新奖，复旦光华安全审计监管系统获得“上海市专利新产品”证书。公司于6月被评为上海市专利试点企业。 （曾海天）

亚太：产品走向国际市场

【概况】 上海亚太计算机信息系统有限公司（以下简称“亚太公司”）是长江计算机（集团）公司下属的骨干企业，公司业务领域涵盖金融、商业、证券、石油、医疗、交通、汽车工业控制、卫星导航和网络工程等领域的软件开发和系统集成。公司在连续8年销售收入超亿元的基础上，2005年销售额又达1.5亿元人民币。公司拥有信息产业部计算机信息系统集成二级资质、建筑智能化甲级设计资质以及国家重点软件企业称号。2005年，亚太公司继续在中石化加油IC工程、汽车生产线工业控制、医疗信息化、智能交通等领域保持一定竞争优势，并在软件和嵌入式产品方面迈向了国际市场。

【中石化加油IC卡工程推广】 2005年，亚太公司在完成二省一市（江苏省、湖北省和上海市）“中国石化加油IC卡工程”建设之后，通过竞争夺标，取得了二省一市的运行和维护合同，使亚太公司渗透到中石化的运维服务行列；同时不断优化和提升卡机联动税控一体化的新一代电脑头、集线器、液位仪等产品，并通过相关严格认证和检测，成为中石化入围指定产品，为多家加油机厂商提供配套。

【印尼加油IC卡联网结算系统建设】 在巩固原有石油零售业软硬件产品优势的基础上，亚太公司积极拓展市场，大胆走出国门。2005年，亚太公司凭借其在该领域的技术和品牌的优势，顺利承接了“印尼加油IC

卡联网结算系统”。该系统从2005年初开始投入建设，先后在八淡、泗水和雅加达多个城市的加油站进行了卡机联动改造、加油站后台管理系统建设、发卡网点系统建设以及联网结算系统的建设，系统运行至今状况良好。目前，双方正在进一步洽谈扩大试点的事宜。与此同时，公司又着手研制开发了油库自动化等方面的延伸产品和系统，包括基于GPS/GIS智能化石油仓储、配送和运输监管综合管理系统，以及银行卡联动加油机、自助加油机、液位仪、票据打印机、油罐车监督跟踪车载终端等产品。面对广阔的海外市场，亚太公司抓住机遇，全力投入，努力开创新的局面。

【参与研制埃及食品补给卡系统】 2005年，亚太公司参与了埃及国家食品配给卡系统的研制。该系统采用智能卡技术为市民配给发放食品，以消除原先采用纸质卡形式所带来的各种弊端。该项目是埃及政府推广信息化的试点。在前期试点成功后，该系统将推广到埃及全国，预计发卡量可达1 000万张。目前，系统已经进入试运行阶段。随着项目的推进，埃及政府准备将系统进一步扩展到医保、社保、消费纳税、交通等关系到国民生计的领域。

【社保卡银行卡绑定支付系统】 社保卡和银行卡绑定项目是由市信息委、市卫生局和银联联合推出的便民实事工程。社保卡银行卡绑定支付系统是指社会保障卡持卡人到医院、银行或社会保障卡服务中心的服务网点选择一张银行卡与本人的社会保障卡进行绑定授权，建立社会保障卡与银行卡的对应关系。今后个人在医院就医支付时，医疗保险基金承担的医疗费用从医疗保险局的账户上扣除，个人自付的部分可以直接从与社保卡绑定的银行卡账户中扣除，改变了个人以往用现金支付的现状。亚太公司作为该项目研发的企业，直接参与了绑定消费的商户端系统的研制、开发和实施。该项目拓展了社保卡和银行卡的应用，使社保卡的身份认证功能为金融支付安全性服务，减少了现金支付的风险，提高了就医效率，为提升上海国际大都市的社会形象和城市综合竞争力提供了示范效应。2005年，该系统已经在华山医院、第八人民医院、普陀区中心医院等26家医院进行试点。 （亚 太）

理想公司：转型铸就持续发展

【概况】 上海理想信息产业（集团）有限公司（以下简称“理想公司”）是上海市电信有限公司控股的、为企业用户提供专业网络系统集成、应用软件集成和信息化软件产品及服务的高新技术企业。2005年，理想集团收入突破10亿元。

同年，理想公司根据中国电信转型战略，制定完成了上海电信“十一五”规划中的IT服务专项规划和理想公司自身发展规划，进行了产品线梳理、整合，成功实施了上海本地和外地的多个项目，包括：浦东国家干部管理学院工程项目、上海电信100%详单联机采集系统、114平台改造、上海电信MBOSS、电信集团大客户一点收费系统、电信集团总部OA、第一届两岸民间菁英论坛和上海国际田径黄金大奖赛的通信保障、全国十运会系统集成及通信保障等，各项目均获得了客户的普遍好评。

【向综合信息服务集成商转型】 理想公司贯彻上海电信由基础电信运营商向综合信息服务商转型的指导思想，充分考虑市场发展和信息化市场需求，以客户为中心，对公司的产品进行梳理、分类、整合，整合后的产品结构分为3层次，包括12个基础产品、10个通用解决方案及电信、政府、教育3大行业解决方案，可为大客户提供端到端的IT解决方案，为商业客户提供“商务领航”中小企业信息化解决方案，为公众客户提供数字家庭信息化应用服务，尽力满足行业客户、企业客户和公众客户的信息化需要。

【研发新产品，提升企业生命力】 2005年，理想公司对NETCARE新产品进行了研发和推广。理想NETCARE产品主要是对企业网络、服务器、安全和语音（包括传统系统和IP电话系统）环境的远程监测、管理和支持服务，使用户能够享受到电信的高品质IT服务。理想NETCARE自4月份开始正式推广以来，得到了广大用户的认可，茉莉林、易初莲花等一批用户已经使用了这项全新的客户端网络监控服务。

与此同时，纳入商务领航范畴的、由理想公司参与研发的国家863项目——“面向网络化制造的ASP平台开发及应用”也顺利通过国家科技部验收。

8月18日，中国汽车服务行业首个5位客户服务短号码“永达96818”开通，永达客户服务中心系统由理想公司承建，是全国第一家汽车服务领域的专业客户服务系统。理想公司以电信的短号码产品以及自主开发的呼叫中心应用软件为核心，为具有呼叫中心建设需求的企业或政府提供从呼叫中心规划、集成实施到运营咨询的一体化解决方案。这些方案适用于金融（银行、证券、保险等）、政府（公安、120急救中心、医保等）、电信（10000，114、168、160等）、服务（电子商务、物流等）、汽车、电子制造等多个行业。

【强化知识产权管理，增强企业竞争力】 要为客户提供持续可信赖的高品质服务，公司需要保护自己的自主知识产权并使其获得权威机构认证。2005年，理想公司完成了7项企业资质的换证或转正，获得3项新资质：信息系统安全服务资质认证申请书(一级)、2005年国家规划布局内重点软件企业（通过上海市审批）、上海市公共安全防范工程设计施工单位核准证书；取得了6个产品著作权登记证书或产品登记证书：理想服装行业ASP平台门户软件、理想呼叫中心系统坐席软件、理想通信电缆气压监测系统软件、电信客户服务管理信息系统、理想电子书包应用软件、理想校园网综合业务管理系统软件；申报通过了3项产品专利权：“大型电信企业的计算机管理系统”发明专利、“机械井盖探测装置”实用新型专利、“无线井盖探测器”实用新型专利。

为保证对客户的信息化需求提供高效反馈服务、并在有质量保证的同时缩短项目实施时间，公司将质量管理工作作为重点。2005年，通过了3年一次的ISO9001大审，同时也通过了CMM3级认证评估。

【提供IT外包、信息安全服务，定位ICT】 理想公司凭借多年电信领域的丰富经验和成功案例，致力于作为ICT服务商为电信客户提供端到端的IT解决方案，公司主要为客户提供涉及网络、主机服务器、PC、数据库、应用及安全的包含故障处理服务、业务调整升级服务、巡检服务、教育培训服务、设备顶替服务、设备租赁服务、设备代维服务、业务容灾恢复服务及系统迁移服务等全方位IT外包服务。2005年，理想公司成功实施了永达（集团）股份有限公司永达客户服务中心整体外包、上海赛车场设备租赁及外包、上海烟草集团网络外包、青浦政务网网络外包、农委兽医站网络外包等项目。

理想公司专业的信息安全服务能够协助企业理解和确定安全需求，为用户提供符合安全需求的系统安全方案。从2005年4月开始，理想公司已成功实施了中远集装箱运输有限公司黑客攻防培训、宝山区教育信息中心网络安全系统、上海汽车工程院反垃圾邮件系统、东隆羽绒公司信息安全应急响应服务、芯原微电子(上海)有限公司反垃圾邮件系统工程等项目，并取得了信息安全服务一级资质。

【满足中小企业信息化市场需求】 为满足中小企业快速增长的信息化需求，上海电信推出“商务领航”中小企业信息化解决方案。理想公司作为“商务领航”的运营单位，不断优化产品组合，为“创建数字上海”、缩小中小企业与大企业之间的数字鸿沟而努力。

在上海企业信息化领域已经颇具影响的“理想商务”业务历时两年多的研发，2005年，顺利从培育试用期转向市场推广期，开始产生业务收入。8月8日，根据中国电信的统一部署，“理想商务”正式纳入中国电信面向中小企业提供的业务品牌“商务领航”中，至此，上海电信商务领航平台一期顺利通过验收，同时二期研发工作启动。目前，平台上已集成了6项专业化应用。从9月开始，理想公司就推出了有客户针对性的产品套餐和组合方案，实现了与宽带捆绑的业务套餐并统一界面受理商业客户的业务申请。11月17日，由上海电信牵头成立了18家企业共同参与的上海市中小企业信息化服务联盟。上海电信商务领航在美容和汽配行业已树立了解决方案成功案例的示范企业形象，共计28个店铺；分销代理商30余家，已形成对上海地区市场的全面覆盖，商务领航用户已超过1.5万家，业务收入呈快速增长态势。

【推广数字家庭信息化应用】 近年来，上海电信利用电信网络平台和资源优势，以宽带接入和信息服务系统为基础，结合家庭内部的信息控制采集系统，并采用各类新型信息终端，集成国内外最先进的网络智能家电产品，积极研发数字家庭信息化应用。从2005年起，上海电信正式面向家庭开展"数字家庭"试点，到年底已与6 000多户家庭签订了试点用户协议，让部分家庭率先体验到了家庭医疗、家庭教育、电子支付、家庭资料馆、家庭安防、视频监控等家庭信息化服务，而各类数字家庭信息化应用也将在用户实际使用的过程中不断完善。 （理　想）

万达：各项工作有序开展

【概况】 2005年是万达信息股份有限公司（以下简称"万达"）成立的第十年，公司围绕战略重点，按计划有序开展各项工作。

2005年，万达获得了一系列资质和荣誉，包括：涉及国家秘密的计算机信息系统集成甲级资质、思科金牌认证、上海市职工职业道德先进单位、文明单位、明星软件企业、五四红旗团组织等。同年，史一兵总裁获得了"2005年全国劳动模范"称号、李光亚副总裁当选为上海构件化专家委员会成员、肖勤同志被授予"上海市新长征突击手"称号。

【业务拓展】 2005年，万达顺利开拓了市教委、市社团局、市交通局、市统计局等一系列新客户和相关新领域；并中标"浙江就业"门户网站、瑞安医疗保险信息系统、杭州市劳动保障咨询服务中心系统、湖州市交通局内外网等新地域的项目，取得了可喜的成绩。此外，在业务模式上，万达也取得一定的突破，如美国子公司协助攻关的PHILIPS项目已正式向上海转移。

【业务实施】 万达完成了浦东国际机场一期主干网改造项目"网络切换和机场生产信息系统"的升级；承建的上海中小企业服务网、乐清医保、连云港社保等系统已通过验收并正式投入使用；承建的浙江交通网站在浙江省政府41个厅（局）网站评比中取得第一名的好成绩。此外，万达承担的市政府内外网、市委核心系统、电子报税、项目维护服务工作等均按计划顺利实施。

【实施多项科研课题】 万达与东华大学、上海计算技术研究所联合成立了"软件人才培养基地"；完成了科技部"网上城市通用系统架构及应用"等多个项目的验收；"上海法人库标准规范"、"上海市区县实有人口库数据标准规范"、"上海'十一五'信息标准规划"等标准类科研课题正在实施过程中。 （万　达）

金桥：完成130多项系统集成项目

【概况】 上海金桥信息工程有限公司（以下简称"金桥公司"）自1994年8月成立以来，坚持以现代信息技术为国民经济信息化建设服务，连续多年被认定为上海市高新技术企业、上海明星软件企业。公司通过了ISO9001:2000认证，并获得多项系统集成资质证书和国际名牌代理证书。2005年，公司营业收入达1.49亿元，缴纳各项税收共818万多元，完成了民防2012工程弱电总包等130多项系统集成项目。

【研发"新一代法院综合业务系统"】 2005年，在"金桥智能法庭信息系统"基础上，依靠出色的设计方案和实施能力，金桥公司研发了"新一代法院综合业务系统"。该系统是对法庭智能化建设的延伸和拓展，范围涵盖了法院的整个智能化信息业务。它利用信息与通讯技术等多种高科技手段，建设了以案件审判为核心的流程管理、办案辅助和司法行政等应用系统，同时配置了节能、环保、智能便捷的集成控制系统。

"新一代法院综合业务系统"是综合运用B/S架构和J2EE体系结构，采用3层逻辑结构，以Web服务器为全部信息流通的枢纽，采用TCP/IP、HTTP传输协议而建立的一套BWD (Browser/Web/Database)多层(Client/Server) 模式的基于局域网的应用系统。

该系统采用以下技术或方式和法院的各种弱电子系统连接：① Windows操作系统所支持的动态数据交换(DDE)功能和用于过程控制的对象的链接(OLE)和嵌入(OPC: OLE for Process Control)技术；② 支持TCP/IP协议的应用程序接口API函数或者其他类似的应用程

序接口；③开放的数据库接口ODBC协议；④基于RS232、RS422、RS485协议的串行通讯接口。新系统主要功能是：建立系统集成自身的网络系统；完成各智能子系统与服务器的接口程序；对各个子系统实时的监测、控制和管理；为虚拟应用服务提供强大功能；建立分组多级用户密码系统。同时，系统具有结构化、模块化和即插即用的特点；具有远程处理能力，允许开发新的应用或结合第三方的软件；系统软件符合当前和未来的工业标准。

【建设电子会议表决系统】 2005年，金桥公司为市政协常委会会议厅建立了一套集报到、表决、发言、会务管理、视频跟踪、显示和数字存储于一体的智能化会务系统。该系统功能完备，性能稳定，技术先进，具有良好的可扩展性和可升级性，能满足市政协常委会会议及其他相关会议的使用要求。其中，会议签到和表决机完全由金桥公司自行研制。

该系统具有以下特点：⑴整个系统采用集散式结构，各系统之间通过以太网进行联结接入，通过透明数据协议（TDP）进行通讯和联机数据交换，可以保证上千台会议表决设备同时正常工作。⑵系统采用中间件技术，分业务逻辑层、控制层和用户界面层，方便扩展和维护。⑶系统具备在线故障检测机制(AutoPatch)，可以对故障设备进行实时定位检测修复。⑷发言系统采用灵活方便的发言模式管理机制，可以自动定位发言人画面，并且同步发言人信息。⑸表决和报到过程可以实时显示刷新，无需等到事后统计，确保会议过程的真实性。⑹会议表决机采用DSP芯片为实时操作系统(RTOS)内核，保证会议数据的精准无误。

（顾立兵）

启明：致力创新，走向高端

【基于ITRON的嵌入式软件外包支撑平台获专利】 基于ITRON的嵌入式软件外包支撑平台是一个属于软件外包领域的新型综合平台，被列为国家高技术研究发展计划(863计划)课题。2005年12月，该平台通过国家科技部验收。平台将应用组件的概念引入到ITRON系统中，针对应用组件，突出层次化要求，并对其进行了明确的分类。同时，启明软件针对ITRON离岸开发的应用特点，注重把平台研制成一个具有中国特色的ITRON系统开发、测试、仿真环境，并通过形成一套严格有效的嵌入式软件离岸开发的技术规范，使启明软件的嵌入式软件开发能够做到高效率、高品质并拥有持续开发的能力。启明软件拥有自己的开发平台和规范，具有独自承接大型项目的基础，一种“基于ITRON的应用软件自主装配技术”已申请国家专利。

【撰写《对日软件出口开发规范》】 2005年，启明软件完成了《对日软件出口开发规范》的撰写，达到了前瞻性、权威性、公正性、可修订性的目标。《对日软件出口开发规范》一共分《对日软件出口开发规范——开发流程》、《对日软件出口开发规范——开发安全策略》、《对日软件出口开发规范——开发管理实施要领》、《对日软件出口开发规范——用语集》4册。

【研发面向日本数字电视的嵌入式浏览器】 日本的数字电视播放BS数字(采用BML V1.0)、CS110度(采用BML V2.0)、地上数字播放(采用BML V3.0)正在日本逐渐展开。启明软件面向日本数字广播的信息表示规范（BML- Broadcast Markup Language）及其嵌入式浏览器的实现，使其对日软件出口，尤其是高端软件出口方面，积累了大量的经验和技术，并抢占了市场的先机。同时，这个成果对将来中国国家标准的数字电视播放浏览器也将起到极大的参考和再利用价值。

【研发智能化家庭管理和控制平台】 智能化家庭是基于网络的家庭设施的电脑化和自动化，它对设备的设置和管理将通过一个统一的系统进行，并且与地点无关，即在任何地点，你都能对家庭中的设备进行控制，而设备提供商也能通过网络提供远程检查、修复和其他技术支持。

启明软件致力于研制和开发基于Internet的智能化家庭管理和控制平台，用于对家庭联网设备的管理和控制，使宽带服务运营商、内容提供商、设备供应商和最终用户都能通过此平台对设备进行设置、监控、技术服务和维修等操作。它的主要特点是：(1)即插即用即管。遵从工业标准的任何网络设备均可加入系统。(2)瘦客户端。通过浏览器，可在任何地点和任何操作系统平台上操作。(3)低维护成本。设备的设置、升级和技术服务都可远程进行，并由系统自动进行。

【在VoIP（Voiceover Internet Protocol）上投入力量】 VoIP是一种通过互联网传送数字化语音信号的技术。由于通话者之间的连接基本上通过公用的互联网，通话成本只有普通电话的1/10甚至1/100。随着网络速度的提高，网上用户数量的增加以及用户接入条件的改善，网络电话的用户群越来越大。

启明软件结合在电信智能网的传统优势，开始在VoIP上投入力量。考虑到SIP将成为NGN和VoIP协议的主流协议，启明软件主要围绕SIP及其相关协议进行开发。2005年，启明软件总产值达1.25亿，软件营业收入以年均超过41%的增幅快速增长，相信经过一段时间的发展，这块业务将成为启明软件新的业务增长点。

（任渊杰）

宝信：品牌价值达22.96亿元

【信息化规划咨询】 2005年，由宝信软件规划咨询业务部承担的宝钢钢铁主业信息化规划、财务管理信息化平台建设规划、浦钢罗泾搬迁工程信息化规划，以及具体工程项目咨询工作取得重要进展，标志着宝信软件在信息化高端咨询能力建设上取得了实质性进展。

【管理信息系统项目建设】 2005年，由宝信软件承担的宝钢股份碳钢热轧产品统一销售系统(第一阶段)仅用了66个工作日即成功上线，为宝钢股份整合宝钢分公司、不锈钢分公司、梅钢公司碳钢热轧产品销售业务提供了平台。

2005年1月19日，由宝信软件承担的宝钢股份“十五”规划项目宽厚板轧机管理系统（L3/L4系统）上线切换成功。至此，宝钢分公司“十五”规划项目的管理信息系统全面建成投运。5月27日，不锈钢分公司产销系统扩建工程成功上线；8月，特殊钢分公司信息化建设系统（第二阶段）成功上线，标志着宝信软件的ERP（SAP）+ MES具有钢铁特色的信息化解决方案趋于成熟；10月，梅钢公司设备系统上线投运，鲁宝钢管公司产销系统成功上线；10月，宝钢分公司钢管ERW的MES（L2/L3系统）系统及相关改造项目随焊管线和精整线热负荷试车同步投运；2030冷轧FLS系统改造，在年修期间按计划切换上线。这些都标志着宝信软件的系统开发能力和集群项目管理能力取得了新的突破。

【自动化工程项目建设】 2005年是宝钢分公司“十五”规划建设项目全面投产的一年。宝信软件承担的四号高炉、3#连铸机、1800酸轧、1800连续退火等产线的三电系统集成和软件开发项目都实现了一投运成功。通过2030酸洗三电改造、2050板加三电改造和2050平整机三电改造等三电总包项目的成功实施，使宝信软件三电总包能力得到全面提升，并使公司从原有的软件开发和硬件成套走向了全面承担三电项目的工厂设计、设备设计、软件开发、硬件成套和后续服务。

【注重自有产品研发】

1. MES领域

“冶金工业MES架构和关键技术研究与示范应用”、“冶金工业MES关键技术（EMS-EAM-IPS）研究与应用”两项课题获得国家高技术研究发展计划（863计划）资助；国家863 EAM项目设备管理系统，通过结题验收；宝信软件MES V2.0被列为2005年度上海市重点新产品计划。

2. 信息安全领域

2005年1月，“宝信网络巡警”V1.3（宝信eCop）被中国软件行业协会推荐为“2004年度全国优秀软件产品”；1月31日，由海关总署科技司举办的（宝信eCop）产品鉴定会在京成功举行，认为该产品达到国内先进技术水平，适合在全国海关推广应用；4月22日，宝信eCop在京获“2005中国信息安全值得信赖内网安全产品品牌”大奖。

3. 智能交通领域

2005年6月，宝信软件IcentroView作为一个具有高度集成性和通用性的平台软件产品，获得2004年度宝钢技术创新二等奖；8月16日，公司承担的“先进的城市道路交通监控与管理系统”参加国家“十五”成果展汇报会，获得国家重点新产品称号。

【宝钢外市场拓展取得明显进步，综合竞争力进一步提升】 2005年3月3日，由宝信软件承担的“翔殷路越江工程系统集成”项目正式启动；12月31日，该项目配合翔殷路隧道通车全面完成，这是宝信软件继大连路隧道之后完成的又一个上海市重点工程项目。

2005年3月7日，宝信软件签约上海对外服务有限公司HRM一期项目，标志着公司已进入以世博会为核心的会展业和人力资源外包信息化市场。

2005年6月3日，由宝信软件承担的“上海期货交易所统计信息共享平台”顺利通过验收，为公司进一步开拓金融行业BI市场奠定了基础。

2005年6月，宝信软件签约美铝（上海）有限公司MES系统规划咨询项目。该项目的签约为公司今后实施美铝MES系统打下良好基础，是公司MES系统进入有色行业的开端。7月28日，宝信软件承建的宁夏西部聚氯乙烯有限公司生产调度管理信息集成系统顺利竣工，成为宝信软件在化工行业信息化领域的标志性成功案例。8月5日，由宝信软件承担的“攀钢整体产销系统”成功上线。9月22日，宝信软件签约上海水务局河道处水闸自动监控系统数据库升级及系统维护项目。2005年9月，宝信软件圆满完成宁波常洪隧道技术服务。

2005年9月30日，由宝信软件总包供货的湘钢宽厚板轧机变频传动成套设备为该机组红钢试轧的成功提供了保证，标志着宝信软件具备了成为高档次电气传动成套（系统集成）产品国内一流供应商的能力。

【海外板块不断壮大，精细化管理的竞争优势进一步显现】 2005年度，宝信软件海外业务板块，在激烈的市场竞争环境中，基本实现年初制定的业务发展目标。公司初步形成了一支以海外软件事业部为基干，含日本宝信、宝希、西安分公司、外协合作伙伴在内的180人的海外业务开发队伍。

公司与日本电装、三菱电机等大客户建立了更加密切的战略合作关系，并成功开拓了日立制作所、太平工业等新客户，海外业务已从汽车电子、移动通信软件外包与现地服务拓展到数字家电、钢铁过程自动化、ERP软件外包等新领域。

公司面向日本的项目承接、开发和管理能力继续提高，项目过程控制能力和持续改进能力进一步加强，精细化管理的竞争优势进一步显现。2005年4月，海外事业部已成功通过集成能力成熟度（CMMI）三级的评估，正向2007年底达到CMMI五级的目标努力。

【公司行业地位、资质进一步得到提升】 2005年2月，宝信软件技术中心被命名为“上海市市级企业技术中心”。3月，根据全国电子信息系统推广办公室的评选结果，宝信软件入选“首批行业信息技术应用推广服务机构示范企业”。6月，宝信软件被列入上海市第一批知识产权示范企业，标志着公司在知识产权保护与管理方面取得明显进步。9月，宝信软件获“国家规划布局内重点软件企业”称号，并在入围企业中位列第三。

在国家信息产业部公布的“2005年（第19届）中国电子信息百强企业”中，宝信软件首次进入并名列第96位；在“2005年中国软件产业最大规模前100家企业”中，宝信软件位列第18位。在中国企业联合会和中国企业家协会评选的“2005年中国服务业500强”中，宝信软件名列第337名，并在“软件及计算机应用服务业”中名列第5。在中国管理科学研究院评选的“2005年中国品牌500强”中，宝信软件名列第390位，品牌价值22.96亿元。2005年，公司新获得了信息安全服务资质，公司研发部也通过了CMM5级评估。

（宝 信）

颐东：力创外包新模式，自主开发新产品

【概况】 2005年，上海颐东网络信息有限公司（以下简称“颐东公司”）经济效益稳定增长。与2004年集成和代理设备（产品）销售占公司总营业额的70%以上相比，2005年，维护、服务的收入上升到占公司全年营业额的45%；新产品（以软件产品为主）的销售从2004年的不到7%上升到超过13%。

2005年下半年，颐东公司全力开发的应用管理软件被市有关部门确定为重点新产品，同北京某研究机

构合作进行的产品也获得了上海市科委立项，成为市一级的重点科研攻关课题。

2005年，颐东公司认真从业务流程、岗位职责、控制文件、内部监督、体系完善等方面积极贯彻和执行ISO 9001:2000质量管理体系。全年客户满意度调查分析结果显示：除了对遗留跟踪问题的处理满意度为90%外，其余均为100%基本满意以上。

【以特色服务创政府系统维护外包新模式】

1. “金修工程”

颐东公司创建的服务品牌“金修工程”在2005年进入第三年。在政府行业管理部门的支持和帮助下，颐东公司大力推动政府网络系统的维护外包业务，内部的人员管理、服务系统运行、客户数据管理等有了很大改善。“金修工程”的业务范围广，涵盖了主机、小型机、网络和安全、网站应用、智能楼宇弱点系统等25项业务，按照ISO质量管理标准，公司在2005年初对原有的质量控制过程和质量记录进行了修改，重新建立了一套切实可行的服务质量管理流程和记录，其中的《安全评测注意事项》和《安全方案编写注意事项》得到了国家保密管理部门的较高评价。

2. 服务热线962666

2005年，颐东公司为上海地区的涉及国家机密的计算机网络系统维护业务开设的热线（962666）一共接到来自全市100多个委办局和80多家基层用户的咨询、报修、测评巡检服务请求等方面的电话500多个。为此，公司的客户服务中心派出了近800人次前往用户现场，共排除故障、解决疑难650多个，其中44个为重大故障。

【开发有自主知识产权的新产品】 2005年是颐东公司二次创业之年，公司开发和计划开发了多个有自主知识产权的新产品，包括：

1. 加密电子邮件系统

加密电子邮件系统基于JWL80-C系统的中间件，采用密码通讯方式实现电子邮件安全传输；对所有用户的电子邮件收发情况进行监控与查询统计；可以用C/S和B/S两种方式提供，以满足相应的用户系统环境。从而实现机要密码通信方式由传统的传真加密通信向计算机加密通信的转变。

2. 电子影像浏览器

电子影像浏览器在通用功能的基础上新增了标准通用文件格式支持、影像文件修改、原件下发件双件存储和影像文件浏览器显示等功能，满足了政务需求。该产品已成功运用于上海市档案馆和上海市信访办等单位，除作为独立的影像文件管理外，它可与其他应用系统成功融合，在完成档案的扫描录入、显示和存储等通用功能的时候适用于电子政务与电子商务系统中的影像信息的管理，以及档案馆、博物馆和医疗信息系统等多种业务应用领域。

3. 通用用户权限管理系统

2005年，通用用户权限管理系统被上海市科委评为上海市重点新产品。在上海科学技术情报研究所完成的水平查新检索报告中确认：本产品功能与国外系统相当，即通过对功能、数据库表及记录集的授权，自定义任意粒度级别对象的权限，并支持目录服务LDAP和关系数据库的授权信息储存方式。本产品目前已经开始小批量生产，它的目标是实现政府机关或大型企业跨部门、跨地域的众多不同的应用系统环境中建立一个统一的、与应用无关的用户管理与用户权限管理平台。本产品被国家科技型中小企业技术创新基金批准立项并提供了资金支持。

4. 网络安全监控系统

网络安全监控系统属于对付防范病毒和黑客的软硬件结合的产品，它包括有非法接入检测、非法外联检测、安全配置检测、安全风险评估、安全强审计等主要模块。本产品的设计和开发是针对涉密级别较高的政府部门网络或应用安全要求较高的企事业单位，能够完成基于严格防窃取和数据安全使用的网络之间的通讯设备和网络的安全监控管理系统。

5. 英赛虎单向安全阀

英赛虎单向安全阀是基于严格的信息防窃取和数据安全使用原则进行开发设计的网间通讯设备，它采用数据链路物理隔断策略，实现在保证涉密网信息不被黑客窃取的安全前提下与其他各类网络进行信息的单向隔离。与国内已有类似产品比较，该设备在信息内容监控与过滤、病毒检测和用户使用权限控制等方面具有运行性能和功能方面的优势。

6. 公文交换平台

作为公司电子政务应用解决方案中的重要组成部分，公文交换平台可建立各委办局或区县级以及下属各职能部门对公文及机要文件进行安全、方便和有效交换的统一信息服务平台。它通过运用网络加密和信息安全、加密处理技术，按照国家和上海市机要管理部门的要求，建立各委办局或区县级以及下属各职能部门的公文及机要文件的网络安全传输机制；通过网络和信息处理技术，对传输数据进行有效的监控、统计分析和管理，建立规范化的加密文件操作管理流程，使加密文件的管理更上一个台阶。

7. 机关刊物网络化平台

政府的各级机关基本都有定期出版的内部刊物，随着电子政务的深入，需要将这些内部刊物网络化，变成可在内网发布、共享和浏览的网络版刊物。机关刊物网络化平台就是专门为解决这一问题而设计开发的。该产品基于数据库实现刊物的全文检索；结合WebPortal信息发布系统实现刊物的发布和在线浏览。

8. 协同办公系统

协同办公系统面向政府日常办公业务，它基于公司的协同工作流引擎产品CoWE，并与其他产品有良好的接口，如信息集成平台、应用安全平台和档案数字化系统。它是组件化的软件系统，不仅内置了先进的工作流引擎，还提供了通用的应用功能模块，并且能够根据用户需求不断扩充。协同办公平台分成两个系列：面向行政区块的协同办公系统和面向条线委办局的协同办公系统。（颐　东）

畅宇：畅导生活新方向

上海畅宇导航科技有限公司（以下简称“上海畅宇”）成立于2004年，是由获得国家测绘局航电子地图制作甲级测绘资质的上海畅想电脑有限公司与全球最大的导航电子地图供应商Tele Atlas共同组建的合资企业。同时，也是上海畅想电脑有限公司制作的导航电子地图产品的独家销售代理商，总部设立于中国第一个以卫星导航为发展方向的科技园区——位于上海浦东的畅想导航科技园内。

作为中国领先的合法导航电子地图供应商，上海畅宇主要向客户提供面向各类基于位置应用的专业导航电子地图及专业解决方案，并给予长期的技术支持和服务。自成立之日起，上海畅宇即以向客户提供最高品质的中国导航电子地图产品为已任，所销售的中国导航电子地图产品在制作过程中均实现了全程质量控制，控制范围涵盖了从源数据入库检查、数据逻辑分析和目视手工检查及产品交付和售后服务的整个过程。拥有超过300个的三级POI分类和在复杂高速路口的三维仿真视图；并且支持定制化图标和多语言检索。同时，为了保证地图数据的准确新鲜，产品所含道路亦都运用自主开放的流动测量车进行过实施地行车验证，确保产品具有最佳的实用性和现势性。

上海畅宇将秉承合资双方上海畅想在海内外多年的导航电子地图制作经验和Tele Atlas全球领先的地图开发技术及国际化营销理念，恪守精益求精、用户至上的原则，全心致力于打造“畅导生活新方向”的品牌形象，不断开拓进取，为中国的导航产业的发展作出应有的贡献。（畅　宇）

众恒：进一步推进人口领域信息化

【概况】 上海众恒信息产业有限公司（以下简称“众恒”）成立于1996年，是上海科学院、上海科技投资公司、上海均瑶（集团）有限公司和部分科技人员共同投资的高科技企业，2005年，公司经营销售额超过1亿元。目前，众恒已形成人口管理、治安管理、派出所管理3大公安系列产品及以人口信息为基础的城市GIS综合应用平台和实有人口综合信息资源库等电子政务应用产品。至今，众恒已先后完成了10多项国家863计划、国家高新技术推进计划、国家火炬计划、国家中小企业创业基金、国家倍增计划及上海市火炬计划、重点科研计划、信息化专项资金计划项目，并连续九年被授予“上海市高新技术企业”称号，连续三年被评为“上海明星软件企业”。2005年，众恒获得的资质和荣誉包括：武器装备科研生产二级保密资格、上海明星软件企业（经营型）、上海明星软件企业（创新型）、上海科技进步二等奖（参与开发）。

【人口及派出所综合信息管理系统】 众恒自1999年起从事公安人口信息的开发应用，并成功地应用于上海、新疆、广东、重庆、山东、浙江等省市自治区公安局。2005年，公安系列产品的应用市场得到了进一步开拓，众恒人口及派出所综合信息管理系统在湖北省恩施、荆门、孝感市公安局，山东省青岛、临沂市公安局相继铺开建设并推广应用。

【城市GIS综合应用平台】 2005年，众恒开发的“城市GIS综合应用平台”通过由市科委组织的专家验收。该系统是为地市级政府为民服务而开发的，它可以脱离业务应用系统而运行，并可在业务应用需要的情况下，将业务数据信息叠加在平台上，用直观的地理坐标位置将信息以报表、图形等手段反映在界面上，而且可以实现与业务信息的关联。该系统对于城市规划、绿地建设、人口管理、统计分析、楼宇经济和招商等应用效果明显。验收的成功标志着众恒以人口数据为基础、以GIS为手段、以电子政务综合应用为目标的新一代基于GIS的电子政务综合平台顺利实现，该平台被国信办认定为国家电子政务规划应用试点项目。

【实有人口综合信息资源库】 2005年，众恒开发的“实有人口综合信息资源库”获得由上海市信息委组织的专家验收。该系统是根据上海市信息委关于“区县人口信息‘一体化’试点方案”的要求设计的业务软件，通过区数据交换中心，实现条块人口信息的交换、共享，并形成人口信息的采集、维护、交换、共享机制；在实有人口综合信息资源库的基础上，建设了实有人口综合统计分析系统，初步实现跨部门业务的协同，为构建“一口受理、内部协办”的行政服务工作体系奠定基础，为探索存量信息的“一次采集、多次使用”和增量信息的“一口采集、多条使用”的信息采集、处理新模式提供经验，从而提高政府工作效率和为民服务水平。该项目的顺利验收，标志着众恒已完成地市级政府以常住人口、暂住人口和境外人口（三口）为基础的人口综合信息资源库的建设，并为实现区域人口的综合管理奠定了数据资源基础。同年，该系统在静安、长宁、宝山、杨浦、闵行、黄浦等区县得到推广应用。

（众 恒）

同济软件学院：推进中外合作办学，拓展人才培养渠道

【开展中外合作办学】 同济大学软件学院（以下简称“同济软件学院”）坚持“推进国内外合作办学与中外合作办学，推动产学研紧密结合的办学模式”，为学院人才培养拓展了更为广阔的空间。

目前，同济软件学院已和众多国际知名的IT公司建立了良好、稳固的合作关系，如IBM、HP、微软亚洲研究院、SAP、思科、Intel、苹果、Autodesk等。同时，同济软件学院与这些IT企业在项目研发、学生实习、课程建设、师资培训等方面进行了深入的合作，并取得了良好的效果。同济软件学院利用企业提供的软件、设备、技术支持等，建立了一批专业实验室，如同济大学IBM技术中心、同济大学微软Windows嵌入式中心、同济大学苹果开发技术实验室、HP技术实验室等，为学生的学习和研究提供了一个良好的技术平台。苹果技术俱乐部的学生依托“同济大学苹果开发技术实验室”，在相关教师的指导下，自主编写了《苹果电脑开发技术基础教程》一书，获得“Apple Dashboard Widget Challenge 2005年大赛”主要奖项，并应邀赴美国旧金山苹果电脑公司(Apple Computer Inc.)总部参加WWDC 2005会议。

【注重人才培养】 为了培养与国际接轨的专业人才，提高学生的国际竞争能力，同济软件学院直接将学生实习基地建在国外知名企业里，在美国Prediction Systems Inc公司(新泽西)实习基地中，已先后三年有9位同学在该公司进行为期一年的实习。此外，同济软件学院还在日本、印度、德国、芬兰等国家建立了境外实习基地，已有9位同学在这些实习基地进行了为期6个月以上的专业实习。同时，同济软件学院还积极与国外知名大学联系，力争多派遣学生在校期间到国外交流、学习。目前，同济软件学院已与瑞典的Uppsala University、Vaxjo University，丹麦的Copenhagen University College of Engineering，加拿大的University of Waterloo，德国的Univ. of Cooperative Education，意

大利的University of Trento等学校建立了合作伙伴关系。同济软件学院在2005年秋季学期派出22名本科生前往北欧几所大学进行为期一年的交换学习；从2005年秋季开始，学院也开始有外国留学生来学习。

（同济软件学院）

交大网格中心：用网格理念建设网格中心

【概况】 上海交通大学于2002年10月成立了网格计算中心（以下简称“交大网格中心”）。交大网格中心的总体建设目标为“围绕网格计算，整合优势资源，凝聚各类人才，建成创新乐园”，工作思路为“用网格理念建设网格中心”。

目前，交大网格中心已经开通校园网格门户（grid.sjtu.edu.cn），开发出上海网格系统软件SHGOS系列。上海网格平台的建设及其在交通领域中的应用，成功地在“第七届上海国际工业博览会”上展示，获得了上海市有关领导的高度评价。

【“信息网格及其典型应用研究”（上海网格）】 “信息网格及其典型应用研究”（上海网格）是市科委2003年度重大科技攻关项目，目标是在两年内，依托国家863、国家自然科学基金、国家教育部和地方重大科研攻关项目的最新研究成果，研究符合国际标准的信息网格体系结构和关键技术，开发具有自主知识产权和推广价值的信息网格系统软件、应用开发环境和虚拟研究平台，并通过对虚拟组织中的计算、数据、软件等各种信息的共享和协同，建立具有上海特色的信息网格，初步实现交通信息网格典型应用，为广大上海市民提供实用信息服务。上海网格计划同时作为国家高技术发展计划（863计划）高性能计算重大专项的典型应用，也得到了国家科技部的大力支持。

上海网格整合上海市已有的高性能计算能力、海量存储能力，连接了上海主要的网格计算研究机构（上海交通大学、同济大学、上海大学、上海超级计算中心、复旦大学）和华东计算所、上海城市交通信息中心等应用单位，形成了聚合计算能力6 000亿次/秒、聚合存储能力4TB的上海网格试验床，凝聚了30位教授、150名博士后、博士生及硕士生的研究队伍，吸引了包括IBM“深蓝之父”谭崇仁博士等一批国内外知名专家学者，带动了国家及地方资金达5 000万元，在国内外产生了很大影响，并已成为中国“五大网格”之一。在上海市科委的领导下，以上海网格为基础，2004年10月，国家科技部正式批准了以上海城市交通信息中心为依托单位、同济大学及交通大学等为合作单位的863应用网格专项——“城市交通信息服务应用网格研究”。

（交大网格中心）

美达：致力于信息化支撑社区网格化管理

【概况】 上海美达信息技术有限公司（以下简称“美达公司”）是专门从事以社区信息化为中心的电子政务软件的研发企业。美达公司开发的社区事务“一口受理、内部协办”工作平台、社区政务平台等软件产品获得了计算机软件著作权、软件产品登记证书，并被认定为上海市高新技术成果转化项目。其中，社区事务“一口受理、内部协办”工作平台和实有人口信息资源库得到市有关领导和国务院信息化办公室领导的充分肯定，获得“上海市2005年度应用优秀成果奖”，并被收录为2005中国信息化应用案例推荐目录。基于多年的研究和实践经验，美达公司在社区电子政务建设方面形成了其独特优势，2005年，美达公司参加了国务院信息化办公室组织的地区电子政务原型试点（人口领域）工作，此项工作对全国地区电子政务（人口领域）的建设具有指导作用。美达公司于2004年通过ISO9001：2000质量体系认证。

【社区事务“一口受理、内部协办”服务平台】 社区事务“一口受理、内部协办”服务平台是一套基于“实有人口资源库”，以社区网格化管理理念为基础，以实现资源共享、工作协调、后台实现为核心，以优化办事程序、减少审批环节、提高办事效率为目的的社区事务服务平台。该平台在优化流程，缩短办理时间，提高行政效率和管理水平方面有显著的效果。目前，社区事务“一口受理、内部协办”工作平台实现了：①社区居民享受在任意一个窗口受理各种事务的方便快捷服务；②优化核实和审批流程，简化办理手续；③核实、审核、审批协同办公，建立一套切实可行的业务协同审批机制；④通过系统控制，加强对核实、审批过程的监督；⑤及时进行信息比对，有效堵住管理漏洞。从“实有人口资源库”和社区事务“一口受理、内部协办”服务平台的应用效果看，已初步实现了人口信息资源的整合共享，社会救助事务实现了网上内部协办，取得了优化工作流程、减轻基层负担、有效服务群众、提高工作效率的效果，为行政事务在社区层面的无缝集成奠定了基础。

【社区政务平台】 社区服务与管理信息化工作平台是在贯彻信息化建设“贴近市民，服务发展”和社区建设“为民、便民、利民”的要求，以信息资源开发、整合和共享为核心，坚持需求导向和简便有效、节约实用的建设原则下开发的。该平台基本功能模块包括个人管理、辅助办公、社区党务、社区政务、户籍人口、社区单位信息、系统管理等。同时，该平台以内部行政管理功能作为整个系统信息传递和交互平台，为社区管理工作提供灵活便捷的工作实现手段。

（美　达）

二、互联网服务业

银联：“中国互联网产品创新50强”

【概况】 2005年，银联电子支付服务有限公司（以下简称“ChinaPay”）继续保持并巩固其在互联网领域为银行卡支付、基金理财方面的市场领先地位，进一步推进银行卡网上受理环境的优化和银行卡网上增值业务的推广，在业务发展、市场认可、客户合作、技术创新等各方面都取得了可喜的成就。ChinaPay立足于中国银联的网上业务及增值业务平台，依托中国银联的品牌、网络、市场等优势资源，构建并运营全国性的银联统一支付网关，通过业务创新，形成多元化的支付服务体系，公司为持卡人提供了安全、可靠、便捷的支付结算服务。

【交易规模创新高】 2005年，ChinaPay各项业务均创历史新高，网上支付业务交易笔数和交易金额相比2004年分别增长了2倍和4倍，合作商户数增长近50%。银联通网上基金交易金额也比2004年提高4倍多，交易笔数更是增长了近5倍。

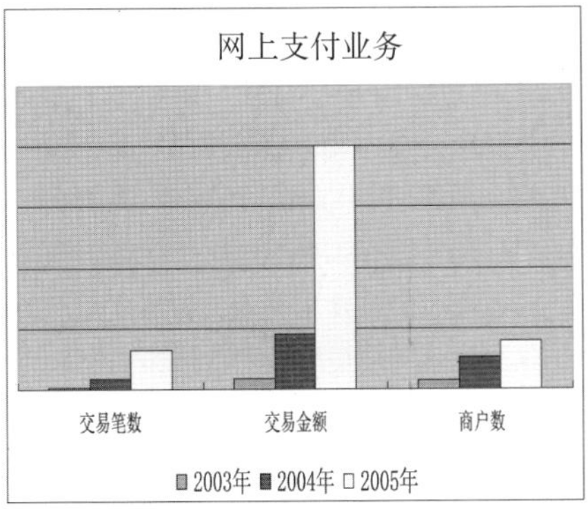

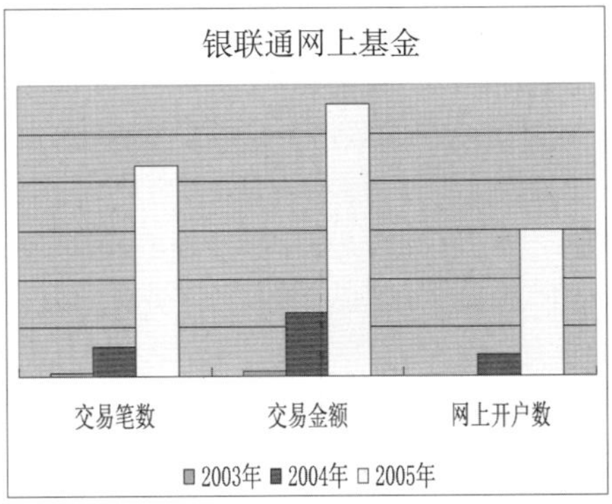

【业务合作持续深入】 2005年，ChinaPay网上支付商户覆盖面进一步扩大，涵括了航空、票务、公用事业、网络游戏、政府、体育、化妆品、旅游、制造、金融等各个行业，其中，电子客票、网络直销和网络游戏形成了Chinapay网上支付业务的3个支点；商户质量持续提高，Paypal（贝宝）等一批国内外知名企业加入

了银联的网络。

2005年5月，ChinaPay成功举办了2005年电子商务发展研讨会，会议携手国航、东航、上航、厦航、川航、网易、索尼、腾讯、一拍、EBAY易趣、东方希杰等几十家知名企业，与近百名中高层管理者共同探讨了国内电子商务的发展与应用，并积极探索金融电子支付服务的新模式，以便开发出更多符合中国电子商务发展的电子支付服务和理财工具。7月，ChinaPay与全球领先的网络支付公司Paypal（贝宝）建立战略伙伴关系，双方在支付渠道、商户共享方面展开广泛的合作，通过强强合作，改善用户在线支付体验并推动中国网上支付的发展。

【获得市场高度认可】 在业务获得高速发展的同时，ChinaPay所倡导的互联网时代安全便捷的个人金融理财服务也逐步获得广大持卡人和业内的高度认可与评价。2005年12月，经过历时数月针对10万用户的调研、专家评审等多种方式反复甄选，ChinaPay以高度创新的技术与运营模式获得中国互联网产业内最具创新度的殊荣——“中国互联网产品创新50强”，同时顾问团的各位评委对银联的电子支付业务给予极高的赞誉。此外，在由中国世界贸易组织研究会、中国广播电视协会主办的2005年中国品牌国际论坛上，ChinaPay网上支付平台以全新的生活体验和享受荣获“2005中国生活方式最佳品牌”。

【推出银联通网上基金】 银联通网上基金是Chinapay推出的新一代开放式基金直销系统，它架起了基金公司和银行之间的桥梁，整合了银行卡和基金产品的资源，使基金账户与个人银行卡账户实现实时互转，为基金网上直销交易提供了便捷的资金结算渠道。通过银联通网上基金，投资者可以方便、安全地在网上使用银行卡进行开户、申购、赎回、分红等一系列的基金交易,是开放式基金网上交易的理想平台。

银联通网上基金解决了基金业务的两大瓶颈问题：账户资金转账和远程开户。2004年8月，ChinaPay推出银联通基金平台V3.0版，在国内首次实现了全国范围内的基金远程开户和资金转账。

银联通网上基金交易平台突破了传统销售渠道的地域限制，并具有联机交易、低交易成本、安全可靠等优势，简化了交易流程，方便了投资人的操作，为开放式基金网上交易的快速发展搭建了一个理想的平台。

（银 联）

网通：通信能力明显提升

【全面提升通信能力】 2005年，中国网通（集团）有限公司上海市分公司（以下简称“上海网通”）紧密围绕“有效益的规模发展”总体经营思路，加大建设力度，完善管理基础，通信能力得到显著提升。经过努力建设，上海网通采用先进技术的光纤宽带城域网已覆盖了上海主要中央商务区内的重要商业楼宇、主要开发区等市区大部地区，并通达郊区，WLAN (Wireless LAN)无线局域网覆盖多家星级酒店、会展中心、机场等热点地区。本地固定电话接入能力达到36万门，较上年增长了140%；长途端口超过15万线；城域网出口带宽达7 000M，本地国际出口总带宽近2G；固定电话用户增幅达到100%，数据业务增长超过30%。网络运行质量稳中有升，圆满完成了上海ATP网球大师杯赛、上海国际通信展、“5·17”世界电信日和INTEL信息高峰会等重要活动的通信保障任务。

【持续增强创新能力】 2005年，上海网通积极开展技术和业务创新，大胆开发既符合目前网络特点，又具备规模发展和持续盈利能力的新产品；连续推出了商务新世界（DIA＋固定电话）、企业传真、新会场、宽带门户、电话QQ等新的增值产品，在新业务产品开发、收入份额方面均有显著提升。上海网通还积极跟进3G、NGN、ASON、IPv6、WiMAX等新技术，为技术转型及今后开发相关业务做好充分准备，其中新一代移动技术的应用开发在上海市处于领先地位。

【实施“客户满意度工程”】 2005年，上海网通坚持“以客户为中心”的服务理念，以“客户满意度”和“行风建设”为抓手改善服务品质。通过金色俱乐部和10060两大平台，制定和完善分级服务标准，同时推出了双客户经理制，确保销售经理和客服经理的职责更加清晰，服务更加完善。上海网通切实开展行风评议活动，进行“品牌”、“服务链”和“忠诚度”3大工程建设。除对行风重点评议的互联互通、过期卡处理、电信服务质量报告公告制度、捆绑促销活动和格式合同等5大方面进行自查外，公司还将服务规范、窗口服务、障碍修复和服务承诺等纳入自查范围。在用户收费渠道拓展方面，上海网通已与中国光大银行及相关超市合作，在全市范围内铺开约1 000个代收费网点，同时积极与付费通合作，开通了网上缴费、自助终端缴费，为全面开展自网业务奠定了坚实基础。

（顾 净）

携程旅行网：全面合作，持续增长

创立于1999年的携程旅行网，是中国领先的宾馆房间和机票分销服务公司，也是中国最著名的旅游品牌之一，并于2003年12月9日在美国纳斯达克成功上市。公司总部设在上海，在北京、广州、深圳、成都、杭州有5个分公司，并在30多个城市有分支机构，现有员工3 000余人。携程旅行网拥有中国相关行业中最大的呼叫中心，1 000多个坐席，1 300余名员工，并运用高效的互联网技术和先进的电子资讯手段，向超过1 000余万注册会员提供包括酒店预订、机票预订、度假预订、特惠商户以及旅游资讯在内的全方位旅行服务。在降低差错、提高正确性方面，携程旅行网通过流程控制、质量监管、6sigma精益改进等手段不断减少差错，为会员提供准确及时的服务。在宾馆预订方面，携程旅行网拥有国内外5 000余家会员酒店可供预订，2005年，每月酒店预订量达到50余万间夜。在机票预订方面，覆盖国内外所有航线，并在43个大中城市提供免费送机票服务，2005年，每月出票量30余万张。携程旅行网的度假超市提供近千条度假线路，覆盖海内外众多目的地，并且提供从北京、上海、广州、深圳、杭州、成都六地出发，是中国领先的度假旅行服务网络，2005年，每月为万余人次提供度假服务。市场合作是携程旅行网蓬勃发展的重要方面。截至2005年底，携程已针对航空、金融、通讯、企业四大板块全面出击，并已经和国航、东航、南航、上航、深航、厦航、川航、山航等全国各大航空公司，招行、工行、建行、中行、民生、广发行等全国各大银行，以及各地移动、联通、电信、外服和中智等知名企业建立了战略合作伙伴关系。携程的合作模式成为了跨行业合作的典范。

（携 程）

三、电信服务业

上海电信：电信卡销售突破10亿元

【推出理想商务ITMAN套餐】 2005年，中国电信积极响应国家发改委、信息产业部关于“中小企业信息化推进工程”的号召，联合多家知名IT企业于8月8日成立了中国中小企业同盟会，并推出了全国一站式信息化应用解决方案——“商务领航”。上海电信在此方案基础上，推出了“商务领航”之理想商务ITMAN套餐方案，旨在让中小企业享受宽带服务的同时优惠体验多种信息化服务的产品。理想商务ITMAN套餐方案汇集了业界优秀的企业信息化应用软件及产品，并依托中国电信的品牌、网络和庞大的客户资源、合作伙伴优势，是为中小企业客户提供优质、高效、标准化的一揽子信息化解决方案。

理想商务ITMAN套餐产品系列主要包括了：①客户关系管理系统（CRM）。以中国企业丰富的营销实践为参考，上海电信联合CRM领域领先的产品供应商，面向企业用户推出CRM系统在线租用服务。②办公自动化系统（OA）。OA为企业建立了一个基于网络的集成办公平台，可以高质量地处理大量繁琐、无序、耗时的日常工作，使企业的管理更为规范和高效，让企业更多地专注于企业的核心事务。③进销存管理系统。该系统帮助贸易、制造型企业有效地管理物料的进货、发货、库存、运输管理的整个过程，同时还能够对产品、价格、供应商、补货、询价及应收应付业务提供全面的信息系统管理监控，是中小企业用户管理日常运作的最有效工具。④商务信息管理系统。该系统注重于企业的业务流程管理，将客户信息、合同、项目、库存、财务、人事、办公、企业共享等集成一体化，模块之间信息相互关联，检索、统计、分析十分方便有效，特别贴近中小企业的实际管理需要。"商务领航——理想商务"信息化平台提供的解决方案，为众多中小企业节省了成本开支，提高了运作效率，增加了企业收益，使中小企业的社会信息化、现代化程度得到不断提升。同时，该平台将进一步丰富与完善产品线，结合市场需求，增加产品服务功能模块，陆续打造教育、分销行业服务平台，满足更多行业用户的需求。

【为大客户提供精细化和个性化服务】 为在电信帐务服务中进一步体现上海电信"用户至上，用心服务"的理念，上海电信帐务中心于2004年10月成立了商业客户服务部，并建立了一支由部门领导挂帅的"大客户账务服务团队"，一年多来已初见成效。

帐务中心提供的精细化和个性化服务主要包括：

⑴ 实现"一站式大客户资金回收、投诉处理服务"新模式。中心根据电信大客户的特点实行按段落分区域对口服务的客户经理负责制，即将投诉、催欠合并为专人对口的一站式服务，开辟服务热线，专人集中受理大客户工作联系单，提高了客户响应速度。

⑵ 为大客户度身定置账务产品，推出个性化服务。大客户服务团队精心挑选了21家有行业代表性的大客户作为提供个性化服务的重要客户，如：证交所、银行、社保局等。同时，中心从清理整合客户账单着手，为客户制订付费方便的个性服务方案。

⑶ 追求精细化服务，为大客户提供放心的账务服务。通过解决历史遗留问题，清理和整合大客户开帐数据，确保用户能及时准确并放心地付费。

⑷ 主动为客户着想，变被动服务为主动服务。中心主动替客户解除账单管理的后顾之忧，对有些用户反映账单数多，每个月拆信、分发困难等问题，主动介绍添加地址和集中打印等个性化服务，让被动服务变成了主动服务，提高了大客户对上海电信"用户至上，用心服务"的感知度。

【"全球眼"应用进入建筑领域】 上海电信大客户部与上海中房置业股份有限公司于2005年12月签订了"全球眼"业务协议。中房置业将应用电信"全球眼"网络视频监控业务对房地产建筑工地进行远程安全监控，并对施工过程实施远程监理和质量验收，从而优化项目管理和提高管理效率。根据协议，中房置业将在公司总部建立建筑项目远程监控中心平台，同时在其浦东三林路建筑工地及浦西桂平路建筑工地分别安装开通12路和8路视频服务器，实际应用效果较好。随着中国电信"全球眼"网络视频监控业务日趋成熟，上海中房置业在行业中率先应用了远程视频监控系统。

【理想公司荣获IBM"2005年度中国最佳应用开发商"奖】 上海电信理想信息产业公司荣获IBM公司颁发的"2005年度中国最佳应用开发商"奖项，并成为国内惟一获得此项荣誉的公司。

理想公司早在1998年就开始同IBM公司合作，其中的代表作是基于Lotus Domino平台的OA系统，这是理想公司最早走向全国、形成市场化的产品。理想依靠自身的技术力量对Domino产品进行了本地化的二次开发，根据中国企事业单位管理流程的特点，形成了具有中国特色的工作流引擎（Ideal Flow），并逐步形成了在市场上具有相当竞争力的"理想OA"拳头产品。同时，理想公司先后承建了中国电信集团公司、上海电信、浙江电信、江苏电信、江西电信、中国电信黄页公司、上海电信实业、浙江电信实业、上海市民政局、上海市外事办、上海青浦区、上海松江区等电信骨干省份和诸多政府领部门的OA系统，成为IBM在该领域最重要的合作伙伴。从2004年开始，理想公司依靠在电信、政府等领域内的成功项目基础，提炼并推出了ICE（集成协作环境）解决方案，并在此基础上发展了中国电信集团的"一站式企业信息应用中心"建设规划，成为集团"一站式企业信息应用中心"的主承建单位，为该规划向全国的推广提供了骨干支撑。

【电信一卡通基本形成】 2002年7月，上海电信本着"创新业务，改善服务"的理念，正式推出"易付卡"，该卡因能使用户"足不出户、轻松缴费"而受到青睐。此后，上海电信采取多项措施来发展、完善该卡功能。

一是扩大范围。上海电信将易付卡付费的范围扩大至各郊县，并停发各郊县自行发行的缴费卡。二是扩充容量。上海电信对原易付卡平台进行扩容，满足不断增长的市场需求。三是完善功能。上海电信通过整合各种平台或使相关平台互通，使该卡具有了打电话、上网、为固定电话充值缴费、为小灵通充值、为储值电话充值、宽带预付费、购买互联星空频道、拨打各类声讯电话、支付各类代开账费用等功能。四是方便购买。该卡可通过上海电信营业网点、具有1 000家门店的联华快客及250家门店的邮政支局进行购买，同时还可以使用网上订购、POS终端数据下载、电子数据购买等购买方式。五是优化流程。上海电信根据功能扩展进行3次升版，使语音流程更加符合用户的使用习惯。六是整合品牌。为了更具一卡通的形象，上海电信于2004年12月将易付卡更名为更具特色的“上海电信卡”。至此，上海电信一卡通基本形成，上海电信卡已从单纯的缴费卡走向功能完善的综合卡。2005年9月，上海电信卡经过三年的发展，销售突破10亿元。

（李家玻）

上海移动：以增强创新能力为突破口，向规模效益型发展

【概况】 2005年，上海移动通信有限责任公司（以下简称“上海移动”）围绕“执行年”工作目标，统一思想，直面挑战，以变应变，积极应对，以长期利益为导向，坚持维护大局和抓住发展机遇并重，着力推进营销服务工作，巩固了市场领先优势，企业执行能力和运营管理能力得到提升，公司整体实力进一步增强，实现了全面协调持续发展。

【营销服务工作成绩卓著】 上海移动有序推进新业务开发工作，手机电视、移动订票和手机钱包等新业务取得良好反响，智能交通系统和城市网格化管理系统试用成功。同时，公司充分发挥先进技术和丰富业务的优势，贴近社会经济发展实际，积极推进城市信息化行业应用进程，为各行各业度身定做了十几套无线解决方案，满足了政府、公安、海关、金融、制造、交通运输、能源等各领域的信息化需求。

在客户服务方面，公司实施了大客户属地化管理，进一步强化区域客户关系管理，进一步完善客户服务手段，2005年客户满意度稳中有升，同比提高了4.51个百分点。客户保留、协议客户管理等各项工作均取得了良好成绩。

【运营支撑取得新进展】 上海移动实施了大客户服务属地化IT支撑、收银一体化等IT工程近20项，有力支撑了营销服务；完成公司班组信息化支撑、手机办公系统等工程，为深化企业信息化管理提供了保障。此外，公司优化了新业务需求管理，建立了需求快速响应机制，全年实施开发新业务100余项，同时强化了系统运营考核，建立了信息安全事件管理机制，保证了系统的稳定运行。

【为东海联合搜救演习保驾护航】 2005年7月5～7日，上海移动圆满完成“2005年东海联合搜救演习”通信保障任务。此次东海联合搜救演习是为配合郑和下西洋600周年纪念活动而举办的，是中国制定和实施《国家海上搜救应急预案》以来所举行的最大规模的水上综合搜救演习。此次演习有来自10多个国家和地区的30艘舰船、5架飞机、近1 000人参演，并有众多媒体和社会观摩者到场。

由于演习海域的信号覆盖较弱，在获得演习信息后，上海移动主动与海事局联系为本次演习提供通信保障。作为惟一对此次演习提供通信保障的通信运营商，上海移动在演习之前，就开始对小洋山现场进行了前期查勘，制定了通信保障方案。东海大桥全长32公里，由于目前光缆尚未到达小洋山岛，且岛上通信基础设施还在建设中，因此，上海移动采用了微波接力的传输方式，以油机车为传输接力点，架设微波并提供电源，实现了信号的传输。

在演习期间，上海移动还派出了2辆应急通信车前往东海大桥及小洋山，以增强该海域的信号强度，扩大该海域的网络容量，确保演习期间该海域的中国移动通信的畅通，为海上安全提供了有力支撑。

【与交通银行合推“手机钱包”】 2005年9月15日，上海移动与交通银行上海分行签署了全面合作协议，在上海率先合作推广“手机钱包”业务。

“手机钱包”业务是一种新型移动金融服务，它将客户的手机号码与银行卡支付账户绑定，通过手机短信、语音、WAP、K-Java、USSD等操作方式来管理绑定的银行卡账户。“手机钱包”主要有缴费、购物和理财3项基本业务。客户通过短信自助申请“手机钱包”后，即可进行公用事业缴费、个人账务查询、购买彩票、手机订报、手机购票、购买IP卡、手机捐款、远程教育、手机投保等一系列丰富多彩的业务。

“手机钱包”业务的推出，促进了移动通信与金融等重点行业的融合，同时也影响了客户的生活习惯，极大地方便了市民生活。开通此业务的客户如同随身携带了一个POS刷卡机，无论在上海本地还是漫游到外地，都无需随身携带现金甚至银行卡。市民办理上述缴费、购物和理财业务时，再也没有营业时间的限制，也不用担心找不到营业网点了。

【推出城市网格化管理信息系统——“城管通”】 2005年9月19日，由上海移动开发建设的上海市建设交通委员会城市网格化管理信息系统——“城管通”在卢湾、长宁两个区率先试点上线，有效提升了城市管理效率及信息化水平。

为贯彻落实科教兴市主战略，推进城市管理信息化，更好地履行主导运营商的社会责任，上海移动成立了城市网格化管理信息系统专项领导小组和工作小组，提出了“通信服务+应用”的端到端综合通信解决方案，即以移动网络为依托，前端为手机终端，后台与市级指挥系统相连，形成移动前端平台，与市、区指挥中心三级平台互动的架构。

在制订综合通信方案的基础上，上海移动还承担了“城管通”终端、服务器端软件开发、系统研发建设等工作，并基于智能手机，整合了GPRS、短信、LBS位置服务、彩信、专线等业务，开发出了具备接打电话、地图定位、图片采集、短信群呼、单键拨号、数据同步等10项主要功能的“城管通”，得到了用户的高度认可。

【上海移动喜获全国质量管理奖】 2005年9月20日，上海移动获得国内质量管理领域最高奖项——2005年“全国质量管理奖”。

上海移动成立六年来，不断实现网络、服务、管理等各方面的创新，使企业的综合实力持续提升。六年间，上海移动业务收入年均复合增长率超过15%，期末收入利润率超过25%；六年上缴税收累计超过80亿元，客户数年均复合增长率超过30%，网络容量年均复合增长率超过25%；先后获得了全国五一劳动奖章、全国用户满意企业、中央企业先进基层党组织、全国创建文明行业示范点、全国青年文明号、上海市文明单位三连冠、上海市质量金奖等一系列荣誉，并一举通过了ISO9001（2000）、TL9000、环境和职业健康安全质量管理体系认证。（张 元）

上海联通：实现战略转型，持续稳步发展

【概况】 2005年，中国联通有限公司上海分公司（以下简称“上海联通”）坚持以科学发展观为指导，稳步实现战略转型，全面提升网络质量。集团业务以商务总机、掌中宽带等产品为重点，全年净增企业用户2 200家、净增开账协议用户128 523户。同时，上海联通狠抓工程验收，理清了一批遗留工程，完成各类工程综验94项，工程概算款项达54.11亿元，形成资产40.11亿元，超额完成年度计划。

【为第48届世界乒乓球锦标赛提供全方位通信服务】 2005年4月30日~5月6日，第48届世界乒乓球锦标赛在上海举行，上海联通作为本届大赛惟一指定的电信服务运营商，为大赛全程提供有关通信方面的网络、技术、资金和人员保障，确保比赛期间所有相关场所都能安全、快捷、便利、高效地获取全方位的通信信息服务。为此，上海联通配合上海体育馆的改建工程，参与了世乒赛新闻中心、比赛场内记者席等有关通信设施的建设，并在比赛场外特别设置了CDMA 1X体验区和移动营业厅，为来自170多个国家和地区的运动员、教练员、各国官员、新闻记者及大批观摩人员提供随需而动的个性化优质服务。在世乒赛期间，上海联通10010英语热线24小时全天候服务；另开辟了“世乒赛热线”，及时提供大赛的活动信息、赛事指南等；还设有上海向导和随身电话翻译等人性化服务。上海联通在世乒赛期间提供的优质通信服务，受到各国运动员及大赛组委会的高度评价。（刘 苏）

四、广电服务业

文广集团：加快技术改造，拓展服务空间

【SITV全国有线数字付费频道正式开通】 由上海文化广播影视集团（以下简称“文广集团”）下属文广新闻传媒集团旗下的SITV全国数字付费频道集成运营平台经过为期10个月的试运营，通过国家广电总局验收，于2005年6月11日正式开通。

截至2005年5月，全国已有50家有线网络的数字付费电视用户收看到SITV平台传送的14个数字付费频道。频道开通后，节目信号已覆盖全国25个省、自治区、直辖市的5 000万用户，其中付费电视用户达45万户。SITV平台在正式开通之时，又通过卫星将江苏电视台、辽宁电视台、中影集团等开办的付费频道向全国传送。（路世贵）

【出租车数字分众电视专用平台开播】 2004年12月31日，由文广集团下属上海文广科技发展公司控股的上海商娱文化传播有限公司在谷泰滨江大厦举行了上海出租车调度系统和出租车电视专用平台开通仪式。上海市副市长杨雄启动专用平台开通按钮，文广集团副总裁王玮、市交通局局长卞百平先后致辞祝贺。

出租车数字分众电视是由文广科技公司利用数字电视技术，独立研发并成功推出的全新媒体。这种为出租车量身定做的车载数字分众电视，按照上海出租汽车管理处对出租车计价系统及调度系统标准需求设计，通过最新的数字电视地面广播技术传送信息，不仅提高了上海客运服务水平，为出租车司机提供即时的调度管理信息，而且满足了乘客不断增长的个性化要求，为乘客提供了解最新信息的渠道和高品质的节目，是一个信息发布的平台和对外宣传的重要窗口。

（王小弟）

【文广科技公司推出公交电子站牌】 由文广集团下属上海文广科技发展公司开发研制的公交电子站牌为乘客外出提供了方便。2005年8月10日，文广科技公司正式与上海市城市交通管理局签订了《上海城市公交信息化建设项目》协议。截至2005年12月26日，文广科技公司完成了4条公交专用道，共计112个电子站牌的建设。其中，四平路专用道的34个站牌不仅开通了交通数据信息，还有电视节目，使乘客在候车之际除了可以看到下一班车的到站距离、天气预报、新闻等信息，还可以欣赏丰富多彩的电视节目，真正享受到高科技给人们的生活带来的便捷。

（韩　忠）

【明珠公司数字中波发射系统项目通过验收】 2005年11月13日，上海文广科技发展公司下属明珠公司研制开发的正交频分复用（OFDM）数字中波发射系统项目通过了市科委组织的专家组的验收。专家组听取了明珠公司项目组的科研人员所作的技术报告、检测报告、用户使用报告、水平查新检索报告，审阅了所有相关资料，现场察看了科研人员的演示，肯定了在DRM数字AM广播改善广播质量、提高传输的可靠性和频谱的利用率、确保信号传输误码率最小、抑制对邻频发射机的干扰等方面的优点，指出DRM数字AM广播是模拟调幅广播发展的必然趋势，同时希望明珠公司在现有研制成果的基础上，在继续研究音频广播的同时，插入低速率的数据和图像广播，如交通诱导、气象预报等，尽快把数字广播的优势全部体现出来。

（韩　忠）

【明珠公司研制成功数字电视发射机】 2005年2月，上海文广科技发展公司下属明珠公司通过吸收国外先进技术，攻克了一系列技术难题，研制成功国产化1KW数字电视发射机。该设备特点是：①发射系统兼容性好，既能播出高清数字电视节目，也能播出标清数字电视节目；能够兼容多种制式的调制器，包括采用欧洲标准的多家公司的调制器以及国内正在开展试验制式的调制器。②发射系统能邻频工作，大大节约了频道资源。③上变频器设计安全可靠。④功率放大器是宽带放大器，能覆盖整个UHF波段，在发射频道改变

时无须进行逐个频道的调整。⑤控制系统功能齐全，有完善的报警功能和保护功能，图形界面采用人性化的设计，稳定性高。经检测，该设备的技术指标已达到甚至超过欧洲地面传输标准DVB-T所规定的参数。目前，该发射机已在虹桥路广播大厦发射台投入移动电视的发射，运行状况良好。

2005年下半年，明珠公司又成功研制出1 500W国产化数字电视发射机。目前，公司已形成200W、400W、800W、1 500W国产化的数字电视发射机系列。

（朱瑾瑾　韩　忠）

【上海东方明珠（集团）股份有限公司开展DMB技术试验】 2005年3月，经国家广电总局批准，文广集团下属上海东方明珠（集团）股份有限公司开展了L波段DMB技术试验工作，并且在上海地区建立了DMB手机电视技术试验覆盖网络。

使用DMB（数字多媒体广播 Digital Multimedia Broadcasting）技术传播视频的速度可达每秒25帧，电视节目经过压缩编码后，通过发射覆盖网络，把信号以无线的方式传输到用户的手机或手持设备上，实现手机实时看电视的梦想。采用DMB技术实现的手机电视，具有技术成熟、成本低廉和性价比高等优点。同时，它具有投资低、移动传输性强、小型化和省电的优势，可传输视频节目和若干音频节目以及气象、股票、财经等数据信息。

（林定祥　李梦丁）

【突破电视信号传播覆盖盲点，隧道里可看移动电视】 为了让乘客们在隧道内也能看到精彩的电视节目，2005年底，上海东方明珠（集团）股份有限公司下属东方明珠移动公司与上海移动通信合作，解决了电视信号覆盖盲点的相关技术问题。目前，移动电视信号信息覆盖率从原来的92%增长到97%。

截至2005年底，作为国内首家户外数字移动电视新媒体——东方明珠移动电视收视终端已广泛覆盖于上海的6 000多辆公交车、5 000多辆出租车、部分轨道交通线路以及水上巴士等处，累计视频终端数达16 220个，日受众群体达1 200万人次，形成了规模庞大的户外立体交通数字移动电视信息平台。东方明珠移动电视每天连续17个小时播出40分钟的节目，节目的40多个栏目包括了新闻、资讯、娱乐、服务、互动等多种类型。目前，东方明珠移动电视已成为上海地区影响力不断提升的信息传播新媒体。

（东方明珠移动公司　办公室）

【SMG手机电台诞生】 2005年7月11日，由文广集团下属文广新闻传媒集团研制的“SMG手机电台”正式诞生。这是国内首个由传媒机构全程提供集群语音内容支持，并通过无线网络实现语音资讯实时或延时互动传播的电台，同时也是国内首次成功采用IVR技术将广播语音节目系统拓展至新媒体的有益尝试。

IVR通过通信网络对音频信号进行采集、压缩、转换和传输，其接受信号的覆盖面更为宽广，只要有手机信号的地方就能收听到手机电台，解决了调频收音机抗干扰差的不利因素。目前，“SMG手机电台”已经开通并可实时收听“东广新闻”、“音乐”、“体育”、“东视文艺”等4套频率、频道的语音内容。除此之外，“新闻”、“音乐”、“体育”、“都市792”、“990新闻”、“戏文”等频率中的几十套名牌栏目也将以“点播”形式实现“在线延时重听”功能。用户还可依据亲友的爱好，向其“友情点送”相关语音资讯。值得一提的是，“SMG手机电台”还将向VIP用户提供“最新资讯收听预告”等服务，使知晓率有效提升。

同时，本地用户只要播打125901586（移动）和10157586（联通）等特服号码，就可收听原来在传媒集团11个频率中播放的精彩语音节目。

（文广新闻传媒集团　办公室）

【东方卫视频道落地福州并开播亚洲频道】 2005年1月29日，文广集团下属文广新闻传媒集团的东方卫视频道正式落地福州，至此，东方卫视已覆盖全国所有的直辖市、省会城市和计划单列市。自东方卫视组建以来，落地推广工作不断取得新进展，仅用一年半时间就已覆盖了全国36个直辖市、省会城市和计划单列市，并将地级市覆盖率提高到90%，从而使东方卫视的各项落地指标的增长速度居全国各省级卫视前列。

从2005年2月1日零点起，东方卫视亚洲频道正式在长城（亚洲）卫星电视平台上开播。东方卫视亚洲频道沿用了东方卫视北美频道的节目，是11个参加该卫星电视平台的地方卫视之一。

（东方卫视 办公室）

【高清电视播出系统建成并投入运行】 上海文广新闻传媒集团的高清电视频道——“高清新视觉”频道于2005年9月28日开始试播。该频道由上海文广新闻传媒集团技术运营中心负责播出系统的搭建，由上海文广互动电视有限公司负责提供节目。高清电视频道的播出视频格式采用国家高清电视标准1080i/50hz，宽高比为16:9；音频格式为AES/EBU数字音频，平衡接口，兼容杜比立体声格式。

高清播出系统采用一个PESA高清矩阵控制主备两路播出信号的切换，用SONY的HDW500F高清录像机播出，系统配备SNELL&WILCOX上变换器，可实现对主调度矩阵来的一路标清信号的上变换，作为应急播出的备份信号。高清频道以数字方式播出，节目信号经编码、复用和调制后在有线电视Z-27频道（中心频率379MHz）中播出，只要用高清机顶盒就可以接收。

（陈再现）

【IP电视业务正式开通】 文广集团下属文广新闻传媒集团近年来大力打造新媒体业务，较早启动了IP电视业务的试验研发与实践运用，并获得了国家广电总局颁发的许可证。经过前期筹备和试播测试，文广新闻传媒集团和上海市电信公司联合推出的IP电视服务在上海开通，闵行、浦东部分区域的居民从2005年12月份开始就可以申请开通IP电视业务。IP电视的直播频道、时移电视、互动电视、信息服务等综合业务为用户带来文化娱乐生活新体验。

目前，上海IP电视业务实时播出的直播频道50个。通过IP电视的时移回看功能，“让精彩重来、让昨日再现”成为现实；“我看我的”、“随意收视”是IP电视业务带给市民的电视新理念。上海IP电视已实现1~2天节目回看，还有1 000多个小时的点播节目。IP电视还具有信息集成、搜索和预订功能，能提供天气预报、交通、餐饮、商场促销等信息查询和预订功能。

（张 建）

【上海交通台推出“上海停车信息广播发布系统”】 2005年12月28日下午，由文广集团下属文广新闻传媒集团广播新闻中心——上海交通台（AM648、FM105.7）和市城市交通管理局、市公安局交警总队、通大信息网络公司联合推出的“上海停车信息广播发布系统”举行了开通仪式，并将于2006年1月1日起正式对外定点播出。

“上海停车信息广播发布系统”是上海交通台继“上海快速路交通信息广播发布系统”之后推出的又一个交通信息广播发布系统。它在精准的GIS电子地图上，将目前市中心区域30%范围内的经营性停车场（库），包括黄浦、静安、卢湾、徐汇4个区20平方公里范围内240家约1.8万个泊位构成的网络系统用光缆接入直播室，整合处理后进行定时发布。系统发布内容包括：车位占用总百分比、各主要CBD车位占用百分比、停车收费标准、停车场库车位的实时空余量等。此外，这个系统还将为驾车人提供车位预定和停车及出行指路等服务。

（焦彤部）

【文广新闻传媒集团与中国移动通信集团合作开播手机电视】 手机电视是指通过移动通信网或其他无线传输网络，以手机、PDA等手持设备为接收终端的移动视听业务。

文广新闻传媒集团于2004年6月组建了上海东方龙移动信息有限公司，开始涉足手机电视。2005年3月，文广新闻传媒集团获得国家广电总局颁发的国内第一张手机电视集成运营牌照，东方龙公司随即在上海地区启动“手机电视”试播，并成功推出中国第一部手机短剧《新年星事》、手机互动情景剧《白骨精外传》等。

2005年5月13日，文广新闻传媒集团与中国移动通信集团进行战略合作，共同推进手机流媒体业务。自2005年9月28日“东方手机电视”全网平台开通以来，发展势头喜人，用户以平均每天4 000户的速度增长，截至2006年2月15日，用户已超过40万户。从2005

年10月开始，东方手机电视的节目已相继成功输出到台湾、新加坡和文莱等地移动电话运营商的3G网络中，开创了手机电视外宣的新渠道。

（文广新闻传媒集团 东方龙办公室）

【"国际电影、电视节"采用信息化整体解决方案】 文广集团自主开发了《"国际电影、电视节"信息化解决方案》，确保"两节"顺利召开。该方案解决了"两节"期间注册中心的信息互通及共享问题，确保了信息传递的安全与高效，当不可控因素发生时，系统能在最短时间内恢复，确保注册中心正常运行。系统在实施过程中，开发人员对注册软件、网络状况、备份措施等各个环节进行了反复斟酌与测试，克服了时间紧、任务重等困难，并调配充足的技术力量投入会议期间5个注册中心的技术保障工作，确保了"两节"工作的顺利开展。

（魏浩俊）

【积极探索高新技术，多个项目获总局奖项】 2005年，由文广集团信息中心研发的"数字媒体版权管理"及"移动办公与网络安全系统"分获国家广电总局科技创新二等奖。同时，在数字版权管理研究经验的基础上，中心又对数字视频水印技术进行了跟踪、学习，完成了《数字视频水印技术应用研究》课题任务书，并获国家广电总局立项。

"数字视频水印技术应用研究"项目不仅涉及到原有版权管理技术，更是对图像处理技术的探索，具有较高的技术含量。该项目的实施将有效提高整个行业的媒体资产管理水平，提升文广集团综合竞争优势。

（吴敏鹃）

【文广集团信息安全管理】 研究与探索广电行业所面临的安全技术、安全管理、安全策略以及安全评估的有效手段等问题一直是文广集团信息化工作重点之一，2005年，文广集团在信息安全管理方面做了以下一些工作。

1. 开展重要信息系统的安全测评工作

根据文广集团信息安全保障体系的总体要求，在2004年集团完成广播播控系统、电视播控系统和集团总部领导信息服务系统等3个重要信息系统安全测评的基础上，2005年，文广集团又配合上海市信息安全测评认证中心，深入开展了对集团的"企业网主干平台"和新闻传媒集团的"数字化网络新闻共享平台"等2项重要信息系统的信息安全测评工作。通过测评，全面提升了上述2个重要系统的安全等级，使信息系统在规划、设计、实施等阶段有机融进风险评估、风险处理和应急预案等重要环节，进一步提高集团信息安全保障体系的整体水平。与此同时，通过信息安全测评工作，便于摸索制定出适用于中国广播电视播控系统的安全评估方法和技术规范（相当于该领域的安全保护轮廓），并有利于基于该技术规范开发出相应的评估应用软件系统，更是为中国广播电视播控系统安全测评、风险评估等迫切需要解决的课题进行有益探索。

2. 企业网全面加强安全运维

2005年，为更好地保障集团企业网安全运行，集团重新审订了网络运行维护管理规章制度、系统运行检测及故障处理流程和企业网应急预案，并采用相关技术手段保证企业网安全。

集团企业网在互联网出口、企业内部网以及集团网站发布区域均分级设置防火墙，以防黑客攻击；集团网站发布区域部署了入侵检测，对网站发布系统和电子邮件系统进行了安全加固，并在网站服务器中安装了主页保护系统，在电子邮件系统前端架设了网络电子邮件过滤；集团企业内网部署了百兆、千兆入侵检测。百兆入侵检测记录了内部用户浏览互联网的日志，千兆入侵检测主要用于对全网所有设备的安全事件进行检测。根据千兆入侵检测系统的事件报告情况，安全管理员每周对集团信息网络系统中感染病毒的计算机情况进行统计，同时将统计结果刊登在集团信息中心出版的"信息安全周报"上，以督促各单位安全整改。

同时，集团设立了病毒防范中心。集团企业网按各自的管理区域部署中央控制台，实现对整个防病毒系统的中央集中控管。控制中心每天定时进行病毒库更新，并由病毒控制中心统一分发更新客户端病毒库。

另外，集团企业网上设置了网络管理软件，配置了网络专用分析工具，对企业网进行流量监控与网络性能分析，保证了网络的正常、稳健运营。

3. 互联网接入系统通过信息安全测评

2005年，由集团总工程师室牵头，委托上海市信息安全测评认证中心对集团互联网接入系统进行了安全等级的复测升级认证。经过集团信息中心、传媒集团技术管理部、东方数据公司三方的共同努力，依据国家标准《GB/T 18336-2001 信息技术安全性评估准则》，历时4个月，制定和修订了集团互联网接入系统10大类22分类的管理文件，并落实了整改措施，完成了整个系统的各项安全指标测评任务，取得了市信息安全测评认证中心颁发的信息系统A类《安全测评审定书》。

4. 制定《上海文广集团2005～2010年信息安全建设规划》

2005年，根据市委宣传部指示精神，集团信息化领导小组组织各单位的相关人员，认真学习《中共中央办公厅、国务院办公厅转发<国家信息化领导小组关于加强信息安全保障工作的意见>的通知》和全国信息安全保障工作会议精神以及《国家信息安全战略研究》，回顾总结了近几年集团信息安全工作的情况，分析了信息安全的形势与现状，结合集团未来5年事业发展“一多三跨”的总体目标，制定了《上海文广集团2005～2010年信息安全建设规划》。

（文广集团信息中心　张敏耀）

第 三 编

政务信息化

综　述

2005年，上海市政务信息化重点应用项目的建设持续推进，一批重点计划项目相继建成，各个应用系统功能不断扩展，政务信息资源开发利用初见成效，电子政务建设已日益成为进一步转变政府职能，建设“服务政府、责任政府、法治政府”的重要举措。

根据《中共中央办公厅、国务院办公厅关于加强信息资源开发利用工作的若干意见》(中办发[2004] 34号)，上海市从政府信息公开、政务信息共享和社会化开发利用等多个方面对加强政务信息资源的开发利用提出了要求，明确了信息共享、应用协同、资源管理、项目管理和诚信体系建设等任务。市公务网已经覆盖市区两级1 611个单位和部门，开通1 027个，应急联动、司法、组织、统战、民防、环保、港务、绿化、国防动员、国资管理等系统的近百个应用项目在市公务网上运行。市政务外网完成了核心系统的建设并进入试运行阶段，近90个接入网节点开通。完成了政务外网应用平台互动服务系统、协同办事系统等主体功能的开发，基本形成覆盖市级政务单位的政务外网骨干网。“中国上海”门户网站在《2005年中国政府网站绩效评估》报告中位列省级政府网站排名第一；市社会保障和市民服务信息系统已能为950万市民提供20多项政府公共服务；12319热线整合了城建领域水务、环卫、市政、绿化、房地、交通共6个部门的16条服务热线，统一受理市民报修、咨询、投诉、建议等事项。市级层面上，企业基础信息共享与应用试点工作已建成了包含全市约63万户企业42项基础信息的统一企业基础信息库及数据交换平台，实现了工商、财税、质监部门的互连互通和企业基础信息的及时交换与共享。区（县）层面上，开展了地区电子政务原型试点工作。

（裘　薇）

第一章 政务信息资源开发利用

概 述

2005年，上海制定了加强信息资源开发利用工作的实施意见，指导今后几年内全市的信息资源开发利用工作；继续深化、拓展政府信息公开的内容和渠道，通过政府网站、公共查阅点、政府公报、新闻发布会等形式新增主动公开信息5万条，在已答复的1.17万件公开申请中有78%给予满足。上海电子政务发展的重点已从各部门分头建设信息系统转向信息共享和协同应用，积极开展国家关于人口、企业基础信息共享试点，重点建设和完善市、区两级交换的人口、法人、空间地理等基础数据库，初步实现了公安、劳动保障、税收征管等部门间的人口基础信息共享，工商、税务、质监等部门间的企业基础信息的及时交换与共享。在此基础上，上海开展国家地区电子政务交换体系原型试点工作，在部分区县形成了相关领域的"一体化"建设格局，探索政务信息资源的"采集集约化、登记规范化、更新制度化和按需共享"。

（市信息委社会处）

一、政府信息公开

制度规范建设

推进政府信息公开工作是上海贯彻实施《中华人民共和国行政许可法》和落实国务院《全面推进依法行政实施纲要》的重要举措，是上海市政府建设"服务政府、责任政府、法治政府"的一项重要工作。在2004年全市政府信息公开工作取得初步成效的基础上，根据《中共中央办公厅 国务院办公厅关于进一步推行政务公开的意见》(中办发〔2005〕12号)的精神，2005年全市政府信息公开工作在深度、广度和推进力度上有了进一步的提升，在完善政府信息公开制度和规范、深化政府信息公开内容、规范政府信息公开申请处理流程、拓展政府信息公开形式等方面取得了新的进展。

【完善制度和规范】 为了使公文类政府信息在产生过程中即明确是否公开，加快政府公开信息的更新维护速度，编制了《上海市政府机关公文类信息公开审核办法（草案）》；为准确界定免予公开政府信息的范围，按照《中共中央办公厅 国务院办公厅关于进一步推行政务公开的意见》（中办发〔2005〕12号）要求，印发了《上海市政府信息公开联席会议办公室关于实施免予公开政府信息报备制度的通知》(沪信息委政〔2005〕134号)；为在决策过程中充分吸收社会公众的意见，推进民主、科学决策，印发了《上海市政府信息公开联席会议办公室关于实施重大决定草案公开情况备案制度的通知》（沪信息委社〔2005〕175号）。

【规范政府信息公开申请处理流程】 为了进一步指导政府机关做好政府信息依申请公开处理工作，印发了《上海市政府信息公开联席会议办公室关于印发〈政府信息公开申请处理文书格式文本〉的通知》(沪信息委政〔2005〕145号)；为了方便公众通过"一门式"窗口申请政府信息，进一步规范了区县政府信息公开申请集中受理工作。

【拓展政府信息公开形式和便民服务措施】 各政府机关进一步利用信息化手段拓展信息公开形式，提升政府信息查阅服务水平，如市人事局开设政府信息声讯服务电话，闸北区建立政府信息查询屏；为了方便公众准确理解有关政府信息，各政府机关逐步编制政府信息便民问答，通过政府网站或者小册子供公众查阅，市教委等15家“公众关注度高、公益性强、公权力大”的政府机关都已在各自网站上设立了便民问答栏目。

【加强基础性工作】 为了给各政府机关开展政府信息公开工作提供指导，建立了由市政府办公厅、市监察委、市信息委、市政府法制办和市保密局组成的政府信息公开咨询工作小组，为政府机关开展政府信息公开工作提供咨询服务；为了加强对各政府机关的监督力度，市监察委和市政府法制办印发了《关于对〈上海市政府信息公开规定〉实施情况开展监督检查和评议的意见》（沪监〔2005〕27号）；为了鼓励先进、鞭策后进，市信息委印发了《上海市信息化委员会关于开展政府信息公开评估工作的通知》（沪信息委社〔2005〕339号），形成了政府信息公开的评估办法与指标体系，并于2005年12月启动了政府信息公开评估工作。

【加强宣传和培训工作】 为进一步扩大政府信息公开工作的影响，普及政府信息公开知识，组织开展了多种形式的政府信息公开新闻宣传；2005年5月，冯国勤副市长在上海人民广播电台“市民与社会——市长热线”节目与市民畅谈政府信息公开；为进一步提升政府信息公开工作人员的业务水平，市信息委、市政府法制办、市行政学院分别于2005年6月和10月组织开展了上海市政府信息公开第三、四次培训，加强了对工作人员的业务指导。

信息公开情况

【主动公开】

1. 公开的主要内容

各政府机关对政府信息进行了梳理和编目，2005年，新增主动公开政府信息50 281条，全文电子化率为95.2%。其中，政策法规类信息5 914条，占11.8%；规划计划类信息1 556条，占3.1%；业务类信息27 333条，占54.4%；机构设置类及其他类信息15 478条，占30.7%。

市级机关主动公开政府信息21 051条，全文电子化率为97.0%。其中，政策法规类信息2 231条，占10.6%；规划计划类信息358条，占1.7%；业务类信息10 526条，占50.0%；机构设置类及其他类信息7 936条，占37.7%。平均每个市级机关主动公开政府信息448条。

区（县）政府主动公开政府信息29 230条，全文电子化率为93.9%。其中，政策法规类信息3 683条，占12.6%；规划计划类信息1 198条，占4.1%；业务类信息16 807条，占57.5 %；机构设置类和其他类信息7 542条，占25.8%。平均每个区（县）政府主动公开政府信息1 538条。

2. 公开形式

（1）互联网。“中国上海”门户网站政府信息公开专栏下设市政府信息目录、市政府信息公开指南、市政府机关与区（县）信息公开、市政府信息公开指引、政府信息公开年度报告、政府公报、政府规章、政府会议、机构职责、实事项目、政府文件、人事任免、办事规程、上海统计、市政府新闻发布15个子栏目。在公开市政府的信息之外，“中国上海”门户网站与市级机关、区（县）政府建立了链接，方便市民查阅各政府机关主动公开的政府信息。

各政府机关在各自网站上设立了政府信息公开专栏，发布各类政府信息。2005年，通过各政府机关政府信息公开专栏查阅政府信息的有1 358.9万人次。

实名制“市民信箱”为市民免费发送政府公报、政策法规、人事任免等政府信息和个人社会保险信息以及公用事业账单等便民信息。

（2）公共查阅点。指定市档案馆外滩新馆为政府公开信息集中查阅中心。目前，该中心已汇集了49个市级机关主动公开的政府信息全文、目录和政府信息公开指南，为公众查阅政府信息提供帮助。区（县）档案馆也设立了政府公开信息集中查阅点，为公众提供区（县）政府机关主动公开的政府信息。

（3）政府公报。通过市人民政府公报公开重要行政法规、市政府规章，各政府机关的主要规范性文件，与经济、社会管理和公共服务相关的其他文件，以及人事任免、机构设置、表彰等信息。市人民政府公报每月5日和20日出版，通过档案馆、图书馆、部分企事业单位、邮局、书报亭、新华书店、居委会、村委会等免费向公众发放，每期发放量达20万份。各区（县）政府也陆续出版政府公报，公布辖区内的重要政府信息。

（4）新闻发布会。市政府新闻办通过每两周举行一次例行新闻发布会，发布重大政府信息，同时根据实际需要不定期举行专题新闻发布会。2005年全年，共举行市政府例行新闻发布会25场，发布重要信息47项，回答记者提问482个，主要围绕经济发展、社会事业、城市建设和管理、政府自身建设等社会公众关心和政府关注的问题。市级机关已基本建立新闻发言人制度，定期或不定期地发布重要政府信息。

【依申请公开情况】

1. 申请情况

各政府机关共收到政府信息公开申请12 465件，其中市级机关收到7 180件，区（县）政府收到5 285件；当面申请8 473件，占68.0 %，以网上提交表单形式申请1 959件，占15.7%，以电子邮件申请1 468件，占11.8%，以传真形式申请112件，占0.9%，以信函形式申请261件，占2.1%，以其他方式申请194件，占1.6%。

2. 申请处理情况

12 465件政府信息公开申请中，已经答复的11 700件，按照《规定》将于下年度答复的765件。

在答复中，“同意公开”的8 771件，占75.0%；“同意部分公开”的365件，占3.1%；未能提供相关信息的2 564件，占21.9%。

2 564件未能提供相关政府信息的答复中，“信息不存在”的525件，占20.5%；“非本部门掌握”的916件，占35.7 %；“申请内容不明确”的254件，占9.9%；属于《规定》第十条免予公开范围的639件，占23.6%；因其他原因未提供信息的230件，占9.0%。

【咨询情况】 全市共有471.7万人次通过各种方式咨询与政府信息公开有关的事务，其中现场咨询30.6万人次，占6.5%；电话咨询427.2万人次，占90.6%；网上咨询13.9万人次，占2.9%；另外还有少量电子邮件咨询。在市级机关中，咨询的内容主要涉及政府信息公开业务流程、网上政府公开信息查询方式、最低工资标准、加班工资支付、公安行政许可事项及其相关依据、居住证申请、公务员考试、事业单位福利制度、入学报考与招生、教育收费、职业与成人教育、组织机构代码年检、产品质量监督、食品安全等。在区县政府中，咨询的内容主要涉及外商投资企业经济政策、招商引资政策、房地产开发政策、土地征用和动拆迁政策、建筑项目用地规划、城区建设规划、市政道路建设、物业管理、劳动保护、个人社会保险金、帮困扶贫、政府采购、财政资金使用、食品药品监管等。

【复议、诉讼和申诉情况】 全市受理有关政府信息公开事务的行政复议申请145件，其中市政府受理62件，区（县）政府受理到83件，争议主要集中在房屋拆迁、社会保障、户籍政策、房屋登记资料、建设项目等信息的公开问题。其中，在市政府受理的62件政府信息公开申请中，已审结57件，受理率和审结率分别为88.7%和91.9%。在审结的57件复议案件中，维持具体行政行为的26件，申请人主动撤回申请的3件，确认具体行政行为违法的9件，责令行政机关履行职责的3件，政府机关自行纠正具体行政行为、申请人撤回申请而终止审理的1件，纠错率为22.8%。

全市发生针对各政府机关有关政府信息公开事务的行政诉讼案件29件，其中因对行政复议决定不服而提起行政诉讼的18件；对政府机关的答复不服而提起行政诉讼的11件。

全市发生针对各政府机关有关政府信息公开事务的申诉15件，申诉主要集中在“对政府工作人员的服务不满”。所有申诉已处理完毕，申诉人对处理结果的满意率达100%。

（张柏军）

二、基础性信息资源开发利用

自然人：国家人口基础信息共享试点

各级政府部门、企事业单位和公民对人口基础信息存在普遍需求。统计部门需要利用人口基础信息库辅助完成人口普查和抽样调查；税务部门需了解纳税人信息，对纳税人实施综合管理，减少税收流失；银行、保险、电信等行业需要了解准确的人口信息，减少信用欺诈、恶意欠费的发生；企事业单位、公民个人在社会经济活动中经常要确认公民个人身份，通过人口基础数据的比对和核查也可以满足这一需求。而人口基础信息库作为国家在“十五”期间开展的“四库”建设的一项重要内容，目标就是到2006年基本建成各级人口基础信息库，实现全国人口基础信息资源共享和综合利用。

按照人口基础信息库的建设规划设想，人口基础信息库的主体包括公民身份号码、姓名、性别、民族、出生地、出生日期等基本信息，还包括各部门业务系统在利用人口基本信息过程中产生的、其他部门存在共享需求的人口信息，并将这些信息实现互联互通和信息共享。

为了探索人口基础信息共享的长效机制，加快全国人口基础信息库的建设步伐，自2004年3月1日起，国务院信息化工作办公室、公安部、劳动和社会保障部、国家税务总局、国家标准化管理委员会联合启动了人口基础信息共享试点。首批试点设于上海市、江苏省扬州市和湖南省，试点实现了公安、劳动保障、税收征管等部门之间的信息交换与共享。此后，人口基础信息库将以公安人口信息为基础，逐步融合计划生育、统计、民政、社会保障、税务、教育等部门的相关信息资源，并最终形成真实、准确、完整的人口信息库，为国家信息化建设提供人口基础数据平台，提高政府监管能力、工作效率和公共服务水平。

2005年，上海进一步巩固并继续拓展人口基础信息资源共享试点工作，结合居住证信息系统、社会保障和市民服务信息系统的建设和完善，逐步构建覆盖全市实有人口的基础信息库和相关专业信息库。

（摘编于新华网）

法人：企业基础信息共享交换试点

按照国家开展企业基础信息共享试点的部署和要求，上海成立了由市信息委、市工商局、市税务局、市质量技监局组成的项目建设领导小组和联合工作组，积极推进企业基础信息共享和应用试点工作。在推进过程中，工作组坚持因地制宜、资源整合、应用导向、协调推进的原则，围绕建设企业基础信息库和信息交换平台的重点，经过项目调研、方案论证、立项审批、系统建设、运行调试五个阶段，于2005年2月基本建成和试运行上海市企业基础信息共享应用系统，初步实现市工商、税务、质监等部门之间企业基础信息的及时交换与共享，有效提高政府的市场监管能力和服务水平。

该系统充分利用上海市政务外网，实现工商、税务、技监3个部门的网络连接，建立数据交换中心，建成了经比对信息较为完整、准确的企业基础信息库；完成了对企业基础信息历史数据的比对，推动了有关部门及时堵塞监管漏洞；在信息共享基础上，对企业新增、变更、年检、注(吊)销等信息流和办事流程部门办事流程进行了重组优化，初步实现了企业新增信息的“一次输入、多次使用”，及变更信息的“一局变更、多局联动”，确保企业基础信息的准确、完整、一致，减少企业在注册开业的信息填报量，避免了原先的重复填报和输入，提高了各部门面向企业的服务水平。

该系统是一个跨部门应用系统，协调面广、创新性强。系统在建设过程中，各部门通力协作，除按照共享要求提供信息外，市工商局为系统建设提供了所需场所，承担了试运行期的系统维护工作；市质监局通过技术创新，实现了与交换平台的动态实时连接；市税务局积极开展相关工作，市信息委做好整体的协同工作。

（项丽虹）

城市建设和交通管理数据共享交换运行系统

“城市建设和交通管理数据共享交换运行系统”为国家863高科技计划项目，是以“基于SIG框架的（上海）城市空间信息应用服务系统”而建立的。该系统在市建设交通委上海城市发展信息研究中心主持下，已建立了SIG空间信息共享基础标准（包括元数据标准和数据分级分类编码标准）。同时，它立足于在城市空间信息基础数据平台上实现多行业交换的空间信息共享的目标，攻克了多项关键技术，完成了信息采集、申请共享、移动与空间分析等网格数据服务和计算服务模式（如遥感数据处理、GIS网络服务、空间信息调查分发等）的建立，为实现城市空间信息多类多源的数据资源、软件资源的有效共享创造了条件，并大大促进了空间信息与城市空间信息应用和城市管理有效的结合，为电子政务、区域经济发展信息化提供了服务,实现了城市建设和交通管理数据的共享与交换。目前，该系统初步完成了系统内的水务局、绿化局、交通局、市容环卫局等行业数据和空间信息基础数据平台数据的网格共享与网格处理服务的关键技术，基本具备了基于公务网非涉密域的空间数据共享服务的条件，为2006、2007年全面启动电子政务的空间信息网格数据资源建设和共享服务打下基础。

运行环境示意图

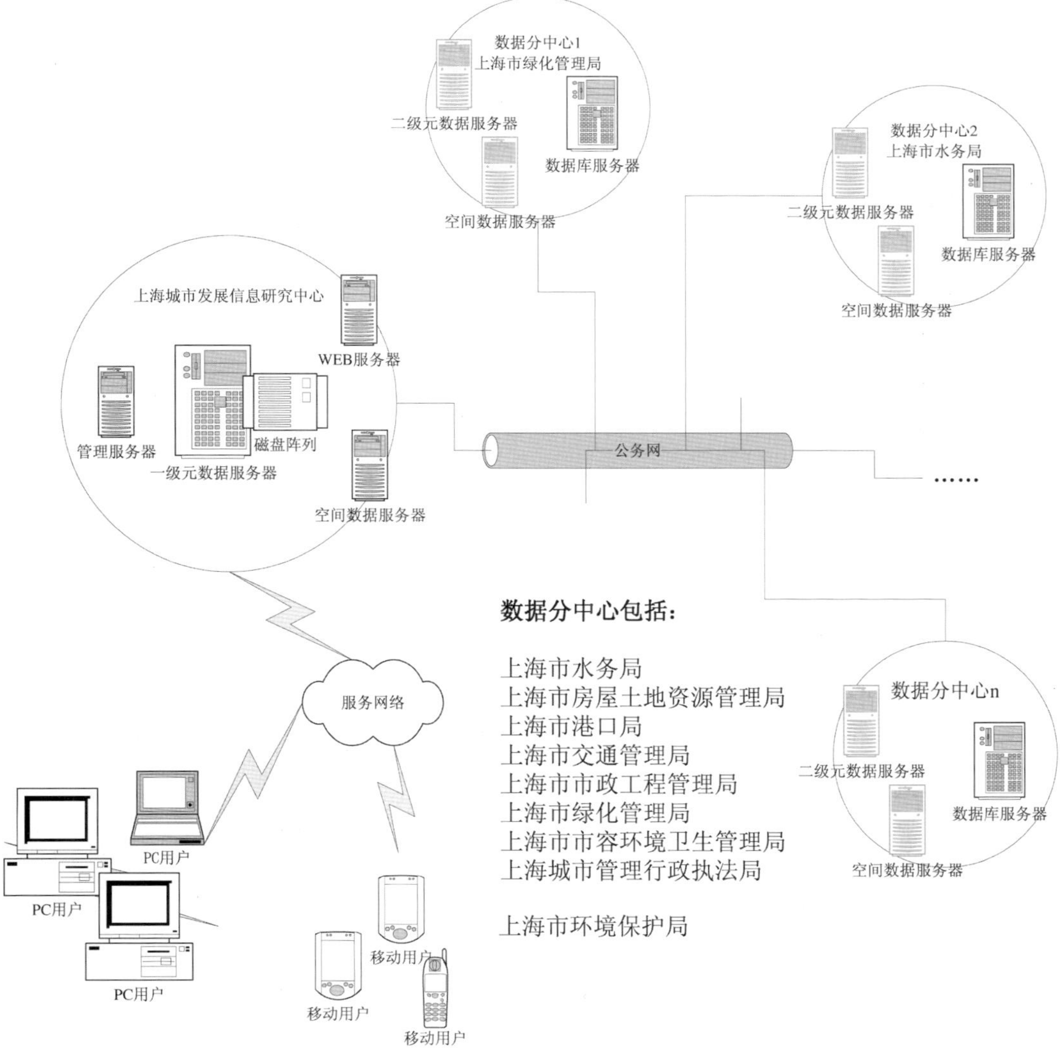

依据沪建信息[2005]840号文，系统安装接入将分批实施，第一批从2005年底和2006年初开始实施，接装单位为：市建设交通委、市水务局、市房地资源局、市港口局、市交通局、市市政局、市绿化局和市市容环卫局。此后，系统安装还将扩展到城市建设系统办公室成员单位的市规划局、市环保局等单位。

该系统已建设完成了城市建设和交通系统的共享目录和元数据库、城市建设和交通相关领域的空间信息数据库、空间信息网格的数据流转与应用的操作工具库，并试安装完成了数据服务器和系统工具。目前，上述数据已达70多个图层，已架构出了全市建设交通委系统的数据共享、交换和更新的工作基础与技术支撑平台。在市公务网管理中心的支持下，该系统以全面加强城市建设和管理，坚持率先推进信息化为目标，并从城市管理实际出发，提供了一个以城市管理对象、过程和评价“三个数字化”应用为主线，在一个统一的平台上，信息技术与城市管理紧密结合的实例。

2005年，上海城市发展信息研究中心、上海市航空遥感综合调查办公室联合组织了1:5000彩红外航空遥感摄影活动，覆盖了上海全辖区、海域和大小洋山岛等。此后，中心利用技术定位、拼接，制作完成了“2005年版上海城市空间信息基础数据平台”，该成熟的基础平台目前已在全市10多个行业局单位应用。

在共享交换平台上，在架构运行系统基础上，还可以同步开展信息资源建设。为此，中心已相继完成奉贤绿化遥感调查、长宁绿化遥感调查、浦东水务更新调查、闵行区绿化遥感调查、南汇水务遥感调查，市绿化局绿化普查调查用图制作和郊区城镇地区绿化补充调查，以及全市中心城十五期间旧区改造遥感调查等项目，并配合完成了统计局交付的街道居委制图以及人口普查1%抽样调查遥感图的制作。

（孙建中）

区县电子政务原型试点

【概况】 2005年9月，根据国务院信息化工作办公室综合组《关于在上海市开展地区电子政务原型试点的复函》（国信办综函[2005]90号）要求，市信息委分别在徐汇、黄浦和松江3区组织开展了地理空间、人口、法人3个领域的地区电子政务原型试点。目标是在国家政务资源目录体系与交换体系相关标准指导下，通过地区电子政务原型试点，确定政务资源共享信息指标体系，依托区一体化信息交换平台，促进跨部门信息共享和业务协同，不断提高政府市场监管、社会管理、公共服务能力，探索地区电子政务建设和发展的思路及建设经验。10月上旬，试点区提出的工作思路得到国信办领导认可；11月在国信办指导下形成工作方案，成立了由分管区领导任组长、各职能部门参加的试点工作小组，并开始组织实施。

（肖　健）

【徐汇区地区电子政务原型试点（地理空间领域）】 地理空间领域方面，徐汇区对房屋土地管理、规划、市容管理等8个区级相关部门的政务信息和业务需求情况进行了调研，初步确定了地理信息的共享指标项与交换方式，形成了土地管理等跨部门业务协同应用的实现思路。

（杨　彪）

【黄浦区地区电子政务原型试点（人口领域）】 人口领域方面，黄浦区对公安、民政、劳动保障等8个区级相关部门的政务信息和业务需求情况进行了调研，初步确定了人口信息的共享指标项及交换方式，形成了社会救助领域多项跨部门业务协同应用的实现思路。

（叶亚庭）

【松江区地区电子政务原型试点（法人领域）】 在法人领域方面，松江区对工商、税务、质监等6个区级相关部门的政务信息和业务需求情况进行了调研，初步确定了法人信息的共享指标项及交换方式，形成了证照协同监控、综合监管等跨部门业务协同应用的实现思路。

（吴　青）

第二章　政务基础支撑体系

概　述

2005年，上海市基本建成了全市统一的电子政务基础网络设施、通用办公和协同办事平台。市公务网覆盖市区两级1611个单位和部门，开通1027个。应急联动、司法、组织、统战民防、环保、港务、绿化、国防动员、国资管理等系统的近百个应用项目在市公务网上运行。市政务外网完成了核心系统的建设并进入试运行阶段，近90个接入网节点开通。完成了政务外网应用平台互动服务系统、协同办事系统等主体功能的开发，基本形成覆盖市级政务单位的政务外网骨干网。800兆数字集群政务共网确定了建设模式和建设内容，并完成了对共网服务运营商的招标工作。数字认证统一平台建设有新突破，证书发放数量大幅上升，新建9个分支机构，数字认证平台运营服务能力得到加强。"中国上海"门户网站稳步发展，信息发布和办事项目大幅度提升，门户形象凸显，公众访问增速显著。重要公共服务热线，如110报警电话、12319城建服务热线、12315消费者申（投）诉举报热线、12348法律咨询热线等分别开通并运行正常，成效显著。在应用平台建设方面，核心系统进入试运行阶段。实现了政务外网应用平台互动服务系统、协同办事系统、应用监管系统、通用服务系统、组织权限管理、数据交换接口、业务流程管理等主体功能的4个系统、28个功能模块、105个子模块的开发、调试。

（朱剑声）

一、基础网络设施

800兆数字集群政务共网

根据“信部无［2001］518号”、“信部无［2001］51号”和“信部无［2002］387号”关于目前正在使用的800M模拟集群系统关闭停用，原模拟专网系统以虚拟专网方式加入面向社会服务的数字集群共网平台的要求，在上海无线资源紧张的情况下，按照资源共享，集约利用的原则，已完成了前期项目研究工作，确定800兆数字集群应急救援政务共网建设模式采用企业投资建设，政府用户和有需求的企业集团用户购买使用模式，建设内容为覆盖目标上海行政区域和洋山深水港区的紧急处置、应急联动、政务和社会化服务等领域，满足政府和企业用户语音和数据传送业务需求的无线通信平台。共网设计容量为5万个终端，预计2007年初开通运行。开通后除已建或国家已批准建设专网的部门外，全市政府部门800兆用户统一纳入政务共网。

（袁　薇）

二、数字认证平台

2005年对上海市数字认证平台的发展来说至为关键，《电子签名法》、《电子认证服务管理办法》、《电子认证服务密码管理办法》等与整个行业发展密切相关的政策法规正式开始实施，市场发展形势、行业规范和管理、应用发展等都产生了比较明显的变化，机遇和挑战并存。在市信息委、市国密办的指导下，全市数字认证统一平台建设有了新的突破，以上海CA中心为主体的数字认证平台运营质量得到了提高，形成了乐观向上的发展局面，在确立全国领先的第三方认证服务机构的地位又迈进了重要一步。

证书发放情况

截至2005年12月，上海市数字认证平台累计发放数字证书567 890张，其中今年新增证书为61 748张，更新证书为50 282张。原有项目的证书应用情况发展势头良好，电子政务领域的应用稳步增加，电子商务领域取得了新的进展，为以后证书的大规模发展奠定了良好的基础。

认证中心基础工作

为了全面落实市政府关于建设全市统一的数字认证平台的要求，2005年，承担平台建设和运营职责的机构——上海CA中心，着重从运营资质和政府协调入手，强化数字认证中心建设，进一步确立了上海CA中心在上海市网络信任体系中的主体作用，全市惟一合法的权威第三方认证中心的地位得到了巩固和加强。

为了充分体现上海CA中心在网络信任体系和全市统一数字认证平台建设中的地位和作用，上海CA中心对原有名称“上海市电子商务安全证书管理中心有限公司”进行了变更，并于2005年8月完成了工商变更手续，正式启用“上海市数字证书认证中心有限公司”的新名称。这一变更有利于上海CA中心在电子政务领域的证书应用拓展，更加符合市政府关于建设全市性网络信任体系的要求。

在市信息委、市国密办和国家有关部门的支持下，2005年5月，上海CA中心顺利获得国家密码管理局颁发的电子认证服务使用密码许可证，成为国内第二家获得该证书的认证机构；2005年9月，获得信息产业部颁发的认证服务运营许可证书，成为国内首批获得法定资质的认证机构之一。上海CA中心的营运、管理和服务获得了国家信产部电子认证服务管理办公室的充分肯定。同时，以运营资质申请为契机，上海CA中心加强了系统运行、安全管理、技术保障、客户服务等规范化、制度化、文档化建设，并且结合岗位考核从组织架构、人员安排、岗位评估等方面进行了调整，保证了整体运营的稳定、健康。在系统建设和技术研发方面，为了提升CA系统后台运行质量，保证系统稳定可靠的运行，上海CA中心对所有的程序、网络、数据库做了全面的分析，先后做了4项数据库优化，更新了多个服务程序和网页，新增了Web监控程序自动监控系统运行，制定了专门的故障恢复方案、抢修方案和操作手册。同时严格落实各类系统的日常测试，建立日常测试和人员值班制度，并做到互相备份。通过基础性工作的加强，系统稳定性有了较大提高，全年无故障率超过99.05%。配合市政务外网建设的数字证书认证系统改造项目的前期审批已进入尾声，同时结合公司的业务发展对运行系统和服务体系进行了升级和优化，并形成了机房改造、平稳过渡、新系统升级的技术方案，为整个认证平台新一年的发展作好了准备。

分支机构建设

2005年，上海市数字认证平台的机构布局进一步扩大，新建了嘉定区RA分中心、黄浦区RA分中心、闵行区RA分中心、上海电信RA分中心、柳州RA分中心梧州受理点、重庆RA分中心、四川RA分中心、中硅网受理点、东航期货受理点等证书服务受理机构，长三角数字证书认证系统互联互通项目完成调研分析。此外，上海CA中心还和公安部物证中心管理的中国电子印章管理中心签署了合作协议，在上海以及周边地区推广基于数字证书的电子印章服务。

运营服务能力

2005年，上海CA中心大力加强和完善客户服务中心的建设，客户服务的能力和水平进一步提高。客户服务中心按照行业性质、证书应用、所属受理点、使用的介质类型等对现有的客户群进行分类，明确了服务的重点对象、服务的方式，对电话支持系统进行了改造，更改了语音提示和流程，增加了相应的座席接听人员，设立了专门的大客户客户服务电话，建立了投诉反馈处理机制，通过逐步的系统改造提升服务效率和服务质量。整合制定了《RAT受理点业务规范》、《RA证书注册登记中心的业务规范》，编写了《客户服务指南》、《现场客户服务规范指南》、《电话服务规范指南》等，涵盖了受理点和RA证书注册登记中心的建设、服务和运行的整个流程。为了更好地统计分析客户服务情况，初步建立了一个简单实用高效的客户服务数据库，实现了业务数据的实时更新，细化了数据的科目。

截止到2005年12月底，全年累积接听客户来电3.3万个，现场接待服务达7 100人次，E-mail支持3 500次。

上海CA中心还加强和完善运行服务规范，初步形成了比较完整的制度体系，深化了运营服务的日常管理。在运行管理规范方面，重新整理机房规章制度，形成27项机房日常管理制度和规范，并用了半年多的时间按照国家有关规定重新撰写了近8万字的《电子认证业务规则》（CPS）。 （CA中心）

三、政府门户网站

2005年，以“中国上海”门户网站（以下简称“门户网站”）为标志的“中国上海”政府网站建设紧密围绕“建设服务政府、责任政府、法治政府，进一步提升政府网站质量和功能”，向着实现电子政府目标又迈出了坚实的一步。

这一年，上海市、区两级政府网站在门户网站的示范和带领下，不断夯实“信息公开、网上办事、网上服务和网上互动”四大工作重心，继续加大力度推进政府行政审批事项等电子政务网上应用，进一步拓展网上便民、利民各项功能与开发，在加强政府网站建设、开展网站工作交流、吸引公众参与等方面取得新进展。

“中国上海”门户网站

【概况】门户网站各项工作在2005年稳步和快速发展，网站信息发布和办事项目大幅度提升，实用性和便利性进一步增强，门户形象凸显，公众访问增速显著。

2006年1月11日，国务院信息化办公室发布《2005年中国政府网站绩效评估》，门户网站以83.1分位居省级政府网站排名第一，继2004年后再次蝉联冠军。报告点评，上海市政府网站的领先是引导性和示范性的，代表中国政府网站发展中的不断创新精神，做到了“以公共服务为核心”，体现了政府的行政管理与公共服务能力。

2005年12月，“中国互联网实验室”政府网站CISI人气榜指数（网站访问量比值）显示，门户网站位列第一。同年，门户网站获2005年上海市“百万家庭网上行”计划实施办公室组织的“上海电信杯——我喜爱的网站”十大优秀综合门户类网站称号；获中国电子政务网“2005年中国特色政府网站评选”——“政务公开特色奖”。

【信息公开与要闻发布】门户网站继续贯彻《上海市政府信息公开规定》，规范和完善网上信息公开发布程序、功能形式，政府信息（近期公开与要闻）发布量比2004年有大幅增长。

2005年，门户网站公开的市政府信息主要有：沪府令、沪府、沪府发以及沪府办发等普发文件102份，市政府常务会议31次，市政府实事项目工作评议和立项征求意见，市人大代表书面意见和市政协提案办理工作动态78条，市政府工作百题集400余题，市领导活动图片175帧，市政府决议草案征求意见12件。门户网站集中发布的市政府部门公开信息（文件、通知等）2 088条；政府信息公开栏目总页面浏览量830.62万人次，位列门户网站20个主要栏目访问的前三位。同年，门户网站要闻发布增加“区县动态”，总发布数3.11万条，全年无休平均每日85条；页面总浏览量929.89万人次，位列门户网站20个主要栏目访问的第一位。

【网上办事和便民事项】 为进一步推进政府审批事项及其他办事事项网上“三个环节（受理、查询、告知）”的办理，门户网站提升了政府网站在线受理等办事服务功能，进一步推广网上应用，使门户网站上集聚的政府部门办事服务项目较2004年大幅度增加。

截至2005年底，门户网站集聚的“市民办事”、“企业办事”以及其他服务项目1 578项，同比增长了74.9%。其中，可直接受理的政府部门办事审批704项，同比增长了91.8%；办事状态适时查询371项，同比增长了196.8%；实用信息查询401项，同比增长了23.8%；各类办事、服务表格网上下载1 661项、计6 743张，同比分别增长了57.4%和183.4%。

2005年，门户网站“网上办事”（市民办事、企业办事）页面访问达到979.7万人次，同比增长了136.6%，日均访问达2.68万人次，占20个主要栏目页面访问量的17.1%，同比提升了6.1%；便民事项类栏目（查询服务、便民问答、便民提示、服务导航、城市生活）页面访问达1 910万人次，同比增长了83.1%，日均访问达5.23万人次，占20个主要栏目页面访问量33.4%，同比提升了5.4%。

【系统开发与建设】 2005年，门户网站新开发和完善的3大系统为有效整合政府资源、规范全市政府网站建设起到积极作用。

1. 全网检索系统

为落实市政府信息公开联席办公会议要求，深化公众获取政府信息的效能，门户网站开发并推出了覆盖全市70个政府子网站（市政府部门网站、区县网站）的内容检索、信息整合系统。截至2005年底，50家子网站上线，库内可检索信息（数据）20余万条，初步实现了门户网站对全市政府子网站进行信息服务全网检索、内容整合等资源管理功能，方便了对全市政府网站进行工作量统计和内容管理，同时形成了易于在全市各级政府网站推广实施的标准规范。

2. 信息报送与统计交流平台

信息报送与统计交流平台经过重新开发，受到全市政府网站工作人员的关注和好评，极大地调动了全市政府子网站报送信息的积极性。2005年8月起至年底，各政府网站通过该平台报送的信息总量有5.8139万条，采用了3.9543万条，采用率达68%。

3. 网站访问日志系统

2005年下半年，门户网站对系统进行基础性修缮工作，全面恢复了全市政府子网站访问日志的统计开放连通工作。至2005年11月底，全市70个政府子网站全部完成上线工作，为全面掌握全市政府网站访问数据奠定了基础。经对2005年10～12月3个月的数据统计，全市政府子网站（市、区两级）日均首页总访问约为28万人次，日均页面浏览总量553万人次。

【新建重点工作】

1. 新设街道乡镇领导网上信箱

2005年初，门户网站落实韩正市长对上海市民宋大年来信“关于建议开设街道、（乡）镇领导网上信箱”的批示，20天内组织并全面开设覆盖全市103个街道、117个乡镇的领导网上信箱，建立起门户网站统一的区县、街道、乡镇领导信箱平台，并不断加强对网上领导信箱后台的监督管理，形成了制度与规范。

2. 编印和发送政府网站便民服务手册

2005年上半年，门户网站汇编了《“中国上海”政府网站便民服务手册》。该手册重点介绍了网上办理程序和浏览网址，并最终汇编了“4个方面、42个类别、366条”与公众生活、工作密切联系的导览信息。该手册印数达12万余册，都悉数发送至政府部门办事窗口和全市主要社区、公共服务场所，并提供网上浏览。《手册》为市民获取服务提供了方便，扩大了政府网站影响，对提高政府网站访问量产生了明显效果。

3. 配合中央门户网站开通做相关工作

为配合和迎接中央门户网站2005年开通，门户网站积极参与中央门户网站的筹备工作，认真做好相关上海地方内容的信息提交和维护工作；同时，门户网站的有关技术规范也被中央门户网站《政府网站内容格式规范（征求意见稿）》部分采用。

【常规栏目建设】

1. 专题

门户网站为配合市政府重点工作推出了《继续加强房地产市场调控 保持上海房地产市场平稳健康发展》专题；结合阶段性工作要求为市人大、政协会议召开特制了《政府百题集》（400余条）；对《群防群控积极防治禽流感》专题赋予最新动态信息。2005年，门户网站全年维护专题30余个、总浏览页193万。

2. 英文版

门户网站针对中文版部分办事项目的变更，及时更新英文版相对应内容；对“便民问答”26个栏目重新梳理，10个栏目得到修改；重新整理英文版法律法规，将1996～2005年内容按照类别和年份进行重新编排。

3. 市民办事、企业办事栏

门户网站以办理事项为核心，对“办事规程”、“网上办事”、“状态查询”、“结果反馈”、“网上咨询”、“网上投诉”和“便民问答”等7个栏目近4 000条信息进行集中更新和相关整合，新增了3 000多张表格，更新了1 273条办事规程。

4. 制度建设

门户网站完成了《工作规范》总则和相关规范（20个）内容的修定工作。

【政府网站评议】 2005年，政府网站评议于10月1日～12月20日在“中国上海”门户网上公开进行。①评议重点：政府信息网上公开、政府部门网上办事、政府网站便民服务、政府部门网上互动和政府网站综合管理等项目，评议分“公众、专家、自查和工作考查”四部分进行。②评议网站：50个市政府部门网站、19个区县政府网站。③参评人员：专家组评议由市人大代表、市政协委员、政风行风监督员、电子政务和信息技术专家、新闻记者等138人组成；网上参评公众2.6112万人次，其中机关、企、事业单位人员所占比例为30.93%，个体身份的占53.46%，农民、军人、学生、离退休人员各占一定比例，参评人员主要来自上海市（88.61%），另有12.08%来自外省市以及港澳台（4.51%）和其他国家地区（0.25%）。④评议得分与结果：综合评分，部门网站平均82.15分，得分高于平均分的部门有28家；区县网站平均85.5分，得分高于平均分的区县有12家。公众总体满意度为87.8%。2005年，评议产生具有领先水平的上海政府网站是：市教委、市工商局、市房地资源局、市科委、市公安局、市水务局和浦东新区、长宁区、徐汇区。⑤评议绩效：政府信息网上公开日益规范，政府网站已成为政府信息公开的重要渠道；网上办事和服务进一步拓展和深化，政府网站后台处理能力加强，办事服务终端效果得到体现；政府网站作用凸显，社会关注度提高，公众通过网站获取信息服务受到认可。评议同时显示，2005年政府部门网上办事比例虽达90%以上，但成效还不够显著，通过网上办事的人次（数）还不够多；网上互动仍需进一步加强和完善。

【网站建设基本数据】

1. 信息总量

2005年底，门户网站数据总量3.92G（比2004年2.35G增加了1.57G，增幅为66.8%），静态页面数19.9万余张（比2004年13.6万增加了6.3万，增幅46.3%），图片3万余幅（比2004年1.9万增加了1.1万，增幅57.9%）；政府公报674条（比2004年565条增加了109条），法律法规771条（比2004年743条增加了28条），各类办事规程1 273条（全部更新），市政府各类文件265件（2004年201件），市政府规章49件（2004年37件），市政府会议93条（2004年57条），便民问答4 018条（比2004年3 064条增加了954条，增幅31%），投资类新闻700余条；累计发布上海要闻6.96万余条（比2004年3.85万增加了3.11万，增幅80.78%）。

2. 访问情况

2005年，门户网站总点击数12.64亿次（比2004年10.27亿次增长了23.08%），月平均点击数1.05亿次（比2004年8 093万次增长了29.63%）；首页总浏览量（访问人次）1 824万余（比2004年794万次增长了129.7%），日均5万人次；页面总浏览量1.43亿人次（比2004年1.19亿次增长了20.17%），日均39.18万人次。门户网站自2002年1月1日开通到2005年底，总访问量达3 962万人次，页面总访问量达3.501亿次。其中，简体版首页总页面浏览量1 810万余人次，英文版13.2万人次，繁体版0.3万人次。（尚子敏）

部门网站与区县网站

【概况】 2005年，市政府部门网站和区县网站（以下简称为“政府子网站”）结合本部门、本区县政府工作和办事应用，积极开拓政府网站各项功能与服务，加强探索政府网站实现政府社会服务、公共管理事务电子政务应用，得到公众和政府工作人员的普遍认可。

【政府信息网上公开】 截至2005年9月，69个政府子网站公布的政府信息公开目录信息共14万余条，其中，部门网站10万余条、区县网站4万余条。市房地资源局、市财税局、市农委、市教委、市劳动保障局等部门为信息公开量比较大的部门，浦东新区则居区县公开信息目录发布量榜首。

69个政府子网站上2005年公开的政府文件、通知、公告等约4万余条，所有政府网站全都建立了最新信息发布栏，每日更新该信息发布栏的政府网站达46.4%。

截至2005年9月，68个政府子网站已设立了“依申请公开”网上提交窗口。2004年5月～2005年9月，依申请公开网上受理总计5 436件，占总受理9 276件的41.18%。其中，市人事局、市教委、市经委、市水务局、市规划局和闸北区、普陀区等单位网上依申请公开受理量较大。

【网上办事与便民服务】 据统计，上海50个市政府部门中的43个政府部门拥有的对外行政审批（许可）事项共884项（比2004年的910项减少了26项），区县部门平均拥有审批（许可）事项为310项。

在已实现上网的行政审批（许可）事项中，市政府部门网站共807项（2004年为717项），实现上网比例为91.3%。其中，市科委、市教委、市绿化局、市新闻出版局、市农委等部门为对外行政审批（许可）事项较多的部门，并都实现了100%上网。区县网站每区县平均上网的行政审批（许可）事项268项，实现比例为86.45%，其中，浦东新区、青浦区、普陀区、静安区、徐汇区、长宁区、宝山区实现上网比例为100%。

市政府部门网站网上办事以提供“三个环节”（在线受理、状态查询、结果告知）和表格下载等综合功能为主，其中，对外审批（许可）事项在线受理共599项，占上网事项的74%，相对一办到底共242项，占上网事项的29%；其他网上办事项目（登记、备案、报名等）319项，实现在线受理251项。区县网站网上办事以提供办事程序、指南服务和部分在线服务为主，审批（许可）事项在线受理平均每区（县）69项，占上网事项的26%，其他办事事项共199项，实现在线受理的56项；区县办事服务大厅网上建立受理窗口7家，其分别是青浦区、闵行区、长宁区、闸北区、虹口区、南汇区和松江区。

所有政府子网站提供政策、办事问答和生活、工作服务信息，并初步实现了政府公共管理与办事服务的资源整合和信息共享。

【开展网上互动】 截至2005年9月，政府子网站领导信箱接收有效信件总量超过8万件，同比增长1倍多；部门网站接收信件共6.5084万封（2004年10月为3.2887万封），区县网站接收信件共1.8602万封（2004年10月为9 133封）。其中，量大面广的部门、区县有市劳动保障局、市公安局、市教委、市民政局、市规划局和普陀区、浦东新区、闵行区、奉贤区以及松江区。

2005年初，政府子网站全面开设覆盖区县、街道（乡镇）的领导信箱。至9月底，区县网站新设乡镇、街道领导信箱471个，接收有效信件总计1.015万封，信件接收量最大的是浦东新区、虹口区、普陀区和闵行区。

截至2005年9月，政府子网站网上咨询月共接收咨询8万余人次，较2004增加了4.8倍。其中，部门网站月均网上咨询总计7.9万人次（2004年1.6万人次），区县网站1 500人次（2004年1 000人次），月咨询量大的网站有市劳动保障局、市农委、市公安局、市财税局、市人事局、市教委、市房地资源局、市交通局和闸北区、浦东新区。

截至2005年9月，政府子网站在线投诉月均4 000余件，其中，部门网站月均总计3300件，区县网站800件。投诉受理量较多的依次是市工商局、市交通局、市公安局、市规划局、市劳动保障局、市房地局和浦东新区。

2005年，政府工作决议草案在网上征求意见，部门网站21个单位总计63项、7万人次参与，区县18个单位总计81项、15万人次参与。其中，市教委、市规划局和闸北区、松江区、浦东新区、金山区、杨浦区等为开展项目和参与人次较多的网站。

2005年，近100万人次参加了政府工作网上调查和民意测评。其中，政府部门涉及36个部门网站185项内容、共45.2万参评受众；区县涉及18个单位165项内容、52.2万人次参评。开展事项和参与人次最多的网站分别是市质量技术监督局、市教委、市安全生产监管局、市市容管理局、市劳动保障局、市食药监局、市交通局、市民政局、市经委、市规划局、市社团局、市信息委和闸北区、金山区、杨浦区、普陀区、静安区、徐汇区、宝山区以及青浦区。

（尚子敏）

四、重要公共服务热线

110报警电话

2004年9月，上海建立了上海市应急联动中心，目的是为了有效整合各类资源，构建起与上海战略发展定位相适应的城市应急联动体系，从而规范和加强全市突发事件的处置工作，提升政府应急综合服务水平，提高政府处置突发公共事件的效率，控制并减少突发事件造成的危害和损失，更好地维护上海社会政治稳定和治安稳定，确保上海城市安全。其主要职责包括：①统一受理全市各类突发事件和应急求助的报警；②负责应急联动处置一般突发公共事件；③负责组织联动单位对重、特大突发事件进行先期应急处置并协助市政府组织实施紧急处置；④负责对全市应急联动工作的指导；⑤市人民政府授予的其他职责。

根据《上海市突发事件应急联动处置暂行办法》，市应急联动中心使用110报警电话号码，统一受理公民、法人或者其他组织对全市行政区域内突发事件的报警。市应急联动中心将突发事件和应急求助分为4个等级，依照突发事件、应急处置预案、处置流程的一致性原则，市应急联动中心接到110报警电话后，就立即启动相应等级的预案和处置流程，迅速将有关信息传送至有关联动单位的指挥机构。有关联动单位的指挥机构、指挥人员及时指挥、调度本单位应急处置队伍和资源进行处置。处置完毕，立即向市应急联动中心反馈处置情况和有关信息，处置流程即告终止。

2004年，市应急联动中心启用以后，警情主要是医疗救护、煤气泄漏、居民停电、管线维修、市政抢修等，处警单位涉及市公安局、市司法局、市卫生局、市水务局、电力公司、燃气集团等。根据应急联动中心建设的方案，要将110、119、120统一合并为一个报警电话。现在已完成了110与119报警电话的合并，即群众不论是打110还是119报警都是由110接警员来接听处理。现在，市应急联动中心已与120急救中心实现了电脑联网，能够保证信息及时沟通。但由于医疗急救专业性较强，接线员要根据不同的病状作出不同的反应。从接通报警电话后开始询问病人病状、调度急救车到场、指导病人家属开展简单的急救、嘱咐特殊病人家属注意事项等一系列工作都体现出院前急救的专业性。因此，目前群众遇到医疗急救方面的求助还是以拨打120为主。下一步有关部门将抓紧开展对120急救系统的调研工作，制订出110与120报警电话合并的方案报市政府审核。

2005年，上海市公安局进一步完善了市应急联动中心接处警应用系统的计算机辅助决策子系统，实现指挥调度预案入库、案件处置流程自动记录等功能，完成了市应急联动中心系统消防指挥调度平台的建设、完善工作，使所有信息通信系统全部顺利终验。市应急联动中心启用后，接警量大幅增加，2005年全年共接报警1001.7481万个，处警297.6413万个，由两个或两个以上应急联动单位共同现场处置的警情13.7601万起，涉及十几个联动单位。（侯陈继）

12319热线

【抓好组织保障】 根据城建服务热线的职责、特点和工作要求，市建设交通委重点抓机构的组建和运转。一方面，建立了机构，成立了城建热线服务中心，并选调人员组建了精干的管理班子，设立了业务科、督察科及办公室3个部门，明确了各部门的工作职责和人员岗位职责；另一方面，委托上海派遣人才公司从社会公开招聘了60名咨询员，平均年龄约为22岁，大专学历占65%，并对咨询员进行了业务培训。培训采用“请进来，走出去”的方法，邀请各行业资深老师授课、到“12319”担任值班长带班，有计划地安排咨询员到基层热线实习，使咨询员全面掌握业务知识，提高了服务能力。

【抓好制度保障】 为了促进工作制度化、规范化、高效化，热线服务中心认真抓好制度建设，制定了一系列的规章制度（如中心综合管理制度、咨询员管理与考核等），为各项工作提供了行为依据和标准。同时，中心又拟定了督察工作暂行规定，对于各热线处理反馈结果进行全程跟踪，确保群众来电“件件有落实，事事有回音”。

【抓好技术保障】“12319”城建服务热线在交付使用后，通过模拟运行、试运行、正式运行3个阶段以及与网格化工作的互连，及时发现系统运行中的问题，分析原因，采取措施，不断完善、调整、增强系统的功能。根据建设交通领域综合性热线的特点，结合信息汇总、分析的需要以及管理工作的要求，热线已进行了增加词汇、添加数据表格、强化分析功能、修改处置时限等26处的修改和完善。

【热线运行情况】2005年4月1日～12月31日，“12 319”热线共接到市民来电9.6 756万个，接通7.3 607万个，接通率96.07%；形成信息单7.6 299万件，其中，有效信息5.3 855万个，外系统和无效电话2.2 444万件。话务量中投诉和咨询占较大比重。

热线按反映类别分：投诉有2.6 016万件，占有效信息总量的48.3%；咨询有1.6 042万件，占总量的29.78%；报修有8 976件，占总量的16.67%；建议有2494件，占总量的4.63%；表扬有274件，占总量的0.5%；网格53件，占总量的0.09%。

热线按反映行业分：市容和城管有1.9 132万件，占总量的35.52%；房地有1.3 987万件，占总量的25.97%；交通有7 429件，占总量的13.79%；水务有5 669件，占总量的10.52%；市政有3 998件，占总量的7.42%；建筑业管理有1 877件，占总量的3.48%；绿化有1 191件，占总量的2.21%；“12 319”热线有519件，占有效信息总量的0.96%；网格53件，占总量的0.09%。

热线按反映内容分：乱设摊7 455件，占投诉总量的28.65%；小区管理2 514件，占总量的9.66%；夜间施工噪声扰民2 577件，占总量的9.9%。

两个网格化试点区通过12319转市有关单位处理的有314件，其中，长宁有311件、卢湾有3件；12319热线转两个网格化试点区处理的有53件，其中，长宁有31件、卢湾有12件，12319受理10件。

（赵宁宏　张娅）

962020旅游热线

上海旅游热线“962020”于2004年8月筹建，2005年5月1日正式开通，与上海电信、上海移动、网通、联通、铁通等运营商互连互通，上述运营商的客户都能通过“962020”进行电话咨询。热线一期已建成了30根中继线、15个座席员，集旅游咨询、预定、投诉服务为一体的大平台，它为广大游客提供了电话咨询及电话预定服务，受到社会各界的欢迎，方便了全市市民和来沪的中外旅游者，提升了上海旅游的配套功能，树立了上海旅游的崭新形象。2005年12月，热线日平均呼叫次数为5 000通左右，全月平均呼叫总时长为500小时左右。从2005年11月客户信息数据库开通至年底，有记录的用户数已达8 000左右。“962020”上海旅游呼叫中心的建立，加强了上海旅游咨询和旅游预订服务的综合功能。

2005年11月，上海旅游热线又启动了短信平台建设项目，短信平台的建设将为旅游行业“主动服务”的现代理念增添新的内涵。广大旅游者和上海市民通过短信平台可与旅游热线进行互动式旅游信息咨询；旅游热线可通过短信平台主动向中外游客提供相关的旅游信息及旅游线路推介信息。同时，短信平台还能为旅游委机关和旅游企业提供紧急救援信息、突发事件应急处置预案等信息分类、分等级的群发服务，成为上海旅游援助体系的一个基础单元。

上海旅游热线的开通和功能的不断拓展，完善了城市配套功能，提升了上海的城市形象，为上海与国际旅游大都市信息化接轨迈出了坚实的一步。

（史荣华）

12315消费者申（投）诉、举报热线

上海市12315消费者申（投）诉、举报热线是上海市工商行政管理局和上海市消费者权益保护委员会为维护消费者合法权益，规范市场交易行为而共同设立、统一管理的集来电、来信、来访、网上申（投）诉、举报、咨询受理于一体的信息窗口和数据库；是政府了解民意、体察民情、为民办实事的重要途径。

上海市12315工作围绕“两个提高（提高电话接通率、提高话务质量），两个加强（加强内部管理、加

强队伍建设)”话务工作总的目标和要求，积极采取各项措施，不断整合维权资源，提升服务水平。据统计，2005年，全市12315热线电话呼入量高达832 449个，同比增长7%，登录各类申（投）诉、举报85 097件，同比增长19%。此外，接待消费者来访8 738人次，处理消费者来信5 948封，处理语音信箱信息8万余条。

从申（投）诉类型看，登录量列前三位的依次为：销售服务（7 952件，同比增长376%）、通讯产品（5 424件，同比增长22%）、电信服务（4 752件，同比下降7%）。区县处理申（投）诉、举报数量列前三位的依次为：浦东新区（7 526件）、徐汇（5 310件）、闵行（4 540件）。

通过多年努力，上海市12315消费者申（投）诉、举报热线先后荣获了上海市工商系统文明单位和文明窗口、上海市共青团号、上海市优秀青少年维权岗、上海市巾帼文明岗、上海市文明单位、全国巾帼文明岗等多项荣誉称号。

（市工商局）

12348法律咨询专线

上海是全国第一个全面开通法律服务专用电话的省市。“12348”法律咨询专线是集法律服务、人民调解和法制宣传为一体，为群众运用法律手段保护自身合法权益的有效途径，是党和政府与人民群众的桥梁。2005年，全市“12348”法律咨询专线共受理法律咨询电话16.3512万个，其中，人工接答咨询电话13.8913万个，通过语音信箱查询法律法规电话2.4599万个，与2004年相比上升了9.13%。区县接答“12348”法律咨询电话总数前三位的是：浦东新区1.4335万件，占全市人工接答总数的10.32%，与2004年相比上升了118.75%；虹口区6 998件，占全市人工接答总数的5.04%，与2004年柞比上升了11.74%；松江区6 455件，占全市人工接答总数的4.65%，与2004年相比上升了15.08%。

从咨询类型看，列前三位的主要是婚姻家庭、劳动争议和房产居住类纠纷。其中，婚姻家庭类有3.044万件，占接答总数的18.62%，与2004年相比上升了3.97%；劳动争议类有1.7791万件，占接答总数的10.83%，与2004年相比上升了3.27%；房屋居住类有1.3116万件，占接答总数的8.02%，与2004年相比上升了8.80%。

（程家荣）

962233付费通申付卡电话缴费热线

2005年11月28日，旨在进一步方便市民缴付公用事业费账单的付费通申付卡电话缴费热线962233由上海市电信有限公司（以下简称“上海电信”）正式开通，市民可通过普通电话拨打962233，使用付费通申付卡支付上海市所有水、电、煤、通信等公用事业账单的费用。962233付费通申付卡电话缴费热线在提供电话缴费的同时，还推出了电话号码和账单的绑定功能，只要一次绑定，以后无需再输入冗长的公用事业账单号，真正做到了“足不出户、轻松缴费”。962233申付卡电话缴费热线已开通上海市电力公司，上海市北、市南、闵行、松江自来水公司，上海大众、浦东、市北燃气以及上海电信，上海移动，上海联通，上海铁通，上海网通，润讯通信等单位系列账单的及时缴费功能，同时，市民也可以通过962233使用付费通申付卡对上海移动、联通的手机进行充值。为方便市民就近、便捷地购买申付卡并享受付费通电子支付服务，付费通公司已携手全家超市、联华超市、浦发银行构建了付费通申付卡的全市性零售网点，市民也可通过96826826申付卡订购热线购买或咨询有关申付卡业务。

（李家玻）

第三章　重大应用和业务系统建设

概　述

2005年，上海电子政务重大应用和重点业务系统建设取得实质性进展。在重大应用方面，知识产权公共服务平台项目"一库二系统三大应用"启动建设；居住证信息系统完成试点工作，扩大到全市50个街道的57个受理点，办理登记18.73万人，发放居住证7.71万张；市社会保障和市民服务信息系统继续扩大服务，发放社保卡72.6817万张。在重点业务系统建设方面，电子统计、"金盾工程"、电子档案、工商信息系统等九大业务系统推进顺利，其中电子统计项目建立了统计数据网上采集平台，全市19个区县实行网上直报；"金盾工程"完成一期建设任务，人口管理系统的13个应用系统已全部完成，实时图像监控系统分项目通过验收；电子档案项目的档案目录中心二期通过验收；市民信箱个人婚姻登记档案信息查询项目开通；财税信息系统建设继续展开，非税务收入管理信息系统、财政信息系统、"一户式"综合数据查询系统、网上电子报税统一平台等建设都取得很大成效。

（市信息委社会处）

一、重大应用

知识产权公共服务平台

知识产权公共服务平台是政府转变职能、提高知识产权管理和服务水平的重要基础，是市委、市政府着力推进的科教兴市五大平台之一。知识产权公共服务平台基本框架主要包括两大部分：物理实体平台"上海知识产权园"和虚拟网络平台"上海知识产权信息工程"。整个信息工程建设可概述为"一库二系统三大应用"，"一库"是指知识产权信息数据库群；"二系统"是指知识产权服务系统和知识产权政务管理系统；"三大应用"是指知识产权网络信息服务应用、政务与专利管理应用和知识产权场馆综合服务应用。2005年，平台建设的重要基础性工作取了实质性进展。

1. 上海知识产权园

上海知识产权园是开展知识产权综合服务的场馆。2005年4月25日，上海市专利交易中心挂牌成立，开始提供如下服务：①专利新产品展销馆；②知识产权一门式服务；③专利交易视频系统，现已初具规模。另两个交易实体，上海市版权促进中心的建设已经启动，上海市商标运作中心正在进行论证。

2. 市知识产权局政务信息系统

为了保证政务信息系统的顺利建设和实施，2005年，市知识产权局制定了《上海市知识产权局政务信息工作制度》，在市区两级建立并完善了一支信息员队伍，开通了上海市知识产权一门式网站。在前期工作的基础上，2006年，市知识产权局将全面启动市知识产权政务信息系统的建设工作。

（市知识产权局）

居住证信息系统

【概况】 2005年，上海市居住证制度试点工作由最初的静安区静安寺街道、闸北区大宁路街道、宝山区泗塘新村街道和罗泾镇扩大至全市所有区（县）的50个街道（镇）的57个受理网点，并通过居住证临时信息系统开展了相关信息的采集、传输、审核、制发证等工作。截至2005年底，上海已累计办理居住登记（制作发放临时居住证）18.73万人（张），发放居住证

7.71 万张。

2005年9月，市信息委会同市人口办和市公安局等相关部门在宝山区、闸北区和闵行区全面开展了居住证制度信息化建设和应用的试点工作。通过采取“排摸建库”的方式，快速建立试点区来沪人员基础数据库；建立试点区信息交换平台，形成信息共享机制；优化居住证申领业务流程，整合网点资源，理顺管理机制；建立以居住地和工作地为抓手的信息动态维护机制。目前，宝山区已采集了35万来沪人员的信息；闸北区完成了全区10万名来沪人员信息的采集工作，并通过建立的来沪人员信息系统和形成的信息共享机制，提升了计划生育、教育、卫生、劳动保障等工作的服务质量；闵行区积极开展来沪人员的体制机制建设，初步建立了来沪人员的综合管理体系。

此外，上海市居住证信息系统可行性研究报告的编制工作已经完成，相关标准规范和系统建设规范也正在进一步修订完善。 （邵　祺）

【开展排摸建库工作】 2005年，上海市社会保障和市民服务信息中心（以下简称“社保卡中心”）充分共享市公安局外来人口数据库的基本信息，为来沪人员打印个性化的信息预采集表；通过综合协管员上门核对、补充来沪人员信息，快速摸清区域内来沪人员基本情况，建立了覆盖全区的来沪人员数据库。闸北区通过两个多月的上门排摸，已完成全区10万多来沪人员的数据采集工作。

【建立信息共享平台】 社保卡中心建立试点区的区级数据库和信息交换平台，完成与市级交换平台的网络连接和数据传输；实现社区受理网点对来沪人员信息的一口采集，信息通过上传至市级共享数据库并通过市级交换平台传送至市公安局、相关管理部门及闸北区的信息平台，供市、区两级政府部门应用。闸北区10多万来沪人员的数据已进入市级、区级及公安数据库。

【进行网络升级、改造】 针对受理网点原有的ISDN通讯方式带宽窄、故障高、修复时间长，无法满足大量信息及时上传的问题，社保卡中心采用东方有线公司的MPLS-VPN网络通讯方案对原受理网点通讯网络进行升级、改造。社保卡中心已基本完成扩大试点街道受理网点的网络改造，实现了1M带宽的数据传输。

【优化制证流程】 针对目前受理网点临时居住证纸质证的制作流程复杂、制作时间长，易被假冒、安全性差的问题，社保卡中心优化临时证制证方式，在受理网点布设制卡机，将申领人的个人基本信息直接打印在IC卡的表面，提高了制证速度，实现了“卡证合一”。同时，社保卡中心完成了闸北、宝山26个居住证受理网点的IC卡卡片打印机的安装调试工作，将原先从临时居住证申领到制证发放全过程的时间从20分钟减少到了5分钟左右。

【整合受理网点】 2005年，全市57个扩大试点街道已有26个街道实现了社会保障卡、居住证受理网点合一，即实现了将居住证和社保卡业务整合在一个窗口受理，两个网点工作人员队伍（原社保卡工作人员和来沪人员协管员中的窗口受理人员）整合在一起办公，申领软件优化整合在一个界面操作。宝山区的海滨街道、长宁区的江苏路街道、闸北区大宁路街道等11个街道已将受理点并入社区事务受理中心。

【建立来沪人员居住地的动态维护机制】 2005年，社保卡中心开发了手持式POS机，并完成了应用软件的开发，用信息化的手段方便了协管员上门对持证的来沪人员进行信息核实以及动态维护来沪人员居住地信息，将以房管人和以证管人有机结合，初步建立了试点区内来沪人员的动态管理机制。目前，手持POS机的硬件、软件都已开发完成，样机已进入使用阶段。

【开展来沪人员工作地信息动态维护和应用试点】 在闸北区宝山路街道对来沪人员聚集务工的单位和场所开展用居住证进行工作地管理的探索和应用，包括对来沪人员持卡进行上班考勤、工资人事档案管理等，为企业实施对来沪人员工作地的动态管理提供了支持，并通过网络将企业与街道政务平台相连接、街道与区政务平台相连接，实现了工作地信息的动态管理及有效共享。

信息系统建设是全面推行居住证制度的基础，闸北、宝山等区的试点工作已经为全市全面启动系统建设积累了一定的经验，取得了初步成效，为在全市范围内启动居住证系统建设奠定了基础。

（社保卡中心）

社会保障和市民服务信息系统

【社会保障卡的发卡和市民的接待】 2005年，社保卡中心共发放社保卡72.6817万张。其中，学籍卡发放8.8935万张，镇保卡发放35.1594万张，制卡的总体合格率达98.5%，补（换）卡达15.9854万张。962222服务热线共接线48.6207亿次，处理来信2.721亿封，接待市民来访6 230人次，网站点击124.0175亿人次。

【PSAM卡的自主发放】 社会保障PSAM卡是社会保障卡系统中采用的、用于卡与终端相互认证的安全访问模块。2005年，社保卡中心专门安排技术人员攻关，取得了重大技术突破，一举实现了按照国家劳动和社会保障部的规范自主发放PSAM卡，同时在密钥算法上，解决了与劳动部F33算法兼容问题上的瓶颈。PSAM卡自主发放及密钥算法问题的成功解决，不仅确保了社保卡中心信息系统的体系安全，更为今后社保卡中心在更广阔的领域中拓展和推广新业务提供了坚实的技术支撑。

【ISO质量认证体系通过首次审核】 2005年9月12～13日，社保卡中心顺利通过了上海质量体系审核中心进行的第一次质量监督审核。审核中心通过对中心领导以及总师室等7个部门的监督审核，认为社保卡中心的各项规定得到了有效的实施，质量管理体系文件符合标准要求，组织结构、人员的资格、权限适宜中心的需要，3项质量目标实现了持续改进和对体监视测量的定位，使中心的自我发现、自我改进、自我完善的机制得到了进一步确立。

【浦东干部学院现场教育点建设】 社保卡中心完成了上海市社会保障卡展示厅的改造，完成了上海市社会保障和市民服务信息系统宣传片的制作，顺利实现了浦东干部学院现场教学培训基地的建设，为各省市干部前来参观学习创造了良好的培训条件。2005年，社保卡中心共接待了来自国内外，包括联合国训练研究所、日本自治体国际化协会以及邯郸、吴江等18批373人次到中心参观学习。

【设立市民服务接待站】 按照为市民服务社区化，以人为本、便民利民，社保卡中心经与各区（县）社会保障卡管理办公室共同商研，一致同意在各区（县）社保卡服务中心设立“上海市社会保障卡（居住证）咨询服务接待站”，也就是将社保卡中心的市民接待工作延伸至19个区县的22个补换卡网点，在各区（县）社保卡服务中心目前所具有的补换卡功能的基础上，通过培训、设备改造、升级，再增加社保卡、居住证咨询服务的功能。2005年10月18日，在“全市各区县设立‘上海市社会保障卡(居住证)咨询服务接待站’新闻发布会”上，社保卡中心宣布今后上海市居民（包括来沪人员）可以在居住的区县内，就社保卡（居住证）的有关问题进行咨询并享受有关服务。

【覆盖人群的发卡情况】

1. 蓝卡换红卡工作

2005年6月21日，社保卡中心会同市尊老办、市老龄办在上海市城市规划馆召开了上海市尊老服务工作会议上宣布：上海市70周岁以上的老人可凭社会保障卡（红卡）、离休干部可凭社会保障卡（金卡）享受上海市尊老社会一条龙服务承诺项目的各项待遇。从2005年下半年起，社保卡中心对全市当年年满70周岁、持社保卡蓝卡老人发放了红卡附卡。截至11月底，各区已累计发放红卡附卡31.8611万张。

2. 学籍卡集中申领工作

2005年10月21～30日，根据市教委和社保卡中心的统一安排，2008届高中生学籍卡申领工作全面展开。工作围绕“有序、便民，保质、保量”的原则，要求区县卡办主动与区县教委联系，安排学生有计划地办理申领手续，共计完成了7万高中生申领信息的采集工作。

（社保卡中心）

二、重点业务系统

电子统计信息系统

【统计数据网上采集平台】 2005年，市统计局建立了统计数据网上采集平台，使全市各企事业单位可以通过互联网完成常规报表的数据报送，改变了以前采用的分级布置、逐层上报的数据采集流程，提高了工作效率，减少了再生误差。网上采集平台的设计标准，将满足统计改革不断推进、统计制度方法不断变化的要求，在操作方便性上满足基层统计人员变动频繁、水平不一的要求，并适应统计部门分级管理、分级汇总的要求，同时注意到了依法统计和数据安全保密的要求。目前，全市19个区县都分别选择了部分或全部企业实行网上直报，效果明显。

【统计数据综合处理系统】 根据局各部门的工作流程和业务逻辑，以及各种调查的不同范围（全面调查、抽样调查）和不同对象（企业、家庭等），2005年，市统计局建立了集中统一的数据处理、加工和分析的综合业务平台，取代了以前使用的大量相互独立、功能各异、平台不一的子系统，提高了数据处理工作的规范性和安全性，减少了工作量。通过统计数据综合处理系统，市统计局业务人员在数据采集完成后，合并加载各类数据，进行逻辑、平衡关系校验和历史对比、总量分析，核对修正错误数据，完成数据净化，再经过必要的转换、计算和汇总，生成各类统计报表，上报国家统计局或其他政府部门。（严秀芳）

知识产权信息工程

知识产权信息工程是知识产权公共服务平台的基础支撑。2005年7月，工程可行性研究报告经市发改委批准立项后，市知识产权局成立了知识产权信息工程领导小组，正式启动筹建工作：一是落实技术人员的招聘，二是组织相关人员到欧洲专利局、德国和瑞典专利局考察学习先进经验，三是着手准备工程招标事宜。2006年，市知识产权局将全面启动市知识产权政务管理信息系统的建设工作，并在年内向社会开通信息系统初步服务功能。（市知识产权局）

金盾工程

【“金盾工程”一期建设任务基本完成】 根据公安部关于2005年底前必须完成“金盾工程”一期建设任务的要求，上海市公安局加快“金盾工程”建设步伐。至2005年底，23个一类应用系统中，人口信息管理系统等13个应用系统已全部建成，经济犯罪案件信息管理系统等4个应用系统已完成招标并正在前两年建成的基础上根据公安部任务书要求作进一步完善，重大刑事案件信息系统等5个应用系统已做好相关准备工作，待公安部下发软件即可使用，还有一个应用系统（边防前台查验信息系统）由公安部边检总站直接部署。全国人口基本信息资源库等8大基础信息资源库建设任务基本完成，除安全重点单位信息资源库根据公安部要求还在修改完善外，其他7大基础信息资源库均已建成并按要求向公安部上报了数据，得到了公安部金盾办的肯定。

【“金盾工程”实时图像监控系统分项目通过验收】 “金盾工程”实时图像监控系统分项目主要包括在出入上海市境道口、边防卡口建设图像监控点，用于公安追逃和为快速查堵各种违法犯罪车辆、船只提供现场实时图像；为有关公安分局新建图像监控系统和为有关单位改造监控系统，用于日常监控，为提高重点区域的控制能力提供技术手段和支持；全面实现上海公安图像监控系统的数字化联网，扩大图像资源共享范围，提升整个图像监控系统的联网功能和稳定性；完善市公安局图像监控中心系统，扩大并提升系统功能，以满足公安业务的需求。经过一年多建设，该项目于2005年11月通过专家验收，经上海科学技术情报研究所检索，系统联网工程达到了国际先进水平。（侯陈继）

电子档案信息系统

【档案目录中心应用系统项目(二期)通过验收】 2005

年6月10日，上海档案目录中心应用系统(二期)通过项目验收。二期项目是在进一步完善上海档案目录中心应用系统(一期)各项功能的基础上，参考和借鉴国外档案管理系统建设的先进理念，结合国内档案信息化建设的实际，重点解决了档案信息资源的积累和共享问题，其中的数据著录和检索模块通用性强、功能强大，能够较深层次地揭示档案信息资源的整体内容和相关信息，有效实现了分布式数据库的远程查询利用，满足了各类不同用户查询利用档案信息的需求。二期项目的完成，推动了档案数据库标准体系建设和统一应用软件的推广，为构建档案核心资源总库、实现档案信息资源的高度共享奠定了良好的基础。

【"市民信箱"—"个人婚姻登记档案信息查询"项目正式开通】 2005年10月12日，由市档案局与市信息委合作，利用市政府为市民免费开设与其真实身份对应（即"实名制"）的电子邮箱——"市民信箱"开发的"个人婚姻登记档案信息查询"项目正式开通。这一实事项目，在确保当事人隐私安全利用的前提下，提供对个人婚姻登记档案信息的网上远程利用服务。截止开通，该项目所提供的个人婚姻登记档案信息覆盖了全市除南汇区以外的18个区（县）综合档案馆，累计达358.9714万条记录，其中最早的婚姻登记记录时间为1949年，最晚的婚姻登记记录时间为2002年。

（费　芸）

社会保障信息系统

【完成多项主要开发任务】 2005年，上海市劳动和社会保障局（以下简称"市劳动保障局"）完成了多项开发任务，主要有：

⑴ 完成劳动子系统中非正规组织、劳动力资源监控、劳服企业认定、劳动仲裁等13个模块系统的新增需求项目182个。

⑵ 完成社保子系统中失业保险、基金财务、小城镇保险等五大系统模块的新增需求项目64个。

⑶ 完成了公共招聘网中个人求职、单位招聘、公共职介（前后台管理）等16个模块的的开发，成功实现两网合并的预期目标。

⑷ 完成了外劳力职介、信访、工资、开业指导等网上办事平台的开发。

⑸ 完成职介和社保短信业务功能的开发，实际用户已达到7 000人，累计发送短信14万条。

⑹ 完成劳动保障电话咨询中心升级扩容工作，咨询电话日均接听量超过2万个。

⑺ 完成劳动保障网站首页改版的开发和维护、组织人事系统的维护和新系统开发。

【"以我为主"接管系统工作取得成果】 目前，市劳动保障局基本完成2005年初制定的接管目标，已接管部分的维护和开发工作也完成较好。

1. 劳动子系统

市劳动保障局在已完成对劳动力资源（包括劳动网上办事）、非正规组织、职业介绍（包括职业指导）、职业培训（包括青年见习）、技能鉴定、失业保险（包括岗位补贴）、外劳力管理、企业认定管理、外劳力外管财务、失业保险财务等模块的成功接管的基础上，又独立完成了劳动仲裁、宣教中心影音资料管理等新模块开发。

2. 社保子系统

市劳动保障局完成了城保补充保险业务（老系统）、小城镇补充保险业务、生育保险业务、城保补充保险财务（老系统）、外劳力社保财务的完全自主开发维护，同时完成小城镇市级平台、生育保险财务、工伤保险财务的接管工作，并在此基础上，在镇保申报结算和小城镇基金财务模块中。

3. 网站及综合统计

市劳动保障局网站已实现除社保网上办事以外的其他所有模块的自主维护和开发；综合统计方面已实现对劳动子系统所有模块、社保子系统城保部分模块以及网站子系统所有模块的统计报表、模版、发布清单的自主维护和开发。

（杨　挺）

工商信息系统

【改造合同监管系统，提高合同监管的水平】 根据合同监管业务新需求，市工商局基本完成了企业动产抵押、合同争议行政调解、合同示范文本、合同综合监管、合同格式条款监督管理业务、拍卖监管业务、“守合同，重信用”等应用功能的程序开发，并已在部分分局试点运行。

【完善网上年检功能，方便企业办事】根据企业新申领的营业执照电子副本，市工商局对网上年检系统进行了全面的改造，向企业提供了更为方便快捷和安全可靠的网上办事通道。2005年，有7.1032万户企业参加了网上年检，其中有6.4699万户企业通过网上年检栏目完成了年检审报工作。

【改造注册登记系统，配合行政许可法及注册官制度实施】 在企业注册登记方面，市工商局配合企业注册官制度的实施，开发完善了企业注册审查辅助咨询系统，建立了行政许可条件、示范文本、经营范围规范用语辅助查询功能，同时对涉及个体工商户登记的注册官事权划分、简易变更范围、法律文书修改、权限管理等内容以及对市场经营管理企业登记注册和相关信息采集的应用流程等进行了调整和完善，还完成了企业档案移交与接收功能的程序开发，并对企业名称登记系统也进行了较大的调整和完善，使原字号检查功能得到了进一步的增强。（市工商局）

质量技监信息系统

【实施信息资源规划，推进“金质工程”建设】信息资源规划是上海市“金质工程”的先导工程，为了确保“金质工程”的顺利进行和系统建设的整体效果，实现信息的共享和充分利用，2005年，市质量技监局全面开展信息资源规划工作，形成了业务主管领导主持、业务管理人员积极参与、信息中心技术支持、行业专家规范评审的工作模式，形成了比较规范和科学的业务工作流程图、数据流程图，建立了功能模型、数据模型，编制了《上海市质量技术监督数据元规范》等四个标准草案，为“金质工程”建设奠定了技术基础。

上海市“金质工程”项目建设和总体规划旨通过信息化系统的建设，推进行政业务流程优化，提高整体工作效率；增强质量监管的有效性，完善社会公共服务能力，从而最终实现“网上质监”的目标。至2005年底，市质量技监局完成了“金质工程”规划、项目建议书和可行性报告的编制和审批等工作。上海“金质工程”重点将建设“一网一库四系统”，即：建设一个覆盖全市各级质量技术监督部门及相关机构的质量技术监督专用网；建设质量技术监督业务数据库群；建设质量技术监督业务管理信息系统、行政办公辅助系统、网上协同办事与服务系统、综合分析系统等四大类应用管理系统。该系统的建成将实现市区两级质量技术监督行政部门、市局直属机构以及近100个相关技术机构的网络互通、信息互用、工作互动。上海市“金质工程”于2005年11月中旬正式启动，整个项目建设将于2007年底完成。（市质量技监局）

财税信息系统

【非税收入管理信息系统完善和应用】 非税收入管理信息系统是根据行政事业性收费收缴分离改革的要求和收缴分离改革“三步走”的实施步骤而开发、完善的，以适应完善收入收缴程序，强化票据监管体系的要求。2004年，非税收入信息管理系统的基本执收功能、与银行金库对账功能开发完成，系统如期上线。2005年5月，市财税局对非税系统进行了升级，增加了内外网数据交换，执收单位代收代缴，审核流程定义，票据计划管理，收入退付、减免，信息公告，警示信息和报表查询等功能模块，同时引入了POS机缴款模式，拓展了信息系统的应用范围，提升了系统的数据处理分析能力，实现了全市16家国有及国有控股商业银行各营业网点行政事业性收费的通办。

新升级系统具备市、区县在统一的征收平台上运作的技术条件，同时具有POS机征收、单机开票等多种征收手段。2005年7月中旬，系统通过了专家验收。8月份根据市信息委的要求，进行了系统性的安全测评，新系统被评定为A类安全信息系统。

截至2005年底，市财税局已对市级1 520个执收单位（点）进行了业务培训，完成1 489户非税管理信息系统上门联网调试工作，占总户数的97.96%；有1 392户执收单位正式上线开票运行，占总户数的91.58%；收缴管理信息系统共处理收缴业务49.6182万笔。

非税管理信息系统的区县推广工作同时进行。市财税局制定了《关于“非税管理信息系统”区县推广应用的实施意见》和《“非税收入管理信息系统”日常运行管理办法（暂行）》，2005年7月召开了区县收缴分离改革推进动员会，分批推进区县的收缴分离改革工作，组织了封闭式的推广师资培训，组织建立了区县非税本地数据库。11月底，第一批推广单位的5家区财政局按区政府要求，共有47家执收单位实现了上线开票执收，达到了2005年推广工作目标。

【财政信息系统整合】 按财政预算管理信息系统的数据结构标准、调用授权框架和软件编程标准，市财税局重新开发了工资集中支付子系统和契税、耕地占用税子系统，解决了应用中存在的问题，并将其完全整合进财政预算管理信息系统中，使其融为一个整体且解决了以往应用中存在的不足。2005年3月，系统契税软件上的整合完成，4～5月在闵行区财政局进行了试点，并在试点基础上进行了分批推广。新系统在信息共享、系统维护扩展、业务需求满足度等方面比原系统有很大提高，工资拨付系统于7月完成了专家测试，并选择了一个主管部门进行了试点应用。其中，财政端应用已完全整合进财政预算管理主系统中，主管部门和预算单位端与财政端应用在数据代码和库结构上保持了一致。6月，非税系统与预算管理信息系统实现了数据对接，自此之后，相关处室能通过登陆财政预算管理信息系统按权限查阅非税入库信息，或直接取用非税数据来完成预算外总会计账务处理工作。整合后的财政预算管理信息系统子系统有：预算编制子系统，包括预算单位端的部门预算填报审核和财政端的预算审核、汇总，汇编政府年度预算，预算批复；预算执行子系统，包括收支预算执行；政府采购及其他国库直接拨付子系统；工资集中支付子系统；契税、耕地税征收子系统；银行账号管理子系统；国库单一账户子系统；非税收入管理子系统；票据管理子系统；会计核算子系统；预算调整子系统；信息查询、统计报表子系统；户管基础信息子系统等。

【税务信息系统整合】 ①三大主体应用数据整合。2005年，根据《国家税务总局关于三大主体应用数据整合第一阶段推广工作有关事项的通知》精神，结合上海税务系统的实际情况，市财税局组织信息中心和中软公司技术人员设计了上海税务三大主体应用第一阶段的整合方案，解决了综合征管系统、防伪税控系统、出口退税系统三大主体系统的数据整合问题。在具体实施过程中，各相关部门分工合作，密切配合，研究、制定了业务操作流程、数据清理方案和技术实施方案，并按上海市整合推广计划，稳步推进工作：第二季度完成了软件编程工作，第三季度完成了测试工作，并在财税三分局、虹口、松江税务局进行了试点。9月下旬，市财税局下发了《关于贯彻国税总局有关三大主体应用数据整合工作要求的实施意见》（沪国税信〔2005〕9号），召开专题会议进行了工作布置，组织了业务和操作培训。各分局先后完成了系统升级配置、数据清理、出口退税企业认定等业务和技术准备，在试点分局运行基本稳定的基础上，新系统在全市所有的税务局推广应用。三大系统整合解决了纳税人的基本信息在CTAIS、防伪税控系统和出口退税系统中一致性和同步；发票发售的操作在CTAIS、防伪税控系统中一次完成；增值税专用发票的认证信息在防伪税控系统和出口退税系统间能按户抽取和传递；增值税申报表和“免抵退”信息能在CTAIS和出口退税系统间传递和比对等四个问题。②“一户式”综合数据查询系统扩大应用。2004年，“一户式”综合数据查询系统在长宁、闵行两个分局试点运行；2005年，系统进行了功能拓展，增加了财务报表和申报表查询等功能。在功能完善、性能优化的同时，市财税局着重从技术上解决了“一户式”市局集中查询模式下的速度、口径、权限管理及金税、出口退税数据汇总频率等问题，使稽查分局依托市局总库数据，对所辖征管分局的征管、金税和出口退税数据可进行“一户式”查询，并使数据随市局总库同步更新。5月，市财税局完成了软件修改、用户创建、功能设置、权限分配等前期工作，5月19日组织了操作培训，稽查分局从6月起正式启用了“一户式”综合数据管理系统。7月，市局先后为虹口、闸北、杨浦、金山、南汇5个分局开通了“一户式”查询系统。

【网上电子报税统一平台建设】 网上电子报税系统经多年运行，取得了一定成效。据2005年12月份统计，上海网上电子报税户已达23万户，网上电子申报税款占当月总申报税款的56.12%。2005年，上海有21个税务分局开通了增值税专用发票网上认证，到12月，企业应用户数达6.0703万户，网上认证量达292万多份，网上认证票量占总认证票量的51.77%。

2005年，市财税局对网上电子报税模式进行了改革：①统一应用软件的开发和维护，统一数据传输的通道和平台；②上海财税网站作为数据的接入口和平台，将原来直接连接税务分局和商业银行的多条专线，改为由市局统一传输出口，借助商业银行间的统一扣款平台扣款等。

市财税局精心组织实施了网上电子报税统一软件和统一平台的迁移工作。2005年1月，网上电子报税统一软件的迁移工作在静安、虹口、松江税务局试点；4月起，分批完成了全市所有税务分局电子报税统一软件的迁移工作。同时，市局做好网上电子报税统一平台的迁移工作，反复论证、完善统一平台迁移方案。2005年10月，一个服务网站的网上电子报税应用平台迁移到市局财税网站的统一平台上，并进行了统一平台应用模式试运行，到12月迁移工作全部完成。

【个人所得税市级生产总库建设】 为了进一步加强对个人所得税的征管力度，2005年，市财税局启动了个人所得税市级总库的建设，实现了个人所得税明细信息集中存储、申报征收全市通办；7月拟写了“个人所得税市级总库建设方案”，经过两个月的需求分析和系统设计、3个月的软件编程和功能测试后，于2005年12月在长宁区税务局试点运行，12月18日进行了性能测试。根据试点运行和测试情况，市局对系统进行了调整和完善，从2005年12月中旬开始，编制和下发了数据整理程序和以前年度个人所得税数据的抽取程序，各税务分局按照下发程序进行了代码和数据整理，于2005年12月31日晚上将个人所得税数据及时上传，个人所得税市级总库正式建成运行。

（市财税局）

金融数据信息平台

金融数据信息平台是将上海地区分散在各金融管理机构的金融数据进行有效组织和管理的数据仓库。在金融监管部门的支持下，金融数据信息平台将建立全市集中统一的金融数据统计渠道，实现全方面数据的整合和数据共享，并可提供宏观趋势分析，为领导决策提供依据，为形势发展提供可靠保证；并通过金融数据资源整合，进一步从整体上判断国际金融中心建设的进程和质量。数据信息平台项目建设,在功能上主要有3方面的改进和提高：一是能够按照主题、专题进行数据采样、提取、挖掘、分类，并实现联机分析处理；二是建立起辅助决策与预警系统，通过采集到的实际数据进行处理、分析，与预期设定的指标进行对照并及时提出报警信息；三是为市领导和金融监管部门提供高度提炼的金融行业综合数据，通过出具的报表和趋势分析报告满足他们对上海金融行业整体发展情况了解的需求。

（钱　璟）

三、市级机关信息化

中共上海市委组织部

【新大楼信息系统建设正式启动】 中共上海市委组织部（以下简称“市委组织部”）新大楼将于2006年下半年正式竣工。2005年，为配合新大楼建设，配合市机管局负责实施的新大楼弱电系统、会议系统等项目建设，市委组织部完成了新大楼与信息系统相关的各项需求，确保基础工作顺利进行。与此同时，从2005年下半年开始，市委组织部针对新大楼信息系统建设项目中需要自己建设的内容，确定了新大楼信息系统建设的各项需求，完成了《中共上海市委组织部新大楼信息系统建设项目建议书》和《中共上海市委组织部新大楼信息系统建设可行性研究报告》，并经部务会议审批同意后正式上报有关职能部门，这标志着新大楼信息系统建设已正式启动。

【组织研究上海市组织系统信息化建设规划】 2005年6月，中央组织部正式印发了《关于进一步加强组织系统信息化工作的意见》，确定了“三网三库一平台”是组织系统信息化工作的重点。“三网”建设是指建立完善各级组织部门内部局域网，建设拓展全国组织系统专网，积极稳妥地利用国际互联网。“三库”是组织系统信息化工作的重要信息资源，包括：建设组织机构和人员信息库，重点是建好党员和党组织、党政领导干部、后备干部、优秀企业家、专家、离休干部等信息库；建设办公信息库，重点是建好组织工作公文信息库；建设知识信息库，重点是建好满足组工干部队伍能力建设所需的各类资料库。“一平台”是指组织部门内的应用平台，是建立在“三网三库”基础上、为组织工作信息资源的管理和利用提供服务的系列软件系统。根据《关于进一步加强组织系统信息化工作的意见》的要求，市委组织部信息处开展了全市组织系统信息化建设的现状调研和专题研究，2005年底，组织专门的班子开始起草《上海市组织系统信息化建设规划》(2006～2010年)。《规划》从全市各级组织部门实施信息化建设的角度出发，努力搭建整体框架体系，形成整体推进的部署，使全市组织系统信息化建设符合全市电子政务和全国组织系统信息化建设的总体要求。

【研制完成了领导干部个人重大事项报告信息系统】 根据中共上海市纪律检查委员会和上海市委组织部联合下发的《上海市关于领导干部报告个人重大事项的实施办法》(以下简称“实施办法”)要求，市委组织部研制开发了“上海市领导干部个人重大事项申报信息系统”。该系统为全市各级领导干部提供了申报个人重大事项信息的平台，具有个人重大事项信息的申报、审核、汇总、统计、分析等多项功能。为方便领导及时申报，系统提供了两种申报平台，一种是由职能部门统一收集领导的申报信息集中录入到C/S平台，另一种是由领导干部个人通过IE浏览器将个人重大事项信息录入到B/S平台。目前，已在全市主要局级单位推广应用了C/S平台，2006年，将在全市通过公务网和部分单位的局域网推广应用B/S平台。

【“上海市人才资源统计汇总系统”(党政人才统计)投入运行】 根据中央组织部统一部署的党政人才统计的要求，结合全市多年来在干部统计方面所积累经验，市委组织部研发了“上海市人才资源统计汇总系统”。该系统按照党政人才统计的要求，具有对统计数据的采集、校核、汇总、查询、上报与接收以及打印等常用统计功能，对报表具有逻辑纠错、自动纠正功能，并可使用户自行设计或修改报表结构，实现自定义报表功能。同时，该系统具有可根据用户各种需要，自动适应上下级关系的统计接口功能，从而真正实现统计信息的无缝链接。2005年，该系统通过在全市党政人才统计工作中的正式实施，大大提高了党政人才统计的工作效率，方便了用户使用，得到了广大用户的好评，并保证了全市党政人才资料统计工作按期、按质完成。

【全市党政人才统计、党员党组织统计两项基础性信息统计工作建立工作秩序】 每年的“党政人才统计”与“党员党组织统计”都是各级组织部门要承担的基础性信息统计工作。2005年初，中央组织部等中央五部委对2004年度人才统计工作重新确定了统计范围与统计方式。对此，按照中央五部委文件要求，由市委组织部牵头，形成市人事局、市劳动保障局、市农委、市统计局等职能部门一起分别统计的局面，建立了全市人才统计工作联席会议制度，形成了统一部署、分工合作的工作格局。在党政人才统计方面，市委组织部以建立工作秩序为工作重点，在较短的时间里，形成了从市、区(县)委办局到基层机构的工作机制，并积极分析与研究新推行的汇总软件，在统计软件没有下发的情况下，研发了专用汇总统计软件。由于该统计汇总软件灵活、实用，并重点优化了校核式，从而大大方便了填表单位，保证了统计工作顺利进行，得到了广大填表单位的一致好评。2005年底，中央组织部对党员、党组织统计做出重大调整，要求落实以建立全员库为目标的工作方式。由于上海早已建立了党员、党组织统计人员信息库，因此，市委组织部在认真分析与研究此次统计工作调整特点与目标后，对原有的统计方式进行了适当调整，按期完成2005年度党员党组织统计工作，并同时对今后全市党员、党组织统计工作确定了基本工作思路。

（陈忠　陆辉　陈健）

上海市档案局

【档案信息网推出新亮点，地区档案网站群初步形成】 上海档案信息网自1999年10月开通以来，不断创新，推出亮点，在全国首创了“档案文库”栏目，为档案学术理论研究提供了信息交互平台。网站利用视频点播，推出了拥有自主知识产权的高清晰度视频节目《一号机密》(节选)、《追忆——档案里的故事》(15集)，深受网民的欢迎。网站与“上海门户网站”建立链接，扩大了信息网的知名度和影响力；与“社区信息苑”钩链，实现了档案信息进社区；信息网从国外权威网站编译的外国档案信息被国内众多档案网站关注和转载。同时，网站还推出了“上海市档案馆航拍图片展示”等内容，举办了“档案知识网络月月赛”活动，有4 000人注册参加竞赛。2005年，网站点击率突破200万人次。各区县档案局和部分专门、专业档案馆网站也逐步完善，目前已初步形成了档案综合网站群系统，发挥了档案信息的整体效应。

【档案信息化研究取得新的进展】 2005年，上海档案信息化研究工作取得新的进展。全年共批准立项16个档案科技研究项目，其中档案信息化项目8个，占立项总数的50%。这些信息化项目还分别获国家档案局和市科委立项，立项数占全国档案界之首。同年，市档案局组织验收了大量信息化研究课题，如：市档案馆承担的《基于涉密网的档案与现行文件交互管理系统的研究与开发》、解放军南京政治学院上海分院承担的《异构档案数据整合与检索技术研究》、《基于XML的档案机读目录信息描述与WEB检索实现研究》；市档案局等单位承担的《专题档案目录数据标准及其管理系统研究》和《归档电子文件载体鉴定与存储寿命的研究》。这些项目经专家委员会评审，评出了2005年度上海市档案科技成果获奖项目9项，其中信息化项目获奖7项，占获奖总数的78%。还有一项档案信息化科研成果获得上海市科技进步三等奖。

【档案信息资源开发利用工作取得显著成绩】 2005年，上海档案部门积极贯彻落实中共中央办公厅国务院办公厅《关于加强信息资源开发利用工作的若干意见》（中办发[2004]34号文）和国家档案局《关于加强档案信息资源开发利用工作的意见》，市档案局把档案信息资源的开发利用工作作为重点纳入了上海档案事业发展“十一五”规划；与市信息委取得联系，将档案信息资源开发利用专项课题作为上海市信息化专项资金项目；会同上海师范大学，成立了“上海师范大学电子政务信息资源研究中心”，并组织举办了“档案信息资源开发利用”学术研讨会；积极组织承办了6月20日至21日由国家档案局和国务院信息化工作办公室在上海共同召开的“中国档案信息化发展战略论坛”。

（费　芸）

上海市国家保密局

【概况】 2005年，市国家保密局按照中保委《关于加强信息安全保障工作中保密管理的若干意见》的要求，切实抓好涉密计算机及网络的保密管理，努力发挥保密工作部门在信息安全保障工作中的作用。

【编制上海市“十一五”保密技术发展规划】 通过认真总结“十五”期间的保密技术工作，在对上海市20多家信息安全企业的技术状况进行调研的基础上，市国家保密局编制了《上海市保密技术“十一五”发展规划》，确定了“十一五”期间保密技术管理工作的指导原则、工作思路、发展目标及主要任务。

【开展对互联网和涉密信息系统的保密技术检查工作】 2005年，市国家保密局共组织对全市86家市级党政机关的涉密信息系统进行了检查，对20多家单位的公务网接入网进行了检查，对检查中发现的问题，结合涉密系统技术管理和现行的政策、标准、规章，向有关单位进行了宣传并提供了指导；对发现互联网上涉嫌泄密的情况，及时进行了查处。

【开展党政机关保密大检查】 根据中保委关于在全国党政军机关开展一次保密工作大检查的要求，2005年8月初，市委保密委对开展大检查工作进行了部署。在各单位自查的基础上，8月下旬，市委保密委组成五个检查组，严格按照"五个切实加强"和中保委提出的35项检查内容，对全市86家市级党政机关进行了保密检查。检查组共查看了214个保密要害部门、部位，查阅了455项保密管理制度，抽查了110台涉密计算机、127台非涉密计算机、75台便携式计算机。对检查中发现的问题，检查组及时提出整改意见，对问题较为突出的单位，下发整改通知书，限期整改。

【继续进行涉密信息系统建设方案的审批和运行前的测评】 在推进上海市公务网建设进度的同时，市保密局加强了对军工企业涉密信息系统建设的指导，完成了市财政局、东湖集团等16家单位涉密信息系统安全保密方案的审批工作，以及金帆大厦、江南造船集团等23家单位涉密信息系统变更方案的审批工作；完成了对金帆大厦等44家党政机关公务网接入网的安全保密测评，以及5家涉密业务网、8家二期公务网接入网的安全测评。

【筹建"上海市党委系统网（上海市公务网）安全保密监督管理平台"】 建立安全管理平台是构建上海市信息安全监控应急体系的重要组成部分。在大量技术调研、科研论证的基础上，监管平台的总体规划方案、技术方案已经形成；部分关键技术研究项目已经立项，筹建工作正在有条不紊地进行。

【对上海市涉密系统集成商资质进行重新认定、换证工作】 根据国家保密局关于涉密系统集成资质新的管理办法，市国家保密局共受理了全市68家资质申请单位，经国家保密局批准重新获得甲级资质的单位2家、获得单项资质的单位4家，经市保密局批准获乙级资质的单位12家。

【推进政府信息公开的保密管理工作】 各级保密部门坚决贯彻市委领导提出的"一手抓公开，一手抓保密"的原则，在推进政府信息公开中，充分履行保密部门的职责，为政府信息公开提供了服务和保障。一是严格落实保密管理责任。市保密局积极参与政府信息公开联席会议，通过协调机制，进一步明确责任，各司其职，加强对政府信息公开单位的保密管理。二是加强指导，深入研究信息公开中的敏感和热点问题。通过深入到部分地区和委、办、局开展调研，市国家保密局对信息公开中遇到的新情况、新问题进行研究，提出解决办法，进一步加强指导，并落实了免于公开事项报备制度。三是建立了信息公开审核、审查制度。市保密部门协助有关单位共审查公开信息1.4421万条，修改审核有关政府信息公开文件6份，为上海建设透明、服务、法治政府提供了保障。 （黄　晓）

上海市人大常委会办公厅

【概况】 2005年，上海市人大常委会信息系统改造工程整体稳步推进，市人大常委会办公厅（以下简称"市人大"）按照机关信息化建设要求，对部分会议、办公场所进行了改造。市十二届人大四次会议期间成功使用了电子会议系统，"上海人大公众网"运行、维护与管理取得新进展，"人大网议日"被列为市人大常委会年度重点工作之一；"人大数字图书馆"在继续推进"信息库"建设的同时，将网上借阅服务扩展到了全体市人大代表。

【人代会电子会议系统建设】 电子会议系统是在非专用会议场所建设的一套功能完备的会务系统，具有机动性和可靠性要求高等特点。市人大常委会信息中心通过逐一分解建设过程中遇到的难题，组织攻关，圆满完成了系统建设任务。电子会议系统具有电子表决、门口签到、显示系统、发言文稿提示系统等主要功能。

【信息系统改造工程整体稳步推进】

1. 网站建设方面

2005年，根据市人大常委会领导的意见和机关工作人员的信息反馈，市人大会同集成商对已经设计、开发完成的网站做了一次较大规模的改版。目前，新版的市人大机关网和代表网已经正式开通，区县网和公务网也已开发完成，即将开通。

2. 应用系统开发方面

为了满足市人大机关各部门的不同需求，市人大结合实际工作流程，先后就应用系统开发问题对数十个部门开展了调研和培训，并根据收集的情况调查反馈单协调系统集成商对这些应用系统做了修改完善。

市人大对已经开发完成的应用系统通过集中培训和上门辅导的方式进行推广，协助机关各部门对应用系统进行试用，同时成立了专门工作小组及时收集各部门的试用情况，经整理分析后反馈给集成商，并提出了具体修改意见。

截至2005年12月，六大系统32个子系统的培训和推广工作继续进行，信息系统改造工程整体稳步推进。

【对部分会议、办公场所进行改造】 2005年7月，市人大对常委会会议厅的会议控制模块进行了软件改造，增加了浏览模式（纯后台控制）、多主持人模式（主持人无缝切换）和分组发言模式（主持人控制发言）。修改后的会议控制模块更贴近人大工作特点，满足了常委会会议的要求。

按照常委会领导要求，市人大对培训中心4楼会议室进行了改造，使之具备视频会场功能。经过常委会第23次、第24次会议期间的试用，会议室达到视频会场的各项指标要求。

2005年，市人大还分别对人民大厦15楼和综合楼进行了智能化综合改造，满足了相关工作部门的信息化需求。

【“上海人大公众”运行、维护与管理取得新进展】 根据公众网2004年运作的实际情况，市人大对人大公众网建设与维护协议进行了修订，完善了公众网编辑部组织领导体制，制定了《上海人大公众网专职记者考核办法》，建立了“工作流转单”程序和更加严密的审稿制度。

体制的健全促进了公众网信息发布量的提升。2005年，公众网每月原创稿件约50篇，配发图片100余张，采编与人大工作相关新闻、信息近400篇。截至2005年12月底，公众网共发布市人大机关和区县人大通讯员来稿1 773篇。

2005年4月，公众网首页开设了“市人大常委会4项重点监督工作”热点专题。2005年5月，市人大组织召开了首届“‘上海人大公众网’优秀通讯联络员表彰会”。

【“人大网议日”被列为市人大常委会年度重点工作之一】 2005年2月，市十二届人大常委会第18次会议将建立“人大网议日”列为年度重点工作之一。为此，市人大策划、制定了“人大网议日”组织规程，并于2005年3月25日正式开通了“人大网议日”，规定每月25日为“人大网议日”工作日。

截至2005年12月底，市人大共成功举办“人大网议日”10期，包括市人大常委会领导在内的常委会组成人员、市人大代表等共31人（次）先后担任嘉宾；网民实时提出各种交流话题1 172个，嘉宾就其中330个有代表性的话题与网民进行了交流。“人大网议日”的影响力正在凸显，并已逐步成为市人大常委会和市人大代表联系广大市民的一条有效的途径。

【“人大数字图书馆”建设贯彻服务理念】 2005年度“人大数字图书馆”作为人大工作辅助决策的参谋和助手，充分贯彻“为人大提供决策咨询服务”的建馆宗旨，通过“人大专题剪报”、“推荐工作书目”、“视频讲座”、“馆藏书籍借阅”等多种形式为市人大常委会领导和工作人员提供个性化服务。

按照常委会领导“网上借阅服务应逐步扩展到市人大代表”的要求，经过周密调研和论证，市人大决定整合电信的渠道优势与上图的文献资源，利用“人大数字图书馆”这个网络平台为全体市人大代表提供履职、工作参考用书的借阅服务。

2005年11月8日，代表网上借阅服务项目正式开通。865位上海市人大代表每人都收到一张“人大数字图书馆”代表网上借书卡和一份使用说明，代表只要进入网上检索系统（网址：http://ipac.library.sh.cn）或直接拨打送书热线，就可以自助或由专业人员帮助完成“检索—送书—还书”的全过程。

作为“人大数字图书馆”2005年度工作重点之一的代表网上借书服务项目的开通，将“为代表服务”的理念落到了实处，利用网络和资源优势，发挥人大代表的主观能动性和自学能力，为人大代表履职提供了强有力的信息支持。 （宋 兵）

上海市人民政府办公厅

【贯彻国务院办公厅文件精神制订实施规划】 2001年4月，国务院办公厅下发了《关于印发全国政府系统政务信息化建设2001～2005年规划纲要的通知》（国办发[2001]25号），对“十五”期间的政务信息化建设和应用提出了总体目标、指导原则和7个方面的主要建设任务。

为落实国办发[2001]25号文件要求，加快上海市政府系统政务信息化建设进程，市政府办公厅编制并发出了《上海市政府系统政务信息化建设“十五”（2001～2005）规划指导书》。该《规划指导书》根据国务院办公厅提出的“三网一库”建设要求和“九五”期间上海市政务信息化建设和应用的现状，结合政府职能转变，从全市政府系统政务信息化的建设和应用出发，围绕为领导决策服务、为行政机关办公服务、为市民服务的总体目标，提出了“十五”期间在网络平台、信息资源库、应用软件、安全保密和管理机制等方面的建设和应用任务。同时，市政府办公厅还制定了《上海市政府系统政务信息化“十五”规划实施计划》。

【落实目标任务所取得的成效】 从2001年到2005年，根据国办发[2001]25号文件以及国务院办公厅先后下发的四个年度建设任务书，遵循“以需求为导向，以应用促发展”的原则，上海市统一规划、协同推进，完成了应用开发、网络建设、标准研究和制度完善等目标任务，基本形成了以内部局域网为后台支撑、办公自动化为应用基础、信息资源库为决策辅助的政府行政管理和行政服务的业务体系，取得了一定的成效。

1. 完成“中国上海”政府门户网站建设

“中国上海”政府门户网站以建设“服务政府、责任政府、法治政府”为目标，以“为民、便民、利民”为原则，以发布政府信息、提供网上办事、拓展便民服务、提供互动渠道为主要内容，成为上海市各级政府和部门在互联网上发布权威信息、提供在线服务的总平台。

2. 完成上海市政府办公厅核心办公业务系统建设

市政府办公厅核心办公业务系统根据上海市政务信息化“十五”规划要求，从升级完善市政府办公厅办公业务系统、全面覆盖办公厅业务工作、提高机关工作效率出发，完成了市政府办公厅内部办公业务系统的建设，同时也成为全市政府系统政务信息化的核心节点和内部门户网站，为市政府领导、市政府办公厅和市政府各部门提供信息化服务。

3. 开展上海市政府系统办公业务专网的应用

依托市公务网，市政府办公厅建立了联接近百家政府部门的办公业务网络，开展市政府办公系统督查管理和信息简报两个子系统的面上推进工作，提高了政府部门督查管理和信息简报工作信息化水平，逐步推进了全市政府系统的网上办公应用。

4. 完成全国政府系统“办公业务资源网”高速平台建设

在国务院办公厅秘书局的统一领导下，市政府办公厅完成了以国务院办公厅为枢纽的全国政府系统“办公业务资源网”高速平台建设，实现了国务院办公厅与上海市政府办公厅之间电子公文的网上传输，并在“办公业务资源网”上建立了上海市政府内网网站。

5. 完成电子政务试点示范工程建设

按照国家电子政务试点示范工程两个平台的技术规范，上海建立了符合全市实际需要的安全与应用支撑平台。该平台实现了与国务院办公厅的互联互通，并形成了上海市电子政务标准化体系框架和管理规范。

6. 完成了多项技术标准和课题研发工作

一是按照市质量技术监督局要求，市政府办公厅完成了针对政府业务需求，适用于政府部门信息化应用系统的上海市“电子政务协同工作数据标准”的地方标准制订；二是结合上海市政务信息化建设中协同应用建设方面的安全需求，完成了市科委“电子政务协同工作安全支撑平台关键技术研究及实现”的课题研究；三是在分析研究电子政务协同工作的基本框架、业务处理和信息流程的基础上，完成了市科委“电子政务协同工作数据标准研究、测试及示范应用”课题研究，制定了面向电子政务协同工作的数据标准。

7. 开展上海市政务外网建设

按照国务院办公厅关于政务信息化建设的总体部署和要求，根据市委、市政府对政务外网建设工作的规划，上海市政务外网遵循以公众服务为导向，以政务应用为重点的指导思想，统一网络平台、统一办事平台、统一集中管理，实现政务一体化、管理科学化、办事高效化、服务规范化，力争到2007年，构建起一个可亲、可信、可靠的电子政府框架。

（黄　烨）

上海市经济委员会

【网站再次改版】 2005年，市经委网站改版建设的重点是进一步加强网上办事力度,增加信息公开的内容，增强对各类企业的服务，突出表现网站和公众的互动形式，完善导航系统，并进一步优化首页的设计和板块表现形式。市经委除了对主页面、二级页面和所有相关栏目的页面进行重新设计以外，还在原网站的基础上围绕重点就进一步提升网站功能和丰富栏目内容方面做了较大改动，增加了为企业和个人提供一门式的服务，首页中公布网上受理的具体事项和办理结果等“网上办事”功能；增加了为中小企业服务的窗口；增加了如“酒类专卖”和“标准化菜场建设”等职能工作栏目。同时，市经委还可以利用门户网站进行一站式业务信息处理，如：并联审批、网上报送等。

【文档一体化系统顺利完成】 2005年，市经委引进先进的“双富”文档管理技术，并将其整合到原有的协同平台中，通过高速扫描和自动伺服的方法，改造了原有的公文管理程序，将新经委成立以来的6万多张纸质收文全部按规则整理进数据库，并将所有的收发文对接起来，只要通过协同平台就可以查询并浏览到所有经过扫描后的纸质文件的全文，由于经过技术的特殊处理，每个扫描件同WORD文档调用一样方便快捷。

【电子签章在审批流转和正文中成功嵌入】 《中华人民共和国电子签名法》自2005年4月1日起实施，法律规定了电子签名、数据电文具有法律效力。为了保障市经委的文件在生成、流转和传输过程中的完整性、真实性和不可抵赖性，实现安全的无纸化办公，市经委为所有网上办公人员采集了亲笔签名，完成了符合公安部安全检测的具有法律效率的部门电子公章和个人电子签章，并将电子签章嵌入到协同平台的收发文流转和文件正文中。

【网上报送系统的搭建与推广】 2005年，市经委完成了“上海市经济运行与产业安全监测平台”（网上报送系统）的开发与应用，形成了符合经委自身要求的近100张报表和不同的分析模型。该平台目前有工业用户40多家、商业用户30多家，他们按5天、一旬、月度、季度和长节假日向市经委上报数据。该平台的建立为市经委经济运行、决策分析构造统一的平台作出了初步的尝试。该平台力求报送简单易用，已开发了智能优化的查询分析、图表展现等功能，现正常运行的模块包括“工业生产预测系统”、“商业统计预测系统”、“煤电油运监控系统”、“产业损害预警系统”、“基础数据仓库系统”。平台采用了因特网的方式，使用户可以随时随地通过权限验证机制访问平台，方便了领导查询分析，方便了分析人员管理统计，方便了基础用户的数据报送；同时，平台还提供互动模式，可以进行消息、文档的共享，实现了上下级、集团企业之间的信息沟通。

【“上海消费市场信息快速反应系统”建设】 2005年，“上海消费市场信息快速反应系统”的建设工作主要在区子系统的调整和技术开发方面，如为浦东新区子系统开发的“水产市场价格行情”模块，填补了“上海消费市场信息快速反应系统”中水产市场行情的空白；为徐汇区子系统新增的区宏观经济指标模块，在栏目结构和栏目布局都作了相应的调整。

【编制“十一五”企业信息化发展规划】 “十一五”期间企业信息化与电子商务工作的重点是“深化应用”。市经委编制“十一五”规划的指导思想是：提高企业创新发展能力，有效推动企业信息化与管理创新有机结合；从单个企业上升到“产业和园区”层面，扩大信息化与电子商务的覆盖范围；通过政策引导，加速企业利用信息化与电子商务的进程。

“十一五”企业信息化的总体目标是朝着基于Internet的产业链协同商务、系统集成、信息技术的创新性应用努力。

规划包括了企业信息化与电子商务的具体指标；推广应用上海企业信息化公共服务平台和上海市商业电子商务服务平台；信息化改造传统企业；大力推进工商企业信息化与电子商务的整体水平；发挥商务区、商圈与园区信息化的集聚效应等方面。

规划的主要任务：加强重点行业的产业供应链信息化与电子商务平台的试点；引导和支持工商企业利用电子商务提供现代服务；积极探讨重点商务区、商圈与园区的信息化与企业信息化工作的结合机制；积极探讨多级ASP公共服务平台的政策、环境、商业发展模式；加强企业内部信息化管理能力的培养，建立多层次、多元化的信息化知识与方法普及体系；推进新一轮的制造信息化工作；战略型信息系统的进一步宣传与推广；切实加强中介机构的培育。

规划的重点项目：建立电子商务网上资源中心；重点产业链信息化的推广项目；上海市企业信息化公共服务平台与上海市商业电子商务公共平台的推广项目；重点商务区、商圈与园区的信息化与电子商务推广项目；推动一些见效快、社会需求较大的电子商务项目，启动二手车网上交易市场等。（市经委）

上海市公安局

【提前完成集中换发“二代证”工作】 上海市集中换发“二代证”工作自2004年1月筹备，2004年3月12日正式启动并成功制作第一张证。在换发工作中市委、市政府始终高度重视，市政府专门成立了上海市换发“二代证”工作领导小组，市委、市政府各级领导多次亲临检查指导工作。截至2005年12月28日，全市共换发“二代证”1 028万张，换证率达84%。提前一年完成了公安部下达的集中换发“二代证”工作任务。2005年12月29日公安部发来贺电表示热烈的祝贺。此外，市公安机关通过“二代证”换发工作成功抓获在逃人员113名。

【上海市社会保障卡公安分系统容错系统通过验收】 上海市社会保障卡公安分系统投入运行后，其用户和处理的数据数量不断增加，为确保系统的可靠稳定运行，市公安局组织开展了上海市社会保障卡公安分系统容错系统建设，并于2005年6月通过专家验收。该项目对原有系统进行了扩容，实现了一机双备份的计算机容错系统。系统数据通过SAN磁盘存储实现了高性能、数据高可用性等功能，系统前置交换实现了双机热备，系统主要设备发生故障时可实现自动切换、系统冷备份及单点故障的排除，可靠性有了较大提高，得到了市社会保障卡中心等用户单位的认可。

【刑事案件现场录像、图像信息系统通过验收】 刑事案件现场录像、图像信息系统项目由市公安局组织开发，于2005年12月通过专家验收。该项目主要为解决市公安局原有以录像带存储重大案件现场录像的方式存在的检索、共享困难等问题而提出的。系统建成了快速图像信息采集，图像、录像编辑，图像、录像资源管理，与现有其他信息应用系统接口等模块的开发。系统具有快速采集现场痕迹照片，现场编辑、播放录像，对海量图像、录像和相关文字资料进行传输、存储、输出、检索、查询以及与现有其他信息应用系统关联共享等功能。该系统在全国同行业中处于领先地位，并在一线侦察破案中得到了成功应用。

（侯陈继）

上海市司法局

【开展联网工作】 2005年，在有关单位和部门的支持、配合下，上海市司法局（以下简称“市司法局”）积极实施全市司法行政系统联网工程。自2005年3月起，市司法局前往浦东、徐汇等13个区司法局进行实地调研，下发了《关于推进司法行政系统业务网络建设有关问题的通知》，进一步明确了接入方式、方案制订、责任人员、实施完成的时间节点等要求。截至2005年底，浦东、虹口、黄浦、嘉定、徐汇、松江、奉贤、卢湾、金山、闵行、南汇、普陀、静安等13个区司法局已完成市公务网接入工作，宝山、崇明等区县司法局已确定接入方案，正在抓紧实施；市司法鉴定中心、市预防青少年犯罪帮教中心、市公证处、司法学校、司法会堂、法律人才交流中心等6家局属单位已经完成市公务网接入工作。

【局机关网络改造】 2005年4月，市司法局机关机房改造项目建设完成，经国家保密局电磁泄漏发射防护产品检测中心检测，局中心屏蔽机房达到国家保密标准BMB3-1999《处理涉密信息的电磁屏蔽室的技术要求和测试方法》C级的要求。

同年，市司法局完成局机关全屏蔽网络布线工程，在具备千兆主干、百兆桌面的网络交换能力的基础上，建设完成了包括公务网、局域网、外网等3套网络独立布线，形成了安全、高速、可靠的机关网络环境。

【局机关应用软件开发和应用】

1. 机关OA系统的优化和应用

2005年，市司法局从加强机关日常工作管理功能、发挥整合效用、增大信息量以及增加辅助决策功能等4个方面的要求出发，大力推进机关OA系统的优化和应用，开发了多个满足实际工作需求的功能模块，新增了“依法行政”、“工作动态”、“时事新闻”等模块，推动了统计分析、工作日志、一周安排等模块的应用。目前，OA系统逐步成为规范局机关工作流程、提高工作质量、工作效率的重要依托。

2. 档案管理信息化

根据档案管理信息化的工作部署，2005年，市司法局委托市档案局完成了局1991～2002年共计12年、20万页纸质文书档案的数字化扫描工作；同时，开发完成了“上海市司法局综合档案管理系统”，实现了与OA系统的一次登陆、全文检索、模糊查询等功能。

3. 财务审批和智能查询软件开发完成

财务审批和智能查询软件于2005年底基本开发完成，主要包括财务预算审批、财务经费执行审批、追加经费执行审批等功能，该软件计划于2006年正式启用。

4. “基层管理信息系统”项目建设

2005年9月，市司法局下发了《关于在部分区县及下属街镇试运行上海市司法局基层信息管理系统的通知》，选择在嘉定、长宁2个区及下属街道司法所开展“基层管理信息系统”软件的试运行工作，目前，该项目建设进入后期阶段。截至2005年底，市司法局根据试运行反馈意见已对该系统的功能进行了进一步的完善和优化。

5. “安置帮教管理信息系统”建设完成

2005年，“安置帮教管理信息系统”建设完成，自8月起，开始在徐汇、虹口、闵行、嘉定、金山区等5个区司法局、20个街道乡镇司法所进行试运行。

【启动两大“平台”项目】

1. “法律服务百姓平台”

2005年7月，市司法局启动了“法律服务百姓平台”建设工作，截至2005年底，已基本建设完成并投入试运行。该平台实现了全系统各类为民法律服务资源的广泛整合，依托已先期建成的司法行政地理信息系统、法律服务行业信用信息系统等应用系统，为广大市民提供了“寻找您身边的法律服务”、“市政府实事项目”、“便民直通车”、“律师志愿团”、“司法申城”、“司法在线”、“百姓搜索”等7类人性化的一站式服务。

2. “上海司法行政系统信息平台”

2005年11月，市司法局启动了“上海司法行政系统信息平台”项目建设，截至2005年底，已进入系统联调和信息注入阶段。该平台的建设将不仅为全市19个区县司法局提供统一的信息门户，实现与市统计局机关OA系统之间的大范围信息共享，同时也将为各类辅助办公系统、公共服务系统和业务应用系统的整合提供现实基础。

【推动公证信息化工作】 一是推动公证全行业联网。2005年8月起，市司法局开始着手实施全市公证行业联网工作，截至2005年底，完成了市局与18家公证处的联网工作，剩余4家公证处联网工作计划于2006年1月完成。二是建设“公证行业业务警示信息通报平台”。2005年9月，市司法局启动了该平台的建设工作，该平台以全市公证行业网络为基础，将实现全市公证行业的信息共享，防范因信息时滞产生错证。至2005年底，该平台已基本建设完成。

（吴东　刘涛）

上海市财税局

【概况】 2005年，上海市财税局着眼于全市财税工作的大局和中心任务，推进财税信息化的可持续发展，提升全系统信息化应用水平和应用能力。一是通过调研、评估和分析，市财税局对未来5年上海财税信息化建设进行了系统规划，并对《规划》的先行项目做好了启动前的可行性研究和分析。二是非税收入管理信息系统进一步的完善和应用，实现了全市16家国有及国有控股商业银行各营业网点行政事业性收费的通办。市财税局根据市政府关于市本级26个部门的支出拨款按照国库单一账户管理要求进行改革的精神，开发了国库单一账户系统。该系统于12月上线应用。三是加快了财税信息系统整合的步伐。财政方面，市财税局将相对独立的契税征收系统、工资拨付系统等模块整合进财政预算信息管理主体系统中，同时解决了非税系统与财政预算管理信息系统信息共享问题；税务方面，通过对综合征管系统、防伪税控系统、出口退税系统三大主体系统的数据整合，有效地解决了一般纳税人基本档案信息重复、增值税专用发票重复发售、纳税申报表和免抵退汇总表未能有效衔接以及认证信息只能单户导出退税系统等4个问题。四是市局总库查询系统逐步完善。市局开发了市局监控台“企业发票用票量”、“一般纳税人税负率”、“四小票抵扣异常”等查询功能；建立了内资企业所得税汇算清缴数据库，开发了企业所得税汇算清缴分析模块，首期完成了分国民经济行业的上海市企业所得税年度申报情况统计表；增加了个人所得税统计查询模块等。五是办公自动化进一步推广应用，实现了税务系统办公自动化应用全覆盖。市局组织开发了税务退库银行审核无纸化应用系统，并在金山区税务局试运行，取得了良好应用效果。

【研制财税信息化建设发展规划】 自2005年1月起，市财税局对未来5年上海财税信息化建设进行了系统规划。由分管局领导牵头，局综合规划处、信息技术处、信息中心组织、参与，邀请社会咨询公司，并抽调基层分局人员组成了核心研究、编写小组，在原有规划的基础上，学习、研究和完善规划工作模型，有计划、有步骤地开展规划的编制工作。整个编制工作经历了现状调研、现状评估及战略蓝图确定、重点工作分析三个阶段。规划提出，在未来5年，市财税局将按照“整合、共享、系统”的信息化建设指导思想，以业务战略为导向，针对信息化建设中的热点环节、瓶颈环节和薄弱环节，合理投入资金，分步实施以“一个重点——财政、税务和行政管理应用系统整合”、“两个亮点——内外门户建设和决策支持系统开发”、“三个支点——IT组织架构优化、IT标准化构建、网络改造”为核心的20个主体项目，全面开创上海财税信息化工作新局面。

2005年8月3日，局务会议听取了规划的汇报，并指出《规划》资源要充分利用，作为教育培训中心的教材，在系统内分层次地宣传到位，加强《规划》专题研讨，为《规划》的实施、推进打下基础。在充分调研兄弟省市、相似行业有关经验和教训的基础上，市局对《规划》的先行项目做好了启动前的可行性研究和分析。2005年10月27日，市财税局召开了《上海财税信息化“十一五”规划》宣导会议，同时规划组于10月中旬～12月中旬到财税各基层分局进行规划的宣讲，收到了较好的效果，40多个单位对宣讲情况作了反馈。

【办公自动化进一步推广应用】

1. 实现市税务系统OA应用全覆盖

2005年3月底，市局为尚未应用OA系统的13家单位召开推广应用工作动员会，并制定了OA系统推广应用实施方案和详细工作计划，计划拟分为“前期准备”、“组织实施”和“试运行”3个阶段进行。同时，市局为推广单位在各阶段所需开展的有关工作内容提供了范例介绍；组织了信息科长办公自动化应用研讨会，交流OA系统应用管理的经验；组织了系统管理员办公自动化系统管理培训班；研究各单位提出的一些问题和建议，及时给予答复；还制定了OA系统推广应用验收管理办法。11月和12月，市局对13家单位进行了检查验收，顺利完成了OA系统的推广任务，实现了税务系统OA应用的全覆盖，为今后办公自动化的深化应用打下基础。

2. 增强OA系统管理功能

市局组织开发了“部门信息管理”、“协同工作管理”、“人员变动管理”和“项目管理”（即“重点工作管理”）等OA系统管理功能。“部门信息管理”和“协同工作管理”在杨浦区税务局试运行；“人员变动管理”在市局机关内开展使用；“项目管理”加强了对单位重点工作的督办管理，并选择在金山税务、卢湾税务和七分局3家单位试运行。（市财税局）

（《2005上海信息化年鉴》第220页【税务管理信息工程建设】条目的第三段中，“市局级集中。”应为“2004年5月，全市3690户外贸企业全面启用了出口退税系统，使出口退税数据实现了市局级集中。”第221页第二段第九行中“全市3690户外贸企业全面启用了出口退税系统，使出口退税数据实现了”应删除。特此更正。）

上海市人事局

【概况】 2005年，上海市人事局（以下简称“市人事局”）信息化工作认真贯彻市委、市政府关于加强资源整合、实现信息共享的信息化建设要求，以人事系统信息化“十一五”规划建设为龙头，加快人事信息化规范管理的步伐；以电子政务应用系统的整合改造为重点，进一步完善系统的应用功能，建立规范、统一、高效的信息化办公和服务平台；以人事、人才基础数据库建设为契机，整合信息资源，实现人事、人才信息资源共享，提高信息资源的有效利用率；以公务员管理系统建设为突破口，实现管理流程再造，促进管理方式的转变。

【编制人事系统信息化建设“十一五”规划】 上海市人事系统信息化建设经过几年的快速发展，在各级人事部门的努力下，克服资金、技术等困难，取得了显著的阶段性成果。但从整体上看，离“构建网上人事局”的要求还存在一定的差距，区县人事部门间的发展也不平衡。在充分调研的基础上，针对目前信息化建设中存在的问题，市人事局认真贯彻以人为本、需求主导、统筹规划，统一管理、资源整合，信息共享、规范流程，创新管理、技术先进，安全可靠的原则，编制了人事系统信息化建设“十一五”规划。按照规划要求，上海将建成以市公务网、市人事局办公网、市人事系统业务网和社会公众网建设为依托的人事人才安全网络系统，实现多层次、开放式的人事人才信息网络系统；建立以人事人才基础数据库、办公决策资源库和业务资源数据库为核心的人事、人才信息资源数据中心，实现人事、人才信息资源共享；完成以办公自动化系统和各业务管理系统应用为基础的电子政务基础平台建设，实现各信息化应用系统的互通互连，提高人事人才工作的整体效率；完善和优化社会公众网的建设，通过“上海人事局网站”、“21世纪人才网”和“海外人才网”，为社会提供优质、高效的网上人事人才服务；建立以公共人事管理和服务系统、公务员管理系统和编制管理系统为核心的电子政务办公应用系统，促进人事人才工作的规范化、科学化。

【完成电子政务基础平台的框架建设】 市人事局电子政务项目以往是按照业务需求实施单独开发的，因此各应用系统间缺乏相关性，在功能运用、系统操作、信息共享等方面存在诸多缺陷。为了改变过去那种落后的信息化建设状况，2005年，市人事局以业务模块重组、内外网一体化管理、个性化服务为目标，在对局现有各人事业务应用软件进行全面分析的基础上，制定了“市人事局电子政务基础平台的建设和网上办事项目的改造方案”。通过建立市人事局办公信息系统应用的基础平台，实现了各人事应用系统间互相联通，使各类信息资源得到快速、有效的共享，提高了信息化应用效率。按照改造方案，市人事局完成了办公自动化系统的改造和基础平台框架等软件的开发工作，为下一步全面整合奠定了良好的基础。

【全面开展人事、人才基础数据库建设】 人事、人才基础数据库建设是国家人事部委托上海开展的一项试点工作，也是人事信息化建设的一项基础工作。为了做好这项工作，市人事局一是根据国家人事部关于建立人事人才基础数据库的要求，及时制定了落实文件和实施细则，并在全市范围内启动了人事人才基础数据库的建设工作；二是按照人事部新的指标体系，对全市人事、人才信息系统指标代码标准进行了完善和调整，并协调组织部信息中心共同研制开发用于人事信息资源共享的指标体系；三是根据人事人才工作发展的新趋势，优化“上海市人事信息管理系统”和各类统计分析软件；四是为贯彻公务员法推广实施的要求，配合公务员管理部门开展公务员数据库建设，完成了软件开发和数据的初步入库工作。

在完成上述工作的基础上，市人事局通过局内外的合作，组织专门会议，投入大量资金，在全市范围内全面开展以人员基本信息、公务员信息、专业技术人员信息、高级专家信息、海外留学人员信息、外国专家信息、博士后信息和人事人才政策法规等数据库为核心内容的人事、人才基础数据库建设工作，并于2005年6月完成了公务员数据库建设的第一阶段任务，为领导和各级人事部门提供了及时、准确的数据服务。

【完成上海市公务员管理信息系统建设立项工作】 上海市公务员管理信息系统的建设是以加强全市国家公务员执政能力建设为核心，以提高政府人事部门公务员管理服务的科学化、规范化、法制化和高效化为目标，通过建立实用、高效、先进的公务员管理信息系统和资源整合共享，用信息化手段再造政府内部人事、编制管理流程，为公务员队伍的宏观决策和微观管理提供有力的信息资源及技术支持，以服务于党政人才资源的整体性开发工作，进一步推进全市公务员管理工作的制度化、规范化和科学化建设，同时推进市人事局电子政务项目建设，促进政府职能部门间的互动合作，进而为社会公众提供优质的公共服务，塑造责任政府、法治政府、服务政府的新形象。为此，市人事局以公务员法的实施为契机，以公务员管理的规范化和一体化建设为抓手，按照公务员法的相关要求，优化了全市公务员管理的流程，加快了公务员管理系统的建设。在市发改委、信息委的支持下，通过充分调研，市人事局已完成了《上海市公务员管理信息系统建设项目建议书》的制定，并通过审批立项，整个项目已进入可行性分析报告的起草阶段。

（市人事局）

上海市劳动和社会保障局

【概况】 2005年，上海市劳动和社会保障局（以下简称“市劳动保障局”）信息中心各部门根据局领导对劳动保障系统建设的有关指示及年初制定的《中心年度工作任务计划书》，努力完成各项工作，克服系统开发及后期维护等方面所遇到的诸多困难，在充分保障系统稳定的基础上，继续贯彻实施“以我为主”的系统开发维护目标，稳步推进“以我为主”全面接管工作，并通过《系统运行管理办法》及平台的完善，使信息中心的系统管理水平有了长足的进步。经过努力，中心基本完成了年初既定的各项工作目标。劳动保障管理信息系统于12月16日通过整体专家验收，标志着中心工作正式从系统建设阶段转为优化维护和补充开发阶段。

【系统优化和强化管理，确保整个劳动保障管理信息系统平稳运行】 通过《运行管理办法》的实施，系统安全管理工作得以稳步推进，并通过持续优化基本排除了系统运行中的不稳定因素，劳动保障管理信息系统各大子系统运行基本稳定。

⑴《劳动保障管理信息系统运行管理办法》及管理平台不断完善，初步实现了需求管理、应用开发管理、数据开发管理和变更管理等维护、开发及跟踪管理流程的系统化平台化管理。2005年共有14 563个问题通过平台进行了处理。

⑵ 针对信息中心未来工作的发展，制定了较详尽的《信息中心五年工作规划》，为未来中心发展及工作提出了具有指导意义的战略目标。

⑶ 系统优化升级工作顺利开展。市劳动保障局顺利完成电话中心升级，使电话中心电话接入从180路升级至600路，实现了使用功能和扩展性的较大提高；配合职介新模式的上线工作，进行了包括主机设备、网络设备、安全设备和代理服务器的优化调整，并完成千余台业务终端设备的安装调试工作；完成前台客户端设备XP操作系统升级的基础准备工作；完成了部分重点模块的优化工作，完成劳动子系统问题处理单2 688条，完成社保子系统问题处理单3 796条，合并身份证重复人员5 068对，完成接管的劳动和社保子系统2004年度技术文档补充及社保子系统技术文档核查和程序问题修改。

⑷ 系统安全水平显著提高。容灾备份系统进一步完善，每月的安全检查及每季度的容灾切换演练正常进行；配合局办公室制定系统信息安全规范并在全局

范围发文，为系统安全提供了制度保障。

【完成劳动保障系统的专家验收】 经过近一年的准备，市劳动保障局于12月16日成功召开了“上海市劳动和社会保障管理信息系统”验收会。会议的成功召开标志着信息中心工作重点真正从系统建设进入到系统维护及优化的崭新阶段。

【网点建设工作不断完善，商务工作成果显著】 2005年，市劳动保障局完成区县级网点整改及PDS布线19家，街镇机房指导验收20家，完成区县街道网点故障维修维护共179次，累计完成区县街镇网点巡查共321家，使网点建设工作进一步趋于完善。

同时，市劳动保障局通过进一步完善《商务管理工作流程》以及优化使用商务管理系统信息平台，不断规范系统建设商务采购工作的实施开展。

【制度建设取得进展】 通过狠抓制度建设及规范化管理，市劳动保障局完成了5个党群工作制度和15个行政管理制度的新建编制工作，同时在全中心发布了信息中心制度汇编，共收录中心重要管理制度34个；同时编制了共计7章、1万余字的《信息中心员工手册》，有力保障了各项业务工作的顺利开展。

（杨　挺）

上海市对外经济贸易委员会

【概况】 2005年，上海市对外经济贸易委员会（以下简称“市外经贸委”）的信息化建设取得了长足进步。“政务信息系统”是其中的一项重要工程，该系统旨在全面提高市外经贸委的信息化整体水平，目标是建成一个与上海市公务网、政务外网对应的平台，为公众提供全面高效的外经贸信息服务的平台，为委领导和工作人员提供办公自动化和业务处理相结合的统一平台，打通外部服务平台与内部业务的处理平台，真正实现数据共享与信息交换。同时，外经贸委积极开展各项信息化培训，在软、硬件水平提升的同时迅速提升机关工作人员整体信息化应用水平。在建设项目之余，市外经贸委还积极开展调研活动，对电子政务、电子商务的发展进行有效的探索和研究。

【政务信息系统项目建设】 市外经贸委（市外资委）政务信息系统建设包括OA、政府网站、安全措施、网络布线、机房重建、视频功能、公务网以及各业务处理软件等10多个子项目的建设工作，经过2005年的开发建设，系统的基本框架已基本完成，现进入了试运行阶段。整个项目由3大部分组成：一是基础部分，包括大规模的网络布线及机房（配线间）重建、相关机房供配电设施建设，它为各项网上应用的后续开展搭建了良好的基础平台。同时，按照专业化、前瞻性、实用性的原则，外经贸委还设计和实施了系统安全方案，实现了服务器、应用系统、客户端的三级安全保证，降低了病毒风险、控制了数据流量、优化了网络性能。二是核心部分，围绕OA与网站这两大核心，它搭建了“大外网小内网”的网络格局，重点通过中间件、数据库等技术手段，为后续应用系统的建设奠定了良好的基础条件。OA、网站、业务等各个系统之间互联互通，互为支撑，打通了数据流的各个节点，实现了整个政务系统的信息交互，并为各项应用软件的使用提供了统一入口。三是应用部分，在软硬件平台的基础架构上，外经贸委先后完成了视频直播点播、无线网络、公文督办等系统的开发工作，并进入试运行。随后，外经贸委逐步开发了外商投资审批、进出口经营权备案、会展、外事报批、外商数据库、人事管理等业务平台。这些系统既扩展了核心模块的外围功能，又保证了数据仓库的原始数据积累，为分析决策系统的建立提供了条件。此外，外经贸委还完成了公务网接入网的机房、布线和终端的建设工作，新建了公务网门户网站，开展了公务网的信息服务。

通过统筹规划、分步实施，市外经贸委（市外资委）政务信息系统建设已初见成效，成为政府提高效能、转变职能、更好服务公众和企业的积极保障和有效途径。

【机关办公自动化（OA）系统建设】 2005年，外经贸委开始了“政务信息系统”的全面建设，而办公自动化（OA）系统是其中一个重点项目。外经贸委的OA系统在2005年完成了从最初需求调研到最终上线试运行的任务目标。该系统是合三为一的工作平台，即将日常办公平台、内部管理平台、工作协同平台融合在一起。在此系统中，外经贸委设计了针对全委、处室和个人三级的虚拟环境，与日常办公环境相吻合，充分体现了人性化。同时，作为面向工作人员的办公门户，OA系统提供了门户网站和各业务系统的数据接口，工作人员的所有业务工作和日常办公都可以在此门户中完成。OA系统的主要作用是提高效率，它通过信息化手段，避免了简单重复劳动，提高了工作效率；通过优化流程、规范流程、简化程序、提高质量，实现了过程管理和监督；通过整合资源，实现了公文审批、业务处理、情况交流、办公辅助等多种功能；通过个性定制，从各级人员的习惯和要求出发，实现了图形化流程，并设计了便捷服务功能。在试运行过程中，OA系统的作用逐渐体现出来，它通过"机关动态"、"业务发展"、"思想建设"和"机关文化"等专题栏目，使委领导和工作人员都能够更加方便快捷地全面把握机关动态；通过工作过程和结果上网，充分保证了政令上通下达；通过远程办公、视频会议、手机短信、网络传真等现代化手段，实现了远程快速反应。在建设过程中，市外经贸委从技术角度还充分考虑了系统的可扩展性、安全性、兼容性以及各种数据接口的保留，为今后的信息化建设工作奠定了基础。

【外经贸委政府网站改版】 市外经贸委担负着上海对外贸易、扩大利用外资、开展对外经济技术合作和交流、推动国际服务贸易、促进公平贸易等职责，是市政府对外经济交往的重要部门和窗口。建设好外经贸委门户网站，推进网上办事，提高工作效率，有利于为企业和社会公众提供透明、高效的服务。按照国家"十五"电子政务建设要求，为促进上海市外经贸委电子政务的发展，市外经贸委本着"丰富、实用"的原则，在旧版网站基础上，通过整合已有网上办事项目，优化办事项目流程，建立了面向公众的、新的一站式服务平台，以实现外经贸委各个系统的统一门户（内部门户和外部门户）、统一身份认证与权限管理、统一数据管理与交换服务。新系统实现了后台的统一流程管理，建立了相应的标准与规范。改版以信息更加丰富、服务更加便民、功能更加多样、格式更加规范、服务更为主动为目标，2005年11月完成了网站改版工作。网站改版后，在网站内容提供上实现了从"以政府为中心"到"以用户为中心"的转变；在栏目设置上体现了"以用户为中心"理念，开设了"外贸"、"外资"、"外经"、"外事"4个入口，为用户快速找到所需内容提供了便利；在服务功能上引进了公众参与机制，增强了网上互动功能；在管理维护上提供了统一标准的信息输入、输出模块，建立了网站维护平台与OA系统、业务子系统数据通道，网站也不再是一个信息"孤岛"，并提供了统一的信息发布及信息获取平台，保持了内外部信息发布的统一。同时，网站提供高效的信息检索服务，并提供有效的安全策略。

提供快捷方便的网上办事是外经贸委门户网站建设的一个亮点。2005年，市外经贸委对外行政审批（许可）事项共有37项，已上网33项，实现上网比例89%，其中实现网上基本一办到底的4项，占审批（许可）事项的10.5%；市外经贸委非对外行政审批事项（登记、备案、报名类）网上办理2项；网站现有各类表格下载107项，总计114张。其中，外国商人入境签证系统2005年全年共受理25万人次；对外贸易经营者备案登记全年受理3 455家企业。

【开发领导经贸外事活动报批系统】 随着上海对外开放和建设国际大都市步伐的加快，上海的国际地位日益提升，对外交往越来越广，国外政府高级代表团、跨国公司高层人士和重要外宾的来访以及在沪举办的各类重要国际会议和大型国际展览会等不断增加，市领导、委领导的经贸外事活动日益频繁，这对经贸外事活动的合理安排和前期准备工作以及报批资料的质量提出了更高的要求。为使经贸委外事活动报批和管理工作更具科学化、规范化、程序化，体现出高效、透明、快速、便捷的政府办事效率，充分运用网络系统、计算机信息资料库管理系统来完成此项工作势在必行。

领导经贸外事活动网上报批系统由市外经贸委计算中心负责开发，包括"外事活动申报系统"和"外事活动报批管理系统"两大子系统。其中，"外事活动申报系统"主要是用于给本市企业邀请市领导、外经贸委领导出席经贸外事活动，进行申请的网上平台；"外事活动报批管理系统"是外事处对企业上报的申请进行审批、处理、备案、统计和查询的内部信息管理系统。

（市外经贸委）

上海市人口和计划生育委员会

【概况】 2005年，上海市人口和计划生育委员会（以下简称“市人口计生委”）加大力度重点推进信息化建设，完成了“上海市人口与计划生育综合管理信息系统”总体需求调研，完成了需求分析，并进入系统总体设计阶段；继续依托市政府政务外网完善了全市人口计生系统市—区（县）—街道（镇乡）三级业务虚拟专网；初步实现了与各相关部门的人口信息数据共享；完成了独生子女父母光荣证网上办理系统设计开发，并进入试运行阶段。

【完成“上海市人口与计划生育综合管理信息系统”总体需求调研】 “上海市人口与计划生育综合管理信息系统”主要包括行政事务处理综合管理子系统、人口信息管理与统计分析子系统、一体化办公综合管理子系统、门户网站子系统等4个部分。

1. 行政事务处理综合管理子系统

行政事务处理综合管理子系统是运行在上海市政务外网网络平台上的人口与计划生育信息管理和行政事务处理软件，它为街镇、区县人口计生委、市人口计生委的行政事务办理提供网上办公服务，指导工作人员按照政策法规，依法办事，提高了办事效率；并能统计各种信息，为市人口计生委制订各种政策方针提供准确的数据支持。该系统的建设原则是依法行政、执政为民、政务公开、实用高效。该子系统主要包括行政事务管理和科学技术研究管理两个模块：行政事务管理模块包括行政许可管理、行政处罚、行政办理、行政征收、行政检查、行政监督、计划生育奖励与社会保障等功能；科学技术研究管理模块包括项目管理和技术服务等功能。

2. 人口信息管理与统计分析子系统

人口信息管理与统计分析子系统可以提供的主要功能有：及时掌握和反映全市人口（包括常住人口、户籍人口、实有人口和流动人口）的现状、变动情况，按需进行各类指标的数据汇总和交叉分析，提供表格、图表等功能；及时掌握和反映全市育龄妇女（15～49周岁）的变动情况以及婚姻、怀孕、生育等动态信息，实现异地查询、异地协同管理；自动汇总产生并打印各级、各类人口和计划生育报表以及相应的分析数据，提供台账查询；提供人口预测功能；进行人口总量、人口出生、人口死亡、人口年龄构成、预测和分析等；提供抽样调查功能，包括确定样本量、抽取调查样本、网上录入和数据汇总分析；开展外来流动人口变动情况抽样调查，定期收集流动人口总量、结构、流向等信息；提供人口地理信息功能；进行人口宏观信息的采集和整合，采集分散在公安、统计、民政、卫生、教育、劳动与社会保障、资源、环境等相关部门，以及国际、国内有关机构的现存的人口及相关经济社会宏观信息，并加以整合、重构，形成综合人口信息资源；提供人口信息的查询功能。

3. 一体化办公综合管理子系统

在统一规范和技术标准的基础上，市人口计生委构建了安全、可靠、先进、稳定的一体化办公管理平台。通过实施一体化办公管理平台，使上海市人口计生委内部办公管理流程信息化、规范化；通过提供网上协同办公环境，使得人口计生委内部办公高效、便捷、整合。在协同办公平台上，强调整合的个人办公助理的应用，并通过信息化提供人性化的智能服务。该子系统主要功能模块包括：具有任务安排、工作日志、电子邮件调用、手机短信功能、通讯录、名片夹、留言板、个人资料维护等功能的个人办公助理模块；包含公告栏、工作安排、各部门信息、网站发布管理等功能的信息管理模块；资料传递模块；包含发文处理、收文处理、内部签报、工作协商等功能的公文管理模块；包含督办管理、信访工作、意见提案回复、出国审批等功能的公务管理模块；包含会议管理、活动管理、媒体接待、公务接待、采购管理、车辆管理等功能的事务管理模块；档案管理模块等。

4. 门户网站子系统

全面改版后的政府门户网站将重点突出政府信息公开、市民网上行政办事、宣传服务窗口等内容；与行政事务处理综合管理子系统、人口信息管理与统计分析子系统、一体化办公综合管理子系统实现联动；实现网站自动化管理。市民可以通过门户网站进行人口与计划生育行政事务的预处理，市民提交的信息可以通过相应的数据接口快速传递到各相关办理机构；机关工作人员可以通过远程办公系统与内网联动进行一体化办公。

【继续完善全市人口计生系统市—区（县）—街道（镇

乡）三级业务虚拟专网】 2005年，市人口计生委在政府公众信息网管理中心、市信息委、各区县信息委和网络承建单位的支持下，继续完善全市人口计生系统市—区（县）—街道（镇乡）三级业务虚拟专网建设。目前，全市人口计生系统共有接入点288个，其中，通过光纤接入的有181个、通过CM方式接入的有104个、整区整体接入的有3个，在这个三级业务虚拟专网上开展相关人口与计划生育应用的工作站近900个，配备相关工作人员近900名。

【初步实现与各相关部门的人口信息数据共享】 为了更加准确地掌握全市人口信息，为人口管理提供良好的数据环境，并更好地整合现有数据，保护数据资源，避免重复投资、重复劳动，市人口计生委依据相关法律和条例，与市公安局、市民政局、市卫生局等各个与人口管理相关的单位和部门进行协商，并得到了相关单位和部门的支持和帮助。目前，市人口计生委已经实现上海市公安局人口基本信息、上海市民政局婚姻信息、上海市卫生局出生人口信息、上海市社会保障和市民服务信息中心社保卡信息等数据的初步共享。

【完成独生子女父母光荣证网上办理系统设计开发】 为进一步规范工作程序，提高工作效率，方便市民办事和减轻基层工作强度，市人口计生委在虹口区和宝山区人口计生委的大力配合下，经过近半年的努力，完成了独生子女父母光荣证网上办理系统的开发工作，并于2005年11月18日在全市推广试运行。独生子女父母光荣证网上办理系统是依托“上海市人口和计划生育信息采集交换系统”开发的第一个行政办事系统，主要用于独生子女父母光荣证办证、换证、补证和注销等具体事务的办理工作。通过该系统的应用，可以起到规范发证流程、收集发证信息、补充人口信息的作用。从2005年8月起，该系统就在虹口区、宝山区的6个街镇进行了为期两个月的应用试点，并针对应用试点中发现的问题进行了修改和完善。目前，该系统已基本达到预想的各项功能。 （沙卫涛）

上海市审计局

【概况】 2005年，上海市审计局信息化工作围绕“促进审计事业发展，实现审计工作现代化”目标，本着建设与应用并重原则，一手抓“上海市审计信息化系统”的建设，一手抓计算机在审计管理和业务运用。“上海市审计信息化系统”的建设按计划进度完成了预计目标，计算机技术在全市审计机关得到了普遍推广应用，审计信息化正日益成为审计工作制度化、规范化的基本手段。

【“上海市审计信息化系统”建设】 根据审计署建立全国审计管理系统的要求，2005年，上海市审计局调整了“上海市审计信息化系统”建设方案，使系统建设既能满足全国审计机关联网的要求，又能兼顾地方应用特色。根据涉密网建设的规定，市审计局结合对网络应用的各项需求，完成了涉密网安全保密方案的制定，通过了市公务网管理中心和市保密局组织的专家评审。市审计局新办公大楼工作网相关设备设施完成了安全保密测评；完成了“小型机与网管软件”、“存储设备与备份软件”、“安全系统”、“PC服务器”、“网络交换机”五个标段的设备招标，并进入了系统集成阶段。

上海市审计局在自身实施系统化建设同时，加强了对区县审计局信息化建设的指导工作。金山区审计局完成了“审计管理系统（OA）”建设项目。松江区、宝山区、浦东新区审计局也完成了相应的立项和建设合同的签订工作。

【充实和完善管理信息系统】 2005年，上海市审计局根据业务需求对管理信息系统进行了自行维护改进，先后自行开发增加了5大功能，120余个模块，扩展了管理信息系统在系统审计、人事管理与考核等方面的功能，使管理信息系统在机关工作和审计业务中得到了普遍应用，各级领导在网上可以了解有关审计项目的进度和开展情况。同时，市审计局对被审计单位信息库、法规库不断进行充实和更新，2004年和2005年审计项目信息已入库。管理信息系统的普遍应用不仅在建设节约型机关、减少纸张消耗方面发挥作用，而且在加强审计质量控制与提高审计管理水平上也发挥了重要作用。

【进一步加大计算机审计应用力度】 为进一步贯彻“全

面审计、突出重点”的审计工作指导方针，加强审计质量控制，扩大审计覆盖面，2005年，上海市审计局在推广应用上采取了举办经验交流会、现场技术支持等方式，注重将计算机审计取得的经验贯穿在推广工作中。同时加大培训力度，市审计局在全市审计机关内举办了以“现场审计实施系统（AO)”软件为主要内容的普及培训班，培训人数达421人，其中市局227人，区县局194人。培训内容受到了审计人员的普遍欢迎，取得了良好的效果。市局10个业务处普遍使用“现场审计实施系统(AO)”软件开展计算机审计工作，区县审计局也加强了计算机审计的项目试点，促进了审计工作规范化和制度化，提高了审计工作效率。

2005年，市审计局组织选送了9篇计算机审计专家经验案例参加审计署评选，其中7篇入选，3篇被评为优秀。（市审计局）

上海市人民政府外事办公室

【推进政府信息公开工作】根据《上海市政府信息公开规定》要求，上海市人民政府外事办公室（以下简称“市政府外办”）积极、主动开展政府信息公开工作。2005年，主动公开和依申请公开政府信息88条，约13万字，全文电子化率达100%；接受市民咨询1 566次；丰富了主动公开政府信息的发布形式，如组织驻沪领事馆召开情况介绍会，组织驻沪领事馆、新闻机构参观上海市重大工程——“洋山深水港”建设工程等；改进“上海外事”网站，对政府信息公开栏目作了调整，方便广大市民查询；制作“今日上海”对外宣传小册子及境外驻沪记者工作指南等便民手册。政府信息公开工作形成了制度。

【“上海外事”网站改版】 2005年，市政府外办对“上海外事”网站进行了改版，并于10月14日上网发布。此次改版的主要目的是适应上海外事工作发展的新情况、新要求，适应上海市政府门户网站的标准和规范，进一步加强“上海外事”网站外事信息发布、网上办事和沟通交流功能。

网站改版和升级后主要有两个方面的变化：网站的功能定位、栏目布局、页面风格等方面的变化；网站建设、运行机制、维护操作程序等方面的变化。在网站功能方面，充分体现了对内对外广泛的服务性，在“政府信息公开”、“意见反馈”等标准栏目不变的前提下，将原来的“外事动态”、“涉外事务”、“网上办事”、“友好交流”等栏目进行了细分和强化。在网站建设方面，借助于新的网站制作维护平台进行网页设计、制作和维护，网页的可读性有了很大提高。同时，网站改版中提高了维护的安全性。

网站改版后，市政府外办在内部进一步明确了网站维护的机制，对于各个业务归口信息的产生、审批、报送和处理等问题制定了严格的规章制度和程序，确保了网站运行期间信息更新、受理、反馈和监督检查等工作高效运行。

【因公护照管理系统升级】 根据外交部的要求，市政府外办完成了因公护照管理电脑系统升级工作。新系统实现了全国因公护照颁发单位的联网和数据共享。各地外办在核发因公护照前，都将有关资料通过网络实时上传到外交部领事司，经与外交部数据库中信息比对、核实后才予颁发，确保了申请人不会同时持有两本有效因公护照。同时，新系统还可将新版因公护照所持有人照片的直接打印，提高了防伪效果。新系统在硬件方面也给予更新，添置了新的受理叫号系统、护照签证信息查询机，提高了工作效率。

作为“上海外事管理信息系统”的一部分，市政府外办结合实际工作特点开发的“上海市因公护照签证网上受理系统”已投入试运行，并开始在区县外办范围内试点，实现了因公护照签证网上申办，提高了受理速度，简化了办事流程，极大地方便了因公护照签证的申请和办理，得到了申报单位的好评。

（袁孟俊）

上海市国有资产监督管理委员会

【概况】 2005年，为贯彻落实市委、市政府“把信息化作为科教兴市突破口”的战略决策，围绕全市国有资产管理体制改革和国有企业调整发展的中心工作，上海市国有资产监督管理委员会（以下简称“市国资委”）积极探索利用信息化手段提高国资监管工作的科学性和有效性，坚持以应用为先导、资源整合与系统建设相结合，使国资监管信息化工作全面展开。

【"上海市国有资产运营检测及决策咨询管理信息系统"建设】 作为市国资委内部信息化建设的重点项目——"上海市国有资产运营检测及决策咨询管理信息系统"于2003年12月启动。该项目由市国资委信息中心与国际知名专业公司合作开发建设。根据项目规划，系统坚持"业务流程化、流程信息化、信息高效化"的指导思想，以统一的数据动态采集、共享平台为基础，以监管指标体系为核心，包含出资监管单位规划管理、预算管理、契约管理等较完善的应用功能模块，实现上海市国有资产运营情况的动态预报、预警，为市委、市政府国资战略决策，全市国资监管工作和国有企业改革发展提供信息服务。

该系统于2003年12月启动建设后，于2004年内完成了业务流程再造、监管指标体系设计和信息系统蓝图设计。2005年，系统进行了软件开发和系统集成，完成了统一数据平台、重大监管流程系统以及规划管理、预算管理和契约管理三大应用功能模块的开发，同时，后台管理系统设计、网络平台和硬件系统集成全部完成。系统于2005年7月开发完成投入试运行，取得了良好的应用效果。2005年底，系统已投入正式运行。

【电子政务系统建设】

1. 党政协同办公系统

为贯彻落实市政府关于加强电子政务建设的有关精神，提高市国资委内部办公效率、加强党政协同办公能力，市国资委组织力量开发完成了《市国资委党政协同办公系统》。该系统除具备党政公文管理、信息管理等一般办公自动化功能外，还设计了党员管理、干部管理、统战工作管理等党务管理模块，实现了市国资委党委和行政系统在统一系统、统一用户界面上完成日常办公。该系统2005年8月开发完成投入应用后，较好地提高了市国资委机关整体办公效率，促进了市国资委电子政务建设。

2. 市国资委综合数据库共享平台

为整合市国资委现有各类应用系统和数据资源，架构统一的电子政务数据共享平台，实现存量数据资源全面整合和共享，提升已有信息系统的效能，提高电子政务整体应用水平，市国资委于2005年开发了《市国资委综合数据库共享平台》。共享平台经过跨系统整合，实现了对国有企业财务数据库、产权交易数据库等现有数据库系统的统一入口访问和授权共享；同时，该平台还提供了多种组合查询方式和报表功能，提高了应用的便捷性和使用效率。

3. 市国资委系统远程视频会议系统

为提高市国资委电子政务应用水平、降低市国资委及出资监管单位会务成本、提高工作效率，市国资委于2005年10月启动《市国资委系统远程视频会议系统》建设。该系统依托市公务网平台建设，在市国资委设主会场，市国资委出资监管单位设分会场，预计于2006年中投入使用。

【市国资委网站升级改版和政府信息公开系统建设】 为更好地利用网站宣传市国资国企改革发展成就、为全市国资监管工作和国有企业发展服务，2005年，市国资委对近几年的网站建设情况进行了总结和梳理，进一步明确了网站作为"宣传服务的阵地、政务公开的平台、交流互动的桥梁、网上办事的载体"的功能定位，对网站进行了全面改版。依据网站的主要功能，改版后的网站设置了"国资国企改革"、"政府信息公开"、"交流互动"和"网上办事"4个板块，近40个栏目。同时，市国资委加强网站日常信息更新工作，实现主要信息发布类栏目日更新率100%。经过努力，网站整体建设质量有了较大提升，点击率也有了较大提高。

（张　岩）

上海市统计局

【系统性能升级】 为满足不断增长的统计数据传输、处理和存储的需要，通过正在建设中的"电子统计"工程，2005年，上海市统计局将目前的主干网络的带宽从100M扩展到10 000M，每个用户桌面的带宽也由10M提升到100M，并有继续扩展的空间，使局域网内的传输速率达到原先的10倍以上。在中心机房，市统计局利用KVM技术，即计算机系统集中管理控制系统，采用"人机分离"的方式进行监控和管理；在主机方面，局将新增8台小型机，包括2台具有8个CPU、16G内存和带有2个73G系统硬盘的高性能小型机，公共磁盘阵列空间也从目前的60G提升到7.2T、约7 200G。同时，市统计局通过网上采集系统和综合处理平台，逐步规范了采集和处理程序，整合了历史数据，实现了统计数据的集中与共享，并通过数据仓库和统计分析工具进行汇总、分析和发布，实现了统计信息系统的一体化。

【统计数据处理的标准化】 2005年，市统计局建立了统计制度方法元数据库管理系统，对统计的基本要素，包括统计对象、指标体系、标准代码和方法模型等实行标准化管理，在此基础上，通过规范统计报表，整合历史数据，实现了跨行业、跨年份统计数据的集中存储与共享，并通过数据仓库、统计分析等工具进行了汇总、分析和发布。目前，市统计局正在按照元数据库的要求，对历年的报表制度进行整理，制订标准和规范。

【数据管理】 2005年，按照电子档案管理要求，市统计局将历年采集的原始统计数据按照统一的格式进行整理归档，保持了历史数据的完整性和可用性。目前，已经整理归档的数据包括：自1995年起每年的统计年报数据、第三次工业普查数据、第一和第二次基本单位普查数据、第一次农业普查数据、第四和第五次人口普查数据及第一次经济普查数据。这些统计数据，是建立上海统计数据中心，并通过数据仓库和统计分析工具进行数据汇总、分析、发布的基础资料。此外，市统计局通过年度、月度综合经济数据库，管理维护各类宏观经济指标，做到及时更新，随时调用，也为建立上海市宏观经济数据库做好了准备。（严秀芳）

上海市工商行政管理局

【概况】 至2005年12月底，上海市工商行政管理计算机信息系统（以下简称"金管工程"）拥有28套小型机、141台PC服务器、653台网络设备、4 612台终端设备。系统使用IBM IDS64位版数据库，数据库已积累71.5万条有效企业名称、60余万户有效企业信息、27余万户个体工商户信息、155万条企业申请核准信息、246.5万条连续7年的企业年检信息、30余万个案件处理信息、16万条企业广告和商标登记管理信息、2万条在册执业经纪人登记管理信息。

【探索建立安全信任平台，实现与总局的网络互通】 市工商局完成了国家工商总局下达的关于电子政务试点示范工程——安全信任平台建设任务，实现了与总局之间安全网络互通、数据交换、信息共享试点的目的；依托总局的根系统，建立了符合总局技术规范的二级证书业务和信任服务系统平台。同时，市工商局开展了工商电子政务、业务处理及横向部门间的网上并联审批、联合年检和数据互连互通等应用。

【加强网站功能维护，推进工商电子政务建设】 市工商局一是对SGS网站先后进行了两次全面的改版，包括版面布局、颜色搭配、重点内容等方面都作了调整。二是根据业务工作和社会的需要，结合网站日常维护，增设了"网上约见"、"局长信箱"和"国际论坛（配合国际研讨会而设）"等栏目。三是增设了外国（地区）企业常驻代表机构网上注册事项的功能，同时为宣传有关沪港澳投资简化的政策和操作流程，开辟了"CEPA"专栏，方便有关投资者办事。

【开发后勤管理系统，提升后勤管理的效率】 因后勤管理改革工作需要，市工商局基本完成了后勤信息管理系统的开发，从而初步实现了利用OA平台加强对固定资产、制服发放、易耗物品、外来人员接待、装备维修、车辆调度等工作的管理，提高了工作效率。

（市工商局）

上海市质量技术监督局

【概况】 2005年，上海市质量技术监督系统信息化建设工作以启动上海市"金质工程"项目为抓手，以规划数据环境为核心，以实现网上许可为重点，促进业务梳理和优化，提高管理手段和管理效能，全面推进了上海市质量技术监督系统信息化建设，提升了质量技术监督系统行政管理能力和公共服务水平。

【完善制度建设，编制工作规划】 为了确保局信息化建设工作的顺利实施，加大局系统信息化工作管理力度，指导区县局信息化建设，2005年，上海市质量技术监督局（以下简称"市质量技监局"）制定、修订了《上海市"金质工程"项目建设工作规范》、《上海市质量技术监督系统信息化管理办法》等若干办法和规定，进一步规范了信息化工作的管理程序，有效地提高了信息化建设质量和投资效益。

根据国家电子政务建设的总体部署和要求，依据《上海市信息化持续发展行动纲要》和国家质量监督检验检疫总局制定的国家“金质工程”规划，市质量技监局编制了上海市质量技术监督系统“十一五”信息化建设工作规划，提出了5大目标、7项重点建设任务。5大目标主要是：①实现质量技术监督系统及100多家技术机构的网络互连、信息互通、工作互动，进行网上协同办公和信息交换；②各级机关基本做到文档数字化、办公自动化、行政管理信息化，全面实现市、区两级办公业务网络化；③基本形成“一站式”、“一窗式”、“一门式”的政府服务格局，公众可以通过网站、电话、办事窗口等不同终端和多种服务途径，便捷地获取政府的信息和服务，并对政府实施监督；④直属技术机构实现业务工作电子化、网络化、信息化，完善社会公共技术服务基础，为构筑全市性的质量检测、计量测试和标准化信息服务3个平台提供信息支撑；⑤各级领导干部的信息化意识和运用信息技术的能力得到普遍增强。7项重点建设任务主要是重点建设“一网一库四系统”。

【拓宽网站服务领域，提高公众服务质量】本着“整合网站资源、突出重点工作、增强服务功能”的网站建设原则，市质量技监局加强政务网的建设，建立监督检查保障机制，确保网站的正常运行与管理。2005年，市质量技监局对网站内容进行了整合和功能拓展，实现了全面的改版，并突出重点板块和热点栏目的建设：①政府信息公开。建立了网上政府信息公开工作长效机制，实现了网上信息维护常规化管理，确保了网站信息公开的及时性和准确性。②网上办事。根据国家关于行政许可审批事项及行政管理事项工作的要求，梳理了办事事项及办事程序，全面启动了办事事项的网上受理工作，实现了在线填写申请、网上内容审核、审核结果告知全过程的网络化。③便民服务。针对企业和公众两类服务对象，整合信息资源，增加热点栏目，加强检索功能，提高信息阅读、信息获取的便利性。网站新开设了“产品质量查询网上直通车”、“质量纵谈”、“关注质量”、“社会热点”、“主题日”、“12365投诉举报”、“质量时空媒体报道”等特色栏目，为社会了解质量技术监督开通了便捷的渠道，增加了社会对企业及产品的监督，提高了公众自我保护和维权的意识和能力。④互动渠道。加强“局长信箱”、“行风监督”、“网上咨询”和“意见征询”等板块的建设，制定网上信息流转与处理办法，加强后台信息维护与处理，简化信息处理流转程序，缩短信息处理时间，提高信息处理质量，让公众在第一时间得到满意的答复。

为了进一步规范网站的管理和维护工作，完善网站的服务功能，提升网站建设水平，市质量技监局制定、修订了《上海市质量技术监督局政府信息公开及网站监督检查工作实施办法》和《上海质量技术监督网管理和维护规则》，从制度上明确了网站建设的管理部门、管理责任、管理内容及程序，并建立了一套完整的监督检查机制，实行信息发布量的月统计及通报制度，聘请专家对网站运行定期评议和检查，同时将网站管理工作和检查结果纳入年度考核内容。

本着统一规划、统一建设、分头维护、资源共享的原则，市质量技监局为19个区县质量技术监督局建立了区县局门户网站，实现了同市局网站的互动，树立了质监系统统一的网上形象，提高了各区县局的办事效率和工作的透明度。

【规范政府信息公开制度，建立信息公开长效机制】2005年，市质量技监局根据上海市政府工作要求，修订了《上海市质量技术监督局政府信息公开指南》、《上海市质量技术监督局政府信息公开实施细则》、《上海市区县质量技术监督局政府信息公开工作规范》等相关制度和规范，并提出“四个结合”：①推动信息公开与贯彻行政许可法、深化行政审批制度改革、转变政府职能相结合；②信息公开建设与推进电子政务和信息化建设相结合；③信息公开形式与本系统行政垂直管理的模式相结合；④信息公开与提高内部管理相结合。2005年市质量技监局公开政府信息157条，至2005年底，共公开政府信息944条。

【加速管理系统建设，提升服务能级】上海市标准化研究院深化业务流程重组工作，积极探索以客户关系管理系统（CRM）和Internet为基础的主动服务，为创建新型标准服务体系积累经验、创造条件。同时，利用CRM系统的技术支撑，该院在全市范围内向企业开展了标准有效性普查工作，以促进馆藏与发行的普及率，做好保证企业执行标准有效性的服务支撑。上海市标准化研究院还率先在国内组织实施了“上海市组织机构法人数据库”建设，积极推进组织机构代码的应用推广，积极发展商品条码系统成员，实现了近74%的系统成员高续展率，系统成员发展数和续展率在全国处于前列。2005年，上海市标准化研究院开展了馆藏标准全文电子化转换工作和标准文献电子阅览室系统的调研、策划和实施工作，为提高工作效率和馆藏标准利用率奠定了基础。

上海市特种设备监督检验技术研究院根据国家质量监督检验检疫总局关于建设特种设备动态监管体系的有关工作要求，积极推进特种设备检验管理信息系统的开发、实施工作。软件系统的开发工作已基本完成，初步建成了基于互联网的检验信息系统和与监察系统间的数据交换平台，构建了与徐汇区、虹口区的虚拟专用网络，为信息化工作提供了较为有力的硬件和网络支撑平台。（市质量技监局）

上海市食品药品监督管理局

【概况】 上海市食品药品监督管理局（以下简称“市药监局”）的前身是上海市药品监督管理局，成立于2000年4月。2003年8月，在上海市药品监督管理局的基础上，“上海市食品药品监督管理局”正式成立。市药监局自建局以来，一直承担着全市药品及医疗器械生产、流通等领域的监管职能。由于建局时间短，监管任务重，市药监局把网络及信息化建设作为着重考虑的方面，希望以现代信息技术带动全局工作的高效开展。

2004年12月10日，市政府下发了《上海市人民政府关于调整本市食品安全有关监管部门职能的决定》，决定自2005年1月1日起，“将现由卫生部门负责的食品流通环节和消费环节（包括餐饮业、食堂等）以及保健食品（包括化妆品）的生产加工、流通和消费环节的监管职责，划归食品药品监管部门”。为此，市药监局从市卫生局整体平移了与食品监管相应的监管部门以及700余人的相关人员，并组建了“上海市食品药品监督所”和19个区（县）食品药品监督所。随着机构与职能的调整，尤其是食品监管职能的扩大，市药监局信息化工作面将更宽，建设速度将更快。

【网络建设】 2005年，市药监局完成了局本部的政务外网光纤接入，并投入使用。现各信息点全部通过该条线路接入Internet。同时，各分局也都已建成了各自的局域网，满足日常办公的需要；新增加的19个区县食品监督分所的网络建设正在加紧施工中。

由于各区县的具体情况不一，区县分局和分所的政务外网光纤接入尚有待各部门统一协调解决，最终将与市局对接，从而完成一个依托于政务外网光纤的上海食品药品监管系统城域网络。

【网站建设】 市药监局政府网站（http://www.shfda.gov.cn）作为局对外宣传窗口之一，已在宣传药监政策、普及食品和药品安全知识等方面起着一定的作用。为了进一步贴近市民，开展网上互动工作，2005年，市药监局对该网站作了内容和版面的调整，加强了信息公开的力度。3月，建立了“药品、医疗器械、保健食品广告网上查询系统”，通过该系统，能及时发现违法违规广告，有效通过社会监督遏制非法广告的存在和蔓延；8月，建成了“食品、化妆品、保健品许可网上申请、换证平台”，实现在线一办到底，平台同时承担着全市13万食品经营企业的日常管理工作；同时，新增了“广告查询”、“特药管理”、“网上申请”等栏目。改版后的新网站已于10月7日对外运行。

新版网站以丰富多样的内容，实用方便的查询方式，清晰快捷的网络结构，着重体现了“便民、利民、为民”的功能特色。

1. 突出互动特性

网站设立了诸如“网上申请”、“结果查询”、“ADR在线报告”、“公众留言”等栏目，加强了网站的即时互动性，建立了高效、规范的行政监管服务模式。

2. 集中办事入口

网站通过按功能集中归类，统一申请办事入口，对申报申请、办事指南、表格下载、进度查询、结果查询等提供集成的功能页面。

3. 强化为民服务栏目

网站着重加强了与普通市民的交流，新增了大量贴近市民的特色栏目，包括“有奖问答”、“百姓关注”、“杜博士信箱”、“马大嫂话坛”、“寻药问价”等。

【应用平台建设】 市药监局组建至今，随着药品监管职能和监管体系不断完善和规范，逐步建立了多个监管业务信息化子系统，但数据分散，没有实现全局性的信息资源整合。为了改变这种情况，目前，市药监局正着手建设一个全新的办公平台，在普通OA软件的基础上，制订一套数据接口与规范，同时对现有软件作调整，以整合到新的大平台中。大平台以Oracle数据库为支撑。

【梳理“十一五”规划中信息化建设思路】 2005年，市药监局信息化建设取得了长足的进步，2006年，将进一步梳理信息化建设思路及相关工作，主要包括：①构建全系统联网的信息化平台，不断提高信息化建设水平。在2007年前，实现市食品药品监管系统网络的全覆盖。②实施食品药品安全市场监管和企业诚信信息系统建设项目，构建全系统的“两网一库”平台，即政务网、系统办公内网和数据库，创建全系统集中、统一、高效、便捷的信息化核心，将分布于全市的食品药品监管机构通过网络连接起来，并在标准、统一的操作平台上进行业务运转。③食品药品监管系统审批、监管网络运行平台建设项目。通过该平台的建设，使市食品药品监管局的所有审批、监管业务流程网上运行，实现日常行政审批与监管的数字化、信息化、网络化，达到规范化、标准化，基本实现无纸化，方便市民申报登陆和信息共享、实时查询。④市食品药品行政监管网络系统和全市食品药品行政相对人网络系统建设项目。将市、区(县)、乡镇(街道)、村(居委会)的监管机构与网点，通过网络连为一体，建立上情下达、下情上传的快速通道，及时、准确、快捷地传递信息，以便于指挥有力、处置迅速和建立食品药品安全监管的长效机制。（柴　雄）

上海市新闻出版局

【做好上海书展网络宣传工作】 上海书展网页作为上海市新闻出版局政务网的二级网页，在2005年上海书展之前进行了改版，增加了视频播放、专家推荐的10本书等栏目，书展期间发布通告3条、每日销售排行榜、书展活动、书目55 311条、单位信息46条、期刊52条、展馆平面图和交通平面图，给广大读者提供了快捷便利的服务。

书展期间，在东一馆低层设置了书目检索咨询服务中心，接待前来咨询的人数达9万。为了加强上海书展网络宣传的力度，与东方网和新浪网合作，把上海书展的网页放置在东方网的首页，在新浪网的读书频道开设了上海书展的专栏，发布书展组委会提供的最新信息及网站记者的采访报道等，提升了上海书展在全国的影响力。（市新闻出版局）

上海市人民政府侨务办公室

【概况】 2005年，上海市人民政府侨务办公室(以下简称“市政府侨办”)的信息化建设工作紧紧围绕上海市委、市政府的中心工作，紧密结合侨务工作的总体目标和要求，以为侨服务为宗旨，不断推进信息化技术在侨务工作中的应用。

【加强侨务信息化工作规划】 市政府侨办制定了《2005年信息化工作实施方案》，召开了2005年侨办信息化工作会议，提出了侨务工作信息化的具体要求和措施，各项任务落实到处室；制定侨务信息化建设三年规划(2006年～2008年)，确立了信息化工作的总体目标、建设内容、原则和措施。在侨务信息化建设三年规划的总体框架下，市政府侨办完成了电子政务系统建设方案。

【深化“上海侨务”网站在社会公共服务方面的应用】 市政府侨办强化服务政府、责任政府、法治政府意识，以服务为特色，对“上海侨务”网站进行全面改版；积极开展网上办事，加强为侨服务工作，充分发挥网站在全市侨务工作中的积极作用。市政府侨办配合“相聚长三角”、“相聚上海 共谋发展”、海外华裔青少年夏令营等重大侨务活动的开展，在网上开展报名工作和宣传报道，扩大了活动的宣传面和参与面；主动收集海外华侨、华人及国内侨界人士关注的信息，并以电子邮件方式发送，深受广大侨界人士的欢迎；开展网上调查和“上海侨务”网站宣传口号的征集评选等活动；建立在沪投资创业华侨、华人信息服务网络平台，扩展为侨服务的渠道。

【推进办公业务应用和信息资源库建设】 市政府侨办推进侨办机关公文审批无纸化流转和网上归档工作，完善办文业务流程和设置，规范操作，提高了办公效率；推动市政府侨办信息资源的开发利用，不断更新和充实侨务信息资源库的数据信息，提高数据的准确性和可靠性；开展多形式的培训和指导工作，提高应用系统的使用效率和干部的操作水平。

【推动区县侨务信息化建设】 市政府侨办指导各区县侨办的信息化建设工作，开发了上海市侨务系统信息资源库，制定了日常维护和安全保密管理制度，推动了资源库建设，完善和改进了资源库功能，充分体现出信息化建设为全市侨务工作服务的积极作用。根据区县侨办的政府职能，并进一步发挥其为社会公众服务的作用，市政府侨办在“上海侨务”网站中开设区县侨务工作专栏，发布区县侨办在政府信息公开、为侨服务等方面信息，更好地为广大侨界人士提供服务。同时，市政府侨办建立区县侨务信息化建设工作机制，明确目标、任务、要求，交流和总结经验，并表彰了先进。

【确保网络信息安全】按照中央和市委的要求，市政府侨办建立、健全安全制度，积极开展信息安全保密教育和自查工作，进一步提高机关干部的安全保密意识，严格做好信息安全保密防范工作；做好公务网、政务内网、上海侨务网站的信息化管理维护工作，保证系统和设备的正常运行，确保了侨务信息系统的安全、保密。

（市政府侨办）

上海市金融服务办公室

【概况】 2005年，金融党委和金融办领导高度重视信息化工作，也取得了一定的成效。一是进一步加强了对信息化工作的规划。上海市金融服务办公室（以下简称“市金融办”）落实上海金融数据平台二期建设的相关事宜，对“上海金融”网站进行二次改版。二是建立健全信息公开制度。市金融办充分利用网站平台发布政务信息，并依据市委和市政府相关部门的要求做好信息报送工作。三是加强对信息资源的管理，积极推进资源整合工作。市金融办巩固和拓展了信息采集的渠道，并将部分信息采集工作外包给专业公司操作，通过网站将采集的信息整合和集中管理。四是逐步形成了政务信息资源的分类分层管理办法，建立、健全采集、登记、备案、保管、共享、发布、安全、保密等方面的规章制度，推进政务信息资源的管理工作，使信息资源管理逐步实现规范化、制度化。五是科学利用信息资源，努力提高为基层和企业服务的质量。

同年，市金融办积极致力于推进业务信息系统建设，切实加强信息资源的综合开发和利用，为政府决策和推进上海国际金融中心的建设服务。上海金融数据平台系统建成后，将加快对金融信息的采集、加工、整理、分析和开发，从根本上改善目前金融信息利用滞后的状况，为金融发展方向提供决策依据。

【“上海金融”网站改版】 “上海金融”网站自2003年6月开通以来已经运行了近3年，2005年10月，网站第二版成功上线。针对第一版中存在的一些问题，经过改版后的网站主要具有3个特点：一是调整了栏目。从第一版的5个栏目调整为8个栏目，使栏目分类更为清晰，导航检索功能更为完善。二是增强了服务和互动功能。改版后的网站形成了以“政务信息公开”、“新闻媒体发布”、“政策法规”、“互动平台”、“金融研究报告发布”等5个子系统为主要内容的金融信息服务平台，网上服务和互动功能更加完善。三是加快了信息资源整合。网站的信息资源得到进一步整合和分类，利用效率得到了提高。2005年，“上海金融”网站访问量超过5万人次。网站自开通以来共发布信息8 500余条，仅2005年就有6 200条。2005年，网站接收网上来信100余封，回复率100%。同时，网站积极配合“中国上海”门户网站开展各项网站工作，如GSCI全网检索系统的升级、网站日志开放、撰写稿件以及信息上报等。2005年，网站共上报信息1 377条，被采用了248条。

【推进信息资源整合综合开发利用工作】金融党委、金融办积极贯彻和落实中央34号文件精神和市委市政府的有关要求，着力从以下几个方面推进信息资源综合开发利用工作：一是进一步加强对信息资源开发利用的统筹规划和组织领导，定期召开委办信息化管理领导小组工作会议，落实责任，建立、健全分工负责的信息管理体系；贯彻落实国家关于加强信息安全保障工作的各项政策，健全信息安全监管机制，提高信息安全保障能力。二是进一步加强信息资源的开发利用工作。强化市金融办的信息意识，着力开发和有效利用金融机构的信息资源，推进委办的信息来源和渠道建设，推动信息资源总量增加、质量提高、结构优化，提高金融信息资源的开发与利用水平。三是加强金融信息资源的公益性开发利用和服务。重点是搞好网站建设，搭建好服务平台。以网站为媒介向公众展示上海金融形势以及地方金融工作情况；将累计历史材料归档并逐步通过计算机进行数据管理，做到信息公开更新及时，索引清晰，方便查阅；以新的数据库后台为依托，进一步开发有智能控制的应用模块。四是坚持用创新的观念搞好信息化工作。根据金融的实际情况，金融办通过搭建上海金融数据平台，为各金融机构提供有针对性的服务；通过软件开发，建设了适合政府机关宏观分析需要的数据处理平台，形成各种金融业务数据的自动读取及报表生成、统计数据处理、产品的展示、系统管理等一整套功能完善、管理严谨、基本满足政府机关需要的数据通用平台系统。业务信息系统建设完成之后，将通过专网专线铺设，达到要求的保密程度，使得信息在绝对安全的基础上，更加方便、流畅、快捷。同时，市金融办将通过电子化手段自动计算出机构或者市民最感兴趣的信息，加以整理与公布，更好地为领导决策和市民提供服务，提升上海金融信息化水平。（钱　璟）

上海市安全生产监督管理局

【概况】 2005年，上海市安全生产监督管理局（以下简称“市安全生产监管局”）信息化建设以软硬件开发和整合为重点，按照“信息应用稳步推进、信息管理规范有序、信息保障及时有力”的工作目标，加快推进信息技术应用和信息资源开发，带动政务工作的顺利、高效开展。

【改版“上海安全生产”网站】 为不断满足政府信息公开要求，更好体现网上办事、网上咨询、网上服务的功能，2005年10月，市安全生产监管局对“上海安全生产”网站实施了全新改版，进一步优化了网站信息结构，使之更趋合理、紧凑、新颖和人性化。网站在版面、形式、内容，以及时效性、功能性等方面都有所提升，点击率也不断上升。据统计，网站首页日访问量由原来的平均586人次上升至872人次，同比增长48%；截至2005年12月31日，网站总访问量累计突破了23万人次。

改版后的“上海安全生产”网站在保留“政府信息公开”、“网上办事”等重点栏目的基础上，大胆创新，逐步形成自身特色。一是围绕上海安全生产中心工作，推出了有自己风格的专题新闻。网站目前已陆续推出了内容涉及上海市小企业安全监管、出租厂房专项整治、安全质量标准化、《上海市安全生产条例》宣传和安全生产月活动等10多个专题，有效提高了网站的信息综合服务水平。二是依托市安全生产监管局所拥有的安全生产事故统计权威数据，网站发布了准确的生产安全事故快讯和季报，正确引导安全生产社会舆论。三是突出安全文化特点，为增强市民安全意识，提供安全防护知识，网站推出了“安全常识”等科普性栏目，并采取灵活多样的形式加强对安全文化理念的宣传力度。

【启动上海市安全生产信息化发展“十一五”规划编制】 根据《上海市安全生产“十一五”规划》的总体框架，2005年底，市安全生产监管局开始启动上海市安全生产信息化发展“十一五”规划的编制工作。通过成立规划工作小组，拟订方案、开展调研、广泛收集资料，市安全生产监管局分析研究了安全生产信息化工作的特点及问题，初步提出了“十一五”期间安全生产信息化工作的6大主要任务：一是加强基础数据资源建设，夯实信息化应用基础；二是建设完善网络基础设施，保障政务管理网上畅通；三是围绕全生命周期管理主线，深入推进电子政务应用；四是建设安全生产协同监管体系，提高应急救援反应能力；五是构筑企业安全生产信息体系，推进安全社区窗口建设；六是完善信息安全保障支撑，提高保障与防范能力。

【完成局办公自动化系统的研制开发】 为促进机关办公自动化应用水平的提高，2005年，市安全生产监管局完成了OA系统的开发研制工作。OA系统以开放性和灵活性强为特点，着重于流程的自定义与数据库的扩展，实现了个人办公、公文处理、事务处理等主要功能，可提供安全生产法律法规等服务信息的查询，并具有领导批示、工作督办等重要应用功能。通过OA系统，规范行政办公流程，加强目标管理考核，有效提高了机关内部的信息化应用水平。

（谢　刚）

上海市人民政府新闻办公室

【长三角网络媒体携手聚焦“长三角”】 为重点宣传“十五”期间上海、浙江、江苏经济社会发展的巨大成就和实践经验，宣传两省一市“十一五”规划的发展目标、指导方针和总体部署，以及各地、各部门和广大干部群众全面建设小康社会的实际行动，由上海、浙江、江苏三地新闻办联合协调组织的“长三角”地区网络媒体集体采访活动于2005年12月22～28日在三地举行。参加此次活动的网络媒体基本覆盖了“长三角”地区的主要从事新闻业务的互联网站，东方网、上海热线代表上海网络媒体参加了集体采访活动。在上海站一行中，三地网络媒体记者重点采访了浦东开发开放15周年的成就和改革开放示范先行的情况，考察采访了杨浦区产学研基地和复旦光华集团，从而对上海近年来经济建设发展情况加深了了解。此次活动深化了长三角网络媒体间的交流与合作，为营造上海良好的网络舆论环境提供了有效资源。

【组织开展抗日战争暨世界反法西斯战争胜利六十周年网上宣传报道工作】2005年是中国人民抗日战争暨世界反法西斯战争胜利六十周年，按照中央和上海市委的部署，上海市人民政府新闻办公室（以下简称“市政府新闻办”）积极策划，组织全市互联网开展宣传报道工作，取得了显著成效。整个网上纪念活动主题鲜明、内容丰富、形式多样、有声有势，在社会上引起较大反响。东方网、传统媒体网络版及具有登载新闻资质的商业网站不仅刊登相关报道、图片逾千篇（幅），还组织力量进行原创重点纪念文章30余篇。此外，各网站在宣传过程中巧妙组合资源，采用形式新、容量大的专题形式进行网上宣传。各网站不拘泥于普通的纪念形式，充分利用互联网图文、音像、互动交流等优势，使网上纪念活动推陈出新。通过互联网宣传，上海市抗日战争胜利六十周年宣传报道活动在社会上收到了明显效果。各网站数据统计表明，本次宣传活动中，网民对纪念新闻、专题、栏目的点击率较往年有明显增加。

【积极推进上海市网站普查工作】 在2004年度网站普查基础上，市政府新闻办于2005年3月21日起开始了新一轮网站普查工作。首先，市政府新闻办对在上海市通信管理局注册的3 111家网站进行了第一阶段普查，并在此后一段时间逐步推进这项工作。在普查中，市政府新闻办根据网站的主要性质将网站进行了二级分类。在综合类、娱乐类、公司业务类、教育类、政府事业类、商业类、财经类7个一级类别基础上，又对一些较为特殊的网站根据其服务主要对象与目的做了二级划分，如宗教类、公益类、个人类等。通过普查发现，目前全市网站体现了网站类型多样化，商业网站数量较多，高关注度网站数量偏少，以及网站信息交流外向性强等特点。此项普查的开展为全面掌握全市互联网站发展情况，进一步对全市互联网站进行依法、科学、规范管理提供了依据。

【上海首次举行重点网站高峰论坛】 2005年3月，市政府新闻办策划组织了首届上海市重点网站高峰论坛会，东方网、上海热线、盛大网络、亿贝易趣、携程、九城等17家全市有影响力的网站出席了会议。5月28日，第二届重点网站高峰论坛在东方网开通5周年之际成功举行，出席会议的单位增至19家。两次高峰论坛会上，与会网站就“互联网发展及其社会责任”、“网络传播与社会和谐”、“网络新闻与文明社会”、“网络娱乐与健康社会”、“网络商务与诚信社会”等命题展开研讨。国务院新闻办和上海市有关领导分别出席会议并讲话。上海重点网站高峰论坛为进一步推动上海市互联网积极、规范、健康发展搭建了有效平台。

【东方网开通“和谐发展论坛”】 2005年4月，在市网宣办和市政府新闻办的积极支持下，由东方网和中国大学生在线发起，联合新浪网、千龙网、南方网、北方网、浙江在线、中国江苏、上海热线等7家全国知名网站共同主办的“和谐发展论坛”在东方网上正式开通。论坛倡导“以和谐的方式开展辩论、以沟通的方式达致和谐、以和谐的共识促进发展”，并开创了直播聊天和BBS同步互动的形式，产生了良好反响。

【举行纪念浦东开发开放15周年老照片网上征集活动】 2005年3月1日～4月25日，市网宣办、市政府新闻办协同浦东新区新闻办以浦东开发开放15周年为契机，组织传统媒体与网络媒体成功举办了浦东开发开放15周年老照片有奖征集活动。参赛作品为拍摄于1949年至1990年期间反映浦东风貌的老照片，涵盖了城市建设、经济发展、文化传统、居民生活、各行各业工作场景等浦东相关主题。该活动以上海地区为主，辐射全国，从照片征集、统计评奖到活动展示历时整整两个月。通过老照片征集活动，形象再现了15年来浦东经济建设和社会发展取得的丰硕成果，增强了网络正面宣传影响力。

【贯彻执行《互联网新闻信息服务管理规定》】 2005年9月25日，国务院新闻办公室、信息产业部联合颁布了《互联网新闻信息服务管理规定》（以下简称“《规定》”），这是在2000年11月颁布《互联网站从事登载新闻业务管理暂行规定》（以下简称“《暂行规定》”）的基础上，中国规范互联网新闻信息服务的又一个重要规章。新《规定》出台后，《暂行规定》即自行停止。新颁布的《规定》在总结近几年实践经验的基础上，针对互联网新闻信息服务中的新情况新问题，提出了新的规范和要求，目的是更好地规范互联网新闻信息服务，满足公众对互联网新闻信息的需求，维护公共利益，保护互联网新闻信息服务单位的合法权益，促进互联网新闻信息服务健康、有序发展。市政府新闻办及时组织全市相关网站认真学习、贯彻新《规定》，坚持将依法管理作为网站管理的重要理念常抓不懈。

【正式行使互联网新闻信息服务管理行政执法权】 根据2005年9月25日国务院新闻办公室、信息产业部联合发布的《互联网新闻信息服务管理规定》，市政府新闻办被赋予互联网新闻信息服务管理行政执法权，可依法对全市违规从事互联网新闻信息服务单位实施行政罚款处罚权。目前，市法制办已向市政府新闻办发放罚缴分离机构代码。自2006年1月1日起，凡违规受罚网站持市政府新闻办开具的行政处罚决定书，便可在全市建行或工行自行缴纳罚款，这是对网站进行依法管理的一项重要措施。

【推动上海市互联网站线上互动业务】 2005年，市政府新闻办积极支持和推动全市新闻网站在强化综合平台的同时，拓展网络互动业务和新闻信息化渠道建设，发展延伸网络阵地，不断增强在开放式竞争中的新传媒阵地建设。东方网在全国媒体网站中率先推出移动3G新闻平台，并获得了东方短信在移动和联通的1528、9528两个特服号全网增值业务牌照；文广新闻传媒集团整合上海电视和广播的资源，开展了手机流媒体业务及相关增值业务。此举有效推动了全市新闻单位线上互动业务良性发展，扩大了网络舆论宣传阵地。

【开展上海市移动信息服务业工作调研】 面对互联网管理工作中不断遇到的新情况，市政府新闻办以具有代表性的移动信息服务业为突破口，结合短信、WAP、移动流媒体等具体业务形态，对移动信息内容与服务提供商、移动网络运营商和有关政府管理部门进行了深入调研。此次调研工作对移动信息服务业的发展现状、行业特征、社会影响以及相关管理工作存在的问题等进行了认真细致的调查研究，及时总结了有关部门在此领域的管理经验，对现有的移动信息内容监管制度进行分析并提出建议。在此基础上，市政府新闻办将在下一阶段贯彻落实《互联网新闻信息服务管理规定》的工作中，会同相关部门逐步推进移动信息服务业的内容管理工作，保障上海市移动通信网络的内容安全。 （市政府新闻办）

上海市粮食局

【概况】 2005年，上海市粮食系统信息化建设稳步推进。上海粮食网完成第二次改版，网站更加贴近市民需要，在年度市政府网站评比中获得优秀等次；市粮食局公务网网站以及局域网网络系统分别进行了改版和升级；覆盖全市大型粮食批发市场价格监测系统正式启用；地方储备粮交易首次成功实现电子竞价交易。

【粮食批发市场价格监测系统启用】 2005年9月29日，上海粮食网正式开通上海粮食批发市场监测系统，发布即时粮油价格信息，供市民查询。2005年上半年，为保障上海粮食安全，建立市区两级粮食（食油）预警系统，市经委、市粮食局共同开发建设了上海粮食批发市场监测系统。该系统借助现代信息技术，对全市10个大型粮食批发市场数十种粮油产品的价格、成交量、来源等信息进行持续动态监测，实现了全市粮食行政管理部门对粮食批发市场监测工作由人工管理到计算机管理的突破。目前，该系统运行正常，粮油价格信息已经成为上海粮食网的热点栏目之一。

【地方储备粮竞价销售实现电子竞价交易】 2005年10月31日，上海市地方储备粮竞价销售交易会在上海农产品中心批发市场举行，来自上海、江苏、福建等地30余家饲料加工及商贸企业参加竞价销售交易会。本次交易标的物是2.7万吨东北产黄玉米，有关企业竞价踊跃，共成交了15个批次1.37万吨，其中上海企业成交13个批次1.18万吨，江苏企业成交2个批次0.19万吨。这次竞价交易会是上海首次采用电子竞价方式进行的地方储备粮交易会，为发展上海粮食电子商务进行了一次有益探索。 （熊一鸣）

上海市高级人民法院

【概况】 2005年，上海市法院信息化工作以应用项目的推广和系统运行维护为重点，以网络信息安全和管理工作为抓手，全面贯彻落实年初全市法院调研暨信息化工作会议提出的“用好、完善、管好”六字方针，信息化应用获得新的成果。市高级人民法院办公楼智能化系统工程被《计算机世界》周报评为“年度中国信息化建设项目成就奖”。

2005年12月，在《人民法院报》与江苏省高级人民法院、上海市高级人民法院联合召开的“审判质量效率评估体系研讨会”上，上海法院审判质量评估管理系统进行了网络远程实时演示。上海法院运用信息化手段实现审判质量效率评估指标数据的自动生成，对全市法院审判质量效率进行动态管理的经验，引起了会议代表的极大反响和高度评价。

【执行管理系统全面升级】 从2005年10月17日起，新的“执行管理系统”7.0版已在市高级人民法院和辖区基层法院范围内正式运行。中级法院现有执行管理系统也将与系统对接，逐步过渡，这将有力地推动上海法院执行工作规范化进程。“执行管理系统”7.0版本是为适应高院对执行工作规范化和统一管理、统一协调的需要，在“执行管理系统”6.0版本基础上开发完成的，它主要具备了案件办理、财产控制和执行款管理期限预警、相关案件信息自动提取和复制、案件流程和代管款管理、统计报表和法律文书的自动生成、查询等五大功能。与原版本相比较，7.0版本具有信息收集量大、信息采集速度快、信息利用率高的特点，既照顾到及时收集案件各类信息的需要，又照顾到给办案人员具体操作提供方便；既照顾到案件流程和上、下级法院监督管理的需要，又照顾到地方法院和专门法院之间的差异带来的不同特点，还考虑到功能拓展以及将来与最高人民法院执行管理系统对接的需要。新版本的研发、使用是市高级人民法院执行局加强执行工作和案件管理规范化的一项重要举措，它提高了立案庭、行政庭、执行局（庭）多部门协同工作的效率，减轻了办案人员工作量。

【上诉案件移送系统正式启用】 2005年8月，上海法院案卷移送系统在全市高、中、基层三级法院正式投入使用。该系统将三级法院的审判管理系统中的上诉移送功能进行了有机整合，彻底解决了上诉过程中二审法院对一审法院的案件信息进行重复录入的问题。这不仅减轻了审判工作量，同时从根本上保证了上诉案件在一审法院与二审法院的信息同步，而原审法院也可及时了解案件移送后的状态，实时取得二审信息。原审法院与二审法院间的告补、拒签、回收、转立案等操作也均可在系统中实时完成，这有效地解决了案件案卷移送时间过长的问题。不仅如此，作为案件管理部门，还可以实时掌握全市法院上诉移送案件的超期情况及超期原因等，实现了对移送案件流程的有效监控。

【司法鉴定委托管理系统运行】 市高级法院将原来的委托拍卖系统进行功能扩张，使其涵盖了全市法院涉案财务审计、工程审价、资产评估、房地产评估和拍卖的司法委托登记、委托机构选评等法院司法鉴定委托管理的全过程。同时，该系统的投入使用还进一步规范了全市各级人民法院、专门法院的司法委托鉴定工作，从技术手段上杜绝了在司法鉴定委托工作中可能存在的暗箱操作的问题。司法鉴定委托信息在审判过程中产生，从各级法院审判庭汇总至市高级法院，高院集中办理、公开配对，体现了上海法院司法鉴定委托管理过程中的公开、公平和公正。截至2005年底，该系统已完成了两次共计66个有关拍卖、房地产评估、审计、资产评估项目的公开配对活动。

【上海审判实践（内刊）网络平台建立】 上海审判实践（内刊）网络平台是“上海审判实践”杂志的投稿、审稿、编辑一体化网络平台，通过上海法院广域网，各法院工作人员能够方便快捷地通过上海法院网站进行投稿，刊物编辑部门能够在第一时间看到来自于全市各级法院的稿件。平台提供了编辑人员审核稿件、编辑稿件的功能以及对稿件进行便捷摘要的工具，还提供了与印刷方的稿件交互手段和稿费自动统计功能。平台同时还能在上海法院网站上自动建立“上海审判实践”杂志的电子版和“上海审判实践网络增版”，并提供全文检索功能，给广大干警提供了迅速查阅审判实践稿件信息的新途径。

【调研工作考核管理系统运行】 2005年，为进一步提高法院调研工作水平，健全和完善法院调研工作考核机制，激励调研工作更好地在法院各项工作中发挥积极作用，更好地为审判工作服务，上海法院调研工作考核管理系统投入运行。该系统实现了调研文章、司法统计、案例精选、学术论文、重大课题、专题调研活动、调研成果转化等工作的网上登记，并根据法院调研管理部门制定的多指标综合评价方法，由软件自动对全市各法院登记的调研工作进行整体的评价、判断，从法院干警参与调研情况、公开发表调研文章情况、完成上级统一布置的调研工作情况等8个方面进行考核。考核方案可以由调研管理部门动态设置，系统自动完成考核并排序。

【公务网三期应用项目建成】公务网三期应用项目是：建立上海法院公告中心和资信数据管理中心。公告中心提供了案件审理过程中每个环节的公告信息，如开庭信息、送达信息和执行信息等，并提供多种方式的检索工具，支持最先进的RSS订阅功能；上海法院资信数据管理系统按照市委、市政府关于建设全市诚信体系的整体部署，将法院相关信息纳入了上海市社会信用联合资信系统中。该管理中心收集全市三级法院生成的资信数据，并将数据提供给公务网用户。上海法院公务网三期的建成将为公务网其他单位提供了更多的共享信息。

【远程电子鉴章系统开始应用】 远程电子鉴章系统嵌入公文流转系统，以适应目前办公文秘业务工作的需要。法院在司法审判工作中会产生大量的法律文书，为使法律文书能及时有效地发放给当事人，减少派出法庭因盖章所需花费的时间，提高工作效率，上海法院结合现有的办公流程、信息安全技术，开发了一套满足现行业务要求的公文盖章流转系统，以适应目前工作的需要。其主要有申请、审核、盖章、发送、权限控制、份数管理等功能。办公文秘管理系统携远程电子鉴章模块于2004年底在嘉定法院率先试运行，进行了远程在线的鉴章处理，完成了发文的拟稿、签发、印章和打印等办理流程。在运行一阶段并取得积极的成果后，闵行、宝山、崇明、浦东等法院也陆续使用了本系统。该系统的上线，有效地为用户减少了大量手工作业的工作量和节省了往返的办理时间。

【教育培训管理系统启用】 2005年，全市法院教育培训系统启用，实现了培训计划的制定、发布、报名、审批的网络化管理流程。通过网上发布的培训计划菜单，全市法院干警可以选择适合自己的培训计划进行报名，并由相关部门进行审批，这提高了教育培训管理工作的效率，实现了利用现代化高科技手段来管理全市法院干警的教育培训情况的目的，今后将在远程教学和课件管理方面开拓其应用。 （杨 斌）

上海市人民检察院

【统一应用检察办案软件】 2005年度，上海检察信息化工作围绕加强法律监督能力建设的主线，将积极推进检察办案中的信息化应用作为服务检察工作大局、规范执法行为、完善法律监督工作机制的切入点。一年来，全市19个基层院和一、二分院及铁检分院全部使用了统一的检察办案软件，为实现“跨越式发展”迈出了关键一步。

检察办案软件在全市检察机关的全面应用，从办案程序、法律文书到动态管理等方面，对办案监督制约机制的完善发挥了重要作用。一是体现了办案流程各环节之间的监督制约和管理控制，提高了规范性。二是通过对案件信息、证据审查等输入要求的设定，保障了办案质量。三是通过软件定制文书模板的功能，规范统一了26种常用法律文书的格式。四是为各类案件实现网上管理和流程监控提供了有效手段，利用网络开展网上案件质量评议、网上案件质量督导，取得了很好效果。

【三网网站全新改版】 2005年度，市检察院对“检察业务网”、“检察公务网”、“检察外网”3个网站进行了全新改版，实现了三网信息镜相操作。

网站具有新闻发布会现场直播、录制和视频资料点播功能，对检务公开等更新频率低的信息采用了多媒体、中英文双语等表现形式，以文件夹方式实现对多个单位、多个部门文件的群发、群收功能，对本网站信息提供综合检索和相关文档检索、关联等功能，对采集来的各类信息提供专题分类阅读功能。

三网网站具有统一的用户管理、权限分配机制，在信息录入时既可进行重稿检查、重稿提示和维护，又可对敏感信息进行校对、过滤、监控、统计。网站还具有遭袭报警和恢复等功能，并支持功能拓展。

【一、二级专线网升速扩容】 按照高检院统一部署，全国检察机关一级专线网实施升速扩容一期工程，上海市人民检察院于2005年9月完成了节点实施工程。该节点实施工程采用华为NE40路由器和S5516交换机作为一级专线网接入设备，并根据高检院的技术参数设置要求搭建通信平台，建立起市检察院至高检院的视频会议、数据通道、专线电话等路由设置，对原有一级专线网视频会议终端设备进行了软硬件升级，完成了与高检院视频会议系统联调和T.120数据会议系统测试。

在市公务网管理中心大力支持下，市检察院于2005年9月完成了二级专线网数据信息与视频信息的分路传输，并成功地召开了9次全市检察机关二级专线网电视电话会议和16次视频培训。一、二级专线网升速扩容后，信号的传输速率和带宽得到较大改善，视频会议图像和声音质量得到有效提高，为全市检察机关网上各类多媒体信息的应用创造了质优带宽的网络环境。

【全市检察机关完成业务网安全保密测评】 根据国家保密局和高检院保密委对涉密计算机信息系统安全保密建设的有关要求，上海市检察机关坚持安全保密与计算机网络系统同步规划、同步建设的原则，着眼于构建检察机关计算机信息系统网络安全保密防范体系。为了做好全市各级检察院安全保密系统建设，市检察院下发了《检察机关安全保密建设实施意见》，明确了安全保密方案的报批和安全保密测评必须严格按照国家保密局的规定、规范、标准和审批流程进行，重点抓了各单位安全保密方案的审核工作，坚持测评通过一家，接入一家的原则。2005年底，全市23个检察院全部完成计算机信息系统安全保密方案的审批和业务网安全保密测评工作。

【编制《2005年～2007年上海检察信息化建设与发展规划（纲要）》】 为适应新形势下党和国家对检察机关工作的总体要求，推进检察机关现代化建设，根据高检院《2005年～2007年检察信息化建设与发展规划（纲要）指导意见》，结合上海检察工作的实际，市检察院制定了《2005年～2007年上海检察信息化建设与发展规划（纲要）》，用以指导全市检察机关今后三年信息化建设与应用工作。

上海检察机关2005～2007年信息化发展总体目标是：经过努力建成一个技术先进、标准统一、功能完善、安全保密、应用门类齐全的检察综合信息网络和相应的应用体系，使上海市检察系统在基础网络建设、检察业务应用、信息安全保密等方面产生一个新的跨越，达到全国检察系统的先进水平。

上海检察机关2005～2007年信息化发展建设任务：①检察业务、队伍、检务保障应用方面，完成4大应用平台建设。一是检察办案、案件管理及质量监控平台；二是检察队伍、绩效考核及教育培训平台；三是网上办公、检务保障及综合管理平台；四是检务公开、法制宣传及信息共享平台。②基础网络、安全保密建设方面，要完成3大管理中心建设。一是基础网络建设及支持维护中心；二是信息安全保密及网络管理中心；三是信息交换、存储及灾难恢复中心。

【开发行政执法与刑事司法信息共享平台】 在行政执

法与刑事司法相衔接工作机制的框架下，为进一步加强执法衔接的质量和效率，提升衔接工作的科技含量，建立衔接工作的长效工作模式，浦东新区检察院提出了建立“行政执法与刑事司法信息共享平台”的构想，得到了高检院、市院领导的充分肯定和关注。经过近3个月研制，“行政执法与刑事司法信息共享平台”已开发完成，并投入了使用。该系统主要针对行政执法机关、公安机关、检察机关、监督机关案件信息的处理、查询、统计和交互等问题，具有在线帮助、最新执法动态、案例研究等功能。该系统实现了便捷、规范、高效、全面的执法工作衔接和协作，增强了行政执法与刑事司法整体工作合力，有力地提升了查处破坏社会主义市场经济秩序违法犯罪工作的质量和效率，是对执法衔接工作模式的一次重要开拓。

【探索网上检务绩效考核新机制】金山区检察院以信息化建设为依托，利用局域网平台，创新开发了“比工作、比质量、比效率、比贡献”的网上检务绩效考核软件，努力把现代管理理念和管理手段引入检察业务和队伍建设，积极探索与最高人民检察院工作思路相吻合的检察业务、队伍建设和信息化管理“三位一体”的长效管理机制，做到了“过程控制、操作规范；绩效展示、公开评析；相互制约、确保公正；量化考核、奖优罚劣”，形成了稳固的网上检务绩效流程控制体系和快捷高效的评析平台。该软件涵盖的考核对象包括4个层面:一是检察长，由本人将履职情况和工作质量自我评价上网公布，接受全院干警监督；二是班子成员，由检察长按照考评细则和项目进行考核；三是中层正职，由分管检察长进行考核；四是中层副职和一般干警，由中层正职进行考核。该软件有利于从创新管理机制着眼，破除与现代司法理念相冲突的思维定势弊端，有利于从以人为本管理角度着力，给干警带来全方位监督和强烈的责任意识。

【建成网上综合信息平台】 2005年，虹口区检察院充分利用自身技术力量，以“检务公开、检察文化、办案流程、内务管理、业务培训、监督制约、绩效考核”7项检察工作内容为架构，通过信息资源整合和技术功能改造，建成了融网上办公、网上政工、网上办事和网上办案功能为一体的“网上综合信息平台”。该平台具有3大特点：一是利用数据挖掘技术和办案系统数据，提供满足用户需求的专用WEB查询界面；二是具有评议、推荐、关联、分级浏览、抄送等实用信息发布管理功能和栏目自定义扩展功能；三是引入个人主页和部门主页的新理念，将网上信息自动分类归入到个人和部门主页之中，体现了信息多元利用的价值。该平台提供检察长的话、干警谏言、才艺展示、思想交流、生日祝福等网上窗口，以激发员工的工作热情；提供网上技术服务、网上派车，以加强检务保障；组织以案论法、网上自测、电化教育等网上培训，以提升队伍整体素质。

【完成案卷高速扫描电子归档系统建设】 2005年，徐汇区检察院完成了案卷高速扫描电子归档系统建设。该系统针对历史档案、案卷电子归档，实现了纸质档案电子化，让档案室及相关查阅部门摆脱人工查阅模式，实现了档案电子化管理、电子化查阅，即在不翻阅原件的情况下，通过系统获得档案内容，达到了最大保护原件的目的。该系统通过对借阅权限控制，档案室管理员可根据借阅的档案及详细目录对查阅人进行查阅时限、权限分配；为保障档案保密和安全，在用户查阅时间终止时系统将自动关闭该借阅人的查阅权限。该系统还具有高速扫描、文档优化、共享发布、远程查阅等特点，发挥档案的最大效值，提升档案部门的办公与管理效率。

（周莉莉）

共青团上海市委员会

【开展第四届“上海IT青年十大新锐”评选活动】 2005年6月，第四届“上海IT青年十大新锐”评选活动拉开了帷幕。本次活动的评选领域包括信息基础设施、信息产业、经济与社会信息化和信息化环境营造四个领域，共35名符合推报要求的初步候选人参评。经社会投票和组委会投票，丁乐佳、刘小光、何洁冰、张健、周晴华、夏雷、顾燕芳、曹宏斌、薛向阳、瞿海滨等10位同志（按姓氏笔画为序排列）当选为第四届“上海IT青年十大新锐"；卜智勇、刘彤、孙军、杨杰、何嵩、沈备军、张建峰、陈钢、郭玮、凌力等10位同志（按姓氏笔画为序排列）获得第四届"上海IT青年十大新锐"提名奖。

《青年报》、《IT时报》、《计算机世界》等媒体对当选的IT青年新锐及其所从事的相关信息化领域进行了深度报道。在本次活动中，先后共有20多万人次上网浏览了评选活动的专题网页；该活动向手机用户群发活动短信近1 000万条。

【构建"市民（青少年）信息服务平台"】 2005年，共青团上海市委员会（以下简称"团市委"）、上海市信息化委员会等单位共同承担并积极实施了市政府实事项目——"市民（青少年）信息服务平台"。团市委根据实事项目各项服务内容的实际情况，研究设计了适合网络特点和青少年需求的网上服务新模式，并不断优化工作流程和服务流程，先后两次进行大规模改版。一年来，利用网站和12355热线为广大市民尤其是青少年提供了心理健康、法律咨询、职业发展、家庭教育等方面的服务。平台的信息发布功能和互动服务功能得到了有效的发挥，特别是平台的"留言板"、"视频直播"等栏目，已成为网站颇具特色的服务方式和手段。截至2005年底，专家为市民提供"一对一"服务5 871人次；平台总访问量为39.0814万人次，平台注册用户数达2.2344万人；留言板发帖4 332条，BBS发帖1.5521万条。

【探索建立共青团快速动员和响应体系】 在2004年初步建立共青团信息化基础平台的基础上，2005年，团市委致力于平台各系统的不断完善：①电子邮局平台进行了系统升级，增加了分级、分层管理与选择性群发的功能；②短信平台与上海移动实现了后台对接，实现了短信群发功能；③视频会议系统通过直播、录播、互动等形式，已成功运用在团市委先进性教育、团员意识教育等近50次活动中；④BBS系统全新改版，全年应用在"青春自护、远离网瘾"专家在线讨论、新时期团员标准讨论等活动和工作中；⑤网络电话经过技术改良，为赴老挝的青年志愿者和机关相关部门进行了配备，在日常联系中都取得了较好的通话效果。

【开展青少年"触网"现象系列研究】 团市委密切关注互联网上出现的新现象，认真研究这些新现象对青少年产生的影响和由此引发的各种问题，完成了《青少年触网的新情况、新问题和对策》、《网络社团和虚拟社区的组织化研究》、《上海共青团公共服务平台建设的研究》等相关报告。其中，《网络电台对青少年影响的研究》、《关于近期在网络上出现"裸聊"现象的调研》受到中央、市委和团中央领导的高度重视。

【上海市信息化青年人才协会开展系列活动】 2005年，上海市信息化青年人才协会不断加强自身建设，建立和完善各项制度，编辑发行协会简报，加强对协会会员的服务，开展了一系列丰富多彩的活动。一年中，协会成功举办了"与数字城市一起成长——上海电信日与信息化青年论坛"、"城市建设管理与信息化论坛"、"探索新融合、创造新空间——电信与信息化的亲密接触"企业家论坛、走近"数字港城"——IT企业家临港新城参观考察等研讨活动。协会通过会员沙龙、"运动·活力"小组沙龙等形式，促进会员之间广泛交流、共谋发展，使协会形成了较强的凝聚力。协会还组织会员参加年度IT届的盛会——西湖论剑、参加"武汉青少年数字文化节"的活动之一——"武汉城市圈与信息化"青年论坛，使会员走出上海，放眼全国，为全国尤其是中西部地区的信息化建设贡献了一份力量。此外，协会还和美国纽英伦中华资讯网路协会、上海市信息服务业行业协会、上海市计算机行业协会等其他相关组织广泛合作，先后共同开展了青少年网页设计大赛、创意世博——2005世博网络作品设计大赛、数字化城市大会等9个活动。

（团市委）

第四编

经济领域信息化

综　述

2005年，上海市经济领域信息化建设继续以信息技术应用推进为核心，在进一步推动电子商务和电子口岸发展的基础上，加大农业、金融、物流和航运、商贸流通、旅游和会展等领域的信息化应用推进力度，取得了良好的成效。

1. 以农业信息服务为重点，完善农业信息体系建设

2005年，市农业系统以农业科技信息化、农业服务信息化、农村基层信息服务站建设为途径；以生态农业建设为突破口，加强信息技术在农业领域的应用，充分发挥信息技术在以生产过程监控数字化、入沪畜禽产品签证记录、农产品条码查询为核心的档案农业信息系统建设应用中的支撑作用；继续推进市境道口动物防疫监控、农产品认证监控等监管系统的建设，完善农产品安全快速检测、食用农副产品质量安全信息查询等公共信息服务系统，基本完成农口系统"五网一线"（"五网"即农委政务网、上海农业网、华东农业网、科教兴农网、农民远程教育网，"一线"即农科热线）建设；农业网累计点击量达3亿次，日均14.6万次。

2. 以企业信息化应用推进为重点，将传统产业的信息化改造与促进信息产业发展结合起来

2005年，依托上海信息化建设的优势，转变管理观念和管理方式，充分发挥市场配置资源的基础性作用，充分尊重企业的信息化主体地位，优化企业信息化的环境、为企业信息化建设提供服务。以先进制造业和现代服务业为重点，鼓励引导企业通过对信息资源的深度开发和广泛利用，不断提高企业产品设计与开发、加工生产与管理、过程控制、质量监测、经营管理、决策、行销以及售前和售后服务等的信息处理自动化程度、运作效率和水平，进而提高企业经济效益和企业市场竞争能力。通过标准颁布、分类指导，培育企业信息化社会服务体系，围绕企业信息化推进工作，以资源整合和宣传推广为手段，建立相关行业、咨询中介机构的协同配合机制，促进信息技术与装备制造业的融合，推动传统产业企业的业务流程再造和管理现代化，实现企业间资源优化配置，提升产业整体竞争力，实施传统产业电子化水平提高计划。

以企业信息化发展为主线，加快推动以产业类集团为基础、通过信息技术与产业技术结合而成的先进制造业，以商贸类集团为基础、以信息技术的广泛应用为主要特征的现代服务业，以科研院所和资产经营公司为基础、体现信息化、标准化、智力化特点的知识产业的三大产业群提升，通过信息化建设，推动企业创新，形成由大企业、大集团组成的体现城市核心竞争力的产业新高地；以企业信息化应用服务提供（ASP）模式为载体，扶助面向不同行业的服务提供模式（ASP平台）开发与应用，降低中小企业在信息化实施过程中的门槛，推动中小企业信息化进程；聚焦园区，促进各类企业聚集的产业园区建设由注重量的增加转向注重质的提高，企业信息化园区示范工程项目建设成效显著，出现了一批装备产品智能化产品和行业、企业信息化建设效益明显的成功案例。

2005年，市信息委、市人事局继续积极推行信息技术管理职业资格培训制度，实行"项目建设，培训先行"的信息管理人才的培养及储备机制。在顺利完成"上海市企业信息化促进中心"组建和"企业信息化培训体验环境"建设的基础上，定期举办面向企业高级管理人员的"企业信息化发展战略高级研修班”；上海市企业信息化促进中心以“更新理念、激发需求、促进应用、提升产业”为目标，成功组织开展包括案例征集、方案评选、知识竞赛、有奖征文、区县巡讲、合作交流、专题研讨、网络推广、高峰论坛为主要内容的企业信息化宣传推广活动。一年来，在市信息委、市经委、市科委、市外经贸委和市国资委的协力支持下，上海市“企业信息化示范园区”、“企业信息化十佳成功案例”、“企业信息化十佳优秀解决方案”的示范效应日益凸现。

3. 金融信息化领域建设取得突破性进展

2005年，全市银行卡累计发卡5 729.8万张，比上年末增加796.82万张，其中贷记卡累计发卡358万张；全年银行卡交易量达3.22亿笔，交易金额达2 761.18亿元，同比分别增长50.5%和61.9%；银行卡交易金额中，持卡消费金额为1 233.15亿元（其中投资类消费金额404.95亿元），同比增长7.1%，占全市社会消费品零售总额的比重达27.9%。联网商户2.17万家，联网POS机约5.8万台；全年跨行交易量达2.15亿笔，交易金额1 622亿元，同比分别增长28.5%和15.5%，其中直接消费1 087亿元，同比增长13.6%；8家股份制银行开通“柜面通”业务，实现柜面银行卡跨行存取款，至年末，累计完成跨行存取款交易23.16万笔，交易金额8.41亿元。金融税控收款机试点推广工作启动；电子标签在物流、卫生、食品安全等领域开展应用试点；“上海市金融信息服务产业基地”挂牌，吸引投资近30亿元。

4. 电子商务政策法规环境建设不断完善，电子口岸建设取得显著成效

2005年，全市电子商务企业完成交易额1 327.09亿元，同比增长78.6%，占全市商品销售总额的比重达10.3%；积极贯彻落实《国务院办公厅关于加快电子商务发展的若干意见》和《中华人民共和国电子签名法》，加快上海市电子商务立法；继续开展“电子商务创业园”试点工作，引导市民通过网上开店等电子商务模式开展网上创业，在解决社会再就业、创建良好的电子商务应用环境等方面收效良好。加强网上交易诚信体系建设，成立了电子商务投诉服务中心。

2005年，建立上海电子口岸建设联席会议制度；实现上海电子口岸呼叫中心与市外汇管理局联网，完成洋山港综合信息平台一期建设；“大通关”平台功能进一步完善，海关特殊监管区域联网监管系统投入运行，应用范围覆盖5个出口加工区、外高桥保税区及外高桥保税物流园区；“一单两报”、“区港联动”系统启动试点；进出口领域企业基础信息交换共享试点方案形成。至年末，“大通关”平台的企业电子支付交易额达480亿元，同比增长92%，全年报文传输量达5 184万份，同比增长107.5%，单证电子化率达71%。

（市信息委产业处）

第一章　农业信息化

概　述

2005年，上海市农业信息化建设以服务农业、农村、农民为宗旨，以建设“规划布局合理、经济实力增强、人居环境良好、民主法制加强”的社会主义新郊区为战略目标，以“推进上海农业领域信息化三年（2003～2005）行动方案”为指导，在改善现有网络条件和基础设施、完善信息服务平台、注重信息科技攻关、关注农产品安全等方面加大了工作力度。一是构建上海农业“三网一线”信息服务平台。上海市农业系统完善了上海农业网功能，丰富了网站内容，新增了“农业信用”、“村务公开”、“农民合作社”、“蔬菜数据分析”四大栏目；加强区域农业信息资源共享与合作，创建华东农业网；建设农民现代远程教育网，实现了沪郊农民足不出镇就能接受教育；“全天候”办好上海农科热线。二是推进农村基层信息服务站建设。上海市农业系统充分利用农村基层信息服务站，开展网上网下联动调查；启动农民网上行活动；推广村务公开信息系统；探索开发村务管理信息系统，探索基层信息服务新模式，真正让农民享受信息化带来的好处。三是推进档案农业信息系统建设。为加快信息技术在农业生产管理、经营、农产品市场流通、食品安全监管等环节中的应用，上海市农业系统建立了畜牧、蔬菜等行业生产管理系统，推进农业生产企业信息化管理过程，促进农业生产标准化，强化农产品安全监管。四是推进农产品市场分析系统建设。上海市通过推进农产品市场分析系统建设，为各级农业主管部门的宏观管理和生产企业的微观分析提供量化数据参考，提高农产品的市场竞争能力。五是加强农业系统电子政务建设。上海市农业系统从整合资源、健全制度、扩充信息员队伍着手，升级网上办事系统，完善政府信息公开系统。　（市农委）

一、农业信息化应用基础建设

“三网一线”农业信息服务平台

【完善上海农业网】上海农业网（www.shac.gov.cn）自创办以来，始终围绕“让农民了解世界农业、让世界了解中国农业”目标，结合上海农业发展的特色，不断推陈出新。2005年，上海农业网先后推出“前卫农家乐”、“上海专业农民实用技术培训”、“短信服务”等专栏，完善了“禽流感防治”栏目。上海农业网英文版推出两年来，重点推出农业领域投资环境、投资政策介绍；宣传品牌特色农产品；开发了“咨询提问”栏目，至2005年底共收到并回复提问22个，成为上海农业与世界沟通的窗口。至2005年底，上海农业网累计点击数达到3.04亿次，平均日点击数达14.6万次。

【应用农民现代远程教育网】上海郊区农民现代远程教育依托农业广播电视教育自身的办学体系，已形成了由一个市远程教育中心、10个区县远程教育分中心、105个乡镇远程教育教学点所组成的全市郊区农民现代远程教育网络体系。2005年，上海郊区农民现代远程教育网积极协同市农委各行业办、各区县农委和市妇联、市卫生局等开展了绿色证书培训、农村劳动力转移培训、新型农民科技培训、农村富余劳动力引导性培训、“专业农民”项目培训等一系列系统行业内的全市郊区农民培训。全年，远程教育中心共播放卫星网络课件626课时，其中，自行制作的远程教育课件99课时，近5 000分钟，视频点播上网节目444部、1 361集。节目内容也从原来的以种植类、养殖类为主，逐渐向农业职业技能、家庭生活、健康保健、农村卫生等方面发展。全市郊区有9万多人次通过远程教育接受了各类培训，1.0045万人访问了上海郊区农民现代远程教育网站。

【上海农委政务网改版】 2005年9月，上海农委政务网围绕"政务公开、网上办事、为民服务"3大重点进行了第3次改版。网站首页新增了双语服务，新开设了"保护农民利益"、"加强农产品安全"、"科技入户工程"3大专题；新增了实用信息查询栏目，公众可查询到通过认证的安全卫生优质农产品、绿色食品、无公害产品、无公害产地名录；网上办事项目已开发完成36项，提供表格下载54张，网上办事平台进一步完善功能，新增了短信提醒功能。同时，为进一步加强信息工作，市农委健全了信息员队伍建设，在农委系统下属各事业单位分别增设了一名信息员，使农委信息覆盖范围、数量和质量都有大幅度提升。

【建设上海农科热线】由市农委牵头，九家农业科技部门创办的"上海农科热线"（021-62826666）自开通以来，紧紧围绕"立足郊区，面向全国，服务三农，促进发展"的办线宗旨，运用电话咨询、网上答问、来信回复、专家下乡、语音应答等多种形式，建立了专家值班、专项督办、后续跟踪、绩效评估等一套比较完善的工作制度，深受农民欢迎。至2005年底，热线共提供各类咨询服务2.8551万个，网上提问1 024个，来信提问379封，专家下乡服务2 147个，接待来访咨询1 415人次，语音自动应答来电2 393个；还在上海人民广播电台举办科普讲座52期，专家坐堂52次，邮寄"每月来电分析报告"和"百问百答实例选编"简报各2 160份，赠送农业科技图书2 200多册，赠送农科热线宣传广告10万多张。

农村基层信息服务站建设

【探索"三电合一"基层信息新模式】 2005年，根据农业部安排，嘉定区成为上海市三电合一农业信息服务试点地区。为此，嘉定区制定了《嘉定区三电合一农业信息服务试点的实施方案》，确定了电话热线等信息服务方式，下发了《关于"农技110"的有关通知》的文件，公布了"农技110"专家服务制度和嘉定"农技110"专家组名单，从而保证了嘉定"农技110"热线的服务质量。此外，热线还自主开发了双语功能和电话语音监控录音功能。目前，嘉定区已完成了25万字农技资料的汇编工作，并对在嘉定地区常见的699条问题进行了嘉定方言人工录音，已经建成了1.16G的SQL数据库，基本满足了电话语音系统和采集信息的需求。嘉定"农技110"热线电话自2005年10月17日开通以来，累计打入电话445个，回复率达100%，被用户誉为"农民的好帮手"。

【开展农村信息服务实例竞赛活动】 为探索农村基层信息服务的新形式，提高信息员的采编水平，上海市农委信息中心与《东方城乡报》联合举办了"上海农村信息服务实例竞赛活动"。本次活动历时3个月，有10个区（县）农业信息部门、农业行业协会和基层信息服务站积极参与，共收到118个信息服务实例，经评委会专家评比和服务站网上互评，产生了4个组织奖、10个优秀奖、30个鼓励奖。这些服务实例既有帮助农户排忧，又有为农业企业解困，反映了农村信息员为做好"最后1公里"信息传输工作而付出的辛勤汗水。

【开展上海市食用农产品安全信用体系知识问卷网上调查】 2005年8月15日～9月16日，上海市农委信息中心联合郊区10个区（县）农业信息部门和10家农业行业协会共同开展了"农业信用知识"问卷调查。通过填写网上问卷的方式，将食用农产品安全征信系统、食用农产品安全信用评价、农业行业守信自律、农业信用管理制度等方面的知识普及到农业企业和农户。本次调查共有450人参加了网上调查。（市农委）

二、农业业务信息系统

档案农业信息系统

【档案渔业管理系统】“档案渔业管理系统”对养殖业者的养殖许可证号、水产品苗种的放养种类及数量、饲料投喂、生产过程中药物使用的种类及数量、产品的收获及销售等进行数据采集，加以汇总，建立信息库，对上海市水产养殖业者的养殖生产全过程进行数字化监控，做到有据可循，有案可查。该系统可提高郊区水产养殖生产的信息化管理水平，从而提高广大（渔）农民的科学养鱼水平，提高其经济效益。纳入档案渔业管理的共有10个区（县）94个乡镇，覆盖养殖面积12.64万亩，涉及水域滩涂养殖使用证662张，养殖户3 780户，发放生产日志2.49万册、生产及用药记录本4 950册。

【畜牧生产管理系统】“畜牧生产管理信息系统”主要用于帮助生猪生产企业进行猪场企业的信息化管理，以及协助猪肉安全监控机构对安全猪肉的生产进行有效监管。该系统以生猪、种猪为核心，首次在国内将电子标签（RFID）应用于种猪的全程生产管理之中，以详尽、完备的数据分析为手段，辅以不同的系统管理，对整个猪场的猪只、生产资料、猪场的信息体系进行实时的反映、控制、分析和预测，从而实现现代化猪场管理的目的。该系统包括种猪管理、商品猪管理、群体管理、采购管理、系统管理、电子标签管理、数据分析等模块。主要有企业信息管理、安全预警、决策支持、诚信管理、全程监控、溯源追踪等功能。

【蔬菜田间生产管理系统】“蔬菜田间生产管理系统”主要控制蔬菜的生产过程，包括大气、灌溉水源、土壤等相关检测信息，蔬菜的虫害、病害以及防除和农药使用信息，蔬菜销售对象信息、物流运输信息，进而实现从生产、检测、运输、销售等环节的完整控制。目前，上海7家蔬菜生产企业已经使用了该系统。如上海星辉蔬菜有限公司，运用了该系统生产的蔬菜出口到日本后，日本消费者可以直接通过网络查到所购蔬菜的详细资料，受到了日本消费者的好评和欢迎。

【温室生产智能控制与管理系统】“温室生产智能控制与管理系统”用于对温室环境自动监测和调节，用户可根据系统所显示的信息按照实际情况对温室进行相应的设置或修改，使作物能够在最优的环境中生长，以实现作物的高产、高效。该系统采用分布式集散控制结构，由一台上位机和若干台下位机组成，上位机主要负责观察温室环境状况，进行系统配置，发布监控命令，打印报表，进行数据管理和数据统计分析等功能；下位机是控制系统的主体部分，具有低成本、通用性、小体积、高可靠性等特点，大大提高了温室大棚的利用率。

食用农产品生产领域质量信用安全监管体系

【建立并推广行业生产质量安全信用行为规范】 2005年，上海已有蔬菜行业、生猪行业、家禽行业建立了生产质量安全信用行为规范。其中，蔬菜行业和生猪行业制定了相关的实施办法，并经理事会通过后进行试点实施。首批蔬菜试点实施单位16家，已全部根据企业自身特点建立了安全信用管理制度，并建立了生产信用档案；首批生猪试点实施单位23家。

【建立并实施食用农产品生产质量安全信用评价体系】 2005年9月，市农委完成蔬菜生产质量安全信用评价体系的研究，开发了蔬菜生产质量安全信用评价系统。2005年10～11月，由第三方征信机构完成对蔬菜行业的16户试点企业逐步开展评价的工作。2005年12月，市农委完成了生猪生产质量安全信用评价体系的研究，开发了生猪生产质量安全信用评价系统。

【快速检测设备及网络监控系统】 “农药残留检测监控系统”在各监测点选用先进、便捷、快速的农药残留检测设备，配备相应软件以及高度网络化模块集成，实时传输检测数据，实现了现场检测、信息共享，并通过中心数据处理平台对各类检测数据进行统计、分析处理，为及时准确的决策提供了可靠依据，大大加强了政府及生产监管部门对农产品的安全监管力度。同时，该系统具有测试速度快、成本低廉的特点。

农产品市场信息智能分析系统

2005年2月，上海农业网正式开通了“蔬菜市场数据分析”栏目，栏目分为四块内容：宏观决策、出口加工、国外进出口、国内进出口，从农业主管部门的宏观分析和生产企业的微观分析两个不同层次，以图形、表格相结合的方式定期对外发布中国、美国、日本、上海的价格、销售量、进出口量等信息。

食用农副产品质量安全信息查询系统

食用农副产品质量安全信息查询系统将计算机技术与条形码技术融合在一起，通过该系统可以查询到包括产品名称、生产日期、厂商信息、品牌、认证信息、生产地、加工地、药物残留、检疫检测情况等产品信息；可以了解到最新的产品检测质量报告、专项整顿信息、食品行业信息、查询通过认证的企业名录、每周投诉信息以及315案例分析等。目前，在上海农工商、麦德龙、易买得、家乐福、联华、华联等50多家超市大卖场设立了该系统为核心的多媒体查询一体机，涉及农副产品包括蔬菜、畜禽、蛋品、乳制品等1万多种。

（市农委）

三、农业企业信息化

丰科公司：开发“食用菌工厂化生产中HACCP智能控制系统”

上海丰科生物科技股份有限公司等单位联合开发了“食用菌工厂化生产中HACCP智能控制系统”。该系统主要是在食品卫生的GMP（良好操作规范）和SSOP（卫生标准操作规程）的基础上，提出了一系列影响食用菌产品安全、卫生以及品质控制的关键点，通过互联网，将这些关键控制点纳入到HACCP智能控制软件中，利用一系列关键点智能化感应传感器，及时获取影响关键控制点的各项参数，再通过远程传输、信号转换，对影响食用菌产品安全与品质的各个因素进行实时监控，向不同管理部门实时报警，实现软件主动实时纠偏。工厂化生产食用菌实行智能化控制，极大地提高了生产的质量水平和管理效率，使食用菌工厂生产从文本型管理向数字化智能管理转变，实现了食用菌生产的安全化、标准化。

猪场：应用畜牧业生产管理系统

上海市种猪场、南汇高山养猪场、嘉定望新供港猪场、上海祥欣原种猪场等企业以建设集约化的猪场为目标，从降低成本、提高产出和促进质量安全等方面入手，对各项生产指标进行密切的监控和定期评估，从而发现生产过程中可能存在的问题，为下一步的决策提供参考。企业各项指标的计算基于大量业务数据，在实施信息化管理之前，由于使用传统的纸质档案管理，整理和计算的工作量非常巨大，通过实施畜牧生产管理系统，养猪场的管理人员及时建立生产过程中繁育、饲喂、防疫、消毒出栏等信息档案，根据实际生产的数据产生生产报表，并能很容易地查询相关指标的数值和变化，从而及时做出调整，最大化投入的产出，规避可能的风险，方便畜牧生产的管理，提高生产效率。

星辉公司：首批应用蔬菜生产管理系统的企业之一

上海星辉蔬菜有限公司是上海市4大有机蔬菜种植基地之一，也是首批应用蔬菜生产管理系统的蔬菜生产企业之一。系统应用半年后，企业员工利用该系统操作简单、维护方便的优点，对产前、产中和产后的各种相关信息都做了详尽的记录，建立了一整套完整的生产档案。如产前主要记录大气、灌溉水源、土壤的相关检测记录；产中主要记录农作物的虫害、病害、防除和农药使用信息；产后主要记录产成品的销售对象、运输负责人。该系统改变了以往手工填写报表的方式，提高了工作效率和管理水平，提升了企业自身的自律意识和责任感，进而提高了企业信誉，增加了产品销量。

（市农委）

第二章 制造业信息化

概 述

上海的制造业信息化相对全国来说起步较早，造就了宝钢、上汽、石化、电气、纺织等一批著名的先进制造业企业。伴随几十家甚至上百家配套企业的转移和集聚，构成一条条完整的产业链，产业集群的地区容易形成集群竞争力。长三角地区已成为国际制造业产业转移集聚发展的典型，上海承接制造业技术转移的能力不断增强。

上海市政府为更好地履行制造业信息化过程中的服务职能，从分析制造企业在信息化过程中所面临的外部环境因素入手，参考国内外其他城市和国家政府在推进信息化方面的举措，以建立“信息化公共服务体系及其标准”为主要目标，立足于上海实际，提出了以信息化过程中交易的公平性监管、企业应用综合实验室服务、企业信息化评测服务和企业信息化培训为主要内容，逐步建立以提供市场交易的公平性监管、第三方信息化水平评价、信息化公共培训、供应商及其产品分析服务等为主要内容的信息化公共服务体系，帮助企业解决信息化过程中面临的公共的、关键的需求和问题，达到有效利用信息资源的目的，为上海市制造业信息化的跨越式发展夯实基础。为适应国际制造业产业结构的调整，上海利用在电子及通讯设备方面的技术基础，形成以微电子、光电子制造设备、微机电系统的高技术装备开发和制造能力，掌握此类产品开发和制造中的微尺度、细小化、高精度的尖端关键技术，发展不易模仿的核心技术、将信息技术嫁接于传统产品，发展芯片技术、微电子制造技术、精密仪器技术、数字化医疗器械设备和技术、智能化家用电器和各种数字化装备等，提高产品竞争力。建立在高附加值产品的数字化装备和数字化制造技术、产品全生命周期的数字化技术创新工程、科技资源的共享网络平台建设及产业化、突破资源制约建立区域网络化制造协作平台基础上，以微细精尖为特点的电子及通讯设备制造业有望成为上海制造业信息化、提升上海制造业核心竞争力的力作。

2005年，上海市政府制定了“优先发展现代服务业”、“优先发展先进制造业”的发展战略，并制定了《上海优先发展先进制造业行动方案》，大力发展先进制造技术，构建新型工业化体系，并实施了“1+3+9”园区建设计划，金融、证券和期货市场可为制造业发展提供良好的资金支撑，上海实施信息化推进现代制造业发展的环境优势明显。

（市信息委产业处）

一、装备产品智能化

通用汽车3C平台建设

2005年，上海通用汽车有限公司（SGM）的信息化建设坚持贯彻3C战略（即一致的、集中的、整合的IT基础设施、系统和运作），几乎公司所有的业务都在一个集成的信息平台上运作，实现了协同管理。2005年，SGM核心信息系统完好率达到99.96%，其他信息系统的完好率也达到99.92%，系统的高完好率确保了SGM业务的正常运作。

在3C平台架构下，2005年，SGM共实施IT项目60个。其中，作为SGM核心骨干系统的SAP IS-Auto＋APO继2004年在烟台、沈阳两大基地实施运行后，2005年在金桥南厂、动力总成厂（北厂PT）相继上线。

2005年底，金桥北厂的SAP IS－Auto＋APO项目也正式启动。SAP IS－Auto＋APO项目的实施，大大降低了系统运维成本，它在系统层面上完整地实现了公司价值链上业务流程的整合和优化，也为SGM的可持续发展及优势资源整合奠定了坚实的基础。营销和售后方面，SGM建成了销售和售后服务网络业务和技术支持中心（BSC），为营销与服务价值链提供长期有效的业务和技术支持，确保了公司以IT技术为载体，不断规划、建设和完善MD/Dealer/ASC业务的协同与创新。另外，SGM售后配件预测、计划和协同系统（DFS）上线；售后配件工程系统（EPCM）也已在实施。营销和售后管理系统的完善是SGM打造“品牌”和“产品”之外第三张王牌“服务”的有力手段。随着制造质量缺陷分析子系统应用到SGM所有工厂，质量分析管理系统的实施取得了阶段性的成功，而作为SGM第一个面向决策的系统，它通过提供实时的质量信息、早期预警、准确的索赔预测，使单车索赔成本明显下降，质量报表完成周期也从20天缩短到一天，大大提高了效率。同时，经过严谨周密的准备，企业级数据仓库项目（EDW）于2005年底启动，以期为公司业务运作和决策提供更强大的IT工具和平台。

大众汽车DMS协同管理平台建设

2005年，上海大众汽车有限公司（SVW）从IT管理源头抓起，成立了IT指导委员会，由IT指导委员会对上海大众信息化建设的重大项目进行决策，此举优化了信息系统部的组织结构及内部工作流程，推动了协同管理的健康发展。如DMS（经销商管理系统）在IT指导委员会的指导下，信息系统部对其进行了优化与升级，根据业务模式变化的需要，以及新的业务需求，进行了一系列协同、优化工作，包括分销中心整合、订单销售模式应用、数据分析报表优化、经销商备注管理等，取得了一定的进展和成效。DMS在2005年1月的平均访问量为4万次/天，而到2005年11月，平均访问量已达到6.5万次/天，年增长率为37.5%。信息系统部年内配合售后服务部门规划并实施的汽车售后服务管理综合信息系统，也将解决相关业务面共享数据的接口事宜，与DMS系统及厂内系统（例如CRM）以及德国大众系统（例如DISS、FISH等）实现资源共享。

汇众汽车生产现场协同信息管理平台建设

上海汇众汽车制造有限公司（SHAC）经过与SGM

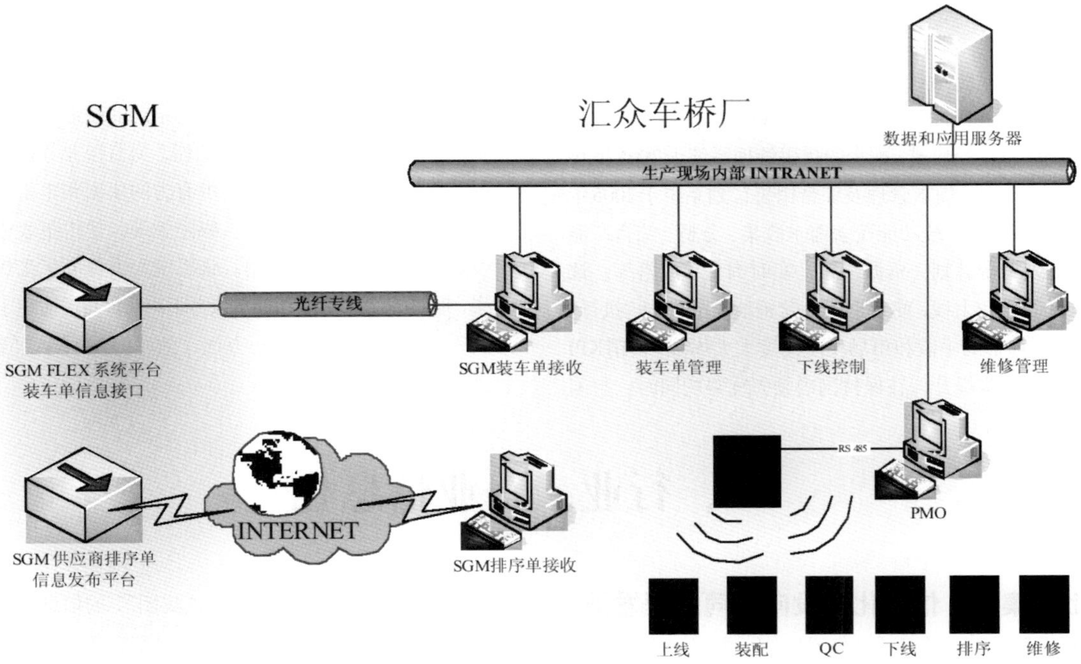

等厂商的紧密合作，于2005年建成生产现场协同信息管理平台（见上页图）。

该平台形成了完整的面对SGM订单的能力（Bill to order）；达到了高JPH的生产支持能力，实际运作已经达到和超过35JPH；能做到产品零库存支持；可灵活配置工艺路线系统；由于具备了利于维护的高效无线采集系统，可保证有效准确的信息传递（装车信息、排序信息、QC信息、维修信息、退货信息等）；由于与生产现场的无缝连接，可以在线实时控制生产队列，能够实现按单生产，能够处理特殊插队和出队事务。

（刘韶华）

钢铁主业一体化管理支持系统建设

为满足钢铁主业一体化运作的基本要求，2005年，宝钢集团有限公司（以下简称“宝钢集团”）推进并建成了宝钢集团和宝钢股份资金管理系统、关联交易信息管理系统和合并报表系统，以及财务、人事、OA、原燃料集中采购、工程设备进口、工程设备国内采购、备件资材采购等业务支持系统和碳钢热轧产品统一销售支持系统。（宝　钢）

钢铁主业经营管理系统建设启动

目前，采购供应链系统进入调试阶段，原料采购物流管控系统实施项目也已正式启动。作为宝钢股份采购供应链项目的基础工作，物料代码体系、供应商代码体系已经形成，配套的代码管理系统于2005年10月25日上线。需求管理及综合销售计划系统于2005年2月上线。该系统功能覆盖需求收集、分析、综合产能计划及资源计划、资源配置、实时询订单应答等。该系统的成功上线，使宝钢股份营销活动的计划、执行、控制、评估的手段和市场反应速度大大增强，营销KPI指标进一步提升，在保持国内领先优势的同时，与国际竞争对手的差距进一步缩小。外部信息资源网于2005年中建成并投入使用。（宝　钢）

APC技术在年产20万吨聚丙烯装置上应用

2004年，中国石化上海石油化工股份有限公司（以下简称“上海石化”）就APC技术在年产20万吨聚丙烯装置应用项目与Aspen公司签订了技术合作合同，2005年，双方对该系统相关的软硬件设施进行了3次修正、调试。2005年底，系统在该装置环管聚合区投用后，经产量、浓度、质量控制器的运行状况考核，装置运行稳定，产品产量和质量得到有效控制。

（顾忠礼）

海螺服饰智能分析系统BI项目建设

2005年，上海海螺服饰有限公司的SCM系统上线已三年，其间系统积累了大量的数据，为了充分有效地收集、整理、分析，从而用活、用好这些数据，企业考虑利用BI系统来搭建数据仓库，为各级管理者提供有价值的信息。海螺智能分析系统BI项目于2005年5月启动，经历了近半年的需求分析、数据建模、数据整理、用户培训等实施阶段，于2005年11月中旬上线，运行情况良好。系统上线后，海螺营销中心专门成立了一个数据分析组。该分析组由4个销售部门的成员组成，他们专门通过使用BI系统对营销运营数据进行及时分析并出具报表；通过系统的图形、数理模型（2/8理论、趋势分析）等功能，为监控业务执行情况、分析问题和决策参考提供有力的依据和丰富的方法；同时，通过报表分发、权限管理，使得报表资源及数据模型可以共享使用。该系统大大提高了工作效率，报表的制作时间比原先使用EXCEL方式缩短了近60%，在数据的统计分析方面，效率提高了近2倍。

（纺　织）

二、行业、企业信息化

上汽集团：信息化建设向协同管理发展

【概况】 上海汽车工业（集团）总公司、上海汽车集团股份有限公司（以下简称“上汽集团”）的信息化建设是与企业的工业化同步发展的，目前在各企业运作的各种IT系统已成为企业整个生产、管理中不可或缺的重要组成部分。2005年，上汽集团各企业的信息化建设开始向协同管理发展，对“协同”信息进行集中管理，让“管理”同步，打造了多个颇具特色的协同管理平台，在量化管理生产的同时，有效地提高了企业的协同管理能力。

【上海申沃客车有限公司（SUNWIN）的企业内部门户系统】 2005年，上海申沃客车有限公司（SUNWIN）信息系统部初步部署企业内部门户系统，集成了公司的邮件系统、新闻、文档等资源，并提供了强大的文档搜索能力和文档版本管理能力，在一定程度上提高了员工的办公效率。

【各企业各显神通打造协同管理平台】

1. 上海汽车工业销售有限公司

上海汽车工业销售有限公司升级原有OA系统的功能，使之成为集行政办公管理、业务流程管理、企业知识管理、企业新闻发布和个人办公等多种功能于一体的内部信息平台。同时，公司全面实现了移动办公模式。如公司授权用户可以通过INTERNET连接到公司内部网，并实现了通过手机短消息进行邮件提醒，使公司管理人员随时随地都可以办公，从而极大地提高了管理效率。

2. 上海延锋伟世通汽车饰件系统有限公司

上海延锋伟世通汽车饰件系统有限公司经过多年的发展，建成了主要由ERP、生产支持系统、设备管理系统、数据库、网络安全、人力资源系统、网络通讯基础设施等部分组成的成熟的信息系统。2005年，公司信息化触角延伸到企业的各个角落，信息化模式也由业务驱动模式向战略驱动模式转变，并加强了对信息系统协同管理的重视，制定了“一个平台，两大模块，集中管理，业务为本”的战略方针，通过协同管理平台，完善了企业ERP应用，加强了对排序生产系统的支持。企业高层领导不只关注一些基础系统应用，而是更加注重提高企业的整体信息化水平，企业信息化已经由局部信息化向全局信息化发展，企业信息化应用也正从基础系统应用向综合系统应用过渡。

3. 上海实业交通电器有限公司

上海实业交通电器有限公司信息中心在了解业务部门管理需求的基础上，致力于自主规划、构建和开发公司基于WEB的网上协同工作平台，并在2004年已建立网上绩效考核平台基础上，不断做好各层面的集成整合和功能拓展。2005年，根据人力资源部提出需求，信息中心自行开发了“职工年休假网上申报统计系统”。

4. 上海汽车齿轮总厂

上海汽车齿轮总厂5大中心拥有一套基于BS构架的企业信息查询和数据维护系统。查询系统主要可查询费用中心、商务中心、产品开发中心、人力资源中心、质量中心的信息，这些信息通常由MRPII、CRM、HR、MAXIMA等相关的软件系统支撑；数据维护系统主要维护包括上述5个中心的日常工作文档。通过这一系统的开发，改变了过去从多个系统进去查询相关信息的方式，现在只要通过5大中心即可查询企业的主要业务数据。该系统将原来分布在企业各种软件系统内的信息集成在一个系统内进行查询，达到了协同办公的效果，并将最终实现5大中心提出的关于“信息、速度、效果”超前的管理模式。

5. 上海申雅汽车密封件有限公司

上海申雅汽车密封件有限公司加强基础信息建设，推进公司资源整合平台，建立了财务、销售、采购与库房、生产、质量管理、研发业务等数据共享、无缝集成的企业协同管理信息系统。该系统规范并改进了企业业务流程，改进了财务和成本管理，特别是研发、生产成本管理。该系统通过对企业生产中至关重要的物料主数据进行集成管理，实现了对物料主数据按基础、销售、采购、生成计划、质量、会计、成本视图进行统一维护管理的目标，解决了以前数据的分散及不准确的问题，使物流管理（销售、采购、库房管理）更加透明化，提高了成本控制和分析能力及成本核算的效率和准确性，实现了各部门业务信息共享，避免重复劳动，使公司各层面管理逐步形成事前计划、事中控制、事后分析的管理体系，为企业各级领导提供了及时、准确的决策信息。

（刘韶华）

宝钢：全面推进信息化建设

【编成《钢铁主业信息化建设三年规划草案》】2005年，宝钢集团结合发展战略，面向钢铁主业一体化目标模式和国内外跨地域供应链协作的需求，编成了《钢铁主业信息化建设三年规划草案》。

【推进信息系统安全管理工作】 2005年全年，宝钢集团信息系统总体运行良好，系统运行率比2004年有提高，无重大网络及信息安全事故。同年，宝钢集团坚持信息安全月报制度，推动不锈钢分公司、梅钢公司参加并通过了上海市信息安全测评中心组织的信息系统安全测评。

【各分/子公司信息化建设情况】

1. 宝钢分公司

宝钢分公司"十五"规划项目全部建成投产，按照功能覆盖产线的原则，制造管理系统已覆盖分公司全部生产单元，有效地支撑了分公司的生产和经营。2005年10月27日，"十一五"规划项目建设首战告捷，配合中口径直缝焊管工程热负荷试车，制造管理系统上线试运行。分公司通过不断优化ERP系统，提高系统运行效率，确保了系统负荷处于可控状态。2005年，分公司的主干网扩充改造项目竣工并通过了验收，实现了内部网与互联网的二网合一。

2. 不锈钢分公司

2005年6月18日，不锈钢分公司扩建工程炼钢、连铸产线成功上线；铁区管理系统于2005年9月30日投入试运行。至此，制造管理系统已覆盖分公司全部生产单元。产销系统运行率≥99.2%，为生产提供了可靠保障。2005年5~7月，上海市信息安全测评中心对分公司信息系统安全进行了测评。测评之后，分公司对系统存在的问题进行了整改，对公司信息安全二期的技术方案进行了完善。至2005年底，数据仓库项目共完成技术质量、生产物流以及财务成本3个数据集市的功能开发工作。同时，通过数据仓库的开发建设，分公司的生产组织、管理水平上了一个新台阶。

3. 特殊钢分公司

2005年3月，特殊钢分公司条钢厂合金棒材产线MES系统上线；2005年9月2日，覆盖特冶、锻造、钢管、银亮、老热轧等产线的MES系统上线；2005年底，精密合金产线MES系统上线试运行。至此，制造管理系统覆盖分公司所有产线。

4. 上海梅山钢铁股份有限公司

2005年5月10日，运输调度管理系统投入试运行；5月9日，设备管理系统中基准及点检2个模块投入试运行，其余5个模块于10月27日投入试运行；11月10日，产销系统"自营出口子系统"上线；12月20日，物料采购系统投入试运行。至此，梅钢公司信息化工程项目13个子系统全部投入运营，其中，11个系统完成了功能考核。2005年10月15日，梅山钢铁公司完成信息网络安全项目；10月31日，通过上海市信息安全测评中心信息安全系统A类测评审定。

5. 宁波宝新不锈钢有限公司

2005年6月底，与公司四期工程主体产线热负荷试车同步，公司的制造管理系统上线试运行。至此，制造管理系统已覆盖所有产线。2005年内，公司投入运行的网络系统从功能上区分为生产主干网络与对外服务区两大区域。网络安全体系主要由以下几个方面组成：入侵检测系统、安全评估系统、综合病毒防治系统、内部用户资产管理和上网管理。

6. 贸易分公司

2005年，贸易分公司通过系统改造，建成了ERP、OA系统；8月，旨在提供统一身份认证的企业目录服务项目完成。在此基础上，贸易分公司整合分公司本部现有系统，实现了单点登录。2005年12月，分公司基本完成HR系统（一阶段）建设，贸易分公司下属各钢铁贸易子公司的ERP系统、电子商务系统也趋于完整。同时，加工中心重点开展了MIS2.0系统的实施及推广工作。从2005年8月开始，MIS2.0系统陆续在上海宝井宝森分部、杭州宝井、上海申井、重庆宝井和佛山不锈钢上线应用，与MIS2.0系统集成的标准条形码系统也陆续在上海宝森和上海申井投入应用。上海宝钢阿塞洛激光拼焊有限公司ERP+MES系统于2005年2月25日全面上线。

7. 海外公司

2005年，宝美公司、宝欧公司ERP系统业务解决方案确认完毕，系统设备已经到货并安装就绪，正在进行客户化开发、数据准备、操作培训工作。

8. 化工分公司

化工分公司从2005年6月开始对网络安全系统进行升级，实现了管理网与互联网的二网合一。化工分公司采用美国霍尼韦尔的PHD实时数据库，将所有DCS的历史数据全部采集到公司核心的实时数据库，实现了平台统一、数据统一、管理统一。

（宝　钢）

东方钢铁：推进信息化建设

【概况】 东方钢铁在线平台利用宝钢集团的整体优势，大力拓展网上社区规模及信息容量，现已成为国内颇具影响力的钢铁信息资讯平台。平台采用会员制、信息栏目定制、电子刊物等多种形式提供钢铁市场信息服务，并且提供包括广告在内的网络营销服务，初步形成了以广告、资讯、咨询服务、专业课题调研服务等为特色的商业服务模式，形成了颇具市场竞争力的特色信息栏目，实现了对宝钢集团和贸易商的产品、信息、物流资源的整合，能够为用户提供便捷的资源商情信息发布、查询、浏览功能，实现了会员网上自助建设会员门户的功能。平台提供的离线管理工具——客户端系统可以快速实现资源数据上网发布，并能为会员提供网下资源数据的管理。

2005年12月15日，首届中国供应链管理大奖评选揭晓，由东方钢铁申报的“宝钢供应汽车厂商供应链解决方案”，以领先的供应链经营理念，开创性地提出并设计实施了跨越钢铁与汽车两大行业的协同商务业务运作模式和应用平台，赢得“2005年度信息化解决方案评委会大奖”、“最佳钢铁行业解决方案”及“最佳供应商协同”3项大奖。

2005年4月6日，在由上海市信息服务业行业协会举办的“协和健康网杯”第二届上海市优秀网站的评选活动中，东方钢铁在线获“最佳技术应用奖”殊荣。

【三钢热轧产品联合销售平台和宝钢外部信息资源网建设】 东方钢铁依托“宝钢在线”电子商务平台，为宝钢、一钢和梅钢用户提供统一界面的合同进度跟踪和质保书查询功能，为海外公司和海外用户开放统一界面的出口订单谈判和合同接定功能。

“宝钢外部信息资源网”作为实施企业竞争情报与知识管理的基础设施工程，通过构建统一的企业外部信息资源管理平台，整合企业内部现有各种外部信息需求，实现外部信息的统一、合理、有序流动，从而促进了企业外部信息资源的有效利用和对企业决策的有效支撑。

【建立原板外采购电子通道】 2005年6月中旬，东方钢铁成功建立了宝钢股份/宝日汽车板和新日铁之间的电子采购通道，实现了业务过程的无纸化；建立了与新日铁之间安全、稳定、高效的EDI数据通信；开辟了与其他原板供应商的电子数据交互通道。

【重庆长安电子商务协同系统和宝钢国际招投标管理系统建设】 2005年4月，东方钢铁正式启动了重庆长安电子商务协同项目，该系统实现了从生产计划到订货、出厂物流、加工协同、配送管理，直至结算的整个流程的协同。

宝钢国际招投标管理系统于2005年初建成，实现了招标公司、委托方、投标方、相关业务伙伴的业务信息交互，为委托方提供更便捷的服务、强化对投标方的管理，同业务伙伴进行更紧密的沟通，支撑招标公司业务的不断拓展。

【宝通物流平台投运，宝山公司现货交易系统和钢管在线上线】 宝通物流平台于2005年8月正式投运，实现了宝通公司的办公自动化、物流全过程的优化调度和动态控制，并与宝钢股份物流系统集成。

宝山公司现货交易系统是从2005年初开始推行的地区公司电子商务标准版建设项目。“钢管在线”电子商务系统的上线实现了客户需求与宝钢分公司钢管产销系统的对接。

【钢材现货交易中心筹建】 2005年，东方钢铁启动钢材现货交易中心的筹建工作，旨在运用网络手段快速覆盖终端市场，满足广大中小用户的采购需求，通过

虚拟网络平台与实体网点体系的结合，努力成为新型钢材流通渠道运营商。（东方钢铁）

石化：提高信息化水平

【概况】 中国石化上海石油化工股份有限公司（以下简称“上海石化”）是上海石油化工的主要生产企业，是中国集炼油、化工、塑料和化纤产品于一体、高度综合的现代化大型联合企业。2005年是上海石化加强管理、深化改革、加快发展的重要一年，也是在国际原油价格高位运行、国内成品油价格受控情况下，企业生产经营形势出现重大变化的一年。

上海石化按照新一轮发展的要求，推进技术进步和信息化建设。年内ERP系统转入单轨运行，并通过中国石化集团公司的验收测试；一批涉及信息系统运行安全、网络拓展、信息化技术应用项目在生产和企业管理中相继建成投用，提高了公司信息化水平。

【ERP系统实现单轨运行】 上海石化ERP系统在2004年12月上线运行后，2005年重点完善了管理办法，优化了业务流程，加强了系统运行监控，提高了系统操作的准确率和上线率。同时，将与ERP系统功能重复的其他系统全部停止运行，相关业务操作均并入ERP系统中进行。6月，系统实现单轨运行后，月结和年结差异在规定范围内，各项业务和系统软硬件运行正常；9月，系统通过中国石化集团公司的验收测试。

【公司信息化应用系统建设】 2005年，上海石化继续加大信息化应用系统建设资金投入的力度，年内先后完成生产装置关键机组状态在线监测系统、生产调度系统、生产统计系统、EHR系统升级，公司驻市区的办公大楼信息化系统、“一改五”视频新闻系统和VPN系统等项目建设并投用，为公司生产经营和管理提供了良好的信息化工作环境。

【完善信息系统应急预案】 2005年，上海石化根据信息系统的更新情况，修订和完善了原信息系统应急预案。新的信息系统应急预案分为SD、MM、PP、MRO、PM、PS、FICO、BASIS、OA和网络等10个部分，分述了各部分的系统架构、风险评估、处理预案、应急处理的组织机构和管理要求等，以提高对紧急事件的快速响应和处理能力，降低因信息系统故障而影响公司生产经营管理业务的风险。

【建立生产调度信息管理系统】 2005年，上海石化生产调度信息管理系统项目通过测试。该项目是以公司内部网络为基础，实现公司对下属二级单位生产调度的信息化管理，并自动形成生产调度报表系统。项目建立后，提高了公司生产管理部门的工作效率和处理紧急事故的能力。

【物流信息管理系统建成投用】 2005年，上海石化物流信息管理系统通过对企业原有物流资源的整合，实行归口管理、集中配送、统一结算。该系统与ERP系统直接对接，实现了“销售单→出货单”主要流程的电子化和标准化，简化了业务环节，提高了业务操作的准确性、可靠性及储运设施的利用率，降低了生产成本。

【VPN系统建成投用】 为实现ERP应用系统公网安全通讯，保障系统的可靠、稳定、安全的运行，上海石化VPN系统于2004年11月开始建设，系统选用国产华盾VPN产品，总体采用C/S架构。至2005年底，VPN系统顺利建成投用，实现了公司计算机用户利用VPN软件跨越Internet访问上海石化内部网络和OA、SAP、UIP等应用系统的功能。

【实现联网计算机网卡地址绑定】 为加强联网计算机的管理，进一步提高网络和信息安全工作水平，上海石化将联网计算机网卡地址（MAC地址）绑定作为2005年公司信息安全工作的重要举措之一，先后制定了技术规范、实施计划和维护流程，在做好试点的基础上，于年内完成了公司机关和主要生产单位的MAC地址绑定工作，建立起网络交换机和联网计算机基础资料，防止了非授权计算机接入公司网络，并通过迅速定位阻截工作站危害源，提高了网络接入层的安全性。（顾忠礼）

纺织：建设多项信息系统

【概况】 2005年，上海纺织（集团）有限公司（以下简称“上海纺织”）信息化工作主要包括：公司本部局域网建设及整合、VOIP和集团移动总机、综合楼和会议中心数据网络和语音网络建设、控股公司IT管理工作和行业信息化工作接管、公司经营网站筹建、公司员工卡项目建设、公司IT规划建议方案制定和数据标准层面规划、土地房屋资源管理系统建设、OA项目准备和选型、本部和行业相关规章制度制订、技术保密策划、外部资讯采购和跟踪、行业IT联席会及重点企业外贸系统、智能系统建设等工作。

【投资企业信息化状况调研】 针对投资企业特点和初步掌握的信息化建设情况，上海纺织选取了45家投资企业进行了走访和信访，较为详细地了解了企业目前信息化建设现状，建立了投资企业信息化现状信息库，并编制《2005年投资企业信息化现状调研报告》。

【上海纺织信息化建设规划】 2005年2月，上海纺织制定了《上海纺织信息化建设远景》，5月份撰写完成了《上海纺织信息化建设规划建议书》，细化了远景的内容，并从基础建设、技术标准、集成应用和制度规范等方面设定了初步的框架和预期目标。同年，公司草拟了三项信息化建设管理制度和一项投资企业信息化建设管理制度，并从2005年7月1日起开始实施。

【外部资讯集中采购、全局分享项目建设】 根据节约总成本、共享信息资源的原则，根据公司各业务部门提出的信息需求，上海纺织制定了《外部收费信息采购计划》，并在7月进行了外部资讯的集中采购和发布，目前各部门使用情况良好。2005年，公司实施了员工卡项目，并于6月完成员工卡系统建设，开通了联网消费、考勤和门禁功能。

【E眼通和传真通项目建设】 上海纺织于2005年5月实施完成企业及时通讯项目，并通过引入E眼通作为员工间沟通和传输内部文件的渠道，得到公司员工的一致好评。而后，根据公司部分部门传真较多的现状，纺织引入传真通软件的试用，大大提高了发送传真的效率，减少了垃圾传真量，尤其是在发送大量会议通知等同内容传真时。目前，公司正结合OA系统建设讨论两个软件与OA的兼容和集成问题。

【门户网站建设】 根据公司总裁办公会确定的精神，上海纺织于2005年3月中旬开始公司门户网站（/www.shangtex.biz）的筹建，工作；7月中旬，动态网站的中英文版开发结束；10月23日，动态网站正式发布。

【建设土地房屋资源管理系统】 为提升公司对土地房屋资源的管理能级，集团自2005年6月开始建设土地房屋资源管理系统（J2EE架构），系统于9月26日开发结束。系统自年底试运行以来情况良好，受到了业务管理部门和集团领导的一致肯定。

【上海申达进出口有限公司的“外贸业务流程及财务一体化管理系统”建设】 为了改变企业内部存在的业务系统与财务系统彼此独立，公司的客户资源、业务资料、统计信息、财务数据都有着多个不同口径这一现状，申达公司于2003年6月开始开发外贸业务流程及财务一体化管理系统。该系统将客户的需求和企业内部的制造活动、供应商的制造资源整合在一起，形成企业一个完整的供应链，并对供应链中所有环节如订单、采购、库存、计划、生产制造、质量控制、运输、分销、服务与维护、财务管理、人事管理等进行有机整合。2005年10月，该项目一期开发结束，并顺利通过验收。至12月底，该系统还在进一步的实施建设中。

（纺 织）

第三章 金融信息化

概述

2005年，上海金融信息化建设继续在深度和广度上取得长足进展。金融监管部门、金融市场和各金融企业致力于积极推动本单位的信息化建设，开发了多个重点项目。金融行业监管部门的信息化建设不但有新的实践，而且提出了一些崭新的课题，如银行卡EMV迁移、银行卡安全防范机制建立、灾难恢复系统的建设和演练等。

2005年，上海金融业信息化建设朝着数据共享、资源整合和外包化、集中化的趋势发展。各行业单位相继建设数据仓库和业务信息平台，通过信息化的手段提高各部门之间信息流转的速度，规范业务流程，加强安全控管，提高工作效率。这对提升金融业的经营管理水平，防范和化解风险，推动社会管理起到十分积极的作用，也创造出巨大的经济和社会效益。同时，各单位将非核心业务外包给专业公司进行操作，这样不仅节省了人力，提高了整个业务流程的效率，也进一步促进了各单位对自身核心业务的专注程度，提高自身的竞争力。

2005年，金融监管部门和企业十分重视征信体系建设，在各个行业分别开发和实施了信用信息系统。2006年1月，全国统一的个人信用信息基础数据库将进入正式运行。这是全国企业和个人征信体系建设中的一项极为重要的基础建设。个人信用基础数据库的正式运行，将会大大推进社会信用体系的建设，提高全社会的诚信水平。

金融监管部门、市场和企业都十分重视对创新工作的支持。他们通过信息化建设和系统的升级换代，从功能上为各单位的业务创新、机制创新提供支持，也为提高新业务推出的速度、拓展创新的深度和为业务扩展的伸缩性提供了灵活的支持。同时，金融监管部门和企业通过对原有系统的升级改造和新系统的上线，进一步完善整个创新机制的运作，通过技术创新为产品创新、业务创新和体制、机制创新提供有效支撑。

（钱　璟）

一、重点项目

银财库行安全联网系统

上海市银财库行联网工程是指中国人民银行上海分行（以下简称“人行上海分行”）、上海市财政局及上海市银行金融机构在各自原有电子化业务系统的基础上，以人行上海分行组织建设的城市金融网为载体，搭建的统一、通用、安全、规范的信息交换平台。该系统实现了跨系统的数据共享和业务扩展，以适应财政体制改革和国库账户体制改革的需要，为实现财政、国库及商业银行之间的信息资源共享，更好地达到数据传送无纸化、操作程序标准化和管理手段现代化提供了强有力的安全基础和技术支撑。该工程建设采用XML技术，为银财库行联网系统应用提供了各个具体业务系统的统一接口，并通过统一的服务平台，面向信息交换各方提供闭环式服务和资源整合及共享机制，实现对整个业务应用统一的监督管理功能。

该系统目前已接入各类金融机构19家，投入运行的业务系统包括：财政预算拨款、工资外收入、国库单一账户等6个项目，平均每天传输信息1万余条。该工程荣获中国人民银行总行2005年度银行科技发展奖二等奖。

（人　行）

银行卡EMV迁移工程

基于防范银行卡欺诈交易、提升银行卡功能附加值的考虑，银行卡芯片化已成为银行卡业务创新及提升安全性的发展趋势。近年来，世界3大信用卡组织Europay、MasterCard和Visa共同制定了借贷记应用银行IC卡标准（简称EMV2000），并在全球范围内积极推动EMV迁移计划。EMV迁移是指按照EMV2000标准，在发卡、业务流程、安全控管、受理环境、信息转接、产品认证等多个环节实现从磁条卡向IC卡的迁移。为应对国际EMV迁移，加强银行卡受理市场风险防范，推动银行IC卡发展，人行上海分行根据中国人民银行总行统一部署，落实EMV迁移相关准备工作，并参与制定了《我国银行卡EMV迁移及IC卡应用指导意见（讨论稿）》。同时，人行上海分行会同上海市信息委和各有关单位，成立了上海市EMV迁移工作小组，通过走访调研和书面调查的方式，深入了解银行卡产业发展现状，听取对EMV迁移工作的意见和建议。在此期间，工作小组召开了“上海市银行卡EMV迁移试点研讨会”，确定了“积极应对、审慎实施”的指导方针和“先标准、后试点，先收单、后发卡，先外卡、后内卡”的迁移策略。

（人　行）

二、银行业信息化

银行卡安全防范机制建设

随着银行卡业务的快速发展，银行卡风险防范问题日益凸现，如社会上出现了一些不法分子假冒商业银行或中国银联名义，利用手机短信等方式施行诈骗的现象。为加强防范，人行上海分行要求上海市各商业银行成立专门工作小组，加强安全宣传，遏制短信诈骗的蔓延趋势，同时积极配合公安部门做好相关案件的侦察工作，保护持卡人的合法权益。由市银行卡产业发展领导小组办公室牵头，市信息委、人行上海分行和上海市银行同业公会组织全市各发卡金融机构和银联上海分公司开展了银行卡使用安全宣传、短信提醒业务免费试用等活动。为处置因突发自然灾害、事故灾难、社会安全事件等公共安全事件或者因系统故障、欺诈犯罪、窃取信息而造成的银行卡系统性风险，有效防范和化解银行卡风险，确保银行、持卡人和银行卡交易各参与方的资金安全，人行上海分行依据《中华人民共和国中国人民银行法》、《中华人民共和国银行业监督管理法》、《国家金融突发事件应急预案》及相关专项应急预案制定了《上海市银行卡突发事件系统性风险应急处置预案》。同时，人行上海分行协调银联上海分公司对已建立MIS系统的商户开展了客户信息安全调查工作，并通过商户风险管理系统监控全市银行卡受理商户交易情况，对发现的可疑情况及时进行调查并予以处置。

（人　行）

上海银行：积极推进新一代核心业务系统建设

【概况】 2005年，上海银行积极推进新一代核心业务系统项目建设；初步建立了信息安全管理体系；整合了生产用系统资源，满足了系统安全运转需要；圆满完成了多项系统建设，为上海银行各项业务经营、管理工作提供了有效的科技支撑，个人网银系统获得各方肯定。

【积极推进新一代核心业务系统建设】 2005年，上海银行相继完成了相关业务的需求编写、功能确认、网点设备安装调试、网点配套改造等各项准备工作，实现了第一阶段总账和报表系统的成功上线，成为建设新系统项目的一个重要里程碑。

【初步建立信息安全管理体系】 为加强信息安全，2005年，上海银行信息技术中心引入了英国BS7799标准，通过开展信息安全管理体系基础及风险评估、风险管理培训、ISMS（信息安全管理系统）现场诊断，制定了ISMS范围和方针、风险评估和风险管理方案、流程，编制了风险评估表单等文件，搭建了安全管理体系的文件目录及内容框架，初步建立了一个信息安全管理体系。目前，BS7799信息安全管理体系认证咨询项目已经进入了文件发布阶段后期，即将开始体系试运行。

【合理整合系统资源】 随着经营管理的不断发展，为确保各业务系统更优运转，2005年，上海银行对一系列生产用服务器资源进行了合理调整。其中，包括：储蓄核心系统、储蓄报表分析系统、个人网上银行系统、外劳力卡系统、电话银行系统等。此次成功迁移，较好地解决了各项核心系统存储容量紧张的问题，大大提高了各核心系统读写数据库的速度。

【圆满完成多项系统建设】 2005年，上海银行完成了多项系统建设。一是在银行卡系统方面，完成了电子借记卡、医保认同卡、JCB卡、信用卡影像工作流、多卡一账户、银联2.0技术规范及业务规则（第二卷）升级改造等项目的建设。二是在大客户专项类系统方面，完成了银证直联系统、外来从业人员综合保险卡、浦东财政局非税财政专户系统、财政单一账户管理系统、商业高新卡清算等项目的建设。三是在新产品类系统方面，完成了人民币理财计划、个人外币结构性理财产品、基金代销等系统的建设。四是完成了电子渠道类、管理类、监管机构数据上报类、会计规则改造类、风险管理类、营销类等6类共16个系统的开发工作。

【个人网银系统获得各方肯定】 一是上海银行个人网银系统获颁“上海市信息系统A类安全测评审定书”。2005年6月，上海银行委托上海市信息安全测评认证中心对个人网银系统进行全面测试。经测评，市安全测评认证中心认为上海银行个人网银系统对主要威胁采取了适当的安全机制，达到了保护信息系统重要资产的作用，颁发证书给予好评。二是上海银行因在个人网银系统中成功采用JAVA技术，获得了JavaChina 2005中国开发者会议Duke's Choice Award大奖，成为2005年度大中华区最杰出的Java创新应用者之一，亦是六家获奖者中惟一一家来自银行业的用户。

（张毅勇）

三、证券业信息化

证券交易所

【概况】 截至2005年底，上海证券交易所（以下简称“上证所”）上市证券达1 070种，品种涵盖股票、债券、证券投资基金、ETF、权证等，拥有上市公司833家，挂牌交易股票达877只，投资者开户数近3 800万户。

经过十多年的建设，上海证券交易所信息技术系统基础设施、设备渐趋完善，核心交易系统经多次更新换代，容量与能力已居全球先进水平，主机处理能力为委托达2 900万笔，成交6 000万笔，每秒可完成撮合交易2.5万笔。目前，上海证券交易所已建成覆盖全国的设备先进、功能齐全、用户规模最大的证券行业卫星网络，全部会员与交易所联网实现“天地互备”，交易终端软件具备通信链路自动切换、自动恢复申报确认信息、高速报单等多项功能，且2005年实现零事故安全运行。

【证券创新业务的支持】 2005年是上证所的业务创新高峰年，为了支持配合股权分置改革的顺利进行，在市场面临许多新的变化和机遇的时期，上证所各项产品创新、交易方式创新和服务创新层出不穷，有效地繁荣活跃了市场，使资本市场更好地服务于会员、上市公司和投资者，更好地服务于国民经济。近期，在现有技术平台上支持上证所推出的创新产品和服务主要包括：

(1) 支持配合股改，高效率推出权证产品方案，也为上证所日后金融衍生产品的研究积累实践经验。

(2) 充分发挥交易系统网上多日连续投票功能，为广大投资者对上市公司股改方案发表意见提供高效平台，并与上证所网站充分衔接，通过交易系统提供给网站个人用户初始密码注册服务，高效解决了投资者查询密码注册这一难题。

(3) 持续研究推出ETF后续产品，上证180ETF产品已完成技术准备，债券ETF及红利指数ETF产品也在方案准备研究之中。

(4) 推出上证基金通服务，为开放式基金提供了场内统一的申赎渠道，这项创新极大丰富了上证所服务市场的业务范围。

(5) 积极推动国债跨市场互联工作，该项工作对债券市场的发展意义重大，若能成功打通证券及银行间的债券市场，将极大方便债券投资者同时在两个市场进行交易。

(6) 债券相关的局部业务创新，诸如可转债回售业务的推出，债券大宗交易规则的改进（去掉价格限制等）、推出双边报价功能等。

(7) 充分利用现有系统，多方为券商、为其他证券类产品提供各项服务，例如近期推出专项投资收益计划产品的协商转让服务，这一产品类型在将来应有广阔的发展空间。

(8) 大力推动集中交易，上证所推出的高速报盘服务，可以根据不同券商的席位拥有情况设定不同的流速权，最高单一报盘点可达每秒2 000笔申报，解决了券商集中交易后对高速报盘的迫切需求，也有效实现了空余席位转换到流速权这一关键问题。同时，利用高速报盘也给大批量转指定提供一个新解决方案，在试点实施过程中受到券商好评，目前正在制定业务受理流程。

【证券电子交易技术的阶段性创新成果】 2005年是上证所以新一代交易系统为龙头的几大技术系统进入实施关键时期的一年，各项建设均顺利进行并取得阶段性成果。

新一代交易系统相关建设在紧张有序地进行，按计划完成现货产品阶段开发，并将在2006年完成项目总体软件开发，进入测试上线准备，从而成为支持上证所业务创新的崭新平台。新系统无论在其支持的交易品种、交易机制、市场服务内容还是系统架构的扩展性、性能容量、安全等级上都做了明显的扩充和提升。与现有系统紧密跟随上证所业务创新，满足市场及时需求的模式不同，新交易系统是超前开发和储备大量国际成熟资本市场通行的业务模式，是未来上证所业务创新的基础和素材。新系统的功能逐步释放的过程将在比较长的时期内伴随和支持上证所的业务创新，提高新业务推出的速度，拓展创新的深度和为业务扩展的伸缩性提供灵活的支持。新交易系统对业务创新的支持是全方位的，一是对融资融券、证券卖空和衍生产品的支持；二是扩展了多样化的交易模型和订单方式，为不同流动性的产品提供完善的交易机制，为不同投资诉求的机构和个人提供灵活的投资手段；三是在系统中将目前的席位扩展为具有丰富交易权利的PBU体系，为上证所配合新产品和新业务的推出，灵活安排参与者的交易权利提供方便；四是在系统中嵌入多维全面的交易限制和风险控制功能，为上证所拓展新业务时，根据需要配置各层次、各维度交叉组合的交易限制提供了强大支持。

上海证券交易所已建成符合市场运作需要、功能较强的监控系统，对市场交易实施实时监控，并初步形成一个以上市公司监管、会员监管和市场监控为主要内容的自律监管体系。为配合新一代交易系统上线并提高本所监察系统的监管能力，上证所于2005年启动并完成了第三代监察系统的项目定义工作。目前，项目有序进展，为下阶段第三代监察系统建设的正式实施做好了充分的准备。

此外，上证所外高桥灾备中心在2005年正式投入生产，在证券信息的Level-2行情开发、新机房等项目建设上也取得阶段成果。

【企业级数据仓库成功建成】 上海证券交易所企业级数据仓库于2005年12月19日正式建成。数据仓库项目是综合了证券行业知识、管理理念、信息科学和计算机技术等多项内容的企业解决方案。在数据仓库建设过程中，上证所根据自身的需要积极探索，实现了多项创新：①自主开发、功能创新的元数据管理；②全面、单一、集中、规范的数据仓库管理；③率先采用XBRL技术的非结构化数据管理；④功能与安全并重的企业级数据挖掘平台；⑤完备、易用的数据权限管理；⑥规范、集中、可控的需求管理系统。

建成后的数据仓库包含了多维数据存储、应用系统、元数据管理和数据仓库管理4个主要功能模块，数据涵盖了上证所自1990年开业15年来所有交易和非交易业务的数据，系统存储容量达到14TB，实现了跨系统集成、跨部门共享、跨应用关联，实现了全所共享，并充分实现了数据仓库“支持产品创新、支持市场监管、支持信息经营”3大功能：

1. 支持市场监管

一是在广度和深度上提高了对监管业务的支持；二是通过全所数据共享大大提高了联合监管能力，实现真正意义的全方位监管；三是通过自主开发XBRL标准，提高了上市公司信息披露的可读性和决策有用性，对提高上市公司信息披露水平提供了有力工具。

2. 支持业务创新

支持证券产品创新，跟踪新产品表现；为交易机制创新提供了数据支持和分析支持；发挥快速、灵活、方便的优势，建立了指数评估模型，有力支持了指数业务的开展；建立了交易系统性能评估指标体系，为开发建设新一代交易系统起到重要的决策支持作用。

3. 支持信息经营

数据仓库基于上证所原始数据，经过深度和精度加工数据，生成信息产品目录等信息资源，形成核心竞争力的信息产品，向市场提供增值服务。

数据仓库的建成极大地提升上证所的信息化水平，有效地提高决策支持水平、市场监管水平和服务水平，促进证券市场产品创新，并更好地服务于证券信息产品的所有相关环节，为上证所成为国际一流交易所奠定了扎实的基础。

【运行安全保障体系的完善】 安全运行历来是上海证券交易所各项工作的重中之重，也是2005年工作“一条主线，两个重点”中的重点之一。为确保市场的安全运行，积极配合股权分置改革的开展和推进，上证所从优化职能、完善制度、加强管理、提升意识入手，对运行安全保障工作进行了改进和完善。

2005年，上证所部分调整了技术部门的机构职能，重新调整了人力资源配备。技术部门以此为契机，狠抓安全运行工作，提高运行管理水平。主要开展了如下工作：①重新梳理、修订运行管理制度和工作流程，提高工作效率和工作质量，增强运行环境的可靠性；②从技术运行各环节着手，明确岗位和人员的工作职责，加强工作交流和沟通，发挥团队合作力量，提升人员的安全意识；③注重问题管理，对频度较高的异常及时提出改进方案；严格控制和审核变更项目，防范变更风险；④加强基础工作和细节管理，建立基本配置信息库，增强运行异常的处置能力；⑤强化技术培训，提高技术素养，树立市场服务意识；⑥实施交易系统全面安全检查，主要涉及主、备运行机房环境、设备备份、应急预案等，对暴露的隐患实施整改；⑦主动防范运行风险。对跨单位、跨部门业务流程中的问题和隐患，及时处置并提出改进建议；⑧保障业务连续性，重视突发事件的应对和处置。全年实施3次大型应急演练，其中一次是交易系统整体切换至同城灾备中心。

通过上述工作的落实和实施，2005年，上证所技术系统交易运行安全率达到了100%，全年交易系统异常量比2004年下降25%，设备故障率显著降低。2005年，上证所创新工作提速，新产品、新业务推出频繁，技术部门在承受较大运行压力的同时，取得了连续安全运行无事故的好成绩，体现了职能调整和强化管理的作用。上证所将不断完善和提高运行保障工作，为配合股改工作的全面深化和新一代交易系统的顺利上线，长久保持交易系统安全稳定的运行。

（上海证券交易所）

证券公司

【经纪业务服务平台建设】 国泰君安公司通过对2004年集中上线工作的经验总结，2005年又对上线业务操作流程、技术实施方案和相应的管理制度做了进一步的补充和完善，大大提高了上点工作的规范程度，降低了风险。同年，公司完成了大规模上线的第二、第三阶段共62家网点的集中上线工作，特别是在后期，创造了按平均一周4家的行业极限速度完成了其中32家业务种类完备的大型营业部的集中上线工作。11月14日，公司完成了系统整固期后的上线工作计划，成为行业内惟一已实现集中交易的大券商。至此，经纪业务服务平台自2003年8月1日的正式启动，横跨3

个年头、历时27个月，到2005年11月14日全面、平稳地完成了集中交易、集中清算的推广工作。

【积极拓展网上交易】 2005年，国泰君安公司依托经纪业务服务平台重新制定了互联网业务发展策略，进一步优化公司现有的网上交易结构，从服务支持、资源配置等多个方面实现互联网业务内容和形式的转变。为实现网上交易的总部接入，信息技术总部专门开发了适用于集中交易系统新的系统接口，完成了新版网上交易富易客户端和RTS系统的开发工作，提高了交易效率，迈出了进一步优化公司网上交易结构布局的第一步。同时，为配合公司营销线降成本、大力推广网上交易这一重大举措，信息技术总部进一步优化调整了公司网上交易系统结构和服务器投放策略，在全国范围内有选择地增加通达信、大智慧、钱龙等网上交易行情，提高网上行情的可靠与负载能力，及时地解决了客户交易量剧增问题，经受住了市场交易量突然放大的考验。2005年1～11月，公司的网上交易总量已占总交易量的45.6%，11月份更是达到了53.0%，比2004年1～12月34.6%的比例有了很大提高，交易总量已连续第四年在业内排名第一。

在常规互联网业务基础上，公司充分利用客户端行情服务对客户的高凝聚性，向客户提供远程服务协助之外，还扩展个性化的综合资讯服务，完成了新版E.T.助手的开发工作，构造了国泰君安E.T.品牌的互联网电子化信息与服务终端。

【灾备系统建设】 国泰君安考虑到上海证券通讯有限公司的特殊角色及能为上海券商提供许多建立灾备的便利，公司选择将灾备机房建立在上证通。截至2005年底，灾备中心已完成技术系统的建设工作，计算机系统、通讯系统已全部调试完毕，其中，灾备中心已部署了100多个网络节点，完成了远程光通信（DWDM）系统安装调试和HDS存储系统灾备复制调试工作。同时，公司成立了由信息技术人员和业务人员参加的联合工作小组，分析业务流程、制定BCP，并组织有计划地演练。

中银国际为了防范单点故障及灾难风险，在原有漕河泾数据备份中心的基础上，新建了外高桥集中交易数据中心。公司充分利用现有的通讯资源，攻克技术难题，实现了数据专线、INTERNET VPN、宽带卫星线路等的自动备份与天地互备，彻底解决了公司业务的实时、可靠性要求。同时，公司在主、备数据中心构建了先进的光纤存储网络，实现了应用系统对存储资源的共享，数据存取的性能指标比原有的独立存储设备提高30%，满足了集中交易、业务管理等系统对实时性的要求。

【加强信息系统的各项管理制度】 2005年，各证券公司继续按照《证券公司内部控制指引》和《证券经营机构营业部信息系统安全管理手册》的要求，制定和完善了各项信息系统管理制度和操作规程，切实保证各公司信息系统的安全、稳定运行。

上海证券完善组织与制度建设，2005年，公司进一步组织各级干部和员工学习证监会颁布信息技术规范文件、内控指引文件和创新试点的相关指导文件，组织制定和完善了公司《数据备份规范》、《营业部信息系统故障报告流程》、《营业部信息技术人员权限规定》、《营业部信息技术人员岗位职责》等管理制度，修订了《公司信息技术管理规范》。同时，结合创新申报，组织学习，公司进一步加强机房人员的权限管理和参数操作，制定了《关于进一步加强信息系统密码管理的通知》、《中心机房证券交易系统数据库用户管理规定》、《关于进一步规范营业部证券交易系统中信息技术人员权限设置的通知》、《柜台交易系统用户及参数管理规定》、《计算机机房管理办法》、《信息系统运行管理办法》、《信息系统技术事故防范与处理办法》等管理制度。

【基础设施建设】 随着上海证券业务的发展和公司集中交易、集中监管模式的形成，公司业务的开展对网络的带宽和安全性提出了更高的要求，为此，上海证券开展了骨干交易广域网的升级工程。自2004年上半年开始，公司与上海电信合作，通过与各线路供应商、券商、集成商的充分交流沟通及论证，从技术先进性和系统安全性等多个角度考虑出发，开展了电信SDH

广域网的建设。至2004年底，该项目已基本竣工。至2005年底，公司骨干交易网络实现以电信数字电路SDH为主交易网，DDN为辅助交易网，有线通和网通VPN、ISDN拨号作为以上专线全部断网时的应急备份线路的网络结构，为公司各项新业务的发展提供了较充足的带宽和安全可靠的备份机制。

2005年，光大证券投资700余万元建设1 000平方米的中心机房，新落成的中心机房作为光大证券总部及下属47家营业部的交易中心、数据交换中心、通讯中心于同年10月竣工启用。中心机房的结构部署及网络布局均为自行设计规划。机房布局合理功能完善，达到行业领先水平。

【资讯研究信息化】 长江巴黎百富勤证券有限责任公司为加强研究人员的资讯信息来源，前后建立了Bloomberg、Chinainfobank、Wind、Factive和红顶收益战略家等信息系统平台，并通过互联网进行实时的数据传输，让研究人员及时掌握资本市场信息动态。

【完善公司办公系统】 长江巴黎百富勤证券有限责任公司为了提高工作效率，减少商务沟通路途中所消耗的时间和费用，公司内部部署了基于地面网络的IP/ISDN视频会议系统。该系统采用Polycom视频会议设备和H.323视频通讯协议，实现了公司内部各个部门之间高效的会议沟通，并同时支持四方会议，满足了公司于外部的日常会议需要。

中银国际建设了新一代OA系统。该系统采用Notes/Domino 6.5平台，使用先进、安全的邮件系统，实现了公司及营业部办公人员的邮件统一管理。同时，中银国际开发了相应的工作流系统，实现了公司日常管理与业务管理的电子化管理。

（上海证监局）

【建设第三方存管系统】 2005年5月27日，东方证券股份有限公司（以下简称“东方证券”）对北方证券有限公司（以下简称“北方证券”）实行托管。托管工作中一个很重要的信息化建设工作就是对高风险券商的客户交易结算资金实施第三方存管。这项工作不仅是托管工作的重要组成部分，也是监管部门对高风险券商进行资产处置的必要前提。截至2005年12月5日，北方证券19家营业部全部完成第三方存管上线工作，上线账户近15万，移行客户资金近6亿元。承担此项任务的东方证券托管组和中国工商银行也因此成为继南方证券托管组和中国建设银行后，第二家圆满完成高风险券商客户交易结算资金第三存管方存管上线工作的证银单位。

【新建CRM系统】 2005年，东方证券按计划依次完成了广州、深圳、长沙、成都、北京、抚顺等异地营业部的上线工作。9月26日，37家营业部全部实现集中交易。为提高系统运行的安全性，10月份，对集中交易系统的操作系统和数据库进行了一次全面的升级和测试。随着集中交易的推进，东方证券的集中管理工作日趋全面，相应的技术手段同步跟进，最为典型的就是客户关系管理系统（CRM）的建设。2005年6月，CRM项目一期建设完成，建成的系统具有客户管理、客户经理工作、客户经理管理以及大客户服务等4大主要模块。最突出的功能表现是，实现了客户资源的共享和对公司经纪业务营销工作的有效管理。系统汇集了公司所有经纪业务客户、公司其他业务部门以及管理部门的客户信息，并提供了多样化的搜索引擎，是一个可供挖掘客户、关怀客户的应用平台。一期功能建成后，东方证券发起了全面的推广工作，日益将有效的营销管理手段推广、深化到各营业部。

【持续改进独立存管系统】 2005年是东方证券获得创新试点资格后第一年，在年初时，与“创新试点资格”应具有的7大体系相比，公司的独立存管体系尚需要不断的完善。2005年1月，新建的“银证划付系统”正式启用，截至目前，建设完成可与工行、农行、中行、建行、招商、浦发、上海、光大、兴业等9家银行实行电子划付的银证划付平台。同期，重建的“法人清算系统”顺利上线运行，重建后的“法人清算系统”在股份清算方面体现了更完善的功能，能做到股份的三级明细清算。与此同时，在总部管理系统中升级完成了“独立存管监控系统”，并实现了经纪业务的实时监控。目前，由“集中交易系统”、“银证划付系统”、“法人清算系统”和“独立存管监控系统”等四大部分组成的平台在功能上完全支持将交易、清算、核算及资金划付职能相互分离和相互制衡，体现客户资金的安全、透明、可控、可查等管理目标。

（东方证券）

期货交易所

【技术创新】 2005年度，上海期货交易所完成了交易系统的再次升级。6月，交易所购入StatusftServer V400主机后，经过3个多月的对新交易主机的性能测试、交易系统程序的移植升级、交易系统的内部功能测试以及交易系统的外部会员测试，同时在制定了详细的交易主机切换及应急方案计划后，技术部门于9月29日对交易系统主机行了切换工作。9月30日，新系统上线成功。同期投入运营的还有交易监控系统，系统升级后交易主机的性能达到每秒处理800～1 200笔报单，大大超过了原先每秒200笔报单的处理性能，也超过了600～800笔报单/秒的立项目标。更为重要的是，在9月30日实现了新老系统的平稳过渡，为“新一代交易所系统”项目（简称NGES）的开发工作预留了足够的建设和测试时间。

【完善基础设施建设】

1. 三所联网升速

2005年3月，上海期货交易所与郑州和大连商品交易所联合完成了三所联网主干网络的升速，建立了中国电信和中国网通为主要高速链路的两个互为备份的高可用性环路，实现了线路的无缝切换，并于4月拆除了低速、高延迟的卫星环路。同时，以上海期货交易所为主，召开了3次三所联网工作的协调会；11月，上海期货交易所还提交了《三所联网网络优化》的建设方案，汇总了上海接入会员情况表，受到了中国证监会信息中心的表扬。

2. 主机房改造

为配合NGES项目设备的安装和调试，上海期货交易所于2005年4月对4楼主机房内电源和弱电系统进行了改造，在确保机房安全的情况下，经过两个月的施工，于5月底完成了改造任务。目前，4楼主机房内设备的摆放整齐一致，通讯线路清晰明了，并且为IYGES设备预留了足够空间。与此同时，交易所还对27楼和28楼的卫星通信机房进行了清理和改造，增加了空调功率，重新布置了强电和弱电的布线结构。

3. 交易大厅大屏幕系统改造

2005年4月，交易所技术部门启动了大屏幕系统改造项目。经过4个月的准备，到9月底，技术部门完成了安装和施工任务。新的大屏幕系统正式投入使用后，运行稳定。同时，技术部门还对大屏幕系统的操作和应急流程进行了相应的修订。

4. 建设会时系统共享归心项目

会员交易共享灾备中心建设会时系统共享归心项目，是为了保证会员管理系统安全稳定运行。中心在充分利用现有技术条件的前提下，建立了一套可以独立支撑会员核心业务运作的异地备份系统集群。当任意一家或几家会员发生灾难导致生产系统瘫痪时，异地备份系统集群可以迅速接管该期货经纪公司核心业务的运作，确保了该公司的交易业务的持续运行。2005年3月，中心委托上海期货信息技术有限公司承建该项目；5月，项目完成需求分析，6月完成设计，8月完成编码和单元测试，11月完成集成测试和全系统安装。在11月完成3次交易演习后，验证了系统的可靠性和可用性。系统于2005年12月1日完成初验并进入试运行。

【NGES建设】 2005年1月，上海期货交易所开始实施NGES的建设方案。为确保项目的先进性和可行性，交易所邀请有关方面著名技术专家和业务专家组成专家组，于3月16日召开会议，对NGES建设方案进行了评审。目前，该方案已完成以下3方面的工作：

1. 设备和系统软件的招标工作

NGES的总集成工作和软件开发工作由上海期货信息技术有限公司（简称“技术公司”）完成，但设备、系统软件和部分外围开发工作则完全通过招标方式确认供应商。招标完成后，交易所与供应商分别进行商务谈判，并将设备分成“开发和测试环境”、“生产环境”和“灾备环境”3大部分分别进口、安装和测试。其中，“开发和测试环境”的设备已经安装和测试到位。

2. 建设队伍

上海期货交易所和技术公司成立了各自的项目管理小组，以推动项目的建设。经交易所所技术管理委员会商议后，成立了以技术部门和各业务部门骨干组成的“NGES项目协调小组”，即交易所的项目管理小组；同时为有效地监督“NGES”项目的进度计划，交易所技术管理委员会成立NGES项目监理小组；为支持“NGES”项目协调小组的工作，由技术部抽调人员组成技术支持小组。

3. 系统体系架构设计和开发工作

期货交易所2004年的NGES建设方案确定了系统的总体体系架构，具体架构在2005年得到了逐步细化，NGES在系统架构方面取得重大进展。交易核心部分已完成如下工作：2005年8月完成了需求分析；9月完成了系统设计。同时，计划将于2006年1月完成编码工作。按照目前的进度计划，期交所NGES第一阶段的开发工作将于2006年7月完成，计划于9月29日上线。

（上海期货交易所）

期货公司

【完善网上交易系统】 2005年，华闻期货升级完善了网上交易系统，主要包括：①完善线路的优化，提高安全性。二条交易线路的网上下单，主、备交易线路提高冗余性，增加相应的带宽，提高网上交易系统的通畅性。②升级网上行情系统。增加相应的网上行情系统，现已有富远行情系统、澎博行情分析系统、文华财经行情分析系统。

上海中期公司增加了网上交易的带宽和冗余线路数量，增加了网通的线路，更换了网站的服务器和托管地点；对网上行情系统进行了升级，增加了服务器的台数，在网通机房也托管了一台服务器，为使用网通线路的客户提供可靠的服务。

东航期货经纪有限责任公司网上交易软件除在原有的基础上不断升级更新改善其功能外，新推出了超级下单系统及模拟学习系统，客户无需逐条输入合约、买卖和手数等，只需鼠标双击价格，即可实现一键下单，速度提高10倍以上，同时跟随的止损止盈单也可以有效地锁住亏损，实现盈利，即使客户有事离开外出都不受影响。为了使客户对这套系统有熟悉的过程，公司还建有一套超级下单模拟系统提供给客户学习。此外，公司还新推出了预约出金功能。客户在开户时提供惟一的银行账号给公司，并申请开通预约出金功能，就能通过网上交易终端实时查询到出金请求的处理过程，并随时了解出金请求是否通过风险审核及资金划转的进程，方便明了。

【完善公司网站】 2005年，中谷期货经纪有限公司对公司网站进行了改版升级。通过网页改版，信息数量和质量较以前有大幅提高；专题研究取得突破，形成特色；CBOT信息及时全面，外盘周报、日评、伯恩斯坦翻译等受到欢迎。网站新增的“交易员看台”和“美豆报告数据”栏目也得到了客户良好评价。此外，信息研发与客户服务体系相搭配，初步实现了信息研发资源共享。

华闻期货对原有网站进行了升级改造，对网站进行了全面改版。新的网站以新的界面提供及时的咨询信息。同时，公司研发中心在网站提供的界面下，及时与客户沟通，提供分析行情的研发报告，并通过短信发布隔夜外盘数据行情，以方便客户判断行情走势。

东航公司对网站进行了改版，将其建成为集宏观、证券、期货、外汇、保险基金等为一体的综合性网站。目前在期货方面，能及时提供期市资讯、市场速递、投资研究、交易信息，在线开户、交易日历、下载中心、品种资讯等，还有专人从事信息研究、收集和发布，为提供客户投资参考；并且提供全球股指、全球期货和全球外汇的延时行情。

【开通手机短信服务】 中谷期货在2005年推出手机短信服务。在发送国内外行情报价、突发事件报道的基础上，公司更注重客户服务个性化、特色化。如及时发布交割、库存信息，CBOT月度报告等，满足了客户各项合理需求。在内部管理上，公司综合部利用短信群发进行各项重要事项如会议通知、内控制度发布等。

上海金源期货经纪有限责任公司为了给客户提供更加优质的服务，建立了手机短消息信息发布系统，每天发送外盘期货行情以及变动情况，为客户的投资决策提供了及时和准确的参考。

【研究品种信息化】 2005年，上海久恒期货建立并完善了国内期货交易品种的信息资料库，已经建立的铜、天然橡胶、棉花、原油、大豆等数据资料库，为公司各项业务提供了有力的信息支持。

【更新电子交易与结算系统】 2005年，华闻期货更新了交易结算系统。新系统做了如下改进：①新品种的上市，增加相应的交易功能；②完善交易系统的风险控制功能，完善交易界面；③配合交易所（郑州、上海期货交易所）升级、开发交易所新的接口程序；④财务保证金（试算平衡）软件升级。

【CA证书的运用】 2005年，东航期货公司与上海复旦金仕达计算机有限公司、上海市数字证书认证中心有限公司合作，将CA证书运用到网上交易中。CA证书是客户的个人身份证，客户可以在开户时同时申请CA证书，填写《CA证书申请表》，就能获得公司提供的移动证书，客户通过使用移动证书完成开户及整个网上交易，确保客户交易的惟一、完整和不可否认，最大限度地保护客户利益。 （上海证监局）

基金公司

【信息制度管理】 2005年，泰信基金进一步完善了《计算机信息系统管理制度》、《计算机信息系统管理制度实施细则》等信息系统规范性制度。信息技术部专门制定了部门《信息技术部定岗定责及2005年工作目标》，使岗位划分更加细致，工作内容更加明晰；为了规避人员风险，提高部门所有员工的综合素质，专门制定了《信息技术部轮岗制度》，并安排人员进行主要业务岗位的轮岗工作安排和实施；为配合人力资源部门对入职员工进行培训的要求，专门制定了《信息系统使用手册》，规范并指导新员工在公司进行信息系统使用；对公司的各个业务系统和硬件设施进行了全面的风险评估，完成了各项《系统风险评估表》，并最终形成了《信息技术部风险评估报告》，该报告对日后信息化维护和建设起到了规范作用。

为确保公司数据的安全性、系统的稳定性，确保信息系统危机处理的及时性，光大保德信基金管理有限公司信息技术部对日常工作中关于项目管理的各个环节、危机处理计划处理工程制定了详细的规章制度。

为了提高IT系统的安全性，2005年，银河基金管理有限公司细致分析了可能存在的各种风险，制定了相应的事前防范措施，同时对防范措施的实施过程以及效果进行事中的控制和评估，以避免风险的发生和降低风险的严重性。除了对关键系统（投资交易、TA、FA、直销、客服系统等）和关键数据进行软件升级、设备扩容、重点数据备份外，还在备份中心进行了系统冗余和一般数据备份，从安全、可靠、性能上对整个IT系统进行了完善。此外，公司还特制定了危机处理机制，完善了灾难恢复计划，并进行了多次演习。

【信息系统建设】 2005年，光大保德信基金管理有限公司系统建设以满足业务发展的需要为核心，先后完成了以下项目的建设工作：TA/直销系统升级改造、投资交易管理系统升级改造、呼叫中心系统升级改造、基金估值及资金清算系统升级改造、网站系统升级改造、短信发送系统建设。

2005年，申万巴黎基金管理有限公司根据公司发展需要，新建了以下项目：北方之星债券分析系统、宏观数据库CEIC、货币基金项目。在建未完工项目有：投资研究平台、安全架构加固项目。

信诚基金2005年建设了如下业务系统：开放式基金登记过户系统、开放式基金直销系统、CALL CENTER系统、网站系统、网上查询系统、主动服务平台系统（短信和邮件）、投资交易管理系统、基金估值与会计核算系统、资金清算系统、行情分析系统和资讯系统。

国海富兰克林基金管理有限公司自2004年筹建以来，一直致力于信息系统的建设，在信息系统建设方面已投入了近2 000万元。2005年，公司已完成主要业务系统的开发，包括：登记过户系统、直销系统、基金估值及清算系统、投资交易管理系统、呼叫中心系统、公司网站、投资研究资讯平台、行情分析系统以及办公自动化系统。另外，网上交易系统、客户信息管理系统也在筹建当中。

国联安基金管理有限公司2005建设的业务系统有：①综合信息管理平台一期。该平台实现了公司内部的知识共享、协同工作，优化了流程管理，促进了内部管理体系的规范化、标准化、电子化，并为业务及管理人员提供了个性化的办公、管理工具。②CRM系统新版的上线。CRM3.0新版系统经过两轮严格的测试，已于2005年11月试运行。新版的CRM系统已成为公司市场部门重要的市场开发工具，其功能涵盖了市场发展部关于个人客户、直销客户的营销和服务、媒体管理以及客户分析和挖掘等方面，机构理财部对于机构客户的维护和管理，代理销售部对于渠道客户的分析和统计等。③风险控制系统新版的上线。该系统基于一个可扩展的平台，采用三层架构，界面采用浏览器的方式，中间件采用免费的TOMCAT。经过一段时间的试运行，该系统在数据采集、功能设置、功能添加方面有了非常大的提高。④投资管理系统的升级。投资管理系统在2004年10月上线，2005年又按照公司的实际需求进行了程序修改升级。

2005年，天同基金公司信息系统建设工作主要有：①对公司的核心业务系统升级与改进。为配合天同公用事业基金的发行，公司对原有TA系统进行了升级改造，并支持LOF业务的开展；开展“上证基金通”业务，对TA系统进行改进；为支持货币基金和短债基金的发行，对估值核算业务系统进行升级，增加对影子定价等业务的功能模块。②升级公司内部风险管理系统，打造公司内部投资风险管理平台。③建设灵活可用的办公管理系统，为公司办公提供便利。公司通过管理流程标准化、信息化等方式，运用技术创新等手段，为管理水平和协同工作效率的提升做好了技术支持和服务工作。

2005年，银河基金管理有限公司开发了客户关系管理系统，为客户提供更优质的服务。通过该系统，规范汇总原有客户数据，并进行补充和完善，围绕公司的战略目标，提高客户数据的可用性；在完善客户数据基础上，规划完整的营销销售和客服策略；做到日常业务流程化、规范化，如客户服务、客户开发等方面；动态呈现相关报表、视图，监控业务状态，支持决策。

【基础设施建设】 2005年，信诚基金管理有限公司为满足公司业务发展需要和证监会对基金公司信息系统建设的要求，按照国家有关标准完成了精密机房建设。公司精密机房的面积达120多平方米，其空间和线路铺设可以满足公司未来5年的业务发展需求。

机房内设备有精密空调、UPS、配电柜、气体消防、防雷等基础设施。另外，机房还有视频监控、电话录音和机房环境监控等辅助系统。机房内的关键设备都采用双机冗余的方案设计，保证机房内部设备的安全、可靠运行。该机房在2005年6月通过了上海消防局和上海证监局的现场验收。

【发展电子商务平台】 2005年，银河基金管理有限公司发展了以电子商务网站为中心、具备多种交易方式和交易手段的电子商务平台，紧密结合公司的基金销售系统和经纪人管理系统，积极开展银基通、银联通等网上交易业务，借助银行的个人网银和银联等多种电子支付手段实现一个全方位、面向国内外市场的综合电子化交易和服务平台。

【通讯网络建设】 根据证监会对基金管理公司网络建设的安全要求，并采用业务网、办公网和外联网相分离的设计原则，2005年，信诚基金管理有限公司进一步提高了自身网络的安全性。公司主干采用两台Cisco 4506交换机，二级交换机采用Cisco 2950T，主干千兆级联，百兆交换到桌面。两台主干之间采用2条千兆链路通过GEC的技术将其逻辑捆绑在一起，提供高速可靠的主干容错连接。公司采用两级防火墙体系，一级防火墙采用NOKIA IP130，二级防火墙采用NETSCREEN，在一级和二级防火墙间形成了DMZ，极大地提高了公司网络的安全性。公司采用Cisco路由器，并根据业务性质的不同采用不同型号的路由器。例如：与交易所通讯采用Cisco 2621路由器，与代销商相连采用Cisco 3745，与INTENET相连采用Cisco 2621。公司的网络系统从2005年7月正式投入使用以来运行正常，网络的安全性、通讯能力达到了设计目标。

（上海证监局）

四、保险业信息化

2005年，上海保险业全面加强信息化建设，信息化水平显著提高，这对于提升保险业的经营管理水平，防范化解风险起到了十分积极的作用，创造出巨大的经济和社会效益。

保险公司信息化建设

保险公司信息化建设是近年来保险业迅速发展的内在要求和基本保证，已渗入到了保险公司业务经营、后台管理的每个环节，保险公司信息系统也已提升到科学管理、决策支持以及风险管理的层次。2005年，上海保险公司的信息化建设主要有以下一些突出的方面：财产保险公司基本都引入了网上车险理赔系统，大多数公司都建立了网上保险交易平台，拓展电子商务行销，利用网络技术支持其代理人和其他内部运营活动。同时，保险公司信息化建设呈现外包化和集中化趋势，外包比例超过了50%，某些特殊要求的信息化工作，如系统安全、网络安全等，多为总公司大集中或规模较大的分公司本地集中，以加强公司管控力，避免重复投资。

保险监管信息化建设

【概况】 为进一步加强保险监管，利用监管信息化推动保险行业信息化发展，2005年，上海保险监督管理局（以下简称“上海保监局”）针对目前保险监管工作的迫切需要，重点建设了保险统计信息系统、保险稽核系统、保险营销员个人执业信用信息系统、机动车辆联合信息平台、上海保监局网站和电子政务平台等信息化项目。

【保险统计信息系统】 在2002年上海保监局独立开发完成的非现场监管信息系统基础上，中国保监会结合全国及各地保险信息处理要求，设计开发了中国保险统计信息系统，并于2005年1月正式上线，建立了中国保监会保险统计信息数据库。该系统通过全科目上报方式，每一报告期总共可以采集总公司层级约18万、分公司层级约113万、中心支公司层级约493万条基础数据，它借助先进的网络技术和数据库管理技术，从而改变了传统纸质报表上报的落后工作模式，使保险监管人员从繁重的报表汇总工作中解脱出来，集中精力从事各类财务指标和业务指标的分析工作，同时可进行事前分析和预测，变被动管理为主动管理，实现了管理水平的飞跃。

【保险稽核系统建成使用】 2005年，由上海保监局负责开发的保险稽核系统建成并开始在全国保险监管中使用，改变了以往监管人员手工翻查账本及纸质单证的稽核模式。通过该系统，可对保险公司的电子保单、电子批单、电子赔案进行检查，分析财务数据的真实性和业务经营行为的合规性，实现“稽核人员思考、计算机查找”的稽核工作方式。保险稽核系统通过建立数据模型和开发数据转换工具，获取了能为计算机所识别和分析的业务数据，同时，它应用了电子数据抽样程序，使得监管人员仅需核对少量的原始凭证来验证总体数据的真实性，就可完成稽核工作，从而大大提高了监管效率，降低了监管成本，促使公司加强内部管理。它与统计信息系统相辅相成，构成了完整的保险业信息系统。

【上海市保险营销员个人执业信用信息系统】 2004年7月1日，上海市保险营销员个人执业信用信息系统建成并向社会开放后，其功能得到了较好的发挥，保险公司对营销员的管理得到了加强，保险营销员挪用、侵占保费的现象明显减少。为了提高系统使用效率，上海保监局推动市保险同业公会与上海资信公司联系，改进了系统的查询方式。在2005年消费者权益保护日前，开通了保险营销员信用信息查询网络（www.shanghai-cis.com.cn）及专线查询电话（021-62077218），方便了保险消费者的查询。

【上海市机动车辆联合信息平台】 2004年4月1日，上海保监局与市公安局共同建成上海市机动车辆联合信息平台，它是全国第一个实现保险业与公安交通管理部门跨行业实时数据共享的信息平台。它将机动车辆三者险保费与驾驶员道路交通违章记录相挂钩，通过经济杠杆减少交通违章行为，规范车险市场秩序，促使保险公司加强管理，配合上海市政府“排堵保畅”工程，真正实现了广大保户利益、城市交通管理、保险公司效益的“三赢”，充分体现了保险业的社会管理功能。2005年，配合《上海市机动车道路交通事故赔偿责任若干规定》，平台进行了功能深化，增加了第三者责任保险有责、无责赔偿的统计功能，细化了对不同保额三责险的统计。

【上海保监局网站和电子政务平台】 为了加强保险业的社会宣传工作，透明审批流程，简化办事手续，同时大力配合《行政许可法》的正式实行，上海保监局建设了“上海保险”网站，同时依托该网站开设了上海保监局电子政务平台。该网站目前共有“保险要闻”、“政务信息”、“法律法规”、“统计数据”、“局长窗口”、“公众监督”、“便民问答”、“信息查询”、“电子政务”、“行政许可”10个栏目，可以实现网上信息发布、保险机构查询、网上投诉、网上条款备案、网上行政许可申请和批准等多项功能。目前，该网站已成为广大市民、保险公司和监管机关相联系的一个重要窗口。（保监局）

中国人寿：信息化建设为公司发展提供有力保障

【概况】 2005年，中国人寿保险股份有限公司上海市分公司（以下简称“中国人寿上海分公司”）按照总公司信息技术部门和分公司管理层的统一部署，大力加强公司信息化建设，为业务发展、内部管理和客户服务方面提供了有力的支持和保障。

【完善基础架构，构建安全、稳定、高效的运行平台】 2005年，为了提高广域网的运行处理能力，中国人寿上海分公司完成了基层公司主干宽带接入改造，为办公自动化、视频会议、IP电话等应用推广创造了良好的运行环境。同时，在中心机房初步建立系统和安全监控体系，有效跟踪各类设备运行状况，及时预警系统故障，定期发布运行报告。

【开拓新思路，为业务发展提供了有力保障】 根据公司短期保险销售市场渠道广、投保灵活、产品推出快等需求特点，2005年，中国人寿上海分公司建立了e卡通信息平台，首次推出了电话、网站、手机短信立体投保的销售方式，并成功上线了12种新产品。在信息服务方面，加快了数据仓库建设，基本建立了经营分析、业务管理和风险管理信息化平台。

【完善制度，全面提升IT管理水平】 对照萨班斯·奥克斯利法案第404条款标准，2005年，中国人寿上海分公司认真查找公司信息化建设方面存在的缺陷，及时进行了整改；并将404条款中关于内部管理控制要求与ISO处理过程要求相结合，进一步规范和完善公司信息化管理制度。

【打造电子商务优势平台】 2005年，中国人寿上海分公司网站（www.chinalife.sh.cn）的日点击率比去年增长了30%，公司保险代理人通过网站为客户申请联系方法变更每月达 1 000多条。另外，公司还开发了在线理赔、团体保险境外意外伤害及紧急救援险等在线项目。

在信息技术的有力支持下，中国人寿上海分公司2005年的保费收入达到69.11亿元，居上海寿险市场份额首位。（壮　波）

太平洋保险：推进新一代核心业务系统建设

【概况】 中国太平洋保险（集团）股份有限公司（以下简称“太平洋保险公司”）是全国性的保险投资控股集团公司，目前投资控股了专业经营财产险业务的中国太平洋财产保险股份有限公司和专业经营人寿险业务的中国太平洋人寿保险股份有限公司。公司在国内共设有1 000多个分支机构，拥有比较完善的保险服务网络。公司的信息化建设以业务为导向，经过十多年的努力，目前已经形成了支持产、寿险核心业务的业务操作和综合统计系统、支持客户服务的网站和95500呼叫中心系统、支持公司财务核算处理的财务系统等，初步实现了集中的风险管理控制，集中的财务运行，集中的信息技术管理。

目前，太平洋保险公司正在积极推进新一代核心业务系统——数据仓库系统、集中的客户服务中心、集中的数据中心等项目建设。

【业务、财务数据进一步集中，新一代核心业务系统建设进展顺利】 2005年，根据公司风险集中管控的需要，太平洋保险公司建成了产、寿险集中的核保核赔系统，将投保和赔案数据统一到总公司系统内进行记录、分析和处理，由总公司两核人员进行集中的风险评估、保费计算、再保险安排、理赔审核等业务处理。

为进一步提高财务管理的专业化水平，支持公司集团化管理的财务管理流程及核算架构，2005年底，公司基本完成了核心财务系统的改造，建立和完善了分险种的核算体系，形成了以保单客户为单位的会计账务体系；公司通过引入作业成本核算模型，建立了成本管理体系，完善了集团公司的全面预算管理架构，建立了全国的财务共享服务中心，提供进行财务信息共享、实时财务、业务状况查询与监控的技术平台，提高了财务流程的运行效率，支持公司财务管理的专业化，资金管理的集中化，降低了财务运行中的风险。此外，公司新一代的产、寿险核心业务系统建设进展顺利，2005年完成了产品选型。

【客户服务渠道不断拓展，客户服务水平得以提升】 2005年，太平洋保险公司电子商务网站的保险服务内容进一步完善，提供了面向客户的产品咨询、产品报价、在线投保、在线报案等服务。

全国客户服务中心的建设已经取得初步成效，至2005年底，已完成上海、宁波等地的试点，客户服务中心系统完成的功能包括业务受理、业务查询、信息咨询、客户电话回访等。

此外，公司2005年还完成了短信服务平台的建设。这些系统和平台通过与核心业务系统的集成，拓展了公司的客户服务覆盖面，提高了客户服务的满意度，也减少了产品销售的成本。

【建成覆盖全国所有分支机构的高速网络，信息交换总线架构初步建立】 2005年，太平洋保险公司建成了覆盖全国所有分支机构和营业网点的高速网络，同时通过产、寿险之间互为备份的网络架构提高了网络的可靠性，为保险业务信息的及时处理提供了高速交换的平台。网络的管理开始采用专业化的团队，按照网络管理的规范，通过集中的网管中心，对设备详细运行状态、设备的配置、设备的性能、设备故障情况进行实时监控，初步形成了一个可靠、安全、有效和灵活的网络架构。

2005年，公司还规划了信息交换的总体架构，建成了信息交换的总线系统，为各应用系统的集成提供了基础。

【企业信息模型基本完成，数据标准化工作全面展开】 为规范和指导公司IT项目的实施，实现集团对数据理解、使用和控制的一致性，企业信息模型项目从2002年底开始启动，在引进、吸收了国外先进的保险行业信息模型的基础上，至2005年已经初步建立了公司的企业级信息模型，模型涵盖了公司营销管理、渠道管理、产品开发、客户获得、保单管理、理赔管理等13个功能领域的保险业务，包含了功能模型、业务数据模型、应用系统接口模型等子模型。

为了对企业信息模型应用、维护和扩展进行统一的管理，公司还成立了企业信息模型的专业化管理小组，利用信息模型指导规划项目的建设，作为公司内部的数据管理专家组在数据管理方面向公司的信息技术管理委员会提供建议。

为了保证应用系统间的信息共享和有效集成，公司从2005年10月开始了基于企业信息模型的企业数据标准制订工作，目前已经完成了客户、产品和保单、渠道管理、再保险、收支付、内部机构等6类数据，共800多个数据元素的定义和数据格式的标准化工作、制定了组织机构代码等信息编码规范。

【集中化的信息技术管理机制初步形成，信息技术管理水平不断提升】 太平洋保险公司集中化的信息技术管理已经形成了一个有效的机制，公司信息技术的最高决策机构“信息技术管理委员会”负责对公司的信息技术发展方向、信息技术关键项目进行决策，并成立了委员会领导下的工作机构，负责规划项目的多项目管理和整体技术架构的把握，监督规划项目组和各相关职能部门执行委员会的决策。公司的项目采用跨机构、跨职能部门的一个团队的运作机制，项目的管理流程基于启动、概念、设计、开发、评估、推广六阶段的项目实施方法。

此外，2005年，公司参照业界的IT服务管理模型，建立了IT预算管理、IT采购管理、IT资产管理、IT运维管理等规范化的信息技术管理流程，建立了信息安全标准、网络标准、系统平台标准、软件包和合作伙伴选择标准等信息技术管理标准。这些流程和标准的出台，使信息技术的管理日趋规范，使得公司的信息技术管理水平得以不断提升。

（王苏明）

第四章　物流和航运信息化

概　述

推进现代物流业发展是上海加速发展现代服务业的重要内容，也是建设国际航运中心的必然要求。2005年，上海信息化建设在物流和航运领域成效显著，为上海推进现代物流业发展和航运中心的建设提供了有力的支持和保障。

2005年，一批重大项目取得了突破性进展。配合洋山深水港一期建设开港，洋山深水港综合信息服务平台等一批配套信息化建设项目顺利完成；配合浦东国际机场二期建设需要，二期扩建的信息系统规划工作已经完成，做好了正式建设之前的规划准备；上海电子口岸建设进一步深入，建立了上海电子口岸建设联席会议制度，为电子口岸建设提供了组织保障，上海电子口岸平台实现了与中国电子口岸平台的互联互通和信息共享，海关特殊监管区域联网监管系统投入运行，业务范围覆盖5个出口加工区、外高桥保税区及外高桥保税物流园区，税费电子支付系统不断完善，用户数和税费电子支付金额都有大幅增加。

与此同时，物流行业和企业园区信息化建设继续推进，并呈现出了集约化、创新性、功能性的发展趋势。物流园区积极运用信息化手段，实施集约化管理，积极进行管理流程、监管模式的创新，不断提高物流园区综合服务能力和服务水平。物流企业通过建设物流信息系统，推行供应链管理，优化了业务流程，增强了企业的整体竞争力。总体来看，信息化建设对物流和航运行业发展的支撑作用日益显现。

（市信息委社会处）

一、重点项目

上海电子口岸建设

【概况】 上海电子口岸是上海地区运行口岸通关执法管理及相关物流商务服务程序的惟一平台。上海电子口岸建设是上海口岸信息化建设的重要组成部分和上海口岸管理的重要技术性支持工作，对增强口岸执法能力，提高通关效率，降低企业成本，改善贸易投资环境具有重要意义。上海电子口岸平台通过与中国电子口岸专网的连接，实现了与中央电子口岸平台的互联互通和信息共享；上海口岸相关政府管理部门和企事业单位与上海电子口岸平台联网，实现一点接入平台。

目前，上海电子口岸建成了1 100平方米的中心机房，机房容纳了上海电子口岸平台的主要设备及上海海关与中国电子检验检疫上海分平台的接入设备，形成了上海口岸通关物流和外贸外资数据的集中管理模式，年处理数据能力达100万笔，能够满足上海口岸未来3～5年电子数据交换的需要；同时，建成了覆盖上海各海港、空港，主要产业园区，口岸管理部门和相关企事业单位的信息网络，实现与海关总署、质检总局等中央部委以及重庆、宁波等长江流域和长三角主要港口、重点城市和货物集散地信息网络的互联。

上海电子口岸平台上运行的主要应用项目已达56个，涉及上海电子口岸建设的19个成员单位和9家商业银行，覆盖了上海乃至长江流域大部分省市、特别是长三角地区的用户，基本形成了贯穿交易、监管、物流和支付四大业务环节的口岸通关物流信息服务体系。

（信投　上海海关）

【税费电子化支付系统】 税费电子化支付系统是上海口岸“电子通关”的基础应用系统。该系统依托高性能的基础网络设施，采用最新的IT技术架构，提供包括海关进出口环节所有税收和行政事业性收费在内的全面支付功能，并可实现7×24小时全天候服务，每笔交易用时仅需30秒钟，税费当天预扣、次日入库，解决了电子商务和电子政务应用的支付瓶颈问题。截至2005年底，系统联网银行已达9家，用户逾2 200家；2005年实现税费电子化支付金额逾570亿元（包括网上支付和电子支付），占支付税费总金额的50%。

【呼叫中心】 上海电子口岸呼叫中心为用户提供与电子通关及相关电子物流和电子商务应用项目的技术咨询、报修求助、投诉受理等服务。该中心自2004年10月25日正式投入运行以来，为用户提供各类服务9万余次，社会效益良好。目前，呼叫中心已实现与海关、中国电子口岸数据中心、交行上海分行、农行上海分行和国家外汇管理局上海市分局的联网；下一步，将着手建立容灾备份系统，扩大接入带宽，完善各项功能，加强人员培训等，实现与全部联席会议成员单位及其他有关单位的联网，使之成为上海口岸的公共用户服务窗口。

【特殊区域联网监管系统】 特殊区域联网监管系统与加工贸易联网监管系统、中小型加工贸易企业电子化管理系统一起构成了上海电子口岸加工贸易及保税监管电子化管理体系。该系统涉及通关申报、电子账册联网监管、国内物资调拨、区内物资调拨、临时进出区物资管理、区间物资调拨和卡口物流备案等业务，实现了特殊区域间监管物流信息联动和集中管理，满足了特殊区域内大型加工贸易企业合理的特殊要求，适应了特殊区域间频繁的物资调拨业务需要，海关监管效率明显提高，区域间、区域内的物流速度有效加快。

该系统于2004年完成开发，当年就投入使用并取得良好成效。目前，系统的业务范围已从上海市5个出口加工区扩展到外高桥保税区和外高桥保税物流园区，应用企业达101家，平均每天调拨货物金额逾3 110万美元。通过该系统，加工区企业的账册备案时间从几天缩短到数小时，企业贸易成本平均可降低20%～30%；外高桥保税区和各出口加工区间的货物调拨从1～2天缩短至4小时左右，其中海关审批环节仅需数分钟。

【洋山深水港综合信息平台】 洋山深水港综合信息服务平台建设涉及应急处置中心的基础设施和为各口岸单位应用系统提供基础平台的建设，其中基础设施建设包括：洋山端机房建设、应急处置中心建设、互联洋山港各口岸单位的综合数字通信环网建设。该平台具备现场信息交换共享功能、应急处置功能和业务支持功能，可为广大航运企业提供洋山港的各类信息，是上海电子口岸平台在洋山地区的延伸。目前，该平台已经完成了基础网络建设和硬件设施、应急处置中心及口岸业务14个应用系统的相关建设任务，并经受了高规格验收和开港实际运行的考验，运行情况良好。

【区港联动系统】 区港联动系统是支持外高桥保税物流园区各类业务的综合性信息服务系统。该系统对园区的国际中转、国际配送、国际采购、国际转口贸易4类业务模式和主要业务流程提供支持，通过实现外高桥港区和外高桥保税物流园区监管物流信息联动、集中管理，推动区域的物流信息一体化，进一步简化监管手续，提高监管效能。

该系统于2004年7月正式投入运行。2005年7月，经升级改造后，系统第二版部分核心功能开始运行。自2004年7月至2005年12月，系统功能已覆盖外高桥保税物流园区内的18家仓库，涉及货物金额80.32亿美元。

【快件通关管理系统】 快件通关管理系统是上海电子口岸移植推广的中国电子口岸执法项目。2005年7月，上海海关在全国率先试点快件通关系统2.0版（出口业务）。该系统与快件检查系统集成，可实现海关查验与快件公司分拣的信息共享，在加快通关速度的同时确保了实际监管到位。目前，已经有包括Fedex、UPS、DHL、TNT等大型国际公司在内的27家快件企业使用该系统，系统日均承担业务量1.5万～2万票。

（上海海关）

【门户网站】 上海电子口岸门户网站是发布口岸动态信息、宣传政策法规、提供口岸通关及相关物流数据查询、口岸业务咨询和网上技术支持等的"一站式"公共信息窗口。目前，注册企业用户达4万多家。

【制卡中心】 制卡中心是为上海地区企业办理中国电子口岸入网、制卡手续的服务机构，由市外经贸委、工商局、国税局、外管局、质监局及上海海关6个相关部门联合办公审核，极大的方便了企业入网。中心从成立至今共为2万多家进出口企业办理了手续，制卡达5.8万余张。（信 投）

浦东国际机场二期建设

【浦东国际机场生产信息系统规划】 2004年底，浦东国际机场二期扩建工程指挥部依据浦东国际机场二期扩建工程方案设计竞赛结果，与国际著名工程咨询设计公司Parsons Brinckerhoff公司签订了信息系统规划咨询合同。

信息系统规划以浦东国际机场现有的一号航站楼、在建的二号航站楼、未来的一号卫星厅/二号卫星厅/三号候机楼的信息系统为研究对象，在规划层面分析了各信息系统的定位以及各信息系统在保持整体性的基础上未来扩展的方案。

信息系统规划特别详细分析了航班信息集成系统的功能和流程，提出了建设一个核心系统的原则，即：建设一整套航班信息集成系统，未来信息系统以即将建设的二期航班信息集成系统为核心进行建设，而现有的信息系统在升级改造的过程中迁移接口，与二期航班信息集成系统相连接。以此为基础，规划明确了二期航班信息集成系统与现有一期航班信息集成系统之间的接口关系，并描述了各信息系统之间的基本业务流程。

同时，信息系统规划报告还提出信息系统整体实施原则和方案，对信息系统集成管理的团队、方法和步骤进行详细描述，叙述了信息系统集成各阶段测试的详细过程，对信息系统建设实施阶段的工作有重大指导意义，有利于整体把握各信息系统的实施过程。

【浦东国际机场二期航班信息集成系统设计】 依据规划咨询，浦东国际机场二期航班信息集成系统将建成未来浦东国际机场信息系统的核心。该系统设计工作是总体设计工作，也是最关键的设计工作。2004年底，浦东国际机场二期航站区设计总包上海现代设计集团委托汉普咨询有限公司实施浦东国际机场二期航班信息集成系统设计。

二期航班信息集成系统设计的主要内容包括：收集和发布航班信息及资源信息的方案，设计以二期航班信息集成系统为核心的多航站楼、多机场的信息系统联动方案。系统设计工作分为方案设计和标书设计两个阶段。

方案设计阶段，集团以机场规划AOC/TOC（机场运营中心/候机楼运营中心）运作模式为模型，设计了多信息源的7大类49种航班的分类处理方案；同时，方案借鉴一期航班信息集成系统8年以来的运行经验和教训，并充分体现规划报告提出的“松耦合”原则，分层实现航班信息采集、航班信息处理、资源处理、信息发布及交换等功能，使各功能模块保持相对独立，使全系统能够在每天处理并发布2 000架次航班计划及动态信息的条件下保持稳定运行。以通用中间件为基础的二期航班信息集成系统与其他信息系统集成接口的方案，通过采用国际先进的通用中间件技术应用于航班信息集成系统数据交换，解决了传统系统的数据交换瓶颈问题，也能够满足未来大量数据交换的需求。（丁冬梅）

二、行业、企业园区信息化

外高桥物流园区：实施集约化经营战略，建设节约型物流园区

【概况】 上海外高桥保税物流园区（以下简称“物流园区”）是国务院批准的第一个区港联动试点项目，是国家促进国际港航产业与现代物流产业联动发展的先行先试示范区。2004年4月15日，经海关总署联合验收小组验收通过，实施封关运作，享受中国保税区和出口加工区的相关政策，设定了国际中转、国际采购和

转口贸易等几大功能，面积1.03平方公里，项目总投资为28亿元人民币。物流园区的建设以港口经济为导向，现代物流为主体，国际贸易为基础，以开发节约型物流园区为目标，实施集约化经营战略、突出货物在境内外快速流动、保税区和港区一体化和提高服务管理效率3个重点。一年多来，该园区全面区港联动试点、实现了规划建设联动、信息共享联动、服务营运联动、经济利益联动和资源统筹联动，努力营建“一线放开、二线管住、区内宽松、自由流通”的政策环境和营运环境。

2005年，物流园区在生产营运方面，完成进出货值72亿美元，集装箱综合处理量32.6万TEU；实现了年初市领导下达进出口货值30亿目标的240%，20万TEU目标的163%。2005年，完成营业收入5 983万元，利润总额1 013万元，在弥补了2004年度亏损500万的基础上，实现了略有盈余的目标。在整合资源创新方面，致力于区港联动政策的应用和创新来整合物流资源，在进区退税、出口集运、进口配送、转口贸易、保税运输等方面进行了业务流程的创新设计，在原来的传统模式上有了实质性的突破。2005年，物流园区编制了《上海外高桥保税物流园区营运管理操作程序》，推进了业务流程、监管流程和标准化管理的有效集成，有利于规范运作和提高营运效率。

【坚持集约化经营，提高自主创新能力】集约化经营的核心是提高自主创新能力，通过功能开发、资源利用为物流企业提供了更广泛的业务营运空间，通过价值链和供应链的共享服务，为货主在时间、地点、服务、对象上的选择提供更便利、更灵活的环境。提高自主创新能力就是要在创新业务流程、创新监管模式、创新服务管理上下功夫，有效推动进区企业业务和效益的稳定增长。

1. 创新整合型国际中转业务模式

上海是国际航运中心，具有长三角集装箱进出口量大的优势，但偏离国际主航道的缺陷以及在功能开发和管理上的原因，使国际中转量始终徘徊在1%左右。区港联动的功能整合为国际中转、转运和转口贸易相结合的复合型业务提供了操作平台。海关创新“一线放开、二线管住”的监管模式，一线以国际港航EDI基础的舱单管理系统为主，二线以海关的H2000监管系统为主，实现了O字形向U字形监管模式的转变。通过对企业的仓库实施区域分离、账册分设、管理分类、远程监控、电子联网、风险查验，实现一库多用，提高了仓库的利用率，为国际物流在时间和空间上提供了多种转换方式，为不同的货物整合提供了物流解决方案。

2. 创新集约型国际采购业务

参照国际自由港的运作经验，外高桥保税物流园区的准自由港功能为跨国采购公司在中国从事国际采购业务提供了低成本、高效率的解决方案。通过物流园区的政策应用和功能开发，依托长三角经济腹地地理优势和上海国际枢纽港口岸优势，由各供应商将跨国采购中的增值服务移师到物流园区上海港航线密集度高的优势，以物流园区为节点开展门到门的国际物流全程服务。跨国采购中心总部认为，外高桥保税物流园区的运作平台能够大大降低这个采购成本和货损率，非常看好在园区设立全球采购中心的前景。

【坚持管理高效率，提高优质服务水平】 参照国际自由港的运作和管理经验，物流园区的服务管理既要按国际管理，又要培育自己的特色。政府管理部门、园区营运商和进区企业都要在统一的平台上规范运作、标准管理、诚信经营，充分体现WTO公开、透明、高效的贸易便利化原则。

1. 建立标准化流程管理

随着物流园区业务的不断放大和功能的不断拓展，要求物流园区管理必须改变以货物监管为主的监管方式，而代之以企业诚信经营和企业自管为基础，通过电子联网监管，将监管重点从卡口转向仓库、从货物转向企业。有必要对企业和海关的营运管理模式进行系统的总结和归纳，制订相应的标准化流程并在海关的客户端上予以公布，将企业生产和海关管理的所有环节细化和规范化，满足客户及时供应的需求，降低物流企业的经营风险。这也是贯彻贸易便利化战略，创新物流园区管理水平，全面接轨国际物流营运标准的需要。

2. 构建多层次信息网络

建立集区港联动局域网、进区企业系统网、海关国检监管专用网和公共信息网四网合一的开放式信息系统，接口上海电子口岸数据平台，实现全面连接、全程全网、全球覆盖。局域网系统成为海关国检点监管系统有益的补充，海关通过局域网系统可实时了解企业总航单管理下的货物动态信息，企业通过将自由的库管系统与局域网系统和海关国检点系统对接实现自管，由此构建出一个真正的既放得开又管得住的物流园区。

（外高桥物流）

亿通：推进上海电子口岸平台建设

【总体发展概况】2005年，上海亿通国际股份有限公司（以下简称“亿通公司”）建设和运营的上海电子口岸平台的应用服务功能得到了不断完善与增强，其中：集装箱EDI数据传输服务得到进一步完善，联网范围进一步扩大；海关通关申报系统，实现电子通关各类应用服务；开发的进口提货单系统，实现进口主要环节的全面联网；整合出口电子单证，电子订舱、装箱单、预配舱单得到成功应用；开发运行海事船舶申报系统、试点“一单两报”系统。

2005年，平台数据传输量达9.9746万MB，中心日处理能力达273MB，处理报文数为5 184万个，中心日处理能力达14.2万个；电子订舱用户持续增长，达到近170家；海运电子装箱单用户已达到223家；海运提货单电子化系统推广顺利，目前，上海口岸所有专业集装箱码头（4家）和开展集装箱业务的船舶代理企业（22家）已全部使用电子提货单，参与的货代、报关/报检企业达到17家，电子提货单发送准确率达到99%；海关散货放行信息覆盖面扩展到50家散货船代，电子信息传输的合格率达到97%，具备了正式实行散货进口舱单电子化的条件。

【口岸电子支付服务】上海电子口岸的支付系统是全国支付量最大的企业级大额支付系统，是由上海市政府和口岸监管部门合力推进的“大通关”工程的基础应用项目，是上海电子口岸的重要组成部分。2005年，系统入网企业超过2 000家，实现税费电子支付金额480亿元；在金融机构联网方面，系统实现了与首家外资银行日本瑞穗银行的联网，目前联网银行达到8家。电子支付系统正在不断扩展服务功能和覆盖领域，提供面向口岸物流及跨国供应链的全面的金融信息服务。

【出口加工联网监管电子化】 2005年，特殊区域联网监管项目开发成功并投入运行，为海关、检验检疫等口岸监管单位和加工贸易企业提供了一站式加工贸易监管和物流信息服务，实现了加工贸易实时备案、变更、核销和进出口报关的全程网络化管理，提高了通关效率、降低了物流成本。

项目业务范围已覆盖5个出口加工区和外高桥保税区及外高桥保税物流园区，并推广到了洋山深水港区，应用企业达到75家，平均每天调拨货物金额超过1 000万美元。该系统的应用使外高桥保税区和各出口加工区间的货物调拨从1～2天，缩短至4小时左右；空运货物从飞机降落到运至加工区的通关时间由原来的72小时缩短至4小时，其中海关通关环节不到10分钟，达到了世界先进国家的通关水平，并大大促进了上海口岸的进出口贸易，推动了上海特殊监管区域的监管物流信息联动和集中管理。

【洋山深水港信息化】 洋山深水港建设是2005年上海市府一号工程，亿通公司承担了配套通讯与控制系统、洋山深水港综合信息服务平台两项大型综合性信息化项目的建设任务。其中，配套通讯与控制系统项目于2005年11月底通过了国家五部委和十部委的联合验收，口岸查验区、辅助区、危险品区的系统还被交通部施工监理单位核定为优良工程，并正在上报上海市施工优良工程。

（亿　通）

机场：完成多个重大项目

【概况】 2005年，上海机场（集团）有限公司（以下简称“机场集团”）3大运营指标继续保持高速增长的态势，全年共保障飞机起降37.5127万架次，（其中浦东机场20.4984万架次，虹桥机场17.0143万架次），同比增长13.86%；完成旅客吞吐量4 139.16万人次（其中浦东机场2 357.51万人次，虹桥机场1 781.65万人次），同比增长15.26%；完成货邮吞吐量220.52万吨（其中浦东机场184.59万吨，虹桥机场35.93万吨），同比增长13.89%。上海机场3大运营指标继续位居全国机场之首。机场全年运营规模表明，上海机场已跻身于世界级机场行列。

2005年，在信息化建设方面，机场集团完成了企业门户网站建设、浦东国际机场生产信息系统规划、浦东国际机场二期航班信息集成系统设计以及虹桥机场B楼航班信息显示系统升级等多个重大项目。

【机场集团企业门户网站建设】 机场集团企业门户网站(www.shairport.com)建设配合上海航空枢纽战略，牢牢把握顾客导向原则，与机场集团的企业战略紧密结合，力争成为一个展现集团公司整体企业文化形象的交流平台和一个集顾客服务、企业战略推广为一体的“上海机场”综合信息门户。

网站从2005年8月正式启动建设，到2006年3月将实现系统上线运行。网站建设的目标是成为上海航空枢纽的信息门户，目前已实现了“全文检索”、“动态航班信息查询”、“国内及国际航班计划查询”、“网上订票”、“网上商品展示”、“乘机流程动态演示”等多项功能，并实现了在网站上开展会员业务功能，可为会员提供网上订票、机场取票服务，同时会员能够方便地查看、撤消或更改订单。

同时，网站也能为旅客提供天气、航班信息、机场新闻、新航线信息、机场服务指南、酒店、购物、地面交通等各种旅游信息，并具备在线咨询、在线投诉、问题解答等客户服务功能；能够为航空公司等专业用户提供上海空港的航空货运、配餐、地勤、航油等服务信息，以及行政许可、行政执法、办事指南、办证指南、政策法规、通知公告等行政管理信息。另外，网站还实现了企业宣传片在线播放，并已展示了上海机场发展史、大事记、荣誉榜、发展规划等信息，充分展现出机场集团的精神风貌。

上海机场企业门户网站系统后台管理实现了用户管理、权限管理、日志管理、浏览统计、内容管理、栏目管理、系统设置等管理功能。

上海机场企业门户网站系统具有以下特点：①系统稳定性大为提高，通过系统软硬件扩容和升级，门户网站目前能应对大访问量和访问量急增等特殊情况；②信息更新速度大大提高，系统统一管理、内容分级维护的机制已经形成；③航班信息的准确性得到进一步提高，门户网站能进行航班状态查询和货运航班查询；④服务内容的针对性更强，网站通过细分用户群，能够分别满足旅客、专业用户、进一步了解机场集团的访问者的不同需求；⑤采用了多媒体的手段实现了多种乘机流程的动画演示；⑥实现了企业宣传片的视频播放功能，多种形式宣传上海机场集团；⑦强化了客户服务功能，增加了为新航空公司提供联系渠道的开航服务，以及为旅客服务的咨询与投诉、问题解答等功能，而且对于旅客的咨询或投诉，做到了网上在线答复、邮件答复、邮件转发等多项功能。

【虹桥机场B楼航班信息显示系统升级】 为配合集团公司整体战略目标，提升虹桥机场的旅客服务质量，2005年，机场集团结合虹桥机场B楼改造升级了航班信息显示系统。

航班信息显示系统升级从2005年3月20日开工，到6月27日竣工通过验收，历时100天，并于7月1日正式对公众亮相。作为此次B楼改造的重点项目，升级改造后的航显系统以其新颖的显示效果、靓丽的色彩、完善的航显信息、极富时代感的背景图片，成为虹桥国际机场B楼出发层的新亮点。

B楼新的航显系统采用了美国IED公司的PRIZM MUFIDS解决方案。改造后的航显系统基于Windows 2003 Server和SQL数据库，采用WEB技术，并充分利用了目前所有信息通讯系统软件开发中使用的高端技术(如XML, XSL, HTML和DHTML）的技术性能。该系统模块化设计可以实现客户的最低需求并可以扩展以满足多通道大设备的需要，具有很强的多样性和灵活性。航显系统模块包括了高度灵活用户友好的客户端、外部主机界面分析、多显示设备处理器、广告模块等。

航显系统主要具有舱位信息实时发布、滚动特殊信息显示、动态信息发布、航班显示屏幕安装及合理布局、现代感的背景效果及色彩等主要特点。

（丁冬梅）

上航：完善多个业务信息系统

【数据、语音和图像传输实现“三网合一”】 上海航空股份有限公司（以下简称“上航公司”）成立后，随着业务的飞速扩展，上航公司从单一的虹桥基地已经发展成了以江宁路总部为中心，包含虹桥基地、浦东基地、浦东机务和分布在全国的17个外办的公司构架。鉴于信息技术的发展已经跨越了地域的界限，可以以最小的投入把分布在不同地区的不同内容的信息实时地传递到所需使用它的任何角落，上航公司建设了电视电话会议系统，其主要任务是：为公司提供远程会议、远程培训的信息平台；同时，提高会议效率，减少会议及培训成本，帮助领导在最短的时间内做出决策、解决问题。该系统使用视频终端设备，建立起连接浦东基地、虹桥基地和公司总部的远程视频会议网络。在视频会议系统的基础上，2005年上半年，上航公司信息技术部历时两个月，完成了遍布全国17个驻外营业部的“宝视通工程”，一举实现了总部与各驻外营业部间数据、语音和图像传输的“三网合一”。

【租用宝视通业务】 2005年初，联通在全国推出视频会议宝视通系统，信息技术部将这个信息和公司的视频会议系统外延的可能性联系了起来，上航公司和各驻外营业部都采用了宝视通系统实现了专线互联。为此，上航公司成为第一个使用宝视通系统的企业。上航公司以包年的方式租用宝视通业务，联通则为公司免费提供18个营业部的视频终端设备，并以现有256～512Kbps的网络带宽租费提供2 048Kbps的实际使用带宽。如此一来，仅通讯租费一项每年就为公司节省103万元，而且各驻外营业部的网络应用系统速度有了明显提高。

【货运三大信息系统应用】 CFPS、ECargo、CRAS三个信息系统的应用为上航货运的发展起了积极的推动作用。CFPS系统是将原来纯手工方式的货运业务用信息化的手段加以实现，并由ECargo将其扩展到互联网的平台，再通过CRAS进行严格的财务核算，使其贯穿于整个货运日常业务中。除了能够适应生产的需要外，CFPS系统还拓展了上航货运的业务范围，协助货运部有序管理、良性运转。由于系统的使用，吸引了更多客户、更多货源。通过CFPS系统的“集装器管理”模块的使用，可以很好地跟踪板箱运输过程中的走向，由此使得集装器丢失现象大大减少，据货运部市场处估计，仅此一项就避免了每年至少20～30万元的损失。通过CRAS的审核，上航仅国内半年内追回账款22万元。

【建立客户关系管理系统】 随着旅客需求的不断提高，1998年建立的800呼叫平台已经不能满足公司发展的要求，2005年，上航公司建设了，客户关系管理系统，该系统整合了常旅客服务系统、呼叫中心系统、销售管理系统，把原先功能单一的定座终端替换为PC电脑，并开发相关的软件，把航班查询、订票，常旅客服务、订房、订车等业务整合为一体，使顾客服务中心能提供更多更好的服务。在信息技术部和商务部的共同努力下，客户关系管理系统已于2005年3月18日正式上线。新系统实现了会员申请、里程奖励和对会员升级等事务的全程实时监控，并能够针对不同的会员提供人性化服务，包括对会员提供会员信息查询、会员通讯服务、多级别会员管理、会员乘机记录和里程累积等功能及里程银行累积和查询等。它有效地拓展了合作伙伴信息管理、业务规则管理、网上订票和兑奖功能、短消息定制和查询等多项服务。同时，它通过强大的后台数据库服务功能有效地降低了成本，提高了工作效率。该系统的成功应用，将使上航在客户服务、市场竞争、销售及支持方面形成协调的全新实体，为公司带来长久的竞争优势力。

【引进航班排班系统】 随着上航公司机队的快速增长以及多基地的运行模式，现有航班计划很难对市场做出及时的反应，在一定程度上缺乏航班计划编排和调整决策的科学性、合理性和经济性，从而限制了飞机利用率的进一步提高和公司资源的充分运用。2004年，上航公司从德国汉莎系统公司引进了航班排班系统，为航班计划的制订提供科学、量化的决策分析，实现日常航班计划的合理调整，为航班调整前后的成本及效益的分析和评估提供了有效的手段，进一步提高了航班计划编排的精细化管理水平，而且满足了公司国际合作的需要（如发送SSIM文件，与ANA合作）。该系统的实施将满足公司对外合作的迫切需要，保证了航班计划向各境外分销系统的及时准确分布，并为公司制订中长期航班计划的调整和管理提供了决策的依据。

【推行新版电子商务系统】 上航公司大力推行电子客票和网上订票服务，加强了直销的力度，减少了配送成本。上航公司的新版电子商务系统不但提供了企业对企业（B2B）、企业对客户（B2C）的功能，还提供了针对代理人（B2A）的功能，同时完善了多种销售策略、途径，受到用户好评，基于该系统的网上销售量2004年达到近亿元，2005年约为1.5亿元。

【建立数据中心】 2005年11月，上航公司建立了运行、销售、结算系统的数据中心和面向分析的数据集市，并于12月投入试运行，实现了运行、销售、结算数据报表的自动生成，还可对数据进行深入合析。数据中心的建立，解决了数据分散、冗余、不一致、不完整等问题，统一了数据源，简化了跨系统的分析报表的实现，为以后建立企业门户提供信息源。

【航班费用审核系统运行】 2005年9月，上航公司航班生产费用审核系统投入运行。航班生产费用审核系统针对起降费、航路费、航班配餐、航油消耗、不正常航班处置等八大类航班生产费用的付费凭证进行审核。从2005年9月~2006年1月短短4个月时间，上航公司通过应用航班费用审核系统，累计合理拒付金额已达415万余元。同时，该系统的建立，为公司在航油成本居高不下的严峻形势下，构筑了一道巩固的成本防线。除了直接的经济效益以外，该系统的实施也极大地提高了公司的电子账务处理效率，规范了付费凭证的审核流程，真正做到了航班生产性费用支出有据可循、有理可付；同时也为不正常航班等不可控费用提供了有效的分析依据，为精确的航线收益分析提供了可靠的成本数据。

（瞿宝宝）

第五章 商贸流通信息化

概述

2005年，上海市商贸流通领域的信息化建设取得了长足进步。在重点项目方面，市经委继续开发了“上海商业地理信息系统”、“上海消费市场信息快速反应系统”，为各级政府主管部门、商业企业、国内外消费者提供公共服务；市外经贸委（市外资委）正式建设“上海外国投资促进平台——投资上海”，为企业和投资者搭建多通道、全方位、高效率、人性化的网络服务平台，对通过网络方式促进外商来沪投资这一全新模式作了有益的尝试；此外，市外经贸委还提出了对外贸易经营企业备案管理系统开发方案，使对外贸易经营企业备案管理工作更具科学化、规范化。在企业信息化建设方面，百联集团联华超市注重于不断强化系统整合度，完善并提升核心系统，在供应链管理系统建设方面取得重大突破，为集团化的统一、集中化资金管理和分析提供了有利工具。而上海玩具进出口有限公司在业务构架重组、资源配置优化上进行了具有前瞻性、系统和务实的分析、决策，实现了业务系统的信息化、网络化，为领导决定公司的发展方向提供了帮助。

（商　贸）

一、重点项目

商业地理信息系统开发

“上海商业地理信息系统”是将上海市各类商业网点、商业设施、商业投资、商业规划等相关商业地理信息，运用电子地图和数据库工具进行综合展现、查询、比照、统计分析并提供决策支持的信息系统，它为各级政府主管部门、商业企业、国内外消费者提供公共服务。“上海商业地理信息系统”按“消费地图”、“商铺地图”、“规划地图”3大板块分阶段实施开发。

1. “消费地图”

“消费地图”的信息包括购物、餐饮、娱乐、生活服务等各个方面。经过2005年的试运行，“消费地图”已经形成了良好的信息更新机制和部分特色栏目，充分展现了自身特点和优势。为了更好地为消费者服务，市经委在继续完善网络版的基础上，将进一步开发单机版，在主要商业街区设立电子触摸屏，为消费者提供更方便的信息消费服务。

2. “商铺地图”

“商铺地图”部分通过商业设施、商业投资等方面的数据展现，它为商业主管部门、商业投资者提供直观信息。2005年，市经委完成了全市商铺地图的概念设计和开发，并以虹口区为试点，与区经济委员会和区商业网点办公室一起合作开发了虹口区“商铺地图”子系统，并投入网络正式运行。该子系统数据较为详实，设计思想先进，充分体现出“商铺”数据的特点。为使商铺地图有良好的信息维护手段，市经委还专门开发了信息维护软件，并帮助虹口区建设以反应区商铺信息为主要内容的网站。

3. “规划地图”

规划地图部分计划将全市及各个区县的商业“十一五”规划做到电子地图上，更加动态、直观地反映上海商业发展趋势，预计于2006年开发。（市经委）

上海外国投资促进平台建设

作为提高上海利用外资水平、营造良好招商引资环境的重要途径，上海外国投资促进平台——“投资上海”（www.investment.gov.cn）于2005年正式开始建设，对通过网络方式促进外商来沪投资这一全新模式作了有益的尝试。

上海外国投资促进平台作为市外经贸委（市外资委）的电子门户和上海招商引资的网上窗口，承担着向外国投资者宣传上海的投资环境、受理项目的网上审批、推荐招商及投资项目、为投资者和投资管理者提供公共信息服务的重任。为方便外商，平台设有简繁体中文、英文、日文等多种语言版本。平台内容分为公共信息和内部信息两部分。公共信息以上海概况、产业区域、投资环境、政策法规、企业介绍、每日动态及外资项目审批结果公告为主，力争为浏览者提供全方位、多角度的投资指南和业务办理情况等有关信息；内部信息主要针对专业用户和内部人员，包括招商信息、工作简报、目标外商数据库、投资动态、数据分析等内容，为用户提供专业权威、针对性强的投资促进信息和动态汇编。该平台通过网页发布和邮件主动推送方式，使各层次用户都能通过网络了解到及时有效的、分门别类的、大量有价值的投资促进信息。

作为市外经贸委（市外资委）整体电子政务建设的一个重要组成部分，上海外国投资促进平台通过与“上海外经贸”网站、办公自动化等其他政务信息系统的统一规划实施，实现了资源整合、信息共享，为企业和投资者搭建了多通道、全方位、高效率、人性化的网络服务平台。

上海市对外贸易经营企业备案管理系统开发方案形成

为使对外贸易经营企业备案管理工作更具科学化、规范化，体现出高效、透明、快速、便捷的政府服务，提高办事效率，充分运用网络系统、计算机信息资料库管理系统来进一步加强此项工作，更高效的为委领导提供详细的数据资料，2005年，市外经贸委在原有系统的基础上，应用新兴信息技术结合对外贸易经营企业备案的特点，提出了对外贸易经营企业备案管理系统开发方案。

对外贸易经营企业备案管理系统包括“企业申请备案填报系统”和“对外经营企业备案信息管理系统”两部分。其中“企业申请备案填报系统”包括相关政策法规的发布、办理流程的介绍以及企业用于申请、变更、注销、反馈对外经营企业备案信息的填报工作；“对外经营企业备案信息管理系统”是市外经贸委相关经办人员管理、汇总、核实企业信息、打印备案信息表、按月统计企业办理情况等工作的综合管理信息系统。

（市外经贸委）

二、行业、企业信息化

百联联华：加快技术引进，提升物流管理水平

【概况】 2005年，百联联华信息化建设注重于不断强化系统整合度，完善并提升核心系统，在供应链管理系统建设方面取得重大突破。在核心基础设施方面，联华超市进一步扩充了华东通讯平台，使该平台在支持原有1 000家门店通讯的基础上扩大到近2 000家；历时两年的统一结算项目，于年底进行阶段验收，为集团化的统一、集中化资金管理和分析提供了有利工具。

联华超市配送中心（联华超市配销有限公司）于1998年10月成立，为联华超市下属门店提供全方位的商品配送服务。随着联华超市网点的发展、销售额上升和配送质量要求的提高，原配送中心的运作模式已无法适应联华超市进一步发展的需要。2004年，对联华超市曹杨路配送中心进行现代化改造，现代化配送中心于2005年初投入运营。配送中心引入国际上先进的成套自动化物流设备，同时改造了配送中心的物流配送程序和机房设备实现了仓位自动化管理。通过技术提升，在加快库存周转速度、提高物流效率、降低配送成本的同时，也初步积累了联华超市配送中心的核心技术。

【启动"联华B2B供应链管理平台项目"】 2005年，致力于提升供应链管理水平的战略项目——"联华B2B供应链管理平台项目"正式启动，该项目通过建造供应链管理平台，加强与供应商的合作，形成双向互动，最终提升联华应对国外零售巨头挑战的核心竞争力。该项目周期为6年，项目总投入达1.2亿元，系统完成后可处理的采购金额能力将超过700亿元。截至2010年底，该项目所带来的阶段收益将达到2亿元以上，并在未来形成持续性回报。项目以核心主力业态世纪联华为首期实施范围，围绕电子订单处理、网上对账及结算、数据分析及共享等应用领域，实现减少缺货、加快库存周转、优化运行效率，以及降低成本、提高销售的目标。截至2005年底，上线供应商已经超过1 700家，在提升订单满足率和优化运行流程方面已经初见成效。该项目以其创新的商业理念、领先的技术应用、有效的实施推广，一举在2005中国供应链管理大奖评选中赢得3项大奖。

【采用电子数据交换技术（EDI），订单效率大幅度提高】 过去，联华超市的订货信息靠业务员打电话或手工传真来通知供应商，既浪费了人力，又增加了办公费用。为此，联华超市即开始使用EDI技术，推出"联华供应商综合服务系统"，逐步与供应商联网，通过此系统供应商不仅可以及时查询到其所供应商品的基本信息、门店和配送中心的库存、门店的销售状况，还可以在网上下载订货单，以及进行网上电子对账。此系统的实施不仅加快了与供应商信息沟通的速度，也大大提高了订单精度。在有效降低库存的同时，提高了商品满足率，库存资金同比下降了45.33%，商品满足率提高9.4%。

【无线射频技术的应用，使物流作业效率成倍提高】 联华超市配送中心早期使用的是有线手持终端，这种手持终端不能实时反映作业状况，而且只能单向传输信息，2005年，联华配送引入无线射频技术（Radio Frequency），实现了信息的双向实时交换。配送中心的收货、入库上架、库存盘点及补货等环节均采用RF技术，使得全部物流作业环节实现了自动识别，真正做到了无纸化。

▶进货：RF结合自动高速托盘升降机，配合叉车作业，使进货能力由每天5万箱提高到每天10万箱，且收货差错由0.12%下降到0.0025%，收货人员从12人降到6人。

▶盘点：利用RF配合先进的WMS系统，使盘点作业时间从原来的一个星期（每天作业完毕盘点几个大类，分期作业）降低到4个小时，盘点效率提高了近6倍，准确率也大幅提高。

▶移库补货：操作人员根据RF的提示信息，及时进行移库作业（从储存位移至拣货位），实现了不间断作业，确保货位准确的同时提高了作业效率。

【自动化箱式分拣流水线使配货作业效率大幅提高、配货差错大幅下降】 投入运营的一条自动输送流水线、一套24根滑道的自动箱式分拣设备，无论在技术上还是在性能上，在国内均属一流。以前，配送中心配货作业是打好各门店发货单后，分到各配货员手上，配货员一次只能配一家门店，货配好后由电梯送到底楼集货，劳动强度高、配货效率低、拣货差错多。应用了自动分拣设备后，主要运作环节均由机械自动完成，辅助作业环节才由人工操作，不但提高了效率，还减少了差错、降低了成本。

▶条形码应用技术：配合计算机网络系统，充分利用条形码技术，实现了商品分拣自动控制。每天配送门店数由原来的300家提高到600家；日配送能力由4万箱提高到8万箱；配货差错率从0.37%下降到0.03%。

▶自动分拣流水线：实现了同时组配80家门店，配合笼车应用，集货场地利用率提高1倍；商品损耗从0.03%下降到0.016%，配货人员从280名下降到160人。

【库存管理全面信息化】 库存商品实现仓位电脑自动化管理，与总部、门店之间信息传递实现了网络化，信息系统均有简单、友好的操作界面，并有自动纠错功能。

▶库存管理：通过无线RF配货，实现了实时仓位自动化管理，入库、转仓、盘点、拣货作业在第一时间库存系统得以体现，库存商品库位准确率达到100%。

▶ 保质期管理：根据商品保质期和生产日期，系统自动提示拣货位，确保先进先出，同时一旦商品过临界保质期，系统自动锁定商品并报警提示。

▶ 储存货位分配：由于强大系统支持，货位实现流动分配，货位利用率达到100%以上，而以前采用的是固定货位，货位利用率仅为70%。

▶ 盘点：以前盘点数据约通过人工输入系统，作业强度大，差错率高；现在盘点数据实现无线数据输送，盘点效率大幅提高，差错率为零。

【GPS全球定位系统应用】 所有配送车辆安装使用了GPS终端，借助GPS公共服务平台，实时监控在途车辆运行情况。同时，在货运车辆上还配置了卸货尾板，大幅度提高了车辆利用率，门店满意度得到了进一步提升。

▶ 电脑编制配送运输计划：调度按照配送计划，相同区域门店优先组合的方式，制订当天的发货批次和批次顺序。

▶ 缩短了门店订单响应周期：门店订单响应周期从原来的48小时缩短为24小时，部分门店实现了12小时响应。

【升级门店系统】 2005年，快客便利完成了门店系统的全面升级，新系统在定价管理、促销手段、会员管理、电子货币支付等功能上有显著提升；世纪联华和联华超市的门店系统也进行了阶段性版本升级和功能完善。

【建立会员分析系统】 在客户管理方面，联华建立了会员分析系统。该系统根据会员的基础信息对其消费、积分、流量、地区分布等信息进行分类汇总，并进行会员价值分析和营促销分析，为针对性营销提供决策支持。

（联华超市）

玩具进出口：全面实施信息化建设

上海玩具进出口有限公司是一家国有控股的外贸企业。2005年，公司在外经贸计算中心的配合下，全面实施了信息化建设工作，在业务构架重组、资源配置优化上进行了具有前瞻性的系统和务实的分析与决策，实现了业务系统的信息化、网络化。在财务管理、业务管理、外贸单证等方面都实现了公司信息平台的网上处理，并取得了相当的效益。目前，公司的财务处理完全实现了网络化和电算化，财务单据制作、年终报表、年终结算等，都能实时、系统地完成。在外贸业务方面，公司通过业务软件的操作，使得外贸单证的制作快捷、准确、简便，业务员与单证员的工作重复性大大降低。同时，公司的产地证认证与核销单确认均实现网上申报，提高了单证处理的速度。在管理方面，由软件系统提供的旬报表、月报表以及各类年度分类汇总报表，让公司领导全面、及时了解了公司的业务状况，同时提供了决策参考的依据，为领导决定公司的发展方向提供了帮助。

（市外经贸委）

第六章　旅游和会展信息化

概　述

2005年，上海旅游行业信息化建设在完成20个区县旅游咨询中心建设，200家星级宾馆旅游触摸屏信息系统安装，上海旅游网、上海旅游政务网、上海旅游会展网等不断提升服务功能的基础上，上海市旅游委编制了《上海旅游信息化2006～2010年实施纲要》，优化改造了卢湾、虹口等部分旅游咨询服务中心，建设完成了上海旅游节网站、上海导游网上报名管理系统，开发了上海旅游网经济酒店网上预定营销平台，启动了上海旅游热线、旅游短信预警和短信咨询服务项目的建设。上海旅游行业的信息网格化体系正在不断优化拓展，提升服务能级。

（史荣华）

一、重点项目

《上海市旅游信息化2006～2010年实施纲要》编制

上海市旅游信息化发展的指导思想是：贯彻落实科学发展观，按照《上海旅游"十一五"规划》的目标和要求，全面提高上海旅游信息化水平，瞄准世界发达旅游城市信息化进程，以上海市经济和社会发展的需求为导向，加快旅游信息资源开发利用，推进信息化在旅游行业的广泛应用，充分发挥信息化在提升产业素质、提高服务质量、促进可持续发展等方面的重要作用，为推进上海市向亚洲一流旅游城市迈进提供保障；主要遵循的原则是：先进性与可持续性并重、实用性与专业性结合、自主性与开放性兼顾、全面发展与重点保障同行。

《上海市旅游信息化2006～2010年实施纲要》（简称"《实施纲要》"）描绘了上海旅游信息化发展的美好前景，具有很强的可操作性，明确了信息化发展的主要任务，根据"全面规划，分布实施"原则提出了重点项目，为了使上海旅游信息化建设得到快速、稳定的发展，《实施纲要》还从完善上海旅游信息化发展的基础环境、法律法规、社会观念等方面提出了加快上海旅游信息化必须健全和完善的保障措施。

《实施纲要》是上海旅游行业2006～2010年期间信息化发展的指导性文件，对推动旅游产业的深化发展，加强旅游行业的现代化管理，提高旅游企业的核心竞争力，优化游客服务质量具有重要的现实指导意义。

旅游咨询服务中心建设

上海旅游咨询服务中心是1999年、2000年上海市政府实事项目之一，也是上海旅游信息网格化服务体系的重要组成部分。2005年，旅游咨询服务中心在完善城市旅游的配套功能，提升上海旅游大环境、丰富国际化大都市的服务功能、加快和国际旅游大都市接轨，塑造富有特色的文化旅游城市新形象方面根据自身特点，积极开拓发展，作出了一定的贡献，取得了较好的社会效益，全年共计接待中外游客的咨询近50万人次，其中入境游客约占18%。上海旅游咨询服务中心正逐步成为旅游企业和游客之间沟通的桥梁，成为来沪游客的参谋和顾问。

2005年，在对全市20个区县旅游咨询服务中心调研的基础上，上海市旅游委对卢湾、虹口等5个区的旅游咨询服务中心进行了新一轮优化改造功能性试点，强化公益性，拓展功能性，努力提升服务能级。如对旅游咨询服务中心门店作适当装修，调整空间格局，辟出专用公益性咨询区域，升级原有设备，改善服务环境，使其适应上海旅游进一步发展的需要；并为“962020”上海旅游热线信息查询数据库优化改造后的服务延伸到咨询中心门店做好了基础性的工作。

上海旅游网服务功能拓展

上海旅游网于1999年9月9日开通，作为20个旅游咨询服务中心、200家星级宾馆旅游触摸屏信息系统的服务支持平台，旅游企业和游客的交互平台和公共服务平台，它根据旅游行业信息化发展的要求在功能上不断地做大做强，和上海旅游政务网、上海旅游会展网、上海旅游节网站实现相互嵌入式功能链接。同时，上海旅游网的网络结构针对旅游电子商务的特性进行了结构调整，网站进行了全面改版。2005年，上海旅游网在涵盖了权威的旅游政务、商务信息查询、上海旅游时报电子版和网上旅游、商务、会务、签证等咨询服务以及宾馆、机票、旅行社旅游线路等预订服务的基础上，经过半年多的需求调研、产品开发，于2005年8月2日推出了经济型旅馆查询预定服务型功能平台，至年底已有近300家旅馆加入了这个预定平台，基本房价在100～300元间/夜。这个平台的开通给游客和市民的住宿预定提供了除星级宾馆以外更大的选择范围。这是政府为中小旅游企业搭建的第一个B2C的交易平台，它为经济型旅馆开拓了现代化的促销渠道，使经济型旅馆在现代化的竞争平台上和星级宾馆处于同一条起跑线上，对推进上海中小旅游企业的信息化发展具有示范作用。

“上海旅游节网站”建设

2005年，由上海市旅游委建设的“上海旅游节网站”（http://www.tourfest.org）开通。该网站为市民和中外游客提供了2003年以来上海旅游节的官方信息资料查询；提供了上海旅游节组委会发布的关于旅游节活动的最新信息以及旅游节游客参与性信息；提供了上海旅游节组委会与游客互动的信息。

“上海旅游节网站”是已经结束的上海旅游节精彩活动在网上延续，是即将举行的上海旅游节活动的提前曝光和预演。有丰富内容、精美图片的“上海旅游节网站”为关注上海旅游节活动的海内外游客提供了饱览上海旅游节活动内容的信息平台。

宾馆旅游多媒体触摸屏系统改造

上海市旅游委2001年建设的200台多媒体触摸屏，由于其内容丰富和查询方便，获得了很好的效果。但随着时间推移，原有技术平台的领先性优势逐渐落后，拨号上网和离线信息更新模式使信息内容准确性和时效性得不到充分的保障。2004年底，市旅游委着手对触摸屏进行优化改造，目标是将所有终端联网，使信息从静态变为动态，更新GIS模块功能，对展示界面进行优化，显示屏更换为17寸液晶显示屏，对其他硬件也进行升级和调整。2005年，已购置了50台液晶显示屏整机，优化改造的新一代触摸屏也已于2005年底前陆续进入宾馆。

导游网上报名管理系统开通

2005年4月，上海市旅游委正式开通使用上海市导游网上报名管理系统，该系统包括网上报名系统、资格审查系统、成绩录入发布系统等模块。上海市的导游人员通过互联网在电脑前就可以完成个人的信息录入及修改、报名资格审查、考场分配等前期报名工作，使报名手续简化、效率提高。成绩录入发布系统可在第一时间将成绩在网上发布，供考生在网上远程查询，为广大报考导游资格的考生和参加年审培训的导游提供了方便，提升了上海市“服务政府”的形象。

（史荣华）

人代会电子会议系统建设

电子会议系统是在非专用会议场所建设的一套功能完备的会务系统，具有机动性和可靠性要求高等特点。市人大常委会信息中心通过逐一分解建设过程中遇到的难题，组织攻关，圆满完成了系统建设任务。电子会议系统具有电子表决、门口签到、显示系统、发言文稿提示系统等主要功能。（宋 兵）

电子会议表决系统建设

2005年，上海金桥信息工程有限公司为政协常委会会议厅建立了一套集报到、表决、发言、会务管理、视频跟踪、显示和数字存储于一体的智能化会务系统。该系统功能完备，性能稳定，技术先进，具有良好的可扩展性和可升级性，能满足上海市政协常委会会议及其他相关会议的使用要求。其中，会议签到和表决机完全由金桥公司自行研制。

该系统具有以下特点：①整个系统采用集散式结构，各系统之间通过以太网进行联结接入，通过透明数据协议（TDP）进行通讯和联机数据交换，可以保证上千台会议表决设备同时正常工作。②系统采用中间件技术，分业务逻辑层、控制层和用户界面层，方便扩展和维护。③系统具备在线故障检测机制（AutoPatch），可以对故障设备进行实时定位检测修复。④发言系统采用灵活方便的发言模式管理机制，可以自动定位发言人画面，并且同步发言人信息。⑤表决和报到过程可以实时显示刷新，无需等到事后统计，确保会议过程的真实性。⑥会议表决机采用DSP芯片为实时操作系统（RTOS）内核，保证会议数据的精准无误。（顾立兵）

上海体育博览会引进“展会撮合软件系统”

第十六届中国国际体育用品博览会(以下简称“体博会”)于2005年6月在上海新国际博览中心举行，这是上海连续第三次承办体育博览会，也是近期最后一次承办体育博览会。本届体博会的强化服务为它实现展览专业化搭建了新平台。本届体博会引进了让人耳目一新的“展会撮合软件系统”，该系统对参展企业和贸易观众进行现场服务。该系统可以实现展会现场大量交易信息的查询和交互，在参会的买家和卖家之间牵线搭桥，是一个达成交易、预约撮合的计算机网络平台。这种开放式的现场管理方式为广大参会者提供了更加完善的现场服务，能帮助参会者最大限度地实现参展目标，达成交易。（市体育局）

上海展览促进平台开发

“上海展览促进平台”是由市外经贸委组织开发的一个展览会管理平台。它主要用来解决展会申报、审批、统计等实际运作中遇到的各类繁琐的工作，简化申报和审批的流程，实现操作流程的电子化和信息化，从而进一步提高工作效率。

“上海展览促进平台”主要包括“上海展览”和“信息管理系统”两部分。其中，“上海展览”用于发布市外经贸委贸易促进处审核通过的展会信息、相关政策法规、公示公告、企业诚信记录等信息，以及用于企业申报展会信息、填写展会小结等；“信息管理系统”是市外经贸委贸易促进处相关经办人员开设企业账号，对企业提交的各类展会信息进行审批、管理，以及对展会中各类关键信息进行跟踪、统计的展览信息管理系统。

（市外经贸委）

二、行业、企业信息化

春秋：业务销售系统完成在上海地区的上线实施

【概况】 2005年，上海春秋国际旅行社有限公司（以下简称“春秋国旅”）的业务销售系统在全国各地分公司使用的基础上，完成了在上海地区的上线实施，使加入到春秋旅游销售管理系统中的代理商达到3 530家。2005年，公司网上销售总金额7.8亿元。

【春秋航空正式运营】 春秋航空有限公司（以下简称“春秋航空”）经过一年的筹建，于2005年7月18日正式开始航线运营。公司在学习借鉴了美国西南航空公司、欧洲瑞安航空公司和亚洲航空公司等低成本航空公司成功经验的基础上，制定了自己的低成本航空发展战略，并把信息化建设放在了十分重要的位置上。春秋航空决定不进入中航信的订座系统和代理人网络，而是建立自己的订座系统，并把基于电子商务为主的网上销售为主要销售渠道。根据此发展战略，春秋航空相继建立了自己的订座系统、离港和机务航材系统，为春秋航空公司的运营奠定了信息化基础。开航以来，电子商务销售情况一直呈上升趋势。

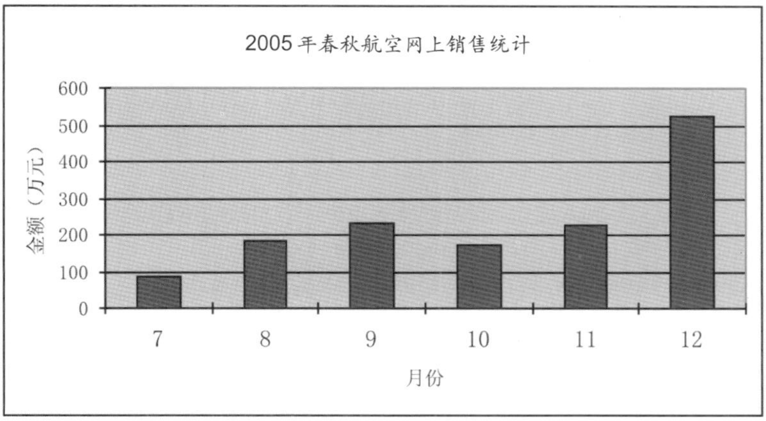

【"春秋航空旅游网"上线运行】 春秋国旅、春秋航空一直都非常重视电子商务，把它作为公司重要的发展战略之一，在这上面做了巨大的投入，进行了广泛的探索。2005年7月11日，配合春秋航空销售系统的上线运行，春秋国旅将原"春秋旅游网"与"春秋航空销售系统"合并，正式更名为"春秋航空旅游网"并上线运行，同时与银联合作，将支付网关转到ChinaPay上，使春秋的电子商务向前跨越了一大步。

2005年下半年，"春秋航空旅游网"又进行了较大规模的改造和整合，将电子商务的操作与企业内部旅游业务管理系统整合到一起，使网上产品的发布和对游客订单的处理更加准确和及时，对改善网上的销售和服务起到了较大的促进作用。至2005年底，"春秋航空旅游网"的电子商务的月销售金额已经接近1 000万元。

【其他应用系统建设】 2005年，为了进一步完善电子商务的服务流程，春秋国旅又与上海市数字证书认证中心有限公司合作，启动了网上签订旅游电子合同的项目。该项目预计在2006年第一季度完成并上线运行，届时春秋国旅的网上旅游销售的流程将全部贯通，游客在网上就可以完成从查询、预订、网上支付到签订合同的全部过程。同时，春秋航空全面推行的电子客票项目和旅客自助值机系统也在进行当中，并计划于2006年第一季度实施完成。除了电子商务之外，春秋

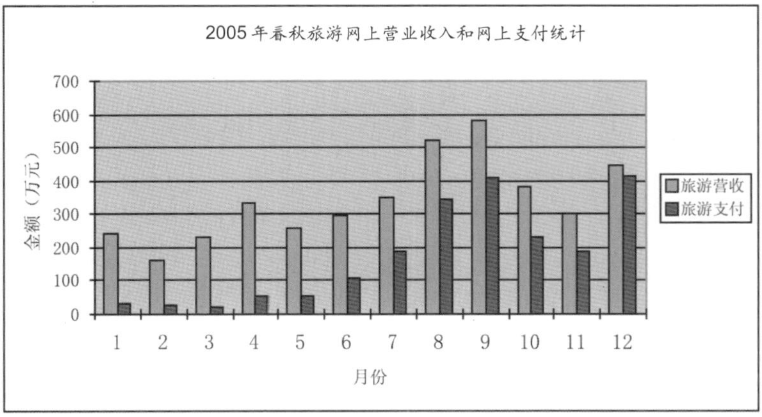

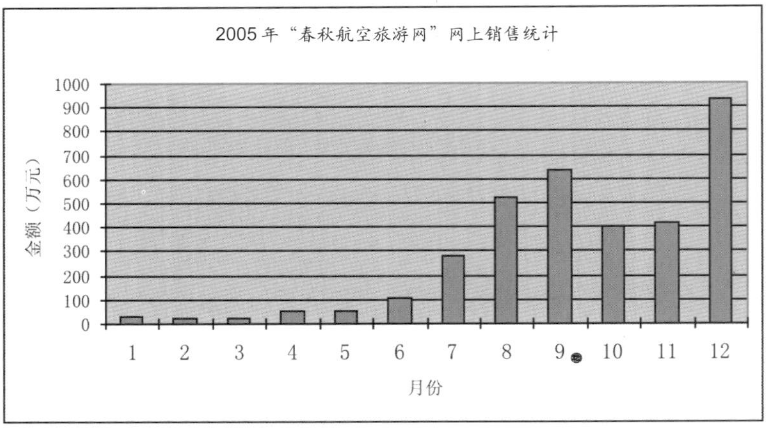

航空的其他应用系统，包括离港系统和内部机务航材管理系统也都全面上线。

由于春秋航空没有进入中航信，所以，要使公司的电子客票全面推广，就必须在飞机到达的机场建立自己的离港值机系统。2005年10月10日，在解决了与机场、安监等多个单位的协调和数据传输的问题后，春秋航空离港系统在上海虹桥机场上线运行，至2005年底，共办理登机旅客约6万余人。（春　秋）

上海科技馆

【概况】 上海科技馆是以“自然·人·科技”为主题的综合性科普场馆，是上海市最主要的科普教育基地和重要的精神文明建设基地，国家级AAAA级旅游景点。2005年度荣获全国文明单位称号。上海科技馆自2001年12月18日开馆以来，已累计接待855万人次的参观者。目前，上海科技馆共有14个展区、4个影院和若干个临展区，整个展示面积达6万平方米。科技馆在建设之初就非常重视信息化工作，一、二期工程信息化方面分别投入5 239万和3 518万元人民币，逐步建立了较完善的信息系统。上海科技馆目前的信息系统有网络基础平台、基于域管理（AD）的网络应用系统、上海科技馆网站、上海科技馆办公自动化系统（sstmOA）、票务管理系统、多媒体知识库和视音频节目库、藏品管理系统、BA综合系统、无线导览系统等。此外，上海科技馆各展区使用了大量的信息控制技术和多媒体信息处理技术来表现展览的主题和内容，充分体现了信息技术的多样性和重要性。

【基础网络】 上海科技馆基础网络的骨干线路是千兆以太网，百兆带宽到桌面，共有1 243个六类UTP接入端口和54个光纤接入端口。整个网络系统由2台北电的千兆主干交换机、6台二级千兆交换机和66多台终端交换机组成，分别将科技馆主楼各展区和办公楼高速连通。在二期展区，还建立无线覆盖网络，游客可以使用PDA直接进行参观导览。上海科技馆局域网接入国际互联网的线路带宽为10M光纤专线，线路的租费的主体部分由中国网通（集团）有限公司上海分公司捐赠。整个基础网络运行稳定、正常，为信息系统的应用奠定了良好的基础。

【基于域管理（AD）的网络应用系统】 上海科技馆从2003年开始逐步建立基于活动目录（AD）域管理的网络应用系统。根据上海科技馆组织结构建立了主域和3个子域，并对所有的用户设立了域账号和电子邮件账号。在网络应用平台上，构建了域服务器、备份域服务器、邮件服务器、ISA（Internet Security and Acceleration Server）服务器，并利用MSM（Microsoft Solutions for Management）系统进行网络管理。在网络安全方面，构建了软硬件二道防火墙，最外层是硬件防火墙，保护Web等站点，出入上海科技馆内部局域网还要通过软件防火墙的审核。在局域网内部还建立了防病毒系统，用户一开机就处于防病毒系统的监控中，自动实现病毒码的升级、病毒隔离、报告等。对于上海科技馆的关键业务如票务系统等，采用VLAN虚拟子网实现与内部局域网的网络隔离，确保关键业务的网络安全。为了方便远程业务访问，在路由器和防火墙上还实现了VPN（Virtual Private Network）功能，允许授权用户通过VPN访问科技馆的内部局域网。完善的网络系统和管理功能为网络用户提供了安全而便捷的应用平台。

【上海科技馆网站】 2004年3月31日，上海科技馆网站（http://www.sstm.cn）由潘政馆长点击开通。网站全面介绍了上海科技馆的基本情况和各个场馆、影院的内容，动态介绍上海科技馆的活动信息和媒体有关科技馆的报道，是广大市民、学生了解上海科技馆的重要窗口。经过两年多的运行，网站制作了1 300多页静态页面，发布动态信息1 551条，存储图片文件7 770个，整个网站数据量达1.4GB。网络在提升上海科技馆品牌方面起到了显著的作用，根据2004年和最近的统计，通过网络媒体了解科技馆后参观科技馆的人数比率从2004年的5.04%提升到2006年初的22.03%。网站还致力于普及科技知识，提升市民科学素养，开设了科技信息栏目和科普论坛，为广大市民和青少年提供了一个探讨交流的平台。网站还为上海科普教育发展基金会和上海志愿者科技馆服务总队提供了展示和信息交流的窗口，为科普教育和精神文明建设添砖加瓦。上海科技馆网站采用Apache+MySQL+PHP技术构架，开发和维护成本较低。截至2005年底，上海科技馆网站Alexa国际排名为35 722名，在全国科技馆、博

上海科技馆网站（www.sstm.org.cn）的首页

物馆类网站中排列首位。

【OA办公自动化系统】 上海科技馆办公自动化系统（sstmOA）于2004年11月23日开通。该产品采用ASP技术，以工作流的概念在Web平台上开发而成，后台数据库为SQL Server，用户用浏览器即可登录访问。目前，OA系统集成了邮件系统、日程管理、信息发布、行政管理、资源管理、档案管理、公文流转等功能，OA系统上的内部新闻、通知公告等栏目已成为日常办公的主要信息来源，各职能部门的文档资料、规章制度、ISO程序文件、人事档案等资料也都可以在OA系统上找到，发文、收文和请示等工作流程已基本实现无纸化办公，大大提高了上海科技馆员工的工作效率。OA系统在企业文化建设方面也起到了很好的作用，党委、团委都在OA系统上建立了相应的网页，在OA网上开展了丰富多彩的党员先进性教育和团员意识教育活动。

【信息技术在展示中的应用】 上海科技馆是以STS（Science Technology Society）理念规划建设的综合性科普场馆，在展区的布置、展项展品的设计上大量使用了信息技术，约占全部展品的50%以上，特别是在设计师摇篮、视听乐园、信息时代、机器人世界等展区几乎所有的展品都离不开信息技术的应用。在设计师摇篮展区的CAD教室，小朋友可用游戏的方式感受计算机辅助设计的魅力；在视听乐园展区的电视演播室内，游客可以与虚拟的节目主持人访谈；在信息时代展区的虚拟实验室，好奇者可以在电脑中试验各种有害气体的爆炸威力；在机器人世界展区，参观者可以欣赏到全部由机器人表演的整台节目。在整个二期展区，游客可以手持无线导览PDA（Personal Digital Assistant）漫步展区，无处不在的信息技术将交互式地引导游客参与各项活动。信息技术在布展中的应用主要有网络通讯、嵌入式计算机、多媒体信息处理、数字控制技术等等。随着展示理念的更新和展示技术的发展，信息技术必将在上海科技馆中得到越来越广泛的应用。（顾秋凡）

第七章 公共服务体系建设

概 述

2005年内，上海的企业公共服务体系建设取得较大发展。上海的信息化培训机构以国家制造业信息化华东地区培训班、企业信息化发展战略高级研修班等形式，完成企业信息化培训9万余人次；开展以企业信息化区县巡讲、互动研讨、技术交流、案例征集、知识竞赛、网络征文、方案评选为主要形式的宣传推广活动数十场。2005年，企业信息化示范工程突破信息化单元关键技术46项，形成了科技成果超过100项，其中国家科技进步二等奖5项，专利32项，电子行业技术标准1项，软件著作权35项；完成了漕河泾新兴技术开发区、上海中山市场、卢湾现代服务园区等3家企业信息化园区示范项目，通过260余家企业的信息化应用示范，带动了4 000家企业的信息化建设，其中165家企业的新产品贡献率达到30%以上；大力发展上海软件产业，形成了以上海宝信MES为首的6项自主软件产品，使得示范企业中自主知识产权的应用软件的应用率超过50%。在市信息委的支持下，依托上海电信和专业调查机构的配合支持，实施了上海中小企业信息化应用需求调查；目前，联合优秀软件企业，为广大中小企业提供信息化服务的服务联盟所运行的企业信息化ASP平台，可提供10余个应用服务，拥有4 000多家试用用户，正式付费用户超过200家。2005年，平台的销售收入超过1 000万元，并为3个企业园区的近500个中小企业提供了符合企业需求的ASP服务，并实现了园区入住企业与园区门户网站的集成推广。

（市信息委产业处）

一、企业信息化服务体系

企业信息化促进中心

上海市企业信息化促进中心（Shanghai Enterprise Informatization Promotion Center，以下简称“促进中心”）是在市信息委、市经委、市外经贸委、市科委、市国资委等相关政府部门的支持下，由上海交大、复旦大学、同济大学、社科院等单位发起，各企业集团共同参与成立的社会公益组织。SEIP是其简称和服务商标，中心的网址是www.seip.org.cn。2005年11月17日，上海市副市长杨雄、副秘书长范希平亲自参加了上海市企业信息化促进中心成立仪式，并代表市政府作重要讲话。以上海市企业信息化促进中心为代表的第三方服务机构，将在针对企业开展培训、咨询、测评和宣传推广等日常工作的基础上，加强对企业信息化有关问题的研究分析，及时向有关部门提出提高企业竞争力的政策建议，发挥连接传统企业、IT企业以及有关研究咨询机构的定位优势，承担起充分应用好现有企业信息化体验环境，成为企业信息化高级人才的培训基地，推动企业信息化市场环境的规范和社会化服务体系完善的责任。

促进中心自成立以来，注重汇聚社会资源，通过政府引导、市场运作、企业主体、社会参与方式，形成企业信息化推进目标和支持力量的整合集聚，合力推进上海的企业信息化进程。通过评测咨询、培训体验和宣传推广等手段，普及信息化理念，营造有利于企业信息化快速持续发展的整体环境；通过重点推进企业集团信息化和企业园区信息化示范工程项目建设，培育和扶持相关产业发展；通过扶持公共应用服务体系建设，推动中小企业信息化建设。先后成功举办了

"中韩中小企业信息化论坛"、"企业信息化巡讲"、"企业信息化知识竞赛、有奖征文、案例征选、优秀解决方案评选"等系列活动；定期举办面向企业高层管理人员的"企业信息化发展战略高级研修班"；结合《企业信息化指导规范》（地方标准），开展企业信息化评测，并及时开通了"企业信息化网上测评系统"。

（市信息委产业处）

二、园区建设

企业园区信息化示范工程项目建设是市信息委围绕"工业向园区集中、产业向园区聚集"的目标，以"政府引导、市场运作、试点示范、基础起步、逐步推广"，通过改善园区信息化的基础建设，为园区企业开展信息化创造良好的外部环境；通过园区管理和服务信息化，加大企业信息化推进力度；通过推广ASP服务模式，降低中小企业信息化投入为原则确定的信息化重点应用推广项目。

漕河泾新兴技术开发区

上海漕河泾新兴技术开发区于1988年经国务院批准为国家经济技术开发区，1991年经国务院批准为国家高新技术产业开发区，2000年又成为APEC国际科技工业园区。漕河泾新兴技术开发区致力发展微电子、计算机（软、硬件）、通讯、激光、生物工程、新材料等科技含量高的产业，目前，已形成信息、新材料、生物医药、航空航天等高新技术产业，建成研究开发、网络运行、金融数据、技术创新4大中心，并进行了"双优园区"、"数字园区"、"国际园区"等3大园区的建设。2001年，漕河泾新兴技术开发区通过ISO9001质量管理体系认证；2002年，通过ISO14001环境管理体系认证；2003年，被批准为国家环保示范区。目前，漕河泾新兴技术开发区拥有中外高科技企业1 000多家，其中外商投资企业450多家，中小科技开发型企业500多家；经市政府认定的高新技术企业达170多家。根据漕河泾新兴技术开发区的特点，其企业信息化建设项目主要有：

1. 开发区总公司ERP系统建设

开发使用总公司ERP系统，该系统包含征地子系统、建工子系统、资产子系统、招商子系统和物业子系统5大系统，并对5大子系统进行集成，包括对总公司现已投入运营的财务K3软件进行系统集成。

2. 推进园区企业信息化实施方案

针对漕河泾新兴技术开发区内中小企业对信息化的需求情况，拟在开发区内选取若干企业进行试点，重点推出企业邮箱、建立网站、在线安全、办公自动化、客户关系管理、集约式中小企业信息化应用解决方案及宽带接入服务。

3. 参与园区企业信息化建设实施指南制订

以漕河泾新兴技术开发区企业信息化试点为基础，组织相关高校、研究机构、企业等单位参与园区企业信息化建设实施指南制订。

中山化工市场

上海中山化工市场是普陀区商委系统国有企业，属于招商服务型的化工专业市场，创办于1992年11月。目前在中山北路两侧3处共有常年驻场化工企业400余家，年交易额30多亿元，年上缴区税收2 500万元左右。市场连续多年名列"上海商品交易市场成交额20强"，连续多年被评为"上海市文明市场"及"上海市守合同重信用企业"，是目前华东地区乃至全国具有相当影响的化工专业市场。尽管有形市场与中国目前经济发展水平以及人们的交易习惯还相适应，但也面临着商业模式传统、信息分散和诚信缺失等不利因素的严峻挑战，制约着有形市场的生存和发展。市场从1996年底开始实施信息化，"中山化工商情网"较早作为"上海热线"信息资源站点。至2005年底，驻场企业基本配备电脑，市场局域网接入所有办公房，通过ADSL共享上网，部分客户建有公司网站及参加国内化工行业相关网站，园区信息化有一定的群众基础。基于以上工作基础，对中山化工市场进行以下方面的信息化改造：

1. 网络基础设施改造

原先入驻企业共用一条带宽为1M的DDN专线，现有的网络资源已经不能满足企业对外业务开展的需求，2005年，通过ASP服务模式对市场入驻企业进行统一的ADSL接入，改善企业的网络接入环境。

2. 改造“中山化工商情网”

2005年，对中山化工市场门户网站“中山化工商情网”进行改造，在电子商务和园区管理两个方面深化网站功能，建立园区门户和电子商务系统。该园区门户管理系统主要包括企业管理功能、服务管理功能、通告管理功能、网上收费功能、物流管理功能、人事管理功能和招商管理功能等。该系统主要具有供求信息的发布、供求信息查询、政策法规查询、综合信息搜索、企业黄页、产品黄页、在线洽谈、议价还盘、电子支付、数据分析等功能。

3. 支持入驻企业信息化建设

针对入驻企业的特点，提供通用信息化建设和个性信息化实施。通过对入驻企业建立网站、开通企业邮箱、实现网络传真和及时通信等主要功能，为园区部分企业提供以Global eOffice为主的独立套装软件，增强企业的信息化应用，其功能主要包括财务管理、库存管理、销售管理、采购管理和客户关系管理等模块。

卢湾现代服务园区

卢湾现代服务园区（“8号桥”创意产业园）的建立是上海发展现代服务业的一项重要内容，是吸引国外设计创意企业、人才，培养设计创意企业、人才的集聚区，是推动设计创意产业可持续发展的源泉之一。“8号桥”创意产业园区一期工程建筑面积12 000平方米。该园区由上汽集团的厂房改建而成，于2003年8月开始筹建，2004年12月基本建成。现有国内外入驻单位近60家，涉及咨询、设计、文化、服务等各类企业，其中主要是美国、法国、加拿大、新加坡及港台设计、创意企业。为进一步促进“8号桥”创意产业园的发展，必须以信息技术来全面支撑和提升园区的发展潜力和辐射功能。

卢湾现代服务园区建设主要以信息化设施建设为基础，以功能建设为主线，以ASP运维模式为载体，把信息化与现代服务业发展紧密结合起来，进一步完善园区的管理和服务功能、强化园区的集聚和辐射作用，推动卢湾区现代服务业的蓬勃发展。主要包括：

1. 进一步完善信息化基础设施的建设

全面完成卢湾现代服务园区范围内的宽带接入建设，重点做好园区8号办公楼部分宽带扩容工作，实现园区内宽带通信全覆盖。

2. 建成具有品牌特色的园区门户网站

整合入驻企业的信息资源，新建8号桥域名的园区门户网站，拓展卢湾现代服务园区信息发布、招商引资和对外联络等工作的信息化渠道；梳理入驻企业在业务活动中的电子商务应用，逐步建设园区内通用的电子商务平台。

3. 建设整合业务流程的园区内部管理系统

推广普及OA、CRM等环节管理业务的信息化应用，结合视频会议系统、园区物业管理智能化等建设工作，逐步建成整合业务流程、相对统一的园区内部管理应用系统，为入驻企业信息共享、业务协同创造条件，并保障园区内各类信息化应用系统的正常运行和维护。

4. 完善凸现个性特色的入驻企业层面应用平台

帮助入驻企业建立和完善企业网站，鼓励企业采用ASP方式建立Web主页、使用电子邮件、Intranet、内部长途IP电话、视频会议、远程培训和电子商务等增值业务；推动入驻企业业务管理系统建设。积极推广ASP方式的OA、CRM等企业业务管理系统，推动企业建设、完善整合优化自身业务流程的综合管理信息系统。同时，充分利用该园区内部局域网软硬件资源，引导智力密集型企业在创意、研发等前端工作环节形成资源共享和业务协同机制，提高园区现代服务业的信息化综合应用水平。（市信息委产业处）

第 五 编

社会事业与公共服务领域信息化

综　述

2005年，社会事业与公共服务领域坚持把应用作为信息化建设的主线，以满足社会、企业、市民对信息服务的需求作为信息化工作的出发点和落脚点，不断推进信息技术的广泛应用，一批重点项目得到了深入推进和普遍认同。

2005年，市政府实事项目“市民（青少年）信息服务平台”依托市民信箱和城市青年网，组织了200名心理、法律咨询专家为市民和青少年提供心理咨询、法律援助、家庭教育、就业信息等服务；历年的实事项目持续推进，市民信箱功能得到进一步拓展，到2005年底，信息服务内容近30种，注册用户近87万；付费通平台联网银行达13家，可支付15种公用事业费；“百万家庭网上行”计划圆满完成三年的预定任务，累计培训学员73万人，26.6万市民通过自学考试，130多万市民参加了各类网上主题实践活动。

2005年，科教文卫体等领域的信息化应用深入推进。教育领域，上海教科网建成十周年，本着“技术到顶、应用到底”的原则，除提供网络基本服务外，还通过尖端技术的研究，成立了上海教科网IPv6网络实验室。宣传文化领域，上海东方明珠（集团）股份有限公司建成DMB技术试验网络，启动IP电视业务的试验研发与实践运用，大力打造新媒体业务；全市所有的市、区公共图书馆实现“一卡通”通借通还；建成文化信息资源共享工程基层中心208家，向全市100多家东方信息苑提供优秀文化信息资源。公共卫生领域，启动了全市公共卫生信息系统建设，卫生统计信息化全面推行；实施了统一的医院病案信息管理系统，医院信息系统应用标准进一步完善。此外，先进信息技术的应用还确保了重大体育赛事在上海的成功举办。

2005年，社区信息化以街道为主体，全面推进社区管理和公共服务信息化，强化信息技术的应用，全市95%的街道建成内部局域网。信息化应用推进逐步向城镇延伸，全市15%的城镇开展了信息化试点建设，并取得阶段性成果。重点开展信息化支撑社区党建和社区建设试点，着眼于推动信息资源共享和跨部门业务协同，试点单位初步建立了信息“一次采集，多次使用”的信息共享模式和“一口受理、内部协办”的跨部门协同机制。充分调动各级政府部门和社区内企事业单位的积极性，创新服务方式，运用信息技术为社区居民提供各类社区服务不断拓宽服务渠道。

（市信息委社会处　区县处）

第一章　市政府实事项目

概　述

2005年，社会公共服务领域的信息化工作继续贯彻以下两点原则：一是促普及，不断加大社会领域信息化的广度，通过社会性活动，针对各类人群开展信息化普及工作；二是推应用，不断加大社会领域信息化的深度，以公众需求为导向，以重点项目为抓手，持续推进社会领域信息化，以市民综合信息服务平台为载体，使市民方便地享受到信息化成果。

2005年，依托市民信箱和城市青年网建设的市民（青少年）信息服务平台，为市民提供心理咨询、法律援助、家庭教育、就业等信息，开通了“12355”青少年维权热线。截至12月底，组建了由200名心理、法律专家组成的专家咨询队伍，累计为青少年提供心理、法律咨询862小时，发布就业信息近9万条，发放电子青年卡和青少年专用市民信箱73万个。同时，上海继续推进历年实事项目的持续发展，市民信箱功能得到进一步拓展，信息服务内容种类近30种，注册用户近87万；付费通平台联网银行达到13家，可支付15种公用事业费，布放自助缴费终端303台，累计交易金额达9.5亿元；“百万家庭网上行”计划三年任务圆满完成，累计培训学员73万人，26.6万人通过自学考试，130多万人参加了各类网上主题实践活动。

（钱晓峰）

一、市民（青少年）信息服务平台

“市民（青少年）信息服务平台”是2005年市政府实事项目，主要依托网络和热线开展服务，由团市委、市信息委和市妇联共同组织实施。市民和青少年可以通过登录城市青年网（www.cityyouth.cn）和市民信箱（www.smmail.cn）两大网络平台或拨打“12355”上海青少年维权服务热线，在心理健康、法律咨询、家庭教育、青年就业岗位信息、青年卡及市民信箱5个方面接受服务。

心理健康服务

心理健康服务主要是依托专业机构的资源和队伍，通过讲解心理健康知识和提供心理咨询服务，培养青少年良好心理健康习惯，全面促进青少年健康成长。服务内容包括提供与青少年相关的亲子沟通、网络成瘾、职业生涯等7个主题的心理健康知识和在线咨询。服务队伍主要由德瑞姆心理咨询事务所、知音心理咨询中心和华东师范大学心理协会等沪上专业心理咨询机构的专家、志愿者组成。

法律咨询服务

法律咨询服务以法律专家队伍为依托，以信息化手段，开展网上青少年法律咨询服务，保护青少年的合法权益，共同营造青少年健康成长的社会环境。服务内容包括涉及青少年权益的法律、法规和政策等方面的咨询、报告等。服务队伍由市司法局、法律援助中心、华东政法学院大学生法律援助中心等专家和志愿者组成。

家庭教育服务

家庭教育服务主要是提供有利于家庭文明建设的国内外先进理论和反映全市家庭文明现状的信息，为儿童及其家庭提供互动式的咨询和指导。服务内容主要有婚前培训、亲子教育、营养保健等6个方面。服务队伍主要由上海市儿童和家庭工作干部、上海市家庭教育专家讲师团、上海市"家庭志愿者"、社会中介组织和相关高校家庭文化建设、儿童心理、教育等方面的专家组成。

青年就业岗位信息服务

青年就业岗位信息服务内容包括发布沪上大型人才招聘会的预告、青年就业有关职业技能培训等活动信息，发布青年就业政策法规及释疑等信息，发布青年就业岗位信息和青年见习实习岗位信息。服务信息主要由上海英达国际人才有限公司、上海市青年人才交流服务中心、上海康培职业信息中心提供。

青年卡及市民信箱服务

上海青年卡是根据团中央总体部署和要求，为加强团员组织管理，更好地服务广大青年而推出的多功能管理、服务卡，同时还简化了青年卡用户办理"市民信箱"的手续。

"市民（青少年）信息服务平台"于2005年6月19日正式开通，至12月31日，累计咨询服务时间达到862小时，发布就业信息89 763条。（钱晓峰）

二、市民信箱

"市民信箱"项目是由市政府推动建立的实名制电子邮件系统，免费为提出申请的上海市民开设实名制电子信箱。该项目是市政府2004年实事项目，是上海建设服务政府、责任政府、法治政府的一项重要举措。"市民信箱"可根据申请向用户提供政府公开信息、"四金"缴费记录、信用卡对账单、公用事业缴费账单、个人信用提示、驾驶员违章告知等信息内容；同时设立的219个社区用户受理点和84个东方信息苑受理点覆盖了全市19个区县的每个街道、乡镇，方便市民申请。"市民信箱"在2004年实事项目社会评议中名列前茅，并荣获中国质量协会、中华全国总工会、共青团中央、全国用户满意工程联合推进办公室颁发的"2005年度全国用户满意服务明星班组"称号。

"市民信箱"秉承"便民、利民"宗旨，采用网站（www.smmail.cn）、邮件、电话（96888）等多种形式提供公共信息和个人信息服务。自2004年8月18日正式开通到2005年底，"市民信箱"注册用户达869 853人，累计发送政府和便民等专刊1.76亿份，累计发送"四金"账户、银行对账单和公用事业费等近30种电子账单706余万份。系统除具备病毒和垃圾邮件防范的安全电子邮件功能外，还提供可扩展的"一站式登录"频道服务，为其他电子政务和电子商务网站提供"实名认证"服务等功能。"市民信箱"的"市民网上调查"栏目受到用户和主流媒体的高度关注，成为市政府督察室采集民意的窗口，其社会热点调查数据被人大代表和政协委员在"两会"上多次引用。

"市民信箱"从市民需求出发，集成全市各领域信息化建设成果，并把"用户自己找信息、找服务"变为"自愿申请，按需推送"，更好地发挥信息服务集约化的作用，提升了各类信息服务的效率，树立了权威、公信、贴近百姓生活的形象，创建了"市民信箱小窗口，便民服务大舞台"的响亮品牌。（钱晓峰）

三、付费通

"付费通"项目被列为2004年上海市政府实事项目。本着便民利民的宗旨，2005年，付费通公司继续拓展服务品种，加强与公用事业单位、银行间的合作，在原可使用7家银行发行的银行卡、存折缴付公用事业费账单基础上，新增了5家银行和邮政储汇局，目前支持在线缴付的金融机构已达到了13家，分别是工行、交行、上海银行、浦发、华夏、深发展、兴业、上海农村商业银行、招行、民生、中行、广发、邮政储汇局。可缴付的公用事业费也达到了15种：水（市北、市南、闵行、浦东、松江）、电、燃气（浦东、市北、大众）、移动、联通、电信、网通、铁通、润迅。除了网络、电话等缴费渠道外，付费通公司还在市区内人流量较大的写字楼、社区、政府机关和企事业单位布放了付费通自助缴费终端，方便市民用银行卡便捷地缴纳各种公用事业费账单。至2005年底，全市布放开通的自助缴费终端达到了303台。

目前，“付费通”已经基本建成了以网络、手机、电话、自助缴费终端和代收网点等多种途径相结合的、稳定高效的账单信息交换平台，可以安全、便捷地实现上海市所有公用事业费账单的查询、缴费。自“付费通”平台建成开通到2005年底，平台已经为超过1 000万人次的市民提供了查询缴费服务，累计交易金额达9.5亿元。

“付费通”平台通过信息化、集约化手段，向市民提供了便捷的账单查询、缴费和增值服务，缓解了全市居民公用事业账单“缴费难”的问题，同时加速了公用事业单位资金的回笼，减少了其代收渠道的运营、维护成本。（钱晓峰）

四、百万家庭网上行

“百万家庭网上行”是2003年市政府实事项目。在项目建设之初，就提出用3～5年时间，对百万市民进行信息化基础知识和应用技能培训的目标。截至2005年底，全市共设立了609个“百万家庭网上行”培训点，开设了14 773期培训班，有726 066名市民获得了考试合格证书，有130多万市民参加了各类网上实践活动。

“百万家庭网上行”建立了科学规范的培训体系，形成了“统一教材、统一认定、统一教学、统一颁发”的培训流程，实现了程序化、规范化、标准化的教学管理模式，并吸纳了上海电信、联想集团、东方网点等六家单位成为“百万家庭网上行”社会实践单位，为所有取得合格证书的学员提供免费上网、免费安装宽带、优惠宽带年租费以及优惠购买电脑等服务。

根据华东理工大学公共和社会管理学院的项目评估报告，“百万家庭网上行”项目较大程度地消除了社会中存在的数字鸿沟现象，推动了百万市民上网学习，提高了市民获取信息、利用信息的能力以及与此相关联的就业能力、社会适应能力和生活质量。通过该项目的实施，形成了“培训一个人，影响一家人，带动一批人”的局面，有力地推进了学习型社区的发展和精神文明的建设。（钱晓峰）

第二章 社会事业领域信息化

概　述

在教育科研领域，上海教科网自1995年开始建设，本着“技术到顶、应用到底”的原则，除提供网络基本服务外，还通过尖端技术的研究，到2005年已建起了远程教育、远程医学、网络图书馆、上海终身教育系统公共平台等特色应用，并成立了上海科教网IPv6网络实验室；开展高校信息化水平评估和高校信息化示范单位评选工作。上海教育网络图书馆的服务范围扩大到全市115所各级各类学校的所有师生，文献资源包括维普、万方、超星、国研网、中国经济信息网等中文数据库，引进了PQDD学位论文数据库、BiosisPreviews美国生物学科数据库、Springer Link全文电子期刊等外文资料，初步形成了上海教育文献信息服务网络；同时与中国数字图书馆合作建成上海教育分馆，与中国高等教育文献保障系统管理中心合作建成CALLS华东南地区上海自由服务基地，与国家科技图书文学中心开展文献传递业务，成为了国家和上海地区一个重要的文献资源服务基地。由上海远程教育集团承建的上海教育资源库二期工程如期完成，拥有学前教育、基础教育、职业教育、高等教育和继续教育视频资源40多万分钟；社区教育卫星网开通运行。复旦、交大、华师大、上大等大学的校园信息化工作不断深入推进。

在宣传文化领域，上海东方明珠（集团）股份有限公司建成DMB技术试验网络，手机看电视实验取得成功；启动IP电视业务的试验研发与实践运用，大力打造新媒体业务；积极推广公交车移动电视覆盖面；全市所有的市、区公共图书馆实现“一卡通”通借通还，极大地方便了市民的借阅；建成文化信息自由共享工程基层中心208家，向全市100多家东方信息苑提供优秀文化信息资源；解放日报报业集团和文汇新民联合报业集团不断利用信息技术提高办报水平。

在公共卫生领域，启动了全市公共卫生信息系统建设，卫生统计信息化全面推行，实施了统一的医院病案信息管理系统，医院信息系统应用标准进一步完善；中山医院、胸科医院等医院继续推进数字化医院的建设。

此外，先进信息技术的应用还确保了重大体育赛事在上海的成功举办。　（市信息委社会处）

一、教育领域信息化

教育信息资源开发利用

【纪念上海教科网建设十周年】 上海教育与科研计算机网自1995开始建设，到2005年已经有十年的历史了。为了总结上海教科网十年建设经验，表彰为上海教科网做出突出贡献的专家，更好地推动上海教育信息化发展进程，上海市教委组织开展了庆祝上海教科网建设十周年的系列纪念活动。

1. 上海教科网建设十周年纪念专刊

专刊为上海教科网十年发展撰写了题为“十年织就顶天立地”的总结性专题报导，还为上海教科网11个高校主干节点分别撰写了专题报导。专刊围绕上海教科网的8大应用项目，总结了上海教科网在远程医学、远程教育、教育网络图书馆、E-研究院、IPv6技术、数字化校园、中小学“校校通”、学前教育网等8个方面的实践经验，体现了上海教科网技术领先、服务至上的理念。

2. 上海教科网建设十周年主题系列报告会

在2005年11～12月两个月内，复旦大学、上海交通大学等7家单位邀请了信息网络技术领域的专家、教授、企业代表等召开了7场系列报告会。报告会围绕7个专题，内容分别为：IPv6/IPv4网络建设与管理；校园网安全保障体系；数字图书馆新技术应用研讨；校园信息化建设、应用与服务；校园无线网络的应用与管理；以终身教育系统公共平台构建上海社区教育新模式；“园园通”学前教育信息化。

3. 表彰先进集体和先进个人

在上海教科网十年建设过程中，全市教育系统涌现出了一批团结合作、无私奉献、不断攀登超越的专家队伍。根据上海市各高校和各区县的申报、推荐和专家评审，经市教委领导批准，上海教科网管理委员会对做出突出贡献的集体和个人予以了表彰。

【IPv6网络实验室筹建工作】 上海教科网IPv6网络实验室在上海教科网十周年庆祝大会上正式揭牌。在此之前，上海教科网专家为它的筹建做了大量工作。目前，该实验室的总体架构是：直接受市教委信息中心领导，设主任1名，并由主任组织成立专家顾问组，进行业务决策；下设5个中心，分别负责IPv6校园网的布署推广、技术培训、相关应用及产品研发、教育网准入认证、产学研结合等工作，并通过5个中心联合全市教育单位共同开展IPv6研究、发展工作。其中，推广中心负责各级各类学校IPv6校园网方案设计与评审以及实施指导、工程监理与验收；培训中心负责下一代互联网技术培训；研发中心负责IPv6相关应用与产品的研发；认证中心负责教育网入网IPv6设备、应用软件等的测试与认证；合作发展中心负责与各有关部门及厂商联系，寻找资金合作对象，并协助各部门业务的扩展，特别是研发中心的产品转化。

目前，实验室已经确定的几项具体工作有：IPv6协议基础知识的普及、多种形式的网络接入实验、IPV6路由协议一致性测试的实验、传统应用IPv6实现实验、小设备的IPv6协议实现实验、网络安全和网络管理实验等。同时，根据一次性投资，自我造血，成就一批懂技术、懂管理的人才的思想，实验室将通过与公司、企业合作，集中时间与精力致力于本实验室的发展，通过提出科学合理的发展规划，踏实工作，使实验室能够长期可持续发展。

【制定教育信息化“十一五”规划】 2005年是“十一五”规划制定年，市教委开展了教育信息化规划与发展的课题研究，联合了全市7所高校的信息化专业人员，对在教育信息化“十一五”规划制订过程中所涉及的热点、重点问题进行了分析研究，包括：教育信息化对教育的影响与对策研究；数字化校园的模式研究；教育IDC和ASP的研究；教育信息采集、整合与分析的研究；教育网站研究等，并通过大量调研、专家访谈及总结，拟定了上海市教育信息化“十一五”规划，提出了“以人为本、数据为先、标准统一、应用至上，安全可用、持续发展”的基本原则，以及“完善一个基础，构建两大支撑，推出三类服务平台，健全四个保障机制”的具体任务。

【开展信息化评价水平评估工作】 上海高校信息化评价于2004年底完成项目鉴定，2005年进入试应用阶段。为此，市教委主要开展了以下两项工作：

1. 高校信息化发展现状网上数据调研

2005年初，市教委联合上海师范大学信息化办公室开发了教育系统信息化数据网上采集及整合分析系统，并将系统用于上海地区高校信息化发展现状网上数据调查。调查共涉及40余所高校，就3大部分120项考察点进行了调研，共获得6 000余项数据，并据此撰写了上海市高校信息化水平分析报告。

2. 上海市高校信息化示范单位评选

为配合上海教科网十周年庆典活动，广泛交流信息化建设和应用情况，总结先进经验，进一步提高各高校信息化水平，充分发挥信息化在教育现代化过程中的作用，市教委根据所研制的上海市高校信息化评估体系进行了上海市高校信息化示范单位评选。评选共分7大奖项：校园网建设和管理示范单位、信息化应用基础平台建设示范单位、电子资源建设和应用示范单位、教学信息化应用示范单位、管理信息化应用示范单位、校园信息化保障体制示范单位以及信息化标准与管理规范应用示范单位。本次评选共收到43项次的申报材料，经过情况交流、专家评审等环节，评选出了8所高校荣获各项示范单位称号。其中，复旦大学、上海交通大学、华东师范大学因在多项评奖中名列前茅，被授予了“上海市高校信息化示范单位”；同济大学为“上海市高校教学信息化示范单位”；上海财经大学和上海师范大学为“上海市高校校园网建设与管理示范单位”；上海建桥学院为“上海市民办类高校校园网建设与管理示范单位”；上海金融学院为“上海市高校实践教学信息化示范单位”。（市教委）

上海教育网络图书馆建设

【延伸上海教育网络图书馆服务范围】 随着上海教育网络图书馆项目五年来的发展，其服务对象从30余所上海高校逐渐向外延伸，目前服务对象包括上海的高校、民办、高职高专、中专职校、中学等教育机构，共计服务全市115所各级各类学校的所有师生。

【上海教育网络图书馆文献资源建设】

1. 中文数据库建设

教育网络图书馆中文数据库建设主要包括维普数据库、万方数据库、超星数字图书馆、清华同方中国知网数据库、国研网数据库、中国经济信息网数据库建设。维普中文科技期刊数据库包含了1989年以来8 000余种期刊刊载的1 000余万篇文献；万方数据库包括了科技信息子系统、商务信息子系统、数字化期刊子系统，共集纳了70多个类目的近2 700种期刊全文；超星数字图书馆收集了中国国家图书馆近32万册中文图书。同时，教育网络图书馆建设了清华同方期刊全文数据库、中国经济信息网和国研网。

图书馆自建数据库中包含：中文图书书目数据库、重点学科核心期刊库、原版期刊联合目录数据库、外文期刊查询数据库。中文图书书目数据库包含了重点高校67万中文书目、123万馆藏中文图书编目数据，可以查到图书的书目信息、馆藏单位；重点学校核心期刊库收录全市高校重点学科外文核心期刊目录1万余条数据；原版期刊联合目录数据库收录全国高校期刊预订联合目录约6 000多条数据，可以检索到原版期刊的收录单位及出版国别等详细信息；外文期刊查询数据库收录全市19所高校近1万条目录、近2万条馆藏外文期刊刊名目录综合数据。期刊检索系统具有3项功能：WEB检索功能、馆藏自动搜索与分发功能、馆藏信息添加及更新功能。

2. 外文数据库建设

上海教育网络图书馆自2002年开始陆续引进优秀外文数据库集团，如引进了PQDD学位论文数据库、BiosisPreviews美国生物科学数据库、Springer Link全文电子期刊、EBSCOhost－ASP+BSP全文数据库等。①BIOSIS Previews美国生物科学数据库。该数据库（简称BP）是由美国生物科学信息服务社（BIOSIS）生产的世界上最大的有关生命科学的文摘和索引数据库。该数据库涵盖了包括传统生物学、交叉科学和诸如仪器、方法等相关领域，收录了1996年以来世界上100多个国家和地区的约5 500种生命科学期刊和1 500种非期刊文献。②Springer Link全文电子期刊。目前，上海共有17所高校共享该数据库。该数据库收录电子期刊近1 200种，超过60万篇文献量。③EBSCOhost－ASP+BSP全文数据库。目前，上海共有18所高校共享该数据库。图书馆采取地区组团的方式，使较多中小馆以较低的费用使用优质国外文献资源，受到广大中小馆的普遍欢迎。④PQDD学位论文全文数据库。ProQuest公司是世界上最早及最大的博硕士论文收藏和供应商，PQDD（ProQuest Digital Dissertation）是基于ProQuest检索平台的数字化学位论文文摘数据库的简称。目前，上海共有14所高校共享该数据库，并可共享该数据库中全国近100所共享单位选出的论文全文，累计8万篇。

【与CALIS华东南中心联合构建CALIS上海教育资源服务中心】 中国高等教育文献保障系统（CALIS）是“211工程”的公共服务项目之一，其宗旨是利用现代信息技术手段，建立全国高校的资源共享网络，把对高校教学和科研的信息服务提高到一个新台阶。为确保CALIS项目在上海高校范围内顺利实施，2005年，上海正式成立了“CALIS华东南地区上海教育资源服务基地”。将CALIS华东南地区上海教育资源服务基地纳入CALIS的整体建设框架，将地方文献信息保障体系建设与CALIS体系建设联接起来，加强了CALIS现有三级保障体系的保障与服务能力。

1. CCC西文期刊目次数据库

作为CALIS管理中心二期工程的重点项目，CCC西文期刊篇名目次数据库综合服务平台的应用将对资源进行科学、全面的整合调度，为各类读者提供更深层次的文献服务，大大促进全国范围内的西文期刊文献资源共享。

2005年，上海教育网络图书馆整体引进了CALIS西文期刊目次数据库（CALIS CURRENT CONTENTS OF WESTERN JOURNALS，简称CCC），为上海教育网络图书馆成员馆免费开通CCC数据库的服务，通过CCC数据库检索出来的文献可以通过上海教育网络图书馆文献传递服务获取全文文献。

CCC西文期刊篇名目次数据库综合服务系统包含了2.3万种西文学术类期刊，涵盖9种著名二次文献的期刊收录数据，包括100多个大型图书馆的馆藏数据和15个已在国内联合采购的电子全文期刊数据库的全文链接（覆盖8 000种以上期刊），具备篇名目次检索、馆藏期刊的OPAC链接、电子全文期刊链接，揭示了9种二次文献收录情况、国内馆藏情况以及提供各种分类统计数据，并且还无缝链接了馆际互借和文献传递系统，具备了强大、准确的揭示功能、完善的链接功能和各种统计分析功能。

2. 文献传递

Calis文献传递借助CALIS华东南地区以及整个CALIS范围的各高校图书馆的丰富的文献资源收藏，为各成员馆提供文献传递服务，达到了以很少的经费投入、获取最大的文献效益的目标。NSTL文献传递与国家科技图书文献中心合作，上海教育网络图书馆已成为NSTL的集团用户，并对各成员馆用户补贴文献传递费用。

3. 统一检索平台

在上海教育网络图书馆门户网站和各个图书馆系统中，包含了对各个类型的数字资源的信息检索和获取。这些数字资源，各自有其不同的数据存储格式、访问方法和检索界面，有的部署在本地，更多的分布在异地和国外。CALIS统一检索平台旨在针对这些异构数字资源为用户提供一种更好的整合检索服务，从而提高资源的利用率。

CALIS统一检索平台提供了基于异构系统的跨库检索服务，用户可按学科、数据库名称、文种同时检索多个平台上的多种资源，输入一个检索式，便可以看到多个数据库的查询结果，并可进一步得到详细记录和下载全文。与此同时，读者也可选择单个数据库，针对某种具体资源进行个性化检索。

4. 虚拟参考咨询

中国高等教育分布式联合虚拟参考咨询平台是沟通咨询馆员与读者的桥梁，通过此平台的建立，将能真正实时地解答读者在使用数字图书馆中所发生的问题。咨询员可不受时间、地点的限制，在网上解答读者的疑问，为实现24/7的理想服务模式解决了技术上的问题。本系统主要包括总虚拟咨询台和中心调度系统、成员馆本地虚拟咨询系统和提供学习中心。

5. 联机合作编目

联合目录数据库是CALIS在“九五”期间重点建设的数据库之一。通过联合目录数据库、联机合作编目和资源共享系统，可为全国高校的教学科研提供书刊、文献资源网络公共查询，可支持高校图书馆系统的联机合作编目，为成员馆之间实现馆藏资源共享、馆际互借和文献传递奠定了基础。

为推进上海各大高校应用CALIS联合目录数据库，上海教育网络图书馆支持并加入了CALIS联机合作编目项目。

【上海教育网络图书馆系统平台建设】

1. 硬件建设

上海教育网络图书馆采取分布式服务系统架设整个服务体系。该系统横向核心设在上海交通大学闵行校区计算中心机房，拥有一台SUN4800作为数据及信息交换服务器，一台SUN STORAGE6320磁盘阵列作为主要数据存储，三台SUN FIRE V20Z提供前端业务流服务，还有多台PC提供管理、监控、网络代理及数据新增等周边服务。系统内部网络采用光电混合的星型模式搭建双网结构，即控制网和服务网分离的结构。该网络连接了所有的物理设备，实现了服务、管理均可远程操作。出口网络为两条100M的教科网线路，它直接连到上海市地网中心，一条4M的光纤连接上海市电信城域网，同时保障了教科网和电信网稳定畅通的服务。

此外，在华东理工大学、二工大、二军大、上大等合作学校的机房设有服务和热备服务器，分担一部分资源服务和异常状况冗余备份任务。

2. 软件建设

整个系统横向以模块分布式的模式实现各服务点的功能独立和协同服务，纵向以N-Tier的思想构建服务流程，很好地兼容了资源供应商的设计模式，给用户提供了更便利的访问方式。

物理上，数据存储层以ST6320磁盘阵列作为核心存储，各分布式服务点阵列辅助，采用Raid-5加镜像技术，保护数据的稳定性、安全性和容错性。ST6320与上层连接采用千兆光纤，保障数据的传输速度。数据处理层以SUN4800为核心，利用其高性能和稳定性担当数据交换和数据分析的任务。业务层用多台前端机器分别实现与用户的交互，提供不同的服务。针对不同的网络用户，采用两个入口（电信和教科网）的方式提供代理，让不同的用户尽可能地保证最快的访问速度。

逻辑上，用户访问采用一个门户，多种服务的统一服务理念。以门户网站为中心，整合不同的数据资源，包括内部的镜像站点与外部集团用户。对于用户而言，只需要登录到门户网站就能浏览到权限内的所有资源。

3. 门户网站建设

门户网站采用高教、中职和基教3个板块，分别对应不同的用户群体。它提供了方便快捷的资源访问通道，使用户能准确及时地访问到需要访问的各项资源；并提供了服务中心，包含问答库、学习中心、咨询平台和在线咨询平台，为用户提供使用指南。

【建设上海教育网络图书馆】 以上海市教科网为依托，2005年，上海教育网络图书馆初步建成了上海教育文献信息服务网络。该文献信息服务网络创造了多层次、灵活的文献信息资源地区性合作与共享模式，初步形成了上海教育文献资源整体化建设基本框架。

2005年8月，上海教育网络图书馆与中国数字图书馆合作建成中国数字图书馆上海教育分馆；9月，与中国高等教育文献保障系统管理中心合作建成CALIS华东南地区上海教育资源服务基地；10月，与国家科技图书文献中心合作开展文献传递业务。

【上海教育网络图书馆建设成效】 2005年，上海教育网络图书馆建设的主要成效是：共知、共享的观念开始得到普遍认同；有越来越多的高校和中专职校图书馆积极参与网络图书馆的建设，特别是关心和参与本地区图书馆的合作活动；以集团方式合作引进数据库的单位越来越多；采用集团联合采购方式，形成行业联盟，实现了联盟成员之间优势互补、风险共担、利益共享的目标；中心馆牵头，结合多种方式引进、存档、服务，节省了人力、物力、财力，特别是节约了学校在硬件方面的大量投入；网络图书馆的资金全部或部分补贴，重点放在核心资源和服务上，制造特色产品和服务；采用固定年费的方法，访问和下载越多，单次访问和下载的费用就越低；数据库利率用逐年提高。网络图书馆已经成为国家和上海地区一个重要的文献资源服务基地。（市教委）

上海教科网十年建设

【建设情况】 上海教科网从1995年4月开始建设，至2005年底已有十年，期间经历了4个阶段。

第一阶段（1995～1998年）：上海教科网建设立项并于1996年1月建成开通。它采用双环网状拓扑结构，主干通信信道主要采用邮电的DDN线路，带宽达64K，主干节点高校为复旦大学、上海交通大学、同济大学等8所高校，网管中心设在上海交通大学。运行一年后，教科网进行了主干网的升级扩容，主干通信速率提高到128K～512K，并与上海科技网合作，在科技网上构建了带宽达10M的上海教科网虚拟网，部分高校借用科技网已铺到各高校的光缆信道10M全互联，实现了校际高速信息访问。

第二阶段（1999～2001年）：为解决飞速上升的应用需求与高线路租用费用之间的矛盾，各高校与教委共同出资建设了上海教科网骨干光纤网，同时在骨干光纤网经过的地方接入了若干区教育信息中心、中小学及其他教育单位，将教科网由高校向基础教育、成人教育、职业教育、学前教育延伸，初步形成“一网五环”的格局，构建了上海教育城域网。教科网整网采用DPT技术，将主干带宽升至1.25G，满足了各校的应用需求，基本上所有的本专科高等院校均接入了上海教科网。

第三阶段（2002～2004年底）：2002年，上海市政府将“校校通”工程列为上海市当年十大实事项目之一，将上海教育城域网的建设推进到全市中小学。该工程建设主要任务，一是为全市中小学增配电脑，生机比基本实现了高中8∶1、初中10∶1、小学15∶1的工作目标，同时新建了许多电脑房、网络教室、学生电子阅览室和教师电子备课室等；二是全市中小学基本实现“校校通”。通过在上海电信城域网上构架MPLS VPN完成市教委和19个区县的互联，各区县的区域网络建设（宽带/专线）已覆盖到全市80%以上的中小学，形成了统一域名的上海基础教育城域专网，整网连接至上海教科网，使得上海市包括大、中、小学在内的教育机构互联成一个桌面到桌面的城域网络体系。

第四阶段（2005年～至今）：2005年1月15日，新一代上海教科网（N-SHERNET）正式开通。这是上海市教育系统在上海教科网十年发展基础上建设的全国最大规模IPv4/IPv6双栈城域网，标志着上海教科网进入了新的历史阶段。N-SHERNET将覆盖全市各级各类教育单位，共享IPv4和IPv6资源，在全市下一代互联网的研究、建设与应用中将发挥巨大的作用。

【应用与特色】上海教科网十年建设始终贯彻“技术到顶，应用到底”的原则，除了提供网络基本服务外，还通过尖端技术的研究，分别建立起了远程教育、远程医学、网络图书馆、上海终身教育系统公共平台等特色应用，同时这些都不仅仅是一个单位的研究行为，而是走向集团化的实际应用，成为全市教育系统共享的资源。

目前，上海教科网同其他同类网络比较，无论是从网络规模、通讯速度，还是从使用率、科技化水平来看，都走在发展前列。在建设过程中，上海教育城域网最重要的特点在于：适应需求、适度超前。

1. 适应需求

上海教科网的每一次扩容升级都是由需求带动的，带宽从64K到100M，主干网从租用信道到自铺光缆，范围从高校到中小学，其建设始终跟着教育发展的需求走，跟着应用的需求走。

2. 适度超前

上海教科网在适应需求的前提下还保证适度超前，一期工程是全国领先，“校校通”工程更是提前三年达到“十五”规划要求；同时技术上保持领先，远程教育、远程医学等都开创性地走在全国前列，并带动了之后的应用推广。

【获奖情况】 1997年11月，上海教科网被授予上海市第四届科技节博览会金奖；1998年又获上海市科技进步二等奖，远程教育和远程医学系统分获上海市科技进步三等奖；2000年，“远程医学”应用系统被选为上海信息化建设两项重大成果之一，参加十五大以来国家重大成果汇报展，受到党和国家领导人的关注与赞扬，引起社会巨大反响；2003年，中小学“校校通”教育信息网和高校网络图书馆工程被评为“2000～2002年上海市信息化优秀应用项目”。 （市教委）

上海远程教育集团

【概况】 2005年，上海远程教育集团（以下简称“远程集团”）进一步加大信息化建设和推广工作。年内，集团承建市教委上海教育资源库项目，已完成二期工程；“上海教育卫星网络运营中心”、“中国国家培训网长三角地区培训管理中心”、“上海社区教育卫星网络”、“上海终身教育系统公共平台区县中心节点”及“上海基础教育资源中心”等纷纷落户集团。承担的国家科技部“863”计划课题《Linux多媒体网络教学资源管理和应用平台软件研究》通过评审验收。

为进一步深化管理体制、机制改革，远程集团成立信息化建设委员会和信息化建设工作小组，规划并完成集团与上海电大网络改造一期建设，为年内开展的一系列大型教学活动和重要会议提供了保障。年内，集团、上海电大开发了“网上教学管理应用系统平台”，策划组织了"十万师生网上行"活动，开设了跨国课程"世界文化"等，充分体现了现代信息技术作用和优势。

【上海教育资源库建设二期工程如期完成】 2005年内，上海远程教育集团承建的市教委项目上海教育资源库二期工程建设如期完成。该库具有"平台、资源、管理、服务"的功能，目前已有学前教育、基础教育、职业教育、高等教育和继续教育视频60多万分钟。上海教育资源库的开通，将有力推动上海市的二期课改工作，为各类教育单位、个人尤其是广大一线教师提供优质教育资源服务，该项目被评为2005年上海市信息化工作优秀项目。

伴随着上海教育库的开通，由上海远程教育集团和中国普天集团共同组建的上海教育卫星网络运营中心以及中国国家培训网长三角地区培训管理中心也正式揭牌。

【上海电视大学积极推动信息技术在现代远程教育中的应用，精心组织"十万师生网上行"活动】 为了进一步推动信息技术在现代远程教育中的应用，鼓励广大师生积极利用互联网开展教与学，上海电视大学于2005年3月9日起举办为期一年的"十万师生网上行"活动。

"十万师生网上行"包括具有丰富内涵和多样组织形式的一系列小活动。参加活动的有课程主持教师、面授教师、学生以及教学管理人员。活动内容有网上读书节、网上辩论赛、会计软件操作大赛、网上金融大赛、学生主题网页制作大赛、分校网站建设竞赛、工商管理综合知识大赛、电子商务大赛等，同时每月将公布教师和学生的上网时间排行榜、主持教师BBS回复率排行榜等，对排名前10位的教师、学生或管理人员进行奖励。活动还将开办网上主题论坛，评选论坛"大虾"。

为便于大家参加此项活动，上海电大网站设立"十万师生网上行"的主题网站，并为每项活动设立专门的子网站，活动报名、作品提交、评选都在网上进行。学生进入"十万师生网上行"网站浏览的时间记入每周上网时间的统计中。

【上海电视大学跨国开设"世界文化"课程】 根据合作协议，上海电视大学于2005年4月4日北京时间晚8点，通过跨国多点实时视频会议系统，与美国纽约城市大学、土耳其伊斯坦布尔Klair Has大学实现多点、实时、面对面交流的远程互动教学，讲授"世界文化"课程。

"世界文化"课程是纽约城市大学、上海电视大学、伊斯坦布尔Klair Has大学和南非Melson Nandela大学合作开设的一门课程，是上海电视大学英语本科专业的一门选修课。"世界文化"课程的开设，充分运用了远程集团现代信息技术的优势，激发并引导学生积极参与交流与讨论的积极性。不同国家学生之间的实时交流，在提高学生英语能力的同时，也更有助于进一步促进彼此对各国文化的了解。

【第四届MOS国际办公软件大赛在远程集团国顺路校区举行】 2005年5月29日，第四届Microsoft Office Specialist（国际权威职业化办公认证，简称MOS）国际办公软件大赛在远程集团国顺路校区举行。远程集团有45名选手参赛，37人通过，合格率达81.48%。MOS是国际级的专业认证，通过直接在线考试获得成绩，由美国总部颁发数码成绩单，通行122个国家。美国教育协会（ACE）长期承认MOS的权威效力。

【上海市社区教育卫星网全面开通】 2005年8月16日，上海市社区教育（卫星）网络暨终身教育系统公共平台区（县）中心节点开通仪式在上海远程教育集团学习广场举行。至此，构建"三网"合一的上海终身教育系统平台工程已全面启动，这标志着上海向建设终身教育平台，打造学习型城市，实现社会全面和谐发展这一目标的快速迈进。上海市副市长严隽琪、市政协副主席谢丽娟、市科教党委书记李宣海、市教委主任张伟江和副主任瞿钧、中央电教馆馆长陈志龙与上海远程教育集团主任张德明和副主任王民，以及市科委、市信息委和有关区县的领导出席了开通仪式。

上海终身教育系统平台的特点是"三网"合一，即天网、地网和人网统一协调运作。平台以"人人享有优质教育资源"为宗旨，通过上海市有关部门、社区和广大群众的共同建设，面向学校、社区和家庭用户的互联互动，有机整合并开放社区教育、职业教育、基础教育、老年教育、农村教育、农民工教育、外来人员教育和家庭教育等的优质资源，让使用者在不同时间和地点，都能享有由平台提供的优质教育资源，最终形成立体化的终身教育网络体系。

上海终身教育系统平台建设是上海市“政府项目工程”,市教委与市相关部门负责对系统平台建设进行统一规划、管理和指导。

随着上海市社区教育资源信息平台区（县）中心节点的开通，首批优质资源也将同广大用户见面，其中包括：面向学校二期课改的教案和课件、身边的科学、一代名师、世纪讲坛和国际金融课程，等等。

【上海远程教育集团承担的国家科技部“863”计划课题圆满结题并获得滚动支持】 由上海远程教育集团领衔承担的国家科技部“863”计划课题《Linux多媒体网络教学资源管理和应用平台软件研究》（课题编号2004A1Z2330），2005年10月23日在北京通过由国家科技部组织的计划软件重大专项专家组的评审验收。

该课题通过对基于国产Linux支撑环境的深入研究，解决了多媒体教育资源播放、应用程序堆Linux浏览器与IE浏览器的兼容性支持等多项关键技术，成功移植并完善了基于国产Linux的多媒体教学资源管理和应用平台软件，实现了符合教育知识管理流程的五大系列网络教育产品。课题研究遵循了软件平台对国家教育信息技术标准，并在概念图元数据表示方面有所创新。

课题组在上海地区和西部三省建立了9个应用示范点，实现了上海和西部的资源互动，为国产Linux产品在教育领域应用提供了一种良好模式。同时，课题组取得5项软件著作权，发表学术论文10篇，出版论著2本。

课题成果得到专家组的一致好评，并获得新一轮课题的滚动支持。（远　程）

复旦大学

【概况】 2005年是复旦大学（以下简称“复旦”）的百年校庆年，也是信息化校园建设继续稳步推进的一年。复旦在巩固校园信息化建设现有成果、不断扩展应用系统功能、深入推广系统应用范围的同时，按照《复旦大学信息化校园建设规划》陆续启动了一些新的应用项目。此外，百年校庆年也给复旦的校园信息化建设带来许多新的机遇，提出许多新的要求。2005年，仍有全国30余所高校专程访问复旦，围绕校园信息化建设的主题进行交流。

【校园网建设】

1. 校园网络进一步扩大

2005年，随着张江新校区、邯郸校区光华楼、枫林校区明道楼等新大楼的建成和投入使用，校园网覆盖范围进一步扩大，新增1万多信息点，完成了张江和邯郸校区间的光缆回路铺设。8月25日，张江校区校园网络建成启用，实现了新校区与校园主干网之间的万兆网络连接；9月23日校庆庆典前，光华楼一期网络建设完成，光华楼东、西辅楼和东、西主楼一半以上的网络建设完成，部分已经开通为师生教学提供服务；10月，枫林校区明道楼网络也正式启用。新机房建设注重规范化，按功能划分为：核心机房、应用机房、交换接入机房、光纤接入机房、主机托管机房，以及UPS、值班和开发等配套机房。

2. 校园无线网络完成一期建设

2005年，复旦加快了无线校园网建设，正逐步实现校园无线上网、无线办公的目标。目前，已在邯郸、张江等校区覆盖了光华楼广场、行政综合楼、正大体育馆、图书馆、教学楼、公共会议室和报告厅等重要室内公共服务区域和室外区域。在无线覆盖技术的选择上，除了采用传统纯AP蜂窝覆盖方式外，还根据热点环境特点，灵活使用单纯天馈或“GSM + WLAN”合路覆盖等多种方式，在高校校园无线局域网建设中具有一定的示范意义。校园无线网络具有支持1 000用户的并发访问的能力，部署了基于WEB的无线认证系统，师生使用复旦统一身份认证账号即可访问无线校园网。

3. IPv6建设

2005年，复旦IPv6建设继续稳步实施。1月15日，N-SHERNET（新一代上海教育和科研计算机网络）正式开通。N-SHERNET作为中国第一个省级v6双栈网络，共连接了上海9个节点，具有“更大、更快、更安全、更及时”的特点，将主要提供高清晰度电视、视频语音综合通信、智能交通、环境地震监测、远程医疗、远程教育等多种网上应用。复旦作为N-SHERNET主节点之一，为N-SHERNET的整个建设工作提供了人员和技术上的大力支持，先后参与了v6应用系统技术培训、v6门户网站的建设开发以及N-SHERNET开通筹备等多项工作。

【完善学工系统】 2005年，复旦学工系统个人基本信息模块顺利推广使用，现已有近1.1万余名学生在系统中完善了个人基本信息，总计维护率达到86%。此外，普通奖学金申报模块截至2005年底已有近1 600多条数据。学工系统的顺利推广，完善了复旦学生的基本信息，方便了各部门间有效的信息共享和协同工作，推进了我校学生“数字档案”的建设进程，提高了工作效率。

【OA系统进一步完善】 2005年上半年，经由党办、校办、宣传部等部门提出信息报送的详细需求，信息办在复旦电子公务系统（OA）中集成了信息报送模块。该模块提供完整的共用信息采集、处理、反馈、评价和知识共享功能，是各部门进行信息报送以及信息沟通的平台，提高了各部门的工作效率和工作质量。该模块一直保持稳定运行，各部门通过该模块上报信息近百条。为使校内公共会议室的租借更加方便、高效，通过和学校有关部门的沟通调研，信息办提出了对原有会议管理模块的改进方案。该模块旨在为校内各院系部门提供一个公共会议室管理平台，用户只要登录OA系统就可以方便地查询会议室的安排情况，并进行预约申请。11月1日，该模块正式启用，现涵盖逸夫楼、逸夫科技楼、相辉堂等楼宇内的16个会议室。

【一卡通系统投入运行】 2005年，复旦“一卡通”项目全面实施。该系统是校园信息化建设的重要组成部分，它不照搬传统“就餐系统＋补丁”的建设模式，而是以软件架构为中心、以卡为媒介、面向师生的综合性（信息）服务平台。它通过集中式图形化的监控平台和金融级通讯平台，实现了系统的集中、高效管理，低成本运营和安全可靠。它还实现了软硬分离，终端设备不绑定厂商、芯片商，学校掌握关键的密钥管理主动权（由学校通过特定方式产生），卡片结构和算法由学校自行设计，学校完全掌握系统的主动权等目标。此外，作为信息化校园信息采集的基础工程之一，该系统还具有学校管理决策支持系统的部分功能。一卡通已经在逐步取代以前的各种证件（包括就餐卡、学生证、工作证、借书证、医疗证、出入证、体锻卡等）的全部或部分功能。4月18日、5月18日和9月1日，系统分别在枫林、邯郸和张江校区投入正式运行，替代了就餐卡、图书证、学生公费医疗卡、学生体锻卡，并实现了银行圈存、网上查阅消费明细、档案查阅、南区学生公寓门禁等功能。目前，系统已有包括6大类24种身份属性在内的用户6万名，日均消费交易量10万笔，POS机超过400台，圈存机、多媒体设备、手持机和通道机80台、在建门禁900余处。

【档案管理系统建设】 档案管理系统是适合于高校电子校务环境的综合档案管理系统。它实现了管理系统与电脑密集架、条形码设备的接口，为格式化文本和纯文本数据提供统一的索引，保证对大数据量全文的高效管理和维护，实现档案门类自定义及文档一体化功能，为档案馆工作人员、部门兼职档案员提供了便利的交流手段。系统完整涵盖了从案卷组卷、归档、入库到销毁的全套档案处理流程，提供了与校园电子公务系统（OA）公文流转的自动获取接口，实现了和OA系统的无缝结合。截至2005年10月底，档案系统数据库包含各类档案案卷和文件50余万条，数据100G左右，用户200多人。

【教务管理系统建设】 教务管理系统建立在共享数据平台之上，充分融合复旦教学改革的新思路，提供学校、院系两级教学管理模式，支持学校、教师、学生三层用户的结构，全面支持培养计划、教学任务、学籍、教学质量、教材与课程建设、实验室建设、成绩、毕业审核、统计查询、二专二学位、跨校辅修、衍生层学位考试、外校托管学生事务、进修生、访问学者进修、院系专业信息、教室信息、日常报表、文件管理等各个层面的教务管理功能。目前，已有教学评估、学生注册、新生学生证模块正式上线运行，涉及教务处、各院系相关老师、本专科生等各级用户1万多人。2005年6月20日至30日，教学评估模块正式向学生开放，其中1.2万多人次参与1 800多门课程和数百位导师的评估；在校学生注册模块于9月4日正式启用，新学期学生注册面向1.2万多本专科生，3 000多名新生进行了网上注册。

【资产管理系统建设】 资产管理系统除了涵盖固定资产主机、固定资产附件、大型仪器、家具、低值品、材料报账和资产台账管理、资产变动管理，还包括实验室管理、通用数据收集管理、条码盘查管理、系统管理，它实现了跨校区的管理及数据整合，为将来实现更高程度的科研及教学仪器设备的数据和使用共享、资源整合及与校园一卡通的衔接打下良好的基础。截至2005年11月，各校区的主要数据已整合导入，包括卡片信息120 986条、卡片变动信息143 208条及各类管理数据共计近200种表。整个系统将在2006年初投入全面使用，届时将为学校资产管理工作提供更大的支持。

【校友网建设】 校友网面向广大复旦校友，它的建设完成在为学校搜集校友信息提供有力支持的同时，也为校友提供了一个沟通的桥梁。2005年6月底，该平台进入试运行阶段，校友可以在本系统注册成为校友网用户；进行校友的查询搜索，寻找老同学的个人现状及联络方式；还可以使用同学录功能创建属于自己的班级，进行老同学间的沟通交流。

【招生管理系统建设】 招生管理系统是复旦面向本专科生招生管理工作的网络平台，它整合全校资源为全国英才报考复旦提供在线服务。该平台不但包括优秀毕业生、特长生报考复旦的网上报名系统，还为高考考生提供信息查阅、考前咨询、报名号查询，并为已被复旦录取的考生提供入校报到指南等多信息服务。该系统拥有强大的后台管理功能，可以整合招生数据并将其提供给学校教务管理部门，为新生入校后在培养计划、学籍管理、课程学习、院系专业管理等方面提供同步信息。2005年5月，该系统正式对外提供服务，在2005年6月10日到7月3日之间共开办了10次在线咨询服务，用户共咨询2 570余个问题，其中归并常见问题56个，精华问题4个；发布新闻736条，招生政策42条，网上调查系统接受新生调查2 560份。

【流媒体平台完成一期建设】 流媒体平台基于复旦统一身份认证系统，将校园内原来独立松散的流媒体资源集成到统一的平台中，提供教学音视频（各种课件的在线浏览）、娱乐视频（网络电视、电影、电视剧、综艺节目和在线音乐点播等）、学生影视频原创天地等多种服务，使校园流媒体服务逐步走上规范化、系统化的道路。平台配有6T的磁盘阵列空间，上连2G带宽，技术上综合考虑视频服务器、文件存储服务器、带宽管理、负载均衡等因素，有效保证QoS。目前，平台并发在线用户数可达400人。

【门户系统建设】 校园门户系统（Portal）是一个基于Web、面向全体师生的信息整合平台，为师生访问校园信息服务提供方便快捷的统一入口。它通过深入的应用集成，把师生最常用的电子邮件、OA、虚拟校园、人事、学工、教务、共享库、档案、一卡通、图书馆、体育锻炼、就业等系统整合在一起。同时也提供了众多工作、学习、生活方面的服务信息，比如校园快讯、校车、校历、校内电话黄页、学校地图、天气、列车、航班等。校园信息门户系统具有友好灵活的个性化设置功能，通过风格管理、页面设置、日程安排、收藏夹等管理设置，使其真正成为向师生提供个性化服务的应用集成平台。目前，系统已经通过测试，面向全校师生开放。

【信息整合和数据分析应用的深入】 结合学生工作管理、教务、虚拟校园和共享数据库系统，复旦正在为每位学生建立“学生数字档案”，以便支持学生管理工作并帮助实施综合素质教育；结合人事管理、教务和共享数据库系统等，也在建立“教师数字档案”。这两种档案的建立既为相关业务部门提供了较为全面的信息，也为教职工和学生本人提供了个性化信息。

为做好2005级新生迎新工作，复旦信息办领导非常重视新生数据收集，整理和入库工作，并成立专门小组负责该工作。经过信息办与教务处、研究生院、复旦学院等相关部门的共同努力，目前数据已经全部成功导入统一身份认证平台，其中新进注册本专科生约4 000人、研究生约3 700人（分别由教务处和研究生院提供数据）。此次数据的成功导入，实现了预先安排、分段收集、统一整理、及时共享的目标。

【提供多媒体视频会议服务】 多媒体视频会议系统自投入使用以来，在学校教学科研等工作中发挥了很大的作用。2005年，由复旦信息办提供技术支持的主要活动有：①3月15日，在邯郸、枫林两校区同时召开了有3 000多人次参加的“全员育人工作教师大会”，此次大会采用单一主会场加11个分会场网络视频同步直播的方式，是30年来复旦首次召开如此规模的全员教职工大会。②5月16～17日，复旦在上海展览中心举办了主题为“上海论坛——经济全球化与亚洲的选择”的国际学术大会。③6月13～14日，在复旦召开了“第十届亚太地区大学校长会议”，本次会议汇聚了15个国家和地区，29所世界知名高等学府和研究院的45名中外校长及副校长。④2005年是复旦百年校庆年，通过校园网直播了复旦大学百年校庆的系列庆典活动，包括：9月23日上午在美研中心二期举行的世界著名大学校长论坛、9月24日上午在正大体育馆举行的庆典大会、9月24日晚上在光华楼前草坪举行的庆典晚会等。⑤从2005年9月开始，由复旦大学、日本早稻田大学、新加坡国立大学等高校合办的亚洲五国视频互动学术交流活动正式开展。复旦作为分会场之一，通过视频会议系统直播教学，成功地为各地师生提供异地通讯交流。此次教学活动持续了近3个月，每周一次。

【不断提升信息化校园管理与服务水平】 为更好地适应复旦信息化校园建设和应用的发展需要，校信息办在原培训中心的基础上，于2005年7月11日成立运行服务中心，并先行在邯郸校区启动。该中心当前的具体工作职责包括：承担日常值班服务、网络运行、系统维护和应用保障工作；清理并完善相关业务流程及工作规范，制定和完善中心的组织和制度建设；根据需要安排外出服务，组织相关的培训等工作。随着体制的逐步完善、流程的不断规范，以及工作人员相关素质与技能的不断充实，该中心将逐步承担起日常值班、网络运维、系统维护、应用管理、应急处理、上门服务、专项培训等工作，使信息化校园的管理与服务逐步走向专业化、规范化和制度化的道路，为广大师生提供更全面优质的校园信息化服务。

【继续多项信息化课题研究】 2005年，复旦完成了多项关于校园信息化的上海市级项目。上海市信息委将复旦大学信息化校园建设项目纳入上海市信息化重点应用项目；“高校电子公务系统及其实施模式研究”和“虚拟校园的平台建设与应用管理研究”已经完成，近期将组织鉴定；上海市档案局科研项目“高校电子校务环境中的档案管理系统”已基本完成；“高校信息化水平评价指标体系研究”项目于2004年12月30日通过上海市教委组织的鉴定，项目所取得的成果已被上海市教委采纳，2005年该项目被中国高等教育学会教育信息化分会立项，由复旦牵头开始了面向全国高校信息化指标体系的研究；2004年底开始，复旦和上海市教委、校学工部等一起展开“学生素质信息化测评体系和系统研究”项目继续顺利进行。此外，2005年底，“思科教育科研资助计划”项目中的“IPv6中的任播通信模型的实验和研究”课题和国家发改委CNGI项目“基于IPv6的高性能视频传输和共享虚拟现实”也在复旦正式启动。

【主办和参加多个信息化相关会议】 2005年4月，复旦信息办与香港的大学联合电脑中心（JUCC）共同主办了“2005沪港地区高校电子化校园科技研讨会”，来自沪港地区25所高校以及信息化相关单位的近70名专家代表参加了会议。12月14～15日，复旦信息办成功举办“全国部分高校信息化主任会议”和“中国高校信息化指标体系研讨会”，与会的专家分别介绍了各自学校当前信息化建设的进展和规划，并就如何分享建设经验和教训展开了深入探讨。2004年，由复旦信息办承担的“高校信息化水平评价指标体系研究”项目通过上海市教委专家组鉴定，项目所取得的成果也于

2005年在上海市58所高校进行全面推广应用。同时，该项目成果也获得了外省市高校的广泛认同，全国高等教育学会高校信息化分会已决定由复旦牵头制订全国的高校信息化评价指标体系。此次“中国高校信息化指标体系研讨会”在复旦的召开正是基于此。12月16日，复旦信息办还成功主办了上海教科网建设10周年纪念活动系列专题会——“校园信息化建设、应用与服务”专题报告会专场。（复 旦）

上海交通大学

【概况】 2005年，上海交通大学（以下简称“交大”）在校园网、管理信息化、数字图书馆、电子化教学等方面取得了新进展。

1. 校园网

交大校园网已建成校区间高速主干网，徐汇、闵行和七宝校区间形成带宽10Gbps的主干环路，并与卢湾、上中、法华校区间采用1Gbps的链路构成网状拓扑结构，使各个校区之间都有两条以上的冗余链路，徐汇、闵行校区内主要汇聚点之间采用环状连接，保证了校园网的互连互通、稳定可靠。至2005年底，校园网共铺设校区间光缆83公里，校区内光缆67公里，拥有网络交换设备2 000多台，覆盖287幢楼宇，开通PDS信息点20 268个，千兆连接至100余幢主要大楼（其余大楼为155Mbps或100Mbps连接）。无线网布设有120个AP，覆盖面积约5.8万m^2。校园网出口带宽扩容至2Gbps，IP用户数超过3万，网络使用量大幅度增长，出口平均流量680M，高峰流量1 100M。提供5万用户的电子邮件系统，开发和部署了反垃圾、反病毒邮件网关。FTP服务支持500人同时在线，提供约800G的信息。BBS支持1万人同时在线。Anti-Virus系统提供在线病毒查杀服务。开发部署了身份认证和授权系统，实现了校园网用户的统一身份认证。建成支持8点的视频会议系统，实现了5个频道的音频广播和数十路电视频道的网上直播服务，支持4 000个并发的600k/用户带宽的电视直播。视频点播系统拥有4.6T的视频内容，本地视频文件点播支持1 800个并发，视频服务器组每晚平均流出量1.5Gbps左右，峰值流量高达2.4Gbps。面向CERNET2还建立了IPv6平台下多套的视频直播系统。

2. 管理信息化

交大在校园网上建立并投入使用了超过15个综合业务信息系统（包括：教学管理、学生管理、人事管理、办公自动化、档案管理、财务管理、固定资产管理、科研管理、校园卡应用、校友与基金管理等）和数百个基本信息资源库，积累了上千万条的管理信息记录。教学管理系统实现了从新生入学、注册收费、学籍管理、学生事务、培养计划、计算机排课、网上选课、考试安排、成绩管理、就业指导以及校友信息等的一整套管理信息系统。学生管理系统为1.8万名本科学生提供了选课等教学信息管理与服务和近4万名学生的事务管理。校园卡系统支持6.8万名用户在多个校区用餐、购物、洗浴、图书借阅、注册、看病等。财务与固定资产管理系统，除支持主管业务部门管理活动外，还向全校各类用户提供查询统计与管理服务。人事管理系统支持人事处多个科室协同办公，为全校教职工、求职应聘者提供人事信息自助平台。科研管理系统建立了全校教师的科研成果电子档案。档案管理系统成为全校各类管理信息系统信息流的终点站，提供档案预立卷、组卷归档管理业务平台和档案综合利用与编研平台。2005年的主要进展有：人事管理信息系统在人事处六个科室同时上线运行，学生专项医疗系统投入实际运行，本科教学管理信息系统升级到3.0版，新生校园卡与消费卡合并实现一卡多用，实现校园卡对4个公共浴室中473个淋浴水龙头的水控，年节约用水6.5万吨。

3. 数字图书馆

交大图书馆是中国高等教育文献保障体系（CALIS）华东南地区文献信息中心，以“服务主导型数字图书馆”为建设方向，在电子资源建设方面取得明显的成果，基本满足学校理、工、文、管、医、法、农多学科发展的需求。至2005年底，交大图书馆已拥有中文电子图书40万种，外文电子图书1万多种，中文全文电子期刊9 000多种，外文全文电子期刊1.5万多种，中文学位论文近30万篇，外文学位论文7万多篇，学术资源数据库系统40余种（约200个子库），自建数据库15个，本地存档资源容量8TB。使用统计报告表明，大部分电子资源的利用率在全国高校图书馆中名列前茅，Elsevier、中国期刊网全文电子期刊的平均成本性价比，分析结果列全国最好，体现了电子资源服务的高效业绩。

4．电子化教学

交大注重采用多媒体手段开展教学，建有全日制教学用多媒体教室126间，多媒体教室利用率达79%，使用多媒体手段教学的课程比例为69%。多媒体教室采用集中控制系统，为教师提供良好服务。学校建成53个国家和上海市精品课程，都建有成果网站或课程网站。电子信息与电气工程学院、软件学院、物理系等院系，建有电子化教学的智能化系统平台，开展辅助教学、师生互动教学活动。网络教育学院100%的课程应用多媒体教学，每年有800多学时的课程利用远程教学，参加远程教学课程学习的有1万余人。2005年，“多校合作、面向西部，创建基于天地网的新型教育资源共享体系”获得了国家级教学成果一等奖，“现代远程教育支撑平台研究及示范应用”获上海科技进步一等奖。

（蒋磊宏）

【新一代上海教科网在交大开通】 距中国下一代互联网示范工程（CNGI）最大的核心网CERNET2开通仅20天，全国第一个地区性IPv6网——新一代上海教育与科研计算机网于2005年1月15日在交大开通运行，上海市副市长严隽琪出席开通仪式并启动开通按钮。自2004年以来，交大结合中日合作项目（CJ-IPv6）网络建设和中国下一代互联网（CNGI）项目在上海的实施，建立了纯IPv6上海教育城域网，并组织了上海教科网IPv4/IPv6双栈升级改造，实现了新一代上海教科网的顺利开通，建立完善了上海教科网网络运行管理平台。

【网络运行监控系统投入运行】 2005年10月，国内高校首个采用2×3自由分屏投影技术的大屏幕网络运行监控系统投入运行。通过该系统及自主开发的网络运行管理平台，实现对CERNET华东南地区网、上海教科网和交大校园网的远程监控管理。

【与卢湾校区实现校园网络直连互通】 2005年9月28日，交大校本部与医学院（卢湾校区）实现校园网络直连互通。原上海第二医科大学及6个附属医院的师生员工和医护人员均可逐步享受到与交大其他部门同样的网络和信息服务，实现校内各种信息资源的相互共享。随着向闵行校区的战略转移，一些学院主体搬迁到闵行校区，7月18日，闵行校区电子信息与电气工程学院新楼群5幢大楼的网络联通。9月13日，药学生物楼、媒体楼、法学楼3个学院5幢楼宇网络联通。

（杨宝军）

【人事管理信息系统投入实际运行】 交大自主开发的“人事管理信息系统”在人事处六个科室同时投入实际应用，实现了人事科、教师科、出境出国科、专家办、信息科、人才服务中心的在线管理业务。业务范围从人才引进管理、新进人员材料申报、新进人员报到、岗位聘任、聘用合同管理、专业技术职务聘任、党政职务聘任（任命）、兼职教授聘任、教职工考核、出国出境管理、专家管理与服务、专家考核到教职工异动等。系统建立了完善的综合查询系统，可以根据需要，任意设置主题或查询条件，组合查询多方面的人事信息，可方便、快捷地获取的各类人事信息资源，功能丰富。人事信息服务网面向教职工、求职者和引进人员提供自助人事信息服务，查询教职工信息等服务。

【本科教学管理信息系统完成新的升级，教育部专题简报报道】 为适应教学管理模式上的新变化，教学管理信息系统暨教学信息服务网升级到了3.0版本，重点解决了教务处新提出的复杂业务。在系统原来适应按行政班排课和按教学班排课提供选课的基础上，增加了教学班同学插入行政班上课的混合模式，并使系统能够解决同一门课需要安排在多时段、多地点的排课问题，把原来每学期二段式的排课模式转变为灵活的多段式，使排课的时间安排更加灵活，适应更加复杂的排课需求；教学信息服务网增强了教师信息平台功能，新增了教师提交教学大纲等功能，由教师录入的个人业绩与人事管理信息系统相关联，并提供给学生选课时参考；新增了本科生研究实践计划（PRP）管理功能，毕业（设计）论文管理功能等。该系统已成功经历了四年制本科教学完全学分制改革后完整的培养周期，性能更加优化，功能极大丰富。2005年6月14日，国家教育部办公厅以“上海交通大学开发本科教学管理信息系统，提升教学管理现代化水平”为题，做了专题“教育部简报”，上报中央政治局、全国人大常委会、国务院和全国政协等中央领导机构。

【档案信息服务和管理系统获国家和上海市奖励】2005年，交大档案馆通过“档案信息服务与管理系统”对交大1896～1949年的全部2068卷馆藏历史档案进行了数字化保存。目前数据库中已保存的档案记录数为138万条，102GB。经评审，交大“档案信息服务与管理系统”荣获2005年度上海市档案科技研究成果奖一等奖，2005年度国家档案局优秀科技成果奖三等奖。

【船舶数字博物馆参展郑和航海暨国际海洋博览会】2005年7月8～14日，由国家交通部、国防科工委、国家海洋局、上海市人民政府联合主办的“郑和航海暨国际海洋博览会”在眇展览中心举行。交大作为承办单位之一，交大信息中心开民的“郑和航海船舶数字博物馆”参展，受到了观众欢迎，并荣获博览会积极参与奖。上海市副市长杨雄、国防科工委副主任张广钦分别参观了“船舶数字博物馆”，张广钦副主任还查询了亲自参加设计的几艘国产船的展品资料。国内25家造船公司为郑和航海船舶数字博物馆提供了300多条现代中国船舶的展品资料，丰富了中国生产的各类现代船舶展品内容。（蒋磊宏）

华东师范大学

【启动信息化建设“十一五”规划制订工作】 为了能使华东师范大学（以下简称“华师大”）的信息化工作长期保持良好的发展势头，并朝更高的目标发展，华师大于2005年6月启动了信息化建设“十一五”规划的制订工作。本次规划是在“十五”建设的基础上，为加快推进信息化、促进教学科研管理发展而制订的。通过广泛征求意见，目前已经确立“十一五”期间的建设目标是：完善学校信息化建设环境，加快信息资源建设，为教学、科研和管理提供安全、完备的信息保障，面向师生提供一站式综合信息服务。基本实现包括硬件集成、数据集成、业务集成和服务集成在内的全过程大集成，逐步营造和构建与高水平研究型大学相适应的信息化氛围、信息化设施和信息化应用环境。本着“目标明确、方案得当、措施有力”的原则，信息化建设“十一五”规划将有效地指导学校今后五年的信息化建设。

【闵行校区基础设施建设】 2005年，华师大闵行校区网络二期工程顺利贯通，完成包括人文楼、研究生公寓在内的5栋大楼的网络接入和内部布线等工作；完成基于IP的校门视频监控系统，方便学校保卫部门的实时监控。

华师大中山北路校区和闵行校区之间采用CWDM设备。学校成功将一对光纤复用成8对，其中3对用于传输数字信号。并经过耦合技术处理，成功地将另外一对用于传输模拟的有线电视信号，节省了单独购买模拟传输模块的费用。

【网络基础应用升级】

1. *统一身份认证*

用户经过一次身份认证（Single Sign On），就可以根据授权透明无缝地使用校内各个应用系统的资源，真正实现单一登录。统一身份认证避免了应用系统的重复开发和数据同步等更新问题，便于各系统之间的资源共享，促进各类应用的发展。2005年，华师大完成了邮件系统、一卡通系统、网络验证系统与学校公共数据平台的统一身份认证。

2. *教师邮件系统的升级*

华师大每位教职员工都拥有一个学校域名的电子邮件，该邮件的邮箱空间原来是10M，邮件存储信件数量是100封。随着应用的广泛使用，系统提供的资源已远远满足不了用户的需求，越来越多的用户希望学校能对邮件空间进行扩容。2005年，华师大完成了教师邮件系统的升级，将邮箱空间从原有的10M扩充到100M，将邮件存储信件数量从原有的100封扩充到1 000封，大大提高了邮件系统的利用率。

【无线网络覆盖】 无线网络解决方案能够较好地满足用户使用校园网的种种特殊要求，并且拥有传统网络所不能比拟的易扩容性和自由移动性，已经逐渐形成一种潮流，也成为华师大解决中山北路老校区旧建筑大楼网络升级的主要方案。2005年，华师大对中山北路校区内的主要公共场所（包括会议室、报告厅等）实施了无线覆盖工程，包括办公楼、全校公共会议室、红楼（进修教师公寓楼）、丽娃河畔都实现了无线覆盖。特别是“无线丽娃”工程，已被众多的师生所熟知。

【办公自动化系统全面运行】 2004年，华师大闵行校区启用，如何节约办学成本，提高管理效率，是学校面临的一大难题。经过调研，学校决定推行办公自动化系统，既能克服人手短缺等困难，又能规范和简化管理流程。2005年1月，学校开始试行办公自动化系统；3月，系统正式运行。至2005年底，主要实现以下功能：①所有校内公文全部上网流转，采用单轨制，纸面形式的公文不同步保留。包括“签报管理”——截至2005年12月底，共有5 800多份签报上网流转，涉及全校所有81个有签报权限的单位，实现签报拟稿、核稿、签发、办理、归档、追回、退回、流程查询、指定浏览等各种功能；“发文管理”——截至2005年12月底，共有1 300多份发文通过该系统办理，实现发文拟稿、核稿、签发、打印、排版、归档、追回、退回、流程查询、指定浏览等功能；“上级来文管理”——对校外各单位来文进行登记，包括文件基本信息和流转过程的信息登记；“校长办公会管理”——包括议题征集、发布，纪要记录、审核、签发和管理，议决编写、发送等功能。②个人事务。包括日程安排、通讯录等。③公共信息管理。包括校内公共信息（如校情简报等）的发布、审核、管理。④事务处理。包括请假管理、会议管理、印章管理、信访管理、会场管理、值班管理等。⑤工作流系统。包含工作流管理和工作流办理，对各类非公文的管理流程进行发布和管理。

（程　静）

上海大学

【概况】 2005年，上海大学（以下简称“上大”）成立信息化工作办公室，在原有成果的基础上，上大注重信息化建设的实用与内涵，强调建设成果的应用与推广，在教学、科研、管理与社会服务等信息化方面取得了新进展。

1. 校园网络基础建设

2005年，上大与上海电信合作，将原有的电信出口带宽从10M提高到20M；与上海移动合作，增加移动出口带宽20M。此外，向CERNET申请了104个C类地址，使上大C类地址达到128个（合计3.2万余个主机IP地址），从而保证了每位师生员工都具备了一个合法的IP地址上网；学校还向CERNET申请了国际流量包月，免费为校园用户开放国际流量使用，方便他们访问国外科学文献网站，从而提高了学校的教学科研水平，改善了网络使用环境；实现了校园网络主干核心万兆互联，千兆到楼，校信息办对原有光缆进行了改造，并新敷设光缆30余公里。另外，学校为了实现多媒体教室具备上网功能而组成专网，开通了网络环境；为了保证学校图书馆三校区借书还书系统平台的顺畅，建立了跨三校区的虚拟专用网络；为保障校财务系统平台的安全性，建立了跨三校区的物理专用网络。在下一代互联网研究方面，上大一直参与上海教科网IPv6测试节点的工作。

2. 信息安全建设

2005年，上大信息办完善了校园网的信息安全管理与技术规范制定，形成了网络环境下各种应用系统稳定运行的安全防范方案与应急处理措施。建立了安全网站，如Symantec Update站点等为校内用户提供服务，升级了邮件系统，提供反垃圾和反病毒邮件网站，实现硬件防火墙建设，又采用Kaspersky（卡巴斯基）实现诸如防火墙功能、入侵检测功能、病毒过滤功能、漏洞扫描功能等，运用网络版/单机版/在线杀毒软件等组成整体网络安全系统。此外，信息办制定了信息安全的配套管理措施，制定信息安全工作管理条例、机房值班制度、信息设备管理与操作制度，IT项目开发过程的技术和管理等文档管理制度。在制度的保障下，配置科学的技术方案，实现了校园网安全、平稳的运行。

3. 信息系统集成建设

2005年，上大进行了全校范围内系统集成调研工作，并在此基础上制定了详细的系统集成规划。为保证各校园各应用系统的高效、安全运行，学校建立了校园数据中心（IDC），将各种应用服务器集中管理，同时配置专门的队伍管理系统及应用；从校财务管理信息化入手，通过十几个月的初期SAP系统平台建设，将财务管理、教务管理、教师管理与学生管理实施数据和系统平台的集成；通过学校门户网站建设，将各部、处、学院等单位的网站集成，实现了信息共享，对某几个核心部门的系统实现了集成应用，实现了系统数据共享；通过数字图书馆建设方面，实现了全校范围的文献信息资源共享。

4. 管理信息化建设

2005年，学校在管理信息化工作方面取得了显著成绩，具体内容有：①加强和完善人事管理信息系统，校人事处在原有人力资源管理信息系统的基础上，通过采用B/S与C/S的混合结构实现了系统功能的拓展，增加了工资管理系统模块、教师公寓管理系统模块以及雇员报到管理系统模块。②校园“一卡通”功能的拓展，在原有基础上增加了持卡消费、图书借阅、图书馆门禁、学籍注册、医疗管理、财务对公结算以及其他自助服务等功能。③科研管理信息系统投入运行，并实现科研项目管理经费卡制度。④本科教学管理信息系统实现升级与应用，并与网站实现整合，提供Internet和Intranet的网上选课平台，实现网上教师成绩登录系统，同时提供网上精品课程展示与网上学习服务功能。⑥校园协同办公系统逐步实现，由网络办公系统、校园政务信息公开系统、公文流转系统、档案管理系统、大容量邮箱系统、一卡通系统、多媒体视频系统等综合业务信息系统构成。⑦固定资产管理系统，该系统由实验室管理、仪器设备管理、教师公寓管理等业务信息系统组成。⑧门禁系统在上大信息办、财务处、上大海润等部门试点应用，并将在全校推广应用。⑨远程教育系统平台建设已经投入使用，该平台为校内外学生提供远程网上教育、学习互动和教学课件，由上大计算中心负责建设。

【校园信息化的组织与制度建设】 上大信息化建设在过去由两个部门分别承担：一是网络中心，负责上大网络基础设施建设、网络基础服务与网络维护等工作；二是信息中心，负责上大各种信息采集与制作、信息系统开发、网站建设与维护等工作。2005年，上大成立“校园信息化工作领导小组”，撤并了原有的“网络中心”和“信息中心”，成立了“信息化工作办公室”，具体负责上大信息化建设工作，信息办成为集信息化建设规划、实施与维护等诸多功能于一身的职能部门。此外，还确立了校园信息化建设的CIO制度，从学校层战略层高度出发，由CIO全面负责制订学校的校园信息化建设战略与规划，并根据学校的发展重点与格局来确定上大的中、长期信息化建设重点。

【学生工作信息化平台建设】 2005年，上大完成了学生工作信息化平台的规划与设计工作，并将在2006年继续扩展其他功能模块，使该平台与学校财务、教务、图书馆等系统平台实现集成，充分共享数据资源。该平台以学校总体工作思路和校园信息化总体规划为指导，充分考虑了与学校其他系统平台的数据交换与资源共享、集成问题，采取统一的信息标准实现后台数据的集成和前台用户（学校各部处、学院等）界面个性化设计，将学生信息从高考招生（如发放录取通知书和缴纳学费的银行卡等工作）、入校报到（迎新的各种工作）、在校期间学习与生活（如学籍、成绩、日常管理、勤工助学、奖罚情况、组织发展及素质拓展等工作）、毕业离校，到最后进入校友信息服务系统等工作实现“一条龙”设计与实施。该系统平台的建设使上大学生从“进校”到“离校”期间的所有相关信息都进入学生工作信息化平台，学生手持“一卡通”享受快捷便利的信息服务，学校各部处、学院和学生辅导员可以通过统一身份认证系统实现在该平台上快捷地查询到学生信息。

【校财务管理信息化平台建设与应用】 上大财务管理信息化工作一直以来卓有成效。1994年，上大由四校合并而成，在原上海科大1986年开发的财务管理信息系统的基础上，实现四校财务系统无缝联接，并实现财务管理信息系统的商品化，拥有自主知识产权。2005年，在原有功能的基础上，结合上大学分制、短学期制和选课制等特点，该系统与教务管理系统、教材管理系统、学生管理系统、选课管理系统、学生缴费系统、对公益卡平台、决策支持系统等实现对接，共享后台数据资源；同时又增加了学生成本分析，并导入折旧分析方法、实现财务询问BBS等功能，实现了财务管理系统与财务处网站无缝联接。从2005年初开始，经过10个月的系统调研、规划与实施，上大财务管理已经实施SAP计划，该计划将实现上大多部门、多系统的集成应用和数据共享。

【数字图书馆建设】 2005年，上大图书馆整合了各类电子文献资源，建立了一个分布式、异构数据库跨平台电子文献检索系统；引进了容量达20TB EMC CX700网络存储系统，实现全光纤通道架构；同时，为了方便校园用户通过网络访问图书馆资源而提供了无线网络接入服务。上大还建立了联合虚拟参考咨询系统，开发了上大硕博士学位论文数据库系统，以及TRS上大学位论文提交与服务系统V2.0版，建立了重点学科导航数据库和学科科研服务网站，开发了上大特色数据库资源与平台，开发了上大图书馆电子资源，建立了一批为用户提供跨校区的馆际互借与参考咨询服务，更新了一批有特色的数据库资源，如钱伟长数据库系统、纳米材料数据库系统和上海作家作品数据库系统等。此外，还建立了上海大学论文收录数据库，收录1994年至今上大师生以上海大学名义发表的，被SCIE、Ei Compendex和ISTP收录的学术论文。该系统提供基本的检索功能，方便师生按论文标题、作者、作者单位、时间等角度进行查询，实现动态的统计功能。另外，上大还引进了大量的有国际影响的电子文献及数字资源数据库，如ASME数据库正式版，SDOS新平台EJOS，Cell Press电子期刊，ACM主站开通使用，John Wiley数据库，中文社会科学引文索引，中国知网（中国期刊网，博硕士论文），国务院发展研究中心信息网（国研网）镜像版，国家科技图书文献中心所购电子期刊等数据库资源。经过一年的建设，上大数字图书馆上了一个新台阶。

【数字档案管理平台与系统建设】 2005年12月7日，上海市委组织部、市科教党委组织处等有关领导、专家来上大检查验收干部人事档案管理系统的“目标管理达标升级”工作。该系统平台目前保存着上大干部人事档案18万余条记录，经专家们评定达到国家一级标准，并以96.5分的高分顺利通过验收。通过该系统的建设与运营，上大干部人事档案管理实现了数字化，增加了档案检索的速度与效率，从技术与安全方面保障了干部人事档案管理的科学、规范与效率。上大档案馆还自主研发了学生档案管理系统平台，提供学生档案的存储、查询、传递、更新与共享等功能，目前该系统拥有学生档案记录10余万条。此外，为了提高学生成绩、学历与学位证明出具业务效率，上大档案馆还自行研发了学历与学位出具工作管理平台，为学生提供中文与英文两种语言的成绩、学历与学位证明。上大档案馆还利用神夹业务管理系统实现上大文档一体化管理工作，提供文档存储、输入、查询、统计、打印输出、部分公文流转等功能，该系统拥有100余兆的数据记录，已经从V1.0版升级到了V2.0版。

【研究生教育综合管理平台建设】 2005年，上大完成了研究生教育综合管理平台的建设，并正式投入运行，为全校研究生教育与综合管理提供了信息化手段。该平台与原有的上大研究生部网站在资源与界面上实现集成，采用B/S结构，利用浏览器就可以进入到研究生教育综合管理平台登陆窗口。它提供管理员、授权用户、研究导师、教学秘书、学位办、学籍管理、硕士、博士和其他等共九项登陆级别选择，不同级别登陆系统后具备不同级别权限实施操作。此外，针对研究助学贷款、帮困补助、社团组织与管理、研究生的奖励与处罚信息、社会实践信息、保险信息等，校研究生部还自主研发了管理信息系统，统一各种应用系统的界面和数据资源共享机制。另外，还建成并投入运行其他信息系统，如研究生配课系统、博士生网上报名系统、研究生专业课网上排课系统，以及研究生归档信息管理系统。这些系统的应用极大地提高了研究生管理工作的效率。

（上　大）

二、文化领域信息化

2005年，上海市宣传文化系统根据上海市委、市政府关于大力推进信息化的方针和持续实施城市信息化发展战略的要求，结合宣传文化系统自身的特点，重点在以下几方面开展工作并取得成效。

1. 注重创新，不断开拓新的服务领域和服务模式

上海东方明珠（集团）股份有限公司开展DMB技术试验，在上海地区建立DMB手机电视技术试验覆盖网络，把电视节目以无线的方式传输到用户的手机或手持设备上，实现手机实时看电视梦想的试验；积极推广公交车移动电视项目，解决了电视信号覆盖盲点的相关技术问题，提高移动电视信号信息覆盖率，突破电视信号传播覆盖盲点，形成了规模庞大的户外立体交通数字移动电视信息平台。文广新闻传媒集团积极开展广播语音节目系统拓展至新媒体的有益尝试，研制开发“SMG手机电台”，通过无线网络实现语音资讯实时或延时互动传播；启动IP电视业务的试验研发与实践运用，大力打造新媒体业务，2005年12月，开通了闵行、浦东部分区域的IP电视业务，为用户带来文化娱乐生活新体验；积极推进手机流媒体业务，2005年9月28日，开通了“东方手机电视”全网平台，并成功将东方手机电视的节目相继输出到台湾、新加坡和文莱等地移动电话运营商的3G网络中，开创了手机电视外宣的新渠道。上海文广科技发展公司通过公交电子站牌项目，在一些人群比较集中的公交车站点设立多媒体电子信息站牌，使乘客在候车之际可以看到下一班车的到站距离、天气预报、新闻等信息之余，还可以欣赏丰富多彩的电视节目，让人们真正享受高科技带来的生活便捷。上海交通台推出“上海停车信息广播发布系统”，在精准的GIS电子地图上，将目前市中心区域30%范围内的约1.8万个泊位的240家经营性停车场（库）接入直播室，为驾车人提供各主要CBD车位占用百分比、停车收费标准、停车场库车位的实时空余量及车位预订和停车及出行指路等服务。文广集团积极探索高新技术，在数字版权管理研究经验的基础上，对数字视频水印技术进行了跟踪、学习，完成了课题研究，该项技术若投入实施，将进一步提高整个行业的媒体资产管理水平，提升文广集团综合竞争优势。解放日报报业集团与上海移动、上海联通联手推出“I-NEWS”品牌的手机报纸，倡议成立全国内容联盟，与社会化专业公司合作开发公共新闻视频系统，推出电子杂志、电子报，通过经营集团优质内容资源开展对外合作，重点介入网络媒体、数字媒体和流动媒体等新兴媒体领域，实现传统媒体与新媒体的融合，逐步占据新兴媒体的主流话语权，不仅成为内容制造者，还要成为内容的有效传播者，扩大先进文化影响力。文新集团积极主动做好“上海对外信息服务热线（Shanghai Call Center）”承办工作，拓展信息服务模式；积极建设东方票务系统，并通过“2005网球大师杯赛”票务系统全球惟一系统支持的操作实践，为开展、做好2008年北京奥运会、2010年上海世博会的全球票务销售服务提供了有益的探索和尝试。

2. 完善应用，不断提高信息资源开发利用和信息化应用水平

解放日报报业集团对新闻采编平台进行了新闻报采编与图片管理平台的技术升级，响应速度比老系统有了10倍提升；研制、部署了集团级合同管理软件和公文无纸化浏览软件，提升了集团合同管理水平，实现了集团局域网内的无纸化管理；加强集团网站建设，提高信息资源的开发利用，实现网站与报纸的互动。文新集团建立了公文管理系统，实现日常办公信息在集团内部的自动化、网络化和公开化；部署了桌面管理系统，提高计算机管理和维护的有效性和工作效率；正式启用了图片管理系统，简化了图片编辑的流程，提高了图片资源的共享和利用；实施了印刷生产全流程的数字化管理，通过建立集业务、调度、生产、物料、纸张、设备、人事等各个模块于一体的印刷ERP管理系统，改变传统的生产操作方式，减少人力重复动作，使信息记录更准确、更详细，生产安排更合理，管理水平得到全面提升。上海图书馆“一卡通”建设取得突破，2005年，全市所有的市、区县公共图书馆均实

现了“一卡通”通借通还，极大地方便了市民的借阅，“一卡通”范围内的流通量达811万册（增长4.38%），流通人次111万（增长31.76%），一个遍布全市，完整的公共图书馆服务网络架构初具雏形；启动“上海年华”等大型数字化项目，加速馆藏资源数字化建设，为市民提供更为丰富的数字资源服务；完成上海文化信息资源共享工程三年建设计划，截至2005年底，建成文化信息资源共享工程基层中心208家，在全市基本形成“文化信息共享工程”服务网点的布局。2005年，向全市100多家社区信息苑提供“共享工程”优秀文化信息资源；向文化部上交了经过数字化加工的讲座等数字资源133GB。上海博物馆不断丰富表现手段，运用三维虚拟展示、三维互动等先进的多媒体技术，实现陈列场景和展品的三维和交互式探索形式的重现，从而赋予博物馆生动、形象的演示，变抽象为具体，让观众从被动接受到主动参与，达成一种良性的互动形态，使观众可以足不出户即可在网上漫游博物馆，尽赏古代奇珍，形成展示新亮点。上海文艺出版总社网站开通上海文艺网，向世界展示上海，乃至中国文化艺术出版成果。上海地方志在公务网上建立地方志网站，提供22部区县志、86部专业志、8部《上海年鉴》的电子文档内容，合计字数约1.4亿，成为公务网上最具共享信息资源库特色的网站。世纪出版集团以“提供出版信息，展示数字文化”为手段，不断丰富易文网内容，增设计算机考试栏目，探索网站服务、创收新模式；积极合作，加快数字出版工作步骤，进一步扩大电子书的制作、出版规模，2005年，制作电子书452种，电子书品种达到1 000种。

3. 深化管理，推进电子政务建设

文广局加强门户网站建设，把人民群众普遍关心的、涉及人民群众切身利益的问题作为网站建设的重点内容，“以公开为原则，以不公开为例外”对政府信息公开内容进行更新和完善。做到内容完整、准确、及时、有效；服务方便、快捷，群众满意；管理体现规范、系统，有序运行。切实落实政府对网吧的监控管理功能，做好网吧监控平台建设，规范行业秩序，加强行业管理。进一步完善上海市互联网上网服务营业场所计算机经营管理系统，并配合全市的信息安全监控预警系统建设，防止有害信息的传播，加强信息内容安全管理，打击网上非法传销，查处网络违法犯罪，严格依照现行法律法规，规范网络行为，维护网络秩序。建设行政事务信息平台数据聚成系统，推进文广局信息数据的整合优化，提供便捷的数据统计和智能分析服务。新闻出版局积极完善电子政务应用系统项目，通过办公自动化系统、业务管理系统和政务外网的有机组合，实现市民在线咨询、在线投诉、网上申报、项目实时查询和结果反馈等项目的网上互动；建立上海新闻出版统计网络直报系统，出版和报刊行业的统计数据通过互联网实行网络直报。印刷行业的数据可以实时或定制从内网的业务管理系统中读取，从而实现全行业的实时数据统计。

4. 加强规划，调动信息化建设的积极性

根据全球信息化发展趋势和国家及全市信息化发展战略与规划，宣传系统各单位结合自身发展的实际和行业发展的趋势，从战略性和前瞻性的角度，以“统一安排，统筹规划，突出重点，分步实施，共建共享”为原则，组织起草制订本部门、本单位“十一五”信息化建设专项规划，促进和深化信息技术在不同单位、不同领域、不同层面的广泛应用。如新闻出版局以进一步完善上海新闻出版统计网络系统，办公自动化、业务管理系统和安全邮件系统，更好地体现便民、利民的宗旨为指导思想编制了信息化建设专项规划；上海市文化市场行政执法总队围绕行政执法中心环节，开展电子政务建设的目标编制了信息化建设专项规划；文广集团信息化领导小组组织各单位的相关人员，认真学习《中共中央办公厅、国务院办公厅转发<国家信息化领导小组关于加强信息安全保障工作的意见>的通知》和全国信息安全保障工作会议精神以及《国家信息安全战略研究》，回顾总结了近几年集团信息安全工作的情况，分析了信息安全的形势与现状，结合集团未来5年事业发展“一多三跨”的总体目标，制定了《上海文广集团2005～2010年信息安全建设规划》。上海文艺出版总社由总社领导牵头，开展信息工作调研，围绕内容资源数据库建设、总社网站建设、信息化服务平台和网络出版、E-BOOK（电子书）和数码按需印刷等四个重点制定了总社“十一五”信息化建设方案。

上海新华发行集团以服务于主营业务为基础，以提高集团市场反应速度和客户满意度，降低运行成本，提升集团综合管理水平为目标，制定了集团信息、电子商务项目规划等。（钱江燕）

上海文化广播影视集团

【构建并推广统一财务平台】 2005年，上海文化广播影视集团（以下简称"文广集团"）为规范财务管理模式、统一财务信息，在全集团范围内构建并推广了财务平台。相关部门充分发挥自身技术优势，完成了该项目的前期调研、论证、招标、系统测试、最终实施等环节的技术支持工作。

系统开发完成后，为实现财务平台的及时推广应用，技术人员先后配合相关部门组织全集团财务人员进行了数次大规模的培训工作，并在较短时间里，完成了文广集团下属219家单位的平台推广工作。为确保数据安全，集团还对财务平台中心服务器进行了数据异地备份。该平台实际应用效果显著，既统一规范了财务信息，又提升了财务工作的效率。

（魏浩俊）

【完成企业网结构调整与扩建】 2005年，文广集团按计划完成了企业网的结构调整，其主要工作有：调整企业网核心的分层构架，按接入楼宇的安全等级划分安全区域；建立企业网的VPN中心；利用负载均衡技术优化企业网网络结构等。整个项目在实施过程中，在充分利用现有资源的基础上，全面提升了企业网的核心交换能力，为即将到来的全面数字化管理、制作奠定了坚实的基础。

在完成网络结构调整的基础上，集团又相继开展了集团STR公司、东方明珠新闻中心、艺海剧院、上海滑稽剧团、上海淮剧团等子集团及下属单位接入文广集团企业网的扩建项目。截至2005年12月底，通过光纤接入局域网的有：传媒集团、电影集团、东方明珠股份有限公司、大型活动办公室、文广科技公司、文广实业公司、STR公司等7个子集团相关的16幢楼宇。

（张　卓）

【建立集团虚拟专用网管理中心】 随着集团信息化建设的不断推进，企业网中运行的应用系统不断增多，新的需求也随之增加。如集团如何利用信息化手段管理分布广泛的下属子集团及单位；下属子集团与集团总部或相互之间如何及时沟通信息；集团内部如何实现最大限度的信息共享等。据此，2005年，集团统一建立了VPN管理中心，针对集团领导办公服务VPN系统、集团财务平台业务VPN系统、下属子单位接入VPN系统，分别采用IPSEC、PPTP、SSL等3种不同加密认证方式，实现统一管理与部署，并根据不同群体的需求设定不同的安全策略，采用先进的加密、用户身份认证和访问控制等技术，确保接入安全、数据传输安全和数据访问安全。

（文广集团　信息中心）

解放日报报业集团

【概况】 2005年，解放日报报业集团信息化建设的主要目标，一是深化信息技术在报业集团内部管理领域的应用，二是探索报业新闻信息资源的二次开发和增值利用，在确保以中共上海市委机关报《解放日报》为主体的集团各报安全平稳出报的基础上，提升内部管理水平，开拓新闻信息资源增值利用的新渠道。

【借助集团3栋大楼之间光纤链路建立内部视频会议系统】 解放日报报业集团有3栋综合性办公楼，新闻大厦位于汉口路300号，是集团主要报刊的办公场所；谈家渡路78号是集团印刷厂印刷基地，兼集团所属《人才市场报》的办公场所；位于乌鲁木齐路和肇家浜路交汇处的国邦花苑大楼是集团新创办实体的办公场所，集团新创办报纸《每日经济新闻》就在该楼内办公。2004年，集团委托上海东方有线网络公司实施了对上述3栋办公楼之间的裸光纤互连，使3栋大楼内的局域网通过光纤链路实现了三网融合和资源共享。2005年，在充分调研和比较的基础上，我们采购了国际上视频会议系统高端设备厂商挪威泰德公司的T3000MP作为主会场产品，两台V880作为分会场产品，构成了集团内部的三点视频会议系统。该系统在集团保持共产党员先进性教育活动的各阶段大会上，发挥了很好的作用。

【新闻报采编与图片管理平台的技术升级】 经过一年时间的准备，2005年，集团信息技术部门在各方面配合支持下，对集团经济效益最好、报纸采编人员最多的都市类报纸《新闻晨报》和《新闻晚报》新闻采编平台进行了技术升级。晨报和晚报创办于1999年，经过七年时间的发展，办报规模有了大扩展，报纸创办时期部署的新闻和图片管理平台已很难适应报纸规模扩张后的现实需求，急需对软硬件技术平台进行升级。要在保证两份报纸每天正常出报的情况下实施技术平台升级，难度和风险都较大，集团成立了新闻报采编技术平台升级领导小组，为平台升级做了大量组织工作。升级涉及到400多台桌面电脑操作系统的清理和重装，涉及到对Windows视窗操作系统内嵌的IE浏览器版本的升级，涉及到近400位采编人员使用新软件的培训。难度最大的是后台服务器和软件的升级，集团采购了两台IBM P550（每台服务器4CPU，8G内存）小型机，作为后台采编软件的核心支撑服务器，采用IBM Domino/lotus6.5内嵌的多机数据同步与流量均衡机制，实现两台IBM小型机的相互备份和数据同步，确保后台服务器安全可靠平稳运行。同时，又采购了两台HP DL380G4全配置的PC服务器，每台服务器配置6块146G的ULTRA320硬盘，通过RAID5技术增强硬盘系统的可靠性。大硬盘空间为大批量新闻图片的存贮和管理提供了技术保障。2005年10月，由北京紫光新华科技发展公司提供的报业第三代新闻采编软件和新闻图片管理软件，在《新闻晨报》和《新闻晚报》两份报纸成功实施了技术平台升级。新系统运行至今较为平稳，响应速度比老系统有了10倍提升。

【《申江服务导报》采编软件升级】 2005年，在完成《新闻晨报》和《新闻晚报》采编系统软硬件平台升级的同时，还完成了全国经济效益最好的都市生活时尚类周报《申江服务导报》新闻采编软件的技术升级。后台服务器由一台IBMP 510小型机和一台HP DL380G4机架式PC服务器构成。采编软件采用与升级后的《新闻晨报》和《新闻晚报》相同的产品。

【局域网内企业级电脑病毒防御系统升级】 集团局域网内有1000多台桌面电脑互连，另有60多台各种类型的应用服务器，网络、桌面电脑和服务器的安全运营极为重要。2000年，集团技术部门经过多方调研论证，最终选择美国赛门铁克公司出品的企业级病毒防御软件Symantec Antivirus，作为集团内部局域网络的集中式电脑病毒防御系统。2005年，Symantec公司推出了10.0企业版，集团又对该系统进行了版本升级。目前在集团内部局域网中，同时运行着企业版AntiVirus8、AntiVirus9和AntiVirus10版3个版本的软件。8版用于对装有Windows/NT和Windows98视窗操作系统的服务器和电脑的病毒防御，9版用于对安装了Windows2000/XP/2003视窗操作系统的病毒防御，凡是以后局域网内新添置电脑或服务器，则安装AntiVirus10.0版的客户端软件。3种版本的AntiVirus软件采用一台中央控制台，便于专业人员的管理与维护。五年多来，集团局域网内部署的赛门铁克公司AntiVirus企业级病毒防御软件，有效地防御了电脑病毒对局域网安全的冲击，确保了报业出报和业务系统的安全。

【更新与添置了办报用台式和笔记本电脑】 2005年上半年，根据集团年度预算计划，通过汇总集团各独立核算单位上报的IT设备添置需求，集团资产管理办公室实现了集中式公开招标选择IT设备供应商，全年完成台式电脑采购238台，用于更新和添置集团办报和办公用台式电脑。采购小型机和各类PC服务器20多台。根据集团出台的规定，由个人出资1/3，集团出资2/3，采购了IBM和SONY公司的笔记本电脑130台，CANON公司的数码相机80台。通过分年度实施IT设备的更新和添置，确保集团办报和办公用设备处于较好状态，IT数码新产品也能在集团办报业务中分步得到应用。大量笔记本电脑在集团的推广应用，为编辑记者的远程和移动办公提供了物质基础。

【研制并部署集团级合同管理软件】 解放日报报业集团是年经营额超过10亿元的大中型国有企业，在对外交往中，每年都要订立大量的经济合同，急需在集团内部部署合同管理软件，使集团内主要单位（公司）所订立的经济合同均能纳入集团职能部门的管理范围，也为集团领导层随时了解合同签订和浏览合同资金收付情况提供实时数据。在充分调研的基础上，集团选择与台湾在沪软件企业敏视电脑技术上海公司进行合作，借助该公司自主研发的基于流程控制的软件平台，定制具有集团特点的合同管理软件。2005年下半年，在集团试点单位开展试用，试用过程中又进行了部分功能修订。2006年1月起将在全集团全面部署推广。

【研制并部署集团公文无纸化浏览软件】 集团领导要求，分年在集团内部署并推广办公自动化软件。作为第一阶段，2005年要实现对集团机关下发文的局域内无纸化管理。为此，集团经过对几家软件产品的比较试验，选择与上海万户网络有限公司进行合作，在该公司自主研发的e-OFFICE4.2软件平台的基础上，坚持软件整体架构不变的原则，针对集团办公特点进行了少量适应性功能修订。目前，机关无纸化公文下发与有权限浏览功能已在集团各部门和二级单位领导中全面推广应用，集团机关已不再下发各类纸质文件。该软件平台有三个特点，一是技术平台先进可靠，后台以ORACLE9i数据库软件和WebLogic中间件软件作为基础平台，应用软件基于JAVA技术开发；二是该软件平台集党政机关和事业单位常用的公文信息发布、知识发布和权限管理功能于一体，设置选项众多，功能组合灵活；三是有大批用户在使用该平台，确保软件公司有长期收益能支撑其长远发展，不断推出新产品新版本。

【做大做强集团网站，积极开展网宣工作】 根据全球范围内国际互联网用户快速增长的特点，党报集团除了继续做好《解放日报》和系列报刊之外，还要着力做大做强集团网站，主要体现在做出影响、做出人气和特色3大方面。待条件具备后，将吸引社会资金的加盟，转而把网站推向市场化运作，借助市场化力量进一步做强网站。第一步是对集团网站进行改版。此项工作经过2005年后半年准备，新版将于2006年春节推出。目前，网站的每天页面浏览量稳定在130万左右，在ALEXA国际网站排名位于第3 000位。为做大网站浏览量，集团网站名称也由“解放日报电子网络版”改为“解放网”。改版后的集团网站——解放网（域名为www.jfdaily.com），以新闻和频道为重点，原《解放日报》网络版主页改为新闻中心首页，增设了新栏目。网站改版是集团改革的一个重要动作，集团将抓住网站改版契机，尽快实现网站与报纸的互动。

【报网互动，传统媒体探索进入网上才市和电子商务】 创建于20世纪90年代中期的《人才市场报》是解放日报报业集团旗下专业报道人才市场的报纸。随着Internet在国内用户数的不断增多，网上才市迅猛发展，《人才市场报》社于2000年1月投资建立了才市网站China91.com。依托传统报刊媒体的巨大影响力，将庞大的招聘信息融合于精心设计的网页，为企业和个人提供完善的招聘和求职服务，同时培训深造频道为用户的职场加油充电提供信息。经过六年多时间的探索，现已成为具有一定规模的人力资源网，网站包罗《人才市场报》主要信息，还拥有网络客户群与信息源。China91网站拥有3大最著名、最有特色的频道，即“个人求职”、“企业招聘”和“培训深造”。目前，网站拥有个人注册会员60万余名，企业注册会员6万余家。每周发布近千家企业信息，上万个招聘职位，每月新增人才简历约1万份，网站日网页浏览量稳定在60万左右，日访问人数约5万人次。建站六年来，已帮助数以万计企业用户找到所需人才，数十万个人用户找到理想工作，如今的China91已成为上海地区最具影响力的网络人才招聘平台之一。网站现有正式员工40多人，拥有网页设计、技术开发、经营管理、市场营销、客户服务等人才。China91坚持创新，力争行业上游，最新推出的“轨道沿线求职”、“上海求职地图”、“才市＋网络联动招聘会”等特色项目，开设了独具特色的五大求职专区频道，受到了广大求职者的欢迎。

嗨嗨网（www.highai.com）由解放日报报业集团、集团旗下新闻报社和民营企业三方共同投资组建，由上海达闻信息发展有限公司负责运营维护，网站于2005年9月上线测试，2006年1月正式亮相。网站的定位是做最high的上海生活门户，“本地、实用、生活、资讯”是网站的特色。本地资讯（新闻信息）、博客上海（互动空间）和白领生活（生活服务和电子商务）三大板块，构筑起都市新媒体生活圈。《本地资讯》凭借解放日报报业集团传统媒体优势，致力于为用户提供最有用、最好看的本地新闻资讯；《互动空间》集成报纸、网络和手机传媒平台，给用户提供一个交朋识友，展现你的个性风采的舞台；《白领生活》则整合本地化的生活服务资讯，为用户提供衣食住行最in最cool的时尚和实惠。

【加速推进传统媒体和新媒体的融合】 受到新媒体快速成长的冲击，全球性广告客户向新媒体转移，平面媒体广告经营下滑已成定势，报纸面临生存考验。积极拓展新媒体领域，是解放日报集团的重点战略。根据市场需求，在调研基础上，集团于2005年岁末年初，先后推出若干个新媒体项目或与新媒体有关的重要举措，如与上海移动和上海联通联手推出"I-NEWS"品牌的手机报纸，倡议成立全国内容联盟，与社会化专业公司合作开发公共新闻视频系统，推出电子杂志、电子报等。为对接新形势下传媒发展需要，集团成立了虚拟部门——新媒体部，统一管理集团正在拓展的新媒体项目。新媒体部按照"统一规划、分步实施、项目主导、先虚后实"的原则进行运作，通过经营集团优质内容资源开展对外合作，重点介入网络媒体、数字媒体和流动媒体等新媒体领域。党报集团实现传统媒体与新媒体的融合，有助于改变落后的传播方式，逐步占据新媒体的主流话语权，不仅成为内容制造者，还要成为内容的有效传播者，扩大先进文化影响力。

（高宝中）

文汇新民联合报业集团

【概况】 文汇新民联合报业集团（以下简称"文新集团"）是中国最大的报业集团之一，成立于1998年7月25日，由《文汇报》和《新民晚报》联合组建而成。集团现拥有17家报刊，另有文汇出版社、文新传媒网、文汇新民进修学院，并受委托管理上海越剧院，形成了日报、早报、晚报、周报、周刊、月刊和出版社等结构合理、品种较全的新闻出版群体。

近年来，文新集团在市委和市委宣传部的领导下，紧紧围绕"媒体、文化、印务、投资"4大版块，不断做大、做强、做实，逐步确立了新型的发展模式、赢利模式和管理模式。

文新集团各媒体坚持正确的舆论导向，认真抓好重大报道战役的策划，特别在国际国内重大活动、重大突发事件、重大敏感问题的报道中，取得了积极成效。2005年，上海新闻界推出的首批15个媒体优秀品牌中，文汇新民联合报业集团有5个，分别是《文汇报》的"文汇时评"、"笔会"，《新民晚报》的"夜光杯"、"夏令热线"，《新民周刊》的"深度调查"，在数量上占全市纸质媒体第一位。同时，网上宣传、社会舆情、对外宣传等工作也多次受到上级部门的表扬。此外，962288集团公众电话服务中心荣获国家信息产业部颁发的"2005中国最佳呼叫中心"奖。

2005年，文新集团在培育新增长点、开拓印刷产业和文化产业领域方面成效显著。进行了印刷集团产业结构和股权结构调整，现已拥有上海印刷集团82%的股权。完成了青浦现代印刷基地的前期论证和筹备，该基地将成为全国具有较大规模、较大影响、设备一流的印刷基地。集团文化产业版块形成了一系列拥有自己知识产权的品牌剧目、国际性品牌文化项目以及行业龙头品牌企业，通过这些品牌的积聚进一步扩大了集团文化产业在市场中的占有率和竞争力。《霸王别姬》和《天鹅湖》还分别入选2005年度和2006年度国家商业演出展览文化产品出口指导目录。

【Internet网络安全防护体系完成】 2005年，文新集团技术中心完成了一套全方位、立体式的Internet网络安全防护体系。此套安全体系的防护范围包括：文新集团总部办公大楼，新民晚报老大楼和沪太、金桥印务中心、青浦印刷基地等集团所有的办公大楼。安全防护体系主要分为：防攻击体系，防病毒体系，网络交换机管理。

防攻击体系。技术中心建立的防攻击体系分为3层。第一层技术中心采用maAfee IPS产品对集团开放的Internet业务进行总体的入侵防护，防止外部Internet网络上黑客、病毒对集团网络的攻击。第二层采用NetScreen 208防火墙，确定内部访问Internet的行为规范，并确定内部业务网段之间访问的行为规范。第三层使用CA IDS产品，实时监控内部网络运行情况，防止内部设备对网络的攻击。截至2005年底，系统已经成功拦截了来自Internet网络上近792种类型的攻击。

防病毒体系。技术中心采用CA的防病毒系统，每天清除来自外部Internet网络上的近3 000个病毒，并能实时监控桌面客户端进行杀毒。对于内部网络上出现的病毒，也会实时地进行报警和清除。

网络交换机管理。技术中心采用CA TNG系统对集团整个网络系统中的交换机进行实时监控，一旦网络交换机出现故障，系统会立即报警，提醒工程技术人员进行维护，大大缩短了由于网络交换机出现故障导致网络停止运行的时间。

【文新公文管理系统建成】为实现文新集团内部现代、高效的日常办文，加快集团信息化建设的进程，文新集团技术中心利用现有的计算机网络资源及丰富的信息系统资源，完成了一套以集团各主体和智能部门等管理部门为基本用户，以业务部门为服务对象、与集团其他系统相连的信息网络平台——公文管理系统。

公文管理系统不仅实现了日常办公信息在集团内部的自动化、网络化和公开化，进一步改进了集团办公方式和形象，提高办公人员的工作水平和工作质量，是实现文新集团未来规划的管理保障及信息保障。

文新集团公文管理系统的主要功能有：解决集团内部公文的请示、审批工作，完成正式公文的各种处理；对上级机关发出的公文进行登记管理；可以向被指定的用户发布本周内集团内部的会议安排、业务活动以及领导日程安排等动态信息；记录一周安排中的会议与政务活动、来访接待、日常会议等活动纪要，并提供对会议纪要的各种查询方式；提供给每位操作人员个性化的收藏文件夹，可以转发的方式传给其他人员以实现信息交流；可以查询、统计、分析由集团办公室管理的人事、外事中的数据；提供集团内部各部门及工作人员的通讯地址及联系方式，还可以将名片通过名片扫描仪存储到通讯录中，建立个人的通讯档案，实现快速查询。

公文管理系统是文新集团OA系统的重要平台，集团的财务、人事等办公系统将陆续与之相连，为管理层决策提供科学的依据。同时，文新公文管理系统还具有移动办公的功能。

【部署桌面管理系统】文新集团局域网内有近2 000台桌面电脑互联。近两年，局域网内有1000多台桌面电脑进行了升级，操作系统平台由原来的Windows98升级到Windows2000、WindowsXP。随着用户对电脑的依赖性不断增强，如何提高桌面电脑的稳定性和安全性，并对它们进行有效的管理和维护就显得十分重要。

2005年7月，文新集团技术中心通过长达半年的考察和对多套系统的测试，部署适应文新集团的桌面管理系统。该系统最主要的特点是采用IE作为管理界面，IT技术人员可以随时随地实施管理，并快速掌握系统。同时考虑到对用户计算机及网络资源可能产生消耗，系统采用了完全事件触发模式（Event-Driven）的基础架构，使其正常情况对资源消耗降到最低。桌面管理系统主要包括：补丁管理、资产管理、进程管理、远程维护、外设管理、桌面设置管理等功能。目前，文新集团桌面管理系统分别在文新集团主楼、晚报老大楼和沪太路印务中心同时使用，被管理的桌面电脑已经达到1 100多台。系统正式运行以来，集团IT技术人员的工作效率有了很大的提高。

【两报正式使用图片管理系统】图片的管理一直是各报摄影部十分关注的大事。因为一般摄影记者外出一次采访会拍摄数十张的新闻照片，但见报往往只有其中的一、二张，其余的照片各自存放，甚至丢失。其实未见报的照片对报社来讲也是财富。为此，《文汇报》和《新民晚报》在2005年都启用了图片管理系统，对部门内大量的图片信息进行入库管理，并与原出报使用的方正颐美图片制作系统相连，使《文汇报》和《新民晚报》的图片从编辑部发稿、选稿，到电脑部制作、编排，最后印务中心印刷，真正做到了一体化的出版。

图片管理系统能够对报社积累的大量的图片资料进行存储和分类管理，在版面需要的时候可以方便地再次利用，使报社的图片资源得到充分的利用。摄影记者可以通过本系统全面、便捷地管理自己所拍摄的大量照片，不在报社时也可以通过互联网远程管理自己的图片资料库，随时可以上传或下载自己需要的照片。图片编辑则可以通过本系统进行可视化的采编，大大提高了版面编辑选取图片的效率和质量，有效避免图片重稿现象，简化了图片编辑的流程。摄影作者可以在全球任何地方通过互联网、点对点、Email将拍摄的照片传送图片入库，系统会按照原先制定的标准自动将图片进行分类存储，并及时显示给编辑。

【开通电视点播系统】 电视新闻以其传播速度快、视觉冲击力强而优于纸质媒体，为了使集团各新闻单位能及时获得各种媒介提供的新闻资料，收集新闻线索，扩大采访视角，在集团领导的直接领导下，文新集团开通了电视点播系统，为集团内部各新闻媒体服务。

文新集团电视点播系统通过一套32路电视接收器组成的矩阵，按每8路采集一套电视节目、同时可收录4套电视节目设计的。该系统以收录各类新闻节目为主，目前已固定收录了中央电视台、上海电视台、东方电视台、各省市在上海落地的卫视，以及凤凰卫视等60多套境内外新闻节目，并可随机收录其他时段的节目，成了采编人员及时了解国内外新闻动态的有力助手。

【“文新传媒”网（www.news365.com.cn）建设】 “文新传媒”网由文新集团主办，文新集团新闻信息中心承办，2004年5月18日正式对外开通。一年多来，在原来12个频道的基础上，先后扩充了“滚动”、“时评”、“健康”、“讲演”、“宠物”、“数码”、“职场”、“F1”和“世博会展”等新闻频道。而“地图”、“团购”、“订报”、“付费通”等频道的开通，有效地增强了网站的服务功能。同时，专题频道逐渐形成了包括“综合”、“经济”、“文化”、“科教”、“体育”、“社会”、“卫生”等7大类253个专题数据库。

“文新传媒”网在现有文新集团的新闻资料库基础上，利用先进的词频统计软件，筛选出1949年来每年中国的流行语，填补了国内流行语研究的空白。在此基础上，“文新传媒”网发布了2004年流行语，是中国规模最大的流行语发布工程，其结果并由文汇出版社汇编出书，在全国引起了热烈反响。接着开创了每季发布一次流行语的先河，被包括新华网、人民网在内的许多网站转载。

“文新传媒”网的点击率从开通初期的每天100万次左右，上升到每天稳居500多万次；页面的浏览量从每天30万次左右，上升到每天100万次以上。“文新传媒”网的网民遍布全国34个省市和世界50多个国家。“文新传媒”网已经成为有影响力的全球中文报刊传媒网站。

【承办“上海对外信息服务热线（Shanghai Call Center）”】 2005年12月上旬，中共上海市委对外宣传办公室和上海市人民政府外事办公室决定联合主办“上海对外信息服务热线”，英文名称定为Shanghai Call Center，服务对象为在沪短期逗留或中长期居住的外籍人士和港澳台同胞。经过反复考察遴选，文新集团962288公众电话服务中心为该对外热线承办及营运方。

建设上海对外信息服务热线，是为了适应上海建立现代化国际大都市的实际需要，进一步优化和改善上海涉外信息服务软环境，并为2010年上海世博会提供全面信息咨询服务，本着“在优化信息服务中宣传上海”的目的，为上海增加一项基本社会公共服务功能，更好地吸引和方便境外旅游者、暂住者和投资者来沪旅游、生活和投资，成为上海一项与国际链接的重要基础性信息服务设施。

根据规划，上海对外信息服务热线在原文新集团962288公众电话服务中心的基础上扩建，将于2006年6月1日正式对外营运，并沿用962288的接入短号码，以英语、汉语普通话和汉语广东话实行昼夜不间断服务；自2007年起根据需要增设其他外国语种。一期工程设计为60个呼叫中心座席工位，4组30B+d电信数字进线，2套奥迪坚（Altigen）CTI机组并行备份运行，并全套IBM高性能服务器。为完善服务功能，该对外热线设计同时另有因特网站、移动电话和固化传真3种方式提供咨询信息。

专业的多语种对外综合热线在国内并无建设先例，考虑到热线涉及的涉外服务内容既具有专业性，又具有广泛性，在建设热线的同时，将同时建设基于因特网并分级开放的知识库平台，参加热线专业内容建设的上海市政府所属各委办局外事部门，利用加密层平台不断为知识库注入当前有效信息，而对社会公众则利用开放层平台，可在网上随时增添新内容，经审核后确认并利用。此外，该对外热线的外语话务厅将尝试建立虚拟的外语母语环境，为外语座席员创造良好的语感氛围，不断增强语言能力，提高对外服务水平。

上海对外信息服务热线一期工程的计算机应用系统、多语种知识库平台、外网信息发布平台、话务厅音频视频系统以及建筑视觉系统，由文汇新民联合报业集团新媒体发展中心自行设计，力争达到国际呼叫中心业的先进水平。一期工程投资约为600万元人民币。

【文新印务中心ERP系统在印刷管理上得到有效运用】 2005年，文新集团印务中心为实现对印刷生产全流程的数字化管理，与北大方正一起在现有报纸印刷生产流程管理系统的基础上开发文新集团印务中心生产管理系统。这是一套贯穿于整个生产流程的全新管理思路，集业务、调度、生产、物料、纸张、设备、人事等各个模块于一体的高效ERP管理系统，能为企业持续高速发展提供强有力的管理支撑。

实施ERP系统以来，印前的生产操作方式有了很大的改变，原来的手工操作现在都实现了自动化。过去传统操作每个过程中的时效是由手工操作为准，其他部门也无法了解各种报纸的传版情况。在应用了ERP系统后，大大减少人为因素的错误，每天业务科人员把一天所需印刷的报纸下单后，系统会自动从卫星接收或专线FTP、HTTP下载对应的报版，分析出版面信息（分叠、版序、色次）、自动复制版面、中缝、说明文、并自动解压，生存到相应目录下，同时屏幕上会醒目地提示新的报版或说明文到达，操作人员只要看到版面自动解压提示后发排出片，有效地控制了发排时效。

ERP系统完整地记录整个生产流程的数据信息，日报表、月报表、各类统计数据报表自动生成，改变了传统的生产管理方式，取消了手工流转单，减少人力重复动作，信息记录更准确、更详细，管理人员不出办公室能实时监控版面信息，灵活调度，生产安排更趋合理，工作更有效率。现在印务中心用信息平台指挥操作，用自动化来提高效率，用先进的管理手段来要效益，管理水平得到全面提升。

【财务系统全面升级】 文新集团财务管理部为解决财务管理与业务管理体制一体化，财务信息与业务信息共享，加快信息沟通速度，提高工作效率，为集团长期持续发展储备能量等问题，在经过了一段时间的需求调研后，于2005年10月全面升级了文新集团财务管理系统。

升级后的财务管理系统以用友NC3.0系统为基本平台，按照文新集团财务管理部的个性化需求量身定制。其中包含了总账、固定资产、人力资源、应收应付、资金管理、供应链、预算等7大部分。为使新、老财务系统能够安全、平稳地过渡，并加快实施进程，财务管理部特开辟了专门场地、拨出专用电脑供集团下属各单位的财务人员集中录入数据，并安排了财务相应人员进行全程指导，确保了升级工作能准确、高效地完成。

该财务管理系统不仅运行正常，且帮助集团建立全面的计划预算体系，对集团资金运作进行监督和控制，对成本和费用进行控制和分析考核，提供全面、完整、及时、灵活的财务分析。

【东方票务系统为“2005网球大师杯”惟一系统支持】 东方票务系统是一个专为配合客户要求而设计的系统，它提供完善的销售、库存、客户和市场资料的控制，它集合了票务、市场推广、客户管理和结算等功能于一身，从而进入一个全新的购买和营销活动的新模式。在详细销售资料分析下，可以更快更有效地和客户建立更紧密的合作关系，制定动态销售方案，及时调整营销策略。基于东方票务系统的先进性和实用性，在“2005网球大师杯赛”票务系统招标活动中，东方票务公司提供的东方票务系统一举中标，成为“2005网球大师杯赛”票务系统全球惟一系统支持，并实现了全球同时联网售票、网上座位点击座位图购票和同步网上支付、套票与芯片同步读取等先进的票务系统使用方式，为2008年北京奥运会、2010年上海世博会的全球票务销售提供了有益的探索和尝试。

系统分为前台和后台两部分，前台用于上网用户浏览演出项目以及完成订票流程，后台同样是以上网方式，供系统管理人员和主办方对票务进行实时管理，功能包括但不限于：演出节目管理、演出场次管理、销售代理管理、会员数据库管理、为主办单位、场馆方、会计部门、销售部门生成各种形式的报表。

东方票务系统运行于IBM X-346双机热备的硬件系统上，操作系统为Window 2003 Server，数据库支持为SQL 2000 Server，现系统为C/S结构，运行基于互联网的共享100M带宽可供各出票网点24小时随时出票，实时选位。系统以国家863项目信息安全S219项目平台作为安全支持，拥有了完整信息安全防护体系。

（杨俭俭）

东方网

【概况】 2005年，是东方网发展的第6个年头，也是影响力提升年、实力增强年和机制优化年，在提升影响力、改革人事制度、实施绩效管理上迈出了一大步，并初步完成东方网互联网事业发展的“十一五”规划。2005年，东方网在全国地方新闻网站中排名第一，并全面实现了网站和公司的收支平衡。

【推出2005新版】 东方网立足当前、着眼长远，将影响力提升战略作为东方网2005年的首要任务，抓住互联网的特点，加强内部整合，采取应用策略，依靠技术支撑，集合全网资源，创新特色产品。

3月28日，2005新版东方网正式亮相，进一步强化综合网站特色，贴近主流网民需求：首页导航条数量从16个增加到56个；首页内容布局包含了新闻、社区、服务、商务等板块；增强了互动、搜索、视频、短信、订票、商城等服务和功能；首页凸现网站门户导入功能。改版带动了人气和影响力，网民满意度达到90%以上。

【重大事件和突发事件形成报道机制】 2005年，东方网建立以“及时滚动、充分互动、主动推送、多元拉动”为目标的操作流程和管理机制。抓住重点，组织好上海和全国两会报道、涉日维稳、连宋访问大陆、迎战台风“卡努”、上海“双节”、两岸民间菁英论坛、十运会、上海市委八届八次全会、洋山深水港开港、汪道涵逝世等重大事件和突发事件报道；主动出击，以长三角数码摄影大赛、“真情故事”网上评选活动、“笑脸笑看”手机摄影大赛等活动带动影响力提升。

【打造网络公共传播平台】

1. 以互联网特点＋技术支撑＋策略运用，推出新闻排行榜等特色产品

在“第三方”数据分析演算基础上，推出了东方新闻排行榜，由于它基于新闻又反映网民关注度，具有独特的传播价值和延伸效应，受到网民欢迎。通过邮箱、短信、搜索和链接，“东方排行榜”正在成为最具特色的产品。

2. 以统计与排行技术为支撑，与传统主流媒体互动形成“上海媒体特快”传播平台

东方网通过运用网络品牌、平台、搜索和统计等功能优势，从8月开始创意推出“上海媒体特快”传播平台。先后为解放报业集团、文新集团、文广传媒集团等传统主流媒体推出10个网上延伸品牌，受到各大传统主流媒体的重视和欢迎，发挥了东方网作为网上传播公共平台的功能，在由国务院新闻办和中国互联网协会联合举办的首次“中国互联网站品牌栏目（频道）推荐活动”中，经公众推荐和专家评审，被评定为2005年中国互联网站品牌栏目（频道）。

3. 以BBS和CHAT集成技术为支撑，与全国知名网站共建“和谐发展论坛”

2005年4月，由东方网提议并与中国大学生在线发起，联合新浪网、千龙网、南方网、北方网、浙江在线、中国江苏、上海热线等7家全国知名网站共同主办的“和谐发展论坛”在东方网上正式开通。论坛倡导“以和谐的方式开展争辩，以沟通的方式达致和谐，以和谐的共识促进发展”，进一步主动引导互联网尤其是网上聊天和BBS的舆论氛围，并开创了直播聊天和BBS同步互动的形式，产生良好反响。

4. 融合多种网络传播方式，推出音、视、图、文组合的直播互动报道模式

东方网着力挖掘互联网特征和特色，通过技术＋策略流程，推进由视频直播、图文直播、滚动播报集成的互动报道模式。在“上海两会”期间，市人大主任龚学平和市政协主席蒋以任通过东方网与网民面对

面的交流，演变成一次丰富生动、多元互动、实时滚动的网络专题报道。

5. 以数据库及分类管理技术为支撑，创建“先进性教育”等网上主旋律互动平台

随着网络应用的普及，网上教育宣导性的需求日益增长。东方网于2005年初整合资源，在全国率先建立“保持共产党员先进性教育”综合平台（http://xjxjy.eastday.com/），主要由新闻宣传集成、自助互动社区和教育资源库3大板块14个频道内容组成，并组织开展了网上专题聊天、网上竞赛等活动，受到市先教办和广大基层组织和党员网民的欢迎。另外，还建立了与精神文明及宣教资源互动的上海“东方宣教”、“东方先进人物库”和新版“东方文明”平台；与委办新闻发言人创建了互动的“上海新闻发言人”网上发布平台。

6. 网络和电台互动，建立以990评论为主体的舆论引导联动模式

强化互联网评论与电台新闻评论之间的网台互动，加强正确舆论引导。上广新闻频率990专门设立新闻评论节目，由东方网评论部“度身定做”新闻评论。在东方网评论频道中，专门设立990评论专栏。990评论从2005年9月份开播以来，已初步显现出网台互动的优越性。

7. 以网上竞猜、选号、订票及客户管理技术为支撑，推出与活动资源、彩票资源、票务资源互动的“网上竞赛”、“东方彩票”、“东方票务”等服务平台

在网上信息和应用服务上，东方网以品牌、技术和平台为纽带，主动寻求资源整合，开设了一批影响力和经济效益兼顾的网上服务平台。在上海福彩中心和上海体彩中心的授权下，8月17日正式推出了彩票网上委托购买业务，包括福彩、体彩和足彩，实现了安全、方便、快捷、足不出户，大奖通知、小奖自动返还卡中，永无弃奖，除开奖时间外24小时投注，无地域限制等功能。已成为东方网的利润成长点和全国成长最快的网上彩票服务平台。

【推出“东方网Ⅱ”】 到2005年6月，中国网民已突破1亿，其中宽带用户首次超过一半以上。为应对宽带互联网的发展和需求，落实中央和市委主要领导有关未雨绸缪，管理和建设网络电台电视新媒体的重要指示，网站领导牵头组织研发团队，从下半年起，以整合资源方式启动“东方网Ⅱ”音视频公共平台建设，相继推出了具有网络多媒体、流媒体传播特征的新版“网络电台”和“网络电视”。东方网Ⅱ规划推出的网上服务功能和模块主要还有：我的多媒体、多媒体互动服务社区、自制视音频交流平台等。实现了东方网内容传播在技术和方式上的跨越。

【打造“天罗地网”】 2005年，东方网在全国媒体网站率先推出移动3G新闻平台。3月，具有自主知识产权的东方搜索正式上线，使东方网成为中国继搜狐之后第2个自主拥有搜索引擎核心技术的门户网站。东方网点进一步提高在网吧行业的引领主导能力，承接了市文广局对全市1 453家网吧的系统管理平台建设和维护，并牵头组建上海市互联网公共上网行业协会。东方社区信息苑到2005年12月已完成规划建设600家中的200家，遍布18个区县，成为社区居民公益、健康、便捷的E时代生活服务新天地。东方网与上海航天、上海交通等部门参与联合投资建设无线定位测控网。东方网以差异性策略，从单一的网站到系列网站集群平台，再通过多功能、智能化的社会网点、社区网苑、数字家园以及移动终端和数字文化的现代化信息产品链和全网化服务之路，形成新的互动传媒网络格局，从而不断增强在开放式竞争市场中的新传媒阵地建设和综合、可持续发展能力。（东方网）

上海图书馆上海科学技术情报研究所

【概况】 上海图书馆上海科技情报研究所（以下简称“馆所”）2005年信息化工作的重点是以馆所的“十五”规划为依据，以完成“十五”信息化规划的阶段性目标为前提，坚持公益性方向，以整合提高、创新发展为主，为“十一五”规划的开局打下良好的基础。

一是中心图书馆“一卡通”建设工作取得突破，图书馆公共服务体系向社区基层延伸取得阶段性成果，系统整体容量、性能和应用领先于全国并接近国外同类水平，一个遍布全市的完整的公共图书馆服务网络架构初具雏形。

二是上海文化信息资源共享工程建设通过与上海市社区文化信息化综合服务工程建设相结合，截至2005年底，建成上海地区文化信息资源共享工程基层中心208家，服务网点布局形成，超额完成三年建设计划。“上图讲座”等整合多媒体资源库建设和服务渐成规模。

三是启动“上海年华”等大型数字化项目，年内初步完成“电影记忆”、“图片上海”两个子项目。馆藏资源数字化建设加速，家谱、古籍稿本、民国图书、名人手稿、报刊索引、期刊篇名等数字化建设渐出成果。

四是整合文献和情报信息资源，发挥情报服务功能，公共情报服务平台建设取得初步成效。

五是信息安全体系建设逐步完善，整体安全架构覆盖馆所各主干节点和分支节点，并向下延伸至公共分馆，向上服务于应用，成功实现365天开馆，全年无故障运行的目标。

【中心图书馆“一卡通”建设取得突破】 2005年，虹口曲阳图书馆（区级）加入了中心图书馆“一卡通”借还系统，至此，全市所有的市、区县公共图书馆均实现了“一卡通”通借通还，极大地方便了市民的借阅。与此同时，中心图书馆积极探索将公共服务体系向社区图书馆延伸的试点，并首先在普陀区甘泉路街道图书馆、松江区岳阳街道图书馆进行“一卡通”图书借还试点，基层服务点建设实现了书目数据共享、图书资料通借通还、远程文献传递、网络信息共享等功能，成为上海市中心图书馆发展的一个新的里程碑。截至2005年底，共有12家街（镇）图书馆加入到这一服务体系中，整个图书馆联盟目前拥有35个节点实施“一卡通”应用服务。2005年，“一卡通”范围内的流通量为811万册（增长4.38%），流通人次111万（增长31.76%）。通过数据向上集中，服务向下延伸，系统的整体容量、性能和应用领先于全国，并接近国外同类图书馆水平，一个遍布全市的完整的公共图书馆服务网络架构初具雏形。

【上海文化信息资源共享工程建设完成三年计划】 上海文化信息资源共享工程以资源共享带动应用，通过与上海市社区文化信息化综合服务工程建设相结合，截至2005年底，建成文化信息资源共享工程基层中心208家，超额完成三年建设计划，在全市基本形成“文化信息共享工程”服务网点的布局。2005年，向全市100多家信息苑提供“共享工程”优秀文化信息资源；上交文化部全国文化信息资源建设管理中心经过数字化加工的讲座等数字资源133GB，超额完成年度计划任务；继续加强和完善上海市文化信息共享工程门户网站（上海数字文化网）建设，“上图讲座”等整合多媒体资源库建设和服务渐成规模。

【启动“上海年华”等大型数字化项目】 2005年，启动“上海年华”等大型数字化项目，年内初步完成“电影记忆”、“图片上海”两个子项目，完成《中国电影期刊全目书志》和“抗战图片库”等数字化多媒体库并对外服务，取得了很好的社会反响。馆藏资源数字化建设加速，家谱全文数字化系统（100万拍）、古籍稿本全文数字化系统（40万拍）即将开展网络服务，民国图书（149万拍）、名人手稿、全国报刊索引（新增230万条）、民国期刊篇名库（新增90万条）、国内专业会议篇名数据库（新增6万条）等数字化建设渐出成果，并将陆续开展网上服务。

【公共情报服务平台建设取得初步成效】 整合文献和情报信息资源，发挥情报服务功能，探索公益性情报服务，建立了情报资源、竞争情报、知识产权情报、热点情报、第一情报、城市竞争情报、情报服务等栏目及“政府专区”，完善整个平台的全文检索和关键字检索方式，用户注册服务系统等内容管理平台和资源发布平台，截至2005年11月底，网站总访问量1 199 106人次，正式用户注册数636人，上海本地平均访问占总访问量的54%，树立起了一个服务于科研和企事业专业研究人员，集知识交流、信息获取为一体的公益性情报服务平台，并重点关注科教兴市重大项目和战略产业及产品服务，受到有关部门和企业的好评。

【信息安全体系建设逐步完善】 通过近几年的建设，馆所整体信息安全体系正逐步完善，整体安全架构覆盖馆所各主干节点和分支节点，并向下延伸至公共分馆，向上服务于应用。馆所公共服务的应用拓展和信息安全的矛盾日益凸现，但通过对图书馆集成管理系统的压力测试和系统优化，增强了关键应用系统的抗风险能力和资源整合能力。2005年，完成了网络主干的升级改造、大型城域图书馆虚拟专网部署、公共服务区域分层安全系统部署、入侵检测、网页防篡改、反垃圾邮件系统的成功运行，完善了信息安全管理组织架构并进行有效的安全监控，成功实现了馆所365天天天开馆，全年无故障运行的目标。（徐　强）

上海博物馆

【概况】 2005年是上海博物馆信息化工作在稳定中求发展的一年。在信息化工程基本完成后，整个博物馆的信息化工作方向发生了较大的转变，巩固已有成果，保证信息化建设效益的最大化，并在此基础上有所创新、突破，更好地成为博物馆业务发展和形象树立的推进器，这成为了2005年上海博物馆信息化工作的基本思路和主要任务。为此，在围绕博物馆的各项业务展开的前提下，2005年，上海博物馆信息化所做的主要工作有：从制度、技术和人员等方面入手，保证网络、数据库、网站的正常运行和更新；配合博物馆陈列改建工程，积极推进数字化三维展示项目；上博网站不断推陈出新，以新的形式和内容吸引广大网友；小型专题数据库的建设工作开始启动。

【网络管理、运行正常有序】 上海博物馆信息化工程结束后，信息化设备和系统的日常维护、更新任务由上海博物馆信息中心一力承担。为此，信息中心的工作人员做出了积极的努力：首先从管理入手，制定了一系列相关的规章制度，如《上海博物馆信息中心网络管理实施细则》、《国际文博数据库管理办法》、《上海博物馆文物数字摄影、图像提取工作流程》等。另外，视频摄像、多媒体制作、电脑设备报修等也都建立了相应的制度。通过以上这些制度的建立、完善和执行，为馆内信息化工作正常运作提供了基本保证。同时，通过在信息化工程期间的工作磨练和技术培训，信息中心网络管理维护人员的业务能力和实际操作能力有了很大的提高，在熟悉相关专业知识的基础上，每个人都努力发挥自己的主观能动性，终使博物馆的信息化设备和系统运行保持在一个良好的状态之中。

【擦亮窗口，树立上博网站新形象】 自2000年首次推出介绍上海博物馆的网页至今，已经经历了从静态到动态，从单一的中文版到增加了繁体版和英文版的共4次改版。根据馆领导的要求和社会的需要，上博网站在2005年进行了第5次改版。此次改版使网站的信息容量增大，对上博各类动态，尤其是教育方面的内容有了更全面、更及时、更透明的介绍。网站新增设了上博讲座等栏目，同时将一些现有栏目深入细化，使其条理更清晰、内容更丰富，如在教育学习栏目内，增加了预告、资源下载、网上订票、网上报名等功能，从而使网站的互动性、社会性、服务性更加突出，成为传播文化、知识和历史、学术交流和研究于一体的服务综合性网站。此外，触摸屏导览系统也是观众了解上博陈列和展品的重要渠道。为了更好地发挥它的宣传作用，上海博物馆信息中心对系统的内容和形式做了调整，重点在三维展示和视频方面下功夫，使系统的面貌焕然一新。

【丰富表现手段，形成展示新亮点】 博物馆是以陈列展示来实现其重要的社会教育功能的。随着科技的发展，以三维互动为主的多媒体技术也正日益成为博物馆展示自身的一个重要途径。作为建设数字化博物馆的重头戏之一的上博三维展示项目，2003年开始启动，已经完成了虚拟大堂、虚拟青铜馆及部分三维展品及其工艺的制作和展示。2004年，上海博物馆三维资源制作与数字展示项目全面启动，其主要内容是以多媒体技术创建上海博物馆三维场馆（以大厅、青铜馆、陶瓷馆、绘画馆、家具馆为主兼及其他场馆）、形成各门类的三维藏品资源，同时展现或复原一些重要场景和工艺技法。并在对这些三维资源进行技术整合的基础上，进行多媒体数字光盘的制作、上海博物馆网站内容的丰富以及多媒体导览系统的更新等多项应用的开发。至2005年底，已基本完成该项目的制作。从作品的效果来看，达到了国内相同类型制作的领先水平。它成功地运用三维虚拟展示的方式，采用了三维互动等先进的多媒体技术，实现陈列场景和展品的三维和交互式探索形式的重现，从而有利于将博物馆原有的神秘化为生动、形象的演示，变抽象为具体，让观众从被动接受到主动参与，达成一种良性的互动形态，使观众可以足不出户即可在网上漫游博物馆，尽赏古代奇珍。

此外，为配合钱币馆的改造，上海博物馆信息中心承担了该陈列室内的多媒体展示任务。该展示将钱币的铸造手法、流传经过、鉴赏要点等专业知识通过多媒体手段，以通俗易懂的方式介绍给广大参观者，这在上博陈列中还是首次运用。至2005年底，此项任务已处于收尾阶段，并将在钱币陈列馆重新开放时与观众见面。

【重视基础，开拓业务应用新领域】 在上海博物馆已经开发的藏品数据库的基础上，为配合各业务部门的需要，实现资源共享，信息中心按照统筹规划、统一标准、分层管理的原则，从2005年开始进行小型专题数据库建设的尝试。先行试点的是馆内敏求图书馆的查询系统，现已基本建成并投入试运行。现在，馆内研究人员可通过局域网方便快捷地进行相关的书目信息查询和读者信息查询，免去了传统的卡片式查询的不便和辛苦。而且在线查询能提供丰富的索引查询方式，并可以显示所列书籍的库存状态，因此推出后受到了业务研究人员的欢迎。根据专业人员的建议，信息中心还进行了青铜器修复档案数据库的开发，2005年底，此项数据库的开发已基本完成，并正由专业人员进行试用，这也是国内首次开发的为文物修复工作服务的数据库。在此基础上，信息中心还计划分别开发书画和陶瓷的修复档案数据库，然后形成统一的博物馆文物修复管理数据库。另外，为配合党办、人事、财务等部门的信息化建设，信息中心也投入人力进行或协助进行相应数据库软件的开发或修改工作，保证了博物馆在这些方面工作的顺利开展。协助国家文物局制定《馆藏文物影像信息指标体系与技术规范》的工作也已编制完成，并在2005年10月顺利通过了由国家文物局组织的专家论证，对推动文物博物馆系统的信息化标准规范和管理起到了积极的作用。

（刘　健）

上海文艺出版总社

【概况】 2005年是新组建的上海文艺出版总社事业发展的第二年。在这一年中，按照总社领导对信息工作提出的“规划、管理、搜集、协调、服务”的要求，上海文艺出版总社开通了网站、制定了“十一五”信息化建设方案，并积极拓展了网络新业务，取得了一定的成绩。

【开通上海文艺网】 2005年4月28日，上海文艺出版总社网站“上海文艺网”正式开通。上海文艺出版总社网站以在线信息交流、共享、服务为宗旨，是总社对外宣传、交流与合作的重要平台。目前主要拥有：“图书频道”、“期刊频道”、“报纸频道”、“音乐频道”、“教育频道”、“批发频道”、“总社之友”、“论坛频道”、“总社概况”和联系我们10大板块，是连接上海文艺出版总社各成员单位、上级出版管理部门和读者之间的一座信息桥梁，也是向世界展示上海，乃至中国文化艺术出版成果的一个重要交流舞台。

7月，总社积极与上海香山画院、上海解放速益信息科技有限公司合作参加2005上海扇艺术博览会，联合举办了“最喜爱的扇面作品”的评选活动，扩大了上海文艺网的影响。

总社保持共产党员先进性教育活动及2005上海书展期间，上海文艺网都专门开设专题，宣传报道保持共产党员先进性教育和总社书展期间的各项活动，进一步扩大了上海文艺网的影响。

【制定了总社“十一五”信息化建设方案】 由总社领导牵头，分别在2005年6月、9月、12月到总社旗下的8家出版社进行了3次信息化工作调研，就总社网站建设、内容数据库、图片数据库建设、总社“十一五”信息工作规划、各社信息化建设等方面，与各社领导及相关工作人员进行了探讨和交流，编制出了总社“十一五”信息化建设发展规划。在总社的“十一五”规划中，也对未来五年总社的信息化工作提出了4大发展重点：①以总社骨干出版工程为抓手，首先建设一批品牌优、影响大、应用前景广泛、示范性强的内容资源数据库，并逐步建立工具书数据库、百科类图文数据库、专业图片数据库、刊物数据库等。②以总社网站建设为起点，逐步整合旗下各社的网站资源，构建起强大的总社对外宣传的网络平台。总社目前已有“上海文艺网”、“上海音乐出版社网”、“朵云轩网”、“上海画报出版社网”、“上海印刷网”等四个企业综合网及《HOW好》、《秀》、《写字》、《音乐爱好者》、《旅游天地》、《旅行者》、《今日风采》、《艺术世界》、《上海壹周》等九家报刊网；在建的有“中国故事网”；将建的有“上海文艺出版社网”、“上海文化出版社网”、“上海人民美术出版社网”、“百家出版社网”和“《咬文嚼字》文化传播有限公司网”等。③以一家出版社为试点单位，针对编辑出版发行资源、人事、财务数据等开发不同功能的数据库，逐步建立以财务为中心、以发行为重点的编印发一体化的统一的信息化服务平台。④积极尝试网络出版、E-BOOK（电子书）和数码按需印刷。

【积极拓展网络新业务】 2005年，总社与上海解放速益信息科技有限公司签订了旗下《秀》、《HOW》、《旅游天地》、《艺术世界》4本杂志内容手机上网协议，现在第一批手机上网的内容已经在测试过程中。

（吴　迪）

三、公共卫生领域信息化

2005年，公共卫生信息系统、“上海卫生”门户网站、卫生统计工作信息化和医院信息化建设仍然是上海市卫生系统信息化工作的重点。其中，“突发公共卫生事件应急信息系统建设”项目得到了市发改委的正式批复；“上海卫生”门户网站进行了改版，将市卫生局的政府信息在网上进行了公开，主动公开的信息分为机构职能、政策法规、规划计划和业务4大类，卫生行政许可项目网上“一办到底”的有30项；卫生统计信息化全面推行，市卫生局实施了统一的医院病案信息管理系统，加强了卫生统计基础数据库的建设和进行了统计法制建设；配合医院“管理年”的开展，市卫生局第一次将信息安全作为医院管理质量的具体内容对医院进行了督查，医院信息系统应用标准进一步完善。同时，市卫生局制定了《“十一五”卫生信息化规划》，总体目标是将通过重点加强上海市公共卫生应急信息系统建设，全面推进信息技术在医疗服务、预防保健、卫生监督、科研教育等卫生领域的广泛应用，建立适应卫生改革和发展要求，高效便捷，服务于政府、社会和居民，功能比较完备、标准统一规范、系统安全可靠的卫生信息化体系。（沈惠德）

公共卫生信息系统建设

在2004年完成公共卫生信息系统项目立项的基础上，按照市发改委的要求，市卫生局对系统需求进行了大量的调研工作，并对项目科研报告进行了多次修改，使该项目在2005年8月底得到了市发改委的正式批复。上海市政府对该项目投入达9 870万元。

该项目通过审批后，市卫生局专门成立了项目领导小组和项目办公室，为项目正式启动做了比较充分的前期准备，包括分包方案的确定以及招标文件的编制，为下阶段的项目招标和推进工作打好了基础。

（沈惠德）

“上海卫生”门户网站建设

【信息公开】 “上海卫生”门户网站将市卫生局的政务信息在网上进行公开，主动公开的信息有机构职能、政策法规、规划计划和业务4大类，2005年，市卫生局通过网站公开的各类政府信息150条。同时，市卫生局建立了市传染病疫情发布制度，每季度一次在网站上发布传染病疫情情况；完成了每年2次的医疗信息公示；在网站首页上公布了3 000多种医疗收费标准，便于市民看病后查核所花医疗费用等。

【网上办事】 2005年，按照卫生部、市政府的要求，市卫生局对卫生行政许可项目进行清理，实现在线受理30项，并能在网上“一办到底”，实现了行政审批事项

100%可以上网办理。

【便民服务】 2005年，市卫生局在“上海卫生”门户网站上共发布卫生新闻687条、行业动态629条，并在网上开设了与市民生活工作密切相关的服务信息，新增了“传染病防治”、“医疗收费标准”、“医师资格查询”等栏目，收到较好效果。其中，“传染病防治”栏目收录了40种法定传染病的分病种介绍。

【互动渠道】 为了进一步完善“上海卫生”门户网站与市民的联系，网站上开设了“局长信箱”、“监督投诉”、“网上咨询”等栏目。2005年度，“局长信箱”接收网上有效信件466封；“在线投诉”接收网上有效信件217封，通过网站开展政府工作调查、民意测评和征求意见有4项，参评人数有700多人。2005年10月，网站开设了“网上咨询”栏目，截至年底，共收到网上咨询254条，其中已有184条在网站上进行了发布。

2005年，网站除设置了中文版外，还设计制作了医疗机构查询的英文版，以方便外商和海外华人等查询。目前，网站首页每日平均浏览量2 500人次，页面每日平均浏览量达到1万多人次；2005年首页总浏览量近60万人次。 （沈惠德）

卫生统计信息化

【倡导使用统一的“医院病案信息管理系统”】 2005年初，市卫生局在全市医疗机构中倡导使用“医院病案管理系统”，对原来统计上报的方式、报表制度作了相应的改进，包括一些指标含义的变动，原有出院人数与出院病人数的区别，治疗疗效的评价、标准分类，疾病编码、手术编码与国际接轨等方面。至年底，已有200多所医疗机构使用了该系统统一上报。包括22所市级医院（包括医学院校附属）、63所二级综合性医院（占二级综合性医院总数的90%）。同时，已有部分民营医院也与公立医院同步使用。

【加强卫生基础数据库建设】 卫生基础数据库建设是统计信息的基础。2005年，市卫生局在全市范围内建立“卫生机构人力资源基本信息数据库”，共收录了近10万余条记录，包括每一位卫生工作人员的技术职称、学历、专业、科别等项目内容，为建立医疗救治信息系统、为突发公共卫生事件提供医疗救治资源信息奠定了基础，并及时报送了医疗救治相关信息的调查个案资料。同时，市卫生局又完成“医疗机构设备数据库”的建库工作，包含所有医疗卫生机构的大型设备的基本信息及设备应用情况。

【重视卫生统计基础工作建设】 2005年，市卫生局加强卫生统计的统计标准化工作，组织部分医院统计专家对已不能完全适应目前医院需求的ICD-9-CM3手术分类进行了编码补充，基本完成医院对ICD-9-CM3编码手册的意见征求，并已着手进行ICD-9-CM3手术编码手册的最后核对和送审。同时，市卫生局对102家医院实现了高温季节门急诊数据的网络直报，从而提高了数据的及时性和准确性，为各级行政部门的管理决策提供了有效的支持。 （沈惠德）

医院信息化建设

【医院计算机网络安全】 在2004年开展全面安全培训的基础上，2005年初，市卫生局完成了对全市各区县综合性以上医院（共计61家）计算机信息网络系统的安全检测，并召开专题工作会议，通报检测结果，敦促医院重视计算机网络安全。为了进一步加强医院抗故障能力，2005年8月，市局在新华医院的配合下，在该院召开了“医院计算机网络应急预案现场演示会”，通过新闻媒体的传播，起到了很好的示范、宣传、促进作用，取得了令人满意的效果。同时，为了切实提高医院网络安全，借助医院“管理年”活动的开展，市卫生局第一次将信息安全作为医院管理质量的具体内容对医院进行了督查。

【信息系统应用标准进一步完善】 为了进一步规范和推动上海医院信息系统建设逐步向以病人为中心、以医疗为主线的信息系统方向发展，市卫生局在医生工作站扩大应用试点的基础上，征求了各方面的意见，进一步完善了《医生工作站功能规范》，为推广应用电子病历奠定了基础。同时，为了稳妥推进医疗影像存储与传输系统（以下简称PACS）建设，市卫生局在组织许多医院信息主管、放射科主任、PACS厂商共同参与讨论的基础上，采纳了放射质控中心专家的建议，制定了《医学影像管理软件功能规范》，上述两个《规范》已在上海卫生信息网上公布。

【社区卫生服务中心健康档案应用】 市卫生局在制定并颁布《社区卫生服务信息管理系统》的基础上，从2005年上半年起，在全市33个社区示范点全面推进以健康档案为基础的社区卫生服务信息管理系统建设，构建社区卫生服务中心的信息化应用平台，并将把该平台逐步推广到所有社区卫生服务中心。

【远程医学发展】 为贯彻落实市委、市政府"大力发展智力扶贫"的要求，更好地整合全市医学资源参与对口支援工作，市卫生局为全市对口支援的云南、西藏、新疆、重庆、湖北等8个地区开展了全方位、多层次的远程医学教育培训和医疗咨询服务。

（沈惠德）

《上海市卫生信息化"十一五"规划》编制

2005年，市卫生局编制了《上海市卫生信息化"十一五"规划》，确定了"十一五"期间全市卫生系统信息化建设的总体目标和主要任务。

全市卫生系统信息化建设的总体目标：通过重点加强上海市公共卫生应急信息系统建设，全面推进信息技术在医疗服务、预防保健、卫生监督、科研教育等卫生领域的广泛应用，建立适应卫生改革和发展要求，高效便捷，服务于政府、社会和居民，功能比较完备、标准统一规范、系统安全可靠的卫生信息化体系。卫生信息化建设和信息技术应用达到中等发达国家水平，为上海建成亚洲医疗中心奠定基础。主要任务：加强信息网络基础建设，构建卫生系统综合应用平台；逐步建立和完善市级卫生数据中心，加强卫生信息资源开发利用；加强卫生信息标准化体系建设，更好推进卫生信息化发展；建立和完善公共卫生信息系统，增强突发公共卫生事件应对能力；稳步推进数字化医院建设，进一步提高医疗质量和服务水平；全面建成以健康档案为核心的社区卫生服务信息管理系统，更好为市民健康服务；规划区域医疗信息网络，实现区域医疗卫生信息共享；推进电子政务建设，提高卫生行政管理能力；进一步推动和发展远程医学，充分发挥全市医学资源优势。

（沈惠德）

复旦大学附属中山医院

【概况】 医院信息管理系统（以下简称"HIS"）与医院日常工作正常开展的关系越来越紧密，建设、管理和维护好医院的信息管理系统，保证正常运行，支持医院各项工作的顺利开展是一项重要而艰巨的任务。2005年，复旦大学附属中山医院（以下简称"中山医院"）在完成基本管理模块自主开发和运行的基础上，继续完善各模块的功能，并新增了几个系统。主要做了以下工作：为保证医院网络安全和PACS建设做准备，改造了医院的网络系统；在完成处方无纸化后，实现了化验单无纸化；为适应一人一诊室，提供更好的就医环境，开发了门诊分诊系统；手术管理系统也按计划投入使用；完成了PACS系统的市场调研，为2006年PACS的实施打好基础；为防范计算机突发故障造成医疗秩序紊乱，进行了应急演练。2005年，中山医院成立了数字化医院建设领导小组，计划在"十一五"期间完成数字化医院的建设。

【网络改造】 网络系统的改造是保证系统安全运行的重大步骤，2005年，中山医院的局域网升级到千兆网，主交换机和门诊大楼的交换机都考虑了冗余，为HIS提供了安全可靠的运行环境，也为PACS建设打下了良好的基础。此外，服务器和存储设备的更新和新机房UPS的建设，提高了性能和处理速度，为今后软件功能进一步扩展做好准备。2005年，中山医院网络安全运行率达到99.98%。

【化验单无纸化】 2005年9月，根据医院检验科的需要和配置，门诊化验单实现无纸化。医院修改了门诊医生工作站软件，添加了化验单的输入、修改、查询等功能；更新了收费软件，使其自动从医生开具的化验单生成明细收费项目，既减轻收费人员的操作，又减少收费的误差。

【门诊分诊系统开发】 2005年，通过数次大调整，中山医院门诊分诊系统在门诊全面应用，即便在几个最复杂、最繁忙的候诊区也正常运转。整个系统做了相当灵活的配置，并加入了语音自动呼叫，为病人有序排队创造了良好的条件。

【手术麻醉系统上线】 2005年1月底，中山医院手术麻醉系统在医院手术室和麻醉科上线，同时实现了网上手术申请、网上手术查询。该系统沿袭了过去所有考核的数据统计方式，并根据新的要求生成各种报表，基本上达到了计划的要求。3月，心手术室、心麻醉科、心体外循环室的手术系统上线并正式使用。为满足医务处管理要求，手术系统中还添加了一次住院两次手术的查询，协助控制医疗质量。

【应急演练】 配合卫生局提出的安全要求，防止突发事件影响医疗流程，2005年，中山医院在院办、门办、财务处和其他各部门的大力配合下，进行了一次应急演练。为了尽可能减少故障时挂号收费窗口的压力，医院专门开发了单机版本的程序以备应急使用。一旦网络恢复运转，马上可以把数据导出到数据库，丝毫不影响数据的完整性。

【PACS项目】为了更好地完成医院PACS项目的建设，中山医院成立了PACS项目小组。2005年，项目小组做了大量前期调研工作，考察了多家PACS供应商实施的医院，完成了院PACS项目的招标书，并于2005年底完成PACS的招标和评标工作。此项目先在放射科实施，然后逐步向各科室扩展，将于2006年上半年建立全院的PACS。

【药房实库存管理】 在电子处方和药品管理系统的广泛应用下，2005年，中山医院的住院药房、门诊药房、急诊药房、配置中心等各药房均实现了实库存管理，误差率在千分之一以下。

【发展与远程教育】 在系统平稳运行的基础上，2005年，中山医院向规范化、标准化发展。医院邀请了复旦大学的软件教授来院讲课，还安排两位本科生参加软件开发项目主管的培训班；对新建的系统逐步按照软件工程的规范操作，建立相应的文档；在科室内加强交流，开展互帮互学的技术讲座，共同提高。此外，全年进行了远程会诊192人次；远程教育开课25个系列，230课次，690学时。医院远程教育平台通过了卫生部的评审。 （张卫国）

上海市胸科医院、上海交通大学附属胸科医院

【概况】 2005年，作为上海市卫生局“十五”基建项目之一的上海市胸科医院新住院楼凸现以人为本的现代化服务与管理理念，进一步强化信息化建设，以稳定、完善的医院信息化系统，不断地为病员提供便捷的服务，满足病员对医院服务信息的特殊要求。

【信息化建设】 上海市胸科医院在新住院楼建设设计时，就考虑信息化建设的需求，并力求适应医院“十一五”发展的要求。在布线上除一般3A办公楼宇要求外，还布有医院管理信息系统（HIS）网、医疗影像存储与传输系统（PACS）网以及Internet三套网络，以保证医院信息管理系统，电子病历，医技、检验报告，医学影像的存储与传送系统的安全、稳定运行。

在重症监护病房（ICU）内，每张床位均配有数字、模拟接口，包括探望摄像转播系统，以满足人性化的服务需求。

普通病房病员活动室都配有Internet接口，特需病房接口到床头。住院大厅内设有电子就医指导、住院费用一日清查询系统。

（胸　科）

四、体育领域信息化

体育管理信息化建设

【机关公务网扩容】 2005年，市体育局根据市公务网建设的要求，对局机关公务网作出了相应的扩容。一年来，公务网共计扩大了6位用户，每一位新用户都涉及网络布线、申请报批、安装调试、应用培训等工作。同时，市体育局配合市公务网测评中心，对局机关2004年、2005年扩建的15台公务网用机进行了安全性、联网能力等指标的综合测试。目前，这15台公务网用机已被批准上网运行。

【开发信息公开内容整合子系统】 根据市政府的要求，市体育局信息中心开发了信息公开内容整合子系统。该系统的功能是将“上海体育”网站中的“信息公开”、“局最新动态”、“信息公告栏”、“全民健身”、“健身导向”、“行政审批”和“热点新闻”等7个栏目的信息，按规定格式进行整合，并将整合后的公开信息放置在指定位置，每天按时发送到“中国上海”门户网站，以便更好地为各级领导和广大市民服务。

市体育局在2004年开展过政府信息公开的相关工作，初步达到了上网信息公开的目的，但是从规范化运作的要求来看，还存在着一定的距离。因此，市体育局在2005年对涉及上网的所有政府信息进行了一遍严格的再整理，建立并完善了政府信息公开方面的规章制度和实施细则。经过严格梳理的“政府信息公开”已经成为“上海体育”最重要的栏目之一。目前，该栏目运转正常，正准备接受上级有关部门的严格考核。

【编制公文流转软件】 2005年初，市体育局机关根据实际情况和需要，依靠自己的力量，编制了公文流转软件。该软件现已投入了实际应用。该软件为网络版，具有来文签发、公文流转、公文归档和公文催办等功能，局、处领导能够在自己的办公室进行公文批阅，并能将批文打印在流转的文稿纸上。

（市体育局）

重大体育赛事和活动的信息化应用

【上海国际赛车场信息化建设】 F1是当今世界上速度最快、累计现场观众最多、累计电视收视率最高的一项体育运动。2005年10月，F1中国大奖赛在上海举行。

经过两年的完善和改进，上海国际赛车场的信息化应用已经达到了国际先进水平。信息化应用项目覆盖了整个赛事的组织、竞赛、监控、通讯、保障等各个方面。上海国际赛车场的弱电系统分为赛事专用弱电系统和建筑智能化系统两大部分。赛事专用弱电系统包括计时系统（TK）、光纤传输网络系统（FON）、信号灯系统（LED）、比赛管理系统（RCM）、故障指示系统（FIS）、信息显示系统（ID）、赛场监控系统（vs）数字视频存储系统（CSS-DVS）、不间断电源系统（UPS）、卫星及有线电视系统（SMATV）、公共广播系统（PAS）、虚拟交换机系统（CENTREX）；建筑智能化系统包括建筑设备自控系统（BAS）、安全防范系统（SAS）、赛场周界监控系统（CSS）、综合布线系统（Gcs）、计算机网络系统（NETWORK）、火灾自动报警系统（FAS）、移动通信中继系统等。

【“网球大师杯公开赛”的信息化应用】 上海旗忠国际网球中心是ATP网球“大师杯赛”中国赛区的惟一指定赛场。这个亚洲最大的网球场共有1 106个信息点，也是6类布线系统在国内大型体育场馆应用的一个突破。

2005年11月，“网球大师杯公开赛”在新建成的上海旗忠森林网球中心举行。上海移动通讯公司作为项目承包方，全力以赴投入赛事的通信保障工作和新闻中心的服务支撑工作。上海移动为大赛提供了宽带上网、国际国内长途电话、手机维修等一系列通信保障服务。

上海旗忠森林网球中心在赛事期间，设置了2块Barco SLite 14室外LED显示屏，赛场组织者可以灵活快速地移动显示墙的位置，以满足不同的应用需求。Barco SLite 14的高亮输出，使其能提供极高的亮度和对比度，即使在阳光直射的明亮的室外环境下，同样能有十分醒目的显示效果。Barco LED 显示墙确保了体育场内所有的观众都能清晰地了解赛场上的动态。

“大师杯”门票内还嵌有RFID芯片，这就杜绝了所有假票。这一全国首个以电子标签技术为核心的大型赛事票务集成系统，专门用于储值和验明门票“正身”，使每一个观众直接感受到信息化的优越性。

【第48届世界乒乓球锦标赛使用基于3G网络的CDMA1X无线网卡上网】 2005年5月，第48届世乒赛在上海隆重举行。上海联通是赛事组委会指定电信服务运营商。根据赛事需要，上海联通在上海万体馆特别铺设了“准”3G网络。

赛事期间，有关人员使用基于3G网络的CDMA1X无线网卡上网，确保了信号良好、流畅。特别在场外，在没有组委会宽带接口的情况下，CDMA1X无线网卡的优越性就更加明显。在任何时间、任何地点，只要打开手机、连通电脑就能很方便地上网。在整个赛事期间，万体馆内的联通展台热闹异常，中外来宾通过定制的“准”3G手机，快速体验视频流、实时电视、视频点播及远程监控等一系列多媒体业务，并通过网络直播收看现场实况转播。CDMA1X成为世乒赛众多信息化应用项目中一个令人眩目的亮点。

【上海体育博览会引进“展会撮合软件系统”】 第十六届中国国际体育用品博览会（以下简称“体博会”）于2005年6月在上海新国际博览中心举行，这是上海连续第三次承办体育博览会，也是近期最后一次承办体育博览会。本届体博会的强化服务为它实现展览专业化搭建了新平台。本届体博会引进了让人耳目一新的“展会撮合软件系统”，该系统对参展企业和贸易观众进行现场服务。该系统可以实现展会现场大量交易信息的查询和交互，在参会的买家和卖家之间牵线搭桥，是一个达成交易、预约撮合的计算机网络平台。这种开放式的现场管理方式为广大参会者提供了更加完善的现场服务，能帮助参会者最大限度地实现参展目标，达成交易。

（市体育局）

上海体育学院

2002年，国家实行院系调整，上海体育学院和上海体育技术学院、上海体育科研所合并，成立了上海体育学院，归属市体育局领导。近年来，特别是2005年，上海体育学院的信息化建设发展很快，除了体院本部网站越办越好之外，“体院网络中心”网站经过改版，也投入使用。“体院网络中心”网站开通了“邮件系统”、“OA系统”、“视频点播”、“视频会议”、“选课系统”、“成绩查询”、“英语在线”等栏目，将体院网络的应用服务提高到一个新水平。

2005年，上海体院学生利用自己创建的“健身博客网站”进行了富有意义的科技探索。在学生自己设计的“第三方健身管理系统”服务平台上，客户只要写下每日的活动情况和饮食菜单，软件会将这些数据处理为档案文件，用于调整运动“处方”，给出建议。此外，为了客观精确地记录下客户身体运动情况，他们有意与一些知名运动产品企业合作，开发一些能够实时传输身体活动参数的装备，如腕表、计步器、衣服等。

在“第三方健身管理系统”应用中，健康检测和身体评估是很重要的，即相当于中医“望闻问切”的问诊过程，但不同于在医院体检时的静止状态。客户将采取运动状态接受身体检测，这种检测方式有助于提高运动处方的有效性。“第三方健身管理系统”在全国大学生课外学术科技作品竞赛的“挑战杯”大赛中获得了铜奖，并由此诞生了“衡动”公司。

（市体育局）

优秀运动员管理系统建设

为了用信息化推动奥运项目的整体水平，市体育局下属主要的13个奥运项目训练单位都已经安装了“优秀运动员管理系统”。该系统建立了运动员档案库、相关教练员档案库、年度成绩库、训练计划库、专项体质测试库等主要数据库。通过系统的应用，对各训练单位的业务都有很大的促进。尤其在运动成绩的管理方面，由于借助系统可以对运动员成绩进行纵向和横向的比较分析，用数字化避免了运动员培养过程中的盲目性，它有利于体育管理者正确把握运动员运动生命中的黄金阶段。（市体育局）

第三章　社区信息化

概　述

2005年，社区（街道、城镇）信息化在社区管理、社区公共服务等方面广泛应用，全市95%的街道已初步完成社区管理和公共服务信息化基本建设，15%的试点城镇已初步开展了信息化建设，取得明显成果，为全面推进信息化支撑社区党建和社区建设工作打下基础。

1. 信息基础设施初具规模

全市95%街道建成内部局域网，95个街道与区电子政务平台联网，86个街道与居（村）委和下属企事业单位联网，基本建成市、区、街道（城镇）三级信息基础网络。

2. 社区信息化应用创新发展

信息化支撑社区党建和社区建设试点工作得到有益探索，试点单位初步建立了信息“一次采集、多次使用”的信息共享模式和“一口受理、内部协办”的跨部门协同机制；各街道依托区县电子政务一体化平台，结合自身需求，开展信息化应用，90个街道建成社区政务管理系统，开展部分网上办公，并开发了一批应用系统，逐步投入使用；138个社区（街道、城镇）建立了网站或网页，具备了发布政务信息、提供网上办事服务的基本功能，部分网站的社区综合服务平台还开发了个性化、人性化的为民服务项目：“阳光驿站”、“居民心声”、“主任（镇长）信箱”、“BBS”、“社区论坛”等栏目的开通为社区各方交流和互动提供了途径，促进了社区人文环境建设。

3. 社区服务程度不断提高

各级政府部门充分利用信息技术，提高办事效率，拓宽服务渠道，创新服务方式，为社区居民提供便捷的公共服务。“社区服务网”日益完善，通过网络、服务热线、“安康通”等形式为不同人群提供服务。社区特色服务不断涌现，社区内企事业单位运用信息技术为社区居民开展各类服务的势头开始显现，以群众为服务对象、信息化为手段、文化为内容的社区文化建设新格局初步形成。遍布社区的“社区信息苑”拓展了科学文化电子产品的覆盖面和渗透性，逐步为居民提供多样性的文化服务。

4. 城镇信息化试点取得阶段性成果

继2004年5个城镇信息化试点以后，2005年，全市在10个区确定15个城镇作为信息化试点（扩大）单位。各试点城镇积极开展信息化基本建设，并根据自身业务特点，因地制宜地开展特色信息化应用系统的开发。至2005年底，张江镇、莘庄镇、新泾镇、华新镇和南翔镇等5个城镇完成了建设验收工作，其他15个城镇取得了阶段性成果。

（徐小萍）

一、社区管理与公共服务信息化

信息化支撑社区党建和社区建设试点

2005年，信息化支撑社区党建和社区建设试点着眼于推动信息资源共享和跨部门业务协同，遵照前期形成的信息化支撑社区网格化管理规划报告和试点方案，分别从人口、法人、空间地理3个领域入手，在确立共享数据指标项、构建集中与分布相结合的区级数据库体系和一体化信息交换平台、探索跨部门协同应用模式以及建立完善相应的管理规范方面取得积极成效。依托区级信息资源库和信息交换平台，推进了社区实有人口管理、社区政务、社区服务、社区稳定等方面工作，减少了基层数据重复采集、重复录入和数据不一致现象，减轻了基层工作人员负担，降低了行政成本，提高了工作效率，方便了居民和企业，初步建立了信息“一次采集、多次使用”的信息共享模式和“一口受理、内部协办”的跨部门协同机制。形成了社区事务服务系统、信访工作“一口受理”系统、GIS综合平台以及企业基础信息管理系统等一批示范效应好、推广价值高的电子政务一体化应用成果。

（市信息委区县处）

社区服务网的建设与应用

【社区服务网改版】 上海社区服务网历经数次改版，进一步优化了社区服务网的网站结构、整合了服务信息，建立了“社区新闻”、“公共服务”、“居委之窗”、“志愿者”、“生活百事”、“服务超市”、“便民商务”、“安康通”、“网上地图”等14个主打栏目。同时，社区服务中心开发完成了以数据库为驱动，开放式的、统一用户管理的社区服务资源信息管理平台，形成了1个市中心、14个区中心和120个街道中心的社区服务信息工作网络构架。2005年，网站发布各类动态信息8.5万余条；社区设施信息累计达到6 672条，正确率达到80%以上；服务队伍信息累计达4 000余条，其中非营利性公共服务队伍2 900余条，营利性服务队伍1 100余条；居委会基础信息累计达2 895个，去除远郊区县，居委会上网率达95%；网上发布社区志愿者信息累计达9 829条，平均每个居委会有3名志愿者的信息实现了网上公开发布。

【建设其他专题网站】 上海社区服务网还重点组织建设了婚姻网（marry.88547.com）、慈善网（scf.88547.com）、老龄网（elders.88547.com）、殡葬网（fis.88547.com）、康复网（skj.88547.com）、彩票网（swlc.sh.cn）及儿童网（www.childrenandus.org）等专题网站。

（章　勇）

社区服务热线

【建设社区服务热线】 上海市社区服务热线是以社区服务信息管理系统的社区服务信息为基础，为上海居民提供社区服务信息咨询及服务队伍调度的呼叫中心，服务内容主要包括居家生活服务咨询与相关服务队伍的调度、基层社区调解、为老服务、彩票咨询等公共服务。上海市社区服务热线自1998年开通至今，形成了以1个市热线中心、14个区热线中心、100多个街道（镇）热线分中心为结点的网络组织构架，有效整合了全市热线工作力量和服务资源，使得服务范围覆盖了全市各区。

【完善热线中心服务】 上海市社区服务热线（962200）拥有功能齐备的Call Centers数据中心及2条大容量的30B+D通讯系统，建有50个接线员座席，具有较强的受理市民来电的能力。除受理市民来电外，系统动态实时监控全市各级社区服务热线电话网络的工作信息，实施统计分析、业务指导和数据库管理。2005年，热线中心共受理上海居民生活服务需求电话31.05万次，同比增加9.5万次，增幅达44.2%，接通率、处理率和满意率分别达到100%，99.4%和92.7%。

【构建“社区服务超市”】 上海市社区服务热线与社区服务网共享信息资源，形成信息资源管理平台，以实体服务为后台支撑，构建了以提供居家生活服务为主要内容的社区服务超市，并配套制定了《“社区服务超市”管理手册》。到2005年底，社区服务超市的服务项目已发展至36项，加盟服务商发展至206家，年内提供服务1.3人万次，服务满意率达到90%以上。该系统提供的社区服务资源，还成为“安康通”为老关怀服务援助系统的为老服务资源。

（章　勇）

"安康通"为老关怀服务援助系统应用

【"安康通"建设】 2001年启动的"安康通"为老关怀服务援助系统是市政府针对纯老家庭、独居老人提供紧急援助服务的信息化系统工程。"安康通"以市社区服务热线为对外窗口,以各类实体服务资源为支撑,以先进的CALL CENTER呼叫中心为枢纽,以极易携带、使用方便的电子呼叫器为用户终端,服务内容包括社区服务、医疗急救、事故报警、免费咨询等。经过5年的建设,目前,该系统已可提供:"安康通"报警救助服务——医疗紧急救助、遇盗救助和失火救助;"安康通"医疗服务——定点咨询、专题讲座、体检安排、远程会诊安排服务;"安康通"免费服务——健康咨询、心理咨询、医疗咨询和法律咨询;"安康通"社区服务——家电维修、管道疏通、家政服务、搬运服务、生活常识咨询等十几类服务。

【"安康通"系统应用】 截至2005年底,"安康通"为老关怀服务援助系统用户总数已达4.4869万户,遍布全市19个区县。2005年,共受理用户来电呼叫17.8万余次,其中为老人提供紧急救助1 300余人次,提供法律、医疗以及心理咨询服务4 100余次;助老服务队伍在2005年进一步发展壮大,由2004年的18人发展到72人,覆盖范围由12个区县扩大到全市19个区县,并在浦东、嘉定、南汇等区成立了助老服务分社,助老服务员上门为老服务达2.3万余次。

(章　勇)

社区信息苑建设

【概况】 东方社区信息苑是由上海市委宣传部、市文明办、市信息委和市文广局联合推出的公益性社区公共服务平台,其目标是为市民提供丰富而有价值的文化信息化和便民服务,实现文化传播为先导,公益服务为手段,便民电子商务为支撑的运作模式。项目于2004年10月启动,截至2005年底在全市已建成200家,遍布18个区(县)的街道(镇)。根据"党委政府主导、专业实体运作"的推进原则,东方社区信息苑项目由上海东方数字社区发展有限公司负责具体建设和运营管理。

【信息苑建设】 按照布局标准,每个东方社区信息苑的服务覆盖面为2~3万居民约5 000个家庭,经过一年多运行,目前单点区域有效覆盖率已达到40%左右,累计发行公益卡和少儿卡6万余张,总接待人数200余万,总服务时间160.726万小时,信息苑平均上座率在75%以上,许多信息苑高峰时段出现不同程度的排队现象,成为社区公共文化设施和文化服务的新热点。

【信息苑应用】 围绕文化传播、电子政务、便民信息综合服务3大功能定位,信息苑共计开发了多媒体展台、文化共享、自助培训、未成年人德育基地、电子图书等19个频道、76个栏目的内容,开展了党员先进性教育、百万青少年绿色网上行动、世博(艺术)社区行、财经沙龙等公益活动1 175项,举办百万家庭网上行、计算机应用及网络操作技能系列等公益培训1 229次,使普通市民充分享受到了公共文化信息化的服务权力,由此得到了各级领导的充分肯定和广大市民的热烈欢迎。作为新型的公共文化信息化服务场所,东方社区信息苑项目具有创新性强、影响力大、受益面广的显著特点,它以高技术含量和贴近百姓需求的文化服务内容支撑解决了广大市民,尤其是未成年人对于网络新文化服务的高度需求,可有效消除城市的数字鸿沟、改变信息不对称的局面,并为社区的稳定工作、解决就业、提高居民文化生活质量,满足基层政府的执政需求,建设和谐社会的社区细胞发挥重要作用。东方社区信息苑被誉为"青少年社区校外数字课堂"、"社区居民的IT生活新天地"、"社区文化活动中心的亮点"、"再就业家门口学习辅导站"。

【信息苑发展】 根据上海市"十一五"规划的要求,东方社区信息苑将通过4~5年时间,达到600个左右的数量,覆盖全市全部社区,逐步形成便捷服务近距离、物理环境数字化、功能覆盖多样性、安全保障全方位、专业管理格式化的社区综合服务平台。目前,项目已被列入2004、2005年上海市政府十大实事项目——社区文化活动中心的重要配套项目、2005年上海市政府十大实事项目——市民（青少年）信息服务平台的配套平台、上海市2004、2005年信息化工作要点，2005年国家发改委电子商务专项扶持项目。

（市信息委区县处）

二、社区信息化典型示范

浦东新区张江镇：立足实际，深化应用

【概况】 浦东新区张江镇城镇信息化项目建设从2004年5月开始，在市、区信息委领导的支持下，先后顺利完成了张江镇各个应用子系统的调研、开发及分阶段应用推进工作。在项目建设的初期，张江镇就明确提出了“数字张江”的长远目标，并针对信息化工作“长期性”的特点，提出了“统筹规划，分布实施”的务实理念。目前，张江镇信息化项目拥有了一个平台、两个门户、四个系统以及相应健全的配套管理制度。

【建设过程】 在网络建设方面，张江镇以浦东新区建设政务网为契机，将镇级网络接入新区政务网，同时95%以上有条件的村、居委、镇属事业单位也连入政务网，达到了区—镇—村居委的三级网络联动；统一了网络和安全管理，减少了重复投资，规范了网络建设。

在硬件配备方面，张江镇在立足实际需求的原则下，通过政府采购，保证每个科室和村居委至少配备两台电脑，镇级领导人手一台电脑。同时，购置了防火墙等硬件设备积极防范对网络病毒。

在信息化队伍建设方面，张江镇认真培育了一支专业的信息化队伍，积极主动地去辅助具体的应用人员，以适应传统办公方式的改变；并且针对不同对象，进行了单点和集体的两种培训形式。集体培训共有6场，达150多人次，覆盖了全镇科室和村居委；同时还不定期的组织一些交流活动，对反映的问题和建议给予及时回应。

在管理制度的建设和执行方面，应用系统的相继建设，对网络安全、信息保密、岗位职责、数据更新等提出了新的要求，为此，制定了《张江镇信息化管理制度规范汇编》。

【应用现状】

1. 张江镇内部信息门户

目前，张江镇内部信息门户的维护机制把发布和来源分开，由信息办安排专人负责信息过滤和最终发布，而数据来源来自各个科室和村居委，通过办公自动化系统的邮件进行传送。内部信息门户给各个科室和村居委的横向信息交流带来极大的便利，特别是对张江镇这样办公区域分散的政府，已自发形成了这个制度，一旦产生新的信息，都会及时提交信息办进行发布。

2. 张江镇外部信息门户

在结合城镇信息化规划发展的总体目标上，建设张江镇门户网站将是进一步深化政府网上信息发布、网上公众意见收集、网上办事指南和网上公众业务受理的政府职能。

3. 电子政务信息整合综合平台（单点登陆，统一授权）

作为张江城镇信息化建设的基础平台，通过此平台可以实现用户一次登录、网内通用，不必出现多次登录到多个应用系统的情况。此外，可以对镇内现有与将来使用的各信息应用系统的权限分配和权限变更进行有效的统一化管理，实现多层次统一授权，审计各种权限的使用情况，防止信息共享后的权限滥用，规范今后的应用系统的建设。目前，已经有四个应用系统整合到该平台中：一是办公自动化系统。其主模块

包括个人办公、行政办公、文档管理和信息园地等，办公系统是目前应用最广泛的一个系统，它直接面向镇级的所有工作人员，目前所有业务模块，比如电子邮件、会议管理等都已陆续在使用，传统的纸质文件正在逐渐被办公系统所替代。二是社区管理信息系统。张江镇社区管理子系统的设计围绕在张江社区管理业务中所涉及到的各个业务条线的工作内容，主要由基础人口库、救助、老龄、残联、双拥、以及科教文卫体等组成。三是经济管理信息系统。该系统主要由基础信息管理、财政事务管理、集体资产管理、体制改革管理、招商引资管理、经济园区管理、经济运行管理、WEB浏览等功能组成。其建设改变了当前镇政府经济数据采集的方式（从原有的手工汇总提升到通过Internet/Intranet进行电子汇总），为镇政府提供全套的政府经济信息管理的应用平台。　（张江镇）

黄浦区：精心组织，合力推进社区信息化

【概况】为贯彻市政府关于社区信息化建设工作要求，近年来黄浦区始终将社区信息化支撑社区党建和社区建设作为重要任务，积极推进。在市信息委的指导和区政府的领导下，区信息委会同各街道和有关部门，精心组织，合力推进，2004年6月完成了全区9个街道社区政务管理平台建设，2004年10月完成区人口信息资源库建设，2005年10月完成区实有人口信息资源库建设，2005年底，区社区事务服务系统在全区街道运行，应用效果良好。

【基本情况】

1. 深化认识，准确把握社区信息化建设定位

根据上海信息化建设“贴近市民、服务发展”和社区建设“为民、便民、利民”的指导思想，2002年8月以来，区信息委会同区民政局等部门组织对全区9个街道以及132个居委会工作需求进行了调研，在调研的基础上，结合社区建设和管理以及居民、企业的服务需求，确定了社区信息化建设的总体思路：坚持“一体化”思想，以需求为导向，应用为主线，整合条块信息资源，建立区实有人口信息资源库和法人信息资源库，优化、简化工作流程，提高社区工作效率和质量，建设社区政务管理系统、社区事务服务系统，为市民和企业提供方便快捷的办事服务。

2. 精心组织，完成社区信息化基础建设

2003年初，作为上海市社区信息化试点单位之一，人民广场街道全面启动社区信息化建设。试点期间，人民广场街道先后完成了社区政务管理系统、社区事务服务系统、社区居民数据库和企业数据库建设，全区实现了区政府、街道、居委会的三级网络互联（街道机关、下属各居委会、经济发展中心、社区事务中心、社区司法信访综合服务窗口等部门网络全覆盖），整个系统于2003年6月底全面投入运行。2003年8月26日，率先通过了市专家组的审核验收。在人民广场街道社区信息化建设试点基础上，区信息委及时在全区各街道推进社区信息化应用，组织系统安装，开展信息技术和操作技能培训，区民政局为全区每个居委配发了电脑和打印机。2004年6月，全区各街道社区政务管理系统全部建成应用。

3. 强化应用，社区信息化成效明显

一是改进了街道机关工作方式，规范管理，降低成本。以人民广场街道为例，2003年初OA系统试运行以来，通知、文件、简报等基本实现了无纸化，网上办理各类会议、资金申请审批件4 600余件，办公用纸和通讯费用与去年相比下降45%。二是提高了街道办事和服务效率，方便了居民办事。区信息委组织相关部门和董家渡等试点街道，以社会救助和社会保障为切入口，深入开展调研工作，梳理了6项社会救助、12项社会保障的工作流程。在梳理的基础上，依托区实有人口信息资源库，运用信息化手段优化工作流程，开发了社区事务服务系统。截至2005年11月底，通过社区事务服务系统累计受理市民各类办事事项898件，其中信息比对未通过52件，在已通过审批的救助事务505件中，系统提示强制复审的有308件，其中信息对比后退出救助和救助金额有变化的有72件，平均办理时间（实际）从原来的15天降低至3～5天，复审时间

从原来的15天降低至2～3天。三是加强了信息发布、检索查询和咨询互动，方便了居民、企业获取各种信息。2005年初，全区9个街道依托“上海黄浦”门户网站开设了主任信箱，截至2005年11月底，各街道网上处理居民信访184件，回复率100%；各街道44项窗口的办事项目、服务指南、工作流程和服务承诺全部上网公开，提供16种主要办事表格下载，网上受理市民、企业咨询90余件，有效促进了市民、企业与政府的交流与互动。四是街道社区信息化应用各具特色。豫园街道结合外来人口管理试点，依托区实有人口信息资源库，根据社区管理工作实际，以充实街道实有人口数据入手，逐步形成一套适合社区管理和服务的应用体系；老西门街道结合“企业退休人员社区化管理服务试点”工作，依托市、区社会保障资源，建立企业退休人员基本情况和社区服务内容的信息管理系统；金陵街道在社区主要路段和公共场所，建立了电子可视监控设施，通过全天候电子监控，掌握社会动态情况，提高社区治安防范能力和社区管理网格化的水平。

【主要特点】

1. 依托区政务网络，推进社区信息化建设

通过建立统一技术标准、用户认证和权限管理，充分利用现有区政务资源，推进社区信息化。一是依托区政务网络资源，构筑全区社区信息网络体系。基于已覆盖全区党政机关、各街道和区属企业集团的区政务光纤网，利用电话网构筑街道与居委的社区虚拟专网。二是依托“上海黄浦”门户网站，作为各街道对外信息发布、政府信息公开和网上办事的社区服务信息平台，共享区门户网站平台功能、网络出口、服务器和后台管理系统等资源，有效防止了网站低水平重复开发和盲目建设。三是利用“黄浦政务”内网平台、区实有人口信息资源库，形成各街道居民信息库，将区OA、邮件等系统资源与社区政务管理系统进行整合，使现有政务信息资源得到充分利用。

2. 以应用需求为导向，切实解决条块信息资源整合共享问题

在社区日常工作中，部门之间对共享数据信息资源需求强烈，资源条块分割已成为制约社区建设发展的瓶颈，也是社区信息化建设中亟待解决的重点与难点问题。区信息委根据市信息委提供的“区县人口信息数据库数据项和信息来源”，结合黄浦区的实际，对户籍、外来人员、求职、失业、计生、刑释解教、残疾人、民政救助等有关人口信息数据进行了整理，共整理出劳动信息62项、民政救助信息10项、司法信息54项、计生信息86项、残联信息96项、公安户籍信息35项，外来人员信息203项，共计546项。根据业务需求和对数据项的整理，在与参建单位充分讨论、反复协商的基础上，确定了黄浦区户籍人口数据项306项，其中基本信息8项、扩展信息20项、专业信息278项。外来人口数据项123项，其中基本信息6项，扩展信息10项；专业信息107项。区实有人口信息资源库的建成，为社区信息化应用提供有力的支撑。

3. 利用第三方服务，为社区信息化运行维护提供技术支撑

2003年10月，区信息委就社区网络、服务器和计算机、打印机、扫描仪等设施的日常维护等工作，在人民广场街道开展第三方服务试点，初步形成了一套运作机制和管理办法。在为每个街道强化培训1～2名计算机维护骨干的同时，结合各街道社区信息化运行需求，按市场运作方式，将第三方服务模式在全区各个街道进行推广，解决了各街道社区网络及相关设施的日常维护等问题。

4. 制定管理办法，建立信息维护和系统规范运行长效机制

为有效推进社区信息化应用，区信息委结合黄浦实际，先后制定了《黄浦区人口信息资源库管理办法（试行）》和《黄浦区社区事务“一口受理、内部协办”服务平台管理办法（试行）》，确保区实有人口信息资源库数据及时、准确、有效，社区事务服务系统安全、规范运行，基本形成了区实有人口信息资源库和社区事务服务系统维护、使用的长效管理机制。

（黄浦区信息委）

长宁区江苏路街道：信息化支撑网格化，建设和谐社区

【概况】 从2003年以来，长宁区江苏路街道作为上海市信息化试点街道，通过不断的探索和实践，已形成了一个平台(社区政务管理平台)、一个基础数据库(实有人口数据库)、一批应用系统（社区服务热线一口受理系统、社社区事务一口受理系统、社区突发事件应急群呼系统和社区事务联动处置执法管理系统等）的信息化建设的总体架构。

【社区政务管理平台】 2003年，江苏路街道搭建了“社区政务管理平台”，实现网上办公，街道建立和居委会连为一体的业务系统及其网络支撑（VPN技术），通过政务管理平台的办公自动化日常应用减少了居委会干部来回街道的次数，管理沟通模式更加扁平化。通过建立在政务管理平台上的绩效考核，街道队伍的工作理念得到提升，信息流转和处理速度加快，行政效能和办事效率得到提高；通过政务管理平台上的网上测评和网上调查确保测评、调查的高效准确统计；通过政务管理平台上的民政救助一口上下系统，救助申请的信息反馈周期从原来的一个月缩短到两天，同时将财政拨款外的社会救助内容纳入统计登记，切实支持了民政救助一口上下的实现。

【实有人口数据库】 2003年，街道依据“信息采集互补，基础信息共享，业务流程协同、工作成果互导”的原则，启动了实有人口数据库建设工作。2004年，街道启动实有人口信息属地化采集试点工作，2005年，配合区实有人口平台建立和公安系统的户籍人口交换机制，街道在居委会层面建立了人口信息采集队伍并形成完整的采集维护机制。

通过有关实有人口管理信息化项目的实施，变信息的“一次采集，一次使用”为“一次采集，多次使用”，避免了重复劳动；建立了社区信息化的一个基础信息库，为社区信息化后续应用的展开提供了基础；改变了管理方式，使数据采集、维护与居委会日常管理和服务工作相结合，提高了办事效率，也为政府提供决策支持，实现了对街道实有人口全面准确的管理和服务。

【社区服务热线一口受理系统】 2004年12月28日，街道正式开通社区服务热线“一口受理”系统；2005年3月5日正式启用社区服务呼叫中心，52389022服务热线串起居民生活服务需求。推出综合维修、卫生保健、家政服务、环境质量检测治理、保险延伸服务、社区文化服务、助残为老服务、综合咨询服务等8大类85项，作为热线受理的服务项目，由25家服务单位通过协议约定方式提供服务。

社区服务热线一口受理系统在实有人口数据库的支撑下，社区服务热线电话52389022一响起，居民无需介绍自己，电脑上自动出现该居民的姓名、家庭住址和所属居委会等基本信息以及若干方面附加信息，做到服务精细化、服务心贴心，实现分类服务。接线工作人员在了解相关事宜后，会为其联系相关职能部门或者各类服务的支撑实体，居民群众不出家门，便可享受便捷的上门服务。为了能更好向居民提供服务，在社区服务一口受理的信息系统中街道梳理和整合了市场、社会、政府、社区志愿者等各类资源并进行统一调配，实现了整合服务。通过信息化手段对服务进行全程跟踪、监控，结合电话回访情况，及时反馈、测评服务单位的响应速度、服务质量和居民的满意度，促使服务单位不断提高服务水平，使社区服务逐步形成良性循环的态势。

截至2005年11月24日，社区服务热线共受理居民来电1911个，为居民提供家居、生活、设施等方面的相关服务，热线办结率为100%，居民的满意率达94%。实现社区服务“三全一零”即全方位、全天候、全覆盖、零距离。

【社区事务一口受理系统】 2005年，江苏路街道社区事务“一口受理”的试点工作主要解决社区居民办理民政、劳动、计生、医保等各类事务跑多门、走多趟、办事不方便的问题，使居民原来至少需要跑两次以上

变为只跑一次，努力做到“一次办结”。在整合资源的基础上实行“统一调配、统一待遇、统一培训、统一录用、统一考核、统一着装”的“六个统一”。

街道对中心大厅进行了功能性整合和改造，设接待受理区、综合办理区和协同处理区3个功能区域。将原来14个分条线办理业务的窗口，整合为7个窗口（5个综合办理窗口和2个特殊办理窗口），当场综合办理各条线95项事务，窗口工作人员由此成为“全科医生”。

以上的整合和改造，信息化起到了重要的支持作用。通过事务受理系统，为工作人员提供各条线政策业务知识支撑；通过整合流程，使当场办结的业务由原来的36项增加到现在的61项，提高了更多的社区事务一次办结率；通过条码信息的匹配，对限时办结的事务进行动态跟踪；通过工作流的信息记录，统一考核业务绩效；在各个条线业务系统相对封闭，操作管理责任到人的现状下，通过工作流信息平台支撑，做到责任不乱、工作不断。

【应急群呼系统】 2004年7月16日，街道正式开通了社区突发事件应急群呼系统，主要受理重大事故、公共卫生突发事件、防汛防台、公用事业突发事件、社区救助等八大类别事件。该系统与街道实有人口信息、民政救助、社区居民健康档案等系统相衔接。工作人员根据突发事件类别和应急预案，向相关的单位（责任人）发出应急联动处置呼叫（以每分钟发送20条的速度）。在第一时间整合公安、卫生、工商、消防、物业、居委、街道等各自的应急处置能力，采取措施妥善处理社区突发事件。

【社区事务联动处置执法管理系统】 2005年10月，街道开通了社区事务联动处置执法管理系统。主要针对城市管理日常事务，以市容环境管理为切入点，以信息化为支撑，合理配置和整合社区内的行政资源，切实增强各条线在社区内的发现问题和协同处置能力，真正形成以网格为单位，信息畅通、反应灵敏、处置及时、互相联动、监督有力的事务处置体系。

街道以涉及地区市容、卫生、居民投诉热点的食品加工销售、餐饮（无照无证）、无主垃圾、乱设摊和跨门营业（动态）等18类事件为载体，分解到网格和街道的11家单位。实行由街道办事处统一指挥、各单位分别处置、专门人员进行监督的机制，实现了指挥、执行、监督三者分立，并对执行的过程以信息化手段进行监督。在城管时间发现后经专职协管员核实，社区事务处置值班室在计算机上立案并通过处置系统向相关单位和单位负责人群发短信，通过短信回复情况监管事情的执行进度（不同颜色的指示灯可以及时反映出事件执行的进程，并及时记录处置的速度和时间），在事件汇报处理结束后，由专职的协管员负责检查现场执行情况并统计反馈给相关条线上级单位，为考核行政机关的执行能力提供参考。

（江苏路街道）

卢湾区五里桥街道：贴近市民，求实创新

【概况】 卢湾区五里桥街道积极开展社区信息化试点工作，坚持应用驱动，贴近市民、求实创新，在总结首创社区事务的“一门式”受理近10年的基础上，充分利用信息技术打破条块分割，进一步优化统合社区行政事务服务机构，完善社区事务“一门式”服务，设立了由街道办事处统一领导、规范管理的“社区事务受理服务中心”，构建“一口受理”服务平台，推动体制和机制创新，做强服务功能，做实服务内容，做出服务效果，更好地服务社区群众。

【集中归并分散机构，服务内容得到拓展】 在“一门式”服务基础上，把中心服务事项划分为“政务受理”、“生活求助”、“事务办理”、“咨询服务”和“监督投诉”五大功能。一楼大厅以“政务受理”为主体，实行政务事项“一口受理”。另设“市民求助联动中心”窗口，提供14类200多项生活服务“一口受理”。二楼是各类咨询与信访接待室，承接法律、保健等8大类咨询服务。三楼为协同办理区域，集中办理具体事项。按照政企、政事、政社分开原则，积极整合各办事服务机构与社区

各类服务资源，把政务事务和与老百姓生活密切相关的服务内容一并纳入，扩展服务项目，扩大社会参与，形成政府主导、社会协同管理和服务的合力。

【有效整合服务窗口，办事效率得到提高】 “一口受理”整合了民政、劳动等部门在街道依法设置的58项政务事项，服务窗口从原先按条设立的28个精简到6个“一口受理”窗口，居民在任何一个窗口都可进行多项事务的咨询和受理。建立“一口受理、内部协办”社区事务受理服务平台，将办事流程优化为咨询、受理、办理、回复四个环节。对咨询实行“首问责任制”，对申请实行“收件回执制”，对办理实行“效能监察制”，对办理结果实行“一口回复制”。目前，有21项手续简便的事项，经审查合格，15分钟内可以办结。居民也可通过多媒体终端、网页查询来了解相关信息。办事环节被简化，工作效率明显提高，一些原先跨多个部门、不能当场办结的事务，通过“一口受理、内部协办”，可快速办结或当场办结。

【打破信息壁垒，服务保障体系进一步完善】 “一口受理”既方便居民办事，又实现政策聚焦。“一口受理”系统采集了居民的困难状况和办事情况，使低保、失业、外来人员等条线数据“一网协同、信息共享”，改变原先“电脑背靠背、信息各管各”的现象，促进对弱势群体跨部门地协力帮、优先帮，对于类似上有老、下有小、多重困难的失业、协保人员家庭，保障其享有政策的最大利益和最优路径。现已采集各条线数据33 439条，达到实有人口动态全覆盖，还预留了数据接口，可将信息上传给条线专网和区数据库，以避免重复建设和资源浪费。

【不断拓展服务领域，工作措施更加便民利民】 居民办事通过中心现场服务、社区公共信息服务平台网上服务、市民求助24小时服务热线等多种方式实现。五里桥街道还从空间、时间、资源上不断拓展服务领域，以满足社区居民多层次、多元化的需求。一是以主要路段划分四个服务块区，延伸信息网络设立服务点，使服务半径从原先步行25分钟到中心，缩短为步行10分钟到达服务点。二是延长接待时间，方便上班的居民办事。三是探索代理制，对年老体弱、大重病对象，只要一个电话，中心将通过各服务块区的社工站指派专人上门服务。四是扩大签约入网的服务组织，从起初的百余家增加到270多家，涉及居民日常生活衣食住行方方面面，还拓展到临终关怀等志愿者人文服务。五是将“一口受理”拓展到社会化帮困层面，对政策、亲属、单位“三不靠”的困难对象，由社区社会化帮困组织“城市爱心共助会”实施医药费补贴、学费补助等项目化救助。全方位适需服务进一步便民利民，切实帮助居民解决实际困难，通过服务凝聚民心，增强居民群众对社区的认同感。

【统一规范管理，街道对中心的管理和协调权限得到加强】 在各社区行政事务服务机构责任主体、工作权限、工作指导不变的前提下，由街道负责中心日常管理，统筹窗口设置、人员配备，建立专项经费预算。中心由过去仅为条线部门提供场所、进行条线为主的单一业务管理，向强化街道领导综合性、全方位的科学管理转变，有利于进一步提升行政效能，提高服务质量。

（五里桥街道）

嘉定区南翔镇：夯实基础，乘势而上

【概况】 2004年上半年，嘉定区南翔镇争创为上海市城镇信息化试点单位。一年多来，南翔镇积极贯彻落实市、区信息化工作会议精神，精心组织，结合本镇的实际情况，真抓实干，认真实施和推进信息化试点项目建设，取得了一定成绩：建成了覆盖全镇的信息网络基础设施；信息化管理体制逐步完善；信息化应用项目建设取得阶段性成果。

【城镇信息管理平台】 南翔镇经过几个月的调研和需求论证，梳理了政府各科室、行政职能部门、村（居委）的数据信息以及相互之间的关系，形成了《南翔镇信息管理平台调研报告》，开发了南翔镇信息管理平台。人口、法人和经济信息是城镇管理和服务的基础信息，是各个条线之间不同业务数据整合的基石。信息管理选择以数据整合为突破口，保证各类信息的互连互通，促进资源共享，发挥整体效应和信息化的一体优势，通过核心数据库体系的建设，建设城镇人口、法人、经济信息的数据仓库，构架起区、镇、村（居）委会三级信息采集应用的交互平台，提高了城镇信息收集、分析、应用的能力。

【实有人口系统】 南翔镇是个千年古镇，户籍人口有5万左右，随着经济的快速发展和郊区城市化进程的不断推进，目前生活居住在南翔的实际人口已超过10万。面对这样一个庞大的数字，为了更好地服务于城镇管理的需要，南翔镇在信息管理平台上建立了实有人口系统。在区公安局的数据支持下，共采集到户籍户16 880户、户籍人有47 583人以及45 891条外来人口的基础信息。这些数据在实际使用时还存在两个方面的不足：首先是数据针对的对象不够全面，无法包括人口的实时信息和那些人在户不在人员的信息，另一方面数据包括的内容也不够完整，城镇经常需要掌握的一些数据，比如人员是否享受救助、人员的健康情况等等，在人口基础数据中没有记录。通过实有人口数据库系统的建设，对人口基础数据做了一个修改和补充，以满足城镇管理的需要。实有人口系统的主要用途是通过镇下属的村（居）委会对所在村（居）委实有人口的资料录入、整理，使得各科室人员能够多次反复利用居委会一次采集来的数据，从而使政府能实时地搜集全镇居民情况的完整数据，也避免了村（居）委会频繁上报各科室数据，以此减轻村（居）委会的工作量。另外，政府各科室和基层单位在工作中产生的与人口相关的数据也通过镇信息管理平台与实有人口系统的关联，沉淀于实有人口数据库中，从而修正、丰富实有人口库中的数据，为镇政府工作提供更加准确、真实、丰富的数据。

【经济城信息管理系统】 南翔镇有6个经济城，其中最早的成立于1994年，最年轻的成立于2004年7月，全镇共有招商企业近2万户，税收数据达30万条，其中入驻企业最多的经济城已达到1万户，税收数据接近20万条，而且每年都在以100%的速度递增。面对日益庞大的基础数据，传统的管理模式显然跟不上形势发展的需要，同时镇领导和有关部门也迫切需要对这些原始数据进行分析管理，以提供决策依据。在这样一个需求强烈的导向下，结合此次城镇信息化试点的契机，围绕全镇的经济中心工作，调研开发了集统一入口、数据独立、资源共享、运行稳定的经济城信息管理系统。系统立足做好招、留、亲三部曲，打破条线之间的数据壁垒，将招商信息、工商信息、税务信息、税收信息入库，形成完整的企业数据库。整合了这些经济数据之后，可以对注册在南翔各个经济城的企业进行综合管理和服务，对经济城内部部门和人员进行绩效考核，对企业经营状况进行监管，为经济城的企业决策提供数据分析和统计的支持，也为经济城领导、镇经济管理部门、镇领导管理和决策分析提供了详尽和真实的数据支持。

【阳光财务信息系统】 为了规范管理南翔镇的集体资产，确保政府资金的正常运转，借助2004年城镇信息化试点的契机，在全镇8个村、2个财务中心、9个镇属公司、6个经济城、2个工业开发区、5个政府职能部门包括机关实行财务管理信息化，推行会计电算化的网络化应用。在各单位的财会部门，选用了成熟的财务应用软件，独立安装，个性化配置，从而一改几十年不变的传统做账方式，取消了纸质的账簿，方便查询和统计。在镇政府层面，在统一信息平台上构建财务信息系统，分类收集、汇总全镇各单位的经济报表系统，为镇经济管理部门提供了全新的工作手段，变被动为主动，可以随时调用基层单位的账本进行查询，加大了政府监管的力度。

【公共信息服务平台】 南翔的门户网站——“古猗网”是镇公共信息服务平台的载体，创办于2001年9月28日。网站主要开设有新闻、政务、党建、教育、旅游等10个频道，内容涉及了南翔镇的政治、经济、文化等社会生活的各个领域。该网站依托东方网的技术平台，立足南翔自身实际，本着展示古镇形象，服务南翔发展的宗旨，成为了集便民性、服务性和可读性于一体的政府综合性门户网站。经过几年的运行，页面由原来初建网时的100多页发展到1 000多页，子系统由原来的二级目录拓展到四级目录。2004年9月28日，网站进行了第二改版，内容进一步充实，质量进一步提高，功能进一步完善。通过门户网站，建立了对外宣传和交流的窗口，投资者可上网了解南翔的投资环境、资源优势和优惠政策，市民可及时了解政务信息公开、最新工作动态，并下载相关办事表格，通过领导信箱将建议和意见发馈给政府相关部门，缩短了市民和政府之间的距离，促进了政府工作职能的转变和工作作风的改进，更好地为民服务。

（南翔镇）

第六编

城市建设和交通领域信息化

综　述

2005年是上海市建设交通系统在信息化领域基础研究不断深化、重大应用不断拓展、建设成效不断显现的一年。一是地下空间信息基础平台及其关键技术研究已经起步。通过物探调查、地质勘探调查、地下建筑物调查、地下交通网络调查，获取地下综合管线、地质资料、地下建筑、地下交通设施等信息，利用地理信息系统（GIS）技术使其建立在上海城市同一坐标系下，并结合上海城市地理信息基础数据平台信息，与地面空间信息形成整体的、具备数据维护更新能力的地下空间信息基础数据及共享应用基础平台，对提高上海城市安全防范和综合竞争能力将起到积极的作用。二是城市网格化管理研究与综合管理信息平台建设初见成效。以现代城市基础设施管理为重点的城市网格化管理，综合利用了地理信息系统（GIS）、全球定位系统（GPS）、遥感系统（RS）等多种现代信息技术，已建立了全市统一的综合管理信息数据库和市、区两级信息平台，实现了综合管理信息数据库市、区、街道三级共享，市、区两级信息平台达到了互联互通，推进了管理对象、管理过程、管理决策的数字化，实现了对管理对象在空间、时间和责任上的精确定位，提高了城市管理的量化水平和精细精准度。同时，通过条块联手、整合资源、再造流程、强化监督，使城市管理中的作业（服务）、管理、执法、监督等4个环节真正形成有机衔接、科学合理、高效有序的闭合系统，使城市综合管理的能力与水平得到全面提升，在国内处于领先地位。三是智能交通应用系统逐步拓展。作为全市发展智能交通系统（ITS）先期项目之一的中心区道路交通信息采集与发布系统，目前已实现了区域内道路交通信息的交换与共享，并通过可变电子信息显示系统及时发布相关交通信息，初步形成了以市交警监控中心、市快速路监控中心为道路交通信息源，市交通信息中心为信息共享、交换枢纽的“上海市中心区交通信息采集系统”基本框架；轨道交通“一票通”系统的建成与使用，使轨道交通乘客可“同一站换乘，一次购票，乘距连续计算”，即一次购票完成出行，系统自动连续计费，方便了乘客换乘，降低了乘车支出。目前，各有关部门以业务应用为核心，以GIS应用为切入点，形成了各具特色的业务应用系统，为履行管理与服务职能提供了有效的支撑；在此基础上，探索建立了基于公务网的空间信息网格（SIG）信息共享与交换平台，实现了空间基础地理信息与房地、规划、市政、公安、水务、交通、绿化、环卫、民防等专业数据在相关部门间的共享与交换，形成了集中式基础空间地理数据库与分布式专业空间地理数据库相结合的空间地理数据库群，现已有37个空间地理数据图层。

（市信息委社会处）

第一章 重点项目

概 述

2005年，市建设交通系统围绕“科教兴市”主战略，紧扣“城市管理对象数字化、城市管理过程数字化、城市管理评价数字化”这个主要思路，为实践信息化带动城市管理现代化开启了新的篇章。由市建设交通委组织实施的“12319城建服务热线”、“上海市中心区道路交通信息采集系统”、“上海城市网格化管理信息系统”等信息化重大工程，是历年在信息化方面投资规模最大、涵盖行业最多、技术要求最高、协同范围最广、与城市管理关系最紧的应用工程，也是对城市管理产生影响和效应最为明显的信息化举措。同时，这些信息化工程也体现出系统性强、整体要求高、影响面广、触动力大等主要特征。市建设交通委提出的“城市管理现代化以信息化为突破口”的战略思路，找准了城市管理与信息技术的结合点和着力点；以实施重大和整体的信息化工程作为抓手，可扩大和延伸信息化在全系统的作用和效应取得了事半功倍的效果，信息化应该已成为城市现代化管理的基本要素。

（唐定富）

一、城市网格化综合管理信息平台

按照构建社会主义和谐社会的总体要求和市委、市政府领导关于探索城市网格化管理的指示精神，2005年初，市建设交通委会同各相关部门，在学习借鉴北京市东城区城市网格化管理经验、深入调研上海市近年来“社区管理网格化”实践的基础上，就如何进一步加强条块的紧密结合，构筑整体、精细、协调的现代化城市管理模式，形成城市管理的长效机制等问题，与长宁、卢湾等区共同探讨，形成了“城市网格化管理试点实施方案”，并在两区积极开展了试点建设工作。

总体建设思路

市建设交通委从特大型城市管理的实际出发，以推进城市管理信息化作为贯彻落实“科教兴市”主战略的具体行动，通过条块联手、整合资源、再造流程、强化监督，大力推进城市管理的“三化”，即：以社区为基础，构建城市管理的网格化；以区县为单位，实现城市管理的信息化；以条线为依托，完善城市管理作业服务的市场化。通过“三化”，将使城市管理中的作业（服务）、管理、执法、监督等4个环节真正形成一个有机衔接、科学合理、高效有序的闭合系统，全面提升城市综合管理的能力与水平。

网格化管理实施要点

城市网格化试点建设主要以1万平方米为基准，在管理辖区内划分单元网格；确定城市管理的部件与事件，对部件进行详细的地面调查和物理定位；对网格及部件、事件按规则进行统一编码；确定部件、事件的管理标准和处理流程；开发供网格监督员使用的手持移动终端；建立区级监督指挥平台，发现并解决问题；建立市级监管平台，收集信息，分析情况，决策参考。

系统建设主要内容

网格化系统建设的主要内容包括：系统总体设计；明确工作流程；开展数据调查和标准化工作；确定网络通讯方案；进行市、区两级平台的场地建设和相关人员培训等。

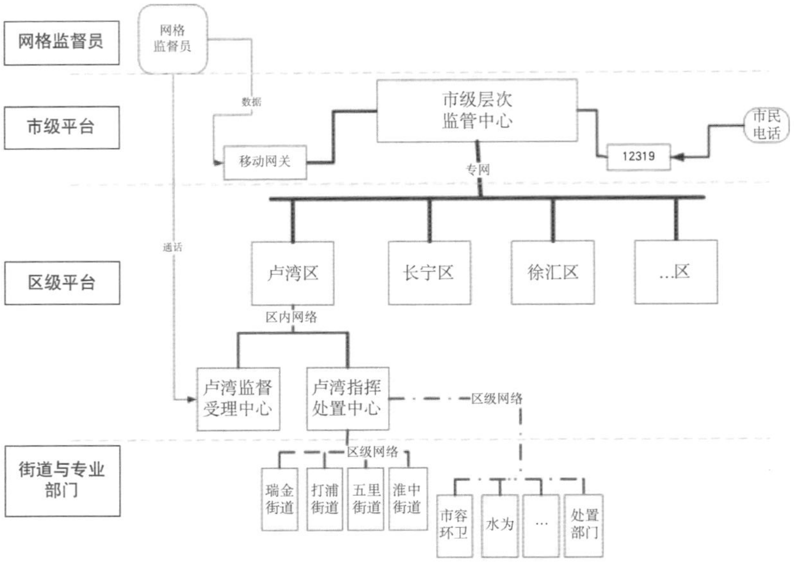

总体构架示意图

【系统总体设计】 上海城市网格化管理系统主要由网格监督员、市级监管平台、区级监督指挥平台、专业部门四个层次构成。

【明确工作流程】

1. 网格监督员

网格监督员主动对监管范围内的部件、事件进行巡查，发现问题后利用手持移动终端及时上报；同时，按照区监督中心的指示，对已解决的问题进行核查，并将核查结果反馈至区监督中心。

2. 市级监管平台

市级监管平台主要功能：①发布基础信息。如发布电子地图、影像图，以及部件、事件和网格的标准编码；转发监督员报送的信息（图像、文字、声音）、“12319”报送的信息和区级平台上传的任务派遣信息等。②收集信息。平台主要收集立案情况、派遣情况、处置情况和核实情况，并与区监督中心保持信息同步。③统计分析。平台根据网格化管理过程所收集到的信息，统计分析城市管理中出现的各类问题。④综合评价。平台根据网格化管理过程所收集到的信息，综合评价解决城市管理问题的能力和水平。

3. 区级监督指挥平台

区级监督指挥平台在体制上分为事权分离的监督中心和指挥中心两部分，在物理上是一体化的硬件平台。①监督中心：接收网格监督员上报的部件、事件问题信息；综合判别后对问题进行立案；将问题送达指挥中心进行处理；将指挥中心反馈的处理结果交网格监督员核实；确认问题处理完毕后结案；综合评价发现与处理问题的情况。②指挥中心：受理监督中心的任务派遣；通过工作平台将任务转发到专业部门进行处理；接收专业部门的处理反馈结果并转送监督中心进行核实。

4. 处置专业部门

处置专业部门主要接受指挥中心派遣的任务；派出作业(服务)队伍赴现场处理问题；将问题的处理结果反馈至指挥中心。

【开展数据调查和标准化工作】 数据调查按五大类84种城市管理部件在网格化管理试点区域内进行详细的地面调查，调查同时还采集门牌号码及表示方位的地理参照物等，并将调查得来的数据定位标注在1:500、1:1000和1:2000的地形图上。经初步统计，试点的卢湾区约有18万个部件，长宁区约有43万个部件。

标准化工作主要包括：分别采用统一的1:500、1:1000和1:2000数字化地形图、遥感影像图；按照建设部制定的标准划分网格，并对网格、部件和事件进行标准化编码，制定规范的部件、事件处置的工作流程。

【确定网络通讯方案】 市建设交通委通过调研、考察，并结合试点区网络的实际情况，以安全、稳定、可靠、运行成本低和维护责任清晰的原则，在公务网非涉密域、政务外网和电信专网、移动专网、有线电视网等网络中选定了3种方式的网络通讯方案：通过移动通信平台及租用移动专用线路构成网格监督员与市级监管平台的网络通讯链路；租用上海电信专用线路构成市级监管平台与区级监督指挥平台的网络通讯链路；利用试点区已有的网络资源构成区级监督指挥平台与专业部门的网络通讯链路。

【进行市、区两级平台的场地建设和相关人员培训】 市、区两级平台的场地建设包括市级监管平台和卢湾、长宁两个区级监督指挥平台的场地建设，主要内容是场地装修、网络设施的布设、大屏幕及控制台的设备安装、调试等。

相关人员培训即是对网格监督员、平台操作、管理人员和“12319”接线员的培训，主要包括部件、事件的管理规范，问题立案、处置、核查的技术操作，手持移动终端的使用操作和市、区、专业部门的联动等内容。

实施网格化管理的重要意义

网格化管理通过社区综合管理与行业专业管理的紧密结合，实现了城市管理模式的创新。一是网格化管理模式以信息技术为核心，实现了管理手段的创新；二是网格化管理模式以资源整合为核心，实现了管理流程的创新；三是网格化管理模式以监督评价为核心，实现了管理机制的创新。城市管理网格化模式以信息技术为核心，以社区网格单元为基础，以社区“块”的协调和行业“条”的管理相结合为标志，以建立指挥、监督两大体系为特征，推动了城市管理问题的及时发现、快速处置和有效解决，实现了城市管理由定性向定量、粗放向精细、被动向主动、突击向长效的转变，是城市管理模式的一次变革、创新，是推进上海城市管理现代化的重要抓手。　（何　承）

二、土地房屋综合管理信息系统

2005年，作为上海市科教兴市领导小组批准的首批29个重大项目之一的“上海市土地房屋综合管理信息系统”取得了阶段性成果。除了对已建的信息系统进行推广应用之外，还进一步推动了综合服务平台、土地管理分系统和房屋管理分系统的建设。

1. 综合服务平台

项目组根据百姓、企业及政府机构的服务需求，结合市房地资源局现有的信息化设施及服务能力，先后对“上海市房地资源网”和“网上房地产”两个网站进行了全新的改版，在服务模式和服务内容上有了进一步突破，其中“上海市房地资源网”在2005年度的政府部门网站评议中处于领先水平。此外，对“综合业务系统”进行升级改版，建成市区统一集中的办公办文平台，目前该系统完成了设计开发和各区县的部署工作，并已上线试运行。

2. 土地管理分系统建设

根据市房地局土地处的业务需求，进一步完善了土地交易子系统的功能，目前该系统已在全市范围内全面推广和使用；建设土地审批子系统，对土地审批过程进行全面管理和控制，该子系统已投入使用。

3. 房屋管理分系统建设

对已建成的“公房管理子系统”和“物业及修缮保护子系统”进行了测试和验收，并进一步扩大房屋管理分系统的应用，建设“拆迁管理子系统”、“廉租管理子系统”和“物业电子收费管理子系统”，目前这3个子系统已建设完毕，进入试运行阶段。

4. 机房监控系统建设

根据市房地局信息安全的需要，建成机房监控系统。该系统对房地局内部所有的硬件、软件、网络和信息系统进行全面监控，系统的建成将提高房地局信息安全水平。

（王颖东）

三、上海市中心区道路交通信息采集系统

上海市中心区道路交通信息采集系统工程（以下简称“信息采集工程”）范围为内环线以内高架道路、与“申”字型高架及与上下匝道相关的地面道路和79条主干道。2003年起开展工程可行性研究等前期准备；2004年4月底，该工程正式开工。经过各方共同努力，2004年12月下旬，系统投入试运行；至2005年12月底，工程竣工并通过验收。

信息采集工程建设

目前，信息采集工程已建成共享平台系统、快速路交通信息采集系统、地面道路交通信息采集系统。在工程实施区域内达到了高架道路视频监控全覆盖，地面道路基本覆盖；高架道路交通流数据采集全覆盖，地面道路基本覆盖。同时，市建设交通委通过制订数据、通讯、操作等标准，建立了该区域道路交通数据传输的网络通信系统，实现了该地区道路交通信息交换与共享，并以该区域道路交通信息为基础，建立了以可变电子信息显示、广播电台等为主要手段的道路交通信息发布系统，初步形成了以市交警监控中心、市快速路监控中心为道路交通信息源，市交通信息中心为信息共享、交换枢纽的“上海市中心区交通信息采集系统”基本框架，为进一步研究、制订上海市智能交通系统发展规划提供了基础和依据。

信息采集工程主要实施内容包括：①完成对共享平台、上海市交警监控中心、上海市快速路监控中心，包括中心设备、机房及所需的附属设施的建设；②对内环线、南北高架道路通过线圈方式来实时采集快速路交通信息；对内环以内79条地面主干道通过SCATS系统、视频监控等方式实时采集地面道路交通信息；③在快速路和地面道路设置各类电子信息诱导板共46块；④在快速路和地面道路设置视频监控；⑤建立覆盖快速路和地面主干道的区段通信系统，包括开孔、光缆敷设、通信设备安装、调试等；⑥编制应用软件；⑦完成系统集成和总体调试。

实施“信息采集工程”的意义

“信息采集工程”是针对上海市中心区实施的交通信息化和智能化的工程项目，是上海市发展的基础性项目之一。该工程项目与上海市其他智能交通系统相关项目的先后启动实施，意味着上海市的发展开始了一个新的里程碑。

1. 存储与共享平台

现阶段共享平台的工作目标是将快速路和地面道路交通信息监控系统的交通信息进行互联共享，结合GIS应用在统一的通信平台上进行两个子系统的信息互通共享。从远期的发展来看，今后其更重要的任务是接入其他职能部门的应用系统，使之成为上海市的交通综合信息平台。

2. 信息汇聚

该系统汇集了从快速路、地面路到公共交通的各种信息，采集途径涉及视频图像、地面线圈捕捉、GPS定位等各大门类，所取信息丰富详实。

3. 信息服务

该系统提供所有相关信息的统计和分析，可供政府及运营部门研究决策，同时作为实时信息发布的信息源，通过有关服务机构为公众提供全方位、多形式的服务。

（刘　栩）

四、上海市交通信息中心组建

交通问题始终是城市发展需要优先考虑并认真加以研究解决的重大问题，上海作为特大型城市，正面临供需矛盾日益突出、拥堵压力不断增加的严峻形势，如何提高上海的交通管理水平，最大限度地发挥交通设施作用，改善城市交通的通行状况，是亟待研究与解决的课题。成立上海市交通信息中心，加快综合交通信息平台建设，有效整合全市各类交通信息资源，形成上海交通信息化建设的核心主体，有利于推动全市交通信息化的协同建设，提高交通信息资源的综合利用，提升交通领域的信息化水平，促进交通领域信息产业的发展，加快智能交通系统的形成。

根据杨雄副市长的要求，从2005年4月开始，由市建设交通委牵头，组成了由市建设交通委、市信息委、市科委、市市政局、市城交局、市公安局交警总队等单位参加的上海市交通信息中心筹备工作小组，对全市交通行业相关管理部门、科研单位以及交通运营、车辆生产、信息服务等企业进行了分层次、分类型的调研，了解和掌握了各部门交通信息化工作的基本情况，及其相关单位和企业的用户需求。根据调研的情况，工作小组拟定了上海市交通信息中心组建方案的初稿，并以集中与书面的方式，征求了相关单位和部门的意见。8月中旬，在充分听取各方面意见和建议的基础上，工作小组形成了交通信息中心的组建方案和综合交通信息平台的建设思路；9月16日，在市政府专题会议上向市领导以及市信息委、市科委、市市政局、市城交局、市公安局交警总队等单位的领导作了汇报，得到领导的认同。根据市政府领导的指示，按照市建设交通委的部署，在市信息委、市科委、市市政局、市城交局、市公安局交警总队等单位的协助下，上海市交通信息中心经过筹备，计划于2006年1月正式挂牌。

上海市交通信息中心直属市建设交通委，是以为政府、社会公众和相关企业提供交通信息服务为主的公益性事业单位。同时，它将成为全市交通信息资源的数据中心、交通信息共享与交换的枢纽和交通基础信息提供、发布的主渠道。其主要职责为：协助编制上海市智能交通系统发展规划；组织和协调全市交通信息化相关工程建设的实施；负责全市交通信息资源的采集、整合、处理和发布；负责全市交通信息平台的建设、运行和维护；负责全市交通信息化工程建设方案审核的初审。

2006年，交通信息中心将把综合交通信息平台的建设作为首要任务加以实施；将结合综合交通和智能交通学科中心确定的研究课题，抓紧开展道路交通信息采集与发布系统二期工程的预研究；配合相关部门，组织开展世博会交通信息化建设方案的研究；另外，还将承办领导交办的其他各项工作。

上海市交通信息中心的成立，将标志着上海市交通信息化工作有了一个比较专业的技术机构和综合的信息共享交互平台；意味着上海交通信息化工作在资源整合、综合管理、应用服务等方面有了更高的目标，蕴含着全市各级领导对上海交通信息化工作的殷切期望。交通信息中心将努力做好参谋、支撑与服务工作，主动与各相关单位协同合作，形成全市交通信息化工作的合力，充分发挥交通信息化对改善、优化、提升上海交通运行状况的促进作用，努力为世博交通提供技术支撑和服务。

（何　承　焦袁欣）

五、地下空间信息基础工作

在前两年前期准备的基础上，2005年上半年，市建设交通委对地下空间信息基础工作项目主要进行了可行性研究报告的撰写修改和补充完善，以及对专业单位的数据调查、部分应用单位的需求调查和项目实施机构筹建、项目整体性启动的准备等工作。6～8月，市建设交通委先行开展了项目的初步设计工作。8月31

日，项目工程可行性研究报告获市发改委批复；11月20日，项目实施协议正式签订；12月，项目初步设计获市建设交通委批复。

按照市发改委批复，项目将分成3个阶段实施：第一阶段以平台设计和标准制订工作为主，并开始数据收集工作，同时进行平台软硬件环境的建设；第二、三阶段分别以数据建设和平台系统建设工作为主。2005年9月～2006年6月为项目第一阶段，按计划，目前正在进行平台建设的部分技术、标准的研究。2006年1月，市建设交通委将主持召开项目推进工作会，并建立项目推进工作小组。在推进工作小组成员单位的协调配合下，项目的资料收集工作到时也将开始启动，数据标准研究、数据收集处理、系统数据库结构研究设计等，已取得初步成果。（倪丽萍）

六、轨道交通“一票通”系统

轨道交通“一票通”即“一票换乘”系统是城市轨道交通建设中的自动售检票（AFC）系统，也是轨道交通建设中一个重要的信息控制系统，它是基于计算机、网络、通信、自控、微电子、机械和传感技术等多项现代科学技术研究及应用于一体的综合型信息化应用系统。

上海市轨道交通规模

到2005年底，上海市投入运营的轨道交通线路有1、2、3、4和5号线，市区基本形成了“申”字型的主干轨道网，通车里程达123公里，共有80多个车站和4个换乘站。周一~周五的日均客流（以进站计）约350万人次、上下班高峰时段（7~9时、17~19时）客流（以进站计）约118万人次、5条线之间的换乘客流约35万人次。根据轨道交通路网运营的要求，以2004年所制定的上海市城市轨道交通自动售检票系统的城市公共交通卡、单程票和通用技术规范为基础，上海在2005年先后完成了1、2和3号线AFC系统的“一票换乘”改造工作，以及4、5号线AFC系统的新建工作，并同步建成了全路网运营必需的轨道交通清分系统。

“一票通”系统的构成与主要功能

“一票通”系统由票卡与售检票终端设备层、车站系统层、线路中央系统层、轨道交通清分系统与交通卡清算系统层等4个层次组成。“一票通”系统采用运行于小型机Unix操作系统、大型关系数据库管理系统环境的应用软件，并通过多进程调度和系统管理软件实现对应用软件运行的有效管理，而分布在系统线路上的终端设备包括：进站检票机、出站检票机、自动售票机、半自动售票机、半自动补票机、增值机、验票机等。整个“一票通”系统的关键技术涉及通信的及时和准确、数据传输的安全和可靠、账务结算的快速和准确、数据存储的安全和合理以及统计报表与分析处理的动态和实用等方面。该系统实现的主要功能是：票务发行与管理、账务管理、运营管理、数据安全、客流统计及统一运营参数、协调运营模式和数据清分等。

上海市“一票通”系统的成功运行，表明了全市轨道交通的自动售检票系统的建设能力已从技术起步阶段进入到了成熟发展阶段，并具备独立开发具有自主版权的应用软件和部分关键设备生产的能力和开发具有自主版权的路网换乘清分结算系统软件产品的能力。

（王长年）

七、“数字工地”建设

如何强化政府对建设工程安全质量的监督管理，提高各级建设工程安全质量监督站的监管力度和工作水平，并有效遏制安全质量事故的发生，是各级建设行政管理部门及工程安全质量监督站关注的一个焦点问题。“数字工地”系统是指在工程项目的建设过程中，全面应用现代化信息采集、传输、处理技术和自动化控制技术对施工现场的安全质量行为进行动态的、实时的采集，监督和分析决策的系统。“数字工地”系统由上海市建设工程地理信息系统（C-Gis）、建设工程安全质量监督现场信息采集系统（“建管通”）、重点工程现场远程监控管理系统组成。

上海市建设工程地理信息系统（C-Gis）建设

上海市建设工程地理信息系统（C-Gis）、通过在项目报建阶段完成建设项目“点”的地理信息采集，通过在施工招投标阶段实行建设工地的总平面图的电子化，完成了“面”的地理信息采集，将建设工程工地的地理信息采集到了信息系统中，并使之和日常工程项目信息结合，形成了以空间位置为线索的项目综合信息查询和分析系统。该信息系统的形成，为安全质量监督提供了空间位置的信息，为工程应急处置提供了定位和项目信息。

上海市建设工程安全质量监督现场信息采集系统（“建管通”）建设

建设工程安全质量监督现场信息采集系统（“建管通”）是一个将建设工程的各种标准规范（特别是强制性标准和验收规范）及规范化的监督检查表集一身，与建筑建材业管理信息系统紧密连接的掌上电脑系统。它的应用，将规范监督员到工地现场的行为，并将“检查内容，如何检查，检查结果”通过“建管通”记录下来，汇总到建筑建材业管理信息系统中。该系统按照规范化、程序化原则，解决了施工现场政府监管中“查什么、怎么查、查的结果如何管理”3个方面的问题，为建设工程安全质量监督站提供了一个完整的解决方案。

现场远程监控管理系统建设

远程监控系统基于网络通讯传输、无线通讯传输、网络数据库、数据分析、预测、决策、预警等高新技术，综合了施工、监理、监测、管理等多种信息，其监控中心可自由设置，是移动、灵活、智能、高效的管理系统。该系统结合工程风险管理，在工地上，可针对重要危险“源”，配置图像和重要参数监控系统，并采用无线或互联网络将工地的现场情况显示在监督系统上，实现了远程监控和危险预警。

目前，该系统主要在轨道交通工程中应用。自2000年在轨道交通明珠线二期试运行成功以来，已在上海轨道交通1号线北延伸、6号线、7号线、8号线等多条线路中得到全面的推广应用，发挥了巨大的作用。同时，该系统正在或准备在洋山深水港同盛物流园区、轨道交通4号线董家渡事故修复工程、崇明越江隧道工程、浦东机场二期地下穿越工程等重大工程中推广应用。2003年，《深基坑工程自动监测技术与预报系统的研制与应用》课题的完成，使该系统的自动监测和预报的功能更加完善。

远程监控管理系统经过几年的不断使用、调试、修改和完善，已具有工程建设安全管理所需的基本功能，能为工程的安全建设管理提供可靠的保证。

（沈 宏）

八、生态建筑智能集成控制系统

生态建筑亦称为绿色建筑、可持续发展建筑，其能够在建筑全寿命周期内（规划、设计、建造、运营、拆除/再利用），通过高新技术和先进适用技术的集成应用，降低资源和能源的消耗，减少废弃物的产生和对生态环境的破坏，为使用者提供健康、舒适的工作或生活环境，最终实现与自然和谐共处的目的。

2004年，由上海市建筑科学研究院总体负责，上海建筑相关领域12个交叉学科团队协同攻关的上海市科委重大科研攻关项目“生态建筑关键技术研究及系统集成”、2004国家科技部“十五”攻关项目“绿色建筑关键技术”和示范建筑完成。示范建筑通过精妙的总体设计，将自然通风、自然采光、太阳能利用、地热利用、中水利用、生态建材和智能控制等高新技术进行有机结合，充分展示了生态建筑的魅力和广阔的发展前景。

建筑智能技术即建筑智能化技术，其目的就是把有限的资源和有限的建筑空间进行综合开发利用，为人们提供舒适、安全、便捷的工作与生活环境，并且有效地节省建筑运行费用，保护环境和降低资源消耗。建筑智能技术能最大限度地激励人的创造力，提高工作效率，并为建筑配置大量智能型设备。建筑智能技术涵盖了数字通信技术、控制技术、计算机网络技术、多媒体技术、通信技术、传感器技术及数据库技术等高新技术，且以上述技术为基础构成各类智能化系统。

“生态建筑”的室内居住、工作环境，是一个包含温度、湿度、通风、照明、空气清洁度等各项指标的综合评价和自动平衡系统。建筑智能技术实施对建筑内一系列的高效能源和环境控制设备，如节能空调、新型能源空调、遮阳顶棚、外窗遮阳板、遮阳百叶、机械通风装置、公共照明等按照节能环保模型进行综合自动调控，实现设备间协同动作，以达到节能及舒适性效果。

生态建筑要达到长期“生态”的目标，智能技术必须要解决以下几项关键技术。

1. 建立环境综合调控模型

处于“生态建筑”运行核心地位的环境综合调控系统，以人体对室内环境的舒适度为标准，根据各项参数对舒适度的影响，建立了室内环境动态舒适度模型。该模型能根据运行季节模式及室内外环境参数的变化，调控相应的设备（如通风系统等），实现了对室内各部位的温度、湿度、风速、光线、亮度等参数的自动调节；同时，通过对先进的空气清新设备及新风

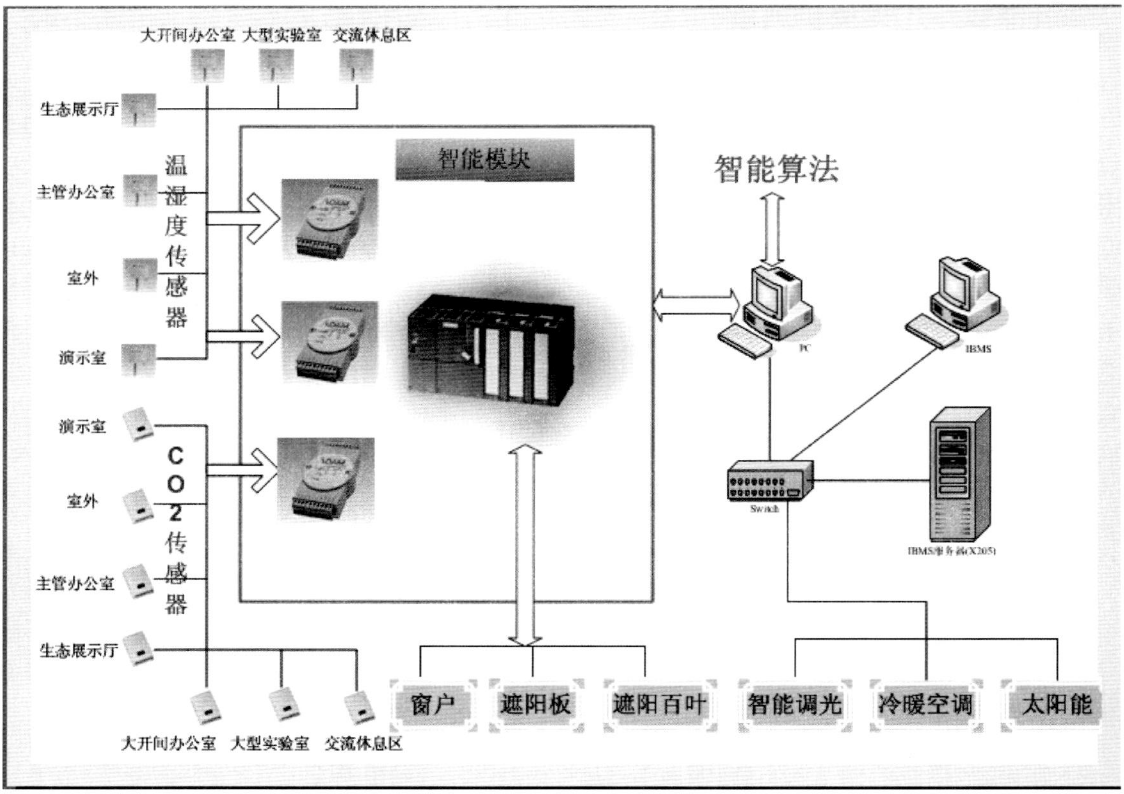

环境综合调控系统

系统进行实时监控，改善了室内的空气质量。用户也可以根据自己的喜好定制个性化的环境标准。

2. 实现建筑节能实时监控

建筑节能的整体性能监控、诊断技术是“生态建筑”运行管理的关键技术，也是智能化技术的难点。建筑中的中央空调系统是耗能“大户”，为了对大型中央空调系统运行能耗实施节能控制，就需要建立一套能对空调运行进行实时监控的节能监控软件系统及相应的监控平台，该软件系统在空调系统优化调节控制过程中，采用自学习模式，建立起空调系统的优化运行自动控制模式，实现空调系统低能耗运行调控、负荷的预测等功能。

由于“生态建筑”会采用其他的再生能源，如：太阳能空调、太阳能光电和光热、地热、风力等。如何有效地利用、保存这些能源也是建筑节能实时监控系统要实现的功能。

3. 集成平台（IBMS）

“生态建筑”中运行了许多系统，为了对这些系统实施统一的管理，优化运行模式、节约运行成本、提高建筑物的服务，IBMS运用通信技术、计算机网络、控制技术和集成系统软件，将构成智能建筑的众多子系统各自独立分离的设备、功能和信息集成到一个相互关联、完整和协调的综合网络系统中，形成一种能够涵盖信息的收集与综合、信息的分析与处理、信息的交换与共享的能力统一的集成系统运行平台，使各系统信息和功能得到高效、合理的分配和共享。

IBMS系统是一套以中央管理系统和数据库为中心，通过不同的网关接口，将各子系统进行系统集成，在这基础上自动完成数据采集、存储、分析工作的建筑智能管理集成系统。系统集成的目标是以系统集成、功能集成、网络集成和软件界面集成等多种集成技术为基础，通过公共的高速通信网络，构筑起一个结构合理、性能良好、安全可靠的网络平台，实现信息、资源和任务共享，完成集中与分布相结合的监视、控制和综合管理功能。IBMS是“生态建筑”经济、环保、节能、便捷、安全、受控、协调运行的技术保障。

（何孝磊）

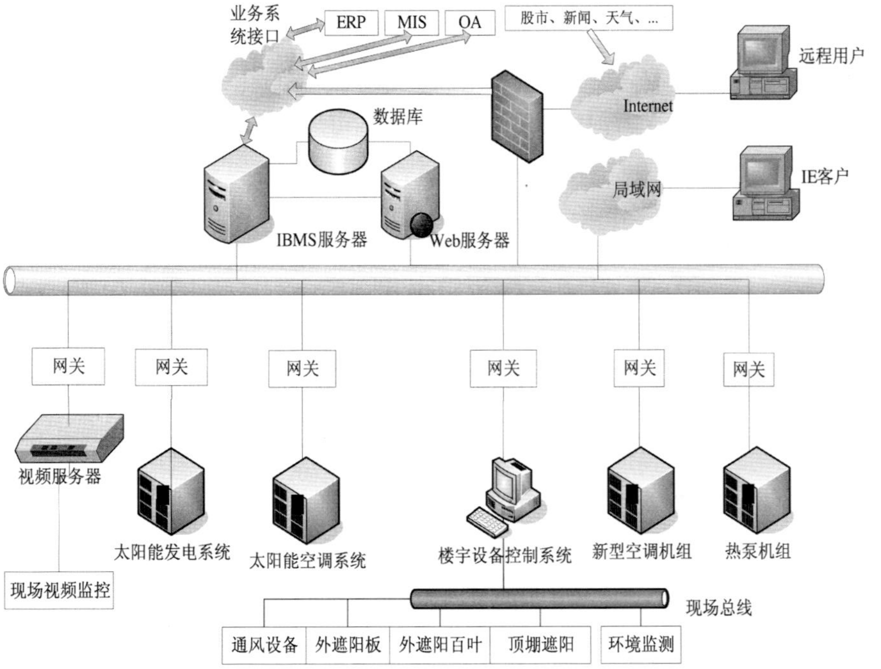

智能集成控制系统图

第二章　城市建设和交通业务信息化

概　述

上海市城市建设和交通领域的各相关业务部门，紧紧围绕业务工作，充分发挥信息化对提升管理服务质量与效率的支撑、促进和保障作用，形成了建设与应用的良性互动。市防汛公共信息平台汇聚了气象、海洋、海事、水文、水利、供水、排水等行业的10个实时管理信息系统以及两个视频会议和视频监控系统，形成了综合防汛应用数据库，在历次防汛防台指挥调度的水资源应急处置中发挥了重要作用；环境监控集成系统和危险废物转移五联单管理系统可对环境质量（包括水、气、声）和重点污染源废水在线监控，对全市危险废物转移进行动态监控；土地房屋综合管理信息系统在综合业务管理、土地审批管理、物业管理、拆迁管理、住房保障、网上二手房交易等方面进一步完善；公交信息化全面启动，网络化公交信息管理平台投入使用，实现了公交营运车辆的智能控制和在线监控，电子站牌可为公众提供多样化的信息服务；防空警报网已完成在中心城区的配置，民防指挥信息系统基础平台、数据库和移动指挥所建设有所突破，市区两级民防网络互联已达16个区县；港航行政执法系统可将港航行政执法系统各单位有关具体行政行为、机构信息等数据及案例进行信息管理；工程安全质量监督管理系统则形成了一个智能化、向导型的港建工程安全质量监管业务体系，可有效进行全局性的控制管理；内河航道管理地理信息系统为航道管理、规划、建设、养护等提供了基础信息，并可辅助航道管理与决策。同时，上海口岸电子舱单数据中心的舱单报送和统计分析试点工作取得了初步成效；在快速道路网的交通信息采集、处理和共享方面，全市统一了高速公路和中心城快速路之间的GIS编码、数据传输、视频共享等系统互联技术标准和规范；交通联动诱导信息发布，对全市高速公路和中心城快速道路网的交通流平衡、交通控制协调起到了关键作用；绿化管理地理信息系统建设全面展开，已完成了全市公园、环城绿带、行道树、古树名木的信息核查工作；市容环卫监控、环卫作业、景观灯光集中控制、水生植物监控等系统建设，有效提升了市容环卫工作的质量与效率；地震监测、地震安全性评价、紧急救援体系等为城市规划与建设提供了科学支撑；上海邮政以信息技术改造提升传统邮政，促进了业务结构和生产组织结构调整。此外，公交“一卡通”系统已开通了公交、地铁、轻轨、出租、轮渡、高速公路、停车场、加油站等10多个相关行业，在国内率先建成了简便、快捷、安全、高效的公共交通付费网络。

（市信息委社会处）

一、水　务

2005年，上海市水务局“以需求为导向，以应用为核心”，坚持以实用安全为前提，在实施中首选先进、成熟、可靠、适应水务行业特点的信息技术，按照既满足行业管理和业务开展的自身需要，又满足政务公开、公共服务的社会功能的要求，开发完成了一大批信息化建设项目。截至2005年底，市水务局已完成的信息化项目主要有：

1. 市防汛风险决策支持系统

防汛风险决策支持系统包括：防汛水情工情信息采集系统（二期）、防汛信息服务网、市区两级防汛视频会议系统、防汛视频监控系统和移动灾情信息采集系统等。目前，该系统已初步实现信息采集自动化、信息传输网络化、信息处理实时化，预报决策智能化、指挥监测可视化的建设目标。

2. 市水务局电子政务系统

电子政务系统包括：水务局办公自动化系统、水务局政府信息公开管理系统、水务热线信息系统、水务局门户网站、水务局网上办事系统等。该系统已初步实现改善办公方式，明确职责分工，规范办事流程，促进制度建设，沟通社会公众，提高服务质量的建设目标。

3. 水务设施调度监控系统

水务设施调度监控系统包括：水务大楼智能化信息系统、供水监测调度系统、市区排水（B3包）信息系统及续建工程、水闸泵站自动监测控制系统（一期）、太湖流域水闸泵站自动监控系统、圩区泵闸计算机自动化监控系统示范工程等。该系统目前已初步实现了提升工作效率、节约各类资源的建设目标。

4. 水务管理系统

水务管理系统包括：上海市国家水文数据库、水资源普查地理信息系统、供水调度信息管理系统、排水规划管理信息系统、海塘实时巡检管理系统、郊区水利信息管理系统、自来水计划用水管理信息系统、上海市水务规划综合信息系统等。该系统目前已初步实现了扩大资源应用、规范管理程序的建设目标。

目前，信息系统应用在城市防汛保安、水资源配置、水环境保护等方面都得到推广和提高，取得了令人注目的成果。在上海市信息化工作会议上，市水务局还被授予“上海市信息化应用组织奖”和“上海市信息化优秀应用项目”等荣誉；在水利部和上海市科技成果进步奖的评选中，市水务局信息化项目一举夺得2个二等奖、3个三等奖；在市政府网站评比和政府信息公开系统评比中，水务局两次被评为先进单位。同时，局信息化人才战略初现成效，水务专业技术人才队伍结构得以调整提高。

市防汛信息化工作扎实推进

2005年，市水务局高度重视防汛信息化工作，年初召开了年度市防汛信息化工作会议。会议颁布了《上海市防汛信息化建设的若干意见（2005～2007）》，提出了“建设‘数字防汛’体系，促进政府职能转变，以信息化手段和工具实现防汛业务工作流程重组，不断凸现防汛信息化成果在城市防汛应急处置和规范管理中的作用”的指导思想，部署了2005年防汛信息化工作，要求各级防汛部门和相关单位要统一思想、转变观念，重塑现代化管理流程方式；统筹协调、精心组织，规范信息化达标建设机制；夯实基础、完备预案，强化防汛应急处置能力；落实责任、完善机制，强化汛情报送发布工作；加强培训、落实措施，优化防汛队伍人才结构。市防汛信息中心在汛前精心组织了防汛指挥信息系统大规模实战演习，整个演习共进行视频会议、视频监控、灾情信息采集等各种信息系统23项科目的操作演练。通过对应急预案规范操作积累了意外故障排除的实践经验，加强了信息系统运营的稳定性和可靠性，锻炼了队伍。同时，防汛信息中心新建的国家防汛指挥系统上海骨干网、视频会议系统以及防汛短信服务系统都在汛前投入了使用。2005年汛期，台风、暴雨时有发生，“麦莎”、“卡努”台风也相继影响上海。在抗击台风的过程中，防汛信息中心始终保证网络畅通和各信息系统的正常运行；加强水、雨情等信息的预测预报；做好信息的发布和传递，及时向国家防总和水利部太湖局做好水、雨情的信息传递工作。此外，中心还通过防汛短信平台为全市各级防汛干部发送防汛预警信息、水情、雨量信息等共计1万多条，为领导的防汛决策提供了有力的支撑，较好地完成了抗击台风的任务。

水务信息化软环境建设

2005年，市水务信息中心组织力量牵头完成了《水务信息化“十一五”规划》的编写，并已正式上报市水务局和市信息委。根据规划，按照规范标准、分步实施的原则，上海将以标准化建设推动数据平台建设。此后，市水务局相继颁布了排水、供水、水利行业管理信息术语、分类编码、数据库结构属性和图式标准，规范了这三个行业的信息标准，并整合了信息资源，推动了信息共享。在此基础上，《上海水务管理信息分类编码和图式标准》已经被市技术监督局列为上海市地方标准计划。同年，市水务局还颁布了《上海市水务行业数据库及其管理信息系统建设导则》，水务局行业信息化标准体系建设全面展开。

市防汛公共信息平台应用系统正式投入使用

由上海市防汛信息中心承建的“上海市防汛公共信息平台应用系统”是上海市防汛信息枢纽系统，按照国家防汛指挥系统的总体建设要求，于2003年4月立项建设，2004年4月建成，2005年正式投入使用。该系统在防汛业务网络体系基础上汇聚了气象、海洋、海事、水文、水利、供水、排水等行业，形成了10个实时监测系统、10个管理信息系统以及两个视频会议和视频监控系统，形成了综合防汛应用数据库。该系统主要涵盖了与全市防汛相关的30个气象站、12个近海潮位站、80个水文站、160个排灌站、99个河道水闸、263个供水管网、气象卫星云图、雨量雷达等站点的实时监测数据，以及海塘江堤、水闸泵站、圩区排灌、排涝泵站等站点的防汛工程管理数据，实现了基于WEBGIS技术的全行业信息发布和应用。本项目是上海市信息化优秀项目（2003～2005年）。此外，本项目的应用之一“上海市防汛风险辅助决策系统”被国家水利部评为“大禹水利科学技术奖”三等奖。

全市堤防信息化建设步伐加快

市防汛墙建设管理处2005年度完成了电子政务办公自动化及相关管理业务系统的开发和调试，同时开通了短信提醒服务平台，提高了办公信息自动化水平；“数字堤防”基础数据的整理入库工作进展很快，完成了208公里防汛墙断面图资料矢量化工作。黄浦江防汛墙（及钢闸门、潮拍门）远程监测工程在征集调研了多个方案并进行比选后，确定了试点方案，现已着手开展试点工作。为了对黄浦江从防洪、除涝、污水处理等方面实现全面、统一的管理，提升黄浦江的管理工作，实现水安全、水资源、水环境三位一体的管理模式，市防汛墙建设管理处从自身行业业务管理需要出发，结合“数字水务”、行业数据库建设导则等对黄浦江管理提出的要求，编制完成了《黄浦江基础数据库设计方案》，并已通过了市水务局、市科委组织的专家评审。

太湖流域（上海部分）水闸泵站计算机自动控制子系统一期建设基本完成

由市太湖流域工程管理处负责实施的“太湖流域（上海部分）水闸泵站计算机自动控制子系统”是上海市水闸泵计算机系统自动控制系统（一期）的组成部分，该系统对太湖流域综合治理骨干工程的水闸泵站进行调控，对黄浦江上游河道的水情和工情进行实时自动监测，以有效发挥“洪水走廊”功能，确保上海城市防洪安全和合理利用清水资源。该系统于2005年6月底通过初验，7月进入试运行阶段，在汛期中充分发挥了作用，提供了实时水位数据和实时一线视频画面，准确地记录了黄浦江上游超警戒水位的时段和历史最高水位出现的时间，为市水务局在黄浦江上游的防汛决策数据库提供了可靠、完整的基础数据。在一期试运行情况良好的基础上，工程管理处又完成了二期的项目建议书编制任务，使工程范围覆盖黄浦江上游、“4＋1”河道一线155座口门，使工程内容有了新的延伸和拓展。该系统建成后，将形成区域性的环网布局，系统的可靠性将得到进一步保证，监控闸站的数量将达到所有一线口门的20%，为实现区域性的水情汛情调度决策奠定了基础。

上海市水务规划综合信息系统（一期）建设完成

水务规划综合业务信息系统（一期）由市水务规划设计研究院于2005年完成。该系统利用网络技术、GIS技术、空间数据库技术，以水务基础数据库为核心，整合水利规划、蓝线编制、规划成果、供水排水等业务数据，实现了项目管理、档案管理、辅助规划、机助制图等业务功能，使得各级领导和业务技术人员能在第一时间掌握各种业务数据，为其分析决策提供了基础，同时也有效提高了水务规划管理手段和工作效率，规范了业务行为，从而整体提升了水务规划水平。该系统在整理现有数据基础上，逐步建立完善了基础业务数据库，建立了有效的数据维护、更新机制，提供了蓝线编制的辅助功能，提高了工作效率；同时针对目前实际业务处理过程中管理手段不强的情况，建立了规范有效的项目、档案管理方法和流程。系统主要由数据平台和应用平台两大部分组成，它们相辅相成，是一个有机的整体。数据平台包括了空间数据、属性数据、其他数据以及影像数据等，它针对不同的数据采取了不同的存储管理方法，如关系型数据库SQL、空间数据通道ArcSDE和影像文件ecw等；应用平台包括了图形管理、蓝线数据维护、项目档案管理以及系统辅助四个子系统，可以全面适应上海水务规划业务的开展。该系统还采用了B/S和C/S相结合的系统构架，针对需求不同的内容进行不同的处理。C/S可以执行所有部分的功能，提供统一的系统入口，而B/S则侧重于项目管理、档案管理、图书管理等各个方面，两者相辅相成。

在地理图形处理方面，系统采用了ESRI公司业界领先的技术，ESRI的整套解决方案。数据服务器通过ArcSDE通道处理所有图形数据，可以实现对空间数据的高效管理控制；客户端采用MapObjects和ArcObjects，可以充分发挥ArcSDE的优势和功能。在遥感影像的利用方面，系统采用了eMap的ImageServer影像发布技术，影像文件只存在于服务器端，客户端就能够在MapObjects等图形控件上显示遥感影像图，提高了影像图的安全性和利用效率。同时，该系统还实现了规范化的蓝线项目管理流程，可以在系统中进行蓝线项目的每一步操作，自动实现系统和CAD的数据转换等，实现了蓝线项目的完全电子化。

（周　凡）

二、环境保护

2005年，上海市环境保护局（以下简称“市环保局”）把信息化工作摆在全局工作的重要位置，紧紧围绕环境保护工作的重点任务和工作目标，以科学发展观为指导，与国家环保信息化要求与上海市信息化发展战略相适应，把编制“十一五”环保信息化建设规划作为2005年的一项重点工作，同时以建设环保综合办公信息平台为抓手，积极推进电子政务建设。

市环保局以信息化为手段，加快信息技术在环保政务、环保管理中的应用渗透，坚持以应用为导向，以先进、成熟、可行的信息技术支持环境管理的需求，围绕网络整合、应用整合、数据资源整合的工作目标，推进上海环境管理信息化建设。

上海环保信息化“十一五”规划编制

市环保局以科学发展观指导“十一五”环境信息化建设规划编制工作。在编制过程中，局根据国家及上海市信息化发展的总体战略，紧紧围绕上海市环境保护与生态建设“十一五”规划目标，在局计划处的支持和帮助下开展了条块方面的调研工作，充分听取了市信息化部门及各相关领域专家意见，并与局各职能部门和所属单位、各区县环保局进行深入的讨论，取得了各方对环保信息化建设框架和目标、主要任务的认同。规划最广泛地集中了环保领域各相关部门的意见，为规划的先进性、可操作性提供了保障。

规划中提出“十一五”期间建设3-224环保信息化发展总目标，即建设全市环保系统的网络平台、数据平台和应用平台三个平台；建立覆盖市、区二级环保系统的电子政务内网、政务外网两个网络平台，建立具有环保基础数据库和环保核心数据库两个层面的数字平台，建立集环境政务管理、事务处理、社会服务、决策辅助四大应用系统为主要内容的应用平台。

规划明确了环保信息化建设主要内容和分步实施计划，从广度上基本涵盖了环境管理及决策支持方面对信息化建设的需求，同时从发展的纵深角度，结合了上海市信息化发展的战略要求，对未来五年的环保信息化发展作出了有一定深度的前瞻性思考及部署。该规划在“十一五”期间将对推进全市环保信息化建设发挥指导性作用。

环保政务内网系统建设

环保政务内网系统是集网络管理、系统应用、数据共享和应用服务于一体的市环保局电子政务内网综合办公平台的雏形，它为环境业务应用系统的集成提供了良好的环境和构架支持，为上海市环保系统政务办公、信息共享、管理决策和政务公开提供了全方位的信息技术支持。

该系统强化了信息发布功能，对环保动态、新闻简报、处室信息、直属单位信息、局办公会议纪要、局发文、环保多媒体资料、文挡目录、规章制度、日程安排（包括局领导一周日程安排、处室长一周日程安排、职工一周安排、局一周会议安排）等公共及个人信息分级进行管理和发布；集成了上海环境（外网复制）、办公自动化、建设项目审批、危废转移五联单管理、空气质量分区预报、重点污染源GIS点位查询等政务与业务应用系统；集成了邮件系统、视频会议系统等公共应用系统;提供了政策法规电子图书库下载、常用软件下载、休闲园地、天气预报等服务功能。同时,该系统具有的桌面来文提醒和手机短信提醒功能,确保了信息的及时接收与事务的限时处理。至2005年底，该系统在市局机关内部运行。

危险废物转移五联单管理系统开发

上海市危险废物转移联单管理制度于1997年底开始实施，由上海市环保局委托上海市固废管理中心统一对全市危险废物转移进行集中管理。

2005年，市环保局本着“分级管理、市区联动、协调有序、权责一致”的原则，进一步理顺市、区两级环保管理体制，计划实施危险废物事权下放和分级管理方法。根据新的管理方法，除166家市重点环保监控企业仍由上海市固体废物管理中心承担外，其他非市重点企业的危险废物转移联单管理工作将下放至区县环保局管理，危险废物转移联单管理模式将由集中管理转化为分级管理。为保证分级监管体制能够顺利实施，实现市、区两级联动和数据共享，市环保局在基于上海市公务网构建全市统一的环保政务内网网络平台的同时，利用现代网络技术和计算机技术，基于B/S(浏览器/服务器)软件体系结构，建立和开发了上海危险废物转移五联单管理信息系统，对废物转移企业进行登记、转移计划备案、联单申领、联单填报、联单审核、统计汇总等，实现危险废物转移联单市、区两级管理，对全市危险废物转移进行动态监控。2005年底已完成系统的设计与开发。

区（县）版环境监控集成系统开发

上海市区(县)版环境监控集成系统是针对区(县)环保局环境监测、监察与监管工作特点而开发的，它将环境质量（包括水、气、声）和重点污染源废水在线监控在同一平台上有机地集成起来，并借助电子地图对全区环境质量状况及重点污染源排污情况进行概要、形象的反映，是一套综合环境监控管理系统。

该集成系统中,污染源废水在线监控着重对流量、pH、TOC、氨氮、Ni、污水处理设施等项目进行监控，具有超标和设施异常自动报警、反控、定时及事件触发（污染物超标、流量突变、最小流量与单位流量综合判断）采样、各类参数远程设置、分析统计等功能，为强化环境监管水平和快速反应能力提供了有效的手段，为环境保护辅助决策提供了依据。同时，该集成系统提供的噪声屏远程信息发布功能，为区（县）环保局每天向社会公布区域空气环境质量，宣传环保政策、普及环保知识提供了窗口，为公众扩大对环境的知情权开辟了渠道。

该集成系统在开发过程中严格遵循《上海环境信息标准化手册》、《上海市水污染源在线监测通讯技术规范》等建设规范，技术上保证了与市局污染源在线监控系统的集成与联动。

（市环保局）

三、房　地

2005年，上海市房屋土地资源管理局（以下简称“市房地资源局”）信息化建设紧紧围绕行业发展和管理目标，以转变政府职能、优化业务流程、提高管理效率为重点，以推进科教兴市项目——“上海土地房屋综合管理信息系统”建设以及政府信息公开为抓手，进一步促进房屋土地资源管理的信息化，进一步提高市和区（县）两级管理部门信息化应用水平，进一步完善政府信息为民服务的渠道，一批重点建设项目按计划有序推进，取得了预期进展。

信息化管理工作

2005年是局信息化管理办公室组建后开展工作的第一年。办公室以信息化规划和计划、制度建设为突破口，促进了信息化的统一和归口管理，编制了《上海市房地资源系统信息化“十一五”发展规划纲要》，拟定了《2005年信息化管理和建设工作计划》、《2005年信息化建设项目投资计划》和《2005年信息化运行维护计划》，制定并发布了《上海市房屋土地资源管理局信息化投资年度计划管理暂行规定》，着力把原来分散的信息化工作纳入到有序的统一管理之中。

信息安全和系统维护

2005年，市房地资源局建立了局机关局域网、应用系统、数据库管理的日常维护机制，实行专人监控、预警预报、应急预案等措施；建立了信息安全保密制度，落实了机房24小时值班制度，完善了系统、设备维护运营制度及管理，落实了专职的机关服务人员，提高了对机关及各事业单位信息技术服务能力。

房地信息化“十一五”发展规划编制

市房地资源局在认真总结“十五”信息化建设成就和信息化现状的基础上，对“十一五”期间局机关、局属事业单位、区（县）房地局、街道房地办事处的信息基础设施建设、信息技术应用、信息安全保障、信息化环境建设和房地产相关企业信息应用等领域的信息化建设进行了规划研究，初步完成了《上海市房地资源系统信息化“十一五”发展规划纲要》的编制，确立了信息化建设的指导思想、发展原则、基本框架、发展目标、主要任务和近期重点项目，明确了保障措施，为“十一五”期间信息化工作提供了指导性的依据。

上海市土地房屋综合管理信息系统建设

“上海市土地房屋综合管理信息系统”项目于2004年4月经市决策咨询委员会和科教兴市领导小组推进办公室批准，被列为上海市首批“科教兴市”重点推进项目。该项目通过建立以“地”为核心的信息资源基础数据库，旨在形成互联互通、分级共享的信息化机制，为政府决策提供支撑，为企业发展提供通道，为公众知情提供窗口，最终建成“以地为核心”的全市相关委办局互联互通的政务办理平台，为规划、建设、人口、民政及社区等有关管理部门提供土地房屋信息的共享服务。

该项目分二期实施，其中一期工程“土地交易管理子系统”已在全市房地部门投入运行。截至2005年底，已通过“土地交易管理子系统”出让土地105宗，面积542公顷，价值217.3亿元。同时，该系统可按照评分规定对企业录入信息进行当场打分和排序，并实时发布信息，使企业与公众能够及时了解每宗土地的交易过程和结果，从而统一了土地出让规则，建立了全市统一、公正、公开、透明的土地交易平台。

二期工程主要内容有“土地管理”、“商品房建设管理”、“房地产交易管理”、“房屋管理”、“地矿管理”五大板块。至2005年底，该项目已完成了可行性方案论证，各板块的开发工作正在逐步展开。

电子政务基础平台建设

2005年，在原有“综合业务管理信息系统”应用基础上，根据新的业务需求及新的技术要求，以及原系统应用中存在的问题，重新规划了系统的结构体系，将电子政务中公共性、基础性的内容纳入基础平台之中，避免重复投资，方便用户操作，加强统一管理，努力建设“两个门户，五个统一”，即市房地资源局的内网门户、外网门户，统一的用户管理、流程管理、表单定制、数据交换和系统监控。原有“综合业务管理信息系统”分拆为电子政务基础平台及若干个专业管理系统。改造后的系统解决了数据量及应用范围不断增加的需求，提高了运行效率，增强了系统的拓展性，升级了技术平台，提高了安全性能，并为系统之间互联互通、协同办公提供了条件，实现了市区（县）局业务数据的集中式管理。

土地审批管理信息系统建设

该系统是“上海市土地房屋综合管理信息系统”土地管理板块的重要组成部分，是加强土地信息化管理的重要切入点。它无缝镶嵌在综合业务管理信息系统中，实现对土地审批、土地供应、土地出让合同以及土地出让金缴纳、票据打印的过程进行数据管理、数据交换共享和数据汇总统计。至2005年底，该系统已在全市19个区县正式运行。

物业管理信息系统建设

“物业管理信息系统”是“上海市土地房屋综合管理信息系统”房屋管理板块的一个组成部分，该系统在一期对物业管理企业及从业人员、业主委员会、物业小区等对象管理的基础上，对物业服务合同进行了备案。它配合物业服务分等定级收费标准，完善了物业合同备案内容，强化了合同备案功能，并将物业小区范围图形数字化。在此基础上，市房地资源局建设了物业管理电子化收费系统，统一了全市物业管理收费票据，杜绝了企业违规行为，提升了物业管理行业服务形象。至2005年底，物业服务合同备案已在全市物业管理企业推广使用，物业管理电子化收费系统已建成雏形。

拆迁管理信息系统建设

“拆迁管理信息系统”是“上海市土地房屋综合管理信息系统”房屋管理板块的一个组成部分，该系统实现了市、区(县)两级拆迁管理单位按职责进行网上办公、拆迁实施单位数据网上申报的功能。同时，该系统建立了主体信息(指具有拆迁资格的企业和人员)管理的统一模式，为各类似系统整合打下了基础。2005年，该系统开发阶段基本完成，并已对全市拆迁公司相关工作人员、试点区管理人员进行了培训，现已在试点区(县)运行。

住房保障信息系统建设

“住房保障信息系统”是“上海市土地房屋综合管理信息系统”房屋管理板块的一个组成部分，系统实现了市、区(县)、街道三级廉租办、按职责进行网上办公的功能，现逐步与民政救助信息管理系统、房地产交易信息管理系统和公安户籍信息管理系统联网，构筑住房保障的信息平台。该项目的“低收入家庭住房情况调查数据上报”部分在2005年10月开始应用，12月初开始在浦东新区、杨浦区和宝山区的6个街道试运行，并开始历史数据迁移和验证工作，12月份完成了全市低收入家庭住房情况调查数据上报和汇总任务。

网上二手房交易平台建设

为进一步规范市场、服务市民，上海市房地产交易中心在继一手房合同网上备案制度实施后，于2004年下半年启动开发、并于2005年2月18日向社会推出了网上二手房交易服务平台及与之配套的二手房服务体系。网上二手房交易服务平台是按照二手房交易的运作环节所设计的全方位、全覆盖、全过程的“信息流、物流和资金流”三流合一的公共服务平台，是一个以交易安全为基础、以信息透明为导向、以便民利民为宗旨、以规范交易为手段的放心交易平台。至2005年底，该平台上已有5万余套房屋信息挂牌，资金监管达5 000余笔，监管交易金额约25亿元，网上挂牌房源量和交易监管笔数约占市场份额的20%。

完善上海市商品住宅维修基金管理信息系统

上海市房屋维修资金管理中心通过不断推进信息化建设，提高了办事效率，最大限度地减少了维修基金业务办理的繁琐程度，方便了开发商、物业管理公司和广大业主，把对维修基金的监管由政府主管部门包揽式监管变为了社会公开式监管。“上海市商品住宅维修基金管理信息系统”经过进一步的完善，使得上海市所有商品住宅维修资金的归集、使用及监管都能通过系统在互联网上办理，实现了电子政务化。截至2005年12月31日，该系统内商品住宅分户新增约52万户，维修资金新增37.4亿元，涉及楼盘新增1 092个。全市1 291个业主大会通过互联网在系统内使用维修资金1.84亿元；系统内开发商、物业公司、小区管理处、业主大会等注册用户达到9 273个。2005年，系统分户账务交易量为907万笔。

上海市三维城市地质调查信息系统建设

自国土资源部与上海市政府签署合作开展“上海

市三维城市地质调查”的工作协议以来，上海市信息系统建设在城市地质信息平台、三维可视化的城市地质信息系统、城市地质咨询服务系统、上海城市地质数据中心建设等方面全面展开。2005年，该系统主要工作是为专业部门提供地理底图、整理数据、建立空间数据库、系统开发等。目前，分层次的数据库结构已搭建完成，并已将收集到的原始资料数据导入到数据库中；根据其他专题的工作进展，导入了部分基础数据，如临港新城、世博园、陈家镇等工程地质数据，并已提供了数据管理、查询统计、图件及报表生成、三维建模等功能。

上海市地质资料馆建设

至2005年底，市地质资料馆完成了750份地质科研资料的图文数字化工作，以及全部地质资料目录数据的入库工作；完成了电子阅览室的建设，并投人使用。目前，电子资料阅览库录入资料目录数据6 793条，资料电子文档916卷；开通了地质资料目录网上查询服务；完成了数字化的资料占全部馆藏资料的13.4%。该项目已通过了国土资源部的验收。

“上海房地资源”网站建设

2005年，“上海房地资源”网站在原有基础上进行了两次改版，加强了内外网之间信息的沟通。网站在“房地大家谈”栏目上，增加了网上投诉、网上房屋报修的受理功能；新开辟了互动视频栏目——“都市家园”，实现了视频、音频和文字的同步直播；增加了“新闻发布”、“安居服务”、“电子地图查询服务”栏目及全文检索功能；开通了公务邮箱及短信服务互动平台，加强了为社会公众提供网上个性化服务的功能，拓宽了与社会的沟通方式；推出了英文版网站，满足了境外投资者的需要。网站日均点击率达到100万次左右。

（市房地资源局）

四、交　通

上海市公交信息化全面启动

为落实公交优先战略，方便市民出行，促进排堵保畅，从车载智能系统、运营调度管理和电子站牌服务等3个方面推进上海市公交信息化建设。第一条公交信息化示范路段于2005年11月在四平路—中山南路公交专用道上建成，全程21个站点，共有34块电子站牌投入使用，在910路等6条公交线路的公交车上安装和开通了车载智能设备，并建立了网络管理平台，实现车辆定位、数据采集、营运调度、安全报警、信息服务等功能，为乘客提供车辆到站预报等实时信息，使公交服务更趋智能化和人性化。2005年底，全市共完成4条公交专用道沿线的1 000多辆公交车载系统、117块电子站牌建设。

交通信息化是改变交通传统管理方法，实现跨越式发展的必由之路。上海市城市交通管理局于2004年实质性启动公交信息化建设，按规划目标2007年基本实现公交信息化，具体为：⑴全行业公交营运车辆安装车载系统，实现智能调度和在线监控；⑵外环线内的中心城区和浦东、宝山、闵行三区范围的公交站牌实施数字化改造，为出行者提供多种信息服务；⑶有效采集行业监管信息并向政府主管部门实时传送，实现调控决策辅助功能。

公交信息化主要由车载智能设备、信息服务系统和电子站牌3部分组成。车载智能系统主要功能包括车辆定位、数据采集、营运调度、安全报警、信息服务等，整合安全行车记录报警功能，并为多种通信服务预留接口。

信息服务系统的主要功能除对车载设备采集数据和电子站牌发布信息进行处理、控制和存储外，还可为管理部门实施行业监管、应急处置和调控决策提供支持。

电子站牌主要功能是实时预报车辆到站距离或时

间，动态发布线路调整公告，辅助播映气象、路况和新闻等公益信息，并预留周边换乘等交通查询和盲人导乘功能。

2005年，完成了对内环线内1 300多个站点进行实地勘测，建立包括线路、站址、人行道宽度、实地照片、配电情况等要素数据库，为进一步推广打好基础。同时，制定了相关规范和优化设计，编制《车载智能系统技术要求》，为选用相应设备提供依据；综合参考各方面情况优化站牌设计，已在40多套方案中选出最佳方案，形成包括标准型、简易型和三面复合型等系列产品，以适应人行道不同宽度和同站线路多少的变化。

上海市公共停车信息系统建成并试运行

上海公共停车信息系统运用信息化手段，实时采集全市停车资源的数据信息，运用多种方式向驾车人发布停车资源信息，向停车场库发布停车需求信息，畅通两者之间的停车供需信息渠道，以减少因无目标寻找车位造成的不必要动态交通流量，促进交通排堵保畅，提高本市现有停车资源的利用率。

上海市公共停车信息系统已在全市中心区域进行试运行，至2005年底，涵盖黄浦、静安、卢湾、徐汇等中心区域的215个停车场（库）已联网运行。该系统已开通查询服务和引导服务等功能，具有语音、网络和短信3种信息发布方式。2006年，还将开通预订服务及资讯服务等功能。

《轨道交通乘客导向标志标识及信息系统研究》课题通过验收并推广应用

随着上海轨道交通运营线网的逐步形成，乘客对换乘线路和站点周边信息的需求不断增加。本课题围绕乘客关注的焦点，通过对上海现有的轨道交通运营线路乘客导向静态标志和动态信息发布模式的研究，优化上海轨道交通乘客导向标志设置规范，并在轨道交通1号线上海火车站站进行试点。在取得经验的基础上，目前已向轨道交通1、2和3号线全面推广，使上海轨道交通进一步与国际规范接轨。

本课题研究的多交路、共线运营情况下的乘客导向标志设置模式吸收了国际先进经验，理念新颖，布局合理，不仅为上海轨道交通，也为全国轨道交通乘客导向标志建设提供了规范、细致的指导。本课题提出采集来自车辆运行控制系统的实时运行信息、在车内和站台等受众面广的场所即时向乘客多方式发布动态信息的方法，将有效提高乘客疏导效率。

本课题由上海市城市交通管理局牵头承担，已于2005年9月通过了市科委组织的专家鉴定。课题成果的应用推广不仅提高了乘客对上海轨道交通运输服务的满意度，还对构建上海国际化大都市、提高公共服务水平起到了一定的推动作用。研究成果达到国内领先水平。（市交通局科教处）

五、民　防

防空警报网建设

2005年是上海市警报网点较大规模建设的最后一年，上海市民防办公室（以下简称“市民防办”）工作重点一是完成新建警报网点任务；二是加快更新和配置新型数字化控制终端，年内基本完成中心城区的配置。根据2005年下发的《关于实施2005年度上海市防空音响警报设施建设计划的通知》，各个区民防办认真组织，狠抓落实，全面超额完成了计划指标，同时还组织了对2004年投入使用的无线数字警报集中控制系统软件进行升级和完善，实现了网络控制和现有警报器在GIS地图上的定位。

市民防移动指挥所二期工程建设

为了进一步提升移动指挥所的指挥自动化软件功能、卫星通信图像传输功能，市民防移动指挥所二期工程建设的主要内容是增加现场微波近距离传输图像以及指挥网络桌面终端配置等项目。经过专家组评审，移动指挥所二期改造工程项目于2005年9月顺利通过验收。

防空监测网试点建设

市民防办以民防大厦和崇明南门电信大楼作试点，建立了低照度高倍率远程高空监测系统，全天候监控周边环境和有关目标，并研发了与地理信息系统相结合的模糊定位系统，可实时显示现场图像和GIS上的相关信息和属性，并可与指挥平台实现联动。这些系统还可用于战时远程重点目标监测和平时救灾紧急处置监测。

基础平台和数据库建设

以建设民防统一平台、统一标准、统一数据的网络信息体系为总体目标，市民防办确立了3个阶段（网络平台、数据平台、应用平台）的工作目标，2005年完成了市与闵行、普陀、南汇、青浦、金山、奉贤、嘉定等区的联网建设，市区两级已实现联网的达到了16家。

同时，市民防办制定了市、区两级基础信息平台统一标准体系，实现了资源共享建设的分步实施方案，并针对各区（县）民防信息化建设不平衡的特点，明确了区级软、硬件配置环境和标准。结合闵行区民防指挥信息系统建设，市民防办先行开展了建立市区两级共享数据平台的试点工作。

根据上海防空防灾工作实际，市民防办初步完成了上海防空防灾综合数据库的细化标准制订工作，编制了全市统一的分类体系、编码标准和属性结构，为2006年全面开展市区两级数据库的建设奠定了基础。同时，市民防办对减灾综合信息基础平台（一期）的部分数据进行了整理完善和更新维护，使平台的功能得到了进一步优化；减灾综合信息基础平台（二期）建设方案也已上报市信息委并通过评审，并已被列为2006年组织实施信息化项目。

办公自动化建设和网络信息安全建设

市民防办全年维护和修理各类办公自动化设备139台次，确保了办公自动化网络运行正常稳定；按照市保密局的要求，组织实施了内网的安全保密建设，目前民防办内网已达到了涉密网的各项指标要求。2005年上半年，市民防办组织了对“工程建设管理信息系统”软件的升级，对全市各区县的数据进行汇总，深入到区县，从技术层面上解决了基层单位在软件使用过程中的各种问题。

上海民防网站建设

2005年，市民防办对上海民防网站的主要建设是：①做好日常的信息更新与网站维护管理。首先，进行了网上信息发布管理，包括：动态信息发布，灾害事故情况搜集与发布，政府信息公开和各专题栏目内容的及时更新，向中国上海门户网站上报信息等；网上办事有关数据内外网交换，网上互动渠道的及时响应、处置和反馈。其次，进行了网站系统维护管理，维护网站软硬件系统，确保系统正常运转。②网站改版工作。更换了网站首页及各主栏目页面；完善了网上办事系统，目前市民防办所有行政审批事项均已实现网上办理，包括在线受理、状态查询、结果反馈和表格下载等事项；建立了WEBGIS网上查询、网上视频点播、市民防灾必读手册电子版等便民服务新功能和内容；增设了工作调研和行风评议等互动渠道。③为重要活动和工作做好网站保障工作。制作完成了保持先进性教育活动的专题栏目，并及时发布了活动的动态与重要文件材料，在网站上设置了征求意见信箱；做好民防知识网络月月赛活动的技术保障工作，组织开发完成了网上竞赛软件，做好市民百题民防知识竞赛活动的网站技术保障工作。④做好公务网网站的日常信息更新维护工作及网站系统软件维护，确保网站正常运转。

民防行政审批信息管理系统软件开发完成

2005年，市民防办完成了民防行政审批信息管理系统软件的研发工作。市民防办通过开展软件系统的用户需求调研、软件方案设计和软件原型设计制作等工作，同时经过多次需求调研、分析和讨论，明确了系统的开发目的与要实现的功能要求，并在此基础上形成了软件需求说明书。2005年下半年，市民防办完成了软件的开发工作，并开展了软件测试、用户培训、试用及正式上线使用等各阶段工作。目前，该系统已通过验收正式上线运行，行政审批工作的大部分环节已经过系统的测试和试用，主要的受理和经办环节也已正式使用了该套系统，并通过网络正常办理了业务。此系统的开发完成并正式使用，为市民防办外网网上办事提供了强大的后台支持，从而大大提升上海民防网在线办事功能的作用。

（陈奕平）

六、港　口

上海港口码头行政管理信息化系统课题研究

2005年12月28日，码头中心“上海港口码头行政管理信息化系统”的课题成果通过了专家评审。

该系统建立了“码头单位基本情况”数据库，使监管人员能了解和掌握港口经营人的基本情况；建立了“港口经营许可”、“危险货物港口作业认可”、“港口设施保安”3个数据库，为行政执法人员开展综合监管提供了依据；建立了港口作业申报子系统，能实时了解进出上海港货物的种类、流向、发生的吞吐量等情况；建立了交通规费核算子系统，对码头中心规费征收的管理模式和考核方法改变创造了条件；建立了危险货物港口作业申报审批子系统，把危险货物港口作业纳入日常的行政管理；建立了行政检查子系统，能较全面地反映港口经营人依法经营和行政执法人员依法行政的实际情况，对提高监管效率和执法人员的责任追究打下了基础；建立了应急预案数据库，涵盖危险货物事故、防台防汛、港口设施保安、客运救援四个部分，为行政执法人员在事故发生时如何应对提供了依据。

港航行政执法管理信息系统建立

目前，传统的港航行政执法信息管理在很大程度上已无法满足众多单位及社会公众对信息共享的需要。为此，市港口管理局通过对“港航行政执法管理信息系统”的研究开发，主要就是为了突破目前传统的行政执法统计信息管理框架，尝试一种全新的行政执法信息管理模式。“港航行政执法管理信息系统”将行政执法管理过程中的上海港口基本信息、执法人员基本信息、行政行为统计分析信息、培训、考试、执法依据及办公流转功能集合在一个管理信息系统中，达到信息共享，并最终满足法制部门、执法单位、被执法人的共同需要。同时，通过港航行政执法管理信息系统，可以将港航行政执法系统各执法单位有关具体行政行为、机构信息等数据及案例进行信息管理，并可以将收集到的基础执法数据生成相应的报表进行数据分析。

随着“港航行政执法管理信息系统”的建立，市港口管理局将在实现“执法数据共享，信息综合分析”上下足功夫，从而提高港口行政执法效率和执法水平，真正实现“管理集中、业务协同、信息共享”的管理需要，最终满足法制部门、执法单位、被执法人的共同需要，最终提升上海港口的整体形象。

工程安全质量的监督管理信息系统建设

“工程安全质量的监督管理信息系统”以工程安全质量的监督管理为核心，按照工程安全质量监督检查的工作程序和工作方法，密切结合上海港建设工程安全质量监督的工作实际，在监督业务重组或重建的基础上，以国家、部委和上海市地方与水运工程安全质量有关的法律法规、行政文件、规程规范、强制性标准等为基础，将互联网技术、数据库技术、多媒体影像技术、数据采集技术、掌上电脑技术、嵌入式软件技术等现代信息技术全面引入安全质量监管工作，通过实施完全信息整合的一体化解决方案，研究开发了基于移动信息终端的嵌入式现场监督子系统、现场法规标准及相关企业人员信息查询子系统和基于服务器的管理子系统，并通过互联网将上述各系统集成于安全质量信息的采集、评估、传输与管理过程，形成了一个智能化、向导型的工程安全质量监管业务体系，从而为工程安全质量监管提供一个实实在在的工作手段和信息化的工作工具，并有效解决了安全质量监管中“查什么、怎么查、查的结果如何管理”等问题，使其既可方便快捷地完成具体监督任务，又可有效进行全局的控制管理，并最大限度地实现信息资源共享，进而提高安全质量监督的工作水平和工作效率，实现全面的质量管理和有效的政府监管。

吴淞客运中心电子票务系统建设

吴淞客运中心是上海重要的水路客运窗口，承担着上海面向国内的水路客运业务。客运中心现承接多条航线，主要有：申岱普、申定两条陆岛线（上海—普陀山、岱山、定海港）、申通高速线（上海—南通港）、申连客滚线（上海—大连港），以及崇明（新河）、长兴、横沙三岛的车客渡线；每年运送旅客约60万人次，车辆数以万计。随着水路旅游和运输的发展，靠泊于吴淞客运码头的国内船舶将逐渐增多，管理的任务会更加繁重，票务处理、船舶调度、财务结算、行李输送以及旅客服务等工作亟需加强，对管理的效率会有更高的要求。

为此，“吴淞客运中心电子票务系统”在原有信息系统的基础上进行了完善与提高，将原有的票务系统升级为针对客运信息处理的全面解决方案，使用Microsoft公司的软件产品，并基于其.NET平台及数据库系统，开发了一套全新的客运信息系统，一期主要实现票务、调度、财务的信息化管理，二期实现电话查询、网上查询服务、网上购票、电话购票、网上支付功能，三期将实现行包管理、交通一卡通支持等业务的信息化处理。除了原系统的功能得到延续外，新的系统强调了分布式部署的重要性，添加了Internet以及Intranet支持；其次是本系统的远程查询功能可以扩展为远程售票，甚至远程调度，基于Web服务的架构也为日后与其他系统互联提供了基础。为能够与公路信息管理系统、交通一卡通体系或者其他系统互联，甚至与银行系统互连，本方案使用了已成为业界平台通讯标准的Web服务技术（可用于Java、Microsoft .Net、IBM WebSphere，WebLogic等多种平台），突出了系统的开放性与兼容性。（市港口管理局）

上海港港政中心信息化建设

2005年，港政中心组织完成了《上海港政中心岸线、卫生、环保信息系统开发》课题的研究。

该课题在港口局规划处委托复旦大学研究的《上海港岸线资源、水域工程信息管理系统》课题基础上，经过深化研究，并针对港政中心业务要求，进一步开发了与港政中心业务相关的管理功能，加强了系统维护，建立了系统的数据更新机制。通过对该系统的开发，港政中心以后将可应用计算机管理手段对上海港口的岸线使用、公共卫生、食品安全、环境保护等情况，进行及时查询、统计、修改调整、更新资料等工作，对于港政中心的信息化管理工作具有重要意义。

该系统建设包括：建立上海港岸线使用信息、上海港卫生监督、监测信息、上海港环境监督、监测信息的数据库；在上海港管辖范围（外港）的地形图上显示、查询某一用户的相关信息；修改、统计用户的相关信息等内容。（港政管理中心）

航务处信息化建设

【编制《上海市内河航务和地方海事“十一五”信息化建设发展规划及实施方案》】 2005年，航务处和上海海事大学共同完成了《上海市内河航务和地方海事“十一五”信息化建设发展规划及实施方案》。《实施方案》以“一个中心、两个服务、三个平台”为总体目标，“三网、两库、一平台”为基础架构，分3期实施，通过加强信息基础设施建设，全面带动海事管理和航务管理的现代化。

航务处通过对船舶、船员、通航、内河码头、运政、国际航运、船舶检验和航道规费等全方位的管理，实现了码头生产监管、水上交通与作业安全监管、行政执法、灾难救援和突发事件的应急处置；并通过提供公众服务、信息发布、电子邮件、EDI和短消息等多样服务，从而形成了一个能够进行信息采集、传输、加工、处理和分析的大型管理信息集成系统。

【对内河海事巡逻艇、危险品运输船舶安装卫星定位系统（GPS）】 为了加强水上交通安全管理以及提升危险品运输安全管理水平，2005年，航务处先后与上海移动、飞田通信等公司开展协作，完成了74条海事巡逻艇的GPS安装工作，从而实现了所有内河水域海事巡逻艇全部配备GPS设备的目标；并对61艘危险品运输船舶进行了GPS安装，从而跨出了全市内河水域危险品船舶推广安装GPS的第一步。

GPS系统的功能主要有：实时监控各艇（船舶）的位置、速度、方向等信息；实时监控各条艇（船舶）的行驶轨迹并可回放；船舶、桥梁、码头等地标信息显示、查询、数据维护管理；显示船轨迹两点间的行驶距离；电子地图操作；系统允许用户在任何地点通Internet执行远程数据监管维护等。

【开发“内河港口日常管理信息系统”】 2005年，为了提高受理效率和缩短核发许可证的周期，市航务处根据业务需要，自行设计并开发了“内河港口日常管理信息系统”。

该系统的开发和使用，使得内河港口经营许可的受理及材料审核管理工作可全部通过计算机进行管理，并建立了内河港口企业资质管理信息数据库，实现了审核流程管理、信息查询、数据统计、证照打印、档案管理的综合管理，避免了信息遗失和重复输入，同时也大大减少了工作量，提高了办事效率。

同时，系统还集成了内支线国际集装箱统计功能模块，解决了企业上报数据与该统计系统的数据接口问题，并可对统计分析结果进行统计图表输出，满足了当前的统计需求。（市航务处）

上海市内河航道管理地理信息系统（GIS）推广

上海市航道管理中心充分利用第二次全国内河航道普查所获得的数据资源，提升航道管理信息化水平，并按照交通部的总体部署，在完成上海市内河航道基础数据库建设后，2005年，上海市航道管理中心与交科院一起成功开发了“上海市内河航道管理地理信息系统（GIS）”。

该系统主要是为了满足航道管理工作的需要，为航道管理、规划、建设、养护、统计等提供航道基础信息，辅助航道管理与决策，并对期间产生的相关电子文档、批文、图片等信息进行有效的计算机辅助管理，以提高工作效率。系统主要利用GIS平台示意和展示航道电子地图，并结合第二次全国内河航道普查的数据和日常航道管理工作中涉及的相关数据（CAD、相关电子文档等），实现了航道空间数据和属性数据的有效关联，为航道基础数据的即时更新、动态查询统计等提供了先进的技术平台。

该系统（GIS）将在上海市航道管理中心以及各区、县、所应用，辅助航管工作人员的日常航道管理工作，由于该系统具备功能实用的行政许可、航道规划、计划、建设、养护等业务管理子系统，为日常的业务信息实现了计算机辅助管理，将极大提高业务管理部门的工作效率。

（市航道管理中心）

上海航运交易所信息化建设

【建立上海口岸电子舱单数据中心】 为进一步及时、准确了解航运市场动态，建立完整的舱单数据分析中心是一个重要环节。为此，交通部和上海市港口管理局率先于2005年1月1日启动了上海口岸的舱单报送和统计分析试点工作。上海航运交易所（以下简称“航交所”）作为上海口岸实施电子舱单数据接受工作的技术管理机构，此前就为建立舱单数据中心开展了大量的调研和可行性分析工作，设计了系统的整体架构，制定了项目实施的软、硬件解决方案，并开发了数据接收和导入接口。自2005年1月1日起，航交所按要求正式开始接收数据，每工作日接收报文约5 000余份。新建成并投入使用的舱单信息系统兼顾高可靠性和高性能两方面的要求，后端储存区域网容量达2TB以上，能容纳至少5年的全国舱单数据。

舱单数据应用的初期目标定位是基于“航线”、“国家”、“港口”和“承运人”进行集装箱进出口箱量的实时月度统计分析。通过对实际业务、电子舱单传送流程以及基础代码信息进行深入的分析和整理，航交所目前已完成了针对航线和承运人的统计目标，其余的统计目标也在有序的推进当中。舱单数据的统计分析结果为相关政府部门提供了及时、详尽的业务数据，为政府主管单位的市场监管、预警和调控提供了有力的依据和支撑。

【构建互动的“航运企业资信评估网络平台”】 由航交所自主研发的“航运企业资信评估网上平台—班轮及船代公司资信评估系统”于2004年11月投入使用，并出色完成了2004年班轮和船代公司的资信评估工作。鉴于航运企业诚信体系的快速发展，2005年，航交所对该系统进行了大规模扩充和优化，新增“货运代理企业资信评估”和“内贸水运年审及资信评估”两大模块。目前，该平台的主要特色包括：①充分基于对资信评估市场化运作的考虑，系统用户划分为不同的角色，并涵盖多个不同性质的评估参与方；②精心设计网上评估项目开展的业务流程，实现不同的用户分工明确，各司其职，密切配合，从而保证评估项目的有序开展；③提供全面的业务功能，即评估项目管理、资信记录的入库保存、评估指标的量化计算、评估结果的综合查询及对比分析、可靠的系统安全保障等；④采用Java技术，并充分基于成熟的开源项目，在降低成本投入的同时，保证高度的可靠性和可移植性。

“航运企业资信评估网络平台”使得资信评估过程更简便、更科学、更准确，也使评估工作更贴近市场化运作的需求。在上海港口局的指导和推进下，2005～2006年度的班轮、船代、货代和内贸水运评估工作正全面铺开。

【“上海地区出口集装箱运价指数”首次发布】 2005年12月7日，由航交所研究编制的上海地区出口集装箱运价指数（简称“SCFI”）首次对外正式发布。

此前，由交通部主持、上海航交所编制发布的中国出口集装箱运价指数（简称“CCFI”）已经在国内外航运界引起较大反响，产生了相当大的经济和社会效益，并以其科学性、权威性被联合国贸发会海运年报作为权威数据引用。

为配合上海国际航运中心的建设，客观反映上海国际航运中心集装箱班轮运输市场走势，上海航交所在中国出口集装箱运价指数的基础上，进一步研发了上海地区出口集装箱运价指数，并于2005年12月7日上海航运交易所成立九周年年会上，举行了“上海地区出口集装箱运价指数首发仪式”。

上海地区出口集装箱运价指数以2003年1月1日为基期，2005年12月7日首发指数为1 084.81点。上海地区出口集装箱运价指数的运价信息由中国出口集装箱运价指数编委会的16家委员单位提供；上海航交所每周五编制、发布上海地区出口集装箱运价指数及3条分航线指数。

上海地区出口集装箱运价指数既与中国出口集装箱运价指数相关，又更有针对性地反映上海集装箱班轮运输市场特点，分航线指数更加直观地反映运价走势；上海地区出口集装箱运价指数为港航企业、货主货代，以及行业外的企业、机构判断市场走势提供了较为权威的参考，为政府部门宏观调控与管理提供了决策依据，同时也为指数期货交易的开发奠定了基础。上海地区出口集装箱运价指数将成为反映上海国际航运中心集装箱班轮运输市场的“晴雨表”。

【提供“船舶交易”服务】 船舶交易是上海航运交易所提供的一项重要服务内容。为了更好地开展这项工作和为航运企业服务，航交所充分利用“中华航运网”在航运界的影响，在网上开设了专门的“船舶交易平台”（分“船舶租赁”、“船舶买卖”两个栏目），利用互联网实现了交易信息的公开和透明。航运企业通过这个平台，可以便捷地登记和查询船舶交易信息，方便了用户的使用；而航交所围绕这个平台，建立了一整套船舶交易全过程服务机制，提供了船舶买卖合同范本、船舶中介、验船、评估及交易监理、代收代付船款等服务。

航交所开设的船舶交易平台，遵循“信息公开、鉴证公平、交易公正”的原则，经过几年的发展和建设，日益完善，并在一定程度上避免了船舶交易实际操作过程中存在的国有资产流失、买卖行为异常等问题，提高了船舶交易的诚信度，确保了船舶交易的安全。

该平台已在船舶交易领域产生广泛的影响，并成为目前国内船舶交易信息点击率最高的一个信息平台，国内外船舶经纪人、船东、投资者信息交换的主要渠道。

【在网上开设“企业公告”】 《中华人民共和国国际海运条例》明确规定了航运企业必须履行公告义务，即当航运企业的经营人或相关经营状况发生变化的时候，需要在指定的媒体上进行公告公示，做到信息的公开和透明。

上海航交所主办的“中华航运网”作为交通部政府辅助网站，被交通部指定为公告媒体之一。为了配合做好这项工作，航运网开设了“企业公告”栏目，接收和发布航运企业的公告信息。航运网是公告媒体中惟一的网络媒体，具有公告信息发布及时、信息生存周期长、查询方便等特点。栏目从开设至今，共发布了近600条的公告信息。

2005年，航交所对“企业公告”栏目进行了优化调整，由原来的网站统一管理公告信息转变为用户管理公告信息，简化了企业对公告信息的维护。“企业公告”栏目的开设，方便了航运企业履行海运条例中规定的公告义务，受到了航运企业用户的欢迎。

【网上开展“无船承运人提单登记”业务】 交通部2002年1月1日起颁布施行的《中华人民共和国国际海运条例》中明确界定了无船承运业务性质、从业资格条件，确立了无船承运业务经营者区别于其他经营人和代理人的承运人法律地位，这标志着无船承运业务经营者作为一种独立的市场主体，将在中国国际海运市场中出现并发挥重要作用。在条例明确无船承运人法律地位的同时，也明确指出了无船承运人的一项重要义务——无船承运人提单登记，即要求无船承运人将自己所签发的提单在交通部指定的网站上发布。

上海航运交易所主办的“中华航运网”作为交通部辅助网站，承担了这项任务，在网站上开设了“提单查询”栏目，将交通部收集的无船承运人提单统一录入和发布，并开发了查询界面，供社会公众查询。

海运条例以立法形式确立了无船承运业务制度，施行无船承运人提单登记，能够有效防范海运欺诈行为的发生，保护货主和航运公司的合法权，为中国对外贸易运输提供良好的环境。至今，“中华航运网”收集、发布无船承运人名录共1 670家，对应的提单样本1 200多份。

（航交所）

七、市　政

“外环线、沪青平高速公路、延安高架西段”信息联动诱导系统投入试运行

上海市快速道路网由环线和射线组成，其中，外环线是出入上海市中心城区的重要交通设施。外环线对外连接A12、A11、A9、A8、A4等高速公路，向江浙两省辐射；对内连接延安高架路、逸仙高架路、共和新路高架路、沪闵高架路，以及徐浦大桥、外环隧道等，起到了联络高速公路网和市区快速道路网的交通纽带作用。实施交通联动诱导信息发布，对上海市高速公路网和城市快速道路网的交通流平衡、交通控制的协调起着至关重要的作用。因此，以外环线为依托，在外环线和高速公路入城段实现交通信息的联动诱导，是协调市区内外交通信息发布，优化城市出入口交通诱导的必要手段。

2005年，上海市市政工程管理局（以下简称“市市政局”）组织实施“外环线、沪青平高速公路、延安高架西段”联动诱导试点工程，并于年底投入试运行。

该工程建设包括“交通信息采集”、“交通信息处理”、“交通信息共享”、“交通联动诱导信息发布”等内容。试点工程自2005年下半年开始建设以来，完成了监控摄像机、视频检测器等外场设备的安装和调试；在软件方面，统一了高速公路和中心城快速路之间的有关GIS编码、数据传输、视频共享等方面的系统互联技术标准和规范。2005年底，该工程实现了交通情报板上常规交通诱导的信息发布，并通过利用可变信息标志统一发布红、黄、绿3种颜色的标识来表示路段交通运行状态，以及文字描述的路段交通状态、路段行程时间、突发事件信息等动态交通诱导信息，基本达到了工程的预期目标。在试点工程范围内的驾驶员可以实时获得A9（沪青平高速公路）入城段附近的高速公路、中心城区快速路交通运行状况的信息，为其及时、主动地选择合适的行车路径提供了服

务，从而提高了路网运行效率，更好地保障了路网畅通和安全。

在此基础上，市市政局还根据管理需求，进一步对基于异常交通事件下的交通信息发布范围以及事件点附近交通诱导的策略进行研究，并对灾害性天气等应急事件下的交通信息发布和处置开展研究，不断提高和完善联动诱导工程建设方案，为社会公众提供更好的交通出行服务。

该联动诱导试点工程是以近年来上海市中心区快速路和高速公路实施的交通信息采集系统、交通监控系统为基础，以“系统互联，资源共享，协调控制”为指导思想，以进一步拓展范围、提高交通诱导信息发布的连续性、一致性和系统性为目标的又一探索和实践。该试点工程以外环线延安高架路互通立交为中心，包括了外环线路段、延安高架路西段和A9入城段范围内的快速路和高速公路等。此次联动诱导试点工程的目的是对一定区域范围内交通信息联动诱导的关键内容进行试验，为最终形成高速公路和中心城快速路道路交通信息采集、处理和道路诱导信息发布的一体化技术、运行和管理积累经验，更好地共享交通信息，完善交通信息服务功能，提高对广大驾驶员的服务水平。

此外，“外环线、沪青平高速公路、延安高架路西段”联动诱导试点工程是解决上海交通诱导发布整体性的一次尝试，将为后续联动诱导工程进一步推广到整个外环线范围起到工程示范作用；并对进一步发挥外环线对中心城区交通的分流作用，使上海的高速公路与中心城快速路的交通信息诱导发布系统形成统一整体的格局打好了基础。

城市道路掘路管理系统投入运行

2005年10月，随着黄浦、闸北、静安等区一张张经由市区二级掘路管理系统流转审批的掘路执照的相继诞生，标志着历时9个月的基于公务网的“上海市城市道路掘路管理系统”已正式投入试运行。从此，上海市城市道路掘路管理的信息化水平又迈上了一个新台阶。

上海市城市道路掘路管理系统的开发和应用是市市政局对市委、市政府政府信息公开工作要求的具体落实，也是市市政局排堵保畅工作的实事项目之一。该系统建设分为两个阶段，第一阶段是到2005年底建立一个覆盖全市范围的完整的掘路、占路信息管理平台，基本实现掘路信息申请、计划平衡、审批、批后管理等功能，通过管理手段的转变提高掘路、占路的管理能力。第二阶段是要建立一个完善的掘路、占路管理系统，实现网上审批，合理控制掘路总量，根据交通需求发放掘路执照，达到全市掘路工程合理有序进行，将掘路对道路交通的影响降到最低。

掘路管理系统一期项目实现了两个目标。一是依托全市公务网资源实现了市政行业市区二级网络路由的组建，构建了掘路、占路管理信息平台，提高了市政行业行政管理效率。目前，已有包括静安、卢湾、黄浦、徐汇、宝山、闵行、普陀、长宁、闸北、杨浦、青浦、金山、嘉定、南汇在内的14个市政管理机构接入市政行业公务网，其他还没有完成网络接入的区县管理部门，暂时以脱网单机模式运作，从而保证了整个掘路管理系统的整体运行。二是实现了基于网络的掘路信息申请、审批、批后管理等功能，使相关信息在第一时间通过公务网传递给管理者，达到了市区二级掘路、占路管理行政管理联动的要求，提高了管理效率和水平。

城市道路掘路管理系统采用B/S结构，通过两个平台（公务网和因特网）、一个中心（数据管理中心），把日常的管理工作紧密地联系在了一起，并通过掘路占路审批管理子系统、权限分配子系统、信息服务子系统、GIS展示子系统、批后管理子系统等功能模块，基本满足了掘路管理工作的需求。

城市道路掘路管理系统的开发和应用，能够使管理部门实时掌握城市道路的掘路、占路状况，及时、准确统计出各类信息数据，避免人工统计信息滞后、遗漏等不足；可以有效地把掘路管理流程中的计划平衡、掘路审批、批后监管3个主要管理和控制环节紧密衔接，并按照行业管理各自职责和市区二级管理分工，从而建立对掘路施工的“事前、事中、事后”的全过程动态管理，协调、平衡道路挖掘与交通之间的矛盾，促进管理层进一步研究掘路对交通的影响，使城市道路更好地发挥其交通功能，同时也为行政许可行为的科学性提供有效的支撑。

为了有效推进系统的应用，市市政局编制和制定了《上海市城市道路掘路管理系统工作大纲》、《上海市城市道路掘路管理系统实施细则》，为掘路管理系统的建设和应用提供了有效的制度保障。上海市城市道路掘路管理系统将根据管理需求的发展，不断完善系统功能、优化用户界面、提高系统稳定性和可靠性，并在积极探索市政行业行政管理主动接受市民和社会的监督的途径和方法，增加行政审批的公开度和透明度，充分发挥管理效能。（市市政局）

八、绿　化

2005年是绿化局实施《上海市绿化管理信息系统三年（2004～2006年）建设计划》（简称“三年计划”）的关键之年。根据三年建设计划的目标要求，上海市绿化管理局（以下简称“市绿化局”）在完成市区二级网络平台的构建基础上，实现了系统内部的行政办公自动化，并进一步完善Intranet和Internet的各项应用功能。为确保绿化系统“三年计划”的如期完成，2005年，上海市绿化管理系统信息化建设的工作目标为：初步形成一支信息化工作队伍；基本完成市区二级网络平台的建设；基本实现系统内办公自动化系统、行政审批管理信息系统、“一线式”绿化投诉受理管理系统和绿化管理地理信息系统（LAGIS2.0版）4个应用系统的正常运行（简称“114工程”）。

上海市绿化系统市区二级网络平台架构建设

上海市绿化系统编制了局域网络建设规范的工作要求和技术导则，依照技术导则要求，完成了绿化系统内各直属单位和各区县绿化部门局域网的改造工程建设。借助市公务网（非涉密域）作为绿化系统的政务系统和业务系统的运行主渠道，市绿化局建设完成了绿化系统的广域网建设，即“绿化专网”。

全行业的行政许可受理系统初步运行

“上海市绿化行政审批管理信息系统”是针对绿化、林业和野生动植物保护管理的56项行政许可内容而设计开发的一项应用系统。该系统提供了市区二级受理和审批的管理功能，可实时查询全市绿化审批的过程和结果，并能在门户网站上公布审批结果。2005年3月，市绿化局对系统进行了安装、调试和试运行，并于2005年8月对具有行政许可权的19个区县绿化部门具体负责行政审批工作的人员进行了系统应用培训，使系统在各区县进入了试运行阶段。

办公自动化系统建设

2005年，以BizOA为主流应用软件的办公自动化系统在绿化、林业系统得以全覆盖；并实现了公文、简报、会议通知等文本信息的电子化流转，同时日程安排、车辆管理、会议管理等辅助办公功能在各单位中开始应用。同时，结合本系统一些单位单点接入或应用自主开发的办公自动化系统和其他商品化软件的特点，市绿化局采用了单点公文收发和多系统公文格式转换的技术方式，实现了绿化系统内部公文和信息的电子流转。

绿化投诉受理系统开发运行

“一线式”的绿化投诉受理系统集受理信息处理、督办、分析于一体，将各类投诉内容根据职责分工，分送各有关职能部门处理后，反馈投诉者并进行意见反馈。同时，该系统为管理部门提供了投诉内容的统计分析功能，为及时处理公众投诉、了解投诉热点、改进管理工作发挥了重要作用。2005年，绿化投诉受理系统与城管投诉热线"12319"实现了连接，使系统实现了与城市建管投诉热线（12319）、网上投诉和信访的“一线式”受理，并依托网络对投诉受理信息实现信息处理、反馈的动态跟踪、统计和分析功能。

绿化管理地理信息系统建设全面展开

以CityGIS为开发平台的“绿化管理地理信息系统(LAGIS2.0版)”是市绿化局实现绿化业务管理信息化的重要应用系统。借助该GIS系统，各级绿化管理部门能够对本辖区域的绿化信息进行空间和数量变化的分析，了解植物配置的关系，为绿化规划、病虫害防治和生态分析提供辅助依据，从而有效提高绿化养护管理水平。2005年6月，市绿化局召开了上海市绿化地理信息系统建设推广工作会议，将绿化信息核查工作在全市各区县全面展开。会议要求各区县和相关的直属单位应针对绿化信息点、线、面（乔木、灌木和草坪）的特征进行数据的采集与核查，至2005年底，已完成了全市公园、环城绿带、行道树、古树名木的信息核查工作。

“上海绿化林业”门户网站建设

依据市政府门户网站建设的要求，市绿化局不断完善和更新“上海绿化林业”门户网站，对其进行了改版和内容整合，努力使之成为能体现市绿化（林业）局为责任政府、法制政府和服务政府的窗口。2005年，门户网站在完成“上海绿化网”和“上海农林网”两个网站合并、资源整合的基础上，8月新增了“绿化地图”栏目。“绿化地图”借助GIS技术，将全市141个公园的分布、遥感影像、公园简介、主要景点等信息提供给市民检索查询；同时，还提供了市民根据自己所在位置来划定搜索范围寻找就近公园的功能。

全系统网络管理员队伍培养

人才是信息化工作的重要保障。上海市绿化系统的信息化人才队伍建设坚持系统内培养和依托社会相结合的指导思想，以信息采集管理和系统管理人才内部化、系统维护和开发人才社会化的原则，培育信息化人才队伍。2005年，市绿化局共组织了两期全行业网络管理员培训班，人员覆盖了全市19个区县绿化部门及13个直属单位，为每个单位培养了2名AB角的计算机网络管理员，初步形成了一支计算机网络系统管理员队伍，为确保全系统的网络正常安全运行提供了技术管理保障。

（钱杰　金萃）

九、市容环卫

行业电子政务建设取得积极进展

1. “上海市容环境卫生”网站第4次改版

2005年，“上海市容环境卫生”政府网站稳定运行。网站累计发表文章1 300余篇，向市政府门户网站报送各类信息70余篇，网站总访问量达到近60万人次，及时回复市民来信、咨询130封，并开展了多次供市民参与的主题活动。为更好地贴近百姓、服务市民，“上海市容环境卫生”网站于2005年下半年进行了第4次改版工作，扩大了政府信息公开内容，增加了网上办事等功能，同时完成了英文版的建设工作。

2. 新建“上海城管执法”网站

根据上级批复，上海市市容环境卫生管理局（以下简称“市市容环卫局”）增挂了上海市城市管理行政执法局牌子，行使综合执法职能。为实现网上政府，“上海城管”政府网站于2005年8月1日正式开通。

3. 建成机关办公自动化系统

根据市市容环卫局信息化规划要求，2007年应建立内部办公支持平台，作为“数字市容”各类数据和信息交换的枢纽，建设机关办公自动化系统是其基础。在进行充分调研后，经过约三个月时间的开发，局机关OA系统于2005年底建设完成。

4. 局机关带宽升级

为保证日常办公需求并为今后发展提供足够的冗余度，局机关完成了宽带出口的升级工作，带宽由2M

扩展为10M（光纤），原先的2M作为网络备份线供应急使用。

信息化应用项目有序推进

至2005年底，市容环卫系统已建成了一批信息化应用项目，主要有：

1. 生活垃圾自动称重系统

市市容环卫局在上海所有生活垃圾水运码头和部分垃圾处置场（厂）建有25台生活垃圾专用电子地衡，称重仪表可采集车速小于10公里/小时垃圾车的重量数据，通过读卡线圈读出车辆上配有的无接触式长距离IC卡，据此判别出车辆身份并与车辆数据库匹配，计算出车当时所载生活垃圾净重量。系统还可将当天所有称重原始数据送到中央数据库集中处理。

2. 水生植物监控系统

市市容环卫局在黄浦江和苏州河建设了7处视频监控点，通过ADSL、光纤和无线方式与控制中心相连，主要用于实时监控水面保洁质量，并在水生植物（水葫芦、绿萍等）大量产生时起到预警功能，为确保上海景观水域不受污染起了巨大作用。

3. 景观灯光集中控制系统

景观灯光集中控制系统由1个主控中心及10个分控中心组成，整个系统采用了工业控制领域的最新技术，主控中心和分中心、各终端之间均采用无线方式传输信号，由主控制中心或分控制中心本身发布控制命令，并由远程监控终端执行开关灯命令，从而实现对全市景观灯光的实时控制和统一管理。该系统可实现景观灯光集中控制开关、开灯数据查询、亮灯情况监视、故障的诊断和预测等功能。

4. 环卫作业GPS监控系统

根据市市容环卫局应用GPS技术指导意见，大部分区县市容环卫管理部门和相关直属单位根据各自实际需要，在作业、执法车辆、运输船舶上装备了GPS定位系统，大大提升了作业管理效率。

5. 市容环卫监控系统

为保障市容整洁，实时监控道路保洁、灯光开放等情况，普陀、松江、宝山、闵行等区县已建成了各自的市容环卫监控（调度）系统，并取得了相当不错的使用效果。

其他业务系统建设

根据业务需要，2005年，由市市容环卫局牵头，开发了暴露垃圾治理信息系统、公厕信息查询系统等。前者已完成建设工作，后者的建设工作也接近尾声。

1. 暴露垃圾治理信息系统

暴露垃圾治理信息系统通过B/S架构的软件系统，内嵌入暴露垃圾网站。结合暴露垃圾治理整体方案，该系统可实现源头信息收集、任务过程分配、结果事件汇总（分析）等功能，极大地提高了暴露垃圾治理的工作效率。

2. 公厕信息查询系统

公厕信息查询系统集成了语音识别、数据库技术、语音合成等高科技信息技术，为路人提供电话导厕服务。路人可通过拨打特定电话号码，并告之所处的详细位置，系统即可快速自动反馈距离最近的公共厕所位置及相关信息。此外，手机短信查询、网络查询等寻厕方法也同步开发完成。公厕信息查询系统作为公厕导向牌系统的服务延伸，将极大地缓解路人“寻厕难”的问题。

APL一期项目MIS子项目启动

根据市建委批复，市市容环卫局利用世界银行贷款建设固废管理信息系统一期工程已进入实质启动阶段，数字指挥中心建设和生活垃圾称重系统提升已完成招标文件编制工作，环卫基础设施管理信息系统和公众服务教育平台提升的前期工作也已完成，现正按有关程序进行报批等工作。

各区县市容环卫管理部门制订信息化工作实施方案

在2004年编制各自信息化规划的基础上，在市市容环卫局的要求和指导下，各区县市容环卫部门根据自身发展需要和业务特点，细化规划，制定了今后几年信息化工作实施方案，为规划的落实提供了扎实的基础。

（市市容环卫局）

十、地 震

上海市地震减灾“十一五”规划编制

2005年,上海市地震局在编制上海市防震减灾“十一五”规划时，以科学的发展观为指导，注重前瞻性、统筹性、协调性，加强科学性、针对性、指导性，并成立了由市发改委、市科委、市教委、市规划局、市海洋局、市消防局、市减灾办等有关领导和市地震局专家组成的“十一五”防震减灾规划编制领导小组和编制小组，集中全市的防震减灾的经验和意见。在规划初稿形成后，市地震局专门邀请了北京、上海的5位院士、若干专家和领导来局对“十一五”防震减灾规划进行评审。目前，该规划已报市政府批准。

申报多项基金项目

2005年，市地震局申报了中国地震局地震科学联合基金项目7项、国家自然科学基金3项，获得资助有5项，分别为国家自然科学基金项目“海啸在浅水大陆架的传播和地形效应研究”,中国地震局地震科学联合基金项目“地震前电磁前兆与构造关系研究”、“长三角地区（沪、宁、杭圈）震情跟踪”、“中国沿海浅水大陆架的海啸传播研究”、“上海及其邻近地区地壳上地幔速度结构的研究”。

地震监测预报建设

根据中国地震局《关于加强地震监测台站观测环境保护工作的通知》的要求，市地震局向上海市政府办公厅进行请示，得到批复后，市地震局与市公安局、市城市规划管理局、市房屋土地资源管理局联合发布了《关于加强地震监测设施和地震观测环境保护的通知》。该文件将对上海市所有地震监测设施和地震观测环境保护起到重要的作用。

2005年，市地震局分析处理地震事件约1 300件，速报85次，速报地震平均成绩达98.7分；地震数据备份文件达1.9万个，刻录数据量为1 500GB；完成了12个月的地震编目，地震条目共计150条；台网系统地震记录波形数据可用率高达99.68%；进行了周会商50次，月会商12次，编写与印发了震情通报20期、震情简报12期，编写年度会商报告并按时收集Apnet网上6省市月会商资料，用以研究和交流。在2005年全国评比中，上海遥测地震台网获全国区域遥测地震台网第三名、佘山台地磁I类台获全国评比第三名、佘山台重力潮汐观测获全国评比第三名,其他测项均获优秀。

抗震设防能力建设

2005年，上海震害防御体系的建设得到加强，成立了“上海市防震减灾联席会议”。联席会议的办事机构设在上海市地震局，使上海的防震减灾工作有了组织保证;现已有14个区建立了防震减灾联席会议制度，另5个区（县）即将建立。

2005年4月8日，市地震局与巴基斯坦签订了巴基斯坦恰希玛核电站二期项目中的“安全壳仪表系统和地震监测仪表装置订货合同”。该合同包括了3套仪表系统，即“地震监测仪表”、“土压力、孔隙水压力测试仪表”和倾斜测量仪表系统。

2005年8月6日，中国地震局组织专家组对由上海市发展改革委员会和中国地震局共同投资、上海市地震局承担的“上海和邻近海域活断层调查工程项目可行性研究”项目的子项目“上海市活断层探测与地震危险性评价”进行了验收，使上海市地震局成为全国20个城市中首个获得正式验收通过的单位。

市地震局与上海市地质调查院合作的《上海地区及邻近海域断裂构造活动性及其对城市建设影响研究课题》项目于2005年正式启动，目前进展顺利，并已完成部分地质图件的编制工作。

地震安全性评价项目建设

2005年，地震安全性评价项目共完成了轨道交通12、13号线、轨道交通8号线南延伸段和轨道交通5号线南延伸段(闵奉段)等4条轨道交通的场地地震安全性评价项目。除此之外，市地震局还在公路、LNG等领域积极拓展，先后完成了沪闵路-沪杭路越江工程、浦东机场高速公路工程、上海液化天然气(LNG)项目、五号沟LNG应急气源及调峰站扩建工程中隆纸业热电厂、崇明越江大桥工程设计地震动参数确定等工程项目和西变电工程的安评工作；完成了中国科学院微系统研究所扫描电镜测试和华山医院综合楼振动测试两个项目。

紧急救援体系建设

2005年，上海市地震局在加强地震应急救援体系建设方面制定了《上海市地震紧急救援队组建方案》；11月，将制定的组建方案报上海市人民政府审批。经市政府同意，并责成市应急办于12月中旬会同市发改委、民政局等7个委、办、局和武警总队对方案进行会审，12月底，由市应急办向市政府呈报了最后的组建实施方案，并等候市府批准。

根据全国地震局长会议关于“有所为、有所不为”的精神，由民防办牵头，市地震局积极配合，共同进行了上海市地震应急避难场所的建设。目前，该项目已完成了建设方案和项目建议书的编制以及场地的选址工作，建设方案已报市政府待批。根据要求，各区县也启动了区级避难场所的调研和选址工作。

为了使《上海市地震应急预案》与《国家地震应急预案》和《上海市突发性公共安全总体预案》相衔接和配套，2005年，市地震局对《上海市地震应急预案》、《上海市地震局地震应急预案》重新进行了修订，并编制了区县政府和乡、镇、街道地震应急预案编写大纲，指导区县和乡、镇、街道开展应急预案的编制和修订工作。

（市地震局）

十一、邮　政

2005年，上海邮政以“科技兴邮”战略为指导，推进邮政科技进步和创新。上海邮政面向邮政生产、建设、经营、管理，按照总体推进、重点突出的原则，加快高新技术的推广和应用，以信息技术改造提升传统邮政，促进业务结构和生产组织结构调整，为邮政业务发展提供强有力的信息化支撑和保证。

邮政储蓄与电子汇兑系统实现互通

2005年1月，国家邮政局决定实施邮政两网互通（即邮政储蓄网与邮政电子汇兑网互联互通）工程，该工程是继电子汇兑、储蓄统一版本工程以后第三大信息化建设工程，被列为中国邮政2005年信息化建设重点工程。5月19日～6月1日，上海邮政完成1次切换测试和2次切换预演；6月5日19点～6月6日2点，两网互通系统成功切换上线，使上海邮政545个电子汇兑网点在原有的现金到现金业务的基础上，新增账户到现金、现金到账户、账户到账户的3大类汇款业务，实现了储蓄与汇兑资金的两网互通。

公用事业代收费系统改造

为及时掌握全市邮政网点代收费业务的代收情况，上海邮政对代收费系统进行改造。2005年4月，启动该项目需求分析；5～7月，对综合服务平台、网点、电子化支局系统等进行修改和相关的开发；8～9月，进行大量的测试和优化；10月，改造后的系统经试点后在全市进行推广，改变了原先由支局将代收信息上传到区局、再由各区县局将代收费信息交各委托单位、以及手工记账的模式。实现代收费系统大集中后，全市邮政网点代收费信息直接上传到邮政综合服务平台，再由综合服务平台自动记账并生成给各委托单位的信息，使当天的数据隔天就能进行交换，确保信息交换的及时性。

速递信息处理系统投入运行

根据国家邮政局速递邮件处理“大集中、全信息、多稽核”的总体要求，2005年3月，上海邮政完成速递处理中心工艺改造项目的软件开发和信息集成，4月20日，在上海速递邮件处理中心通过初步验收并投入运行。

护照签证特快专递业务处理子系统开发

2005年10月11日，上海邮政正式开办美国驻沪领事馆护照签证邮政特快专递业务，即在美国驻沪领事馆的邮政服务处电子化支局系统中增加特快专递业务护照签证处理子系统。该系统可以进行个人自取特快、个人同城特快、个人国内特快、团体自取特快、团体同城特快、团体国内特快6种签证特快专递的收寄、投递处理。在完成相应处理后，系统自动将收寄与投递信息交换到速递处理中心，满足跟踪查询的需要。

报刊发行系统实现全市联网

为改变各郊区、县支局网点手工收订报刊状况，实现郊区、县各支局计算机收订和用户订阅信息的上传，2005年6月，上海邮政对郊区、县局进行集中模式发行业务处理系统安装；7月，郊区、县报刊发行系统开始使用新的系统，使上海邮政在全市范围内的营业网点都具备计算机收订报刊的功能，并实现联网。

（石方城）

十二、公共交通卡

上海公共交通“一卡通”系统已开通了公交、地铁、轻轨、出租、轮渡、高速公路、长途客运、停车场、加油站等10多个上海交通及交通相关行业，上海在国内率先建成了简便、快捷、安全的公共交通付费网络。至2005年底，上海已装载读卡POS机6万多台，建立售卡（充资）网点2 000多个、移资网点42个、退卡网点16个，发售交通卡2 000多万张。

2005年，上海公共交通卡有限公司根据《上海市城市交通“十一五”规划》思路，落实“公交优先”、“排堵保畅”方针，对交通卡系统数据仓库进行了重点研究，目的是通过数据分析软件的开发，提炼和整理交通卡积累至今的交易数据，为政府公共交通部门提供决策依据，为公共交通运营企业科学管理提供参考依据。截止2005年底，公司已经形成客流量、换程客流、换乘枢纽等方面的客流分析指标体系，以及管理数据分析和安全审计分析等方面的管理分析指标体系。

网上查询系统开发

为解决交通卡查询问题，公司研究开发了网上查询系统。市民可通过公司网站（WWW.SPTCC.COM），随时查询交通卡账户的余额。同时，代理网点可在被授予的VIP用户权限范围内，查询交通卡启用日期。

“一票换乘”系统项目改造

2005年，轨道交通实行了“一票换乘”系统项目改造。公司全程参与了系统整体方案的规划设计和“一票通”标准及接口规范的制定，并以交通卡系统架构为蓝图，构建了“一票通”系统的5个层次架构体系，形成包含了10项产品及接口标准在内的3大系列的上海市工程建设规范。最终于年底实现了交通卡清算中心与轨道交通“一票通”清分中心的对接，并且在现有的5条轨道交通运行线路上实现了不出站换乘。

跨出长三角，推广“一卡通”

继2004年与北京“一卡通”公司合作开发系统集成后，2005年，公司又为天津“一卡通”工程提供了咨询服务。同年11月，公司跨出长三角，与安徽阜阳签订了互联互通协议。阜阳市发行的“颍州通”采用与上海交通卡一致的卡片结构，为此，阜阳市将成为继无锡后第二个与上海公共交通卡全面实现异地“一卡互通”的城市。

（鲍菁梅）

第 七 编

信 息 安 全

综 述

2005年，随着上海城市信息化战略的持续推进，信息化已经同市民的生产、学习和生活密不可分，由信息化带来的信息安全问题以及信息安全对信息化发展产生的作用已被提升到城市安全的层面来认识，直接影响着经济发展和社会稳定。按照国家关于信息安全保障工作的指导思想和总体要求，全市围绕贯彻《关于进一步加强上海市信息安全保障工作的实施意见》精神，在信息安全管理、应急防范处置、信息安全社会化服务机制及信息安全产业发展等方面取得良好进展，基本建成上海城市信息安全保障体系的框架。

健全信息安全领导机制，上海市网络与信息安全协调小组办公室的平台作用充分体现，应对网络与信息安全事件的领导协调和联动处置能力进一步提高。信息安全职能部门按照职责加强监督管理，开展了一系列信息安全专项整治行动，对基础网络和重要信息系统安全加强监管的制度不断深化。

市级信息安全功能性机构的社会化信息安全服务能力进一步提高。《电子签名法》、《电子认证服务管理办法》、《电子认证服务密码管理办法（草案）》的正式实施，为数字证书应用、电子认证服务业发展提供了法律保障，也为上海网络信任体系建设带来新的契机。市计算机病毒防范服务中心每周定期发布计算机病毒和间谍软件方面的预报，针对危害性大的网络公害还通过报纸、电台等各种媒体及时向社会发布预警信息。

通过开展信息安全培训和宣传，全社会的信息安全意识进一步提高。向全市公务员发放了8.9万多册《上海市国家机关工作人员信息安全手册》，普遍提高机关工作人员的信息安全意识和操作水平。

注重信息安全前瞻性研究和规划，深入开展互联网安全对策的研究。通过广泛调研，分析现状与发展趋势，总结了“十五”信息安全工作的经验与不足，充分征求国家有关部门及本市相关单位意见，完成信息安全“十一五”专项规划编制。

（施　敏）

第一章 信息安全管理

概 述

面对网络安全管理的新形势，上海信息安全在网安、网宣两个平台的管理格局基础上，信息安全相关部门切实履行各自职责、紧密协作、有效联动，加强对网络安全不同领域的监督和管理，改善网络应用环境；全市各信息安全重点单位层层落实责任，较好地执行信息安全情况月报等管理制度。贯彻国家信息安全等级保护、分级分类的思想，充分发挥整体优势，探索建立信息安全管理的新手段、新机制，以重要信息系统安全测评、应急预案制定及演练、信息安全风险评估、信息安全情况报告等制度的建立健全为抓手，保障上海基础网络和重要信息系统的安全。

（施　敏）

一、组织领导机制

上海市网络与信息安全协调小组，在信息安全相关机构设置、面上安全管理制度建立、跨部门专项任务部署以及信息安全重大项目投资等方面负责统筹协调；上海市互联网舆论宣传领导小组加强对互联网舆情的研判与引导，切实发挥各部门作用，有组织、有分工，职责明确、协调配合。在信息安全应急处置工作中，信息安全领导机制发挥了较好的作用，根据网络与信息安全事件的性质，初步形成了通信网络与重要信息系统安全、信息内容安全、群体性突发事件信息网络应急处置3大类事件的预案框架和处置工作流程，提高协同作战能力。

（施　敏）

二、职能监管

落实手机用户实名制

在全国率先实施手机实名制工作，对新增用户从2005年9月开始实施真实身份登记，对存量非实名制用户，在两年内分期分批进行实名登记；组织了多次专项检查，得到了各移动运营商的支持与配合，采取了如“入网送意外险”、“实名登记送话费”等一系列的柔性推进措施。这些工作都得到了国家信产部的肯定，为2006年国家全面推行手机实名制积累了经验。

强化互联网行业管理

2005年，通信管理部门完成对上海各类网站的重新登记注册和备案工作，注册备案网站总数超过16万家；文广影视部门加强对224家视听节目网站的监测与管理，对全市网吧实行总量控制和布局调整，并制定了长效的管理机制。

加强信息系统保密管理工作

2005年，保密部门对上海涉密系统单位开展检查，加大网上泄密案件查处力度，并对上海涉密系统的集成商资质进行重新认定。

开展打击网络犯罪行动

针对网络涉恐、涉黑、涉黄的新特点，公安部门开展了打击淫秽色情网站、网络赌博、整治“点对点”网络和视频聊天室等专项行动，查处BT（Bit Torrent）下载网站31个、视频聊天室14个、淫秽色情网站30家、赌博网站462个；侦破各类相关案件92起、抓获犯罪嫌疑人111名；完善对“易趣”等电子商务网站的管理机制，落实校园网安全管理措施。（施　敏）

三、制度建设

承担国家信息安全风险评估试点工作

在布点上，上海选择了医保、农行、电力、宝山区等几个部门的重要业务系统；在方式上，对自评估和检查评估都进行了尝试。试点工作得到了国家风险评估专家组和标准起草组的认可。在风险的计算方法、不同生命周期阶段的风险评估要点、风险的等级判定等方面，为国家提供了经验。同时，上海市信息安全测评认证中心还专门自主研发了适用于自评估的管理软件，为2006年全面推广信息安全风险评估工作提供了有力的技术支撑。

继续稳步推进重要信息系统安全测评

2005年，共完成33个重要信息系统安全测评，提出了300多项安全整改措施。同时，积极推进测评工作向文广影视、金融系统、公用事业和区县部门延伸，并在浦东、静安等区开展试点，探索建立了信息化建设项目投入运行前实行安全测评的制度。

加强信息化建设项目安全把关的制度安排

2005年，共对16个市建设财力投资信息化建设项目进行了安全把关和审核，提出了90多项整改和完善建议，增强了信息化建设项目的安全性。提出了信息系统全生命周期的测评管理模式，将信息系统的安全方案审核和安全测评等环节进行规范。

进一步规范完善应急预案体系

2005年，编制了《上海市网络与信息安全事件专项应急预案》。完善通信管理、金融、文广、证券、民航、铁路、电力、税务、医保、劳保等重点单位或领域的信息安全应急预案，重点落实了移动、联通、电信、网通、铁通、东方有线等电信运营商本单位预案和“三大类”预案处置工作流程的衔接。

（施　敏）

第二章　信息安全服务

概　述

安全测评、计算机病毒防范服务和网络信任等一批市级信息安全功能性机构的运行模式日趋成熟，在为全市信息安全重点部门提供信息安全技术服务的同时，不断适应市场竞争的需求，进一步提高社会化信息安全服务能力。2005年，上海市信息安全测评认证中心健全“一个平台、多方授权”的格局，在获得国家有关部门授权的基础上，不断加强信息安全测评队伍建设，培养一支技术强、经验丰富的测评队伍。上海市计算机病毒防范服务中心，根据计算机病毒发生情况，及时向社会预警并提供服务。上海CA中心被国内公认为运行经验最丰富、应用领域最广、用户群体最大的认证中心之一，在电子政务、电子商务等领域均积累了丰富的实践经验。

（施　敏）

一、计算机病毒防范

2005年与前几年相比的最大特点一是未发生大规模病毒感染事件，二是网络犯罪发生根本性的变化，即从全球范围的普遍爆发转向瞄准具体组织进行敲诈勒索的小范围、更秘密的攻击。究其原因主要可归结为：一是病毒等恶意程序的编制者已从为他人制作嫁衣的表现型向参与分羹的经济型转变，公开与私下的恶意代码交易已形成产业链。值得关注的是，由于在微软每月公布安全补丁之日起相关的攻击代码将同时失去其卖价，因此开发者会在当日公开这些攻击代码，造成未及时安装补丁的用户受攻击概率大幅上升。二是原先台前的大规模病毒制作焦点人物安然隐于幕后，焦点被分散于盗取账号、诈骗等各种表象。伴随着溢出型漏洞的减少，2005年显现出受Web注入脚本影响的事例不断上升。三是传播途径更为广泛，传播效率大大提高。如网络游戏、即时通讯、博客、网络热点话题等。

间谍软件已经超过病毒成为网民的最大威胁。2005年，全球共发现40万个间谍软件传播站点，12万个间谍软件程序，较2004年增长了2倍。

全年具有较大影响的计算机病毒简介

“灰鸽子”病毒（Backdoor. Gpigeon）及其变种系列。该病毒会自我复制和删除安装程序，修改注册表后将病毒文件注册为服务项实现开机自启。病毒程序还会注入所有的进程中，隐藏自我，防止被杀毒软件查杀。自动开启IE浏览器，以便与外界进行通信，侦听黑客指令，在用户不知情的情况下连接黑客指定站点，盗取用户信息、下载其他特定程序。

“传奇木马”（Troj. PSWLMir）及其变种系列。该病毒首先尝试关闭一些常用病毒防火墙和一些反木马程序，如天网防火墙、木马克星等。在操作环境中将自己注册为系统服务，然后就挂钩系统的鼠标和键盘消息，截取用户的传奇账号信息，并将这些账号信息发送到木马种植者预定的邮箱。传奇木马病毒由于有利益的支持，导致许多恶意者加入编写的行列。到2005年底，已经有多达1万种以上的变种，不仅仅盗取传奇游戏，还盗取其他热门网络游戏的账号和密码。

“内核木马”（Win32.Troj. Rootkit）。该病毒会把自己的进程、在注册表中的键值、创建的文件、创建的服务都隐藏起来，尽量不被受感染机器的用户发现，以便木马长久驻留在受害者机器中。该病毒会窃取用户的系统和个人资料，记录用户的键盘输入后保存在文件rt_passfile.txt中，并会通过该木马泄露出去。

单位计算机病毒防范工作

2005年，各单位遭黑客攻击有较大幅度上升，受病毒感染情况也略有上升。这与病毒等恶意软件更为隐蔽、传播渠道更为多样化，以及各单位使用更多的网络新应用有关。同时，与各单位依然沿袭以往防病毒措施,较少调整策略和应对方法也有着很大关系。一些单位没有应对通过即时通讯等应用传播病毒的措施，也较少有单位配置局域网整体防御系统。各单位根据发展趋势和实际情况对计算机病毒防范培训和措施有待进一步加强和调整。

信息化服务热线全年服务情况

2005年，上海信息化服务热线为市民提供电话咨询服务11余万人次；上门服务4 300余人次；免费培训近1 000人次；发布于全市主要新闻媒体的计算机病毒预报信息210余条；服务网络基本覆盖各区县。

免费期刊——《信息安全和服务》全面介绍全市信息化发展的近况、网络知识、计算机病毒防范知识等等，2005年，其免费发放面不断扩大。

作为上海市信息安全行业协会的常务副理事长单位，上海信息化服务热线将在全市计算机病毒防范服务和不断推出公益性活动方面进一步作出贡献。

（朱鸢飞）

二、安全测评认证

重要信息系统测评

2005年，上海市信息安全测评认证中心完成了对上海市33个重要信息系统的安全测评工作，其中，21个系统的运行主管部门属于市、区（县）委办局等政府部门，12个系统的运行主管部门属于企业单位。从系统的具体业务类型分布来看,电子政务类系统21个，占63.6%（如市住房公积金网、市水务局网上办事系统、市农委网上办事系统、市工商行政管理政务公开网站、市无线电管理局信息管理与监测一体化系统等）；大型重点企业的业务支撑系统8个，占24.3%（如上海电信ENI企业网络平台、宝钢股份生产控制管理系统、杨树浦电厂DCS系统、上海烟草资金管理系统等）；公用事业类系统2个，占6.1%（如大众燃气客户服务系统、临江水厂管理信息系统等）；金融类系统1个，占3%（如上海银行个人网上银行）；其他类系统1个，占3%（如中华航运网）。

2005年，接受安全测评的系统有以下几个明显特点：一是电子政务系统所占比例较大；二是大型企业对生产控制管理系统安全测评的认知度越来越高；三是区县信息系统建设逐步实现主动引入安全测评机制。截至2005年底，上海市信息安全测评认证中心已完成对上海市115个重要信息系统的安全测评，测评范围涉及电子政务、银行、税务、证券、海关、铁路、电力、民航、水务、燃气、轨道交通、医疗卫生、大型国企等关系国计民生的主要信息系统。

国家信息安全风险评估工作试点

信息安全风险评估是国家信息安全保障工作的一项重要内容。2005年3~9月，国务院信息化办公室在全国部分省市和行业领域开展了信息安全风险评估试点工作，上海市信息化委员会组织实施了上海市的试点工作。参与风险评估试点的单位是上海市信息安全测评认证中心、宝山区信息委、中国农业银行上海市分行、上海市医疗保险信息中心、上海市电力公司、上海电力股份有限公司等6家单位。

上海市信息安全测评认证中心基于多年从事信息系统安全测评的经验，结合国家《信息安全风险评估指南》标准草案，制定了风险评估的工作流程和操作文件，开发了风险评估管理软件（IAS）。通过试点工作，各试点单位发现了存在的薄弱点和风险，为系统安全状况改进、建立风险管理制度奠定了基础，同时也对风险评估的方法和软件进行了验证。

本次试点工作取得的主要成果包括：制定了信息安全风险评估的操作规范和指导文件；开发了适用于自评估的信息安全风险评估管理软件（IAS）；提出了风险评估相关管理问题的建议；对国家标准《信息安全风险评估指南》提出修改意见等。2005年9月8日，在上海召开的国家信息安全风险评估试点工作总结大会上，上海的试点工作成果得到了国信办相关领导及与会代表的高度认可和赞同。

CNAL 检查资质认可

2005年6月，上海市信息安全测评认证中心获得中国实验室国家认可委员会（CNAL）关于检查机构的认可资质（证书编号：NO.I0039），成为上海市首家、国内第二家具备信息安全检查资质的机构。

行业领域系统测评

在国家保密局涉密信息系统安全保密测评中心及上海市国家保密局的指导下，上海市信息安全测评认证中心作为国家保密局涉密信息系统安全保密测评中心系统测评（上海市）分中心，完成了对上海市公务网接入单位、军工企业、检察院等涉密系统的测评工作。

医疗卫生领域，上海市信息安全测评认证中心配合市卫生局的2005年“医院管理年”工作，完成了70家区县中心以上医院的网络安全督察。此外，根据长宁区卫生局的部署，完成了对长宁区所属12家二级专科医院和社区卫生服务中心的计算机信息网络系统的安全测评工作。

其他方面

上海市信息安全测评认证中心作为主要参与单位承担的国家信息安全应用示范工程（S219工程）获2004年上海市科技进步一等奖、2005年国家科技进步二等奖。上海市信息安全测评认证中心建设的“信息安全监测、评估、认证平台与应用”项目获2005年上海市科技进步二等奖。

（赵瑞颖）

三、网络信任体系建设

上海CA中心作为上海市网络信任体系的重要技术支撑及服务依托，努力开拓市场，认真规范内部管理，为推动上海电子政务和电子商务发展、保障交易安全提供有力支撑。2005年，上海CA中心由原名称“上海市电子商务安全证书管理中心有限公司”更名为“上海市数字证书认证中心有限公司”，分别获得国家电子认证服务密码使用许可证和电子认证服务许可证，成为国内首批获得认证服务运营资质的CA认证机构之一，进一步提高了提供网络信任服务的能力。

证书发放服务体系继续扩大

按照统一发放体系和统一认证体系的要求，大力推进全市证书受理服务体系建设，初步形成“一个CA中心，多个二级行业RA和区域RA”的格局。2005年，上海CA中心的认证服务机构布局进一步扩大，新建上海电信RA分中心、柳州RA分中心梧州受理点、重庆RA分中心、中硅网受理点、东航期货受理点、嘉定区RA分中心、黄浦区RA分中心、闵行区RA分中心等证书服务受理机构。

证书发放数量占据领先地位

上海CA中心的证书发放种类包括个人数字证书、单位数字证书、设备证书、代码签名证书、邮件证书等。截至2005年末，上海CA中心共发放数字证书约56.6万张；单位类证书占50%以上。上海市财税局网上报税证书应用项目作为公司证书应用的重点项目，继续保持了良好的发展势头，共发放单位证书超过16万张，为网上报税的迅速发展提供了安全保障。通过市政府实事项目——“市民信箱”，向全社会提供了3 000多张安全电子邮件证书，扩大了证书在普通市民中的应用和影响。

电子政务领域证书应用势头良好

2005年，深入推进了证书在金融、财税、大通关、房产交易等政务领域的应用发展。非税收入管理系统累计发放证书3 000多张；政府采购中心的网上招投标开始采用数字证书。在嘉定、黄浦、闵行等区县率先实施数字证书电子政务应用试点。证书的应用范围呈现多样化、多渠道、多行业的局面。

电子商务领域证书应用拓展成为亮点

2005年，上海CA中心新增加了海虹电子商务医药采购平台、重庆钢铁企业管理系统、通用五菱ERP系统、中硅网硅产品网上交易平台、大连期货交易中心、中拍网、东航期货交易平台等多个证书应用项目。此外，在目前已经开展的个人外汇交易、个人银行业务、中小企业网上银行服务的基础上，扩大与中国银行、上海银行、浦发银行的合作，增加证书的应用范围，同时与更多的银行展开合作，在银行的网上业务中全面推广证书的应用。（施　敏）

第三章　信息安全技术研发及产业化

概　述

随着互联网深入到社会的方方面面，它在经济发展和社会生活中正发挥着越来越重要的作用，而网络与信息安全也已成为互联网健康发展必须面对的重要课题，国家已经把网络和信息安全作为国家信息化发展战略中的一个重要内容、重点任务来进行部署和推进。在政策支持和市场需求的合力推动下，为满足上海信息安全保障体系建设的需要，信息安全技术不断向广度和深度迈进，信息安全产业得到迅速发展。

2005年，上海信息安全产业增长速度再创历史新高，全年实现经营收入23.76亿元，同比增长25.04%，从业人员达1万余人。2005年，全市主要信息安全企业研发投入占企业销售收入的比重为5.9%，明显高于其他行业。这说明信息安全行业具有产品技术含量高、品种多等的特点。

信息安全技术与产业是中国信息安全保障体系建设的基础，是个新兴的高成长性的高新科技型产业，涵盖了众多有自己特色产品的小企业。尽管信息安全产业对国民经济产值的直接贡献很小，但间接贡献很大。最近，国务院的《国家中长期科学和技术发展规划纲要》及其配套政策中都对信息安全技术和产业的发展指明了方向。

（施　敏）

一、国家信息安全产业化（东部）基地

国家信息安全成果产业化（东部）基地（以下简称“国信安基地”）是国家科技部设在张江高科技园区内的国家863计划重点项目。国信安基地自2001年7月开工建设到2004年园区产业链的初步形成，再到目前实现健康稳定发展，得到了科技部、上海市信息委、上海市科委一贯的关心和指导。

国信安基地目前拥有近1.6万平方米的孵化面积，即将完工的孵化楼面积达2万平方米。基地内在孵企业65家，毕业企业累计26家，孵化楼入驻率达100%。国信安基地吸引和培育的三零卫士、龙贝科技、金碟软件等企业已经成为国内同类企业的龙头，基地的集聚效应初显。

2005年，国信安基地成功引入了又一国家级研究中心——国家高性能集成电路（上海）设计中心。该国家级研究中心与已在基地入驻的国家信息安全工程技术中心、国家反计算机入侵和防病毒研究中心、上海交通大学信息安全工程学院一起，为基地形成产、学、研联动的产业模式打下了扎实的基础。

截至2005年底，国信安基地入驻企业已承担国家863项目、国家重点科技项目和地方重点项目50多项，成功申请专利40项，技术标准3项，著作权登记32项。

顺利通过863项目验收

根据2005年国家给予上海八六三信息安全产业基地有限公司（以下简称“基地公司”）承担的863信息化服务平台项目的要求，基地公司组织上海交通大学、东南大学等院校共同成立专题项目组，在2个月内收集了逾200家信息安全企业资料，并分别将企业及上千种产品整理输入数据库内，供网站用户查询。在项目执行期间，基地公司还组织策划了技术研讨会、产品发布会、产品技术鉴定会、展览会等活动逾10次；撰写了高质量的信息安全领域学术论文8篇；申请软

件著作权或专利10项；支持信息安全本科生、研究生专业课实验课程，提供了500人次实验和实践机会。

该项目于2005年11月顺利通过了863专家组验收。2006年，基地公司还将继续对服务平台的各项功能作进一步完善、充实和更新，力求逐渐扩大服务平台的影响力。

成为国家高新技术创业服务中心

基地公司自2002年9月加入上海科技孵化器网络，并成为上海市信息安全创业服务中心以来，一直致力于为上海地区信息安全中小企业争取国家各级政府更多的扶持，并为其提供优良服务。至今，基地已成功为入驻企业举办了多次产品推荐会，申请了各项资金支持几百万元，并多次组织入驻企业参加信息安全展会。

基地公司作为信息安全专业孵化器，充分发挥以4名院士为首的专家委员会的技术资源优势，依托科技服务体系，为公共实验室的软件开发环境和测试设施的使用提供了支持。在各方面的指导关心下，入驻企业的部分特色产品已顺利研发成功，取得了多项计算机软件知识著作权登记，并且在上海市信息安全创业服务中心的指导下申请发明专利和商标注册。

2005年底，基地公司被国家科技部认定为国家级高新技术创业服务中心。

服务与培训并重

国信安基地以服务体系为支撑，组建了一支服务小组，服务内容涉及资本服务、人力资源服务、财务法律、知识产权、工商登记咨询等9大项38小项。服务小组于2005年着手完成了基地入驻企业名册汇编和优惠政策汇编。

通过服务小组的努力，“总经理沙龙”和“企业技术论坛”已经成为基地特色服务之一，为信息安全企业间的信息交流、资源共享与合作提供了平台。

2005年，国信安基地在基地管委会的支持下，联合上海交通大学信息安全工程学院、上海信息安全行业协会成立了“国信安东部基地服务中心”，并引进了《数据恢复技术》高级研修试点班项目，该项目共计已培训25人；基地与华东师范大学华大培训中心合作，为河南省委组织部县处级管理干部培训班进行电子政务和电子商务培训，3期培训共开班3个，累计培训了240多人。

同年，国信安基地与上海市公安局、上海市劳动和社会保障局合作，共同策划了保卫人员职业等级培训项目，该项目通过认定，完成了两期试点，共计开班11个，累计培训了950多人。

开展文化建设

配合上海张江集团有限公司“打造创业、生活两相宜的张江社区”这一规划，基地公司本着“服务张江”的宗旨，参与了张江文化建设工作，开展了5次“当代艺术在张江”系列活动，丰富了张江文化生活；积极参与张江文化设施的建设，完成了张江艺术馆工程建设的前期工作；草拟了张江艺术馆运作方案和张江开展文化艺术活动总体方案。

（陈怡婉　韩　亮）

二、重要信息安全企事业单位

华虹：成功研发多款智能卡芯片

上海华虹集成电路有限责任公司（以下简称“上海华虹”）创建于1998年12月，是中国微电子行业核心项目——909工程集成电路设计公司之一。公司注册资本1.2414亿元，集雄厚的资金实力和强大的技术优势于一身，主要致力于智能卡芯片自主研究和开发。

上海华虹在集成电路IC卡芯片的设计开发上具有十分丰富的经验和设计基础，公司将IC卡作为最重要的产品方向。1999年，公司开发成功的国内第一枚规模应用的具有自主知识产权的8Kbit非接触式IC卡芯片已应用于上海市公共交通卡等领域，截至2005年，已累计发行达1 400余万张；64kbits的接触式CPU卡芯片已发行1 100余万张，成功应用于上海社会保障卡等项目中。同时，公司开发了带RSA/DES的CPU卡芯片，带USB接口的身份认证芯片、32位CPU卡芯片。

在CPU技术方面，上海华虹现已具有8位微控制器8051、turbl8051、8位RISC微处理器的嵌入式设计技术，同时具备了片上系统（SOC）的开发能力，可将ROM、SRAM、EEPROM、IO接口、USB接口与CPU核集成到单片电路上。在存储器方面，公司已设计出容量从256bits到64Kbit，采用0.35微米CMOS工艺技术的EEPROM非易失性特殊存储器，随着国内工艺水平的不断提高，华虹的EEPROM技术将提升到0.25微米、0.18微米的水平。公司还将开展Flash方面的技术研究。

上海华虹在智能卡芯片设计、安全认证芯片以及芯片的抗攻击等方面具有很强的设计开发能力。公司的接触式大容量CPU卡项目于2003年8月顺利通过EAL4+安全认证现场审核，11月取得认证书。2004年5月，公司被国家密码管理委员会批准为“商用密码产品生产定点单位”和“商用密码产品销售许可单位”。同年，公司完成了开发国家第二代身份证卡芯片的任务，并向公安部批量供货。

上海华虹主要产品介绍：

1. 国产算法单芯片USB-KEY（SHC1404）

上海华虹开发的单芯片USB-KEY通过将USB-KEY接口模块、高速CPU模块、高性能RSA协处理器模块、高速DES算法协处理器模块、国产加密算法模块、真随机数发生器模块以及周边存储器模块（ROM、RAM、EEPROM）集成在一起，实现了一个典型的SOC数字证书。

2003年，单芯片USB-KEY（SHC1402）首先由上海华虹开发完成。国产算法USB-KEY（SHC1404）在SHC1402的基础上增加了国产加密算法、高速RSA模块（SHC1402加密一次需500ms）、DES加密协处理器模块、物理随机数模块、全速USB接口模块（SHC1402是低速的），集成度和性能有了进一步提高，目前，国内还无同类产品宣布开发成功。该芯片是在华虹NEC 0.35微米标准CMOS工艺上实现的。

2. 第二代居民身份证卡芯片模块（SHC1121）

中国的第一代居民身份证不能机读，其防伪造和防变造的能力也较差，因此已经不能适应当前经济发展和社会信息化的要求。上海华虹开发的第二代居民身份证采用非接触式IC卡技术，突破非接触式IC卡芯片设计与制造的技术关键，采用特定安全算法，符合国家第二代居民身份证技术规范（即《GS-1非接触式集成电路（IC）卡模块技术规范》和《居民身份证专用集成电路规范》）。

3. 国产算法社保卡芯片（SHC1208）

国产算法社保卡芯片（SHC1208）是一款低功耗、高性能的IC卡芯片。卡上集成了8位微处理器、256字节SRAM、256字节XRAM、20k字节MASK ROM（程序内存）、8k字节的程序/数据存储器（EEPROM）和其他辅助电路。SHC1208符合ISO/IEC7816系列国际标准，集成了国密办专用算法（33IP）和DES双加密引擎，适用于社保卡、PSAM卡以及其他需要33算法的应用市场。（叶唯川）

银晨：从事人脸识别技术研发与产业化

上海银晨智能识别科技有限公司（以下简称“银晨公司”）成立于2001年12月29日（其前身是成都银晨网讯科技有限公司，成立于1999年7月10日），注册资本4 000万元人民币。自成立伊始，公司便将人脸识别技术的研发与产业化作为公司的业务核心，是国内最早从事人脸识别技术研发与产业化的公司。经过多年不懈努力，银晨公司已经成长为国内规模最大的人脸识别技术研发与产业化基地，其技术整体处于“国内领先，国际先进水平”。

银晨公司现拥有各类计算机专业人才、经营管理人才、市场营销人才等共130人，平均年龄29岁，大专以上人员数117人，占公司员工总数的90%。

银晨人脸识别技术系列产品涵盖了出入控制、照片比对、监控布控、登录认证等多种应用。银晨公司创建的人脸识别基础数据库，规模已经达到2.23万人，平均每人130幅以上各种光照条件、姿态、表情和饰物等变化的人脸照片。这些图像为进一步的算法设计、测试提供了良好的资料基础。

银晨公司的“人脸识别系统及其应用”项目获得2005年度国家科技进步二等奖，上海市科技进步一等奖。另外，公司“E面通”产品分别获得第七届深圳高交会“优秀产品奖”及第七届上海工博会“银奖”。“银晨人脸识别智能监控系统”获得2005年“上海市重点新产品”的称号；“银晨嵌入式人脸识别器”获得2004年“上海市重点新产品”的称号。

银晨公司已获得专利授权12项，其中发明专利3项，实用新型专利6项，外观设计专利3项。此外，公司还取得了软件著作权登记证书12项，商标注册1项。

（戴雅芬）

维豪：建设“浦江科学园”

维豪信息技术有限公司（以下简称“维豪公司”）以下一代网络（NGN：Next Generation Network）和公钥基础设施（PKI：Public Key Infrastructure）的核心技术为基础，以下一代服务（NGS：Next Generation Service）的理念为指引，提供新一代网络业务支撑平台（即安全和应用支撑平台）解决方案，致力于电子政务、电子党务、工业信息化、金融信息化和电子商务等领域平台研发、生产、销售和服务。

根据“立足上海，服务全国”的发展战略，维豪公司正依托浦江建设产业化基地——“浦江科学园”，分别在北京、深圳、广州、武汉、沈阳、杭州等城市设有分支机构。公司现有员工800多人，研发人员占62%，市场人员占30%，管理人员占8%。

维豪公司在安全支撑类、应用支撑类、可信终端类产品方面取得了一系列科研成果。公司研制开发了62种型号设备；提出了《信息安全支撑平台和应用支撑平台技术规范》等9项信息安全技术标准规范（草案）；出版了《电子政务总体设计与技术实现》1本专著，有效指导了有关电子政务工程的实施；获得了41项软件著作权，35项软件产品登记，2项发明专利。这些成果已成功应用于国家电子政务试点示范工程，应用于国家劳动和社会保障部、国家发展和改革委员会、国家工商行政管理总局、国家税务总局、海关总署、国资委、商务部、科技部，北京市、上海市、青岛市、深圳市、浙江省等试点示范单位可信互联互通工程等电子政务专网领域；应用于金信和金保工程等电子政务外网领域；应用于电监会、国家电网、江苏省电力公司等企业信息化以及上海证券交易所、联合证券公司等电子商务领域，并正在向其他电子政务、电子党务、电子商务、企业信息化领域推广和辐射，其应用前景十分可观。

（邵黎晖）

复旦光华：致力于信息安全领域技术研发

上海复旦光华信息科技股份有限公司（以下简称“复旦光华”）是以开发自主知识产权软硬件产品和提供全面信息技术服务为主的大型高科技企业。公司是信息产业部“计算机信息系统集成一级资质”企业、“国家863计划成果产业化基地”、“国家规划布局内重点软件企业”，具有国家保密局“涉及国家秘密的计算机信息系统集成资质”，获得了“国家信息安全服务资质一级证书”，并通过了ISO9001：2000质量体系认证，通过了CMMI L3认证。

复旦光华从20世纪90年代开始信息安全技术的研究，是国内最早从事信息安全技术研究的机构之一。复旦光华在信息安全领域主要致力于研发高速网络信息安全审计监控、高端系统整体信息安全防护措施，能够为政府、大型企事业单位，电信运营商、金融、证券等高端用户提供行业化的整体安全解决方案、系列化信息安全产品和安全评估、应急处理、安全培训等高质量的安全服务。公司在信息安全领域已形成3大类近20项信息安全产品，这些产品均获得公安部、保密局、国家安全测评认证中心等权威机构的认证证书，客户涉及烟草、电信、政府、金融、高校等多个行业，安全产品遍及全国31个省市自治区。公司还参与国家信息安全宏观战略规划的制订，每年承担大量863、电子发展基金等国家科研项目，各类安全产品先后获得“国家科技进步二等奖”、“公安部科技进步一等奖”、“教育部科技进步二、三等奖”等10多项奖励，并申报了24项专利。

（曾海天）

颐东：开发多个自主知识产权产品

上海颐东网络信息有限公司（以下简称“颐东公司”）是上海市东湖集团的骨干企业，是专业从事计算机系统集成、智能楼宇集成、软件开发、安全建设、弱电总成、网络系统及设备维护维修服务等业务的高科技企业。公司创建于1997年5月，注册资本为1 000万元人民币。

颐东公司具有国家信息产业部授予的国家计算机信息系统集成二级资质、建筑智能化系统集成专项工程设计甲级资质、建筑智能化工程专业承包三级资质，国家保密局授予涉及国家秘密的国家计算机信息系统集成资质，是上海市政府主管部门认定的高新技术企业，上海市保密局指定的涉及国家秘密的计算机网络系统的定点维护和维修企业，上海市政府主管部门认定的软件企业；同时，公司具有ISO9001:2000质量体系认证以及上海市财务会计信用等级A类单位等资质。

颐东公司完成的主要大型/超大型集成项目有：市公务网总集成；市委办公厅智能化办公环境总集成；市纪律检查委员会信息化系统建设；浦东新区政府办公网络系统集成；虹口区政府新大楼网络信息系统集成；虹口区政府大楼信息化系统总集成；市人民政府侨务办公室信息化系统建设等。公司完成的其他项目包括：市公务网安全集成平台，市人民政府办公厅OA影像系统，市委、市府信访办不稳定因素排摸分析系统，市委组织部干部分析系统，市公务网授权管理系统，市博物馆多媒体系统等软件研发，以及联合国亚太城市信息化论坛（APCITY）和上海市公务网管理中心等网站建设。

颐东公司自2003年起全面启动了“金修工程”（上海地区涉及国家机密的计算机网络系统定点维护、维修业务），为用户提供全方位的“阳光特快七彩服务”；建立了面向客户的呼叫中心，提供7 × 24小时的售后服务（热线962666）。同时，公司定编了40多人的技术工程师队伍作为客户服务中心的人员配置，其中包括网络、主机、软件、安全等专业的工程技术人员，他们都具有CCIE、CCNP、CCNA、MCSE2000等高级技术资格。

2005年，颐东公司在历年的技术积累和业务经验摸索的基础上加大投入，开发和计划开发多个有自主知识产权的新产品，特别是安全和安全应用类产品。如：加密电子邮件系统、通用用户权限管理系统（2005年，本产品被上海市科委评为上海市重点新产品）、网络安全监控系统、英赛虎单向安全阀、公文交换平台等。

（张伟平）

三零卫士：提出“服务创造价值”理念

上海三零卫士信息安全有限公司（以下简称“三零卫士”）是专业从事信息系统安全行业的高新技术认定企业，公司总部座落于上海浦东张江高科技园区的国家信息安全成果产业化（东部）基地内。

三零卫士依托国内实力最为雄厚的信息安全权威机构——中国电子科技集团公司电子第三十研究所，并以其近40年的信息安全和通信保密工程的技术积累和经验为支持，结合现代信息安全技术的最新发展，积极投身于中国信息安全事业。公司主要面向党政机关、金融证券系统、电子商务和各企事业等单位，是专业从事信息安全服务、信息系统安全集成、安全产品提供和专业应用开发的企业。三零卫士开展广泛的科技成果转化工作，呈现给用户一个完整的网络安全解决方案，并通过提供有效的安全服务，包括系统安全评估、安全方案制定、安全实施、应急响应、安全咨询和培训服务等，为客户提供了强有力的安全保障。

三零卫士注重产学研结合，通过“强强联合”积极寻求发展，建立了自己的研发队伍。公司还特别关注信息安全行业的标准化工作，作为主要执笔人和起草单位参与了公安部、北京市、上海市、杭州市等十几个国家行业和地方标准的制订工作。公司现有员工162名，其中拥有20余名博士、硕士，还包括2名海外学成归国人员、5名CCIE、3名CISSP，他们都已经融入三零文化体系，成为公司技术和管理体系的骨干力量。依靠强大的团队建设、创新的技术理念和诚信的经营态度，近几年三零卫士发展迅猛，公司注册资金达到1 000万元，累计产值达到2亿元。公司下设3家子公司（注册在广州、杭州和浦东）、2家办事处，同国家信息中心合作在上海成立了DRS数据修复服务中心。

三零卫士在计算机系统集成业务稳步发展的同时，不断寻找新的业务增长点，在2005年提出了“服务创造价值”的理念。企业信用服务系统在国家诚信体系建设不断优化的大环境下，公司也进一步增加研发投入，继续完善信用服务系统，加强推广力度，取得了良好的社会效益和经济效益。（汤江灏）

万达：研制“万全之策”安全产品系列

万达信息股份有限公司（以下简称“万达信息”）成立于1995年12月，注册资金为6 500万元。公司前身是原上海计算机软件研究所，该所是当时中国大陆地区最早从事软件出口和国际项目开发合作的机构之一。

万达信息自2000年开始，即致力于信息安全技术和产品的研发，经过多年的技术积累，公司研制了以集成安全管理为核心的“万全之策”安全产品系列，并在政府、企业等得到了广泛应用，取得了良好的经济效益和社会效益。

万达信息通过对信息安全技术发展的长期跟踪和深入研究，建立了“以资源为主题的、以安全威胁所驱动的、以安全策略作实施的、以审计结果为评估的动态自适应”的信息安全集成管理框架模型。同时，公司通过对电子政务领域、社会保障领域、医疗保险领域、政府涉密领域等领域进行需求与功能分析，确定了安全集成管理系统原型框架，并对主机、网络、数据库、应用系统的监控与审计等相关关键技术做了研究，确定了以万达信息安全集成管理平台为核心，以万达安全配置管理软件、万达主机安全审计软件、万达网络安全审计软件、万达数据库安全审计软件、万达安全通信中间件软件、万达应用审计软件、万达信息安全内容审计软件(万达网页自动监测与恢复系统)为功能外延的产品线。在科技部以及其他政府部门的支持下，万达信息进行了产品的设计、开发、功能完善和功能测试，并对已有的产品和技术进行了整合与集成,使之能更好地融入万达信息安全集成管理平台，同时完成了著作权登记、软件测评与产品登记、国家信息安全产品认证、公安局安全专用产品销售许可、国家保密局安全产品认证等工作。近几年，万达信息致力于将公司的产品进行市场推广和产业化，已经成功实施了包括上海医保、上海工商、上海市政府、上海人大、浦东卫生网等在内的几十个项目，得到了广大用户的充分认可和好评。

万达信息目前共有员工470余人，其中研发人员占69%，市场人员占7%，管理人员仅占3%。公司立足上海，不仅在北京、广州、杭州、宁波和江西等地设立了分支机构，更是大胆地进军国际市场，在美国创办了子公司。

万达信息的“万全之策”信息安全产品系列包括：

1. 万达安全集成管理平台

万达安全集成管理平台通过统一的接口集成不同厂商的安全产品，进行一体化的集中管理，从而使产品之间的耦合度大大增强，管理和监控的工作量大为减少，提高了工作效率和应对突发安全事件的快速响应和处理能力；通过提供配置管理、安全审计、网络监控、检测分析、数据挖掘、统一监控报警等功能，并在以资源为主题、以安全威胁所驱动、以安全策略作实施、以审计结果为评估的动态自适应的一体化管理平台之下，实现了各类数据的标准化管理、集中化管理、安全策略的自动化处理、安全事件的智能分析、安全威胁的综合评估以及安全报警的多样化等。同时，万达信息集成了应用审计、网页自动检测与恢复系统、配置管理、网络监控、流量分析、网络拓朴、统一报警、安全策略与流程管理、第三方安全产品等诸多功能，面向用户的是一个单一的管理平台，展现在他们面前的是一个统一的操作界面。

该系统采用分布式结构，采用可灵活扩展的Agent处理各种不同的安全产品，以流程引擎调度各Agent协同工作，以基于规则的智能系统分析和挖掘海量的安全信息，通过统一的界面展现给用户，同时提供邮件、手机短信、弹出窗口、音乐、语音等多种报警方式。

2. 万达分布式安全配置管理系统

万达分布式安全配置管理系统采用分布式结构和远程采集技术，能够通过广域网进行系统监控，并透过防火墙进行配置信息的采集和发布。该系统能够在不需要对被监控设备做任何修改，不需要在被监控设备上安装任何软件的情况下进行采集和监控，做到了“零安装、零管理、零维护”。该系统支持的设备包括：操作系统（Windows、Unix、Linux等）、数据库系统（ORACLE、SQL Server等）、网络设备（Cisco、3Com等）、中间件（CICS、Texudo等）、Web Server（IIS、WebSphere等）、Mail Server（Exchage Server等）等。

该系统与万达安全集成管理平台紧密集成，通过提供基于规则的专家系统进行实时分析、统计分析和数据挖掘，以及进行快速响应和报警，同时提供流程化的审计策略定义、规则定义，以及基于Web的直观的用户界面，可使管理员在一个中心点管理企业内部的所有安全事件，使发生在企业内各个地方的安全事件一目了然。

万达配置管理系统的分布式结构使之能根据企业计算环境（从几台到几百台主机）的要求进行扩展，而不会影响网络性能。该系统使用数据加密、数据压缩、数字签名和身份认证等安全技术来保证系统自身的安全性。

3. 万达分布式应用审计系统和万达分布式网页防篡改系统

万达应用审计系统是能从各种操作系统、数据库、应用系统和防火墙上收集和过滤审计信息，并转换为通用的审计记录格式，存储在中央数据库中，同时，提供跨平台的API调用，深入各种业务系统内部进行数据采集和审计的应用系统。

同时，万达应用审计系统、万达分布式网页防篡改系统也能像万达分布式安全配置管理系统一样，与万达安全集成管理平台紧密集成，并能根据企业计算环境（从几台到几百台主机）的要求进行扩展。Java分布式计算技术的实现使得系统成为一个真正意义的跨平台的企业安全管理解决方案。

4. 万达XML交易&消息中间件

随着网络应用的不断发展，对于异构计算机之间的通信以及数据交换的要求日益迫切。不同操作系统，不同网络协议，以及各类防火墙的应用，使得通信的复杂度大为增加，而Java、XML标准的系统平台无关性正是解决这一问题的关键。利用Java一次编写、到处运行的特性，可以统一的形式安装、部署、管理消息中间件。利用XML与系统平台无关的特性，可以在不同系统中方便、自由地进行信息交换和发布。

万达XML交易&消息中间件（CuteMessage）正是结合了上述Java和XML的两项优势的产品。该软件采用100%纯Java编制，严格遵循XML标准，支持多种网络协议和数据库系统。它支持的功能包括：同步通信、信息的发布/订阅、点对点通信、用户认证与管理、完整的管理平台、可扩充的功能特性；支持的加密签名算法包括DES、3DES、AES、RSA等，数据签名算法包括MD5、DSA等，同时支持数字证书认证；支持的数据库系统包括Oracle、SQL Server、MySQL等主流关系数据库。系统发布的消息严格按照XML格式标准进行，所支持的网络协议包括：HTTP、CORBA、RMI、SOCKET、XML-RPC、WebService等。该软件使用XML数据库存储消息，支持客户机的登录验证、离线自动恢复。客户机支持的开发环境包括Java以及Delphi等Win32开发工具。（顾海青）

格尔：完善产品体系

上海格尔软件股份有限公司（以下简称“格尔公司”）成立于1998年3月，2000年8月完成股份制改制，注册资本达3 500万元，主要股东包括原上海格尔软件有限公司、上海科技投资公司、上海飞乐音响股份有限公司等，公司总部设在上海。

格尔公司专业从事信息安全核心技术和产品的研发，致力于成为“领先的身份管理产品及解决方案提供商”，为此，公司提出了信息安全为应用服务的理念和“安全+应用，创造新价值”的口号，并始终将为用户解决现实需求和提供优质服务摆在首位。

格尔软件的获奖及荣誉如下：国家密码管理局批准的首批商用密码产品生产与销售单位，已批复的产品包括SJR01、SJY49、SRQ15、SJW64；国家保密局批准的“涉及国家密码的计算机集成资质软件开发单项资质”单位；国信安办认定的首批计算机网络安全服务试点单位；“国家信息安全应用示范关键技术研究与应用（S219）”工程的承担单位，该工程获得了国家科学技术进步二等奖和上海市科学技术进步一等奖；上海市科委认定的高新技术企业，多个产品获得了上海市科委颁发的科学技术成果证书，多个产品获得上海市高新技术成果转化认定；上海市信息委认定的软件企业，多个产品获得了上海市信息委颁发的软件产品登记证书。2005年，公司顺利通过ISO9001:2000质量管理体系认证。

格尔公司的IC卡密钥管理系统获得国家密码管理局和中国人民银行总行惟一认可并通过鉴定的银行IC卡密钥管理系统。同时，公司获得了在Windows环境下虚拟磁盘的方法、具有MIME数据过滤技术的SSL代理方法、安全电子邮件与Lotus Notes和Outlook Express集成的方法、金融IC卡密码管理系统中的随机密钥约定方法等多项技术专利。公司还与上海交通大学信息安全工程学院合作成立了信息安全实验室——

"上海市信息安全综合管理技术研究重点实验室"。

2005年，格尔公司对自身的信息安全产品进行了整合，完善了产品体系，正在努力成为"领先的身份管理产品及解决方案提供商"。公司的身份管理产品体系共分为6个部分，即：IdInfrastructure（身份基础体系）、IdProvisioning（身份供应）、IdAuthN（身份认证）、IdAuthZ（授权服务）、IdEvidence（证据服务）、IdApplication（身份应用）。（滕浩亮）

卫士通：致力于信息安全高端技术研发和产品化

上海卫士通网络安全有限公司（以下简称"卫士通公司"）成立于2000年12月，注册资金200万人民币，是中国信息安全龙头企业——三零集团旗下的公司。公司现有员工50余人，本科以上学历者占80%，其中博士1人，硕士6人。公司拥有商用密码产品定点销售资质和ISO9001质量体系认证证书。

依托集团及总公司在信息安全领域40年积淀的强劲技术优势和人才资源，秉承"诚信共享、团队尊重、专业进取、创值创业"的理念，卫士通公司已经发展成为华东地区重要的信息安全主流产品供应商、安全系统集成商和安全服务提供商，建立了以上海本部为中心、以浙江、江苏、山东、安徽、江西等省办事处为支撑的营销服务网络，客户群遍布党政机关、金融系统及企事业单位。

卫士通公司充分利用自己的技术优势，致力于信息安全高端技术的研发和产品化实现，部分安全产品在国内率先通过主管部门的技术鉴定，成为行业技术标准，填补了国内空白。公司在业界率先推出了宽带VPN、千兆防火墙、高速密码芯片、计算机安全卡系列、安全OA系统、局域网综合安全防护系统等产品，为中国电子政务、电子商务以及企业信息安全起到了强有力的保障作用。

公司成立五年来，先后完成了S219国家信息安全应用示范工程、上海市公务网、山东省党务网、中国银联新系统、交通银行公文交换系统、交通银行数据大集中系统、上海证券交易所远程办公网、上海金卡工程、上海社保卡工程、上海公交卡工程、浙江金卡工程、浙江电子商务CA系统、江西电子商务CA系统、安徽电子商务CA系统、苏州城市一卡通、杭州市民卡等一系列信息安全重点工程。

公司主要的产品线包括：主机加密系列产品、网络安全系列产品、通信加密系列产品、安全模块系列产品、应用安全系列产品、税控收款系列产品等。其中，主机加密系列包括：金融数据加密机、服务器密码机；网络安全系列包括：IP加密系统、IPSEC VPN系统、安全远程接入系统、SSL-VPN安全系统、防火墙；安全模块系列包括：数据密码卡、桌面数据密码机、安全PC卡、USB KEY密码模块；应用安全系列产品包括："一KEY通"局域网综合安全保护系统、新一代安全电子公文系统、身份认证及访问控制系统、密码信封打印系统、安全OA系统、县乡通安全电子邮件系统及县乡通安全信息交换系统、证书管理系统。

（吕明忠）

方正：规划六大产品线架构

上海方正信息安全技术有限公司（以下简称"方正安全"）是北大方正集团的全资子公司，专注于信息安全和网络管理解决方案的研发、生产、销售、服务和咨询的专业厂商。公司在全国设有30个销售和服务平台，遍布全国各省、市、自治区，现有员工近200名，其中大学以上学历的人员占98%，拥有硕士学位的人员占30%。

方正安全定位于做"中国人自己的信息安全卫士"和"中国人自己的网络管理先锋"，其产品覆盖了防火墙、防病毒、硬件安全网关、虚拟专用网、入侵检测、网络管理等6大类50多款产品，目标是成为中国最优秀的信息安全和网络管理解决方案的产品供应商与服务提供商。

在产品方面，方正安全根据信息安全行业发展和自身技术实力，规划出6大产品线的产品架构：

1. 防火墙产品线

防火墙产品线是目前方正安全中实力最强的产品线。方正防火墙技术位居国际先进水平，而且在立项第三年就开始赢利。2005年第三季度推出的NP防火墙，使方正防火墙的竞争实力更加突出。

2. 杀病毒产品线

方正安全通过与欧洲最大的杀病毒厂商——西班牙熊猫软件公司全方位的合作，以杀毒软件为主打产品，包括目前最先进的网络版和单机版杀毒软件，在国内市场上的份额名列国际品牌前三甲。

3. 硬件安全网关产品线

硬件安全网关产品是在全球范围内技术最为先进的多功能安全网关硬件，可在Internet网关处提供全方位立体防护，在病毒、垃圾邮件和不受欢迎的内容进入客户网络之前进行阻断，最大限度保护了用户的网络免受侵袭。2003年，方正安全硬件安全网关产品以超过一半的市场占有率雄居中国第一。

4. 虚拟专用网（VPN）产品线

虚拟专用网（VPN）产品是国内最先进的VPN产品之一，它通过认证加密，使管理信息以密文的形式在网络中传输，有效保护了信息不被其他人截获，即使截获，截获者也无法读懂所截获的密文信息。

5. 入侵检测产品线

入侵检测产品是最高具备2Gbps网络流量处理能力、同时最多可支持8个监测端口的实时网络入侵检测系统。方正入侵检测系统可监控网络传输的数据流，自动检测和响应非授权活动、内部网络滥用和内部信息泄露等行为，使管理员在网络和系统受到危害之前发现并阻止非法入侵。

6. 网络管理产品线

网络管理产品是针对中国用户网络的业务需求开发的全新的具有极高性价比的新一代管理软件，体现出了从信息安全"产品叠加型"向"整体安全体系"的发展趋势，体现出了"整体、全面和易于管理"的方正信息安全解决方案的特点，具有客户化、安全管理、整体性、易用性、高效性、标准性、灵活性等优势，全面提升用户IT平台的安全性、稳定性和使用效率。

方正在渠道建设方面，安全推出了"C++共赢合作伙伴计划"，成功构建了遍布全国30多个省市自治区的销售网络，签约各种产品的总代理、行业金牌等100多家，合作伙伴500多家；在技术服务方面，建立了完备的C++授权服务认证和培训体系，构建了包括西藏和台湾在内的60多家授权服务中心，可为用户提供本地化的高质量售后实施与咨询服务。

（肖力强）

启明星辰：研制开发"天澄短消息安全系统"等产品

启明星辰信息技术有限公司（以下简称"启明星辰"）成立于1996年，是一家由中国留学生创立的，拥有自主知识产权的网络安全高科技企业。目前，启明星辰已经形成3条业务主线：在安全解决方案方面，提供安全管理运营解决方案；在安全服务方面，在国际安全标准BS ISO/IEC 17799规范下，提供完整的网络安全服务体系；在安全产品方面，提供整体网络安全主动防御体系。

随着市场不断扩展，启明星辰于2000年10月投资1 000万元在上海张江高科技园区设立了上海启明星辰信息技术有限公司。通过五年的试拓展，上海启明星辰实现2003年总收入925万元，2004年总收入2 263万元的业绩，增长率达到145%。

几年来，启明星辰始终坚持技术创新，确保技术水平与国际同步，先后承担了国家863项目、计委产业化项目等国家级、省部级重点信息安全科研项目40多项。目前，启明星辰拥有包括积极防御实验室、北京研发中心、上海研发中心、国内首家网络安全博士后工作站、CERT小组在内的100余人的技术力量，是国内实力最为雄厚的网络安全科研队伍之一。

随着网络的广泛应用，网络安全服务在政府、金融、电信等许多领域受到越来越广泛的重视，启明星辰提供的风险评估、应急响应、安全培训等网络安全服务项目拥有很好的市场前景，成为公司业务新的增长点。上海启明星辰成立以来，为上海的S219工程、上海公务网提供了安全产品，并承担了浦东新区和松江区电子政务安全平台建设任务，同时还在金融、电信等重点行业中获得上海期货交易所、外汇交易中心、上海电信等一批重大安全项目。

2002年，上海启明星辰成立产品研发中心，在国内率先研制开发了"天澄短消息安全系统"等产品，得到有关管理部门的好评和认可。（宋　俊）

天融信：网络安全产品销售突破4亿元

上海天融信网络安全技术有限公司（以下简称"天融信"）是天融信（集团）公司设在上海的全资子公司。公司成立于2000年，是上海最早的专业网络安全公司之一，产品线包含了防火墙、VPN、IDS、过滤网关、安全审计、安全管理平台等。依托天融信（集团）公司强大的技术和工程实力，公司成立以来先后参与了上海S219、公务网等重大网络安全工程建设并作出突出贡献，并为上海的政府、电信、金融、企业等行业的千余家用户提供了优质的安全产品和专业的安全服务。近几年来，公司不断开拓创新，销售额以每年100%的比例高速增长，目前已经成为上海地区专业网络安全企业中的佼佼者。

天融信（集团）公司成立于1995年，总部设在北京，形成北京、武汉、成都三大研发中心，同时在全国32个省市设有分支机构，拥有1 000多名信息安全专业研发、咨询与服务人员。作为中国网络安全行业的领导企业，天融信一直专注于网络安全领域，在多个产品领域都取得了稳步增长。除了传统的拳头产品防火墙之外，VPN、IDS、过滤网关、安全审计、安全管理产品也创造了不俗的销售业绩。据CCID报告统计显示，天融信整体安全市场占有率连续六年位居国内厂商之首，防火墙市场份额连续三年名列国内外安全厂商第一位，2005年，销售额突破4亿元，为国内信息安全企业树立了新的里程碑。

2005年上半年，天融信对网络卫士防火墙系列产品进行了技术推新，在业界率先采用ASIC/NP架构硬件平台和TOS安全操作系统，这对天融信在中国网络安全市场的发展带来了深远的影响；2005年，天融信IDS产品市场占有率也是节节攀升，进入了IDS产品五强；并举办了轰动业界的“龙腾中国 融信天下”大型产品巡展活动，进一步扩大了可信网络架构TNA、网络卫士防火墙、VPN、IDS、过滤网关、安全审计和安全管理等全线网络安全产品、解决方案和安全服务的影响力，巩固了天融信在防火墙领域及整体安全市场的领先地位。2005年下半年，天融信又相继发布了SSL VPN解决方案、可信安全管理平台TSM、防垃圾邮件网关等新品，得到用户的广泛认可。到目前为止，天融信公司拥有覆盖全国，涉及政府、电信、金融、军队、能源、交通、教育、流通、邮政、制造等行业的万余家客户群体。　（王丽丽）

金诺：成为首批国家网络与信息安全信息通报中心技术支持单位

金诺网络安全技术发展股份有限公司（以下简称“金诺网安”）成立于2000年4月，注册资本2 518万人民币。公司总部位于上海，在东北、华北、西北、华中、华东、华南和西南7个区域设立了分公司或办事处，建立了完备的营销平台和服务支持体系。公司现有员工120多人，80%以上的员工拥有本科以上学历，50%以上的管理人员拥有硕士以上学历，并拥有多名信息安全领域的博士研究人员和海外归来的信息安全专家。

金诺网安技术力量雄厚，不仅是国家863计划信息安全领域专项课题研究承担单位，也是上海市首批通过软件企业认定的高新技术企业，通过了ISO9001：2000全面质量管理体系认证。金诺网安拥有完备的信息安全产品体系，涉及入侵检测、外联监控、漏洞扫描、数据恢复等各个安全领域，这些产品均通过了国家权威机构认证，拥有自主知识产权证书，达到了国内领先水平，并在政府、金融、电信、公安、企业、军队、教育等多个行业广泛应用。金诺网安的产品已遍及全国30多个省市自治区，得到广大用户的普遍认可。目前，金诺网安已成为国内最大的网络安全产品及服务供应商之一。

受中国国家信息安全测评认证中心的委托，金诺网安全面负责国内规模最大、资料最全、最具权威性的“中国信息安全论坛”（www.chinafirst.org.cn）的运营与维护。该网站拥有公开漏洞数据库、工具库及内容最丰富的技术资料文档库，已经成为信息安全领域具有影响力的综合性门户网站。与此同时，在公安部十一局、公安部第三研究所及公安部计算机信息系统安全产品质量监督检验中心等有关主管部门的指导与委托下，公司还担负着“中国信息网络安全”（www.china-infosec.org.cn）网站的运营与维护工作。2005年，金诺网安凭借其领先的网络和信息安全技术，成为首批国家网络与信息安全信息通报中心技术支持单位。公司研制开发的“金诺网安信息系统安全等级保护基础调查工具”专业软件已成为国家信息系统安全等级保护基础调查的辅助工具，为国家等级保护工作的深入开展助了一臂之力。　（李瑞婷）

吉大正元：承担多项国家重点项目

上海吉大正元信息技术有限公司（以下简称“上

海正元”）是吉大正元信息技术股份有限公司（以下简称“吉大正元”）于2001年在上海投资设立的子公司。吉大正元是中国领先的信息安全专业服务提供商，公司主要从事信息安全产品的研发、生产、销售，并提供安全咨询、安全评估和安全集成等服务。吉大正元成立于1999年2月，注册资本为5 000万元。公司开发中心位于长春市高新技术产业开发区，运营中心位于北京中关村；设有上海子公司，并控股山西省数字证书认证中心，参股吉林省数字证书认证中心、内蒙古数字证书认证中心。公司是国家密码管理委员会办公室认定的首批商用密码定点生产单位和销售许可单位，国家规划布局内的重点软件企业，国家火炬计划软件产业基地骨干企业，具有国家保密局颁发的涉及国家秘密的计算机信息系统集成资质；是“十五”国家863计划成果产业化基地，2003年度国家规划布局内重点软件企业；是吉林省人民政府确定的十大重点高新技术企业之一、“十五”期间技术改造重点培育的大型企业集团。公司于2002年通过了ISO9001质量体系认证。公司现有员工272人，其中博士21人，硕士89人，本科学历以上的占85%。

上海正元注册资本为人民币1 000万元，注册地点在上海市张江高科技园区。上海正元是以硬件产品为主，软件产品为辅，软硬件结合的信息安全产品制造商。上海正元目前拥有自主知识产权的产品有SJY76证书服务器密码机、企业数字身份认证系统、企业身份认证服务器、电子签章系统及密码电子钥匙等5种。上海正元的产品特点是突出企业应用，强调适用性，并已经在公安、税务、政府、卫生、大型企业中得到广泛应用。

吉大正元主要产品有JIT SRQ05数字证书认证系统、JIT PMS授权管理系统、JIT Smart Office通用办公资源与业务管理系统、JIT Keeper网络文件监控系统等数十种。其中“JIT SRQ05数字证书认证系统”处于国内领先地位，荣获2003年度国家密码科技进步一等奖。

吉大正元一贯坚持“用市场培育开发、用开发推动市场”的理念，在市场推广取得成功的同时，加大科研开发力度，先后承担了多项国家重点项目，主要包括：国家密码管理委员会办公室“电子证书及其标准研究”、国家计委高技术产业化示范工程“企业团体贸易电子商务系统B2B产业化”和“WPKI关键技术及产品产业化”、国家科技部“十五”计划863应急项目“电子证书及应用系统”和863计划项目“交叉认证技术的研究与开发”、信息产业部国家移动通讯产品研究开发专项部分“WPKI网关平台与移动终端WAP软件专项研究项目”、科技部中小企业技术创新基金“具有安全机制的电子商务系统”和“挂号电子邮局系统”、信息产业部电子工业基金项目“电子证书认证系统”、“基于智能卡的数字认证体系”及“NC电子政务平台项目”等。

（贺吉生）

龙贝：独立开发完成二维条形码系统

上海龙贝信息科技有限公司（以下简称“龙贝公司”）成立于2003年3月，注册资金为533万元，位于国家信息安全成果产业化（东部）基地内。龙贝公司所研制出的二维条形码——龙贝码，是完全由中国人自己独立开发出来的一种新型的二维条形码系统，它的全部知识产权属于中国，是一套非常理想的生物信息安全存储技术系统。二维条形码属于高科技信息产业，以前国际上只有美国、日本少数几个科技发达的国家才拥有二维条形码的发明权，现在“龙贝码”填补了中国在此领域的空白。

龙贝公司的“龙贝二维条码信息处理系统”是基于龙贝二维条码核心编译码技术而开发的系统，它是专为计算机读取信息开发的一种图形，是可对各种数字化信息进行加密存储的高安全性信息载体；具有高可靠、高安全、防伪、防涂改、低成本的特点。该系统软件主要应用在信息管理和公共信息安全方面，因此适用领域非常广泛，如证照、仓储、物流、电子商务、电子政务、防伪、会议会展、生产制造等。

“龙贝码高安全性证照系统”主要应用在信息管理和公共信息安全方面，可节约用户建立数据库系统的费用。龙贝公司以龙贝码技术为核心技术，并使用龙贝码独有的二维条码信息掩模加密技术、分离加密技术、二维条码图像数据压缩技术、二维条码生成等技术，形成了一整套不易获取或更改的信息载体，并保证了信息载体的高真实性。该系统应用领域广阔，可推广到各种需要身份认证的场合，如：驾照、身份证、学历证、护照、税单、医疗卡、银行汇票等领域。

龙贝码与国际上先进的二维条形码相比，具更高的信息密度、更强的加密功能，适用于各种类型的识读器，可使用多达32种语言系统，具有多向编码/译码功能和极强的抗畸变性能，可对任何大小及长宽比的二维条形码进行编码/译码，并且具有多重信息加密技术，特殊掩膜码加密技术、分离信息加密技术、不同的加密等级技术、允许用户自行可靠地进行加密的技术等。龙贝码是目前国际上惟一能对多种类型、不同长度的数据同时进行结构化编码的二维条形码，它有机地把目前最流行的结构化数据库与二维条形码融为一体，是一种比袖珍数据文件（PDF）功能更强的袖珍数据库（FDB）。

目前，龙贝公司已经申请了5项发明专利，即：全方位信息同步二维条形码系统及识读方法；编码区域长宽比连续可变的二维条形码系统；条形码识读器和条形码信息处理系统；双向可读二维条形码系统及其识读方法；二维条形码数字图像信息的增强方法。

（张　宇）

汉邦：承接多项重大课题

上海汉邦京泰数码技术有限公司（以下简称“汉邦京泰”）隶属北京汉邦软科集团，注册资本为3 200万元。公司致力于网络安全产品的研发、生产、销售和安全服务，先后承接“中办、国办计算机综合审计系统”（“十五”重大信息安全课题）、分布式电子政务强审计系统（国家“863”重大课题）、分布式电子政务强审计系统（国家保密局）、信息安全基础平台（综合监控审计系统）、信息安全综合强审计系统（国家重点新产品）、网络信息安全监管系统（国家发改委产业化课题）、网络信息安全监控管理系统（科技部重点新产品研发课题）、基于自主代理的协同入侵检测系统（“863”重大课题）、汉邦协同入侵检测系统CoIDS（科技部创新基金）等10多项重大课题，形成了多项专有技术，并把这些技术运用于“汉邦”系列产品的研发和生产上。目前，“汉邦”系列产品均已通过国家信息安全测评认证中心的严格认证及国家保密局涉密信息系统安全保密测评中心认证，并取得公安部颁发的计算机信息系统安全专用产品的销售许可证。

汉邦京泰在国内建立了完善的行销体系和售后服务体系，设有沈阳、济南、西安、南京、无锡、南昌、合肥、杭州、深圳、长沙、贵阳、成都、武汉、天津等办事处，经销商总数超过500家。汉邦京泰系列产品也已广泛应用于中央办公厅、国务院办公厅、总参谋部机要网与指挥网、中央组织部、中央宣传部、中央对外联络部、中央警卫局、中央机要局、国家保密局、国家发改委、农业部、卫生部、上海市公务网、上海市组织部、北京市委办公厅、北京市机要局、天津市委办公厅、辽宁省委、河南省委、贵州省委、陕西省委、安徽省委等国家要害部门，中国核工业总公司、中国航天科工集团和中国船舶工业集团等军工企业和科研院所，以及金融、保险、证券和制造业的大中型企业。

（曹振宇）

信息安全工程技术中心：研发多项信息安全拳头产品

上海信息安全工程技术研究中心（以下简称“工程中心”）是科技部批准成立、注册于上海的自收自支事业单位，也是120个国家级工程技术研究中心中惟一一个从事信息安全工程技术研究的单位。工程中心注册资金1 000万元，拥有密码、通信、计算机等领域的技术人才，其中包括部分国内知名的院士、专家和学科带头人。

工程中心以保障国家信息安全为己任，紧紧抓住国家大力发展电子政务、积极鼓励研发具有自主知识产权信息安全产品的良好机遇，在国家有关部委的大力支持下，充分发挥在信息安全方面的技术优势，加强对国家信息安全急需的一些重大关键技术的攻研，努力提升国家信息安全工程技术的研究水平，已研发出多项高水平的、有竞争力的信息安全拳头产品。同时，工程中心积极参与多个国家电子政务和信息安全重点工程建设。在国家信息技术标准研究方面，工程中心研拟了多个国家信息安全和电子政务技术标准提案，发挥了骨干和带头作用。

1. 信息安全标准规范研究

工程中心承担了国家信息安全标准化委员会《授

权管理系统PMI技术标准和规范》、《安全保密支撑平台技术标准和规范》的研究制订工作；主持了国家信息安全标委会WG4组《证书格式X509CV4》、《证书状态在线查询OCSP》等标准的制订工作，现已通过专家审查，即将公布；承担了国家“十五”科技攻关计划中《政务系统技术、服务及管理标准化研究》、《信息安全基础设施平台标准研究》专项课题，已通过验收；承担并完成了国家“十五”重大科技专项“电子政务试点示范工程”中《安全支撑平台和应用支撑平台技术规范》的起草工作；承担了国家保密局《涉及国家秘密计算机信息系统工程建设监理规范》的起草工作并送审。

2. 产品研制

经国家密码管理委员会办公室批复同意，工程中心开展了“SJY63密钥管理系统”项目的研制工作，于2003年8月13日通过技术鉴定。SJY63密钥管理系统已成功地应用于国家“十五”重大科技专项“电子政务试点示范工程——广东省南海市电子政务试点示范工程”项目和国家“十五”重大科技专项“国家信息安全应用示范工程——江苏电力信息安全试点示范工程”项目中。

同时，工程中心开展了“SJY62综合服务器密码机”项目的研制工作，于2003年6月20日通过安全性审查；开展了“SJY68客户端密码机”项目的研制工作；与江南计算技术研究所联合开展了“SRQ14设备证书认证系统”项目的研制工作，于2003年8月5日通过技术鉴定。SRQ14设备证书认证系统已成功地应用于国家“十五”重大科技专项“电子政务试点示范工程——广东省南海市电子政务试点示范工程”项目。

3. 工程建设和工程监理

工程中心完成了国家“十五”重大科技专项“电子政务试点示范工程——广东省南海市电子政务试点示范工程”总体方案设计和工程监理工作；完成了深圳宽带电信网信息安全系统建设工作；完成了外交部涉密网信息系统总体方案设计；完成了国家“十五”重大科技专项“国家信息安全应用示范工程——电力总公司信息安全应用示范工程”总体方案设计；承担了国家“十五”重大科技专项“电子政务试点示范工程——国务院办公厅电子政务试点示范工程”总体方案设计和工程监理工作；承担了颐信科技全国电子商务CA建设工作；承担了深圳电子政务工程总体方案设计和工程监理工作。

4. 著作及报告

由工程中心和国家信息安全基础设施研究中心联合编著的《电子政务总体设计与技术实现》一书已由电子工业出版社出版发行，受到了政府各相关部门的高度重视。

（王　珂）

防病毒研究中心：建成实验大楼

国家863计划反计算机入侵和防病毒研究中心经过四年多的建设和发展，现已初步形成了一支具有丰富实践经验的反计算机入侵和防病毒专业人才队伍，承担了多个国家和公安部重大项目，有了一批具有自主知识产权的安全产品。特别是自2005年以来，该中心在队伍建设、科研工作、成果和产品、基地建设、培训教育等各个方面都取得了全面的进步。该中心现共有在编研究人员34名，其中博士1名、硕士18名、本科15名；另有流动人员近15名。

2005年，该中心基地建设取得重大进展，实验大楼全部建成，建筑面积达1.5万平方米，现正在进行内部装修，将于2006年正式投入使用。该中心已建立起了较完善的“防病毒实验室”、“攻防实验室”、“反计算机犯罪技术实验室”、“微软联合实验室”。这些实验室拥有各种先进的设备和齐全的网络环境，为信息安全技术研究和产品开发、测试提供良好的条件。

该中心的主要产品有：

1. LongKey系列网络安全隔离与跨信任域实时信息安全提取服务器

LongKey系列网络安全隔离与跨信任域实时信息安全提取服务器既保证了网络安全隔离，又保障了正常网络业务的实时进行。它采用多系统异构网络架构，通过隔离内网与外网的直接连接和业务数据授权控制技术，并融合防火墙技术，有效阻断外网入侵和内网泄密；在保障组织业务系统安全的同时，提供了高质量的业务信息实时交换服务。研究中心同时开发了移动网、固网安全隔离等产品，可适应各种不同的网络接入环境，并根据不同的安全需求应用于企业、海关、公安等部门不同的业务应用领域。

2. VPN 安全服务器

VPN安全服务器包括VPNServer 800A安全网关服务器、VPNSM 802M 安全网关服务器、VPNMcenter 808C安全网络管理中心在内的安全VPN成套设备，可广泛应用于有数据通信机密性要求的网络系统。VPN网关利用信道加密技术，将用户数据加密后在网络上传输，可以有效防范网络窃听行为，确保敏感数据的机密性。同时，VPN 网关利用安全散列算法对收到的数据进行完整性校验，确保数据的可靠性，并可以有效防止恶意攻击者篡改业务数据或者伪造业务数据扰乱正常的业务工作。

3. NSE 网络安全漏洞分析仪

NSE网络安全漏洞分析仪能对所有网络设备和服务器进行安全扫描，针对检测到的网络安全隐患给出相应的修补措施和安全建议，并拥有非常完整的漏洞检查列表，漏洞插件达 1 592 个。

4. 移动安全接入设备

移动安全接入设备包括SDIO安全卡、安全接入网关、安全客户端软件等。SDIO安全卡用于存储个人数字身份证书和签名私钥，并为移动终端上的移动应用提供数字签名、签名验证和数据加解密等服务。安全接入网关集成IPSec VPN服务器模块和包过滤防火墙，其中，包过滤防火墙用于阻止非IPSec数据包进出，IPSec VPN服务器用于验证访问者的身份，阻止非法用户的进入，并为合法移动用户建立安全通信隧道，保证移动终端与后台网络之间的数据传输在公网路段上的安全。安全客户端软件对SDIO安全卡操作，与安全接入网关通信，建立移动终端与后台网络之间的安全通信隧道，保证移动终端与后台网络之间的数据传输在公网路段上的安全。

（反计算机入侵和防病毒研究中心）

基础设施研究中心：入驻浦江科技园

2001年12月4日，国家信息安全基础设施研究中心由国家科技部批准成立，由上海市科委进行属地化管理。该中心以公钥基础设施（PKI）技术、下一代网络、语义网等信息技术研究和开发为工作重点，实现相关技术和产品的成果转化及产业化。2005年初，该中心入驻浦江科技园，一期工作场地近5 000平方米。

在国家科技部的指导下，该中心承担了信息安全基础设施关键技术研究、信息安全基础设施平台标准研究、电子政务系统信任与授权服务平台工程实现、政务系统网络信任域管理技术的工程实现等国家863计划信息安全主题重大专项，及国家“十五”科技攻关计划信息安全专项项目。依托上述科研项目，中心研制开发了安全与应用支撑平台系列产品、可信移动终端类产品、智能门户系列产品等62项产品，提出了9项信息安全技术标准规范（草案），出版了《电子政务总体设计与技术实现》1本专著，申请了1项发明专利，获得了18项软件著作权。

同时，依托维豪信息技术有限公司，该中心对信息安全、语义网、下一代网络等领域中的关键技术进行攻关，并将攻关成果应用于安全与应用支撑平台、基于语义网技术的智能政务系统、多媒体通讯网关等主要产品中，实现了科研单位和企业的良性互动，推动了基础和共性基础产品的研发和产业化，充分发挥中心对社会的科技辐射和服务效应。

经过公开招投标，该中心科技成果转化成绩显著，多数科技成果已经在电子政务、电子党务和工业信息化市场得到广泛应用。在电子政务领域，以国务院办公厅为龙头，以工商、社保为两翼，向全国推广和辐射；在电子党务领域，以中央办公厅为龙头，向全国辐射和推广；在电子商务领域，以上海证券交易所为龙头，向银行、保险等行业辐射和推广；在工业信息化领域，以电监会和国家电网公司为龙头，向华北、华东和南方等6个区域辐射和推广。

（基础设施研究中心）

交大信息安全学院：建立多个重点实验室

上海交通大学信息安全工程学院（以下简称“交大信息安全学院”）总占地面积超过60亩，教学主楼共4层，使用面积达8 000平方米。目前，学院位于国家信息安全成果产业化（东部）基地内的张江校区建设已经完成，正在逐步进行向张江校区的整体战略搬迁。

近年来，交大信息安全学院自主研发的基于内容分级标记的信息安全监管系统，居国际先进、国内首创的水平。同时，学院申请了相关的技术专利20余项，申报了“网络内容分级标准”等技术标准3项，获得软件版权8项。

2000年以来，学院已完成科研项目20余项，进行的在研项目20余项，其中，国家863项目10余项、国家自然科学基金7项（1项为重大项目）、国家重点科技（攻关）项目2项；共发表核心期刊论文300余篇，其中SCI检索40余篇、EI检索40余篇，出版教材7本。

交大信息安全学院和市科委联合组建了上海市重点实验室——“上海市信息安全综合管理技术研究重点实验室”。该实验室重点研究信息安全综合管理平台的研究与开发、安全设备管理接口标准的研究与开发、安全设备的联动反应技术研究、基于网络自动拓朴发现的网络安全监控技术研究、安全策略反馈技术研究、智能化综合强审计技术的研究和开发等。该实验室研究与开发的信息安全综合管理平台核心技术处于国内一流水平，已被国家信息安全示范工程“S219二期”广泛采用。

交大信息安全学院在信息安全核心技术研发的同时，积极将研究成果产业化，推向市场。学院自主研制了防火墙、网页防篡改系统、BBS/Chatroom内容监管系统、安全邮件系统、个人主页发布监管系统、银行支付密码系统、MonNet网络监测系统、网络安全隔离与安全数据交换系统（SGAP）、网络安全管理平台、身份认证中间件系统、高速高性能密码芯片等系列安全产品。

为提高教学和培训的质量，2002年，交大信息安全学院在国家863计划重大项目计划支持下，启动了“信息安全工程实践平台”攻关研究和建设。依托国家863计划重大科技攻关项目“信息安全工程实践综合实验平台与集成”，学院投入大量人力与物力资源，参与攻关研究的教师和博士生、研究生有100多人，根据信息安全工程实践的教学和培训需要，建设了目前国内独一无二的信息安全工程实践平台。该平台集成了现有的典型网络、硬件和软件环境，以及学院重要研究成果，构建了具有19个教学实验系统的大规模高仿真的工程实践平台。依托该平台，学院已经向国家的保密干部提供了专业化的安全知识与技能培训，并取得了很好的社会效益。

交大信息安全学院先后组建成立了网络及应用实验室、电子政务和信息安全工程技术研究中心、攻防及评测技术实验室、上海市信息安全综合管理技术研究实验室、内容安全研究实验室、芯片和密码技术研究实验室等。各个实验室都形成了稳定的科研团队，涌现了一批具有“独当一面”能力的科研领军人才，承担并完成了多项国家和上海市科研项目。信息安全学院在多项国家及上海市重大信息安全工程建设中担任了重要的角色，与有关职能部门建立了良好的科研合作关系。

（交大信息安全学院）

山丽网安：形成具有完全知识产权的产品体系

上海山丽信息安全有限公司（以下简称“山丽网安”）是上海市信息安全行业协会理事单位，上海信息化理事会常务理事单位，2005年被评为中国信息安全产业界十大创新企业。2005年，山丽网安研发中心通过SEI颁布的CMM3认证。

山丽网安共有员工近100人，已经形成具有完全知识产权的安铁诺防病毒软件、山丽防水墙数据防泄漏系统、山丽数据门卫USB监控管理系统和山丽网络堡垒等四大产品体系。

1. 安铁诺防病毒软件2006

安铁诺防病毒软件2006采用第三代AUK防未知病毒引擎，主要用来保障计算机和网络本身的安全。该软件可以检测并清除各类蠕虫、脚本病毒、网页病毒、感染型病毒等，同时安铁诺率先提出并实现了病毒通用清除技术，可以准确、高效地防范各类已知和未知病毒、木马及间谍软件等各类安全威胁。

安铁诺防病毒软件2006“十大功能”包括：反邮件病毒、反IM通讯病毒、反黑客威胁、反木马威胁、反恶意网站、无穷变码超强自我保护、系统还原、漏洞扫描修补、IE浏览器医生、超强自我保护、SOS呼救中心。

安铁诺防病毒软2006强大的已知、未知病毒防御能力，整体防护系统，病毒查杀功能，将会帮助用户在系统、信息以及商业应用中构建强大的安全防线。

2. 安铁诺病毒防御体系 V3.0

安铁诺病毒防御体系V3.0(网络版防病毒软件)采用第三代AUK防未知病毒引擎，采取主动式的防御模式，在网络中建立完整的、覆盖从服务器端到个人终端的所有安全节点的监控网络，同时可将这些节点置于安全中心的控制下，并采取集中控制、分布处理的模式。该软件独创的网络控制功能，可防止病毒的交叉感染，将疫情置于可控范围之内，将病毒对企业的冲击降至最小。

该软件的主要特点：具有未知病毒自动联防系统，一体化防范体系；局域网内的协同杀毒，杜绝网络交叉感染；拥有大容量，基于协作的网络防毒子系统；实时工作环境保护，保障工作连续性；层次化，包含纵深病毒防御和整体防御两大体系；集中化，采用了集中管理、分布式实施的工作方式；智能化，具有未知病毒自动防护策略和病毒智能清除模式。

3. 山丽网络堡垒 II（个人防火墙）

山丽网络堡垒防黑客软件是一款增强软件防火墙，可应用于个人电脑和中小企业网关。该软件的主要功能包括：高智能防御；防范未知木马，未知黑客程序；智能识别网络行为；嵌入式的密码保护功能，防止键盘记录，密码泄漏；嵌入式的Outlook邮件安全检查功能，以识别邮件欺骗和篡改；防止本机的文件被盗，网费被盗，防止恶意远程彼处，保护您的信用卡账号、保护您的QQ密码；防黑防控；网站过滤等。

4. 山丽网络堡垒网络版

山丽网络堡垒网络版是专为企事业单位内部局域网和连接Internet的网络用户（如ISP、ICP、ASP）设计的网络安全审计和企业级防火墙系统，它主要用于防范来自于Internet的未授权访问，以及非法攻击。同时，它通过强大的监视功能，可以有效监视并记录网络中的各类操作，实时地综合分析出网络中发生的安全事件，外部事件（如外部人侵行为）和内部事件（如内部人员的文件拷贝、信息获取、信息发布、资源变迁）等，并根据设置的规则，智能地判断出网络异常行为，并对异常行为进行记录、报警和阻断。该软件集审计、控制、跟踪、报警等多种功能为一体，采用分布式体系结构，可同时对多个网络系统进行审计监控；具有实时组态式的软件系统，与分布式结构紧密配合，灵活方便地重组新系统，并通过山丽管控中心可以集中管理和控制全网的安全防范系统。同时，该软件有强大的防火墙功能；拥有AUS网络监控技术；可充分扩充和升级的监测审计设备，可按用户需求进行定制；强大的事件处理记录功能等。

山丽网络堡垒网络版的主要应用：①防火墙应用。基于AUT防未知木马技术，智能化全自动防御引擎，不需用户进行任何设置，即能高效运行所有关键防御模块。覆盖从服务器到客户端工作站的保护，可以更高效地坚固系统安全性。②审计应用。对于Internet上最常见的典型应用进行细化的审计，提供符合条件设置的典型应用的详细信息，同时提供了丰富全面的细节监视功能，包括TCP数据包细节、UDP数据包细节、NETBIOS数据包细节、ICMP、IGMP及其他协议细节。③流量监控。网络堡垒网络版能够对网络上的流量进行实时的监测和统计，可对主机特定服务进行流量统计分析。流量监控基于TCP协议的5种主要应用服务FTP、HTTP、SMTP、POP3、TELNET应用服务和UDP协议。网络堡垒网络版还向企业用户提供远程管理能力，用户可在远程启动、关闭前端监测系统和后端数据分析系统，并观看监测数据和取证文件。④实时阻断报警响应。网络堡垒允许用户在设定安全规则时对安全事件采取适当的措施，包括：旁路式阻断，报警响应。

5. 山丽防水墙数据防泄漏系统 V2.0

山丽防水墙数据防泄漏系统（山丽防水墙）是一款高端机密数据防止泄漏的安全软件体系，它采用C/S基本架构，主要是通过创造一个机密文件的使用环境，即通过山丽防水墙工作站端进行使用机密文件，来规范、管理机密数据不被泄漏。

山丽防水墙通过服务器端统一加密，工作站端在授权环境或移动环境下解密。工作站端用户必须通过服务器端授权认证，经授权认证的用户才可登录授权环境访问服务器机密资源，并从登录时刻起，使用户操作处于管控状态。同时，山丽防水墙服务器端监视并控制局域网内所有进入授权环境的机器对机密文件的操作行为（包括打开、拷贝、修改、删除等）。

山丽防水墙采用高端数据加密技术，为企业提供全面的数据信息保护策略，其基于公共密钥技术，利用数据加密和完整性检验技术来实现动态密钥交换、一次一密的工作方式、保证数据的私密性和完整性。山丽防水墙系统所采用的非对称式加密系统，大大提高了密钥的分发和使用的安全性。在实时保护机密数据的同时，山丽防水墙数据防泄漏系统还提供事后追踪保护，进行文件访问记录，其通过AUK文件监控内核，可以监控并记录客户对企业机密数据的访问的所有动作。

6. 山丽数据门卫USB监控管理系统

2005年，山丽网安推出了一款专业的内网安全产品——山丽数据门卫USB监控管理系统。山丽USB管理系统帮助组织机构防止随意使用优盘、USB移动硬盘等USB移动存储设备向外拷贝数据，主要用于监控管理USB移动硬盘、优盘等USB移动存储设备。山丽USB管理系统可以指定允许或限制使用任意USB设备类型，阻止/开放所有USB设备类型的读写功能，做到只读或读写等权限控制；对组织内部USB设备进行认证，使系统只认本组织的USB设备。山丽USB管理系统可以根据用户设定，决定是否开启指纹识别功能，以防止非授权USB移动储存设备在计算机上使用，另外可以设置USB设备在没有软件的计算机上无法使用，这样即使U盘等丢失也不用担心里面的数据泄漏。同时，山丽USB管理系统监控中心记录客户机连接USB设备详细日志信息，方便管理员核查。

（张长军）

三、重要信息安全产品

大规模人脸识别算法研究及应用

上海银晨智能识别科技有限公司（以下简称“银晨科技”）承担了市科委重大科技攻关项目——“大规模人脸识别算法研究及应用”，2005年10月项目结题。

该项目是在自有知识产权的中小型人脸识别算法的基础上，以大型人脸图像数据库（百万量级）为目标，通过对大规模人脸图像库人脸特征提取及表示算法和大规模人脸图像库人脸识别算法的研究，实现人脸识别技术的重大突破，最终实现自有知识产权大规模人脸识别技术的实际应用。该项目重点突破了以下关键技术：

（1）针对大型的人脸图像数据库（百万量级），进行快速的特征提取及特征表示，以及快速而又准确的比对识别。

（2）对光照、姿态、表情、饰物及化装、背景等干扰因素进行量化，确定此类干扰因素对人脸识别算法的影响程度，在此基础上对算法进行优化以提高人脸识别算法的鲁棒性。

（3）对不同年龄段若干对象（老、中、青、少、婴等）进行跟踪研究，确定不同年龄段的人脸随年龄而变化的规律，并在此基础上建立人脸的老化模型，提高人脸识别算法对年龄变化的鲁棒性。

银晨科技创建的人脸识别基础数据库，目前规模已经达到2.23万人，平均每人130幅以上各种光照条件、姿态、表情和饰物等变化的人脸照片。这些图像为进一步的算法设计、测试提供了良好的资料基础。目前，银晨科技已经在网上向国内、国际研究机构公布了其中部分人脸图像，为促进人脸识别技术的发展做出了贡献。

基于该项目的研究成果而成功开发的“银晨人脸自动识别系统”已在云南省建行、海南省建行、重庆市交行等金融机构的近800个网点进行了推广应用，累计实现销售收入近2 600万元，实现利税740余万元；累计为公安机关提供直接破案线索达30余起，并为用户单位解决交易纠纷500余起，为银行用户多次挽回了巨额经济损失。

银晨科技的“照片比对中心系统”目前已在上海市公安局刑侦总队和成都市公安局实施应用。同时，海南省作为公安部人脸识别技术试点省份试点也正在推广该产品。

（沈蕴婕）

高性能密码算法专用芯片研制

信息安全芯片是信息安全的核心和心脏，与用软件实现密码技术相比，它不仅速度快、面积小、功耗低，还可以实现物理保护。信息安全系统必须建立在自主、安全、可靠、完善的基础设施之上才能有基本的保障。

2003年，市科委“高性能密码算法专用芯片的研制”课题立项，上海安创信息科技有限公司依托上海交通大学雄厚的研发实力，研制成功了国内首款拥有完全自主知识产权的高性能信息安全SOC芯片。

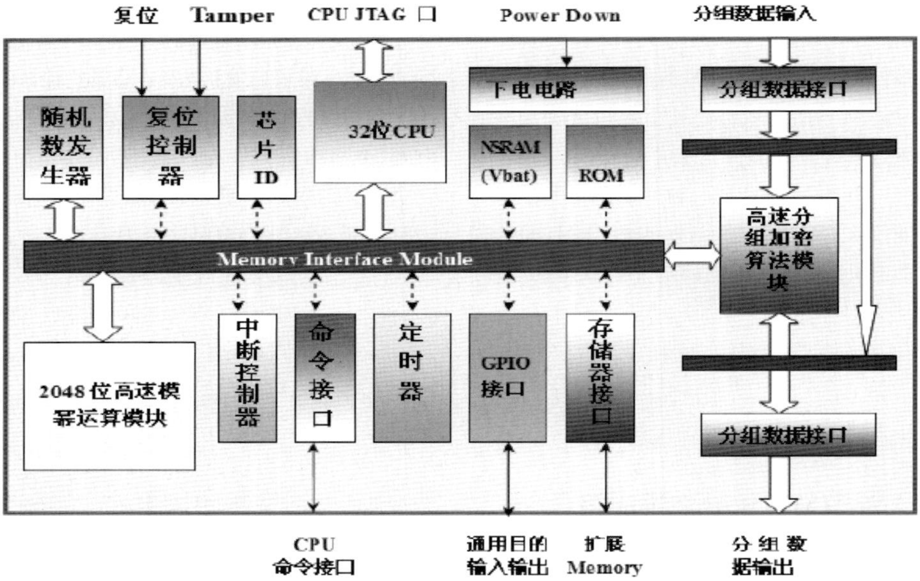

高性能密码算法专用芯片体系结构

高性能密码算法芯片内含用户可编程的嵌入式ARM7TDMI，具有32KByte的安全RAM；片内实现多种加密算法。该芯片最高支持4 096bit的公开密钥算法加速，对模长和幂长均为1 024bit的RSA签名速度达到2 400次/秒；支持多种分组加密算法以及支持Hash算法MD5、SHA-1，分组加密算法的速度达到1Gbps。该芯片填补了国内高端信息安全芯片的空白，其设计水平达到国际同类产品的领先水平。

高性能密码算法专用芯片目前已在兴唐通信科技股份有限公司、济南得安计算机技术有限公司等多家单位试用，2005年下半年进入批量生产，推向市场。同时，在该技术基础上，安创公司开发了高性能可信服务器芯片及基于芯片之上的数字内容保护平台，并开拓其在IPTV数字版权保护、政府、军队防信息泄露、企业知识产权保护等方面的应用，推动了信息安全核心芯片技术及产品的产业化。

高性能密码算法专用芯片研究成功，将提高中国自主研制的信息安全产品的性能和安全防护能力，对实现全国信息安全技术和产业的跨越式发展起到了重要的支撑作用。（沈蕴婕）

数字证书SoC芯片开发

数字证书作为网络安全的一种重要安全工具，正在越来越多地应用于电子政务和电子商务领域，为保障公民和用户的网上安全提供了重要的保障。

数字证书SoC芯片的应用源动力来自于企业级的电子商务，数字证书SoC芯片被用来在内部局域网或外部互联网上作为一种认证工具。对消费者来说，当他们上网时会遇到使用智能卡付费的问题；同样，企业对个人的电子商务方式也正在被各种PC及非PC的上网方式所激发。实际上，个人电脑的更小化产品（例如PDAs）和智能电话会大大促进智能卡市场的增长。

“数字证书SoC芯片开发”项目是上海市科委重大科技攻关项目，由上海华虹集成电路有限公司承担。自2003年9月起，该项目经历系统设计、模块电路设计及仿真、流片、测试验证、系统集成、示范应用等阶段，于2005年8月圆满完成。该项目取得了一系列的研究成果，发表论文31篇、专利申请10项、授权1项。

该项目研制的数字证书SoC芯片采用0.25mm CMOS工艺，基于公钥制密码体制——PKI体制，集成了RSA、ECC两种目前主流的公钥制密码算法；内嵌具有完全自主知识产权的32位嵌入式CPU及其周边环境，构成一个完整而高效的32位嵌入式CPU平台；实现了各种数字签名与认证、数据的解密与解密等协议，具备防御攻击与分析的能力。

上海华虹集成电路有限责任公司与上海麦柯信息技术有限公司合作，在金融、地方CA市场、军队、企业以及教育等领域取得了一定的市场突破。

目前，该产品已经成功运用于上汽集团、上海现代建筑设计集团、上海七宝中学等CA系统中，用户反映良好。同时，该项目还应用于上海容捷电子有限公司的中国人民解放军某指挥系统中，用户反映性能稳定。

（沈蕴婕）

互联网含隐藏信息的图像搜索核心技术研究和应用系统建设

“互联网含隐藏信息的图像搜索核心技术研究和应用系统实现”项目是市科委2003年立项的课题，由复旦大学陆佩忠教授承担，于2005年10月结题。该项目研究成果具有自主知识产权，申请3项发明专利，发表了13篇论文，其中有6篇文章被SCI或EI检索。

该项目重点突破了互联网上图像自动截获、图像内容统计特性计算，以及图像的基于内容的快速检索等多项关键技术。

1. 理论研究取得了突破性的进展

在项目研发中，课题组发明了一个基于三次方程的样本抽样对分析（也称最小极值法——LSM）的空间域隐藏信息容量估计检测算法，该算法虚警率小于6%，容量估计误差为0.6%，这些检测性能指标显著超过国际同类算法，而且检测的速度、灵敏度和正确性都达到了国际最高水平。

2. 发明了抗几何攻击大容量隐藏通信新体制

在抗几何攻击稳健图像的大容量隐藏通信体制设计方面，项目获得了重要进展。项目组提出的隐秘通信新体制，对图像的平移、旋转、缩放、剪切等几何攻击有很强的鲁棒性，解决了信息隐藏领域内关于几何同步的难题。

同时，该项目完成了包括国际上著名的10种检测方法的快速检测软件系统和图像自动检索下载软件，基本达到实用的程度。该系统支持包括BMP/JPEG/GIF图像和MPEG-1/2视频在内的多种媒体格式。目前，该系统已经分析和处理了网上数十万幅图像，并给出了详实的检测数据，检测性能良好。

该项目核心算法已被总参五十七研究所采用，在国防技术攀登项目中取得了重要进展，并获取和检测了数万幅敏感的图像，获得了重要检测结果，受到军队上级部门的高度赞扬。同时，项目组与国家安全部的合作也取得了进展，并与中国人民解放军总参某部取得了合作意向，应用前景看好。（沈蕴婕）

嵌入生物识别技术的高安全性证照自动认证系统

“嵌入生物识别技术的高安全性证照自动认证系统”项目旨在研发出一种包含了持证人生物信息的高安全性证照及其自动认证系统。该项目已由上海龙贝科技有限公司于2005年12月底完成。

二维条形码技术属于高科技信息自动识别产业，目前国际上只有美国、日本等少数几个科技发达的国家才拥有二维条形码的发明权，在中国尚属空白。龙贝码是完全由中国人自己独立自主开发出来的一种新型的二维条形码系统，目前已经申请了数项发明专利并得到软件著作权登记。它的全部知识产权属于中国，是一套非常理想的生物信息安全存储技术系统，填补了国内空白。

该项目通过将持证人基本信息及生物特征信息加密存储到龙贝二维条码中，实现证照信息的高安全性存储;结合生物特征的自动认证技术(面相比对技术),实现系统自动对持证人的真伪判别。该项目的核心技术已申请5项发明专利,荣获“2005年上海市科技进步二等奖”。

该项目开发了认证信息(含生物特征)的读取与自动认证的软硬件系统,开发了专门针对自动生物认证的、基于高像素CMOS图像采集器的龙贝码识读设备,实现了各类证照内对生物信息的高安全性存储,实现了利用龙贝码内照片信息与现场持证人的面相自动比对认证。

该项目除可以把面部全彩色照片、面像信息存储在面积很小的龙贝码上之外,还可以用36国语言进行编码/译码,包括中国古今全部字典内的所有汉字,总计2.1008万个汉字。目前,这项技术的阶段成果已应用于中国民航驾驶证系统。

该项目的成功实施将减少二维码技术应用领域在该技术上的进口,为国家节约大量外汇,同时对打破国外二维条码核心技术的垄断,减少对国外技术的依赖有重要意义。同时,系统会大大提高使用该系统的证件本身的防伪能力和降低制证成本,并通过自动面相比对,大大提高比认证的效率和现代化程度;对加强治安和提高人民生活满意度,带来巨大贡献。

产品样机通过试运行和在各种展会、展览、科普活动的公开展示,已经受到了社会广泛关注,尤其是安全相关的企事业单位,已经开始定购和试用该系统,如中国公安部第三研究所、上海市某监狱、北京首都机场、南京房产局等多个单位。目前,龙贝公司已与北京斯迈尔达科技发展有限公司签订销售合同,总金额202.6万元。

(沈蕴婕)

大规模DDoS防御技术研究

“大规模DDoS防御技术的研究”项目是2004年市科委立项,由复旦光华有限公司承担的项目。该项目总体目标主要是通过对基于NPU的数据内容检测和转发技术、各种主流DDoS的攻击识别技术、七层高速交换技术和网络连接的实时管理和控制技术的研究,研制一套对网上的大规模DDoS攻击进行过滤防御的串入式平台系统,使其可以适用于10/100/1 000M以太网络及10G以太网,并能够在网上出现大规模DDoS攻击的情况下,有效地发现和缓解来自网络的DDoS攻击对服务的影响,同时使得系统在网络通道没有被DDoS数据包完全拥塞的情况下,服务能基本正常运转。

该系统可以提供给公共网络的运行部门(如电信、教育网、大型ISP等)对公共服务网上出现的恶意Denial of Service攻击进行预警,并在遭到DOS或DDoS攻击的时候能够在一定程度上有效地抵御攻击,使系统正常运行。该项目已申报一项发明专利:基于网络处理器和CPU阵列的交换架构的安全过滤分流器。

大规模DDoS防御设备可以建立多层次的防御DDoS体系,净化网络流量,为全国的网络发展保驾护航,为电子政务、电子商务等各种与人民生活息息相关的网络服务提供一个安全可靠的网络环境。该研究成果自2006年起将进行市场推广。

(沈蕴婕)

第四章　重要信息系统安全建设

概　述

2005年，通过信息安全各项管理制度的不断巩固完善和信息安全基础设施的支撑，上海行政区域内公用通信网、广播电视传输网等基础信息网络，电子政务网络，银行、税务、证券、海关、铁道、电力、民航、水务、燃气、轨道交通、医疗卫生和大型国有企业等涉及国计民生的信息系统（统称“重要信息系统”），基本做到从技术、管理和应急3方面切实加强自身信息安全防护能力建设，确保系统长期安全稳定运行。2005年，上海的基础网络和各重要信息系统未出现严重的故障或事故。（施　敏）

一、基础信息网络

2005年，上海电信在网络安全、TL9000质量提升和内部信息安全工作等方面得到进一步完善和提高，切实保障了全网的安全和畅通。

有效巩固“四防”成果

2005年，上海电信提出了要立足网络安全工作，进一步巩固历年来“四防”工作的成果，网络安全取得了较为显著的成效。

【交换防瘫痪】上海电信加大了预防性维护工作力度，根据本地网络发展的特点，分别制定了应急操作层面的基本性方案、防范高话务量冲击的预防性方案和突发事件处理的应急方案等。通过建立完善的应急机制、组织应急演练等，锻炼了中心员工处置突发、重大故障的能力，巩固“交换防瘫痪”成果。

【传输防阻断】　从客户体验角度出发，上海电信继续深入探讨提高传输网络质量的有效措施，从电路端到端的角度组织落实相关的应急预案机制，强调了方案的可操作性、解决问题的可靠性和上级业务部门的认可性。此外，中心共制定了六项应急预案，其中有《10G应急预案》、《关口局应急预案》、《中继光缆中断应急预案》、《ADM16/1电源调整方案》、《防汛防台数字微波备用通道应急预案》等。

【电源防掉电】　面临电荒的威胁，上海电信及时组织下发了《上海市电信有限公司通信局房节电管理和操作办法》，专门落实了科研项目对专用空调自动编设定节能项目进行了全面开发和论证。通过一年的对比试验运行，节电率在20%～30%左右。

【数据防拥塞】　通过对异常掉线、端口速率的综合整治，使ADSL端口速率达标率达到98%以上。此外，上海电信还开展了在业务开通中实施宽带用户账号和端口PVC绑定的工作，专程制定了97营账系统与Radius系统间的绑定流程，开发了两个系统间的绑定接口，实现了用户账号自动绑定及割接、换端口时的批量解绑定、加绑定等功能，进一步缓解了数据传送的拥塞问题。

开展网络优化整治

2005年，上海电信积极开展了网络优化整治，主要体现在：①圆满完成小灵通优化提质目标；②本地网219个端局系统实现100%详单功能；③缓解IP国际出口上海节点拥塞状况。

有效处理垃圾邮件

2005年初，上海电信建设了“垃圾邮件投诉快速处理平台”，并在2005年6月正式启用。制定了处理流程，对上海的“垃圾邮件”进行了集中的查处，累计解封了450个C类地址，同时及时处理了集团投诉网站上1万个用户反应的问题。同时，已建立郊区专用垃圾邮件网关，将通过市区和郊区的联动，使上海电信的防范垃圾邮件体系达到“整体性、全网性、动态性、联动性”的特点，对净化上海电信IP网起到了积极的作用。

积极应对，做好非常时期通信保障

2005年，上海电信全面完成了各项应急通信保障任务，先后完成大网应急支撑任务38项、各类应急通信服务105次，同时还圆满完成了“神六”上天、台湾国民党主席连战、亲民党主席宋楚瑜访问大陆、抗“麦莎”强台风、洋山深水港建设等重大事件或热点问题的通信保障任务；参与组织了“中国电信集团公司大客户应急支撑通信保障演练”、“上海市‘东方2005’国防动员研究性演练”、“上海电信防台防汛应急通信演练”及重要通信保障演练等，圆满完成演练任务并受到上级主管部门的好评；成功为重大社会活动提供应急通信保障，如F1赛事、NBA、两岸交流、台商包机直航、香港医疗手术直播、电视新闻采访、V8房车赛、GP摩托车赛、亚洲公开赛、第48届世乒赛等。仅2005年2～9月，上海电信就为港澳地区提供通信服务保障8次。

2005年，“麦莎”、“卡奴”台风肆虐申城，给网络通信安全带来了极大的压力。上海电信各部门配合协作，在台风到来之前都做好了充分的准备，启动应急预案，并安排专人专车进行值班登班，确保及时抢险，将台风造成的影响降至了最低，共同确保了台风侵袭期间通信线路的畅通。

推进企业信息化，为上海电信发展推波助澜

2005年度，上海市电信有限公司被国家信息化测评中心评为企业信息化标杆企业，进入全国企业信息化500强，名列第35位。同时，上海电信的IT管控体系获得最佳IT治理奖。上海电信ENI互联网出口系统经上海市信息安全测评认证中心测评，符合《计算机信息系统安全测评通用技术规范》要求，通过上海市信息系统A类安全测评审定。

2005年，上海电信进行了安全架构的统一规划和实施，初步形成了上海电信企业内部网络的安全架构。基于总体的安全策略设计对防火墙、网络IDS、企业防病毒等常规的安全子系统进行了设计和部署。重点针对企业IT安全管理的新需求进行了综合安全管理平台的建设。

（吴宏美）

二、涉及国计民生的重要信息系统

文广影视系统信息安全建设

【集团企业网安全日常运维】 2005年，为更好地保障集团企业网安全运行，市文广影视集团重新审订了网络运行维护管理规章制度、系统运行检测及故障处理流程和企业网应急预案，并采用相关技术手段保证企业网的安全。

集团企业网在互联网出口、企业内部网以及集团网站发布区域均分级设置防火墙，以防黑客攻击。集团网站发布区域部署了入侵检测，对网站发布系统和电子邮件系统进行了安全加固，并在网站服务器中安装了主页保护系统，在电子邮件系统前端设置了网络电子邮件过滤。集团企业内网部署了百兆、千兆入侵检测。百兆入侵检测记录了内部用户浏览互联网的日志；千兆入侵检测主要用于对全网所有设备的安全事件进行检测。根据千兆入侵检测系统的事件报告情况，安全管理员每周对集团信息网络系统中感染病毒的计算机情况进行统计，同时将统计结果刊登在集团信息中心出版的“信息安全周报”上，以督促各单位安全整改。

设立病毒防范中心。集团企业网按各自的管理区域部署了中央控制台，实现对整个防病毒系统的中央集中控管。控制中心每天定时进行病毒库更新，并由病毒控制中心统一分发更新客户端病毒库。

另外，集团企业网上设置了网络管理软件，配置网络专用分析工具，对企业网进行流量监控与网络性能分析，保证了网络的正常、稳健的运营。

【集团企业网结构调整】 2005年，文广集团将企业网核心原有星型结构调整为分布式星型结构，并调整了

路由协议。按安全等级划分网络用户，为安全等级最高的用户单位提供相对独立的汇聚设备，使之得到较充分的网络资源和相应的安全保护。为确保媒资系统得以进一步扩展，将部分楼宇核心设备进行升级，并对其路由协议进行调整，以满足该系统的高带宽需求。

实施了上视大厦、东视大厦及广电大厦网络改造，加大信息网络基础设施的投入，完成3幢楼宇的网络设备更新，提高其内部交换能力，以承载更多的新兴业务。

实施了集团互联网出口带宽的扩建。扩容带宽47%，并增设备份链路，以满足业务开展的需要。

【建立集团虚拟专用网管理中心】 随着集团信息化建设的不断推进，企业网中运行的应用系统不断增多，新的需求也随之增加。2005年，集团统一建立VPN管理中心，针对集团领导办公服务VPN系统、集团财务平台业务VPN系统、下属子单位接入VPN系统，分别采用IPSEC、PPTP、SSL等3种不同加密认证方式，实现统一管理与部署；并根据不同群体的需求设定不同的安全策略，采用先进的加密、用户身份认证和访问控制等技术，确保接入、数据传输和数据访问的安全。

【通过信息安全测评的手段加强系统安全性】 2005年，由集团总工程师室牵头，委托上海市信息安全测评认证中心对集团互联网接入系统进行安全等级的复测升级认证。经过集团信息中心、传媒集团技术管理部、东方数据公司三方的共同努力，依据国家标准《GB/T 18336-2001信息技术安全性评估准则》，历时4个月，制定和修订了集团互联网接入系统10大类22分类的管理文件，并落实了整改措施，完成了整个系统的各项安全指标测评任务，取得了市信息安全测评认证中心颁发的信息系统A类《安全测评审定书》。同时，继2004年完成了广播、电视两个播出系统的信息安全测评工作后，2005年，集团对下属传媒集团的新闻共享平台系统进行了安全测评立项。由于新闻共享平台系统具有相当的开放性，存在很大安全风险，根据上海市测评认证中心的意见，需采用静态评估与动态评估相结合的方法，以做到防范于未然。针对项目的特点，集团进行了统一的测评立项，并开展了初期测评工作，目前已完成了风险评估分析与现场测试工作，预计2006年上半年完成测评。

【进行相关的安全规划和方法研究】 2005年，文广集团制定了《上海文广集团2005～2010年信息安全建设规划》。根据市委宣传部指示精神，集团信息化领导小组组织各单位的相关人员，认真学习《中共中央办公厅、国务院办公厅转发<国家信息化领导小组关于加强信息安全保障工作的意见>的通知》、全国信息安全保障工作会议精神以及《国家信息安全战略研究》。回顾总结了近几年集团信息安全工作的情况，分析了信息安全的形势与现状，结合集团未来五年事业发展“一多三跨”的总体目标，制定了《上海文广集团2005～2010年信息安全建设规划》。规划5年内基本完成集团信息安全保障体系建设任务，形成较为完善的信息安全保障体系。另外，根据中国广播电视播控系统的实际需求，并结合上海文广集团在全国广电行业率先实施并通过第三方权威机构安全测评的实例，撰写了《广播电视播控系统信息安全评估方法初探》，对广电播控系统存在的安全风险和隐患进行了科学的分析，就广电行业信息安全面临的技术、管理、策略等问题，提出了多项措施和建议，并对广播电视行业信息安全评估的概念、模型、方法、工具和工作流程等方面进行了全面的探索，对进一步提高广播电视播控系统的安全等级具有较好的借鉴作用。 （杨海生）

卫生系统信息安全建设

加强医院计算机网络安全。配合医院“管理年”的开展，市卫生局第一次将信息安全作为医院管理质量的具体内容对医院进行了督查，医院信息系统应用标准进一步完善。在2004年开展全面安全培训的基础上，2005年初完成对上海市各区县综合性以上医院（共计61家）计算机信息网络系统的安全检测，召开专题工作会议，通报检测结果，敦促医院重视计算机网络安全。为了进一步加强医院抗故障能力，2005年8月在新华医院计算机中心的配合下，在该院召开了“医院应急预案现场演示会”，借助新闻媒体的传播，既起到了应急演练示范作用，也向广大市民展示了医院重视信息网络安全的实际行动。同年，市卫生局编制了《上海市卫生信息化“十一五”规划》，将建立适应卫生改革和发展要求，高效便捷，服务于政府、社会和居民，功能完备、标准统一、安全可靠的卫生信息化体系作为目标。

（沈惠德）

第八编

信息化环境

综 述

2005年，上海市信息化委员会在科学评估"十五"规划执行情况的基础上，开展《上海市国民经济和社会信息化"十一五"重点专项规划（草案）》的编制工作；加强对各信息化专项规划的编制管理。完成了市本级信息化项目支出预算审核工作，受理了50家预算主管部门、131个预算单位申报的数百个项目；进一步强化了信息化项目审核把关工作；电信、广电、无线电、互联网的行业管理工作日趋完善。

信息化政策法规工作取得一定成果，全年共发布地方政府规章1件、规范性文件2件、政策性文件2件；组织了对《上海市个人信用征信管理试行办法》实施情况的评估检查；开展了"四五"法制宣传工作。

信息化领域标准的制订、审查和推广的技术服务得到加强，4项标准、规范完成备案和草案编制。信息技术创新取得了较大的成果，上海市信息技术创新基金共完成对14个初创企业和项目的投资；上海863软件专业孵化器一期建成，初步形成支持软件开发、质量保障和测试服务的全生命周期的公共服务支撑平台。

信息化人才工作稳步推进，积极开展了信息化人才相关的课题调研，重点推进《上海市信息化人才发展"十一五"专项规划（草案）》，参与全市重点领域人才开发目录编制、发布等工作。

信息化研究进一步深入，信息化宣传工作广泛开展，信息化行业协会作用得到有效发挥，信息化的国际、国内交流合作趋于频繁，市信息化系统党群工作为信息化中心工作提供坚强的政治保障。

（那海燕）

第一章 信息化管理

概 述

2005年，上海市信息化委员会在深入研究信息化发展战略、城市信息化水平指标体系、信息化规划执行情况评估体系、信息化标准体系、信息产业、信息基础设施、电子政务、电子商务、信息安全等领域的“十一五”发展思路及对策，在科学评估“十五”规划执行情况的基础上，以反映全市经济社会发展对信息化的要求，体现宏观性、战略性和政策性，突出政府对市场的引导作用为目标，进行《上海市国民经济和社会信息化“十一五”重点专项规划（草案)》编制。在信息化规划体系框架内，市信息委开展规划管理工作，重点加强了对各信息化专项规划编制的程序管理、时间管理、经费管理，重点把握了规划定位，强化了规划间的衔接与协调，拓展了规划编制的社会参与面，努力做好规划的论证与实施安排工作。

根据上海市市本级项目支出预算管理改革的要求，市信息委作为市本级信息化项目支出预算的专业主管部门，于2005年10月至11月集中开展了信息化项目支出预算审核工作，初步建立信息化专业预算项目库。同时，为落实市政府关于加强财政投资信息化建设项目审核把关的要求，市信息委进一步强化了在规划衔接、标准一致和资源共享等方面的审核把关力度，配合有关部门做好信息化建设项目的审批工作。

电信行业管理方面，为加强移动电话用户身份识别的管理，于2005年9月1日开始实行“实名制登记”工作；同时在对各类电信服务格式合同全面梳理、规范的基础上，完成了《实用电信合同导引》一书的编写工作。广电行业管理方面，严格广播电视频道（频率）设置管理，完善广播电视从业人员执业资格管理，强化广播电视节目监测机制，加强对电话和手机短信参与的有奖竞猜类广播电视节目、境外卫星电视及互联网视听节目等的管理。无线电行业管理方面，加强对台站、频率资源、无线电监测的管理，做好重点工程建设、重大赛事的通信保障管理工作。

（那海燕）

一、规划管理

规划编制

《上海市国民经济和社会信息化“十一五”重点专项规划》（以下简称“《规划》”）的编制建立在深入调查研究，及对规划执行情况的科学评估基础之上，研究重点包括信息化发展战略、城市信息化水平指标体系、信息化规划执行情况评估体系、信息化标准体系等，也包括信息产业、信息基础设施、电子政务、电子商务、信息安全等领域的“十一五”发展思路及对策。

“十五”规划执行情况评估由上海信息化发展研究协会、上海社会科学院信息所等单位承担。在评估体系研究的基础上，各单位开展了较大范围的问卷调查，采用对比判断（国内外信息化发展水平的比较）和影子控制（以专家判断为主，同时考虑相关管理者和参与者的意见）相结合的方法，以目标达成模式对规划的执行情况进行评价，并对“十五”信息化建设中存在的问题及未来的发展提出意见和建议，为“十一五”规划对现实基础及发展趋势的判断打下了良好的基础。

《规划》力求反映全市经济社会发展对信息化的要

求，体现宏观性、战略性和政策性，在明确政府工作重点和任务的同时，突出政府对市场的引导作用。

在总体把握上，《规划》正确把握“两个继续保持”和“三个始终坚持”，从上海增强城市国际竞争力这条发展主线出发，围绕建设国际经济、金融、贸易、航运中心的目标，统一思想，抓住机遇，协调推动，应对挑战。

在具体内容上，《规划》贯穿了以信息化带动工业化、信息化领先发展的战略思想，突出了信息化服从、服务于城市经济社会发展要求的工作定位，突现了推动信息技术创新和深化信息技术应用的主线，提出了深化政务、经济、社会事业和公共服务、城市建设和交通等领域信息技术应用，发展信息产业，推进技术研发和人才培养，完善信息基础设施，构建信息安全保障体系等8方面任务及一系列对策措施，着力解决信息资源开发利用等信息化发展中的瓶颈问题。

在编制形式上，《规划》设定了定性及定量指标，使目标任务更具可操作性和可评估性；增加了图表示意，增强了内容的显示度和直观性；增加了信息化发展重点专项部分，集中反映“十一五”期间政府在信息化工作中的推进重点。

在编制程序上，《规划》严格依照相关程序，充分调研，科学论证，调动了各方力量和积极性，并通过委托研究、网站讨论、专家咨询等方式广泛听取了意见和建议，使《规划》真正成为科学、求实的结晶。

规划管理

在信息化规划体系框架内，市信息委重点针对各信息化专项规划，加强了规划编制的程序管理、时间管理、经费管理，重点把握了规划定位，强化了规划间的衔接与协调，拓展了规划编制的社会参与面，努力做好规划的论证与实施安排工作。

在规划定位上，《规划》是市“十一五”规划体系中的重点专项之一，是市国民经济和社会发展规划在信息化领域的细化和落实，同时又是信息化规划体系中具有战略性、纲领性、综合性的总体规划。电子政务、电子商务、信息产业、信息基础设施、信息安全等专项规划是以信息化某一工作领域为对象的规划，是在特定领域对信息化总体规划的细化和落实。信息化行业规划和区县规划，又分别以特定行业和区县的信息化工作为对象，是信息化总体规划在特定行业和区县的细化和落实。各类信息化规划都应当成为政府指导某一领域、行业、区县信息化发展，推进工作、实施项目、安排资金的重要依据。

在规划衔接上，遵循国家关于专项规划和区域规划服从本级和上级总体规划、专项规划之间不得相互矛盾的原则，信息化总体规划与市国民经济和社会发展规划，国家发展改革委、国务院信息化工作办公室、信息产业部等的专项规划，以及全市其他领域的专项规划相衔接；信息化专项规划与信息化总体规划、其他信息化专项规划、行业信息化规划等相衔接；行业信息化规划同行业发展规划及信息化总体规划相衔接；区县信息化规划与区县国民经济和社会发展规划、市信息化总体规划以及区县其他专项规划相衔接。

2005年底，各专项规划基本形成了征求意见稿或送审稿，并已分批进入最后的论证、发布程序。

（张晓莺）

二、项目管理

信息化项目支出预算审核

根据上海市市本级项目支出预算管理改革的要求，涉及信息化建设、学科建设、大型科研设备购置等3个领域的支出预算试行三边功能预算管理模式，由预算主管部门、专业主管部门和市财政部门分别从项目管理、专业规划、资金配置的角度实施审核管理。市信息委作为市本级信息化项目支出预算的专业主管部门，于2005年10月至11月集中开展了信息化项目支出预算审核工作，共受理了50家预算主管部门、131个预算单位申报的数百个项目。经过专家评审等程序，对新增建设类项目，主要从必要性和成熟度等方面评判项目，提出项目排序和审核意见；对运行维护类项目，严格审核资金预算的合理性，核减预算金额。经过审核，信息化专业预算项目库初步建立。

信息化建设项目审核把关

为落实市政府关于加强财政投资信息化建设项目审核把关的要求，市信息委进一步强化了在规划衔接、标准一致和资源共享等方面的审核把关力度，配合有关部门做好信息化建设项目的审批工作。

对信息化建设项目的必要性和可行性分别在需求分析、规划衔接等10个方面予以重点审核把关。此外，为加强对机关信息系统建设的指导，经过广泛调研和征求意见，编制完成了《上海市市级机关信息系统建设管理指南》，细化了有关管理要求，完善了有关管理制度。2005年，市信息委严格审核了多个项目建议书和可行性研究报告，一方面减少了财政资金不必要的投入，优化调整了大量建设内容；另一方面按照轻重缓急协调推进了一批重要信息系统的建设，促进了全市信息化特别是电子政务建设的健康发展。

IT审计试点

围绕信息化项目的全生命周期，结合上海的实际情况，借鉴吸收国外在IT治理、IT审计和绩效评估方面的理念和做法，组织开展了区县电子政务IT审计试点，形成了电子政务项目的全过程评估指标体系和评估模型，为进一步把握电子政务项目的规律、提高项目管理水平打下基础。

其他

上海信息系统工程监理公司、上海建筑科学研究院有限公司、上海赢智信息咨询公司和上海宝钢建设监理公司等4家获得地方临时资质的信息系统工程监理企业发展良好，顺利通过信息产业部的年检；上海中标信息工程监理公司获得部级临时资质。信息化项目的社会化服务体系进一步完善。信息化项目的咨询、代建等机构继续发展，一些重大项目采用代建方式，试点效果初步显现。（白　柠）

三、行业管理

电信行业管理

【《实用电信合同导引》出版】 上海市通信管理局组织上海电信行业的法律工作者，历时1年合力编写的《实用电信合同导引》一书，于2005年12月由学林出版社出版。该书是市通信管理局在对各类电信服务格式合同进行清理后，按照《中华人民共和国合同法》和现行的法规，结合电信业的特点，针对以往电信格式合同条款中部分条款欠规范、对双方权责利把握不准等问题，比较全面系统地对在用电信合同进行调整、规范的基础上编写而成的。

全书共分七章，对电信服务、电信设施建设、电信设施维护、互联互通与网络元素租赁、电信设备采购以及与电信业相关的广告、知识产权、业务代理等合同的特点和签约中应注意的问题作了简明扼要的介绍。

【移动用户实行“实名登记”】 2005年8月，上海市通信管理局和上海市公安局联合发布《关于加强本市移动电话用户身份识别卡实名制管理的通告》。《通告》规定，从2005年9月1日起，新申请移动业务的用户一律实行“实名登记”，用户应凭本人有效身份证件（未成年人凭监护人的有效身份证件）购买移动电话用户身份识别卡（SIM/UIM卡和“小灵通”SIM卡），电信运营企业应对用户身份证件严格核验并复印登记。对未实名登记的现有用户，应在接到电信运营企业通知后的3个月内到指定场所进行实名补登记。年内，上海新增“实名登记”用户65万多，存量用户中已有4万多户进行了“补登记”。

（胡永龙）

广电行业管理

【严格广播电视频道（频率）设置管理】 2005年，上海市经批准播出的省级电视节目14套（模拟），其中无线4套、有线8套，卫星电视2套；全市还有一套无线播出的教育电视节目（模拟）。省级广播节目经批准播出的节目有11套，还有经批准播出的有线电视数字付费频道15套、付费频道节目1套。除此之外，上海还批准播出10个县级广播电视台。

2005年，上海市文化广播影视管理局（以下简称“市文广局”）为推进全市广播电视事业和产业改革的发展，加强了广播电视频道（频率）设置的管理。一是对辖区内广播电视播出机构台标、频道标识、呼号的使用情况进行了一次突击检查，对未经批准或不规范使用台标（或频道专用标识图案）、频道标识、呼号的广播电视播出机构进行了批评。二是指导辖区内广播电视机构的维护和运行秩序，要求广播电台、电视台不得出租、转让播出时段，不得让非公有资本、外资及外资背景资本以任何方式投资经营广播电视频道或通过经营活动变相进入广播电视频道及宣传编辑业务。三是加强对数字付费频道节目套数的监看，并针对播出机构混淆数字付费电视频道与视频点播节目的不同提出了批评。

同年，市文广局依法加强对辖区内的频道频率管理，及时纠正传媒改革中出现的违纪问题，确保了全市广播电视的宣传安全。

【加强电话和手机短信参与的有奖竞猜类广播电视节目的管理】 2005年，广播电视手机短信节目一度引起社会关注，市文广局从优化播出秩序、净化荧屏声频的目的出发，将此类节目纳入监管范围。一是进一步加强对短信和声讯服务广告播出的管理，要求播出机构严格甄别介绍声讯热线电话的广告，严禁播出解析姓名、人生、生日、新年运气等短信服务以及交友、聊天等声讯类广告；加强自审，凡内容不符合法律法规或不利于未成年人身心健康的短信和声讯类广告不得播放。二是提出电话和手机短信参与的有奖竞猜类广播电视节目指导意见：广播电视新闻和新闻类节目（含访谈节目）不得开设电话和手机短信参与的有奖类竞猜节目，所有节目不得围绕灾难事件、伤亡事件等负面信息内容设置竞猜题目，必须杜绝格调不高、内容不雅、庸俗无聊的内容。同时对此类内容的播出次数、时长以及短信的资费标准、收取方式的表述都作出了规定。

【开展广播电视从业人员执业资格管理】 2005年，结合颁发广播电视编辑记者、播音员主持人执业资格证书，市文广局召开全市工作会议，对广播电视节目中执业称呼不准、违规上岗进行规范管理。在管理中，市文广局坚持以人为本，对未取得执业资格又确需使用的编辑记者、播音主持提出了限期、限范围的使用办法，维护了执业资格证书的严肃性。

与此同时，市文广局特别针对播音员、主持人执业资格中涉及的语言文字方面的内容加强引导，对存在的港台腔、中英文夹杂、出镜不说普通话的现象提出了批评。为了给播音员、主持人说普通话提供良好氛围，市文广局多次提醒全市广播电视媒体不得自行开设沪语广播电视节目或在播讲普通话的节目中增设沪语播报的内容，并明确否定了有关频道开办沪语读报新闻栏目的意见。

【完善广播电视节目监测机制】 为牢牢把握广播电视宣传工作的正确舆论导向，市文广局客观、公正、全面、及时地做好监听、监视工作。2005年，市文广局聘请13位广播电视界的老同志、市有线电视协会以及局业务对口部门对市县两级播出机构进行频道、栏目的相对固定监测，一年来，共收到监测信息3 679条，汇总采纳了3 456条，整理汇编了49期监测报告，撰写18篇专题报告。

市文广局监测报告的特点是信息核实认真、情况反映快速。监测报告一星期汇总一次，对所有采用信息的发生时间、所属频道、节目内容都进行核实，准确无误后方发表，方便各方对批评的信息自行查看、判别。专题报告一事一议，主要是对广播电视节目中出现的倾向性或导向性问题进行简短的评述，以理服人。

【加强境外卫星电视管理】 2005年，上海市经批准领取《接收卫星传送的境外电视节目许可证》的单位649

家。其中，三星以上宾馆174家，境外人士集中居住的公寓小区、办公楼和商务楼394家，教育、科研、新闻、金融、经贸等确因业务需要的单位81家，以上单位和场所按国家广电总局2005批准落地了31套境外卫星电视节目接收，节目源均通过中央统一监管平台落地。据统计，上述卫星接收站现有接收用户终端为12.5174万户。2005年度，依法审核申请《接收卫星传送的境外（内）电视节目许可证》的、已上报资料的单位共78家，批准72家单位接收境外卫星电视节目，3家单位接收境内卫星电视节目；对60家申请单位进行实地核查；批准17家单位取得了《上海市卫星电视设计安装许可证》；批准已经取得《接收卫星传送的境外电视节目许可证》、在统一监管平台内申请新增境外卫星电视节目的单位达118家；全年组织了4期境外（内）卫星接收持证单位广播电视法规培训班，共有287家单位、294人次参加，4期持境外（内）许可证单位管理业务培训班，共有410家单位、449人次参加；对322家单位进行实地技术检测，其中有20家单位存在违规接收现象，责令其限期整改；对45家持《上海市卫星地面接收设施安装许可证》的设计施工单位加强监管，全年对67家批准在建工程进行了验收，合格率达96.8%。

同年，市文广局依法加强对全市持《接收卫星传送的境外电视节目许可证》、《接收卫星传送的境内电视节目许可证》和《上海市卫星电视设计安装许可证》单位的管理，确保了全市800多个独立小前端安全有序的传送境外或境内卫星电视节目。

【加强互联网视听节目管理】 2005年，市文广局作为上海地区的广播电视行政管理部门，依法对本地区的互联网等信息网络传播视听节目进行了管理。

2005年，市文广局加强了对上海地区获得《互联网等信息网络传播视听节目许可证》的上海文广新闻传媒集团、东方有线网络有限公司、上海美亚在线宽频网络有限公司、五洲宽频电视传播有限公司、上海广电（集团）有限公司等5家持证单位的管理。其中，上海文广新闻传媒集团是全国持有信息网络许可证最全的单位，拥有手机电视、宽频电视、IPTV等信息网络运营资质。2005年度，市文广局严厉查处无视听节目传播许可证单位，对11家有代表性、违规严重的单位，根据网站违规的性质和内容分送到了相关执法部门处理。同时，市文广局根据上海地区互联网视听节目管理的需要，举办区（县）互联网传播视听节目管理培训班，提高区县管理水平。

（市文广局）

无线电行业管理

【强监管，保障无线电通信事业发展】

1. 台站管理

2005年，市无管局审核办证1 931台；审核办理进口无线电设备整机32.9546万台（套）；初审上报研制、生产无线电设备新型号核准申请100次,并组织强力部门开展了对350MHZ通信设备的自检，检测并贴标2万多台。

2. 频率资源管理

市无管局完成日常频率申请指配共计9家10个/对、临时用频安排共计1 080个/对；接待用频需求单位的业务咨询121次；完成14起外国元首访沪期间的无线电通信保障。无管局积极开展无线电监督检查,推进行政执法工作，查处擅自设置使用无线电台（站）的事件35起。

3. 无线电监测

2005年，市无管局完成日常监听3 000个频率，专项监听51个频率；外出查处干扰共计18起，所有申报干扰都在最短的时限内给予查处答复，无遗留干扰待查；共完成电磁环境测试24家（次），涉及124个点，出具23份测试报告；完成台站验收10起，出具验收报告10份。同时，局开展了无线电检测，对全市共计1.7519万部在用的各类无线电台进行了技术指标测试和验证工作。

【市无线电通信事业得到保障发展的数据统计】 目前，上海市已建有各类业务用途（广播、电视、卫星、微波、集群、甚高频、寻呼等）无线台站1.6301万个；无线电设备总数（不含公众移动电话）4.5083万个。公众移动基站总数为4 209座，通信用户总数为1 444.2多万户,普及率达82.9%。

【做好重点工程建设、重大赛事、重要演习以及无线电新技术验证的通信保障】市无管局一是针对洋山深水港重大工程无线通信急用的需求，提出了以单基站直通模式的先行解决、满足预后共网融入的解决方案，为洋山深水港年底开港和港区作业以及应急指挥通信解除了瓶颈；二是组成保障工作小组，完成了F1赛车、GP摩托和V8房车等重大国际赛事的通信保障工作；三是认真做好临时用频安排，保障了东海区域海事搜救大演习的顺利进行；四是根据国家对加快TD-SCDMA体制无线电通信技术发展的要求，积极做好频率使用的保障工作，为试验测试工作提供了良好环境，保障了民族产业的发展。

【促进无线电管理可持续发展】 按照国家无线电管理机构、市信息委有关开展“十一五”规划编制工作的部署安排，按照“区域突出共性，地方体现特色，两者互为促进”的编制思路，市无管局一是与江、浙两省无线电管理机构共同配合，落实了《长江三角洲无线电管理“十一五”区域规划》的编制和评审；二是结合上海地区的发展实际，落实了《上海市无线电管理“十一五”规划》的编制和评审。同时，市无管局保障了两个规划按期进入报审阶段，为无线电管理更好地服务于区域和本地的经济和社会发展做好了基础准备。

【积极发挥协会的桥梁和纽带作用】 市无管局充分调动和发挥市无线电协会的积极作用，共同促进无线电事业的建设和发展。2005年，市无线电协会先后推出了“销售无线电发射设备-规范企业”诚信建设活动和“无线电频率使用-规范单位”诚信建设等活动，并将相关信息纳入上海市企业联合征信系统。截止到11月中旬，共有24家企业获得“销售无线电发射设备-规范企业”的称号、16家单位获得“无线电频率使用-规范单位”称号。市无线电协会以服务会员单位、推动无线电行业有序发展为己任，积极参与相关规范的制定工作，推动诚信体系建设，组织业内专项课题培训，取得了很好的效果。

【800MHz集群“商用网模转数”推进工作得到进一步落实】 结合中卫国脉的iDEN数字集群商用网建设和应用趋于成熟的实际，市无管局适时对中卫国脉股份有限公司提出了在2005年底前抓紧做好“模转数”各项工作的衔接安排，落实对原模拟集群通信业务用户的转网政策，完成原模拟集群通信网关闭工作，交回模拟集群网的频率，实现向iDEN数字集群网转换应用的工作要求，为落实“模转数”全面转换，促进“商用网”发展提供了政策支撑。

【加强寻呼用频整合，保障业务有序开展】根据无线电通信新技术和新业务不断发展而带来对寻呼业务逐步影响和替代的趋势，结合上海市寻呼业务由鼎盛时期70多个台和近340万的用户数下降至目前20个台和50多万用户数的实际状况，2005年，市无管局继续做好寻呼用频效能研判及合理调整归并的工作，加强政策引导，促进平台搭建，以强带弱，保障业务有序开展，满足了所需用户的应用。同时，局还认真要求相关退频寻呼台认真做好并落实用户安排的各项工作，保障平稳转移或退出。 （市无管局）

互联网管理

【概况】 2005年，上海市取得许可证的经营性网站832家，具有新闻资质的网站4家，出版资质2家，教育类50家，医疗保健类12家，药品和医疗器械类52家，电子商务类219家，游戏类60家，涉及电子公告服务325家；移动信息服务546家（其中上海发证221家、部发证325家）。已备案的非经营性网站74 278家，异地接入的150 116家。ISP接入服务119家（其中上海发证72家，部发证47家）。

在管理机制方面，初步建立了局长挂帅、分管副局长负责、各基础电信企业和相关电信增值服务企业共同参与，联合公安、工商、出版、新闻、教育、医疗等主管部门协同作战的网络信息安全管理机制。各部门、各单位都指定了责任人和联系人，做到横向到边，责任到人。

在管理制度方面，重点抓住“前置审批”和“年检”两项制度，牢牢控制网络信息服务企业的进出关口。对涉及新闻、出版、教育、医疗保健等方面内容的网站，一一对应相关部门和机关，进行严格的前置审核；对不属于“前置审批”但又涉及敏感内容的网站，则及时与相关主管部门联系。一年一度的年检工作，是加强网络信息安全管理的重要手段。2005年度的年检中，依法注销了173家不符合要求的网站和15家移动信息服务企业的经营许可。

2005年，上海市通信管理局进一步加大互联网的监管力度，查处违规网站，对有害信息进行监控，配合有关部门，对131家违规网站进行查处；配合市文广局，对21家网站实施了暂停接入；配合工商局，开展互联网广告专项整治行动，对相关网站进行了3次现场检查。

【国家计算机网络应急技术处理协调中心上海分中心成立】 2005年9月20日，国家计算机网络应急技术处理协调中心上海分中心成立。上海分中心是全国网络安全应急体系的一个组成部分。其主要工作职责：一是协调、指导上海相关计算机网络安全事件应急单位的安全处置工作，共同处理上海公共电信基础网络上的安全紧急事件；二是为上海公共电信基础网络以及请求协助的国家重要信息系统及关键部门等提供网络安全的监测、预警、应急、防范等安全服务和技术支持；三是及时收集、核实、汇总、报告有关互联网安全的权威性信息；四是组织国内相关计算机网络安全应急组织开展国际交流与合作。

【上海网站集中备案】 2005年4～8月，上海市通信管理局根据信息产业部最近发布的《非经营性互联网信息服务备案管理办法》和《互联网IP地址备案管理办法》,对上海市从事非经营性互联网信息服务的单位以及已获得IP地址的和具有分配IP地址供其他单位及个人使用的单位进行集中备案，全市共有139 461家非经营性网站办理了备案手续。由此项工作而建立起来的电子备案系统，在发现和取缔无证网站、查处网上违法违规行为、协助有关部门快速查阅有关信息等方面的作用日益显现。 （胡永龙）

第二章　信息化政策法规

概　述

2005年，随着上海信息化建设的高速发展，信息化政策法规工作也取得了一定的成果。

1. 立法工作

全年共发布地方政府规章1件、规范性文件2件、政策性文件1件。3月17日发布《上海市企业信用征信管理试行办法》；10月8日发布《上海市公用移动通信基站设置管理办法实施细则》、12月26日发布《上海市市级电子信息产业园管理办法（试行）》；7月19日发布《关于同意本市无线市话基站天线设置使用费标准的批复》等。

《上海市电子商务条例》草案已经完成基础调研工作，初稿报送市政府法制办；《上海市公共信息系统安全测评管理办法》起草工作完成，进入政府规章立法审核程序；《上海市公共信息系统工程档案管理办法》也完成立法起草工作，进入立法审核程序。《上海市关于促进企业信息化发展的若干意见》、《上海市市级财政投资信息化项目管理规定》、《上海市企业基础信息共享管理规定》等3件立法项目的起草工作也取得了较大进展。

2. 基础研究

组织召开了电信法研讨会，为电信法修改出谋划策。举办政府信息公开研讨会，就政府信息公开典型案例中的法律问题进行深入探讨。参与《互联网安全管理专项研究》，就网络新业务的监管提出政策建议，并深入研究手机实名制中的法律问题。参与信息产业部政策法规司主持的《日韩信息产业政策法规最新动态研究》。编纂出版了第三期《信息化政策法规理论与实践》。基础研究为今后的立法工作奠定了良好的理论基础。

3. 规划编制

为了使“十一五”期间的信息化法制建设稳步推进，2005年，开展了《上海市信息化法治建设“十一五”规划》的调研和起草工作。提出了涉及行业综合管理、公共设施、信息管理、交易规则、信用征信、安全保障、产业促进等7大方面近30项的立法项目规划。这些立法项目规划是“十一五”期间市信息委开展立法工作的长期指引，并将逐年贯彻于政策法规工作年度计划中。

4. 法律事务

全年审核了包括《开放式集成电路中试线建设和关键工艺技术开发项目实施框架协议》在内的75件合同。为包括《中华人民共和国电信法（修改稿）》在内的22件征求意见稿出具了意见，草拟了包括《中华人民共和国信息产业促进法》在内的4件全国人大议案，完成了1件政协提案的答复以及处理了其他20余件各项法律事务。

5. 执法监督

组织了对《上海市个人信用征信管理试行办法》实施情况的评估检查。落实市征信管理办公室执法代码、《执法证》等执法基础条件，积极指导市无线电管理局制定有关的执法方案并成立专门的执法队伍，为执法人员提供业务培训。

6. 法制宣传

组织信息化工作系统22家成员单位开展了“四五”法制宣传总结工作。通过举办讲座和报告会等形式，对信息化工作系统3万余干部职工、有关企事业单位以及社会公众，继续加强对《中华人民共和国电子签名法》等信息化法律法规的宣传工作，开展信息化法制宣传与培训。编制了《信息化政策法规选编（第2版）》、《信息化政策法规理论与实践(第三册)》等读本。并加强与新华社、解放日报等新闻媒体的互动，为信息化事业的有序发展营造有利的法治环境。

7. 内部规范的颁布

颁布了《上海市信息化委员会软件和集成电路专项资金管理办法》、《上海市信息化委员会项目审核把关工作管理暂行规定》、《上海市信息化委员会合同管理办法》，促进各项工作规范化、制度化。（龚　佳）

一、政府规章

《上海市企业信用征信管理试行办法》

为了改善上海市企业信用征信环境，根据“政府推动、市场运作、先易后难、循序渐进”的总体思路，2005年3月17日，上海市人民政府发布了市政府第49号令《上海市企业信用征信管理试行办法》，对全市企业信用征信业进行规范，促进其健康有序地发展。

该办法明确企业信用征信的管理体制，通过备案和建设市场反馈机制，加强对企业信用征信机构的监管，从信息的采集、异议信息的处理、征信产品的制作、征信产品的效用、商业秘密保护和征信回避等方面，对征信机构设定了行为规范，通过政府引导、示范，促进社会对企业信用征信产品的使用。（龚　佳）

二、规范性文件

《上海市公用移动通信基站设置管理办法实施细则》

2001年7月5日，上海市人民政府发布了市政府第104号令《上海市公用移动通信基站设置管理办法》。由于移动通信事业的迅速发展及新兴技术的不断应用，给移动通信的管理带来了很多新情况和新问题。为进一步保障上海市移动通信事业健康发展，贯彻落实原管理办法，2005年10月8日，市信息委组织制定了《上海市公用移动通信基站设置管理办法实施细则》。

实施细则共六章，分为总则、一般规定、GSM和CDMA移动通信基站、无线寻呼基站和数字集群通信基站、PHS无线接入通信基站、附则。其中，将室内基站和小灵通基站设置纳入了统一的管理范畴，并对设备检测、站址资源保护、诚信承诺、寻呼基站的拆除等行为进行了规范。

《上海市市级电子信息产业园管理办法（试行）》

为了发挥上海市信息产业基地的辐射和带动效应，加快上海本地市级电子信息产业园区的建设，市信息委于2005年12月26日颁布了《上海市市级电子信息产业园管理办法（试行）》。

该办法总共十九条，确立了市区两级园区认定管理模式，明确了市级园区认定条件、申报程序以及具体管理举措和相关优惠政策。

（龚　佳）

三、政策性文件

《关于同意本市无线市话基站天线设置使用费标准的批复》

针对上海市电信有限公司要求对PHS无线市话基站天线设置补偿费实行政府指导价管理的请示，2005年7月19日，市物价局会同市信息委和市无线电管理局发布了该批复，同意对全市无线市话基站天线设置使用费并参照公用移动通信基站天线设置管理办法进行管理。明确了使用费的补偿性质，并明确了使用费的标准和具体执行情况。

（龚　佳）

第三章 信息化标准与质量管理

概 述

2005年，围绕“科教兴市”主战略和城市信息化开路先锋中心任务，市信息委、市质量技监局和市建设和交通委等有关部门各司其职，形成合力，加强了信息技术应用的标准化工作。一年来，既充分发挥IT行业协会和企业的标准化主体作用，又通过市信息技术质量技术协会和信息标准化委员会加强了上海市信息化领域标准的制订、审查和推广的技术服务。一批产业发展、市场规范和应用示范急需的重要标准完成立项或启动，其中地方标准《移动通信室内信号覆盖分布系统设计和验收规范》(DG/TJ08－1105－2006)已作为上海市工程建设规范，由市建设和交通委发布，《汽车GPS定位监控终端通用规范》作为联合企业标准完成备案，《上海医院信息系统测评要求》和《个人信用信息数据标准》等完成草案编制。

（市信息委科技处）

一、信息化标准编制

移动通信室内信号覆盖标准

为缓解上海市通信基站资源相对匮乏的矛盾，提高通信基站的集约化水平，市建设交通委、市信息委、市无线电管理局等有关部门积极支持上海市信息系统质量技术协会、上海市无线电协会和全市IT运营企业等有关单位启动并完成了《移动通信室内信号覆盖分布系统设计与验收规范》地方标准的制订工作。此标准作为上海市工程建设规范（统一编号为DG/TJ08－1105－2006），由市建设和交通委员会于2005年12月22日正式发布，自2006年3月1日起实施。

（包炎林　庄培）

局域网系统测试验收技术规范

市质量技监局积极协调全国信息标准化技术委员会和国内主要参编单位，组织完成了国家标准《局域网系统测试验收技术规范》（送审稿）的编制工作，从而为该地方标准上升为国家标准奠定了基础，实施后必将对提高中国局域网建设质量创造了有利条件。

（陆杨先）

诚信体系数据标准

市信息委组织启动了“上海企业征信信息系统数据标准”和“上海个人征信信息系统数据标准”的研制工作。在广泛征求社会各界的意见和组织试行的基础上，“上海企业征信信息系统数据标准”已正式列入市质量技监局2005年度地方标准计划项目。

（赵晓峰）

汽车自主导航技术标准

为培育和形成上海汽车自主导航系统产业，加强自主知识产权创新合力，推动汽车自主导航企业的产业联盟，使相关制造企业做到有序竞争，上海市通信制造行业协会定位导航专委会组织上海大唐通信导航技术有限公司、上海通用卫星导航有限公司、上海畅想电脑有限公司等企业按自愿原则开展《汽车GPS定位监控终端通用规范》和《车载卫星定位自主导航终端技术条件和试验方法》等标准的研制工作，其中《汽车GPS定位监控终端通用规范》标准完成备案，促进了汽车导航产业的发展。

（余立新）

电子政务标准

为进一步加强上海电子政务建设，落实《中共中央办公厅、国务院办公厅关于加强信息资源开发利用工作的若干意见》(34号文件)和市委市政府有关实施意见精神，市信息委支持东华大学、市水务局等单位开展《政务信息资源统一描述、注册管理和目录服务标准》研制工作并取得阶段性成果，将为上海市电子政务建设提供统一描述政务信息资源的标准、方法和系统建设原型，进一步推进相关标准化建设。

（郭中朝）

环境保护标准

为提升上海市环境保护领域信息化建设和管理水平，在“十一五”期间实现环保政务信息化、环保管理决策科学化及环保信息服务规范化，市环保局在1999年编制实施的《环境信息标准化工作手册》基础上，组织有关单位开展《上海市环境保护信息化建设技术规范》框架体系研究工作，《上海市固定污染源烟气排放连续监测系统通信规范》等标准草案已形成。

（贾益刚　王勤）

“十一五”信息化建设标准研究与规划

为了加强“十一五”期间上海市信息化标准体系框架研究，市信息委组织万达集团、上海华腾软件有限公司、上海因特奈信息有限公司、华夏媒体信息技术有限公司、上海神兵信息安全有限公司、上海三零卫士信息安全有限公司和上海资信有限公司等7家单位进行的《上海市“十一五”信息化建设标准研究与规划》课题研究取得了重要成果。一是该课题从法律法规、技术与产业的发展、信息化建设与服务等方面的具体需求出发，对目前国际、国内在信息化标准建设现状进行了充分的调研、分析和评估，奠定了“十一五”期间信息化标准工作的基础；二是该课题针对电子政务、电子社区、电子商务、社会诚信、现代物流、信息安全、信息资源开发利用等七大应用领域，从基础标准、应用支撑标准、应用标准、实施指南、建设规范、管理规范等方面提出了标准框架和上海市“十一五”信息化建设标准的发展重点和规划，具有紧密结合应用的特色；三是该课题还对上海市信息化建设标准制订的指导思想、编制原则、组织管理、协调机制以及应用推广等方面提出了5个方面的实施建议。

（肖攸华）

二、信息化标准实施

诚信体系标准化建设

为统一规范个人信用信息数据项和数据格式，促进个人信用信息交换共享，市征信办组织制定了《个人信用信息数据标准（试行版）》，该标准包括基本信息、信贷信息、缴费信息和公共记录等四大类135个数据元。市征信办将其作为重要抓手，进一步推进诚信标准化建设和示范应用。（赵晓峰）

企业基础数据共享

市质量技监局、市工商局和市财税局3部门形成合力，共同完成了企业基础数据共享的国家试点工程建设，初步实现了数据联网与企业基础信息共享。市质量技监局实时提供了代码登记数据64万多条，经过数据比对，有关的组织机构代码符合率达到99.72%。

（陆杨先）

电子标签应用

市质量技监局会同有关单位重点推进了电子标签在全市危险品领域物流安全监管方面的应用，成功地实施了液氯钢瓶充装、检验和运输全过程的电子标签动态安全监管项目。该项目已成为国家质检总局、安监总局和环保总局向全国推广应用的示范项目之一。

（陆杨先）

第四章 信息化人才工作

概 述

人才问题是关系党和国家事业发展的关键问题，也是上海实现“科教兴市”主战略的关键性工程。“科学技术是第一生产力”、“人才资源是第一资源”是上海21世纪发展的战略选择。为贯彻实施人才强国的战略，落实市委、市政府关于加强全市人才工作的一系列要求，提高上海信息化人才的竞争力，充分发挥信息化建设在科教兴市中的先锋作用，2005年，信息化人才工作以加快上海信息化人才高地的建设为目标，在市委组织部、市人事局及相关专业主管部门的大力支持下，发挥市信息委各有关处室、各行业协会、有关企事业和市信息化专家委、科研院校人力资源专家学者的积极性，积极开展信息化人才的课题调研，重点推进《上海市信息化人才发展“十一五”专项规划（草案)》工作，参与全市重点领域人才开发目录编制、发布等工作，为“十一五”信息化人才高地建设奠定了良好的基础。 （陆 臻）

一、课题研究

信息化人才课题研究

以编制《上海市信息化人才发展“十一五”专项规划（草案)》为重点，从2004年8月起，在市信息委信息化人才工作领导小组的统一领导下，由委人才工作小组具体负责，发展规划处、信息产业管理处、科技处、行业协会指导办公室、干部人事处和相关行业协会等部门共同参与，调动市信息化专家委、行业协会和有关专家学者的力量，通过开展大量的问卷及实地调查、典型企业分析，先后展开了专题研究，并形成了《信息化人才概念界定与上海信息化人才现状分析》、《上海市人才统计指标体系研究》、《上海信息化“十一五”人才培训、培养体系研究报告》、《上海信息化高端人才培训机制研究》、《上海市电子信息产业高层次专业人才队伍建设报告》、《上海市信息产业“十一五”人才高地建设研究报告》等6个专题研究，约25万字的研究报告，初步摸清了上海信息化人才队伍的现状，为贯彻落实《上海实施人才强市战略行动纲要》的各项任务和研究制订“十一五”信息化人才规划，奠定了良好的基础。

信息化人才开发目录发布

按照市人才工作协调小组和市委组织部、市人事局的要求，围绕集成电路、通信制造、光电子、信息家电、软件、信息服务等6个信息产业部类，提出了芯片制造管理、集成电路工艺与封装、集成电路设备与材料、通信产品总体设计、通信协议栈软件、通信基站与终端总体设计、平板显示器技术研发、数字电视技术研发、半导体照明技术研发、光传感器技术研发、嵌入式软件开发系统分析、应用软件开发系统分析、软件测试和质量控制、软件项目管理、网络游戏产品开发、动漫设计和数字内容创意设计等17类高层次、紧缺人才的需求预测及政策服务意见。2005年7月，与全市文化、金融、生物与医药、新材料、电子信息、港航6大重点领域共同向社会发布人才开发目录，为引导聚集、培养和服务信息化人才提供保障，促进人才开发与行业协调发展。

探索建立信息化人才统计指标研究体系

为从宏观上把握上海信息化人才的数量与结构、

总量与分布、存量与流量状况，为政府决策支持提高必要的依据，在我国对信息化人才概念界定及其分类统计还处于探索阶段、尚没有形成比较权威执行标准的情况下，尝试对上海信息化人才的统计范围、指标、分类及其实施条件和方法提出初步意见，为在全国率先展开城市信息化人才统计工作提供一个可行性框架。上海市信息化人才统计指标体系在市人事局的大力支持下，从2005年底开始，先行在全市人力资源统计体系中实施，初步建立了对党政群机关、事业单位和国有控股企业等体制内各类信息化人才18个指标项的统计制度，逐步实现围绕紧缺信息化人才需求，发布信息化人才开发目录，开展上海信息化人才资源状况年度报告研究与发布，及时制订相应的人才服务政策，更好地满足社会对信息化人才引进、培养、使用和管理的需要。

（陆　臻）

二、教育培训

信息化培训管理

【确立信息化领域信用管理岗位培训认证制度】 为贯彻市委关于社会诚信体系建设的战略部署，落实市政府《关于加强本市社会诚信体系建设的意见》和《上海市2003年～2005年社会诚信体系建设的三年行动计划》（沪府发[2003]49号），根据市委组织部、市人事局和市征信管理办公室《关于开展本市信用培训和考核工作的实施意见》（沪人[2004]13号），上海市企业信用管理岗位培训2005年初正式启动，并被纳入了上海市紧缺人才培训工程项目体系。培训工作以政府主导为主，采用市场运作方式，并分类实施。

企业信用管理岗位培训已组织开展了一系列企事业单位信用管理人员的岗位培训，建立和完善了全市信用管理岗位培训制度。这种面向专业人员和管理人员的信用管理岗位资格培训，重点针对企业信用管理专业人员，用以提高其信用管理理论素养及操作实践技能。同时，上海实施了信用服务行业职业资格培训及考试制度，开展了面向信用服务行业人员的职业资格培训及考试；重点针对信用调查、信用评级、信用评估、信用管理咨询、商账追收等专业人员，提高其信用理论素养及职业技能。

【第二批高级信息技术主管获得证书】 2005年12月28日上午，市信息委举行了“上海市第二批高级信息技术主管颁证仪式”。市信息委副主任乔志刚、市人事局专业人员管理处处长凌永铭，市职业能力考试院院长陈勇等领导，以及获得证书的学员出席了颁证仪式。

（信息化培训协会）

信息化培训重要项目进展

【探索电子政务培训考核新模式】 上海市自2005年7月开始在全市开展干部队伍的电子政务培训和考核，截至2005年末，共有6 568人报名参加考核，5 525人成绩合格。

为了能使培训考核更有针对性，更有成效，上海市电子政务考核办公室与徐汇区的人事局、信息委在2005年3月通过反复研究，探索了一种基本以现有教材为理论基础，以徐汇区现用的电子政务系统为实务操作平台的新一轮电子政务培训考核模式，三方最后达成共识，在徐汇区设立两个培训点。培训点机房的电脑与区政府政务网建立网络互联，并可直接访问徐汇区的公务员门户系统。培训时，只需要为培训人员开通账号并赋予相应的权限即可以进行实际的教学培训，使培训环境和工作环境相一致；由上海互联网软件有限公司（徐汇区电子政务系统开发商）指派技术人员讲授实务操作课程，同时提供《徐汇区公务员门户系统用户使用手册》供参考。

新一轮电子政务考核模式考核分两个阶段，理论考核依照原来的模式，实务考核采用徐汇区电子政务系统操作平台。考题由三方共同拟定，共组成4套考卷；考核结果保存到徐汇区电子政务系统的服务器中，考核结束后由考务人员提取出来，核对考卷要求，给出实务操作的成绩；理论与实务考核成绩相加超过60分为合格。

两个培训点分别在2005年6月底和7月初举行了考核，共274人报名参加，254人成绩合格。徐汇区人事局、徐汇区信息委和广大学员对此次培训考核模式的改变以及考核的结果都表示满意。

【探讨培训新路子——人才外包培训】 为解决全市软件人才紧缺的矛盾，探索培训机构与用人企业结合，有针对性地开展企业个性化软件人才培养的新路，由培训协会牵头，培训协会秘书处组织上海启明信息技术培训中心、上海敏求计算机科技有限公司、上海文华专修学院、上海利普计算机有限责任公司、上海市长宁科技进修学院、上海市昂立进修学院和上海索恩软件产业有限公司召开会议，共同探讨企业单位和信息化培训机构合作的人才外包培训模式。与会人员基本达成共识，由信息化培训协会牵头，成立由软件企业和培训机构共同参与的软件人才培训联盟，发挥各自的优势和特长，共同开展软件人才的培训。同时，建立市软件人才实训基地，为上海的软件产业提供大量有用的人才，促进全市软件产业的发展。

（信息化培训协会）

三、信息化优秀人才评选

第四届"上海IT青年十大新锐"评选

"全球通杯"第四届"上海IT青年十大新锐"评选结果于2005年12月17日揭晓，经组委会无记名投票，并结合社会公众手机短信投票，上海火速网络信息技术有限公司总经理刘小光等10人当选为第四届"上海IT青年十大新锐"；上海无线通信研究中心常务副主任卜智勇等10人荣获提名奖。上海市副市长杨雄、市政府副秘书长范希平出席了颁奖典礼。市信息化委员会党组书记、主任傅文彪宣布了第四届"上海IT青年十大新锐"获奖名单。

第四届"上海IT青年十大新锐"20名正式候选人普遍具有很强的事业心和责任感，具有强烈的开拓创新精神，学历程度普遍较高，年龄总体较轻，较好地体现了高科技领域优秀青年的群体特征，是上海推进城市信息化建设、实施科教兴市主战略的重要力量。

本次评选活动由共青团上海市委员会、上海市信息化委员会、上海市青年联合会组织，联合上海市信息化青年人才协会、上海移动通信有限责任公司、文汇报、青年报社、IT时报社、上海热线网站、城市青年网、东方网--上海青年电子社区网站等单位共同主办。活动自6月份开展以来，得到了各级组织的高度重视和社会各界的广泛关注，IT青年踊跃报名参与。评选活动继续体现了评选领域广泛、社会公众参与度较高、评选手段多样的特点。开设了评选活动专题网页，《青年报》、《IT时报》、《计算机世界》等媒体对活动情况和候选人事迹进行了广泛宣传和深入报道。据不完全统计，专题网页浏览人数达20万多人次，手机短信群发活动信息近1 000万条，直接参与手机短信社会投票的市民达1 400多人。

（市信息委党群处）

第五章　信息技术创新与知识产权保护

概　述

2005年，以自主核心技术为基础，上海产业需求为龙头，信息技术创新取得了较大的成果。

遵循“政府引导，市场化运作”原则，按创业投资理念运作的上海市信息技术创新基金累计实际投资金额增加到2 603万元，共完成对14个初创企业和项目的投资，其中3项已经顺利退出。

上海863软件专业孵化器一期建成，已初步形成了支持软件开发、质量保障和测试服务的全生命周期的公共服务支撑平台，并形成了嵌入式领域的技术特色，为推动上海及长三角地区的软件产业发展起到了积极的促进作用。

在信息获取领域，“轻小新型平台（无人机）大面阵CCD相机系统研制”、“大区域科技资源地理信息决策评估系统关键技术研究”、“汽车自主导航仪国产主机板研制”、“移动数据采集与处理系统及其在城市管理中的应用研究”等科技攻关项目顺利通过专家验收。

在软件领域，嵌入式系统及产品研究取得了一系列成果；ReWorks/ReDe3.0版获得本年度信息产业重大科技发明奖，基于ARM9+DSP+ ReWorks的卫星数字电视接收机实现了AV的解码、播放和转储，宽带数字电视机顶盒，实现了H.264的解码和播放。

在通讯领域，上海宽带技术及应用工程研究中心在国家重大科技工程项目“高性能宽带信息网”专项上取得了一系列成果；“综合资源应用平台”项目得到了实际应用；“高速网络分流交换机”课题的实施，取得了成果，并已在多家单位推广使用。

在多媒体领域，经科技部同意，“国家数字媒体技术产业化基地”在上海成立，取得了一系列成果和影响；上海龙华信息技术开发中心，开发了对WCDMA空中接口，自主研制了“龙华WCDMA网络分析仪I型”，并成功通过大量实地外场测试；“多媒体证券信息卫星发布平台”项目实现了多项创新关键技术，前期已投入商业使用，完成了技术的成果转化。

在集成电路领域，上海承担的12项国家863计划集成电路设计课题顺利通过验收；上海集成电路创业中心成为全国首批国家级的专业技术孵化器基地，集成电路设计孵化器建设工作有序推进；上海集成电路设计公共服务平台浦东分平台建设完成，并正式对外运行；上海电子标签与物联网产学研联盟正式成立；上海企业的产品在国家科技部首届“国家集成电路设计产业化基地和香港科技园‘孵化创新产品’竞赛活动”中，硕果丰收。

在知识产权保护方面，2005年，加大了打击各项知识产权侵权活动的力度，维护了市场正常经济秩序和上海国际性大都市的良好形象。第一批20家“知识产权示范企业”经认定后公布，两批共134项市级专利新产品通过认定。

（市信息委科技处）

一、信息科技创新平台

上海市信息技术创新基金

上海市信息技术创新基金（以下简称“基金”）是由上海市信息化委员会发起，并联合上海创业投资有限公司、北京清华科技创业投资有限公司和上海徐汇软件基地等国内创业投资机构共同设立的创业投资基金。基金总规模目前为6 000万元人民币，其中3 000

万元由上海市信息技术创业投资有限公司（以下简称“信创公司”）投入，另外3 000万元由上海市信息化委员会委托上海市创业投资有限公司（以下简称“上海创投”）投入。

基金专门培育、扶植国内信息技术领域中处于种子期或初创期的、具有自主知识产权和良好市场前景的创新型企业和项目。

基金遵循“政府引导、市场化运作”的原则，严格按照创业投资的理念和上海市科技创业投资的运作模式，采用委托投资管理的方式进行项目论证、投资、管理，并实施套现。上海丰成创业投资管理有限公司是该基金的受托管理人。

截至2005年12月31日，上海市信息技术创新基金对外创业投资累计实际投资金额为2603万元。共完成对14个初创企业和项目的投资（其中3项已经顺利退出，另有1项已退出大部分），主要方向为通信设备制造、集成电路设计、无线通信应用技术、企业软件开发及集成服务、中文处理及存储技术、数字化教育和娱乐、数字医疗器械制造、科技企业孵化器管理公司等，平均项目投资金额为185.93万元。

（张　明）

上海863软件专业孵化器一期建成

国家科技部为了促进863计划软件成果的产业化转化，提升自主知识产权软件产品的市场竞争能力，以及降低软件企业的创业风险和成本，批准建立了14个国家级863软件专业孵化基地，上海863软件专业孵化器是其中之一。作为第三代软件专业孵化器，上海863软件专业孵化器是以技术孵化为特色，以公共软件支撑技术环境建设为主导，以中介服务为纽带，以推动具有自主知识产权的先进、实用的成果，特别是863成果的转化，提升软件企业的技术创新能力、产品开发能力和市场竞争能力，促进软件产业发展为目标的专业孵化器。

上海863软件专业孵化器本着“孵小扶强、孵优扶高”的原则，采取政府引导和企业化运作并举的经营模式，以聚国内外软件产业的综合资源，建成集研发、孵化、产业化为一体、与国际接轨的第三代专业孵化器为目标，在进一步推广863软件成果、降低软件企业的创业风险和创业成本、提高软件中小企业的成功率、加快全国软件产业的发展步伐方面提供了优质服务。863软件专业孵化器就是以中介服务为纽带，组织、实施863成果在孵化器软件企业中的应用和转化，实现“三个落地”，即：成果从研发单位到孵化器的落地，形成公共技术支撑平台或展示平台；成果从孵化器到软件企业的落地，形成自主、面向特定领域或行业的产品；成果从软件企业到最终用户的落地，形成社会经济效益。

上海863软件专业孵化器的技术平台已基本建成，由此，孵化器将得以提升服务能力，发挥资源集聚效应，促进软件资源共享，提高上海乃至长三角软件工业化生产能力，加快产业结构调整和产业链的形成。平台面向软件企业，主要提供3方面的服务：①构件化服务。主要包括加强库的建设，扩大构件来源，提高构件质量；加强技术服务，深化CBSE示范应用；进一步加大构件化推进力度。②质量与测试服务。平台以软件开发、质量和测试的知识管理为龙头，推动基地内、外企业软件开发知识的共享，为提升软件开发的效率和质量提供服务。③嵌入式软件服务。平台以嵌入式领域软件开发为抓手，聚集产、学、研优势，通过嵌入式技术服务辐射863基地的功能效应，为上海建立国际制造业中心提供服务。

孵化基地技术中心开展了一系列国际交流。如：与欧盟ObjectWeb开源组织举办了开源技术研讨会；与ARM、Agilent进行了技术合作，成立了联合实验室；参加第三届全球软件质量大会和IEEE第5届世界计算机与信息技术国际学术会议(CIT2005)，发表了相关论文、报告等。

孵化器通过“十五”期间建设，已初步形成了支持软件开发、质量保障和测试服务的全生命周期的公共技术服务支撑平台，并形成了嵌入式领域的技术特色，为推动上海及长三角地区的软件产业发展起到了积极的促进作用。“十一五”期间，在科技部和上海市科委的指导、组织下，上海863软件专业孵化器将采用“政府推动、需求拉动、市场运作”的模式，使平台功能更加丰富、服务能力更加完善，并进一步加大

推广和孵化力度，从而为软件产业的发展作出更有效的贡献。（吴俊伟）

慧谷：交大科技园中的孵化器

【概况】 上海慧谷高科技创业中心（以下简称“慧谷中心”）孵化基地是由上海交大科技园有限公司全额投资、慧谷中心直接管理的孵化基地，是上海交通大学科技园中的孵化器。

慧谷中心位于徐家汇科技密集区，周边拥有上海交通大学等18所高等院校及中国科学院上海分院、上海科学院等科研院所113所。中心3个孵化基地的建设采取旧厂房改造的“一器多基地”模式，其硬件设施完善，建筑面积3.5万平方米。在孵企业所从事的技术领域以信息产业为主，占入孵企业的70%以上，其他为生物、新材料、光机电等领域。

几年来，由于慧谷中心的成功运作，现已被国家科技部授予“国家高新技术创业服务中心”、中国火炬计划十五周年“先进高新技术创业服务中心”等称号，同时也是“上海国际企业孵化器”、“上海市高新技术成果转化孵化基地”、“上海市级软件产业基地（软件园）”和“上海市都市型工业园区”。

【规范内部管理，开拓创新服务】 2005年，慧谷中心顺利通过了ISO9001质量体系审核认证，中心的日常工作、孵化服务等已融入到规范的运行系统中，标准化服务极大地提升了中心的创新服务质量水平。中心按企业成长生态提供全程、全方位的服务，帮助企业拓展、发展空间，并紧密结合产学研体系，依托上海交大的人力资源、信息资源、设备资源，使中心成为交大教师、科研人员、学子创业的基地、科技成果转化的基地。

【破解资金短缺难题，支持科技创新】 贷款难、融资难是制约科技企业发展的“瓶颈”。2005年，中心在投融资服务方面作了一些大胆的尝试，通过“投融资对接会”、项目推介、融资辅导等多种方式疏通在孵企业的融资渠道，以破解在孵创业小企业的融资难题。2005年，慧谷中心在孵企业累计获得投资、融资、申报各类基金等共计1.04亿元；中心建立的风险投资管理公司向在孵企业投资达800万元，其中有一项投资资金以溢价近2倍的价格成功退出。同年，中心在孵企业PCHOME吸引了1 100万美元加盟全球知名集团CNET。

【搭建国际交流合作平台，建立国际合作关系】 积极开展国际交流与合作是进一步提升孵化器的管理和服务水平、增强孵化器可持续发展能力的重要手段。中心作为上海IBI成员之一，通过举办IBI培训班、人员互访、参加国际组织的活动等建立国际战略合作关系。上海科技企业孵化协会与法国蒙彼利埃建立合作基金，中心在孵企业阅海科技公司就是使用该奖学金赴法国进行了为期1个月的考察，为其拓展国际市场创造了条件。中心实施“引进来，走出去”的战略与法国、英国、日本、德国的孵化器、科技园区等相关机构建立了合作伙伴关系，最大限度地在国际舞台上展现中心的风貌。同时，为吸引更多的国外高科技企业，为国内的中小科技企业走向世界，中心也做出了积极的努力。

【提供人才培训，开辟见习就业渠道】 为了进一步落实科教兴市战略，加强自主创新与创业人才的培养，提升创新创业能力，2005年，慧谷中心投资创办了上海慧谷创业人才专修学院，充分利用上海交通大学丰富的科教资源，为在孵企业提供人才培训服务和职业发展咨询服务，并通过专业和职业发展规划为学员提供创业、就业、见习和职业发展机会。其中，Mini-MBA研讨班共举办了4期，培训了在孵企业经营管理人员、孵化器管理人员等近250人。此外，慧谷中心开展的培训课程还有IT认证、软件开发、软件测试、数字媒体、外语等，2005年培训人员总计达3 183人。

【整合信息资源，拓展市场通道】 2005年，慧谷中心利用有效资源并通过对市场的敏锐把握，积极为在孵企业探索市场拓展服务。中心协助恒聚公司召开新产品发布会，与中国电信联合举办ASP平台（理想商务）现场展示会，使华炎公司HotOA在理想商务平台上成功应用，为金慧公司提供商务信息使其承接美国MSB公司的外包业务等。

【成功实现“慧谷”品牌与管理输出】“慧谷”在孵化器建设与科技园发展方面的经验得到了社会的认可。以上海交大科技园有限公司为载体运作的上海慧谷白猫科技园、上海上生慧谷生物科技园等就是慧谷以“品牌与管理输出”这一无形资产入股的成功案例。

（慧谷中心）

二、信息科技创新项目

创新基金

2005年，创新基金对上海华恒通信技术有限公司增资200万元，其中100万元为上海创投代市信息委投资，另100万元为上海信息技术创业投资有限公司投资。创新基金对于上海华恒通信技术有限公司的投资额增加到376.4万元。

2005年10月，创新基金对上海伟功网络通信技术有限公司增资200万元，其中100万元为上海创投代市信息委投资，另100万元为上海信息技术创业投资有限公司投资。创新基金对于上海伟功网络通信技术有限公司的投资额达380万元。

2005年10月27日，创新基金对上海网冠信息科技有限公司增资200万元，其中100万元为上海创投代市信息委投资，另100万元为上海信息技术创业投资有限公司投资。创新基金对于上海网冠信息科技有限公司的投资额为596万元。（陈爱国）

地球观测与导航技术创新项目

【轻小新型平台(无人机)大面阵CCD相机系统研制】2005年7月29日，由中国科学院上海技术物理研究所承担的上海市科委重点科技攻关项目“轻小新型平台(无人机)大面阵CCD相机系统研制”顺利通过了专家验收。

经过一年半时间的努力，研究所研制出了一套完整的CCD数字相机与自动数据采集存储系统、自检系统和地面图像处理系统，使数字相机在尺寸、重量、功耗、工作模式、空间分辨率、覆盖度及成像质量方面达到中小型无人机或其他轻小型平台应用系统要求，并为进一步建立满足区域应急动态监测和空间信息数据快速获取与更新应用目标的低空无人机遥感系统奠定了坚实基础，填补了中国该项技术的空白。同时，研究所配合无人机平台研制，进行了搭载飞行试验，获得了满意的效果。在技术创新方面，该系统可对平台复杂振动引起的像移及成像质量进行数值分析，并具有三维角位移减振器，使高分辨率图像质量得以保障。该项目的研究成果有着非常广阔的民用和军事应用前景。

【新一代LORAN C导航技术研究】2005年，由上海大唐天易通信导航技术有限公司承担的上海市科委重点科技攻关项目“新一代LORAN C导航技术研究”完成。

在题为“LORAN C在我国适用性及发展前景的研究报告”的软课题研究中，大唐天易公司详尽地介绍和分析了国际上对LORAN C研究的最新动态、技术趋势及先进国家政府对LORAN C的技术政策，对中国发展自主产权的无线电定位导航系统有较高的参考价值。该项目通过将引进的国际领先的LORAN C硬件电路和自主创新的导航软件相结合，使研究成功的硬件平台在定位精度方面达到了国内领先水平；并通过在渤海、东海和南海海域的大量试验，证明了新一代LROAN C接收机具有较先进的技术指标，定位精度可与民用GPS相接近，具有很高的民用价值；而且由于LORAN C系统是中国完全独立掌控的陆基无线电导航系统，在军事应用方面也具有很好的安全性。

【大区域科技资源地理信息决策评估系统关键技术研究】2005年11月25日，由上海曙天信息数码科技有限公司承担的上海市科委重点科技攻关项目“大区域科技资源地理信息决策评估系统关键技术研究”顺利通过了专家验收。

在系统研发中，曙天公司围绕科技创新活动主线，在采用科技信息资源已有的数据标准和规范的数据结构基础上，进行了与科技创新决策评估相关的区域科技资源空间信息综合数据库的设计，最终形成了一套以科技资源和科技创新活动的信息维护、查询、统计为基础，地理空间信息为辅助表达手段的科技创新信息辅助决策管理软件系统。

同时，曙天公司在充分调研和调整基础上，提出了符合当前实际情况的科技资源地理信息决策评估系统总体解决方案，完成了可运行的示范系统软件开发，并在市科技信息中心和市科委体改处安装应用，效果良好，为上海科教兴市主战略提供了更为科学的分析评价手段。

【汽车自主导航仪国产主机板研制】 2005年9月16日，由上海大唐天易通信导航技术有限公司承担的上海市科委重点科技攻关项目“汽车自主导航仪国产主机板研制”顺利通过了专家验收。经过一年多的技术攻关，公司成功地研制出国内第一块具有自主知识产权的、以XSCALE构架微处理器为核心的汽车自主导航终端主机板，并已投入了小批量生产。

该主机板是为了配合国内汽车自主导航终端的产业化而研制的，成本明显低于目前的进口主机板，性能更符合国内导航终端的技术需求。而作为导航终端产业链中的主要环节，该项目的研究成果将被导航终端生产开发企业和系统集成商大量应用，使国产导航终端可以长期配套国产主机板，在市场上赢得价格和技术服务的优势。

【移动数据采集与处理系统及其在城市管理中的应用研究】 2005年7月15日，由上海市城市综合交通规划研究所承担的上海市科委重点科技攻关项目“移动数据采集与处理系统及其在城市管理中的应用研究”顺利通过了专家验收。

项目组从“移动电话数据采集与处理系统的开发与应用”和“移动车辆信息采集与处理系统的开发与应用”两个方面，成功研制了手机样本出行4项基本特征（起讫点、交通方式、交通线路、出行目的）的推断模型，并验证了其中出行OD特征的推断功能；开发了手机移动数据的采集与处理系统；进行了手机样本的自动追踪定位和数据采集与处理试验，实现了利用移动电话用户人群分布信息在交通领域进行相关分析研究的目标。同时，该项目利用大规模的出租车GPS信息进行了车辆OD矩阵研究，车辆出行综合指标的分析研究，并开发了城市主次干路网的道路车速分析系统。该项目的研究成果对于促进上海城市交通规划、管理的信息化和现代化发展将起到积极的推进作用。

（何　军）

软件创新项目

【面向应用的嵌入式系统和软件研发】 从2004年起，上海市科委以国家863战略布局为指导，以自主核心技术为基础，以量大面宽的信息家电、高附加值的装备电子等上海优势产业产品为突破，以上海产业需求为龙头，以骨干企业为主体，布局开展了上海嵌入式系统及产品重大研究，参与的单位主要包括上广电集团中央研究院、上汽集团工程研究院、中船重工集团的第704研究所和第711研究所、长江集团的亚太计算机公司、上海电气集团的路桥建设公司、华东计算技术研究所、上海新源变频控制器公司、上海软件中心，以及复旦大学、上海交通大学、同济大学等知名企业、高校和研究所等。

参与研究的单位取得的成果主要包括：华东计算技术研究所完成了获“2005年信息产业重大科技发明奖”的ReWorks/ReDe3.0版，并协助上广电完成目标产品初样研制；上广电研制完成了卫星数字电视接收机，并完成了样机生产，该机基于ARM9+DSP+ReWorks，实现了AVS解码、播放、转储；上海长江集团、文广科技公司分别研制的宽带数字电视机顶盒，实现了H.264的解码、播放，并切入上海电信大厅现场实验；中船重工第704所开展辅机仿真运行环境建设，中船重工第711所开展主动力控制仿真运行环境建设，上海船研所完成了船舶航行记录仪样机生产，同时3家联合形成了船舶机舱监控管理规范；上海儒竞电子公司研制的起升运输设备监控器第二代产品通过国家机构认定，已批量投入市场，基于ARM7的第三代产品开始试制；上海路桥建设公司研制的重矿设备控制器，以x86为基础，已完成板喂机控制设备、单锤破碎机控制设备初样；上汽集团工程院和上海计算所研发的车载监控系统，已完成整车网络构架设计、CAN应用协议设计、ECU控制模块功能设计，并开始试制；上海新源变频公司研制的变频家电控制器，现已进行第二代产品研制。

【环球多市场金融信息分析平台已初步开展服务】 上海万申信息产业股份有限公司承担了市科委重点科技攻关项目——“环球多市场金融信息分析平台”建设，该平台具有信息接收整合性、信息传播及时性、信息挖掘指导性等特点。

“环球多市场金融信息分析平台”采用了以下的相关技术：①数据仓库技术。平台采用数据仓库技术对多种金融信息来源（如美国期货市场、欧洲主要证券市场、国内证券市场）的数据进行提取、清理、转换和集成，从而形成了分析平台进行二次开发的基础。②Web服务技术和存储过程技术，前者是一种通用的服务调用技术，后者是一种数据分析处理技术。根据金融信息相关主题业务分析的复杂性，这两种技术被分别应用到不同的场合。③ .NET Remoting 技术。这是一种通信技术，用于管理跨应用程序域的同步和异步RPC会话。④ 数据挖掘技术。为了能为投资者提供有效的支持，采用数据挖掘技术，对数据进行分析处理。

目前，“环球多市场金融信息分析平台”已开展了多方面应用服务：

（1）数据挖掘技术在金融领域中的成功应用。万申公司目前已对数据挖掘技术在金融投资领域中的应用进行了有意义的探讨，并在需要实际应用的“投资软件－环球金融信息分析平台”中集成了最新的研究成果，实际的测试表明，其效果达到了预期的要求。

（2）CMM管理规范实例化应用成功。为了能够保证项目的顺利开发，万申公司采用了CMM3级的标准，制定了详细管理规程，使得项目开发达到了版本统一、成本低、风险低的管理上的基本要求，是CMM3级规范成功应用的又一范例。

（3）金融模型的构造。金融模型由于考虑的因素众多，所以使其显得非常复杂。在原有累积的技术基础上，万申公司对常用的金融模型采用构件的方法进行研究，成功实现了金融模型的构造，目前初级金融模型已经开发完成。

【上海软件中心联手10多家企业打造嵌入式技术服务平台】 以上海产业需求为龙头，上海计算机软件技术开发中心联合上广电集团中央研究院、上汽集团工程研究院、中船重工集团的第704研究所和第711研究所、长江集团的亚太信息公司、上海电气集团的路桥建设公司、华东计算技术研究所、上海新源变频控制器公司等10多家企业，以及复旦大学、上海交通大学、同济大学等知名企业、高校和研究所，共同打造上海嵌入式技术服务平台。

经过一年多的实施，研发单位通过采取“研发平台联合共建、专业服务统一提供、战略产品集中开发、共性资源有效共享”的模式，已取得了明显的效果：初步建成了集嵌入式应用系统研发、仿真、测试一体化服务环境；设立了包括系统软件实验室、数字电视实验室、信息家电实验室、汽车电子实验室、装备电子实验室、船舶电子实验室、信号完整性联合实验室等共性技术实验室和ARM架构嵌入式系统联合实验室等。

为了进一步发展和面向未来，在上海市科委的指导下，由上海从事嵌入式系统与软件应用的产、学、研等30家单位发起成立了“上海嵌入式系统与软件联盟”。联盟以上海嵌入式应用需求和“十一五”规划任务为导向，以交流合作为抓手，以推动自主创新和技术应用推广为目标，实现了优势互补、资源共享，提升了成员单位的核心竞争力，促进了上海信息化带动工业化。

同时，联盟积极组织各类技术研讨会和培训班，和高校、企业建立联合培养人才的工作机制；通过与国内外知名厂商建立联合实验室，可提供技术咨询和“实用型”人才培训服务，为企业提供需要的合格人才；联合并在大学开设嵌入式软件专业课程，在高等职业院校培养嵌入式“技能型”人才，形成多渠道的嵌入式软件人才培养教育体系。

目前，已经形成的集中攻关和产学研用合作创新模式，带来了广泛的社会效益，为推动长三角区域经济的发展、培育新兴行业的发展、促进先进制造业基地的建设等作出了贡献。

【“基于网格技术的交通信息服务系统”应用】 在2005年11月初第七届上海国际工业博览会期间，位于创新科技展区的“基于网格技术的交通信息服务系统”引起了公众和相关领导的关注。该系统是上海市科委的重大科技攻关项目“信息网格及其典型应用”的研发成果，项目由上海交通大学、同济大学、上海大学、复旦大学、上海城市交通信息中心、上海超级计算中心和华东计算技术研究所等单位共同承担。

网格是把整个互联网整合成一台巨大的虚拟计算机，实现计算资源、存储资源、数据资源、信息资源、知识资源、专家资源等的全面共享。网格计算具有分布、异构、动态和协同等特点，对实时信息处理具有优势，因此考虑采用网格技术来研究交通信息服务系统。首先，流动车辆（公交、出租）的实时GPS信息发送到各数据采集点（网格数据结点），初步处理后汇聚到交通局监控中心（网格存储结点），再将数据实时地调度、动态分配到各计算中心的超级计算机或各种服务器上进行并行计算（网格计算结点），而无需关心有多少数据被分配调度到哪里并进行了计算，经各类计算机处理的结果实时反馈到交通监控中心（网格资源结点），把这些反馈数据进行不同分析、处理后可在互联网、触摸屏、移动终端、车载终端、电子站牌等多种媒介上实时发布信息。

目前，上海城市交通信息中心能够提供4 500辆流动车辆的实时GPS数据（平均采集频率至少是30秒1次），以及71路和72路公交示范线上的约60辆公交的实时GPS数据（平均采集频率至少是18秒1次）。“基于网格技术的交通信息服务系统”可实时地把这些流动车辆的交通信息通过网格进行大量的并行处理和计算，完成了基于海量数据在线分析的交通出行点播演示。原型系统的主要应用服务有：实时路况服务、路况预测、动态最优出行方案、出租车实时跟踪、交通流并行仿真等。除了基于互联网方式的交通信息服务实验外，上海城市交通信息中心还试验了在移动终端（手机、PDA等）和车载终端上的交通信息服务点播系统原型；同时，在71路和72路两条公交示范线的几个电子站牌和几个触摸屏上进行示范性应用试验，如：预测公交车的到站时间等。（吴俊伟）

通讯创新项目

【综合资源应用平台(IRAP)】 在电信服务飞速发展的今天，各种用户对电信业务的需求变得越来越复杂，早期的基本呼叫处理特服业务早已无法满足人们的需求，这就要求电信网络能迅速而灵活地向用户提供各种电信业务，这也使得智能技术在中国高速发展起来，它从最初的固定、GSM、CDMA到综合智能网，IN(智能网)技术在不断的发展中逐步完善起来。

“综合资源应用平台（IRAP）”项目由上海贝尔阿尔卡特股份有限公司承担，内容包括：开发基于智能网网络环境下增强业务资源平台（IRAP-SRP）产品，利用增强业务资源平台在智能网网络环境的联网应用，向业务用户提供多种业务资源的应用，并充分考虑利用互联网的全面联通和资源共享，包括通信资源、信息资源、媒体资源等，最终实现电信网络环境上的个性化电信业务的体验。

该系统由呼叫控制功能模块（SSF和CCF）、业务逻辑控制模块（SCF）、专用资源功能模块（SRF和MRF）、业务应用模块（Application）和资源应用管理模块（SMF）以及各模块消息通信模块（DPE）等大软件模块组成；同时，包括配合业务开发的标准的业务应用生成环境模块（SDE/SCE）和（语音、数据和媒体）资源实验室等。

目前，基于综合资源应用平台开发的CDMA SRP已经在广东联通“乡情通”业务中得到了实际应用；基于综合资源应用平台开发的彩铃平台也已应用到山西移动和贵州移动的彩铃项目中，可以供80万用户使用。

【高速网络分流交换机研制】 “高速网络分流交换机研制”课题由上海复旦光华信息发展有限公司承担。课题主要研究了一个通用的高速网络分流交换设备，有效地解决了对高速骨干网上海量数据流进行集群处理的需求。该交换机能够对高速网上的数据进行线速接入和过滤，并根据设定将过滤后的数据分配给相应的集群处理设备进行处理，可用于构建高速骨干网环境下的入侵检测、流量统计、内容审计、均衡负载等系统。该设备采用基于硬件的过滤和分流措施，具备2.5GPOS(OC48)、GE接口，能够保证高流量情况下的100% 抓包率。该设备是保障高速网安全的必备产品。

在本项目中，主要实现的创新点包括：①采用先进的FPGA硬件技术，可实现数据包高层的过滤转发处理，最大可实现线速处理10G总流量的数据，基于连接的数据流分流，为上层各类应用模块提供强大的基础支持；②实现了G.link私有协议；③以较小系统规模实现数据包内容的4层分类统计、处理、修改技术；④与连接数无关的自有负载均衡算法，实现智能分配网络流量。

该课题的实施最终形成了一个通用的高速网络分流交换平台的技术方案，并成功研制出实际的高速网络分流交换机实验样机，具备线速过滤、数据转发、均衡负载等功能，支持多种类型的网络端口和通信协议，配合相关应用软件可灵活实现高速网环境下的计费、网络安全检测告警、网络流量分析等功能。基于该项目的成果，复旦光华申报了1项发明专利——保持连接特性的高速过滤分流方法。目前，课题成果已在多家单位推广使用，反应良好。

【SuperB GW1000系列高性能语音网关】 VOIP语音网关产品指的是利用多媒体分发控制技术，在IP网络中实现话音传输的产品。这种产品主要运用了H.323/MGCP/SIP协议栈，采用G.711/723/729A/729B等数字压缩编码技术，可以降低语音传输带宽、节省网络资源。目前，语音网关已经成为新兴ISP提供电话业务的发展趋势，同时成为企业为了节省长途电话费用的最优解决方案。

SuperB GW1000语音网关是上海博达数据通信有限公司推出的系列语音产品的拳头产品，是在汲取国内外各种型号VoIP产品的优点，同时根据国内用户的特点进行了细致考虑的基础上改进开发的新一代高性能系列语音网关。该系列产品可以支持30～150路IP电话接入，面向大中型企业总部和地区分支机构的IP电话应用，同博达现有的SuperB GW200/300一起，向网络服务商、系统集成商、企业、家庭用户提供全套的IP电话解决方案。

该产品在技术上具有IP电话透明转接、ASN.1编解码优化、语音报文打包发送处理、呼叫任意IP地址的H323终端、通过GK呼叫带通配符的E.164地址等创新特点。经上海市科学技术情报所科技查新检索，表明本语音网关的各项技术、性能指标都已达到国内领先水平，拥有全部的自主知识产权。

本项目产品成果是SuperB GW1000高性能模块化语音网关，产品形式为可以独立出售的硬件整机及可配选模块。该产品一共取得了2项发明专利受理、3项软件著作权。产品在通信、税务、邮政等部门示范应用情况良好，已初步实现产业化。

【3Tnet项目建设】 “高性能宽带信息网”专项（3Tnet专项）是国务院2001年8号文批准的国家重大科技工程项目，其核心目标是自主研制T比特级的传输、路由和交换设备。在上海地区，该专项将促进地方政府和运营公司自主建设下一代可运营级、能支持大规模并发流媒体业务和交互式多媒体业务的高性能宽带信息规模实验网。根据3Tnet的组网技术要求，结合电信运营商、内容提供商、地方政府、业务和接入资源，上海用3Tnet自主研发交换网和大规模汇聚路由器资源，开展了一个国际先进、国内第一的以网络电视为核心业务的高性能宽带信息网规模试验。

作为专项落地上海的主体——“上海宽带技术及应用工程研究中心（B-STAR）”是市科委为落实部市合作，实施“科教兴市”战略，促进宽带通信技术和产业发展而于2004年9月在长宁区人民政府配合下成立的企业性专业研究机构和公共技术服务平台。

中心采用产、学、研集成攻关模式，集中国内相关高校、研究所、企业的研发力量，开展新一代宽带及应用技术的原始创新和集成创新。

目前，中心承担着国家科技部和上海市下达的重大科技攻关项目和产业界的委托研制项目，开展宽带固定接入与应用技术的研究开发；承担国家863通信领域的集成试验示范；推广互动网络电视在上海地区的应用；与高校合作培养高层次专业人才等。

国家“十五”863计划启动的“高性能宽带信息网”重大专项，由国家科技部组织50多家企事业单位共同参与开发和实施，旨在长江三角地区建立一个代表国际先进水平，具有典型应用示范效应的可管理、可运营、可盈利的广域高性能宽带信息示范网，使中国在高性能宽带信息网技术研究、设备开发及业务应用等方面跻身世界先进行列。该重大专项投入约10亿元，其中科技部投入2.5亿元。本项目在国际上首次采用电路和分组混合交换体制，支持广域并发流媒体和互动多媒体，是一个国际先进的、具有自主技术的高性能信息示范网，将极大地提升长三角在网络及其应用的技术层次。

目前，该项目已取得的成果包括：建立了全球第一个采用电路与分组混合交换创新模式的宽带网；建立了全球最大规模的基于IP的互动多媒体业务试验/示范网；建立了全球首创的大规模汇聚路由器；建成了全球第一个基于突发传输和组播交换的自动交换光网络；建成了全球第三个基于单波长40Gbps密集波分复用系统。

863高性能宽信息网（3TNet）网络拓扑

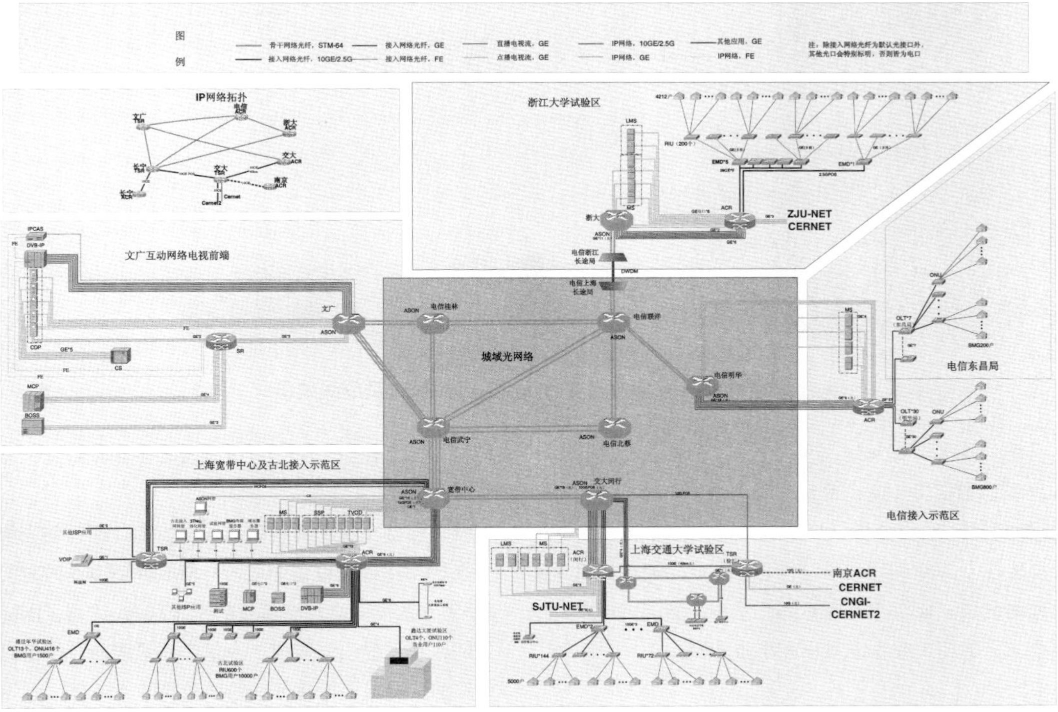

（缪　军）

多媒体创新项目

【移动多媒体网络分析设备研究】上海华龙信息技术开发中心根据3G通信网络要求，有针对性地开发了对WCDMA（3G的欧洲标准）空中接口，即Uu口进行测量的产品，并自主研制了“华龙WCDMA网络分析仪I型”。本产品的相关核心技术，均具有独立的自主知识产权，如能最终实现市场化应用，就将取得国内的移动通信测量领域里的重大突破，从而填补国内相关产业的空白。华龙中心主要研究内容包括：获取WCDMA信号扫描频谱图、实现三步小区搜索、完成码域功率测量、进行信道特性分析和系统应用软件的开发等。同时，中心利用研究成果测量WCDMA基站特性，以满足WCDMA网络规划和提升网络服务质量的实际需求。

该研究的主要技术创新点有：精确捕获基站发送频点算法、高准确率的时隙同步算法和简单的多小区搜索算法等。

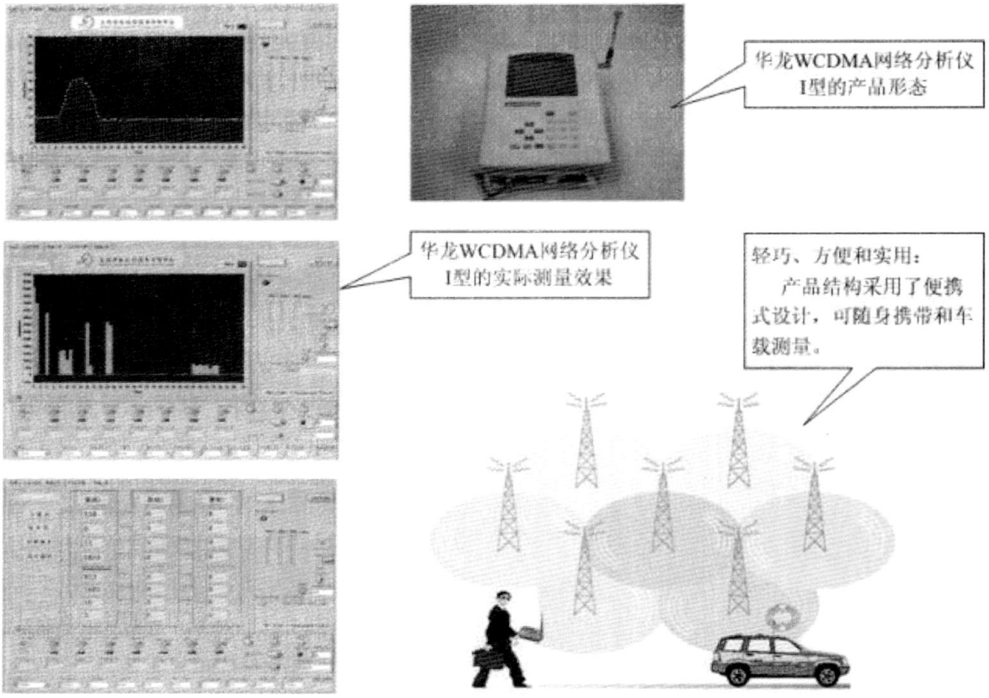

华龙 WCDMA 网络分析仪 I 型的产品形态及应用效果

目前，“华龙WCDMA网络分析仪”的各主要关键技术已经基本定型，并已完成了第一代3G产品——“华龙WCDMA网络分析仪I型”的研制工作，第一台产品样机已于2005年9月6日问世，并成功通过大量实地外场测试。该机主要指标都已基本达到国外同类产品要求，各相关技术成果正在申报专利。

【多媒体证券信息卫星发布平台】“多媒体证券信息卫星发布平台”项目由上海证券通信有限责任公司、上交所信息网络公司以及上海高智公司3家公司联合攻关、自主集成创新而成。多媒体证券信息卫星发布平台系统创新利用了IP/DVB卫星通信技术结合DVB-CI的CA技术进行证券金融信息的低成本安全传送；提出了多媒体证券信息传输平台的整体设计思想和总体方案，设计生产了具有自主知识产权的接收设备STOR2000，建立了一个自主开发的多业务信息传输及管理平台。

该项目实现了多项创新关键技术，即：创先解决了在DVB-S接收设备上用一片SMART Card同时实现8路独立数据同时解密解扰的技术问题，达到了国际领先的水平；提出并实现了卫星广播系统的行情信息高效策略，提出了行情传送的增量算法ASCQI。运用增量算法ASCQI技术能够大大提高行情信息发送的效率，在0.5M带宽下相当于未采用此算法在20M带宽下的效率，减小每幅行情传送的时延小于1秒，并能保证接收系统的随时启动接收。

该产品的主站系统主要由4个单元构成：信源群单元，网络管理单元，DVB/IP打包复用和链路信息加扰，中频调制单元、射频单元。

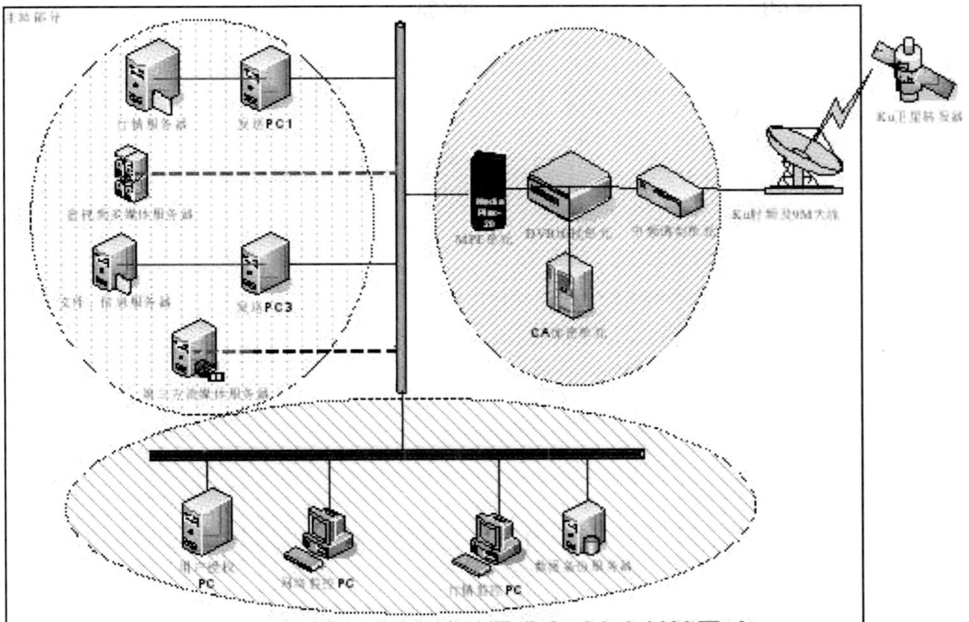

多媒体证券信息卫星发布平台主站端图示

用户端系统主要由下述单元构成：室外单元（天线、高频头）、具有CA功能的自主知识产权的接收终端STRO2000设备、应用接收软件。

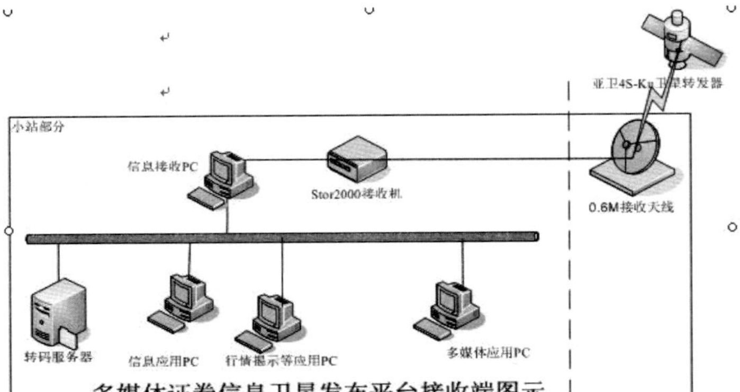

多媒体证券信息卫星发布平台接收端图示

该项目为自主集成创新研发，已申请技术发明专利2项、软件著作权2项、3篇论文。经上海科技情报所查新检索，系统符合国际主流技术，总体技术水平评估为国际先进。目前，该系统正在申请“2005年度上海市科技进步奖”，已经通过相应的初审和专家评审委员会答辩。

该系统前期已有近200家用户投入商业使用，完成了技术的成果转化，目前已有1 000万的产值。由于系统安装简单、成本较低，而各项指标稳定，性能可靠，且性能指标优于进口产品，因此本产品可替代进口产品使用。上海证通正在制订新的市场推广策略和计划，一旦大批量推广，将产生更大的经济效益。

该技术系统可应用于各种专业发布领域，如多媒体信息、数据的处理和传输等。同时，此平台还可广泛应用于各类专用信息发布、远程教育等，故受众极大。

【数字媒体创新基地建设】 2005年5月，经科技部同意，上海成立了“国家数字媒体技术产业化基地”。围绕国家科技部现代服务业发展总体布局，在上海市、区两级政府及其相关职能部门的大力倡导与主动引领下，上海市科委在技术创新、园区建设、企业集聚、公共服务平台支撑体系建设、人才培养以及国际国内交流方面逐步深入，有效推进了数字媒体技术产业化，取得了一系列成果和影响。

1. 产业化推进体系初步建立

国家数字媒体技术产业化基地（上海）的产业化推进思路是：①政策体系的建设，扶助产业做强做大；②技术突破，以点带面，提升产业能级；③完善提升功能服务平台，切实服务企业经营；④打造基地内涵，促进资源聚焦，创建品牌影响力。2005年，上海数字媒体产业化推进体系初步形成，为推进上海数字媒体技术产业化奠定了坚实的基础。

2. 技术研发初见成效

在国家科技部和上海市政府支持下，上海市科委从2002年起设立数字媒体专项科技攻关计划，三年来共投入近4 000万元，坚持自主研发，实施以e-娱乐、e-健康、e-教育、e-展示为核心的4个E工程，重点突破了音视频编译码技术、面向提升数字媒体制作效率的CG制作环境和特定关键技术、互动娱乐的核心引擎技术以及基于展览展示和工业设计的AR/VR技术研究和应用、面向宽带和无线网络的多媒体应用技术等，并开发出了一批有市场竞争力的应用产品，为形成相关产品的高技术产业打下了基础。

3. 基地建设初具规模

目前，国家数字媒体技术产业化基地依托长宁多媒体产业园和张江文化科技创意产业基地进行建设，基地内集聚了以盛大、分众、九城等为代表的数字媒体相关企业300余家；以基地为核心，培育带动了一批旨在推动数字媒体技术及其应用的专题化科技型产业集聚区，包括不断发展的上海多媒体谷、徐汇区的数字娱乐园、杨浦区的创意产业等。经过各级政府的产业导向和产业自我发展，基地企业初步形成了集聚，基地内产业链初步建立。

4. 公共服务平台效益初显

以渲染计算、特效制作为服务特色的上海市多媒体公共服务平台由上海市科委和长宁区政府共同出资建设，旨在实现政府的服务功能，降低多媒体中、小企业的投入成本和运营成本，形成企业聚集效应，推动产业发展。

自市多媒体公共服务平台建设完成并投入运营15个月以来，累计开机使用时间已超过7 000小时，共为110多家企业完成了460余项制作任务，接待海内外参观者3 500多人次，设备完好率、客户满意率均达到100%，服务功能和社会效益初步显现。

目前，该平台已经成为为中小型企业提供全天候服务的公共服务场所、产学研联合研发的研发平台、公开开放的实验、实训、测评基地。（缪　军）

集成电路创新项目

【“第二代身份证读写器芯片及ID卡芯片的大生产关键技术开发”项目】 “第二代身份证读写器芯片及ID卡芯片的大生产关键技术开发”是上海华虹集成电路有限责任公司自主研发、具有自主知识产权的项目。该项目在完成读写器芯片设计以及身份证卡芯片优化和大生产性关键技术研究中，形成了一套从可靠性设计、可靠性管理到可靠性生产和测试，包括可靠性试验与评估系统的保证措施。同时，公司制定了《二代证卡片噪声检测及标定方法》、《具有良好适应性的读写机具参数规范和检测方法研究》两份规范文件和“非接触智能卡噪声检测方法及其检测电路”一项发明专利申请。目前，公司ID卡优化芯片已实现2.6亿元销售额。

【“长三角地区交通联网收费机具专用芯片”项目】 上海复旦微电子股份有限公司承担的“长三角地区交通联网收费机具专用芯片”项目研制的芯片是一款符合ISO14443 Type A/Type B及ISO15693标准的专用芯片，可分别支持MIFARE和上海“城市轨道交通单程票非接触IC卡通用技术规范”（DJG08-1102-2005）的加密算法，且完全兼容国际主流公司的同类产品。该项目形成了具有自主知识产权的版图，且已获得了“集成电路布图设计登记证书”。

项目所开发的芯片自2004年底批量投入市场，至今已累计销售约30万片，实现销售额900万元以上，经用户使用，芯片性能稳定。随着该产品系列在出租车计价器、POS机等读卡机具市场进一步的推广，将会产生更好的经济效益和社会效益。

（张力天）

【上海电子标签与物联网产学研联盟】 2005年9月27日，上海电子标签与物联网产学研联盟（以下简称“RFID联盟”）正式成立，上海市副市长严隽琪到会祝贺并为联盟成立揭牌，市政府副秘书长姜平出席会议并讲话。上海市科委领导主持了揭牌仪式，“RFID联盟”成员单位、示范项目承担单位的负责人及专家出席了会议。

在市科委的推动和支持下，2004年，相关企业、院校、研究所开始筹建上海“RFID联盟”，以促进产学研在相关技术开发及应用推动方面实现强强合作，加速技术与产业发展。新成立的“RFID联盟”，集中了上海在该领域的主要企业、院校和研发机构，充分体现了企业为主体、应用为导向、拉动产业发展为目标的宗旨。今后，联盟将整合上海在电子标签及物联网领域的技术资源，通过产、学、研的互动合作，加强与国内外优势企业的合作，提升上海在电子标签及物联网领域的研发、生产和应用水平，促进上海电子标签及物联网产业链的形成和快速健康发展，努力使上海居于电子标签及物联网领域的技术和产业的制高点，在上海乃至更大范围内推广和电子标签及物联网技术。

（应剑俊）

【上海集成电路设计公共服务平台浦东分平台】 2005年4月12日，为了更切实地贯彻科教兴市战略，更好地服务全市集成电路设计企业，上海集成电路设计公共服务平台浦东分平台建设完成，正式对外运行。

上海集成电路设计公共服务平台自2000年4月由上海市科委组建以来，在上海市政府的支持和领导下，已经为实现跨越式发展打下了坚实的基础，市领导希望在此基础上持续扩展平台的服务范围，提升服务质量，把平台功能延伸至浦东，探索把原有的“辐射支持”模式向“集聚支持”模式发展，为实现登山计划目标，推进上海IC设计业更进一步发展提供全方位配套服务。

（俞加鲜）

【上海承担的12项国家863计划集成电路设计课题顺利通过验收】 2005年12月2日，由“国家高技术研究发展计划（863计划）”集成电路设计专项专家总体组和863集成电路设计专项办公室等组成的课题验收组在上海对12个863课题进行了验收。

验收专家组分别听取了上海集成电路设计研究中心“深亚微米系统芯片CAD技术及开发环境”、大唐移动通信设备有限公司“第三代移动通信SoC平台”、上海华虹集成电路有限责任公司“射频电子标签核心芯片开发”、上海交通大学“高清晰度电视SoC平台”、复旦大学“家庭网络核心SoC平台”等12个课题组所作的项目完成情况汇报，并仔细审阅了相关课题汇报材料。

最后，验收组专家一致认为：由上海地区承担的该12项863课题均较好地完成了原计划所规定的指标，对推动上海乃至全国的集成电路设计业以及整个集成电路产业的发展起到了良好的示范作用。

（张力天）

【上海多项目晶圆（MPW）服务】 上海集成电路设计研究中心（ICC）实施的上海多项目晶圆（MPW）服务在2005年稳步发展，已经能够提供原型制造(Prototype Manufacturing)、小批量生产(Low Volume Production)、原型封装和测试(Prototype Assembly and Testing)等服务，并已为中国集成电路设计公司和教育、研发机构服务超过600个项目，量产成功率达到国际水平，在国际同类型服务计划中进入国际先进行列。

2005年，中心参加项目共计152个，其中支持教育研究类项目90余个，培养学生300余人次。据统计，在工艺分布上，0.35微米及更小线宽工艺的项目所占的比例占到项目总数的60%，这也表明了中国的集成电路设计已经进入了一个新的台阶。

2005年，MPW服务持续得到国家科技部863计划的支持，共为27个863超大规模集成电路设计专项课题提供了流片服务。

上海集成电路设计研究中心非常注重MPW知识产权保护体系的完善，继2003年引入数据网络提交技术，提供MPW在线申请服务后，2005年还开始提供CIF在线数据证书加密服务，旨在提高客户数据在Internet网上传输的安全性。（俞加鲜）

【上海集成电路设计研究中心积极推进上海SIP研发及产业化】 随着国内SoC设计的迅速起步，IP从技术上和市场上都显得越来越重要。SoC的发展，需要各种各样的IP支持，但是目前国内IP的发展也是刚刚开始，种类不多，技术上不成熟，技术服务不完善，使得许多国内的设计企业徘徊在使用国内IP的门口。上海集成电路设计研究中心（ICC）针对国内IP的状况，结合上海本地设计企业设计的研究方向和已具备的能力，在863计划的支持下，借助于ICC的技术平台（EDA工具，测试中心）、MPW服务，引导本地企业开发出了一批有实用价值、有明确的使用方向、具有产业化示范意义的IP，涵盖了消费类电子（如机顶盒、高清晰数字电视中的核心芯片IP）、通信类（如3G移动终端基带IP核、关键通信接口IP）、视频音频（如H.264的相关应用的核心芯片IP）、信息安全领域核心芯片IP等多个方面。2005年，这些IP核共完成7 413万元销售额。

（葛　群）

三、信息技术相关知识产权保护

为了加大打击各项知识产权侵权活动的力度，维护市场经济秩序和上海国际性大都市的良好形象，2005年，上海市开展了多项卓有成效的大型知识产权保护活动。

开展保护知识产权宣传周活动

2005年4月20～26日，全市范围内开展了以“保护知识产权，促进创新发展”为主题的“保护知识产权宣传周”活动。期间，全市共开展了30多项专题活动，掀起了一个聚焦知识产权、关注知识产权的新浪潮，有力地促进了上海知识产权工作的新发展。如由市知识产权局、市工商局、市版权局、市经委共同举办了“商业中心区域知识产权保护研讨会”；市知识产权局委托市信息委通过“市民信箱”对市民知识产权认知程度调查等活动，对提高市民对软件版权的认识程度和保护意识起到了积极的推动作用。

开展保护知识产权专项行动

在国务院的统一部署下，从2004年底开始，上海市开展了为期一年多的“保护知识产权专项活动”。期间，上海市各知识产权执法部门加大执法力度，营造尊重知识产权的社会氛围，切实维护市场秩序，同时努力探索保护知识产权的长效机制，取得了阶段性的成果。全市工商部门捣毁制假售假窝点334处，查处商标侵权假冒案件2 131件。市版权局坚持正面教育与执法检查相结合，积极引导企业使用正版软件采取正版化措施。查处使用盗版教材、教辅读物的案件，收缴盗版教材、教辅读物及其他盗版制品1.9万多件，对7家单位进行了处罚。全市文化执法部门共查处违法经营行为3 522起，端掉了一批地下批发窝点，共收缴非法音像制品（电子出版物）995.8004万盘（张），违法盗版书刊76.6268万册。上海海关查获进出口商品中侵犯商标专用权案件172起，侵犯专利权案件16起。全市公安机关共破获侵犯知识产权案件138起，抓获犯罪嫌疑人247人，追缴赃款赃物价值人民币1.8亿余元，捣毁制假贩假窝点940余处，收缴非法出版物近190万件。

（市知识产权局）

“知识产权示范企业”公布，“专利新产品”通过认定

2005年，上海市开展了集知识产权的战略制订、知识产权的运用、创造、实施、管理、保护等为一体的知识产权示范企业创建活动，第一批20家“上海市知识产权示范企业”经认定后公布，上海贝岭、上海宝信、上海贝尔阿尔卡特等信息技术企业榜上有名。两批市级专利新产品（134项）通过认定，其中32项为信息技术类产品，列入专利新产品认定目录的新产品可享受相关鼓励政策。

上海市知识产权信息工程正式立项

2005年7月，包括知识产权信息服务系统和知识产权信息工程管理系统的知识产权信息工程正式批准立项，旨在建成覆盖上海、面向全国能够满足不同应用层面且操作便捷的知识产权信息检索、分析研究、传播、利用的网络。

上海市信息技术领域专利检索报告完成

内容包括上海市2002～2004年信息技术领域专利数据、上海与周边省市信息技术领域专利情况对比、上海九大类信息技术领域专利数据、上海重点信息技术企业专利数据的“上海信息技术领域专利检索报告”完成。该报告对某些重点技术领域，如IPv6、集成电路、射频识别技术等技术的专题分析。报告对信息技术领域的知识产权工作提供了基础性数据。

（张　明）

第六章 信息化研究与咨询

概述

2005年,上海市信息化委员会根据实际工作需要,共计组织实施了“电子政务绩效评估制度研究”、“政务信息资源登记管理规范研究”、“社会信用记录和惩戒机制研究”3项前瞻性课题的招标及研究,以及“加快上海电子传感器产业发展研究”、“推动集成电路芯片国产化的重要领域及政策研究”、“上海建设亚太信息通信枢纽的思路与对策研究”8八项定向课题的研究。信息化专家委员会在市信息化重大规划和方案制订、重大项目推进过程中,发挥了越来越重要的作用,并完成了换届选举工作。上海市互联网经济咨询中心完成了数百项信息化研究和咨询业务,成功举办了五届亚太地区城市信息化论坛、信息化与上海世博会国际论坛等大型国际会议。

(申剑敏)

一、信息化专家委员会

在重大规划和方案制订中,发挥决策参谋作用

围绕市信息化“十一五”规划的制定,多位专家参加了各类座谈会、咨询会,并直接参与了规划的预研工作和信息化规划重大前瞻性课题研究工作;参与了国家发改委制定“国家信息化专项规划”的咨询工作,提交了《对信息化人才高地建设的几点建议》等书面报告。

2005年初,专家委向市领导提交了《第三届上海市信息化专家委员会论文集》,共收集编辑了由18位专家撰写的关于提升上海城市信息化水平、软件产业发展趋势的分析、数字上海与信息化应用、信息技术促进上海现代服务业发展等16篇论文,为上海信息化发展提供了战略判断。

在重大项目推进过程中,完成卓有成效的工作

专家委通过参加评审会、论证会的方式,参与了“上海市产业信息化专项资金”、“2006年市级部门信息化项目支出预算”、市政府实事项目“市民信箱”系统建设方案及上海有线网络数字化平移方案等多个项目、方案的评审和验收工作。据不完全统计,累计参与各项评审和验收共126人次。此外,部分专家还承担了教育部、总装备部、市科委、市教委等部门的课题研究工作。

大力推动信息化知识与理念的传播

2005年,专家委举办了“第六期信息化系列讲座”,分5场向市民普及了电子政务、网格技术、数字电视、无线通信、流媒体技术等方面知识和内容。目前,该讲座已与团市委挂钩,成为其传播信息化知识的平台,每场都有五六十名共青团骨干前来听讲。此外,部分专家还被邀请到高校、企业等不同的场合进行主题演讲;接受了人民日报、解放日报等重要媒体的采访,专家委的社会影响力不断提高。

参与多项学术交流活动

30多位专家参加了2005年5月召开的“亚太地区城市信息化论坛第五届年会”,8位专家在论坛的专题

会上发表了演讲，4位外籍专家作了主题发言。

2005年下半年，专家委组织参加了由国家信息化专家咨询委员会开展的《首届全国信息化研究优秀成果评选活动》，共推荐申报信息化优秀专著、论文、报告22篇。

完成专家委的换届改选工作

2005年12月，专家委在市国民经济和社会信息化领导小组的领导下，完成了换届工作。第四届上海市信息化专家委员会共由75位国内外专家组成，其中国内专家65位（院士7位），外籍专家10位。此外，为进一步完善信息化专家委的规章制度，新一届专家委还修订了《上海市信息化专家委员会章程》、《上海市信息化专家委员会基本工作制度》，制定了《2006年专家委工作计划》。

第四届上海市信息化专家委组成人员名单

职务	姓名	单位	专业
名誉主任	吴启迪	教育部	自动化系统工程
	周宏仁	国家信息化专家咨询委员会	信息技术
主任	程锡元	上海电信公司	通信
副主任	李三立	清华大学、上海大学	高性能计算机（院士）
	邹世昌	上海宏力半导体制造有限公司	离子、材料（院士）
	张世永	复旦大学、复旦光华信息工程公司	信息安全等
	贺寿昌	上海戏剧学院	信息技术
网络通信组	蓝鸿翔	新泰信息技术公司	电子信息系统
	宋国文	总参57所	通信与信息处理
	孙玉望	上海大唐移动通信有限公司	移动通信
	周仁杰	中国网通上海分公司	网络通信
	郑　杰	上海移动通信公司	移动通信
	张　健	上海联通公司	通信技术
	林定祥	上海东方明珠（集团）股份有限公司	多媒体平台
	白　洪	亿通国际股份有限公司	网络通信
	陈咏恩	同济大学	通信系统设计
	高汉中	龙林通信公司	网络通信
产业组	徐智群	上海贝尔阿尔卡特股份有限公司	通信网络
	胡鋐亮	浦东软件园有限责任公司	软件
	张一钧	上海索广映像有限公司	数字电视
	孙德炜	华东计算技术研究所	计算机技术
	盛兴国	华龙信息技术开发中心	集成电路设计
	何积丰	华东师范大学	计算机技术（院士）
	张申生	上海交通大学	工业自动化
	闵　昊	华虹集成电路有限公司	微电子学
	朱扬勇	复旦大学	软件
	蒋守雷	上海集成电路行业协会	无线电技术

	庄松林	上海理工大学光电子仪器研究所	应用光学（院士）
	齐　鸣	中科院上海微系统与信息技术研究所	半导体结构材料
应用组	居德华	亚士帝信息工程公司	软件工程
	顾君忠	华东师范大学	多媒体、计算机
	缪其浩	上海图书馆	信息服务
	邵臻浩	上海速汇佳有限公司	金融电子化
	孙红春	上海市测绘院	地理信息系统
	唐定富	上海城市发展信息研究中心	地理信息系统
	祝智庭	华东师范大学	网络远程教育
	马永平	上海电信东区电信局	无线电工程
	陈志国	上海资信有限公司	征信
	赵厚麟	国际电信联盟电信标准局	电信标准
政策法规组	沈国明	市人大法工委、上海社科院	法学
	谢天放	市人大法制委	法学
	胡鸿高	复旦大学法律系	法学
	杨坚争	上海理工大学	法学
	寿　步	上海交通大学	知识产权法
	张复良	中国电子信息发展研究所	信息政策
信息安全组	李建华	上海交通大学	信息安全
	汪　凝	上海吉大正元信息技术有限公司	信息技术
	陈克非	上海交通大学	信息技术、密码
	何德全	国家信息化专家咨询委员会	安全（院士）
	汪成为	总装备部工程院	信息技术（院士）
	沈昌祥	海军机要研究所	信息安全（院士）
电子政务与商务组	张承业	市人大信息中心	计算机
	黄丽华	复旦大学管理学院	信息管理、电子政务
	王　能	华东师范大学	信息应用
	蒋昌建	复旦大学	电子政务
社会经济综合组	周振华	上海社科院经济所	经济学
	吴修艺	上实（集团）公司	宏观经济学
	戴国强	上海财经大学	金融市场
	王贻志	上海社科院信息所	经济学
	张国良	复旦大学	新闻与传播学
	顾晓鸣	复旦大学	网络文化
	潘　光	上海社科院	国际关系
	徐　飞	上海交通大学	战略管理
	林毅夫	北京大学经济研究中心	宏观经济

国际组	Guido Bertucci	联合国经济社会事务部公共行政与公共经济司司长	信息化推进
	Sarbuland Khan	联合国经济社会事务部经社理事会支持与协调司司长	信息化推进
	Zoe Baird	美国马克尔基金会总裁	信息化推进
	Andrew Pinder	英国政府电子特使	信息化推进
	Bruno lanvin	世界银行发展计划项目信息经理	信息化推进
	Stephen j.Rohleder	Accnture 集团总经理	信息化推进
	James Knight	加拿大城市联盟 CEO	信息化推进
	Patrick Callioni	澳大利亚信息经济国家办公室	信息化推进
	Franco Bassanini	意大利前公共事务部部长	信息化推进
	Erkki Liikanen	欧盟委员、企业和信息社会事务	信息化推进
秘书长	周卫东		
副秘书长	钟建国　蔡伟杰		

（戴晓云）

二、上海市互联网经济咨询中心

上海市互联网经济咨询中心（以下简称“中心”）创建于2000年12月，是由上海市政府批准成立的信息化专业咨询、研究以及合作交流、培训机构。中心致力于研究国际先进的信息化管理理念和方法，推动政府和企业客户应用信息化，提升管理水平、促进业务创新。中心立足于国内市场，面向国内外政府和企业，提供信息化决策支持服务、信息化项目咨询服务，以及信息化技术和项目的合作、交流。中心拥有一支由海外归国专家、博士、硕士和资深顾问组成的专业团队，与国内外知名学府、国际著名企业结成战略联盟，以合作、共享的开放型业务模式，完成了数百项信息化研究和咨询业务，成功举办了五届亚太地区城市信息化论坛、信息化与上海世博会国际论坛等大型国际会议。

2005年，中心在市信息委的领导下，全体员工共同努力，紧密围绕上海信息化工作的主线做了大量工作，取得了一定的成绩。

研究方面：完成了“上海市电子政务‘十一五’建设和发展规划”、“政务信息资源开发利用实施意见和研究报告”；编制完成黄浦、南汇、长宁、奉贤、金山五区信息化“十一五”规划；完成“上海市海洋信息化‘十一五’规划”；完成上海市2004年政府信息公开年度报告编制并对外公布；广泛参与社会合作研究项目，完成了《上海市信息化综合统计指标体系研究》、“十五规划”评估研究指标体系和评估方法、“上海市信息化法治建设‘十一五’规划”、“上海市信息化人才统计指标体系研究”等一批课题；积极配合市信息委开展相关课题研究工作，参与电子采购系统项目、区县GIS建设推进、科教兴市信息服务平台项目、社区实有人口管理数据规范标准研究、信息化支撑网格化管理试点推进、公共物流平台项目、行业电子商务平台项目、“2003～2005年信息化优秀创新项目评选”等一大批课题和项目的研究工作。

咨询方面：上海市土地房屋综合管理信息系统项目取得阶段性成果；编制完成徐汇区呼叫中心“962345”系统项目规划方案；编制完成上海世博会信息化应用规划初稿；完成《农民工服务信息系统研究》报告的起草；完成“上海海事法院审判业务信息化建设工程”咨询报告；参与旅游预警机制和紧急救援体系课题研究工作，编制完成上海市2005年“五一”黄金周旅游预警和救援预案；承担市劳动局实训基地咨询项目并取得阶段性成果；参与杨浦创业实训基地项目，完成项目咨询报告（初稿）；积极参与市电子政府采购项目、安监局金安工程信息化总体框架制订、市信息委信息基础设施管理系统项目等一批项目的咨询工作。

亚太论坛及其他国际会议方面：认真做好亚太论坛第五届年会各项筹备工作，确保了年会的顺利召开；协同市世博局举办“信息技术与世博会”国际高级讲座，为上海世博会开拓了思路；成功举行2005’IT产业投资、合作、交流（上海）活动，并成功组织了“随意数字化社会建设高峰论坛”；中德（上海）国际信息技术合作论坛暨招商引资交易洽谈会顺利举行；与UNPAN共同举办“全球电子政务网上培训班”，进一步促进全球电子政务的建设和开展；分别承办了“信息化与上海世博会国际论坛”和“中韩中小企业信息化（上海）论坛”；承办2005年上海“软件工程国际研讨会软件测试专题会”并取得成功。

（冯 涛）

三、相关课题研究

电子政务绩效评估制度研究

为适应上海电子政务建设持续推进的需求，提高建设效益和避免重复建设，本研究通过对上海目前电子政务建设的发展现状进行深入调研，结合对国内外电子政务绩效评估的主要经验和做法的了解，分析上海实施电子政务绩效评估的环境因素和评估需求，研究建立由基本原则、指标体系、实施办法和保障机制构成的电子政务绩效评估体系。

政务信息资源登记管理规范研究

当前，信息资源共享难是电子政务发展中面临的共性瓶颈问题。本研究紧密结合上海电子政务建设的实际，以政务信息资源的登记管理为切入点，从工作机制、技术标准、应用规范、系统架构等层面，提出促进政务信息资源规范有序登记和管理的方案，以提高政务信息资源的开发利用水平。

社会信用记录和惩戒机制研究

社会信用的记录、使用和惩戒是构成社会信用制度的3个关键环节，本研究通过分析社会信用记录和惩戒机制的原理、形式和运行条件，探讨建立合理有效的记录和惩戒机制，以及重点突破的领域；并研究记录、使用、惩戒3个环节有机结合的形式，以促进形成自发的、社会性的信用管理机制。

（申剑敏）

上海市电子政务“十一五”建设与发展规划的研究和编制

作为上海城市信息化战略的重要组成部分，上海市政府历来非常重视电子政务建设。早在2004年4月市信息委就确定了《上海市电子政务“十一五”建设与发展规划》作为上海市信息化“十一五”专项规划之一，并组织有关单位开展了深入研究，为规划编制工作打下了基础。2005年4月，规划编制工作正式启动。在对各重要政府部门进行走访、召开各种形式研讨会及多次征求各方意见的基础上，完成了规划的编制。

规划主要包括政府部门履行行政职能所涉及的电子政务基础网络设施完善和利用、政务信息资源开发利用、核心业务信息系统建设、电子政务服务渠道建设以及安全体系等相关方面的建设和完善等内容。力求在“十五”期间电子政务建设的基础上，超过加强上海电子政务建设，进一步促进政府职能转变、提高行政效率和提升公共管理和服务水平。规划在分析“十五”期间电子政务发展情况的基础上，提出了“十一五”电子政务建设的指导思想、基本思路、发展目标、主要任务、重大项目和保障措施，是规范和指导上海市“十一五”期间电子政务建设的行动指南。

按照国际社会所倡导的理念，政府的主要职能就是从事公共管理和服务。随着政府职能的逐步转变，今后政府将趋于向社会公众、企业提供优质、便利的服务。作为实现便捷的公共管理和服务的载体之一，电子政务建设已经成为行政体制改革的重要内容。在这个大背景下，“十一五”期间，上海电子政务建设要由“十五”期间的重建设逐步转向建设与管理并举，加强全市的整体统筹规划和协调实施，大力推进跨部门信息共享和业务协同，加强对电子政务项目建设的全程管理。借助各种有利条件，抓住机遇、趁势而上，进一步推进上海电子政务深化发展。力争通过五年的持续、统筹、协调发展，到“十一五”期末，上海电子政务水平继续保持国内领先，使电子政务基础网络利用充分，政务信息资源开发合理，业务应用水平大幅度提高，核心跨部门业务应用基本实现在线无缝整合，电子政务服务渠道便捷畅通，电子政务配套环境优化，信息安全保障体系健全可靠，充分展示服务政府、责任政府、法制政府的新形象。

根据目标，“十一五”期间电子政务建设与发展的主要任务包括：①推进电子政务网络发展与利用，重点建设800兆数字集群应急救援政务共网，继续推进现有电子政务网络平台的建设和应用。②加快政务信息资源开发利用，在推进政务信息资源管理机制建设和政务资源社会化利用的同时，重点推进人口、法人、空间地理3大基础信息库及相应的交换平台建设，建立政务信息资源目录管理平台。③大力推进跨部门、集约化的政务信息系统建设，围绕政府经济调节、市场监管、社会管理和公共服务4大职能，推动一批需求迫切、受益面广的跨部门应用协同系统建设。着眼于政府的经济调节职能，重点针对财政管理、税务管理建立跨部门协同应用系统；着眼于政府的市场监管职能，推进相关政务信息系统建设；着眼于政府的社会管理职能，推进人口、城市和公共安全等管理业务的跨部门应用协同；着眼于政府的内部管理，推进网上行政审批和管理应用系统建设；着眼于政府公共服务职能，建立和完善电子政务服务渠道。④按照“填平补齐”原则，结合上海的实际情况，继续推进国有资产监督管理、政府采购、土地房屋综合管理等一批具有重要社会意义和广泛影响的重要条线信息系统建设。⑤从管理组织体系、规划监管、网络信任体系建设和相关法律法规、灾难响应和应急处理体系建设、人员管理等方面入手，进一步建设和完善信息安全保障体系。

为确保各项主要任务的顺利实施，规划从领导工作机制、管理、标准规范、政策法规和宣传培训几个角度提出了具体的保障措施。首先在全市层面加强统一领导，形成强化、高效的统一协调格局；在管理方面，加强电子政务总体框架规划、设计，完善电子政务工程项目管理体系；在环境建设方面，进一步加强电子政务相关标准规范建设，进一步加强电子政务相关政策法规建设；大力加强电子政务宣传和培训，提高社会各界对电子政务建设的参与度和应用水平。

（崔丽丽）

上海市海洋信息化“十一五”规划的研究和编制

21世纪是海洋的世纪，上海市的海洋工作受到市政府的重视支持，海洋管理工作已逐渐步入正轨。上海正在为建设海上大上海的战略目标而努力，海洋工作的地位和作用也日益突出。尤其是，随着新一轮上海城市建设重心的东移，上海国际航运中心洋山深水枢纽港、东海大桥、平湖油气开发、海洋游艇业、临港新城、滨海经济带建设等一批重大海洋和海岸工程的建设都急需各种海洋信息资源。因此，为了科学规划上海海洋信息基础数据库及其各种应用系统建设，有序开发海洋资源，保护海洋环境，管理海洋事务，上海市海洋信息化“十一五”规划提出了海洋信息化基础、海洋信息化应用和海洋安全信息化3大体系建设任务。

1. 海洋信息化基础体系建设

海洋信息化基础体系建设的主要任务包括五个方面：①加强海洋信息资源整合，加强海洋信息共享与交换涉及的制度和元数据标准研究，建立基础数据库群，建立海洋信息目录服务和信息交换体系中心，形成海洋基础数据共享平台。②按照海洋信息的分级分类体系，全面分析海洋原始数据获取的渠道、手段和转换要求，系统地梳理上海市海底、水域和气象信息采集的业务流程，建立海洋原始信息采集体系，实现统一采集与行业采集的整合，实现海洋原始数据规范、有序、及时地入库管理，提高海洋原始信息的可靠性、准确性和实时性。③以海洋地理信息数据库为基础，系统地梳理海洋管理和开发的各项业务对海洋地理信息处理及其产品的需求，构建上海市海洋地理信息应用平台，向海洋管理和开发的各项业务提供地理信息产品，为海洋管理和开发业务提供基础地理信息方面的公共服务。④按照市公务网和电子政务外网的统一要求，加强涉海部门的电子政务网络建设；根据海洋信息资源开发利用和涉海业务应用系统运行的需要，规划网络结构和节点布局，建立高速、宽带、多功能的海洋信息化业务专网，承载非政务类海洋信息的传输和应用系统运行。⑤根据“十一五”期间上海市海洋信息化建设需要和急用先上的原则，综合考虑技术研发投入高、周期长、见效慢等特点，有选择地开展海洋信息化关键应用的技术研发，为“十一五”期间上海市海洋信息化项目建设提供必要的关键技术支撑。

2. 海洋信息化应用体系建设

海洋信息化应用体系建设的主要任务包括3个方面：①加强涉海事务的行政管理一体化建设。以公文流转和涉海行政办事处理等业务流为主线建立海洋政务协同办公平台，以推进市海洋局、市港口局、市房地局的行政业务信息化为目标，建立海域和港口管理一体化体系；以推进市海洋局、市环保局、上海海事局、市农委等的环保管理业务信息化为目标，建立海洋环境保护一体化体系；以推进市海洋局、市港口局、市环保局、上海海事局、市农委、市旅委等部门的执法监督业务信息化为目标，建立海洋执法监督一体化体系。②推进海洋经济信息化体系建设。以推进海洋油气业、船舶业、工程建筑业、交通运输业、滨海旅游业和水产业等海洋产业的经济统计业务信息化为目标，建立海洋经济监管一体化体系；以推进海洋油气业、船舶业、海洋工程业、交通运输业、滨海旅游业和水产业等领域的重点海洋企业信息化建设为目标，加强引导和扶持政策的研究和制订；以推进海洋信息产品开发、培育和发展海洋信息服务市场、促进海洋信息产品的商品化和产业化为目标，逐步建立包括海洋资源与环境、海洋经济和统计、海洋文献档案、海洋管理法规、海洋科技、海洋遥感遥测、海洋制图和信息产品制作及海洋信息技术支持等信息构成的海洋信息服务体系。③建立海洋预报信息与科普教育信息公益性服务体系。利用门户网站和传统媒介向社会公众提供海洋预报信息和海洋政策法规、科普教育信息服务，提高公众对关注和参与海洋环境保护、海洋安全防范、海洋权益维护和海洋开发利用的认识，普及全民海洋意识。

3. 海洋安全信息化体系建设

以海洋原始数据采集体系、基础数据共享平台和基础地理信息应用平台为支撑，建立海洋灾害预警预报、重大工程设施安全监控和突发事件应急指挥系统，构造海洋安全信息化体系。①加强海洋自然灾害预警预报信息系统集成。系统地梳理海洋自然灾害预警预报业务需求，整合、改造和完善现有分散、孤立的海洋自然灾害预警预报系统，建立海洋自然灾害预警预报体系，加强对海潮、台风、咸水入侵、海底地震和泥沙堵塞航道等海洋自然灾害预警预报业务的信息化支持，为政府决策及时提供依据，为社会提供灾害预报信息，以最大程度地降低海洋灾害所带来的破坏和损失。②推进海洋重大工程、设施和航运安全监控信息系统建设。建立上海国际航运中心洋山深水港、东海大桥、化工园区、造船基地、临港新城等重大海洋工程的安全监控系统，建立海底管线、航道、港口和滨海旅游场所的人工设施安全监控系统，建立航道和港口的交通运输安全监控系统，加强对重大海洋工程、重要海洋设施和重要海洋航道和港口的安全监控，提高对海洋工程、设施和环境的安全保障能力。③建立海洋突发事件应急指挥平台。以海洋自然灾害预警预报体系和海洋人工设施安全监控体系为基础，建立海洋突发事件应急指挥体系，提高对海啸、海底地震、台风、海洋工程事故、航运事故等自然灾害以及人工设施和交通环境安全突发事件的应急响应能力和综合处理、指挥能力，降低海洋突发事件所造成的损失。

（王　操）

《〈关于加强信息资源开发利用工作的若干意见〉的实施意见》的起草和工作研究

按照市委、市政府和有关部门的要求，市互联网经济咨询中心派出相关同志参加了《〈关于加强信息资源开发利用工作的若干意见〉的实施意见》的起草和工作研究过程。我们先后开展了情况调研、综合分析、文件起草、征求意见、修改完善等工作，形成初步意见后，市委办公厅、市政府办公厅、市信息委又召开了多个座谈会，听取市人大、市政协、各部委办局、各区县以及专家学者的意见，最终形成了上海的《〈关于加强信息资源开发利用工作的若干意见〉的实施意见》（以下简称“《实施意见》”）送审稿，包括政务信息资源开发利用、信息资源的公益性开发和利用、信息资源市场繁荣和产业发展以及信息资源开发利用工作的保障环境等4方面内容。

1. 加强政务信息资源的开发利用

提出了信息公开、信息共享、应用协同、资源管理、项目管理和诚信体系建设等6个方面的任务。深化政府信息公开工作和支持推进社会诚信体系建设方面，在上海市起步较早、成效较为明显的情况下，重点加强渠道的拓展和机制的完善。在促进政务信息资源共享方面，要求数据库的构建必须与履行职能、协同办事的需求相结合；信息的采集与使用按照“一数一源、一源多用”的原则，明确规定不应重复采集有可靠来源渠道的信息；以部分政府部门和区县人口、企业、地理空间3类基础信息共享试点工作为基础，建设市、区两级信息交换平台，促进信息资源共享。在推进电子政务应用协同方面，要求围绕提高政府综合监管能力和公共服务水平，市级层面鼓励新建系统利用已有资源实现所需功能，推进跨部门的信息系统建设；区级层面结合网格化试点，推进城市管理、社会救助、信访等社会需求强烈、受益面广的跨部门应用，实现“一口受理、内部协同”。在加强政务信息资源管理方面，主要是研究制订政务信息资源目录体系、交换体系的配套标准和规范，探索形成在政务信息资源统一注册基础上的信息定位和交换服务机制。在加强政务信息资源开发利用的项目管理方面，要求以信息资源开发利用为核心，提出了资源利用优先、信息共享优先、协同应用优先的建设原则，强调从咨询、决策到建设运营的全过程监管。

2. 推动信息资源的公益性开发和利用

从上海市情况看，近年来通过百万家庭网上行、市民信箱、青少年信息服务平台等方式，在信息资源公益性开发领域方面开展了一系列有益探索和实践，但仍然存在服务主体比较单一、服务渠道有限，缺乏有效整合等问题。因此，《实施意见》提出了以科学、教育、文化、卫生、农业、社会保障和宣传等领域为重点，明确了3方面的工作要求：①拓展服务主体，倡导各部门利用政务信息资源提供公益性服务，探索通过发布需求指南、补贴购买等方式，引导个人、企业、公众和社会机构提供公益性信息服务，丰富信息资源。②拓展服务渠道，继续发挥图书馆、档案馆、政府网站、广播电视、互联网等公共机构和新兴媒体的作用，通过组织公益性培训，依托社区信息苑、农村信息服务站等基层信息服务设施，扩大服务覆盖面。③探索建立评估、激励等机制，鼓励著作权人向政府或公益性信息服务机构捐赠作品使用权，为公益性信息服务机构的建立和成长创造政策环境。

3. 促进信息资源市场繁荣和产业发展

《实施意见》着重从培育信息资源市场、发展信息资源产业和推进行业与企业信息化3方面提出了重点任务：①抓住需求与供给两头，加快培育市场，鼓励各部门以外包、政府采购等形式带头购买信息商品和服务，引导信息消费；研究扶持文化、出版、广播影视等行业发展数字化内容产品的政策措施，积极培育信息咨询、市场调查、互联网服务等新兴服务行业。②依托重要业务平台与产业基地，加快发展数字内容产业，重点是建设完善宽带多媒体、数字电视、移动通信等平台，促进平台的互联互通，实现信息内容的多层次增值开发；完善数字产业园区的孵化服务功能，促进数字内容产业集聚发展。③探索规范产业发展的手段，加强网络环境下对信息内容的版权管理，推动行业协会建立信息资源产业统计分析、产品登记备案等制度。

4. 完善信息资源开发利用工作的保障环境

根据《若干意见》的要求，结合上海实际，提出了加强组织领导、规划协调、法规标准、安全保障、宣传教育和人才培养等7个方面的任务。在组织领导上，明确各级党委和政府、综合部门、业务主管部门和其他各相关部门在信息资源开发利用方面的职责；在市级层面推进机制上，提出由市委、市政府两个办公厅负责组织协调和监督管理，市信息委做好相关推进工作。在其他保障上，明确了主要责任部门和单位及其重点工作任务。

（王 操）

第七章 信息化宣传

概 述

根据中共上海市委宣传部、上海市信息化委员会联合下发的《关于2003～2005年上海信息化宣传的意见》（沪委宣[2003]336号）的要求，2005年的信息化宣传工作坚持正确的舆论导向，在新闻媒体的大力支持下，积极广泛开展信息化宣传工作，圆满地完成了各项重要宣传报道任务。上海城市信息化建设成果不断受到社会各界乃至世界许多国家的关注，数字上海、信息化社会的良好氛围正在全市逐步形成，广大市民对于城市信息化的理念和认知度不断提高。

（张 玥）

一、信息化宣传管理

上海信息化宣传过程中，信息化宣传管理主要是三个方面：对外宣传管理（宣传内容严格把关）；新闻记者采访报道现场管理；宣传阵地规范管理。通过有效的管理，充分地发挥了新闻媒体和新闻记者的积极性。

据不完全统计，2005年，市信息委共组织各类新闻采访活动50多次，各类报刊杂志发表的信息化建设宣传文章1 300多篇；电视台、广播电台播出信息化建设的消息有200多篇；媒体各版头版新闻有70多篇；东视《数字地球》栏目播出52集；上海商报《数字商情》专版出版32期；新华社《网络经济参考》出版52期；接待国内外记者前来采访信息化建设内容20多人次。2005年宣传报道主要内容：上海超级计算中心举办“2005高性能计算应用大会”；2005年上海“诚信活动周”；联合国训练研究所城市信息化市长高级培训班在沪举行；亚太地区城市信息化论坛第五届年会；中国软件工程业正在步入世界软件工程大会主流，软件工程和未来软件技术国际研讨会在沪举行；全国地方电子政务建设现场会在沪举行；上海临港新城通信中心建成，通信系统正式开通……

（张 玥）

二、信息化建设实事和重点工程宣传

信息化实事工程和重点工程建设宣传

【宣传“政府信息公开”重点项目】 “政府信息公开”是2005年信息化建设的重点项目，市信息委组织记者对市人事局、市工商局、市教委、市水务局、青浦区信息委、闸北区信息委等部门进行专题集体采访，宣传生动典型的事例，不断扩大政府信息公开以后所带来的显著变化。市民可以通过“中国上海”门户网站(www.shanghai.gov.cn)、各市级政府机关和区县的网站查阅目录，方便获取所需政府信息。

【宣传“市民信箱”、“付费通”实事工程】 市信息委组织记者对上海市首创的“市民信箱”、“付费通”工程进行宣传，通过生动形象的广泛宣传后，使广大市民对该项实事工程的内容和功能有了比较充分的了解，并通过媒体对该项目的普及解答宣传，较快地掌握其操作程序，从而真切地感受到城市信息化实事工程建设所带来的便捷服务。截至2005年末，全市19个区县共设立市民信箱受理点209个，市民信箱注册用户已达86.98万，通过市民信箱向用户提供包括四金、个人信息提示、公用事业账单、银行信用卡对账单、政府公开信息等在内共计24类信息，累计发送订阅信息1.61亿条。

【开展诚信周宣传活动】 2005年，通过积极开展诚信周宣传活动，极大地提高了广大市民对诚信工作的认识，并充分理解加快深化推进社会诚信体系建设，对促进上海经济社会协调发展和人的全面进步，对把上海建设成现代化国际城市具有十分重要的现实意义。

信息化年度重点推进工作宣传

2005年，市信息委精心组织新华社（上海分社）、人民日报（上海分社）、解放日报、文汇报、上海电视台、上海广播电台等媒体新闻记者，紧紧围绕信息产业发展、信息技术应用等内容进行集体采访并作深度报道。据不完全统计，上半年有关上海超级计算机的宣传报道大量涌现，上海电视台、解放日报、文汇报、新闻晨报、新闻晚报、东方早报等媒体都用大幅版面进行宣传。在11～12月两个月中，有关上海信息产业发展情况、上海信息基础设施建设情况、社会信息化应月等方面的深度报道约有30多篇，人民日报（华东版）、解放日报、文汇报都在第一版显要位置上刊登。上海广播电台的990早新闻也作了连续报道。

2005年上海信息化宣传公益广告大赛

2005年，市信息委继续开展上海信息化宣传公益广告大赛。来自上海、北京、天津、重庆、浙江、广东、安徽、山东、陕西、湖北、江苏、河南、四川、辽宁、黑龙江、广西、河北、山西、福建、吉林、云南等20多个省市地区的广告公司同仁和大专院校学生的支持，征集影视及平面作品近1 000件，最终评选出一、二、三等奖和参赛入围奖多名。通过信息化公益广告设计比赛活动，进一步扩大和普及了信息化知识，取得了很好社会效应。

（张　玥）

三、信息化宣传基础工作

为了积极促进城市信息化，起到良好的舆论导向作用，市信息委注重宣传工作的基础性建设，主要内容包括：

⑴ 坚持新闻发言人制度，不定期地召开新闻发布会，及时向外界发布相关信息，解答社会各方面所关心的热点问题。

⑵ 充分利用各种宣传窗口和宣传阵地进行有效的宣传工作。如东视《数字地球》栏目播出广大市民喜闻乐见的节目；上海商报《数字商情》专版着力宣传信息化服务和数字商情；新华社《网络经济参考》每期提供IT领域所发生的重大事件，探讨和研究最新发生的重大问题，追踪和宣传最新信息技术的发展动态。

⑶ 做好记者接待工作，一年来共接待20多位国内外记者前来市信息委采访信息化建设的各项内容。

⑷ 抓好各种出版工作。全年编辑出版50期《一周要讯》，对机关各处室进行信息交流起到了积极的作用；出版《上海信息化工作》简报8期。

⑸ 创建信息化宣传文字、图片、影像等内容资料车，目的在于为市信息委各处室提供素材和资料；为更好地宣传和服务于城市信息化建设，充分体现宣传的效果，发挥宣传资料可持续利用的作用。

（张　玥）

第八章 信息化行业协会

概 述

截至2005年末，上海市信息化系统共有协会15家、民办非企业单位3家、基金会1家，其中行业协会10家、专业协会5家、专业委员会18家，会员单位超过2 100家，基本覆盖了全市信息化领域的龙头和骨干企业。2005年，信息化协会系统成立了上海畅想、畅星公司联合党总支、上海利普计算机公司党支部、信用服务行业协会临时党支部和印制电路行业协会临时党支部，成立了信息服务业行业工会。

2005年，信息化协会系统在市信息委党组和分管委领导的领导下，在有关处室的配合下，以规范协会运作、发挥协会作用、提升协会地位为工作重点，围绕《上海市信息化行业协会2005年工作要点》开展了一系列工作：⑴根据信息化行业发展的实际情况，推进新建协会、专委会和民办非企业单位的组建；⑵根据协会建设的要求，有针对性地指导协会规范化运作；⑶指导并帮助协会履行“代表、服务、自律、协调”基本职能。

（何 炜）

一、行业（专业）协会管理

协会管理

2005年，信息化协会系统在市信息委党组和分管委领导的领导下，在有关处室的配合下，以规范协会运作、发挥协会作用、提升协会地位为工作重点，围绕《上海市信息化行业协会2005年工作要点》开展了一系列工作。

1. 根据信息化行业发展的实际情况，推进新建协会、专委会和民办非企业单位的组建

⑴ 筹建新协会与专委会，推进行业协会的进一步地向前发展。2005年，全市信息化协会系统成立了两家行业协会——上海市信用服务行业协会和上海印制电路行业协会，成立了两个专业委员会——信息服务业行业协会动漫专委会和信息安全行业协会商用密码专委会。

⑵ 申办信息化发展的功能性民办机构。为适应信息化发展的需要以及在市场经济条件的自我发展，协会指导办协助两家单位新建了两个民办非企业单位——上海市企业信息化促进中心和上海东方互联网络交换中心。

2. 根据协会建设的要求，有针对性地指导协会规范化运作

⑴ 加强与行业协会之间的工作交流。协会指导办通过一系列的例行工作布置、秘书长例会、工作总结交流等与各协会建立政府与协会之间、协会与协会之间的沟通桥梁。对新建的行业协会，重点指导协会秘书处要扩大会员单位的发展和内部建设。

⑵ 指导行业协会如期进行年检、换届选举。协会指导办对各协会2004年的工作进行了年检初审，指导集成电路行业协会、信息家电行业协会、信息化系统质量技术协会等多家协会进行了换届以及有关人员的调整。

3. 指导并帮助协会履行“代表、服务、自律、协调”基本职能

⑴ 为信息化行业协会的业务发展牵线搭桥。邀请了上海世博会事务协调局研究中心的孙明磊博士与各协会秘书长共同商讨信息化行业协会和世博会的可能合作事宜。会后，光电子行业协会向上海世博局递交了将半导体节能照明列入2010年上海世博会建设规划

的书面报告。目前，光电子行业协会已和世博集团签订了有关协议。

搭建信息产业内的行业专家与媒体间沟通与交流的桥梁，配合完成《上海信息化》杂志的集成电路行业、光电子行业等专家5人谈栏目。

⑵ 支持协会举办各类公益性的社会活动。积极支持有助于协会发挥行业作用、提升行业协会知名度和影响力的活动，如2005年信息服务业行业协会主办的“青少年（学生）网页设计大赛”和首届互动营销论坛，集成电路行业协会的组织举办的“集成电路产业链(上海）国际合作论坛”、光电子行业协会的“产业与知识产权国际论坛”和“上海光电子产业发展趋势论坛”等。

⑶ 指导和帮助协会加强与国际以及“长三角”之间的合作与交流。经推荐，市信息家电行业协会参加了美国驻上海总领事馆安排的与美国消费电子协会的合作交流洽谈。市信息家电行业协会组织会员单位赴青岛参观“2005中国国际消费电子博览会”，此类活动为会员企业提供了更多的商业推广与合作的机会。

在上海市社团管理局、江苏省民间组织管理局、浙江省民间组织管理局、上海市社会服务局联合举办的首届“长三角民间组织合作交流论坛”上，市信息委向论坛提交了《转变政府职能、加快协会建设，不断推动上海信息化的持续发展》书面发言，市集成电路行业协会在会上就长三角地区行业协会的合作交流倡议作了响应发言。

此外，组织部分行业协会参加了嘉定区政府主办的“长三角信息产业发展论坛”。

⑷ 配合信息会堂即英飞会员之家的成立。经协会指导办的联系与协调做工作，信息服务业、集成电路、通信制造业、信息家电和光电子5家行业协会参加了信息会堂并成为首批创始会员。

党群工作情况

2005年，成立了上海畅想、畅星公司联合党总支、上海利普计算机公司党支部、信用服务行业协会临时党支部和印制电路行业协会临时党支部，成立了信息服务业行业工会。目前，协会党委系统有40个党的基层组织，其中，党总支2个、党支部38个，在册党员396名。

（何　炜）

二、行业（专业）协会

上海市软件行业协会

【概况】 2005年，上海市软件行业协会伴随上海软件产业和软件企业做大做强的发展中成长，遵循着“行业代表、行业服务、行业自律、行业协调”的工作宗旨，认真积极开展“服务产业、发展产业”、“提供服务、反映诉求、规范行为”的各项工作。

上海市软件行业协会现有会员单位341家，会员单位占全市已认定软件企业总数的35%，会员单位经营总收入（2004年）248亿元，占全市软件产业总收入302亿元的82%。在会员企业中：国有企业占3%，民营企业占41%，国内合资企业占18%，外商投资企业占32%，其他企业占6%，显示了上海软件行业协会已具备了行业代表性的特征。

【协会主要工作】 认真开展上海市软件企业认定和软件产品登记工作，2005年，认定的企业有251家，登记的软件产品有821个。2005年，通过年审合格的软件企业有801家。协助软件企业申报国家规划布局内的重点软件企业，2005有27家企业被认定为2004年度国家重点软件企业。在2005年11月“上海软件外包国际峰会”上，由上海市软件行业协会倡议成立的“华东—长三角地区软件行业合作联盟”正式成立，并在上海市软件行业协会秘书处设立“华东地区六省四市软件行业协会联席会议办公室”。启动上海市软件产业“十一五”规划研究项目；配合有关部门，开展行业职业资格培训和考试；为推动上海软件产业发展，开展调研并撰写调查报告供有关部门参考；组织召开软件企业的各种交流会和座谈会，及时向上级部门提供行业发展中的现实状况，热情为软件企业解决发展中的困难。

（软件行业协会）

上海市信息服务业行业协会

【概况】 上海市信息服务业行业协会成立于2001年1月18日，现有会员超过400家，涵盖电信、广电、互联网、软件开发和系统集成四大领域。信息服务业现成为上海现代服务业6大支柱产业之一。2005年，协会认真按照市政府标准化"服务企业、规范行业、发展产业"的总体发展思路，积极开展"服务创新"工作，进一步强化服务意识，增强责任心，抓住机遇、扎实工作，切实履行"行业代表、行业自律、行业服务、行业协调"职能，充分发挥企业、政府和社会的桥梁、纽带作用，积极推进上海信息服务业健康、快速、协调发展。

【提供政策决策咨询，积极推进产业发展】

1. 进行政府课题研究，提供决策咨询

协会通过对信息服务行业微观和宏观、政府政策层面和企业市场层面的研究，并结合直接相关的经济、社会、文化、法律、传播、管理方面的调查，共进行了七项政府委托的课题研究:《上海市信息服务业信息资源开发的研究》、《上海市计算机与信息国际服务贸易发展研究》、《上海市信息产业岗位目录编制方案研究》、《2005年上海市信息服务业发展研究报告（年鉴）》、《上海市信息服务业人才现状调查》、《上海市信息服务业发展三年行动纲要（2005-2007）》、《上海市信息服务业"十一五"发展规划（讨论稿）》。

根据国家"十一五"发展政策和《市信息服务业"十一五"发展规划》要求，协会积极向浦东新区政府部门献言献策，提供服务咨询，提出了《浦东新区信息化"十一五"规划建议》、《浦东新区信息服务业发展报告》、《关于浦东新区促进信息服务业发展的财政扶持意见的反馈》等。

2. 参与"名牌战略"活动

2005年，上海市信息服务业首次参与上海"名牌战略"评比活动，实施上海名牌服务战略。这是上海突破了延续10年从制造业企业中评选上海名牌产品的老办法，首次把信息服务业企业作为评选对象，给信息服务业企业创建名牌提供了良好的平台。协会作为这次评选推荐活动的承办单位，已成立了专门评选协调小组，组建了专家评估组，制定了上海名牌产品信息服务业评价标准，举办了"市名牌信息服务业企业申报材料培训班"，为这次评选工作顺利进行打下了扎实的基础。共有20多家企业参加了上海市市级、行业级信息服务业（互联网服务）名牌申报工作。

3. 积极参与国内外交流

为适应信息服务业快速发展形势，协会积极、大胆实施"走出去、请进来"方针，成功参与并举办多场国际性论坛与交流会，扩展了上海信息服务行业的国际发展空间，扩大了世界知名度。主要有：2005年7月22日，参加"国际互联网与多媒体分会，建立国际多媒体协会联盟亚太中心"；2005年10月，举办沪澳商务对口洽谈会议；2005年11月，参加2005网络教育国际论坛与应用推广。

【开展行业指导，加强行业自律】 2005年，协会通过举行行业评比、评优、大赛等一系列活动形式，激励了企业自我规范的动力和意识，扩大了整个信息服务行业在社会上的影响力，有力地提升了行业的社会信誉和社会效应。主要的活动有：2005年4月，开展行业诚信活动和行业评优活动，成功举办了"第二届上海市优秀网站评比和诚信在线评选"；2005年5～8月，参与主办了"小灵通杯首届青少年（学生）网页设计大赛活动"；2005年10～11月，参与开展了"上海市职业技能竞赛活动"；2005年，加盟"上海市高科技产业知识产权联席会议"（简称"9＋2"联会），10月，参加了"上海市高科技产业知识产权联席会议研讨会"；2005年12月17日，"全球通杯"第四届"上海IT青年十大新锐"评选活动揭晓，协会有4人入选。

【整合信息服务资源，开展企业服务活动】 按照市政府经济总体发展思路，协会充分发挥自身优势，积极整合信息资源，开展企业服务活动，取得了较好的经济效益和社会效益。

1. 积极开展企业培训与宣传推广活动

2005年，协会联合举办了“百场网络营销”大型培训活动；2005年11月23日，联合承办了上海市企业信息化宣传推广系列活动。

2. 参与、举办多场信息服务业发展论坛研讨会

2005年4月18日，举办了“让租赁插上信息化的翅膀”——首届中国租赁行业信息化工作国际研讨会；11月，参加了国家文化创意产业与张江基地建设论坛研讨会，积极配合建立浦东张江国家网络游戏动漫产业发展基地，形成网游研发、孵化、运营、科研、教育一体化平台，并配合张江文化创意投资公司基地建设与文化部“动漫游戏基地”共同举办了“打击私服外挂法律研讨会”；11月19日，组织会员参加了“反向收购＋私募融资=最大化创业者股东价值”研讨会；2005年12月8日，联合主办了“2005首届互动营销论坛”，极大地推进了上海市信息服务业的发展。

3. 为会员单位提供多方面的服务

协会利用自身与政府优势，积极为会员单位谋利益、谋发展：催生2005年科技进步奖会员单位1家；推荐白玉兰纪念奖会员单位2家；推荐国务院特殊津贴（专家）会员单位1家；推荐并获得市级文明单位的2家会员单位；为全体会员企业提供一份全年的《IT时报》；为45家诚信单位、33家优秀网站在国内各大媒体上做宣传；为19家领军人才、37家明星企业做宣传。协会积极组织开展2005年软件和集成电路产业发展专项基金项目申报和指导服务工作，组织专家对申报项目逐一评价，就不足之处提出修改建议。协会还分别在上海图书馆、慧谷中心为新网互联（发包商）、聪时科技（代理商）举办手机短信域名和用户见面会；为东建科技作专场“窄告”（网络广告）客户见面专场推荐会；为火速中小企业网络营销作专场报告会。

【适应发展需要，加强协会自身建设】 一是完善协会机构建设。2005年底，协会会员总数超过400家。2005年11月，动漫专委会通过市政府审批成立，会员单位40家。2006年1月18日，社区信息化专委会和网络教育专委会揭牌成立。其中，社区信息化专委会有会员单位30家，网络教育专委会有会员单位30家。二是成立市信息服务行业工会。为进一步加强对行业组织工作的管理，经市信息化系统工会工作委员会批准，市信息服务业行业工会于6月30日正式成立。三是抓好协会党建工作。目前，协会党总支有下属党支部20家，共有党员249名；还成立团委2家，团支部5家，共有团员2 000名。协会认真贯彻市党委精神指示，加强基础性工作，积极探索党建工作新思路与新方法，全面落实工作内容。继续开展帮困助学献爱心活动；在保持共产党员先进性教育活动中，形成了党员教育学习活动四项长效机制。

（信息服务业行业协会）

上海市集成电路行业协会

【概况】 上海市集成电路行业协会成立于2001年4月19日。上海市集成电路行业协会是由上海地区从事集成电路设计、制造、封装、测试、智能卡及其设备材料和其它直接相关的企事业单位自愿参加并组织起来的，不以营利为目的行业性社会团体法人。协会现有各种所有制会员单位345家。

【协会主要工作】 2005年，上海市集成电路行业协会在市信息委和社会服务局、社团管理局的关心指导下，主要开展了以下几方面的工作：

1. 换届选举

2005年4月19日，协会召开了“上海市集成电路行业协会第二届会员大会”，顺利进行了协会的换届选举工作。选举产生了新一届理事会，选举产生理事84名，常务理事30名，正副会长15名，聘任了秘书长。聘请徐元森、唐璞山为二届理事会顾问；聘任和舰（苏州）科技有限公司等6家联谊会员单位为协会名誉理事。

2. 做好产业政策落实工作，积极为企业服务，推进产业快速发展

(1) 2004年底，协会组织专家对上海及周边地区集成电路企业和产品进行认定评审。上报认定设计企业112家（其中外地企业21家），设计产品362只，已被批准认定的设计企业有85家。

(2) 协助国家财政部和国家信息产业部对“十五”期间进口税收优惠专项资金的情况进行调查统计，为国家制订“十一五”税收政策提供依据。

(3) 积极落实党和国家领导人关于加大力度支持集成电路产业发展的重要指示，并要求国家有关部门研究新的优惠政策。协会积极主动于8月9～10日两天分4场召集几十家企业负责人座谈，听取广大会员企业的意见和建议，然后抽调专门人员进行汇总整理，写出书面材料；上报国家发改委和信产部，现政策初稿正在各部委征求意见。

(4) 组织28家重点企业向国家报告请求落实政策：向国务院办公厅、信产部、发改委、财政部报送，代表企业要求集成电路开发专项资金政策尽快落实。

(5) 与政府供电部门沟通协调帮助解决IC生产企业夏季高峰用电困难，使重点企业用电基本上得到了保证。

(6) 利用外高桥保税物流园区政策，帮助企业基本解决了集成电路产品"境外游"问题。外高桥海关同意在5家制造企业、20家封装测试企业中进行合并报关试点，流转时间从刚开始的每票2～3天缩短到目前每票只需要4～5小时，帮助企业降低了成本，加快了周转速度。至2005年底，已为40家企业流转近600票，价格从香港游的每票大于3 000元降到每票1200～1 800元。

(7) 积极推进整机芯片结合和各类基金项目的申报组织工作。对市信息委和市经委第一批"整机与芯片联动项目"资金支持的企业进行项目实施情况跟踪，同时帮助企业申报第二批科教兴市项目；帮助市科委协调2004年"电子标签重大项目"的组织实施；组织会员单位申报上海标准化专项，"RFID技术标准化框架与关键技术标准研究"和"RFID标准应用示范基地建设"两个项目已进入评审阶段；组织5家集成电路企业(6个产品)申报"2005年软件与集成电路产业发展专项资金"，经初审推荐了3个项目；组织3家企业申报国家信息产业部"2005年度电子发展基金项目"。

3. 积极开展国际国内合作交流活动，促进产业发展

2005年，协会成功举办了"集成电路产业链（上海）国际合作论坛"；协助SEMI举办第十五届"Semicon China 2005"，并与SEMI合作，首次开创"集成电路设计及制造服务专区展览"；承办"电子标签应用解决方案报告会"，来自全国10多个省市近100名代表就"基于电子标签的城市移动压力容器、危险品安全管理与物流监控系统解决方案"进行研究与协调；举办"长三角IC制造企业首脑新年聚会"和"IC设计专委主任圆桌会议"；举办"系统设计中综合验证方面的挑战和解决方案交流会"和"国际供应链峰会"；举办"第二届以色列－上海半导体工业（集成电路）研讨会"；与美国Soft Switching公司联合举办"电能质量解决方案交流会"；与浦东科协合作举办"集成电路技术报告会"。

2005年，协会还接待了越南电子代表团、印度国家电子工业代表团等；并积极推进与GFWW合作的Asia Invest欧盟项目。

4. 编制"十一五"规划，开展培训和知识产权等方面的工作

2005年，协会积极协助市信息委编制了上海IT产业"十一五"规划中IC部分。并开展了多项培训和研究工作：与SEMI联合开办两次集成电路基础知识培训班；与中国人才市场共同举办IC产业"HR经理人培训研讨会"；参与市信息委组织的"关于开展上海市信息业人才现状调研"的课题研究，对会员企业人才的现状及趋势进行调查，并汇总形成书面报告；开展行业统计工作；积极发展新会员，2005年，共发展会员47家，会员总数达到345家。

5. 开展行业统计工作

2005年，协会对110家企业进行统计，总销售额近303.16亿元人民币，比去年同期增长31.22%，其中制造销售收入为132.40亿元；封装测试销售收入为136.10亿元；设计销售收入为14.74亿元；设备材料销售收入为19.93亿元。

6. 积极发展新会员

2005年度，协会共发展会员47家，会员总数达到345家，但因转产、关闭及两年未缴会费自动退会28家，目前会员总数317家。

7. 加强协会内部制度建设和党建工作

2005年，为加强协会内部制度建设和党建工作，争创一流行业协会，协会确定了"加强协会自身建设的5点意见"：每季召开一次会长碰头会；建立每月一次会长参加秘书处工作会议制度；充实培养年轻力量；完善秘书处的组织机构建设；健全秘书处岗位职责和考核制度。

此外，还加强了协会支部建设，较好地完成了党员先进性教育活动。目前，协会党支部有党员同志10名。协会党支部是2005年市信息委14个行业协会中惟一被评为“2003～2005年度信息化系统基层先进党支部”。

（集成电路行业协会）

上海市光电子行业协会

【协会主要工作】 2005年，上海市光电子行业协会本着自主创新、服务会员、推进产业发展，做好政府助手的宗旨，开展了一系列工作。主要工作如下：

1. 完成“十一五”规划修改稿

“上海市光电子产业‘十一五’规划”于2004年完成调研报告，为使该报告能更好的反映行业状况、企业的发展需求，2005年对此调研报告进行多次修改，通过专家、企业领导人员座谈会，征求修改意见于2005年上半年完成“上海市光电子行业‘十一五’规划”修改稿。

2. 发挥企业和政府桥梁作用，努力为企业服务

⑴ 为了充分利用2010年上海世博会的机遇，大力推进上海半导体照明产业的发展，2005年由协会理事长范滇元院士和秘书长唐国庆联名向上海世博会事务协调局提交了“关于半导体照明列为2010年上海世博会一大亮点”的建议。此建议被市政府列为重点规划项目。

⑵ 由上海市光电子行业协会和浦东新区景观署牵线，在浦东新区人民政府的关心和支持下，投资650万元的浦东最大的景观灯光工程——杨高路罗山路立交桥照明工程由会员单位金桥大晨光电科技有限公司和上海交技发展股份有限公司共同合作完成，并被国家科技部评为全国半导体照明示范工程。

⑶ 协会本着为会员单位办实事的原则，组织部分专家编写了《半导体照明》一书，已正式出版，被称为行业百科全书。

⑷ 协会向上海市信息化委员会、上海市知识产权局、浦东新区科技局等单位提出，拟成立“上海市光电子知识产权研究中心”，得到了各部门的支持。

⑸ 协会经过努力成为国家信息产业部电子技术基础管理办公室组建的“半导体照明技术标准工作组”主要成员单位，为下一步制订上海半导体照明有关行业标准打下基础。

⑹ 协会为了更好地为会员单位服务，已筹备组建平板显示（FPD）、半导体照明（LED）、光纤光缆光器件三个领域的专委会。

⑺ 协会和《上海信息化》杂志社联合召开了“上海市光电子产业发展论坛”暨所长五人谈，协会邀请了中科院上海光机所朱健强所长、中科院上海技物所王建宇所长、上海激光所王又良所长、上海航天局811所陈鸣波副所长、复旦大学电光源所刘木清所长到会就上海光电子产业发展发表见解。

3. 开拓国内国际交流渠道，为企业搭建信息交流平台

⑴ 协会和世博集团上海外经贸商务展览有限公司于2005年3月21日至23日在上海浦东新国际博览中心举办“2005中国（上海）国际LED与半导体照明展览会”，展会吸引了众多国内外业内及有关人士近万人参观，使与会者增加了商机，为上海乃至全国的LED半导体照明产业的发展起了推动作用。期间还同时举办了协会与美国SEMICO（美国半导体材料与设备协会）合作的“2005中国国际平面显示器件、设备材料及配套件展览会”。

⑵ 为配合会员单位上海张江（集团）有限公司等单位主办的以“科技进步促进产业发展”为主题的“2005相约张江——首届张江科技文化节”活动，协会于2005年5月30日在张江举办了“上海光电子产业发展趋势论坛”。会上国内外专家作了精彩的演讲。

⑶ 协会接待印度国家电子工业协会代表团，并与其签订友好交流协议书。

⑷ 应英国驻上海总领事馆的邀请，由协会有关领导与会员单位的代表组成上海市光电子行业协会代表团，在上海与来自英国的数十位光电子研究领域的专家开展交流，并寻找中英光电子制造方面的合作机会。

⑸ 协会与国家信息产业部合作主办“2005年秋季（66届）全国电子产品展览会”、“2005中国国际电子展”。

（光电子行业协会）

上海市通信制造业行业协会

【概述】 2005年，上海通信设备制造业稳定、健康发

展，1～12月完成工业总产值667亿元，同比增长78.34%；销售收入为629亿元，同比增长67.43%。

【协会主要工作】 2005年，协会把坚持“可持续发展”作为基本工作方针；贴近市场，服务会员，规范行业，发展产业，按照制定的工作计划，开展了以下工作。

1. 积极配合政府工作，完成发展研究报告

⑴ 完成制定上海市通信产业“十一五”发展研究报告。2005年，结合“十一五”规划制订工作的开展，协会组织了政府部门领导和专家，召开了多次研讨会，开展了调研工作，综合研究国内外产业发展现状和趋势，分析上海通信产业的优势与不足，以及发展机遇和挑战，提出产业发展的指导思想，明确产业发展战略，制定产业发展目标，列出具体工作内容，以及配套的政策举措。初步完成了“研究报告”的内容，为政府有关部门“规划制定”提供了决策依据。

⑵ 起草定位导航应用产业“十一五”规划建议稿。按照市里编制“十一五”规划稿的安排，对上海市定位导航应用产业“十一五”规划建议稿进行修改。并于2005年4月中旬，将建议稿发至定位导航专委会各主任副主任单位征求意见；于8月底，发给专委会专家组各位成员征求意见。

2. 服务行业，促进产业链建设

⑴ 促进上海3G终端产业链发展。协会围绕“科教兴市”的总体战略，以3G产业链发展为重点，在有关政府部门的支持下，两次组织召开了“上海第三代移动通信终端产业链发展研讨会”，推动3G产业链建设和发展；加强了企业间优势互补，合作共进的积极性，力争提升上海3G产业链的竞争水平。

⑵ 做好税控收款机产业发展工作。协会根据国家四部委发布的在全国推广应用税控收款机的文件中的精神要求，在市信息委产业处的指导下，组织并帮助了全市7家会员单位取得税控收款机生产许可证；举办“中国（上海）税控收款机产业发展研讨暨产品展示会”，并多次召开专家讨论会，为推进上海税控收款机产业发展出谋划策。同时，为促进税控收款机产业的发展，帮助会员单位上海森田公司举行了“税控芯片及解决方案”的推广会。

⑶ 2005年上半年，定位导航专委会邀请了上海交通大学长江学者特聘教授、博士生导师刘允才教授主讲了《卫星定位与交通动态导航》，使各会员单位对上海在发展智能交通信息系统过程中所做的努力、已有的服务基础设施、组建交通信息服务体系构架的设想、动态信息发布方法的设想、实施动态交通导航平台的设想等有了进一步的了解。

12月14日，协会还邀请了上海伽利略导航有限公司技术总监、教授、博导战兴群博士主讲有关伽利略系统的专题报告会。该报告会让参会单位了解了伽利略系统及其技术优势、中欧伽利略合作计划的进展，以及明确上海如何利用中国参加伽利略系统建设的机会，推动技术进步，促进导航定位应用产业的发展等。

3. 推进产业发展，完成标准制定

⑴ 2005年，定位导航专业委员会组织企业，完成发布了《汽车GPS定位监控终端通用技术规范》的联合企业标准，并在全市范围进行推荐；完成上海市企业标准《车载卫星定位自主导航终端技术条件和试验方法》申报立项工作。

⑵ 信息终端专委会与市信息质量协会合作完成了“多媒体自助式终端标准”的初稿。

4. 全力服务会员，提高协会会员覆盖面

2005年，协会发展新会员21家，现共有会员单位168家，会员覆盖率为58.74%。协会努力加强服务会员的意识和能力，加强与会员、企业的沟通，了解需求，开展各项服务工作。

* 帮助协会理事单位Eicon公司进行产品推广，开拓市场；

* 协助上海大唐天易等三家企业组建产业联盟，利用企业现有资源，共同提高效益；

* 与香港品保局合作，在企业推广TL9000认证体系，提升企业能级，以利企业产品进入国际市场；

* 与知识产权服务中心共同建立“知识产权服务平台”，为企业申报专利、制订知识产权管理体系，创造条件；

* 与高新技术成果转化服务中心西部分中心合作，利用政府、社会各方资源，帮助会员单位申报创新基金和高新技术转化项目等；

* 参与协办由OFC中国办事处、瑞典WebCast Intl主办的首届亚洲光纤通讯及光电博览会在上海新国际博览中心举行；

* 为促进定位导航应用产业的发展，定位导航专委会今年积极与相关企业进行了沟通联系，探讨开展产业合作的途径。（通信制造业行业协会）

上海市信息家电行业协会

【协会主要工作】

1. 编写上海信息家电产业“十一五”规划

2005年，协会承担完成了市信息委委托的《上海信息家电产业“十一五”规划》的编写工作。规划从数字电视、影碟机、显示器件、家庭网络、数码相机等产品入手剖析了“上海信息家电产业现状”，预测了“上海信息家电产业‘十一五’发展前景”，提出了“实现发展目标的举措”。为使该规划在未来的五年中真正起到它应有的作用，不至于与今后的实际情况相差太多，协会组织业内专家对该规划进行了评审。根据专家意见与建议修改后的“十一五”规划新版本已提交市信息委。

2. 全面推进数字电视产业发展

数字电视是涵盖内容制作、网络运营、中间件与终端设备制造的一个很大的产业群，为加快发展数字电视，带动广播电视产品制作业的发展和消费类电子产品制造业的升级换代，2005年，协会做了以下几项工作：

(1) 举办“达标高清彩电宣传推介周活动”。2005年初，协会协同上广电、松下、日立、康佳、创维等中外企业联合举办了“达标高清彩电宣传推介周活动”，配合春节销售旺季在商场将一批根据协会2004年7月颁布推行的《高端彩色电视机的分类规范》标准检测达标的高清彩电新产品介绍给广大消费者。

(2) 采取多种形式进行知识普及。2005年，协会组织有关专家编写出版了《高端彩电知识手册》，受到各届人士的欢迎和好评。它的出版发行在一定程度上对数字电视与高端彩电知识的普及起到了应有的作用。为配合11月的工博会，协会还承担了宣传册“发展中的平板显示产业”中“数字电视篇”的撰写；在《上海商报》上连载“数字电视知识问答”。通过不同载体的连续宣传，加速人们对数字电视全方位的认知，进而为数字电视的全面推进打下良好基础。

(3) 联合主办3C论坛“高清电视”专场。为了让彩电生产企业及早作好高清终端的研发生产准备，2005年4月20日，协会与上海交电家电商业行业协会联合在《青年报》社举办了3C论坛“高清电视”专场。SVA、康佳、创维、厦华、海信、海尔、三洋、飞利浦、数源科技等中外彩电企业的代表参加了会议。

(4) 召开“上海数字电视推进策略暨家庭信息化探讨专家会”。上海的数字电视于2003年1月1日正式开播，在全国是最早的，但由于种种因素，其覆盖至今不甚理想，仅有的8万户与国际大都市很不相称。2005年，协会组织召开了“上海数字电视推进策略暨家庭信息化探讨专家会”，请业内专家群策群力，为上海数字电视发展献金点开良方。

(5) 协调完成机卡分离项目技术规范与测试规范的起草。2005年，在协会多次协调下，机顶盒产业链相关企事业单位共同组建了“上海智能卡机卡分离数字电视产业开发联盟”，并制定了联盟近期攻关目标。目标中的《机顶盒机卡分离技术规范》与《机顶盒机卡分离测试规范》草案已完成，机卡分离项目的系统试验有关工作也在积极进行之中。

3. 开始推进大有发展潜力的家庭网络业

家庭网络工业是一新兴产业，其核心技术包括家庭网络技术、视音频技术和存储技术以及与之相关的集成电路新工艺新技术等。2005年，协会为此做了大量工作：一是筹建“家庭网络系列项目推进组”。至2005年底，“项目推进组”已经成立，并开始着手具体的推进工作。二是启动《家庭网络信息互联规范》（暂定）的编制工作。该规范拟规定电话、电视、电脑、IP网络等多门类设备在家庭内的连接方案与准则，通过对起信息枢纽作用的门户设备及其相关连线的规范，以实现家庭网络与建筑装潢企业的标准化生产与作业。

4. 在调研的基础上积极探索数码相机产业推进方案

在消费类数字产品中，DSC（Digital Still Camera）数码相机是近年来发展非常快的一种。2005年，上海数码相机的生产总量达154万架。协会在产业推进方面做了两件事：上半年进行国内数码相机产业与市场发展现状调研，提出“拟建立专家组、组成攻关队、组建产业联盟”建议；下半年发出“建立数码相机专家组设想”的建议征询，年内已陆续收到部分赞同专家组组建的回音。

5. 完成HVD联合性企业标准编制与发布

为了进一步扶植DVD光盘制式的升级换代，支持与促进有市场需求的高清光盘系统，在广大HVD企业的强烈呼吁与HVD联盟的协助下，协会主持制定了《HVD视盘机通用规范》，并于2005年5月正式对外发布。这一联合性企业标准的颁布必将有利于HVD联盟成员企业更好地规范HVD视盘机系统的研发与规模生产，从而使整个HVD高清光盘产业得以更好地长期稳步发展。

6. 参与社会活动扩大协会影响

2005年4月20日与7月1日，协会分别在深圳与青岛主办两次2005年HDMI国际研讨会；4月23日，协办“高清伺服解码一体化芯片隆重推出暨百万芯片签约仪式”新闻发布会；5月14～17日，协会积极组织妥善安排SVA、上海文广、东方有线3家单位参与“体验数字家庭，感受科技生活”上海科技节活动；5月18～21日，协办“全国优秀科普动漫作品展”；5月24日，协办“掌控桌面计算、释放员工生产力——WORKPLACE应用”论坛；6月3日，协办“第二届BMC软件ITIL高层论坛”会议；6月3～5日，协办“换了家庭 老少共享”2005年数字生活嘉年华活动；11月21日，承办HDMI深圳认证中心成立暨HDMI交流会；11月23～24日，协办“2005电子污染防治英雄会——上海论剑”交流会。

（信息家电行业协会）

上海市电子商务行业协会

【概况】上海市电子商务行业协会现有会员单位300个。协会下设1个中心、1个专委会以及4个部门。

上海市电子商务行业协会通过内部自律机制，维护企业的合法权益，保证行业有序、规范地发展；同时，在政府和企业之间架起一座桥梁，及时把政府的指令、政策、法规、行业导向等传达给会员单位，把会员单位对行业建设的要求、企业共性问题等上报政府，协助政府在国民经济战略方针部署下规范市场，做出正确的决策。

【协会主要工作】

1. 建立上海市电子商务行业协会投诉服务中心

2005年，为充分发挥上海电子商务行业协会在专业领域的作用，协会在上海市电子商务创业园建立了全国第一家专门的电子商务投诉服务中心，制定了上海市电子商务行业协会投诉服务中心的工作流程和相关管理制度。同时，投诉服务中心开通了专业网站(www.ec315.cn)，通过该网站，真正实现了网上投诉、网上处理的工作模式，极大地提升了投诉服务中心的工作效率。

2005年，投诉服务中心共受理投诉案件280件，其中，由市信息委主任信箱转送了3件，占2%；消保委转送的占60%；相关网站连接的占18%；通过114查询的占8%；经相关媒体宣传得知的占12%。截止到2005年底，上述投诉处理完毕278件，尚在处理中2件，共挽回消费者经济损失5万余元。

2. 积极参与有关立法工作，策划“诚信”环境建设活动，推动电子商务发展

根据市人大法工委的提议，2005年初，协会法律部直接参与了《上海市电子商务交易条例》起草的全过程。目前，上海市电子商务交易立法工作走上了一条科学的立法之路。

2005年，协会推出的“网上卖家诚信承诺登记”创造了电子商务诚信氛围，深受卖家和买家欢迎，推动了网络购物的健康发展。同时，协会策划举行了上海市“网上创业、诚信服务”现场咨询活动，向千余名赶到活动现场的市民提供了网上创业的相关信息；并且参与了2005上海“诚信活动周”活动，作为38家行业协会之一向全市各行业协会发出了共建行业诚信的倡议。

3. 参与国际国内合作交流，举办各类展会、论坛和竞赛

协会积极推动中韩电子商务交易平台建设，于2005年分别在中、韩召开了两次领导小组和工作会议。通过协会的协助，由上海小企业（生产力）服务中心具体参与平台对接工作，签署了中小企业电子商务交

易平台合作备忘录，进一步推动了中韩（e-AMP）项目的建设。

2005年，协会还成功举办了1个国际博览会、3个论坛和2个研讨会。协会举办了“2005中国国际电子商务博览会”，同时组织了3个专题论坛：“中韩电子商务发展论坛”、“第二届中国电子商务实验建设与推广研讨会”和“钢铁行业移动电子商务交流会”。并与物流专委会共同组织全体会员单位参加了在“上海现代物流信息产业园”举行的“RFID技术及应用交流演示会”；还邀请了部分会员单位与上海东方电视台《数字地球》栏目组合作，成功举办了“电子商务与支付问题”主题研讨会。

2005年，市劳动局、市总工会、团市委、市教委、市信息委等5家单位联合开展“2005上海市职业技能竞赛”活动。协会受指定承办了电子商务项目的相关组织工作。

4. 组织编制发展报告，开展行业统计工作

近几年，上海市的电子商务发展较快，采用网络商务的企业逐年增加，网上交易量每年都有较大增长，对上海的经济发展起到了积极的促进作用。2005年，通过对上海市电子商务发展历程、2004年上海市电子商务发展概况、上海市电子商务环境建设、电子商务安全和诚信体制建设、上海市电子商务人才与教育培训、上海市电子商务发展存在的问题与对策等六个方面的研究，协会编写完成了《2004年上海电子商务发展报告》。

为了正确掌握上海市电子商务的应用状况和发展趋势，市统计局正式开展电子商务统计工作。2005年底，协会协助市统计局进行了电子商务行业统计的培训工作，通过培训宣传了统计法，讲解了电子商务统计报表，为依法统计打下了基础。

（电子商务行业协会）

上海市信息安全行业协会

【概况】上海市信息安全行业协会是由上海地区从事信息安全产品开发、制造、经营和服务的企业和其他相关企事业单位按自愿、平等原则组成，由上海市信息化委员会和上海市社会服务局主管，于2003年3月20日经上海市社会团体管理局核准登记正式成立的非营利性、行业性社会团体。协会现有会员单位73家，其中国有控股占42%，民营占44%，三资占3%，其他占10%。

协会总的工作方针是，要紧紧结合上海市国民经济和社会信息化“十一五”规划目标，在各有关部门的领导、支持下，围绕“服务”这一中心工作，继续为会员、为社会、为政府提供更好、更优质的服务。在政府与会员、会员与用户、会员与会员之间发挥好桥梁作用，并努力以此为契机，使企业做大做强，逐步形成信息安全的龙头企业。同时，协会也要加强自身基础建设，加强学习，提高管理水平，牢牢把握住行业协会本身的发展机遇，进一步发挥“服务企业、规范行业、发展产业”的作用。通过本协会的工作，充分依靠市场机制来帮助发展中国自主产权的信息安全技术和产业，在较短的时间内调配和优化信息安全产业发展所需的各类资源，积极促进上海信息安全产业的发展。

【协会主要工作】

1. 发挥协会的桥梁作用，做好服务工作

2005年，协会受上海市网安办的委托，完成组织《上海市国家机关工作人员信息安全手册》的出版、发行、发送工作，并对全市225个国家机关部门发送了9万多本《手册》。

为更进一步贯彻执行国务院颁布的《商用密码管理条例》，促进上海市商用密码技术和产业的发展，在上海市国家密码管理委员会办公室的认可和支持下，协会组织全市商用密码产品的生产和销售的单位，于2005年6月组建了“商用密码专业委员会”。

2. 开展信息安全的宣传工作

在张江园区管委会组织下，同“张江新经济”合作，由协会组织本行业企业向社会介绍产品、企业、以及信息安全理念的文章，提高这些单位的知名度。受《上海信息化》委托，协会组织复旦光华、上海交大、公安部三所、启明星辰、三零卫士的专家进行“信息安全产业一五人谈”的专栏，宣传信息安全产业。在市信息委的策划下，协会还同“上海商报”、“IT时代报”进行合作，推进信息安全产业的宣传工作。

3. 有关信息安全的培训工作

2005年，在市网安办指导下，协会同上海市信息安全工程学院和上海市八六三信息安全产业化基地公司合作成立了上海市信息安全培训服务中心。在市网安办支持下，联合有关单位一起组织了《上海市国家机关工作人员信息安全手册》的培训，已举办了9期，600多人次。

4. 有关信息安全的标准化工作

2005年，为进一步促进信息安全产业的发展，协会组织有关会员单位积极承接信息安全方面的标准课题。在市信息委支持下，“计算机硬盘司法鉴定技术规范”项目正式启动。

5. 党建工作

2005年，协会在开展党、团组织工作方面稳步推进，在上海市信息委的指导下，成立了临时党支部、团支部和工会组织；并积极组织参加了第二批保持共产党员先进性教育活动。

为了更好地做好协会党建工作，协会党支部在2005年上半年，对协会会员单位党组织建设情况重新进行了摸底调查，积极推动符合条件的单位成立党组织，逐步推进党建全覆盖。

（信息安全行业协会）

上海市信用服务行业协会

【概况】 上海市信用服务行业协会于2005年6月24日正式成立，现有会员单位38家，业务范围涵盖了信用管理咨询和培训、信用调查、资信评估、商账追收、信用担保、信用保险、保理等领域。在上述38家机构中从事信用调查的有28户、资信评估的有21户、商账追收的有16户、信用担保的有4户、信用保险的有4户、保理的有2户、信用管理咨询和培训的有32户，信用服务内容各具特色，有效地促进了专业化分工及产业链的形成和拉开。

协会工作目标旨在“按照完善法规、特许经营、商业运作、专业服务的方向，加快建设企业和个人信用服务体系”方面发挥行业的专业优势；在开展“服务企业，规范行业，发展产业”工作方面有所作为；以促进信用服务业共同发展，为社会诚信体系建设的加速发展服务。协会通过互联网站、《工作简报》等形式与社会各界沟通联系、发布信息。

【理事单位介绍】

1. 上海资信有限公司

上海资信有限公司是经中国人民银行总行批准的新中国成立以来大陆首家个人征信机构。目前，上海市个人信用联合征信系统已拥有超过600万人的信用信息，在商业银行等机构开通了570多个查询终端，累计向用户提供278余万份消费者信用报告。企业征信系统已采集了上海60万家企业的信用信息，包括企业注册信息、年检等级、产品达标信息、税务等级信息、国有资产绩效考评信息、进出口报关记录、信贷融资记录和行业统计分析信息等。公司主要的信用产品和服务有：消费者信用报告、个人信用风险评分及系列评分、个人信用数据增值服务、个人信用风险控制解决方案、企业信用报告、企业信用管理咨询服务等。

2. 上海新世纪资信评估投资服务有限公司

上海新世纪资信评估投资服务有限公司是专业从事资信评级、企业信用管理咨询和证券投资咨询等业务的中介服务机构。公司由中国金融教育发展基金会、上海财经大学、申能（集团）有限公司等企事业单位共同出资组建。公司具有中国人民银行总行、保监会、发改委等国家级主管部门认定或认可的各类债券信用评级资质和资格，同时还从1997年上海市贷款企业评级业务试点以来，连续取得该项业务从业资格。公司是证监会授予专门资格的首批证券投资咨询机构之一。

公司现有员工40余人，内部设有资信评级部、企业征信部、财产征信部、信用管理咨询部、研究发展部等专业部门，同时还与上海财经大学共同设立了全国首家信用研究中心。公司在不断加强业务拓展的同时，非常注重在专业评级技术及评级理论体系方面的研究，先后编撰了多部国内具有里程碑意义的专著。公司还充分利用人数达35人的外部评级专家团队，指导评级工作。

3. 上海远东资信评估有限公司

上海远东资信评估有限公司是中国第一家社会专业资信评估机构公司，拥有迄今为止有关监管部门颁发的所有业务资格，在企业主体、公司债券、可转换公司债券、证券公司债券、商业银行等评级领域处于国内领先水平。公司具有较强的研发力量，近两年来承担了政府和社会十余项信用方面的研究课题，并曾多次代表业界出席国际与政府高峰会议，参与国家和地方相关法规和部门规章的起草、修订、咨询等工作，被政府主管部门、国内外金融机构、评级业内和投资者公认为规模较大、业务范围较广、发展水平较为成熟的国内主要评级机构之一。

4. 中诚信证券评估有限公司

中诚信证券评估有限公司是中国人民银行上海分行核准从事信用评级等业务的具有独立法人资格的3大评级公司之一。公司信用级业务包括贷款企业评级、债券评级、金融机构评级等；征信业务包括信用调查、信用报告、信用咨询、信用培训、商账管理等；投行业务包括改制重组、财务顾问、境内外融资、不良资产处置等。公司也开展地区和产业的信用评价，并承担区域和行业社会信用体系建设的方案设计和实施咨询等工作。

5. 上海新华信商业信息咨询有限公司

上海新华信商业信息咨询有限公司是中国一家领先的信息和咨询服务集团。世界主要信用保险公司和大部分在华投资的世界500强企业都依靠新华信的信用资料和分析技术进行信贷和风险决策，并通过新华信的商账律师回收逾期账款。新华信也是中国数据库营销市场的开拓者和最领先的公司。新华信拥有中国最大的商用企业数据库，包含760多万家企业的资料。借助这个庞大的数据库和相应的数据库技术，新华信为企业的销售和市场活动提供最好的客户信息和技术支持。目前，新华信上海业务月均提交独立企业信用报告1 200份，定期给企业做信用管理的培训、咨询服务；在60名员工中，有近20名专职信用调研分析师，10名信用销售顾问，80%是本科及以上学历。

6. 华夏国际信用咨询有限公司

华夏国际信用咨询有限公司是中国最早的专业的信用风险管理机构之一。目前，华夏信用是消费数据产业联盟（CDIA：Consumer Data Industry Association）、国际企业信用联盟（CreditAlliance）、以及美国金融、信贷与国际产业联盟（Finance, Credit and International Business）在中国大陆的惟一成员，在世界各地拥有信誉卓著的合作伙伴。华夏信用上海分公司成立于1995年，经过近十年的发展，开展的业务已经覆盖企业信用管理的各个领域，包括信用调查、商账管理及信用管理咨询等，是上海本地市场上重要的企业信用管理服务提供商之一。同时，公司还广泛涉足了市场研究领域的许多方面，在客户群中信誉卓著。

7. 邓白氏国际信息咨询（上海）有限公司

邓白氏国际信息咨询(上海)有限公司成立于1994年，为众多快速增长的中国企业提供风险管理、市场开拓和商业培训的解决方案，帮助他们达到国际商业标准、熟悉国际商业实务。邓白氏中国总部设在上海，在北京、广州设有办事处。在过去十年中，邓白氏为境内众多的外资企业、上市公司、进出口公司和私营企业提供了信用管理解决方案。目前，邓白氏拥有并维护数据库内80万家中国企业的信息。主营业务包括商业市场信息咨询、国际贸易咨询、投资咨询、企业管理咨询、企业人员培训和企业网络技术培训（不发放学历和上岗证书）相关计算机软件开发应用（涉及许可经营的凭许可证经营）。

8. 上海中征咨询有限公司

上海中征咨询有限公司(CCIS-SH)主要从事信用风险管理与商务咨询等业务；上海中征和北京中征征信咨询有限公司(CCIS-BJ)同为台湾中华征信所股份有限公司(China Credit Information Services, Ltd., CCIS)在中国上海和北京地区设立的全资子公司。中征公司在中国大陆开展业务近十年来，始终同国家工商局、国家统计局、国家贸促会、各大银行、保险公司及各部委协会等机构保持着良好的合作关系。中征公司的主营业务：征信调查、市场调研、账款管理、金融咨询、资产评估、专业培训及专业出版业务。

9. 华杰资信评级有限责任公司

华杰资信评级有限责任公司于1999年4月在北京注册成立，为进一步提升公司的经营能力，于2002年3月，公司与具有十年企业信用调查与企业资信评级经验的上海新世纪信息咨询有限公司投资咨询部、数据中心共同投资组建了上海分公司，注册资金人民币3 000万元。经营范围包括：金融机构评级、金融债券评级、上市公司评级、企业信用评级、投资基金评级、企业贷款证评级、企业债券评级，具有中国人民银行上海分行认定的资信评估资格，是全国性专业评级公司。公司的组织机构设置齐全，拥有22位高学历及资深专业人员。

10. 上海银信汇业资产评估有限公司

上海银信汇业资产评估有限公司总部设在上海市，公司立足上海，面向全国，另设有浙江、江苏、沈阳等地的分部。为全国各地客户提供各类资产评估、信用评估、信用管理咨询、房地产估价、企业融资及投资、并购尽职调查、产权交易代理等专业性服务，项目遍布全国20多个省（直辖市），涉及石油、石化、电力、金融、机械电子、航天航空、外贸、百货、医药、房地产、高科技和综合等行业。公司现有从业人员53人，其中注册资产评估师25人，房地产估价师15人，土地估价师7人，注册会计师、注册税务师、效绩评价师等多人。各类工程、技术、经济类专业人员70%以上具有中高级专业职称。此外，公司还拥有一批研究机构和大学的专家、学者，提供强大的技术和理论支持。

11. 科法斯（上海）信息服务有限公司

科法斯（上海）信息服务有限公司（以下简称“科法斯中国”）是科法斯集团（Coface）于2001年在上海成立的独资信用信息服务公司。科法斯集团（以下简称“科法斯”）已跻身世界三大信用保险公司之列，拥有全球商业出口信用保险25%的市场份额。公司同时也是法国首屈一指的企业信用资讯供应商和世界第三大产品营销信息供应机构。国际评级机构惠誉（Fitch Ratings）及穆迪投资（Moody's）分别授予科法斯AA及Aa3评级。

科法斯中国主要经营在线信用评估及监察服务、企业信用报告及海外收汇咨询服务。@rating在线企业资信评估和保障方案是科法斯以共同风险体系为基础、全球首创的网上贸易债务评级服务，一经推出就受到中国企业和金融机构欢迎，为企业发展内地市场及进行国际贸易业务提供了服务平台。2003年，科法斯集团协助中国第二大保险公司——中国平安保险，率先推出中国国内贸易信用保险，为中国企业提供国际水准的应收账款安全保障服务。

（信用服务行业协会）

上海市无线电协会

【概况】 上海市无线电协会现有会员单位112家，同比增长49家，增幅达77.7%。其中理事以上单位30家。协会下设秘书处。2005年，上海市无线电协会以服务会员单位、推动无线电行业有序发展为己任，积极参与相关规范的制订工作，推动诚信体系建设，组织业内专项课题培训，取得了很好的效果。

【协会主要工作】

1. 抓好培训工作，普及无线电管理及业务知识

上海市无线电协会全年开展“基站集约化建设管理与方法”、“无线电管理及业务培训（900兆无中心专题）”、“无线电设备销售政策”、“无线电管理专管员”等共六期培训班，培训人数200余人。其中，上海市无线电协会和上海市信息化培训协会合作，将无线电管理专管员培训作为上海市紧缺人才培训办公室立项项目纳入上海紧缺人才培训工程，无线电专管员的主要培训教材《无线电管理及业务培训教程》作为“上海市紧缺人才培训系列教材”之一。参加培训的人员考核合格后获得上海市岗位资格证书。

2. 积极做好宣传、专题研讨工作

在推动和宣传无线电管理新思路新模式方面，继去年论坛后，上海市无线电协会2005年承办了《中国无线电》杂志增刊；完成市信息委协会指导办组织的2004年信息化发展蓝皮书相关部分的编写工作；协办了“2005中国（上海）电磁兼容与电磁干扰技术国际研讨会”；组织“无线通信室内信号覆盖综合分布系统”课题研讨考察活动；组织通讯生产、科研及政府部门的权威专家参加《上海信息化》杂志主办的“无线通讯产业五人谈”栏目，畅谈中国无线通讯产业一路走来的变迁历程和产业的未来发展之路。

3. 开展企业诚信活动

为营造无线电领域“依法销售、合法使用”的氛围，上海市无线电协会于2005年先后推出“销售无线电发射设备—规范企业”诚信建设活动和“无线电频率使用—规范单位”诚信建设活动，并将相关信息纳入上海市企业联合征信系统。

1）“销售无线电发射设备—规范企业”诚信建设活动

2005年上半年，上海市无线电协会推出“销售无线电发射设备—规范企业”诚信活动，从正面引导、规范销售活动，得到了行业内大部分销售商的欢迎。首批共有15家单位获得规范企业称号。

在活动的进行过程中，又有10来家对讲机销售企业主动申请加入规范企业。截至2005年11月中旬，共有24家企业获得规范企业的称号。对于未获规范企业资格的单位，协会也继续关心、引导他们整改，朝着规范的方向努力。“销售无线电发射设备—规范企业”如下：

上海瑞康通信科技有限公司
上海长江通信设备工程联合公司
上海波唯通信有限公司
上海蜂星电讯服务有限公司
上海威升通信设备有限公司
上海高平移动通信设备有限公司
上海新球通信有限公司
上海广泉通讯设备有限公司
上海海伦通信设备有限公司
上海农工商通信电气有限公司
上海超博电子有限公司
上海交通通信有限公司
上海浩冠通讯设备有限公司
上海诺斯杰通信科技有限公司
上海海达通信公司
上海和源通信工程有限公司
上海恒事电子通讯设备有限公司
上海航保电器有限公司
上海畅博通讯设备有限公司
上海大展通信电子设备有限公司
上海公用事业自动化工程有限公司
上海华略信息技术有限公司
上海汉孚邦数码科技有限公司
上海臣武电子通信有限公司

2）“无线电频率使用—规范单位”诚信建设活动

上海市无线电协会于2005年10月酝酿推出“无线电频率使用—规范单位”活动，号召所有遵守无线电法规、依法使用无线电设备的单位积极参与，营造合法使用的社会氛围，逐步增强广大用户在无线电使用方面的法制意识，从而产生良性循环。这项工作于2005年12月13日正式推出。首批共有16家单位获得“无线电频率使用—规范单位”称号，如下：

上海市电力公司
上海三航工程船舶公司
上海市松江区广播电视台
上海电力燃料有限公司
上海海事大学
上海东兴电力实业有限公司
上海广电通讯网络有限公司
上海市供水调度监测中心
上海水产（集团）总公司远洋渔业四部
中港第三航务工程局上海分公司
上海吴泾第二发电有限责任公司
上海电力股份有限公司吴泾热电厂
中卫国脉通信股份有限公司
上海高智科技发展有限公司
华能国际电力股份有限公司上海石洞口第一电厂
华能国际电力股份有限公司上海石洞口第二电厂

3）行政执法行动

为宣传无线电管理法规，配合诚信体系建设，上海市无线电管理局和上海市无线电协会相关工作人员突击检查了上海3大通讯市场：地平线通讯市场、不夜城商厦和赛格数码世界，共检查了20余家对讲机销售商家。现场工作人员耐心地和销售人员讲解了相关的法律法规，并向销售商家发放了法律法规宣传资料。有数家企业申请加入协会并参加规范企业。

4. 承接政府委托，制订行业规范

1）2005年，“无线电固定台（站）通信网络技术设计资质单位”管理主体由政府转移到上海市无线电协会，“无线电通信网络设计资质遴选实施办法”已修改试行。现有29家单位获得“无线电固定台（站）通信网络技术设计资质”。协会将对获得资质的单位进行年检。

2）2005年，上海市无线电协会参与市建委立项的《上海市工程建设规范移动通信室内信号覆盖分布系统设计与验收规范》的编写工作，经过起草、议稿、反复修改、审稿，听取包括“104号令实施细则”编写组等各相关专家的意见和建议，送审稿于6月30日上报建设部。10月28日已通过专家评审，年底出台。

3）为推进移动通信室内信号覆盖分布系统的建设，配合《上海市工程建设政策规范移动通信室内信号覆盖分布系统设计与验收规范》的出台，填补相关管理办法的空白，增强室内基站集约化建设的可操作性，上海市无线电协会受上海市无线电管理局委托，负责制订《移动通信室内信号覆盖分布系统管理办法》。2005年上半年，协会对该课题做了可行性研究，调研咨询了电力、建委、电信等有关单位，并为下一步该方案的制订提供依据。项目于2005年7月6日启动，历经3个月的时间，完成了《移动通信室内信号覆盖分布系统管理办法》的编写工作，该办法已于2005年12月底通过专家评审，将于2006年正式实施。

5. 加强为会员单位的服务

应各理事单位要求，协会对现有网站进行了改版，增添了会员天地栏目，为各会员单位在网上提供公司介绍以及网站链接，同时也可以在会员天地栏目中查询获得各种资质的会员单位的名称。协会网站给各会员单位提供了一个信息发布的平台，有助于整合资源，为有需要的单位提供帮助。（无线电协会）

上海市信息化培训协会

【协会主要工作】

1. 承担全市性的信息化培训项目的组织管理工作

2005年，上海市信息化培训协会承担了上海市"百万家庭网上行"的组织管理工作，为全市19个区县的600余个培训点提供教材、教师认证、培训质量、培训费用发放和培训证书打印等管理服务。信息技术管理职业资格认证培训继续展开，分别有157人、61人、21人获得了上海市高级信息技术主管助理（AIO）、主管（IO）和高级主管（SIO）的职业资格证书。电子政务培训继续推进，总计有7 000余人通过了考核。

2. 不断培养、建设和发展协会的会员单位

协会自2003年初成立以来，非常重视协会会员的数量发展和素质建设。对加入协会的会员要求必须是专业从事信息化培训的合法机构，并在全市开展信息化培训至少两年以上、有一定的社会基础，要有一支专业的培训管理人员和专职教师队伍，培训机构必须有固定的培训场地和培训设备，在符合以上条件下，力求发展培训层次以中高级为主的培训机构为会员单位。为保证会员单位具备代表性和分布的合理性，秘书处还在发展会员时考虑并力求与各区县经济、人口规模等分布基本接近。并力求基本形成深层次、广覆盖的特点，尽量包括大专院校（下属学院）、信息系统企事业信息化培训基地、社会力量办学机构、中外合作培训机构、国内外IT企业和职业学校等各类信息化培训机构，因此，信息化培训协会会员单位具备了专业的广泛性。至2005年底，培训协会会员单位已达167家。

3. 开展国际交流，发挥纽带和桥梁作用

为会员开展工作，提供各种服务，发挥纽带和桥梁作用一直是信息化培训协会的基本宗旨，为此，协会开展国际国内信息化培训的合作与交流，建立信息化人才培训、研讨、考察体系；了解国际信息化人才的需求动向，帮助和组织会员有计划、有目标地开展相应的国际合作培训，促进上海市的信息化培训发展。

2005年11月10日，由上海市信息委介绍、培训协会秘书处组织，印度GLOBSYN TECHNOLOGIESGONG Ld.(印度从事IT技术和培训的公司，在信息化技术高端培训，特别在信息化业务流程外包技术项目培训方面有丰富的经验，在国际交流合作项目方面比较突出）公司主席B.Dasgupta访问了信息化培训协会两家会员单位——上海文华学院和上大利普网络教育中心。在参观完培训设施后，公司主席B.Dasgupta分别与上海文华学院和上大利普网络教育中心的负责人进行会谈，介绍双方的培训经验并探讨多种形式合作。目前，双方已就涉外派遣培训达成初步合作意向。（信息化培训协会）

上海市信息法律协会

【协会主要工作】 2005年，在"三个代表"重要思想和科学发展观的指导下，上海市信息法律协会的工作在积极探索中又有了新的发展和创新，圆满地完成了年度工作要点确定的工作任务，取得了比较好的成绩。

1. 积极并有成效地开展信息化法律研究

⑴ 开展《上海市信息化法治建设"十一五"规划》课题研究。该课题项目是市信息委委托协会主持的重点研究课题，为此，专门成立了由协会、市信息委法规处和有关方面专家组成的课题组。在《规划》编制的整个过程中，始终坚持"科学发展观"和"以人为本"的指导思想，以创造一个有利于上海市信息化发展的公开、公正、公平的法治环境为主要目标，经过半年多的调研工作，广泛收集国内外信息化法制建设方面的相关资料，并结合《上海市信息化法律建设规划》的实施情况和经验，在广泛听取有关政府部门和

专家意见的基础上，完成了该《规划》的编制工作。

⑵ 完成了市信息委委托的《信息化政策法规选编》的编选工作。该《选编》主要选自20世纪90年代以来已颁布实施的信息化方面的政策法规，包括法律、行政法规、司法解释、部门规章和上海市地方性法规、政府规章及相关文件以及政府部门规范性文件，还收录了部分兄弟省市的地方性法规、政府规章及相关文件等。此外，还收录了部分国际组织、国家和地区信息政策法规目录。这是一本比较系统和实用的新版信息化政策法规工具书。

⑶ 开展《国内外信息化政策法律动态》研究，编辑出版《动态》月刊，全年共出12期，再加上一个特辑《电子签名法》。该刊物给政府部门和会员单位及时地提供了动态的热门信息，得到广泛好评。

⑷ 做好有关立法草案征询意见的工作。受市人大、市政府、市法学会等有关部门的委托，先后进行了对《中华人民共和国电信法〈送审稿〉》、《行政强制法起草调研》以及《上海市企业信息征信管理办法（草案）》等立法项目起草征询意见的工作。充分发挥协会这个平台作用，有效地利用社会资源，为地方立法和中央有关部门的立法工作提供了有益的建设性意见或建议，不少建议已被立法机关采纳。

2. 积极开展信息法律方面的咨询服务

⑴ 为会员单位提供法律服务。协会作为一个平台注意发挥组织、协调、服务的基本功能，根据会员单位和有关方面的需求，提供信息法律咨询服务，并帮助解决一些实际问题。如为上海贝岭公司的涉外诉讼案提供了法律咨询和工作方案的参考意见；为配合上海移动通信公司规范社会服务而制定的服务公约和一整套格式合同进行规范化工作提供了法律服务；为联通上海分公司注册、变更、年检等方面提供相关法律服务。此外，还为上海市兄弟协会提供了法律服务。

⑵ 为市信息委正在筹建的上海市信息化行业工会联合会开展维权法律服务工作提供法律服务。

3. 积极开展学术交流活动

⑴ 参加了2005年5月在上海举办的“亚太地区城市信息化论坛”第五届年会。

⑵ 协会（暨市法学会信息法律研究会）与市法学会行政法研究会、浦东新区政府法制办等单位于2005年11月2日联合举办了“政府信息公开”实务研讨会。会议就上海市政府信息公开的实施情况和遇到的操作性问题以及有关案例进行了比较深入的研讨。

⑶ 参加了2005年11月19～20日在北京召开的“首届中国信息化法制论坛”及“中国法学会信息法学研究会2005年年会”。协会代表在会上作了题为“开展信息法律研究和交流，为政府、企业、社会服务”的演讲。

（信息法律协会）

上海市信息系统质量技术协会

【概况】 协会成立于2003年，隶属于上海市信息化委员会。2003年11月6日，经上海市社会团体管理局核准登记，是具有法人资格的非营利性专业协会。至2005年底，共有会员单位46家。

【协会主要工作】 2005年，协会认真贯彻国家和上海市有关信息产业发展方针和政策，严格执行质量技术等有关法律法规，以“继续广开门路、大力协同，进一步加强横向联系，创建优秀服务，在诚信建设上再树信誉”为目标，开展了以下一些工作：

1. 建长效管理机制项目，为发展打基础

⑴ 进一步拓展创“全国电子满意工程活动”。为更好开展2005年度“全国电子满意工程活动”，协会进行了一系列准备，协同中国电子质量管理协会起草“全国电子满意工程活动”实施细则、评选条件等有关文件，召开专题座谈会和听征会。2005年，协会共推荐5家企业、2项产品和1项先进个人参加“全国电子满意工程活动”评选，全部获得通过。其中，中国电子科技集团公司第五十研究所的WJ2005型热网智能终端产品、上海三思科技发展有限公司的LED显示屏产品获得2005年中国电子用户满意产品称号;创维电器发展有限公司上海分公司、上海敬华工贸有限公司、上海广电通信技术有限公司销售服务室获得2005年中国电子用户满意服务单位称号;上海广电通信技术有限公司戴伟忠获得2005年中国电子用户满意工作优秀管理者称号；上海三思科技发展有限公司、上海永新彩色显像管股份有限公司获得2005年中国电子用户满意企业称号。

⑵ 进行“全国服务明星、服务满意班组”推荐工作。2005年，协会推荐上海广电集团销售公司服务组为“全国服务满意班组”，推荐上海市信息服务业行业协会为

“全国服务明星”，并通过认证，按规定要求推荐到中国质量协会。

⑶ 开展创“上海市名牌产品”和“上海市名牌服务”推荐工作。经市信息委委托，协会在信息系统内进行2005年度“上海市名牌产品”和“上海市名牌服务”推荐、组织实施工作，并会同上海市信息服务行业协会，制定了上海市名牌推荐评估方法及信息服务业实施细则。

2. 开展标准化建设和有关标准制订工作

2005年，协会重视标准制订工作，进行了有关标准的编制工作：

⑴ 制订《移动通信室内信号覆盖分布系统设计与验收规范》。该标准是提高上海移动通信信号全覆盖功能，为规范上海公共建筑物的信息化工程建设，提高上海信息化整体水平打基础。协会作为主编单位，与上海市无线电协会、中国联通、上海建筑设计研究院管理公司、上海移动通信等参编单位共同制订。该标准是市信息委和市建委联合编制的第一份上海市工程建筑地方标准，已经公布，并将于2006年3月1日起在上海实施。经上海市无线电管理局推荐，该标准项目在申报上海市科技成果奖。

⑵ 制订《多功能信息服务终端》功能性标准。为配合2010年世博会和提高上海信息化总体水平，由协会为主要编写单位，和上海市通信制造业行业协会、上海农业信息公司、英华达（上海）电子技术有限公司、上海广电（集团）等单位共同进行标准制订。该标准已进入征求意见阶段。

⑶ 制订《集约化通信局房设计规范》标准。为提升上海城市通信产业的发展，以集约化方式，合理实行通信局房资源整合，协会作为主要编写单位，和市信息管线公司、上海建筑设计院、上海电信公司、上海市无线电协会、东方有线网络等单位共同起草该标准。该标准项目已被上海市建设和交通委员会列为2006年上海市工程建筑地方标准计划项目。

⑷ 配合制订信息安全管理方面的技术规范。“计算机磁盘证据技术规范”是加强信息安全管理的规范性文件，由上海市信息安全协会主编，协会参加联合制订。该规范正在编制中。

3. 积极展开推进信息化发展的项目

⑴ 高端彩电分类检测工作。“规范上海高端彩电市场、开展高端彩电分类检测活动”是协会和兄弟单位联合举办的规范市场的长效管理工作。至2005年底，已有44款高端彩电获得分类检测证书。

⑵ 开展家电维修人员岗位培训工作。为规范上海家电维修市场不尽人意的现象，协会与有关单位联合举办家电维修人员岗位培训。2005年度，共培训近400余人次。通过系统的应知应会培训，考核达到要求的共373人，其中初级工276人、中级工97人，分别颁发信息产业部“电子信息产业技术资格证书”。

⑶ 充实上海市信息化专家资源库工作。为适应上海信息化发展的需要，更好地发挥各方面专家的智力支撑作用，根据市信息委的指导思想和基本要求，协会推荐多位专家作为信息化专家资源库候选人。

（信息系统质量技术协会）

上海信息化发展研究协会

【概况】 为应对信息技术的发展对全球经济发展的影响，跟踪最新技术及其应用，由上海知名的高校、研究所、咨询机构、IT企业及专家发起组建的上海信息化发展研究协会成立于2004年11月，目前拥有单位会员40多家，个人会员10多名。

2005年，协会围绕上海市国民经济和社会信息化“十一五”规划工作开展了相关的规划编制、评估、咨询等业务，并通过举办论坛、研讨会等方式积极开展国内外交流活动。

【深入实践开展课题研究，凸现发展研究协会特色】 信息化发展研究协会的工作目标是建成连接政府、社会和企业的桥梁，是信息化发展的服务型、研究型平台，是整合社会资源、反映社会需求，依靠各方力量，开展信息化发展战略规划的研究、评估的专业性社会团体。因此，协会成立之初就把目标牢牢锁定在围绕上海市“十五”国民经济和社会信息化重点专项规划执行情况的评估及“十一五”国民经济和社会信息化专项规划研究、编制这两项工作上。在市信息委发展规划处和协会指导办的扶持下，协会主要开展了以下几个课题的研究。

1. “十五”国民经济和社会信息化重点专项规划执行情况评估

通过问卷调查、专家评议、数据分析以及对评估指标体系、理论评估方法的研究，对上海市“十五”国民经济和社会信息化重点专项规划执行情况进行了全面的评价，并在此基础上进行了科学的、系统的评估。梳理了包含6大领域、17个一级指标、33个二级指标及75个评价元素的评估指标体系；撰写了近4万字的评估报告，报告包括前言、“十五”信息化规划执行情况评价、“十五”信息化规划执行情况评估、重要成果评价、综合分析、建议和展望等6大部分。

2. 区县“十一五”国民经济和社会信息化规划编制

编制完成崇明县“十一五”国民经济和社会信息化规划，基本确定以“生态岛”建设为主要特征的崇明县信息化建设框架；编制完成卢湾区“十一五”国民经济和社会信息化规划，基本确定以发展信息服务外包产业为主要目标的卢湾区信息化建设的主体内容。

3. 其他课题研究

围绕上海市城市信息化发展，针对社会需求，协会积极开展相关的课题研究，主要包括上海市信息服务外包发展研究、上海市企业信息化推进策略研究、上海市信息化工作系统“两新”组织党建工作长效机制研究、促进信息化系统协会发展和运作机制的研究等。

协会在相关研究课题的开展过程中，通过专业研讨、市场调查等方式，努力实现理论创新、方法创新。同时，协会深入开发信息化领域潜藏的丰富资源，运用借助外力和发掘自身能量相结合的办法从事研制和编撰，使协会既拥有了一支稳定的信息化专家队伍，又在实践中锻炼、培育了协会的青年人才，为协会的长效发展打下了基础。

【精益求精组办高峰论坛，增强发展研究协会社会影响力】 协会致力于发挥专业特长优势，努力营造为各行各业提供智力服务的各种信息通道，努力搭建推广信息技术应用的各类展示舞台。2005年，协会成功举办了首届信息化发展研究高峰论坛和电子签名法应用技术推介会。在首届信息化发展研究高峰论坛中，专家、学者、政府官员就国家信息化发展战略、电子政务、信息资源利用等热点话题进行了演讲。

【健全服务制度、完善党建工作，强化发展研究协会功能】 努力做好为各会员单位的服务工作是协会一项十分重要的职能。因此，协会十分重视以业务和党建两条途径加强与会员的沟通和联系。2005年，协会以业务开展和“两新”组织党建为抓手，充分利用信息化工具，为会员提供各种服务。在服务的过程中，加强联系和沟通，为各项业务顺利开展提供了保证。

（信息化发展研究协会）

上海印制电路行业协会

【概况】 2005年9月15日，上海印制电路行业协会召开成立大会暨一届一次会员大会，审议通过了协会《章程》、选举产生了第一届理事会成员，产生协会法定代表人。2005年12月29日，上海市民政局正式准予成立登记。到2005年底，协会共有会员单位50家，包括国有企业、合资企业、民营企业、外资企业。

【协会主要工作】 2005年，协会主要完成筹备和成立工作。协会筹备组起草了协会的筹备申请报告和章程（草案），并准备了发起人材料，呈报上级主管部门，分别于2005年2月22日获得上海市信息化委员会的批复、2005年3月2日获得上海市社会服务局的批复。同年4月，向上海市民政局正式提出了筹备申请。期间完成了上海地区的会员征集工作，初步征集到48家会员单位；完成了协会的验资工作，建立了临时党支部。2005年8月10日，上海市民政局正式颁发了《准予筹备社会团体决定书》。2005年9月15日，协会召开成立大会暨一届一次会员大会，大会得到了上级主管部门的大力支持，主要领导亲临大会。2005年12月29日，上海市民政局正式批复协会《准予社会团体登记决定书》。

（印制电路行业协会）

第九章　信息化合作交流及重要会展

概　述

2005年，上海信息化国际、国内合作交流围绕全市信息化重点工作，联络渠道不断拓展，合作项目继续深化，工作载体持续增加。在上海举办的信息化专业会议和展览保持了相当数量、规模和效益，政府、企业、行业协会和社会团体间多层面的合作交流趋于频繁，一批国际、国内合作项目达成并实施。政府引导、企业参与、市场运作的信息化合作交流格局初步形成。

（姜　宁）

一、国际国内合作交流

国际合作交流

【概况】 亚太地区城市信息化论坛第五届年会于2005年5月30～31日在上海国际会议中心举行，年会举办专题会10场，来自12个国际组织、44个国家、98个国内外城市的代表800余人参加论坛。第二届上海国际信息化博览会同期举办，参展企业101家，展览面积达9 000平方米。作为2006年国际软件工程大会的前期活动，软件工程和未来软件技术国际研讨会11月8～9日在上海举办，国际知名软件工程专家和国内软件领域的院士、学者开展专题研讨交流。上海软件外包国际峰会于11月10～11日在上海举行。国际著名公司和研究机构应邀来沪举办信息化新技术、新业务专题交流，内容涉及无线网中网、IPv6、IPTV、爱知世博会信息系统、智能交通服务系统等。组织4批全市信息化出国出境培训，内容涉及社会诚信、电子政务与物流信息化、高级信息主管和地理信息系统。

【软件工程和未来软件技术国际研讨会】 为加强国际软件界与上海软件界的交流，共同研讨软件工程领域前沿技术，探讨国际软件合作前景，上海市信息化委员会、中国软件行业协会、中国信息产业商会于2005年11月8～9日在上海国际会议中心联合主办软件工程和未来软件技术国际研讨会，近500名中外代表出席研讨会。会议由上海市信息化委员会秘书长周卫东主持，乔志刚副主任、第28届国际软件工程大会执委会主席奥斯威尔、中国软件行业协会理事长陈冲分别致辞。国内IT业知名专家倪光南和日本、欧盟、美国的知名软件专家出席会议。研讨会分为“软件测试”、“软件过程改进”、“软件构件和复用技术”、“开源软件”和“未来软件技术”五个议题。与会代表分别就软件质量改善、软件质量控制体系、软件过程改进能力提高、开发应用人才队伍建设、提高软件质量意识、加强管理水平、开辟民族软件自主创新之路、建立构件复用技术为主流的应用模式、开放源代码软件生产及工厂化等方面进行交流和探讨。

【长三角区域物流信息一体化国际论坛】 上海市信息化委员会、江苏省信息产业厅、浙江省信息产业厅于2005年5月31日在上海联合举办了长三角物流信息一体化国际论坛。与会代表就长三角区域物流信息一体化工作的现状、国外成功经验案例，以及长三角地区开展合作的前景和模式等进行了广泛的研讨交流。国内外政府部门高层官员、信息化领域享有盛名的企业家、有关专家学者以及长三角地区物流信息一体化合作推进组各成员城市代表150多人参加了论坛。联合国副秘书长陈健、助理秘书长并训练研究所执行主任马赛尔·博依萨德先生到会致辞。上海海关关长孙毅彪、浙江省信息产业厅长陈大信、江苏省信息产业厅副厅长张坊、上海市信投公司董事长刘亚东、美国EDS公司副总裁巴里·浦塔史金、香港贸易通有限公司总裁余国雄、西班牙毕尔巴鄂港研发部门负责人Mr. Txaber Goiri Larrauri、加拿大Rogue Data Corporation总裁John Mihailov分别在专题会议上作主题演讲。

【联合国训练研究所城市信息化市长高级培训班】2005年2月21～25日，为期5天的联合国训练研究所城市信息化市长高级培训班在上海宛平宾馆举行。培训班由联合国训练研究所(UNITAR)和亚太地区城市信息化合作办公室（RCOCI）共同主办。上海市副市长杨雄和联合国助理秘书长、联合国训练研究所执行主任马塞尔·博依萨德以及上海市信息委部门领导参加开班典礼。本次培训以专题讲座、研讨交流和实际观摩方式进行，辅导教师来自联合国训练研究所以及国际、国内相关领域的信息化专家，内容涉及知识管理和能力建设。在结业仪式上，学员获得了由联合国训练研究所颁发的结业证书。

【全球电子政务网上培训班】 2005年5月9～23日，联合国公共行政全球网络（UNPAN）和上海市互联网经济咨询中心共同举办了全球电子政务网上培训班。美国、俄罗斯、印度、菲律宾、智利等国家的23名学员通过网络接受了为期2周的网上培训。通过培训系统自带的考核模块，考核合格者的学员获得了由联合国公共行政全球网络（UNPAN）颁发的结业证书。本次培训是联合国在全球范围内首次举行的关于电子政务的网上培训，接受培训的学员主要是联合国公共行政全球网络（UNPAN）各下设机构选派的政府官员和政府信息化顾问。上海市互联网经济咨询中心承担了全部教材的编写和翻译、学员提问解答、练习评分、学习情况评估等工作。（姜　宁）

【2005’国际IT产业投资、合作、交流（上海）活动】 上海市信息化委员会主办、上海市互联网经济咨询中心承办的“2005’国际IT产业投资、合作、交流（上海）活动”于2005年5月28日～6月1日在上海举办。本次活动得到了日本总务省、日本驻上海总领事馆、青浦区人民政府、闵行区人民政府、普陀区人民政府、嘉定区人民政府、中日电子政务应用技术协议会、日中韩商业联合会、富士通公司、德国SIT研究所、日本NHK放送技术研究所、日立公司、理光公司、上汽集团、上海电信、上海移动等国内外政府机构和知名企业的大力支持。活动期间，安排了产业报告会、项目交流会、园区和企业参观访问、经验交流会以及组织参加上海国际信息产业博览会、亚太论坛年会等一系列投资、合作、交流活动。参加本次活动的中外代表达到了180人次，其中国外代表超过120人。本次活动得到了国内外政府机构和知名企业的广泛好评。

（冯　涛）

【信息化与上海世博会国际论坛】 上海市信息化委员会和上海世博会事务协调局共同主办，上海市互联网经济咨询中心承办的“信息化与上海世博会国际论坛”于2005年11月5日在上海展览中心成功举办。本次论坛紧扣上海世博会主题，围绕城市信息化与世博数字化等议题，结合城市信息化发展动向和未来展望，就中国信息产业的发展趋势和框架，上海世博会信息化规划与建设等热点话题进行深入的探讨和广泛的交流，进一步推动了世博信息化领域的国际合作与交流。上海市副市长周禹鹏、中国奥组委副部长侯欣逸、日本“财团法人2005年日本国际博览会协会”信息通信管理办公室主任种本宏、上海世博会副总规划师徐毅松、日本康特瑞株式会社董事长、博览会策划师北本正孟、中国电信上海公司总经理王玮、中国移动上海公司副总经理万国光、国际连合WAFUNIF代表大使、DEFAT公司董事合伙人兼集团主席乔治·哈拉、微软（中国）有限公司首席技术执行官李志霄、IBM政府事业部总裁范宇、上海贝尔阿尔卡特执行副总裁管景志、富士通（中国）有限公司副总裁伊藤武文、凯捷北欧和亚太区副总裁及中国区常务董事Theo de Hair、NEC(中国)有限公司常务副总裁杜军、百度副总裁梁东等海内外政府官员、世博专家学者、著名企业精英等20人在论坛上发表了精彩的主题演讲。论坛吸引了国内各大主要媒体，人民日报、解放日报、文汇报、新民晚报、东方早报等国内35家主流媒体详细报道了论坛盛况。

（冯　涛）

【2005上海国际导航产业化和科技发展论坛】 2005年12月8～9日，“2005上海国际导航产业化和科技发展论坛”在上海浦东张江集电港会展中心隆重举行。本届论坛由中国科学技术部高新技术发展及产业化司、国家测绘局行业管理司及上海市科学技术委员会共同主办。此次活动是国内导航产业最高规格的国际性专业盛会，也是国内最完整的一次产业链的高峰会议，与论坛同期还首创举办了“国际个人导航与娱乐产品展示”。

此次论坛与会嘉宾超过400人，中外企业/机构超过120家，涉及汽车厂家、导航硬件、导航软件、导航数据和移动通讯行业等导航产业链上的各个环节，科研院所、大专院校也达到10余家。此外，国际个人导航与娱乐产品展示共布置了20个场内展区展台，以及以德国宝马、上海大众领驭等品牌车辆为平台的10个场外流动展台，吸引了超过1 000人次的大众来参观，成为良好的品牌厂商和消费者的沟通平台。

本届论坛共安排43场演讲，其中国际演讲超过20个，约占演讲总数的50%；与会外宾人数120人左右，约占总人数的30%。此外，应与会者的要求，论坛还专设了中欧伽利略合作计划分会场。中欧伽利略合作计划分会场的报告精彩纷呈，与会嘉宾就行业人士所关心的中欧伽利略项目合作进展和在中国的应用前景做了深入探讨和分析。这对今后中国导航产业基础设施的发展建设，对中国导航科技和产业发展格局及动向，起到了非常重要的指导意义。

以导航论坛为平台，论坛还为产业界各相关企业/机构安排了多项活动，取得了良好的成效。这些活动包括：ERTICO关于中欧合作DYNASTY项目的大型新闻发布会(展示面向北京奥运的交通信息解决方案，包括中央电视台在内的32家媒体参与采访报道)；西门子公司的新闻发布会活动；中国联通在论坛和产品展示上举行的手机语音导航推广活动；国际导航知名品牌DESTINATOR在论坛举行媒体见面会；国际导航知名品牌ASTROB在论坛举行新闻发布会等。

（何　军）

【软件测试研讨会】 作为2005年11月8～10日举办的“软件工程和未来软件技术国际研讨会”的重要分会，上海软件评测中心组织了“软件测试研讨会”分会。

研讨会上，“日立系统 & 服务公司的质量保证部”Takamasa Nara先生的《测试——在日本的软件质量保证》、“中国软件评测中心”的《测试－推进软件创新的动力》、“赛宝认证中心”的《软件测试管理》、“八院软件检测站”的《航天型号软件动态测试技术》、“华东工程软件测评中心”的《分布式软件测试》、上海市卫生局的《上海医院信息系统测评》和上海贝尔阿尔卡特公司的《多媒体软件的3PLAY测试》等15个专题报告吸引了全国各省市800多位测试工程师和软件质量保证工程师的注意。

（徐　淦）

国内合作交流

【上海超级计算中心与云南大学合作】 2005年9月22日，上海超级计算中心云南大学分中心揭牌仪式在云南大学文津楼举行。在揭牌仪式上，上海超级计算中心与云南大学共同签订了合作协议。上海超级计算中心云南大学分中心是上海超算中心开展对外合作而建立的第五个分中心，是在外省市建立的首个分中心。云南大学分中心的成立是上海超算中心积极响应国家西部大开发战略的一项重要举措。根据双方签订的合作协议，云南大学分中心将充分运用上海的计算资源，推动高性能计算在云南省科学研究与经济建设中的应用，进一步提高云南省科技创新能力。双方将联合培养工程硕士研究生，为云南省培养高性能计算研发和应用方面的高层次专门人才。

【华东—长三角地区软件行业合作联盟】 华东六省四市软件行业协会第三次联席会议于2005年9月20～22日上安徽省黄山市召开。在上海市软件行业协会的积极倡议下，与会代表希望尽快组建“华东—长三角地区软件行业合作联盟”，并委托上海市软件行业协会筹备。11月11日，在上海软件外包国际峰会“华东—长三角地区软件行业合作专题会”上，来自华东—长三角地区的16家软件行业协会和软件园区的代表共同签署协议，成立“华东—长三角地区软件行业合作联盟”，以促进区域软件产业协作发展，形成科学、合理和可持续发展的区域软件产业链。上海市信息化委员会副主任刘健与上海市对外经济贸易委员会副主任张伊兴联盟揭牌。

【上海与新疆签署关于促进两地信息化发展的合作协议】 2005年9月3日，《上海市信息化委员会与新疆维吾尔自治区信息化办公室关于促进两地信息化发展的合作协议》签约仪式在新疆乌鲁木齐国家高新技术开发区举行。上海市信息化委员会主任傅文彪与新疆信息办副主任苏国平在双方合作协议文本上签字。根据协议，双方将形成工作交流和协商工作机制，加强两地信息化建设的沟通合作，推动企事业单位、社会机构在重点领域、重点项目上的合作，共同促进两地信息化的联动发展。签约仪式上，两地签署的合作协议还有：《上海浦东软件园与乌鲁木齐国家高新技术产业开发区的合作协议》、《上海浦东软件平台有限公司、乌鲁木齐高新技术产业开发区创业服务中心、新疆新能信息通信有限责任公司的合作协议》。

（姜　宁）

【举办“中国过程改进年会上海分会”】 2005年，上海软件评测中心举办了中国过程改进年会上海分会。会上，45家大中型软件企业负责人交流了本企业软件研制过程与改进的经验和教训，有力地提高了上海软件企业项目管理的能力和效益。（徐　淦）

二、长三角合作

沪苏浙经济合作与发展座谈会

2005年11月24～25日，第五次沪苏浙经济合作与发展座谈会在江苏南京召开，上海市委常委、常务副市长冯国勤出席会议并讲话。上海市信息化委员会秘书长周卫东参加会议，并作为区域信息资源共享专题组、区域信用体系建设专题组上海方面组长进行了专题发言。沪苏浙经济合作与发展座谈会从2001年开始，每年召开一次省市长会议，采取轮值组长方式主持座谈会及相关工作，建立了专题合作制度，设立了8个专题工作组。上海市信息化委员会是8个专题组中区域信息资源共享专题组、区域信用体系建设专题组上海方面的组长单位，2005年积极组织参与了各项工作。座谈会充分肯定了区域信息资源共享专题组和区域信用体系建设专题组2005年开展的工作。

长三角区域信息资源共享工作

作为沪苏浙经济合作与发展座谈会推进的专题工作，上海市信息化委员会与江苏、浙江两省发展改革委、信息产业厅2005年共同推进了长三角区域信息资源共享工作：在编制国民经济和社会信息化“十一五”专项规划方面开展了合作交流；在国家发展改革委的统一部署下积极开展长三角地区电子信息产业规划编制工作；共同推进长三角物流信息一体化工作；积极开展CA交叉认证和资源共享；加强长三角地区无线电协同监管；不断加强区域信息化相关规范、标准和项目的统一协调。

长三角区域信用体系建设工作

作为沪苏浙经济合作与发展座谈会推进的专题工作，上海市信息化委员会与江苏省经贸委、浙江省发展改革委2005年共同推进了长三角区域信用体系建设工作：成立了区域信用体系建设专题工作组；制定了《上海市、江苏省、浙江省信用体系建设区域合作推进方案》；着力推进了区域信用信息互通共享工作；加强了区域信用体系的基础性建设。

上海信息化服务长三角“十一五”专项规划编制工作启动

2005年4月14日，上海信息化服务长三角“十一五”专项规划开题会在上海市信息化委员会召开。上海市信息化委员会秘书长周卫东，以及合作交流处、规划处负责同志、课题承担单位华师大中国现代城市研究中心有关人员参加了会议。开题会上，合作交流处介绍了近两年长三角地区信息化合作交流工作的基本情况和专项规划前期准备情况；规划处介绍了市国民经济和社会信息化“十一五”规划的起草背景，提出了编制专项规划在定位、目标、操作和作用等方面的工作要求。专项规划课题负责人、华师大中国现代城市研究中心主任刘君德教授提出了承担编制专项规划课题在基本想法、形势判断、立题目的、方针目标等方面的考虑，介绍了组织开展编制规划的工作方法、节点安排和工作目标，以及解决项目难点的措施。12月1～2日，上海市信息化委员会合作交流处召开上海信息化服务长三角合作发展专项规划意见征询会，相关业务处室和单位负责人员参加会议，围绕上海信息化在长三角地区如何开展多种层面和形式的互动交流与合作提出了建议，就专项规划涉及的重点合作内容和项目展开了热烈讨论。

上海市信息化委员会与镇江市签署合作协议

2005年5月13日，镇江市党政代表团赴上海学习考察，在上海虹桥宾馆举行合作交流座谈会。会上，上海市信息化委员会秘书长周卫东与镇江市常务副市长江里程共同签署了《镇江市人民政府与上海市信息化委员会合作协议》。按照协议约定，双方将本着合作共赢、互惠互利的原则，进一步加强协调配合，共同促进两地在信息安全测评、超级计算资源利用、电子口岸建设合作、信息技术管理职业资格认证、交通卡互联互通、行业协会联谊等方面的合作与交流，为两地和长三角区域经济发展提供优良环境。

长三角地区CA互联互通应用方案研讨和推动工作

2005年5月18～19日，上海市信息化委员会同江苏省信息产业厅、浙江省信息产业厅在上海青浦召开了长三角地区CA互联互通应用方案研讨会。会议由上海市信息化委员会副主任陈跃华主持。国家发改委高技术产业司和国家信息中心信息安全研究与服务中心有关领导应邀出席会议。会议重点就长三角地区CA互联互通应用工程项目的技术方式和应用模式进行了研讨与交流。会议确定，建立江浙沪两省一市CA部门定期合作交流机制，进一步细化合作计划，制订具体推进方案，落实有关合作事项。

江苏、浙江、上海两省一市信息产业规划交流

2005年8月9日，江浙沪两省一市信息产业规划交流会在苏州召开。江苏、浙江两省信息产业厅、上海市信息委领导以及三方相关处室负责人参加会议。会上，三方分别围绕省市“十一五”规划编制的组织体制和工作重点、信息产业“十一五”专项规划初稿、长三角信息化合作专项规划调研等内容进行了深入交流，在进一步开展区域合作的领域和形式等方面达成了诸多共识。

上海市信息安全测评认证中心杭州分中心成立

2005年11月9日，上海市信息安全测评认证中心杭州分中心、杭州市信息安全测评认证中心成立。上海市信息化委员会助理巡视员施兴德，以及合作交流处、安全处、信息安全测评认证中心负责同志参加了成立仪式。施兴德助理巡视员与杭州市信息办杨军副主任分别为上海市信息安全测评认证中心杭州分中心、杭州市信息安全测评认证中心授牌。作为上海市信息化委员会国内合作交流项目之一，上海市信息安全测评认证中心与杭州市信息办开展合作近两年。上海市信息安全测评认证中心运用上海在信息安全测评领域内的资源和经验，与杭州共同开展两地在信息安全测

评的工作。上海市信息安全测评认证中心挂靠在杭州市基础信息安全测评认证中心运作。

长三角区域物流信息一体化调研

长三角区域物流信息一体化调研工作由上海市信息化委员会合作交流处委托上海亿通国际股份有限公司开展，调研工作于2005年8月中旬正式启动。此次调研采取普遍问卷调查和部分城市走访座谈相结合的方式进行。问卷由上海市信息委指导，上海亿通公司具体研制。每份问卷由8部分组成，分别涵盖海关、国检、海事等政府部门和制造、物流、理货、进出口加工、港务公司/码头等企业单位。此次调研共发放问卷20份，发放对象包括长三角经济协调会的成员单位和其他城市的相关部门。在组织问卷调研的同时，调研组还到南京等重点城市进行了走访，就长三角城市物流信息化的整体环境、政府的作用与定位、信息平台的投资和运营方式等问题进行了较深入的探讨，积累了丰富的素材。10月上旬，调研组完成了《长三角区域物流信息一体化需求调研报告》初稿，10月底开始征求各城市意见，12月进行了集中修改，12月底形成定稿。

长三角地区信息技术应用合作座谈会

江苏、浙江两省信息产业厅和上海市信息化委员会于2004年底在杭州共同召开了长三角地区信息技术应用合作座谈会，会上确定了2005年度信息化合作与交流的六个重点推进项目。2006年1月16～17日，江苏、浙江两省信产厅与上海市信息委在苏州联合召开长三角地区信息化合作座谈会，总结了2005年度三方共同开展的合作项目完成情况，交流了两省一市信息化、信息产业2005年发展情况和2006年工作初步打算，讨论确定了2006年度共同推进的六个合作项目。经过三方共同努力，2005年合作项目得到了实质性推动，取得了阶段性成果：共同建立合作项目推动工作机制，形成会议制度和项目牵头制度；长三角信息产业“十一五”规划交流不断深入；长三角地区CA交叉认证合作项目进展顺利；长三角口岸电子通关和物流信息一体化合作项目取得突破；长三角地区无线电协同监管积极推进。（姜　宁）

三、亚太地区城市信息化论坛第五届年会

亚太地区城市信息化论坛第五届年会隆重召开

亚太地区城市信息化论坛第五届年会（以下简称“亚太论坛”）于2005年5月30日～6月1日在上海成功举办。本届年会由联合国经济与社会事务部、联合国开发计划署、联合国工业发展组织、联合国训练研究所、联合国信息通信技术工作组、中国国务院信息化工作办公室、中国科学技术部、中国信息产业部、中国商务部、中国科学院和上海市人民政府共同举办。

本届论坛为联合国有关组织、亚太地区有关政府高级决策者、企业领导者提供了一个城市信息化建设实践探索、经验分享、思想交流的舞台，带来了亚太地区城市信息化进一步合作的机遇，增进了亚太地区与全球知识界、信息技术企业之间的战略合作伙伴关系。本届论坛也成为中国政府特别是上海市信息化工作对外合作交流的重要窗口，确立了上海的亚太地区城市信息化论坛品牌，是又一次成功举办的大型国际性会议。

亚太论坛成为全球推进城市信息化的盛会

本届论坛是亚太地区乃至世界范围推进电子政务和城市信息化的一次盛会，进一步凸显了品牌效应。

本届年会代表广泛、层次较高，得到了国内外、市内外的政府、企业和社会各方面热情关注，受到全球各地区的城市市长、企业领导者以及关注信息化发展的各方资深人士的普遍认可，包括联合国有关机构在

内的10多个国际组织、来自亚洲、欧洲、澳洲、美洲44个国家的知名政要、25名国内外部长级官员、98个国际和国内城市市长和市长的代表（其中50个国外城市），100多名著名企业领导人、民间团体和非政府组织代表，以及信息技术和信息化的专家学者、120多名国内外记者。其中国外代表愈300人，成为历届论坛年会之最。

本届论坛成功举办了一个大会和10个专题会，先后有100多位嘉宾,包括政府官员、部长、专家、CEO发表了精彩演讲。他们从不同角度阐述信息化促进社会经济发展这一主题。这些高层次的演讲使论坛成为新论迭出、智慧迸发的舞台，为所有与会者提供知识与思想的盛宴，增进南北了解，加强南南合作，消除“数字鸿沟”，促进亚太论坛逐步走向一个成熟的国际合作交流平台。

亚太论坛的成功举办，不仅体现了上海作为国际大都市的重要地位，而且充分证明了上海能够举办类似国际性大会的能力。参加论坛的联合国官员认为，上海通过成功举办亚太论坛，为全球国家和城市提供了一个讨论亚太地区城市信息化的交流平台，并认为上海有能力在亚太地区城市信息化建设方面发挥更大的作用；参加论坛的城市市长认为，亚太地区城市信息化论坛已从城市信息化建设发展到城市国民经济、教育培训、产业发展等领域，从城市信息化建设的概念发展到应用领域的各个解决方案，对推动亚太地区城市信息化起到了重要作用；参加论坛的国际著名IT企业的总裁和专家们认为，亚太地区城市信息化论坛是政府与企业、企业与市场联系和沟通的桥梁，是企业获得商业机会和市场潜力展示信息技术解决方案的舞台，对逐步解决全球在数字鸿沟方面的问题具有积极的作用。

本届论坛的主要成果和收获

本届论坛选择当今世界信息化发展的热点“城市信息化——信息技术促进发展”这个主题，是具有世界性意义并被普遍重视的领域，与会代表就有关信息通信技术各自关注的重点问题进行深入研究和广泛交流，通过一个大会和10个专题会，充分体现了论坛年会作为亚太地区城市信息化合作交流平台的重要作用。会议期间，联合国组织向新加坡颁发了联合国有关电子政务运用的公共服务奖，向上海市副市长杨雄先生颁发了城市信息化建设杰出贡献奖。主要形成了以下共识：

【亚太论坛的历史使命更加明确】 亚太论坛富有成果的各项活动，引起了国际国内有关方面的广为关注。亚太地区城市信息化论坛的声誉和影响日趋增强，有力促进了亚太地区城市信息化的发展，进一步扩大了上海在国际国内的影响和作用，是一个国际和国内信息化合作交流的重要平台，已成为亚太地区在推进信息通信技术发展方面的一个著名品牌。随着这一成果的不断巩固和发展，必将对亚洲的信息化发展和通信技术水平的提高产生积极作用。

【与联合国组织等的国际合作又有新进展】 本届论坛主办单位新增了联合国工业发展组织和联合国训练研究所。值得一提的是，意大利创新与技术部部长卢奇奥·斯坦卡通过联合国方面，主动与上海市副市长杨雄商谈合作项目，双方同意成立工作组，共同推进技术创新方面的合作项目；联合国训练研究所执行主任马塞尔·博依萨德主动与市信息委秘书长商谈双方合作的培训中心项目，以及共同筹备论坛年会事。这些都表明，论坛年会已实实在在成为上海与国际组织及城市交流合作的平台，更加务实地为我所用。

亚太论坛首次发表年会公报

亚太论坛的成功实施与合作，形成了亚太论坛的合作精神，突出了亚太地区城市信息化办公室的桥梁作用。本届论坛各主办单位通过协商，达成共识，并用公报形式，各方表示将共同加强和推动以下工作：

⑴ 进一步加强亚太地区城市之间在信息化建设领域的合作与交流，在论坛年会休会期间继续开展培训、研讨、展览、项目合作等更加丰富的合作交流活动，完善可持续发展的有效工作机制。

⑵ 欢迎和支持遵照联合国秘书长的要求成立“信息通信技术促进发展全球联盟”的倡议，响应联合国千年发展目标的号召，在联合国的框架下统筹协调国际社会资源，兼顾各方利益，促进对话交流。

⑶ 支持由联合国每年评选电子政务应用的公共服务奖，以鼓励和表彰亚太地区城市在信息化提高公共服务水平方面的杰出贡献。

⑷ 经过论坛各主办方的充分协商，一致同意继续在上海共同主办亚太地区城市信息化论坛第六届年会，就数字城市等有关问题进行广泛深入探讨，并通过亚太地区城市信息化合作办公室和联合国公共行政全球网络亚太区域中心（UNPAN-AP），将亚太论坛各个国家与城市的经验进一步共享并传播到全世界。

⑸ 论坛年会组委会愿意与有关国际组织以及各个国家、地区、城市和IT企业、研究机构一起，继续推进亚太地区城市信息化论坛各项工作，为信息技术更好地促进全球信息化作出贡献。

（陆金山）

四、上海国际信息化博览会

第二届上海国际信息化博览会于2005年5～6月在上海举行，由上海市信息化委员会、上海通信管理局、上海市对外经济贸易委员会、上海市建设和交通委员会、中国贸促会上海市分会、上海世博集团公司等单位联合主办。

此次博览会由3个专业展览会组成。中国国际信息通信展览会，于2005年6月22～25日在上海国际展览中心与上海世贸商城同时举行。上海市信息化委员会周卫东秘书长、上海通信管理局局长张枢、中国贸促会上海市分会副会长、上海世博集团公司总裁陈先进以及上海6大通信运营商的总经理全部出席了展览会的开幕式。上海国际集成电路与软件展览会、上海国际信息技术应用展览会于2005年5月30日～6月2日在上海展览中心与亚太城市信息化论坛同期举行。市信息委施兴德副局级巡视员在开幕式上致辞；安徽省信息产业厅吴厅长代表兄弟省市到会祝贺；日本理光公司全球总裁、日立公司全球副总裁以及美国公司等代表参展商也出席了开幕式。

这些展览会突出了前瞻性和实用性，全方位、多角度向IT行业和社会各界展示中国及上海信息化的市场和发展，宣传和推广了国际最新信息技术和产品，增进了技术交流和经贸往来，促进了上海市信息产业的发展。

（饶明华）

五、上海国际工业博览会——信息化论坛

信息化与上海世博会国际论坛

2005年11月5日，由上海市信息化委员会与上海世博会协调局联合主办了信息化与上海世博会国际论坛，信息产业部党组副书记、副部长奚国华和上海市委常委、副市长、上海世博会执委会常务副主任周禹鹏出席大会，并作了重要讲话。市信息委主任倶文彪出席了大会，市信息委副主任乔志刚主持了大会。

奚国华表示，上海世博会的数字化建设是政府、运营企业、设备厂商、研发机构等社会各方面共同面对的重大课题，信息化技术和业务发展，以及如何展示最前沿最尖端的技术与产品，将使2010年的上海成为全球关注的焦点。周禹鹏表示，近年来上海信息化迅

猛发展，在整合公共资源、提高经济增长质量、提高人民生活水平等方面都发挥了积极的作用，上海坐拥全球最大的城域有线电视网，同时是全球国际海光缆登陆地和无线通信设施最密集的城市之一，将成为中国乃至亚洲的通信枢纽城市之一。上海世博会将成为全面展示上海城市信息化成果和水平的舞台。领导向与会者提出了许多值得思考和研究的问题。

上海世博会协调局副局长黄耀诚、北京奥组会主管信息化的官员、爱知世博会信息通信管理办公室主任、上海世博会副总规划师、日本康特瑞株式会社董事长、博览会筹划师等国内外一批专家作了精彩的演讲。一些跨国公司的总裁或副总裁和国内一些电信运营商的总经理或副总经理都在论坛上发言，介绍了世界上一些大型博览会成功的经验，为上海世博会出谋划策。此次论坛为上海世博会的数字化建设提供了非常有价值的建议和为领导的决策提供了依据，论坛取得了极大的成功。

数字电视与无线多媒体通信国际论坛

数字电视与无线多媒体通信国际论坛由上海市信息化委员会、上海市科学技术委员会、上海市科学技术协会指导，上海市图像图形学学会主办，是在上海国际工业博览会论坛大框架下的一个专业论坛，于2005年11月4～5日在上海科学会堂思南楼成功举行。上海市图像图形学学会理事长、上海交通大学副校长、大会主席张文军教授主持了开幕式，市信息委周卫东秘书长及市科技协会胡家伦副主席致欢迎词。IEEE广播技术学会执委会委员、IEEE院士、加拿大通信研究中心首席科学家吴奕彦博士代表IEEE及海外专家对国际论坛的召开表示热烈的祝贺。

数字电视与无线多媒体通信是当前通信与信息技术领域中最具挑战性、发展速度最快、也是研究最活跃的领域之一。论坛上，海内外著名专家学者和知名企业家竞相登台交流，包括美国三菱实验室副总裁孙惠方博士、日本数字广播系统研发机构（ARIB）主席Yoshihiro FUJITA博士、加拿大通信研究中心首席科学家吴奕彦博士、国家广播电影电视总局广播科学研究院总工程师杨杰、上海市图像图形学会理事长、上海交通大学副校长张文军教授。

此次国际论坛及时广泛地传递了世界数字电视与无线多媒体通信行业最新资讯和各地产业经营的相关政策信息，介绍了国内外广电、通信、电子行业的最新发展情况，交流与数字电视与无线多媒体通信相关的网络电视（IPTV）、手机电视、节目内容与安全、宽带多媒体以及图像处理与模式识别等最新发展态势和研究成果，推动了政府主管部门、标准制订部门与制造商、运营商以及有关研究机构的相互交流，促进了相关政策、标准的完善与实施。

中韩中小企业信息化（上海）论坛

为了加强中国和韩国中小企业信息化的交流与合作，探讨中小企业信息化发展和推进中的规律，分享成功的经验，推动两国中小企业信息化水平达到一个新水平、上一个新台阶，2005年11月4～5日，由上海市信息化委员会与韩国信息通信部通信信息政策局联合主办了中韩中小企业信息化（上海）论坛，并纳入了上海国际工业博览会论坛的大框架之中。市信息委施兴德副局级巡视员和韩国信息通信部通信信息政策局副局长崔女士出席开幕式，并作了精彩的主题演讲。

在论坛上，上海市互联网经济咨询中心、上海市企业信息化促进中心、上海电信公司所属理想信息技术公司、韩国信息通信产业协会、韩国电算院的代表就中韩中小企业信息化现状及发展趋势、模式和政府在中小企业信息化推进过程中的策略等热点问题进行了探讨和交流。为使双方进一步进行更广泛的合作和对有些项目的深度合作打下了坚实的基础。

为了在中小企业信息化领域中，加速发展中韩双方的合作交流，上海市企业信息化促进中心与韩国信息通信产业协会还利用这个平台，签署了中小企业信息化合作交流框架协议，协议中涉及招商引资、技术、资金的经贸方面的合作；涉及互相考察、互相支持相关的活动和人才培训等，有力地推动了双方进行实质性的合作。

（饶明华）

六、其　他

第九届中国国际软件博览会

2005年6月14～16日，上海市信息化委员会代表上海市组团参加了2005年第九届中国国际软件博览会。此次会展由国务院信息化办公室、信息产业部、科技部、国家发改委、北京市政府联合主办。国信办主任、信产部部长王旭东、国信办副主任陈大卫、信产部副部长娄勤俭、科技部副部长马颂德以及国家发改委、北京市政府的领导出席了软博会开幕式暨软件产业高峰论坛，并在会上作了重要讲话。上海市信息化委员会周卫东秘书长出席了此次会展的开幕式和论坛。

第九届软博会以“庆祝国务院18号文件颁布五周年，展示软件产业发展成就”为主题，是集展览、论坛、商务洽谈于一体的高规格软件博览会，也是全面检阅五年来中国软件产业发展成果的软件盛会。中共中央政治局常委、国务院副总理黄菊视察了展览会现场，并在国信办主任、信产部部长王旭东、信产部副部长娄勤俭等领导的陪同下，来到上海市软件展示区，仔细、认真地听取上海市近年来软件发展的情况汇报。上海参加此次展会的有包括国家级软件园在内的12家企业，展示了上海软件发展的现状和发展趋势。

中国信息化推进大会暨信息化应用案例展览会

2005年9月22～23日，上海市信息化委员会代表上海市组团参加了2005中国信息化推进大会暨信息化应用案例展览会。此次会展由国务院信息化办公室、信息产业部、农业部、国家信息化专家咨询委员会联合主办。中共中央政治局常委、国务院副总理黄菊为大会发来了贺信。此次主论坛以农业信息化为主，上海市在农业信息化专题论坛上作了题为“建设食用农产品追溯系统 从源头保障食品安全”的演讲，获得较好的评价。展览会上，上海市信息化委员会牵头组织的由四个农业信息化项目组成的上海市展台，是展会中最风光而又亮丽的展台。国信办、信产部领导王旭东、曲维枝、苟仲文和农业部领导杜青林、牛盾兴致勃勃地观看了上海市展台，并赞扬上海的农业信息化走在全国的前列。另外，在大会推荐的260例优秀案例入选《中国信息化应用案例》中，上海市的入选数量为26例，在各省市中名列全国第一。同时，还利用会场图片长廊的形式，展示了上海市6个信息化应用成功案例的成果，收到很好的效果。为此，上海市信息化委员会获得了大会颁发的优秀组织奖。

上海软件外包国际峰会

2005年11月10～11日，由市外经贸委和市信息委联合主办的上海软件外包国际峰会在上海西郊宾馆隆重举行。上海市委常委、副市长周禹鹏出席大会，并作了重要讲话。周禹鹏说，大力发展包括软件外包在内的服务外包，是未来几年上海着力推进的重点工作之一。周禹鹏认为论坛开得非常及时和必要，希望上海软件企业认真学习国际先进理念，借鉴国外成功经验，积极开展高层次国际交流与合作，取得新的发展成果。市外经贸委主任周波、副主任张伊兴、市信息委副主任刘健以及商务部的代表出席了大会并作了主题报告。

此次峰会展示了上海在软件外包的整体优势，为长三角区域联动搭建了软件外包业务平台，并在会上成立了华东—长三角地区软件行业合作联盟。

峰会为寻求欧美软件外包市场的突破，为客户和服务供应商牵线搭桥，为将上海建成国际软件接发包和交易中心，作了可贵的努力和尝试。同时，峰会还为与会者提供了上海软件外包企业的名录和如何进行软件外包程序的手册，使大家共享了外包服务商的成功经验，促进了上海软件外包的合作。

中德（上海）国际信息技术合作论坛

由上海市信息化委员会主办，德国汉诺威公司、上海市互联网经济咨询中心、东方国际集团广告展览公司、德国汉诺威（上海）有限公司承办的中德（上海）国际信息技术合作论坛于2005年3月14日，在德国汉诺威展览中心慕尼黑厅举行。市信息委施兴德副局级巡视员代表中方，德国汉诺威公司副总裁代表德方在论坛开幕式上致辞。

此次论坛，中国（上海）方面的企业代表中国网通上海分公司总经理周仁杰、上海移动通信公司副总工程师杨海康、上汽集团信息产业投资公司副总经理张传鸿、上海华龙信息技术开发中心副总经理丁保延等在论坛上用英语作了精彩的演讲。德国路德维希港应用科学大学东亚学院主任鲁道夫博士、德国工业商会执行总监戴特丽美女士、斯科耐尔咨询公司马得伯茨主任分析师、蒂泰尔信息技术公司逖门法伯博士等代表德方也作了精彩的演讲。通过他们双方的交流，建立了互相沟通的桥梁。

在盛大的CEBIT展览会的带动下，以及论坛成功的组织策划，此次论坛在汉诺威展会现场产生了较大的影响。论坛在活动内容上安排得充实丰满，许多德国的企业以及德国在中国投资兴办的公司也参加了论坛。由于论坛的信息量比较大，涉及政策、发展趋势等多方面，也吸引了德国的一些咨询机构前来商洽，他们对电子商务和软件企业在中国的发展表示了浓厚的兴趣，并在会后与上海的有关企业进行了比较深入的交往，为推动中德信息技术的合作做了一件有意义的事。

（饶明华）

第三届中国国际集成电路产业展览（IC China 2005）

2005年8月24～26日，“第三届中国国际集成电路产业展览（IC China 2005）”在北京隆重召开。作为国内IC业界一年一度的IC产业盛会，该展览会目前已成功举办了两届，本届参会共吸引了国内外半导体企业及相关机构近300家参加。

国家集成电路设计产业化基地展区是“国家高新技术研究发展计划（863计划）超大规模集成电路设计重大项目”首次以“7＋1（香港）产业化基地”为龙头，以时空隧道的展示形式将国家“十五”计划期间的重大成果做了一个充分的展现，成为本届展会的亮点。

国家集成电路设计上海产业化基地此次共组织7家沪上知名的集成电路设计企业参展，展览形式包括多媒体演示、实物展出、宣传资料等。所展出的芯片产品包括IC业界近期非常热门的2.4GHz射频芯片、H.264解码器、32位高性能全定制CPU等，吸引了众多国内外客户前来洽谈业务合作。（俞加鲜）

上海正式加入中欧伽利略合作计划

2005年10月15日，“上海伽利略导航有限公司投资加入中国伽利略卫星导航有限公司签字仪式”在上海举行，这标志着上海伽利略导航有限公司正式入股中国伽利略卫星导航有限公司。中国航天科工集团公司、中国电子科技集团公司、中国卫星通信集团公司、中国空间技术研究院、中国伽利略卫星导航公司和上海伽利略导航有限公司的代表，分别代表6方签署了上海伽利略导航公司投资加入中国伽利略卫星导航公司的合同书。国家科技部党组成员、纪检组长吴忠泽，上海市副市长严隽琪以及欧盟伽利略联合执行体执行主任Rainer Grohe见证了签约仪式。

伽利略计划是由欧盟委员会和欧洲空间局共同发起并组织实施的欧洲民用卫星导航计划，旨在建立欧洲独立自主的民用全球卫星导航定位系统，总投资约35亿欧元，预计在2008年部署完成。目前，除中国外，以色列、巴西、印度等国家都已经参与伽利略计划。

上海伽利略导航有限公司（SGI - Shanghai GALILEO Industries，Ltd.）是在科技部和上海市领导的共同关心下，在部市合作计划的框架下，在上海市首批科教兴市重大产业科技攻关项目的支持下，于2005年4月正式成立的一家专业从事卫星导航技术及其相关产品开发、应用和运营服务的有限责任公司。上海伽利略导航有限公司由上海创业投资有限公司、上海微小卫星工程中心、中国航空无线电电子研究所、上海交通大学、中国科学院上海天文台等5家股东单位共同出资组建。

上海伽利略导航有限公司以伽利略全球卫星导航系统为主要平台，结合GPS等其他导航定位系统的应用，联合国内各有关部门和单位，共同参与伽利略卫星导航系统的研发、建设和运营。公司将致力于拓展卫星导航系统在中国的应用领域，开展相关运营服务和其他增值服务，推动中国卫星导航产业发展。

目前，中欧伽利略合作计划已被纳入国家科技部和上海市人民政府的“部市合作项目”的框架之中。在“部市合作项目”的框架下，上海将为伽利略计划在通信、车辆导航、物流监控、娱乐、航空、航海、授时、农业、气象、环境监测等领域的应用创造条件。2010年，伽利略系统将构建完成，届时上海也将举办世界博览会，上海有条件把伽利略系统的魅力展现在全世界面前。

（何　军）

第十章　信息化工作系统党群工作

概　述

2005年，在市信息委党组的领导下，市信息化工作系统的党群工作紧紧围绕着上海信息化建设和科教兴市的中心任务，以邓小平理论和“三个代表”重要思想为指导，以保持共产党员先进性教育活动为重点，以“争当科教兴市的先锋、争当关心群众的模范”主题活动为载体，以精神文明建设为动力，以安全稳定工作为保障，在组织、宣传、精神文明建设、安全稳定、老干部、工会和共青团等方面全面展开，努力为信息化中心工作提供坚强的政治保证。

（市信息委党群处）

一、管理体制

2005年，市信息化工作系统延续既成的管理体制，日常党的工作由市信息委党组负责的单位主要有：上海市通信管理局、上海市无线电管理局、上海市电信有限公司、上海移动通信有限责任公司、中国联通上海分公司、中国联合通信股份有限公司、中国网通上海分公司、中国卫通上海分公司、上海市信息投资股份有限公司、中卫国脉通信股份有限责任公司、电信科学技术第一研究所、上海邮电通信设备股份有限责任公司、上海电话设备厂、中国邮电器材华东公司、上海市信息化行业协会工作党委和上海市信息化委员会直属机关党委等单位。至年末，全系统共有党组织775个，其中：基层党委49个，党总支42个，党支部684个，另有党组2个。全系统共有党员9 673人，在全系统3.3万余名职工中，占职工总数29.27%。

（市信息委党群处）

二、党建工作（先进性教育）

根据市委以及综合工作党委的安排，市信息化工作系统先进性教育活动分两批进行，列入第一批的是市信息委机关处室党支部和上海超级计算中心党支部，共129名党员；第二批是市无管局、市信投公司、中央在沪单位以及其他直属单位，共涉及15家单位、762个基层党组织、9 251名党员。

委党组将开展党员先进性教育活动作为政治生活中的一件大事，坚持高标准、严要求，精心组织，扎实推进，务求实效。委党组成立了委党组书记负总责、分管领导抓落实的保持共产党员先进性教育活动领导小组及办公室，先教办成员分工负责联络本系统各单位，按照市信息委党组“开展先进性教育要认真做好规定动作抓实效、推进党的先进性建设要建章立制抓长效、加强党的执政能力建设要紧扣中心工作抓成效”的要求一级抓一级，层层抓落实。委党组对第二批先进性教育各个重要环节进行把关，加强领导和指导，把发挥上海电信的示范带头作用，帮助困难企业解决好开展先进性教育活动中遇到的实际问题，抓好“两新”组织先进性教育作为重点。

委党组高度重视用信息化手段支撑先进性教育，在第一批先进性教育开始前，就开发了“中共上海市信息化委员会党组保持共产党员先进性教育活动管理信息系统”，在第一批先进性教育中发挥了积极的作用，受到广大党员好评，并在第二批先进性教育中进行改版。管理信息系统具有实时在线智能管理和海量信息存储功能，一定程度上解决了党员学习集中难、“两新”组织活动难、党务工作量大面广、效率低的问题，受到市委、市综合工作党委的肯定。

先进性教育活动中，开展“双结对”实践活动。全系统共结对768对，参加帮困送温暖、为群众办实事的党员数为6 921人，走访困难群众840人，用于帮困送温暖、为群众办实事的财物共计131万余元。在春节帮困送温暖活动中，全系统各级党组织共走访慰问了6 261名职工家庭，帮困钱物共计529万余元。

市信息化工作系统各单位针对查找到的自身存在的突出问题进行整改，取得了初步成效，信息化行业的年度工作实现预期目标，信息化服务水平逐步提高，信息监管能力得到加强，内部管理更加规范，基本达到“提高党员素质，加强基层组织，服务人民群众，促进各项工作”的目标。

通过先进性教育，委党组形成了“八个经常化”的长效机制，并已正式发文实行。各单位已经形成的长效机制有88项，还有40项正在探索建立过程中。委党组组织各单位开展了“保持党员先进性教育与党的先进性建设”理论研讨，已初步拟定了18个理论课题。

（市信息委党群处）

三、精神文明建设

开展学习培训工作

一是学习市精神文明建设会议、市综合工作系统精神文明建设会议的主要精神，切实以会议精神指导新一轮文明单位创建。二是学习贯彻文明单位2005版标准，同时结合实际，将指标的要求融入到新一轮文明创建规划之中。三是进行学习型组织创建知识培训。2005年11月30日，邀请了上海明德学习型组织研究所所长张声雄教授进行创建学习型组织知识讲座。

推进新一轮文明创建工作

以文明单位新版标准为指导，结合自身发展目标和总体任务，制定新一轮文明单位创建规划，明确创建目标，提出创建举措，落实创建责任。

以《迎世博文明行动计划》为总要求，提高企业文明程度，引导员工做新时期“可爱的上海人”。上海联通开展“七建之城，从我做起”主题活动，努力提高员工思想道德境界、科学文化素养、法律法规意识、身心健康水平和对外交往能力。

以企业文化建设和创建学习型组织活动为载体，深化精神文明建设内涵。“任何资源都会枯竭，惟有文化生生不息”，上海电信、上海移动、上海联通、盛大网络、火速等单位积极开展企业理念征集、企业文化体系构建、企业文化宣传贯彻，形成企业核心价值观和职工共同理想，用文化的力量凝聚人、感染人、塑造人；大力开展职工读书、科普教育、岗位练兵和技能培训等活动，形成学习制度、考核制度、科技创新制度，树立“全员学习、终身学习”意识；开展网上“扫黄”、“打非”和反邪教警示教育，倡导健康文明的网络文化，形成科学健康的生活、行为方式。

以提高服务质量为重点，塑造企业良好形象。服务创优是系统各单位开展文明创建工作的一个重点和不懈的追求，各单位积极推出具体措施，深化“文明窗口”创建活动，为企业效益稳步增长提供保证。

以加强社区共建为提升点，把文明创建活动向社会层面延伸。“创建活动拓展到社区建设当中，创建成果体现在社会进步当中”是文明创建新版标准的核心内容之一。系统各单位主动屏弃“以单位为本位”的创建模式，结合先进性教育活动中的“双结对”活动，主动参与社区建设，为社区提供服务，为困难企业和群众排忧解难。

举办各类文体活动

市信息化工作系统响应市委号召，积极开展行业歌曲征集评选活动，系统工会通过政府网站、《IT时报》等载体，向社会广泛征集信息化行业之歌。上海电信、上海移动、上海联通等单位积极组织职工参加，上海移动的《天地在我手中》被评选为市优秀行业歌词，成为市综合党委系统惟一获奖歌词。系统工会成功举办职工乒乓球友谊赛和大怪路子大赛。组织老干部开展纪念抗战胜利六十周年活动。

进行2005～2006年度文明单位预申报

在全系统中开展了2005～2006年度文明单位预申报工作，共有36个单位预申报，其中上海市电信有限公司（本部）等20个单位预申报市文明单位，电信卡部等3个单位预申报市综合系统文明单位，市社保卡服务中心等14个单位预申报市信息化工作系统文明单位。

继续开展"双文明"双十佳好事评选活动，评选推进信息化建设过程中涌现出来的20件文明好事。

（市信息委党群处）

四、工会、共青团工作

切实加强维权和组织工作

市信息化工作系统工会按照"组织起来、切实维权"的工作方针，以组建工作为重点，在指导好体制内企事业单位的工会组建工作，督促市信息化行业协会工作党委做好"两新"组织工会组建工作的基础上，初步形成组建上海市信息化行业工会联合会的可行性方案。系统工会领导班子专程赴义乌市总工会，学习考察被称为"义乌模式"的社会化维权机制。系统工会委托电信科学技术第一研究所开展了以建立女职工建功立业活动长效机制为主题的调研，为系统工会明年开展女职工工作提供了重要的决策依据。

形成帮困送温暖长效机制

市信息化工作系统工会工作委员会受市信息委党组的委托，主持送温暖基金工作小组日常工作，管理市信息化工作系统送温暖基金。截至2005年11月底，在各单位的大力支持下，市信息化工作系统送温暖基金规模达120万余元；覆盖困难职工群众近200人。市信息委党政领导、系统工会领导坚持在重大节日深入特困职工家庭走访慰问，送上组织的关心和温暖。经过三年多的探索实践，基金严格按照《章程》和《使用暂行办法》的规定运作，在确保每年正常开支的情况下，基金规模逐年扩大，逐渐步入良性发展的轨道，成为市信息委党组建立帮困送温暖长效机制的重要保证。

增强团员意识教育

市信息化工作系统团工委按照团中央、团市委的统一部署，以"增强意识、健全组织、活跃工作，建设一个有凝聚力的共青团组织"为目标，扎实推进团员意识教育活动。在活动期间，委党组多次召开会议专题研究团员意识教育活动，提出学习管理要做到"十个有"，团的先进性建设要做到"三个抓"，长效机制建设要做到"八个经常化"的具体要求。市信息化工作系统团工委根据委党组要求，依托市信息委党组先进性教育管理信息系统，开发了"上海市信息化工作系统增强共青团员意识教育活动管理信息系统"。供6个直属团委、2个基层团委、7个团总支、59个团支部、769名团员使用，实现了对广大团员青年的在线实时动态管理，达到了团员意识教育"全覆盖"和"规定动作做到位"的要求。

促进"推优"工作和"共青团号"创建工作

将共青团工作和发展党员工作基础较好的中央在沪单位、直属企事业单位作为开展推优工作的重点，将"两新"组织"推优"工作作为新的增长点。团工委在"五四"前夕，命名了东方有线网络有限公司客户服务部呼叫中心等6个青年集体为2004年度市信息化工作系统"共青团号"，其中上海亿通国际股份有限公司平台客户服务组等3个青年集体将申报上海市"共青团号"。

大力推进青年志愿者活动

团工委组织了以党团员为主体的50余名系统青年志愿者在徐家汇公园广场开展"学雷锋便民为民"免费咨询服务活动。同时，团工委还积极与社区街道联系，组织青年志愿者进社区，开展便民为民服务。团工委积极参加由静安区团委主办的"青春闪耀，和谐社区"团员社区志愿服务日活动，为南京路社区居民提供计算机、网络、通讯科普知识咨询及"社保卡"、"市民信箱"、"付费通"等与市民联系密切的项目咨询与服务。

（市信息委党群处）

第 九 编

区县信息化

综　述

2005年，在各方面共同努力下，上海市区县信息化工作取得了较好成效，信息化支撑区县国民经济与社会发展的作用得到充分体现。

1. 政务信息化水平明显提升

⑴ 区县电子政务建设取得较好成绩。徐汇、黄浦和松江3区启动国家地区电子政务原型试点，初步建立了信息“一次采集、多次使用”的信息共享模式和“一口受理、内部协办”的跨部门协同机制。浦东、黄浦、长宁、徐汇、静安等5区开展了信息化支撑社区网格化试点，在推动“一体化”信息资源共享模式，构建信访、救助等“一口受理”应用方面取得了良好成效。居住证信息系统建设试点在全市19个区县推开，建立了57个受理网点，取得了初步成效。浦东等8个区在区县GIS建设试点工作的基础上积极开展区级GIS数据交换系统建设。

⑵ 城建管理网格化试点取得较大成果。长宁、卢湾两区开展了城建管理网格化试点工作，建立了由网格监督员、市级监管平台、区级监督指挥、专业部门4个层次构成的上海城建网格化管理系统。截至2005年底，两区共处理案件1.7万宗，平均结案率达94%，发现的问题基本都在规定时限内处置完毕。

⑶ 政府信息公开工作稳步推进。区县政府信息公开统计、分析、报备和检查考核制度逐步完善，工作流程进一步规范。全市19个区县共梳理主动公开信息目录24 035条；受理依申请公开信息数5 285件。

2. 信息化服务区县社会、经济发展的作用日益显现

⑴ 信息化领域的市政府实事项目成果得到进一步巩固。各区县积极完善落实了市政府实事项目的工作推进机制、配套资金和实施措施，全面完成了“市民信箱”的受理任务、“百万家庭网上行”培训、“付费通”平台建设以及社保卡申领、发放和（补换）等工作。

⑵ 区县信息化产业持续稳步发展。黄浦区开通“网上北京路”电子商务平台；虹口区开始推动“上海数字电视产业园区”建设；普陀区以物流信息产业为突破口，以信息技术促进产业结构优化升级，带动区域经济健康稳定发展；浦东、松江、奉贤和青浦四区开展了第一批企业信息化巡讲活动。此外，各区县在政策、资金、技术等方面对信息产业加大了扶持力度，积极组织落实了“2005年度软件和集成电路产业发展专项资金项目”及“2005年度电子信息产业发展基金项目”的申报工作。

⑶ 社会诚信体系建设全面展开，稳步推进。一是建立和完善诚信工作组织框架，目前已有15

个区成立了区诚信工作联席会议或领导小组；二是促进了政府信用信息共享，闸北、宝山等区建成政府内部、企业内部及相互间的信用信息共享平台，黄浦、松江、徐汇等区进一步扩大了参与信息共享的部门范围。三是制定诚信建设指导性文件，内容涉及政府采购、科技基金申请、中小企业贷款担保、公务员招录考核等多个领域，促进了信用产品使用，此外，各区县还结合本地实际广泛开展了各具特色的社会诚信创建活动。

3. 信息化发展环境不断优化

各区县不断完善信息化项目管理制度，对信息化项目加强跟踪、监督和服务。各区县制定了网络安全的应急预案并积极组织应急演练。区县政府软件正版化工作也已基本完成。此外，各区县高度重视信息化规范制定工作，加强了宣传、培训和统计等基础性工作。

（高　翔）

第一章　浦东新区信息化建设

概　述

2005年，浦东新区（以下简称“新区”）信息化工作紧紧围绕贯彻“一个作用，三个区”的总体目标，即在树立和落实科学发展观、构建社会主义和谐社会、实施建设'四个中心'国家战略中发挥示范带动作用，努力成为改革开放先行先试区、自主创新示范引领区、现代服务业核心集聚区，按照“2005年浦东新区信息化工作重点”，狠抓落实，突出重点，取得了新的成绩。

一是高标准制订新区“十一五”信息化专项规划，绘就“十一五”信息化发展蓝图，二是深化电子政务建设，构建便民、亲民、高效、安全的电子政务框架体系，三是开通浦东诚信网，深化发展社会诚信体系建设，四是开展网格化管理和市民事务一门式受理试点，使信息化支撑社区管理和服务落到实处，五是科教兴区，以民为本，大力推动公共服务和实事工程，六是注重实效，企业信息化成效显著，七是继续快速发展信息产业。2005年，新区电子信息产品制造业实现工业总产值1 155.08亿元同比增长12.8%。

2005年，“浦东新区行政区划信息管理系统”和“浦东新区发展计划局统一业务平台”被上海市信息化委员会评为“2005年度上海市区县信息化应用优秀成果”。

（区信息委）

一、政务信息化

【继续推进政府信息公开工作】 2005年，新区在推行“三网两制”的基础上，继续努力做好信息公开工作，积极推进阳光政府、诚信政府建设。一是不断深化公开的形式和内容，政府各级部门都建立了政府信息公开领导小组，落实专人负责，设立专门信息申请受理点，并采取设置触摸屏、开辟公共阅览点、电子阅览室、咨询窗口、网上信箱等措施，保证公民、法人和其他组织的知情权。二是建立信息公开长效工作机制，落实信息发布责任制、信息统计月报制度、信息审核制度、及时更新维护信息公开内容制度，确保信息公开的准确性、有效性和及时性。三是强化对信息公开工作的监督检查，11月上旬，新区信息公开联席会议根据上海市和新区关于开展信息公开的要求，对各单位开展信息公开情况进行监督检查，进一步推动信息公开各项工作的落实。截至2005年12月底，新区主动公开政府信息1 215条，其中依申请公开信息目录数682条，全文以电子化形式公开的信息数1 057条，政府网站专栏页面访问点击量7 225万。现场接待1.66万人，网上咨询数637条，咨询电话2.55万个。2005年，全区共有935项信息公开申请，经同意公开答复的806条，否决公开答复的2条。（区信息委）

【新区社区服务“一门式”试点取得成效】 2005年5月18日，周太彤副市长出席在潍坊新村街道召开的上海市推进社区事务受理服务机构建设座谈会，对新区“一门式”电子政务试点工作取得的成果表示肯定。

在试点工作中，新区“一门式”电子政务系统体现出四个特点：一是全区范围的系统设计，凸显了传统手段难以实现的全区域办理功能。二是多类型的工作协同。在受理中心，前台、后台、网站、呼叫中心、居委会等工作系统之间互相协同，在系统内通过数据共享实现了部分跨部门业务协同功能。三是通过融入

“六西格码”质量管理方法，用技术手段表达出了严密的管理思想，从而使系统具有了自我管理和自我修复的质量控制功能。四是引进先进的条形码技术，同时采用必要的传统手段，使信息系统与部分传统作业过程紧密衔接，从而找到了传统办事方式与现代科技应用的结合点。

【电子政务渗透新区“两会”】 2005年，新区“两会”明显多了几分“电子政务”的色彩。

一是书面意见和提案工作实行了在线办理。电子政务管理中心会同相关部门在新区政务网络平台有针对性地开发了一套应用系统，专门为人大书面意见和政协提案工作服务。该系统分为人大书面意见和政协提案两大模块，直接内嵌于新区“两办”（区委办和区府办）OA系统中。人大书面意见和政协提案可以在OA系统中直接输入，由区委办、区府办综合处确定承办、会办或者合办单位后，提交给各部委办局，各部委办局承办人登录OA系统即可查看到本单位需要办理的书面意见和政协提案，任务完成之后可以及时将办理结果反馈给区委办、区府办综合处，根本改变了过去主要靠纸质来往办理件的办法，大大缩短办理件的流转时间。同时，通过该工作系统，可以对人大书面意见和政协提案进行及时、准确的统计，有效提高了工作效率。

二是信息发布网络化。为了方便代表、委员掌握更多的相关资料和信息，将“2005年浦东开发开放情况百题”以“向两会报告，听百姓评说”为主题悉数上网。会议召开期间，新区政府门户网、浦东人大、浦东政协“三网”齐上，全程、全方位跟踪，将“两会”的盛况及时传递到千家万户。“两会”期间，计有1 400多人次点击政府门户网站查阅2005年浦东开发开放百题信息，仅政府门户网站即发布会议信息220多条。

【“区长网上办公会”成效显著】 2005年1月31日，新区首次推出“区长网上办公会”制度。到2005年底，新区已成功举行了12次“区长网上办公会”，效果比较明显。一是在一定程度上推动了区政府工作的开展。与会市民和各位嘉宾，对一些问题往往有自己独特的见解，他们经常能够提供一些新的思路或为某项问题的解决提供具体的办法。二是在一定程度上解决了市民、企业遇到的急难愁问题。对于能够立即解决的问题，区政府及相关部门都在第一时间予以解决，对于暂时不能解决的问题，也承诺在会后一定时间内予以答复。三是在一定程度上推进了“责任政府”的确立。“区长网上办公会”举行期间，包括区长张学兵在内的区政府领导班子成员以及各相关职能部门，就相关话题和新区市民在线“直接”对话，畅所欲言，既有利于发挥民智，又有利于展示政府的形象。

【数据中心初步建成】 2005年，继政务内外网切分后，电子政务管理中心对新区数据中心进行了重大调整，根据业务服务对象不同划分为互联网、政务外网和公务网3个数据中心。其中，互联网数据中心建于张江，该中心主要为企业和市民服务，运行新区电子邮件及人大、政协，以及司法局、经贸局、公安分局等部门的互联网应用系统。政务外网数据中心建于新区行政办公中心，主要为机关工作人员服务，运行新区OA、基础数据库、统一授权、目录服务等政务外网上的基础应用。公务网数据中心也建于新区行政办公中心，运行公务网站及加密设备。划分后的数据中心为新区电子政务高效稳定运行提供了保证。

【政务外网建设初具规模】 2005年，新区政务外网建设工程初具规模，在申报建设的13个条线300多家接入单位中，线路总体开通率约80%，其中建设、经贸、社会发展等系统的接入工作已基本完成，工商、财政、计划、环保、劳保等系统的开通率都超过了80%。

政务外网网络建设的不断完善有力地推进了政务外网上的应用发展。一方面，发展计划局和环保市容局等单位内部业务的应用不断优化；潍坊新村街道办事处办公平台和街道市民受理中心的互联互通取得实质性进展，并实现了街道办事处对市民中心业务开展情况的远程监管；张江镇社区信息化试点工作顺利推进，镇属31个村（居）委会全部光纤接入政务外网，实现了镇业务平台的向下延伸。另一方面，在2005年完成内外网网络分割基础上，新区还完成了多个统一应用平台的建设。到年底，统一的互联网出口为新区所有政务外网单位提供互联网服务，最大联接数超过3万个（即可供3万人同时上网），数据流量达到40MB；在完成与门户网站邮件系统整合的基础上，统一的电子邮件系统目前共开设了2 900个用户账号，预计未来用户规模可达5 000个；统一的数据交换平台在完成了科技局、财政局等7个委办局办公业务系统与区委办公室和区政府办公室办公平台数据交换的基础上，还实现了信访办网上来信和外事办出国审批业务数据与门户网站办事系统的数据交换功能；在政务内外网建立的统一CA中心和权限认证中心，为统一授权、统一门户打下了坚实基础。

新区政务外网正加强与外界的互联工作，目前，已完成与市政务外网中统计、人事、审计、计生等专网的对接工作。（区电子政务中心）

【新区发展计划局统一业务平台获奖】 2005年，新区发展计划局完成了文件办理办公自动化工作平台的改建。该工作平台以共享工作资料库为基础，以业务流转为主线，横联机关各处、下联基层单位、外联各功能区域，涵盖计划、规划、体改、统计、价格等各部门和局机关与基层单位的行政协同办公，实现了“统一协调、简化可控、窗口受理、内网办理、外网反馈”的电子政务管理模式，满足了业务一体化管理的需要。

该工作平台的建设，一是使业务流程得到了归类和重组，实现了业务流程的标准化和规范化，提升了管理水平；二是通过来件提醒、监控和跟踪，加快了文件流转速度，提高了办事效率；三是通过设置自拟常用批示语、报警、查询、代办等人性化功能，使系统从“实用、易用”到“用户爱用”，对信息化理念的树立和提升起到了积极的作用。

2005年，“浦东新区发展计划局统一业务平台”被上海市信息化委员会评为“2005年度上海市区县信息化应用优秀成果”。（诸煜瑞）

【规划管理网上审批信息工作平台继续完善】 2005年，区发展计划局完成了对新区规划管理网上审批信息工作平台的改版。一是根据上海市规划局关于全市“一书两证”规划审批业务纳入网上管理的要求，在工作平台原有三项业务的基础上新增了五项业务；二是采用了14位的收件和发证编码，与上海市城市规划信息共享平台保持了一致；三是平台界面更加清晰，数据录入更加完善，操作更加便捷；四是增加了提示功能，使平台更具人性化。目前，6大功能区域管委会的“一书两证”规划审批业务都已顺利上线操作，新区的规划管理呈现“市-区-功能区”三级管理格局。（裔　睿）

【发展规划局信访管理实现网络化】 2005年，区发展计划局正式启用基于政务外网的“信访管理信息系统”。该系统涵盖了从信访登记、拟办、受理，到办理或撤销、回复直至归档的信访管理全过程，实现了包括信访查重、模糊查询、信访督办、汇总统计、图表分析、Word和Excel数据交换等功能，使信访工作实现透明化管理。系统还通过采用红绿灯提示和流程标识图表化的方法，使界面更加直观、友好，用户使用更加便捷。（杨靖怡）

【规划历史数据查询系统基本建成】 2005年，区发展计划局开始构建规划历史数据查询系统。该系统应用GIS、空间数据引擎、.NET框架等技术，建立新区规划历史数据库，为新区的规划设计、规划审批、规划管理和规划监察提供统一的工作基准信息。该系统现已完成数据模型的设计、系统功能的开发和部分规划数据的梳理和入库工作。

该系统实现了不同数据格式的统一展示，能在一个平台上展示基础地理数据和常规的规划设计成果（CAD格式）；系统中的规划图形信息和属性信息能进行灵活多样的双向查询，突出显示包括地块编号、用地性质、用地面积、建筑面积、建筑高度、容积率、绿化率等地块规划控制指标；对于一个区域上的多次详细规划，能自动生成历次规划列表，自动回溯任何一次历史规划。（胡春红）

【行政区划信息管理系统获奖】 2005年，新区劳保局研发了集区划、勘界和界线管理3项业务为一体的行政区划信息系统。

该系统具有如下特点：①是应用信息化技术，将GIS平台、数据库、应用软件和网络技术集合而成的多功能、综合性实用的管理系统，它不仅为民政部门的各项业务提供了现代信息管理手段，也为各级领导提供了辅助决策支持。②系统覆盖了勘界成果管理、界线日常管理和行政区划管理等内容，综合性强，为实现区划、勘界和界线管理业务的一体化和无纸化操作奠定了基础。③系统以1：1 000大比例尺数字地形图为基础，整合了与业务相关的各类矢量数据、属性数据、影像数据，严格参照现有的国家标准与行业规范，数据组织严密、合理。④既体现了区划管理的共性，又体现了新区区划管理的特性，技术路线简洁、先进，紧扣业务工作，功能齐全、实用性强，界面清晰、操作方便，并在行政区划调整方案实现手段等方面有所创新。专家认为，该系统在国内同类型系统中处于领先水平。目前，市民政局已向其他区县民政系统推广应用。

2005年，“浦东新区行政区划信息管理系统”被上海市信息化委员会评为“2005年度上海市区县信息化应用优秀成果”。（区劳动和社会保障局）

【新区企业合同信用促进会网站一期工程建成开通】 2005年，新区企业合同信用促进会网站一期工程建成开通，实现了促进会和会员企业之间的信息对称，向企业提供相关咨询、信息反馈等通道，为企业高效、优质的服务提供了一个窗口；在二期建设中，实现了网上信用等级的申报和评定功能，为新区企业信用信息自主申报系统的建设提供有益的尝试；同时，该网站为上海各促进会利用高科技技术实现信用体系建设起到了引领的作用。（郭俊文）

【新区财政局信息化管理有序开展】 2005年，新区财政信息化工作主要抓好面向本局、预算单位和社会公众的各项信息化应用，搞好服务保障，为建设财政信息服务平台、信息交互平台做好基础准备。一是全面推广办公自动化。二是以信息技术推进非税收入收缴分离改革。三是增加网站功能，增强网站活力。四是加强预算管理。五是开通“浦东会计”网站，实行便民服务。六是推广了新版契税征收信息管理系统，顺利实现新老系统数据转换并正式上线运行。（黄晓萌）

【审计信息化建设正式起步】 2005年，作为“金审工程”战略规划的一部分，新区审计局建设的审计信息化（一期）系统以“审计管理系统”和“审计实施系统”为主体，辅之以被审计单位资料库、审计专家经验库、常用法律法规库等数据库为支撑，构成内外协同、完整的审计业务系统。该系统（一期）的建设还包括相关的配套工程，如机房基础设施的改建、网络系统的改造、安全硬件设备的增添等等。整个系统的实施提升了审计工作的质量和水平，提供了多种实施审计的方法和手段，规范了被审单位的数据内容和格式。该系统建设的意义不仅仅在于对审计技术方法的提高，还将对整个审计工作的方式、程序、质量和管理，乃至审计人员的思维方式和自身素质带来重大影响。（徐　欢）

【新区食品药品监管局建立行政执法案卷管理系统】 2005年，区食品药品监督管理局建立了“案卷公文网上流转系统”。该系统的运行将规范食品药品稽查执法工作，提高行政效率，促进监管水平的提升。一是通过醒目的颜色提示，红（提示需要办理案件或需要审批）、黄（90天以上报警提醒）、绿（案件正在流转）、蓝（已经结案），以保证涉密案卷安全；二是根据不同的职能权限管理签阅直接、间接相关的的案件；三是按照案件办理时间、案件办理质量等综合因素，进行案卷自动评分记录，促进案卷文书的规范和办案质量；四是规范案卷文书的电子化管理，促进行政处罚案卷文书资料档案。（区食品药品监管局）

【新区人民法院开通网上法院系统】 2005年，新区人民法院开通了“网上法院”系统。该系统不仅为法院构建了一个为百姓提供信息服务和法制宣传的平台，更重要的是构建了法院与百姓互动的通道，系统以公开促公正，体现出区人民法院审判工作的公开透明，以树立区人民法院公正的形象。其中，最具特色的是审判信息中心，当事人可以凭案件受理时产生的密码，在互联网上随时查阅本人受理案件的相关信息和审理情况。同时，新区人民法院党组还编制了新区人民法院信息化三年建设规划。涵盖了审判实务领域、审判辅助领域、行政管理领域以及公共服务领域等方面的内容。

（区法院）

二、社会领域信息化

【区完成市政府实事项目】 2005年，新区社保卡的有关工作继续走在全市前列。共完成了3.6万人社保卡信息采集工作，累计完成131万人的信息采集工作；发放社会保障卡3.3万张，发卡率达到99.9%，同比提高0.1个百分点，附卡发卡率达到86%；补换社保卡1.8万张，累计补换社保卡近6.1万张。涌现出了浦兴街道、周家渡街道、梅园街道等8个先进社会保障卡服务站和沈章妹、王海英、邵雪珍等10名先进个人。

全区将“市民信箱”的宣传和受理工作进入社区、学校、医院、企业等，共设立3个区级受理点和24个街镇受理点，已受理实名制“市民信箱”2.2万个，累计完成“市民信箱”6.25万个。2005年，“互联浦东人”信息化培训继续被评为实施2005年度市政府实事项目“百万家庭网上行”计划特别贡献奖，全年完成5.16万人培训任务。2005年，新区采取有力措施推动“付费通”在浦东落地应用，目前，自助缴费终端在商务楼、居民小区的协议布放点达到144台，开通106台，居各区县之首。

同时，新区还形成了结合实际、确保为市民提供高效优质的信息化服务的制度和工作机制。主要体现在：一是通过建章立制，逐步形成长效管理机制；二是强化监督，确保各项制度落到实处；三是落实便民措施，使市民直接感受到成效；四是提高队伍素质，确保工作质量。（区信息委）

【新区文化市场管理建设综合信息系统项目】 2005年，区文化市场管理办公室为了实现“市、区一站式行政事务管理”，通过网络将市级与各区县文化管理部门连接起来，最终实现全市文化市场管理的资源共享、信息互通，协同办公，建设了“浦东新区文化市场管理综合信息系统”，并建立了“浦东新区文化行政事务信息检索系统（触摸屏导航系统）”、“浦东新区文化市场管理内部信息系统”、“浦东新区文化市场综合信息网（门户网）”3个子系统。

截至2005年6月17日，区文化市场管理办公室实现了在3个子系统上即时、同步处理许可发布、公示信息等功能。7月1日，完成了2个子系统的后台维护整合。目前，3个子系统的联动形成了合力，无论是触摸屏还是门户网，都由区文广局、区文化行政执法大队与区文化市场管理办公室3个部门数据共享、协同维护，提高了工作效率。（区文化市场管理办公室）

【“民主法治示范居委会”网络评议成热点】 从2005年10月20日起，新区司法局利用政府门户网站平台开展“民主法治示范居委会”网络评议活动，这是继2004年6月，新区在上海市率先启动“民主法治示范居委会”创建工作以来的又一创新。在20天的网上评议期间，共有3.18万人次参与网上投票，493条网上评议意见。参加网络评议的既有浦东区的居民、社区民警、学生、机关干部，也有其他区县的网民，甚至有外地来沪人员。据网络投票方面的专家说，如此高的参与度和如此众多的网络评议，在政府网络评议事项中，是少有的。新区有250个居委会参加了“民主法治示范居委会”的创建工作，这次提交市民在线评议的46个居委会中的前20名将最终被命名为新区“民主法治示范居委会”。

（区电子政务中心）

【梅园街道迈入信息化工作“三年行动计划”推进实施期】 一是加强信息化基础建设，继续完善信息化工作环境。2005年，街道为居委会新添置了一批计算机设备，每个居委会平均拥有1台数码相机，6台计算机，人均计算机拥有量达到0.5台；中心机房完成IP扩容工程，为居委会新增计算机入网做好基础准备；完成了新区政务外网的接入工作，保证街道在第一时间了解新区政务动态，及时掌握有效信息。

二是落实信息化项目建设，提升信息化工作的整体水平。①建成了以“梅园之窗”门户网站为首，各条线特色网站为辅的网站群模式。2005年，推出了人民代表之家、长城家园、浦江茗园3个特色子网站，使网站服务功能更加细化。截至2005年9月，共接待网上咨询180人次，发布主动公开信息108条，“梅园之窗”的累计点击率已经上升到8 679万次，各条线特色子网站的点击率也呈上升趋势，街道网上家园更加丰富充实，网站群模式初显成效。②完成了OA系统“资料中心”和“图片中心”两个模块的充盘工作并形成常规工作机制，实现系统内的资源共享，共充实整理了42条内部资料，12个条线共177张图片，为街道各科室调取资料提供了便利。③建成了1个社区信息苑和3个小区信息苑。依托信息苑向居民普及信息化知识技能。社区信息苑自2005年3月开放以来，活动人次已达到1.14人次，各信息苑总共办卡620人，其中公益卡490张，少儿卡130张，总上网小时数为1.8万小时，累计培训课时为1 300课时。④建成街道社区文化中心弱电信息系统，完成街道社区事务受理中心弱电信息工程及受理系统软件的调研工作。

三是落实人员对市民培训，制定试行各项配套制度。①开展分类别、分层次的计算机技能培训和专项培训。街道共组织300人参加了计算机应用能力普及培训，合格率达到98%，优秀率达到72%，基本实现了人人会操作计算机、会使用办公自动化软件的目标。专项培训主要结合街道已建的信息化项目，对居委会工作人员进行了定向培训，培训初见成效。②建章立制，确保街道信息化工作快速有序地推进。街道整理制定了与信息化相关的一系列制度措施，如《街道政务信息公开制度》、《居委、阵地计算机故障报修制度》、《计算机设备类使用管理制度》、《梅园之窗网上居民来信回复制度》、《中心机房管理制度》、《街道耗材领用制度》等等。这些制度将在试行过程中逐步完善，并最终形成《梅园街道信息化制度汇编》。

（梅园新村街道）

【金杨新村街道推进社区建设扩大试点工作】2005年，金杨新村街道为积极推进社区建设扩大试点工作，筹措资金1 800万元，新建了“一门式”社区事务受理中心，并于2005年3月正式启用。截至2005年底，社区事务受理中心共接待前来办理各类事务的居民近7万人次。

社区事务受理系统以人口数据库为基础、工作流为纽带，优化和改造办公流程，提高了整体工作的有效性。该系统采用先进的浏览器/服务器（B/S）软件体系结构，根据自身工作的机构设置调整工作流程。社区事务受理中心设有滚动显示的电子大屏幕，快捷直观的电子触摸屏查询系统和排队叫号系统，大大方便了市民。

街道对所有窗口接待人员及部分公务员进行了“六西格码管理法”培训，以完善“街道内部运作管理制度”等配套改革工作，强化政府运作能力和依法行政能力。街道在办公局域网的基础上建立了“一门式”综合业务受理系统，实现了“前台受理，后台办公”，“办公办事合一”的操作程序，所有的业务数据统一存放在一个数据库，以便各部门共享。街道内部利用局域网办公，传达上下级文件和沟通内部信息；对外建立了门户网站，及时公布街道信息和社区新闻。

（金杨新村街道）

【张江镇信息化建设取得初步成效】为贯彻区委、区政府关于张江镇要率先实现现代化、加快推进城市化建设的要求，张江镇提出了建设“数字张江”的构想。在市、区信息委的直接关心和指导下，经过持续推进，取得了初步成效。

一是组织保障，规划先行。张江镇建立了“三层两翼”组织体系，即由镇信息化领导小组、信息办和村（居）委、企事业单位、职能科室信息员组成的三层应用推进组织体系，依托新区信息委专家队伍和专业服务机构为两翼，结合项目建设联席会议制度，共同推进信息技术应用。此外，还编制了2004～2008年信息化建设五年规划，明确了重点目标任务、推进步骤和配套措施。

二是注重效益，找准切入点。利用新区政务外网工程的建设契机在全镇范围内建立了广域宽带网络，初步构建了协同办公信息平台。目前，张江镇所有简报、通知等都通过网络下发，各部门还可按照职能权限共享所需的人口、企业等基础数据。经济管理系统已初现成效，实现了经济基础数据的采集和整理，95%以上税收企业直接上报或通过18个代理点上报数据，保证了经济管理数据的完整性、及时性、准确性，为科学管理、营造良好招商环境、服务园区提供了技术支撑。

三是注重服务，缩小“两级落差”。张江镇一方面运用网上“在线学习”、“百万家庭网上行”、“远程教育”多各种形式完成了100%机关干部和中青年社区干事信息技术培训；另一方面通过开展“信息化应用竞赛”、“我喜爱的网站”评选、“快乐生活点点看”等系列活动，加强社区宣传，提高百姓对信息化理念、信息化知识的理解和掌握。目前，张江镇的干部上班第一件事就是通过电脑收取信息，进行管理和服务；社区居民通过网上政务、村（居）务公开信息，参与民主管理；有些农户从网站上学习农艺技术，发布农产品信息，下发定单等，网上“阳光驿站”为基层党建工作架起了沟通服务的桥梁。信息技术为深化城乡一体化发展奠定了基础。（张江镇）

三、经济领域信息化

【新区海关力推“电子口岸”建设】 2005年，新区海关以建设“电子口岸”为抓手，全面推进海关信息化管理进程，为上海实现“大口岸、大通关、大平台、大物流”目标、促进新区外向型经济快速健康发展作出了积极贡献。一是大力推行“无纸报关”（EDI）和“网上支付”。2005年，新区海关无纸报关单量总体呈逐月递增态势，进行无纸申报的企业共有27家，全年无纸交单总量达3.51万份，同比增长64%。全年网上支付累计6.14亿元，是上年的10倍。二是大力推进企业电子联网，创新海关监管模式。新区海关积极推进加工贸易企业电子联网、中小企业信息化管理和保税仓库远程联网监管进程。至2005年底，新区海关约有60%的加工贸易业务纳入信息化管理轨道，完成加工贸易联网企业有36家，联网企业从网上申报到通过海关审批最快仅需5分钟。三是大力运用信息化监管手段，为新区国际会展业“保驾护航”。2005年，企业通过互联网向海关传送国际会展备案资料，新区海关在2个工作日内给予审批意见的回复。新区海关已与上海国际展览有限公司等11家企业签订了“展览会网上备案备忘录”，并对10多场展会成功进行了网上备案，有效地提高了工作效率，降低了企业运作成本，受到国际展商的普遍好评。（区海关）

【新区确定7家企业信息化示范企业】 2005年，新区通过对2004年确定的33家企业信息化试点单位进行指导，有效促进了新区企业对信息化建设的重视和投入，一批信息化建设基础好、上台阶、出成果的优秀企业在企业研发、业务和生产管理、流程控制、商务营销等方面取得了优异成绩。10月27日，新区企业信息化试点工作总结会隆重举行。会议确定沪东重机、新致软件、金陵雷戈勃劳伊特等7家为新区企业信息化示范企业，为新区企业信息化工作向纵深发展树立了典范。

【新区自主研发船舶设计软件】 2005年，在区政府的领导和支持下，沪东中华造船集团信息技术研究所自主研发了三维CAD船舶设计软件，填补了国内船舶设计软件的空白，并取得了可观的经济和社会效益。

自CAD三维船舶设计软件开发完成以来，首先在公司民用产品300M3、5000M3挖泥船上应用，还先后在9000匹拖轮、OPV近海巡逻艇等九艘军、民用船舶上得到了应用。金陵、厦门、文冲、澄西、北海、乳山、山海关等20余家船厂也广泛应用了该集团研制CAD三维船舶设计软件。该三维设计软件不但打破了国外软件对中国造船设计软件的垄断，在造船应用的基础上，还可以推广到其他行业应用。

（区信息委）

四、城市建设管理领域信息化

【地理信息交换共享平台通过验收】 2005年12月28日，新区地理信息交换共享平台通过专家验收。专家组一致认为，该平台为统一新区地理信息建设基础底图和地理信息数据共享提供了交换的技术手段，成功地将GIS、数据库、网络等多项技术手段应用到新区政府对地理信息的管理中，实现了在地理信息交换共享领域达到国内先进水平的预定目标。

新区地理信息交换共享平台是整个新区地理信息发布、查询、获取、使用的系统运行平台，其最终目标是在新区现有30多个GIS应用系统，10多个行业数据库的基础上，结合国家规划的空间地理信息数据库建设，在复杂异构的环境下整合共享数据资源，建立具有浦东特色的基础空间数据库更新管理模式，整个系统是一个基础数据统一管理，专业数据和应用分散管理的结构。

专家组认为，新区地理信息交换共享平台具有数据上传、下载，数据转换，目录基础信息管理等多项功能，在电子政务管理领域有一定的创新和特色。同时，由于该平台采用了B/S和C/S相结合的体系，能够满足将来各应用单位对大量空间数据及其属性数据的交换共享需求，充分体现了“数字城市”的特点，实现了数据分层次的管理和维护，并具有安全可靠性。

（区电子政务中心）

【房地产权籍信息化管理系统通过专家验收】 2005年12月9日，新区房地产权籍信息化管理系统通过专家评审验收，系统软件通过了上海市浦东软件园评测中心的软件产品鉴定测试。

与会专家认为：该系统将地籍图、楼盘表、房地产交易登记信息，统一在同一个平台上，为业务办公和辅助决策提供了可靠的空间信息数据和业务属性数据的支持，有助于提高政府管理部门工作效率。该系统采用GIS技术为主要开发手段，能够满足系统对大量空间数据及其属性数据的维护、查询、分析和管理的需求。该系统利用B/S技术和VBA、LISP编程语言研制，具有辅助权籍整理，规范统一权籍整理程序，实现权籍整理工作中各种图件的制图、绘图打印、数据导出/导入、数据格式转换、数据自动挂接、自动编号和编码、数据接边和匹配、数据质量检查和统计等功能；提供对地籍及楼盘数据的编辑、录入、批量导入的功能；提供对宗地、地形要素、房屋进行编号的功能；通过属性数据库提供属性维护的功能。该系统还具备了系统和信息数据的保密性和安全性。

【地铁6号线视觉形象定位在网上公示】 2005年7月，在新区电子政务中心的支持下，新区建设局将地铁6号线视觉形象定位在新区政府门户网和建设局电子政务网上进行公示，通过网络广泛征求广大市民和机关人员对地铁6号线视觉形象定位的意见。

【房地产综合业务管理信息系统实现市、区联动运行】 2005年，新区建设局顺利完成了与市房地局、市交通局的光纤联网工作。在良好的内部专业网络环境下，新区建设局从实际出发，对房地管理部门工作人员组织了多次培训，对网上业务审批流程进行了认真的梳理，进一步明确了各个流程工作人员的职责，从而较好地实现了“上海市房地资源综合业务管理信息系统”等多套市、区联动业务审批系统在新区的网上运行。

【新区越江交通诱导系统工程建设取得进展】 新区越江交通诱导系统是区交通智能化系统的重要组成部分。2005年3月，区政府正式批准立项。该系统是在现有道路设施的基础上，采用信息技术手段合理引导和分配路网上的交通流量，尤其是挖掘与主干道相匹配的次干道和支路系统的潜能，分析交通运输系统运行状况，研究最佳道路诱导系统方案，以便引导车辆在最佳线路上行驶，为出行者提供越江道路通行选择参考。该系统技术含量高、涉及面广，从整体上改善交通管理系统现状，提升交通管理科学水平，用疏导交通辅助控制管理，变被动管理为主动管理，通过信息技术手段逐步实现交通管理智能化，充分实现了资源共享。

（区建设局）

【新区开发金桥土地管理信息系统】 2005年，上海金桥（集团）有限公司开发了金桥土地管理信息系统。该系统运用先进的计算机技术，实现了计算机网络化图文办公，实现了土地信息的采集、处理的自动化，实现了不间断的数据流，使土地信息方便、快捷地应用于开发区各项管理工作之中，将土地信息管理工作提高到现代化的水平。

该系统具有下列功能：①可清理开发区成立以来金桥每一块土地的权属、土地来源、土地用途、土地状态等情况，建立地籍数据库；②通过先进的数据库管理技术，能方便、快捷地对地籍属性进行查询检索；③能提供分幅地籍图、专题地籍图，并具有所见即所得制图功能，配以地图整饰技术，制作的图形美观实用；④对不同的用户设置不同的权限，用户可通过相应的权限对系统进行访问；⑤能提供数据维护、数据检查、数据备份、数据整理功能，保障地籍数据的准确性、可靠性；⑥采用国土资源部门标准的数据库结构，便于数据与国土资源部门的相应系统进行对接；⑦充分预留相关接口，为系统拓展奠定坚实的基础。

该系统投入使用后，在2005年国家审计署对金桥开发区土地使用情况例行审查中发挥了很好的作用。上海市经委有关专家对该系统给予高度评价，认为无论在技术上，还是功能上，金桥土地管理信息系统均走在上海各开发区前列。 （金桥公司）

【新区环保市容局完善社会服务呼叫系统】2005年，新区环保市容局为进一步完善局信访投诉服务网络，成立了局信访投诉服务中心。按照“增设统一号码，提供优质服务，优化操作流程，提高行政效能，整合行业资源，加强监管考核”的要求，为公众提供便捷、高效、优质的信访投诉服务，并建立起社会服务呼叫系统，整合现有资源，把局系统内各部门的信访投诉服务统一到一个平台上来。该平台在改善和提高信访投诉服务质量方面实现了以下功能：

一是社会服务呼叫系统作为一个呼叫中心（Call Center），向市民公布统一的电话号码58606677，简化了市民投诉的渠道。作为对原有四个行业投诉电话的有效整合，提供了涉及新区范围内环保、水务、市政、绿化、市容卫生、城管执法、供水、供电、供热、供气等行业的投诉服务。二是结合环保市容局电子政务工作进程，运用局政务协同办公系统，实现信访投诉件的网上受理，局长电子信箱中的来访件、领导的重要批件均能够导入到呼叫系统中，扩大了信访投诉件的来源。三是规范处置流程，提高监管水平。按照信息受理、信息分发、到场反馈、信息处理、信息回访的处置过程，办理信访投诉件。信访投诉服务中心与各分中心及基层单位在信访投诉件的分发、移交、反馈、统计、考核等方面实现网上联通，利用网络信息传递快速的优势，提高了办件的处置效率。在整个工作流程中，信访投诉服务中心能够实时掌握每个办件当前的处置状态，对未办结案件进行督办，提高了监管水平。

由于该呼叫系统能够记录工作流程中的数据，并进行统计分析，既为管理工作提供了有价值的数据，也为考核工作提供了客观依据。更为重要的是，通过新区环保市容局社会服务呼叫系统平台的建设，整合了社会资源、行业资源，提高了工作效率和监管水平，在市民中树立了政府便民、高效的形象。

（区环保局）

【新区水文水资源监测站网项目】水文水资源监测站网项目是新区水文历史以来最大的一个基础建设项目，主要由基础建设部分、采集传输系统、后台处理系统3个部分组成，目的在于彻底改变水文水资源信息采集的状况，提升为政府和社会提供服务的能力。水文水资源站网建设项目专业性强、采购领域狭窄、建设难度大，项目调研踏勘等工作在2003～2004年期间进行，根据前期准备工作的情况，通过和新区计划部门沟通获得认可，采取专家评审的操作方式，根据项目实际情况进行项目建设，至2005年底，项目在技术指标、工程进度、资金使用等方面取得较大成效。

2005年3月，区水文水资源监测站网项目进入了建设期，开始进行踏勘和实地设计；12月，新建了17个水文监测站，完成了6个原有监测站的改造，完成项目达85%以上。截至2005年底，项目已完成了18个监测站的建设，运行情况良好。

（区水文水资源管理署）

五、信息产业

【区集成电路产业态势良好】 2005年，新区集成电路产业态势良好，企业研发高端成果不断涌现，集成电路产业基地蓬勃发展。截止到2005年底，新区已集聚了120家集成电路企业，其中设计50多家、制造3家、封装测试10多家、智能卡4家、设备及原材料30多家、管理投资及其他类型18家；3家芯片制造企业实现销售收入114.7亿元，同比增长249%；12家封装测试企业实现销售收入36.18亿元，同比增长177%。区内展讯公司自主研发成功的3G手机核心芯片是目前全球惟一的TD-SCDMA/GSM/GPRS双模单芯片；鼎芯半导体DECT数字无绳电话功率放大器（PA）打入欧洲市场，开始量产；凯明信息科技股份有限公司推出第二代增强型基带芯片“火星”，支持TD-SCDMA/GSM/GPRS双模和丰富的多媒体应用，并在深圳举行的“第七届中国国际高新技术成果交易会”上展示；中芯国际开始生产90纳米芯片，生产众多先进产品，包括90nm的光掩模版、铜制程硅圆片、0.13 μm至0.35 μm的动态存储器及逻辑电路产品以及在中芯北京四厂中产出的12英寸硅圆片等。

【软件产业迅速发展】 2005年，新区软件产业规模进一步提升，软件企业销售总额达到220亿元，增长约27%，占上海市的50%左右；软件产业出口持续增长，约3.4亿美元，约占上海市的60%左右；软件产业基地成效显著，基地入驻软件企业总数近1 000家，软件产业研发和集成也正向高端迈进，基本形成了蓬勃发展的产业集群。产业规模创历史最高水平，年销售额超过1亿元的重点软件企业约有14家，年销售收入在1 000万元以上的规模企业达到75家；软件产业的技术能级进一步提升，上海市顺利通过国际软件企业最高开发及管理水平CMM5级认证的5家软件企业，及通过CMM4级认证的4家企业，有8家均在新区。

2005年，浦东软件园企业入驻数达415家，销售总收入为180亿元，占上海市的1/3。其中，陆家嘴软件分园销售收入60亿元，外高桥软件分园销售收入为23亿元，搭建了现代物流信息技术及无线射频技术应用推广服务平台，参与制订RFID国家标准的工作，金桥软件分园销售收入为9亿元，入驻的著名企业有惠普软件开发中心、禹华通讯等公司。

【新区软件产业凸现一批优秀品牌产品】 2005年，新区软件企业凸现了一批具有市场竞争能力的软件优秀品牌产品。盛大网络和第九城市以动漫设计与网络游戏为特色的国内品牌系列，已占据了国内动漫网络市场的主导地位；拥有自主知识产权，具有国际先进水平的上海普元公司，EOS构件平台已成为上海知名的软件品牌；复旦金仕达软件有限公司在国内期货软件市场上已占据了65%左右的份额；浦东科泰世纪公司自行研发的嵌入式实时操作系统进入产业化应用阶段。

（区科技局）

【市银行卡产业园建设有序开发】 2005年，银行卡产业园全年完成投资7.27亿元，基本完成产业园一期的基本设施建设和二期210万平方米土地的动拆迁；招商引资3个项目，即中国人民银行支付系统上海中心、上海期货交易所数据备份中心和金融衍生品研发中心、太平洋人寿全国后援中心，签约土地面积17.24万平方米，总投资估算人民币30亿元以上；引进了主营金融服务的美国BCCII公司，在园内注册设立上海卡德商务资讯有限公司（注册资本金为15万美元）。已入驻中国银联二期和中国银行一期项目结构封顶；中国平安和交行项目基本完成外装饰，计划从2006年5月起相继投入运营；中国人民银行清算中心、兴业银行、招商银行正积极进行项目启动的前期准备。

截至2005年底，产业园一、二期共引进功能性项目9个，签约土地面积共89.66万平方米，签约项目总投资估算达140亿人民币，预计吸纳就业人口3万人以上。

（市银行卡产业园）

六、信息化环境

【新区"十一五"规划思路研究通过专家评审】 2005年，新区国民经济和社会信息化"十一五"规划思路（以下简称"'十一五'规划思路"）研究课题于12月底顺利通过专家评审。

"十一五"规划思路研究紧紧围绕新区"十一五"经济和社会发展需求，按照综合配套改革试点和"三个着力、四个结合"的总体要求，结合新区信息化发展的实际，以需求为导向、应用为核心，在"浦东新区政府信息化管理和服务研究"和"浦东新区社会公共管理和服务信息化研究"的基础上，提出了"浦东新区国民经济和社会信息化'十一五'规划思路研究"主报告。研究报告全面分析了新区"十五"期间信息化发展现状和"十一五"发展面临的环境和趋势，提出了未来五年（2006～2010年）新区信息化建设发展目标。研究报告从信息服务业发展、电子政务、经济信息化、社区信息化、社会事业信息化、智能城市和功能区域信息化等方面提出了"十一五"新区信息化建设的发展重点、重要建设项目的思路和依据，并从信息化组织机制、信息资源共享应用和信息化环境建设等方面提出了建议。

专家一致认为，"十一五"规划思路研究提出的指导思想正确，规划目标明确，指标体系与总目标基本适应和切合浦东实际，达到了为科学制订新区国民经济和社会信息化"十一五"规划提供依据的要求，具有可操作性和指导性。专家组建议结合市、新区对"十一五"规划制订提出的最新要求和思路，进一步强化主要任务和完善措施建议，为新区制订"十一五"信息化规划打下扎实基础。 （区信息委）

【新区出台多个文件，加强电子政务管理】 2005年，新区连续发布了《浦东新区政务外网建设管理暂行办法》、《浦东新区地理信息系统建设和管理实施意见》和《上海浦东诚信网站运行管理暂行办法》等3个规范性文件，加强电子政务管理。

《浦东新区政务外网建设管理暂行办法》的出台，旨在保障新区政务外网的安全、便捷和正常运行。根据《办法》规定，新区政务外网由新区政府统一规划，各单位必须使用统一的IP地址，不得擅自接入国际互联网。

《浦东新区地理信息系统建设和管理实施意见》提出了新区地理信息系统建设和管理的五大原则，即统筹规划原则、应用主导原则、统一底图原则、数据分类原则和数据标准原则。明确了新区地理信息系统各相关建设和管理部门的职责分工，并对项目立项、评审、验收及地理信息数据维护、更新的监督方式作了相关规定。

《上海浦东诚信网站运行管理暂行办法》从建设原则、组织机构、网站管理、监督考核等方面提出了切实可行的管理办法，为确保诚信网站的长效管理作出了制度保障。 （区电子政务中心）

【完成新区企业信用信息自主申报体系研究的调研】 新区作为国务院批准的综合配套改革试点，积极开展对推动社会诚信建设前瞻性课题的研究。2005年，新区工商局完成了《浦东新区企业信用信息自主申报系统建设课题研究》报告。该报告从课题的背景、系统建设的意义、现状分析、系统建设原则、系统建设目标、系统设计思路、技术框架、建设步骤、可能存在的问题及应对方案等方面展开了详细的论述，得到了评审组专家的高度评价。 （郭俊文）

【上海市信息安全测评认证中心浦东分中心成立】 2005年8月30日，上海市信息安全测评认证中心浦东分中心在张江举行揭牌仪式。这是市信息安全测评认证中心在全市设立的第一家分中心。市信息委副主任陈跃华、新区副区长尚玉英、新区科技局局长朱旭东等出席仪式并讲话。新区各委办局、功能区域、街镇等50多人参加了揭牌仪式。

上海市信息安全测评认证中心浦东分中心的成立将为新区信息化建设和应用发展提供更有力的安全保障支持，并为信息化项目的安全建设和管理做出有益的探索。 （区信息委）

七、社会诚信体系建设

【继续推进扩大信用产品使用范围】 2005年，新区扩大了信用产品的使用范围，通过与上海资信有限公司合作，首次在政府采购招投标项目中开展试用信用产品，采购项目总预算达539万元；在去年科技系统试点的基础上，2005年，新区继续深化在科技发展基金的创业人才专项资金申请中使用信用产品，又有30家申请单位（人）使用了信用产品；此外，新区劳动保障学会在30家会员单位中，开展了劳动保障诚信单位创建试点工作。在高新技术企业认定中，新区高新技术企业园区外通过复审的145家高新技术企业中，有64家使用了信用产品，占44%。园区外新申报的17家高新技术企业全部使用了信用产品。

【新区组织开展诚信宣传活动】 2005年，新区信息委组织开展了形式多样的诚信宣传活动。一是组织了诚信知识讲座，特邀了中国诚信信用管理有限公司领导作专题报告，近100家企业领导及劳动人事干部参加；二是组织召开了合同信用管理理论研讨暨法律咨询会议，新区合同信用促进会员中的机械行业单位及促进会法律咨询委员会的有关成员参加；三是营造消费放心环境，举行了2005年度新区“消费者放心店（单位）”创建评选授牌仪式，11家“消费者放心店（单位）”得到表彰并授牌。

【“上海浦东诚信网站”正式开通】 2005年9月底，新区区委副书记、区长张学兵同志点击开通了“上海浦东诚信网站”。上海浦东诚信网站是“上海浦东”门户网站的一个重要组成部分，第一批归集了区质监分局、食品药品监督分局、工商分局、文广局、财政局、环保局、法院、消保委和合同信用促进会9家单位行政执法监管和信用服务的相关信息，开设了新闻动态、信息公开、政策法规、指导文件、监管动态、企业许可、消费维权、知识园地、企业名榜、企业信息查询、专题热点、合同促进等12个栏目，是区县中第一家发布政府执法监管和行业信用服务信息的综合性诚信网站。浦东诚信网站的开通将更好地在政府、企业、市民中宣传诚信、倡导诚信，更好地使企业、市民在经营活动和社会生活中受益，从而推进新区的社会诚信体系建设，推进社会和谐发展。

【新区企业建立信用管理制度】 2005年，新区在张江园区选取了30家有贷款融资及其他信用担保需求的中小型企业开展了企业信用制度建设和信用评估试点工作，引导和鼓励试点企业建立信用管理制度。目前，新区已对10家试点企业组织了信用评估，并拟对信用评估达到一定等级的企业在政府资金申请、年检等方面配以一定的政策优惠与扶持。此外，在新区陆家嘴物业管理公司等5家物业公司中也进行了信用管理制度试点工作。

依据《上海市企业信用档案管理办法》，新区开发研制了《信用档案管理软件》，已在试运行，为建立企业信用档案提供了技术支撑。此外，根据国家八部委《关于加快食品安全信用体系建设的若干指导意见》及《上海市2003～2005年社会诚信体系建设三年行动计划实施意见》，新区加强了对食品药品安全的监控，建立了食品药品安全监管跟踪体制。（区信息委）

【食品药品安全诚信信息系统正式立项】 2005年，新区食品药品安全诚信信息系统正式立项。该系统建立了较完整的食品药品企业诚信信息征集、诚信企业的激励和失信企业的惩戒等食品药品安全诚信体系，积极探索食品药品安全监管，为食品药品安全的综合监管提供服务。主要内容包括：一是政府行政审批、行政检查、行政执法的法律法规依据的信息公开；二是行政审批受理和审批进度查询及许可的信息公开发布；三是较完整的行政相对人信用信息数据库的征集和分类分析；四是社会信息特殊服务管理；五是基于GIS基础上的政府综合管理指挥决策系统。该系统于2005年立项，预期在2006年上半年建成运行。

（区食品药品监管局）

第二章　徐汇区信息化建设

概　述

2005年，徐汇区信息委扎实地推进了区信息化各项工作，取得了显著的成绩。一是完善协同办公和信息交换环境；二是深化诚信体系建设工作；三是规范运作政府信息公开工作；四是深入推进社区信息化建设；五是提高信息化管理水平。2005年，区信息委全面完成了区政府有关信息化的重点项目；承担了国务院信息化工作办公室地区电子政务原型试点（空间地理领域）项目；聘请了国际著名咨询公司对全区电子政务建设现状的成熟度进行评估；电子政务绩效评估指标体系项目被徐汇区政府列为全区绩效评估的公共项目。

2005年，"徐汇区政府一体化电子政务公务员应用平台"和"徐汇区GIS综合平台"被上海市信息化委员会评为"2005年度上海市区县信息化应用优秀成果"。

（杨　彪）

一、政务信息化

【深入推进政府信息公开工作】 2005年，徐汇区政府建立了区政府信息公开联席会议，分管副区长任第一召集人，区府办主任和区信息委主任为召集人，区政府法制办公室、徐汇政府门户网站运行管理中心、区信息化委员会、区委保密委员会、区档案局、区监察委员会、区文化局、区政府办公室、区财政局、区委党校等单位分管领导为成员，联席会议下设办公室（设在区信息委）。一是完成了《徐汇区政府信息公开指南》和《徐汇区政府信息目录》更新和发放，组织启用全市统一的《政府信息公开申请处理文书格式文本》。二是加强对15个信息公开查阅室的指导和管理，落实和建立由联席会议办公室和保密部门参加的保密审查制度，完成了区全年免予公开政府信息报备和重大决定草案公开情况备案工作。三是组织信息公开监督检查员对政府门户网站、公共查阅室、市民咨询服务中心运行情况进行监督检查，并落实开展了全市政府信息公开的评估工作。2005年，区信息委全年出版了6期《徐汇区人民政府公报》，共主动公开政府信息1 089条，其中新增390条；受理信息公开申请137件，已答复131件申请；接受市民咨询2.23万次，其中咨询电话接听1.24万次，当面咨询接待9 437次，网上咨询425次；"上海徐汇"政府门户网站中政府信息公开专栏访问量为38.15万次；发生针对区政府机关有关政府信息公开事务的行政复议案3件，行政诉讼案1件。

【推进政府信息依申请公开业务系统建设】 2005年，区信息委着力推进区政府信息依申请公开业务系统的开发建设。该系统通过建立规范的内部工作流程，提高工作协同能力，实现政府信息公开工作的精确化、规范化、可视化以及操作的人性化，最终实现5个目标：避免重复申请、规范流程操作、方便统计监督，实现一口受理、提高工作效率。

该系统具有以下主要功能：①实现与社会公众的多种沟通渠道（信函、电报、传真、电子邮件、呼叫中心等）的数据接口，机关内部统一由系统处理；②建立各部门协同工作环境，统一使用系统处理政府信息公开事务，实现规范完整的信息公开工作流程；③以信息安全为基础，构筑完整的身份认证、安全可靠的工作体系；④实现与门户网站、呼叫中心的信息发布、受理、反馈的联动；⑤实现信息公开相关的收费、统计、分析功能；⑥实现与区公务员服务系统等相关系统接口，共享信息资源。

【巩固基础信息资源开发】 2005年，徐汇区初步建立了全区的人口基础数据库，并逐步实现了在有关部门和社区的应用；启动了法人数据库的建设；完成了呼叫中心与知识库的接口调试、开展了与社区系统的结合调试；进行了全区公众服务电话一号通的方案编制、评估工作。区信息委开展了全区政务网络结构调整和维护工作；完成了全区会场型视频会议系统的建设并正式运行，进行桌面型视频会议系统的全区部署和与公务员门户的整合。此外，区信息委还完成了城管大队、斜土街道光纤网、卫生局"院院通"联网等项目，跟踪了斜土路光缆宛平南路至大木桥路入地工程项目。

【开展地区电子政务原型试点（空间地理领域）工作】 2005年，徐汇区承担了国务院信息化工作办公室地区电子政务原型试点（空间地理领域）工作。按照试点目标和试点具体内容，徐汇区成立了以副区长孙飞忠为组长的徐汇区地区电子政务原型试点（空间地理领域）工作小组，由区信息委牵头，经与区有关部门协商后，形成了《上海市徐汇区地区电子政务原型试点（空间地理领域）方案》并组织实施。

【全国地方电子政务建设现场会在徐汇区召开】 2005年8月18日，由国务院信息化工作办公室主办、市信息化委员会承办的全国地方电子政务建设现场会在徐汇区召开。区信息委在现场会上作了徐汇区"一体化"信访业务系统和地理信息系统（GIS）综合平台的情况介绍。会议认真总结和交流了近年来地方电子政务建设的做法和经验，分析了当前地方电子政务建设形势和存在的突出问题，研究讨论了电子政务建设在各地的深入应用。

【电子政务被列为全区绩效评估的公共项目】 2005年，徐汇区电子政务建设在围绕区重点工作推进过程中，发挥了全面的促进作用，信息化已经成为各部门工作中不可缺少的重要部分。电子政务绩效评估指标体系被区政府列为2005年全区绩效评估的公共项目。区信息委针对各部门电子政务应用情况，提出了一套科学而有效的量化指标体系，对各部门推广、使用的情况进行综合评估，使得电子政务的应用和推广日益成为各部门自觉的行动。

【区信息委全面完成区政府有关重点项目】 2005年，区信息委全面完成区政府有关重点项目：一是继续加快公务员门户等系统的应用和推广，完成了企业信用服务系统的开发建设，进一步加大了地理信息数据库、人口数据库等基础数据库的建设，启动了法人数据库的建设，扩大了基础数据应用的深度和广度；二是完成了社区综合管理服务系统及区基础管理信息库和扩展管理信息库建设，强化了社区综合管理；三是积极配合区政府完成绩效评估、ISO9001质量管理体系、企业服务平台、协同工作平台等2005年区政府重点项目的推进工作。

【"徐汇区信访信息系统"开通】 2005年7月1日，由徐汇区副区长孙飞忠主持仪式，区长孙潮点击、开通了"徐汇区信访信息系统"，并通过系统阅批了第一封信访件。市信息委秘书长周卫东、市信访办许仁绿副主任到会祝贺并讲话。"徐汇区信访信息系统"的建成开通是区政府工作模式的重大改革，也是徐汇区第一个真正意义上实现全方位网上办公的业务系统，在行政事务一口受理和协同办公方面迈出了非常重要的一步。徐汇区信访信息系统从2005年3月份开始调研需求、系统建设和测试，4月份开始培训推广，先后举办了9期业务操作培训班，全区70个部门和集团公司的信访干部、分管领导共296名同志参加了培训。

【区外经委积极推进信息化建设】 2005年，徐汇区推进了“徐汇外经”网站、业务审批管理系统及外商投资企业信息库的建设工作，有关系统于年底正式开通试运行。其中，业务审批系统通过外资项目审批流程再造，建立了内外网统一的办公平台，实现了项目审批的网上流转；外资企业信息库的建设将有利于加强区域内外资企业的动态管理，方便企业的月度数据上报及企业数据分析；“徐汇外经”网（http://wjw.xh.sh.cn）的建成将有利于加强徐汇区外经工作的宣传力度，推动招商引资工作。

【以信息化手段推进食品质量有效监管】 2005年，徐汇区质量技术监督局为加强对食品有效监督，以信息化为突破口，对全区87家食品生产企业建立了监管数据库。一是将质量监督服务工作送到食品生产第一线；二是建立食品生产企业监管网络，将食品监管落到实处；三是召开食品生产企业监管工作会议，提高企业质量管理水平；四是根据监管重点，做好质量监督抽查。

【区视频会议系统首次正式使用】 2005年6月14日，徐汇区政府第80次常务会议通过视频会议系统召开。这是徐汇区会场型视频会议系统建成后的第一次正式使用，徐汇区领导及50余家单位的负责人分别在区政府主会场、13个街道、镇及公安分局的分会场参加了会议。

（杨　彪）

二、社会领域信息化

【落实社会保障卡和“市民信箱”受理】 2005年，徐汇区信息委组织各街道（镇）做好社会保障卡的有关工作，共补换社保卡1.06万张，完成社保卡（学籍卡）申领3 704张。区信息委把区补换卡中心作为社保卡和居住证的咨询服务接待站，启动和落实了2个试点街道居住证办理点的设备部署及人员培训，并协调解决了相关部门的系统衔接工作。2005年，有3个街道开展社保卡银行卡绑定试点。此外，徐汇区还继续推进“市民信箱”受理工作，全年共完成信箱受理2万个。

【超额完成“百万家庭网上行”三年培训任务】 2005年12月28日，徐汇区召开会议，总结研讨“百万家庭网上行”工作。区委副书记、区人大主任张贤训，区委常委、副区长孙飞忠参加会议并讲话。会上，区妇联对2005年徐汇区“百万家庭网上行”工作及三年实施情况作了回顾总结，各成员单位、培训点负责人进行了交流。“百万家庭网上行”自2003年启动以来，徐汇区已完成培训3.7万余人，超额完成了三年培训任务。

【区教育局开通“光启行动网”】 2005年，徐汇区“光启行动网”在“六一”国际儿童节正式开通。它为全区184所中小学、幼儿园以及12万学生搭建了开拓学习、自主交流、风采展示与电子娱乐的平台。“光启行动网”的建设汲取了特色网站的精华，在内容结构、色彩布局、互动交互等方面大胆创新，体现了学生活动网站生动、活泼的特性。“光启行动网”涵盖了以下系列网站：①科技主题网站——善思网，是倡导科学精神、推进创新思维、展示科学发明的头脑思维的网上加油站，是徐汇区中小学生科技发明的网上俱乐部；②艺术主题网站——艺海网，是带领学生体验艺术人生的殿堂；③体育主题网站——体苑网，倡导奥运竞技精神，是传播健身强体知识和交互体育竞技的舞台；④团队主题网站——九点网，是体现学生自主建设、自主交流、自主学习的电子个人家园；⑤游戏主题网站——飞天益智网，是体现寓教于乐，实现游戏回归的网络平台；⑥培训主题网站——招生信息网，它实时发布培训和管理信息，是科艺体电子化办公的载体。

【大力推进教育信息化进程】 2005年，徐汇区教育局以建设试验区工作为契机，以建设30所信息化实验学校和8项信息化实验项目为重点，完成了教育城域网的改造升级和教育信息网的改版工作，启动并完成了教师网、学科网、光启行动网的建设，搭建了教师学生交流、活动、教研、学习的电子平台。这些项目的完成，进一步突显了网站信息公开的便捷和网上办事功能的完善，有效拓展了家校联系信息化的渠道，进一步提高了中小学校务、教务、教学的信息化运用程度。

【上海数字娱乐中心在徐汇区成立】 2005年3月17日，上海数字娱乐中心在徐汇区揭牌成立。中心由市通信管理局与徐汇区政府合作，通过上海市互联网协会和徐汇软件基地合作成立。中心地处徐家汇商业区，主要提供数字娱乐产业的版权服务与贸易、通信市场管理与服务、投融资资源交易服务、人力资源建设与培养等服务功能。该中心将引入和培育一批在数字娱乐产业领域从事技术发展和推广、产品研发、运营及培训的相关企业与机构，整合资源，形成产业链，并举办国内外业界沙龙、论坛、学术交流等活动。

【区人口计生委探索社区实有人口管理新模式】 2005年7月，徐汇区积极探索社区实有人口管理新模式，构建区域人口综合信息平台，开通了区人口和计划生育公共服务平台（rkjsw.xh.sh.cn），方便社区单位和居民获得人口与计划生育政策法规，生殖健康、优生优育等便捷直观的网上咨询服务。2005年，徐汇区还建成了全区人口基础信息管理系统，把人口信息采集、维护、分析等功能集为一体，达到了资源整合，信息共享，一口采集，多条使用的目的。

【区卫生信息化建设效果明显】 2005年，徐汇区卫生局投入近400万元专项财政经费建设“徐汇区公共卫生服务信息管理系统”（简称“院院通”），搭建了区公共卫生信息化管理平台，基本实现了区公共卫生管理服务的信息化。10月中旬，该系统已全部完成了区属各医疗卫生单位的光缆铺设任务，年底前，完成了设备调试和相关软件配套工作，全面提升了徐汇区医疗业务信息化管理能级。

【市委书记陈良宇调研区网格化管理】 2005年12月29日，中共中央政治局委员、上海市委书记陈良宇及市领导王安顺、范德官、杨雄、周太彤等赴徐汇区就网格化管理工作进行专题调研。徐汇区委书记茅明贵向陈良宇书记汇报了徐汇区以信息化为支撑，提升城区管理水平的情况，并向市领导演示了区人口基础信息管理系统及信访信息系统的功能。市委书记陈良宇、市委副书记王安顺、副市长杨雄分别作了重要讲话。强调：“社区党建全覆盖、社区管理网格化、社区建设实体化”是一项系统工程、基础工程和战略性工作，体现了科学发展观和构建和谐社会的要求。全市的网格化管理工作实现了从理念向实践的转变，取得了显著成果，要在取得阶段性成果的基础上，强化条块结合、信息共享，解决体制、机制、政策上的束缚，形成合力，突出重点，突破瓶颈，努力探索更趋成熟的网格化管理模式。

【杨雄副市长调研区社区网格化管理试点】 2005年7月27日，杨雄副市长调研徐汇区电子政务与社区网格化管理工作。区信息委汇报了社区网格化管理的试点情况。杨雄副市长指示区政府要采用新理念、运用新技术提高上海城市的管理水平；要在顶层设计上要总体考虑；让大家实实在在看到网格化带来的变化；并总结一些应用的原则、标准，向面上推广。

【区全面推进信息化支撑社区网格化管理工作】 2005年6月3日，区委、区政府召开社区党建和社区建设扩大试点专题工作会议。区委书记茅明贵、区长孙潮参加了会议并作重要讲话。各街道（镇）党政主要领导及有关委办局负责人共70余人参加会议。副区长徐孙庆总结了社区建设试点情况，部署了下阶段社区建设扩大试点工作。湖南、田林、康健、斜土等街道和区教育局分别作了交流发言。会议总结了前阶段重点推进的试点街道信息化建设情况，并要求在全区13个街道（镇）全面实施信息化支撑社区网格化管理工作。会议明确此项工作由区信息委牵头，有关信息资源的拥有部门要积极配合支持。2005年，推广项目已在天平、斜土、康健、漕河泾、华泾等5个街镇完成了系统部署、人员培训和运行使用，将在搭建管理平台、完善数据库的基础上，加快应用模块的开发，使信息资源更好地为社区管理和工作决策服务。

【以信息化支撑社区建设和社区党建试点】 2005年，区信息委按照社区建设和社区党建试点"两化一覆盖、一口受理、内部协办"的工作要求，结合市信息委关于网格化管理的具体步骤，重点建设了3个系统：一是多渠道的"一口受理"系统，通过社区网站、呼叫中心、传统的受理窗口组成多渠道受理模式，根据电子邮件、电话号码、身份证等方式对服务对象进行身份识别，实现"一口受理"。二是社区综合管理服务系统，建立街道日常管理、应急管理、社区服务3个管理子系统，实现内部的协同办公、应急事务处理流程跟踪并为居民提供及时、有效的服务。三是社区居民信息库，充分整合信息资源，组织提供全区统一的公务员门户、GIS系统、呼叫中心系统和人口信息系统等，整合网站、安康通、街面监控、视频会议等应用系统建设。此外，区信息委还完成了社区信息综合管理平台的部署及与区公务员门户的整合开发和培训，形成了社区服务信息化相关需求的建设方案。

【湖南路街道扎实推进社区信息化应用】 2005年，湖南路街道积极推进社区信息化应用，主要做法是：①全面完成社区综合管理信息平台、社区服务网、社区管理网和地区人口、资源、GIS地理信息系统3个数据库的建设。②加大信息化培训力度，聘请专业计算机工程师对机关和社工站干部进行信息化应用操作培训。③整合公安、城管、房地、物业等单位的信息资源，实现综合信息联网。④健全各类考核机制，落实考核指标，使信息化工作朝规范、有序、可持续的方向发展。

【漕河泾街道推进"两新"组织党建工作信息化】 2005年，漕河泾街道针对"两新"组织单位的特点，在网站上开辟了可以使党员交流的互动平台和信息发布平台，构筑街道和企业双向联系的网络通道。一是推进"网上组织生活"栏目。街道根据新经济组织联合党支部人员分散、每月过组织生活比较困难的状况，设立了"网上组织生活"栏目，让党员在网上过组织生活，从而保证了党员的学习时间。二是开辟"党员论坛天地"栏目。该栏目的设立，方便党员在论坛中进行多方面的交流，也能让社区综合党委全面地掌握党员的思想动态。三是设立"党员信箱"。党员都可以发E-mail到该信箱反映各类情况和进行咨询。

【完成全区网吧安全管理系统升级】 2005年4～5月，根据市公安局统一部署，徐汇公安分局公共信息网络安全监察队完成了全区80家开业网吧的安全管理软件升级工作，强化了政府对网络信息安全的监查和上网服务场所的管理力度。

【扶老上网基地落户徐汇】 2005年4月，全市首个"老小孩数码港"老年活动中心在徐汇区康健街道启动。"老小孩数码港"以培训中老年人学会上网技能、度身定制各种网络活动为特色，如提供素材库，制作影集、MTV、网页等，并让老人在"电子邮局"同外地的亲朋好友沟通。此外，数码港每周将设固定的时段，让老人在网上进行健康咨询、了解旅游信息等，同时还配备了老年志愿者，为居民服务。

（杨　彪）

三、城市建设管理领域信息化

【积极开展区县GIS建设综合应用试点】 2005年，徐汇区信息委积极开展区县GIS建设综合应用试点，参与完成《上海市区县地理信息系统建设指南》的编制工作，继续完善并实施各单位对GIS基础图层的维护机制，进行了新版地图的部署、更新，完成了GIS综合平台与社区系统的联调。

【徐家汇智能泊车管理系统正式启用】 2005年3月，徐汇区召开了有区城建、交警、市政管理等部门参加的区长现场办公会，研究徐家汇智能泊车管理系统实时数据的解决方案。该系统数据库建设历时1个月，涵盖港汇、美罗城、汇金等在内的19家车库单位的停车资源库数据。5月，该系统正式启用运转，有效促进了徐家汇商圈社会资源的整合和共享，提高了社会服务的有效性和可持续性。

【初步实现全区绿化的数字化管理】 2005年6月，徐汇区绿化局与市绿化局信息中心合作试点开发的徐汇区绿化地理信息系统（2.0版）初步建成。GIS系统中已经拥有包括公园、街道绿地、居住区绿化、单位绿化、行道树和古树名木在内的所有绿化数据，初步实现了全区绿化的数字化管理。该系统有“图—地对应关系”，分别是“绿地分布级—绿地边界级—绿地碎步级—绿地品种级—绿地单株级”5个等级，形成了由粗到细、由浅到深、由面到点和由平面到立体的关系。目前，在该GIS系统中，分布级已达到100%；全区13个街道镇和市属公园已全部达到边界级标准；街道绿地和居住区绿地已100%达到碎步级标准；8座区属公园在CAD图纸上已全部达到品种级标准；行道树和古树名木以及其他名贵树木已全部达到单株级水平。

【完成污染源调查以及污染源管理GIS系统更新】 2005年2月，为进一步加强对区环境的监督管理，徐汇区环保局在市环保局开发的“上海市污染源管理GIS系统”基础上，完成了污染源调查、数据库建立以及污染源在GIS系统的定位等工作，相关数据等已按期上报市环保局有关部门。

（杨　彪）

四、信息产业

【十五个项目获区信息化发展资金资助】 2005年1～3月，徐汇区信息化发展资金的申报为历年最多，共收到53份项目申请。申报项目中有推广应用项目、研究攻关项目、信息化改造项目，还有首次申报的外商独资企业项目。为体现公开、公平、公正的原则，区信息委先后组织了内部初审、企业陈述及复审，并召开“徐汇区信息化发展资金申报项目专家评审会”，要求各相关企业提供由会计师事务所出具的申报项目匹配资金的审计报告。经评审，最终确定了15个项目作为2005年徐汇区信息化发展资金资助对象。6月14日，区信息委举行2005年徐汇区信息化发展资金资助合同签订仪式，上海三零卫士信息安全有限公司申报的“基于智能漂移技术的隐性蜜罐系统”等15个项目获得区信息化发展资金的资助，总金额为200万元。

【MiniType™字库技术通过专家鉴定】 2005年3月19日，由上海汉峰信息科技有限公司开发的国内首创并具有自主产权的MiniType™汉峰字形技术字符发生器技术在北京通过鉴定。MiniType™字库拥有10万个汉字量，可以无级缩放并无级变更笔划粗细，数据格式清晰，图形字形优美，还原显示输出速度快，存储容量极小，特别适于中文嵌入式系统的新型字库产品及其字符解释器。鉴定认为，该字库性能指标已达到当前世界上应用最广泛的True-Type™字形技术水平，是中文信息处理领域的一个重大突破。

（杨　彪）

五、信息化环境

【区信息委进行信息化交流实践】 2005年，区信息委先后接待了北京市经济信息中心、陕西延安市信息化办公室、广东粤电集团有限公司、广西南宁市、重庆渝中区、山东东营市信息办、辽宁大连市、浙江宁波鄞州区、浙江宁波市江北区、贵州贵阳市等10批来徐汇区考察的外省市客人、美国专家及黄浦、虹口、闵行、杨浦、嘉定等区信息委同行。区信息委分别与他们交流了涉及信息化建设、电子政务、网上办公系统、政府信息公开等事项议题。同时，信息委也先后组织了多次赴外省市和上海市有关区县的学习考察活动，互相的交流活动促进了信息化水平的共同提高。

【启动信息化工程项目验收评估工作】 2005年5月，区府办转发了区信息委、区财政局制定的《徐汇区政务与公共服务信息化工程项目验收评估办法》，并评估办法于2005年7月1日起实施。根据评估办法，区信息委、区财政局、区审计局、区监察委组织开展对经评审后准予立项并已列入年度财政预算的、由区财政性资金投资建设的政务信息化和政府为社会提供公共服务的信息化工程项目的验收工作。9月，区信息委完成了对首个项目——由市食品药品监督管理局徐汇分局和区安全生产监督管理局联合承建的“徐汇区协同工作平台”的验收评估，对项目技术、项目绩效、项目预算和资金使用情况等方面进行了审查，并按照项目立项报告的内容，对项目建设的完成时间、功能内容、社会效益和经济效益、资金使用情况及合同执行情况等进行了逐一审查，并提出了验收评估意见。

【软件正版化工作取得阶段性成果】 截至2005年12月底，徐汇区各部门实现了桌面操作系统软件、办公软件、反病毒软件的正版化。全区近70个处级单位均申请安装和使用了正版软件，每个公务员桌面操作系统与办公应用软件全部使用正版软件，全区统一部署的基础软件和通用工具全部采用正版软件，为在全社会推行使用正版软件起到了很好的带头作用。

【召开数字内容产业发展专家咨询会】 2005年6月，徐汇区召开数字内容文化产业公共服务平台建设专家咨询会，区长孙潮、市经委副主任杲云出席，副区长孙荣乾主持。以上海数字娱乐中心为主体研发和建设的“徐汇区数字内容文化产业公共服务平台”，分别由数字化版权交易公共服务平台，及数字化资源交易公共服务平台、数字化才能资源开发训练公共服务平台，和规划中的数字化新技术增值公共服务平台、数字化信息资源开发利用公共服务平台组成。建成后的公共服务平台将在数字内容技术研发和制作企业的培育、产业人力资源的支持、产业技术和资源配置，以及产业深度支持等方面发挥积极作用。与会的20余位专家分别从各个不同的层面，对组成的产业公共服务平台进行了讨论、论证，并提出了建设性的意见。

【政府门户网站提高规范化管理和服务水平】 2005年，“上海·徐汇”政府门户网站运管中心为加强规范管理，制定下发了《网站管理暂行办法》，制定并应用了网站服务器数据离线备份和异地保管可行方案，关闭了所有没有合法手续的电子公告服务，同时大力拓展了服务项目。4月，网站开通了“徐汇咨询服务平台”，平台由网上咨询栏目升级而成，覆盖各委办局街道镇，市民提出的咨询会自动转到相关单位部门和街道（镇），由相关单位马上给出答复。为保护市民的隐私，平台采用了加密技术。9月15日，网站开通了“徐汇城市生活频道”，为市民提供急、难、愁事咨询和食、住、行、购、娱、学、才、医等生活服务。10月15日，网站又开通了区有线电视中心的因特网对外点播。

【雅虎公司代表团访问徐汇区】 2005年5月，区长孙潮、副区长孙荣乾会见了由总裁杨致远带领的雅虎公司代表团一行，区长孙潮就徐汇区的投资环境和雅虎在中国的发展以及知识产权保护、政府相关政策等问题与代表团进行了会谈。

【两名青年获"上海IT青年十大新锐"称号】 2005年12月17日，由共青团上海市委员会、上海市信息化委员会、上海市青年联合会发起的"全球通杯"第四届"上海IT青年十大新锐"评选活动举行颁奖典礼。徐汇区的上海和强软件公司总裁何洁冰（女）、上海邮电通信设备股份有限公司总裁曹宏斌在20名正式候选人中脱颖而出，获第四届"上海IT青年十大新锐"荣誉称号。副市长杨雄出席会议并颁奖。

【电子信息技术领域8人获"第四届徐光启科技奖"】 为奖励在徐汇区科学技术进步活动中做出突出贡献的科技工作者，2005年12月，徐汇区科委向张岑等10人颁发徐光启科技奖章金奖，向郑晟等20人颁发徐光启科技奖章银奖。获奖名单中有8名电子信息技术领域的科技工作者。

【三个信息化项目荣获上海市科学技术进步奖】 2005年5月10日，由徐汇区推荐的3个区信息化项目在市委、市政府召开的上海市科学技术奖励大会评选中荣获了三等奖，分别是上海全光网络科技股份有限公司的基于WDM的城域广网络设备研制与应用、上海三零卫士信息安全有限公司的应急响应和事件技术、上海方园系统工程有限公司的方园自来水收费管理信息系统。

【举办建设项目电子报件培训班】 为使建设单位尽快熟悉建设项目规划管理电子报件的要求和操作方法，2005年3月，徐汇区城市规划管理局举办了培训班，区内有40多家建设单位参加了培训。在培训班上，市、区规划局的同志分别介绍了电子报件的操作方法、区近期规划动态以及建设工程竣工规划验收的技术规定。

【采用公务员电子政务专用教材培训】 2005年，区信息委与区人事局合作，以区电子政务平台的实际运作为编写教材，把区电子政务平台作为公务员电子政务培训实体，对全区公务员进行了2批467人共6 538课时的电子政务培训。

（杨 彪）

六、社会诚信体系建设

【推进诚信体系建设】 徐汇区政府制定了《徐汇区2005年诚信体系建设推进计划》，明确了2005年区诚信工作继续围绕信用制度建设、信用体系建设、信用活动3个重点领域开展，着重开展企业信用服务系统的开发建设、《徐汇区企业信用产品使用暂行办法》的出台实施、企业信用管理制度建设试点、企业信用管理岗位培训、诚信宣传咨询等8项工作，并明确了各相关部门职责分工。区政府要求各相关部门要严格按照时间节点扎实推进区诚信工作，法制部门要在今后起草各类文件时充分体现诚信原则，宣传部门要加大宣传力度，营造诚信、和谐的社会氛围。

【举办公民道德宣传日暨诚信建设宣传日大型活动】 2005年9月20日，是中国第三个公民道德宣传日，也是徐汇区首个诚信建设宣传日，区文明办、区信息委联合在港汇广场举办了主题为"构筑和谐社会，共筑诚信徐汇"大型广场宣传活动，通过歌舞、游戏等形式向市民宣传和倡导"爱国守法、明礼诚信、团结友善、勤俭自强、敬业奉献"基本道德规范，突出了群众参与性和趣味性，许多过往群众自发地投入到宣传活动中去，收到了良好的效果。

【推进企业信用服务平台建设和应用】 2005年，徐汇区组织完成对企业信用服务平台（一期）的验收，完成企业信用服务平台（二期）建设，实现了区经委、区外经委、区质监局、区药监局、区发改委、区国资办、区劳动保障局7个单位的数据扩展，使企业信用数据的归集范围扩大到了13个政府部门；完成企业信用服务系统企业自主申报服务子系统、信用评估机构服务子系统、信用数据交换服务子系统的开发建设，实现对企业和信用评估机构的服务以及与市一级平台的数据交换服务。

【区企业信用管理制度试点工作启动】 2005年，徐汇区经委、区信息委和区国有资产管理办公室向全区重点行业、重点企业联合发出了《关于开展企业信用管理制度试点工作的通知》。通过企业自愿申报、区有关部门联合评议，上海食品二店有限责任公司、上海今亚珠宝有限公司、上海美罗文化娱乐有限公司、上海中誉企业发展有限公司、上海徐汇区商业职工学校、上海汇联商厦有限公司、上海三零卫士信息安全有限公司、上海先致信息系统有限公司8家企业，被确定为徐汇区首批信用管理制度试点单位。6月16日，区举行企业信用管理制度试点工作会议暨授牌仪式。8家试点企业通过为期一年的试点建设，要达到区有关部门规定的六项要求，并通过区相关部门的试点验收，最后获得区政府认定的"信用管理制度试点合格企业"称号，同时区政府也将给予一定的财政资金支持。

【印发《区企业信用产品使用暂行办法》】 2005年7月，徐汇区政府办公室印发了《区企业信用产品使用暂行办法》，明确要求区政府有关部门在开展面向企业的各项工作中使用企业信用产品。同时明确了企业信用产品的使用范围，包括企业贷款信用担保、财政贴息资金管理、专项资金管理、企业评优活动、国有资产产权转让、房屋土地类企业管理、政府采购等10个方面的工作，涉及区财政、建设、房地、国资等部门。

（杨　彪）

第三章　长宁区信息化建设

概　述

2005年，长宁区信息委紧扣“科教兴区”主线，以推广应用为主要内容，以经济效益和市民得益为核心目标，注重各信息化领域的协调联动和资源共享，使信息化在城区经济社会协调发展的进程中发挥更大的促进作用，全面实现了各项信息化建设目标。

推进区电子政务应用。长宁区新建10项网上事务办理并投入使用；区综合经济管理系统完成一期工程；开展部门网站评议，公众参与评议2 971人次，同比增长84%；区实有人口管理信息系统建成区级实有人口数据库和数据交换平台，完成户籍人口信息定期导入及各部门人口管理信息的交换。

推进社区信息化建设。长宁区已建成天山、程桥、周桥、北新泾4个街道社区管理与公共服务信息平台，所有街道、镇、居委会、社区事务中心和社区文化中心实现联网；创建信息化特色小区28个，累计达到95个。“百万家庭网上行”活动全年培训数达1.48万名，完成计划135%。累计培训达5.43万人次，超额完成三年培训5万人的计划。

推进区重点领域和信息化重点项目。长宁信息园信息服务基础平台二期项目（软件技术人才培训平台和嵌入式软件测试平台）建成使用；推进区社会诚信体系建设，建立了区社会诚信体系建设联席会议，表彰百家诚信创建单位；推进政府信息公开工作，全年主动公开信息1 743条，受理信息公开申请759件，政府信息公开专栏访问量2.96万次，开发了信息公开电子公告发布系统，与35个小区电子公告屏联网，为小区居民提供更多有价值的信息；开展信息安全培训，向公务员发放信息安全手册3 700册；全年完成“市民信箱”申领2.22万个，社会保障卡申领1.45万张。

2005年，长宁区“城市网格化管理信息系统”和“实有人口管理信息系统”项目被上海市信息化委员会评为“2005年度上海市区县信息化应用优秀成果”。

（翁卓炯）

一、政务信息化

【推进政府信息公开工作】 长宁区制定了《2005年长宁区政府信息公开工作计划》和《任务分解表》，从政府信息公开内容的针对性、完整性、及时性、准确性四方面对各政府部门提出要求，完善政府公开信息的更新维护机制。区信息委开发了新的长宁区政府公开信息发布系统，缩短了公开信息审核流程，提高了信息发布的时效性。区启用政府信息公开属性章，建立了文件在产生过程中即明确是否公开的工作制度。区政府各部门建立健全本部门的信息更新维护制度，按照“谁公开、谁负责”的要求完善内部工作流程。开发政府信息公开电子公告系统，改造了35个社区电子屏并联网，为社区居民定制与公众密切相关的政府信息。完善“上海长宁”门户网站政府信息公开栏目原有功能，对公众需求量大、关注性高的政府信息加强梳理和归类整合，设立相应的服务栏目。各部门网站都开辟了信息公开栏目，同步更新政府信息。健全工作考核制度，将区政府信息公开工作纳入部门的年度考核。区各政府机关开展了政府信息公开工作自查，并组织对重点推进部门进行重点检查，全面梳理并及时整改存在的问题，规范了全区信息公开工作。加强政府信息公开培训和宣传。邀请市信息公开方面专家为全区各部门信息公开工作人员作辅导，将有关信息公开工作的规范性文件汇编成册，为各部门开展政府信息公开工作提供参考。2005年，区主动公开政府信息1 743条，信息公开专栏首页访问量达2.96万人次，已受理公开申请759件。

【审计局推广应用计算机辅助审计】 2005年，长宁区审计局在12个经济责任审计项目中，除4个项目被审计部门认定不具备电子账簿外，其余8个项目被审计部门运用现场审计实施系统（AO）进行计算机辅助审计。审计人员和计算机专业人员有针对性地了解被审计单位在会计核算中具体使用财务软件的版本，采用的后台数据库类型等情况，对照AO审计软件内置的财务软件转换模块把电子数据转换到AO审计软件中，通过设定查询条件进行精确或模糊查询，进一步筛选出需要分析的数据和异常数据生成审计的疑点。运用AO软件辅助审计较大幅度地缩短了工作时限，明显提高了工作效率。

【试行外资企业网上联合年检】 为进一步优化长宁区的投资环境，方便企业年检，2005年4月5日～5月13日，长宁区开始试行外资企业网上联合年检，共有470余户外资企业在网上进行年检，占应检企业的50%。

【建成促进就业信息化管理平台】 2005年，长宁区促进就业信息化管理平台在市劳动保障局就业信息库的基础上，与区社区实有人口信息库和区民政低保信息库实时联接，实现数据共享。通过该平台，政府可以掌握全区失业、协保等人员个体的劳动技能、学历文化、就业愿望、职业培训等相关信息。该平台的运行不仅规范了促进就业工作的流程，降低管理成本，提高工作效率，增强数据的及时性和准确性，而且还可以通过对数据的分析、研究，促进劳动保障部门开展就业援助和就业服务的针对性，提高职业介绍成功率，也为各级领导决策和及时制订、调整政策措施提供了各方面依据。

【法院研发管理软件规范财产保全程序】 2005年，长宁区法院以审判管理信息系统为平台，研发并运行了“财产保全系统”。新系统预设了2种保全模式，法院能够根据案件情况采取灵活多样的保全措施。此外，系统还增设监控预警功能，防止人为疏忽导致财产保全漏冻脱冻情况的发生，有效控制和规范了各审判和执行流程节点所涉及的财产保全工作。

【档案信息网改版】 2005年，长宁区档案局在基本保持原有框架结构的基础上对档案信息网进行改版，力求把档案信息网建成一个内容丰富、信息全面的综合性网站，为社会各界提供一个便民服务的网络窗口。新版网改进了一些内部结构层次，重新设计了二级页面，使每一个子栏目既相互关联，又有自己的独特之处，方便了市民浏览。通过浏览长宁区档案信息网，有关人员可以了解基本的档案知识，查阅相关的法律法规，与专业档案工作人员进行网上交流和咨询，也可以关注区档案工作的动态，浏览时下的热点话题，查看长宁区具有地域特色的图片资料。

【开通残疾人联合会网站】 2005年6月1日，长宁区残疾人联合会网站正式开通。该网站以残疾人为服务对象，设有残联新闻、机构概况、政策法规、业务之窗、网上办事、监督投诉、残联公告、服务与指南、残疾人之窗、理事长信箱等30余个板块，在政府与残疾人之间架起了沟通的桥梁。 （翁卓炯）

二、社会领域信息化

【继续实施“付费通”项目】 长宁区已有40个住宅小区和部分商务楼、大卖场安放了“付费通”自助缴费终端。市民可通过“付费通”自助缴费终端使用银行卡方便、安全地查询、缴付水、电、煤、电信、移动等公用事业费。2005年7月20日，长宁区又在太阳广场和远东国际广场两栋商务楼举办自助终端导用及宣传活动，并进行现场演示和指导，取得了良好的效果，受到了在虹桥开发区上班的“白领族”和居民群众的欢迎。

【召开“百万家庭网上行”总结表彰大会】 2005年12月27日，长宁区召开“百万家庭网上行”总结表彰大会，对区政府三年来实施的“网上行”计划项目进行认真总结，对做出贡献的集体和个人，对积极参与学习的学员进行隆重的表彰。区委书记薛潮、市妇联主席孟燕堃、区长陈超贤作重要讲话。三年来，长宁区共计培训了5.75万名社区居民，完成了计划的115%。区妇联、天山街道、新泾镇等单位以及部分人员受到表彰。

【“百万家庭网上行”在押人员电脑培训点开班】 2005年3月7日，区“百万家庭网上行”在押人员电脑培训班在长宁看守所举行开班仪式，此次培训计划开班25期，培训学员500名左右。开办在押人员电脑培训是深化对在押人员教育矫治工作的有益尝试，受到了在押人员的广泛欢迎，为他们顺利回归社会创造了条件。

【深入推进数字校园建设】 2005年，区教育局深入推进了长宁区教育现代化、信息化的建设。具体做法为：

一是推进数字化环境建设。区教育局完成了全区所有中小学的光纤接入和区域教育专网的升级；对信息中心设备进行了全面改造，投资200多万元增加了网络安全等设备；数字教室、数字办公室已普及到全区所有中小学，其中5%的学校已做到全覆盖，20%的学校已覆盖到60%以上的教室；进行了“学校信息技术设施社会化维护”试点和延伸，提供教育教学的信息化技术支持。

二是开展数字化资源开发。区教育局投资100万元，购置了清华同方教育资源库等资源；组织了第九届全国多媒体大奖赛作品和整合课例的选送工作和“长宁区第七届电脑设计与制作成果展”活动。

三是加强信息化技能培训。区教育局对各学校领导进行了教育信息化理念和概念的培训，以及信息技术与其他学科整合的本质和模式的培训。通过对教师信息技术的培训，促进了教师实现从“传授知识”到“指导学习”这一根本性转变；通过对学校网管员进行的培训，提高了各学校网络运行的效能。

四是提供信息化教育服务。区教育局对“长宁教育信息网”进行全面改版，及时向社会发布中小学招生、学校教学计划等信息，形成了家校信息交流的通道。此外，区教育局还为区域教育、教学重大活动提供摄像、摄影、文字报道、媒体制作、信息化环境布置等服务，为区域教学评优、听力测试等项目，提供课堂教学实录、录音带制作等服务。

【区公共图书馆开通资源共享网】 2005年11月24日，长宁区公共图书馆资源共享网开通运行。从此，长宁区居民只需在街道（镇）图书馆进入公共图书馆联合网站，就能浏览阅读到4万余册电子图书，检索6 000余种中文期刊，还可登陆国研网、中国咨询行等数据库，查询政治经济、法律法规等信息。目前，长宁区已成为全市首家区域内公共图书馆联网、信息资源共享的城区。（翁卓炯）

【举办“新长宁杯”第三届多媒体作品CG大奖赛】 2005年5月20日，“新长宁杯”第三届多媒体作品CG大奖赛颁奖晚会在上海多媒体产业园隆重举行。搜狐网站为颁奖晚会开通了网上直播。与前两届相比，本届大奖赛的规模、质量和影响力都有了很大的飞跃，通过国内几十家专业媒体的宣传以及全国近30所大学的校园行活动，其影响力已经渗透到包括香港、台湾在内的全国大部分省市，得到了包括上海美术电影制片厂、香港艺术学校、北京广播电影学院、武汉江通动画等知名企业和院校的支持，收到了国内外近3 000千件优秀CG作品。大奖赛评出了“最佳二维动画奖”、“最佳视效创新奖”、“最佳校园CG作品奖”、“最佳视频短片奖”、“最佳建筑表现奖”、“最佳三维动画奖”等6个奖项的获奖作品。（徐德生）

【虹桥街道举办“英特尔科技环保进社区”活动】 “英特尔科技环保进社区”活动由英特尔（产品）有限公司、中福会少年宫、市青少年科教中心和虹桥街道办事处联合主办。2005年，虹桥社区的200余户家庭、500多名青少年学生和家长参加了活动。“英特尔科技环保进社区”系列活动以“数字芯科技，和谐芯生活”为主题，以社区联动为舞台，以家庭参与为单位，活动内容包括：信息技术培训最新数字设备的展示和体验，以环保为主要内容的社区主题网页设计与制作，科技环保知识竞赛，社区环保标志牌设计，寻找数字家庭，以及数字健身和游戏体验等。这些活动旨在社区中普及科学知识和数字信息技术，让更多的家庭体验到数字科技所带来的和谐、温馨的美好生活。

【实现家庭计划指导服务信息化】 2005年，长宁区人口计生委与有关网络科技公司合作，设计并制作了具有长宁特色的“智能孕育保健系统——优孕通”卡。“优孕通卡”具有功能性强、内容丰富、使用方便等特点，新婚夫妇只需登录智能孕育保健平台，即可了解生育保健、孕期保健等知识和人口计生政策、避孕方法、避孕药具介绍等咨询服务。为规范家庭计划指导服务信息化工作，长宁区建立了服务对象个案资料，根据不同对象需求做好个性化的随访指导工作。区人口计生委每季度对“优孕通”智能孕育保健系统运用情况进行分析，了解使用效果。

【养老机构床位分布可网上查询】 2005年，长宁区开通运行“养老机构床位网上查询”系统。该系统将全区各养老机构的概况、剩余床位分布、收费明细、服务项目等内容在网上公布，长宁区居民通过上网可方便、快捷地查询符合自己要求的敬老院，节约了居民寻找敬老院的时间，提高了养老机构床位的利用率。

【卫生系统推广社区公共卫生信息管理系统】 2005年，长宁区卫生系统在仙霞社区卫生服务中心试点成功的基础上，在全区推广了区社区公共卫生信息管理系统（CHISS系统）。该系统与医院信息管理系统实现数据对接，病人在全区各级医院的就医信息可自动导入CHISS系统，实现信息共享。该系统包含3大子系统：疾病监测预警系统、健康档案管理系统、妇幼精防信息系统。上述3大子系统加上慢病（疫情）传报系统，构建出长宁区的疾病预防平台。通过这些系统的运作，进一步提升了长宁区社区公共卫生的管理水平。

【信息化支撑社区建设和社区党建网格化试点】 区信息委按照社区建设和社区党建试点“两化一覆盖、一口受理、内部协同”的工作要求，确定了社区信息化支撑网格化试点工作的目标和试点方案。方案以建设区实有人口数据库、信息化支撑社区党建和社区事务“一门式”服务为重点，稳步、扎实、有效地推进社区网格化管理试点。在继江苏路街道开展人口信息属地化应用试点后，区信息委又在仙霞新村街道和华阳路街道开展了网格化试点。具体做法为：

一是建设区实有人口数据库，整合现有区人口基础信息。完善和加强了条块联动的采集和维护机制，形成了以户籍管理为基础、居住地管理为主，工作地管理为补充的工作模式，基本形成了存量信息“一次采集，多次使用”，增量信息“一方采集，多方使用”的信息共享机制，支撑了一批基于区实有人口数据库的服务和应用项目。

二是推进社区网格化扩大试点。区信息委在江苏路、华阳路街道开展以社区一门式为重点的试点工作，建设统一的社区事务受理服务中心管理信息平台，协调民政、劳动、医保等部门，实现了部分信息资源共享；以人口库为支撑，推出了三项跨部门协同办事项目，建设了叫号排队系统，在劳动、民政等部门的网络和权限开放上进行探索并取得了一些突破。利用信息化手段支撑减少了窗口数量、缩短了办事周期、解决了以往各窗口忙闲不均的情况，为社区居民提供了更好的服务。目前，江苏路街道有112项、华阳路街道有114项办事项目已全面纳入系统。

三是信息化支撑社区党建的创新。区信息委完成了在华阳街道开展的以党建为重点的网格化试点工作，建设了基于原有的社区信息管理平台的党建管理模块，完善了基于实有人口数据库的社区党员、在职党员和流动党员管理功能和基于实有法人数据库的两新组织党员和机关党员管理功能，开发了社情民意系统，并结合新的社区党工委、社区治理委员会的构成方式，在街道网站上开设了网上会议室并制定了相应的规章制度。

【天山路街道信息化建设】 2005年，天山路街道建成动漫视听长廊。该长廊由一条长15米的动漫观赏长廊和集信息化与数字化为一体的动漫视听室组成，配置了6台计算机和6副高质量的耳机，配套安装了动漫设计、动漫音乐、动漫影片等电子软件。市民可以通过计算机多媒体技术进行动漫设计、阅读和欣赏音乐、电影、动画等，获得更多的乐趣和精神享受。动漫视听长廊优雅的视听环境、独立的视听单元以及丰富的视听收藏不仅为市民提供了一处绝佳的多媒体现代化阅读场所，也为社区图书馆电子信息多元化服务辟道了新领域。

此外，2005年8月30日，天山路街道未成年人思想道德建设网站正式开通。天山社区的学生可以上网了解社区“红领巾跳蚤市场”、“爱心拍卖会”、“道德评议台”等青少年品牌的活动内容，还可以查询和注册报名街道认证站发布的各类社会实践活动的信息。该网站还专门介绍了天山社区未成年人自我管理会等组织的情况。为了让网站更贴近青少年，街道团工委还在社区学生中开展了“我的网站、我起名”的意见征询活动。

【新泾镇城镇信息化试点通过验收】 新泾镇是上海市城镇信息化试点单位，建设了新泾镇社区信息管理平台，经过近两年的组织和推进，在政务信息化和社区服务信息化等方面取得了阶段性的成果，通过了市、区信息委组织的验收考核。2005年12月22日，在市信息委召开的上海市城镇信息化试点工作总结交流会上，长宁区新泾镇获得了市信息委颁发的验收合格证书和纪念奖杯。

【仙霞新村街道开通公共招聘网站】 2005年7月1日，“上海公共招聘网”进入仙霞社区，全市首批在街道、居委开通的“仙霞街道公共招聘网站”、“仙逸居委公共招聘网站”和“茅台花苑居委公共招聘网站”正式运行。仙霞街道在街道网点每天安排2名电脑操作人员到现场接待，协助求职者网上操作，并对安排到2个居委网点的23名就业援助员进行技术培训。这三个网站的开通，一方面将公共招聘功能延伸到社区，让市民在家门口就能得到就业服务和就业援助；另一方面使政府的就业服务工作信息化、规范化，提高了职业介绍的成功率。

【江苏路街道开通社区事务联动处置系统】 2005年10月13日，江苏路街道社区事务联动处置系统开通。该系统以社区原有的热线为投诉热线，以涉及社区市容、卫生、居民投诉热点的18类事件为载体，将其分解到进入社区网格的11家单位（包括行政执法部门和社会服务单位）。联动处置由街道统一指挥、各单位分别处置、专门人员监督，实现了指挥、执行、监督三权分立。整个处置过程，采用信息技术手段，进行资源配对，电脑系统对整个处置有清晰的记录，通过不同颜色的红、紫、绿指示灯直接显示事件执行的进程，记录处置的速度。此外，江苏路街道还建立了一支由8人组成的协管员队伍，对执行的过程以信息化手段进行监督。街道通过与区11个职能部门责任签约，强化了管理细节，提升了执行效率，提供了监督依据。（翁卓炯）

三、经济领域信息化

【九华集团与工商银行联手建立电子银行平台】 2005年，九华集团的电子银行平台初步形成了以审计为主、电子银行平台监理为辅的财务预算管理体系。新建的电子银行平台将商业网点租金收入纳入银行专户结算；将费用支出以及其他预算内支出纳入指定账户结算。九华集团可利用网络功能，监理下属各公司网点租金收入入户情况，杜绝了收取现金现象；同时监控网点租金收入和预算内费用支出及其他资金的流出，实施“收支两条线”。（翁卓炯）

四、城市建设管理领域信息化

【数字化城市管理试点通过国家建设部验收】 长宁区是建设部确定的全国推行数字化城市管理10个试点区之一。按照城市公共管理“一体化”目标，长宁区积极运用信息技术支撑制度创新，形成了科学、高效的城市公共管理工作模式。

一是城市部件定位。长宁区将全区诸如消防栓、电线杆、井盖、废物垃圾箱等43万件城市部件分为5大类84种，每个部件赋予代码，通过GIS系统，实现精确定位。对暴露垃圾、道路破损、占道无证经营、违章搭建等管理事件，分为5大类，共32种，对每个事件赋予专门的编号，通过系统平台进行分类管理。监督员可使用“城管通”手机设备，将所发现问题的图片、声音、定位等信息，通过GPS系统发送到管理平台。二是万米单元网格。长宁区根据城市管理网格化的要求，把全区九街一镇划分为1 459个万米单元网格，设置了111个工作网格，配备了314名监督员和16名信息员，对各区域实施从早上6 : 30至晚上8 : 30的巡查监管。三是发现与处置分离。长宁区建立发现受理与指挥处置两轴管理的新体制。监督受理中心接受到监督员和区呼叫中心提交的问题后，转送指挥处置中心，由指挥中心将信息传送到处置部门，待处理完毕后再回复监督中心。四是直观评价和实时考核。根据管理平台自动记录的有关数据资料，实时生成评价结果，以红黄绿3种颜色的提示灯直观反映。为各级领导迅速了解全面情况提供了方便。2005年10月1日，长宁区数字化城市管理试点系统投入试运行。试运行中，系统发现问题的能力明显增强，处置问题的能力有所提高，全区关于城管方面投诉量显著下降。12月14日，该系统通过了国家建设部专家组的验收，被授予长宁区数字化城市管理试点城区证牌。

【区规划局应用信息化提高城市管理水平】 2005年，长宁区规划局将推进信息化建设作为提高行政效能的重要途径。

一是以应用为目标，建设规划管理业务系统，提高规划管理效能。区规划局研发的EMAPGIS地理系统，新有效管理和展示包括卫星遥感影像、基础测绘资料、城市总体规划、分区规划等在内的相关规划资料；可加强对规划用地与现状分析、报表制作、道路拓宽计算、搬迁建筑面积、人口数、规划红线、绿线、蓝线叠加分析、建筑工程、日照分析等工程项目的管理；开发了主要地名、道路、单位等综合查询，图形定位，历史保护建筑管理，多媒体展示等多种功能，为有效提高城市规划的合理性、科学性和准确性发挥积极作用。

二是以提高效率为目标，利用区政务平台建设办公自动化系统，提高日常办公效能。健全了内部网络，定期开展全员培训，实现了内部公文网上流转、网上审批、网上传阅，做到无纸化高效办公。开展“城建档案管理信息化应用研究”、“城建档案数据信息管理效能初探”等课题研究，不断提高城建档案和文书档案信息化应用能力。

三是以服务公众为目标，以良性互动为方向，建设政务公开信息系统，提高效能。完善网站功能，改进了网上咨询方式，开通了政务信息公开网上申请、网上规划论坛，提高了网站互动性和实用性。

【市城市管理网格化推进工作会在长宁区召开】 2005年9月29日，上海市城市管理网格化推进工作会在长宁区召开，副市长杨雄出席会议指出，长宁、卢湾两区出色地完成了城市管理网格化试点工作，各有创新、各有特色，基本实现了“以社区为基础，推进城市管理网格化；以区县为单位，推进城市管理数字化；以政府职能转变为依托，推进城市管理市场化；以市民评价为主体，推进城市管理社会化”等4个目标，今后，在全市范围内要学习和推广长宁、卢湾试点区的经验。长宁区委书记薛潮、区长陈超贤、卢湾区区长张载养等领导出席了会议。

（翁卓炯）

五、信息产业

【邓楠、严隽琪等领导调研上海宽带技术及应用工程研究中心】 2005年9月10日，中国科协党组书记邓楠在上海市副市长严隽琪、长宁区委书记薛潮等市、区领导陪同下到位于上海工程技术大学的上海宽带技术及应用工程研究中心了解3TNET项目落地上海的进展情况。邓楠认为，3TNET项目非常有特点，整体设计把各方力量包括制造商、运营商以及用户都集成到了一起。在设计方面也有很大进步和突破，不仅仅考虑科研技术，是首先就考虑了“应用”，有实用价值。3TNET项目建设的成功，为下一步国家进入“十一五”计划奠定了很好的基础。

【上海多媒体产业园被认定为国家数字媒体技术产业化基地（上海）园区】 2005年，国家科技部批准在上海设立“国家863数字媒体技术产业化基地”。该基地建设宗旨是充分把握数字媒体基础与产业发展有利时机，建立有利于产业发展的环境和机制，加强产学研结合以及技术与资本结合，大力推进数字媒体技术产业化。2005年8月2日，市长韩正到长宁区调研多媒体产业园，参观了上海无线通信研究中心的第四代移动通信项目、新思科技公司的多媒体芯片研发项目、伟景行的多媒体制作和多媒体公共服务平台等项目。2005年12月13日，经专家评审，上海多媒体产业园被认定为“国家数字媒体技术产业化基地（上海）园区”。园区将按照科技部文件批复精神，进一步强化软硬件环境建设，围绕“科教兴市”主战略，促进科技与文化融合的数字媒体技术产业化发展，为上海现代服务业的发展奠定坚实基础。

【分众传媒公司在美国纳斯达克成功上市】 2005年7月13日，由上海多媒体产业园创业有限公司（多媒体专业孵化器）培育的分众传媒公司成功在美国纳斯达克挂牌上市。根据招股书发行1 010万股计算，此次融资额达到了1.72亿美元。年底，分众传媒以总计3.25亿美元的价格并购聚众传媒。

【信息科技企业新认定为市高新技术企业名单】

序号	企业名称	主营业务
1	上海三洲迅驰数字技术有限责任公司	数字电视用户管理及条件接收系统
2	上海复旦网络信息工程有限公司	网络信息系统
3	上海腾达科技有限公司	智能化楼宇系统
4	分众多媒体技术(上海)有限公司	城市楼宇多媒体信息发布软件
5	上海葵典计算机软件有限公司	印刷流程链管理系统
6	中联通信设备有限公司	数字程控交换机
7	上海精富电脑科技有限公司	智能楼宇弱电集成工程
8	上海虹浦民用机场通信有限公司	机场地面通信
9	思迁数码科技(上海)有限公司	思迁VOD视频点播软件
10	上海芝远商务咨询有限公司	网站即时帮助系统

（徐德生）

六、信息基础设施

【高性能宽带信息网（3TNet）在长宁建成】 2005年10月15日，高性能宽带信息网（3Tnet）在长宁区古北新区开始试运行。古北小区一期近5 000户居民可以享受利用该网传送的高清晰度互动网络电视服务。该网能够为古北小区所有用户提供每秒46兆的独享带宽，目前包括1路25兆的高清晰度电视频道和2路6兆的标准清晰度电视频道，其余9兆用于上网及其他业务。长宁区内约3.15平方公里、拥有3万余户居民区域包括古北新区已规划为全国惟一的“宽带网络与服务试验示范基地”，高性能宽带信息网3Tnet及各个项目的技术、设备、网络、商业模式等将在这里先行试验，一旦成熟，即可平移并推广至其他地区。这条全球首家采用电路与分组混合交换创新模式的高性能宽带信息网，是国家863计划的重大专项，于2001年立项，最高网速可达100兆。

（翁卓炯）

七、信息化环境

【区档案局国家科研项目通过国家专家组评审】 2005年6月22日，长宁区档案局国家科研项目《电子政务环境下电子文件归档和电子档案管理系统研究》通过由国家档案局主持的专家评审。专家认为：长宁区集中的文件归档管理模式为国内首创，其成功之处在于将档案管理与电子政务结合起来，应用成效显著，达到了国内领先水平。

【区信息委主办街道信息安全讲座】 2005年9月，长宁区信息委和上海市计算机病毒防范中心联合主办主题为“街道机关信息安全体系维护与保障”的讲座，各街道、镇的网络信息安全负责同志参加听讲。专家通过具体案例分析和现场设备演示，向参加讲座的同志介绍信息安全的定义、目标和相关病毒处理防范方面的基础知识，受到与会者的欢迎。

【举办“数字科普进社区”动漫软件技能普及培训】 2005年7月，长宁区科委、区科协在各街道（镇）以及上海浮山媒体有限公司的支持下，结合暑期青少年科技教育，启动了“数字科普进社区”动漫软件技能普及培训。全区7个街道（镇）开设了14个班级，共吸引6 972人次参加培训。培训活动共收到参赛作品160件，天山街道姜慧和程桥街道陈一君的作品获得漫画类一等奖；周家桥街道周瑶和仙霞街道吴莹蕾的作品获动画类一等奖。

【率先为失业困难人员赠送上网“公益卡”】 2005年10月27日，长宁区以政府购买服务的方式，在全市率先为首批江苏路街道230余位失业困难人员赠送东方社区信息苑上网“公益卡”，失业困难人员持卡到就近的“东方信息苑”，就可享受一年的免费上网查寻就业信息的服务，还可得到信息苑工作人员和经过培训的就业援助员的技术指导。“公益卡”既引导就业困难人员走出家门融入社区，又为今后失业人员的求职开拓了广阔的就业平台。

【长宁信息园信息服务基础平台二期项目通过专家验收】 2005年9月22日，长宁信息园信息服务基础平台二期项目通过市专家组验收。该平台的二期项目是在一期建设的基础上扩展了若干应用，重点建设了软件人才培训平台和嵌入式软件测试平台。

（翁卓炯）

八、社会诚信体系建设

【全面深化社会诚信体系建设工作】 2005年初，长宁区制定了《2005年长宁区社会诚信体系建设计划》，建立了以副区长为召集人的联席会议制度，成员单位包括24个区政府相关部门和工商银行、建设银行、交通银行长宁支行。各成员单位分别明确了开展社会诚信工作的分管领导和联络人，制定了部门诚信建设工作计划。3月29日，区召开社会诚信体系建设联席会议第一次全体会议，编辑出版诚信工作简报。区信息委制定了《关于实施守信受益失信惩戒措施的若干意见(征求意见稿)》，向各成员单位征求意见；区工商局推动企业合同信用的发展，已入会的企业有500家；区财政局继续以“政府购买服务”的方式，委托若干中介机构参与财会信用等级评定工作；区劳动局制定了用人单位劳动保障诚信征信标准，对用人单位的劳动保障信用实施分类监管，开展了百家“劳动保障诚信单位”评选。

【召开“百家诚信创建单位”表彰大会】 2005年10月25日，长宁区召开“长宁区百家诚信创建单位”表彰大会。区社会诚信体系建设联席会议各成员单位的分管领导、诚信工作联络员，获奖单位的代表共150人参加会议。区内有104家单位获“长宁区百家诚信创建单位”奖牌。“长宁区百家诚信创建单位”是长宁区推进社会诚信建设的一次有益的实践，通过这次活动能够推动更多的企业来参加诚信企业的创建活动。

【区劳动局开展百家“劳动保障诚信创建单位”评选】 2005年，长宁区劳动保障局开展了百家“劳动保障诚信创建单位”评选活动。区劳动局利用劳动保障监察网格化管理系统，依照《长宁区劳动保障诚信征信标准》、《长宁区用人单位劳动保障诚信评价办法》，推荐了“劳动保障诚信创建单位”120家候选单位，并通过《长宁时报》、长宁有线台等媒体向社会公示。通过对照标准结合公示情况，区劳动局对120家候选单位进行评价考核，从中确定了98家企业被授予“劳动保障诚信创建单位”称号。（翁卓炯）

第四章 普陀区信息化建设

概 述

2005年，普陀区信息化工作在区委、区政府的正确领导下，认真贯彻党的十六届四中、五中全会精神，坚持科学发展观，紧紧围绕区信息产业和区信息化建设两条工作主线，夯实基础，谋求发展。普陀区从提升产业能级出发，大力推进区信息产业的发展，积极营造区信息化发展的良好基础环境；从提升实用效能出发，深化信息化应用项目推广，加强信息化实事项目建设，顺利实现了全年的工作目标

2005年，"普陀区电子政务平台协同办公系统"项目被上海市信息化委员会评为"2005年度上海市区县信息化应用优秀成果"。

（卫 榕）

一、政务信息化

【深入推进政府信息公开工作】 2005年，普陀区召开了两次政府信息公开联席（扩大）会议，进一步明确了区政府信息公开工作的重点任务，梳理了区政府信息公开网上协同办理流程。普陀区把政府信息公开和"上海普陀"门户网站建设有机结合，由区信息委积极协调各部门进行信息梳理和上网公开工作。为了提高政府信息公开工作的影响力和实用性，区信息委还对"上海普陀"门户网站上信息公开栏目进行相应调整，丰富信息公开的内容，方便公众查询。2005年底，区政府信息公开联席会议组织区信息委、区监察委、区法制办联合对区政府各部门、街道（镇）健全信息公开工作开展了检查和综合评估。通过检查和整改，进一步强化了政府各机关依法履行政府信息公开职责，规范了政府信息公开工作程序，促进了政府信息公开保障制度建立，逐步形成政府信息公开长效管理机制。2005年，普陀区主动公开政府信息总量达到2 117条，接受市民申请517次，答复申请517次，答复率100%。

（卫 榕）

【"普陀区政府信息公开受理中心"揭牌】 2005年6月1日，"普陀区政府信息公开受理中心"揭牌。区长胡秉忠、副区长蔡志强等区政府领导出席仪式并为受理中心揭牌。普陀区开设政府信息公开集中查阅窗口，是全区政府信息公开工作的一个重要组成部分，在政府和公众之间建立了一座沟通的桥梁。目前，除了受理中心外，普陀区还设置了9个街道（镇）受理点和5个重点部门受理点，方便公众查询。 （施 维）

【稳步推进区电子政务平台建设】 2005年，普陀区按照整体规划、分步实施、推进应用、加强管理的指导思想，初步建成一个覆盖全区、结构开放，与"上海普陀"门户网站功能整合，面向办公自动化和业务协同化，安全、规范的全区统一的电子政务平台。该平台通过MPLS-VPN的方式，逐步整合区各条线的业务，实现与市政务外网的互联互通；开发基于平台基础数据库的各类业务应用系统，构建面向社会和政府的，对内协同办公、对外协同办事的政府办公平台。普陀区电子政务平台现共接入电脑1 175台，基本实现了全区各机关部门的全覆盖。 （王 蓓）

【开发应用人大代表书面意见办理系统】 2005年，普陀区开发了"人大代表书面意见办理系统"。该系统通

过对人大代表书面意见办理业务流程的梳理，确定了从人大代表书面意见的登记到流转，直至主办单位答复意见等一系列流程；通过与区电子政务平台的整合，实现了系统的单点登陆、统一授权和统一消息提醒，极大地方便了办理工作。利用改系统，2005年“两会”期间，人大代表书面意见受理效率得到了提高，对议案的跟踪、督查、汇总、统计等管理能力得到了加强。

（刘　萍）

【进一步完善“上海普陀”门户网站的应用】 2005年，“上海普陀”门户网站作为展示政府形象、政府信息公开、提供网上办事的窗口，共计发布普陀概览51篇、图片新闻155篇、最新报道1 105篇、专题报道200篇。这些报道宣传了普陀区在各方面所取得的成绩，展示了普陀的人文和精神风貌。2005年，“上海普陀”门户网站向“中国上海”政府门户网站报送了2 176条综合信息，被录用1 218条，普陀区编写的“网上教学指导”等3条网上服务项目被《“中国上海”门户网站便民手册》录用。2005年，通过“上海普陀”门户网站，共公开政府信息2 117项，网上服务项目388项，其中办事表格下载113项，涉及户籍、教育、就业、婚姻、交通、法律、绿化环保、工商管理、公安、城建等25个大类，这些信息极大地方便了企事业单位和市民的工作和生活，提高了区政府的办事效率。

2005年，“上海普陀”门户网站开设了“街道镇领导信箱”，深受社区群众的欢迎。“区长信箱”、“街道镇领导信箱”、“市民咨询”等栏目为市民排忧解难和献计献策提供了便捷的渠道；“网上评议”则为政府开展工作调查、民意测评架起了空中桥梁。2005年，该网站及时处理了“区长信箱”电子邮件1 348封，“街道镇领导”信箱邮件374封，“市民咨询”136封，“监督投诉”124封，所有邮件全部在规定时间内回复。

2005年10月1日，“上海普陀”门户网站进行了版面调整，拓宽了服务领域，完善了服务功能。网站除提供“便民问答”外，新增了与市民息息相关的生活服务平台，收集整合了全区的食、住、行、游、购、娱等信息，增设了“服务导航”和“便民直通车”两个服务栏目，涉及交通、教育、就业、社保等12个大类；网站可提供个人医疗账户、住房公积金、飞机航班和列车时刻表等5类查询功能。同时，还增设了电子地图检索查阅功能，市民通过电子地图可一目了然地查询、检索到医院、学校等区内的政府资源、公共资源和各种信息资料。（邵娅美、王星、郁辉）

【“上海普陀”在2005年市区县政府网站评议中获优秀水平前列】 2005年底，市政府办公厅在“中国上海”政府门户网站开展评议活动。评议范围涉及19个区县政府网站，评议重点是网上政府信息公开、网上办事、网上便民服务、网上互动以及网站建设五个方面的情况。通过公众评议、专家评议、部门自查和相关人员工作考查，得出综合评分、综合排名，形成综合评议结果。评议分为领先、优秀、良好等档次。“上海普陀”门户网站居2005年区县政府网站评议优秀水平前列。

（王　星）

二、社会领域信息化

【社会保障卡工程稳步推进】 2005年，上海的社会保障卡工作已从全面建设期转入应用发展期，各项功能不断拓展。为了方便市民办理社会保障卡有关事务，2005年10月，普陀区在区社会保障卡服务中心下新建了社会保障卡（居住证）咨询服务接待站。11月，甘泉、曹杨街道被列为社保卡和银行卡绑定受理试点单位，至12月底，共受理授权11人。2005年，普陀区共办理社保卡1.8万张（累计总数达70.7万张），发卡1.73万张；办理学籍卡5 552张，为70岁以上老年人办理蓝卡换红卡1.4万张，发放红卡附卡3.83万张。区社会保障卡服务中心坚持“市民休息我上班”工作制度，全年共补卡6 293张，换卡4 816张。

【继续推广“市民信箱”实事工程】 2005年，普陀区继续推进“市民信箱”受理工作。区信息委召开各街道（镇）分管领导会议，明确任务，分解指标，提出工作要求；并发挥职能部门的组织协调作用，通过试点提供经验，开展竞赛活动，保证了全区任务的完成。各街道（镇）广泛宣传改版后的“市民信箱”，并结合社保卡的申领，上门为学校、社区、单位服务，方便了市民的申请。2005年，普陀区共受理用户3.54万个，累计发展用户8.77万个，“市民信箱”的受理数名列全市第一。

【桃浦镇开展“居住证”申领试点工作】 2005年6月，普陀区桃浦镇被列为居住证扩大试点单位。从6月28日起，桃浦镇开始受理来沪人员申领居住证，各居委会、村委会、社区单位通过各种会议、黑板报等形式向来沪人员宣传居住证的功能，使来沪人员了解并申领居住证。为了方便来沪人员的申领，桃浦镇居住证受理点从9月中旬到11月底，每天为来沪人员服务。至年底，桃浦镇共为来沪人员办理居住证466张，临时居住证3 013张。 （孙宝良）

【建立人口与计划生育基础数据库】 2005年，普陀区人口与计划生育委员会结合业务需要，建立了集中式人口与计划生育基础数据库，基本实现常住人口计划生育个案管理信息的异地查询和异地处理及网络环境下的人口与计划生育行政事务电子化管理。该数据库的建设加强了对人口信息资源的整合，初步实现有关部门人口综合信息资源的共享。 （王佳晟）

【区信息化建设全面推进】 2005年，普陀区社区信息化工作经过试点建设和全面推进，完成了全区各街道（镇）的内部网络建设。全区6个街道3个镇全部接入了区电子政务平台；8个街道、镇网络分别延伸至115个居（村）委会；7个街道（镇）建立了社区门户网站；5个街道（镇）新建社区信息苑11个，曹杨街道、长寿街道在全市率先建成“东方信息苑”，为市民提供了新的信息化活动场所。各街道（镇）共发展了196名志愿者，组成了信息化志愿者队伍，优化了社区信息化应用环境。

【社区开发各具特色的信息化应用项目】 2005年，普陀区各街道（镇）结合自身经济发展特色，开发了一系列具有特色的应用模块。长风街道在已建成的经济数据库平台的基础上，开发应用了社区经济分析系统，并设计开发了长风新村街道两新组织党建系统、工会动态管理系统；曹杨街道、甘泉街道和真如镇分别开展了社区网格化管理、社区综合执法管理和一门式受理服务的试点工作；桃浦镇开发建设了人口信息管理系统。长征镇作为市城镇信息化的试点，一手抓社区信息化建设，一手抓信息产业的发展，建立了天地软件园和电子商务创业园。 （王 蓓）

【桃浦镇积极开展实有人口数据库建设】 2005年，桃浦镇采用“一次性采集、多条线应用”的管理模式，构建实有人口数据库。2005年6～10月，桃浦镇完成了数据的导入工作。数据采集包括身份证号、姓名、性别、年龄、籍贯、民族、文化程度等字段的基本信息及包括居委、村、楼组、一级二级门牌、在户状态、户籍地址等字段在内的户信息。截至2005年底，桃浦镇实有人口数据库累计有6.76万条人口信息和2.92万条户信息。 （吴国樑）

三、经济领域信息化

【中山化工市场建成“上海企业信息化园区示范工程”】 2005年3月，上海中山化工市场作为贸易型园区的代表被市信息委确定为“上海市企业信息化园区示范工程”的3个试点单位之一。在普陀区信息委的指导下，中山化工市场与上海电信理想商务有限公司密切合作，充分利用电信资源，借助ASP模式，逐步引导入驻企业实施电子政务系统、企业信息化系统、园区门户及管理系统、园区安全系统的建设，同时在建立自有网站、电子商务运行方面给予指导。到目前为止，已有近200家入驻的中小企业通过“自主建站，自主管理”的模式建立了企业门户。项目验收评审专家组一致认为：中山化工市场信息化园区建设功能齐全，对全市各类园区开展信息化建设具有较好示范作用。

（许华芳）

四、城市建设管理领域信息化

【区GIS基础平台开发成功】 2005年，作为上海市5个GIS试点区之一，普陀区电子政务平台在建设办公自动化系统的同时，同步开发了普陀区的地理信息应用系统（GIS）。该系统以市测绘院的基础地理数据图层和市容环卫局、绿化局等专业图层为基础，配合实地调绘，采集和处理全区人口信息、法人信息、市容基础信息和绿化基础信息等内容，将全区部分地理信息数据一体化展示于电子地图上，同时叠加RS遥感数据，组成了60个1:500的图层，构建了全区统一的GIS基础平台和统一的数据共享交换中心。该系统将各个委、办、局等条线业务信息进行共享整合，通过应用分析，为领导决策提供数据支持，为政府各部门办公提供信息帮助，为企业和居民办事提供便利服务。

【开发市容指挥信息系统】 2005年，普陀区依托区电子政务平台和GIS基础平台的开发建设，采用了4S（GIS+RS+GPS+MIS）技术，通过信息化的技术手段改造了传统的市容行业管理，开发了普陀区市容综合指挥信息系统。该系统集市容业务信息、市容业务管理、市容业务监督和市容业务决策等为一体，实现了系统建设集约化、业务应用协同化、信息资源共享化，加强和规范了日常市容业务的调度和监督，全面提高了市容应急指挥能力，提高了政府对城市管理的综合能力。

（王　蓓）

五、信息产业

【芬兰科技园区联合会高级代表团访问上海天地软件园】 2005年9月23日，芬兰科技园区联合会理事长Kyosti先生率代表团一行27人，参观访问了上海天地软件园。芬兰科技园联合会成立于1988年，是芬兰一个国家级的合作网络，涵盖芬兰所有的23个科技园和科技中心。作为政策制订者与各科技园之间的沟通纽带，联合会为各科技园区提供了良好的服务。此次访问作为区级科技产业园代表的上海天地软件园，是该代表团全面了解上海高科技园区布局的内容之一。代表团一行对软件园的园区规模、招商情况和优惠政策等方面表示高度关注，参观了园区内的两家企业，就企业资金来源、政府及园区对企业的扶持和帮助进行了详细的了解。访问结束前，双方都表达了相互学习、取长补短的愿望，并就今后可能开展的合作达成了共识。

（李　媛）

【上海天地软件园快速成长】 上海天地软件园于2004年11月正式开园，2005年进行了第二期招商。园区以先进的信息化基础设施、相对完善的配套生活设施、低廉的商务成本和专业化的服务平台，吸引了一批国内外软件企业入驻。园区内所辖面积30万平方米，其中4万平方米属于园区一期建设的重点。现已入驻园区的企业72家，虚拟注册10家，经过认定的软件企业23家，占园内软件企业的70%。其中，有专注于为宽带网络运营商提供先进的宽带网络增值业务的思华科技有限公司，以欧美外包为主营业务的上海中软资源有限公司；以产品软件和行业应用软件研发、软硬件技术服务为核心的上海中信信息发展有限公司等。这些企业经营规模普遍较大，内部管理比较成熟，其中不乏有年经营收入超亿元的大企业。在园区工作的员工已达2 141人，其中海外留学生17人、海归留学生31人、博士31人、硕士163人、本科531人、大专1071人、中高级职称297人。这些企业和人才进驻，使整个园区不仅显示出良好的产业集聚功能，也初步显示出IT人才集聚功能。

【上海天地软件园两公司通过CMM3级资质认证】 入驻上海天地软件园的上海中信信息发展有限公司和上海新域信息系统有限公司分别于2005年11月和12月获得了软件能力成熟度模型（CMM）三级资质。CMM模型是目前国际上最流行、比较实用的一种软件生产过程标准，是当今企业从事规模软件生产不可缺少的一项内容。CMM模型共分为5个级别，通过CMM认证的级别越高，就越容易获得用户的信任，在国内、国际市场上的竞争力也就越强。（许华芳）

【上海半导体照明技术应用研究中心落户天地软件园】 2005年8月2日，上海半导体照明技术应用研究中心与上海天地软件园签署合作协议，正式入驻天地软件园。同时，新长征集团决定投资100万元资金，与半导体照明中心共同组建上海芯光科技有限公司，专门从事半导体照明技术的成果转化和产业化运作。作为上海首家以应用为主的半导体照明技术研发机构，上海半导体照明技术应用研究中心在普陀区落户，为普陀区进一步明确信息产业功能布局，加快信息产业发展提供了良好的机遇。（卫 榕）

【上海电子商务创业园被评为“上海市信息化优秀项目”】 “上海电子商务创业园”创园于2004年11月，是目前国内首家以电子商务创业为主题的园区，一期办公用房8 000平方米。园区内已引入亿贝易趣网上交易平台，通过鼓励和促进网上店铺落地，解决电子商务企业注册、商务洽谈、存货发货等问题，扶持企业从创业走上发展壮大的道路。此外，园区内还提供房租、税收等方面的优惠政策和配套服务。目前，园区内已吸引120多家电子商务相关研发、创业和运营企业入驻，其中网上创业者63家，中小型企业57家，成熟企业4家，实现了从网上创业者到中小型企业再到成熟企业的不同规模企业的集聚。此外，园区还进驻了上海市电子商务行业协会投诉服务中心，为营造良好的电子商务发展公共环境作出了有益的尝试。2005年，上海电子商务创业园被上海市国民经济和社会信息化领导小组评为“上海市信息化优秀项目”。

（李 媛）

【上海现代物流信息产业园加快发展】 上海现代物流信息产业园以上海市RFID（电子标签）演示中心、上海定位与导航技术研发和应用中心等项目建设为契机，引进了现代物流信息技术、信息安全技术等方面的研发中心和相关高端企业。这些企业的进驻，提升了普陀区传统物流产业能级，加快了物流信息产业发展。截至2005年底，物流信息产业园已入驻各类科技创业型企业23家。并与上海交通大学合作，获得了上海市劳动与社会保障局首批授权的“射频识别（RFID）应用技术”培训资质。（沈春林）

【国家教育部科技司领导来普陀区考察信息产业发展现状】 2005年3月10日，国家教育部科学技术司副司长武贵龙、上海市教委科技处处长王兴放等来到普陀区，与华东师范大学王建磐校长普陀区政府蔡志强副区长等沟通交流，并听取了华东师范大学和区计委、区信息委关于以天地软件园为龙头的普陀区电子信息产业基地建设规划的汇报。与会者一致认为：普陀区的发展势头强劲，华东师大的科研优势明显，区校合作的战略选择有益于双方的发展。华东师大在普陀区政府的大力支持下，建成国家级大学科技园的前景喜人，但还需双方共同付出更大的努力。会后，武贵龙副司长等领导实地考察了华东师大国家重点项目——核磁共振研究成果、及华东师大纳米中心上海市重点项目——纳米半导体照明研究成果，并参观了上海天地软件园、上海电子商务创业园、上海现代物流信息产业园、长风生态商务区等产业基地。（许华芳）

六、信息基础设施

【"长风生态商务区信息基础设施专业规划"通过评审】 2005年3月，"长风生态商务区信息基础设施专业规划"由上海邮电设计院编制完成，并通过专家评审。上海长风生态商务区将建成体现"国际水准、海派风格、生态效益"，集旅游娱乐、商贸办公、中高档住宅3大板块为一体的大型国际性生态社区。信息化优势将是长风生态商务区3大优势之一，该规划的编制完成不仅极大地推动了长风生态商务区信息化基础设施工作的专业化、集约化，而且为生态商务区的产业发展提供了坚实的信息服务基础，为现代服务业尤其是信息服务业的集聚提供了统一高效的技术、服务和管理平台。这一规划所展现的市区合作、各运营商带资建设、全程参与的崭新合作模式可在今后上海市其他信息基础设施建设工作中得到进一步推广。

（许华芳）

【桃浦地区启动信息基础设施规划】 2005年12月27日，普陀区信息委召开桃浦地区信息基础设施规划前期讨论会。市信息委相关部门领导参加会议，就桃浦地区基础设施规划与桃浦镇领导进行了交流研讨，确定了统一规划、统一建设、统一管理的建设宗旨。作为信息化基础较为薄弱的桃浦地区，信息基础设施的建设将为当地提升信息化水平、促进信息产业发展提供有力的基础支撑。

（卫　榕）

七、信息化环境

【举办首届"信息化宣传月"活动】 2005年5～6月，普陀区开展了由区政府主办、区信息委、区文明办承办的"与文明同行，信息化互联你我他"首届信息化宣传月活动。活动采取了群众喜闻乐见的方式，通过横幅、展板、海报、电子显示屏、报纸、电台等媒界，营造了信息化的宣传环境。活动月期间，共累计发放宣传资料5 000份，张贴宣传海报2 400张，宣传横幅270幅，《新普陀报》出版宣传专栏5期，并由普陀有线台连续播放有关宣传月活动的专题版块新闻；活动还通过举办信息化论坛、研讨会、培训，开展咨询、服务、项目交流洽谈等活动，营造信息化应用和展示的环境，使信息化3个字在社区群众中"入心、入脑、入耳"。通过这次宣传月活动，普陀区把创建文明城区与加强信息化建设紧密结合起来，为进一步构建普陀区和谐企业、和谐社会奠定了良好的基础。

【确定"普陀信息化标志"】 2005年，普陀区通过《新普陀报》、"上海普陀"门户网站等载体，在市民中广泛开展"普陀信息化标志"（logo）征集和flash制作竞赛活动。区工青妇群众团体、教育局、街道镇等部门，结合行业特点，在民营企业员工、学生、教师、团员青年、社区居民等不同层次人员中，广泛发动，积极组织，让大家亲身参与信息化蓝图的描绘，提升公众对信息化的认知水平和信息技术的应用能力。经过近1个月的征集，区信息委共收到logo参选作品33件，flash作品57件，经过专家认真评选，分别产生了一、二、三等奖，并最终确定了"普陀信息化标志"。

（卫　榕）

【召开信息化规划评审研讨会】 2005年12月13日，普陀区信息委召开了"普陀区信息化规划评审暨研讨会"。会议邀请了市信息委、普陀区政府相关部门的领导和同济大学、华东师大等高等院校的专家参加研讨。在研讨会上，专家们就《普陀区经济和社会信息化发展第十一个五年规划》、《普陀区信息产业三年规划》和《普陀区电子政务三年建设和发展规划》的思路和内容，进行了认真的评审和热烈的研讨。专家们认为：3个规划内容翔实，有思路，有创新，3个规划的实施将对普陀区未来信息化发展具有积极的指导意义；同时，专家们也希望规划编制人员继续努力，在规划的规范性、目标的可达性和举措的可操作性上作进一步的完善。

（李　媛）

【“区县级电子政务审计平台研究课题”进行试点】 2005年，普陀区与同济大学合作申报的"区县级电子政务审计平台研究课题"被上海市信息委列为试点，在全市率先引入了全过程IT审计。项目建设中，普陀区信息委调研掌握了全市相关区县在电子政务建设运行方面的现状，并结合普陀区的实际，逐步完善了区县级电子政务评估指标体系，研制了评估模型，开发了评估平台的软件原型。此项目的开展可供政府管理部门对政府投资项目进行监管与后评估、预算或立项、预算绩效一体化管理，对信息系统全生命周期进行控制；可供系统开发方进行内部控制；还可由第三方中介机构对正在开发或已在运行的政务系统进行评价或审计。

（王　蓓）

【2005’IT产业投资合作交流（上海）活动团到普陀活动】 2005年5月29日，作为亚太地区城市信息化论坛第五届年会活动的重要组成部分，由日本、欧美等国家IT产业投资合作交流（上海）活动团成员30余人，到普陀区进行交流洽谈活动。普陀区区委常委、副区长蔡志强出席活动并致欢迎词。实地考察了天地软件园和长风生态商务区，并就产业政策、服务内容、合作项目等具体问题和区政府有关人员进行了深入交流。活动团经过交流考察一致认为，普陀区内靠上海中心区，辐射长三角，汇聚了信息流、人流、技术流和资金流，商务成本相对较低，要素功能相对齐全，发展空间和潜力优势相对集中，是IT业界发展的理想环境。

（许华芳）

【上海电子商务创业园参加2005中国国际电子商务博览会】 2005年5月，“2005中国国际电子商务博览会”在上海国际展览中心举行。上海电子商务创业园作为国内首家以电子商务为主题的企业聚集地，在博览展上布置了54平方米的展区，开展了宣传与招商活动，吸引了众多专业观众。首易数码、上海在线、聚联广告首次以电子商务创业园的入驻企业参加了博览会。据统计，上海电子商务创业园在整个展会期间共发放了近1 000份宣传资料，在与客户的洽谈中，已有近10家客户提出入驻园区的意向。通过此次参展，上海电子商务创业园不仅展示了自己的风采，同时也将自己推向了全国舞台，扩大了上海电子商务创业园的影响。

（宋　峥）

【对公务员进行电子政务平台及OA系统应用培训】 2005年7～10月，普陀区在全区公务员中开展了以电子政务平台及OA系统应用为主的培训考核工作。这次培训有集中培训、上机辅导、在线自学和各单位自行组织培训等多种途径，其中，集中培训9场，上机辅导18场，各单位自行培训46场。考核全部采用机考方式，全区61家单位，1 238名公务员参加了培训考核，占应培训考核总数的98%。通过培训考核，提高了公务员对电子政务平台及OA系统的实际操作水平，为2006年1月1日全区基本实现无纸化办公目标奠定了基础。目前，各单位已通过区电子政务平台全区通用的办公自动化系统，实现日程安排、会议通知、信息简报和行政公文等日常办文办会的网上发送。平台日均点击率达5 000人次，日均邮件158封。

（王　蓓）

【提升社区信息化队伍的专业素质】 2005年，为了有效地推进社区信息化建设，普陀区从以下几方面着手落实系统管理员队伍，一是协调街道（镇）在现有工作人员中选派；二是向社会公开招聘；三是招募社区信息化志愿者。现在，各街道（镇）已成立了一支政治素质好、工作责任心强、了解社区工作内容又掌握信息化专业知识的系统管理员队伍，其中包括196名志愿者。系统管理员队伍的成立确保了社区信息化建设的推进，满足了社区居民对信息化知识和应用的需求。

（卫　榕）

八、社会诚信体系建设

【区出台诚信体系建设的实施意见】 2005年，普陀区为加速发展现代服务业，营造良好的诚信发展环境，出台了《普陀区关于贯彻市政府<关于上海加速发展现代服务业的若干政策意见>的实施意见》（以下简称“《实施意见》”）。《实施意见》规定了有关诚信体系建设扶持措施，并专门设立普陀区诚信体系建设专项基金，用于扶持有关诚信平台建设和信用行业协会发展、支持信用中介服务机构发展和信用产品的研发等项目。

【开展“诚信活动周”活动】 2005年10月25～30日，普陀区诚信建设联席会议以“建诚信社会，创文明普陀”为主题，开展了2005普陀“诚信活动周”活动。区质监、工商、消保、税务等各相关部门，根据行业职能特点，聚焦经济社会重要领域以及与市民生活密切相关的领域，分别开展了“诚信岗”评比、“诚信活动专刊”、专题座谈会等活动。

10月29日下午，普陀区分别在曹杨商城和亚新生活广场组织“诚信活动周”主题日活动。区经委、旅游、质监、房地、消保委等单位为市民提供了有关法律、法规、政策、商业和旅游消费业务等方面的咨询，向300多位市民赠送了维护自身合法权益的《新消费》杂志，营造了“知诚信、用诚信、讲诚信”的社会环境。

（许华芳）

【建设曹杨商城客户信用管理系统】 2005年，普陀区结合曹杨商城信息化升级改建工作，将信用管理的理念渗透在商业管理的各个环节，建设了以企业信用管理制度为目标的曹杨商城客户信用管理系统。曹杨商城是普陀区一家具有50多年历史的传统百货店，现营业面积近3万平方米，商品种类5万余种，联营厂商数百家。曹杨商城在商城POS-ERP系统改造过程中，引入商业企业信用管理系统，拟通过构建曹杨商城企业信用管理系统，切实解决由于缺乏信用管理制度和客户信用信息渠道不畅等因素对商城信用环境造成的不良影响，加强企业经营中的抗风险能力，提高企业管理水平。该系统建设在国内尚属首家，对上海市开展社会诚信体系建设，具有积极的探索和示范作用。2005年12月1日，该系统的建设方案通过了市级专家评审。

（王霞萍　王蓓）

第五章　闸北区信息化建设

概　述

2005年，闸北区信息化工作在区委、区政府的领导下，围绕建设新闸北和创建文明城区的奋斗目标，坚持以经济建设为中心、以需求为导向、以实用为目的的工作方针，努力破解各种难题，在基础设施建设、资源整合、实用项目开发、信息技术应用以及环境建设等各个方面都取得了显著成效，并推动了信息化在区经济社会各个领域的广泛应用，提升了闸北区的信息化建设水平，为“十一五”新一轮跨越式发展奠定坚实基础。

2005年，“闸北区来沪人员综合管理信息系统”项目被上海市信息化委员会评为“2005年度上海市区县信息化应用优秀成果”。

（吴　建）

一、政务信息化

【深化推进政府信息公开】 2005年3月16日，闸北区召开贯彻落实市政府政府信息公开工作电视电话会议，部署了2005年闸北区政府信息公开工作，一是要求各部门领导重视，把信息公开作为指令性工作来抓，落实责任到人；二是要逐步扩大信息公开的内容和范围，完善信息公开目录；三是要提高和完善门户网站关于信息公开栏目的服务功能；四是要健全工作机制，落实监督体制；五是要积极开展培训，提高各部门信息公开工作人员的业务水平。截至2005年底，闸北区公开政府信息1 913条，其中主动公开信息1 877条，依申请公开信息36条，闸北门户网站政府信息公开专栏访问量达10万余次，点击率超过19万人次，接受市民的现场咨询和电话咨询5 077人次，受理提交的网上申请595件。

【“人大代表意见和政协提案办理系统”投入运行】 2005年，闸北区“人大代表意见和政协提案办理工作系统”开通并投入运行。负责处理人大、政协代表意见和提案的单位部门只要通过政府办公网就能直接下载代表的意见和提案，在完成了办理工作后，还可以通过网上直接回复办理结果。该系统的运行切实提高了政府办理提案工作的质量和效率，加快推进了政府网上办理的信息化建设，拓展了人大代表和政协委员履职的新途径。1月20日，区信息委还分批对全区60多个部门、街道（镇）的办理承办员进行了操作培训。

【区办公自动化系统通过评审】 2005年2月1日，闸北区信息委组织召开了闸北区办公自动化系统评审会议。评审会上，评审专家组对该系统进行了质询和现场考察，并分别就系统整合的必要性、文档书写的规范性、数据交互的合理性进行审核，还对办公自动化整合实施方案的不足之处及在实施过程中可能存在的问题进行了讨论，提出了相应的修改意见。

【区档案局建成“三网一库”】 2005年，闸北区档案局（馆）率先在全市完成了档案信息的“三网一库”建设。

一是依托闸北区政务网在全区应用E-DOC档案信息管理系统。该系统是一套文档影像的综合应用软件，采用OCR技术，实现“以文本为检索对象，以原稿图像为检索结果”的全文检索。该系统已在全区68个机关部门全面运用。二是依托市公务网与市档案馆实现了市、区二级目录中心的物理勾连，达到档案信息资源共享的目的。三是通过英特网建立了闸北档案信息网站。实现了档案服务的延伸，为市民查阅、利用档案提供了零距离接触的平台。四是建立了档案信息数据库。现已拥有各类档案的案卷级目录、文件级目录及专题目录约190万条，全文级扫描图像信息18万多页（幅），以及录音、录像等信息。闸北区档案“三网一库”的建成，标志着闸北档案信息管理网络的基本形成。

【区纪检监察网开通】 2005年1月1日，闸北纪检监察网（www.zbjjjc.com）正式开通。该网下设纪检监察信息、教育园地、职责范围、政策法规、纠风监察以及举报信箱等多个版块。网站通过开设信息公开、网上举报等栏目为市民设立了交流平台，并及时、准确地报道闸北区党风廉政建设以及反腐败斗争各项工作的开展情况，市民可以下载各种案例和教育资料。闸北纪检监察网运行一年来，点击率超过1万人次，收到举报信几十封。

【区残联加快推进信息化建设】 2005年，闸北区残联加快推进了信息化建设。一是对原有机房进行改扩建，使机房的面积、设施、防火、防水、防盗、防静电、防雷击等各项指标都达到了市、区标准的要求。二是建立健全了信息化工作的保障机制。先后制定了《闸北区残联信息中心机房管理制度》、《闸北区残联信息中心安全、保卫制度》、《闸北区残联信息中心安全保密制度》、《闸北区残联计算机设备管理制度》。三是开通了“闸北残联”网站。该网站宣传党和政府关于残疾人事业的方针、政策，通过“自强之歌”栏目，倾听广大残疾人的自强心声，增强了全社会帮残助残的良好氛围。四是整合资源，参与构建市、区、街（镇）残联系统三级网络平台。2005年12月，中残联理事长汤小泉，中残联副理事长程凯及卫生部、民政部等相关部委领导现场观摩了市、区、街（镇）“三级网络”平台应用情况，并给予了高度的评价。闸北区残联被市残联评为“2005年度信息化工作一等奖”。 （吴　建）

二、社会领域信息化

【完成“百万家庭网上行”实事项目】 为了进一步拓展“百万家庭网上行”实事项目的效应，闸北区妇联、区信息委、区文明办与上海市阵列网络科技有限公司开通了“闸北网上人家”网站（www.happyjia.com），成立了“闸北网上人家”编辑部，建立了“闸北网上人家”网站长效运行机制。截至10月底，全区提前两个月完成了2.46万人的培训任务。

【继续推进“市民信箱”实事项目】 2005年，闸北区社保卡服务中心及9个街道（镇）社保卡服务站正常接待市民的申请注册工作。截至2005年底，全区共受理有效申请5.7万人。

【“居住证”申领工作全面展开】 2005年，闸北区将居住证试点扩大到全区8个街道1个镇。为充分利用现有社会保障卡申领办理的网络资源，各街道（镇）的来沪人员居住证办理点均设在社会保障卡服务网点处。在市社会保障卡服务中心的帮助下，居住证办理点全面更换了各网点的照像设备，增配了用于居住证办理的电脑、打印机等设备，并对办理工作人员进行了岗前业务培训。截至2005年底，全区共办理来沪人员居住证4.72万张。

【区中学物理教学资源网全新改版】 2005年，闸北区中学物理教学资源网进行全新改版。改版后的网站设有同步教学、网上课堂、物理题库、知识经纬、论文资源、物理论坛6大栏目。该网在学习板块中，加强了物理仿真实验板块的建设，以此来培养学生的创新精神和实践动手能力，让学生体验从做中学的乐趣；在资源搜集上，贯彻注重双语教学的思想，除了尽可能地收集国内优秀的物理教学资源外，还广泛摄取国外的教学资源，以达到中西结合、取长补短的作用；在资源的呈现方式上，该网设有动画、视频、课堂实录、图片资料等多种表现形式，力求多层次、多维度地展现物理教学的思想精髓，突出信息技术与课程整合的优势。中学物理教学资源网曾被作为全国中学物理信息技术与课程整合比赛惟一指定的网站，受到全国各地区物理教师的普遍欢迎。目前，中学物理教学资源网访问量已突破13万人次，注册用户数已近3 000人。

【建立区疾病监测预警和应急指挥系统】 2005年，闸北区卫生局在全市率先建立了区域性公共卫生信息和突发事件应急指挥系统。首次利用东方有线网络实现了各级医疗卫生机构同疾病预防控制、卫生监督及卫生行政部门的光缆联网，逐步形成了预防保健、医疗服务、疾病控制和卫生管理一体化的多功能卫生信息服务网络。目前，全区已经初步建成了社区居民动态的健康档案，实现了儿童计划免疫信息共享，部分传染病和慢性病的网络监测管理，以及部分联网医疗机构之间的电子双向转诊。

【社区居民健康档案与临床信息一体化的应用研究】 2005年，闸北区卫生局建立了以社区居民健康档案与临床信息为一体的信息系统。该系统整合了临床诊疗信息、社区卫生服务信息、健康档案、实时疾病监测、统计分析等相关内容，实现了“多档合一”的模式。其电子处方、电子医技申请等无纸化作业优化了患者的就医流程，临床医生可直接调用各类医技检查报告、影像，并实时地查询健康档案，迅速了解病人的家庭社会背景资料。该系统还具有院长查询、财务管理、医疗器械管理、价格公示、住院费用一日清等功能，实现医院管理实时监控，从医院层面上解决了“看病贵”的问题，使病人能“明白消费”，也节约了有限的卫生资源。2005年7月，经上海市医学科技查新委员会查新结果显示：该项目研究国内迄今未见报道，目前处于国内领先水平。此外，该项目也引起了国家卫生部领导、国家863项目组专家和世界卫生组织、中国香港、瑞典等国内外同行的高度关注。

2005年9月，闸北区卫生局在国家卫生部和国家科技部召开的“2005年数字医疗论坛”上作了专题发言，在国家科技部主办的“中国国际信息与健康高技术产品及应用展览会”作了专题展示。

【推广应用医疗机构医疗器械监管信息系统】 2005年，闸北区药监局建成的医疗机构医疗器械监管信息系统，将医疗器械信息和医疗机构的病人信息融为一体，对使用过程中的各个环节实施法制化和数字化监管，形成了一个以医疗器械为核心、以病人安全为导向的全流程管理体系，保证医疗器械诊断和治疗病人的安全有效。该系统采用B/S和C/S的双重结构，对医疗器械供应商实行网上资质认证，对医疗材料的有效期进行安全预警，对植入型等高风险医疗器械实行数字化的全程监控，对突发不良事件导入快速的危机追踪和处理机制。该系统还具备了成本核算、在线更新和自动化网上报表下载等功能。2005年，该系统获得闸北区科技创新三等奖。

【加强对来沪人员的信息化管理】 闸北区是全市来沪人口管理试点区。自2005年3月起，区信息委建立了包含近12万来沪人员的基础信息数据库，完成了“闸北区来沪人员综合管理信息系统”建设。区信息委运用该系统进行各类信息的查询、统计和分析，加强了对来沪人口的管理，提高了服务水平。此外，区信息委还在宝山路街道实施工作地和居住地的双向管理模式，分阶段在宝山街道22个来沪人员集中务工点、居住点建立动态读卡系统，通过考勤系统更新来沪人员的动态信息，通过网络，每天进行数据更新和汇总，与市、区来沪人员管理部门进行数据共享，保证市、区、街道政府管理部门对来沪人员动态信息的实时掌握和比对。同时，将来沪人员的就业、医保、综合保险以及私营企业主的税费缴纳等数据都入卡进库，借助临时居住证的全市通用性，真正实现“落实一证（临时居住证），健全一卡（社保卡）和建好一库（来沪人员数据库），达到动态跟踪，全市协同”的管理目标。

2005年12月29日，中共中央政治局委员、市委书记陈良宇，副市长、杨雄、周太彤等市委、市政府领导视察了宝山路街道来沪人员管理工作，观看了系统的演示，并给予了高度评价。“闸北区来沪人员综合管理信息系统”被上海市信息化委员会评为“2005年度上海市区县信息化应用优秀成果”。

【社区信息化工作深入推进】 2005年，闸北区80%居委会完成了网络接入。积极开展了社区管理与公共服务统一业务平台开发的调研工作，并在宝山路街道进行试点。同时，完成了宝山路、临汾路和大宁路3个街道社区实有人口数据的采集工作，在街道社区统一业务平台上实现了实有人口管理等基础工作。建成了彭浦镇政府信息化网络平台，完成了有关软件平台的开发工作。

【首批信息协管员走进社区】 2005年7月1日，闸北区首批14名信息协管员分别在宝山路街道和大宁路街上道正式上岗。信息协管员以非正规就业的形式，纳入政府出资购买、政府特许经营或收费以及无偿使用公共资源开展社会公共服务，主要工作职责是保障街道与居委会间的区政务网络正常运行、满足社区居民的电脑维修和技术辅导需求、开展信息化知识宣传普及等服务。

试点半年来，信息协管员队伍共上门为社区居民提供维修服务达600余次，组织各类培训800多人次，协助街道、居委会采集各类信息9 800多条。有关部门制定了《闸北区信息协管员管理试行意见》，从组织管理、职能定位、工作管理和收费服务等方面对信息协管员工作体制进行规范。

（吴　建）

三、经济领域信息化

【加快推进中小企业信息化建设】 2005年，闸北区初步制定了“闸北区中小企业服务平台建设方案”。该平台的建设以服务全区2万多家中小企业为目标，优化企业的发展环境，提升企业能级和提高市场竞争力。8月4日，区信息委组织召开了区有关部门、区属企业代表以及本市高校相关研究机构的专家学者参加的中小企业信息服务平台建设研讨会。研讨会围绕中小企业信息服务平台功能定位、闸北区中小企业现状、平台的推广和宣传策略、平台运作载体、运营模式和平台开发的技术路线等方面的问题进行了探讨，进一步完善了平台建设方案，完成了平台开发功能需求报告，将于2006年进行开发。（吴　建）

四、城市建设管理领域信息化

【临汾路街道推进网格化管理信息平台试点建设】 2005年，闸北区按照“社区党建全覆盖、社区建设实体化、社区管理网格化”的总体目标，在临汾路街道试点开发建设了集市容、治安和城管执法等信息为一体的临汾社区网格化管理信息平台。该平台运用数字网格化管理手段，创新了城市管理模式，再造了城市管理流程。该平台自6月份正式运行以来，基本实现了“边界统一，反应迅捷，责任到岗，考核到人”的总体要求，为社区领导及时掌握实情及分析决策提供了数据依据。截至2005年12月底，街道共立案1 407件，派遣处置172件，结案核实1 235件，已初步显现了加快信息沟通、提高办事效率的良好效应。

【安装政府和公众交通信息查询屏】 2005年，闸北区在天目西路、宝山路和彭浦新村3个街道共安装了100台“政府和公众交通信息查询屏”。“政府和公众交通信息查询屏”是全市第一个全区域、全天候、全社会、全人群的信息化服务平台，是向旅客、市民提供政府公开信息、交通信息、旅游信息以及与市民密切相关的其他各种信息的系统。该项目的建设被列为闸北区2005年实事项目。

（吴　建）

五、信息基础设施

【完成区政务大楼智能IC卡管理系统建设】 2005年3月，由闸北区机管局、人事局和信息委牵头负责的闸北区政务大楼智能IC卡管理系统工程正式启动，9月1日全面投入使用。该系统以智能IC卡为载体，以网络和软件技术为手段，建立了身份标识、就餐（消费）和考勤3个应用子系统，将机关工作人员的身份标识、上下班考勤、就餐（消费）及办公区域进出等内容，统一纳入信息化综合管理范围，有效提高了工作效率和大楼安全防范管理水平。

【IP网络电话全区推广应用】 2005年，闸北区已在全区60多个部门、街道（镇）开通了IP网络电话，安装了1 000多门IP电话，基本实现了区各部门、街道和居委会之间"零"话费通话。为了进一步促进各部门广泛应用IP网络电话，区信息委在区政务信息网上开发了IP网络电话计费系统，并编制了闸北区IP网络电话簿。

【上海互动电视在闸北中部地区正式开通】 2005年，闸北区开通了上海互动电视，截至年底前，已发展收费用户近200户，进入了正式的商业化运作。上海互动电视是多媒体宽带网络进入实质性运用的首个正式项目。多媒体宽带网络提供的6～8M点对点的独占网络带宽，是原来80K上网速度的80倍，有效地保证了在电话线上传输高质量电视节目和实现双向互动。上海互动电视平台现有30多个专类、1万多小时的节目，市民可以根据自己的喜好选择特定的栏目或设置个人专用频道观看节目，在以后的节目中还可以进行家庭教育、社会服务以及随时查看自己收视节目消费的清单等。目前，闸北区中部地区的新梅共和城、广中苑、嘉茵苑、绿色家园、东方明珠公寓、宁泰新苑、歌林春天等45个小区，近3万户市民家中的电话线路已经具备了互动电视节目的基本条件。

（吴　建）

六、信息化环境

【召开2005年区信息化工作会议】 2005年3月23日，闸北区召开了国民经济和社会信息化领导小组扩大会议暨2005年信息化工作会议。会上，闸北区信息委主任徐友法布置了2005年闸北区信息化工作要点。许谋赛副区长对2005年区信息化工作提出了三点要求。一是要充分认识信息化工作在新闸北建设和打造现代交通商务区中的重要性，各部门、街道（镇）要确保人员、资金落实到位，积极推进本单位的信息化建设。二是各部门、街道（镇）要按照布置要求，细化任务，制订措施，落到实处。特别是抓住社会诚信体系建设、交通商务平台建设、社区信息化建设和政府信息公开等重点工作，稳步推进，实之有效。三是区信息委要认真发挥管理职能，进一步完善区信息化工作例会制度、监督制度和奖惩制度，建立健全信息化长效管理体制。

【编制完成《闸北区国民经济和社会信息化“十一五”规划》】 按照市信息委的统一部署和安排，闸北区在充分调研和征求意见的基础上，结合闸北区区域信息化工作的现状，编制和完善了《闸北区国民经济和社会信息化“十一五”规划》。规划对闸北区未来五年（2006年～2010年）的国民经济和社会信息化发展进行了充分的展示，明确了发展目标：加快政务信息服务、企业信息服务、社会信息服务、技术信息和人才服务五大体系的建设和完善，到2010年，闸北区信息化主要功能性指标在全市中心城区排名前列，闸北的经济、社会管理全面实现信息化，信息化成为新闸北建成的重要标志。主要任务是：继续加大信息化对政府宏观管理、决策和为民服务的支持力度，继续加大信息化对传统产业发展的推动作用，继续加快信息产业的发展，继续优化和改善信息化的发展环境。重点推进政务、社会公共服务、经济、城管建设、信息产业等重点发展领域。

【全区推广应用正版软件】 2005年，闸北区采购了微软公司的Windows XP（专业版）操作系统软件、金山公司的WPS office 2005办公系列软件（政府版）等相关软件，向区政府各部门发放了1 000余套正版软件，完成了全区推广应用正版软件的任务，并对全区60多个部门的有关人员进行了正版软件的安装培训。

【宝山路街道举行第二届社区电子政务节】 2005年7月19日，宝山路街道第二届社区电子政务节隆重开幕。在电子政务节期间，宝山路街道举行了丰富多彩的活动，有互动竞技类的公民数字娱乐技能竞赛，如QQ龙珠、魔兽争霸赛；有实用性强的电子政务论坛讲座、信息安全讲座和实有人口数据库应用及培训；还有互动性强的“我家我炫”数字家庭网页设计大赛、中学生机器人竞赛作品展演及VOD点播式流媒体电子阅读等活动。本届社区电子政务节以“体验网络生活、展示数字能力”为主题，历时23天，不仅内容丰富、形式多样，而且参与面广，互动性强，真正实现了让电子政务走进社区、贴近居民的效果。

（吴　建）

七、社会诚信体系建设

【积极开展社会诚信体系建设】 2005年10月，闸北区开发完成了社会诚信信息平台建设。该平台分为“政府结构诚信”和“企业联合征信”两大系统，“政府机构诚信系统”于10月在区纪监委和区人事局投入运行，“企业联合征信系统”将联合第三方征信机构产生的企业信用报告，在政府采购、中小企业贷款财政担保等工作中使用。按照市“诚信宣传周”活动安排，闸北区在全区开展诚信宣传活动。区信息委在大宁灵石公园、长安路、广中路和共和新路交叉口等主要道口竖立了29块诚信公益宣传广告牌，并利用现有电子广告牌、交通信息屏等设施进行了广泛的宣传。区旅游局、工商等部门开展放心购物、规范旅游市场秩序的活动，提高了商业经营和旅游营运服务质量的信誉。2005年底，“闸北诚信”网站（www.zbcx.cn）开通运行。

（吴　建）

第六章　虹口区信息化建设

概　述

2005年是虹口区基本实现《虹口区信息化建设2003～2005年三年行动纲要》的一年。在区委、区政府的领导下，区信息委积极实施科教兴市主战略，加快完善全区政务信息网络基础建设，提升信息基础设施综合服务能力和信息安全保障能力，不断完善信息化发展环境，使信息化更加全面地服务于虹口构建“人与社会和谐发展，经济与社会协调发展”的环境，更高效地提升政府的管理与服务水平。目前，虹口信息化已经顺利走过了基础先行阶段，进入重点突破和全面推进阶段，基本形成了信息基础设施、信息化应用、信息化发展环境联动发展的格局，为虹口区未来发展奠定了坚实基础。

2005年，虹口区政府被评为“上海市2005年度政府信息公开工作先进单位”。“虹口区行政事务一口受理与发布系统”被上海市信息化委员会评为“2005年度上海市区县信息化应用优秀成果”。（罗　俊）

一、政务信息化

【政府信息公开工作成效显著】 2005年，虹口区政府信息公开工作紧紧围绕建设服务政府、责任政府、法治政府的要求，坚持以公开为原则，以不公开为例外，促进政府信息公开工作有序开展。主要措施：一是抓好信息梳理和主动公开工作。截至2005年底，共主动公开信息3 703条，其中与市民密切相关的重大事项方面的信息1 842条，公共资金使用和监督方面的信息131条，全文电子化达100%。二是做好每季度“虹口区人民政府公报”的发放工作。抓好依申请公开信息的受理和办理，全年共受理政府信息公开申请249件，依申请公开信息目录数263条，接受市民咨询3.04万次。三是抓好制度建设和业务培训，有效推动虹口区“公开、公平、公正”的透明政府建设。2005年，虹口区政府被评为“上海市2005年度政府信息公开工作先进单位”。

【基本完成区二级政务网建设】 2005年，虹口区信息委根据“总体规划，统一标准，分步实施，集中管理”的原则，完善了区二级政务网的建设方案。以区机关新大楼为中心，连接大楼外48家相关部门和街道（镇）的二级政务网，有80%以上部门建立了局域网，并实现了相关应用，基本建成了市、区、街道（镇）全连通的政务网络。

【完善区政府大楼网络运行系统】 2005年，虹口区信息委完善与优化了区政府办公大楼内公众网、公务网和政务外网3套网络设施，做好了中心机房、弱电间及其内部所有设备的日常管理和部门服务器托管维护工作，实现了3套网络约1 100台终端及设备的网络接入。同时，制定并完善了3套网络运行管理和安全管理的方案，最大程度地保证了3套网络的正常运行。

【协同办公平台建成运行】 “虹口区协同办公系统”是依托政务网络而构建的对内应用平台，共有OA办公、短消息、内部邮件和视频点播等15项行政办公应用功能，并留有其他业务应用系统的接口，可集成各部门独立的应用系统，不仅可以方便各业务单位使用，而且通过数据共享、分析，还可为各级领导提供综合的辅助决策功能。2005年，“虹口区协同办公系统”已有800多用户，产生了积极的工作成效。

【建成区信访管理系统】 2005年，虹口区信息委配合区信访办共同开发了“虹口区信访信息管理系统”。该系统依托虹口区“自然人数据中心”的基础人口数据，着眼于构建全区性、统一性、规范性的信访信息受理、处理和管理系统，并对多渠道的信访信息通过综合协调、协同处理等办公模式进行有效处理和管理。

【推动社区经济数据和自然人数据的综合业务应用】 2005年，虹口区建立了以经济数据为中心的社区经济管理信息系统，完成了10个街道的软件安装和数据录入；建立了以人口数据为标准的社区信息资源库，与市相关部门合作，开展了“市民服务信息系统与区县政务信息系统数据共享框架”研究，达成了数据共享协议。

【实施计算机辅助档案管理】 2005年，虹口区档案局对全区65个机关部门、街道、镇进行了计算机辅助档案管理及电子档案的建设工作，要求有向综合档案馆移交档案的部门和单位在进行档案实体移交的同时，做好电子档案的移交工作。在机关各部门、街道、镇的支持和配合下，除4家单位因各种原因还没有实施以外，全区61家有向区综合档案馆移交档案任务的部门和单位已全部实施计算机辅助档案管理，提升了虹口区档案工作的整体水平。

【“上海虹口”门户网站建设有序发展】 2005年，“上海虹口”政府门户网站作为全区电子政务系统的重要组成部分，依托网站对全区电子政务系统进行整体规划和构架。“上海虹口”政府门户网站除了反映虹口区情、提供便民服务外，还强化了服务意识，落实政府信息公开、网上办事、监督评议、公共参与等功能。“上海虹口”政府网站专门开出了“上海虹口接受公众评议”、“‘十一五’规划大家谈”、‘关注虹口’志愿者网上行等网上互动平台。“关注虹口”志愿者网上行活动吸引了众多志愿者参与，一个多月时间就在网上提出了100多条意见和建议。虹口区的居民还可以通过"网上办事大厅"，足不出户地在家下载表格或直接网上办事。市民可采用网络、电话、邮件、传真等方式提出办事申请，办事机构通过协同工作在规定的时间内对其进行处理，处理结果再通过门户网站向市民公布，申请人可以方便地查阅办事结果。

（罗　俊）

二、社会领域信息化

【做好社会保障卡管理服务和“市民信箱”受理工作】 2005年，虹口区积极做好社会保障卡管理服务和“市民信箱”受理工作。截至12月底，完成社会保障卡信息录入1.18万人次，发放社会保障卡8 956人次，补办社会保障卡6 104张，换发社会保障卡6 022张，受理挂失社会保障卡340人次，解挂160人次，发放70岁以上老年人红色附卡4.12万张。累计完成社会保障卡信息采集71.40万人，发放社会保障卡67.80万张，补办社会保障卡1.84万张，换发社会保障卡1.67万张，受理挂失社会保障卡788人次，解挂失390人次。完成社会保障卡（学籍管理卡）申领、发放4 627张；接待“市民信箱”受理登记6 058人次；积极开展居住证（临时居住证）扩大试点工作，截至12月底，共发放居住证3 412张；虹口区社会保障卡服务中心还发挥现有服务功能的作用，继续提供查询劳动保障关系、养老金、公积金、医疗保障各类信息，接待居民咨询服务498人次。

【完成“万户家庭网上行”三年计划】 2003～2005年，虹口区“万户家庭网上行”活动共有3.2万余人（包括职工、部队军人、在校学生及社区市民）参加培训，圆满地完成了培训任务。三年中，涌现了许多先进的个人和单位，凉城新村街道妇联等3个单位被虹口区“万户家庭网上行”领导小组授予为“2005年虹口区组织奖”；周桐英等10名同志被授予“2005年虹口区‘万户家庭网上行'优秀学员";虹口区业余大学等3个单位被授予"2005年虹口区'万户家庭网上行'优秀教学点"。区信息委在总结经验的基础上，继续规划"新三年万户家庭网上行"培训活动，通过对市民进行信息化应用培训，提供市民适应现代城市生活的技能，同时营造良好的社会信息化应用氛围。

【开展数字家庭PPT大赛】 2005年，虹口区举行"世纪新元杯"数字家庭PPT大赛。大赛经过初赛，从34件参赛作品中推选出16件精品进入决赛。在这16件作品中，不乏有专业高手，但更多的是社区中的业余爱好者。他们用自己的心灵描绘北外滩、展现北外滩，憧憬着虹口由启航北外滩走向全国、走向世界的美好未来。经过激烈的角逐，嘉兴路街道韩瑜佳家庭和欧阳路街道孙贵新家庭的作品荣获大赛一等奖。

【"军休乐园网站"开通】 2005年，虹口区"军休乐园"网站开通。该网站由区军干一所电脑班的离退休老兵制作辟有"戎马生涯"、"老兵风采"、"公益活动""温馨服务"等栏目，展示了干休所建所十多年来取得的成绩和荣誉，记录老干部的战斗历程和晚年生活。

【进一步推进社区信息化工作】 2005年初，虹口区召开社区信息化现场推进会，市信息委副主任乔志刚、区委副书记许虎清、副区长华东平出席会议。2005年，虹口区安装了全区统一的协同办公系统，街道建立自己的网站或网页，拥有了街道自身信息发布、政务公开的平台。区初步建成了一个较为完备的网络基础设施，其中乍浦、凉城、曲阳、欧阳、广中、嘉兴、新港、四川北街道建成了街道内部的局域网（含到居委的VPN和到招商中心、社区服务中心等四个中心的VPN)，提篮桥街道、江湾镇明年即将实施建设。乍浦路和嘉兴路街道在会上作了交流发言和演示，有关部门表示将继续在信息化管理体制、运作机制、应用推进上形成自己的发展特色和优势，进一步推进社区信息化工作。

（罗 俊）

三、城市建设管理领域信息化

【加强城区综合监控和管理能力】 2005年，虹口区加强了城区综合监控和管理能力，推进了信息化在规划、建设、市容等城市管理领域的应用，开展了城市网格化管理试点工作。目前，区信息委着手建设基于GIS平台之上的，包含部件、事件和监控设备协同管理的城市网格化管理系统，建立城市管理问题的及时发现、快速协调处置机制，提高城市的综合管理水平；实现噪音、大气等环境监测的信息化。此外，在建筑工地、物业等行业的信息管理系统也有较好的应用。

（罗 俊）

四、信息产业

【建成数字电视产业园】 2005年12月5日，虹口区人民政府与东方有线网络有限公司举行了战略合作框架协议签约仪式，共同在虹口区建设集数字电视产品研发、推广、发布、展示、内容制作、商务办公等功能于一体的数字电视产业园区。市信息委副主任刘健、虹口区领导俞北华、华东平，东方有线网络有限公司董事长刘亚东等出席签约仪式。虹口区以此次签约为契机，将在发展高科技、数字产业以及信息服务业、通讯业等方面寻找新突破，努力打造新的支柱型都市产业。通过区企联动，构建数字电视产业链，推动电子政务和电子商务的发展，最终建成上海市数字电视产业基地。该园区一期建设总建筑面积6 000平方米，重点吸收数字电视产业链关联的科研单位和企业。

（罗 俊）

五、信息基础设施

【加快通讯基础设施建设】 2005年，区信息委加强区域通信管理职能，已完成42.939沟公里的集约化信息管线，23幢楼宇已拥有“最后1公里”集约化信息管线接入，为推进商务智能化建设奠定环境基础。此外，区信息委配合还区建委，推动通讯管线的架空线入地工程，最大限度地发挥信息基础设施建设对提升虹口整体城区功能的作用，已完成四川北路一期工程2.8公里架空线入地。目前，虹口区已拥有27万户有线电视用户，1 200户企业有线电视用户，其中20万户已完成双向改造，有线通宽带和上海电信上网个人用户达6万多户，数字付费电视个人用户达4 500户。

（罗　俊）

六、信息化环境

【召开2005年区信息化工作会议】 2005年5月，虹口区召开2005年区信息化工作会议，总结2004年区信息化工作，布置2005年信息化重点工作。区委副书记许虎清、副区长华东平等领导出席会议。区各委办局、街道、镇信息化分管领导及负责人参加了会议。会议表彰了全区10个信息化特色项目、王立义等5名优秀组织者和王至等32名先进个人。会议认为，虹口区信息化发展的架构已经基本形成，信息化基础设施日趋完善，信息化发展环境日益优化，信息化管理手段更加科学，信息化服务水平逐步提升。2005年，虹口区加快完善全区政务信息网络基础建设，推动自然人、法人及地理形态3大数据为核心的信息资源的利用与共享，全面完成“十五”国民经济和社会信息化重点专项规划和《2003～2005年上海市虹口区信息化实施计划》提出的各项目标和任务。区委副书记许虎清在讲话中要求：全区各单位要从虹口长远发展的角度出发，增强推进虹口区信息化建设的战略意识；以电子政务建设为重点，不断提升政府工作整体的管理水平；注重信息化建设实效，强化信息系统应用能力；全方位推进信息化建设，加快虹口经济社会发展；加强领导，通力协作，确保信息化工作真正落到实处。

【完成区基础数据库总体框架规划】 2005年，虹口区完成了全区数据库总体框架规划，确立了自然人、法人和地理空间3大基础数据及相关业务的关联架构；基本完成了全区政务数据的分类、分布及共享的原则和规范，为全区全面推动政务信息化应用，实现数据共享打下了坚实的基础。目前，包含受理与发布、综合业务处理和统计分析辅助决策系统的自然人信息系统建设项目已基本完成，基础数据维护制度和流程也已制定，可实现在区相关部门、街道及居委形成一体性、多层次的数据维护方式和共享模式。建成后的自然人信息系统将为全区各相关业务提供合法的、统一的基础数据信息，有利于政府分析、决策系统的进一步开发和利用。

【加强信息化规范管理】 2005年，虹口区信息委加大了信息化规范管理力度，制定下发了一系列的管理文件，如：《虹口区党政机关网络与信息安全管理办法（试行）》（虹委办[2005]24号）和《虹口区党政机关网络与信息安全管理实施细则（试行）》及《关于加强虹口区政务信息化项目建设管理的暂行意见》（虹府办[2005]39号）等。其中，《关于加强虹口区政务信息化项目建设管理的暂行意见》规范了区政务信息化项目申报审定程序，提高区财政对于政务信息化项目的投资效益。

【区机关带头使用正版软件】 2005年，虹口区从建设诚信政府的高度，认真贯彻落实国务院办公厅和市政府办公厅关于使用正版软件的通知精神，采取有效措施，狠抓落实，完成了使用正版软件工作。主要做法：一是建立领导机制。成立以副区长华东平为组长，区府办、区信息委、区财政局、区知识产权局、区计经委、区保密局为成员单位的领导小组，负责全区软件正版化工作的领导和督查。二是调查摸底。由区信息委牵头，组织对虹口区部门、街道正版软件使用情况进行全面自查。三是确定采购范围。在自查的基础上，反复核实，确定需要采购正版软件的品种和数量。四是落实经费。区信息委提出软件正版化的经费申请，被列入区财政专项经费预算。五是实施政府采购。按照政府采购的有关程序，与微软（中国）有限公司签订正版软件采购合同，并签署了《关于共同推进虹口区政务信息化建设的备忘录》。六是解决完成使用正版软件的具体工作。范围是区级财政预算单位，内容含服务器操作系统、桌面操作系统、数据库中心管理软件、政务办公软件和邮件服务器软件等。七是加强检查督促。把软件正版化工作纳入到信息化工作专项考核中，使其常规化、制度化、法制化。

（罗　俊）

七、社会诚信体系建设

【区人才服务中心提供诚信档案服务】 虹口区人才服务中心是全市诚信档案服务网点之一。2005 年，该服务网点已为办理居住证人员建立诚信档案近百余份，为柔性流动人才的人事档案做了重要补充；该服务网点还查出假学历、假学位两例，为单位引进人员提供了重要的决策依据。

（罗　俊）

第七章　杨浦区信息化建设

概　述

2005年，杨浦区信息化工作以科学发展观为指导，注重资源整合和项目应用，通过推进信息基础设施建设、拓展信息化项目应用、强化信息化管理、加强社会诚信系统建设，促进与带动了区域经济、社会的协调发展，取得了显著的成绩。

2005年，杨浦区政府被评为“上海市2005年度政府信息公开工作先进单位”。“杨浦区企业基础信息管理系统”和“杨浦区人民群众评议政府工作网站”被上海市信息化委员会评为“2005年度上海市区县信息化应用优秀成果”。　（区信息委）

一、政务信息化

【落实政府信息公开工作】 2005年，杨浦区根据《上海市政府信息公开规定》，建立完善了政府信息公开制度，组织政府各部门主动公开有关经济、社会管理和公共服务的政府信息，按规定受理公民、法人和其他组织提出的政府信息公开申请。“上海杨浦”门户网站通过改版，为市民、企业开辟了专门的服务办事类栏目，增强了公众查阅政府公开信息的功能。在充分发挥政府门户网站、《政府公报》、《杨浦时报》等政府信息公开主渠道作用的同时，杨浦区政府信息公开受理服务中心集中向公众提供主动公开政府信息的纸质文本。区教育局、区规划局、区科委、区档案局等部门的政府网站还专门建立了政府信息公开栏目，提供了开放档案目录查询的功能。杨浦区政府信息公开联席会议还建立了疑难问题会商制度，依法处理有关依申请公开的政府信息事宜。

2005年，杨浦区主动公开各类政府信息1 515条，其中，全文电子化的683条。在主动公开的信息中，政策法规类的信息158条，规划计划类的信息18条，属于本部门业务信息1 001条，其他信息338条。在主动公开的信息中，与公众密切相关的重大事项方面信息160条，其中，影响公众人身和财产安全的疫情、灾情或者突发事件的预报、发生及其处理情况20条；土地征用、房屋拆迁的批准文件、补偿标准、安置方案等信息的公开情况140条。在主动公开的信息中，属公共资金使用和监督方面的信息7条。2005年度，共受理信息公开申请955件，答复738件，共接受市民咨询2.14万次。

【“上海杨浦”设立网上办事服务平台】 2005年，“上海杨浦”门户网站建立了面向企业、法人的办事中心栏目和面向市民的服务资讯栏目。办事中心栏目下设在线办事、办事导航和问题解答等内容模块，为办事项目提供办事指南、表格下载、办事连接、在线办事、状态查询和办事投诉一站式服务构架，为发展政府网上办事、接入部门业务系统预留了空间。目前，“上海杨浦”门户网站已集成政府办事事项700余项，具备了较为完备的网上办事功能。

此外，门户网站还注重政府招商工作，协同区招商中心推出了GIS电子地图招商服务，建立区域招商资源分布图，把区域资源分为公共资源和招商资源两大类，其中，招商资源由区招商中心和区发改委共同主导，调动街道、镇资源，共同搭建网上招商平台，及时发布新的招商信息。同时，区域内各企业或零星商办楼业主也可以在电子地图招商服务系统中自助式发布信息，所有信息通过招商中心审核后正式上挂。通过GIS电子地图，还可以方便地实现区域招商资源数据统计、查询、打印等功能，简化了工作流程。

【“杨浦区人民群众评议政府工作”网站改版】 2005年，“杨浦区人民群众评议政府工作”网站进行了第三次改版。该网站建立了“区长在线”工作制度，主要包括“区长在线”活动、实事项目、重点工作、部门工作的述与评，实事回顾等方面内容。“区长在线”每月定时在网上举行区领导与本区市民在线对话，市民可直接向区领导反映问题和提出建议，由区领导及职能部门现场答复，如需要研究和协商的问题，在一个月内答复，对话内容在网上保留三天。2005年，杨浦区将12件实事项目公诸于众，接受市民的评议。"区长在线"开通以来，得到了各方面的支持，形成了市民积极参与、区职能部门各司其职的局面。截至2005年12月31日，访问量已达35.9万多人次，评议政府工作8.7万多项，人民群众对政府工作的总满意度达到了99.8%。此外，网站还收到意见、建议2 715条，按期办结率达94.7%。“区长在线”的开通，进一步疏通和便捷了区政府和市民的交流渠道，进一步促进了区政府各部门转变工作作风、提高办事效率。该项目获得“2005年度上海市区县信息化应用优秀成果”。

【区机关办公信息平台改版】 2005年底，杨浦区政务网办公信息平台改版，建立了统一的机关办公自动化应用平台，集成了区新闻报送系统、区人大代表书面意见政协委员提案处理系统、工商并联审批系统、绩效考核系统、固定资产查询等各个原本分散孤立的应用系统。该平台通过内网用户中心，统一用户名密码，各部门用户一键登入即可浏览该单位用户的全部信息，方便了各部门工作人员的使用，提高了工作效率。其中，政府信息公开受理系统基本达成了外部受理—内部流转—部门受理—外部告知的全套网上流程，实现了多部门通过统一的机关办公自动化应用平台进行协同办公。同时，该系统可随时跟踪监督每一件申请事项的处理节点，方便地统计、打印各项数据报表。

【区检察院建设电子检务应用系统】 为贯彻落实最高人民检察院颁布实施的《2005～2007年检察信息化建设与发展规划（纲要）》，以检察信息化带动检察业务现代化，建设具有国际先进水平的检察信息化平台，2005年，杨浦区检察院以“统筹规划、协调发展、统一标准、分布实施”为原则，投入40余万元，研制开发了“电子检务应用系统”。该系统主要包括电子检务基础平台、电子检务数据交换平台、办公自动化系统、检察资源管理系统等，通过日常业务的办理，将业务数据清洗整理、标准化，逐步形成检务信息资源库。该系统可定制、可管理，可扩展协作业务和应用架构，具有较强的安全性。 （区信息委）

二、社会领域信息化

【开展居住证试点工作】 2005年7月1日，杨浦区五角场镇开展居住证工作试点，12月底前，完成了定海、控江、五角场街道扩大试点的工作。为做好居住证的试点工作，杨浦区成立了区人口综合调控领导小组，由分管副区长牵头，区府办、区信息委、区公安分局、区人口办具体负责，按照统一标准、统一建设、统一规范、统一管理的原则，由各街道（镇）具体组织实施居住证受理点建设，区信息委负责对全区居住证受理点信息系统建设进行业务指导。目前，杨浦区实有人口综合信息资源库系统建设已与专业软件公司签署合同，进入开发阶段。2005年，杨浦区共发放居住证440多张，办理临时居住证6 000多张。

【社会保障卡工作成效显著】 2005年，杨浦区各社会保障卡服务站把“热情为市民服务，耐心解释，树立文明窗口形象”作为基本要求，努力争创文明窗口。2005年，大桥街道被评为“全国社会保障优质文明服务窗口”，杨浦区补换卡网点被评为“杨浦区文明窗口”。2005年，杨浦区社会保障卡补换卡网点和11个街道（镇）社会保障卡服务站共接待市民约6万余人次，完成社保卡申领2.2万多张，发放7.7万张（其中红卡附卡5.07万张），补换社保卡1.36万张，完成“市民信箱”受理3万余个。

【区荣获“百万家庭网上行”活动特别贡献奖】 2005年，杨浦区第一轮“百万家庭网上行”市民信息化培训任务圆满完成，荣获上海市实施“百万家庭网上行”实事项目特别贡献奖。为搞好“百万家庭网上行”活动，区妇联、区信息委等部门密切合作，依托有线电视、报纸、横幅、标语、板报等宣传媒体，设计多种入户宣传的方法，开展形式多样的宣传活动，取得了良好的效果；同时，在教学点分布、师资配备、生源组织、资金配套、工作督查等方面进一步建立起日趋规范的工作机制，确保了工作的落实。

杨浦区“百万家庭网上行”活动得到了社会广泛的支持，五角场街道与育鹰学校联手成立了“杨浦区信息技术知识拥军培训基地”，为辖区内驻地部队官兵开展了系统的科技信息知识培训；五角场街道举办了癌症患者“网上行”培训班，学员们建立了“灿烂的明天”网站，在此基础上，由市妇联组织开通的上海“癌症康复社区”网站，吸引了社会各界的广泛参与；五角场镇深入镇集团公司及“两新”组织和经济园区，根据职工翻班制的工作特点，为他们开设特色班；区老干部局和五角场镇联合举办了“老干部网上行”培训班；控江路街道与控江医院联手举办医务人员“网上行”培训班；大桥街道与打捞局联手，为船员们开展“网上行”培训等。此外，杨浦区还举办了四平社区家庭信息化应用技能操作竞赛，“我与电脑”、“网络在现实生活中的魅力”网络知识竞赛，“长白杯”新上海人计算机网络技能大赛，“网上冲浪”、“网上智力竞赛”等一系列丰富多彩的活动，使“百万家庭网上行”活动在社区全覆盖，让政府的实事项目惠及更多的社区居民。

三年来，杨浦区共有5.29万人获得了由市统一颁发的“百万家庭网上行”合格证书，其中通过培训获得证书的有3.56万人，通过自学考试获得证书的有1.73万人，完成率为151%，超额完成三年的培训任务。

【社区信息苑正式运行】 2005年，杨浦区配合社区文化活动中心建设，把建设社区信息苑（中心信息苑）工作列入区政府实事项目，使该项目成为具有知识杨浦特点和高科技时代特征的社区文化新阵地。到2005年底，杨浦区已有殷行街道、五角场街道、四平街道和五角场镇等4个中心信息苑投入正式运行，平凉街道、大桥街道社区信息苑目前正在建设中，四平街道和江浦街道各有2个以信息查询为主的小区级信息苑也正在筹备建设。据统计，2005年，杨浦区社区信息苑共接待居民近10万人次。

【扩大社区信息化建设】 2005年，根据杨浦区社区管理与公共服务信息化工作计划，在已有的6个街道、镇深入推进社区信息化应用的基础上，又有6个街道开展了社区信息化建设，并被列入区政府2005年的实事项目。

2005年，杨浦区共投入资金374万元用于建设社区信息化工作（硬件建设投资267万元，软件投资107万元），其中200多万元用于社区信息化基本要素建设，平均每个街道投入资金近40万，100多万元用于各街道（镇）现有政务管理平台和应用系统的个性化开发建设。目前，区、街道（镇）、居委会三级网络基本建成，其中街道（镇）与区各部门之间建立了政务专网，采用光缆连接；街道（镇）建立中心机房，配置了服务器、核心交换机、边缘交换机和网络防火墙等，内部各科室通过双绞线，外部职能科室通过光缆联通；居委会和社区内所、院、队与街道（镇）采用电信ADSL拨号和VPN方式连通。街道（镇）保证各科室每2人有一台电脑，各居委会都至少配置一台电脑。各街道（镇）结合实际建立了社区政务管理平台，在遵循《社区管理信息化应用技术规范》的基础上，根据自身需求，对功能模块进行了优化和更新。2005年建设的6个街道吸取了2004年其他试点的经验，进一步完善了功能模块框架结构和标准，按照“统一平台、个性开发”的原则进行平台建设，并于12月中旬开始试运行。

【开展信息化支撑社区网格化管理调研】 从2005年10月开始，杨浦区信息委和五角场街道办事处，联合开展了信息化支撑社区网格化管理的调研。调研主要就社区工作现状及其发展趋势、网格化管理的现实需求、信息化支撑社区网格化管理的着力点和实现途径等方面展开。作为“上海市社区管理与公共服务信息化工作先进单位”的五角场街道在完善社区事务受理中心、建立社区政务管理平台和社区生活求助联动中心的过程中，充分利用了社区网络平台互联互通、资源共享、沟通便捷的特点，有效地发挥了社区应用系统协同工作、提高效能的优势，使得社区信息化应用水平有了较大的提高。（区信息委）

三、经济领域信息化

【建成企业基础信息管理系统】 2005年，杨浦区建立了一套完备的企业基础信息管理系统。该系统以工商行政管理部门掌握的市场主体信息为基础，整合了杨浦区内各行政职能部门的行政许可信用信息和日常管理信息，在网上并联审批信息系统的基础上，扩展使用功能，建立信息互动平台。

杨浦区企业基础信息管理系统通过信息的采集、公开和交换，加强了各部门间的信息共享、业务协同，推进监督管理方式的转变，由过去某个时点管理转变为全过程的管理，由单个部门专业管理转变为全方位的综合管理。该系统对于提升行政管理效能，提高执法监督水平，为企业诚信体系提供基础数据发挥了重要作用。该项目获得“2005年度上海市区县信息化应用优秀成果”。（区信息委）

四、城市建设管理领域信息化

【建设“杨浦区现代社会防控应急体系”】 2005年6月，“杨浦区现代社会防控应急体系”一期工程完成建设并投入使用，该系统一期工程共铺设光缆53公里，设置监控摄像点37个，为复旦大学百年校庆的安全保卫工作作出了很大贡献，体现了良好的社会效益。2005年下半年，该系统启动了二期工程（四平、延吉、长白、新江湾城街道和五角场镇辖区）建设，设置监控摄像点66个，预计2006年6月底前全部完成。该体系是实时图像监控系统，对重点聚集场所、要害部位和标志性建筑实行全面覆盖；该系统由各派出所对辖区实行全过程、全方位、全天候的实时监控，提高了公安机关快速反应和街面治安防控能力，为公安出警和联防治安提供强有力的技术保障，同时各街道（镇）也可利用该系统提高了对社区管理的水平。

【构建区城市规划信息共享平台】 为适应规划管理新要求，满足城市规划信息化需要，2005年，杨浦区规划局投资约100万元组织开发了“杨浦区城市规划信息共享平台”。该平台由“B/S办公系统”、“后台维护系统”、“规划管理电子报批系统”等组成，通过建立面向领导和业务人员的规划信息动态监控系统，实现了区规划局与市规划局及其局属单位之间的信息交换与共享，实现了规划管理信息动态交换与监控。可实时查询规划管理动态信息和分析结果，并建立起了重点地区预警系统。

【发物业管理企业信息分析平台系统】 2005年，杨浦区开发了物业管理企业信息分析平台系统。该系统将杨浦区所有物业管理企业的有关物业管理小区、管理范围、管理性质、业主大会等信息，通过网络平台进行整合，并将物业管理企业诚信记录数据提供给资信公司，用于出具企业信用评估报告，从而有效规范物业公司的管理，为物业管理的市场化、社会化发展提供信息技术支撑和社会诚信体系监督保障。该系统包括前台录入、数据交换、后台统计分析、身份认证、查询、报表处理、信息评审、记录跟踪以及民众投诉建议等11个子系统，计划在2006年6月投入使用。

（区信息委）

五、信息产业

【进一步推进信息产业基地建设】 “复旦软件园五角场科技园联合基地”是上海市软件产业基地。在市、区两级政府支持下，杨浦区完成了国权基地软件测试中心和国泰基地（复旦科技园）软件培训中心建设，并将建设成为一流的信息企业公共服务共享平台。2005年初，区成立了复旦软件园开发建设有限公司，运作复旦软件园基地开发建设。该公司已完成48亩隆昌路地块土地的招投标工作，编制完成复旦软件园项目总体规划及建筑方案设计，目前正在开展做项目报批等前期准备工作。复旦软件园将成为杨浦区信息产业实现跨越式发展的坚实基础。

【区内信息产业发展壮大】 2005年，杨浦区信息产业实现销售收入13.5亿元，同比增长39.9%，上缴税收1 500万元，同比增长82.8%。经过近几年的发展，复华实业、科投同济、复旦光华、万申信息、上海中和软件等一批以信息技术为主的企业正在脱颖而出，迅速壮大。区内现有一定规模的信息企业300多家，从业人员近万人，形成了以软件业为核心，技术力量雄厚，规模相对较大的产业群体，其中，大亚科技、复旦光华和恒康网络等信息企业总收入已超亿元。

（区信息委）

六、信息化环境

【《杨浦知识创新区“十一五”信息化规划》编制完成】 2005年，杨浦区完成了《杨浦知识创新区”十一五”信息化规划》的编制工作。该规划以“三个代表”重要思想和科学发展观为指导，认真贯彻“科教兴市”战略，坚持“三区融合、联动发展”的核心理念，坚持服务知识创新区发展大局的工作目标，坚持以促进信息通信技术自主创新和集约化应用为工作主线，坚持需求带动、市场驱动、政府推动的发展方针，坚持统筹协调、强化特色、有效整合、重点突破的工作思路，坚持多元发展、有序竞争、规范有序的政策导向，巩固和发展以政府为主导、以企业为主体，社会积极参与的信息化持续发展的局面，全面推进杨浦区的信息化建设。

该规划确定的杨浦区“十一五”信息化发展总体目标是：力争通过五年的协调发展，至“十一五”期末，杨浦区信息化程度达到中心城区平均水平。建成覆盖全区的高速、稳定、安全、开放的信息基础设施网络，逐步实现通信、广播电视和计算机网络的业务相互开放和融合，区内住宅小区和商务楼基本实现智能化；信息产业成为杨浦区国民经济的重要支柱，信息产业专业园区形成规模，专业园区内将拥有一批具有较强竞争力的高新技术企业和具有自主知识产权的信息产品；信息技术在国民经济和社会各领域中得到广泛应用，信息资源开发和综合利用程度有较大提高，信息技术将成为区政府办公、企业运作和市民生活的重要活动方式；在信息化政策、组织管理、资金保障、人才培养、宣传培训、信息安全、社会防控等方面建成较为完善的信息化保障体系，具备较为完善的信息化软环境；全面实现“知识杨浦”信息化目标，成为上海中心城区的知识集聚、整合和服务中心。

【区电子政务规划编制完成】 2005年，杨浦区电子政务规划编制完成。该规划将完善区电子政务整体架构和布局规划，满足杨浦知识创新区信息化发展新要求，促进区电子政务建设均衡、有序发展和信息资源的集约有效利用。

杨浦区电子政务规划的目标：加强信息化工作的组织领导和统筹规划，根据杨浦区的战略定位及发展要求，结合电子政务建设实际情况，明确区未来两年电子政务发展方向和技术框架，提出增量建设项目，建设技术先进、能力充足、架构合理的电子政务信息系统，为建设“知识杨浦”提供有力的技术支撑。

【落实区信息化发展资金】 2005年，杨浦区政府印发了《上海市杨浦区信息化发展资金管理暂行办法》（杨府办发〔2005〕21号）。区政府每年安排定额的信息化发展资金，支持本区信息化项目的推进。该专项资金主要以匹配方式发放给杨浦区市、区级信息化基础设施建设及应用试点和推广项目。2005年，杨浦区共有15家单位（部门）申报了使用2005年度信息化发展资金项目，根据发展资金的申请条件和专家评审的结果，区房地局物业企业管理信息平台建设项目、区规划局城市规划信息共享平台、五角场街道社区三中心建设项目、区检察院电子检务应用系统等6个项目获得杨浦区信息化发展资金支持。

【推进使用正版软件工作】 2005年，杨浦区抓紧推进区政府系统使用正版软件的工作。区政府成立了杨浦区知识产权联席会议制度，由蒋卓庆区长、马杰富副区长召集，区发改委、区科委、区知识产权局、区财政局、区法制办、区信息委等为成员单位，统筹实施使用正版软件工作，具体工作由区信息委、区财政局负责。杨浦区使用正版软件工作的范围为区级财政预算单位，经调查摸底，核准了需采购的软件种类和数量。2005年11月29日，杨浦区信息委与微软（中国）有限公司的代理商上海中景信息技术有限公司签署了软件销售合同，购买了微软公司的操作系统软件和办公套件；与上海山丽信息安全有限公司签署了安铁诺病毒防御体系销售合同。至此，杨浦区圆满完成了使用正版软件工作。

（区信息委）

七、社会诚信体系建设

【深化社会诚信体系建设】 2005年，根据杨浦区政府颁布的《关于加强本区社会诚信体系建设的意见》，杨浦区已在中小企业贷款担保、政府采购、个人信用3项制度上取得突破。

在政府采购方面，杨浦区在现代社会防控应急体系建设招投标项目中成功引入信用报告制度，并取得良好效果；在中小企业贷款担保方面，目前使用的模式是企业提出申请，按照申请须知由企业自行至上海资信有限公司办理法人或申请人个人信用评估报告；在个人信用制度方面，区人事局在公务员招录与考核工作中，试行个人信用评估报告，有近2 000名公务员提交了个人信用报告，并作为年度考核的依据之一。此外，在巩固政府采购方面落实使用信用报告制度，杨浦区还将在土地招投标、物业管理招投标、土建工程招投标中积极实施信用报告制度。

2005年，杨浦区开展了“共铸诚信，让窗口更明亮”行动，还组织开展了市“诚信活动周”活动，区信息委还组织了2期有88名学员参加的企业信用岗位培训班，并为30家重点商业企业建立信用档案。

（区信息委）

第八章　黄浦区信息化建设

概　述

2005年，黄浦区以电子政务、电子社区建设为重点，完善区实有人口信息资源库，初步形成了电子政务基础框架，依托区实有人口信息资源库，建立了社区事务服务系统，实现了社会救助事务“前台一口受理、后台内部协办”，被国务院信息化工作办公室列入地区电子政务（人口领域）原型试点区。黄浦区实有人口信息资源库和社区事务服务系统被评为“2003～2005年上海市信息化优秀项目”，黄浦区实有人口信息资源库和社区事务服务系统、世纪广场通信集约化建设项目被上海市信息化委员会评为“2005年度上海市区县信息化应用优秀成果”；信息传输、计算机服务和软件业增加值23 089万元，同比下降25.3%，信息服务业区级税收8 899万元，同比下降1.4%；“上海黄浦”门户网站总访问量131万次；道路信息管线建设累计达53条路段40沟公里，楼宇宽带累计接入87幢，付费通终端累计布放45台。（叶亚庭）

一、政务信息化

【政府信息公开工作】 2005年，制定了《2005年黄浦区政府信息公开工作要点》和《黄浦区公文类政府信息审核发布程序规定》；编制了《黄浦区政府信息公开指南》、《黄浦区政府信息公开目录》和《黄浦区政府信息公开年报》；编发了4期政府信息公开简报；举办了2期政府信息公开人员培训班。全区49个部门在“上海黄浦”门户网站主动公开信息531条，其中政策法规类信息157条，规划计划类信息52条，业务类信息188条；接受咨询电话数2.36万个，现场接待人数3.34万人次，网上咨询数1 482个；受理依申请公开数187条，已答复申请171件，其中同意公开120件，占总数的70%；发生针对全区有关政府信息公开事务的行政复议案和诉讼案分别为16件和5件。（邬新芳）

【地区电子政务原型试点区工作】 2005年10月10日，国务院信息化工作办公室召开“国家电子政务信息资源目录体系和交换体系原型试点方案汇报和工作协调会”，区信息委制定的《黄浦区地区电子政务原型试点（人口领域）工作设想》方案获得通过。试点目标是建立跨部门交换和共享的人口信息指标体系，建设数据交换平台，完善社区事务服务系统，为地区人口领域的电子政务建设提供思路和经验。（桑惠康）

【杨雄副市长调研区电子政务与社区网格化管理工作】 2005年7月27日，副市长杨雄、市政府副秘书长范希平带领市政府办公厅、市精神文明办等领导来黄浦区调研电子政务与社区网格化管理工作。杨雄一行视察了董家渡街道社区事务受理中心，副区长沈祖炜汇报了区人口信息资源库、社区事务服务系统和社区党群工作系统建设和应用情况，徐汇区、松江区和市信息委领导也分别汇报了社区网格化管理试点情况。杨雄要求，要用新理念、新技术重新梳理工作流程，分类和细化试点工作，用网格化打破长期以来条块分割的问题。（叶亚庭）

【完善区实有人口信息资源库】 2005年，在以户籍为主的黄浦区人口信息资源库的基础上，按照国家、上海市有关实有人口数据标准和规范，确定了黄浦区户籍和外来人员基本信息6项、户籍和外口人员扩展信息31项；境外人员基本信息23项、专业共享信息153项，实现了政法、外口、民政、劳动、计生、司法、残联、老龄等八个部门数据的整合，完善了黄浦区实有人口信息资源库。至12月底，整合户籍信息20.01万户，户籍人口59.98万人，其中沪籍“人在户不在”0.90万人，沪籍“户在人不在”11.58万人，育龄妇女15.12万人，失业登记1.29万人，婚姻登记2.55万条，残联信息0.94万人，刑释解教0.32万人，民政救助1.65万人，在职丧劳鉴定68人，就业困难82人，领失业保险金1.03万人，孤老和“一老养一老”信息1.65万人。外来人员信息9.59万人，境外人员信息0.42万人。该库被上海市信息化委员会评为“2005年度上海市区县信息化应用优秀成果”。（傅 纲）

【社区事务服务系统实现“一口受理，内部协办”】 2005年初，黄浦区依托区人口信息资源库，开发了社区事务服务系统，先后完成城镇居民最低生活保障、协保人员生活补助、知青子女生活补助、医疗救助、廉租住房、支内退休返沪人员生活补贴等17个应用模块的开发，实现了劳动、民政、房地、总工会、街道等13个部门的业务协同，3月27日起先后在董家渡和人民广场街道试开展运行，此后在全区其他街道推广应用。该系统的应用，方便了百姓办事，堵塞了管理漏洞，提高了工作效率。5月，该系统被国家版权局授予计算机软件著作权登记证书。9月，该系统被列入《2005中国信息化应用案例推荐》，并被上海市信息化委员会评为“2005年度上海市区县信息化应用优秀成果”。

（桑惠康）

【完成计算机终端政府采购】 2005年，区机关计算机终端设备购置按照部门申请、区信息委预审、区财政局审核、区政府采购等程序规范运作，共采购计算机302台，其中便携机19台，涉及52个部门。目前，区机关和街道干部计算机终端平均拥有率分别达94%和66%。

（洪 达）

【建立区档案局数据备份系统】 2005年10月，区档案局运用信息技术，建立了数据集中备份管理系统。该系统具有数据的集中存储、备份等功能，满足数据的实时备份和系统故障后的数据恢复。该系统已对200余万条档案目录、38万页数字化全文图像及照片等进行了备份，目前系统运行正常。

（庄瑶虹）

【网上办理外资企业联合年检】 2005年，区外经委为方便外商投资企业参加网上联合年检，会同联检相关部门，统一对区内应参加年检的外商投资企业进行网上年检操作培训，落实专职人员负责企业网上上报数据审核比对，及时将部门初审结果通过网上告知企业，避免企业因年检数据漏报错报而多次往返。全区461户参检企业中，近75%企业实现了网上申报，方便了企业，提高了办事效率。（何雪峰）

【区税务分局应用OA系统】 2005年11月3日，区税务分局办公自动化（OA）系统通过上海市国家税务局验收。目前，系统运行正常，公告栏、政务信息、人员考勤和电子邮件等模块正常应用。收文、发文以及47个通过OA系统管理的税收业务项目已进入OA系统，办公自动化系统的应用，使机关办公效率得到提高，税收业务流程更加规范，进一步加强了办文的流程跟踪、过程控制和工作督办。

（葛 荣）

【小东门街道机关办公网实现全覆盖】 2005年5月，由小东门街道自行投资的街道机关大楼与新的社区事务受理服务中心大楼之间光纤（宽带）联接工程建成并投入使用，街道机关全体处级干部、所属11个科室以及街道下属的社区事务受理服务中心、经济发展中心、社区党员服务中心等部门的办公电脑全部宽带接入街道机关内部办公网（局域网），并与区政务网相联通，实现了机关内部办公自动化系统（OA）的全覆盖。

（丁晓刚）

二、社会领域信息化

【完成市政府实事项目】 2005年，区妇联深入实施“百万家庭网上行”实事项目，广泛发动各界妇女参加网络技能培训和“我喜爱的网站”评选活动，提前半年完成全年6 000人的培训指标，圆满完成历时三年的“百万家庭网上行”实事项目，三年共累计培训1.81万人。11月24日，黄浦区召开了“百万家庭网上行”实事项目工作总结表彰会，对在三年项目实施过程中表现突出的集体予以表彰。

2005年，黄浦区受理社会保障卡（学籍卡）申领1.17万人，发卡1.01万张，补换卡6 466张，办理70岁以上老人社保卡蓝卡换红卡3.23万张。

2005年，黄浦区继续积极推广“市民信箱”工程，共受理“市民信箱”申请2.76万个，完成率达110.59%。

（傅　纲）

【开发社区党群工作系统】 2005年3月7日，黄浦区社区党群工作系统在人民广场街道试运行；10月，系统通过专家验收。该系统开设了“信息直通车”、“意见箱”、“网上组织生活”、“网上竞赛”、“党员先进性教育”等互动板块，对社区党务资源进行整合，突破了时间和地域限制，实现党群工作的高效协同和全覆盖。至12月底，累计公开信息343条，网上组织生活15次，4个党支部共上传思想汇报32篇，47名党员上传思想汇报81篇，网上学习总时间达到4 432小时，浏览文章6 362篇，建立青年志愿者组织93个、志愿者378人。

（宋歆晖）

【利用网络开展职业介绍服务】 2005年5月，黄浦区利用“上海公共招聘网”，为求职者和用人单位提供人性化、专业化的服务。自5月至12月，网上委托代理企业达1 106家，发布招聘信息5 448条，发布招聘岗位1.72个，网上应聘达4.92万人次，其中网上录用5 819人。

（区劳动保障局）

【实行副食品补贴发放计算机管理】 为贯彻落实上海市粮食局关于推进副食品补贴发放实行计算机管理的要求，黄浦区粮食局选择尚文管理组作试点，投入资金，购置了3台副补发放专用电脑，自2005年12月1日起对发放副食品补贴、帮困、人口变动等业务进行计算机管理，摆脱了手工操作模式，规范了副食品补贴发放管理制度，提高了工作效率。

（高政明）

三、经济领域信息化

【开通“网上北京路”电子商务平台】 2005年3月29日，由上海新世界（集团）有限公司、上海电信有限公司长途通信部和德国英特软件香港有限公司等3家企业合作开发的“网上北京路”电子商务平台举行开通仪式，区委常委、副区长蔡志荣开通了“网上北京路”电子商务平台，并宣布“网上北京路”正式开通运营。全国五金交电化工商业协会常务副理事长兼秘书长朱仁和到会祝贺。“网上北京路”电子商务平台是北京路建设“国际装备制造业服务贸易区”的重要内容之一，依托该平台，可推动现代服务业和先进制造业的联动发展，实现网上交互信息、展示产品、从事交易、在线支付和完成配送等功能。目前，已有200多家企业登陆“网上北京路”，共向外发布了数万种产品信息。

（吴培民）

【实现银行卡刷卡消费83亿元】 2005年，黄浦区银行卡推进工作实现新突破，新增银行卡受理商户104户，全区营业面积在100平方米以上的商户银行卡受理覆盖率达85%；实现银行卡刷卡消费83亿元，同比上升49%，刷卡消费金额占全区社会消费品零售总额的29%，其中南京路步行街、豫园商城实现刷卡消费30亿元，同比上升50%；社区商业刷卡交易量同比增加174%。

（殷 红）

【推进税收管理信息化建设】 2005年，区税务分局在信息化建设方面：一是加强税收管理应用系统建设。完成了CTAIS征管系统、出口退税管理系统和防伪税控网络版系统的数据整合和功能衔接，做好“金税”工程税务稽核系统的升级，实施增值税防伪税控系统“一机多票”工作。二是为税收征管和税源监控提供信息技术支持。落实个人所得税全员全额明细申报相关信息管理工作，做好纳税人网上电子报税和发票认证应用软件的升级，完成市属地征管企业各类征管信息数据的导入，开发推广房地产开发项目预（销）售税收台账管理软件，推行成品油零售监控管理系统。三是加强计算机管理系统安全运行管理。做好系统数据管理、系统维护和安全保障，完善设备、系统的应急措施，落实信息保密工作。

（葛 荣）

【开通“网上旅游信息港”】 2005年9月，由黄浦区旅游局开发的“网上旅游信息港”(http://www.shtour.info/)顺利开通，具有供求信息发布、内部信息交流和企业介绍等功能，为全国各地旅游企业提供了交流信息服务的公共平台。“网上旅游信息港”一经推出，得到了各旅游企业的良好反应，目前已有近100家企业注册。

（戴赣华）

四、城市建设管理领域信息化

【制订区地理信息系统建设方案】 2005年2月，区信息委着手地理信息系统（GIS）建设，在调研、需求分析、借鉴兄弟区经验的基础上，制定了《黄浦区地理信息系统（GIS）建设方案》，并征求了47个部门意见。9月21日，区长姜亚新带领区府办、研究室、发改委、财政局领导到区信息委调研，提出了“要规划好地理信息平台建设，构筑一个完整的、规范的、可以不断覆盖的、有扩展空间的地理信息平台”的要求。12月23日，区信息委召开专家咨询会，邀请市信息委、华东师大、市测绘院和专业公司的专家，征求对建设方案的意见，与会专家认为，方案总体可行，系统功能基本能满足黄浦区的应用需求。

（董晨慧）

【世纪广场通信集约化项目建成】 2005年2月，区信息委、区建委以黄浦区世纪广场改建为契机，联合上海电信、上海移动、中国联通、中国网通4大运营商，建设上海市中心城区第一个通信集约化建设项目。该项目于5月1日完成，7月通过验收，被评为“2005年度上海市区县信息化应用优秀成果”。世纪广场通信集约化项目运用了集约化建设理念和先进的通信技术，采取电信、移动、联通、网通、有线、政务等管线统一接入方式，实现了道路管线接入集约化；采取统一设计、设备共用等方式，实现机房集约化；通过采用POI平台和合路平台，实现室内覆盖集约化；通过天馈系统整合，实现了室外宏基站集约化；通过新型材料应用，美化了天线、改善了城市景观；通过WLAN接入系统，实现无线上网。此项目的建成实现了世纪广场8 000平方米室外中心广场、7 000平方米地下停车场、近2 000平方米建筑主体及地下公共部分的通信集约化，充分满足了通讯和数据业务需求，并为未来3G系统的接入做好预留。

（倪 骧）

【建立环卫道路保洁质量评估系统】 2005年11月，区环卫道路保洁质量评估系统开始试运行。该系统采用GPRS网络，使用TCP/IP协议和SpeedMap技术，由道路保洁质量管理短信评分、统计分析和图片监控实时传输3个子系统组成，把黄浦区环卫保洁道路划分为重点地区主要道路、中小道路和街坊道路3大类1 500

条（段）、一至四级考核分值区间。管理考核人员巡视时，通过短信形式把分值发送到SpeedMap GIS系统图形平台，平台上自动显示相应颜色，利用手机摄影功能即时进行图片上传，可查询路段作业质量考核数据、作业人员和考核人员等信息，对巡视考核数据分类或汇总即时统计。该系统的应用在环卫行业尚属首家。

（周良平）

五、信息产业

【扶持高科技企业发展】 2005年，科技京城内的国家集成电路设计产业化基地内有4家企业获得了“国家中小企业创新基金”160万元的支持，6家企业获得“上海市创新基金”、“留学人员专项资助”等各类基金共397万元，2家企业获得区科技“三项”专项贷款共100万元，4家企业的科技项目被认定为“上海市高新技术成果转化项目”。

【上海集成电路设计创业中心成为国家高新技术创业服务中心】 2005年11月20日，经过国家有关部委评审，科技京城内的上海集成电路设计创业中心于12月份正式进入“国家高新技术创业服务中心”的行列，科技京城成为全国第一家以集成电路设计为特色的国家高新技术创业服务中心的科技创业园区。

【科技京城招商引税成果显著】 2005年，科技京城引进注册企业126家，引进注册资金5.32亿元人民币。截止年末，科技京城的出租率已经达到98.7%，入驻企业2 254家，其中注册企业1 838家。完成税收4.28亿元，同比增长58%。

【科技京城培训中心建设项目完成】 2005年3月，由市、区各投入400万元的科技京城软件产业基地二期建设项目——培训中心启动建设，12月，完成验收。培训中心立足于“三个服务和一个交流”即：服务于科技京城内部企业，成为科技京城内部培训交流平台；服务于黄浦区信息化建设，成为黄浦区信息化建设的窗口和培训基地；服务于上海市信息化产业的发展；成为重要的合作、交流平台以及积极开展国际间的交流与合作。11月16日，由科技京城、全球第三大半导体专业生产企业瑞萨科技和上海巨通电子有限公司三方携手共同合作设立了“上海科技京城瑞萨易悠通培训基地”，旨在为上海培养高层次的嵌入式软件开发人才。

【科技京城开展无形资产和人力资本出资注册登记试点】 2004年，市有关部门在科技京城进行无形资产和人力资本出资注册登记试点。2005年，科技京城利用试点政策，引进了“国家废弃物资源化国家工程研究中心”，上海上外网络教育发展有限公司、上海亚晨科技发展有限公司、上海晶桥电子科技有限公司、上海华威环保技术有限公司4家技术型企业和机构入驻科技京城。

（吕瑞怡）

六、信息基础设施

【区政务光缆铺设扩建工程】 2005年12月15日，黄浦区完成政务光缆网改扩建工程。新铺设光缆25公里，区政务光缆网总长度达130公里，区工商联、城管大队等10个部门及单位通过该工程已接入区政务网或公务网非涉密域。区政务光缆网改扩建工程既利用了现有资源，又兼顾到今后扩展需求，对部分有条件路段，光缆铺设采用地下穿缆方式进行，改变了传统架空的做法，美化了城区环境，同时，将扩容主干设计成环路，大大提高了光缆网的稳定性和安全性。

（张宇扬）

【区信息管线铺设和楼宇宽带接入】 2005年，黄浦区道路信息管线建设完成了陆家浜路（林荫路-海潮路）、陆家浜路（林荫路—西民立路）、中华路（迎勋路—白渡路）、复兴中路（东台路—西藏南路）、汉口路（江西路—中山东一路）5条路段4沟公里，区内有17幢大楼接入宽带。 （倪 骧）

【区机关办公大楼被评为甲级智能建筑】 2005年11月25日，市建委智能办召开智能建筑等级评审会，并举行了授牌仪式。黄浦区机关办公大楼被评为甲级智能建筑，率先成为黄浦区第一栋正式授牌的甲级智能建筑。黄浦区机关办公大楼5A系统（通信网络系统、办公自动化系统、建筑设备监控系统、火灾自动报警与消防联动控制系统、公共安全防范系统）达到较高的智能化水平，而且集成到统一的平台，方便管理和操作。 （许贵忠）

七、信息化环境

【编制区信息化“十一五”规划】 2005年10月，区信息委完成《上海市黄浦区信息化“十一五”规划》的编制。该规划回顾了“十五”期间的发展情况，提出了“十一五”发展思路、主要目标、主要任务、重点建设项目和保障措施。总体目标是建立统一的电子政务架构（即一网：政务外网；三库：区实有人口信息资源库、法人信息资源库、地理信息资源库；三平台：区数据交换平台、政务管理平台、公共服务平台），形成信息基础设施先进完善、信息资源利用率极大提高、信息产业对GDP的贡献更加突显、信息化在经济和社会各领域广泛应用的格局，使电子政务、电子商务、电子社区居全市中心城区领先地位。该规划在区专项规划评比中获得二等奖。 （叶亚庭）

【开展信息化应用培训】 2005年，区信息委组织开展人口信息管理系统、社区事务服务系统、“上海黄浦”门户网站信息维护、网络安全、电子政务、网络管理员等应用培训，培训数达35批次、1 600余人次。 （张鹏生）

【完成软件正版化工作】 2005年6月，黄浦区建立了由副区长沈祖炜任组长的区使用正版软件工作领导小组，组织本区71个部门、9个街道对本单位正版软件使用情况进行了全面自查。区信息委与微软（中国）有限公司签署了《关于共同推进黄浦区政务信息化建设的备忘录》，12月，签订了正版软件采购合同，完成了软件正版化工作。 （钱志红）

八、社会诚信体系建设

【举行上海“诚信活动周”闭幕仪式】 2005年10月24日晚，市委宣传部、市精神文明办、市经委、市旅游委、黄浦区政府、市征信办在南京东路世纪广场联合举行小灵通杯“诚信”主题广场辩论赛终场赛暨2005上海“诚信活动周”闭幕仪式。市委宣传部副部长、市文明办主任朱匡宇，市信息委副主任、市征信办常务副主任陈跃华，黄浦区副区长沈祖炜等领导出席。由高等院校和知名企业联手组成的复旦新浪队和华政朗阁队就“建设社会诚信主要依靠道德提升还是制度规范”展开了辩论。 （周康平）

【成立豫园商业街企业诚信自律促进会】 2005年3月15日，“诚信在豫园——豫园商业街‘全国百城万店无假货示范街’授牌仪式、‘豫园商业街企业诚信自律促进会’揭牌仪式”在豫园商城举行，市委宣传部副部长、市文明办主任朱匡宇，区委常委、宣传部长孙甘霖，区委常委、副区长蔡志荣出席仪式。 （豫园商城）

第九章　卢湾区信息化建设

概　述

2005年，卢湾区信息委在区委、区政府的领导下，根据《卢湾区新一轮发展规划纲要》和《卢湾区科教兴区实施意见》的要求，按照上海市信息化发展战略和卢湾区信息化发展的总体目标，以区域经济和社会发展为中心，积极推进了信息技术应用、信息资源开发和信息化环境建设等方面的工作，取得了显著的成效。

2005年，卢湾区政府被评为"上海市2005年度政府信息公开工作先进单位"。卢湾区"城市网格化管理信息平台"和"五里桥街道'一口受理'管理信息平台"两个项目被上海市信息化委员会评为"2005年度上海市区县信息化应用优秀成果"。

（区信息委）

一、政务信息化

【继续推进政府信息公开工作】 2005年，卢湾区建成了政府信息公开工作平台，并对区政府信息公于专栏及后台支持系统进行升级改版。改版后的系统，增强了信息的检索功能和信息维护功能，全面提升了网上信息公开服务质量。卢湾区强化了信息的更新工作，建立了区政府信息公开的更新工作制度，修订了《卢湾区政府信息公开目录审核发布规范》文件，制发了位统一的政府信息公开印章，落实了文件在产生过程中即明确是否公开的工作机制。为完善主动公开信息，卢湾区还推进了依申请目录的编制，推进免予公开政府信息和重大决定草案公开情况的备案，并加强了区政府信息公开公共查阅室的查阅服务工作，编发了区政府信息公报3期。全区进行了3次专题业务培训，组织开展了信息公开专项检查，保证政府信息公开工作有序开展。2005年，全区主动公开政府信息1 987条，依申请公开信息214条，接待咨询3.24万人次，受理申请47件，同意公开17件，没有发生一起行政复议和行政诉讼的事件。

【建成统一的网上办事工作平台】 2005年，卢湾区建成了统一的"网上办事工作平台"。该平台设立了办事指南、相关政策、在线咨询、表格下载、在线申请、状态查询、结果告知、在线投诉八项网上办事要素，实现了"一站式"前台服务模式。统一的"网上办事后台维护系统"和涵盖各部门网上办事相关数据资源的综合数据库，为提高网上办事服务质量和在更大范围内实现数据共享创造了条件。2005年，卢湾区实现网上办理的事项达到402项，其中行政审批293项，政府服务109项；能提供在线咨询、结果告知服务的有373项，提供在线办理或在线申请服务的事项345项，提供表格下载293张。

【拓展政府网站为市民服务新模式】 2005年，"上海卢湾"门户网站更新改版，新改版的网站建立了以市民和企业需求为核心的在线服务模式，对公众需求量大、申请公开量集中的政府信息加强梳理和归类整合，建立相关事项的服务专栏。新网站的改版进一步推进对互联网上各部门政府公开信息、网上办事、公共服务、社区服务等公共信息资源的整合和利用，增强了栏目互动功能。

【建成区机关内部综合信息系统】 2005年，卢湾区开发了区机关内部综合信息系统2.0版本。该系统的运行，加强了对区各类应用系统的整合，促进了各部门业务系统的互联互通和业务协同，为实现政府组织结构和工作流程的重组优化搭建了技术平台。卢湾区完成的政府办公业务系统建设，进一步推进了各类业务应用、文件档案、协同办公、辅助决策、简报信息、经济管理等信息资源的整合和利用。卢湾区还启动实施了政府采购、行政单位会计管理系统、公共人事服务平台等一批重点协同办公系统建设。（区信息委）

二、社会领域信息化

【稳步推进为民服务项目】 2005年，卢湾区共发放社会保障卡6 020张，为市民提供补换卡服务7 786张。全区完成“市民信箱”受理1 209个。全区“付费通”自助缴费终端已在淮海路东段、打浦桥商圈的商务楼宇内推广，目前已开通使用17台。

【教育卫生、文化体育等领域的信息化工作】 2005年，卢湾区完成了“教育信息资源库”建设，建成了“卢湾区中小学生成长记录系统”，开通了“网上教育公共服务平台”中的“学前教育网”、“特教在线网”、“职成教育网”等系统。2005年，全区推广应用了“社区卫生服务信息系统平台”，建成了卫生监督所信息系统，启动实施了突发公共卫生应急信息系统。2005年，全区加快了社区信息苑等社区文化信息设施建设，促进了文化信息资源的开发利用，结合社区文化活动中心信息系统建设，五里桥街道完成了与上海图书馆的签约。另外，全区还建成了市民体质监测与科学健身指导网站。

【深入开展社区信息化工作】 2005年，卢湾区五里桥街道探索建立了社区事务受理服务“一口受理，内部协办”的新机制，“一口受理”管理信息平台共实现68项政务事务的综合咨询和申请受理，被评为“2005年度上海市区县信息化应用优秀成果”。淮海街道的居住证管理试点工作稳步推进，已覆盖到22个居委，受理达到5 887人次。瑞金街道将在办公场地建设后，抓紧开展三级网络建设，并启动应用系统软件的设计开发。（区信息委）

三、经济领域信息化

【建设“8号桥企业信息化示范园区”】 2005年，“8号桥企业信息化示范园区”建成了具有创意产业特色的信息化综合应用门户平台“8号桥”创意产业门户网。该网推广8号桥整体形象，为创意产业提供一个综合的、便捷的、具有品牌特色的综合应用门户平台，实现信息收集、整合、发布和园区对内管理、对外服务等一系列应用功能。建成的8号桥创意产业信息发布平台，把信息发布的园区会展实体活动与网站应用虚拟手段结合起来，增强了网上信息发布的及时性，扩大了信息发布渠道，丰富了信息发布的形式和内容，更好地满足了社会性的信息服务需求。建成的流动互动多媒体发布平台，既能实现人机互动，也可以与8号桥网站实现信息连接。建成的8号桥园区管理平台、多媒体会议系统和园区安保监控系统能满足企业和公众对园区日常管理的要求，使园区的整体管理水平适应开放式、社会化的运作方式。建成的8号桥入驻企业信息支撑平台，在基础性、通用性的信息化应用服务方面，为入驻企业提供ASP解决方案。

【开展企业信息化试点工作】 2005年，卢湾区积极开展了企业信息化试点工作，推动了企业经营管理信息系统的建设。卢湾区域内有20多家企业利用MIS系统、

CAD计算机辅助设计系统，再造企业业务流程，提升了各企业的管理水平。其中，古今内衣有限公司等10多家企业运用ERP或MIS信息管理系统；百盛等3家大型商业企业采用了收银和管理一体的银商一体机系统；总部在卢湾区的4家连锁超市实施了电脑联网和电子订货等信息化管理。2005年，全区还积极推进企业建立自己的网站，通过“一业特强”专项资金给予企业一定的支持。现已有“上海内衣网”等一批企业网站建成开通，其中，“上海内衣网”的月点击达到了1.7万多次，该网在应对国际贸易摩擦、建立特别保护措施预警机制、应对美国对中国纺织品设限等方面发挥了积极的作用。 （区信息委）

四、城市建设管理领域信息化

【推进城市建设和管理信息化建设】 2005年，卢湾区完成了城市管理网格化信息系统建设。该系统依托数字城市技术，推行万米单元网格管理法、城市部件管理法，建成城市管理网格化的信息平台，促进了市、区、街道三级城市管理相关信息资源的共享。该系统通过“城市管理监督受理中心”和“城市管理指挥处置中心”，建立了管理与监督职能相分离的新型城市管理体制，使城市管理系统结构更加科学、合理，增强了城市管理领域统筹监管、综合分析和面向社会的信息服务能力，被国家建设部命名为“数字化城市管理试点城区”。

（区信息委）

五、信息基础设施

【继续推动区信息基础设施建设】 2005年，卢湾区以现代化标准推进集约化信息管线的建设，区内信息管道总长已达到38.122沟公里。全区进行了重要景观区域信息化的建设，新天地、淮海路、打浦桥地区的信息管线和商贸设施已实现无线接入。此外，全区还开展了信息管线楼宇接入工程，全面完成了区内商务楼宽带接入，提升了卢湾区商务楼宇的智能化水平。目前，全区智能化小区覆盖率已达到60%，进一步优化了区内居住环境。

【区机关信息基础设施建设取得较大进展】 2005年，卢湾区建成了覆盖区委、区人大、区政府、区政协、各部委办局、区级机关和街道的办公业务主干网络和区公务涉密网主干网络。全区接入办公业务网终端总数达1 084个，其中有61个部门分别以局域网形式接入。接入公务网终端总数达388个，其中检察院、组织人事信息中心及法院分别以局域网接入公务网涉密域二级子网和公务网非密域。 （区信息委）

六、信息化环境

【完成区“十一五”规划编制工作】 2005年，卢湾区完成了《卢湾区国民经济和社会信息化“十一五”专项规划》编制工作。该计划提出的“十一五”期间卢湾区信息化建设的总体目标是：至2010年，卢湾区将初步构建起“信息资源数字化，信息传输网络化，信息应用集约化，信息服务个性化”为主要标志的基本框架，信息化促进现代化的作用明显提高。将完成一批电子政务、电子商务和电子社区建设项目，信息资源开发利用程度较高，初步形成的具有特色的信息产业，信息化综合指数居国内领先。主要任务包括：进一步推进信息基础设施建设，提升综合服务能级；进一步深化电子政务建设，推进服务和管理模式创新；建设社会公共信息服务体系，推进社区管理和服务信息化；加快信息服务业发展，发展外包服务为特征的信息产业；以"网上淮海路"建设为重点，加快经济领域信息化建设，推动商业模式创新；进一步推进城市管理信息化建设，全面实现网格化管理等。

【开展信息化知识和技能培训】 2005年，卢湾区信息委开展政府信息公开培训3次，信息安全工作培训2次，网上办事培训1次，社会保障卡工作培训4次，区机关内部综合信息系统培训5次，共500多人次，编制了电子政务丛书7册。通过培训，区机关的工作人员提高了信息化的意识和应用技能水平，推进了各部门政务信息化水平的提高。

【区组建民兵信息作战连】 2005年，卢湾区按照市国防动员委员会、上海警备区的总体部署，组建了100人的民兵信息作战连。8月21日，举行了民兵信息作战连成立大会，副区长王丽华到会并讲话。8月21日至9月4日，信息作战连59人在杨行训练基地进行了首次为期14天的专业训练，训练内容主要是光电干扰和GPS知识等，其中，有4名同志被上海警备区评为优秀学员。此外，根据卢湾区信息作战连的任务，区有关部门还进行了有关装备的调研工作。

（区信息委）

七、社会诚信体系建设

【开展社会诚信体系建设】 2005年，区信息委在区委、区政府领导下，按照《卢湾区科教兴区实施意见》，制定了《科教兴区信息化及诚信体系建设工作任务表》文件，开展了社会诚信体系建设工作。区信息委会同区物价局、经委、知识产权局、劳动局、财政局、卫生局、税务分局、质监局、食品药品监管分局、工商分局、档案局、消保委等12家单位推进了"淮海路诚信示范街"的创建工作，开展了诚信档案的建设工作，深化了服务诚信先进单位的认定工作，进行了信用管理岗位的培训工作。2005年9月，在豫园商城诚信兴商广场活动中，卢湾区向社会公布了诚信自律公约，新华联商厦、华亭伊势丹、长春食品商店等10家淮海中路著名商业企业成为首批签署企业；10月，在市"诚信活动周"启动仪式上，卢湾区向淮海路商业街区的所有商业企业提出倡议，用街市公约管理来促进街市诚信，树立"街兴我兴、街荣我荣、街损我损"的街区团队精神，形成以国家、行业管理标准为基础，兼顾街区各企业自律管理模式，形成具有本街区文化特色、和谐发展的街区管理机制，实现和维护标志性商业街区的良好声誉；11月，卢湾区12个职能部门与9家试点单位共同组织了对长春食品店诚信创建工作的验收。

（区信息委）

第十章　静安区信息化建设

概　述

2005年，静安区信息化工作坚持贯彻落实科学发展观，注重提升政府的管理与服务水平，以推进信息化应用为工作主线，加快推进“信息静安”的建设进程。首次编制完成全区信息化专项规划，并单独成章纳入《静安区国民经济和社会发展“十一五”规划》。全面推进全区数字地图、公共信息平台（二期）的应用，完成静安区实有人口综合信息资源库、基本单位基础数据库和社会帮困救助业务管理系统等重点项目的建设，信息资源的共享整合和集约化建设成效显著。深化拓展政府信息公开工作，逐步形成全区政府信息公开工作协调、有序发展的良好格局。成立了静安区门户网站编辑部，持续推进“上海静安”门户网站的各项应用，网上办事服务系统的推进有了实质性的进展。全年共新建信息化项目24个，其中基础数据库2个、MIS系统11个、GIS系统3个、部门门户网站8个，各类信息化项目建设稳步推进。完成静安区政府机关使用正版软件工作，落实“付费通”和“市民信箱”等市政府实事项目。静安区信息化正逐步走上一条有鲜明特色的发展之路，“以应用为主线、以管理促效益”的全区信息化发展模式初步形成。

2005年，静安区政府被评为“上海市2005年度政府信息公开工作先进单位”。“静安区GIS综合平台”和“静安区实有人口综合信息资源库及社会帮困救助业务管理系统”被上海市信息化委员会评为“2005年度上海市区县信息化应用优秀成果”。区信息委荣获2005年“上海市新长征突击队”称号，区信息委副主任周晴华也荣膺上海IT青年十大新锐，成为第一位获此殊荣的区县信息委主任。（区信息委）

一、政务信息化

【深化拓展政府信息公开工作】 2005年，静安区政府信息公开工作在完善规范制度建设，深化信息公开内容，优化申请工作流程和拓展信息公开服务渠道等方面取得了积极成效，逐步形成了全区政府信息公开工作协调、有序发展的良好格局。

在规范制度建设方面，完善信息公开的更新维护机制，在全区协同办公系统的电子发文稿中增加主动公开、依申请公开和免予公开类别的选择，切实将政府信息公开工作纳入政府机关日常工作管理中。

在深化政府信息公开内容方面，逐步实施重大决定草案公开情况备案制度，并在全区46个政府信息公开部门推进文件目录备案制度，为今后有效掌握各部门应当公开的信息、建立长效机制奠定了基础。

在规范、优化申请处理流程方面，全区46个政府信息公开部门统一设立了信息公开受理点，全面承担受理和处理本部门政府信息公开申请的职责。

在拓展信息公开服务渠道方面，全区5个街道办事处的社区事务受理中心开设了政府信息公开社区查阅点，将信息公开逐步向社区延伸。2005年，全区共新增主动公开信息616条，依申请公开目录29条，受理依申请公开信息184件。政府信息公开专栏页面访问总量达23.39万人次，网上咨询1 932件，按时办理率达99%。

【推进公共信息平台（二期）应用】 为进一步拓展公共

信息平台应用的深度和广度，2005年，区信息委对公共信息平台（二期）的9大类100多项功能进行了新增和优化，并以“夯实基础、开展培训、推进公文网上流转、整合区内系统”为重点，先后对60余个部门，700多人次进行了培训。在推进公文网上流转方面，以四大办为重点部门，推进全区公文网上流转处理，启用跨部门公文流转系统，使全区各部门统一实现了电子公文的收发管理。截至2005年底，57%的部门实现了公文的网上发送，86%的部门实现了公文的网上接收，通用短信提醒、日程安排等特色功能成为日常办公的有效工具，公文处理、日程管理、邮件、通知、简报等通用功能，避免了各部门内部的重复性建设。同时，通过提供统一身份认证接口，整合区内16个系统，进一步提高信息资源的利用效率，促进业务系统的协同。此外，制定了《统一身份认证规范》、《内外网一体化发布规范》、《统一门户接入规范》、《系统接入规范》等技术规范，确保了各系统间互联互通。公共信息平台已经成为面向区各级领导及机关工作人员，提供政务信息浏览、共享和交互的政务资源平台，充分体现了统一办公门户的作用。

【基本建成区实有人口综合信息资源库】以静安寺街道和石门二路街道为试点，围绕区实有人口综合数据库建模、区和街道两级人口库衔接、相关数据标准、人口信息属地化应用配套管理机制等4项研究，整合了分散在各部门的人口信息资源，构建了一个纵横交错、上下贯通、集中和分布相结合、数据能自动更新的实有人口综合数据库。“静安区实有人口综合信息资源库”涵盖了所有户在人在、户在人不在、人在户不在、来沪人员、境外人员5大类人员信息，实现了公安、民政、计生等9个业务部门736项专用信息的实时或定时交换、比对，为区领导、各业务部门和基层管理服务提供了较完整的人口信息。首创“权威部门维护权威数据、普通数据多部门维护、业务过程产生数据优先”的数据维护原则，制定了《静安区实有人口信息资源库的数据标准规范》、《实有人口信息资源库数据交换格式规范》、《实有人口信息资源库数据请求与服务规范》等一系列标准规范。该数据库与“区社会帮困救助业务管理系统”、“区来沪人员信息系统”、“区育龄妇女管理系统”等系统联动整合，并采用集中与分布相结合的模式，实现区、街道两级库存储，建立区、街道两级数据同步机制，实现人口数据的“一口采集多条使用，一次采集多次使用”。该项目于2005年12月1日通过市信息委组织的专家验收，并被专家一致认为在设计理念、应用成效方面居国内领先水平。

【基本建成区基本单位基础数据库】 以江宁路街道为试点，围绕“规范先行、全面建设、推行试用”的原则，初步构建了“一库驱动，全区共享”的基本单位信息服务体系，为企业的办事、服务及属地化的管理提供了依据。按照规范先行的原则，明确了“统一标识”、“统一数据源”、“基础信息统一存储”、“统一数据交换标准”的数据处理原则，涵盖了“注册地在静安”和“经营地在静安”两种情况，共涉及20个行业的18 162家单位信息。通过对数据库内数据的综合分析比对，能够反映企业各种状态，方便掌握各楼宇的空置面积、出租率和总体税收，以及入驻企业的变动情况等，从而为静安“楼宇经济”提供数据支撑。

【建成区社会帮困救助业务管理系统】 2005年，静安区以“业务协同、系统整合、效率提升”为目标，整合了民政等全区15个帮困救助相关部门和5个街道办事处的100项帮困救助业务，建成了“静安区社会帮困救助业务管理系统”。在建设过程中，实现了系统与市有关系统数据和界面的整合，业务流程的设计也延伸到居委会层面，使之成为全市在帮困救助领域涉及面较广、处理事项较多，具有自动预警功能的业务系统，实现了静安区帮困救助业务传递的网络化、业务信息的数字化和业务处理的自动化。静安区社会帮困救助业务系统使全区所有社会帮困救助业务基本实现了“前台一口受理、后台内部协同”，提高了工作效率，增强了救助透明度，为社会帮困救助工作“广覆盖、少重复”创造条件。

【持续推进“上海静安”门户网站的应用】 按照“建管并举、深化应用”的原则，2005年，静安区成立了门户网站编辑部，建立健全了门户网站的运行和监督机制，不断推进网站的各类应用。2005年，“上海静安”门户网站首页访问量为900人次/天，网站点击数达9.11万次/天，已有栏目806个，公布网上办事事项667项，各类信息1.5万余条。网上办事服务系统的推进有了实质性进展，区建委、区市容市政委、区规划局、区环保局等部门的105项行政许可事项实现了在线受理、状态查询和结果反馈。全年共接收网上咨询1 325件，网上信访1 208件，按时办理率均为90%以上。开设了政府实事项目评议、静安楼宇、静安区北部开发、静安文化艺术节、夏令热线和诚信免检等9期热点专题。此外，完成区市容市政委、区档案局、区建委、区文化局、区卫生局、区科委、团区委、区审计局共8个部门专业网站的建设。目前，全区建成各类专业网站达27个，充分展现了各部门的特色，大大提高了全区门户网站的整体水平。

【电子文件归档管理系统应用初见成效】“推广应用电子文件归档管理软件”工作被列为2005年度静安区重点建设项目。为了深入有效推进此项工作，静安区档案局一是加强各类调研和分析等基础性工作，开展了对国家档案局科研课题《通用电子文件鉴定方法及保管期限表》的研究，推出了静安区电子文件归档管理制度与归档类目表。二是创新电子文件归档管理的理念和操作思路，对原有系统进行二次开发，将传统管理模式和计算机网络管理方式的有机结合模式，并实现与区现有的办公系统的有效衔接。三是开展广泛深入的培训，举办了电子文件归档管理培训班，将电子文件归档管理的理论和操作方法推广至全区各个部门。截至2005年底，全区49个部门开展了电子文件归档管理工作，开展幅度达到80%，初步实现了全区电子文件的归档管理。

【建成区委统战部信息管理系统】区委统战部信息管理系统主要包括信息平台、文件管理、业务管理、综合管理和系统管理，基本实现了内部业务的协同办理，以及各类统计报表、政策文件和理论研究文档的数字化管理等。系统的应用有效地提高了区委统战部门的信息化应用水平和日常工作效率，同时也为增强内部信息共享起到了积极有效的推动作用。

【区政协信息化管理水平不断提升】 2005年，静安区政协建设完成了区政协委员提案管理系统和签到管理系统，使全区的政协信息化管理水平又迈出了新的一步。区政协委员提案管理系统能够实现从提案登记、立案初审、立案审查、提案交办、承办回复、提案办结以及情况反馈等全过程的信息化管理，不仅提高了区政协委员之间的沟通效率，而且提升了全区政协提案的管理水平。区政协委员签到系统能够详细记录政协委员的履职情况和参加各类会议的情况，同时通过对委员履职情况的分析管理，增强委员参政议政的自觉性，促进政协工作的透明度。（区信息委）

二、社会领域信息化

【积极落实付费通工程项目】 根据市信息委的有关要求，2005年，静安区积极推进了付费通工程的落地实施。在区商务楼宇和住宅小区中推进付费通终端的布设，共布设终端15台，并有10余台正在建设中。梅龙镇广场、环球世界大厦、广电大厦等一批高档商务楼宇的付费通终端已经开通。中信泰富广场、嘉里中心、中凯城市之光、四方新城等也已进入项目实施阶段。

【社区信息化综合服务稳步推进】 2005年，静安区继续发展实名制“市民信箱”用户，做好“市民信箱”在静安区的宣传推广工作，下发了《关于做好2005年静安区“市民信箱”宣传、落实工作的通知》，不断推进市民信箱在全区范围内的应用。稳步推进社保卡工作，全年完成社保卡发放7 294张，完成补、换卡6 851张，发放高中学生学籍卡1 772张，发放70岁以上老人社保卡（附卡）9 375张。全面推广居住证制度工作，向来沪人员发放居住证8 040张，其中临时居住证7 500张，居住证540张。

【建成区老龄工作管理信息系统】为了加强老龄工作的管理，提高对老龄人口的服务质量，实现老龄工作的信息化，建成静安区老龄工作管理信息系统。该系统包括全区老龄人口数据库、老龄人口管理、老龄教育信息管理、福利院信息管理以及老龄工作资料管理等，系统建设注重对共享信息资源的规范，充分发挥系统资源的作用和效益。同时，区老龄委十分重视对系统的应用推广工作，建立了一套科学、完整、有效的培训推广实施方案，并将推广成效与常效监管、考核机制相结合。（区信息委）

三、经济领域信息化

【区国有资产运营监管信息系统投入试运行】为了推动区内基层企业国资管理的信息化建设，实现国有资产监督管理的创新性、全面性、实用性和保密性。2005年，静安区国有资产运营监管信息系统建成，系统主要分为信息汇集分类管理、信息综合分析管理以及信息反馈披露3大部分，同时根据国有资产管理“管资产、管人、管事”的要求，涵盖了区属全部国有（集体）独资企业，国有（集体）控股企业，国有（集体）参股企业以及行政事业单位等的资产基础数据、重大事项管理数据、企业领导人员管理数据等基本信息数据。该系统能及时反映国有资产的运行和变更情况，并进行科学分析，为出资人和企业自身对国有资产的营运决策提供依据。系统的建设为进一步规范和完善全区国有资产管理工作、提高管理部门工作效率、节约工作成本，起到了积极有效的推动作用。

【区商委统计分析系统建成】 静安区商委统计分析系统主要包括数据采集、报表系统、基础统计、高级统计和决策支持五大模块。同时，通过商委门户网站实现了全区160家商委所辖企业的商业信息数据的网上直报，完成了内外网数据的自动交换，并利用多种数据分析模型实现对相关数据的统计、分析、预测，为相关业务的管理、规划、调控提供了依据，提高了日常工作的效率和水平。

【区审计信息化水平不断提升】 2005年，静安区审计局全面完成部门信息化应用系统的建设工作，建成外部门户网站和内部业务系统。门户网站为审计局发布政务信息、开展与市民的交流提供了新途径，提升了部门为民服务的水平；内部业务系统依据现行工作模式，开发了年度审计分析、财政支出分析、总体绩效分析、机关收支分析、街道收支分析、企业收支分析、专项审计分析、审计调查分析等专业功能模块，为领导及业务工作人员提供了帮助。

【建成区安全生产监察信息系统】 为适应区域安全生产工作的需要，提高安全生产监督管理水平，2005年，区安监局建设了区安全监察信息系统。整个系统由安全生产监察信息采集与更新系统、安全生产监察管理信息系统（MIS）、安全生产监察地理信息系统（GIS）和安全生产监察信息查询与发布系统等四个子系统组成，系统能够实现对安全生产监督管理过程中的企业基本信息、危险源的属性信息、空间数据信息等的一体化管理，有效辨识、监控重大危险源信息，评价重大危险源风险，并能辅助制定应急计划等，通过该系统的应用将使全区的安全生产监察工作迈上一个新的台阶。

（区信息委）

四、城市建设管理领域信息化

【推进全区数字地图应用】 2005年，静安区着重从“平台建设、机制确立、技术指导”着手，顺利推进了全区数字地图的应用，建成了全区统一的“空间地理和自然资源数据库、统一的GIS应用展示平台和统一的GIS规范体系”。整合了28个部门的89类信息，共有28个基础图层、7个专业图层，各类数据约35万条，建立了《地图数据维护规则》、《业务数据维护规则》以及《静安区GIS综合平台资源共享交换机制》等一系列规范体系。在应用集约建设方面，确定了区内GIS系统集中式和分布式并行的建设模式，平台为专业GIS的建设提供各类资源，平台提供的各类工具和接口为专业GIS的建设提供了便利，节约了建设资金。全年向区内7个部门的10个系统建设提供了35个图层和16类功能接口，2005年，平台顺利通过了市信息安全测评认证中心和市计算机软件评测中心的安全测评和软件测试。全区数字地图的成功推进，不仅优化了工作模式，也为科学决策提供了空间数据信息的有效支撑。

【完成区防汛地理信息系统建设】 静安区防汛地理信息系统包括防汛信息服务网、WEBGIS两个相对独立的系统。防汛信息服务网不仅较好地展现了部门风采，而且通过专网与市防汛信息中心防汛综合数据库联接，实时获取覆盖全区的实时气象信息、水雨情信息、灾情资料、台风路径等，实现市区两级业务数据资源共享。WEBGIS系统以数字地形图、卫星遥感影像为基础，建立了集基础地理、水情、工情、灾情、防汛预案、园林绿地、广告牌等信息为一体的防汛综合信息系统，共涉及30余个图层，并与区GIS平台实现了数据交换。该系统的建设为及时掌握全区水雨情、气象、工情和灾情信息提供帮助，为防汛调度决策和指挥抢险提供有力的技术支持，为提高全区的应急抗灾能力起到了积极的推动作用。

（区信息委）

五、信息产业

【大力发展计算机开发与应用】 根据静安区发展现代服务业的功能定位，加大计算机开发与应用企业引进力度，注重整合资源，提升服务水平，不断营造良好的创业环境。

一是加强对原有科技载体的指导，注重载体形象建设和自身服务功能开发的有机结合，创造一流服务品牌，拓展载体功能。二是加强产业分类指导，建立与高校、科研院所的战略合作关系，不断进行产业发展的前瞻性研究，解决产业发展中有关问题。三是整合资源，搭建平台，发展新的科技载体，完善现有科技中介服务体系建设，加速载体功能开发。通过宣传产业政策和提供全方位、个性化服务，引导企业开发具有自主知识产权的项目产品，不断提高企业自主创新能力，同时加强与市相关部门和社会中介服务机构的合作与交流，搭建政府与企业之间的信息传输平台。2005年，静安区引进计算机开发与应用企业45户。

（区信息委）

六、信息化环境

【编制《静安区“十一五”信息化规划》】 2005年，静安区信息委编制完成了全区信息化“十一五”规划，也是区信息委成立以来第一次编制的全区信息化专项规划，并单独成章纳入《静安区国民经济和社会信息化“十一五”规划》。整个规划注重结合区域实际，详细分析了全区信息化的发展现状及存在的问题，并深入研究信息化发展趋势和先进经验，整个规划包括“十五回顾和形势判断”、“指导思想和总体目标”、“主要任务”以及“保障措施”等四个方面，为今后五年全区信息化发展奠定了基础。

【强化信息化项目管理力度】 静安区坚持从项目立项、需求、方案、验收等若干环节对每个信息化应用项目做好服务和指导。2005年，先后审核部门项目需求书20余份、60余次，组织完成了人事局等18个部门的2005年信息化项目的评审，完成涉及9个部门13个项目的2005年信息化建设项目调整预算工作。组织召开"2006年静安区信息化预算工作会议"，并对全区55个部门118个2006年信息化项目进行调研和初审，形成了2006年全区信息化建设预算报告。此外在总结现有工作的基础上，出台了《静安区信息化建设项目管理实施意见补充规定（试行）》，使信息化项目建设的管理制度日益完善。

【深化各类标准规范建设】 在项目的建设和推进中，静安区着重强化标准规范建设，先后制定了《“上海静安”门户网站管理办法》、《静安区实有人口信息资源库的数据标准规范》、《内外网一体化发布规范》、《地图数据维护规则》、《静安区GIS综合平台资源共享交换机制》等一系列规范体系，为确保各系统互联互通、数据资源共享和应用协同，促进信息资源有效开发利用，发挥信息化的整体建设效应夯实了基础，同时也为加快信息化建设进程，避免重复建设，提高电子政务应用水平提供了保障。

【加大信息化环境培育力度】 2005年，静安区继续从培训、宣传和考核3个方面入手，加大信息化环境的培育力度，全面提升区域信息化发展的整体环境。在信息化培训方面，开展了不同层面、不同范围、不同方式的信息化技术培训，组织了全区300多人次的GIS平台专业操作培训，开展了44个部门公文管理人员的政府信息公开依申请公开流程、统一文本的使用、社区查阅点、文件目录备案等培训，并将上海信息化发展趋势和政府信息公开培训纳入中青班信息化理念培训课程中。此外，开展了为期5天的计算机基础知识培训、部门级GIS和公共信息平台使用培训，培训人数近700人次。在信息化宣传方面，重质量，多形式，编制完成了5 000册《静安区政府信息公开便民服务手册》，放置各街道社区查询点，便于公众免费取阅；编撰了《信息化动态》及各类宣传稿件近60篇。在信息化考核方面，进一步细化了考核办法，并采取区府条线部门独立考核的方式，使信息化考核更加科学、合理。

【加强系统运行维护监控】 全面加强运维管理，推行“运维内容明细化、运维操作流程化、运维管理制度化、运维运作专业化”的建设，对全区主要网络、重要应用以及安全系统的运行，加强主动监控，初步建立了主动运维的机制。2005年，主动发现故障数占总故障数的比例由2004年的不足10%提升到2005年的60%，信息安全事件较2004年下降了30%。此外，还顺利实施技术服务外包工作，全年共完成2次全区性的设备巡检，用户对服务外包工作的满意度达到了96%以上。

【完成区政府系统使用正版软件工作】 根据《关于本市区县政府系统带头使用正版软件工作的通知》的要求，静安区成立了由区府办、区信息委、区科委（知识产权局）、区财政局、区保密局等组成的联合工作组，对全区政府系统52个部门现有计算机、软件的种类、数量以及各业务系统的软件使用情况等进行了全面排摸。在此基础上，制定了《静安区政府软件正版化采购方案》，并根据市政府采购中心统一招标结果，全面实现区级预算单位（包括街道）2005年以前购买的操作系统、办公软件、杀毒软件的正版化。

（区信息委）

第十一章　宝山区信息化建设

概　述

2005年，宝山区信息化工作紧紧围绕深化电子政务“四个统一基础平台”的目标，以建设和应用并举，推动信息化向纵深发展，突出体现了信息化对各领域的支撑作用。宝山区信息化工作在电子政务、信息化应用、政府信息公开、社会保障卡和市民信箱、社区和城镇信息化建设、国家信息安全风险评估试点、软件正版化、《宝山区国民经济和社会信息化“十一五”规划》编制等方面取得较显著的成效。

2005年，“宝山区人事管理信息系统”项目被上海市信息化委员会评为“2005年度上海市区县信息化应用优秀成果”。

（余晓红）

一、政务信息化

【区政府信息公开工作取得显著成效】 2005年，区信息委编制了《宝山区政府信息公开工作规范》。该规范对区政府公开信息作了进一步界定，对政府信息查询点的设置提出了基本要求，对政府信息公开目录编制作了进一步的说明。同时，加强信息更新的检查评议，对各部门政府信息公开情况进行了检查和自查。据统计，宝山区全年主动公开政府信息1 136条，全文电子化率100%。其中,政策法规类信息65条，占总数的5.72%；规划计划类信息86条，占总数的7.57%；业务类信息721条，占总数的63.47%；机构设置类及其他类信息264条，占总数的23.24%。

【区“人口综合管理信息系统”建设启动】 2005年，由宝山区信息委牵头，开展了宝山区“人口综合管理信息系统”的建设。该系统建设分为3个部分：一是建立区级实有人口信息资源库，以区办公业务网为依托，形成宝山区人口信息采集、交换、共享、维护更新机制，逐步融合区内各部门与人口相关的信息资源，建立全区包含人口基础信息、扩展信息和专用信息3个层次的实有人口信息库；二是建立人口综合信息服务系统，形成人口信息资源目录体系，实现条块人口信息的交互、共享，为区政府领导和各职能部门提供人口综合信息服务；三是建立人口综合应用系统，初步实现跨部门的业务协同，落实人口存量信息“一次采集、多次使用”，增量信息“一口采集、多条使用”的目标。该系统技术方案于12月7日通过了专家评审，将于2006年4月投入试运行。

【区无纸化办公得到进一步推进】 2005年，宝山区统一的办公自动化系统在各部门扎实推进，全区有96家党政部门安装了统一的办公自动化系统，有31家单位开展了电脑技术培训。宝山区四套班子动态信息在网上发布，区委会议通知在网上下发，各部门推进网上公文流转、行政事务在网上发布，提高了各部门的工作效率，节约了政府的办公经费。其中，区人口计生委、发改委等15个部门初步实现了无纸化办公，整体效益和规模效应日益显现。

【区公共信息数据交换标准平台通过专家验收】 2005年，“宝山区公共信息数据交换标准平台”项目通过区科委组织的专家验收。该项目包括网络接入规范研究、数据交换规范研究、数据交换平台建设3部分。在网络接入规范研究方面，区信息委编制形成了《宝山区电子政务网网络接入和基础设施建设规范（暂行）》，统一了宝山区各单位网络建设的技术标准；在数据交换规范研究方面，明确了基于XML电子公文格式的交换规范、数据交换平台的总体架构、数据交换实现方式等。目前，以公文交换为主的数据交换平台已经完成建设，并在全区逐步开展应用。

【区政府门户网站安全建设进一步完善】 2005年，“宝山政府门户网站信息安全系统（二期）”通过区信息委组织的项目验收，并获得了市信息安全测评中心颁发的《上海市信息系统安全A类测评审定书》。该系统使网站的信息安全建设日趋完善，网站的运行环境更加安全、可靠，从而有利于政府门户网站为企业和居民提供更为高效、快捷的服务。

【区政府门户网站公众影响力大幅提升】 2005年，“上海宝山”政府门户网站进行了第三次全新改版。新版网站已形成了2个中心、6个平台和2种版本，共设120多个专栏，集聚了45个区内网站。新版网站通过整合、规范各项工作运行机制等措施，丰富了网站信息资源，拓展了网站的各项功能，为推进政府职能转变，提高政府部门办事效率和公共服务水平，取得了明显的成效。门户网站上，书记、区长信箱每月收到有效信件100多件，2005年，共收到市民电子邮件1 063件，同比增长2.3倍。BBS论坛人气较旺，现有注册会员1 900人，主题总数8 000多贴，回帖总数10.8万多贴，每天发贴近600多贴。门户网站21个服务信息专栏，发布便民服务信息2 200多条，比去年同期增加70%。网站公众影响力大幅提升，门户网站公众的日访问量成倍增加，2005年，访问量已突破171多万人次，同比增加1.7倍多，列居上海各区县政府门户网站第一。

【区档案综合管理信息系统应用有成效】 2005年1月，宝山区档案局档案信息综合管理信息系统建设完成，现代化数字档案馆初具规模。该系统的运行实现了档案管理现代化和办公自动化，提高了档案信息的检索速度和准确率；同时，避免了各单位在档案信息化建设方面的重复投入，解决了由于档案软件不兼容而引起的信息共享问题。该系统的建立为区领导决策、为公众服务提供了有力支持，为宝山区的社会发展、经济建设提供更好的服务，产生了良好的社会效益。目前，该系统收录了馆藏土改和农民建房信息17余万条，婚姻档案信息21余万条，现行文件7 000多条。该系统运行以来，查准率由19%提升到85%，整个查阅过程一般不超过5分钟，大大提高了办事效率。

【区检察院利用信息化手段提高办案效率】 为提高职务犯罪办案效率，宝山区检察院根据《2005～2007年上海市人民检察院信息化建设规划》，于2005年，启动建设了“宝山区职务犯罪综合管理信息系统”。该系统建立了多项与职务犯罪查处与预防工作相关的数据库，并及时采集、输入相关数据，通过查询、比对、评估，筛选出有侦查价值的涉案信息及对办案有直接帮助的信息数据，提高了线索利用率，帮助领导和办案人员进行决策分析。该系统建成对于加大反贪及渎职侵权的惩治和预防有重要的意义，并将在全市检察系统推广应用。

【“宝山妇女儿童信息管理系统”通过验收】 2005年10月17日，“宝山妇女儿童信息管理系统”项目通过验收。作为区政府的实事项目，该系统通过调研、项目申请到市场招标、开发和运行，历时一年多时间，得到了区政府各部门的关心。该系统的运行标志着宝山区妇女儿童有了自己的宣传网站和信息工作平台，拓宽了妇联的宣传领域，增强了工作的辐射面，加大了信息化的力度，逐步实现了与基层组织的互动，提高了妇联工作的科学性、广泛性和有效性。

【“宝山区妇女就业服务中心网站”开通】 2005年1月24日，宝山区妇女就业服务中心网站（www.bswomen.org）正式开通。该网站共分“走进中心”、“新闻动态”、“中心实业”、“就业服务”、“培训信息”、“杰出女性”、“维权驿站”、“请您留言”8个主栏目和“中心公告”、“友情链接”、“实用查询”3个辅助栏目。该网站最主要、最关键的功能是“就业服务”，是专为单位、个人打造的在线招聘就业服务的交流平台，区内的企业、个人可随时在网上登记资料、查询应聘、招聘信息。“中心”网站的开通，拓宽了区妇联与妇女群众之间交流的渠道，增强了区妇联为妇女服务的实力。

【区统计管理信息系统建设】 2005年，由区信息委等8个区委办局共同参建的上海市企业基础信息数据库应用试点项目“宝山区统计管理信息系统”正式运行。

该系统归集并整合了行政审批、征管、统计等政府各部门分散掌握的各种类型、各个层面基本单位情况资料，运用现代信息技术，建立了具有覆盖范围全面、信息内容可靠、动态更新快捷、随机查询方便和系统运行安全等特点的系统。该项目的建设实现了部门间的网络互联和信息共享，高效、安全、全方位地为各级政府部门提供决策支持，为各类企事业单位和社会公众提供信息咨询。

【区特种设备长效动态信息管理系统建成】 为配合上海市“金质工程”推进的有关要求，2005年7月1日，宝山区“特种设备长效动态信息管理系统”正式投入运行。该信息系统规范了监管的流程和方法，明确各级安全监察员的责任，杜绝由人为因素造成的安全监察部门不作为现象及特种设备使用单位的违法行为，解决了宝山区安全监察工作中遇到的许多实际问题。宝山区通过搭建这个全新的特种设备安全监察和监督管理平台，落实了上海市特种设备的长效动态管理工作，使监察工作更加有序规范，保障了全区特种设备安全、稳定运行。

【市“网上人事局”在宝山区试点项目通过验收】 2005年3月15日，上海市"网上人事局"在宝山区的试点信息化项目暨“宝山区人事管理信息系统（二期）”正式通过验收。该系统包括公务员招录、公务员管理、军转干部管理、专业技术职称、工资管理、机构编制管理等15项子系统。该系统依托全区统一的办公业务网，覆盖了80多家区级机关、乡镇街道和部分事业单位。该系统经过5个多月的试运行，已基本实现了各单位人事管理的数字化、网络化和信息化，工作响应时间从以天为单位缩短到以小时为单位，极大提高了办事效率，改善了行政办事环境。

【罗店镇政府电子政务信息系统（一期）建成】 罗店镇政府电子政务信息系统（一期）于2005年4月27日建成。该系统包括局域网、安全系统、办公自动化系统安装和区办公业务网接入。该项目的建设符合区信息化发展规划和全区无纸化办公应用推进的要求，符合《宝山区电子政务网网络接入和基础设施建设规范(暂行)》（宝信息办[2003]14号）的有关规定。

（余晓红）

二、社会领域信息化

【推进市政府实事工程】 2005年，宝山区继续推进市政府实事工程。“百万家庭网上行”作为市政府的实事工程，在宝山区协调领导小组的领导下，通过各镇、街道的辛勤工作，三年中3万多人获得上海市“百万家庭网上行”合格证书,为普及信息化知识，进一步推进信息化发展，提高宝山区的信息化水平，提升市民综合素质打下了扎实基础。

2005年，宝山区切实推进社会保障卡工作，在区医保中心、大场、罗店社会保障卡发放点增加了补换卡功能。区信息委通过深入宣传发动，全年下发社保卡1.35万张，采集信息1.37万人，补换卡8 403张。

2005年，区信息委通过深入宣传和服务，各街镇社会保障卡服务中心深入社区，拓展申办人群，积极为市民服务，合计为1.23万名市民办理开通了“市民信箱”。

【区举办市民（青少年）信息服务平台专题活动】 2005年，宝山区成功举办了“互动成长新时空”－市民（青少年）信息服务平台“快乐周末挑战赛”活动。市民

(青少年)信息服务平台开展“快乐周末挑战赛”活动，进一步扩大了青少年信息服务平台的影响面和覆盖面，在青少年之间、青少年与家长之间、青少年与社会组织之间推广互动、成长的理念，倡导共享精神。全区共有300名学生、社区青少年参加了本次活动，有20名活动的优胜者代表宝山区参加了在“东方绿洲”进行的集中综合大比拼活动。

【区“班班通”工程正式启动】 2005年，宝山区投资5 000万元，正式启动了“班班通”工程。该工程可以使全区所有中小学的每个班级都装备网络环境下的多媒体设备，每个教室的学生都能实现上网、演示课件和观看视频节目，实现师生网上互动教学和自主学习。“班班通”工程为师生共享网上资源提供了便利条件，促使教师教育思想观念的更新和教育方式的改变，为教师运用现代化手段教学设计提供了支持，也促使学生成为学习的主体，主动提高自己的学习能力，同时发挥个人的创新意识。2005年，宝山区已完成了630个班级的“班班通”工程。

【泗塘中学注重电子档案的研制及应用】 根据近几年教学的需要，作为华师大普教研究中心基地的泗塘中学，在坚持开展“读书教育”特色的同时，与宝山中学、长江路小学等校共同开展了“构建促进教师专业发展信息平台的实践研究”课题，开发设计了ST教师专业发展信息管理系统，为教师专业发展提供了功能强大的电子支持平台。该系统运行以来，一方面实现了传统的教师业务档案文本管理改为以现代信息技术为支撑的网络化的电子文本管理；另一方面实现了教师的隐性知识和显性知识的相互转化，达到了知识共享的目的，教师的整体专业水平得到提高。

【呼玛路小学“教育信息化实验基地”通过验收】 2005年，呼玛路小学"教育信息化实验基地"通过验收。呼玛路小学始终把信息化作为提高教学质量的一个重要载体，学校加强和完善了信息化基础设施建设，先后建成了校园局域网、外网网站、电子阅览室、多媒体教室等。在此基础上，学校还利用校园网优势，推进学籍管理电子化、校产管理电子化等校务管理信息化的进程。学校通过加强资源库的建设，进一步丰富了课堂教学素材，提高了教学质量；教师注重学生信息技术的教学，营造了良好的信息技术应用氛围，培养了一支优秀的信息化教师队伍。近年来，多名师生分别在市区组织的多媒体教学评比、信息技术竞赛中获得了好成绩。

【区委党校校园网建设方案通过专家技术论证】 2005年12月1日，“宝山区委党校校园网建设技术方案”通过专家技术论证。专家认为，该技术方案围绕党校信息化建设的实际需要，系统的整体架构设计、安全系统和各定制应用系统的开发设计总体目标明确，技术选型合理，方案切实可行。区委党校校园网建设包括区委党校门户网站建设、教学视频录制编辑系统建设、校园事务管理系统建设、图书馆自动化管理建设等。党校通过信息化建设，将逐步推进教育、教学、行政管理及后勤服务的数字化、网络化和信息化，优化宝山区各级干部培训、教育的软件环境，提高党校的办公效率和管理水平。

【“独生子女父母光荣证管理信息系统”投入试运行】 2005年9月9日，上海市人口计生委、宝山区人口计生委、虹口区人口计生委合作开发的“独生子女父母光荣证管理信息系统”进入试运行阶段。宝山区、虹口区的6个街镇率先试点，实行独生子女父母光荣证网上办理和信息化管理。独生子女父母光荣证管理信息系统，是基于“上海市人口信息采集交换系统”运行基础上开发的，是独生子女父母光荣证办理和统计的基础数据管理维护平台。

【区城镇信息化试点工作全面完成】 2005年，宝山区大场镇、顾村镇和杨行镇被列为上海市城镇信息化试点。为做好城镇信息化试点推进工作，2005年，区信息委牵头召开了3个镇分管领导和具体负责人会议，讨论确定了试点推进工作的时间节点、目标和建设内容。3个镇城镇管理信息平台和办公自动化系统，由专业公司开发，统一规划，统一建设，特色应用由各镇提出需求。大场镇开发老镇改造网上咨询信息系统，顾村镇开发再就业援助服务信息系统，杨行镇开发征地人员信息管理系统和动拆迁居民信息管理系统，特色应用系统现已经建设完成，3个镇初步实现了办公自动化、通讯网络化、业务数字化、管理集约化。

【淞南镇政府信息公开工作向居民区延伸】 为加大政府信息公开力度，切实保障公民的知情权，维护其自身的合法权益，2005年8月，淞南镇政府将政务信息的公开工作进一步向社区延伸。镇政府在全镇18个居民区设立政府信息公开栏，每个栏内摆放了可以拿取的28种涉及信访、卫生、计生、教育、外来人口管理、社会救助等6大类政府部门办事信息告知单；在每个公开栏旁边设立了行政效能投诉箱，规定由镇纪监部门负责开启和处理，及时掌握民情民意，向有关领导和部门反馈市民对政府部门及其工作人员的意见和要求。

【通河地区建成信息苑】 为推进社区信息化，2005年，宝山区通河地区已建成7家信息苑。东方社区信息苑将携手上视“新闻坊”和东方宽频共建“上海东方DV小记者团”，向全国展示青少年眼中的上海生活和社会新闻。信息苑提供政府补贴的网络中级培训，并设置“一卡通”项目，中小学生可以通过宽带随时复习小学至高中的课程，有问题的还有专业教师进行指导。信息苑共办理发放公益卡和少儿卡近500张，上机的人数达到近1.4万人次。

【海滨新村街道社区事务受理中心试运行】 2005年8月26日，宝山区海滨新村街道社区事务受理中心试运行。该街道根据社区建设试点工作要求，在社区事务受理中心功能设置时，不仅考虑了来沪人员户籍的需求，而且把来沪人员的管理事务也统合在该中心。受理中心启用了最新的信息软件，将原来沪人口办理居住证和市民办理社保卡使用的摄像机、计算机服务器、摄像间整合为一，统一受理常住人口办社保卡与来沪人员办居住证。原来来沪人员办理居住证需要经过制卡、写卡、打印、塑封、剪裁等程序，一周时间取证；现在，制卡、写卡、打印、制作证件一次完成，立等可取，这样节约了资源，提高了工作效率，也方便了来沪人员办证。

【“杨行党建网”正式开通】 2005年6月29日，宝山区杨行镇在纪念中国共产党建党84周年大会上，开通了“杨行党建网”（www.yhdj.net.cn）。“杨行党建网”是杨行镇党委为了适应新形式、新任务而建立的专题党建网站。通过平台，杨行镇党委将更快捷、更权威、更有效地反映基层的党建动态，交流党建信息。“杨行党建网”是宝山区第一个专业性的党务工作网站。

（余晓红）

三、经济领域信息化

【区农业信息化建设初见成效】 2005年，由农委开发的“优质稻米生产计算机决策系统开发”、“宝山区网上农资农贸交易系统”两个信息化项目建成投入应用。其中，“优质稻米生产计算机决策系统开发”将计算机模拟技术与水稻栽培的优化原理结合起来，结合宝山的气候，通过模拟作物栽培的虚拟环境，得出适合区域生产的水稻最佳种植模式。截至12月，该系统已录入100多个水稻的数学模型与栽培优化数学模型，为水稻生长发育提供了较为科学的决策依据。

“宝山区网上农资农贸交易系统”形成了农产品交易、农资供应和农产品加工等子系统。该系统依托农业信息员队伍，实时更新各类农产品信息，建立有效的市场网络销售体系，扩大宝山区名特农产品的宣传面和影响力。该网上交易系统已提供各类农产品供应信息4 318条，采购信息163条，合作信息69条，代理信息37条，切实促进了各类农产品的交易，为农民带来了一定的经济效益。

【区研讨成长型企业管理信息化课题】 为加快宝山区各企事业单位的信息化建设，区科委、区电子工程学会联合用友软件，于2005年10月26日，举办了“成长型企业管理信息化一站式解决方案”研讨会。研讨会以“全力打造宝山区成长型企业管理信息化最佳合作伙伴”为主题的演讲拉开序幕，研讨会重点对如何发挥信息化在企业流程改造、资金流管理、降低生产成本的功能进行了研讨。研讨会对于解决成长型企业存在的管理问题，企业信息化的解决方案有着独到的观点和解决之道。

【区审计局着力推进“金审工程”】 宝山区审计局按照国家“金审工程”建设的统一部署，着力推进区审计信息化的建设。2005年11月14日，“宝山区审计管理信息系统技术方案”通过专家论证，标志着宝山区“金审工程”一期建设正式启动。

宝山区的“金审工程”建设实行总体规划、分步实施的方案。该系统通过2～3年的建设，将逐步转变原有的审计业务流程和作业方式，实现计算机在审计管理中的深化应用，借助区办公业务网最终实现“跟踪监督＋联网核查”的审计模式，并形成3个“结合”：①单一的事后审计转变为事中审计和事后审计相结合；②单一的静态审计转变为动态审计和静态审计相结合；③单一的现场审计转变为现场审计与远程审计相结合，从而增强区审计局在信息化环境下查错纠弊、规范管理、揭露腐败和打击犯罪的能力。（余晓红）

四、城市建设管理领域信息化

【区环保地理信息系统一期建成】 2005年，“宝山区环境保护地理信息系统（一期）建设”通过阶段性验收。该系统是“区领导决策管理咨询地理信息系统”的重要组成部分，是以GIS技术为核心，集数据库、网络、通讯等技术于一体的环境业务管理和决策支持应用系统。该系统的一期建设主要完成了污染源管理子系统、污染源监测子系统、污染源评价子系统的开发。建立了环保应用数据库，实现了对水质、大气、噪声等业务的多源数据的整合和共享、数据流程化管理、数据动态趋势、多种空间表达、数据的空间整体态势分析、时空变化多媒体播放管理等功能。该系统的一期建设经半年的试运行，已显现出初步效应。

【区环卫车辆GPS监控管理信息系统投入应用】 2005年，宝山区GPS（全球卫星定位系统）技术的首例应用“区环卫车辆GPS监控管理信息系统”通过专家验收，并正式投入应用。该系统投资25.6万元，由环卫监控大厅和车载终端建设两部分组成。该系统采用GPS、GSM/GPRS（全球数据蜂窝移动通信系统）、GIS（地理信息系统）技术和数据处理技术，实现了环卫车辆地理位置的实时可视监控和全过程管理。据统计，以前区环卫作业车辆每年因违章行驶造成的交通安全事故损失达20多万元。通过该信息系统的运行，可有效预防、监控违规违章行车行为，减少管理成本与安全事故的支出，增加经济效益。

【深化地理信息系统平台应用】 发挥已建成的区统一地理信息系统平台的效益，深化地理信息为民服务的功能，2005年，宝山区信息委开展了“宝山区公众地图导航服务系统”建设。该系统利用WebGIS的图形发布功能，建立一个形象的、直观的网上公共信息查询平台，为市民提供丰富的地理信息服务，如实现公交查询、道路查询、地名查询、地理空间定位等各项功能，提供轨道交通、气象等市民日常生活息息相关的公众地理信息服务，切实方便市民日常生活。该系统还与区网上办事门户互相链接，做到市民办事咨询和相关单位地理位置相关联。

【区“为民地图”应用效果显著】 2005年，宝山区区委组织部依托全区统一的地理信息基础平台，积极开展宝山区“为民地图”系统建设，该系统建成并投入应用，取得了显著的效果。该系统利用GIS技术为党建工作提供了新的辅助手段，各类信息获取更加便捷可靠，决策分析更加直观快速，是党建网格化管理的积极探索和有益尝试。目前，该系统已录入34万多户群众家庭信息、近4万名机关和企事业单位干部职工信息，其中“社会人”包含6类信息98个指标，“单位人”包含10类信息32个指标，这些信息数据的深层次应用将为区政府领导辅助决策提供了切实有效的科学依据。

【完善“网上二手房”交易服务平台建设】 2005年2月28日，宝山区开通了“网上二手房”交易服务平台。该平台把“二级经纪会员单位”和担保公司纳入业务范围，增强了安全、便捷的服务能力，增强了平台中介服务的辐射能力，提高了平台交易的工作效率。通过开通“962269”电话服务平台，采用经纪人上门服务等方式，提高了市民对“网上二手房”服务平台的知晓率和使用率。 （余晓红）

五、信息化环境

【《宝山区国民经济和社会信息化“十一五”规划》编制完成】 2005年，宝山区信息委依据《上海市宝山区区域总体规划纲要（2003～2020年）》、《宝山区信息化发展规划（2004～2020年）》，在充分调研、广泛听取各方意见的基础上，编制了《宝山区国民经济和社会信息化“十一五”规划》。该规划明确了“十一五”期间宝山区信息化建设和发展的指导思想、发展目标、主要任务和措施。

规划提出：以提高宝山区综合竞争力，建立与上海国际大都市相匹配的、与现代化滨江新城相协调的信息技术支撑和保障体系为目标，宝山区全面推进信息技术在电子政务、城市和社区管理、公共服务、区域经济建设等各个领域的深化应用，不断增强对信息化应用的依赖度，为构建“和谐宝山”提供强大的信息化支撑。大力推进“145”工程，即夯实一个“信息基础设施”；深化“电子政务网络平台、信息数据共享平台、地理信息基础平台、政府对外门户平台”4个统一平台；提升“电子政务、社区管理、城市管理、公共服务和传统产业”等5个领域信息化应用水平。

【区信息委从五方面着手扎实推进信息化建设】 为确保2005年宝山区信息化建设项目取得成效，切实发挥财政投资效能，区信息委紧紧围绕宝山区电子政务“四大平台”建设为重点，以信息资源整合为核心，从五方面着手，扎实推进信息化建设：一是抓规划，注重发挥规划的龙头作用，指导信息化建设有序发展；二是抓立项，严格把好技术关，为各项目的成功建设打下坚实的基础；三是抓统筹协调，会同区监委、审计局、财政局等部门组成工作小组，形成信息化项目管理合力；四是抓检查督促，建立信息化效益评估机制，控制项目建设进度和质量；五是抓整合，加强信息资源的充分共享和利用，为领导和各部门科学决策、协同办公提供信息数据支撑。

【区出台信息化政策规划性文件《办公业务网管理办法》】 2005年11月1日，宝山区政府为了进一步加强宝山区办公业务网的运行管理，切实保障区办公业务网承载的各类政务应用系统的正常运作，构筑全区统一安全的、稳定可靠的电子政务信息交互平台，出台了区《办公业务网管理办法》。《办法》规定：宝山区对所有接入和申请接入区办公业务网的单位，实行分级管理、分级维护。区信息化服务中心负责区办公业务网主干网的日常运维、应急响应及安全管理，并对其他单位提供技术指导与服务。宝山区机关负责本单位、本系统网络的日常管理与维护，定期报告网络运行状况及安全、报警事件，并且负责保障区办公业务网主干网汇接设备及本地接入设备的物理安全。《办法》还在网络结构、联网范围、接入申请、维护管理、网站托管、安全规定、管理措施等方面都做出了明确规定。

【区信息委举办信息化建设项目管理培训】 2005年，宝山区信息委举办了信息化项目管理培训班，有60名信息化项目实施单位的负责人员和技术骨干参加了培训。本次培训详细地介绍了区信息化项目申报、立项审批、技术招标、政府采购、实施监理、竣工验收等6大管理流程，并对项目建设中的沟通管理、进度跟踪和质量控制等项目管理技能进行了讲解分析。信息化项目管理培训进一步规范了宝山区信息化建设项目的管理，提高了各单位信息化项目的组织开发和管理水平，确保了每个项目管出水平、管出质量、管出效益。

【区信息委开展信息安全培训】 2005年6月23日，宝山区信息委会同区委保密局和区委党校，举办了计算机信息安全培训讲座，全区50多个机关单位的保密工作人员和计算机网络管理人员参加了培训。在培训讲座上，区信息委介绍了计算机网络、信息安全的基本知识，机关人员使用计算机信息系统的行为守则、安全管理体系与制度建设的内容；并结合宝山区电子政务网的应用实际，介绍了宝山区信息安全工作的具体措施。区委保密局局长仇世平同志针对涉密计算机系统的使用提出了具体的要求。

【区开展居住证排摸建库及申领流程优化操作培训】 2005年，宝山区居住证管理试点工作在14个街道、镇全覆盖，并率先在全市开展来沪人员信息排摸建库工作。10月，区信息委在海滨街道开展居住证排摸建库及申领流程优化培训，市社保卡服务中心对宝山区60多名居住证受理点中心主任和协管员进行培训。本次培训，着重对排摸建库工作流程、信息预采集软件操作、居住证、社保卡新申领软件操作，及信息采集中注意的事项等方面进行培训。通过本次培训，为宝山区全面开展来沪人员信息采集和管理打下了扎实基础。

【区信息委举办政府信息公开培训班】 2005年，宝山区信息委举办了有55家单位参加的政府信息公开培训班。此次培训的内容主要是使学员明确政府信息公开工作的界定、目录的编制和上报的具体要求，给学员分发了《政府信息公开培训材料》。各单位的学员通过培训提高了对政府信息公开工作重要性的认识，明确了开展此项工作的规范和依据，有力地促进了区政府信息公开工作有序开展。

【区安监局对小企业开展安全生产信用评估】 为贯彻落实《关于切实加强小企业安全生产监管工作的指导意见》，2005年，宝山区安监局组织开展了对小企业安全生产信用程度评估。评估工作的重点是对危险化学品生产、储存和使用的小企业；生产加工型工业小企业；“五小”企业进行复评。参评的企业有80%以上达到了工作目标，并建立了企业安全生产信用档案。宝山区安监局通过抓标准、抓监管，集中力量，狠抓整治，不断强化了小企业安全生产的自律行为，进一步夯实了安全生产的基础工作。

【公共事件应急预案编制工作正式启动】 2005年11月24日，宝山区信息委召开移动、联通、电信、网通、有线等通讯、信息网络单位会议，研究宝山区通讯、信息网络专项应急预案的编制工作。区信息委要求各单位认真研究《上海市突发公共事件专项及部门应急预案框架指南》，严格按照《框架指南》，结合宝山区的实际及各通讯、信息网络单位的特点制订本单位应急预案，并积极配合区信息委做好宝山区通讯、信息网络应急预案编制工作。

【区政府系统软件正版化工作】 2005年，根据《国务院办公厅关于地方人民政府使用正版软件的通知》(国办函[2004]41号、《上海市人民政府关于上海市区县政府系统带头使用正版软件工作的通知》(沪府办[2004]36号）等文件精神，宝山区信息委经过充分调研，摸清家底，与微软公司签订了办公软件正版化备忘录，与微软的代理公司签订了产品购买合同。同时，区信息委完成了统一防病毒软件的采购和部署工作，完成了宝山区区级预算单位以及街道、镇人民政府的软件正版化工作。

【《宝山区信息委政务信息化成果汇编》编制完成】 为全面总结近年来宝山区政务信息化的建设成果，鼓励和表彰各政务部门在推进政务信息化中取得的成绩，为宝山区今后信息化的全面建设和应用营造良好的环境，2005年，宝山区信息委发动全区28个部门，围绕信息化建设的“效能、效率、效益”三个方面，全面分析、总结了专业信息应用系统在实际应用后给各单位的经济和社会效益带来的影响和变化，编辑整理出版了《宝山区政务信息化成果汇编》，给有关部门和领导科学决策提供资料。

【区获得国家信息安全风险评估试点先进单位】 2005年，宝山区信息委获得国家信息安全风险评估上海试点先进单位称号。宝山区是上海市19个区县中惟一参加国家信息安全风险评估试点区。宝山区信息委按照国务院信息化办公室和市信息委的要求，制定了安全策略，引入了检验自我评估、检查评估等不同的信息安全风险评估工作模式，积累了信息安全风险评估的工作经验。2005年12月28日，宝山区信息委召开了信息安全风险评估试点工作总结表彰会，区信息委浦志良向获得表彰的单位颁发证书，获得表彰的宝山区工商分局、区政府门户网站、友谊路街道等单位参加了会议。通过本次试点，强化了信息安全管理意识，锻炼了信息安全队伍，进一步完善了宝山区信息安全保障机制，为宝山区信息化持续发展奠定了坚实基础。下一步，宝山区将从技术和管理两个层面，进一步强化信息安全工作，深化全区信息安全保障体系建设。

（余晓红）

六、社会诚信体系建设

【区开展诚信系列宣传教育活动】 2005年9月2日，宝山区信息委、宝山区教育局、宝山团区委联合开展了以“‘诚信’伴我成长，我为‘变样’奉献”（“变样”是宝山区提出的发展口号）为主题系列教育活动。通过活动，让广大青少年进一步巩固良好的道德品行，养成文明习惯，树立“诚信”理念，并以此带动各家庭养成良好的习惯和氛围，促进整个社会诚信体系的建设。在启动仪式上，区信息委、区教育局、团区委领导为广大青少年代表赠送诚信教育学习资料，并开通了首批中学生“市民信箱”，活动现场有近千市民参加了诚信承诺签名。本次系列教育活动历时3个月，有130余所学校近万名学生参加。

上海市工商局宝山分局在宝钢商厦开展了“提高企业自律意识，营造社会诚信氛围”大型宣传活动。此次活动主要是对市民进行“市场主体准入与退出方面的专题咨询”。宝山分局派出近10名熟悉注册登记和管理相关政策、法规的人员参加咨询活动，并向企业宣传市场主体准入与退出的法律知识，规范企业的主体资格，从而维护良好的市场经济秩序。

（余晓红）

第十二章　闵行区信息化建设

概　述

2005年，闵行区信息化工作以科学发展观为指导，紧贴区委、区政府的中心任务和社会公众的基本需求，从建设上海国际化大都市新城和经济强区的实际出发，以全面推进国民经济和社会信息化为主线，根据“闵行区2005年信息化建设工作要点”的要求，开拓进取、扎实推进，在电子政务、信息产业、信息基础设施建设、信息化环境建设以及信息技术在经济发展、社会管理、城市建设的应用等方面取得了显著成果。2005年，”闵行区农村合作医疗信息管理系统”、”闵行区审计局计算机辅助审计应用系统”项目被上海市信息化委员会评为”2005年度上海市区县信息化应用优秀成果”。

（区信息委）

一、政务信息化

【深入推进政府信息公开工作】 2005年，闵行区的信息公开工作在区政府信息公开联席会议小组的积极努力下井然有序：年初，召开了区政府信息公开联席会议，审核了《2004年度政府信息公开年报》，并按规定时间在"上海闵行"门户网站公开，全年做到及时上报月度报表，及时更新主动公开目录；下半年，政府机关机构调整后，及时印制了2005年版的政府信息公开指南；制定完善了政府信息更新维护制度、监督检查制度；结合区《行政许可法》落实情况的检查，对9个重点部门的政府信息公开工作进行了抽查；门户网站的政府信息公开专栏根据新要求作了改版，使政府信息公开工作的内容得到全面反映；组织全区政府信息公开工作人员的培训。

2005年，闵行区共主动公开政府信息329条，其中全文电子化321条，占全部主动公开政府信息的97.6%。受理信息公开申请76件，内容主要涉及教育、劳动保障及动拆迁，100%的同意公开。全年政府信息公开专栏访问量为40.97万次，接受市民咨询2.27万次，其中公共查阅中心接待355次，咨询电话接听1.66万次，当面咨询接待4 308次，网上咨询1 065次，内容主要涉及中小学教育、动拆迁、最低生活保障、再就业、廉租房、区域规划发展等方面。

【区公务网建设不断完善】 2005年，闵行区公务网主干在2004年建成的基础上，进行了后续的建设及维护工作。闵行区配合市各条线对公务网的接入需求，实施了区组织部、信访办、司法局、检察院等公务网的建设及连接工作，实现了条线业务联网。结合实际应用，闵行区对公务网主页进行了改版，推进了视频会议、公文收发、电子邮件、资料共享等网上应用项目。为推广应用项目，全区组织了两次共计160人次的公务网网络管理员业务培训。

【区政务网进一步拓展应用】 2005年，闵行区政务网应用平台的连接和共享范围继续扩大，功能进一步完善。政务网新版应用平台自8月8日正式试运行以来，全区共有近1 000台电脑进行共享，运行情况良好，为下一步在全区范围内实现基于网上身份认证的各部门协同办公奠定了基础。

软件正版化、政务网冗余备份设备、政务网应用系统安全、政务网主体维护服务等项目先后启动，保证了政务网络的正常运行。闵行区完成了对政务网的相应改造，完善了网络安全的保障，实现了互联网与政务网的统一出口，有控制地为区内400多名机关工作人员提供了访问互联网的便利。

【"上海闵行"拓展网站功能】 2005年，"上海闵行"门户网站以"新闻专题报道"为突破口，努力探索符合互联网发展的新闻宣传模式，强化了政府舆论宣传导向，全年共发布各类新闻1 189条。"上海闵行"网站努力拓展网站功能，在设立"区长信箱"的基础上，增设了"镇、街道、工业区领导信箱"，经全年运行，共收到各类群众来信封3 367封。网站积极拓展网上办事项目，区信息委组织召开了区各镇、街道、工业区，委办局、总工会、人武部等30多个单位参加的网上办事推进工作会议，并组织了信息报送、信息公开、网上办事等业务的工作培训。2005年，网上在线办理事项562项，提供表格下载100多项。

【数据库建设迈出实质性步伐】 按照成熟一个、建设一个、推进一个的思路，闵行区逐步推进重点业务数据库的建设。2005年，闵行区企业基础信息系统经过一年左右的筹备，软硬件设施按时到位，待市工商局确定相关政策，明确系统参与单位、人员的职责后，各条线数据即可导入整合、实现共享，并推广使用。闵行区人口信息库的建设完成了需求的分析、业务流程的梳理及信息资源共享的协调工作，并在龙柏、古美两个街道进行试点。闵行区地理信息库的调研工作也已全面完成，准备着手建设。

【区重点部门业务系统应用项目建设顺利】 2005年，闵行区各重点部门的业务系统应用项目，如：区环保局污水在线监测系统改造、区统计局统计平台、区国资委行政事业单位房屋管理系统、铁路道口摄像系统等多项应用项目已陆续实施完成，并投入使用。区卫生城域网试点工程中龙柏医院的HIS系统经过反复论证、测试、修改，目前已上线使用，进入验收阶段。区城市图像监控系统在建设方案中整合了区建管局市政署的道路监控系统相关内容，经过前期沟通和论证，也进入实施阶段。

（区信息委）

【区审计局计算机辅助审计应用系统获奖】 按照国家审计署关于"金审工程"的统一规划，闵行区审计局建成了计算机辅助审计应用系统并投入使用。2005年，该系统获得了"上海市区县信息化应用项目优秀成果奖"。

该系统采用了目前流行的"B/S"技术架构和"网络审计"模式，从审计机关日常办公到审计作业的计划、准备、实施流程进行全面管理，真正实现了从手工审计到计算机辅助审计的转变。整个应用系统包括：①数据采集与转换子系统。②审计作业系统。③审计OA系统。④领导经济责任审计数据库。⑤法律法规库。

该系统的各子系统在区政务网的统一平台上进行协作运行，同时支持远程操作功能，逐步实现审计监督的3个"转变"，即从单一的事后审计转变为事后审计与事中审计相结合，从单一的静态审计转变为静态审计与动态审计相结合，从单一的现场审计转变为现场审计与远程审计相结合，并可使领导在政务网上查看审计人员的项目进展和业务操作情况。该系统是全国范围内第一家构建在区政务网平台上实施联网审计的系统，在上海市范围内亦属首创。该系统的运行，改变了传统的审计方式，提高了审计的质量和效率，降低了审计的风险和成本，标志着中国审计行业达到了国际先进的审计水平。在2005年3月国家审计署召开的"联网审计研讨会"上，该系统得到了与会专家的好评。

（区审计局）

二、社会领域信息化

【落实社会保障卡工作】 2005年，闵行区信息委认真做好了社保卡各项工作的落实。全年共完成社会保障卡申领1.74万人次（其中学籍卡申领5 784人次），共发放社会保障卡2.14万张。70岁以上老人社保卡蓝卡换红卡9 788张。补卡网点共接待市民来电来人咨询7 667人次，办理遗失、被盗挂失、补卡5 112张，坏卡调换2 891张。闵行区积极拓展社会保障卡的区级应用，协助瑞金集团闵行医院、龙柏地段医院、七宝医院进行社保卡与银行卡捆绑使用的试点工作。

【“居住证”试点工作扎实有效】 2005年，闵行区莘庄镇被列为上海市外来人口居住证试点，区信息委会同区人口办提供了相应的技术设备和网络的支撑。2005年7月1日，莘庄镇正式受理申领居住证。截至12月底，莘庄镇共接待电话咨询2 571人，现场咨询1 169人，申领临时居住证1 042张，正式居住证336张，发放现证304张。

【完成“百万家庭网上行”培训任务】 2005年，闵行区“百万家庭网上行”项目继续通过加强领导，建立社会化工作格局，精心组织以“行”促学，吸引了广大市民踊跃参与，切实提高了闵行区居民在信息化环境下的生存能力和生活质量，促进了社区精神文明建设。三年来，闵行区31个培训点共办班618个，有3万市民取得了合格证书（另有1万余名市民取得了自学考试合格证书），圆满完成了项目的培训任务。

（区信息委）

【“闵行区农村合作医疗信息管理系统”获奖】 闵行区农村合作医疗结构应用先进的合作医疗信息管理系统，实现了全区合作医疗系统网络化。2005年，该系统获“上海市区县信息化应用项目优秀成果奖”。

2005年，该系统在闵行区9个镇1个工业区的农村合作医疗服务网点广泛应用，加强了合作医疗专项资金的监管力度，避免了业务上易出现的漏洞；实现了业务处理自动化、规范化，提高了办事效率；提供了强大的统计查询功能，为合作医疗的政策制订提供了有效的科学依据。该系统的运行基本实现了预期目标。

（区卫生局）

【江川路街道社区信息化建设应用】 2005年，江川路街道积极建设“一个平台、多个应用数据库、社区信息资源共享”的应用格局，进一步提高了社区信息化管理和应用水平。一是提升社区信息化管理水平。通过加强网络平台建设，以增强服务功能；注重街道社区网二次应用开发，以满足管理需求；完善企业数据库，以服务街道经济；加强技防设施建设，以提升信息化管理水平。二是提高信息化应用能力。加强制度建设，规范操作行为；增强保密意识，确保网络安全；组织业务培训，加强队伍建设。三是整合社区信息资源，推进信息应用社会化。通过建设绿色网吧，推进学习型社区建设；通过建设社区和学校两个“阵地”，提升社会信息化认知和应用水平。 （江川路街道）

【龙柏街道社区信息化建设特色】 2005年，龙柏街道实事求是、因地制宜，创造性地开展了社区信息化工作，形成自己的特色：①新增计算机130余台，基本保证每科室、居（村）委一台，以“无纸办公”为目标，全面实现办公自动化；②以社区政务平台为抓手，使街道各条线充分共享网络资源，方便了查阅和信息的管理；③以服务居民为宗旨，积极开展外网建设，建立渗透到家庭的信息网络，向居民提供全方位的服务；④以计算机信息保密为要求，建章立制、开展培训，提高应对突发事件的能力；⑤以组织教育培训，定期考核等方式，促进信息化工作的全面发展。

（龙柏街道）

【古美路街道推进社区信息化应用】 2005年，古美路街道重点推进了信息化项目应用：①以信息化手段推进社区实有人口信息管理，开发了实有人口信息平台，组建了采集信息工作小组和信息输入员队伍。实有人口信息平台与街道局域网相连，使相关部门既能及时了解实有人口的基本情况，又能添加本部门的相关信息，实现了“一家采集，多次使用”的数据共享目的。②推进社区信息苑建设，完善社区网络覆盖。建成了1个中心信息苑、4个小区信息苑，方便居民学习电脑和网络知识。③推进区政务网应用，促进社区信息交流。配合区政务网二版的应用，街道重新设置了联网计算机的配置，及时提供上网用户的信息，并对街道工作人员采用“个别辅导、边用边学”的方式进行操

作培训。目前，街道工作实现了无纸化办公，提高了工作效率。（古美路街道）

【浦江镇推进社区信息化建设】 2005年，浦江镇被列为上海市城镇信息化试点（扩大）镇。浦江镇按照初步实现“办公自动化、通讯网络化、业务数字化、管理集约化”的要求，按照“统一规划、分步实施，立足实际、扎实推进，整合资源、提高效能”的推进思路，从“基础薄弱、城镇农村工作特色明显”的实际出发，建立健全了领导工作机构，加大了硬件投入力度，基本建成了镇的局域网络，建立了“浦江镇门户网站”，制定并落实了管理和使用制度，重点抓好办公自动化系统、党务政务人大系统、经济管理系统、村务管理系统4大应用系统建设，顺利完成2005年的试点任务。（浦江镇）

【“闵行区社会福利院综合管理系统”开发】 2005年，闵行区社会福利院开发了“社会福利院综合管理系统”。该管理系统根据福利院日常工作运作的需求，共分业务管理、药政管理、医护管理、财务管理、后勤管理、行政管理、院长决策和系统维护等八大模块。其特点：一是实用性强，规范了管理，提高了工作效率；二是操作简便，深受工作人员欢迎；三是通用性强，方便移植；四是技术成熟，开发成本低廉，适宜在不以赢利为目的、公益性强的养老机构推广。

为满足社会福利院的日常管理需要，该系统的构思和设计对养老人员入院、护理、诊疗、膳食、出院、费用结算等工作流程及内部行政管理等诸多环节，以及各种可能发生的情况都进行了充分考虑，改善了为老服务的环境，方便了养老人员的居住。2005年4月17日，在中国社工协会老龄工作委员会主任扩大会议上，国家民政部社会福利与社会事务司副司长阎青春指出：上海市闵行区社会福利院研究建立的信息管理系统包含了老年人福利机构的各方面标准、操作规范和内部管理工作，从而大大提升了自己的管理与服务的质量。（区民政局）

三、经济领域信息化

【区林业资源实现数字化管理】 2005年，闵行区交由国家林业局华东规划设计院进行林业资源数字化管理软件开发，在全市率先建立起森林资源数字化管理平台，并开发了留置树木子系统。通过该系统，全区规划内苗圃型生态林永久性留置树木便有了“身份证”。目前，全区预计总数达60万株苗木，现已有10万株苗木挂上了“身份证”、建立了“个人档案”。闵行区通过建立起科学的数据库，实现了城市林业资源的数字化管理，这对于科学管理永久性生态林，改善城市的生态环境有重大的意义。（区农委）

四、信息产业

【上海紫竹科学园区成立三周年】 2005年6月28日，上海紫竹科学园区成立三周年庆典暨上海力芯集成电路制造有限公司等6家知名企业破土动工仪式隆重举行。市委常委、副市长周禹鹏出席仪式并讲话，闵行区区长、市政府有关职能部门的负责人和上海交通大学及华东师范大学的领导也出席了仪式。

在此次开工的6家企业中，上海力芯集成电路制造有限公司是上海市2005年引进的单个投资金额最大、审批层次最高的一个项目；申联生物医药（上海）有限公司、日本SMC（中国）有限公司上海研发及营运中心、日本雅马哈发动机研发（上海）有限公司、花王（中国）研究开发中心有限公司和上海吉尔多肽有限公司等，也都是国内外知名的高科技企业。6家企业的同时破土动工，除了引入10亿美元的项目资金外，还形成了人才、资金、信息和技术等生产要素在紫竹科学园区这片创业热土上的集聚。

诞生于2002年6月的紫竹科学园区经过短短三年的建设，充分发挥了周边高校的研究优势，形成了诸多以微电子、光电子、数字技术、软件技术和生物技术等前沿尖端科研领域为主导方向的研发基地。该园区目前已经吸引外资15亿美元，内资30亿元人民币，各类意向投资总额超过35亿美元，园区正逐步发展成为上海实施“科教兴市”的重要基地和未来经济增长的重要亮点。

【中央、市领导和主流媒体关注发展的紫竹科学园区】 2005年，中共中央政治局委员、上海市委书记陈良宇，国务委员陈至立，上海市委副书记、市长韩正，市委副书记殷一璀，中共上海市委常委、副市长周禹鹏，副市长严隽琪、杨雄、胡延照及国家各部委、上海市的有关领导先后来园区视察工作，极大地关注上海紫竹科学园区的快速发展；外省市、兄弟区县代表团也多次来园区考察调研。

2005年，国内各主流媒体对紫竹科学园区进行了采访和报道。如：中央电视台新闻频道以“上海：提高吸引外资企业门槛，打造国际一流企业研发中心”，《解放日报》以“打造生态人文科技特色聚焦高科技研发项目——中外客商钟情紫竹科学园”，《人民日报》以“生态是第一标准——记上海紫竹科学园的发展之路”，《文汇报》以“紫竹打造东方‘水墨硅谷’”，《经济日报》以“新的建设理念崛起在黄浦江畔——从‘生态、人文、科技’看上海紫竹科学园区”等为题，报道了园区坚持“生态、人文、科技”的发展定位，充分发挥政府、民企、高校有机联动优势，大力发展教育、科技和人才培养，打造了上海科教兴市战略产业高地和高科技“水墨硅谷”的成功实践。这些报道有力地促进了园区各项工作的开展。

【紫竹科学园区招商及重点项目建设情况】 一是大力引进国际知名研发中心，并向板块化方向发展。紫竹科学园区投资环境不断优化，入驻企业板块化趋势日渐明朗，并朝着“研发中心+区域总部"的模式发展。如：英特尔板块包括英特尔亚太研发中心、英特尔（中国）投资公司、英特尔渠道平台事业部；微软板块包括微软亚洲工程院、微软全球技术支持中心、微软MSN中国研发中心及微创软件；意法板块包括意法半导体研发（上海）有限公司、意法半导体（中国）投资有限公司；雅马哈板块包括雅马哈发动机研发（上海）有限公司、雅马哈发动机销售（上海）有限公司、雅马哈全球采购中心。

二是大力推进自主创新，打造创新型科学园区。①在生物技术领域，紫竹科学园区成功引进国家组织工程中心、国家动物医学研究中心两个国家级中心等一批具有潜力的高科技企业，在新药创制上取得一些重大突破，为显著提高重大疾病防治水平做出了贡献。国家组织工程中心已经在组织工程软骨、组织工程肌腱等方面有众多专利成果，并初步实现了产业化。国家动物医学研究中心为有效控制中国动物疫病的发生和防止国外动物疫病的进入提供了科技支撑。②在新材料领域，紫竹科学园区引进的纳米技术及应用国家工程研究中心是国家与上海市的重大发展项目，是国家实施《国家纳米科技发展纲要（2001～2010）》的重要战略部署之一。该中心将建成国际一流的纳米技术研发和交流平台，通过自主研发、系统集成和个别重点技术引进吸收等途径形成一批核心技术成果并实现产业化，推动与加速中国纳米技术的产业化进程。③在新能源领域，紫竹科学园区引入了国家太阳能工程技术研究中心和上海清洁能源研究与产业促进中心，加强了太阳能技术开发和对引进技术的消化、吸收及创新能力，在能源开发、节能技术和清洁能源技术的研究方面取得了重大的突破，提高了我国太阳能及其设备的自主开发设计、开拓创新和成果转化的能力，并促进相关产业的发展。④在航天航空领域，紫竹科学园区引入了中航商用飞机有限公司和中国航空无线电电子研究所（简称615所），前者是具有自主知识产权的ARJ21直线客机的项目总体公司，是国家“十一五”

计划重点支持的产业化项目；后者是中国参与欧盟“伽利略”计划的重要技术单位，是国内航天航空无线电领域自主研发的重要基地，它将成为“航天闵行”的有机组成部分。

三是入驻项目全面开工，高科技新城已见雏形。紫竹科学园区有关部门紧密配合，促进了已签约项目开工建设。截至2005年底，园区已有21家企业进入设计、报批阶段，其中15家进入了实质性建设阶段，2005年7月，E+H已迁入新居；和勤软件11月建成正式入驻；2005年12月10日，英特尔一期研发楼开始陆续搬入，至2006年1月底，英特尔搬入研发楼的人数将达到1 000人；中科侨昌项目进入工程收尾阶段；花王（中国）研发中心、SMC研发营运中心、UBI等项目主体建筑正在紧张施工，预计2006年一季度可以搬入新居；雅马哈发动机研发中心、吉尔多肽、国家组织工程中心、微创软件等项目已完成桩基工程，进入土建施工阶段；BCD、中航商飞、日清、纳米研究中心等项目已完成奠基开工仪式，正在进入施工阶段；欧姆龙、基因科技、新华控制、意法半导体、动物医学中心等项目进入了项目的前期工作，于2006年3月陆续开工。

除上述项目之外，还有一批企业先期进入上海紫竹信息数码港，这些企业包括：微软（中国）有限公司、上海微创软件有限公司、意法半导体研发（上海）有限公司、上海纳米技术及应用国家工程研究中心有限公司、兰州瑞德实业集团有限公司、上海硅知识产权交易中心有限公司、上海硅智芯片技术研究所有限公司、上海交大汉芯科技有限公司、紫芯集成电路系统（上海）有限公司、三洲迅弛数字技术有限责任公司等。

（紫　竹）

五、信息基础设施

【区进一步加强信息基础设施建设管理】 2005年，闵行区按照“统一规划、统一建设、统一维护”的“三统一”原则，积极探索在区重大工程和新建、改建项目中对信息基础设施实施集约化建设这一新模式，并有一定的突破，取得了明显的成效。

2005年，闵行区重点协调落实了浦江镇世博动迁基地基站、世博动迁调换基地基站、谈家港社区、休闲居住区动迁基地四个地块的信息基础设施规划，以及三鲁路南段和浦星路的信息管线建设，确保了世博动迁基地建设的顺利开展。上海旗忠森林体育城信息管线建设与道路建设也协调并进，确保了2005年“大师杯”比赛中通讯保障工作的顺利进行。全面完成了七莘路景观道路架空线入地工程，并通过初步验收。其他如：元江路延伸段、莘松路部分路段、北松路改扩建段、华友路等的信息管线建设协调工作均顺利开展。此外，区信息委还配合区土地储备中心协调各通信运营单位，完成了颛桥154号地块、沿江新居住区信息基础设施专业规划。

（区信息委）

【区内规模最大的宽带城域网建成】 2005年，闵行区有线电视双向网络改造工程基本建成。整个工程共铺设光缆550公里，达3.21万芯公里，熔接光纤点6.1万多个；铺设电缆4 440公里，安装网络设备3万多台；改造机房15个，涉及用户家庭36万之多。至此，全区集中城区范围改建基本完成，偏远地区由于受到网络设备、资金条件等的制约，将待日后条件成熟后再行改造。

经过双向改造后的闵行广电宽带网覆盖全区40余万户，成为区内规模最大的宽带城域网络。经过有线电视双向改造后，闵行区成为全市区县第一个实现有线电视信号全城全网双向传输的区，也是第一个可在网络中提供多种宽带业务的区；闵行区广电宽带网工作的稳定性、传输的可靠性、功能的齐全性和安全性都处于中国有线电视网的前列，该网并将为促进闵行区信息化建设，提高政府及企事业单位的工作效率，提高市民生活质量发挥积极的作用。该网络现有1万多户个人用户，并有包括区政务网、教育城域网、公安网在内的政府部门及大型企业用户100余户。

（区文广局）

六、信息化环境

【区编制“十一五”信息化专项规划】 由区信息委牵头，闵行区召开了5个涉及信息化建设发展的专题座谈会。在形成初步思路的基础上，2005年，闵行区完成了《闵行区“十一五”电子政务和社区信息化发展思路》的研究课题，并通过了有关部门和专家的评审。同时，区信息委将该课题成果融合在“十一五”专项规划中。在多方征求区内相关部门和区信息化专家咨询组的意见后，区信息委编制完成了《闵行区国民经济和社会信息化“十一五”专项规划》（以下简称“《规划》”）。

《规划》明确了闵行区“十一五”信息化的发展目标和主要任务：围绕闵行区“十一五”经济社会发展目标、发挥信息化在“科教兴区”中的引领和带动作用，重点实施“136”（1大产业、3大应用平台、6大重点任务）信息化发展目标，全面推进区信息化发展。到2010年，闵行区信息化总体发展水平争取在市内领先，基本达到或接近发达国家中心城市先进水平，基本实现信息技术在政府、企业、公众服务等领域的普及应用，信息技术及其应用成为闵行区“十一五”发展目标与城市功能实现的重要支撑，信息化成为“航天闵行”和自主创新推动、产业集群发展、生态环境良好的具有新型辅城功能的现代化新城区的重要标志。

【区网上征集政府实事工程】 2005年底，闵行区正式启动了“2006年闵行区实事项目工程”网上公开征集活动。在短短的时间里，共收到市民通过互联网递交的建议116条，这些建议涉及道路市容、交通运输、动拆迁等方面的内容。这些意见在有关部门进行分析、论证后，成为2006年区实事项目和重点工作最终立项的重要依据。其中“严厉打击‘黑车’、整顿规范区内客运市场”、“剑川路扩建、沪闵路铁路下立交”、“完成旧小区‘平改坡’改造100万平方米”等意见均获采纳，被列入2006年区实事项目和重点工作。

【区进一步加强信息安全管理】 2005年，闵行区成立了网络与信息安全协调小组，制定了《关于加强闵行区信息安全保障工作的若干意见》。区信息委与区委机要局、公安分局、安全分局、区网络安全管理办公室等单位一起组织了信息安全联合检查工作，检查组对33家单位的信息网络安全工作进行了抽查，重点对计算机上互联网情况进行了检查，部分单位有不符合保密规定的现象，检查组及时纠正并限期整改。区信息委针对安全检查存在的问题，制定并下发了《政务网安全管理规定》、《上海市国家机关工作人员信息安全手册》，明确规定了上政务网的相关内容和要求，进一步提高了各部门人员的信息安全意识，确保区政府的政务网安全、畅通地运行。 （区信息委）

七、社会诚信体系建设

【扎实有效地推进诚信体系建设】 2005年7月22日，闵行区召开社会诚信体系建设联席（扩大）会议。会议对《闵行区2005～2007年社会诚信体系建设三年行动计划（征求意见稿）》做了说明，并进行了交流发言。会议强调，各成员单位和相关部门在各自职能业务、分管行业内，把信用制度安排、社会信用管理和建立闵行区企业联合征信系统作为重点，在市场监管领域选择食品药品、房地产市场作为闵行区社会诚信体系建设特色。

在“上海闵行”门户网站开设了“诚信在闵行”专题栏目；进行了“闵行区诚信活动周”活动；组织各类相关培训、主题活动和个人信用报告查询试点工作。

9月21日，闵行区召开社会诚信体系建设推进会暨专题知识讲座。区社会诚信体系建设领导小组的11

位成员、区政府21个相关部门分管领导和工作人员出席会议。会议特别邀请了上海国际银行金融学院院长赵晓菊教授前来授课，她从建立和完善中国社会信用体系的重要意义、政府部门在构建社会信用体系中所发挥作用五方面进行了讲授；通过列举实例，对诚信体系建设中的失信惩戒、信息依法披露、信用管理、政府定位等问题给予指导。

10月15日，区农绿局和食品药品监管分局联合组织开展了食品安全“诚信活动周”宣传活动，向市民展出了食品安全宣传板7张，发放食品安全相关宣传资料800余份，接待群众咨询数10人次。通过这次宣传活动，普及了食品安全信用知识和法律法规，增强了市民的法律意识、自我保护意识和信用意识，营造了“知信用、用信用、守信用”的社会环境。

为配合“闵行区诚信活动周”的组织开展，莘庄工业区进行了个人信用报告查询的试点工作；活动期间累计有891人集中查询了个人信用报告，出具个人信用报告共300多份。（区信息委）

第十三章　嘉定区信息化建设

概　述

2005年，嘉定区信息化建设紧紧围绕嘉定区委、区政府的工作重点，贯彻落实科学发展观，实施科教兴市主战略，着眼于“汽车嘉定”建设发展的目标，以信息化建设推动经济和社会发展，夯实基础，乘势而上，加快政务办公管理、社会经济发展等重点领域的信息化项目建设，推进信息化在各领域的应用，全力发挥信息化的引领带动作用。

（周　健）

一、政务信息化

【区政府信息公开工作】 2005年，嘉定区政府及54个工作部门将主动公开信息及时在“上海嘉定”政府门户网站、公共查阅点公开。2005年，嘉定区共主动公开信息919条，现场接待1.71万人次，接受市民咨询9 875人次，共接受市民依申请391件。“上海嘉定”政府门户网站及其子栏目信息公开专栏页面访问量31.87万人次，提供服务类信息1 324条。

【区电子政务信息办公网络全面运行】 2005年4月1日，嘉定区各机关单位电子政务信息办公系统在全区机关部门中全面运行。该系统实现了区政府的日程安排、工作提示、简报发布与管理、通知发布与管理、工作指示、单位门户、通讯录、提案议案办理、视频系统和非公文流转等10项功能，并实行单轨制，为嘉定区全面实施政务电子化夯实基础。

【“上海嘉定”政府门户网站改版】 2005年10月，“上海嘉定”政府门户网站改版成功。新版网站在进一步突出政府信息公开、政务动态等重要功能的基础上，又建成了涉及40多个政府职能部门400多项办事内容的“网上办事平台”，平台增设了“网上评议”、“监督投诉”等多种与市民互动的功能，拓宽了政府与市民的沟通渠道。2005年，“上海嘉定”政府门户网站的页面浏览量在全市区县政府网站中名列前茅。

【区“两会”代表享受网络带来的便捷】 2005年，嘉定区信息委继续做好区“两会”在线宣传服务工作，通过网络向社会各方报道了“两会”的情况，反映和展示了嘉定区2004年取得的成绩。区信息委组建了宣传报道、技术保障两个工作组，专门配备了10台电脑，开设了“两会”专题报道网站，网站方便了代表及时了解“两会”的动态和国内外新闻，及时做了大会的视频直播。网站还专设了“百姓心声”、“在线调查”等互动栏目，架起了市民与“两会”沟通的桥梁。

【社会救助系统应用良好】 2005年，嘉定区民政“一口上下”社会救助系统正式运行。该系统汇集了嘉定区13个区级单位100个救助项目的社会救助业务，基本实现了区社会救助信息联网和资源共享，形成了“一所运作、一口统计、一网覆盖”、反应灵敏、上下通畅、纵横贯通的救助信息网络。该系统确保嘉定区“一口上下”业务政策落到了实处，真正保证了救助业务的广覆盖、不遗漏，大大促进了社会救助资金运作的规范和高效。该项目的运行，得到了市民政局的肯定。截至年底，嘉定区已经实现了1.69万户家庭、2.61万名救助对象的综合管理。（周　健）

二、社会领域信息化

【社会保障卡工程稳步有序】 2005年，嘉定区启动并做好了镇保、征地工人员社会保障卡的申领工作，截至年底，嘉定区社保卡中心共办理7 493人的社保卡申领、2 689人学籍卡工作和3 217人次的补（换）卡工作。

【深入推进“市民信箱”实事工程】 2005年，嘉定区信息委强化“市民信箱”的推广工作，加强区内8个社保卡服务站工作人员的业务能力和服务素质。区信息委在“上海嘉定”政府门户网站上设立了“市民信箱”专页；向居民寄发了各类宣传品加大宣传力度，并采取了“推上门”等服务市民的有效方式。

【完成“百万家庭网上行”培训】 2005年，嘉定区深入开展“百万家庭网上行”培训活动，培训工作注重营造氛围，在网站、报刊等宣传媒体上发布有关信息；开展家庭信息技能大赛、网上贺卡设计大赛等活动，并推出为培训学员免费安装宽带、赠送U盘、摄像头、耳机等优惠政策，为学员学以致用创造了条件。三年来，嘉定区共有4.41万人获得了由市统一颁发的“百万家庭网上行”合格证书，完成率达到138%，率先超额完成了三年的培训任务，连续两年荣获上海市实施“百万家庭网上行”实事项目特别贡献奖。

【区首台“付费通”终端安装使用】 2005年12月，嘉定区首台“付费通”终端在区综合办公大楼底楼大厅安装完成并投入使用。“付费通”是上海市政府实事工程之一，是一个方便市民缴付每月公用事业费用账单的电子缴费系统。该系统通过终端联网或上网的方式，将上海市各公用事业单位、银行、账单代收机构连接在一起，集中并统一处理市民的各种账单信息。

【黄渡镇城镇信息化建设试点（扩大）成功】 2005年，嘉定区黄渡镇被列为上海市城镇信息化试点扩大单位之一。3月，上海市城镇信息化（扩大）试点在黄渡镇正式启动，逐步完成了城镇信息化业务需求调研、建设招标、建设方案等工作，形成了黄渡镇城镇信息化的设计模型。经过半年的紧张建设，黄渡镇已形成了城镇管理信息化的基本模式和工作机制，并整合了人口、工商、税务、劳动、计生等数据库资源，这些资源应用于政务办公模块，打破了各条线部门的数据壁垒，为城市网格化管理的实现打下了扎实的基础。这是在南翔镇城镇信息化试点成功基础上，又迈开了一大步。

（周　健）

三、经济领域信息化

【企业注册网上并联审批系统应用】 2005年，嘉定区企业注册网上并联审批系统运作顺畅。至年底，共有996个申请事项在网上办理，实现了各行政审批单位在网上共享全区所有企业、经营户的信息，大大加快了各行政审批部门的审批效率，加速推进政府部门之间信息资源共享和审批过程的政务公开。

【区金审系统一期开发建设完成】 2005年，嘉定区审计信息系统项目进入了深入开发建设的阶段，嘉定区政府确定了金审工程与市审计系统的应用需求关系；完成了系统的业务需求调研工作和金审工程开发的业务模型设计，为系统的开发建设奠定了基础。至年底，金审工程已完成了一期建设，并投入试运行。

（周　健）

四、城市建设管理领域信息化

【GIS地理信息统一平台一期投入试运行】 2005年7月20日，嘉定区GIS地理信息统一平台一期投入试运行。该系统由两个主要组成部分：网上地理信息发布系统、数据维护系统。用户可通过网页浏览的方式访问地理信息发布系统，使用在权限范围内的一切功能，共享平台的各项地理数据；数据维护系统由授权部门进行统一管理，对所用的各项基础数据进行定期的维护和更新。GIS统一平台自投入应用后，建成了一个在全区范围内准确的、动态的、高效的共享型基础空间数据库。该系统通过对全区各部门、各行业、各领域的信息最大限度地整合、共享与集成，为区政府、企业和公众提供了快速、系统和简洁的各种信息服务，最终实现了全区的信息化、网络化、可视化和智能化，实现了互联互通、资源共享的信息资源基础服务平台。

（周　健）

五、信息化环境

【区信息化工作会议召开】 2005年3月2日，嘉定区政府召开了全区信息化工作会议。区委常委、副区长花以友出席会议并讲话。他指出，信息化是实现区域整体目标的必然选择，是建设更具实力、更富魅力、更加和谐的新嘉定的必然要求和必备条件，是促进政府职能转变、提高政务工作效率的有效途径，也是服务百姓、提高社会服务质量的重要方式。他强调，信息化建设的生命力在于应用，要在全面应用中进一步推进信息化。各部门、各单位必须充分认识信息化在经济发展、社会进步中的战略地位和带动作用，着力实施信息化先行的发展战略。他要求，信息化建设一定要打破信息资源的垄断，形成真正的资源共享，为信息技术广泛地应用于经济和社会发展创造条件；要坚持大力推进各项信息技术的应用，追求有效的信息化，不搞花架子，用足、用好各个信息化应用项目，突出实效；要用发展的眼光，进一步深化并加快各类信息系统的建设，充分利用信息技术促进经济和社会发展。会上，区信息委副主任洪佩军回顾了2004年嘉定区信息化工作，部署了2005年的信息化工作；区财政局、南翔镇就财政信息化、城镇信息化建设情况分别作了会议交流，各委办局、各镇、街道、开发区、菊园新区等70多家单位分管领导参加了会议。

【《嘉定区信息化“十一五”规划》编制】 2005年，嘉定区信息委编制了《嘉定区“十一五”信息化规划》(以下简称“《规划》”)。《规划》明确了今后五年嘉定区信息化建设的指导思想、总体目标和主要措施。根据《规划》精神，今后几年嘉定区信息化建设将坚持从实际出发，紧跟市区发展水平，高于郊区平均水平，亮点项目适度领先；坚持“有所为，有所不为”的原则，营造需求带动、市场驱动、政府推动的发展环境；坚持多元化、多渠道融资融力，共同推进信息化。以上海国际汽车城建设和F1赛事为契机，加快城市化、现代化步伐。后五年的建设，信息化基础设施建设由有到优，基本建成覆盖全区、适应发展的集约化、分层化、网络化、先进的立体通信网络；信息产业由弱到强，发挥品牌优势，打造特色产业；信息技术应用由点到面、由基本应用到功能拓展，以信息技术应用的优势领域、优势企业为节点，整合各类有效资源，构筑起领域信息化的基本框架；基本形成城区信息化的框架体系，推动区域经济和社会发展实现跨越式发展。

（周　健）

第十四章　松江区信息化建设

概　述

2005年是松江实现“十五”计划和“三年行动计划”目标的决胜之年，也是松江信息化建设的应用之年。松江区信息委为努力打造“数字松江”、“诚信松江”，推动构建“和谐松江”，进一步加强了电子政务建设应用推进，完善了社会诚信体系建设，稳步推进了政府信息公开等工作，取得了显著的成绩。

2005年，“松江区政务办公信息平台”、“松江区企业基础信息管理系统”项目被上海市信息化委员会评为“2005年度上海市区县信息化应用优秀成果”。

（刘　凯）

一、政务信息化

【区政府信息公开工作落到实处】 2005年，松江区颁布了《关于进一步做好本区政府信息公开工作的实施意见》，进一步规范和完善了政府信息公开工作。2005年上半年，区信息委落实了区档案馆、图书馆等渠道作为政府信息公开集中查询的受理窗口，并将档案馆作为权威性的信息查询中心。同时，区信息委利用街道、乡镇一门式办事场所，积极开展了政府信息公开综合查阅、咨询、申请服务等工作，并在9个基层居委会、村委会设立了“政府信息公开查阅点”，方便居民就近查阅各类政府公开信息。（胡　伟）

【建设区级法人信息库】 2005年，松江区信息委在原先工商法人信息数据的基础上，筹划构建比较完整的区级法人信息库。8月初，电子政务原型试点工作会议在松江召开，8月18日，国信办在松江召开“全国地方电子政务建设现场会”，国信办最终确定松江区为地方电子政务（经济领域）原型试点区。松江区信息委按照试点工作要求制定完成了《上海市松江区地方电子政务（经济领域）原型试点方案》，并通过国信办的论证。在试点项目建设过程中，将改进经济领域指标体系，构建数据交换体系，开发监管和辅助决策应用，从而进一步验证地方电子政务模型。

【区电子政务建设全面开展】 2005年1月16日，松江区政务办公信息平台正式开通，政府各部门、乡镇、街道的电子政务系统全面实现了互联互通；9月份，该项目通过专家组验收，至此，松江区政务外网建设工作顺利完成。2005年底，松江区实现了政府办公中心内21个政府部门工作人员都能使用政务办公信息平台进行办公。同时，各基层单位电子政务建设项目也相继进入收尾阶段。（吴　青）

【区政务外网应用有序推进】 2005年，松江区召开“两会”期间，针对区政务办公信息平台提案议案模块的运行，对52家相关单位进行了培训，配合人大、政协工作人员将纸质的议案、提案转成电子文档并录入区政务办公信息平台，开始网上试运行。7月份，松江区信息委完成了对74家单位关于区政务办公信息平台使用情况的调研，拟定了“松江区政务办公信息平台的推进计划”；8月份，编制出台了《松江区政务办公信息平台操作管理规范》，以加强区政务外网的规范管理。（戴　中）

【区政务网络安全保障有力】 2005年初，根据区政务网络的实际情况，区信息委拟定了网络安全防范紧急方案，对客户端安装了新型网络版杀毒软件。通过一个星期的上门安装服务，客户端共有407台电脑安装了杀毒软件，至此，区办公中心网络的安全性、稳定性大幅度提高。截至2005年底，区信息委共托管了各委、办、局36个网站，9台服务器，全部运行正常。（刘　凯）

二、社会领域信息化

【社会保障卡工程继续推进】 松江区社会保章卡网点建设完善，人员配备齐全，工作机制良好。2005年，区社会保障卡的申领数为7 363张，补换卡4 136张。到2005年底，松江区社会保障卡的申领数累计为20.83万张，累计发放20.75万张，完成补换卡9 277张。

（蔡培元）

【“万户家庭网上行”活动全面完成】 2005年是实施松江区“万户家庭网上行”信息化培训实事工程的最后一年。松江区先后开展了“百万家庭学法律”知识竞赛、“婚检医学检查”知识竞赛、“上海电信杯·我喜爱的网站”评选等活动。松江区通过各种网上应用实践活动，提高广大市民上网的能力，丰富了市民的生活。“万户家庭网上行”项目松江区共设立了23个培训点，参加培训并获得结业的社区居民共1.51万人，全面完成了市培训计划，完成率为126%。（戴　中）

【居住证制度试点工作顺利开展】 根据上海市居住证制度扩大试点会议精神的要求，松江区确立了岳阳街道社区事务受理中心和洞泾镇社会保障卡服务中心作为办理居住证的试点单位，并及时安排试点单位的工作人员赴市社保卡中心进行居住证扩大试点的业务培训。截至2005年底，两个试点街道正式开通了外来人员办理临时居住证的业务。

【“付费通”实事项目深入开展】 2005年，松江地区的付费通缴费终端进行全部更换，9台新终端更安全、便捷地支持了网上支付功能。使用过程中，区信息委开展了“数字生活，轻松体验”信息化系列宣传活动，产生了良好的社会效应。截至2005年底，居民通过网站、自助终端等渠道缴付自来水、电力、天然气、电信、移动、联通等各种账单的费用，付费通缴费终端也可以通过浦发银行、上海银行、招商银行等9家银行以及邮政代收业务。

（刘　凯）

【区市民服务中心成功筹建】 筹建区市民服务中心是2005年度松江区政府112项实事工程之一。2005年11月，区政府市民服务中心筹建办公室开始试运行。12月17日，由4名普通的松江区市民为市民服务中心揭牌，突出了市民服务中心为民、便民、利民的宗旨。市民服务中心利用电子政务平台，将区级政府部门、市民服务中心、岳阳街道连成一体，组成完整的信息网络服务系统，为市民提供现场、电话、网络3种服务方式。市民无论在哪里，都可以及时办理相关事务，实现了真正意义上的便捷、高效。进驻市民服务中心的第一批8家单位分别是与市民生活密切相关的司法、公安、信息、人事、劳动、卫生、人口与计划生育、民政婚姻登记等热点部门，市民走进中心就可以同时办理99项政府审批的项目。（蔡英智）

【社区信息化深入拓展】 截至2005年底，松江区有4个街道建成了电子政务信息系统，基础网络连通率平均达到99%，各街道的人均电脑配置率达到86%，各街道的通知、简报类办公业务的网络实现率达到100%。4个街道相继开发完成了“社区实有人口信息库”。方松街道和岳阳街道，分别由区信息委提供了9台电脑，设立了“社区公共信息点”。方松街道率先提出了“一口式”服务模式，并已完成了系统的开发；2005年4月底，岳阳街道建成的松江区首个“东方信息苑”正式对外开放；中山街道“五校一医院”也开始使用街道的办公平台；永丰街道颁布了数个系统应用规范，以制度推进信息化的应用。（戴　中）

【城镇信息化试点工作进展顺利】 2005年4月，松江区车墩镇和叶榭镇被确定为全市城镇信息化试点单位。市信息委、区信息委分别多次到试点镇进行调研，就如何抓好2个试点镇的特色应用进行了深入的探讨。截至2005年底，车墩镇的电子政务系统已延伸到基层各单位，实现了全覆盖，“三联”（网络、固定电话、有线电视）实现率为100%。车墩镇组织基层单位信息员进行了电子政务基本知识和操作培训，实现了公文处理内网流转以及机关部门和基层单位月度工作计划平台公布，取消了纸制通知文本。叶榭镇各个村、居委会全部配置了电脑，并完成了ADSL网络的接入。2005年8月，叶榭镇成立了镇信息员队伍，并对他们进行了计算机知识培训，完成了镇实有人口信息的采集、村级事务网上公开等工作。

（刘　凯）

三、信息产业

【区信息产业快速增长】通过多年的扶持和发展，松江区信息产业特别是电子信息产品制造业已经初具规模，目前已形成一批具有一定实力的电子信息企业集团，已逐渐探索出有效的发展模式和机制。2005年，松江区工业生产持续快速增长，产业能级进一步提高，经济效益不断提高，基本形成“一业特强，多业发展”的产业格局。“一业特强”便是指以电子信息制造业为代表的高新技术产业。松江区全年电子信息制造业工业总产值1 194.9亿元，同比增长51.3%，占全区工业总产值比重为56.1%，对全区工业总产值增长的贡献率达68.8%。其中达丰（上海）电脑有限公司完成工业总产值953.63亿元，占全区的比重为44.8%。全区信息制造业的固定资产投资31.24亿元，占全区固定资产投资的13.2%，其中台积电项目完成投资14.91亿元，占全区总量的6.3%。

目前，松江的电子信息产品制造业主要包括：①以台积电为骨干的集成电路制造产业；②以达丰电脑为龙头的计算机（笔记本电脑）制造产业；③以美能达、海鸥等为代表的数码家电制造产业；④以美维电子、旭福、凯虹等为代表的新型电子元器件制造产业；⑤以国基电子、长飞光纤光缆等为代表的光电子及相关产品产业。

（刘　凯）

四、信息基础设施

【区信息基础设施全面发展】 截至2005年底，松江区信息基础设施按照“统一规划、加强管理、联合建设、资源共享”的原则，进行规划、建设和管理，各方面发展迅速。在通信方面，松江区建成电信基站1 980座，移动基站142座，联通基站32座，无线信号完全覆盖了沪杭高速公路、铁路等交通要道沿途地区。在网络铺设方面，全区镇、村两级光纤网长度达543公里，部分镇村已全面铺设光纤网，全区公务网的光纤铺设也已全面完成。

【区社会信息化水平提高迅速】 截至2005年底，松江区家庭固定电话总容量达30.91万门，市民拥有移动电话总量达58.91万台，同比增长25.8%，小灵通用户达10.64万户。家庭拥有电脑16.91万台，同比增长60.2%。宽带接入用户5.04万户，同比增长72.9%。有线电视接入用户15.92万户，同比增长64.1%。

（刘　凯）

五、信息化环境

【区信息化“十一五”发展规划完稿】 2005年，在《松江区信息化总体发展规划》的基础上，通过全面分析发展环境，深入研究有关重大问题，努力把握信息领域所处的发展阶段和发展方向，松江区形成了信息化总体发展思路，7月份，《松江区国民经济和社会信息化“十一五”专项规划》最终完稿。

"十一五"规划目标：①松江区城市信息化和电子政务中的关键指标经过五、六年建设，达到先进水平；②信息基础设施建设全面完善；③推动信息产业结构调整、提升产业能级信息产业以及产业园区做大做强；④全面提升松江区旅游信息化建设速度和服务水平，创造更好的旅游环境；⑤各种服务市民的社区信息化项目全面建成，取得实效；⑥以信息化带动农业的现代化，实现"金农"工程，为"十五"规划提出的"数字农业"、"虚拟农业"的发展目标打下扎实的基础；⑦积极推进诚信体系建设,让"诚信松江"落到实处。"构建诚信政府、打造诚信企业、培育诚信市民"；⑧对政府职能做进一步的强化、弱化、转化，建设和整合政府部门的各类信息系统，为市民、企业、公务员提供无缝的、一体化的信息服务；⑨营造有利环境，使电子商务得到快速发展。⑩继续完善交通信息化的网络建设，发展综合交通智能化。

"十一五"重大战略项目有：①电子政府门户工程；②电子商务门户工程；③诚信体系建设工程；④基础数据库建设工程；⑤公共卫生信息系统建设工程。

（蔡培元）

六、社会诚信体系建设

【深化社会诚信体系建设】 2005年，松江区社会诚信体系在诚信环境的营造、普及诚信知识、推动信用产品的使用等方面取得了积极的进展。5月17日，松江区召开了行业诚信体系建设表彰会。5月31日，松江区第二届人民代表大会常务委员会第十六次会议听取了《关于松江区推进社会诚信体系建设情况的报告》，对区诚信体系建设所做的工作和取得的成效给予了充分肯定。6月1日，松江区出台《松江区政府部门在公共管理中使用信用产品的暂行规定》，并完成了《松江区社会诚信体系建设"十一五"发展规划》。具体做了以下几方面的工作：

一是营造松江诚信环境。区信息委和区经委联合在区商业试点单位开展"诚信专柜、诚信摊位"的创建活动，努力营造公平竞争、放心消费的市场环境。按照"严格标准、好中选优、动态管理"的原则，对2004年受表彰的首批50家诚信达标企业进行复查，开展动态达标工作。"松江诚信网"在原有内容的基础上，增加了企业业绩、企业提示和企业警示3个方面的信息，对失信企业以黑名单的形式公示和曝光，增强了网站的影响力。

二是普及诚信知识。松江区信息委与区成人教师进修学校联合开展了四期"企业信用管理岗位资格"培训班，参加培训班的153名学员中，经全市统考，有122人获得《上海市信用管理岗位培训考核合格证书》，合格率为80%。9月20日，区信息委邀请档案管理专家就企业信用档案的建立、企业信用档案信息管理系统应用等内容对全区70家诚信达标企业相关人员进行培训，为企业信用档案规范建立奠定了基础。区信息委与区消保委联合举办了"松江区'天然气杯'诚信知识竞赛"活动。

三是推动信用产品的广泛使用。围绕重点落实推行使用信用产品制度安排，区信息委在多个领域试行信用报告制度：①在政府采购方面，编制印发了《松江区政府采购供应商信用评估须知》，研究制定了"松江区政府采购供应商信用评估承诺书"、"个人信用信息查询授权书"、"松江区政府采购供应商信用评估合同"。②在中小企业贷款担保方面，编制了《松江区中小企业贷款担保办法》。③在事业单位人员招录方面，编制了《松江区事业单位人员招录使用个人信用报告办法》。④在创业贷款和科技专项扶持基金申请方面，区科委已引用信用报告30份，区建委、工商等部门已制定初步方案，立足各自实际，引入信用报告制度。

（李 伟）

第十五章　金山区信息化建设

概　述

2005年，金山区信息化工作紧紧围绕区委、区政府的中心工作，积极推进信息资源共享和一体化应用，取得了明显的成效。金山区信息化工作所取得的新发展和突破，为金山区的经济、社会发展和“三年翻番”目标的实现作出了贡献。

2005年，“金山区电子政务办公系统”项目被上海市信息化委员会评为“2005年度上海市区县信息化应用优秀成果”。

（赵　干）

一、政务信息化

【区政府信息公开工作有序推进】根据《上海市政府信息公开规定》，围绕建设服务政府、责任政府、法治政府的总体目标，按照“健全机制，拓宽渠道，丰富内容，突出重点，长效管理”的工作原则，2005年，金山区全面推进了政府信息公开工作。

一是组织召开了政府信息公开联席会议工作会议，会同区政府法制办等有关单位，制定下发了《金山区政府信息公开实施细则》，汇编出版了《金山区政府信息公开资料汇编》工具书，不断规范和完善政府信息公开工作流程，政府信息公开的长效工作机制和管理机制正在逐步形成。

二是制定政府信息公开的有关考核办法。把政府信息公开工作作为考核单位和干部的一项重要依据，考核结果与各种激励措施挂钩。组织开展了“上海金山”政府网站政府信息公开专栏页面的更新改版工作，并开展了相关的检查总结。

三是区信息委会同区档案局起草了公开信息的送交办法，提高了信息送交的及时性。贯彻落实相关规章制度，将公文起草、签发、发布、归档等过程统一纳入档案工作范畴。

四是开展政府信息公开的业务培训，较好地完成了公开信息的月（年）度统计工作。同时按要求开展了全区免于公开信息、重大决策草案的报备工作。2005年，全区各单位在网上公开政府信息2 710条。依申请受理信息公开申请28件，提供各类咨询服务类信息1.56万条，专栏页面访问量达到了62.8万人次。

【区政府公开信息送交查询系统投入使用】2005年9月28日，由区信息委自主研发的“金山区政府信息公开信息送交查询系统”正式投入使用。该系统通过区政务网，轻松实现电子目录、公开信息的网络化即时送交。通过该系统可在区集中查阅点设立的专用终端上，任意查阅全区政府机关主动公开的政府信息及信息目录，也可在全区任意政务网终端上查阅本机关主动公开的政府信息。该系统还具有统计、修改和目录自动生成等功能。该系统的建成实现了政府公开信息送交和查阅工作的网络化，提高了工作效率。

【加强政务网建设及应用】　2005年，金山区根据办公业务的需求，对区政务网进行了升级改造，改造后整个网络中心交换速率达1 000兆，桌面交换速率达100兆，网内计算机达2 000余台，用户3 400多个。区信息委继续在全区政府部门推广公文交换系统和OA办公系统的使用，先后为新城区、海岸线管委会、安监局、审批中心和民防办等单位安装了系统，对相关人员进行了业务培训。

2005年，全区已有50余家单位通过政务网实现了机关公文、政务简报、督办通知、信息查询等日常办公业务的电子化、网络化，占全区政府机关单位的80%以上。完成了政务信箱邮件系统的安装和调试，全区9个镇1个街道的局域网全部接入区政务网，公文交换系统已全部使用，有6个镇的网络还延伸至村级单位。2005年底，“金山区电子政务办公系统”被上海市信息化委员会评为“2005年度上海市区县信息化应用优秀成果”。

【扩大区公务网联网范围和应用功能】 2005年，又有区园林署、区市政管理署、区信访办、610办、民防办和上海市化学工业区规划所等15家单位接入公务网，整个网络覆盖至全区的9个镇、1个街道、65个部委办局和1个市级工业区。区公务网网上应用也得到了加强，建立了公务网信息共享页面。2005年，全区共有10多场次视频会议通过公务网召开，从未发生任何故障及断网现象。

【建立“社会救助信息管理系统”】 2005年，金山区信息委在调查研究的基础上，结合功能的需求，确定了按照条块结合、以块为主的区社会救助信息管理系统的应用模式，并形成了具体的工作方案和建设方案。12月27日，区社会救助信息管理系统和全区统一的共享数据库投入使用。区民政局、区残联等单位已经接入系统，基本实现了救助工作信息共享，做到区统一管理、协调救助，少重复、不遗漏和广覆盖，为构建和谐社会提供了信息化支撑。

【区信访管理系统建立并投入使用】 2005年，在充分利用区政务网基础上，金山区信息委与区信访办共同开发了以信访办中心信访数据为核心的全区统一的信访信息系统。该系统通过受理待办事务、办理中事务、办理完毕事务、信访登记、信访记录、信访查询等功能的运行，提高了政府信访工作的效率。

【“上海金山”开通镇（街道）以及政府部门领导信箱】 2005年，根据市政府办公厅关于在政府网站上建立镇、街道网上领导信箱的要求，金山区充分依托和利用现有“上海金山”政府网站的资源，仅用一周的时间就完成了镇、街道领导信箱专栏的制作、调试，并于1月15日正式开通。同时，在“上海金山”门户网站又开通了与市民生产、生活有较多密切联系的政府部门领导信箱，并要求政府部门落实专人负责，制定收、转、办、复的制度，形成长效管理机制。区有关部门对市民在领导信箱中反映的本部门问题，按照政府信息公开、信访等法规，及时予以解决；暂时无法解决或尚无条件解决的，要做好回复解释；对于跨部门的问题，要按政府相关办事规程予以协调解决或答复；对于事关全区市民关心的重大问题，可通过本部门网站或提供给“上海金山”门户网站予以公开发布。金山区把设立领导信箱作为宣传政府法规、政策的重要渠道和了解社情民意、及时解决市民实际困难的重要载体。

【区委党校信息化工作又有新突破】 2005年，金山区委党校本着以信息化引领党校现代化建设的思路，拓展信息技术运用渠道，完善信息管理网络，不断强化信息资源的开发和利用。一是在党校“十一五”规划中明确新一轮信息化建设的基本原则与发展目标。二是建立党校电子管理系统，校内电子邮件收发系统、校内考勤外出登记系统、研究生管理平台，提升党校的办学与管理水平以及学员的学习效率。三是建立网上党校，推动党校教育培训功能向虚拟空间延伸、向广大社区拓展。四是建立党校图书馆的图书数据库，输入各类图书资料条目近万条；建立档案数据库，归档数据230卷；维护人事数据库，促进年内各项人事工作顺利完成；完善财务管理数据库，保障财务决算经费和基本建设经费决算以及各类招生收费等工作顺利推进。

【区法院信息化上新台阶】 2005年，金山区法院加大对信息化建设的投入力度，完成了对办公软硬件设备的升级改造，并按照市法院的要求，区法院视频会议系统完成了安装、调试，投入正式使用，并与市法院视频会议系统实现连接。区法院完成了对区内3个法院智能化改造以及人大信访系统、人民陪审员系统、执行管理系统、审计评估系统的升级，不断推进法院审判工作信息化迈上新台阶。

【区法治网开通】 2005年底，金山法治网（www.jsfzw.gov.cn）正式开通。法治网以法制宣传为宗旨，重点反映金山区维稳、政法、综治工作等情况。在法治网的“理论探讨”栏目中，收录了专家谈法治的理论文章；在“法治广角”栏目中，提供了大量“以案释法”的案例；在“警院文化”栏目中，展示了金山区政法干警文化作品、书法艺术等内容；“金山法治网”还提供了大量实用性法律法规等参考资料，为广大政法干警学习交流提供了平台，也为展现金山区法治建设进程提供了宣传舞台。

【区政府采购网作用显著】 金山区政府采购中心在开发政府采购管理系统的基础上，建立了“金山区政府采购网”。采购单位在年初与采购中心签订《金山区政府采购委托代理协议》，在实施具体采购时，只要通过“金山区政府采购网”申报采购需求即可，从而改变了以往采购单位每次采购都要与采购中心签订书面委托协议的繁琐方式。同时，在采购委托代理协议中，明确了集中采购的流程以及双方在采购活动中的权利义务，这样既方便了采购单位，又规范了政府采购程序。截至2005年底，采购中心已与160个采购单位签订了委托代理协议。（赵　干）

二、社会领域信息化

【社会保障卡、居住证发放工作顺利推进】 根据上海市社会保障卡（居住证）服务中心的总体规划和上海市人口信息系统建设的布局要求，金山区积极落实居住证制度的试点工作。2005年，区信息委在石化街道、张堰镇先行设立受理点，开展了外来人口居住证的办理工作，截至12月底，金山区累计发放居住证2 105张。同时，积极做好了社会保障卡（居住证）服务站的建设落实指导工作。截至12月底，全年共发放社会保障卡1.21万张、补（换）社会保障卡4 629张，并在金山医院开展了社保卡与银行卡捆绑试点工作。

【2005届新生学籍卡申领工作完成】 2005年，金山区信息委高度重视高一和技校新生学籍卡的申领工作。9月23日，区社保卡服务中心还专门召开了各镇（街道）社保卡服务站负责人和工作人员会议，对本次集中申领工作作了具体的部署。10月21日，金山区高一和技校新生学籍卡申领工作在各镇（街道）社保卡服务站如期开展，各申领点突出便民、为民的服务宗旨，克服困难，安排人员加班加点，切实做好申领工作，共完成了2 647名高一和558名技校新生申领学籍卡的任务。

【“市民信箱”受理工作顺利推进】 2005年，金山区信息委扎实推进了“市民信箱”受理工作，确保“市民信箱”项目落到实处，召开了“市民信箱”受理工作会议，对2005年度“市民信箱”受理工作进行了具体的部署。同时，区信息委策划、实施“市民信箱”在上海石化股份公司、居民社区、教育、公安系统等单位的团体受理。2005年，全区共受理“市民信箱”实名制用户6 740人。

【完成“百万家庭网上行”实事项目】 金山区按照“百万家庭网上行”三年推进计划的要求，有步骤地开展了“百万家庭网上行”活动。2005年，区各受理点培训3 300名学员，完成了年度的培训计划。经过三年的实施，金山区共设立“百万家庭网上行”培训点21个，实际培训合格人数达1.82万人次，其中自学考3 979人次，培训率达259%，圆满地完成市政府的实事项目。

【区教育局召开教育信息化工作会议】 2005年11月11日，金山区教育局召开了由各学校（幼儿园）分管领导参加的教育信息化工作会议。会议总结了“十五”期间教育领域信息化建设情况，并对“十一五”期间教育信息化建设提出新的目标和任务。区教育局正在用三到五年的时间，努力构建可操作性的、网络化的金山教育信息化的体系，并形成制度性的文件，具体包括教师、学生管理的信息化。

【“电子书包”拓展新功能】 2005年，金山电信局充分利用区宽带网络优势，加快宽带新业务的发展，与上海理想公司合作，对多所学校的原有“电子书包”进行了改版和拓展。新的电子书包系统在原有基础上增加了电子课堂、家校短信即时通、家教小秘书、才艺天地、考勤管理等功能，教师、学生、家长可以通过“电子书包”这个平台，实现三者之间的信息交流，深受学校和家长的欢迎。到2005年底，金山区使用电子书包的学校增加到11所。

【区卫生局信息化工作上新台阶】一是建立卫生信息报送系统。从2005年1月起，金山区卫生局正式启用了“金山卫生信息报送系统”。各医疗卫生单位都已通过该平台上报、发布信息。截至2005年底，各单位已上报信息868条，经局办审核发布598条。

二是推广合作医疗管理信息系统。金山区合作医疗基金管理办公室在全区9个镇安装了合作医疗管理信息系统，并实现联网，相关业务已全部在网上运作，有效地提高了合作医疗报销的效率和准确性，方便了管理人员的查询和统计。

三是推进社区健康档案信息系统（1＋5X系统）建设。完成了社区健康档案信息系统的前期调研和准备工作，并在试点单位石化地段医院完成系统安装，对业务人员进行软件使用培训。同时，该系统增加了“体检管理模块”。2005年10月底，全区所有社区服务中心已全部使用该系统。

四是深化医院信息化建设。全区除1所医院外，其余医院都已经建立了局域网，实现了挂号收费的电脑化，部分医院已实现住院部护士医嘱处理的电脑化。金山医院还完成了门诊医生站软件的实施工作和门急诊叫号系统建设。

【全国文化信息资源共享工程金山基层中心正式启用】 2005年7月19日,全国文化信息资源共享工程上海分中心金山区图书馆基层中心正式启用。文化信息资源共享工程是由国家文化部、财政部，为加强基础文化建设，在全国范围内实施的采用现代信息技术、对文化信息资源进行数字化加工和整合，通过网络最大限度为社会公众服务的文化工程。文化信息资源共享工程金山区图书馆基层中心设在金山区图书馆石化分馆内，读者可凭个人身份证或借书证免费阅览。

【区城镇信息化建设试点圆满完成】根据市信息委关于开展城镇信息化试点的要求，金山区的枫泾镇参加上海市第二批城镇信息化试点。2005年，枫泾镇又投入25万元，对原枫泾镇和原兴塔镇的网络进行调整、整合。对党建管理系统、人口管理系统、村务公开管理系统进行完善，并在人口管理系统的基础上开发了民政、劳动、救助、计生等应用子系统。在全部镇级机关实现网络化的基础上，2005年，又将OA系统应用推广至村（居）委会，使城镇管理信息系统的功能应用覆盖到了全镇23个村(居)委会，政府文件、会议通知等材料已在网上实现。2005年底，枫泾镇完成了“上海市城镇信息化试点工作”的各项指标，并通过市级考核验收。

【区东方社区信息苑新农苑建成】 2005年1月12日，新农镇在镇社区活动中心内举行东方社区信息苑新农苑揭牌仪式。东方社区信息苑新农苑是由市社区信息化综合服务工程联席会议办公室和区委宣传部、区文明办、区信息委、区文广局等单位共同打造的公益性社区文化阵地，也是2005年市政府实事工程的配套项目。新农苑的启用，打造了运用计算机、网络等高新技术特征的社区文化阵地，扩大了社区文化信息传播的覆盖面，为提高群众的文化、文明素质作出贡献。

（赵　千）

三、经济领域信息化

【推进工业园区信息化管理】 2005年，金山区信息委组织开发了“工业区信息管理系统”。年初，在上海化学工业区金山分区进行试点，年中，又在枫泾工业区推广试点。在试点基础上，区信息委对系统进行了修改和完善，2005年底，该系统在全区所有工业园区推广使用。该系统可以对招商项目、招商工作流程、入驻企业运行情况等实现信息化管理，并可实时按条件查询和生成专业数据报表。同时，区信息委开发了基于该系统的区级层面的工业区综合信息系统，对综合区内所有工业园区信息管理系统的数据，实现整体查询，产生综合报表。该系统为区政府领导和区各相关部门进行决策分析提供依据，提高了工业园区的管理水平。

2005年3月8日，区信息委在漕泾镇组织召开了工业区信息管理系统建设工作研讨会，会议认为：利用信息技术对工业区进行管理是个创新，工业区信息管理系统对工业区的信息管理到位，必将对金山改善投资环境实现新一轮经济发展和实现强区富民目标起到积极的推动作用。

【区投资项目审批服务系统建立】 2005年上半年，区信息委完成了投资项目审批服务系统的前期需求调研、方案论证以及系统开发等工作，并在完善的基础上，于2005年底投入运行。该系统借用区政务资源，实现相关部门之间的互联互通和审批数据、服务信息的交流，投资客户的自动联络和项目信息管理、包装，并对项目引进、办理全过程监控，区领导可在第一时间了解投资项目审批情况，基本达到了信息共享、强化监督、改善环境、提高效率的效果。

【“金山招商网”强化服务招商引资】 2005年，金山区信息委与区招商局共同推进“金山招商网”的改版工作，对网站在结构、布局等方面作了重大调整，并新增设网上互动栏目，开展网上招商活动；区信息委协调和督促9个政府部门抓好“金山招商网”相关栏目的内容更新工作。同时，完善了网站管理机制，明确各相关部门的工作职责和任务，从而保障了“金山招商网”的正常运作，使其真正成为金山区宣传招商引资政策与环境、开展网上招商的一个重要服务平台，为区“金山之春”投资环境说明会和“金山之秋”招商成果展示会的顺利举行提供了支撑。

【区农业信息化发展形成格局】 2005年，金山区农业信息化工作又有新突破，一是对“金山农业网”进行第3次改版，新增农业标准化、人物风采、病虫预警、农业专题等栏目。新“金山农业网”网站由7大板块、28个大栏目、90个子栏目组成。二是加强对农业信息服务与宣传，为单位和个人提供信息查询、IT服务、上网服务、电话咨询及其他各类信息服务300多次，发布农产品供求信息70多次，为中国农业信息全国信息联播系统、上海农业网、上海农业技术网提供金山农业信息资源500多件。三是开展企业上网服务，利用“网上农业博览会”的机会，开展金山名特优农产品网上展示活动，开发水稻、瓜果、蔬菜、花卉等农民专业合作社专页，并为一些农业企业开发网站。（赵　干）

四、城市建设管理领域信息化

【区规划局网站在线咨询受欢迎】 2005年，金山区规划局网站本着“为民服务，便民服务”的宗旨，不断充实网站的相关栏目。一是规划公开，发布金山区最新规划，做到审批通过一个公开一个。二是办事指南，为市民、企业和投资者提供办事指南、办事状态查询等。三是结果公示，公开规划局项目审批结果，以便市民、企业查询。四是在线咨询，以“一问一答”形式，回答市民提出的问题，帮助市民全方位了解金山未来的发展，该栏目已被2005年6月汇编的《“中国上海”政府网站便民服务手册》收录。（赵　干）

五、信息产业

【区信息产业发展环境优化】 2005年，金山区结合信息产业发展的特点和规模，加大对信息产业发展的扶持力度，组织区内2家符合条件单位参加上海市促进传统产业电子水平提高计划项目的申报，组织区内3家符合条件单位参加2005年度软件和集成电路产业发展专项资金项目的申报。同时，积极采取措施引进信息企业和扩大企业生产规模，金山区划入信息产业的企业已达23家，工业产值总计达25亿元，生产的产品由计算机周边产品向计算机核心配件、软件开发等方向发展。

【上海众达信息产业发展有限公司4个软件产品通过测试和产品认证】 2005年，上海众达信息产业发展有限公司自主开发的"装置成本核控软件"、"办公自动化软件V2.0"、"票据管理软件"、"结算中心信息平台软件"4个软件产品通过上海市软件测评中心的测试，并获得著作权登记证书和产品登记证书。

【上海石化与赛科互供物料管线SCADA与泄漏检测系统建立】 2005年3月，上海众达信息产业发展有限公司与上海石化工程部正式签订了"上海石化与赛科互供物料管线SCADA与泄漏检测系统"商务合约，承接了管线SCADA监控以及泄漏检测任务，负责实时采集管线温度、压力和流量数据，通过建模和统计原理进行泄漏检测分析，并将结果反馈到监控室和两端的DCS。2005年6月，该系统建成验收，正式投入运行。该项目是上海众达信息产业发展有限公司历年来承接的标的最大的开发和集成项目，同时也是切入石化行业生产的标志性项目，说明该公司已经具备实施大型生产监控集成项目的能力。

（赵　干）

六、信息基础设施

【区进一步加大信息基础设施投入】 2005年，金山电信局投入了3 000多万元，对电话网设备和线路进行扩容和改造；投入1 100多万元，对宽带城域网和接入网进行了扩容和改造；投资1 000多万元，新建和优化小灵通无线网络基站近300多个，基本满足企业和个人对通信的需要。截至2005年底，全区宽带网络终端数已达5.3万个，宽带用户数达4.8万户，全区宽带用户普及率达到26.2%；固定电话交换机容量25.4万门，实装电话19.9万门，电话实装率达78.01%，百户普及率达89.92%；小灵通交换容量10.19万门，实装电话6.8万户。石化城区新建了数字电视传输网络，并投入试运行。

【石化有线电视台与金山有线电视台的电视信号互联】 在上海石化股份有限公司与金山有线电视台等多方部门的努力下，2005年4月，实现了石化有线电视台与金山有线电视台电视信号的互联，从此在金山石化地区以外的居民可以收看到石化电视台的节目，石化地区的居民也可以及时了解金山区的信息。

（赵　干）

七、信息化环境

【区领导调研信息化工作】 2005年8月19日，金山区区长郝铁川到区信息委调研信息化工作，区长充分肯定了金山区信息化建设所取得的成绩，并对区信息化工作提出了要求：一要突出重点，要抓好金山招商网的改版以及招商信息共享系统、开发好信访管理系统和优化招商审批绿色通道建设。二要注重信息化效益，要提高政府网站的点击率，掌握群众的关注热点。三要有序推进信息化建设，要在总结试点经验的基础上，在面上逐步推进全区的信息化建设。四要搞好服务工作，信息化要围绕区的中心工作，为经济建设服务，利用信息技术为全区规模以上企业的服务。

【区信息化发展机制和环境不断优化】 一是调整和充实了政府各级部门的信息化领导小组，编制了《金山区国民经济和社会信息化‘十一五’发展规划》，建立健全了信息化工作制度。二是加强信息安全工作，细化信息化安全管理。完善了区信息安全管理领导小组机制，调整了信息安全应急预案，落实相关规章制度，规范了计算机、网络等信息安全措施，添置必要的信息安全设备和安全软件，成立了区网络管理中心。三是开展了政府机关全员的信息技术培训，举办了“机关多媒体制作”比赛，提高了政府工作人员的工作技能。加大了信息化普及培训和宣传力度，居民信息化意识普遍提高，促进了区信息化建设可持续协调发展。四是在创建文明城区的工作中，以文明镇、文明社区所涉及的信息化指标为依据，在日常工作中加强对镇、街道的指导，全区城镇居民家庭宽带接入率达到了30%。

【加强信息化发展规划的管理】 根据上海市的信息化建设总体目标和金山区的实际情况，金山区信息委先后多次组织有关专家对“十一五”信息化规划进行研讨，反复征求并吸取全区各单位的意见和建议，编制了金山区国民经济和社会信息化“十一五”发展规划，并结合金山建设国际化工城的目标，提出了“十一五”期间金山区信息化发展目标和任务；制定了金山区基础通信管线建设管理操作办法，召开了区信息管线规划、建设管理会议，明确了审核和实施流程；与区发改委、规划局、建委沟通，建立了区内信息管线建设项目向网络运行商通报机制，加强了对区内通信管线项目建设的审核；组织专家对金山工业区通信管线规划进行评估，召开了新金山国际生活社区的信息管线规划会议，不断加强对规划工作领导和规范规划的审核工作。

【开展“千人评政府”活动】 2005年，金山区监委面向社会开展“千人评政府”活动，测评对象主要是区政府所属委办局，测评内容是对政府部门政风情况的总体评价。区监委在全区共设立14个政风行风测评分站，250个测评点，其中有125个企事业测评点，主要来自工业、商业、建筑、交通等企业；还有125个居民测评点，有城镇居民、村民、村（居）委会干部、个体户等，250个测评点组织1 000名测评员对测评对象进行测评。通过测评，一方面反映群众的评价和要求，另一方面反映政府工作效率、廉政情况和政府的诚信程度，以此来促进政府更好地履行职责、依法行政、公正办事、改进服务，切实解决作风方面存在的突出问题，受到群众欢迎。

【进行机关干部计算机知识技能测试】 2005年1月，金山区人事局、信息委、妇联在全区机关干部中开展计算机知识、应用技能基础知识的摸底测试。测试对象为男性55周岁以下、女性50周岁以下的政府机关工作人员。全区各单位应测试人数为1 865人，实际共有1 400人参加了测试，其中测试合格人数为1 399人，合格率为99.9%。测试合格的机关干部将获得由区信息委、人事局联合颁发的“金山区机关干部计算机知识测试合格证书”及上海市“百万家庭网上行”合格证书。

【开展工业区信息管理系统培训】 根据金山区政府关于在各工业区推广使用工业区信息管理系统的有关要求，2005年11月23日，区信息委、区经委在区政府会议中心，举行了工业区信息管理系统使用业务培训，各工业区的系统操作人员共计20多人参加了培训。系统开发的技术人员详细地对系统操作流程作了演示和讲解，培训人员也进行了实地操作，基本掌握了系统操作步骤，为该系统在各工业区的成功运转创造了条件。

【使用正版软件工作顺利推进】 2005年，按照国家和上海市关于政府带头使用正版软件的有关文件精神要求，金山区积极开展了软件正版化工作。一是成立了由分管副区长任组长，区科委、信息委和区财政局等5家单位为成员的使用正版软件工作领导小组。二是区信息委对区级财政支出的54家单位的计算机设备和软件进行摸底调查。三是在区第79次政府常务会议上对《关于金山区使用正版软件工作情况》进行了专题研究，并组织召开区政府使用正版软件工作会议，部署工作，落实责任。四是金山区就操作系统、办公软件、数据库软件、杀毒软件等几大块分别和微软公司、金山公司等签订了软件购买协议。五是指导各单位安装正版软件，并要求各单位加强对正版软件工作的领导。同时，在各单位中，开展正版软件具体操作人员的系统安装、升级服务及正版软件介质管理等服务工作的相关培训。

（赵 干）

八、社会诚信体系建设

【完善社会诚信体系建设工作机制】 2005年，区政府调整和充实了金山区社会诚信体系建设联席会议组成人员，明确了各成员单位的责任与分工，制定并下发了《关于加强金山区社会诚信体系建设的实施意见》。组织召开了诚信体系建设联席会议，研究和部署了2005年社会诚信推进工作，编制了《金山区社会诚信体系“十一五”规划思路框架》，提出了“十一五”期间的指导思想、发展目标、主要任务以及保障措施。相关行业管理部门在行业内积极开展一系列推进诚信体系建设的活动，并建立相应的措施和制度。

【召开社会诚信体系建设联席会议】 2005年6月17日，金山区召开社会诚信体系建设联席会议第一次全体成员会议，联席会议领导和成员单位出席会议。会议对下一阶段的工作提出要求：一要建设好信用信息共享平台；二要加快建立行业信用等级评定和管理制度；三要加快建立企业信用管理制度；四要优化诚信体系建设环境，努力把金山建成为外商投资、企业商务、市民生活的放心区。

【召开民办非企业单位自律与诚信建设动员会】 2005年9月7日，金山区民政局、社团局召开金山区民办非企业单位自律与诚信建设动员会。会议要求各民办非企业单位要以服务社会为己任，加强自身建设，增强社会责任感和社会公益意识，为社会提供优质服务，不断提高民办非企业单位公信力。社团部门、业务主管单位和有关部门密切配合，进一步完善建立各司其职的管理体制，形成推进金山区民办非企业单位的整体合力，争取在几年的时间里，在全区实现布局合理、结构优化、功能齐全、作用明显、管理有序的民间组织管理体系，使金山区的民办非企业单位真正成为促进金山经济、社会稳定、人际和谐的生力军。

【推进企业信用合同和自身诚信建设】 金山区工商管理局在全区企业中开展“重信用、守合同”企业评比活动，评比由第三方中介机构根据相关评定标准，针对企业在履行合同条款内容的情况进行评定该企业的信用情况，现已有20多家企业获得全国“重信用、守合同”称号。同时，区工商管理局在全局范围内开展“树立党员形象、打造诚信工商”活动，加强对工商职工的信用知识宣传培训，不断增强自身意识，要求每一位工作人员将诚信服务贯穿于每一项工作中。

【区审计局开展诚信审计活动】 2005年，金山区审计局制定了《金山区审计局审计人员“八小时以外”行为规范》，与审计人员签订了《廉洁自律承诺书》，引导审计干部以诚信待人、以信立身，全力打造诚信审计机关。同时，审计局紧紧围绕坚持倡导诚信廉政、倡导诚信执业、倡导诚信审计“三提倡”，做到诚信教育到位、做到审计责任到位、做到质量控制到位“三到位”，在系统内积极推进“共建诚信审计机关”的活动，取得了一定效果。

【区法院建立“执行威慑机制”】 2005年，金山区法院针对案件判决后执行难的问题，建立了“执行威慑机制”，区法院对拒不履行生效判决被执行人的名单向社会公开，并将执行信息公开给银行、工商等部门，引导全社会共同抵制不诚信行为，不断提高法院执行效果。

【区供电分公司与廊下镇万春村签订了诚信服务协议】 2005年4月12日，金山供电分公司与金山区廊下镇万春村宅基地置换建设项目负责人签订了“农民宅基地建设供电配套诚信服务”协议。供电分公司承诺积极做好该宅基地用电征询方案，及时解决施工用电，做好咨询方案答复、工程设计、施工准备，按接点要求装表接电等工作。供电分公司定期宣传用电政策、用电知识等，对客户的特殊用电需求建立快速反应流程，开通“绿色通道”。

【区中小学积极开展诚信教育活动】 2005年2月28日，蒙山中学开展了以诚信教育为主题的小公民道德建设的“诚信教育月”活动。该校领导为学生做了题为《德育教育的基础——诚信教育》的演讲，同时，蒙山中学以年级活动为主，开展形式各异的教育活动，并在全校开展主题班队会评比活动。

2005年4月25日，石化一小开展了“学做诚信人”主题月活动。全体学生主动找资料学习；每天把名人的有关诚信格言写在黑板上供大家学习；利用班会课交流“怎样做诚信人”的体会。经各班学生自荐、班主任推荐、学校审定，学校评出了35名诚信小模范，并张榜公布，号召全体同学向这35名“诚信小模范”学习。

2005年5月23日，朱泾二小举行区小学生诚信教育实践研究展示，学校积极组织学生收集诚信故事、诚信格言、编制诚信小报、画诚信漫画、写诚信故事，开辟了“诚信故事天天讲”、“诚信在我心”的主题队会，评选了一批“班级诚信明星”，提高了学生的道德素质和文明程度。

（赵　千）

第十六章　南汇区信息化建设

概　述

2005年，南汇区信息委紧紧围绕区“北联浦东、南拓临港”的发展方针和构筑“一核六区”（即一个核心六个功能区域）的发展格局，以信息技术应用为主导，以信息资源开发利用为核心，不断完善区信息化建设的良好环境，稳步推进了南汇区信息化工作的开展，取得了较好的成效。“南汇区卫生系统信息管理平台”项目被评为“2005年度上海市区县信息化应用优秀成果”。

（宋　斐）

一、政务信息化

【深化区政府信息公开工作】 2005年，南汇区的政府信息公开工作从完善公开内容、规范优化流程、创新公开形式、夯实基础工作4个方面推进。一是在完善公开内容上，全力推进信息确定类别前移工作，做好重要政府信息的主动公开，推进行政许可事项的全面公开，建立政府公开信息的更新维护机制。二是在规范优化流程上，推广使用统一的申请处理格式文本，完善第三方意见征询制度，规范依申请提供政府信息的收费工作。三是在创新公开形式上，全力推进公开形式下沉工作，加强政府网站信息公开专栏建设，加强政府信息咨询服务，推动各层面的信息公开形式。四是在夯实基础工作上，加强评议监督工作，做好统计分析和年报编制工作，加大普及和宣传力度，先后开展了3次业务培训，180多人次接受培训。2005年，南汇区各政府机关依照《规定》的要求，主动公开政府信息6 389条，其中新增信息5 604条（包括新增主动公开目录3 666条）。一大批事关民生和发展的政府信息在网上与普通市民见面，大大提高了公众的“知晓率”。

【推进区电子政务建设】 2005年，南汇区政务外网的作用发挥得越来越明显。区财政采购申报系统、民政“一口上下”管理信息系统、数字共青团等系统顺利接入了区政务外网；区人大办、区府办、区政协办和人事局办公自动化推进工作比较顺利，已基本实现了收件的数字化和网上浏览功能，政务外网运行基本顺畅，初步实现了文件共享、视频点播、邮件收发等一系列功能，方便了区机关工作人员的正常工作。

区信息化管理工作成效显著。区信息委积极指导了档案局建设目录中心系统、房地局新大楼的弱电系统、临港新城招商大楼的弱电和系统集成的建设；全程指导和跟踪了区新建的投资服务中心系统集成和软件开发工作，确保了该中心顺利进驻；完成了区行政中心智能化建设的初步设想框架；区信息委积极做好了全年市公务网18次视频会议的调试、维护保障等工作，并制定了安全应急预案，确保公务网的安全、畅通。

【开展区镇两级政府网站建设】 从2005年4月起，南汇区启动了委、办、局和镇的网站建设和改版升级工作。在政府网站建设方面，对政府门户网站进行全面改版，改版后的网站布局更趋合理，功能日渐完善，内容丰富切合市民需求。网站开设了政府信息公开、走进南汇、新闻中心、网上办事、重点工程等一级栏目20余个。此外，南汇区对全区30个政府机关和14个镇网站进行了建设和完善，7月15日，经改版升级后的南汇区13个镇级网站开通试运行。此次镇级网站的改版，“从里至外”焕然一新，不仅完全改变了前台页面的风格，同时重新建设了后台管理系统。网站管理模式从原先的分散式管理转向集中与分布相结合的模式，有利于相关管理部门增强对各镇网站的测评与监督。镇级网站的改版，重点突出了政府信息公开栏目的建设，并将信息划分为“机构职能、规划计划、政策法规、业务工作、其他”5个小类，方便市民查询。全区14个镇在“上海南汇”政府门户网站上开设了“镇长信箱”栏目，让普通百姓能在第一时间向“父母官”发送e-mail，反映社情民意。至10月底，南汇区所有的政府部门都能在网上进行政务信息资源的共享和快速传递。

【“两会”期间区长与网民聊天】 2005年，在区“两会”期间，南汇区区长戴海波与市民通过网络共话南汇发展前景，这是南汇区IT新事中的一个亮点。虚拟世界里的聊天虽然没有面对面的真实，但这种见不着面的聊天方式却能让更多关心南汇发展的普通市民畅所欲言。南汇区临港新城的建设、生活中碰到的种种问题，如今可以通过网络直接传递给“父母官”，网络聊天为政府倾听民意、体恤民情，打开了一扇窗口。据了解，当天短短1个半小时的聊天，网民们共提了300多个问题，当场答复的就有67个。

【开通领导干部学习培训信息系统】 2005年，南汇区为及时掌握区管领导干部参加培训、讲座、挂职、学历进修等档案信息，开通了区管领导干部学习培训信息系统。区管领导干部凡参加各类培训班、学习讲座、自主择训等，都必须携带电子信息卡进行考勤，使培训信息及时输入。该系统的开通，对于准确考核区管领导干部的学习情况，起着积极而有效的作用。

【启动“电子统计”工程】 “电子统计”工程是南汇区推进电子政务的重要项目，研究建立南汇统计数据中心，构建统一高效的数据处理平台；完善网上统计报表申报系统，整合现有资源，进一步加快政务处理流程；加强对镇级统计站信息化工作的指导，全面推进统计系统办公化和信息化传输网络的建设；细化统计信息发布的管理工作，逐步实现公务网、内部网和门户外网信息发布和流转过程的统一、规范管理；做好2005年经济普查工作的数据处理，确保区第一次经济普查工作圆满完成。

【开通运行南汇宣传网】 2005年4月20日，南汇宣传网开通运行。南汇宣传网由中共上海市南汇区委宣传部主办，共有“宣传动态”、“理论宣传”、“主题活动”、“社会宣传”、“精神文明”、“政策文件”、“领导讲话”7大版块和“部长信箱”、“公告栏”、“宣传论坛”、“在线调查”和“网上期刊”等5个栏目。市民登陆www.nhxc.gov.cn就能及时地了解南汇区宣传战线中的重大活动和最新信息。市民对南汇区的宣传工作有意见和建议，还可通过“部长信箱”与宣传部领导进行直接的交流。南汇宣传网提高了南汇区宣传工作水平和舆论引导水平，为宣传部门和普通干部群众之间架起了一道交流互动的桥梁。

【区文广局网站开通】 2005年，区文化广播电视管理局网站正式开通，文广局网站版面庄重而具有时代感，内容饱满而具有时效性。网站设局长信箱、政务公开、文化信息、便民服务等栏目。区文广网站建立了网站信息资源的收集、审核处理和及时发布动态机制，保证信息全面、更新及时。文广局网站的开通是宣传南汇区的重要窗口，也是多角度全方位展示区文广局形象，丰富南汇区文化生活的一个全新平台。

【共青团“镇镇上网工程”基本建成】 为不断加快南汇区共青团信息化进程，利用互联网传递好党的政策，2005年上半年，共青团南汇区委启动了共青团“镇镇上网工程”。在整个工程建设过程中，团区委加强了对14个镇团委信息化建设的指导和扶持力度，为他们提供了全套网站硬件设备。各镇团委以“南汇共青团”网站为中心，精心制作栏目及相关内容，使各网站版面简洁又内容详实。至今，一个以“南汇共青团”网站为中枢的共青团电子信息网络已初步建成，为实现区、镇两级共青团工作信息快速互通、团组织与团员青年信息互动创造了有利条件。

（宋　斐）

二、社会领域信息化

【做好社会保障卡的制作和发放工作】 2005年，南汇区社保卡管理中心在社保卡制发过程中，改变原先发卡渠道，实施了“谁做卡谁发卡”方案，对年满70周岁未能领取社保卡的市民，积极与区民政局协调，改由区社会救助中心代为发放社保卡附卡；对高一新生申领社保卡提前将表格发给每个学生填写信息，变被动服务为主动服务。2005年，南汇区共发卡9 222份，补卡4 446份，完成了高一新生申领学籍卡4 696份，并突击完成了437份洋山移民的社保卡的制作和发放工作。

【开展外来人口居住证试点】 2005年，根据区政府办公室《关于开展居住证制度试点工作的实施意见》精神，区信息委组织区居住证信息系统的建设，并选择康桥、横沔、大团和万祥四个地区作为外来人口居住证制度试点单位。至2005年底，南汇区共办理外来人口居住证146张，临时居住证7 173张，提高了区外来人员的管理与服务水平，为南汇区实有人口数据库建设提供了有力的支持。

【推进“万户家庭网上行”活动】 2005年，南汇区继续推进“万户家庭网上行”活动。组织做好了“万户家庭网上行”培训考核的宣传、动员、组织和协调工作，并把培训对象延伸到企业、社团、民间组织等单位。设立23个培训点，在42名教师以及青年志愿者的辛勤劳动和学员们的刻苦努力下，完成了1.07万人的信息基础知识培训和考核任务，惠及了许多普通市民，使区政府的实事工程落到实处。

【推进“市民信箱”征集工作】 2005年，区信息委抓住重点，有序推进“市民信箱”征集工作。区信息委瞄准“市民信箱”的应用群体，坚持优质服务，把工作做深做细，采取上门介绍、点对点宣传、单位集体动员等手段和方法，推进“市民信箱”的征集工作。截至年底，共完成征集6 204个“实名制”市民信箱制作，超额完成市信息委下达的征集任务。

【区教育局与远程教育集团签订基础教育信息化合作协议】 2005年，为落实科教兴市战略，以信息化带动教育的现代化，南汇区教育局和上海远程教育集团就资源共享、网络共建、人才交流、社区教育、培训服务等领域开展全面合作，签订了《关于开展基础教育信息化合作的协议》。根据协议，上海远程教育集团将优先向南汇区教育局开放资源库，为南汇区中小学、幼儿园教师制作上海教育资源库用户卡，并在南汇区架设双向卫星地面站系统，组成“天网”、“地网”互补的教育资源传输体系，确保南汇区普教系统教师能全面使用上海教师教育网提供的工作平台和相关服务。

【区光明中医院推出“电子处方”】 2005年，南汇区光明中医院针推、伤骨、眼科、五官科等部分门诊试点科室推出了电子处方。在试点科室，医生办公桌上均配有电脑。诊疗时，医生在常规病历上填写诊疗方案后，只需在电脑里输入所开处方，包括药名、规格、剂量、用法、单价、总价等明细内容，处方信息就可以经医院信息管理系统（HIS）第一时间传输至收款处，收费处进行确认后，由药房输出药品处方清单，患者付款后直接在药房拿药。光明中医院实行电子处方，大大缩短了病人付款取药的时间，药房也从原先“一窗口收方、一窗口发药”的传统模式变成“单纯核对发药”的新模式，加快了服务流程；如果医生万一写错了药名，病人也用不着拿着处方药房、诊室来回跑，方便了患者。

【开通全国首家县（区）级数字图书馆】 2005年，作为上海中心图书馆分馆的南汇图书馆建立了全国第一家县（区）级图书馆网站。该网站以“农业科技导航”定位，建立了一个完全对应于南汇农业生产的、实用有效的资源导航系统，系统把网上与图书馆的相关资源进行数字化分类组合，使“农业科技导航”成为农业科技信息的发布站、农民科学种养的指导站、农业科技网络的中继站和生产实践中的良师益友。

【启动城镇信息化建设试点】南汇区航头镇被列为2005年上海市城镇信息化试点单位之一。按照市信息委《社区管理信息化应用技术规范》的要求，结合航头镇“大开发，大建设”中的信息化发展要求，航头镇制定了城镇信息化建设试点的年度计划和实施计划，并招聘专职信息人员负责此项工作，保证了镇信息化建设试点工作人力、物力和财力上的支撑。至年底，航头镇已完成了基础网络、基本硬件配置和信息管理综合平台的建设，镇机关人员可以通过局域网实现内部资源共享和互相访问、连入互联网查询资料，实现了整体的资源整合，提高了工作的效率。2005年，航头镇还开发了动拆迁管理系统，并已正式启用。（宋　斐）

三、经济领域信息化

【农产品网上销售创新高】 2005年，南汇区构建了农业信息网络系统，区在各镇和新经济组织中建立了信息服务站，并建立和完善了信息员的队伍，帮助农民走上信息化之路。2005年，南汇农产品网通过发布农产品供求信息，实现了西甜瓜、水蜜桃、食用菌、花卉、畜禽等南汇优质农产品的网上销售共1 500万元，给广大农民带来了实惠。

【开展企业信息化推进工程】 2005年，区开展了“南汇区千家企业信息化推进工程”，加快了区属企业的信息化进程。区内的大中型企业普遍建立了企业内部网，能有效地处理企业内部的各类信息。MIS、CIMS、MRP－II、ERP等企业管理系统在一些企业得到了推广和应用，初步实现了采购、生产、销售、客户管理的信息化。这些系统的运用，促进了传统企业管理模式的升级和改造。区内主要商业企业、连锁企业也普遍建立了信息网络，实现采购、库存、销售、财务等电子化网络管理，极大地提高了企业的经济效益。至2005年底，南汇网上申报纳税企业已有1.86多万户。

（宋　斐）

四、城市建设管理领域信息化

【“数字防汛”打造坚固屏障】 2005年，南汇区气象局与区防汛办联手建立手机短信平台，通过短信及时把各类气象信息发送到全区各级防汛责任人和村领导干部的手机上，扩大灾害性天气预警的公众范围，随时随地为区防汛工作“提个醒”。同时，建设智能化的南汇区防汛决策辅助系统，在汛期将全区十几个主要地区的潮位、水位、雨量、风速、风向等信息即时传递到区防汛指挥室的计算机显示屏上，为科学的防汛决策提供第一手资料，实现南汇的“数字防汛”，提升南汇的科学防汛水平。

【区环保网开通运行】 2005年6月5日，南汇环保网正式开通，为市民了解环保动态、监督环保工作，提供了网上交流平台。南汇环保网站设有环保政务、排污纳管、环境监察等11个板块的内容，市民可以上网了解环保相关的法律政策。该网站还向市民提供网上投诉功能，市民如有疑问，或是发现周围有危害环境的行为，可通过该网站进行咨询或投诉，环保部门会及时受理并予以答复。

【实现二手房网上交易】 2005年3月6日，南汇区房地产交易中心开辟了专门区域，为客户提供二手房网上交易平台。南汇区市民要进行房屋买卖可以直接通过这个平台，完成从上网挂牌、交易签约、交割监管等过程中的所有手续。该平台快速便捷的服务通道，受到了南汇区居民的欢迎。

【区绿化署让网络为绿化建设服务】 从2005年10月1日起，南汇区绿化署完成了公务网接入后，引进了网络管理系统，对行业职工进行业务、管理及行业创建服务培训。据统计，共有600余人次参加了培训，培训率达到100%。这是南汇区绿化署在创建上海市绿化文明行业过程中，为提升绿化行业整体形象而推出的一项新举措。

（宋 斐）

五、信息产业

【华硕电脑入驻南汇康桥】 被列为全球IT100强的华硕公司投资15亿美元成立的华硕公司上海南汇科技园区，于2005年5月19日在康桥工业区破土动工。华硕项目的引进将为康桥工业区信息产业链的构筑以及IT产业集群的形成奠定良好的基础，并将与中国电信信息园区等IT产业一起，成为康桥工业区的第一支柱产业。华硕公司上海南汇科技园区总面积为3 000亩。其中，首期动工建设的核心区域占地300亩，一年后建成投产。整个园区将在5年内建成。华硕公司全球员工5.2万余名，拥有世界级工程技术研发团队，年营业额超过77亿美金，其营运基地遍及五大洲。华硕公司上海南汇科技园区建成后，将成为其区域营运总部，除制造业基地外，更涵盖了研发、业务及运筹中心等功能。

【中国电信信息园区建设有序推进】 2005年，入驻南汇区的中国电信信息园区建设有序推进。园区已取得了64项项建书的批复，投资概预算25.73亿元；取得了42项可研报告的批复，投资概预算13.92元。信息园内市政道路一期、三期，B区市政网格化初步形成，同时占地46.5亩、投资1.9644亿元的上海电信数据、网管、传输等项目，将于2006年6月交付使用。占地48.9亩、投资3.2457亿元的中国电信数据、网管、传输项目也将于2006年8月交付使用。

（宋 斐）

六、信息基础设施

【信息基础设施建设发展迅猛】 南汇区按照“统一规划、统一规范、统一管理”的原则，“十五”期间，在信息基础设施建设中，电信、移动、广电等运营商共投入近18亿元，建成了覆盖全区城乡信息管线网络，形成大容量数字宽带网络、无线通讯基站和有线电视“村村通”网络。南汇区现已拥有固定电话用户27万多户，无线通信用户34万多户，宽带用户5万多户，有线电视用户12万多户。

【临港新城通信中心机房建成】 2005年9月15日，临港新城通信中心机房建成运行。该机房是由市信息委牵头，由电信、移动、联通、网通、铁通5大运营商联合出资建造的现代化通信设备集中高地，是一个集宽带化、数字化、综合化、智能化及个人化为一体的多媒体通信网络，是临港新城通信的核心。为满足将来入驻单位及居民的通信需求，南汇区电信局在建成的临港新城中心机房的基础上，投资2 000万元增设同盛商务广场节点机房、洋山中心局和洋山管理机房，并扩容了芦潮港机房，在临港地区织起了一张强大的信息化网络。临港新城通信中心机房的建成运行为实现洋山深水港“港开、桥通、城用”打下了扎实的基础。

（宋 斐）

七、信息化环境

【区政风行风测评试行网上评议】 为使区政风行风测评结果更公正、科学、合理，2005年，南汇区政风行风测评工作将增加公开承诺、随机测评、网上测评等新的方式。按照区纠风办的要求，被测部门和行业在测评过程中，要围绕人民群众和企事业单位关心的问题，在全区主要媒体和政府网站上向社会作出公开承诺，自觉接受群众的监督。“上海南汇”门户网站上也将开设测评专栏，由公众对被测部门和行业的政风行风状况作出评价，对他们存在的突出问题提出意见和建议，网上评议情况将作为评价各部门政风行风状况的参考。2005年，南汇区被列入测评的有公安、工商、税务、劳动保障、教育、卫生、房地、外经委、供水、公交、法律服务等共34个部门和行业。

【“数字港城”蓝图绘就】 2005年3月19日,《上海临港新城“数字港城”框架研究》课题报告通过有关部门鉴定。规划中的新城将部署超大规模“智能光网”,实现全城区电话、电视、数据传输的三网融合,每个终端用户的接入宽带将达到100兆以上。同时,新城将利用现代高科技手段,开发基于港口、大桥、主城区、产业园区和物流园区的信息资源,建立为政府、企业、社区和公众服务的现代化综合应用系统。

【南汇电信获“安康杯”四连冠】 南汇电信自成立以来,始终将安全工作作为企业的头等大事。南汇电信根据行业特点，花重金完善网络建设，加大安全力度；并针对宽带网络传输的特点，投资750万元，完成了周浦、惠南、康桥、新场4个地区共计3 000台楼道FTTB交换机改造工程；为了提高传输可靠级别，还投资411万元建设网络安全工程，解决了某点光缆阻断影响全区通信的难题，提高了通信网络的安全性。2005年，在市总工会、安全生产监督局联合召开的“2004年度‘安康杯’全国优胜单位表彰会议”上，南汇电信局喜获“四连冠”，成为上海赛区惟一一家四连冠单位。

【区信息委举办信息安全培训】 2005年12月，区信息委根据《关于在本市国家机关工作人员中使用<上海市国家机关工作人员信息安全手册>的通知》精神，组织区委、办、局和各镇政府网络管理员开展了信息安全基本知识、基本守则、管理人员的责任信息安全的业务培训，并按规定要求，部署了自查工作。

【推广使用正版软件】 为认真贯彻国务院办公厅《关于地方人民政府使用正版软件的通知》精神，2005年，南汇区信息委先后建立了组织机构、制定了工作计划和实施方案，开展了使用正版软件的知识宣传和业务培训，进行了对区各机关使用软件情况的自查和分类指导，落实了更换桌面操作系统、办公自动化套件和杀毒软件的工作。至2005年底，南汇区各政府部门已基本使用了正版软件。 （宋　斐）

第十七章　奉贤区信息化建设

概　述

2005年，奉贤区信息化工作在市委、市政府的正确领导和市信息委的指导下，充分发挥奉贤自身的优势，以需求为导向，以应用为重点，不断加强信息化基础设施建设，全力实施政务信息化，着力推进社会信息化，努力引导企业信息化，充分发挥信息化在全区经济和社会发展中的开路先锋和技术支撑作用，并为“十一五”的持续发展奠定了坚实的基础。

2005年，“奉贤区政务网OA系统”、“奉贤区基础地理信息系统”被上海市信息化委员会评为“2005年度上海市区县信息化应用优秀成果”。　（曹新国）

一、政务信息化

【区政府信息公开工作顺利推进】 2005年，奉贤区政府信息公开工作按照“公开为原则、不公开为例外”的要求，不断充实和完善主动公开的政府信息目录，逐步编制依申请公开的政府信息目录，明确免予公开的政府信息类别和内容，建立相应目录并备案；继续发挥政府公报、媒体、档案馆、查阅室的作用，更好地利用政府网站，拓展政府信息公开渠道。

到2005年底，在主动公开信息方面，奉贤区的主动公开信息数达到2 607条，其中，全文电子化的主动公开信息数为2 352条，占总数的90.22%，2005年度新增的主动公开信息数2 084条；提供服务类信息数有603条；区政府门户网站政府信息公开专栏的访问量达到了32.44万人次。在咨询服务方面，公共查阅室现场接待人数为7 454人次，网上咨询人次有829人次，咨询电话接听数也有3 364人次。在申请受理方面，区政府信息公开申请总数有205条，其中,通过网上申请5条，通过电子邮件申请9条，通过传真申请2条，信函申请13条，当面形式申请2条，所有的申请都得到了答复，其中同意公开数63条，同意部分公开数125条，否决公开数17条。到目前为止，奉贤区政府信息公开工作过程中，还未发生过行政复议和行政讼诉案件。

【区政务网建设和应用】 2005年，奉贤区政务网应用系统开发得到不断完善，先后成功地开发了统一的公文网上交换系统、公务邮件系统、VOD视频点播系统，并增设了部门的简报栏目。随着奉贤政务网的不断完善，政务网OA系统的应用不断推广，奉贤区机关干部对奉贤政务网的关注程度也越来越高。2005年12月1日，奉贤区全面实现公文网上交换。

【区公务网建设和应用】 2005年，奉贤区信息委根据上海市公务网管理中心《关于市级机关和市管理部门的业务应用接入市公务网运行的（暂行）规定》的要求，积极做好协调工作，严格把好接入关，共完成区司法、区绿化、区信访、区“610”等4家单位通过市公务网接入市相应部门应用系统的工作，保证了部门业务工作的正常开展。区信息委认真做好“视频会议”的维护和保障工作，全年共保障中央和市召开的视频会议共12次。

【“上海奉贤”门户网站改版】 2005年8月，“上海奉贤”门户网站进行了第二次改版。该网站的改版，进一步整合了原有的网上信息，拓宽了网站与公众联系的渠道，建立了由各部门直接发布信息和区信息委统一发布信息相结合的信息采集发布流程。“上海奉贤”门户网站增加和调整了“网上信箱”、“网上咨询”、“网上办事”、“网上监督”、“服务导航”、“区长网上办公”、“信息公开”、“政务动态”、“奉贤概况”、“奉贤要闻”、“电子地图”、“热点专题”、“网上评议”等功能板块，增加了中文繁体版，增强了搜索引擎的功能。在信箱的建设方面，除了开设“区长信箱”、“镇长信箱”外，还增设了“开发区领导信箱”、“各委办局领导信箱”、“部分政协委员领导信箱”、“部分人大代表信箱”、“部分医务工作者信箱”。

【区长网上办公】 2005年11月13日，奉贤区首次“区长网上办公会”在区信息委召开。一台电脑、一根网线，拉近了政府与社会的距离，缩短了居民与区长的距离。市民可在“区长网上办公会”召开日，在规定的时间内登录http://www.fengxian.gov.cn对话界面，围绕当天的会议主题，提出自己的意见或建议；区长会及时、快速地在网上予以回答，解决市民关心的问题。“区长网上办公”已正式成为奉贤区政府的一项工作制度，每月召开一次，每次围绕一个主题。在首次“区长网上办公会”上，围绕“奉贤区国民经济和社会发展第十一个五年规划”这个主题，区长沈慧琪同志根据奉贤的实际情况及制定的奉贤区“十一五”规划，在网上与市民进行了探讨。

【开展信息化项目建设】 2005年，奉贤区在全力实施区级政务办公自动化的同时，积极开展了委办局信息化项目的建设。① 2005年4月，奉贤区建成了"上海市奉贤区对外招商电子商务信息服务平台”（http://www.fengxianinvest.com/）。该平台自开通以来，发布各类招商信息57条，访问量达6.58万余人次，越来越受到海内外各界人士的关注，已成为奉贤区招商引资的一个重要窗口。② 2005年5月，奉贤区建成了“国防动员指挥系统”，在2005年6月1日“东方-2005”国防演练中，得到了实战演练的检验，取得了良好的效果。③ 2005年5月，奉贤区“奉贤区检察院涉密业务信息系统”正式运行。该系统不仅通过了市保密局的测试，更是全国首批通过国家保密局安保测试的地市级检察信息系统之一。④ 2005年7月，奉贤区“预备役5团信息门户系统”建成运行。该系统把各个分布在各点营、连工作站连接起来，充分利用网络技术的手段，实施及时、高效的指挥和管理。⑤ 2005年12月，开通了“奉贤区诚信网”。该网向社会公众公布了企业的基础信息和市场监管部门的监管信息，达到褒扬诚信、惩戒失信和营造公平竞争，鼓励诚信经营的目的。（曹新国）

二、社会领域信息化

【做好社会保障卡申领工作】 2005年，奉贤区社会保障卡的申领人数达8 141名，累计申领人数达14.33万名。2005年，奉贤区共发放社保卡1.02万张，累计发放社保卡14.17万张；为居民补（换）社保卡3 291张，累计补（换）卡9 221张。

【推进市政府实事项目有成果】 2005年，奉贤区“市民信箱”注册用户达4 393人，累计“市民信箱”注册用户达1.44万人。

奉贤区积极开展“百万家庭网上行”活动，2005年，共培训学员5 000余人次，累计培训2万余人次，奉贤区被评为2005年度上海市“百万家庭网上行”计划优秀组织奖。

【邬桥学校信息建设出成果】 2005年，邬桥学校加大信息化力度，从硬件建设、人才培训等方面落实措施，建成了校园网站，使信息网络进课堂。学校信息化建设为教师成长成才搭建了平台，教师备课逐步实现了电子化，其中，青年教师备课电子化率达到100%，涉及中小学的各个学科教师的微机培训也达到90%以上，有力地推动了学校教育教学的信息化。学校信息化建设成果在"第六届上海市中小学电脑设计与制作成果展"得以展示，由唐云楼、王星普老师设计制作的《牡丹国画特色网站》获市三等奖。

【老年数字竞技赛获佳绩】 2005年，奉贤区老年参赛队员参加了上海市老年人数字竞技比赛"上游棋牌杯"网络休闲游戏大赛，经过1个多月紧张的比赛，奉贤区最终有3人获得了"上游棋牌杯"网络休闲游戏大赛季军奖和优胜奖，奉贤区获大赛的优秀组织奖。

【落实"安康通"市政府实事项目】 2005年，奉贤区为100户老人家庭免费安装"安康通"呼叫装置，并免收一年服务费。"安康通"是老人紧急呼叫援助系统，也是市政府为老人信息化居家养老服务的一项实事工程。该系统以老年家庭24小时的"电子保姆"、"贴身卫士"为定位，推出报警服务、咨询服务、社区服务、医疗服务四大内容。

【庄行镇机关党支部建立网上讨论区】 2005年，奉贤区庄行镇机关支部为加强保持共产党员先进性教育活动，在镇政府网络办公系统中开设了机关先教专题讨论区，每个党员可以在政务网中的"网上交流"、"讨论区"、"学习园地"进行自由讨论，内容包括：参加保持共产党员先进性教育活动的学习体会、个人看法或建议等，起到了真正意义上互动平台的作用。

（曹新国）

三、信息产业

【大力发展信息产业】 2005年，奉贤区认真贯彻"以信息化带动工业化，以信息化推动现代化"要求，以信息产业基地为依托，大力发展信息传输服务业和信息制造业。

2005年，奉贤区引进的IT内资企业注册资金总额达1.35亿元，引进IT外资企业注册资金总额达3 715万美元。除了通信服务行业得到较大的发展之外，信息产品制造业正在崛起。2005年，信息产品制造业销售收入达42.3亿元，落户上海奉浦工业综合开发区的先锋公司2005年生产汽车音响、DVD销售收入达33.1亿元。同时，一批以信息技术服务和软件开发为主的小企业也活跃于信息化建设的各个领域。

【台湾创见资讯（上海）有限公司奠基开工】 2005年7月14日，投资1 980万美金的创见资讯（上海）有限公司正式奠基开工。创见资讯（上海）有限公司的母公司是台湾上市的创见股份有限公司，拥有多家海外子公司。此次在奉贤区建立的创见资讯公司，拟设生产线近10条，主要生产扩充内存模块等存储类设备，以满足全线电子产品的闪存系列之需求，拟于2006年正式投产运营，预估新厂投产之年的营业额约10亿人民币。

【上海市光仪电产业发展中心在奉贤揭牌】 2005年5月19日，上海市光仪电产业专题招商会暨新闻发布会在上海金茂大厦举行。市政协主席蒋以任出席并与中共奉贤区委书记张立平一起为上海市光仪电产业发展中心揭牌。上海光仪电产业基地正式落户奉贤，揭开了奉贤信息产业强势发展的序幕。与光仪电产业相关的日本野村精机株式会社和美国圣诺技（中国）电源有限公司签约与落户奉贤区上海市工业综合开发区，两个项目计划在2006年建成投产，年产值分别将达到1亿人民币和4 000～5 000万美元。

【奉贤出口加工区首个外资项目落户】 2005年2月3日，奉贤区与日本新生电子株式会社举行项目签约仪式。该项目的签约标志着首个实业型项目、总投资2 500万美元的日本新生电子株式会社正式落户奉贤区闵行出口加工区内。日本新生电子株式会社是一家专业生产及研发电子设备、电子线路板等产品的企业，在日本拥有13家公司及工厂，销售额11亿人民币。该公司计划首期投资700万美元，批租土地50亩，建造2.2万平方米厂房。第二期总投资将达到1 800万美元，批租土地50亩，厂房面积5万平方米。该公司二期全部建成投产后年销售额可达2亿人民币，产品将全部出口国外市场。

【具有早期发现癌症功能的C－12芯片生产基地在奉贤区兴建】 2005年，上海铭源数康生物芯片上海生产基地，在奉贤现代农业园区开工兴建。生物芯片技术是集现代生物技术和信息技术为一体的高新技术。铭源数康公司在全球率先研制成功“多肿瘤标志物蛋白芯片C－12”。该芯片可以在人毫无症状的癌症早期，只需2毫升血液，在3小时内就能验出肝癌、肺癌、前列腺癌、子宫癌等10种常见的肿瘤，极大提高了患者的生存机会。该产品经国家药监局审批通过后，该公司在南方建立了第一个生产基地，2004年，已有200多家医院、70多万人使用了“C-12芯片”，检测一次仅需花费300元。该公司奉贤生产基地占地136亩，投资2 700万美元，年生产能力800万份芯片，项目一期将于2006年底竣工，成为亚洲一流生物芯片生产基地。

（曹新国）

四、信息基础设施

【信息基础设施建设不断完善】 2005年，奉贤区信息网络基础得到了较大发展，建成了以电信为主的电信基础通信网络，覆盖了全区所有镇、开发区，并提供良好的语音、数据等通信服务。电话交换机总容量达26万门，全区电话装机量为23万户，主线普及率达46.2%。建成了覆盖全区的广播电视专用传输网络，有线电视用户近13.5万户。全区通讯光缆总计达6.27万芯公里，其中，电信局3.07万芯公里；有线网络公司4 000芯公里；移动公司1.87万芯公里；铁通8 280芯公里。形成了奉贤IP宽带骨干网，通过91个骨干节点，将整个网络覆盖到全区每一个镇、开发区。家庭宽带上网用户达到4.1万余户，企业宽带上网用户达到6 900余户。

【新南桥有线电视“村村通”完工】 2005年，奉贤区南桥镇新并入16个村的有线电视“村村通”工程正式完工，并接受了镇政府和区文广局的验收。在每户村民的家门口，有线电视工程队免费为他们安装了一个调频广播，村民们首次听到了南桥镇自办的《南广新闻》节目。此次有线电视“村村通”工程采用了“村里出一点，镇里补一点，农户拿一点”的方法，共耗资334万元，工程架设光缆线总长26.61公里。自从通了有线电视网络，村民们安装有线电视非常踊跃，16个村共有1 358户安装了有线电视，最多的一个村有200多户。

（曹新国）

五、信息化环境

【召开区企业信息化促进大会】 2005年11月21日，由上海市信息化委员会主办，奉贤区信息化委员会、奉贤区科学技术委员会、奉贤区经济委员会、上海市企业信息化促进中心共同承办，惠普、理想、用友、泛微四家公司参加的“2005奉贤区企业信息化促进大会暨上海市企业信息化巡讲活动(奉贤站)”在奉贤举行。如此规模的企业信息化促进大会的召开在奉贤历史上还是首次，也是上海市企业信息化巡讲活动在全市区县巡讲的第一站。奉贤区有100多家企业的法人或相关人员参加了本次大会。出席本次大会的领导有奉贤区区委常委、副区长杜治中同志、上海市信息化委员会副局级巡视员施兴德同志，两位领导分别作了重要讲话。市制造业信息化专家组组长马登哲教授作了《企业信息化技术发展趋势》的发言，奉贤区信息化委员会主任张正林同志作了《建设有奉贤特色的企业信息化服务平台——政府对企业信息化的有所为》的主题报告，惠普、理想、用友3家公司分别就“企业信息化实施方法”作了介绍。副区长杜治中在讲话中指出，奉贤区站在“以信息化带动工业化，以信息化促进现代化”的战略高路，依托信息产业基地，大力发展信息传输服务业和软件业。奉贤区要建设企业信息化管理共享服务平台，全面推广运用计算机辅助设计与先进制造技术，大力推进企业资源管理建设，开展电子商务，提升产品信息化水平。力争在3年内基本完成传统企业的信息化改造，50%以上企业进入电子商务，使奉贤成为上海电子商务的区域性物流中心。

【区信息委制订网站和信箱管理办法】 2005年，为加强对门户网站和网上信箱的管理力度，同时规范网上信箱的受理人对来信人信件的受理和处理，区信息委根据《行政许可法》、《信访条例》、《上海市政府信息公开规定》等法律、法规和规章的有关规定，制定了《“上海奉贤”门户网站管理办法》和《网上信箱管理办法》，并由区政府转发给各有关单位。区信息委通过《“上海奉贤”门户网站管理办法》和《网上信箱管理办法》办法的制定，进一步明确了区各部门职责，同时也为加强对网站和网上信箱的管理提供了强有力的制度保证。

【区政府门户网站改版暨政府信息公开工作会议召开】 2005年6月17日，奉贤区召开“奉贤区政府门户网站改版暨政府信息公开”工作会议，区委常委、副区长杜治中同志出席会议并作了重要讲话。他在讲话中指出：政府网站建设是服务政府、责任政府和法治政府建设要求的体现，是一项长期性的工作。同时，他还指出了目前政府门户网站建设存在的4个问题：一是信息资源整合还不够，信息“孤岛”现象依然存在，资源不能共享；二是网站栏目设置相对比较分散，功能性的整合还不够；三是信息更新、管理的机制还不健全；四是缺少网上服务、网上办事的功能。最后，杜治中同志对下一步的工作提出了5点要求：一是进一步明确政府网站建设的指导思想；二是各部门领导要从思想上高度重视，行动上付诸于实现；三是各部门要明确各自责任，抓紧建立网站相关栏目的管理机制；四是建立健全网站的考核评议机制；五是加强信息化专门人才队伍的建设。

【南桥镇举行有线电视安装技术大比武】 为进一步提高有线电视安装工的技能水平和应付突发事件的能力，2005年，有线电视技术人员的技术大比武在南桥镇文广中心内举行。南桥镇文广中心现有有线电视用户2.03万户，几乎占了全区有线电视总户数的六分之一，南桥镇举办这样的大比武，将促进有线电视技术人员的理论和实践水平，提升为用户服务质量。

【举办干部电子政务培训班】 2005年4月12日，奉贤区干部电子政务培训首期培训班正式开班，共有130名干部参加培训。此项培训活动为期一年半，共举办8期，培训对象为国家公务员、参照和依照公务员管理的工作人员、事业单位管理人员在内的1 100多人。此项培训采取面授辅导和上机操作相结合的方法，培训内容包括电子政务概念、“政务”与“电子”的配合、电子政务的安全、电子政务公共服务、电子政务办公服务、电子政务的对外服务、公文流转、公文监控、日程管理、档案管理、会议管理、视听会议组织等。

（曹新国）

六、社会诚信体系建设

【区政府提出诚信体系建设工作要求】 2005年9月15日，奉贤区召开诚信体系建设工作会议。会上，奉贤区副区长杜治中同志对全区的诚信体系建设工作提出要求：一要高度重视诚信体系建设，深刻认识诚信体系建设在发展市场经济中的重要作用，努力培育诚信的市场氛围，有力推动奉贤区社会经济健康发展。二要从政府自身做起，加快推进奉贤区诚信体系建设进程。要加强诚信教育，提高公民诚信素质；要依托网站，抓好诚信网建设，实现社会信用信息资源的市场配置和充分利用；要培育社会信用服务机构，推动奉贤区信用中介服务业的发展，引导企业主动介入参与诚信建设，共同构建"诚信奉贤"。三要加强组织领导，切实提高诚信体系建设水平。要落实组织机构，健全监督保障机制，将诚信体系建设纳入各成员单位的重要议事日程。

【工商奉贤分局打造诚信工商】 2005年，工商奉贤分局积极履行工商职能，牵头整合企业的各项诚信信息，构筑奉贤区企业诚信平台，拓宽政府职能部门的服务内涵，实现政府、各相关部门、企业间的信息共享，营造诚信经营的良好氛围，提升奉贤区企业在市场经济中的核心竞争力。工商奉贤分局在规范化管理建设中，重点探索行政执法的规范化、标准化，尤其是案件查办的标准化。在形式和内容上规范案件的查办，继续保持行政复议无撤销、行政诉讼无败诉的记录，实现案件查办文明、规范、廉洁、高效的管理目标，提高执法的统一性和权威性，在政府和群众中树立起"诚信工商"的良好形象。

【区企业积极倡导"依法诚信纳税"】 2005年，区税务局邀请了部分市财税体制改革后新落户奉贤的企业代表召开了"2005年税收宣传月税企座谈会"。参加会议的16位纳税人代表向全区广大纳税人发出了依法诚信纳税的倡议，并在倡议书上签名，号召大家严格遵守各项税收法律法规，依法履行纳税义务，保证及时足额缴纳国家税款，带动全社会形成依法诚信纳税的良好风尚，为构建社会主义和谐社会、全面建设小康社会作出应有的贡献。

（曹新国）

第十八章 青浦区信息化建设

概 述

2005年是青浦区基本实现《青浦区信息化建设2003～2005年三年行动纲要》的一年。青浦区信息委继续以“加强基础、突破应用、规范管理、完善职能”为重点，扎实有效地推进各项信息化工作，用信息化手段为青浦的经济和社会发展提供了有效支撑。2005年，青浦区信息化建设的主要工作：通过调研分析，着手编制青浦区国民经济和社会信息化“十一五”规划的基本框架；快速推进了区电子政务建设、促进政务网络办事功能和业务应用；继续抓好了区政府信息公开工作、建立和健全了长效管理机制；推进了电子信息产业发展、鼓励企业实施信息化行动；深化城镇试点工作经验、逐步推开了各镇、街道（社区）的信息化建设；坚持政府经济监管和扩大公共服务职能、大力推进了经济和社会领域信息化；同时继续做好了市政府重点项目的落实延伸工作，扎实启动了社会诚信体系的建设。2005年，青浦区财政投入信息化建设资金共5 323.67万元，占区财政支出比重0.82%，其他渠道的投入及企业信息化的投入也有一定的增加，由于资金的保障，加快了青浦区信息化建设的进程，也为“十一五”规划实施的开局创造了良好的发展环境。

2005年，青浦区政府被评为“上海市2005年度政府信息公开工作先进单位”。“青浦区档案综合管理系统”被上海市信息化委员会评为“2005年度上海市区县信息化应用优秀成果”。（王文浩）

一、政务信息化

【加大政府信息公开力度】 2005年，青浦区建立了“政府信息公开会审制度”、“免予公开政府信息类目报备制度”、“政府信息和现行文件报送制度”、“统计月报报送制度”、“新版拟稿纸使用”等一系列保障措施并逐步完善,将政府信息公开工作提升到新的高度。2005年，全区公开信息3 485条，其中主动公开2 410条，依申请公开1 075条；主动公开网上发布2 410条,电子化100%。12月，由区监委、法制办牵头，联合区信息委、保密局、档案局对2005年政府信息公开工作进行了全面检查，大多数单位完善了各项相关制度，加大了政府信息公开的力度，总体情况良好。

【深化公务网建设和管理】 2005年，青浦区加强了区公务网的管理，确保了各部门的应用系统“安全、保密、平稳”地运行。到年底，除区计生委、信息委、安监局、司法局、水务局等单位因办公地点搬迁外，已完成了大院外46家单位公务网的接入工作。区绿化署、规划局、公路署、档案局等单位的网络调试工作也相继完成，为上述单位业务应用接入公务网非涉密域提供了必备条件。

【深化政务外网建设和应用】 2005年，青浦区投入205万元完成了区政务外网的二期建设，区政务公共信息平台增加了单点登陆、全文检索、用户自定义界面3个新功能，使用了门户架构，建立了全区统一的用户认证系统，把办公自动化系统和统计、人大等业务系统整合进新平台，实现数据共享。全区有70个单位安装了办公自动化系统，共占全区政府83家单位的84.3%。区人大办、组织部、外经委、档案局、审计局和统计局6家无纸化办公试点单位有5家达到要求，成功率

80%。政务外网作为非涉密的政府办公网，为其今后接入互联网充实网上办事功能奠定了基础。

【扩展政府网站服务功能】 2005年8月10日，区政府门户网站新版上线。新版网站结构安排合理，设置了动态交互、更具人性化的栏目。新版网站以强化政府服务为导向，明确服务对象，细化服务方式，突出了在线预受理、政府部门业务咨询及网上投诉监督的功能，拓展了市民、企业与政府的互动和对话的交流渠道。2005年，“上海青浦”累计访问人数近73万人次，页面访问量达923万张，总点击数6 000万次，已成为青浦市民和社会各界了解青浦政情、实现网上办事的重要途径。

【区人大建成代表信息管理系统】 2005年，青浦区投资9.62万元建成区人大代表信息管理系统，并于6月试运行。该系统包括：代表信息管理、代表活动情况、代表议案和书面意见的管理。区二届人大218名代表的基本信息、区二届人大四次会议以来代表提出的议案和书面意见已录入该系统。区人大的工作人员都可以在系统上查阅每一位代表的相关信息和代表议案、书面意见的办理进展情况，承办单位可以通过系统查看本部门负责对代表议案和书面意见的办理情况。该系统的建立，加强了区人大和代表之间的联系，增强人大代表履职的主动性和积极性。

【完善区行政服务中心信息管理系统】 2005年，区行政服务中心投资170万元，逐步完善了信息管理系统的状态查询系统，完成了审批系统局域网并网和网络升级工作。该系统利用ADSL专线把内网功能延伸到青浦工业园区和5个镇行政服务站，让投资者和市民可以通过因特网、触摸屏、电话语音、短信等信息技术手段及时传送相关信息，查询办事事项的过程和结果；企业和投资者只要输入相关编号，就能及时了解项目办理的进展情况。2005年，区行政服务中心共受理办理事项9万件，同比上升了20.13%；办结和发放各类证照8.86万件，同比上升了21.5%；共接待咨询和办事者10.22万人次。

【区科委、科协加大信息化建设步伐】 2005年，青浦区科委、科协丰富了门户网站的建设和科技信息的传播。区科委全年发布科技信息236条、电子公告64条、电子表格97张，同时做好政府信息公开工作。区科协改版了门户网站，发布了科技动态信息186条、各类科普文章54篇、学术交流类文章7篇。区科委、科协探索多种形式的科技信息服务渠道，搭建了科技信息采集和发布的平台，通过编发《农业科技与信息》、《青浦科技与经济》等刊物的形式发布科技、科普信息，并组织师资开展了一系列的信息技术培训，为社会服务。

【区档案局建成电子档案网上查询、阅览系统】 2005年，青浦区档案局投入资金200万元，进行电子档案网上查询、阅览系统建设。该网站通过采用JAVA、J2EE、XML等开发技术，基本完成了区政务外网、公务网和局域网档案综合管理系统的开发以及互联网档案检索查询系统的开发，初步建立了全区统一的档案信息发布平台和档案业务工作平台，实现了档案目录信息上传、接收、整理、利用查询、档案鉴定、统计、监督、编研等业务管理的全过程。该系统还提供了区档案局与区属立档单位之间多层次的数据共享和关联功能，基本实现了区内档案信息统一管理和资源共享，具有鲜明的青浦档案信息化管理特色。

【区公安系统深化信息化建设】 2005年，青浦公安分局着力加强公安信息化建设和应用，初步形成了以通信网络、信息网络和信息通信运行管理网络为一体的公安信息化发展规模。以区公安分局信息中心CISCO6506交换机为中心节点、CISCO29和19系列交换机为节点的星型三级通信网络并与市局联网，实现了数据、图像、语音的三网融合，完成了分局机关及各科所队（除东方绿舟治安派出所之外）的联网。分局装备了无线手持电台1069部、基地台134部、无线常规通信频点4个、集群信道4个；配有服务器15台、数字程控交换机1台、联网计算机561台、网络视频会议系统节点34个、IP语音节点11个，位于朱家角古镇的18个图像监控点正在建设中。在应用方面，按照市公安局统一部署，青浦分局刑侦、交通管理、治安、经侦、派出所等单位全部使用了全市统一的业务管理系统。

【区劳动局建立劳动保障综合信息系统】 2005年3月，青浦区劳动局投资12万元启动了劳动保障综合信息系统建设。该系统共分办公、服务、个人、工作、系统等5个频道，经过需求调研、设计开发、修改完善，劳动保障综合信息系统已于11月正式投入使用。

【区民政救助三级网络系统进行二期建设】 2005年，区民政局投资53万元进行民政救助三级网络系统二期建设。二期工程分为两部分：一是局机关中心机房改造，对服务器、路由器及相关网络设备进行全面更新和升级。二是增加了各镇、街道连接进入市民政救助总系统的点，由原先1台电脑增加到3台，并设置小型局域网自动拨号、线路共享等功能，将申请、审核、审批操作的权限分开，落实责任。该项目于9月底竣工使用，现在各镇、街道的救助管理所在申请、审核、审批权限重新分配后得到了落实，避免了"操作一人包"的现象；各类数据得到了共享，市和区民政局、各镇、街道救助事务管理所均可通过网络查询、审批和了解各类救助数据，方便为市民服务。

【"青浦诚信网"开通运行】 2005年9月30日，"青浦诚信网"(qpcx.shqp.gov.cn)正式开通运行。该网的开通，对于推进青浦区社会诚信体系建设、加强信用舆论监督，提供了有效载体和沟通平台。该网设置了信用动态、信用公示、信用建设、信用知识、信用评估、明星台、曝光台、投诉台等栏目。通过"明星台"、"曝光台"发布区法院、工商、税务、食药监、环保、海关、质监、安监、建设、公安等部门提供的企业良好信息、严重失信信息及有关资质信息；通过"投诉台"受理社会公众对失信行为的投诉。"青浦诚信网"开通运行后，将根据区社会诚信体系建设的要求，不断完善和充实，尤其将增加青浦区信用信息和失信信息的发布种类和信息量，形成社会信用监督机制，倡导"守信为荣、失信为耻、无信为忧"的良好社会氛围。

【区旅游企业网络信息平台正式运行】 2005年1月，青浦区旅游局投资9万元开发建设的青浦旅游企业网络信息平台正式运行。该信息平台主要有4大功能：一是政府政务信息的发布、签收；二是全区旅游信息的发布；三是搭建企业合作的平台；四是旅游行业数据的上报、统计、分析等。青浦旅游企业网络信息平台的运行，丰富了青浦的旅游资源，吸引了各方的游客，加强政府同企业的沟通，强化政府的服务功能。

（王文浩）

二、社会领域信息化

【落实其他重点项目的工作】 2005年，青浦区"万户家庭网上行"项目抓好培训内容、培训方式、计划安排3个转变，并向长期目标转移。2005年，有5 879名居民参加"万户家庭网上行"培训，三年累计完成1.46万名，超过1万名的预定指标。区社会保障卡服务中心主要完成了2008届高一新生社保卡（学籍卡）的申领工作，累计申领2 713名；对符合申领条件尚未申领社保卡的城镇居民做好日常的维护工作，到年底，已完成6 225人申领任务。2005年，共发放社保卡8 812张、历年累计12.78万张，补换社保卡2 552人次、累计6 808张。并做好发放外来人口居住证在夏阳街道的试点工作，一年共办理正式居住证8张、临时居住证1 103张。"市民信箱"的受理2005年完成5 972个，历年累计1.64万个。

【区教育信息化继续发展】 2005年，青浦区教育局投资1 200多万元资金构建了教育系统5大网络架构，组成了内网共享互动、外网互联互通的青浦教育城域网体系。区内所有中小学都具备公网IP地址和国际域名，区内已有11所社区学校安装了双向卫星天线，所有幼儿园都开设了社区通平台，为实现管理通、教学通、培训通、社区通提供了网络互动通道。建设了“教育视频课例”网站，使网站具有教育科研、校本研修、实践反思、资源共享等功能，满足了研究者和实践者不同的需求。区教育局将学校领导和师生的教育教学动态2 000多条登载在区简讯、校园动态上共享；有涉及语数外、理化生、音体美等各学科的130余节视频课例，在区教育门户网站上供点击浏览，为基层学校教师提供教研资源。

2005年，区教育局还重视对学校的专业教师进行视频拍摄制作专题培训。师生制作的视频课例、电脑作品质量和数量比以前有明显的提高。少儿专题节目《我们的发现》获市文广影视局惟一的少儿节目精品奖。区教育局参加上海市第六届电脑作品制作比赛获得3个一等奖。获得全国1个（青中）优秀课件奖、华新小学获得1个学生优秀作品奖。

【区卫生局推进基层单位信息化建设】 2005年，区卫生局加强了对区卫生系统信息化工作的领导，充实调整了局信息化工作领导小组，建立健全了各项管理制度。年内，根据公务网的接入制定了《青浦区卫生局公务网安全保密管理制度》，初步形成了青浦区卫生系统信息化专网建设总体设想，推进了基层单位的信息化建设。

中山医院青浦分院升级院内网网络设备，筹建了门诊医生工作站，引进了医学信息数字图书馆，在骨科开始实施手术记录电子化、书面病案电子化（目前2万余份病案可以在医院的内部网上调阅）。青浦区中医医院每月定期更新医院电子图书馆内的数据，建立健全院内各项信息管理制度。医疗救护站搬迁后，升级了120指挥系统，升级后的系统主要包括交换机系统、计算机信息子系统、数字录音子系统、GPS地理信息子系统、GPS车载信息子系统、UPS电源子系统、LED显示子系统等。区妇幼保健所搬迁后，安装了电子显示屏，滚动显示药品信息及价格、收费项目价格、保健小知识宣传资料等信息。区血站年底搬迁后接入由上海市血液中心负责的全市血液管理信息系统。其他直属医疗机构也加强了信息化建设。

【区文广电视管理局开发文化信息资源】 2005年，青浦区文广电视管理局依托区政府门户网站向广大市民提供真实、完整、具有时效性的青浦文广信息和公共文化服务信息。区文广电视管理局对局网站的内容进行调整，在网上增加了图书馆、博物馆新建网站的链接，并以公共文化服务市民为宗旨，构建了6大板块，使市民可以了解青浦的历史和文化、人物和古迹的内容。通过网站，市民还可以了解区文广电视管理局本部和11个直属单位的工作动态，了解文化市场情况和有关法律法规，了解青浦区文化、广播、电视发展动态。如新增的“新片介绍、新书推荐”栏目，每月1期向市民介绍区图书馆可以借阅的新书和电影院放映的新片，丰富市民的文化生活。

【逐步推开各镇、街道（社区）信息化建设】 2005年，青浦区信息委制定了城镇信息化建设的指导意见和实施方案。区信息委对全区各镇、街道的局域网就综合布线系统、网络设备与安全、软件系统以及机房建设等方面提出了实施意见，完成了硬件建设和OA系统的软件安装，办公OA的应用推进工作将逐步进行。白鹤、重固、朱家角、练塘、金泽、赵巷6个镇与夏阳、盈浦2个街道已经完成局域网建设工作，并于12月初全部通过初验。列入市城镇信息化试点的3个镇，按照各自不同的情况进行建设，特别注重打好基础、贴近市民、重在应用。区信息委结合区一体化平台建设及网格化管理，将开发建设的特色应用与办公OA等整合到统一的镇级政务平台上，实现统一认证。为了搞好“一门式”社区事务受理服务中心的试点，区信息委组织了街道干部到浦东社区、江苏路街道进行学习考察取经。夏阳街道已基本建成社区事务受理服务中心并试运行。赵巷、华新两镇和夏阳街道3个“社区信息苑”的建设任务已基本完成。

【华新镇深化市城镇信息化试点工作】 2005年，华新镇城镇信息化试点工作进一步深化。华新镇完成了镇电子政务平台建设，整合了实有人口信息库、实有单位信息库与办公OA系统。在实有人口信息库中已录入华益村、白马塘村的808户农业人口，涉及3 000多份人口信息。在实有单位信息库中，全镇有2 000多个企业的基本信息入库，并且实现了企业部分报表的网上报送功能。华新镇完成了镇统一的登陆门户，实现了与区政务信息平台的整合，12月初进入试运行。经过两年来的试点，华新镇城镇信息化工作取得了阶段性的成果，于12月21日，通过了市、区信息委的验收。

【徐泾镇的信息化建设又有新发展】 2005年初，徐泾镇将经济开发区、建设大楼等镇属8大公司通过ADSL专线接入政府办公网络。6～8月，徐泾镇将建设大楼和上海徐泾经济城通过光纤接入并建成内部局域网，同时又将2个子局域网接入镇政府机关内部办公网络，实现了局域网之间的互联互通。3大局域网的建成与之前各村、居委已接入的政府网络互联，基本形成了覆盖镇、村、居、企事业单位网络互通的格局。11月，徐泾镇开始建立"人口基础信息库"和"法人单位基本信息库"，到2006年上半年将完成对数据的采集和输入。

【重固镇启动市城镇信息化试点工作】 2005年，重固镇列入市城镇信息化试点行列，已完成了以下一些项目：①建立中心机房和完善网络硬件平台，实现重固镇政府各科室和镇属事业机构的网络与区级网络的互通互连。②深化镇政府门户网站的管理维护工作，如网上政府信息公开、设置了党务公开栏目，增加了与市民生活密切相关的的信息。③搭建镇政府电子政务平台框架，实现公文网上流转、办公信息网上传阅、资产网上管理等。还将政务平台改造成为内部门户信息网。④初步建立网络安全系统。⑤完善严格的机房管理制度、PC机和手提电脑的使用管理制度、移动存储介质在内网中的使用管理制度、网络安全管理制度。⑥完成重固镇实有人口库工作，重点对外来人口的资料搜集。其中对局域网投资约35万元。

【夏阳街道建立社区信息化服务平台】 2005年10月，夏阳街道建立的"一门式"社区事务公共服务信息平台和实有人口数据库对外服务。该系统根据服务范围、受理内容的要求，通过资源整合、归并、汇总，设置了12个窗口，配备了33名工作人员，共涉及社会救助、社保、医保、就业援助、初级医疗保障、养老保险、计划生育、用地报批、农民建房、社会保障、民政优抚、老年证、残疾证办理等7部门37个事项。社区事务受理系统共投入资金94.61万元，经过3个多月的开发与完善，12月14日，通过了有关部门的验收。夏阳街道的"人口基础信息库"建设同期启动，9月中旬形成方案、10月底完成开发，投资39.7万元。"人口基础信息库"建设以外来人口管理为重点，目前正在数据录入，下一步将接入村（居）委会并由他们进行数据维护和更新。

（王文浩）

三、经济领域信息化

【区镇级财政预算业务管理信息系统建成运行】 2005年，青浦区财政投资60万元建成了区镇级财政预算业务管理信息系统。该项目经过可行性分析、对软件设计、软件调试、网络建设、人员培训和试运行等6个阶段的实施，于11月中旬，在8个镇3个街道和1个园区的财政科实际运转。该系统在运转中，对各镇、街道、园区的户管权限、账本开设、业务报表、拨款流程等进行了修改和完善，对硬件进行了合理配置，在系统的中间件服务器上构建了FTP服务器和防病毒服务器，使系统安全、平稳地运行。

【区外经委利用信息化手段提供对外服务】 2005年，青浦区外经委在充分运用区公共信息平台、办公自动化系统、政府信息公开工作的同时，把有利于政府与企业、政府与公众之间的沟通，以及方便企业和公众办事列为工作重点。该局在专门的地点设置了电子触摸屏，使来人可以自行操作查询有关业务；在"青浦招商网"上介绍青浦投资环境、提供招商信息、介绍外资政策法规，并提供了实时对话功能等多种交流方式。同时，区外经委还将"外资信息"发布在子网站上，将《外经贸简讯》的信息放在政府平台上，直接提供给全区590家外资企业阅览，提高了服务效率。

【加快区审计信息化建设】 2005年，区审计局投资100多万元，启动了审计信息管理系统，整合了审计的组织资源、信息资源、业务资源，构建了审计工作的信息平台。该平台的运行实现了局各科室之间、领导办公之间的业务处理、办公交互和信息交流。区审计局制定了《计算机管理办法》、《网站管理办法》和《信息公开管理制度》等管理办法，还结合自身业务特点，设计了一套计算机审计底稿模式，以点带面、逐步推进，实现从手工审计向利用计算机编制工作底稿过渡的目标，全局基本实现了办公无纸化。为了深化审计工作信息化，区审计局加强了对审计人员专业软件技术操作培训、电子政务培训和干部网上在线学习。

【区农委丰富子网站为农服务】 2005年，青浦区农委加强了对农业信息资源的利用和开发。在子网站上，及时发布全区农业新闻、农产品供销等信息，每月更新的内容在10条左右；在“农友科贸信息网”上开设论坛和网上交易系统，推进农业信息化的发展；同时，区农委及时向市农委、区政府网上报全区农业发展动态信息，供领导了解和决策。2005年，区农委还对各镇、街道信息员和52个合作社负责人进行信息化技术讲座和农业技术培训，共420人次，提高他们的信息化知识和技能。 （王文浩）

四、城市建设管理领域信息化

【区规划局新的信息平台运行】 2005年，区规划局新的信息平台建成运行。区规划局投资24万元添置了两台服务器，整个平台的版面采用Flash创意与设计，网站的整体风格作了大幅度调整和更新。区规划局还把《青浦区域规划》、《青浦新城总体规划》等市民极为关心的规划公示在网站上征求意见，一些热心关注青浦发展的市民看到规划后，及时提出建议，共同为青浦区的发展出谋划策。

【区水务局编制水务信息化规划】 区水务局编制了《青浦区水务信息化规划（2005～2010）》。该规划的目标：到2010年，青浦区基本形成以网络、数据和应用3个平台为基础，以信息化环境为保障的区水务信息化综合体系，实现水安全、水资源、水环境、水景观的系统化管理，实现自动化检测、实时化调度、科学化配置、网络化办事、规范化服务，推动区水资源的合理开发、统一管理、优化配置、高效利用和有效保护。4月，该规划通过专家评审。8月，水务局对原有的局域网系统进行了改造升级，同时，还完成了水闸计算机收费系统、跃进片自动化控制系统、污水源在线监测（一期）系统等信息化项目建设，目前，水务信息化资源得到充分利用。 （王文浩）

五、信息产业

【区电子信息产品制造业稳步发展】 2005年，青浦区54家信息产品制造业企业的产值达到62.1亿元，占工业总产值的7.3%；销售收入达60.61亿元，产销率为97.6%。信息传输、计算机服务和软件业经营收入26.12亿元。纳税的信息产业企业有2 835户（包括制造业、服务业等）、税收5.97亿元，比上年同期略有提高，占全区税收比重5.5%。其中，纳税额列前五位的企业在2 300～4 800万元之间，最高的是上海好记星数码科技有限公司为4 887万元。电子类产品出口额为6.88亿美元，占全区出口总额的22.22%。信息化固定资产投资有28户、投资额9.64亿元。其中投资额前五位的是星科、宏茂、金住金微、晨兴、旭统等企业，最高的是星科，为2.27亿元。

在青浦区“一城三片”的区域产业布局中，在青浦工业园区内建立了电子信息产业园。电子信息产业园区重点发展以通信、计算机与网络产品、显示器件、集成电路、视听、家用电子产品等为主的电子信息产品制造业。2005年，电子信息产业园区完成产值38.12亿元，同比增长27.2%，占全区工业经济比重4.5%。电子信息产业已成为园区的优势主导产业之一，已有电子信息产品制造企业近百家，每年正以40%的增幅速度推进。续建和新开工的重点电子信息产业项目有12个，总投资1.11亿美元，项目投资额平均在2 000万美元以上。这些项目建成后将提升青浦区在信息家电、汽车电子产品、通信产品、计算机和网络产品、集成电路设计与封装及专用设备、新型电子材料等领域的竞争力。园区还鼓励规模大的企业实施信息化行动，推广信息技术在企业的生产、管理、经营、销售等各个环节上的应用。

【青浦工业园区建成MIS系统】 2005年，青浦工业园区投资150万元建成MIS系统，基本实现了如下目标：一是招商管理一体化。MIS系统实现对招商信息、项目管理、招商资源管理、合同管理、土地管理等内容有效地管理控制。二是为落户企业服务。建立园区服务门户，使社会各界和企业更简单、方便、快捷地了解园区招商环境、配套设施、政策优惠、服务支持等信息，充分利用园区的资源为企业服务。三是进行统计信息分析。建立统计信息系统，为园区企业的各类信息进行科学分析。四是实施综合信息管理。根据园区信息化的实际需求，针对人力资源、资产管理、行政管理等园区内部管理，MIS系统利用OA软件优化办事流程、提高行政办事效率、降低成本，逐步实现园区管理信息化、现代化。MIS系统经过一段时间的试运行，园区的办事效率有了大幅度提高。

（王文浩）

六、信息基础设施

【扩大区公共信息基础设施覆盖面】 2005年，青浦区公共信息基础设施覆盖面不断扩大，信息服务设施及便民功能设施不断增强。一是公共基础设施。在青浦新城、朱家角镇和徐泾镇建成了3个骨干节点IP城域网和ATM网稳定运行，56个业务接入点工作正常，使信息管线、光纤电信和网络框架形成了广覆盖。二是信息网络设施。全区交换机总容量22.8万门，固定电话机总数达到21.41万部，其中，居民住宅电话用户数为15.15万台，普及率100%；对所有交换系统进行在线扩容，保证了来电显示功能。移动通信网基本实现了全区宽带网络点面结合的覆盖，宽带总容量8.14万端口，其中ADSL为5.53万个、FTT B为2.61万个，出口宽带为3G。家庭宽带接入率达到32%。居民家庭计算机拥有量，城镇为62台/百户、农村为32台/百户；上网用户数5.76万户；电视机拥有量，城镇210台/百户、农村190台/百户。三是人均信息消费支出城镇925元/人、农村482元/人，均占人均消费总支出的8.4%。

【区域信息基础设施专项规划组织实施】 2005年，青浦工业园区的信息基础设施专项规划一期工程已完成，二期工程即将启动。朱家角镇的信息基础设施专项规划结合古镇改造一并实施，敷设信息管线集约化施工已完成。徐泾镇的信息基础设施专项规划在镇域总体规划指导下已编制完成，他们将按照统一规划、集约建设、管线入地、合理定位的要求进行施工。青浦新城的信息基础设施专项规划将委托上海邮电设计院启动编制。

（王文浩）

七、信息化环境

【区信息化“十一五”规划编制完成】 2005年，青浦区国民经济和社会信息化“十一五”规划的编制立足现实、放眼长远，高起点、高标准地提出了到2010年构建起“数字青浦”框架体系的目标，为“建设绿色青浦、构建和谐社会”作支撑。五年规划将分三个阶段实施，到“十一五”期末，家庭宽带用户数达到10万户；信息产业的增加值占全区GDP的比重达到10%以上；城乡居民家庭人均年信息消费支出城镇1 600元、农村800元；实地企业上网比例达到80%；力争60%的行政审批事项实现网上交互式办理。

【建立和完善信息化工作机制】 2005年，青浦区信息委建立和完善了推进信息化建设的工作机制。区信息化领导小组抓总、职能机构管理协调、区各部门通力协作、全社会共同参与，保证了区信息化建设的推进。区信息委对信息化建设起步早、信息技术应用范围广的单位，鼓励他们设立专门的信息化机构或配备专人负责信息化工作。区信息委还加强了全区信息化专管员队伍的管理，每季度开展分组信息交流活动；区级层面的信息化工作运行机制也日趋改善，发挥了工程项目建设的组织和协调作用。

【建立和完善信息化工作考核体系】 青浦区的信息化工作列为政府各部门、各镇、街道年度工作的考核内容指标之一。2005年，区信息委制定了信息化工作目标管理考核实施意见，并在年中、年末两次预测考核。从考核体系上，把单位信息化工作的推进提到了相对重要的位置，许多单位加强了对信息化工作的领导，自觉建立了机关内部的信息化管理制度，抓检查、抓落实。区信息化工作的考核体系推动了区信息化的建设、促进了信息化的应用。

【公布知识产权战略推进计划】 2005年12月28日，青浦区在网上公布了《青浦区知识产权战略推进计划(2006～2010年)》。到2010年，青浦区将基本建立起与经济社会协调发展的知识产权管理、保护和服务的新机制；基本建立起有利于知识产权创造和运用的新机制；建立起尊重和保护知识产权的良好社会环境，努力将青浦建设成为创新活力强劲，知识产权基础坚实，保护有力，流转顺畅的上海知识产权示范区域。

【建立和完善安全保障机制】 2005年，青浦区执行《上海市国家机关工作人员信息安全手册(试行)》。5月起，全区83家机关单位实施专人统计和网上直报信息安全月报表。6月底，区信息委组织全区信息安全工作大检查，检查组对全区75家政府机关单位网络、电脑的使用、机房的管理、安全制度的制订与落实等实行全面检查，检查情况总体较好。如区信息委所属的服务中心平时加强内部管理，如遇突发事件时，准备了应急预案，预案对机房可能出现的各种突发故障作了详尽的措述，演练方案的对应措施也比较完备。2005年，服务中心在几个重要节日中进行了计算机的正常维护，保证了网络设备的安全运行。

【建立和完善信息化培训制度】 2005年，青浦区信息委建立和完善了信息化各类人员的应用专项培训制度。在电子政务建设阶段，把青浦区全面推行的公共信息应用平台列为培训的主要内容，加强对公务员的培训，全年共有417人参加培训，合格率99.6%。举办了第一期信息技术主管助理资格的认证考核培训，共有63人参加，有84人参加了全市统一的认证考核，合格率达75%。

【软件正版化工作顺利推进】 2005年，青浦区正版软件工作组在对87家处级单位的正版软件使用情况摸底调查后，由区财政出资、政府统一采购了操作系统和办公套件正版软件，配置给区级机关和镇（街道）使用。至此，青浦区基本完成了区、镇（街道）政府机关及财政供给单位的软件正版化任务。区政府部门带头使用正版软件，促进了政府自身的建设，树立了政府的威信。

（王文浩）

八、社会诚信体系建设

【扎实开展社会诚信体系建设】 2005年，青浦区社会诚信体系建设以开展各类社会诚信活动和建立、完善社会信用制度为重点，抓好社会诚信宣传教育和创建活动、建立社会诚信制约机制、以点带面推广使用信用产品3个层面的推进工作。2005年，区开通了“青浦诚信网”，形成了各有关主管部门参与的信用信息网络平台；抓好了信用产品的宣传推广工作；政府采购项目中首次引入信用产品使用制度。5月，区组织237名企业法人、信控、财务、销售等岗位管理人员参加了信用管理岗位培训，经考核已有136人获得《市信用岗位培训考核合格证》、101人获得《市信用岗位培训证》，提高了企业信用管理的业务水平。

（王文浩）

第十九章　崇明县信息化建设

概　述

2005年，崇明县信息化工作根据党的十六大提出的“进一步转变政府职能，改进管理方式，推行电子政务”的要求，紧紧围绕贯彻落实市信息化工作会议的精神，结合崇明实际情况，有重点地开展了信息化建设的推进与应用工作，取得了较为明显的成效。

“崇明县防汛监控系统”项目被上海市信息化委员会评为“2005年度上海市区县信息化应用优秀成果”。

（县信息委）

一、政务信息化

【落实政府信息公开工作】 2005年，崇明县根据市政府信息公开工作电视电话会议精神和韩正市长的要求，按时完成了信息公开的各项工作任务。一是编制发布了崇明县第一期政府信息公开年度报告。二是扩大了信息公开主体覆盖面。将侨办、宗教事务办、总工会、团县委、妇联、工商联、残联等群团组织纳入信息公开主体中，使全县公开的信息更具完整性和系统性。三是更新了政府信息公开目录，确保公开信息及时、正确、无误。四是建立了免予公开政府信息目录。五是实施了重大决定草案公开情况备案制度。截至2005年底，“上海崇明”政府门户网站政府信息公开专栏共对外公开县政府文件144件，本届政府常务会议纪要29件，岛域和重点地区规划及纲要4件，县政府各类报告13件，政府采购相关信息247条，政府人事任免信息159条，政府公报5期以及各委办局和乡镇应主动公开的大量政府信息。

【县公务网正式开通】 2005年6月，崇明县公务网身份认证子系统、密钥管理分中心建成，实现了县公务网用户的本地身份验证和加密认证；县公务网门户网站进行了改版，改进后的版面更加整洁、清晰，内容更加丰富；7月，长兴、横沙公务网系统建成，同时开通了三岛视频会议系统；9月，至东滩的公务网线路连通；11月，开发并测试完成了县文电传输系统与党政领导联络系统，并于12月底正式开通运行。2005年，崇明县共召开了视频会议33次，其中市里召开19次（包括3次北京对全国的直播），对长兴、横沙直播23次。

【“上海崇明”政府门户网站第二次改版】 2005年10月，“上海崇明”政府门户网站第二次改版后开通。改版后的网站结合政府信息公开制度的全面实施，不断调整充实内容，拓展网上为民服务效能。

一是增设了“便民生活”栏目。网站提供了涉及百姓日常生活的崇明船期、招聘求职、金融保险、便民电话、社会救助、电信邮政、法律援助、律师解答以及“食住行游学购医娱”等各类大量信息。二是抓好了“专栏建设”。如“两会”专栏，2005年，网站实现了对崇明“两会”及时地网上网下同步的宣传报道；“先进性教育”专栏，网站设计了“最新动态”、“重要讲话”、“党员在我身边”、“相关评论”等栏目，页面总访问量达3万余人次。三是巩固了信息公开主渠道地位。政府信息公开专栏对外公开县政府文件、各委办局和乡镇应主动公开的大量政府信息，政府门户网站的文字信息量由首次改版初期的120多万字跃升至2 000多万字。四是增进了政府与公众的沟通。“上海崇明”政府门户网站上先后开通了各乡镇党委书记、镇长、副县长和各委办局行政主要负责人的电子信箱，同时还开通了信访接待、公众监督等栏目，不断增进政府与公众的沟通。

截至2005年底，政府门户网站“民意通道”各子栏目共收到市民有效电子邮件近400件，答复处理率逾96%，有效地体现了崇明责任政府的良好作风。

【建立健全“一口上下”救助系统】 2005年，崇明县成立了社会救助事务管理中心，建立健全了以城乡居民最低生活保障为基础，养老、医疗、教育等专项救助为辅助，其他救助、救济和社会帮扶为补充的社会救助“一口上下”机制，该机制于2005年底正式启动运行。

【人事信息化系统升级】 2005年，崇明县机关事业单位各类专业技术人才基础信息库基本建成，为加强县人才人事管理工作打下较好基础。在“21世纪人才网”上，崇明县全年转发人事新闻225条，发布单位招聘信息120条，招聘职位1 077个，网络点击浏览量近4万人次。县人事专业网与市人事局连接贯通，开展了人事信息系统升级工作，对200多家单位人事信息库操作人员进行了业务培训。

【推进农业信息服务工作】 2005年，崇明县为进一步推进农村基层信息工作，在完善全县12个市级基层信息站的基础上，又开通了2个村务公开信息系统和1个村务管理系统，还申报了6个市级基层信息服务站。

（县信息委）

二、社会领域信息化

【推进社会保障卡信息工作】 2005年，崇明县社保卡各服务站点坚持“规范、有序、高效、优质”的原则，按质按量地做好社保卡的申领、发放工作。针对长兴、横沙两岛高一新生来崇明岛不便的特殊情况，县社保卡管理部门及时与相关部门沟通协调，安排横沙岛的137位高一学生到宝山区吴淞街道采集信息，为新生提供了方便。2005年，崇明县共采集社会保障卡信息7 801人次（其中学生4 542人），发放社会保障卡7 246张（其中学籍卡4 452张），接待市民来电来访241人次。补卡（换卡）2 005张，清理社会保障卡回折5 704份。

【做好“市民信箱”工作】 2005年，崇明县继续认真做好“市民信箱”工作。一是利用中国电信的11个营业窗口，随时方便各乡镇的群众办理申请事宜。二是充分利用了市民信箱申请工作流动受理点，为机关事业单位办理集体申请“市民信箱”。

【“神州家家通”落地崇明】 2005年9月28日，“神州家家通”在崇明落地。为了解决中国城乡大面积无线电视覆盖问题，上海交通大学成功地利用ADTB-T技术平台开发出“神州家家通”无线数字电视系统。利用“神州家家通”无线数字电视系统，只需对现有无线发射台稍作改造，而用户只需要添加一个词典大小的机顶盒，在原有的一个电视频道中就可以收到10套以上的DVD画质的数字电视节目。在上海市政府的支持下，上海交大和上海高清公司率先把这项高科技技术送上了崇明岛。截至12月底，作为先行试验区的崇明县向化镇1万个用户成为全国第一个使用自主技术的“家家通”乡镇。

【“安康通”为老紧急呼叫服务援助系统正式开通】 作为2005年度市府实事项目的“安康通”为老紧急呼叫服务援助系统在崇明县正式开通，100名困难独居、孤寡老人率先享受了这个“电子保姆”的贴身关怀。“安康通”为老紧急呼叫服务系统是为了方便老人而设立的一个服务网络，老人只要轻轻一按按钮，医疗急救、治安急救、社区服务、法律咨询等30多项服务就会送上门。

【县中小学校园网工程验收运行】 2005年，中小学校园网建设工程是崇明县政府实事工程，总投资3 700万元。该工程分4个具体项目组织实施。一是57所中小学校园网布线与设备安装集成项目，已通过验收并投入使用。二是教师电子备课室建设和办公用电脑装备项目。电子备课室的改造任务已完成，电脑的招标采购手续已办结。三是教育信息中心添置和更新设备项目，所有设备已于12月底到位。四是校园网操作软件采购项目，招标采购工作已完成。

随着校园网的陆续建成，崇明县中小学信息技术教育从课堂教学尝试性应用开始向实际应用、日常应用转变。涵盖网页制作、数码摄影与图像、动画技术等内容的新一轮信息技术培训已基本完成；网上学习、网上教研活动（建成网上“教研联合体”）已进入师生生活领域；远程教育、资源共享等功能得到了进一步的实现；在全市具有领先水平的“崇明县中小学学籍管理系统”已正式开通。

【县人口计生信息化建设】 2005年，崇明县配合市人口计生委完成了全市人口与计划生育综合管理信息系统的项目建设，构建新时期人口计生工作的信息化平台。同时加强了人口信息的共享平台和共享机制建设，形成了比较完整和统一的人口基础性和综合性数据。

（县信息委）

三、经济领域信息化

【企业注册登记网上并联审批系统正式运行】 2005年，由崇明县信息委牵头，县委机要室、工商崇明分局、招商服务中心等部门共同参与推进的企业注册登记网上并联审批系统正式运行。该系统主要利用县公务网现有的网络资源运行，县经委等16个部门成为县第一批网上并联审批的参加单位，工作程序按照“工商受理、抄告相关、同步审批、限时完成、信息共享”的要求进行。

【县环保信息化建设取得成效】 为了客观、准确、及时掌握生态环境质量状况及变化趋势，按照第二轮环保三年行动计划要求，2005年，崇明县完成了大气自动化检测系统的建设，并已投入运行。该系统全年承担了全县12个河道段面的地表水质量监测任务，共监测污染因子9个，上报水环境质量数据2 130个；还承担了全县4个布控点的空气环境质量监测任务，监测项目共8项，上报监测数据1 831个，为县环境管理与政府决策提供了科学依据。

（县信息委）

四、城市建设管理领域信息化

【县水务信息管理系统作用明显】 2005年1月12日，崇明县防汛监控系统正式通过验收运行。县防汛监控和水务信息管理系统采用专线方式与市防汛指挥部计算机信息系统联网，同时采用VPN技术与下属5个单位实现联网，方便崇明县水务系统各单位之间协同办公。该系统建设有防汛基础数据库、防汛信息服务网站、WebGIS应用、基于网络的短信集群发送系统、防汛视频会议系统、办公自动化系统以及水务系统门户网站等。2005年，该系统在防汛抗台期间发挥了非常明显的作用，一是视频会议系统的开通，大大缩短了崇明防汛指挥部门与市防汛指挥部的距离；二是基于网络的短信集群发送系统，在2005年防汛抗台期间发挥了重要作用；三是水文监测点数据信息的实时采集，为防汛工作提供了科学依据；四是信息报送的网络化，大大提高了工作效率。

【崇明生态科技创新基地正式启动】崇明生态科技创新基地为集研究开发、成果转化、企业孵化、专业培训于一体的科技园区，主要功能是集聚科技资源，解决生态岛建设中特有的技术瓶颈问题。该基地内建成了首批5个实验室，这些实验室将作为一个开放的信息平台，吸纳和整合上海乃至全国的科技力量，为崇明生态岛建设服务。

（县信息委）

五、信息产业

【企业信息化工作稳步推进】 2005年，崇明县信息委为普及各企业信息化基础知识和基本技能，重点抓了对企业人员的电子政务、电子商务、CAD、ERP等知识的培训。对一些条件比较成熟的企业积极引导他们采用信息化手段对企业传统的工作模式进行改造。目前，上海斯米克威尔焊材有限公司、上海华源磁业有限公司等6家公司已使用中小企业管理软件，这些单位在进货、销售、存储和财务管理方面的应用正逐步展开。

（县信息委）

六、信息基础设施

【县广电事业建设有新发展】 2005年，崇明县完成了网吧监控平台建设，实现了监控室与全县所有网吧的联网；启动了广播电视数字化网络化改造工程，11月初，县的电视转播车调试完成。2005年，全县有线电视网络用户终端有6 000多个，新增有线电视光缆覆盖了25个行政村，新建8孔公里有线电视地下管道，实施完成了11万平方米新建居民住宅小区有线电视配套工程及对城、堡两镇城区有线电视网络改造工程，实施完成了3个单位的数据传输业务布点工作。

【编制通信系统中长期规划】 根据崇明三岛的总体发展规划，到2020年，崇明三岛将建设成国际一流的生态发展模式示范区。为实现这一目标，在通信配套设施按时到位的前提下，2005年，由崇明县信息委牵头成立了通信系统规划领导小组，下设工作小组，组织崇明岛内外电信企业共同参与，形成了一套制订通信系统规划的工作机制，确保通信规划的制订中始终能坚持推进集约化建设这个原则。信息基础设施的总体目标为：

住宅电话普及率：	120号线/百户
新增信息通信机房（含长兴）：	22处
交换机装机容量：	50万门
交换机实装率：	80%
崇明通信管道（新增）：	6359.10孔公里
长兴通信管道（新增）：	680.10孔公里
室外宏基站 （新增）：	93处
智能业务：	三岛全覆盖
宽带接入用户数：	20万端口
有线网络用户数：	54万端口
移动通信：	三岛全覆盖
崇明3G基站 （新增）：	76处
电话主线普及率：	63%

（县信息委）

七、信息化环境

【县政府系统带头使用正版软件】 2005年，根据市政府提出的政府系统带头使用正版软件的要求精神，崇明县有重点地选择了13个委办局进行了使用国产正版软件的试点工作。结合试点及崇明县的实际情况，确定了购买正版软件的种类数量，制定了购买正版软件的测算方案，并编制了符合崇明实际的经费预算，落实了政府采购正版软件的必需资金，从而确保了崇明党政机关及其他县级财政预算单位软件正版化任务的如期完成。

【提高信息安全管理水平】 根据《关于在本市国家机关工作人员中使用〈上海市国家机关工作人员信息安全手册〉的通知》，崇明县信息委在党政机关中分发了3 000册信息安全手册，组织全县党政机关工作人员特别是计算机操作人员进行学习对照，在此基础上，着力推进了以下两项工作：一是组织自查。在全县各级政府机关范围内，对使用涉及国家秘密的信息系统单位的工作人员按照《信息安全手册》的规定，对各自使用计算机的状况进行了一次安全自查。二是抓好重点培训。县信息委聘请上海市信息安全行业协会的有关专家，对各委办局和乡镇主管信息网络安全的负责人及具体操作人员有重点地进行专题培训。同时，编制完成了《崇明县互联网络安全应急预案》。

【编制国民经济和社会信息化"十一五"规划】 按照贯彻科学发展观和构建社会主义和谐社会的总体要求，根据上海市国民经济和社会信息化、信息产业发展的总体部署以及崇明县建设现代化生态岛区的要求，编制了该规划。规划主要涉及信息基础设施建设、信息技术应用、信息资源开发利用、信息产业发展、信息安全保障、信息化环境建设等领域。

规划期限从2006～2010年。

第一阶段（2006～2007年），发展起步阶段

①信息基础设施建设与迅速发展的应用需求相适应，适度超前。家庭宽带上网比例达到15%左右，其中城镇家庭上网达到50%以上。②初步建成覆盖全县的功能比较完善的实有人口数据库、企业法人库。政府部门主要业务协同办公系统（政务外网）建成并运行。县级委办局局域网及业务系统建设完成率达70%。全面推进机关内部办公自动化和面向公众的网络化服务。

第二阶段（2008～2010年），整合应用和服务推广阶段

①强化信息化管理和服务功能，电子政务全面展开，电子政务成为各级政府实现业务处理、事务受理、服务办理的基本手段，政府公共服务事项上网率达到90%以上，70%以上的行政审批和许可事项实现网上交互办理，基本建成可亲、可信、可靠的电子政务体系。②以应用、完善、提高、推广为主要内容，电子商务以及城镇社区信息化建设不断推进，部分应用项目成效比较显著，农业、旅游业信息化应用水平不断提高。③信息产业得到较快发展，信息技术成为转变经济增长方式、促进产业结构优化升级的一个重要力量。④信息化发展环境大大改善，形成领先发展的综合优势。⑤普遍接入能力显著增强，信息基础设施空间布局更趋合理，集约化信息管线基本覆盖全县，无线宽带基本覆盖重要楼宇、宾馆以及公共场所。⑥信息安全管理体制日益健全，信息安全保障体系逐步完善，信息安全可控能力明显提高，全民信息安全意识明显增强。⑦基于互联网的有害信息传播和各类涉网违法犯罪活动得到有效控制和有力打击，网络空间信息内容得到明显净化。⑧覆盖党政机关的信息化管理体制、政府引导与市场机制相结合的信息化推进机制、以专业服务外包为重点的信息化社会服务体系得到进一步改善和健全。

（县信息委）

第 十 编

社会诚信体系

综　述

2005年，上海从完善市场经济体系和建设社会主义和谐社会的高度出发，举全市之力持续推进社会诚信体系建设，在构建和完善社会信用制度、规范和促进信用服务业发展、开展社会诚信创建活动等方面取得阶段性成果，全面完成了《上海市2003～2005年社会诚信体系建设三年行动计划》确定的目标与任务，上海社会诚信体系建设迈上了一个新的发展台阶。至2005年底，初步形成了"一个联席会议，一个工作机构，各部门协同推进，社会和企业广泛参与"的诚信工作格局和市、区（县）两级的诚信工作推进机制；建成并运行了符合国际惯例、适应中国国情、满足上海经济社会发展需要的个人和企业信用联合征信系统；初步构建了支撑诚信体系建设、规范征信活动开展的规章标准；初步形成了业务覆盖信用服务产业链各个环节、业态较为完整的信用服务行业；初步建立了涉及社会诸多领域的信用信息记录、共享、信用产品使用、守信受益及失信惩戒的信用制度；初步营造了全社会"知信用、用信用、守信用"的良好环境。2005年9月，国务院办公厅的《政务情况交流》第57期刊载了《上海市推进社会诚信体系建设取得成效》一文，介绍了上海的做法。

（市信息委诚信建设处）

第一章　社会信用制度建设

概　述

2005年，上海社会诚信体系建设继续抓住社会信用制度这一工作核心，重点围绕信用信息记录归集、信用产品使用、失信惩戒制度建设3个关键环节，进一步健全组织推进架构，加强对诚信工作的规划引领，完善规章和标准保障，依托信息化手段加快信用信息记录和共享，培育信用产品的市场需求，促进守信受益、失信惩戒机制的各方联动，扎实推进各项工作，取得了新的成效。　　（市信息委诚信建设处）

一、健全组织推进机制

上海市社会诚信体系建设联席会议成员单位扩大

2005年8月，市政府办公厅印发了《关于调整上海市社会诚信体系建设联席会议组成人员的通知》(沪府办〔2005〕44号)，市社会诚信体系建设联席会议成员单位从35家扩大为62家，新增19个区（县）政府及银监局、证监局、保监局等8个部门。62家成员单位为：市发展改革委、市经委、市教委、市科委、市公安局、市民政局、市司法局、市财政（地税）局、市人事局、市劳动保障局、市建设交通委、市农委、市外经贸委、市文广影视局、市审计局、市政府法制办、市国资委、市环保局、市统计局、市工商局、市质量技监局、市食品药品监管局、市旅游委、市知识产权局、市房地资源局、市交通局、市信息委、市金融办、市港口局、市安全生产监管局、市社会服务局、市医保局、市委宣传部、市委政法委、市档案局、市高法院、浦东新区政府、徐汇区政府、长宁区政府、普陀区政府、闸北区政府、虹口区政府、杨浦区政府、黄浦区政府、卢湾区政府、静安区政府、宝山区政府、闵行区政府、嘉定区政府、金山区政府、松江区政府、青浦区政府、奉贤区政府、南汇区政府、崇明县政府、人行上海分行、上海海关、上海出入境检验检疫局、上海保监局、上海银监局、上海证监局、上海资信有限公司。

上海市征信管理办公室职能加强

2003年底，在市信息委加挂了上海市征信管理办公室作为市社会诚信体系建设联席会议的办事机构，并增设了征信管理处。2005年6月，征信管理处充实调整为诚信建设和征信行业监管两个职能处室，负责牵头推进和协调诚信建设，以及对全市征信服务机构行使行业监管职责。

各成员单位组织落实推进机制

至2005年底，全市共有16个区分别成立了区诚信工作联席会议或领导小组，市级相关政府部门也通过确定本单位推进诚信建设的分管领导和牵头处室，落实了相应的组织推进机制。

（市信息委诚信建设处）

二、完善规章标准建设

颁布实施《上海市企业信用征信管理试行办法》

2005年3月17日，上海市人民政府令第49号发布了《上海市企业信用征信管理试行办法》（以下简称"《试行办法》"）。《试行办法》共20条，包括总则、政府对征信行业的监管、征信机构的行为规范、对征信业的行业推进以及法律责任5个部分，于2005年5月1日正式实施。《试行办法》的立法目的在于规范与促进企业信用征信，保障公平、公正地开展企业信用征信。《试行办法》与2003年发布的《上海市个人信用征信管理试行办法》及2004年发布的《上海市政府信息公开规定》，共同为全市的征信体系建设提供了基础的法规保障。

发布《企业信用信息数据标准（试行版）》

《企业信用信息数据标准（试行版）》界定了企业信用信息的范围、数据元格式及数据交换接口技术规范，企业信用信息包含基本情况、资质许可、经营情况、财务情况、知识产权情况、公共信息共六大类275个数据项。

制定完成《个人信用信息数据标准（试行版）》

《个人信用信息数据标准（试行版）》界定了个人信用信息的范围、数据元格式及数据交换接口技术规范，个人信用信息包含基本情况、信贷情况、缴费情况、公共记录情况共4大类135个数据项。

（市信息委诚信建设处）

三、推动信用信息的记录和共享

利用信息技术推动信用信息记录和公开共享

2005年，相关政府部门、行业协会利用信息化手段加强对行政相对人、业内企业等相关信用信息的记录和归集，并通过网站等载体，加强对企业行政许可、行政处罚、评优表彰等信用信息的公开，提高信息资源价值。

【浦东诚信网站开通】 2005年9月28日，上海浦东诚信网站正式开通。网站作为推进浦东诚信工作的一个重要载体和对外服务窗口，是新区政府诚信体系建设的重要组成部分，网站开设了新闻动态、信息公开、企业信息查询等12个栏目，以发布新区文广局、法院、工商分局、质监分局、食品药品监督管理分局、消保委等机构行政监管信息为主。

【"青浦诚信网"开通】 2005年9月30日，"青浦诚信网"(qpcx.shqp.gov.cn)正式开通运行。"青浦诚信网"的主要功能是宣传社会诚信体系建设的重要意义，发布社会诚信体系建设方面的信息，普及信用知识，展示青浦诚信建设成就，推进区域诚信水平和文明程度的提高。"青浦诚信网"设置了信用动态、信用公示、信用建设、信用知识、信用评估、明星台、曝光台、投诉台等栏目。通过"明星台"、"曝光台"分别发布区法院、工商、税务、食药监、环保、海关、质监、安监、建设、公安等部门提供的企业良好信息、严重失信信息及有关资质信息；通过"投诉台"受理社会公众对失信行为的投诉。

【徐汇区完成企业信用服务系统的开发建设】 2005年，徐汇区企业信用服务系统开发建设完成，企业信用数据的归集范围为区13家政府部门。企业信用服务系统包含企业自主申报服务子系统，提供企业网上申报与信用查询服务；信用评估机构服务子系统，提供网上信息订阅与信用产品管理功能；信用数据交换子系统，提供与市一级平台及其他联合征信平台的基于上海市标准的信用数据交换服务；开通"徐汇诚信网"，政府部门可通过网站发布企业评优评级或惩戒信息，企业和信用服务机构也可通过网站登录使用企业信用服务系统的相关功能。

推进企业信用档案建设

开展企业信用档案建设的企业范围已从2004年市国资委归口管理的各市属集团企业扩大到市国资委归口管理以外的各市属集团企业。至2005年底，全市市属69家大型控股（集团）公司系统普遍建立了企业信用档案，基本完成三年行动计划确定的80%大型企业建立信用档案的目标。为充分发挥信息资源作用，市档案局开发了上海市档案馆企业信用档案管理系统，初步建立了企业信用档案专题数据库，并将依托上海档案信息网、公务网档案目录中心和外滩新馆局域网查阅平台，按规定向用户提供查阅服务。

纳入个人联合征信系统的信用信息范围进一步拓展

2005年4月，上海证监局与上海资信有限公司签署合作备忘录，协议将上海上市公司高管人员的不良诚信记录纳入上海市个人信用联合征信系统，建立对上市公司高管人员的诚信系统和社会化监督机制。

2005年10月，市公证员协会与上海资信有限公司签署合作备忘录，就办理公证过程中提供假材料者的信息纳入个人信用联合征信系统以及在公证行业中推广使用信用产品等达成共识，进一步提高法律服务执业机构和从业人员的诚信意识，维护法律服务市场的正常秩序，推动行业的持续、健康发展。

2005年12月，市人才服务中心与上海资信有限公司签署合作备忘录，将人才诚信信息纳入个人信用联合征信系统，推动人事人才诚信体系建设。

市工商局与市征信办研究制定了将吊销营业执照后未办理注销登记的企业法定代表人和自然人投资者相关信息纳入个人信用联合征信系统的办法，通过开展试营，逐步形成企业的市场良性退出机制。

（市信息委诚信建设处）

四、推动信用产品使用

推动不同领域的信用产品使用

政府、金融机构、企业等在不同领域积极推进信用产品使用。一是政府部门带头示范使用，保监、人事、经委、财税、国资等有关部门和杨浦、徐汇、浦东、松江、青浦、金山、闸北等区（县）已做出相关制度安排，在政府采购、中小企业贷款担保、政府扶持资金审批、享受优惠政策、建设项目招投标、国有资产产权交易、人才流动和管理等多个监管及服务环节使用信用产品。二是金融机构使用信用产品得到强化，从2003年到2005年三年时间里，上海个人信用联合征信系统分别出具信用报告92万份、134万份、182万份，呈较大幅度的持续上升趋势。上海地区金融机构查询央行个人信用信息数据库日均1.5万次。三是其他社会主体使用信用产品明显提高，企业在开拓市场时，主动委托信用服务机构出具自身的信用报告，以良好的信用来赢得商机；个人等市场主体在社会经济活动中，主动委托信用服务机构查询商务合作方的信用情况，应用信用产品防范经营风险。全市非金融领域个人信用产品使用比例从2003年的2.3%提高到2005年的20%。

【徐汇区印发《徐汇区企业信用产品使用暂行办法》】 为了推进全区诚信体系建设，徐汇区印发《徐汇区企业信用产品使用暂行办法》(徐府办发[2005]20号)(以下简称“《办法》”)，明确要求区政府有关部门在开展面向企业的各项工作中使用企业信用产品。《办法》明确了企业信用产品的使用范围，共包括企业贷款信用担保、财政贴息资金管理、专项资金管理、企业评优活动、国有资产产权转让、房屋土地类企业管理、政府采购等10个方面的工作，涉及财政局、建委、房地局、国资办等部门。《办法》自2005年7月1日起正式实施。

【青浦区落实信用产品使用制度安排】 2005年，青浦区首次在政府采购和中小企业贷款项目中引入信用产品使用，并制定了相应的信用报告使用指南和规范，目前已在一项政府采购项目、13家企业贷款担保项目中使用了信用报告。

【松江区制定实施《松江区政府部门在公共管理中使用信用产品的暂行规定》】 《松江区政府部门在公共管理中使用信用产品的暂行规定》于2005年颁布实施，

规定要求政府部门在政府采购、政府项目招投标、中小企业贷款担保、创业贷款和科技专项扶持基金申请、“守合同重信用”评选、免检企业评选、机关公务员和事业单位人员招录、聘用及其他需要提供信用产品的公共管理活动中，应当使用信用产品。

丰富信用服务的提供方式

2005年10月，个人和企业联合征信系统同时开通个人信用网上服务平台（www.mycredit.cn）及企业联合征信网上服务平台（www.credit.net.cn），分别提供个人信用报告网上免费查询、个人信息自主申报、信用报告异议申报和企业信用信息自主申报、企业信用报告网上订购、企业基本信息网上查询等服务；中诚信、新华信等企业信用服务机构也相继开通网上服务系统（www.ccx.cn、www.sinotrust.cn），信用产品的提供渠道进一步拓宽，服务更加便捷。

（市信息委诚信建设处）

五、建立守信受益、失信惩戒机制

推进资产评估行业信用管理

2005年，市国资委联合市资产评估行业协会推进资产评估行业信用管理，对上海市资产评估机构和注册资产评估师，依照其以往所参与评估项目审核结果建立诚信记录，对诚信记录不佳的机构和评估师所负责评估项目予以重点审核，在重大国有产权评估项目承担机构的选择中，将评估机构和所属评估师诚信记录作为重要依据，对诚信记录不佳的评估机构和评估师实行“一票否决”，对诚信记录良好的机构在同等条件下优先予以考虑，初步形成了资产评估行业内“守信受益、失信惩戒”的机制。

长宁区制定《关于实施守信受益失信惩戒措施的若干意见》

为在全区推进企业诚信建设和管理，建立守信受益和失信惩戒的监管机制，2005年，长宁区汇总制定了《关于实施守信受益失信惩戒措施的若干意见》，内容包括了工商、纳税、质监、食药监等部门根据企业信用状况给予不同的监管措施。

（市信息委诚信建设处）

六、加强企业信用管理制度建设

徐汇区启动首批企业信用管理制度建设试点工作

2005年，徐汇区启动首批企业信用管理制度建设试点工作，参加首批企业信用管理制度试点的共有8家企业，涉及食品、百货、娱乐、房产、珠宝首饰、信息技术和教育培训等多个行业。通过为期一年的试点建设，试点企业必须达到设有专门的信用管理岗位和明确的工作职责、企业的销售财务等有关人员均参加过岗位培训、企业在一年内没有重大的失信事件等6项基本要求，并通过区相关部门的试点验收。

开展《上海市国有企业信用管理实施策略》课题研究

2005年，市国资委与市委组织部联合开展了《上海市国有企业信用管理实施策略》课题研究，了解上海市国有企业信用管理的现状，分析存在的主要问题，在此基础上明确了建立全市国有企业信用管理机制的总体目标，探讨了推进国有企业信用管理实施的模式，并对国有企业信用管理制度建设和人才队伍建设等问题提出了对策建议，为今后推动和完善全市国有企业信用管理提供了参考依据。

（市信息委诚信建设处）

第二章 信用服务体系建设

概　述

2005年，在市委、市政府的高度重视下，上海从完善市场经济体制和建设社会主义和谐社会的高度出发，持续推进社会诚信体系建设，按照“三个三年”的既定战略，已基本完成《上海市2003年～2005年社会诚信体系建设三年行动计划》（沪府发[2003]49号）确定的目标与任务。随着社会诚信体系建设的深入推进和行业相关法规、标准的进一步完善，信用服务行业作为上海建设国际经济、金融、贸易、航运中心的一支专业力量，伴随着国民经济的增长而持续发展，个人信用联合征信模式逐步趋向成熟，企业信用征信迈上了一个新的台阶。

（刘　洋）

一、个人信用联合征信

《上海市个人信用征信管理试行办法》自2003年颁布以来，实施情况良好，有效规范了个人信用征信活动，保证了征信产品加工过程的客观性，保障了被征信个人的查询权与异议权，保护了有关各方的合法权益。在规范的基础上，《上海市个人信用征信管理试行办法》的实施推动了个人征信业务的发展，营造了良好的社会诚信氛围，提高了市民的诚信意识。在执法检查中对市民的问卷调查结果显示，在《上海市个人信用征信管理试行办法》实施一周年后，社会对个人信用报告的知晓程度和认可程度都比较高，个人信用征信市场具备了进一步拓展的空间。

2005年起草的《个人信用信息数据标准》明确个人信用信息包括身份信息、配偶身份、联络信息、工作单位、金融账户、非金融账户、公共记录等共7类范畴154个数据项，为个人信用联合征信发展提供了基础性的技术标准保障。（刘　洋）

系统建设

【个人信用联合征信系统建设】 截至2005年底，由上海资信有限公司建立和运营的个人信用联合征信系统入库人数达到618万，基本覆盖全市具有信贷消费能力的常住人口。系统采集了银行信贷、社会保障、公积金、人口户籍、民政、移动通信、水电煤、民事经济合同判决等信用信息，以及保险、证券、会计、公证等特殊行业从业者的职业信用共9大类267项个人信用信息。上海17家保险公司共3.25万名保险营销人员的执业信用信息、经济纠纷司法判决执行难信息等都已纳入了个人信用联合征信系统。该系统已成为国内规模最大、运作方式较为成熟的个人信用联合征信系统。

（刘　洋）

【个人信用信息基础数据库建设】 中国人民银行贯彻落实十六大、十六届三中全会关于社会信用体系建设和国务院领导的指示精神，组织商业银行建设的全国统一的个人信用信息基础数据库将于2006年1月进入正式运行。

个人信用信息基础数据库是各商业银行的信用信息数据共享平台。主要采集和保存个人在商业银行的借还款、信用卡、担保等信用信息以及相关的身份识别信息，并向商业银行提供个人信用信息联网查询服务，满足商业银行防范和管理信用风险的需求，同时服务于货币政策和金融监管。建立个人信用信息基础数据库，既要实现商业银行之间信息共享，方便群众借贷，防范信贷风险，又要保护个人隐私和信息安全。因此，只有经当事人书面授权后，在审核个人贷款、信用卡申请或审核是否接受个人作为担保人等个人信贷业务，以及对已发放的个人贷款及信用卡进行信用风险跟踪管理时，才能查询个人信用信息基础数据库。

个人信用信息基础数据库始建于2004年初，并于同年12月中旬实现了15家全国性商业银行和8家城市商业银行在全国7个城市的联网试运行，2005年8月底完成与全国所有商业银行和部分有条件的农村信用社的联网运行，并将于2006年1月正式运行。

个人信用信息基础数据库收录的自然人数已达到3.4亿人，其中有信贷记录的人数约为4 800万人。截至2005年底，收录个人信贷余额2.2万亿元，约占全国个人消费信贷余额的97.5%。现在，任何自然人无论在国内任何地方、也无论在哪一家商业银行留下的借款和还款记录，或开立结算账户时填报的基本信息，商业银行的基层信贷审查人员均可在经当事人书面授权后，进行查询，实现共享。许多商业银行已经将查询个人信用信息基础数据库作为贷前审查的固定程序。个人信用信息基础数据库已在全国商业银行各分支机构开启了5.2万个查询用户终端。目前，每天个人信用报告查询量已达到11万笔左右。个人信用信息基础数据库在提高审贷效率，方便个人借贷，防止不良贷款，防止个人过度负债以及根据信用风险确定利率水平方面发挥了积极作用。个人信用信息基础数据库的正式运行，将会大大推进社会信用体系的建设，提高全社会的诚信水平。 （人 行）

【个人征信系统的推广建设】 在个人征信系统的推广建设上，上海一直走在全国前列。1999年7月，中国人民银行总行就批准上海开展个人信用联合征信试点。五年来，上海市个人信用联合征信系统的试点为上海市各商业银行防范个人信贷风险、增强市民信用意识、推动上海市社会诚信体系建设发挥了积极的作用，也为总行建设全国的个人信用征信系统提供了宝贵的经验。个人征信系统全国联网后，上海各商业银行也积极使用。截至2005年11月底，上海纳入个人基础数据库的信用卡数达550多万户，授信总额500多亿元，个人贷款150万笔，余额达2 816亿元。上海15家商业银行1 634个个人信息系统查询终端平均每天接受查询2万笔，占全国的1/5。 （人 行）

服务机构

上海资信有限公司作为全市惟一特许经营个人征信业务的机构，联通了所有中资银行640多个信用报告查询网点，设立了4个面向广大市民的个人信用报告查询窗口，并开发了网上查询业务。通过专网、互联网、现场查询网点等渠道，上海资信有限公司向银行、非银行金融机构、商业和公共管理领域提供个人信用报告、个人信用（风险）评分、客户账户后续管理以及中间变量等多层次的信用产品，可以根据客户的实际需要实现产品的个性化。截至2005年底，上海资信有限公司日均出具信用报告已达7 000余份，全市商业银行等各类用户对系统个人信用报告的平均查得率达到87%。 （刘 洋）

上海资信有限公司

【概况】 2005年是上海资信有限公司稳步发展的一年。在个人征信业务方面，进一步拓展了信息采集宽度、加强客户管理，同时采用了有效、合理的方法，较大幅度地提高了数据质量。

【个人征信业务的全面推进】 截至2005年12月底，上海市个人信用联合征信系统入库人数为618万人，较2004年入库人数（533万人）增长16%。目前，个人信用报告的日均查得量已超过7 200笔，比2004年日均查得量5 500笔有了较大幅度的提高，全年共计提供信用报告182万份。自2000年上海市个人信用联合征信系统开通以来，已累计提供信用报告460万份。

【从数据对账入手，提升个人征信系统质量】 自2000年上海市个人信用联合征信系统开通服务以来，上海资信有限公司始终将征信数据的质量视为个人征信系统发展的基础和生命力。几年来，上海资信有限公司通过个人征信系统升级，提高了系统兼容性；通过规范数据加载、比对、匹配等流程，提升了征信数据的加载成功率。

2005年4月中旬，上海资信有限公司向各家商业银行提出了进行数据对账、加快数据更新频率等建议，并进行了走访调研。所谓“数据对账”，即将目前各家商业银行在个人征信系统中的贷款和信用卡账户数及贷款余额反馈给各家商业银行，由商业银行进行比对后将遗漏或缺失的数据重新提供给个人征信系统，此举进一步保证了个人征信数据的完整性和准确率。

在此基础上，为进一步加强数据质量管理，上海资信有限公司还制定了数据审核暂行规定，设立了数据审核工作小组，目的在于对一些异议数据提出审核意见和建议，以形成更为规范的数据处理和加载流程。

【推动信用信息的采集与使用，充分体现联合征信优势】 在上海市征信办的领导和推动下，经充分的酝酿与沟通，2005年9月，上海资信有限公司初步完成了与上海市社保卡中心社保信息的比对，夯实了数据基础。重要的比对渠道的增加，使得个人基本身份信息的数据质量得到了大幅的提升，从而为授信机构判断信贷申请者基本的偿债能力提供了更可靠的参考依据，也为今后的模型开发与产品创新打下了良好的数据基础。

随着消费信贷主体多元化的发展，授信行为并不仅仅局限于银行。非银行金融机构，如发卡银行和汽车金融公司在具体业务开展过程中，同样需要控制风险。2005年，上海资信有限公司在非银行金融领域进行了全新的拓展，与4家汽车金融公司（上汽通用、戴姆勒·克莱斯勒、大众、福特）和一家发卡银行（平安银行）进入了实质性的合作阶段，个人征信产品获得了更大的发展空间。

另外，外资银行已逐渐启动个人按揭外币贷款市场，而外资银行国内业务的开展同样离不开个人信用服务这一基础，从2006年起，外资银行也将可以从事人民币贷款业务。因此，上海资信有限公司从现实需求及前瞻性的角度考虑，先后与渣打银行和花旗银行签订了合作协议，希望通过与外资银行的合作，进一步促进个人征信的服务水平。

（资　信）

二、企业信用征信

2005年5月实施的《上海市企业信用征信管理试行办法》，规范了企业信用征信活动及其相关监督管理，明确了监管部门及其职责，建立了备案、年报、自律和投诉处理等一系列行业监管制度，并界定了征信机构的相关法律责任。这一政府规章的出台，为上海市企业信用征信的健康发展提供了基础的法规支撑。

2005年试行的《企业信用信息数据规范》明确了企业信用信息包括基本情况、资质许可、经营情况、财务情况、知识产权情况、公共信息六大类范畴，共275个数据项，为全市企业信用联合征信发展提供了基础性的技术标准保障。

（刘　洋）

系统建设

【概况】 截至2005年12月，全市企业联合征信系统入库企业数达到60万户，采集的企业信用信息包括企业注册信息、年检等级、产品达标信息、国有资产绩效考评信息、进出口报关记录、信贷融资记录和行业统计分析信息等。2005年，“上海诚信网”启动建设，为宣传上海社会诚信建设成果提供了新的渠道，为社会了解和监督信用服务行业提供了新的窗口和平台。同年，市信息委、市征信管理办公室启动了征信管理办公室内部管理系统建设，通过建立信用服务机构档案、完善日常管理工作流程，实现行业监管工作的信息化。以上两个系统都将于2006年开通使用。

（刘　洋）

【银行信贷登记咨询系统】 中国人民银行于1997年开始筹建银行信贷登记咨询系统，2002年建成地市、省市和总行三级数据库体系，实现了以地市级数据库为基础的省内数据共享。截至2005年11月底，系统收录借款企业452万户，人民币贷款余额17.36万亿元，约占全国金融机构贷款余额的90%。2005年1～11月，系统月均查询144万次。从2004年上半年起，中国人民银行已开始对该系统进行升级改造，升级后的新数据库为全国集中式数据库，升级系统已于2005年12月15日在上海、福建、浙江、天津4省市成功实现试运行，预计于2006年上半年实现全国联网运行。上海作为试点单位，目前已完成系统的升级改造工作。截至2005年12月31日，银行信贷登记咨询系统上海子系统入库人民币贷款余额达11 952.64万亿元；外币贷款折人民币2 205.82亿元；承兑汇票447.47亿元；信用证725.46亿元；保函525.34亿元；设置金融机构查询网点1 245家，平均月均查询5万多次；累计发放贷款卡9.3421万户、13.3054万张。

（人　行）

服务机构

全市已办理备案登记的从事企业信用服务的征信机构有37家，经营范围包括资信评级、商业征信、信用管理、信用保险等业务，基本覆盖企业信用服务链各个环节，正在形成较为完整的业态。2005年，随着信用服务需求领域的扩展，信用市场需求规模的增大，全市企业信用服务业务继续平稳增长，提供的信用产品和服务也越来越多样化，部分本地信用服务机构已经在全国和世界范围内拓展业务。全年企业征信机构经营收入达到1.92亿元，从业人员近千人。主要的3种业务中，资信评级业务总收入达7 340万元，商业征信业务总收入达7 998万元，信用管理业务总收入达2 445万元。

（刘　洋）

三、上海市信用服务行业协会

上海市信用服务行业协会于2005年6月依法正式成立，为上海市从事信用服务行业的同业企业以及其他经济组织自愿组成、进行行业服务和自律管理的非营利社会团体法人。目前有38家会员单位。

上海市信用服务行业协会的宗旨是：依照国家法律和发展信用服务业的政策，履行行业代表、服务、自律和协调只能，完成政府授权委托的行业管理工作，引导行业规范经营，保障行业公平竞争，关心和维护会员的合法权益，积极努力为会员服务，促进信用服务业共同进步，为社会诚信体系的建设发展服务。

上海市信用服务行业协会的业务范围是：行业调研规划、标准制定、学术研究、信息交流、资信服务、培训及从业人员资质认定。

作为行业自律组织，上海市信用服务行业协会积极发挥作用，制订行业服务标准和工作规范，推动会员单位加强自律，维护行业公信力，提高行业整体素质。

（刘　洋）

第三章　社会诚信创建活动

概　述

2005年，政府部门、社会团体、行业组织、企事业单位等各类社会主体积极组织开展自律、培训、宣传、教育、研究、区域合作等多层次的社会诚信创建活动，促进社会知信用、用信用、守信用，为社会诚信体系的可持续发展营造良好的社会基础环境。

（市信息委诚信建设处）

一、行业诚信创建活动

2005年，各行业及其管理部门通过推动实施诚信承诺、提倡明白消费、树立诚信典型、完善行业监管等举措，促进行业诚信自律。

商业系统诚信建设

2005年，上海商业系统围绕建设国际贸易中心的目标，积极推进商业诚信体系建设。多次召开全市商业系统会议，强化诚实守信和职业道德建设，提出商业诚信体系建设的目标和要求；组织先进典型宣誓、承诺、倡议，全市有1万多户商业企业向全社会商业企业发出“诚信兴商”倡议；推进信用培训教育，有5 000多名商业信用管理人员和企业法人代表参加了由市、区统一组织的培训；召开“建设诚信体系，推进都市繁荣”千人大会，开展“诚信承诺”万人签名、签订责任书、“诚信兴商”万人倡议等一系列活动。围绕上海商业质量诚信、价格诚信、服务诚信、专利诚信等内容活动，为上海整顿规范市场秩序、培育诚信典型、营造商业诚信环境、打击假冒伪劣和保护知识产权起到了积极作用。

城市交通行业信用管理体系建设

2005～2007年城市交通行业信用管理体系建设的试点工作于2005年下半年正式启动，选定了公共汽电车、出租汽车（不含租赁车）、驾校培训、汽车维修4个行业作为试点行业。

推进价格诚信

2005年7月起，市物价局在百货、眼镜、旅游、美发美容、汽车维修等多个行业开展推进价格诚信、查处价格欺诈专项行动，截至11月底，全市共出动检查人员4 100余人次，检查企业3 900余家，提醒、告诫、劝阻、纠正涉嫌价格欺诈行为400余件，发出责任整改通知书近500份，查处价格欺诈案件128件，实现经济制裁总额约40万元。

（市信息委诚信建设处）

二、信用培训及信用知识普及

推进企业信用管理培训

为做好社会诚信体系建设的基础性工作，满足企业对信用管理人才的迫切需求，市委组织部、市人事局、市征信办牵头积极推进企业信用管理培训，至2005

年底，已累计培训近万人。

举办区县社会诚信体系建设工作专题培训

为推动区域社会诚信体系建设工作，提高区县社会诚信体系建设工作领导干部业务素质，加强区县社会诚信体系建设工作的交流和探讨，2005年8月11～12日，市征信办组织开展了区县社会诚信体系建设工作专题培训，全市19个区县的社会诚信体系建设主管部门负责人和主要干部参加了培训。

出版《企业信用管理典型案例集》

为推动企业建设信用管理制度的基础性工作，满足企业信用管理培训广大参训学员的需要，2005年，市征信办面向社会公开征集企业信用管理的典型案例58例，汇编出版了《企业信用管理典型案例集》，作为企业信用管理培训的配套教材，供社会、企业的相关人员使用参考。

出版《上海市个人信用服务指引手册》

为提高广大市民的个人信用意识，满足市民了解个人信用服务常识的需要，2005年，市征信办组织出版了《上海市个人信用服务指引手册》。该书以图文并茂的形式并辅以生动的案例分析，通俗易懂地介绍了个人征信产品、个人征信服务流程、个人征信常识等相关实用知识。

（市信息委诚信建设处）

三、大型诚信宣传教育活动

2005上海“诚信活动周”活动

根据《上海市2003～2005年社会诚信体系建设三年行动计划》、《2005年上海市社会诚信体系建设工作要点》要求以及市委、市政府“一届政府5年任期内举办一次‘诚信活动月’，其他4年每年举办一次‘诚信活动周’”的指示精神，在2004年举办大型“诚信活动月”的基础上，2005年10月18日，由市委宣传部、市精神文明办、市经委、市旅游委、市征信办共同组织开展的2005上海“诚信活动周”正式启动。活动得到了各区县、各部门、各行业的积极响应，50多项社会诚信创建活动在社会各领域广泛开展，诚信的人文道德精神和经济价值理念向各领域进一步渗透，获得良好的社会效果。

10月18日，2005上海“诚信活动周”启动仪式在上海影城举行，市政府副秘书长李良园出席仪式，市社会诚信体系建设联席会议62家成员单位、部分行业协会、相关企业及市民代表近300人参加仪式。启动仪式上，上海市卢湾区淮海路经济发展促进会发出商业街诚信誓约；上海市旅游行业协会发出“开展诚信旅游活动、加强行风建设”倡议，呼吁旅游企业守法经营、诚信践诺，塑造上海旅游良好形象；以上海市信用服务行业协会、上海市资产评估协会为代表的全市38家行业协会发出“共建行业诚信”倡议，呼吁全市行业协会加强自律、加强合作，为营造上海诚信氛围、推动上海经济发展作出贡献。

10月10～23日，诚信格言大赛在全市举行，活动共征集了6 056条格言。

10月22～24日，小灵通杯“诚信”主题广场辩论赛在杨浦区、徐汇区、黄浦区依次举行，知名高等院校和商家组成的辩论队展开舌战，就“建设社会诚信主要依靠自律还是他律”、“建设社会诚信主要依靠道德提升还是制度规范”两大辩题展开辩论，探讨诚信内涵，10月24日的辩论赛终场赛同时作为2005上海“诚信活动周”闭幕仪式。

（市信息委诚信建设处）

四、区域信用合作

沪苏浙区域信用体系建设专题组第一次例会召开

2005年3月24～25日，沪苏浙区域信用体系建设专题组第一次例会在宁波召开。会议重点就沪苏浙信用体系建设区域合作推进方案和2005年工作计划进行协商和讨论，并在7个方面达成共识：长三角地区社会信用体系建设应成为构建“和谐社会”的重要内容，成立沪苏浙区域信用体系建设合作专题工作组，着力推进信用信息互通共享工作，举办“信用长三角”国际论坛，营造趋同的信用政策法规环境，共同探索建立信用服务机构监管制度，开展长三角地区信用管理培训和资格认证工作。

沪苏浙区域信用体系建设专题组第二次例会召开

2005年11月17日，沪苏浙区域信用体系建设专题组第二次例会在杭州召开会议，三地信用办人员参加会议，对2005年沪苏浙区域信用体系建设工作作了总结。

（市信息委诚信建设处）

文献

2005年上海市国民经济和社会信息化公报

2005年，本市信息化工作按照科学发展观的要求，贯彻落实党的十六届四中全会精神和科教兴市主战略，紧贴市委、市政府的中心任务和社会、市民的普遍需求，信息基础设施的综合服务能力得到进一步提升，信息产业继续保持平稳较快发展，信息技术应用深化拓展，信息化环境进一步优化，信息化整体水平保持国内领先地位，基本达到发达国家中心城市的平均水平。

一、信息基础设施

规划编制和管理

世博园区、芦潮港镇、泥城镇、市重大工程动迁配套商品房曹路基地等10个区域的信息基础设施专业规划编制完成。至年末，全市累计完成30多个新城镇和工业园区的信息基础设施专业规划编制，规划面积累计达730平方公里，比上年末增加108平方公里；规划人口近400万，比上年末增加48万；规划投资约70亿元，比上年末增加10亿元。

无线电管理

全年审核常规无线电设备使用1 931台，初审无线电设备新型号申请100件，完成无线电频率指配10个（对）、临时用频安排1 080个（对），接待用频需求单位咨询121次；查处擅自设置使用无线电台（站）的事件35起，查处无线电干扰18次，完成电磁环境测试24家（次）、台站验收10起；对全市在用的各类无线电台（站）进行技术指标测试和验证。虹桥机场、浦东国际机场无线电监测站建成，可搬移监测站、移动车与上海市无线电监测网完成联网。至年末，无线电台（站）累计达1.63万个，无线电设备累计达4.51万台，公众移动通信基站累计达4 209座。

公共基础设施

至年末，集约化信息管线累计敷设1 621沟公里，比上年末增加361沟公里；累计接入商业大楼938栋，比上年末增加338栋；架空线入地累计完成900皮长公里，比上年末增加350皮长公里。建成并运行7 500平方米左右的临港新城集约化通信局房；建成铁路南站移动通信室内合路系统，覆盖面积近20万平方米。至年末，累计完成公话亭标准化更新改造达8 000个；累计完成基础通信管线窨井盖的更新改造约16万只，比上年末增加5万只；微波占有信道累计达1 216波道公里，数字微波线路总长2 872公里；卫星站点累计达915个。

信息网络设施

至年末，互联网国际出口带宽超过30G，同比增长62.2%；长途光缆线路总长达5 141公里，比上年末增加538公里；固定电话交换机总容量达1 356.5万门，比上年末增加444.5万门；移动电话交换机容量达1 991万户，比上年末增加223万户；城市居民家庭计算机拥有量每百户达81.1台，电视机拥有量每百户达176.7台，城市居民家庭人均信息消费支出达1 207.70元。

功能型服务设施

超级计算中心　高性能计算的应用领域继续拓展，用户达107家，比上年末增加85家，涉及极地科学、生命科学、土木工程、航天航空等十多个应用领域。“曙光4000A”主机系统平均使用率达到56.13%；中心全年接待来自社会各界参观团190批，达6781人次。

互联网络交换中心　全年总交换流量达1300TB，日交换流量达4.5TB（最高峰时已突破5TB），总互联带宽达4.9G，总交换路由信息达26个B类IP地址；完成交换平台核心网络部分设备的扩容，提高了性能和可靠性；完成超级计算中心和闵广科技信息网络的顺利对接。

二、信息产业

全年实现信息产业增加值1 097.91亿元，同比增长25.7%，占全市生产总值的比重达12%。其中，信息产品制造业增加值653.75亿元，同比增长25.8%；信息产品销售业增加值21.66亿元，同比增长12.7%；信息服务业增加值422.5亿元，同比增长26.4%。信息产品出口额达298.0亿美元，同比增长23.1%，占全市外贸出口额的比重达32.8%，其中软件产业出口额达6.81亿美元，同比增长43.1%。全市用于信息化建设的固定资产投资308.87亿元，占全社会固定资产投资总额的比重达8.7%。

科教兴市重大信息产业攻关项目

TD-SCDMA、桌面中文软件系统两个项目已完成中期评估，EOS中间件、有线数字电视广播两个项目正在进行中期评估；开放式集成电路中试线、高端硅基材料、兼容IPv6的高端路由交换设备三个项目启动建设；科教兴市信息服务平台项目可行性研究方案初步形成。

信息产品制造业

全年实现销售收入4 106.0亿元，同比增长21.8%。重点行业持续稳定发展，通信设备制造业实现销售收入622.3亿元，同比增长65%；电子计算机制造业实现销售收入1 878.1亿元，同比增长21.5%；重点产品产量大幅增长，移动通信基站产量达115万信道，同比增长99%；液晶电视机产量达34.8万台，同比增长2.7倍；服务器产量达308万部，同比增长1.3倍；笔记本电脑产量达1 644万部，同比增长106%；张江高科技园区经信息产业部认定列入首批国家集成电路产业园。

信息服务业

全年完成经营收入916.8亿元，同比增长37.1%；其中电信服务业收入331.4亿元，同比增长20.6%；广电经营收入27.6亿元，同比增长32.9%；网络服务收入102.7亿元，同比增长45.3%。

电信　8月，发布《关于加强本市移动电话用户身份识别卡实名制管理的通告》。至年末，新增实名登记用户65万余户，4万余户存量用户完成补登记；固定电话用户达996.7万户，其中住宅电话685万户，固定电话主线普及率达56.1%；移动电话用户达1 444.2万户，比上年末增加138.2万户，移动电话普及率达81.2%。全年长途电话通话时长达110亿分钟，同比增长11.8%，其中固定电话长途通话时长达31.2亿分钟，同比增长5.4%；移动电话长途通话时长达19.6亿分钟，同比减少2.5%；IP电话通话时长达59.2亿分钟，同比增长21.6%。在长途电话通话时长中，国际及港澳台电话通话时长达5.7亿分钟，同比增长7.5%。

广电　全市100余家企业完成年检，新增入网企业40余家；完成卫星地球站2台2250W合成功放的3800W技术改造方案；完成上海电视台全国性有线数字电视付费频道集成平台验收并开通运营。至年末，全市数字电视用户累计达8万户；有线电视用户达427.3万户，比上年末增加49.3万户，其中有线电视双向改造完成185.66万户，比上年末增加12.77万户。各区县数字化改造工作顺利推进。

互联网 建立了电子备案系统，近14万家非经营性网站完成备案。至年末，互联网用户达803万人，比上年末增加170万人，互联网用户普及率达45.2%；宽带接入用户达247.4万户，比上年末增加88.58万户，其中家庭宽带接入用户达222.66万户，新增79.72万户。

软件产业

全年实现经营收入455.17亿元，同比增长50.3%，连续五年保持50%以上的增长速度。全市共有软件企业1 600家，软件从业人员11.8万人；27家企业被认定为国家规划布局内重点软件企业，享受国家特殊优惠政策。全年认定软件企业251家，登记软件产品821个。至年末，取得计算机系统集成资质等级的企业累计达115家；通过ISO9000认证和CMM3以上认证的企业累计达300多家，其中通过CMM3以上认证的企业56家。软件自主创新能力不断增强，EOS构件平台在电信、金融等领域成功推广应用，ReWorks/ReDe实时嵌入式操作系统获“2005年国家信息产业重大技术发明奖”；国家软件出口基地项目按计划进度建设，国家和市级软件产业基地配套服务体系不断健全，产业集聚效应明显。

三、政府信息公开

进一步深化政府信息公开的内容，公开了一大批与公众密切相关的政府信息，启动了依申请公开政府信息目录的编制工作及免于公开政府信息的备案工作，建立了重大决定草案公开情况的备案制度，规范了区县政府信息公开申请集中受理工作及申请处理文书格式文本，建立了政府信息公开咨询工作小组并开展咨询服务。各政府机关编制了政府信息便民问答手册，形成政府信息公开监督检查和评估的工作制度。开展全市性的政府信息公开工作培训，全年共培训500人次以上。发布2004年度上海市政府信息公开年度报告。全年各政府机关主动公开政府信息5.60万条，公布依申请公开的政府信息目录1.27万条；收到政府信息公开申请1.30万件，同意公开或部分公开的达80%。

四、政务信息化

电子政务网络平台

至年末，公务网覆盖市、区两级1 611个单位和部门，开通单位和部门1 027个，开通率64%；各委办局有近百项业务应用软件在市公务网上运行。覆盖市级政务单位的政务外网骨干网基本形成，近90个接入网节点开通；协同办事平台核心系统建设完成并投入试运行，政务外网应用平台主体功能进一步完善，开展了户外广告设施设置、市容城管投诉等业务协同试点。

“中国上海”门户网站

至年末，“中国上海”门户网站累计访问量达3 545.43万人次，累计页面访问量达3.5亿次；网上办事和服务项目达1 568项，其中可直接受理的办事审批704项、办事状态适时查询371项、实用信息查询391项、在线咨询50项、在线投诉52项；提供1 661项6 743张有关办事和服务表格的下载；印发《“中国上海”政府网站便民服务手册》。“中国上海”门户网站荣获国信办“2005年中国政府网站绩效评估”省级政府网站绩效第一名。

居住证信息系统

居住证制度扩大试点工作在全市19个区县50个街道（镇）全面开展，居住证临时信息系统运行良好，为全面启动居住证信息系统建设积累了宝贵经验。至年末，累计发放居住证7.71万张、临时居住证18.73万张。

社会保障和市民服务信息系统

至年末，社保卡累计发放963.67万张，比上年末增加60.89万张，其中面向镇保人员发放社保卡累计55万张；补（换）卡累计达54万张，比上年末增加16万张，其中为70周岁以上市民换发社保卡47万张。全年社保卡服务热线（962222）提供咨询近200万人次。

企业基础信息共享交换试点

完成企业基础信息共享交换试点，基本建成上海企业基础信息共享与应用系统，实现工商、税务、质监三个部门42项企业基础信息的及时交换与共享。

800M数字集群应急救援政务共网

该网设计容量为5万个终端，提供语音、数据两类业务，采用企业投资建设、政府和企业集团用户购买使用的方式，招标前期工作有序开展。

五、社会领域信息化

市政府实事项目

市民（青少年）信息服务平台　6月19日正式开通，提供心理健康、法律咨询、家庭教育、青年就业岗位信息、电子青年卡及市民信箱等五方面服务。至年末，累计为青少年提供心理、法律咨询服务862小时，发布就业信息近9万条，发放电子青年卡和市民信箱73万个。

“市民信箱”　全市19个区县的街道（镇）共设立209个固定受理点；新增数字证书在线申请、在线订报、在线订助医卡、在线捐款、网上调查和评选等系统功能。至年末，市民信箱注册用户累计达86.98万人，比上年末增加33.98万人；全年向用户发送订阅信息1.61亿条。

“付费通”　“付费通”平台与12家银行实现联网，通过付费通网站或自助缴付终端可缴付15种公用事业费，自助缴费终端开通的数量已经达到303台，全年交易量达733.75万笔，交易金额达7.27亿元，同比增长2.3倍。

“百万家庭网上行”　至年末，全市累计有72.6万名市民获得“百万家庭网上行”考试合格证书，130多万名市民参加了各类网上实践活动。

社区信息化

社区管理信息化　至年末，全市95%的街道建成内部局域网，95个街道与区电子政务平台联网，86个街道与居（村）委和下属企事业单位联网，基本建成市、区、街道三级信息基础网络。90个街道建成社区政务管理系统；79个街道建立了政府网站或网页。20个城镇开展城镇信息化试点工作，其中5个城镇通过试点验收。

社区文化信息化　至年末，18个区（县）的街道（镇）累计建设东方社区信息苑200个，提供多媒体展台、文化共享、自助培训、未成年人德育基地、电子图书等19个频道76个栏目的节目，节目信息量达2TB；依托信息苑开展党员先进性教育、百万青少年绿色网上行动、世博（艺术）社区行、财经沙龙等公益活动1 175项，举办“百

万家庭网上行”、计算机应用及网络操作技能等公益性培训1 229次。

社区服务信息化　完善上海社区服务网（www.88547.com）、社区服务热线（962200），加强实体服务队伍建设。上海社区服务网日均更新信息261条，社区服务热线年均接听市民来电30万个，服务项目达30类，服务队伍包括2 908个非营利性服务组织、1 138个营利性服务组织和近万名志愿者，重点推出了针对独居及纯老家庭的“安康通”远程援助系统，用户近4.5万人。

教育信息化

“校校通”网络安全、稳定、可靠运行，逐步开展基于“校校通”的信息化应用，如中小学生网上读书和电脑制作活动。

公共卫生信息化

33个社区卫生服务示范单位建成社区卫生服务信息管理系统，以健康档案为主模块，实现健康档案管理、传染病管理、肿瘤病管理、儿童保健管理、儿童计划免疫管理和妇女保健管理，并逐步在相关业务工作中开展应用。

六、经济领域信息化

企业信息化

实施促进传统产业电子化水平提高计划，重点支持造船、汽车、医疗等传统领域的技术提升。11月17日，上海市企业信息化促进中心成立。开展企业信息化区县巡讲等宣传推广活动，全年企业信息化培训达9万余人次。完成漕河泾新兴技术开发区、中山化工市场、卢湾现代服务园区等企业信息化园区示范项目，带动了4 000家企业的信息化建设；成立中小企业信息化服务联盟，推广互联网应用服务新模式（ASP），ASP平台试用用户累计达4 000余家，正式付费用户超过200家。

电子商务

全年电子商务企业完成交易额1 327.09亿元，同比增长78.6%，占全市商品销售总额的比重达10.3%；积极贯彻落实《国务院办公厅关于加快电子商务发展的若干意见》和《中华人民共和国电子签名法》，加快本市电子商务立法；继续开展“电子商务创业园”试点工作，引导市民通过网上开店等电子商务模式开展网上创业，在解决社会再就业、创建良好的电子商务应用环境等方面收效良好。加强网上交易诚信体系建设，成立了电子商务投诉服务中心。

电子口岸

建立上海电子口岸建设联席会议制度；实现上海电子口岸呼叫中心与市外汇管理局联网，完成洋山港综合信息平台一期建设；“大通关”平台功能进一步完善，海关特殊监管区域联网监管系统投入运行，应用范围覆盖5个出口加工区、外高桥保税区及外高桥保税物流园区；“一单两报”、“区港联动”系统启动试点；进出口领域企业基础信息交换共享试点方案形成。至年末，“大通关”平台的企业电子支付交易额达480亿元，同比增长92%，全年报文传输量达5 184万份，同比增长107.5%，单证电子化率达71%。

金融信息化

至年末，全市银行卡累计发卡5 729.8万张，比上年末增加796.82万张，其中贷记卡累计发卡358万张，比上年末增加191万张；全年银行卡交易量达3.22亿笔，交易金额达2 761.18亿元，同比分别增长50.5%和61.9%；银行卡交易金额中，持卡消费金额为1 233.15亿元（其中投资类消费金额404.95亿元），同比增长7.1%，占全市社会消费品零售总额的比重达27.9%。联网商户2.17万家，联网POS机约5.8万台；全年跨行交易量达2.51亿笔，交易金额达1 622亿元，同比分别增长28.5%和15.5%，其中直接消费1 087亿元，同比增长13.6%；8家股份制银行开通"柜面通"业务，实现柜面银行卡跨行存取款，至年末，累计完成跨行存取款交易23.16万笔，交易金额8.41亿元。金融税控收款机试点推广工作启动；电子标签在物流、卫生、食品安全等领域开展应用试点；"上海市金融信息服务产业基地"挂牌，吸引投资近30亿元。

农业信息化

继续推进市境道口动物防疫监控、农产品认证监控等监管系统的建设，完善农产品安全快速检测、食用农副产品质量安全信息查询等公共信息服务系统，基本完成农口系统"五网一线"（"五网"即农委政务网、上海农业网、华东农业网、科教兴农网、农民远程教育网，"一线"即农科热线）建设；农业网累计点击量达3亿次，日均14.6万次。

七、城市建设和交通领域信息化

城市管理网格化试点

长宁、卢湾两区开展城市管理网格化试点工作，形成由市级监管平台、区级监督指挥平台、专业部门、网格监督员构成的城市网格化管理系统，以1万平方米为基准，在辖区内划分单元网格，确定5大类32种事件，统一编码、管理标准和流程，并实现与"12319"城建服务热线联动。至年末，两个试点区共处理案件17 000宗，平均结案率达94%。

智能交通

城市道路交通信息采集系统各项功能进一步完善，中心城区地面及高架道路交通状态信息、视频监控信息、可变情报板诱导信息实现实时传输与交换；上海公共停车信息系统建成，中心城区30%的停车场（库）实现信息联网；上海轨道交通网络化票务信息系统建成，轨道交通1～5号线实现"一票换乘"。至年末，交通卡累计发卡1 974.02万张，比上年末增加504.73万张，全年销售金额达8.28亿元。

土地房屋综合管理信息系统

完成土地交易子系统推广，完善综合服务平台及房屋管理分系统建设，开发拆迁管理、廉租管理、物业电子收费子系统并投入试运行；完成"上海房地资源"和"网上房地产"网站改版工作。

八、信息安全

信息安全应急防范

完成《上海市网络与信息安全事件专项应急预案》编制，确定了本市网络与信息安全事件预案框架和处置工作流程。通信管理、金融、文广、证券、民航、铁路、电力、税务、医保、劳保等重点单位或领域的信息安全应急预案逐步完善。9682000信息化服务热线提供咨询近11.7万人次，提供维修服务4 340次。

信息安全网络信任体系

全市累计发放各类数字证书56.6万张，比上年末增加11.2万张，其中发放个人证书3 000余张；电子商务领域，新增7个企业证书应用项目；电子政务领域，启动上海市电子政务外网数字认证系统扩建项目，嘉定区、黄浦区实施数字证书电子政务应用试点，累计发放市级非税收入管理系统证书3 000余张。

信息安全监管

完成国家信息安全风险评估试点；33个重要信息系统通过安全测评，其中政府部门21个、企业单位12个。

信息安全产业

至年末，国家信息安全产业化（东部）基地入驻企业累计达60多家，从业人员达1 600多人；转化863计划成果5项、其他国家级科技成果16项；申请专利及著作权34项，取得国内专利6项、国际专利7项；制订技术标准9项；涌现出一批拥有自主知识产权技术和产品的新锐企业。

九、社会诚信体系

信用制度建设

至年末，社会诚信体系建设联席会议成员单位扩充至62家。个人信用产品使用的制度性安排取得进展，部分政府部门、区县政府在监管和服务环节使用信用产品并形成制度，公证、人才交流等公共服务领域使用信用产品的工作顺利开展；部分政府部门掌握的信用信息纳入个人信用联合征信系统；出台并施行《上海市企业征信管理试行办法》、《企业信用信息数据标准（试行版）》；开展《上海市个人信用征信管理试行办法》的执法检查，完成全市38家征信机构的备案。

信用服务行业

至年末，个人信用联合征信系统成员单位达45个，累计采集618万个人的信用信息，比上年末增加85万人；累计出具个人信用报告460万份，比上年末增加182万份，日均7 200份左右。企业信用联合征信系统累计采集60万户企业的信息。信用服务行业从业人员近1 000人，年经营收入达1.65亿元。

社会诚信创建活动

开展诚信活动宣传周，在全市范围内组织了50多项诚信创建活动；开通了个人信用、企业联合征信网上服务平台；启动上海诚信网建设，印发《上海市个人信用服务指引手册》、《企业信用管理典型案例》。至年末，信用管理培训工作累计培训近万人。区县社会诚信体系建设稳步推进，全市有16个区成立了区诚信工作联席会议或领导小组。

十、信息化环境

信息化规划

印发《上海市“十一五”国民经济和社会信息化重点专项规划编制工作方案》；完成《上海市国民经济和社会信息化“十一五”重点专项规划》意见征求，并与国家、本市的有关规划进行了衔接；电子政务、电子商务、电子社区、信息产业、信息基础设施、无线电管理、信息安全、信息化人才、信息化法治、“长三角”信息化合作、数字世博、社会诚信体系建设等12个信息化专项规划形成征求意见稿及相关研究成果。

信息化政策法规

全年共发布地方政府规章1件、规范性文件2件、政策性文件2件。3月17日发布《上海市企业信用征信管理试行办法》；10月8日发布《上海市公用移动通信基站设置管理办法实施细则》，12月26日发布《上海市市级电子信息产业园管理办法（试行）》；7月19日发布《关于同意本市无线市话基站天线设置使用费标准的批复》，9月17日发布《中共上海市委办公厅、上海市人民政府办公厅关于本市贯彻<中共中央办公厅、国务院办公厅关于加强信息资源开发利用工作的若干意见>的实施意见》。

区县信息化

信息化支撑社区党建与社区建设试点基本完成，初步形成区级人口信息资源条块共享的模式和规范；在徐汇、黄浦和松江三区分别启动自然人、法人、城建管理领域的地区电子政务原型试点，探索形成区县政务信息交换共享和业务协同应用新模式。全市19个区县基本完成信息化“十一五”规划编制工作；政府信息公开、政务外网、市民信箱、社区信息化、诚信体系、社保卡、产业园区建设等市信息化重点工程和重大项目在区县得到进一步落实；GIS、居住证信息系统、城镇信息化等试点工作效果显著。

综合管理

项目管理 初步建立信息化专业预算项目库；进一步完善信息化项目的社会化服务体系，4家获得地方临时资质的信息系统工程监理企业通过信息产业部的年检，1家企业获得部级临时资质；信息化项目的咨询、代建等机构继续发展，重大信息化项目的代建试点效果初步显现；电子政务项目的IT审计试点工作取得进展，初步形成电子政务项目全过程评估指标体系和评估模型。

协会管理 市信用服务行业协会和印制电路行业协会组建完成，市信息服务业行业协会动漫专委会成立。全市信息化行业协会总数达到15家，会员单位超过2 100家，基本覆盖本市信息化领域的龙头和骨干企业。

系统党群工作 上海市信息化工作系统社会治安综合治理领导小组成立，落实了综合治理责任制。至年末，上海市信息化工作系统共有职工3.3万余名、基层党组织775个、中共党员9 673名。根据中央、市委统一部署，开展了两批保持共产党员先进性教育活动；市信息委党组指导开发的“保持共产党员先进性教育活动管理信息系统”，以网站的形式整合了远程教育、管理系统等功能，实现了信息资源的共享，支撑了先进性教育的开展，提高了对党员教育、管理、服务的能力。继续开展“争当科教兴市的先锋、争当关心群众的模范”主题活动，命名表彰了2003～2004年度文明单位；全年共有4个集体和1名个人荣获全国性先进荣誉称号，42个集体和11名个人荣获市级先进荣誉称号。

信息科技

信息技术标准化 12月22日，发布地方标准《移动通信室内信号覆盖分布系统设计与验收规范》。《汽车GPS定位监控终端通用规范》完成备案。《上海医院信息系统测评要求》、《个人信用信息数据标准》完成草案编制。

信息技术领域知识产权保护 上海市信息技术领域专利分析检索报告完成，为信息技术领域知识产权工作提供了数据基础。5家信息技术领域企业列入第一批上海市知识产权示范企业，占总数的17.2%；32个信息技术类产品被认定为市级专利新产品，占总数的23.9%；139项信息技术领域科技成果被认定为2005年上海市科技成果转化

项目，占总数的23.1%。

信息化培训

至年末，参加“上海市信息技术管理职业资格”认证考试累计达1 842人次，比上年末增加379人次，其中获得资格证书累计754人，比上年末增加239人；获得高级信息技术主管职业资格证书累计41人，比上年末增加21人；参加计算机应用能力等级考核累计达401.4万人次，其中获得合格证书185.4万人次；参加面向国家公务员的电子政务考试累计达8 438人次，比上年末增加3 274人次，其中累计合格7 123人次，比上年末增加2 829人次，全年合格率达86%。开展了“信息社工”培训工作。

信息化专家委员会

参与上海市产业信息化专项资金项目、2006年市级部门信息化项目支出预算、市民信箱系统建设方案、上海有线网络数字化平移方案等项目评审和验收共126人次；推荐参加首届全国信息化研究成果评选活动的专著、论文、报告共22篇；《第三届上海市信息化专家委员会论文集》编纂完成；完成信息化专家委的换届工作，确定新一届专家委成员75名，其中国内专家65名、外籍专家10名。

信息化合作交流

5月30日至31日，亚太地区城市信息化论坛第五届年会在上海国际会议中心举行，第二届上海国际信息化博览会同期举办；年会举办专题会10场、演讲122次，近800余人参加；信息化博览会参展企业101家，展览面积9 000平方米。11月8日至9日，作为2006年国际软件工程大会的前期活动，软件工程和未来软件技术国际研讨会在上海举行。11月10日至11日，召开上海软件外包国际峰会，成立了“华东—长三角地区软件行业合作联盟”。“长三角”区域物流信息一体化专题工作取得阶段性成果；成立了江、浙、沪两省一市“长三角”地区信息化推进合作组，形成了工作协调机制；推进“长三角”区域信用体系建设合作，出台《沪苏浙信用体系建设区域合作推进方案》；上海与新疆签署关于促进两地信息化发展的合作协议；与云南、杭州分别合作建立上海超级计算中心云南大学分中心和上海市信息安全测评认证中心杭州分中心。

2005年上海市政府信息公开年度报告

本报告根据《上海市政府信息公开规定》（下称《规定》）以及2005年度上海市各区（县）人民政府（下称“区（县）政府”）和上海市政府各委、办、局（下称“市级机关”）的政府信息公开年度报告编制。全文由概述，主动公开政府信息的情况，依申请公开政府信息的情况，咨询情况，复议、诉讼和申诉情况，工作人员和收支情况，主要问题和改进措施，附表等八部分组成。本报告中所列数据的统计期限自2005年1月1日起，至2005年12月31日止。本报告的电子版可在“中国上海”门户网站（www.shanghai.gov.cn）和上海市信息化委员会网站（www.shanghaiit.gov.cn）下载。如对报告有任何疑问，请与上海市信息化委员会联系（地址：巨鹿路915号，邮编：200040，电话：61122305，电子邮箱：webmaster@shanghaiit.gov.cn）。

一、概　述

推进政府信息公开工作是上海贯彻实施《中华人民共和国行政许可法》和落实国务院《全面推进依法行政实施纲要》的重要举措，是上海市政府建设“服务政府、责任政府、法治政府”的一项重要工作。在2004年本市政府信息公开工作取得初步成效的基础上，按照《中共中央办公厅 国务院办公厅关于进一步推行政务公开的意见》（中办发〔2005〕12号），2005年本市政府信息公开工作在深度、广度和推进力度上有了进一步的提升，在完善政府信息公开制度和规范、深化政府信息公开内容、规范政府信息公开申请处理流程、拓展政府信息公开形式等方面取得了新的进展。2005年主要开展了以下几个方面的工作：

（一）完善制度和规范

为了使公文类政府信息在产生过程中即明确是否公开，加快政府公开信息的更新维护速度，编制了《上海市政府机关公文类信息公开审核办法（草案）》；为准确界定免予公开政府信息的范围，按照《中共中央办公厅 国务院办公厅关于进一步推行政务公开的意见》（中办发〔2005〕12号）要求，印发了《上海市政府信息公开联席会议办公室关于实施免予公开政府信息报备制度的通知》（沪信息委政〔2005〕134号）；为在决策过程中充分吸收社会公众的意见，推进民主、科学决策，印发了《上海市政府信息公开联席会议办公室关于实施重大决定草案公开情况备案制度的通知》（沪信息委社〔2005〕175号）。

（二）规范政府信息公开申请处理流程

为了进一步指导政府机关做好政府信息依申请公开处理工作，印发了《上海市政府信息公开联席会议办公室关于印发〈政府信息公开申请处理文书格式文本〉的通知》（沪信息委政〔2005〕145号）；为了方便公众通过“一门式”窗口申请政府信息，进一步规范了区县政府信息公开申请集中受理工作。

（三）拓展政府信息公开形式和便民服务措施

各政府机关进一步利用信息化手段拓展信息公开形式，提升政府信息查阅服务水平，如市人事局开设政府信息声讯服务电话，闸北区建立政府信息查询屏；为了方便公众准确理解有关政府信息，各政府机关逐步编制政府信息便民问答，通过政府网站或者小册子供公众查阅，目前市教委等15家“公众关注度高、公益性强、公权力大”的政府机关都已在各自网站上设立了便民问答栏目。

（四）加强基础性工作

为了给各政府机关开展政府信息公开工作提供指导，建立了由市政府办公厅、市监察委、市信息委、市政府法制办和市保密局组成的政府信息公开咨询工作小组，为政府机关开展政府信息公开工作提供咨询服务；为了加强对各政府机关的监督力度，市监察委和市政府法制办印发了《关于对〈上海市政府信息公开规定〉实施情况开展监督检查和评议的意见》（沪监〔2005〕27号）；为了鼓励先进、鞭策后进，市信息委印发了《上海市信息化委员会关于开展政府信息公开评估工作的通知》（沪信息委社〔2005〕339号），形成了政府信息公开的评估办法与指标体系，并于2005年12月份启动了政府信息公开评估工作。

（五）加强宣传和培训工作

为进一步扩大政府信息公开工作的影响，普及政府信息公开知识，组织开展了多种形式的政府信息公开新闻宣传；2005年5月冯国勤副市长在上海人民广播电台“市民与社会——市长热线”节目与市民畅谈政府信息公开；为进一步提升政府信息公开工作人员的业务水平，市信息委、市政府法制办、市行政学院分别于2005年6月和10月组织开展了上海市政府信息公开第三、四次培训，加强了对工作人员的业务指导。

二、主动公开政府信息的情况

（一）公开的主要内容

各政府机关对政府信息进行了梳理和编目，2005年新增主动公开政府信息50 281条，全文电子化率为95.2%。其中，政策法规类信息5 914条，占11.8%；规划计划类信息1 556条，占3.1%；业务类信息27 333条，占54.4%；机构设置类及其他类信息15 478条，占30.7%。

市级机关主动公开政府信息21 051条，全文电子化率为97.0%。其中，政策法规类信息2 231条，占10.6%；规划计划类信息358条，占1.7%；业务类信息10 526条，占50.0%；机构设置类及其他类信息7 936条，占37.7%。平均每个市级机关主动公开政府信息448条。

区（县）政府主动公开政府信息29 230条，全文电子化率为93.9%，其中，政策法规类信息3 683条，占12.6%；规划计划类信息1 198条，占4.1%；业务类信息16 807条，占57.5 %；机构设置类和其他类信息7 542条，占25.8%。平均每个区（县）政府主动公开政府信息1 538条。

1. 管理规范和发展计划

按照《中华人民共和国立法法》、《规章制定程序条例》、《上海市行政规范性文件制定和备案规定》和《规定》，公开了市政府规章和各政府机关产生的规范性文件，以及与经济、社会管理和公共服务相关的其他文件。

经济社会发展规划、计划及其进展和完成情况方面，公开了《上海市容环卫、城管执法“十一五”改革发展纲要》、《关于上海市2004年国民经济和社会发展计划执行情况与2005年国民经济和社会发展计划草案的报告》、《上海加快人才新高地建设行动纲要》、《2005年上海市劳动保障局就业和社会保障工作报告摘要》、《上海市水（环境）功能区划》、《上海市第一次经济普查主要数据公报》等。

城市总体规划、其他各类城市规划以及土地利用总体规划等方面，公开了《上海市土地利用总体规划》、《上海市地下空间概念规划》、《上海市景观水系规划》、《市北工业新区控制性详细规划》、《上海市城市雕塑总体规划（2004年-2020年）》、《上海市天然气主干网系统规划》、《上海市中心城公共绿地实施规划》、《华泾镇社区中心详细规划》、《彭浦镇科技工业街坊详细规划》、《上海市矿产资源总体规划（2000-2010年）》等。

2. 与公众密切相关的重大事项

影响公众人身和财产安全的疫情、灾情，以及突发公共事件的预报、发生及其处理情况等方面，公开了有关台风“麦莎”、“卡努”的预报及防范措施，《上海市安全生产警示实施暂行办法》，本市甲乙类传染病疫情等信息。

扶贫、优抚、教育、社会保障、劳动就业等方面，公开了社会救助标准、福利事业发展情况、养老福利服务机构收费标准、各类优抚对象抚恤标准、退役士兵自谋职业一次性经济补助标准、城市居民最低生活保障标准、教育政策解读、招考公示、高校介绍等信息。

土地征用、房屋拆迁的批准文件、补偿标准、安置方案等情况方面，公开了上海市经营性土地供应计划情况、本市城市房屋拆迁最低补偿单价标准》，以及住宅建设、重大工程配套住宅、房产交易登记、物业管理、应急维修、“平改坡”等信息。

其他与社会公众密切相关的信息方面，公开了企业基本信息、质量监督抽查结果和组织机构代码信息，本市公交路线的调整信息，以及医疗收费标准、执业医师注册信息、传染病防治知识、网上寻医、本市各级医疗机构住院床位日均费用情况、门急诊均次费用排序情况、医疗质量监管考核综合得分排序情况等信息。

3. 公共资金使 用和监督

重大城市基础建设项目的公开招标中标情况及工程进度情况方面，公开了市民关注的高速公路、越江隧道、城市道路建设的详细情况，包括洋山深水港一期工程、中环线建设、A30高速公路通车、轨道交通4号和8号线工程等信息、2005年重大工程项目列表、工程建设管理、建筑建材业管理等信息。

政府集中采购项目的目录、政府采购限额标准、采购结果及其监督情况方面，公开了2006年政府采购集中采购目录和采购限额标准，2004和2005年度政府采购项目批次、采购金额和增幅、市级和区级采购金额比例和增幅、平均节支率、资金构成情况，以及新供应商注册、中介机构、咨询专家名单等信息。

政府财政预算、决算和实际支出以及审计情况方面，公开了《关于上海市2004年预算执行情况和2005年预算草案的报告（摘要）》，以及2004年上海市审计工作成果等信息。

4. 政府机构和人事

政府机关的管理职能及其调整、变动情况方面，公开了政府机关管理职能、内设机构和直属单位、主要领导人简历、人事任免等信息。

公务员招考、录用以及公开选任干部的条件、程序、结果等情况方面，公开了2005年上海市国家公务员考试录用实施意见、实施方案、招录简章，历年上海市国家公务员考试录用人数，2004年上海市国家公务员任职和公务回避情况，2004年国家公务员年度考核情况，2004年上海市招录的国家公务员名单，以及党政领导干部选拔条件、提拔任用资格和选拔程序等信息。

5. 重大决策草案

公开了2005年起草的《上海市公共信息系统安全测评管理办法（草案）》等涉及公民、法人和其他组织的重大利益或者有重大社会影响的12件政府规章草案，充分听取公众意见。

（二）公开形式

1. 互联网

“中国上海”门户网站政府信息公开专栏下设市政府信息目录、市政府信息公开指南、市政府机关与区（县）信息公开、市政府信息公开指引、政府信息公开年度报告、政府公报、政府规章、政府会议、机构职责、实事项目、政府文件、人事任免、办事规程、上海统计、市政府新闻发布15个子栏目。在公开市政府的信息之外，“中国上海”门户网站与市级机关、区（县）政府建立了链接，方便市民查阅各政府机关主动公开的政府信息。

各政府机关在各自网站上设立了政府信息公开专栏，发布各类政府信息。2005年通过各政府机关政府信息公开专栏查阅政府信息的有1 358.9万人次。

实名制“市民信箱”为市民免费发送政府公报、政策法规、人事任免等政府信息和个人社会保险信息以及公用事业账单等便民信息。

2. 公共查阅点

指定市档案馆外滩新馆为政府公开信息集中查阅中心。目前该中心已汇集了49个市级机关主动公开的政府信息全文、目录和政府信息公开指南，为公众查阅政府信息提供帮助。区（县）档案馆也设立了政府公开信息集中查阅点，为公众提供区（县）政府机关主动公开的政府信息。

3. 政府公报

通过市人民政府公报公开重要行政法规，市政府规章，各政府机关的主要规范性文件，与经济、社会管理和公共服务相关的其他文件，以及人事任免、机构设置、表彰等信息。市人民政府公报每月5日和20日出版，通过档案馆、图书馆、部分企事业单位、邮局、书报亭、新华书店、居委会、村委会等免费向公众发放，每期发放量达20万份。各区（县）政府也陆续出版政府公报，公布辖区内的重要政府信息。

4. 新闻发布会

市政府新闻办通过每两周举行一次例行新闻发布会，发布重大政府信息，同时根据实际需要不定期举行专题新闻发布会。2005年全年共举行市政府例行新闻发布会25场，发布重要信息47项，回答记者提问482个，主要围绕经济发展、社会事业、城市建设和管理、政府自身建设等社会公众关心和政府关注的问题。市级机关已基本建立新闻发言人制度，定期或不定期地发布重要政府信息。

三、依申请公开政府信息的情况

（一）申请情况

各政府机关共收到政府信息公开申请12 465件，其中市级机关收到7 180件，区（县）政府收到5 285件；当面申请8 473件，占68.0 %，以网上提交表单形式申请1 959件，占15.7%，以电子邮件申请1 468件，占11.8%，以传真形式申请112件，占0.9%，以信函形式申请261件，占2.1%，以其他方式申请194件，占1.6%。

在市级机关中，申请量列前五位的是市规划局、市人事局、市房地资源局、市统计局、市民政局，申请内容主要涉及城市规划、人才引进、事业单位改革、公务员管理、房屋拆迁、物业管理、职工平均工资、居民家庭人均可支配收入、优待抚恤、社会救助等方面的政府信息。

在区（县）政府机关中，申请量列前五位的是浦东新区、杨浦区、闸北区、嘉定区、长宁区，申请的内容主要涉及社会保障、劳动就业、土地征用、房屋拆迁与补偿标准、城市规划和发展计划以及教育和人事等方面的政府信息。

（二）申请处理情况

12 465件政府信息公开申请中，已经答复的11 700件，按照《规定》将于下年度答复的765件。

在答复中，“同意公开”的8 771件，占75.0%；“同意部分公开”的365件，占3.1%；未能提供相关信息的2 564件，占21.9%。

2 564件未能提供相关政府信息的答复中，“信息不存在”的525件，占20.5%；“非本部门掌握”的916件，占35.7 %；“申请内容不明确”的254件，占9.9%；属于《规定》第十条免予公开范围的639件，占23.6%；因其他原因未提供信息的230件，占9.0%。

四、咨询情况

全市共有471.7万人次通过各种方式咨询与政府信息公开有关的事务，其中现场咨询30.6万人次，占6.5%；电话咨询427.2万人次，占90.6%；网上咨询13.9万人次，占2.9%；另外还有少量电子邮件咨询。

在市级机关中，接受咨询量列前五位的是：市劳动保障局、市公安局、市人事局、市教委、市质量技监局，咨询的内容主要涉及政府信息公开业务流程、网上政府公开信息查询方式、最低工资标准、加班工资支付、公安行政许可事项及其相关依据、居住证申请、公务员考试、事业单位福利制度、入学报考与招生、教育收费、职业与成人教育、组织机构代码年检、产品质量监督、食品安全等。

在区（县）政府中，接受咨询量列前五位的是：普陀区、黄浦区、浦东新区、卢湾区、虹口区，咨询的内容主要涉及外商投资企业经济政策、招商引资政策、房地产开发政策、土地征用和动拆迁政策、建筑项目用地规划、城区建设规划、市政道路建设、物业管理、劳动保护、个人社会保险金、帮困扶贫、政府采购、财政资金使用、食品药品监管等。

五　复议、诉讼和申诉情况

全市受理有关政府信息公开事务的行政复议申请145件，其中市政府受理62件，区（县）政府受理到83件，争议主要集中在房屋拆迁、社会保障、户籍政策、房屋登记资料、建设项目等信息的公开问题。其中，在市政府受理的62件政府信息公开申请中，已审结57件，受理率和审结率分别为88.7%和91.9%。在审结的57件复议案件中，维持具体行政行为的26件，申请人主动撤回申请的3件，确认具体行政行为违法的9件，责令行政机关履行职责的3件，政府机关自行纠正具体行政行为、申请人撤回申请而终止审理的1件，纠错率为22.8%。

全市发生针对各政府机关有关政府信息公开事务的行政诉讼案件29件，其中因对行政复议决定不服而提起行政诉讼的18件；对政府机关的答复不服而提起行政诉讼的11件。

全市发生针对各政府机关有关政府信息公开事务的申诉15件，申诉主要集中在“对政府工作人员的服务不满”。所有申诉已处理完毕，申诉人对处理结果的满意率达100%。

六、工作人员和收支情况

（一）工作人员情况

全市从事政府信息公开工作的全职人员226人，兼职人员1 620人。平均每个市级机关从事政府信息公开工作的全职人员2.6人，兼职人员5.8人；平均每个区（县）政府从事政府信息公开工作的全职人员5.3人，兼职人员70.4人。

（二）政府信息公开事务支出情况

2005年是《规定》实施的第二年，用于政府信息公开申请受理点、政府信息公共查阅室、网站改版和更新等费用1 428.1万元。其中，市级机关支出692.9万元，平均每个市级机关支出14.1万元；区（县）政府支出735.2万元，平均每个区（县）支出38.7万元。

（三）依申请公开政府信息收费情况

各政府机关按照市财税局、市物价局《关于本市政府机关依申请提供政府信息收费问题的通知》，对依申请提供政府信息收取复印、递送等成本费用共计30 310.6元。

七、主要问题和改进措施

目前，政府信息公开工作在如何进一步深化公开内容、拓展公开形式、完善长效工作机制、加强宣传和培训等方面存在不足。考虑从以下四个方面作进一步的改进：

1．深化政府信息公开内容。进一步深化政府信息公开的内容，选择若干社会关注度高的政府信息作为突破口，逐步形成不同领域的政府信息的公开规则；研究推进行政执法过程中的信息的公开。

2．拓展政府信息公开形式。继续加强各级档案馆政府信息集中查阅服务功能，加强政府信息公开渠道向乡镇、街道、社区等基层领域的延伸，并继续强化政府网站作为政府信息公开主渠道的功能。

3．建立长效工作机制。继续加强政府信息公开申请的处理、依申请公开的政府信息目录编制、免予公开的政府信息类目备案、重大决定草案公开情况备案、向档案馆送交政府公开信息等工作；继续完善政府信息公开的监督、评议制度。

4．加强培训和宣传工作。加强对领导干部和政府信息公开业务人员的培训，提升公开意识，提高业务水平；同时，通过新闻宣传，正确引导社会公众正确行使知情权。

八、附表

（一）主动公开情况统计

指　　标	单位	数量
主动公开信息数	条	50 281
其中：全文电子化的主动公开信息数	条	47 862

（二）依申请公开情况统计

指　　标	单位	数量
本年度申请总数	条	12 465
其中：1. 当面申请数	条	8 473
2. 传真申请数	条	112
3. 电子邮件申请数	条	1 468
4. 网上申请数	条	1 959
5. 信函申请数	条	261
6. 其他形式申请数	条	194
对申请的答复总数	条	11 700
其中：1. 同意公开答复数	条	8 771
2. 同意部分公开答复数	条	365
3. 否决公开答复总数	条	2 654
其中：1)"信息不存在"数	条	525
2)"非本部门掌握"数	条	916
3)"申请内容不明确"数	条	254
4)"免予公开范围 1"数 *	条	58
5)"免予公开范围 2"数	条	38
6)"免予公开范围 3"数	条	4
7)"免予公开范围 4"数	条	400
8)"免予公开范围 5"数	条	0
9)"免予公开范围 6"数	条	135
10)其他原因	条	332

* 免予公开范围指《规定》第十条所列免予公开的政府信息范围。

（三）咨询情况统计

指　　标	单位	数量
本年度提供服务类信息数	条	646 566
网上咨询数	人次	138 812
现场接待人数	人次	306 395
咨询电话接听数	人次	4 272 146
网站专栏页面访问量	人次	13 588 961

（四）申诉情况统计表

指　　标	单位	数量
行政复议数	件	145
行政诉讼数	件	29
行政申诉数	件	15
其中对本部门首次处理不满意的行政申诉数	件	0

（五）政府支出与收费情况统计

指　　标	单位	数量
收取费用总数	元	30 310.6
政府信息公开指定专职人员总数	人	1 839
其中：1. 全职人员数	人	226
2. 兼职人员数	人	1 620
处理政府信息公开的实际支出	万元	1 428.1

上海市信息化委员会

二OO六年三月二十九日

政府规章

《上海市企业信用征信管理试行办法》

（2005年3月17日上海市人民政府令第49号发布）

第一条（立法目的）

为了规范与促进企业信用征信，保障公平、公正地开展企业信用征信，建立企业信用制度和营造社会信用环境，制定本办法。

第二条（定义）

本办法所称的企业信用征信，是指受公民、法人或者其他组织委托，通过采集、加工企业信用信息，提供关于企业信用状况的调查、评估或者评级报告等征信产品的经营性活动。

本办法所称的征信机构，是指依法设立的、专门从事企业信用征信的机构。

本办法所称的企业信用信息，是指在企业经济活动和社会活动中形成的，能用以分析、判断企业信用状况的信息。

第三条（适用范围）

本办法适用于本市范围内开展的企业信用征信及其相关监督管理。

第四条（原则）

本市企业信用征信实行市场运作、政府监管和行业自律。

开展企业信用征信应当独立、客观、公正和审慎，确保征信产品的准确性。企业信用征信不得损害企业合法权益，不得妨碍社会公共利益和安全。

第五条（管理部门）

上海市征信管理办公室（以下简称市征信办）负责对企业信用征信的行业推进、指导和监管。

相关行政管理部门按照各自职责，协同进行企业信用征信的业务指导和监管。

第六条（备案与公开）

征信机构应当自取得工商营业执照之日起30日内，向市征信办备案。备案应当提供下列材料：

（一）工商营业执照（复印件）；

（二）股权结构、组织结构说明；

（三）高级管理人员的信用状况证明和相关业务专业人员的基本情况介绍；

（四）开展企业信用征信的业务范围、信息处理程序和信息安全防范措施。

前款备案内容发生重大变更时，应当自变更之日起30日内，将变更内容报市征信办备案。

市征信办应当依法向社会公开有关备案信息。

第七条（年度报告及业务情况调查）

征信机构应当在当年第一季度，将上一年度企业信用征信业务开展情况和本年度企业信用征信业务调整情况，向市征信办报告。

市征信办可以组织建立征信产品使用情况反馈机制，了解市场对征信机构有关征信业务的客观评价情况。

第八条（信息的采集）

征信机构应当通过合法途径采集企业信用信息，不得以骗取、窃取、胁迫或者其他不正当手段采集企业信用信息。

第九条（异议信息的处理）

被征信企业对征信机构采集的企业信用信息有异议，并提供相关依据的，征信机构应当进行核实，发现采集的信息确有错误的，应当立即纠正；查证后确实无误的，应当告知被征信企业；难以查证的，应当根据客观原则进行审慎处理。

第十条（征信产品的制作）

征信机构应当依据信息提供方所提供的原始信息，并按照备案的信息处理程序规范地制作征信产品，不得编造、篡改企业信用信息。

第十一条（征信产品的效用）

征信机构所提供的征信产品仅供使用人作为判断企业信用状况的参考。

第十二条（商业秘密的保护）

征信机构对涉及商业秘密的企业信用信息负有保密义务，不得向任何单位或者个人提供，但法律、法规另有规定或者被征信企业同意提供的除外。

第十三条（回避）

征信机构与被征信企业存在资产关联或者其他利害关系，可能影响征信活动公正性的，征信机构不得提供有关该企业信用状况的征信产品。

第十四条（商务活动中征信产品使用的推进）

提倡企业和其他组织在项目合作开发、商业投资、商务采购、经营决策等商务活动中使用征信产品，查验对方的信用状况。

第十五条（公共管理中征信产品的使用）

本市各级行政机关、行政事务执行机构以及其他承担公共管理职能的组织在经济调节、市场监管、社会管理和公共服务活动中，涉及向社会委托、发包政府公共服务项目，政府采购与招投标等事务的，应当根据需要使用征信产品。

第十六条（有关政府信息的公开）

征信机构开展企业信用征信，需要采集有关政府信息的，按照《上海市政府信息公开规定》执行。

第十七条（行业自律）

鼓励信用服务行业组织制定并推行行业规范，为会员提供业务指导和服务，发挥行业自律作用。

第十八条（投诉）

任何组织和个人认为征信机构有违法征信行为，侵犯其合法权益的，可以向市征信办投诉。

第十九条（行政处罚）

征信机构违反本办法第六条规定未进行备案或者违反第七条规定未进行年度报告的，由市征信办责令限期改正；逾期不改正的，处1万元以下罚款。

第二十条（施行日期）

本办法自2005年5月1日起施行。

规范性文件

《上海市公用移动通信基站设置管理办法实施细则》

（沪信息委法（2005）281号）

第一章　总　则

第一条　（目的和依据）

为了加强本市公用移动通信基站设置的管理，维护移动通信用户、移动通信业务经营者和社会公众的权益，保障公用移动通信的健康发展，根据《中华人民共和国无线电管理条例》和《上海市公用移动通信基站设置管理办法》的规定，结合本市实际情况，制定本细则。

第二条（定义）

本细则所称的公用移动通信基站（以下简称基站），是指在一定的无线电覆盖区中，通过移动通信交换中心，与移动电话终端之间进行信息传递的无线电收发信电台。具体包括采用蜂窝方式组网的GSM移动通信系统、CDMA移动通信系统、无线寻呼系统、数字集群通信系统、PHS无线接入通信系统，以及采用其他技术体制的无线通信系统。

第三条　（适用范围）

本市行政区域内基站设置的管理活动适用本细则。

第四条　（管理部门）

上海市无线电管理局（以下简称市无管局）具体负责本市基站设置的监督管理工作。

市通信、规划、环保、物价、房地、公安、市容等部门应当按照各自职责，协同做好本市基站的相关管理工作。

第五条　（设置原则）

基站设置应当符合城市总体规划要求，适应公用移动通信发展，坚持选址布局优化合理、站址资源统筹共享的原则。

任何组织和个人，不得擅自采取危及基站设施安全的措施。

第二章　一般规定

第一节　发展规划与年度计划

第六条　（发展规划）

市无管局应当每五年编制一次本市基站专业发展规划。基站专业发展规划应当包括基站设置的发展方针、整体布局、保障措施等内容。

市无管局应当在新一轮规划周期前一年的上半年，编制完成未来五年的基站专业发展规划，基站专业发展规划纳入市信息基础设施发展规划。

第七条（年度计划的周期）

年度基站设置计划的周期，由市无管局确定并公布。

第八条（年度设置需求）

经营者应当在新一轮年度计划周期前的2个月前，根据本市基站专业发展规划、布局和选址要求，提出年度基站设置需求，报市无管局。

提出设置室外基站需求的，拟设置基站的区域，其周边的边界应当不超过规划基站的200米半径。

第九条 （年度计划确定）

市无管局应当在收到经营者提出的基站设置需求后的1个月内，根据本市基站专业发展规划进行综合平衡，并征询区县信息委意见后，会同市规划、环保、房地部门制定年度基站设置计划。

市无管局应当在新一轮年度计划周期前的1个月内制定完成并发布年度基站设置计划。

第十条 （例会制度）

市无管局应当每半年组织召开一次基站设置管理工作例会，由市各相关部门和经营者参加。

第二节　室外基站

第十一条 （集约化建设）

经营者提出的年度基站设置需求中，室外基站布局或者选址与其他经营者的室外基站位置有重复的，市无管局应当予以协调安排，采取电磁兼容等技术措施，共用同一站址资源，避免重复设置。不能共用同一站址资源的，后提出设置需求的经营者应当另行选址。

第十二条（建设条件）

经营者新建室外基站的选址和设置应当符合以下条件：

（一）在居住区选址的，优先考虑设置在非居住建筑物上；

（二）选址时尽量避开历史保护建筑，并采用小型化、隐蔽化的建设方案；

（三）天馈线的走向和布局应当与建筑物及周边环境相协调。

已建室外基站不符合上述条件的，应当逐步进行改造，使之达到景观化要求。

第十三条（干扰排除）

经营者设置室外基站应当采取相应的技术措施，避免对覆盖范围内室内基站的干扰。

室外基站在运行过程中变更核定内容的，经营者应当保证相关技术指标符合有关标准，排除对其他无线电系统的有害干扰。经营者无法确定是否会产生干扰的，应当报市无管局，经批准后方可变更。

第十四条（执照有效期）

基站《电台执照》的有效期为发放之日起三年。有效期届满，经营者仍需使用基站的，应当在有效期满前一个月内办理《电台执照》的更新手续。

第十五条（停用或者撤销）

室外基站停用或者撤销的，经营者应当向市无管局办理《电台执照》的注销手续。

已经废弃的室外基站和铁塔，由基站和铁塔的所有人及时拆除，业主应当负责废弃的室外基站和铁塔拆除的督促工作。

第十六条（拆迁补偿）

室外基站的拆迁补偿，按照市信息委、市房地资源局、市无管局《关于本市公用移动通信基站拆迁补偿问题的意见》(沪信息委法〔2004〕280 号)的规定执行。

第十七条（设置合同的续签）

经营者与民用建筑物产权人或者其他权利人订立的基站设置合同到期，经营者仍需使用基站的，可以与民用建筑物产权人或者其他权利人协商续签合同。

民用建筑物产权人或者其他权利人应当配合续签合同，保障基站继续使用。

第十八条（临时基站）

执行特殊通信、应急通信等任务需设置临时室外基站超过 10 日的，经营者应当在室外基站设置前向市无管局提交书面申请和相关技术资料，办理临时《电台执照》。

临时《电台执照》的有效期不超过半年。

第十九条（诚信承诺）

经营者应当在室外基站建成后向市无管局提出验收申请时，填写并提交市无管局发放的诚信承诺书，承诺其基站的电磁辐射符合国家环境保护的相关标准。基站所在地业主或者物业对基站的电磁辐射有异议的，经营者应当向具有法定资质的检测机构提出电磁辐射检测申请。经检测超过有关标准的，经营者应当采取措施，将电磁辐射降至符合国家环境保护规定的相关标准以内。

第二十条（运行监督）

市无管局应当每年按一定比例对室外基站的发射设备进行抽查检测。

第三节　室内基站

第二十一条（功能描述）

室内基站即室内分布系统，由移动通信信号的接收、发射及传输等设施组成，用以实现弱小无线通信信号在建筑物或者特定区域内的均匀覆盖。

室内分布系统应通过多网合一的方式，满足公用移动通信、专用无线通信、无线局域网等不同无线通信系统的综合接入需求。

第二十二条（配套建设）

本市建筑物为室内分布系统配套建设机房、预留管道与端口的，应当符合市建设部门的有关规定。

第二十三条（设置申请）

经营者需要设置室内分布系统的，应当向市无管局提出设置申请并提供下列材料：

（一）《室内分布系统设置申请表》；

（二）具有法定资质的工程设计单位编制的多网合一的系统设置方案；

（三）与业主签订的基站设置通信用房使用协议。

第二十四条（审批）

市无管局应当自收到室内分布系统设置申请之日起15个工作日内，作出是否批准的决定。予以批准的，经营者可以按照有关技术标准设置室内分布系统；不予批准的，市无管局应当书面通知经营者，并说明理由。

第二十五条（验收）

室内分布系统建成后，经营者应当申请市无管局验收。验收合格的，市无管局应当向经营者核发《电台执照》；验收不合格的，应当书面通知经营者，并说明理由。

第三章　GSM、CDMA移动通信基站

第二十六条（选址申请）

经营者需要设置GSM移动通信室外基站或者CDMA移动通信室外基站的，应当向市无管局提出选址申请并提供下列材料：

（一）《公用移动通信基站站址认定申请表》；

（二）具有法定资质的工程设计单位编制的基站设置方案；

（三）年度基站设置计划中有景观化要求的基站，还应提交景观化方案。

第二十七条（选址认定）

市无管局应当自收到经营者的选址申请之日起15个工作日内，作出是否批准的决定。予以批准的，发放《公用移动通信基站选址认定书》；不予批准的，应当书面通知经营者，并说明理由。

《公用移动通信基站选址认定书》有效期为自发放之日起一年。

第二十八条（验收申请）

室外基站建成后，经营者应当向市无管局提出验收申请并提供下列材料：

（一）基站设计文件和频率配置资料；

（二）基站设备技术资料；

（三）具有法定资质的检测机构出具的设备检测合格报告；

（四）电磁辐射符合国家环境保护相关标准的诚信承诺书。

市无管局认为申请材料存在问题的，可以退回经营者，要求其重新提供。

第二十九条（验收）

市无管局应当自收到验收申请之日起20个工作日内完成验收工作，验收中可以进行实地审查和检测。验收合格的，发放《电台执照》；验收不合格的，应当书面通知经营者，并说明理由。

第四章　无线寻呼基站、数字集群通信基站

第三十条（设置申请）

经营者需要设置无线寻呼室外基站或者数字集群通信室外基站的，应当向市无管局提出设置申请并提供下列材料：

（一）频率使用许可；

（二）《设置无线电台（站）申请表》；

（三）《台（站）技术资料表》；

（四）具有法定资质的工程设计单位编制的基站设置方案。

第三十一条（审批）

市无管局应当在收到经营者的设置申请之日起15个工作日内，作出是否批准的决定。予以批准的，由具有法定资质的检测机构进行设备检测和组网方案认证，经检测认证合格，经营者可以进行室外基站的建设；不予批准的，应当书面通知经营者，并说明理由。

第三十二条（验收）

室外基站建成后，经营者应当申请市无管局验收并提交基站电磁辐射符合国家环境保护相关标准的诚信承诺书。验收合格的，市无管局应当向经营者发放《电台执照》；验收不合格的，应当书面通知经营者，并说明理由。

第五章　PHS无线接入通信基站

第三十三条（验收申请）

PHS无线接入通信基站建成后，经营者应当向市无管局提出验收申请并提供下列材料：

（一）基站设计文件和频率配置资料；

（二）基站设备技术资料；

（三）具有法定资质的检测机构出具的检测合格报告。

市无管局认为申请材料存在问题的，可以退回经营者，要求其重新提供。

第三十四条（验收）

市无管局应当自收到验收申请之日起20个工作日内完成验收工作，验收中可以进行实地审查和检测。验收合格的，发放《电台执照》；验收不合格的，应当书面通知经营者，并说明理由。

第六章　附　则

第三十五条（应用解释）

本细则的具体应用由市无管局负责解释。

第三十六条（施行日期）

本细则自2005年11月11日起施行。

《上海市市级电子信息产业园管理办法（试行）》

（2005 年 12 月 26 日 沪信息委法〔2005〕361 号发布）

第一条（目的依据）

为了加快上海电子信息产业基地建设，培育市级电子信息产业园，规范市级电子信息产业园的申报、认定及其相关管理工作，根据《关于建设国家电子信息产业基地和产业园的意见》（信部规〔2003〕219 号）、《国家电子信息产业基地和产业园区认定管理办法（试行）》（信部规〔2003〕521 号），结合本市实际，制定本办法。

第二条（定义）

本办法所称的市级电子信息产业园是指本市行政区域内电子信息产业专业领域中具有产业特征、处于行业领先地位、经过本市管理部门认定的各类产业聚集园区。

第三条（适用范围）

本办法适用于本市行政区域内市级电子信息产业园的申报、认定及其相关管理活动。

第四条（管理部门）

上海市信息化委员会（以下简称市信息委）负责本市市级电子信息产业园的认定及其相关管理工作，并组织市级电子信息产业园申报国家电子信息产业园。

本市区、县信息化管理部门负责组织本区域内园区申报市级电子信息产业园的工作并进行初审，配合市信息委对本区域内经认定的市级电子信息产业园进行指导和管理。

第五条（认定原则）

市信息委应当按照统筹规划的要求以及公开、公平、公正的原则，对市级电子信息产业园进行认定和监督管理。

第六条（认定条件）

市级电子信息产业园认定条件为：

（一）产业规模：

1．电子整机产业园年销售额在 150 亿元人民币以上，有不少于 2 家年销售额达到 50 亿元人民币的骨干企业；

2．电子元件产业园（含仪器、设备和材料）年销售额在 20 亿元人民币以上，有不少于 2 家年销售额达到 5 亿元人民币的骨干企业；

3．电子器件产业园年销售额在 50 亿元人民币以上，有不少于 3 家年销售额达到 10 亿元人民币的骨干企业；

4．集成电路设计产业园、软件产业园年销售额在 20 亿元人民币以上，有不少于 10 家年销售额达到 5 000 万元人民币的骨干企业；

5．数字内容产业园年销售额在 20 亿元人民币以上，有不少于 3 家年销售额达到 5 千万元人民币的骨干企业；

6．电子信息产品出口产业园年出口额在 20 亿美元以上，有不少于 5 家年销售额达到 2 亿美元的骨干企业。

（二）人才优势明显，科技创新能力强，拥有 3 家市级或者市级以上的研发机构、工程中心或者技术中心（电子信息产品出口产业园除外）。

（三）具有比较完善的基础设施和配套服务体系。

（四）已纳入本市电子信息产业管理范畴，有较强的管理机构和管理队伍，编制了电子信息产业三年发展滚动计划，建立了相应的统计指标体系和协调发展机制。

前款第（一）项规定的产业园以外、属于本市优先培育的电子信息产业新兴领域、具有较强发展前景的产业化园区，申报市级电子信息产业园，其认定条件可以不受前款第（一）、（二）项的限制。

第七条（申报材料）

申报市级电子信息产业园应当提交下列申报材料：

（一）上海市市级电子信息产业园申报表；

（二）园区管理者的基本情况；

（三）园区电子信息产业基本情况；

（四）园区信息产业三年发展滚动计划；

（五）园区骨干企业近三年的财务报表；

（六）园区骨干企业的信用状况；

（七）市级或者市级以上研发机构、工程中心或者技术中心的认定证明（电子信息产品出口产业园除外）；

（八）外经贸或者海关部门出具的电子信息产品出口产业园上年度出口情况证明。

第八条（申报）

申报市级电子信息产业园的，园区管理机构应当根据认定条件，将本办法第七条规定的申报材料一式五份送交区、县信息化管理部门。区、县信息化管理部门在收到申报材料后30日内，出具初审意见和政策、资金支持情况说明，连同申报材料报送至市信息委。

第九条（审核）

市信息委在收到申报材料后30日内，组织专家依照认定条件对申报材料进行核实，并进行评估及组织必要的实地考察，由专家组提出书面评估意见报市信息委审核。

第十条（认定）

市信息委在收到专家组的书面评估意见后30日内，对符合条件的园区颁发市级电子信息产业园认定证书，并予以公告。

第十一条（复审）

市信息委对经认定的市级电子信息产业园，每三年组织一次复审。对未达标的市级电子信息产业园，限期进行整改；整改后仍未达标的，取消其认定证书，并予以公告。

第十二条（优惠政策）

经认定的市级电子信息产业园享受在项目资金、招商引资等方面的优惠政策。

市信息委应当优先组织市级电子信息产业园申报国家电子信息产业园。

第十三条（年度报告）

经认定的市级电子信息产业园应当于每年3月1日前，将上乍度的发展情况和本年度的发展规划报送市信息委。

第十四条（取消认定）

经认定的市级电子信息产业园有弄虚作假行为，不符合认定条件的，市信息委应当取消其认定证书，并予以公告。

第十五条（认定条件的调整）

市信息委可以根据国家对产业发展的要求和产业变化的情况，对市级电子信息产业园认定条件进行相应调整并予以公布。

第十六条（信息公开）

市信息委应当于每年第一季度，公开下列信息：

（一）经认定的市级电子信息产业园名单；

（二）被取消认定证书的园区名单；

（三）市信息委认为应当公开的其他信息。

第十七条（备案）

已经获得国家电子信息产业园认定证书的园区，应当在本办法实施后30日内，将本办法第七条规定的申报材料报送市信息委备案，由市信息委颁发市级电子信息产业园认定证书，并参照本办法进行管理。

第十八条（应用解释）

本办法由市信息委负责解释。

第十九条（施行日期）

本办法自2006年2月1日起施行。

《2006上海信息化年鉴》宣传彩页索引

护封宣传彩页

亚美亚（中国）通讯设备有限公司

《上海信息化》杂志社

上海信息产业（集团）有限公司

首页跨版宣传彩页

上海电信有限公司

末页跨版宣传彩页

中国网络通信有限公司上海分公司

插页宣传彩页

中共上海市委党校
上海市房屋土地资源管理局
上海移动通信有限责任公司
EDS(中国)有限公司
上海市人事局
上海市无线电管理局
上海市统计局计算中心
上海市人民政府办公信息处理中心
上海市政府公众信息网管理中心
上海干部在线学习城
上海市社区事务受理服务中心
上海市徐汇区信息化委员会
上海市黄浦区信息化委员会
上海市长宁区信息化委员会
上海市卢湾区信息化委员会
上海市普陀区信息化委员会
上海市宝山区信息化委员会
上海市奉贤区信息化委员会
上海市松江区教育局
马陆镇人民政府
电信科学技术第一研究所
中国科学院上海微系统与信息技术研究所
上海信息安全工程技术研究中心
洋山深水港综合信息服务平台
上海超级计算中心
上海市社会保障和市民服务信息中心
复旦大学
华东理工大学
上海海事大学
上海交通大学网格计算中心
上海交通大学信息安全工程学院
同济大学软件学院
上海理工大学测试与信息工程研究所
上海市申信信息技术专修学院
上海市曹杨第二中学
上海邮电设计院有限公司
上海微电子装备有限公司
上海亿通国际股份有限公司
晨讯科技集团有限公司
上海华虹NEC电子有限公司
上海复旦金仕达计算机有限公司
中国银联上海分公司
中电飞华通信股份有限公司上海分公司
上海银晨智能识别科技有限公司
上海华申智能卡应用系统有限公司
上海美斯恩网络通讯技术有限公司
晶晨半导体(上海)有限公司
上海蓝信软件技术有限公司
万隆信息技术有限公司
上海城市地理信息系统发展有限公司
上海畅宇导航科技有限公司
上海畅星智能系统有限公司
上海电器科学研究所(集团)有限公司
新相微电子(上海)有限公司
上海纳杰电气成套有限公司
卡斯柯信号有限公司
富士通(中国)信息系统有限公司
上海三零卫士信息安全有限公司
上海雪鸟信息科技发展有限公司
上海普信科技有限公司
中诚信证券评估有限公司
上海市北自来水有限公司杨树浦水厂
上海市“白玉兰”远程医学管理中心
上海市社会团体管理局
上海市微型电脑应用学会
上海新产业光电技术有限公司
上海金桥信息工程有限公司
上海大晨光电科技有限公司
上海众恒信息产业有限公司
上海众成志力信息技术有限公司
埃慕计算机技术(上海)有限公司
上海信息化青年人才协会
上海利普职业培训学校
上海理工大学虚拟制造技术研究所
上海新球通信有限公司
上海亚士帝信息工程有限公司
上海申通轨道交通研究咨询有限公司

中共上海

党委网应用项目顺利通过验收

2005年12月 5日，上海市党委办公厅（室）系统计算机应用项目领导小组办公室组织专家组对中共上海市委党校、上海行政学院党委网应用项目——“政府管理研究数据库”、“上海发展评价与分析数据库”、“上海市干部教育案例数据库”进行了技术评审。经评审，该项目顺利通过了验收。专家组对该项目给予了充分的肯定，他们认为：1、该项目类别结构合理，设计清晰，有效地将三个资源数据库整合在同一个数据库检索平台。数据内容严格按著录标准收录，著录规范。2、该项目采用BS/CS相结合的使用方式，系统提供了多种检索途径、组合检索和全文检索方式，检索功能齐全。3、该项目界面友好，操作方便。数据库内容具有供学术研究服务和决策参考的价值。4、该项目提供的文档资料，符合技术的鉴定要求并通过了技术测试。

荣获“2005年中央党校远程教学资源片优秀组织奖”

11月16~18日，全国党校系统远程教学暨信息化建设应用经验交流会在西安召开。会议对在全国党校系统范围内为征集教学资源片作出成绩的党校和个人进行了表彰。会上，中共上海市委党校荣获“2005年中央党校远程教学资源片优秀组织奖”，中共上海市委党校周东华副教授讲授的“提高建设社会主义先进文化的能力”、王洪平教授讲授的“提高驾驭社会主义市场经济的能力”、陈尤文教授讲授的“提高发展社会主义民主政治的能力”、王公龙副教授讲授的“提高应对国际局势和处理国际事务的能力”获得“2005年中央党校远程教学资源片入围奖”。

市委党校

图书馆获得全国党校系统数字图书馆评估第一名

评估工作：2005年，中共中央党校组织开展全国党校系统图书馆数字化建设第二次评估工作。中共上海市委党校副校长王丽丽任全国党校评估工作领导小组副组长和华东地区评估工作领导小组组长。经过各校自评，2005年6月，“华东地区党校图书馆第九次协作会议暨数字图书馆评估工作筹备会”在上海召开，十三家省级、副省级党校分管副校长和馆长参加会议，会后开始互评工作，7月按期完成评估任务。在评估过程中，华东地区党校坚持以评促建，以评促联的理念，13家党校图书馆联合签署了信息资源共建共享和数字化专业队伍共建合作意向书。11月，在全国党校图书馆评估总结会上，上海市委党校图书馆取得了总分第一名的好成绩，被中央党校办公厅、中央党校图书馆授予“先进图书馆”的称号。

馆藏数据库建设：完成《政党研究数据库》信息采集和编辑工作。在这项工作中，特别重视吸纳教研人员参加，以提高数据库的学术质量。并研究设计富有特色的数据库。《馆藏书目数据库》今年增加数据6541条，累计达139988条。《馆藏报刊数据库》今年增加数据143 条，累计达 3523条。

数字图书馆应用建设：数字图书馆应用系统建设进一步完善，包括：数字图书馆网站、图书馆自动化管理系统、多媒体导读系统、阅览室读者统计和管理系统等。加强数字图书馆内容建设，重点保证 “全文报刊数据库”、“电子图书”、“统一检索”、“新书速递”、“新书推介”等内容的及时添加和更新。电子图书72500种现已在局域网供读者检索和使用。

音视频制作成果丰硕

中共上海市委党校所属上海市干部教育信息中心音视频拍摄制作部成立于2003年，一直承担着校内外各项重大活动的拍摄、电视专题片和资料片的制作、音视频素材库的采集、刻录以及教学多媒体课件的制作等工作。目前，已完成各类教学专题片、精编资料片等600余部，并为上海市干部教育信息中心情景资料库提供各类音视频资料200余部。

该中心拥有较为完善的广播级音视频拍摄、制作设备以及采集刻录平台，包括数字betcam拍摄系统、AVID非线性编辑系统、数字betcam编辑系统、广播级DVD／VCD采集刻录平台和配音设备等，2005年度为党校科研、教学、重要会议、大型文艺演出等拍摄各类素材160余部，制作专题片、各类报告、会议、活动资料173部，为校领导工作汇报、全校性主要活动制作精编专题片多部，获得校领导、相关处室的一致认可与好评。另外，他们还配合上海市委党校教务处制作完成远程教学片5部，其中4部获得中央党校远程教学入围奖。

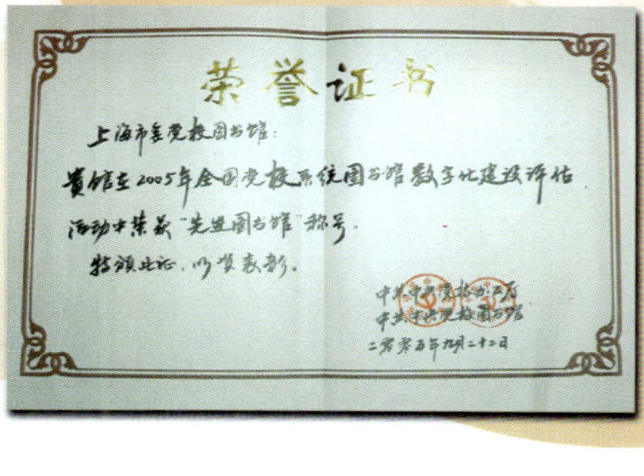

上海市房屋土地资源管理局

上海市土地房屋综合管理信息系统

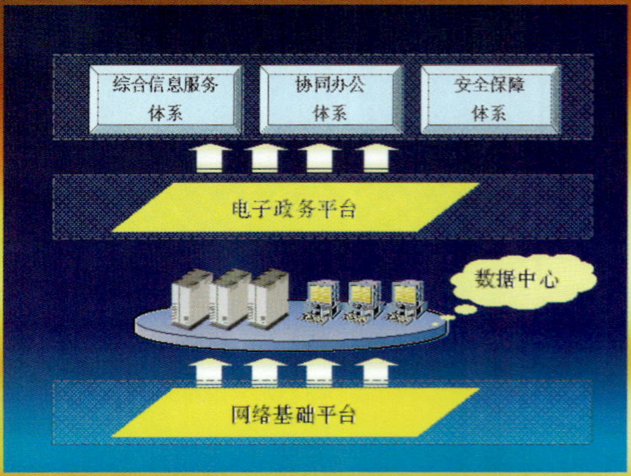

“上海市土地房屋综合管理信息系统”于2004被列为上海市首批“科教兴市”重点推进项目。

该项目是电子政务在房地资源行业的应用项目，是基于电子政务基础平台和 GIS 基础数据库而开发建设的。其应用范围覆盖房地产生产、流通、消费全生命周期，是涵盖市、区（县）两级政府管理的信息系统。按业务共分为土地管理、住宅建设、房地产交易、房屋管理和地矿管理五大板块。在此基础上具备为社会公众、为行政管理、为市场运行、为领导决策提供各种服务功能。

目前，电子政务基础平台、基于 GIS 的房地产权籍基础数据库已经建立。土地交易管理子系统也已完成。通过运用现代信息技术，进一步优化且规范了土地使用权招标、拍卖、挂牌等出让流程。从编制标书、发布公告，到组建评委、开标签约，整个土地出让过程的所有工作节点全部实行电脑化管理，建立了出让地块信息实时发布机制，按照公正、公平的要求，使土地出让过程全部实现公开化、透明化。从而建立了一个全市统一、有较高运行效率的、能接收社会监督的土地交易平台。

该系统被评为上海市信息化优秀项目（2003-2005年）。

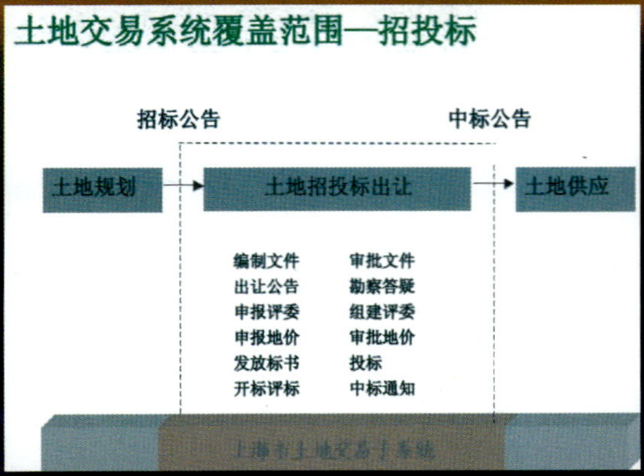

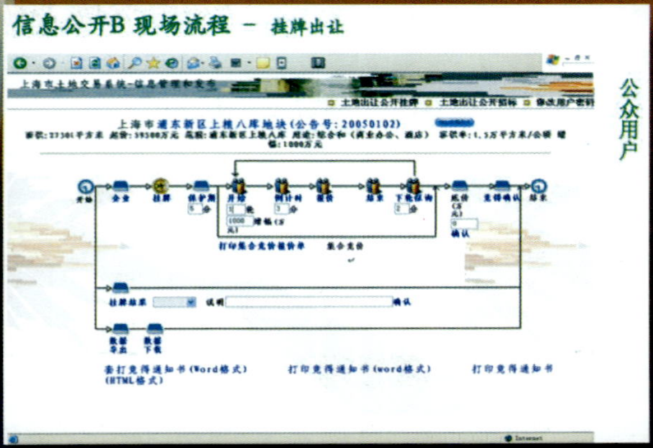

上海市房地产交易平台

2003年5月，建立了基于“地－楼－房”基础数据的房地产权籍管理、房地产交易登记和测绘成果管理等系统，形成了基于GIS技术的房地产交易平台。在此基础上，建立了新建商品房网上备案系统，对全市房地产项目开盘前、后和销售过程实行监控和信息实时发布。从而实现了以楼盘表为核心的交易登记管理模式，使成果管理系统、登记管理系统和网上备案系统有机的结合在一起，确保了信息资源共享。

该项目自正式投入使用以来，每天市和区县交易中心和区县成果管理部门实时在线用户2000人左右，操作登记和测绘系统，每天新增登记案例4000多个，变更测绘项目80多个。网上合同备案系统从2004年4月开始，每天办理600件左右新建商品房的销售合同备案，网站的点击量达到每天150多万次。已有9家商业银行、1家置业担保公司和上海市公证处与该系统实现了联网查询。该项目所申请的软件著作权4项已获受理，通过上海市信息系统A类安全测评审定。

2004年建设部在全国大中型城市推广上海经验。

该平台荣获2005年度上海市科技进步二等奖。

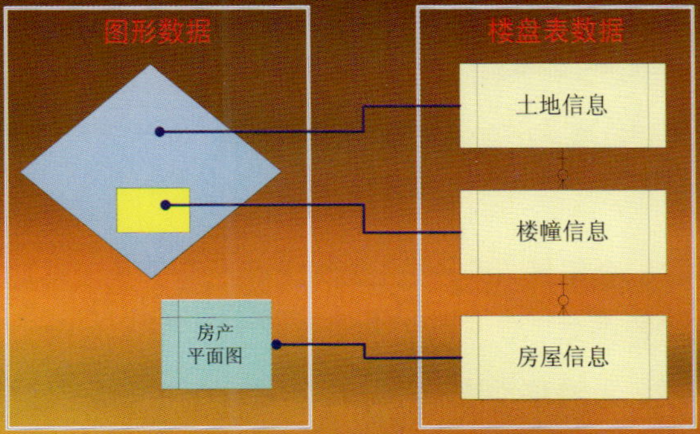

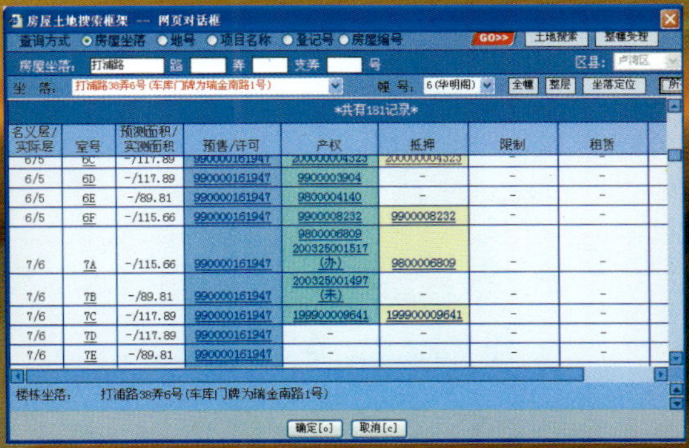

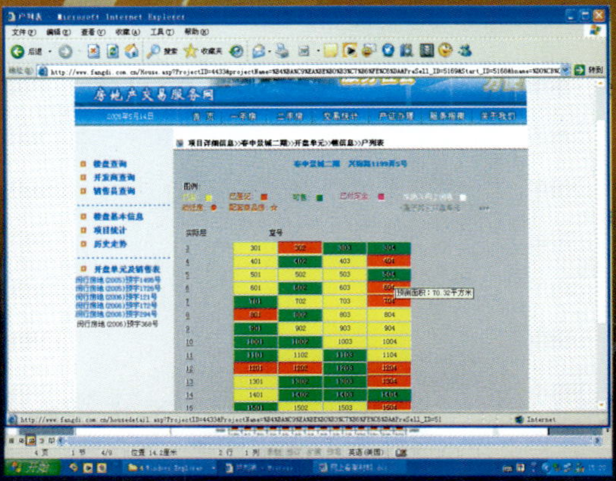

Beijing 2008

中国移动通信
CHINA MOBILE

北京2008年奥运会合作伙伴
Partner of the Beijing 2008 Olympic Games

今年是“十一五”规划开局之年，上海移动通信有限责任公司在经历了“网络决战年”、“服务年”、“管理年”、“效益年”和“执行年”之后，正豪情满怀地迎来“创新年”。人们欣喜地看到，今年以来，上海移动进一步增强了贯穿于市场研究、网络和IT支撑、内部管理体制和外部合作机制的全方位的创新能力。客户数已经突破一千万。与此同时，上海移动始终把成为“优秀企业公民”作为奋斗目标，努力以“专家”的精神开创具有卓越品质的移动信息服务，及时、充分、持续地满足客户多样化、个性化的信息需求。站在“十一五”的新起点，上海移动明确提出“十一五”规划的总体目标，即：实现企业持续较快健康发展，争当城市信息化的开路先锋，引领信息通信生态圈的和谐发展，率先实现从优秀到卓越的新跨越。

EDS应用程序现代化服务

更新您的应用程序组合，释放您的企业能量

控制成本并提升企业的灵活度，同时扩展您信息技术投资的价值。

特点

透过EDS的「加速迁移架构」，充分利用行业最佳应用

支持主要的迁移方式，包括换机、再造与商用现货 (COTS) 的整合

管理项目的整个生命周期，包括策划、研发到支持

支持主要目标平台与架构，包括：NET、J2EE、UNIX与Linux

益处

降低应用程序研发与维护的成本

减轻企业连续经营之风险

降低硬件与网络基础设施成本

提高流程弹性与企业灵活度

确保及时的投资回收(ROI)

确保应用程序组合现代化项目的自有资金供给

优点

支持主要既有应用程序，包括主机与旧式平台

提高针对市场变化做出快速应变的能力

将珍贵资源用于具有高附加价值的活动

提供可扩张、有弹性的平台，让未来有成长空间

确保贵公司与行业拥有一致的技术水准

建立最佳应用流程与工具，供未来项目再利用

联系方式

EDS 中国
www.eds.com.cn
北京市朝阳区建国门外大街1号
中国国际贸易中心西办公楼510室
邮编：100004
电话：86 10 8529 6446
传真：86 10 8529 6430

上海浦东世纪大道211号
上海信息大楼36F
邮编：200120
电话：86 21 2891 2888
传真：86 21 2891 2828

EDS应用程序现代化服务

更新您的应用程序组合，释放您的企业能量

EDS带来最佳应用的工具与技术，有始有终地支持任何一种迁移项目。

掌握迁移的机会与面对挑战

您准备好要释放您企业的能量了吗？更新您的应用程序组合可以提供那种机会。这么做可以让您控制未来的成本，并提高您对市场变化的应变能力，同时还能保留您既有信息技术投资的价值。

利用业界验证有效的方法，是最能够掌握迁移机会与克服挑战的方式。EDS应用程序现代化服务能帮助您管理迁移项目的复杂性，而带来的结果是节省成本、缩短循环时间并减轻风险。

获益于经验证有效的解决方案

「加速迁移架构」是EDS的核心产品，它是基于EDS超过四十年在应用程序领域研发与管理的经验。本架构是一套完整的整合方法与最佳应用，来管理迁移项目的整个生命周期，包括策划、研发与支持。这些最佳应用针对迁移解决方案的所有层面进行处理，包括组织、流程与技术。它们也支持所有主要的迁移方式，例如换机、再造与商品现货的整合。

获得广泛的技术支持

本架构支持主要来源／目标的技术与架构。来源技术包括主机与旧式平台，目标技术包括.NET、J2EE、UNIX与Linux。我们还与合作伙伴一起开发了技术特定组合的最佳应用，例如.NET的主机。「NET主机最佳应用能力」是与微软一起研发的，这是一种量身订制的方法，是利用测试过的工具，来有效地将主机型的功能迁移到.NET架构的技术与产品。

联系方式

EDS 中国
www.eds.com.cn

北京市朝阳区建国门外大街1号
中国国际贸易中心西办公楼510室
邮编：100004
电话：86 10 8529 6446
传真：86 10 8529 6430

上海浦东世纪大道211号
上海信息大楼36F
邮编：200120
电话：86 21 2891 2888
传真：86 21 2891 2828

上海市人事局

——人事信息化进入全面整合和重点突破新阶段

2005年，上海市人事局信息化工作认真贯彻市委市政府关于加强资源整合、实现信息共享的信息化建设要求，以人事系统信息化十一五规划建设为龙头，加快人事信息化规范管理的步伐；以电子政务应用系统的整合改造为重点，进一步完善系统的应用功能，建立规范、统一、高效的信息化办公和服务平台；以人事人才基础数据库建设为契机，整合信息资源，实现人事人才信息资源共享，提高信息资源的有效利用率；以公务员管理系统建设为突破口，实现管理流程再造，促进管理方式的转变，并在以下几个方面取得了突破性的进展：

制订人事系统信息化建设"十一五"规划

本市人事系统信息化建设经过几年的快速发展，在各级人事部门的努力下，克服资金、技术等困难，积极开拓，扎实工作，取得了显著的阶段性成果。但从整体上看，离“构建网上人事局”的要求还存在一定的差距，区县人事部门间的发展也不平衡。在充分调研的基础上，针对目前信息化建设中存在的问题，我们认真贯彻了以人为本、需求主导、统筹规划，统一管理、资源整合，信息共享、规范流程，创新管理、技术先进，安全可靠的原则，制定了人事系统信息化建设“十一五”规划。按照规划内容，将建成以市公务网、市人事局办公网、市人事系统业务网和社会公众网建设为依托的人事人才安全网络系统，实现多层次、开放式的人事人才信息网络系统；建立以人事人才基础数据库、办公决策资源库和业务资源数据库为核心的人事人才信息资源数据中心，实现人事人才信息资源共享；完成以办公自动化系统和各业务管理系统应用为基础的电子政务基础平台建设，实现各信息化应用系统的互通互连，提高人事人才工作的整体效率；完善和优化社会公众网的建设，通过“上海人事局网站”、“21世纪人才网”和“海外人才网”，为社会提供优质、高效的网上人事人才服务；建立以公共人事管理和服务系统、公务员管理系统和编制管理系统为核心的电子政务办公应用系统，促进人事人才工作的规范化、科学化。

完成电子政务基础平台的框架建设

我局电子政务项目以往是按照业务需求实施单独开发的，因此各应用系统间缺乏相关性，在功能运用、系统操作、信息共享等方面存在诸多缺陷。为了改变过去那种落后的信息化建设状况，2005年，我们以业务模块重组、内外网一体化管理、个性化服务为目标，在对市人事局现有各人事业务应用软件进行全面分析的基础上，制定了“市人事局电子政务基础平台的建设和网上办事项目的改造方案”。通过建立市人事局办公信息系统应用的基础平台，以实现各人事应用系统间互相联通，各类信息资源得到快速、有效共享，提高信息化应用效率。按照改造方案，完成了办公自动化系统的改造和基础平台框架等软件的开发工作，为下一步全面整合奠定了良好的基础。

全面开展人事人才基础数据库建设

人事人才基础数据库建设是国家人事部委托上海开展的一项试点工作，也是人事信息化建设的一项基础工作。为了做好这项工作，首先我们根据国家人事部关于建立人事人才基础数据库的要求，及时制定了落实文件和实施细则，并在全市范围内启动了人事人才基础数据库的建设工作；二是按照人事部新的指标体，对本市人事人才信息系统指标代码标准完善和调整，并协调组织部信息中心共同研制开发用于人事信息资源共享的指标体系；三是根据人事人才工作发展的新趋势，优化“上海市人事信息管理系统”和各类统计分析软件；四是为贯彻公务员法推广实施的要求，配合公务员管理部门开展公务员数据库建设，完成了软件开发和数据的初步入库工作。

我们在完成上述工作的基础上，通过局内外的合作，组织专门会议，投入大量资金，在全市范围内全面开展以人员基本信息、公务员信息、专业技术人员信息、高级专家信息、海外留学人员信息、外国专家信息、博士后信息和人事人才政策法规等数据库为核心内容的人事人才基础数据库建设工作。并于2005年6月完成了公务员数据库建设的第一阶段任务，为领导和各级人事部门提供了及时、准确的数据服务。

完成上海市公务员管理信息系统建设立项工作

上海市公务员管理信息系统的建设是以加强本市国家公务员执政能力建设为核心，以提高政府人事部门公务员管理服务的科学化、规范化、法制化和高效化为目标，通过建立实用、高效、先进的公务员管理信息系统和资源整合共享，用信息化手段再造政府内部人事、编制管理流程，为公务员队伍的宏观决策和微观管理提供有力的信息资源及技术支持，以服务于党政人才资源的整体性开发工作，进一步推进全市公务员管理工作的制度化、规范化和科学化建设，同时也是推进我局电子政务项目建设，促进政府职能部门间的互动合作，进而为社会公众提供优质的公共服务，塑造责任政府、法治政府、服务政府的新形象。为此，我们以《中华人民共和国公务员法》的实施为契机，以公务员管理的规范化和一体化建设为抓手，按照公务员法的相关要求，优化本市公务员管理的流程，加快公务员管理系统的建设。在市发改委、信息委的支持下，通过充分调研，已完成了《上海市公务员管理信息系统建设项目建议书》的制定，并通过审批立项，整个项目已进入可行性分析报告的起草阶段，为该项目的建设奠定了坚实的基础。

上海市无线电管理局

位于松江大学城的景观基站

位于金茂大厦旁的景观基站

促进无线电新技术发展 根据国家对加快TD-SCDMA体制无线电通信技术发展的要求，积极做好频率使用的保障工作，为试验测试工作提供良好环境，保障民族产业的发展。

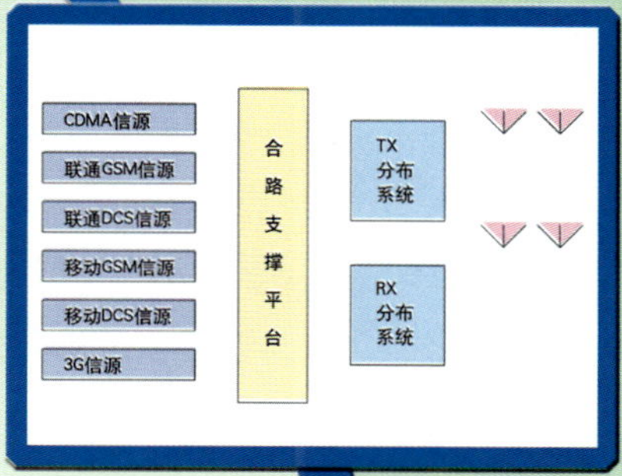

室内综合分布系统合路平台

推进公众移动通信基站集约化建设 制定出台了《上海市公用移动通信基站管理办法实施细则》；落实了上海铁路南客站、长宁区政府办公楼、北外滩鸿邦国际大厦等区域总覆盖面积为32万平方米的既可满足现有公众移动通信体制，又可保障今后3G系统接入需求的室内综合分布系统建设项目；完成移动、联通两家运营商2005年度计划设置景观化基站审核批复10余处，其中由上海移动牵头建设的临港新城东海大桥综合通信塔建设项目目前已经完成景观塔设计方案初审。

800MHz数字集群平台建设按部署积极推进 按照市府领导的指示及市信息委的有关工作推进步骤，着重在频率资源需求保障方面进行了相应方案制订和报批工作，为政务共网建设启动做好准备；加大"模转数"推进力度，对中卫国脉公司份有限提出了在2005年年底前抓紧做好"模转数"各项工作的衔接安排，落实原模拟集群通信业务用户的转网政策，完成原模拟集群通信网关闭工作,交回模拟集群网的频率，实现向Iden数字集群网转换应用的工作要求。

深水港码头

做好重点工程、重大赛事和重要演习的通信保障 解决了洋山深水港重大工程无线通信急用的需求，提出了以单基站直通模式的先行解决、满足预后共网融合的解决方案；完成了F1、GP摩托和V8房车等重大国际赛事的通信保障；保障了东海区"海事搜救大演习"无线通信畅通及安全。

管理机制得到进一步优化 通过完善各项岗位职责，建立目标考核激励制度，加强工作机制流程的运转，推进无线电管理"一体化"综合信息计算机系统功的应用，促进"以人为主、计算机为辅，相互结合"分析决策手段的实现，提高了科学管理能力和工作效率。

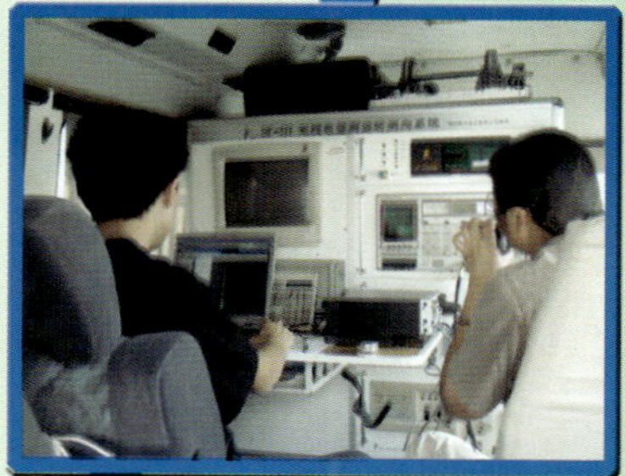

监测人员在F1赛场内对频率使用情况进行监测

址：上海市淮海中路1329号21-23楼
址：http://www.shrc.gov.cn
话：(021)64456669
编：200031

东海联合搜救演习

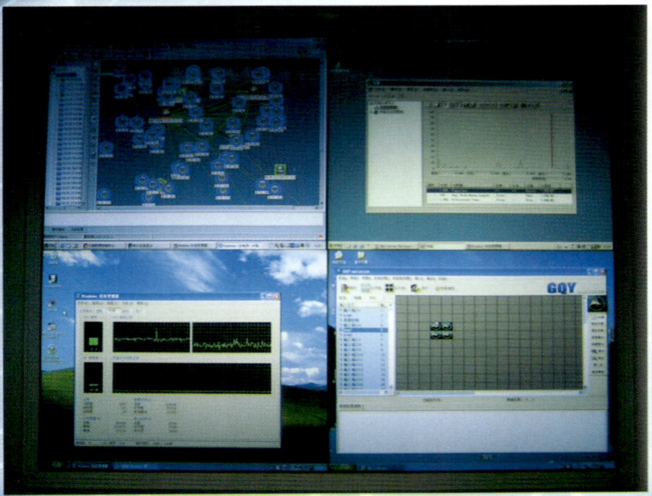

www.shanghaiit.gov.cn

附录

2005年上海信息化建设大事记

1. 1月5日，市委常委、副市长冯国勤主持召开推进依法行政工作的市人大代表座谈会,市政府副秘书长吉晓辉、范希平出席会议。市信息委在会上汇报了政府信息公开工作的推进情况，市人大代表对汇报表示基本满意。

2. 1月6日，市委副书记、市长韩正主持召开市政府常务会议，指出：重点工作涉及的具体事项要归口管理，其中政府性投资推进的信息化建设审批出资渠道不变，由市信息委为决策提供把关意见。

3. 1月10日，市委常委、副市长冯国勤专题听取市信息委主任傅文彪关于2005年社会诚信体系建设的初步思路和有关事项的请示。

4. 1月13日，市人大常委会《促进科教兴市战略实施地方性法规框架研究》课题领导小组对由市信息委承担的《上海市信息化立法框架研究》分课题报告进行评审，并获得通过。

5. 1月25日，市信息化工作系统保持共产党员先进性教育活动动员大会召开，市信息委主任傅文彪作动员并上党课。

6. 2月21日，为期5天的“联合国训练研究所城市信息化市长高级培训班”在宛平宾馆举行开学典礼。副市长杨雄，联合国助理秘书长、联合国训练研究所执行主任马塞尔·博依萨德，市信息委等有关领导出席开学典礼。

7. 3月2日，市社会诚信体系建设联席会议召开2005年第一次全体（扩大）会议，市委常委、副市长冯国勤出席会议并作重要讲话，指出2005年要加快形成上海社会诚信体系建设的基本框架、运作模式、配套措施和操作方法，支撑上海经济社会可持续发展，逐步形成诚实守信的良好社会环境。市信息委等联席会议成员单位及各商业银行上海分行相关负责人参加会议。

8. 3月2日，市信息委主任傅文彪接待世界第一大汽车电子半导体厂商——美国飞思卡尔公司汽车电子部高级副总裁Paul Grimme先生一行。傅文彪介绍了上海市关于汽车电子产业的发展思路，同时欢迎飞思卡尔公司落户上海。

9. 3月4日，上海地面无线测控网建设正式启动。副市长杨雄出席项目启动和应用联盟协议签署仪式，并为新组建的项目公司揭牌，市信息委主任傅文彪出席启动仪式。

10. 3月8日，市政府召开《社区建设扩大试点工作指导意见（试行)》讨论稿征求意见座谈会，会议由市政府副秘书长柴俊勇主持，市政府办公厅、市信息委、市民政局、市人口办等有关领导出席会议。

11. 3月9日，市信息委主任傅文彪向市政府常务会议汇报本市政府信息公开工作的情况。

12. 3月10日，市信息委主任傅文彪接待日本富士通公司副总裁小野先生一行。双方就汽车电子、半导体设计、汽车导航等方面的问题进行了研讨。

13. 3月16日，上海市政府信息公开工作电视电话会议在人民大厦召开。会议由市委常委、副市长冯国勤主持，市委副书记、市长韩正，市政府秘书长杨定华，市政府副秘书长范希平出席会议。会上市信息委主任傅文彪代表市政府信息公开联席会议办公室，对2004年政府信息公开工作进行了总结，并对2005年工作要点进行了说明。

14. 3月16日，市征信办会同市政府法制办、人行上海分行组织开展《上海市个人信用征信管理试行办法》评估检查活动。

15. 3月22日，副市长杨雄主持召开上海800MHz数字集群政务共网建设专题会。市政府副秘书长范希平，市政府办公厅、市信息委、市发展改革委、市公安局、市财政局等部门的领导出席会议。会议听取了市信息委关于上海800MHz数字集群政务共网建设的专题汇报，明确了建设统一的上海800MHz数字集群政务共网的原则。

16. 3月22日，副市长杨雄主持召开车载信息系统发展专题研究会议。市政府副秘书长范希平，市建委、市公安局、市信息委、市科委、市交通局等部门的领导出席会议。会议明确：力争年内完成交通信息中心及运营实体建设，2007年初步实现全市交通信息社会化服务，到2010年基本满足世博会对交通信息服务的需求。

17. 3月24日，“社区信息苑专项调研会”在长桥社区信息苑召开，市委宣传部、市信息委有关领导到会指导工作。会议对社区信息苑工作成果给予肯定，同时要求社区信息苑运营机构尽快寻找持续经营和公益服务间的平衡点，更好地满足广大社区居民文化信息化需求。

18. 3月25日，沪苏浙两省一市政府信用管理部门在宁波共同拟定《沪苏浙信用体系建设区域合作推进方案》，方案明确了长三角区域信用体系建设的工作机构和协调机制。

19. 3月31日，市信息委召开信息化支撑网格化管理有关试点项目论证会。会议听取了黄浦区、徐汇区关于信息“一体化”运作试点进展情况和持续试点的方案介绍，讨论了黄浦区社会救助“一口受理”系统和徐汇区信访“一口受理”系统推进试点等计划安排，并对有关工作进行了部署。

20. 4月6日，市信息委在闵行区召开2005年上海市城镇信息化试点（扩大）工作会议，宣布扩大试点城镇名单，部署年度试点工作。

21. 4月7日，“上海第三代移动通信（3G）终端产业发展研讨会”在海鸥饭店举行，市信息委有关领导出席会议并讲话。会上，市通信制造业行业协会与市知识产权服务中心签署“合作建立行业知识产权服务平台意向书”，市通信制造业行业协会向我市产业界发出《携手促进上海3G终端产业及产业链发展合作的知识产权保护合作倡议书》，市发展改革委等单位的领导参加研讨会。

22. 4月19日，市集成电路行业协会第二届会员代表大会在上海展览中心召开。市信息委主任傅文彪出席会议，并对协会工作提出三点建议：第一，继续深入做好对会员企业的服务工作，为产业发展助力；第二，继续做好企业与政府之间的桥梁工作，共同营造产业发展的良好环境；第三，继续推动集成电路企业与其他行业的融合互动，进一步促进会员企业与本地整机企业的互动发展，提高我国传统产业装备和技术水平。

23. 4月25日，市信息委、市科委在国家信息安全成果产业化（东部）基地召开会议，研究国家高性能集成电路（上海）设计中心入驻基地的问题，听取上海交大和国家高性能集成电路（上海）设计中心的工作汇报。

24. 5月1日，《上海市企业信用征信管理试行办法》正式施行。《办法》共二十条，包括总则、政府对征信行业的监管、征信机构的行为规范、对征信业的行业推进及法律责任五个部分。《办法》与2003年颁布的《上海市个人信用征信管理试行办法》共同为本市的征信体系建设提供了法制保障。

25. 5月12日，市委副书记、市长韩正在市信息委《关于对市建设财力投资信息化项目加强把关工作情况的报告》上批示，“赞同报告所拟工作意见，市发改委、市信息委务必抓好落实。”

26. 5月13日，镇江市党政代表团赴上海学习考察合作交流座谈会在上海虹桥宾馆举行，市信息委与镇江市政府共同签署《镇江市人民政府与上海市信息化委员会合作协议》。市委常委、副市长冯国勤出席会议并讲话。

27. 5月18日，市信息委、团市委、市妇联在上海市青年文化活动中心联合举行上海市民(青少年)信息服务平台试运行新闻发布会，这标志着2005年市政府实事项目“市民(青少年)信息服务平台”进入试运行阶段。

28. 5月18日，市政府在浦东召开“推进社区事务受理服务机构建设”专题会议，副市长周太彤、市政府副秘书长柴俊勇、范希平等出席会议。会议要求各部门进一步整合信息资源、优化办事流程、提高效率和精准化，不断提升社区服务功能，扩大服务受益面。市政府办公厅、市信息委、市民政局等15个单位的有关领导参加会议。

29. 5月18日，上海电子口岸建设联席会议第一次全体会议在上海信息大楼召开。会议由市政府副秘书长范希平主持，副市长杨雄、海关总署副署长李克农出席会议。会上，两位领导肯定了前阶段电子口岸建设在管理机构、基础设施、运行平台、应用项目等方面取得的成果，部署了下阶段的工作。市信息委等联席会议成员单位的领导参加了会议。

30. 5月18日，市信息委与江苏、浙江两省信产厅在青浦召开了长三角地区CA互联互通应用方案研讨会。沪苏浙三地信息化、密码管理、企业信用征信、政府采购等部门的有关领导出席会议。

31. 5月27日，市委副书记、市长韩正主持召开市政府专题会议，研究本市人口综合调控若干重大问题。会议明确：市信息委要利用现有的社会保障卡系统，提出居住证信息系统建设的具体方案，并做好居住证临时信息系统的完善、扩容工作。

32. 5月27日，市信息委在上海国际会议中心主持召开“上海现代物流公共信息平台咨询项目会”。市政府副秘书长范希平出席了会议，市发展改革委、市信息委、市口岸办、市交通局等单位参加会议。

33. 5月30日，亚太地区城市信息化论坛第五届年会在上海国际会议中心开幕。中共中央政治局常委、国务院副总理黄菊在开幕式上发表书面讲话，市委副书记、市长韩正为开幕式致辞，国信办、科技部、信产部、教育部等的领导及中外嘉宾出席开幕式。

34. 6月11日，市委副书记、市长韩正和副市长杨雄专题听取市信息委主任傅文彪关于本市信息化“十一五”发展规划要点的汇报。

35. 6月14日，信产部、国家发展改革委、国信办等联合主办的第九届中国国际软件博览会在北京开幕。中共中央政治局常委、国务院副总理黄菊在国信办、信产部等领导的陪同下来到上海软件展区参观，了解近年来上海软件产业发展的情况。

36. 6月16日，市信息化工作系统第一批保持共产党员先进性教育活动总结大会召开，市信息委主任傅文彪作总结讲话。

37. 6月19日，团市委、市信息委、市妇联在上海青年文化活动中心联合举行市民(青少年)信息服务平台开通仪式，这标志着2005年上海市政府实事项目——“市民(青少年)信息服务平台”正式开通运行，开始向广大市民特别是青少年提供网上心理健康、法律咨询、就业信息和家庭教育等综合信息服务。

38. 6月24日，上海市信用服务行业协会成立仪式在富豪环球东亚酒店举行。市委常委、副市长冯国勤出席成立仪式，并为协会揭牌，市政府副秘书长吉晓辉、范希平，市信息委的有关领导出席仪式。

39. 6月30日，市信息委主任傅文彪向市委常委会汇报关于对网络群体的初步认识。

40. 6月30日，居住证扩大试点全面开展，全市19个区（县）50个受理网点启动居住证的受理和证件发放。

41. 7月5日，市信息委主任傅文彪代表市政府信息公开联席会议办公室向中央政治局常委、中央纪律检查委员会书记吴官正汇报工作。《上海市政府信息公开规定》是全国省级地方政府最早颁布的政府信息公开规章。《规定》实施一年来，全市所有政府机关主动公开信息数达11.33万条，依申请公开信息目录10 675条。

42. 7月14日，市政府召开银行卡产业发展联席会议第二次（扩大）会议。市委常委、副市长冯国勤，副市长杨雄出席会议并讲话，市信息委主任傅文彪等参加会议。市信息委代表市银行卡办公室汇报2004年以来全市银行卡产业总体发展情况以及下阶段工作计划，会议下发《2005年上海市银行卡产业发展工作要点》。

43. 7月19～21日，中纪委驻财政部纪检组组长金莲淑同志率领政务公开督查组，对本市政府信息公开工作开展了为期三天的监督检查。督查组对本市政府信息公开工作给予了高度肯定，希望我市再接再厉，深化政府信息公开工作。

44. 7月26日，副市长杨雄主持召开800MHz数字集群政务共网专题会议，市政府副秘书长范希平出席了会议。会议听取了市信息委关于共网建设方案的汇报，市政府办公厅、市发展改革委、市财政局、市国资委、市公安局等部门的负责同志参加会议。

45. 7月27日，“电子政务与社区网格化管理调研座谈会”在黄浦区董家渡街道召开，副市长杨雄、市政府副秘书长范希平出席会议。市信息委汇报了电子政务与社区网格化试点的推进思路、做法及下一步工作设想，市领导充分肯定了各区的试点成效。市政府办公厅、市委政治文明办、黄浦区、徐汇区、松江区的有关领导参加了会议。

46. 8月1日，英特尔公司渠道事业部全球总部在闵行区紫竹科学园区落户，这是英特尔第一次将主要业务部门全球总部设在美国以外地区。市委常委、副市长周禹鹏出席成立仪式并讲话，市信息委、闵行区等单位的领导出席仪式。

47. 8月4日，市信息委主任傅文彪向市政府专题会议汇报信息化“十一五”规划深化完善的情况。

48. 8月9日，沪苏浙两省一市信息产业规划交流会在苏州召开。两省一市信产厅、信息委的有关领导参加会议。会上，两省一市分别围绕省（市）“十一五”规划编制的组织体制和工作重点、信息产业“十一五”专项规划初稿、长三角信息化合作专项规划调研等内容进行了深入交流，在进一步开展区域合作的领域和形式等方面上达成共识。

49. 8月12日，市信息委主任傅文彪向市委书记办公会汇报关于《本市贯彻〈中共中央办公厅、国务院办公厅关于加强信息资源开发利用工作的若干意见〉的实施意见》的起草情况。

50. 8月12日，市信息委主任傅文彪在市委专题会上汇报本市信息化“十一五”规划的有关情况。

51. 8月18～19日，国务院信息化工作办公室主办、市信息委承办的全国地方电子政务建设现场会在上海召开。会议总结和交流了近年来地方电子政务建设的好做法、好经验，分析了当前地方电子政务建设形势和存在的突出问题。国信办副主任陈大卫、副市长杨雄、市政府副秘书长范希平、市信息委主任傅文彪等出席会议。

52. 8月18日，副市长杨雄会见IBM公司副总裁麦克尔·杰·坎农—布鲁克斯先生一行。杨雄介绍了近年来上海的经济发展概况，双方就IBM公司在沪的发展战略进行交流，市信息委主任傅文彪陪同会见。

53. 8月19日，市信息委主任傅文彪向市委常委会汇报加强网络与信息安全管理工作的情况。

54. 9月3日，市信息委、新疆维吾尔自治区信息办“关于促进两地信息化发展的合作协议”签约仪式在新疆乌鲁木齐国家高新技术开发区举行。市信息委主任傅文彪、新疆信息办领导出席并签订合作协议。

55. 9月5日，2005年上海市白玉兰纪念奖颁奖仪式在上海国际贵都饭店举行。应用材料中国公司董事长陈荣玲、富士通（中国）信息系统有限公司董事长兼总经理饭高敏弘、英特尔（产品）上海有限公司总经理孙宗明三人荣获该奖。

56. 9月7日，副市长杨雄主持召开全市800兆数字集群政务共网建设专题会议，会议决定争取将800兆数字集群政务共网建设列入2006年市政府实事项目。市政府办公厅、市发展改革委、市信息委、市应急办、市无管局等单位有关领导参加会议。

57. 9月8日，国家信息安全风险评估试点工作总结会议在上海召开。国信办网络与信息安全组组长王渝次主持会议，国信办副主任曲维枝出席会议并作重要讲话，试点工作领导小组成员、试点工作专家组成员、各试点单位代表，以及国家相关部委和部分省市信息化主管部门的代表参加会议。

58. 9月15日，"临港新城通信中心落成暨通信系统开通仪式"在临港新城通信中心举行。市信息委、市通信管理局、深水港工程建设指挥部、临港新城管委会、南汇区政府有关部门，及全市各主要通信运营企业代表参加开通仪式。

59. 9月22日，上海超级计算中心云南大学分中心揭牌仪式在云南大学举行。市信息委主任傅文彪、云南大学领导出席仪式并为中心揭牌。仪式上，上海超级计算中心与云南大学共同签订了合作协议。

60. 9月26日，上海市政府发言人焦扬在市政府例行新闻发布会上介绍，在联合国组织的政府网站评比中，市政府门户网站"中国上海"的综合排名位列第五。全市已建设了覆盖市、区、街道三级的电子政务基础网络。

61. 9月29日，按照市本级项目支出预算管理改革的要求，市信息委联合市财政局发出《关于做好2006年市级部门预算中信息化项目支出预算编制工作的通知》，启动市本级信息化项目支出预算的专项评审工作。

62. 9月30日，2005年上海市白玉兰荣誉奖颁奖仪式在市政府贵宾厅举行，上海先进半导体有限公司总裁刘幼海荣获该奖。

63. 10月10日，市信息委有关领导等赴京向国信办汇报地区电子政务原型试点工作的有关情况。国信办领导指出，以信息交换体系为核心的试点工作是十分重要的基础性工作，希望上海能全力以赴完成各项任务，为形成示范并向全国推广奠定基础。

64. 10月14日，副市长周太彤、市政府副秘书长柴俊勇在长宁区开展社区建设扩大试点的调研工作，市信息委、市公安局、市劳动保障局、市民政局等单位的有关领导参加调研。

65. 10月18日，市委宣传部、市精神文明办、市经委、市旅游委、市征信办共同组织的2005上海“诚信活动周”启动仪式在上海影城举行。市政府副秘书长李良园出席启动仪式，市信息委等62家联席会议成员单位、部分行业协会、相关企业及市民代表近300人参加仪式。

66. 10月25日，上海超级计算中心主办的“2005高性能计算应用大会”召开。副市长严隽琪出席会议并致辞，国际主要超级计算中心代表、中国超级计算机TOP10主要成员代表、国内高性能计算研究和应用领域的专家学者等近200人参加会议。

67. 11月3日，“上海市社保卡与银行卡绑定支付项目”扩大试点开通仪式在岳阳医院举行。虹口区卫生局和虹口区信息委，普陀区卫生局和普陀区信息委分别与市社保卡服务中心、上海银联签署四方合作协议书。

68. 11月4日，由市信息委、韩国信息通信部信息通信政策局主办的“中韩中小企业信息化(上海)论坛”在巨鹿大厦举行，来自中韩两国的政府、企业、研究机构代表60余名出席论坛。

69. 11月6日，团市委、市信息委、市妇联联合主办的“互动成长新时空”——市民(青少年)信息服务平台“快乐周末挑战赛”活动启动仪式在市南洋中学举行，为期两个月的“快乐周末挑战赛”活动拉开了序幕。

70. 11月8日，上海平板显示产业基地成立暨广电NEC液晶显示器有限公司竣工仪式举行。中共中央政治局委员、市委书记陈良宇出席仪式并致辞，国务院信息办副主任陈大卫、副市长胡延照共同为基地揭牌。市政协主席蒋以任，市委常委、市委秘书长范德官，市人大常委会副主任朱晓明，日本电气株式会社领导等出席仪式。

71. 11月8日，“软件工程和未来软件技术国际研讨会”在上海国际会议中心举行。市信息委、第28届世界软件工程大会执委会、中国软件行业协会领导分别致辞，上海广电集团、华东计算技术研究所等30家单位组成的上海嵌入式系统与软件联盟同时宣布成立，近500名中外代表出席会议。

72. 11月9日，市信息安全测评认证中心杭州分中心、杭州市信息安全测评认证中心成立，市信息委、杭州市信息办、杭州市公安局、杭州市安全局、杭州市国家保密局的有关领导出席成立仪式。

73. 11月9日，市信息委主任傅文彪会见并宴请第28届世界软件工程大会（ICSE 2006）主席奥斯威尔教授，双方就ICSE 2006筹备事宜进行了友好的交谈，傅文彪表示市信息委将履行申办的承诺，把大会办成历史上“最精彩、最难忘”的一次盛会。

74. 11月9日，国家网络游戏动漫产业发展上海基地揭牌仪式在张江高科技园区隆重举行。国家新闻出版总署副署长于永湛、副市长杨晓渡等出席仪式，并为基地揭牌。

75. 11月10～11日，市外经贸委和市信息委主办的2005上海软件外包国际峰会在上海西郊会议中心召开。市委常委、副市长周禹鹏出席开幕式并致辞。在“华东长三角地区软件行业合作专题会”上，来自华东长三角地区16家软件行业协会和软件园区的代表共同签署协议，成立“华东长三角地区软件行业合作联盟”。

76. 11月17日，上海市企业信息化促进中心（企业信息化培训体验环境）举行揭幕仪式，市信息委主任傅文彪主持仪式，副市长杨雄为中心揭牌，市政府副秘书长范希平致辞。

77. 11月21日，市政府信息公开联席会议第五次会议召开，市委常委、常务副市长冯国勤出席会议并作重要讲话。会上，市信息委汇报了2005年上海市政府信息公开工作情况、政府信息公开评估工作准备情况，以及公文类信息公开审核与发布工作办法的起草情况。

78. 11月22日，市信息委、市科委、上海世博局联合召开“十一五”城市信息安全保障工作座谈会。与会人员围绕2010年世博会信息安全防护总体思路、信息安全监控、数字证书和身份识别以及应急响应等专题作了发言。

79. 11月24日，以“以实施国家长三角区域规划为契机，推进自主创新，提升国际竞争力”为主题的第五次沪苏浙经济合作与发展座谈会在江苏南京召开。市委常委、常务副市长冯国勤出席会议并讲话，市信息委有关领导出席会议。

80. 11月27日，尉建行同志在市委副书记、市长韩正，市委副书记罗世谦，副市长杨雄的陪同下，到市信息委视察工作，市信息委主任傅文彪就全市推进政府信息公开工作作了专题汇报。尉建行同志对上海的政府信息公开工作给予了高度评价，并希望上海再接再厉，为全国积累经验，树立榜样。

81. 11月29日，“透明国际”组织主席艾根、亚太区主任卢克、项目官员廖燃访问市信息委，考察上海政府信息公开工作。艾根主席对上海在促进透明政府建设方面取得的成绩给予了高度评价，并赠言“透明是腐败的敌人，你们的政府信息公开工作是促进透明建设的关键”。

82. 12月6日，世界著名的商业信用风险管理研究机构美国国际金融、信用及商业协会（FCIB）主席Ken Garrison先生访问市信息委，双方商讨了明年召开“信用长三角”国际论坛的合作事宜。

83. 12月7日，市信息委在中共上海市委八届八次全会上，作题为《奋力推进信息化建设，全面服务上海“十一五”发展》的书面交流。

84. 12月7日，市人大财经委与市信息委共同研究《上海市电子商务条例》，并就若干实体性和程序性问题达成了共识。

85. 12月17日，团市委、市信息委等主办的“全球通杯”第四届“上海IT青年十大新锐”颁奖典礼举行，副市长杨雄、市政府副秘书长范希平出席典礼并为获奖人员颁奖，市信息委主任傅文彪出席典礼。

86. 12月19日，副市长杨雄主持召开国家人口领域地区电子政务原型试点工作会议,市政府副秘书长范希平，市公安局、市劳动局、市信息委、黄浦区政府等部门的负责同志出席会议。

87. 12月19日，副市长杨雄在市政府市长会议室主持召开会议，听取市信息委关于信息化支撑城市网格化管理的总体考虑和工作设想的汇报，市政府副秘书长范希平，市信息委、市民政局等的有关领导出席会议。

88. 12月21日，市委常委、常务副市长冯国勤，市政府副秘书长吉晓辉、范希平到市征信办专题调研，听取市征信办关于社会诚信体系建设工作情况的汇报。

89. 12月22日，市信息委在闵行区浦江镇召开2005年城镇信息化试点总结交流大会。至2005年底，全市城镇信息化试点工作覆盖面已达到18%,20个城镇在试点工作中取得了阶段性成果,为推进城镇信息化发展奠定了基础。

90. 12月27日，市信息委主任傅文彪在全国信息产业工作会议上，作题为《探索符合上海实际的信息化组织领导管理体制，保障信息产业和信息化持续快速健康发展》的发言。

91. 12月28日，市政府副秘书长范希平主持召开社保卡安全防范工作专题会议。会议明确，由市信息委牵头，建立安全防范沟通协调机制，并汇总相关部门的安全防范措施；由市政府新闻办统一发布，正确引导市民和社会的安全意识。

(郁世怡 那海燕)

信息化工作系统党群工作各类先进汇总

一、全国先进名单

1. 全国文明单位

上海市电信有限公司（本部）

上海市电信有限公司长途通信部

2. 全国创建文明单位工作先进单位

上海市电信有限公司崇明电信局

3. 全国模范职工之家

上海邮电通信设备股份有限公司工会

4. 全国先进工作者

电信科学技术第一研究所 徐晓书

二、上海市各类先进名单

1. 上海市用户满意服务明星班组

上海邮电通信设备股份有限公司工程技术工程组

上海邮电通信设备股份有限公司IT系统集成工程部

上海市社会保障卡服务中心声讯服务部

上海超级计算中心科普宣传接待组

2. 上海市用户满意服务明星

上海邮电通信设备股份有限公司	张建华
上海邮电通信设备股份有限公司	林勇翔
上海邮电通信设备股份有限公司	王　东
上海邮电通信设备股份有限公司	李　睿
上海邮电通信设备股份有限公司	陆建峰
上海邮电通信设备股份有限公司	蒋烜烜
上海邮电通信设备股份有限公司	叶　坚
上海邮电通信设备股份有限公司	张国财
中卫国脉通信股份有限公司	林敏龙
中卫国脉通信股份有限公司	赵一芳
中卫国脉通信股份有限公司	张卫平

3. 上海市优秀女职工工作集体

上海邮电通信设备股份有限公司工会

4. 上海市职工精神文明十佳好事

上海电话设备厂	蔡建伟
中国邮电器材华东公司	王　栋
上海邮电通信设备股份有限公司	薛静波

上海市计算机病毒防范中心服务热线

上海市信息化委员会社会处

上海非开挖信息工程技术有限公司

中卫国脉通信股份有限公司

上海市信息化行业协会集成电路行业协会

上海市无线电管理局

5. 上海市职工精神文明十佳好事提名奖

东方有限网络有限公司前端运维部

6. 上海市文明班组

上海邮电通信设备股份有限公司技术事业工程组

中卫国脉通信股份有限公司商务呼叫业务部

上海市社会保障卡服务中心个人化生产组

上海市电子商务安全证书管理中心有限公司政府软件服务中心

7. 上海市红旗文明岗

中卫国脉通信股份有限公司商务呼叫座席部培训

8. 上海市职工优秀技术创新成果三等奖

中卫国脉通信股份有限公司工会

9. 上海市心系职工好领导

上海邮电通信设备股份有限公司　　李　军

10. 上海市"三八"红旗手

上海邮电通信设备股份有限公司　　李　军

电信科学技术第一研究所　　刘冬冬

11. 上海市模范职工小家

上海邮电通信设备股份有限公司折弯组

12. 2005年度上海青工工作先进团组织

上海市信息化工作系统团工委

13. 2005年度上海市"五四红旗团组织"

上海市信息投资股份有限公司团委

14. 2005年度上海市"五四特色团组织"

上海亿通国际股份有限公司团总支

15. 2005年度上海市"新长征突击手"

张　鹤　　上海信息投资股份有限公司团委书记

16. 第四届"上海IT青年十大新锐"(按姓氏笔画为序)

丁乐佳　　联想(上海)有限公司总经理

刘小光　　上海火速网络信息技术有限公司总经理

何洁冰　　上海和强软件公司总裁

张　健　　中共上海市委办公厅信息技术管理处副处长

周晴华　　上海市静安区信息化委员会副主任

夏　雷　　上海电信技术研究院交换网络部主任
顾燕芳　　上海延华智能科技有限公司总经理
曹宏斌　　上海邮电通信设备股份有限公司总裁
薛向阳　　复旦大学信息科学与工程学院计算机科学与工程系主任
瞿海滨　　上海盛大网络发展有限公司资深副总裁

17. 第四届“上海IT青年十大新锐”提名奖（按姓氏笔画为序）

卜智勇　　上海无线通信研究中心常务副主任
刘　彤　　中国联通有限公司上海分公司移动部经理
孙　军　　上海交通大学电子信息与电气工程学院教授
杨　杰　　上海热线信息网络有限公司总经理
何　嵩　　上海移动通信有限责任公司计费信息中心总经理
沈备军　　上海交通大学软件学院副教授
张建峰　　上海数讯信息技术有限公司总经理
陈　钢　　上海长江科技发展有限公司总经理
郭　玮　　上海新致软件有限公司董事长、总裁
凌　力　　复旦大学通信科学与工程系副教授、上海市市民信箱电子邮件系统管理中心副主任

18. 2004～2005年度上海市精神文明建设优秀组织者

陈鸿生　　上海市电信有限公司党委副书记
乐训蓥　　上海市信息化委员会党群工作处主任科员

三、上海市信息化工作系统各类先进名单

1. 2003～2005年度上海市信息化工作系统先进基层党组织（21个）

上海市电信有限公司长途通信部党委
上海市电信有限公司西区电信局党委
上海市电信有限公司信息网络部党委
上海市电信有限公司南汇电信局党委
上海市电信有限公司机关离休干部党总支
上海市电信有限公司浦东电信局川沙分局党支部
上海市电信有限公司宝山电信局长江分局党支部
上海市电信有限公司崇明电信局机关党支部
上海信息产业（集团）有限公司114号查号中心党支部
上海电信实业（集团）有限公司东方电话设备有限公司党支部
上海移动通信有限责任公司传输与线路维护党支部
上海移动通信有限责任公司北郊嘉定分公司党支部
中国联通有限公司上海分公司第八党支部
上海资信有限公司党支部
中卫国脉通信股份有限公司第五党支部
上海大唐移动通信设备有限公司第一党支部
上海邮电通信设备股份有限公司邮政信息党支部

上海电话设备厂电子事业部党支部

中国邮电器材华东公司普泰党支部

上海市信息化委员会直属机关发展规划处党支部

上海市集成电路行业协会党支部

2. 2003～2005 年度上海市信息化工作系统优秀共产党员（50 名）

戴　斌	上海市通信管理局市场监督处主任科员
李为群(女)	上海市电信有限公司南区电信局网络运行处客响管理员
徐　珺	上海市电信有限公司西区电信局静安分局公客社区代表
汪慰斌	上海市电信有限公司中区电信局党委副书记、局长
包　毅	上海市电信有限公司浦东电信局川沙分局副分局长
周纪东	上海市电信有限公司莘闵电信局莘建分局公客经理
朱恩慧(女)	上海市电信有限公司松江电信局人力资源处处长
罗仙英(女)	上海市电信有限公司金山电信局市场拓展处处长
杨红军	上海市电信有限公司南汇电信局大客户中心客户经理
诸建峰	上海市电信有限公司嘉定电信局张马路分局营业员
姚晓华(女)	上海市电信有限公司青浦电信局新华分局分局长
鲁　嵘	上海市电信有限公司长途通信部产品策划处处长
田禾茵(女)	上海市电信有限公司信息网络部多媒体网络中心田禾茵网管室经理
罗耀娟(女)	上海市电信有限公司市场部客户服务中心副主任
孙小敏(女)	上海市电信有限公司网络运行部综合通信处资源管理业务主管
薛立宏	上海电信技术研究院移动通信部技术研究室副主任
庄忠东	上海信息产业（集团）有限公司综合管理部兼党群工作办公室主任
李　莹	上海理想信息产业（集团）有限公司电信支撑软件事业部经理
许　红(女)	上海市电信有限公司电信帐务中心市场拓展处处长
杨宏澜	上海电信实业（集团）有限公司邮电设计院有限公司副总经理
徐节官	上海电信实业（集团）有限公司东方通信产业贸易有限公司总经理兼党总支书记
何文明	上海电信实业（集团）有限公司企业发展部经理
章文然	上海电信实业（集团）有限公司通茂大酒店有限公司工程部总监
傅志仁	上海市电信有限公司总工程师室副总工程师兼副主任
张　茵(女)	上海市电信有限公司企业信息化部应用推进处副处长
蔡惠英(女)	上海移动通信有限责任公司北郊分公司总经理
陈　玲(女)	上海移动通信有限责任公司企业策划部员工
顾陈琪	上海移动通信有限责任公司网络优化中心基站维护部副经理
唐慧菁(女)	上海移动通信有限责任公司客户服务中心副经理
吕　进	上海移动通信有限责任公司运维中心数据维护部员工
张劲超	上海移动通信有限责任公司工程公司副总经理
刘志刚	中国联通有限公司上海分公司技术部业务主管
白　云	中国联通有限公司上海分公司基础网络部经理
冯　晔	上海市电子商务安全证书管理中心有限公司

李宏刚	中卫国脉通信股份有限公司集群通信业务部经理
马　骏	中卫国脉通信股份有限公司移动终端事业部销售员
那正平	上海迪爱斯通信设备有限公司开发部项目负责人
徐晓书	电信科学技术第一研究所总工程师
葛阳中	上海大唐移动通信设备有限公司测试部经理
吉正祥	上海邮电通信设备股份有限公司人力资源部保卫专员
周向争	上海邮电通信设备股份有限公司系统产品研发二室经理
陆海青(女)	上海邮电通信设备股份有限公司系统产品总师室副主任
水志平	上海电话设备厂电子事业部员工
范明庭(女)	上海电话设备厂人力资源部员工
张亚峻	上海电话设备厂发展中心员工
邵肖虹(女)	中国邮电器材华东公司普泰公司总经理
钟建国	上海市信息化委员会办公室主任
刘　健	上海市信息化委员会发展规划处处长
孙美玉(女)	上海市集成电路行业协会办公室主任
耿林娜(女)	上海卫虹医药电子商务有限公司市场部经理

3. 2003～2005年度上海市信息化工作系统优秀党务工作者（24名）

丁紫雯(女)	国家计算机网络与信息安全管理中心上海分中心党支部书记
钱晓文	上海市电信有限公司北区电信局甘泉分局党支部书记
韩林官	上海市电信有限公司莘闵电信局党委书记
夏伯余	上海市电信有限公司奉贤电信局党委书记
施　恩	上海市电信有限公司崇明电信局党委书记
沈妙海	上海市电信有限公司长途通信部党委办公室主任
叶国勇	上海市电信有限公司网络运行部线路中心党总支书记
赵申祥	上海电信技术研究院党委副书记
宋启范	上海市电信有限公司电信帐务中心党总支书记
宓莉萍(女)	上海电信实业（集团）有限公司共联通信信息发展有限公司党支部书记
黄立忠	上海电信实业（集团）有限公司电信科技发展有限公司党委书记
沈云华	上海市电信有限公司党委工作部副主任、党支部书记
迟　军	上海市电信有限公司总工程师室新业务开发拓展中心党支部书记
张　雷(女)	上海移动通信有限责任公司计费信息中心党总支书记
喻辛远	上海移动通信有限责任公司客服中心党总支书记
高　翔	中国联通有限公司上海分公司数据与固定通信业务部党支部书记
林　立	上海市信息管线有限公司党支部书记
吴惠莉(女)	中卫国脉通信股份有限公司销售事业部党支部书记
许仁荣	上海飞利通信科技实业公司党支部书记
池振平	上海邮电通信设备股份有限公司系统产品业务部党支部书记
徐鸿祥	上海电话设备厂党委办公室主任
周竞成	中国邮电器材华东公司原党群工作部主任

王永涛　　上海市信息化委员会直属机关党委副书记、党群工作处处长

袁丽燕(女)　　上海市信息服务业协会党总支副书记

4. 2005年度上海市信息化工作系统"双文明"双十佳好事（20件）

上海市电信有限公司南汇电信局张天浩：《创建网络义工组织 汇聚爱心奉献社会》

上海市信息化委员会区县信息化处：《以信息化支撑社区网格化管理，推进和谐社区建设》

上海移动通信有限责任公司运行维护中心数据维护部庄军：《捍卫短信安全的先锋》

上海市电信有限公司嘉定电信局：《支部"双结对" 结出"宽带村"》

上海市信息服务业行业协会慧龙计算机系统有限公司：《为党务信息化搭建平台》

上海市信息投资股份有限公司上海市信息管线有限公司：《城市信息管线的守护者》

上海市信息投资股份有限公司上海亿通国际股份有限公司：《洋山港建设中的亿通人》

上海市信息化委员会发展规划处：《严格把关、完善制度，不断做好财政投资信息化项目审核工作》

上海市通信管理局专用通信局崔军：《只要人人都献出一点爱，世界将变成美好的人间》

上海移动通信有限责任公司客户服务中心励宣红：《情系客户 无私奉献》

上海市信息化培训协会：《推进社区（家庭）信息化应用保障体系的建设》

上海市信息投资股份有限公司东方有线网络有限公司：《风大雨大，比不过装着百万用户的心大》

上海市信息化委员会社会信息化处：《推进政府信息公开 保护公众知情权》

中国网通集团上海分公司网络运维部：《上海市分公司运维部成功应对台风"麦莎"》

中国联通上海分公司周悦：《系统开发的日日夜夜》

上海市无线电管理局频率管理处：《服务洋山建设 展现无线风采》

上海市信息服务业行业协会：《开展"百场网络营销培训"，为中小企业做好服务》

上海市电信有限公司中区电信局王兵：《该出手时就出手 硬汉折指不言悔》

中卫国脉通信股份有限公司陈爱敏：《看重本职工作意义的普通营业员》

上海市电信有限公司无线通信部杨兵：《车窗里飞出三万元》

5. 2005年度上海市信息化工作系统"双文明"双十佳好事评选活动优秀组织奖

上海市电信有限公司

上海市信息化行业协会工作党委

上海市信息投资股份有限公司

中国联通上海分公司

6. 第三届"上海市信息化工作系统十佳青年"

山栋明　　上海市无线电管理局频率管理处副处长

孙伟伟　　中国电信集团黄页信息有限公司国内运行部副经理

汤文侃　　电信科学技术第一研究所所长助理

何　嵩　　上海移动通信有限责任公司计费信息中心总经理

张柏军　　上海市信息化委员会社会信息化处副主任科员

张奎堂　　上海市信息化委员会征信管理处主任科员

侯文军　　中国联通有限公司上海分公司网络优化中心经理

郭昭如　　国家计算机网络与信息安全管理中心上海分中心

谢青宇　　上海电信技术研究院副主任

瞿海滨　　上海盛大网络发展有限公司高级副总裁

信息化基础建设项目及集体和个人先进名单

一、2005信息系统架空线整治立功竞赛活动

1. 市级先进

优秀集体：

东方有线网络有限公司

优秀组织者：

白　云	中国联通上海分公司

记功个人:

陈　雄	上海市信息管线有限公司
张选伟	上海市电信有限公司

2. 赛区级先进

先进集体：

中国联通上海分公司线路维护中心

先进个人：

周　乐	东方有线网络有限公司运行维护部线路运维部
应　晨	中国联通上海分公司
蔡　毅	中国联通上海分公司
陈丽华	上海市信息管线有限公司
张之涛	上海市信息管线有限公司
栾长富	上海电信实业公司久宏通信工程分公司
张　伟	上海电信实业公司久宏通信工程分公司

二、2005年度深水港工程立功竞赛

记功个人：

施红华	上海市电信公司南汇电信局

先进个人：

罗俊敏	上海市信息管线有限公司

三、2003～2005年上海市信息化领域优秀项目评选

上海市电信有限公司等	临港新城通信中心
上海市信息管线有限公司	上海集约化信息管线建设项目
上海移动通信有限责任公司	移动通信室内分布系统

2005年度上海市区县信息化应用优秀成果

浦东新区：浦东新区行政区划信息管理系统、浦东新区发展计划局统一业务平台

徐汇区：徐汇区政府一体化电子政务公务员应用平台、徐汇区GIS综合平台

长宁区：长宁区城市网格化管理信息系统、长宁区实有人口管理信息系统

普陀区：普陀区电子政务平台协同办公系统

闸北区：闸北区来沪人员综合管理信息系统

虹口区：虹口区行政事务一口受理与发布系统

杨浦区：杨浦区企业基础信息管理系统、“杨浦区人民群众评议政府工作”网站

黄浦区：黄浦区实有人口信息资源库和社区事务服务系统、黄浦区世纪广场通信集约化建设

卢湾区：卢湾区城市网格化管理信息平台、卢湾区五里桥街道“一口受理”管理信息平台

静安区：静安区GIS综合平台、静安区实有人口综合信息资源库及社会帮困救助业务管理系统

宝山区：宝山区人事管理信息系统

闵行区：闵行区农村合作医疗信息管理系统、闵行区审计局计算机辅助审计应用系统

嘉定区：嘉定区GIS统一平台、嘉定区财政资金信息管理系统

金山区：金山区电子政务办公系统

松江区：松江区企业基础信息管理系统、松江区政务办公信息平台

南汇区：南汇区卫生系统信息管理平台

奉贤区：奉贤区基础地理信息系统、奉贤区政务网OA系统

青浦区：青浦区档案综合管理系统

崇明县：崇明县防汛监控系统

上海市信息化统计报表

上海市信息化综合统计报表

（综合部门通用）

01 统计登记号：□□□□□□□□□
02 企业(单位)代码：□□□□□□□□□－□
03 企业(单位)名称：______________
04 企业(单位)地址：______________
05 联系电话：______________
06 传　真：______________
07 邮政编码：______________

表　　号：信息化统计综合表
制表机关：上海市信息化委员会
备案机关：上海市统计局
备案文号：沪统备字[2005]04 号
有效期至：2008 年 6 月

08 E-Mail 地址：______________

指 标 名 称	计量单位	代码	本期实际	本年累计
甲	乙	丙	1	2
互联网用户普及率	%	21		
企业上网比例	%	22		
计算机普及率	%	23		
信息化投入	亿元	24		
信息化产出	亿元	25		
信息化固定资产投资额	亿元	01		
信息产业增加值	亿元	03		
其中：1. 信息产品制造业增加值	亿元	04		
2. 信息产品销售业增加值	亿元	05		
3. 信息服务业增加值	亿元	06		
信息产品制造业销售收入	亿元	07		
信息产品销售业营业收入	亿元	08		
信息服务业经营（服务）收入	亿元	09		
其中：软件业经营（服务）收入	亿元	10		
信息产业 R&D 投入	亿元	11		
其中：1. 信息制造业 R&D 投入	亿元	12		
2. 信息服务业 R&D 投入	亿元	13		
其中：软件业 R&D 投入	亿元	14		

续表

指标名称	计量单位	代码	本期实际	本年累计
甲	乙	丙	1	2
信息产业进口额	亿元	18		
信息产业出口额	亿元	19		
其中：一般贸易出口额	亿元	20		
信息产业从业人员占全市从业人员的比重	%	02		
电子商务交易额	亿元	30		
银行卡消费额	亿元	28		
政府信息支出占政府财政支出的比重	%	27		
公共服务项目网上实现比例	%	29		
信息化人才数量	万人	26		
数字电视播出时间	小时/周	31		
数字电视播出套数	套	32		
广播电视播出时间（非数字）	小时/周	33		
广播电视节目播出套数（非数字）	套	34		
城镇居民人均信息消费支出	元/人	15		
城镇每百户居民家庭计算机拥有量	台/百户	16		
城镇每百户居民家庭电视机拥有量	台/百户	17		
信息专业在校学生数	人	35		
信息专业毕业学生数	人	36		
大中小学校PC机拥有量	万台	37		

统计负责人________ 填报人员________ 上报日期______年______月______日

上海市信息基础设施专项统计报表

01 统计登记号：□□□□□□□□□
02 企业(单位)代码：□□□□□□□□－□
03 企业(单位)名称：________________
04 企业(单位)地址：________________
05 联系电话：________________
06 传　真：________________
07 邮政编码：________________

表　　号：信息化统计专项表
制表机关：上海市信息化委员会
备案机关：上海市统计局
备案文号：沪统备字[2005]04 号
有效期至：2008 年 6 月

08 E-Mail 地址：________________

指 标 名 称	计量单位	代码	本期实际	本年累计
甲	乙	丙	1	2
期末信息管线长度	沟公里	01		
期末微波占有信道数	波道公里	02		
期末数字微波线路长度	公里	03		
期末卫星站点数	个	04		
电信业务总量	亿元	05		
国际出口带宽	GB	06		
固定电话交换机容量	万门	07		
移动电话交换机容量	万门	08		
期末长途光缆长度	公里	09		
长途电话业务电路	2M	10		
长途电话通话时长	亿分钟	11		
其中：1. 固定电话长途通话时长	亿分钟	12		
其中：国际及港澳台长途通话时长	亿分钟	13		
2. 移动电话长途通话时长	亿分钟	14		
3. IP 电话通话时长	亿分钟	15		
城域网交换能力	Mbps	16		
其中：1. 城域骨干单元交换能力	Mbps	17		
2. 城域骨干交换节点数	个	18		
3. 城域边缘单元交换能力	Mbps	19		
4. 城域边缘交换节点数	个	20		

续 表

指 标 名 称	计量单位	代码	本期实际	本年累计
甲	乙	丙	1	2
固定电话用户数	万户	21		
其中：1. 小灵通用户数	万户	22		
2. 住宅电话用户数	万户	23		
移动电话用户数	万户	24		
窄带接入用户数	万户	25		
家庭宽带接入用户数	万户	26		
其中：1. FTTB+LAN 接入用户数	万户	27		
2. ADSL 接入用户数	万户	28		
3. HFC 接入用户数	万户	29		
有线电视终端数	万端	30		
其中：有线电视用户数	万户	31		
数字电视终端数	万端	32		
其中：数字电视用户数	万户	33		

统计负责人 ________ 填报人员 __________ 上报日期 _______ 年 _______ 月 _______ 日

上海市信息服务业统计表

2005年1～　月　　　　　　　　　　表　　号：XF201表

39统计登记号：□□□□□□□□□　　　　制表机关：上海市统计局

01企业（单位）代码：□□□□□□□□－□　　文　　号：沪统制字[2005]01号

02企业（单位）名称：　　　　　　　　　有效期至：2006年1月

051企业(单位)地址：

06邮政编码：□□□□□□

44企业(单位)注册地代码□□

市级机关(00)　黄浦区(01)　卢湾区(03)　徐汇区(04)　长宁区(05)　静安区(06)　普陀区(07)
闸北区(08)　虹口区(09)　杨浦区(10)　闵行区(12)　宝山区(13)　嘉定区(14)　浦东新区(15)
金山区(16)　松江区(17)　青浦区(18)　南汇区(19)　奉贤区(20)　崇明县(30)

07行业代码：□□□□

6011固定电信服务　6110计算机系统服务
6012移动电信服务　6120数据处理
6019其他电信服务　6130计算机维修
6020互联网信息服务　6190其他计算机服务
6031有线广播电视传输服务　6211基础软件服务
6032无线广播电视传输服务　6212应用软件服务
6040卫星传输服务　6290其他软件服务

08登记注册类型代码：□□□

110国有企业　170私营企业
120集体企业　190其他企业
130股份合作企业　200港澳台商投资企业
140联营企业　300外商投资企业
151国有独资公司　400个体经营
159其他有限责任公司
160股份有限公司

09自产软件项目(项) ________

10系统集成项目(项) ________

11软件著作权数(项) ________

12本企业在工业开发区代码(限在工业开发区内企业填) □□□

13本企业是否海外留学归来人员创办：1是　2否　□

指　标	代　码	计量单位	1～　月	上年同期
期末从业人员	01	人		
其中：高中级技术职称人员	02	人		
其中：从事技术开发人员	03	人		
其中：海外留学归来人员	04	人		
其中：大学本科及以上学历人员	05	人		
从业人员劳动报酬	06	千元		
经营(服务)收入（07 = 08+10+11+12）	07	千元		
其中：软件产品收入	08	千元		
其中：自产软件收入	09	千元		
系统集成收入	10	千元		
培训、服务收入	11	千元		
其他收入	12	千元		

续 表

指　　标	代　码	计量单位	1～　月	上年同期
其中：软件出口收入（13 ≥ 14）	13	千美元		
其中：软件产品出口收入	14	千美元		
营业利润	15	千 元		
利润总额	16	千 元		
税金（不包括所得税）（17 ≥ 18）	17	千 元		
其中：应缴增值税	18	千 元		
固定资产原价	19	千 元		
固定资产本年折旧	20	千 元		
资产总计	21	千 元		
研究与试验发展（R&D）经费支出	22	千 元		

单位负责人：　　填表人：　　联系电话：　　报出日期：　　年　　月　　日

上海市区县信息化年度统计报表

200　　年

______区（县）信息委（盖章）

表　　号：信息化统计综合1表
制表机关：上海市信息化委员会
备案机关：上海市统计局
备案文号：沪统备字[2005]01号
有效期限：2007年4月

指标名称	计量单位	代码	本期实际
居民家庭计算机拥有量	台/百户	01	
居民上网用户数（互联网用户）	万人	02	
人均上网时间	小时/周	03	
家庭人均信息消费支出	元/人	04	
家庭人均信息消费支出占人均消费支出比例	%	05	
居民家庭电视机拥有量	台/百户	06	
区县财政投入信息化建设资金	万元	07	
区县财政投入信息化建设资金占财政支出比例	%	08	
区县政府行政审批项目网上实现数量	项	09	
中小学生计算机拥有量	台/百人	10	

统计负责人______　　　填报人______
联系电话______　　　报出日期____年____月____日

上海市区县信息化半年度统计报表

(200　　年1～　　月)

______区（县）信息委（盖章）

表　　号：信息化统计综合2表
制表机关：上海市信息化委员会
备案机关：上海市统计局
备案文号：沪统备字[2005]01号
有效期限：2007年4月

指 标 名 称	计量单位	代码	本期实际
信息化固定资产投资额	万元	11	
信息传输、计算机服务和软件业经营收入	万元	12	
信息产品制造业销售收入	万元	13	
信息产业税收	万元	14	
新引进IT内资企业注册资金总额	万元	15	
新引进IT外资企业注册资金总额	万美元	16	

统计负责人______　　填 报 人______
联系电话________　　报出日期____年____月____日

特别鸣谢

《2006上海信息化年鉴》组稿与撰稿单位

中共上海市委组织部
中共上海市委宣传部
上海市档案局
上海市国家保密局
上海市人大常委会办公室
上海市人民政府办公厅
上海市经济委员会
上海市教育委员会
上海市科学技术委员会
上海市公安局
上海市司法局
上海市财税局（地方税务局）
上海市人事局
上海市劳动和社会保障管理局
上海市建设和交通委员会
上海市农业委员会
上海市对外经济贸易委员会
上海市文化广播影视管理局
上海市卫生局
上海市水务局
上海市人口和计划生育委员会
上海市审计局
上海市人民政府外事办公室
上海市国有资产监督管理委员会
上海市环境保护局
上海市统计局
上海市工商行政管理局
上海市质量技术监督局
上海市食品药品监督管理局
上海市旅游事业管理委员会
上海市新闻出版局
上海市体育局
上海市知识产权局
上海市房屋土地资源管理局
上海市城市交通管理局
上海市信息化委员会
上海市民防办公室
上海市人民政府侨务办公室
上海市金融服务办公室
上海市港口管理局
上海市安全生产监督管理局
上海市人民政府新闻办公室
上海市粮食局
上海市市政工程管理局
上海市绿化管理局
上海市市容环境卫生管理局
上海市高级人民法院
上海市人民检察院
共青团上海市委员会
上海海关
“中国上海”门户网站
中国证券监督管理委员会上海监管局
中国保险监督管理委员会上海监管局
上海市通信管理局
上海市无线电管理局
上海市地震局
上海市邮政局
中国人民银行上海分行
上海银行
上海远程教育集团
复旦大学
上海交通大学
华东师范大学
上海大学
上海文化广播影视集团
解放日报报业集团

文汇新民联合报业集团
东方网
上海文艺出版总社
上海市图书馆上海科学技术情报研究所
上海市博物馆
复旦大学附属中山医院
上海市胸科医院、上海交通大学附属胸科医院
上海汽车工业（集团）总公司
上海宝钢集团公司
中国石化上海石油化工股份有限公司
上海机场（集团）有限公司
上海纺织控股（集团）公司
百联集团有限公司
上海航空股份有限公司
上海外高桥保税物流园区
上海春秋国际旅行社有限公司
上海科技馆
中国人寿保险股份有限公司上海市分公司
中国太平洋保险（集团）股份有限公司
上海证券交易所
上海期货交易所
东方证券股份有限公司
上海市软件行业协会
上海市信息服务业行业协会
上海市集成电路行业协会
上海市光电子行业协会
上海市通信制造业行业协会
上海信息家电行业协会
上海市电子商务行业协会
上海市信息安全行业协会
上海市信用服务业行业协会
上海市无线电协会
上海市信息化培训协会
上海市信息法律协会
上海市信息系统质量技术协会
上海市印制电路行业协会
上海市信息化发展研究协会
上海市呼叫中心与无线寻呼协会
上海市社会保障和市民服务信息中心
上海市社区服务中心
上海市超级计算中心
信息化专家委员会
上海市互联网经济咨询中心
上海市企业信息化促进中心
上海市信息安全测评认证中心
上海市计算机病毒防范服务中心
上海互联网络交换中心
国家计算机网络与信息安全管理中心上海互联网交换中心
上海市软件评测中心
上海电子商务安全证书管理中心有限公司（CA 中心）
浦东新区信息委
徐汇区信息委
长宁区信息委
普陀区信息委
闸北区信息委
虹口区信息委
杨浦区信息委
黄浦区信息委
卢湾区信息委
静安区信息委
宝山区信息委
闵行区信息委
嘉定区信息委
松江区信息委
金山区信息委
南汇区信息委
奉贤区信息委
青浦区信息委
崇明县信息委
上海市信息管线有限公司
上海市信息投资股份有限公司
上海亿通国际股份有限公司
上海长城金点定位测控有限公司
上海公共交通卡股份有限公司
上海资信有限公司
东方有线网络有限公司

上海市电信有限公司
上海移动通信有限责任公司
中国联通有限公司上海分公司
中卫国脉通信股份有限公司
中国网通（集团）有限公司上海市分公司
中国卫星通信集团公司上海分公司
上海贝尔阿尔卡特股份有限公司
英华达（上海）电子有限公司
上海大唐移动通信设备有限公司
上海邮电通信设备股份有限公司
中芯国际集成电路制造（上海）有限公司
上海华虹集成电路有限责任公司
上海仪电控股（集团）公司
上海飞乐股份有限公司
上海金陵股份有限公司
上海大亚科技有限公司
上海索广电子有限公司
上海联合光盘有限公司
长江计算机（集团）公司
上海颐东网络信息有限公司
上海广电（集团）有限公司
上海贝岭股份有限公司
展讯通信（上海）有限公司
上海畅宇导航科技有限公司
上海博达数据通信有限公司
上海浦东软件园有限责任公司
徐汇软件园区
上海慧谷高科技创业中心
上海科技京城
上海漕河泾开发区软件园
上海漕河泾新兴技术开发区
中山化工市场
卢湾现代服务园区
银联电子支付服务有限公司
东方钢铁电子商务有限公司
上海复旦光华信息科技股份有限公司
上海亚太计算机信息系统有限公司
上海理想信息产业(集团)有限公司
万达信息股份有限公司
上海金桥信息工程有限公司
上海宝信软件有限公司
上海启明软件有限公司
上海众恒信息产业有限公司
同济大学软件学院
上海交通大学网格计算中心
上海金鑫计算机系统工程有限公司
上海长江新成计算机系统集成有限公司
上海长江科技发展有限公司
上海广腾信息科技有限公司
上海亚太神通计算机有限公司
上海亚泰计算机软件有限公司
上海三零卫士信息安全有限公司
国家信息安全成果产业化（东部）基地
国家信息安全基础设施研究中心
上海信息安全工程技术研究中心
国家863计划反计算机入侵和防病毒研究中心
上海交通大学信息安全工程学院
维豪信息技术有限公司
上海山丽信息安全有限公司
上海格尔软件股份有限公司
上海卫士通网络安全有限公司
上海吉大正元信息技术有限公司
上海方正信息安全技术有限公司
上海启明星辰信息技术有限公司
上海银晨智能识别科技有限公司
上海汉邦京泰数码技术有限公司
上海天融信网络安全技术有限公司
金诺网络安全技术发展股份有限公司
上海龙贝信息科技有限公司
上海美达信息技术有限公司

上海市人民政府办公信息处理中心

中心工作人员合影

中心获“文明单位”称号

中心工作中

上海市人民政府办公信息处理中心成立于1986年，长期从事政府系统办公自动化和政务信息化工作，先后建设了上海市政府办公厅办公自动化系统、上海市党政机关应急指挥无线集群调度系统、上海市行政机关办公决策服务系统等信息化系统。

近年来，中心积极参与上海市电子政务建设，相继完成“中国上海”门户网站、上海市政府核心办公业务系统、国家重大科技专项及863项目《上海市电子政务试点示范工程》等一系列重大工程建设；编制了上海市电子政务协同工作数据标准，完成了上海市电子政务协同工作数据标准测试及示范应用、电子政务协同工作安全支撑平台关键技术研究及实现等课题研究。目前，中心正继续在政务内网上大力推进以市政府办公厅为核心的政府办公业务应用以及组织政务外网建设，实施上海市电子政务网上办事工程。

在1986年至2006年二十年的办公自动化和政务信息化建设历程中，信息中心取得了优异成绩，十余次获得上海市科技进步二、三等奖，蝉联上海市市级机关文明单位，2005年又被评为上海市文明单位。

上海干部在线学习城

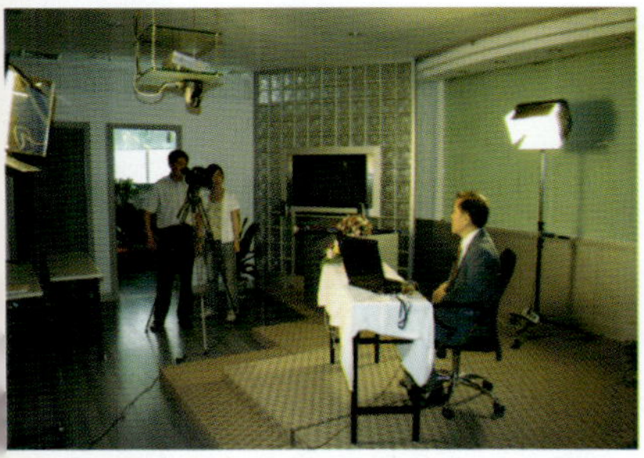

为了深入贯彻党的十六大精神，进一步创新培训方法，提高培训质量，更好地完成大规模培训干部任务，根据市委领导的倡导和要求，由中共上海市委组织部、中共上海市委党校、上海市人事局、上海市信息化委员会为全市干部搭建了一个虚拟学习平台——“上海干部在线学习城”（www.shgb.gov.cn）。

“上海干部在线学习城”由教育超市、互动天地、在线考场、教管中心、学习银行、服务广场等六大模块组成，在网上实现教、学、考、管等各种功能。“教育超市”是学习课程的主要场所，按照干部知识结构进行分类，制成图文并茂、生动活泼的多媒体课件，让学员自主选择学习课程；“互动天地”为学员自由交流的空间，也可以通过摄像头组织身临其境的小组讨论或与教师交流；“在线考场”通过题库自动生成试卷，为学员提供各种学科的在线自测或考试；“教管中心”对学员的学习情况进行在线管理，统计和通报学员的学习情况；“学习银行”负责查询学员个人信息及学习记录；“服务广场”为学员提供与学习有关的各种服务。

“上海干部在线学习城”从2004年6月开始筹建，2004年11月投入试运行，2005年1月10日正式开通，2005年3月1日正式开学。截至2005年12月，全市有4万名干部参加了首批学习，累计学习时间为180万小时，人均学习50小时，选课总数为57万课次，人均选课16课次，开设各类课程350门。

该项目通过了上海市信息系统A类安全评审，并获得了2003~2005年“上海市信息化优秀项目”称号。

www.shgb.gov.cn

上海市社区事务受理服务中心信息化技术介绍

上海市社区事务受理服务中心的建设是落实市委《关于加强社区党建和社区建设工作的意见》（沪委[2004]1号）和市政府关于加强社区建设扩大试点工作的要求的具体工作，是由市民政局牵头主抓的上海市人民政府2006年实事项目。目前，上海市社区事务受理服务中心建设由上海一门式政务研发中心在市民政局领导下具体实施运作。

上海市社区事务受理服务中心采用一门式服务，将市、区（县）政府有关职能部门依法在街镇设立的各类受理事项和出证事项由原来部门分门受理，归并到上海市社区事务受理服务中心一门受理。按照让市民“少跑一趟路、少跨一个门槛、少走一道程序”的要求，在对办事和审批流程进行优化的基础上，通过电子政务平台、现场服务平台和电话咨询平台，为居民提供前台一口综合受理、后台网络联通协办的充分反映便捷度、透明度和亲和度的社区事务受理服务。

上海市社区事务受理服务中心采取的一门式机制是一整套系统，包括流程优化、质量评估、系统软件、VI设计和职业标准。其中的系统软件是核心部分，是结合了流程、质量和绩效等最新管理技术和网络软件技术开发的专业软件。该软件突破解决了二次输入的问题，这是试点街道普遍存在的问题。它包括网页环境下实现数据沉淀和应用程序环境下实现数据沉淀。字段要求符合上海市信息委关于实有人口数据库的标准，为街镇领导和科室决策提供了科学、动态和及时的数据和图表。软件可以实现前台受理、网上流转、后台审批，对于并联的项目，可以实现横向关联查询。适应街镇领导与窗口非同址办公的协同问题，也为逐步通过公共网受理提供了便利。

要发挥专业软件的作用和效果当然不能缺少过硬的硬件设施。上海市社区事务受理服务中心受理大厅网络系统有着独立的主机房，各条专线的设备、排队叫号系统终端、触摸屏查询终端、大屏幕显示系统终端和控制设备均接入主机房。并组建受理大厅内部局域网络，前、后台的计算机终端网络贯通并由交换机连接，由服务器控制。根据具体情况，楼层较高的要配置楼层交换机；关键网络接入点均连接防火墙、防病毒系统，提高系统的安全性。

另外，受理中心与街镇的服务器相互连接，实现了街镇的数据与受理中心的数据互相交换，可作为远程监控使用，完善了中心对街镇的管理，实现数据共享。

区长孙潮与国外专家交谈

参加全国地方政务建设现场会

信息化成果介绍展示

上海市徐汇区信息化委员会是徐汇区政府主管信息化工作的工作部门，同时又是区信息化推进领导小组的办事机构。

2005年，区信息委在区委、区政府的正确领导下，在市信息委的有力指导下，坚持实践“三个代表”重要思想，认真贯彻科学发展观，以保持共产党员先进性教育活动为契机，坚持开拓创新、求真务实，扎实推进各项工作，取得显著成绩：年内全面完成区政府重点工作有关项目；电子政务被区政府列为全区绩效评估惟一的公共项目；徐汇区在空间地理信息方面建设的实践被国务院信息化工作办公室列为国家地区电子政务的原型试点；“徐汇区政府一体化电子政务公务员应用平台”和“徐汇区GIS综合平台”获“2005年度上海市区县信息化应用优秀成果奖”；“徐汇区一口受理信访信息系统”获“上海市信息化优秀项目（2003-2005年）”。

上海市徐汇区信息化委员会

单位地址：漕溪北路336号
邮政编码：200030
电　　话：(021) 64872222转

黄浦区信息化委员会

2005年，黄浦区坚持"一体化"开发思路，以需求为导向、应用为主线，信息化支撑社区管理网格化试点工作取得明显成效，社区事务服务系统建成并投入运行，被国务院信息化工作办公室列入地区电子政务原型（人口领域）试点，基础设施集约化建设取得新进展，内外网电子政务应用继续深化，信息化环境进一步改善，编制了《黄浦区信息化"十一五"规划》，为提升区信息化水平、推动区经济和社会协调发展作出了积极贡献。黄浦区实有人口信息资源库和社区事务（前台一口受理、后台协同办理）服务系统、世纪广场通信集约化建设项目被评为2005年度上海市区县信息化应用优秀成果奖，区信息委被评为区文明机关。

区人大同志视察

网上招聘

地址：上海市山东中路1号

邮编：200001

电话：33134800（区政府总机）转

传真：63266851

开通付费通

区信息委荣誉

参观陈云纪念馆

举办"诚信"主题辩论赛

参观嘉兴南湖中共"一大"会址

上海市长宁区信息化委员会

“数字长宁、国际城区”是长宁区“十一五”发展的战略举措，是落实国家战略，推进长宁现代化建设全局的重要抓手，是科教兴市主战略在长宁的具体化，也是提升区域所有功能的基础。长宁区是“国家信息资源开发利用综合实验区”和“全国城市管理数字化试点城区”，上海多媒体产业园被认定为“国家数字媒体技术产业化基地（上海）园区”。

上海市长宁区信息化委员会是长宁区政府主管信息化工作的职能部门，同时又是区推进信息化工作领导小组的办事机构。近年来，长宁区信息委在区委、区政府的正确领导下，在市信息委的有力指导下，坚持实践“三个代表”重要思想，认真贯彻科学发展观和科教兴市主战略，努力推进“数字长宁”建设。长宁信息园公共服务平台项目被评选为2003－2005年市信息化优秀项目。长宁区城市网格化管理信息系统和实有人口管理信息系统分别获得2005年度上海市区县信息化应用优秀成果奖。

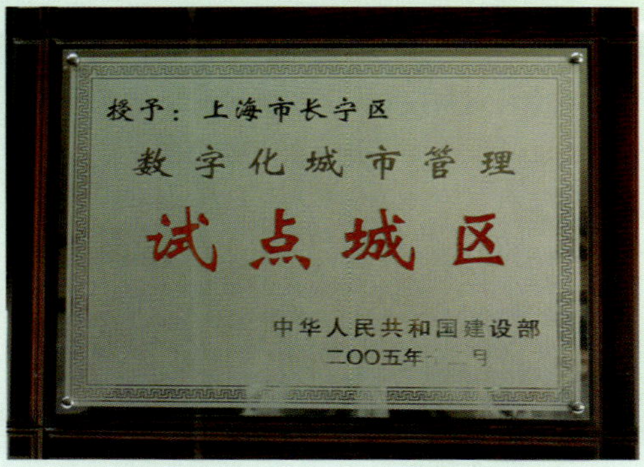

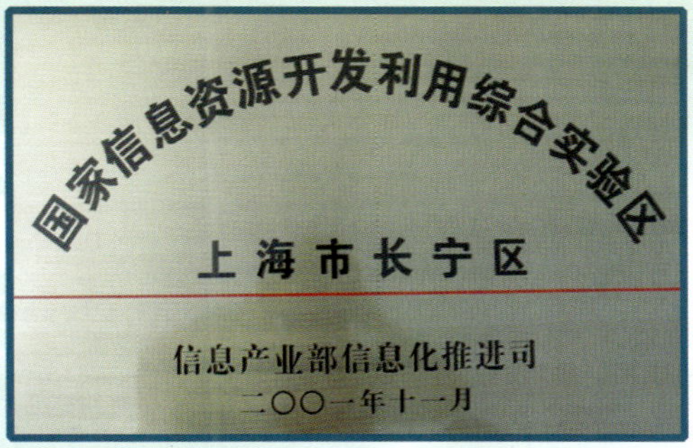

公开

上海市科学技术委员会

沪科（2005）第369号

关于认定“上海多媒体产业园”、“上海张江高科技园区”为国家数字媒体技术产业化基地（上海）园区的通知

上海多媒体产业园、上海张江高科技园区：

为贯彻（国科发高字[2005]150号）文件批复要求，在上海建立国家数字媒体技术产业化基地，创建科技与文化融合的数字媒体技术产业化良好发展环境，推进上海现代服务业发展。你单位送报的国家数字媒体技术产业化基地申请书和建设可行性方案收悉，经评审研究，认定“上海多媒体产业园”、“上海张江高科技园区”为国家数字媒体技术产业化基地（上海）园区。

希望各有关园区进一步强化软硬件环境建设，按照科技部批复精神，围绕“科教兴市”主战略，推进数字媒体技术产业化发展，为上海现代服务业的发展奠定坚实基础。

特此通知。

上海市科学技术委员会
二〇〇五年十二月十三日

主题词：科技　数字媒体　基地　通知

上海市科委办公室　二〇〇五年十二月十三日印发

拟稿：缪军　（共印12份）

长宁区信息化委员会

地址：上海市长宁路599号8楼

邮编：200050

电话：021-22050000（总机）

上海市卢湾区信息化委员会

卢湾区是建设部确定的全国10个城市网格化管理试点城区之一和上海市首批两个试点区之一。历经6个月的建设，卢湾区城市网格化管理平台于2005年10月1日建成并启动试运行；同年12月，平台通过了国家建设部验收，卢湾区被授予“数字化城市管理试点城区”称号。

图为区城管监督受理中心大厅

“上海卢湾”门户网站整合了50个独立的部门网站，通过建设门户网站基础平台，构建了拥有449个项目的网上办事平台，并进一步提供企业办事和市民办事的分类服务。同时，建成政府信息公开平台，实现39个政府部门2,026条政府信息的网上公开。此外，门户网站基础平台还为全区70个机关部门提供了免费的网站空间、数据库服务、电子邮件、域名和视频点播等服务。

五里桥街道依托近年的社区信息化建设成果，进一步探索了58项政务服务、10项事务服务、32类生活服务、8类咨询服务和6项监督投诉为一体的社区服务新模式，新建了一口受理管理信息系统，形成了社区行政事项“一口受理，协同办理”的工作机制。

图为五里桥街道社区事务受理服务中心大厅

围绕“创意是产业之魂，信息化是创意产业翅膀”的指导思想，8号桥创意产业园区完成了宽带接入全覆盖、特色门户网站建设、流动互动多媒体发布平台构建等工作，通过了上海市企业信息化示范园区试点工作验收。

图为8号桥外景

上海市普陀区信息化委员会

普陀区信息委于2003年10月正式揭牌成立，围绕区委、区政府“发挥后发优势，实现跨越式发展”的指导思想，先后围绕“打基础、兴功能”、“夯实基础，谋求发展”和“以需求推应用，以服务促发展，推进区域信息化科学和谐发展”的工作定位，围绕信息化建设和信息产业发展两条主线，理性务实地推进普陀区信息化健康发展。实现了电子政务从无到有，社区信息化向纵深发展，信息产业从弱到强，信息化建设和管理队伍从小到大的飞跃；基本形成了信息化基础设施日趋完善，信息化发展环境日益优化，信息化建设框架趋于合理，信息化管理手段更臻科学，信息化服务水平逐步提升，信息产业规模集聚效应得以充分体现的发展格局。

电子政务平台

三年来先后荣获“2004年度上海市区县信息化工作先进奖”；“上海普陀”门户网站建设在2005年全市区县综合评议中达到优秀水平；电子政务平台协同办公系统获得2005年“区县信息化应用优秀成果奖”；上海电子商务创业园获上海市2003-2005年信息化优秀项目。

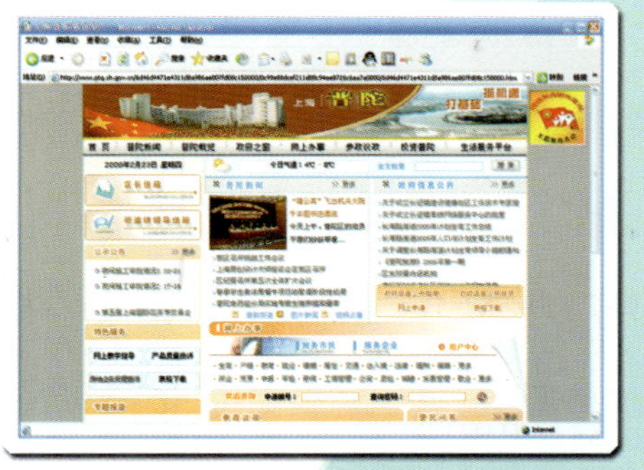

普陀门户网

◆ 地址：大渡河路1668号

◆ 邮编：200333

◆ 电话：021-52564588

◆ 网址：www.ptit.ptq.sh.gov.cn

“动漫长风”签约仪式

上海天地软件园外景

宝山区信息化

Informatizatio

Baoshan

2005年，宝山区信息化工作围绕深化电子政务“四个统一基础平台”，以建设和应用并举，突出体现信息化对各领域的支撑作用。统一的电子政务网络平台覆盖全区94个党政机关及200多个基层单位，共有接入用户2,500个。统一的地理信息基础平台，将宝山的空间数据和各部门专业数据叠加在宝山电子地图上，为城市的规划、决策和管理提供了科学依据。统一的信息数据共享平台，建立了实有人口和基本单位数据库，为社区管理和服务提供了信息支撑。统一的对外门户平台将全区党政机关网站进行整合，为电子政务打开了一扇服务企业和市民的公众大门，真正使公众感受到信息化带来的各种便捷。同时在信息化应用、政府信息公开、正版软件推进、社区和城镇信息化建设、国家信息安全风险评估试点等方面取得较显著成效。完成了在区医保中心、大场、罗店增加补换卡功能的区政府实事工程建设。区信息委获得国家信息安全风险评估上海试点先进单位称号。

2005年宝山区信息安全风险评估试点上海市试点工作先进单

宝山区城镇信息化推进会

INFORMATIZATION BAOSHAN

上海市奉贤区信息化委员会

2005年，奉贤区信息化工作在市委、市政府的正确领导和市信息委的指导下，充分发挥奉贤自身的优势，以需求为导向，以应用为重点，不断加强信息化基础设施建设，全力实施政务信息化，着力推进社会信息化，努力引导企业信息化，充分发挥信息化在全区经济和社会发展中的开路先锋和技术支撑作用，并为“十一五”的持续发展奠定了坚实的基础。

2005年，“奉贤区政务网OA系统”、“奉贤区基础地理信息系统”被上海市信息化委员会评为“2005年度上海市区县信息化应用优秀成果”。

2005年松江区教育局确定了“优化管理，创新应用，整体推进教育技术实验区，加快实现松江教育现代化”的目标，在松江区信息化委员会和市教委信息中心指导下，教育信息化发展取得了新的进步。

2005年，实现了全区信息化设施的配置均衡化，所有农村中小学和幼儿园均接入高速光纤，实现了学校宽带光缆建设的城乡一体化。全区中小学、幼儿园全部完成校园网建设。学校的行政办公和部分区域实现了无线接入上网。各乡镇成人学校已基本建成用教育卫星网连接的社区教育网络。在中小学部分年级教室配备了数字式投影机、实物展示台、计算机、书写屏等多媒体设备。

目前，松江区教育信息网的邮件服务器已发展到12,800多个E-MAIL帐号，FTP存储服务成为传送教学资源的主要途径，区教育视频会议同时在线用户数达到80个。中小学软件应用资源库逐年丰富，应用效益日益明显。校长、教师接受了多种形式的信息技术教育培训，67%的专任教师参加了“未来教育”培训。松江教育的信息化为构建丰富的教学环境提供了广泛的技术与资源平台，加快了教育现代化进程。

上海市松江区教育局

馬陸 www.malu.gov.cn

马陆网站建成开通

群文活动一角

农民新家园

指尖点击　了解一个腾飞的马陆

马陆镇2005年度宣传创新工作——

马陆网站建成开通

马陆网站的建成，以及同时签署的上海市文化信息服务产业园落户意向是马陆镇党委2005年度宣传工作的一大创新工作。

马陆网于2005年10月28日正式开通，推动了马陆镇实施政府上网工程，同时也拓展了网上招商和为企业服务的新途径，成为展示马陆风貌、宣传马陆的一个重要窗口，成为联系政府与各界友人的紧密纽带。最具突破性的是上海市文化信息服务产业园落户马陆镇，为马陆镇乃至嘉定区未来现代服务和信息产业的发展提供一个广阔的发展新空间。

此项工作给我们带来的体会是：

一、网站的建立，推动了实施政府上网工程，迈出了马陆电子政务的第一步。

二、网站的建立，树立马陆镇现代化综合性城镇的形象，借助互联网手段，建立马陆镇对外宣传的网络阵地和窗口。

三、网站的建立，全面宣传马陆镇开发区招商和二、三产业发展，构筑马陆镇区别于其它城镇的差别优势和国际竞争力。

四、网站的建立，全方位介绍马陆镇政治、经济、文教、人文历史、投资等各个方面的情况，展示马陆镇良好的经济发展前景和投资环境，再一次提升上马陆的知名度。

五、网站的建成，携手“上海市文化信息创意产业园”，凝聚企业和人才带动嘉定乃至整个上海文化创意产业的发展。

马 陆 镇 人 民 政 府

地址：上海市嘉定区沪宜公路2228号　电话：021-59156701　邮编：201801

中国科学院
上海微系统与信息技术研究所
微波车流量检测雷达

中国科学院上海微系统与信息技术研究所研制成功了具有完全知识产权的微波道路车流量检测雷达。该检测器（网络版）既可作为智能交通系统或其他传感网络的车流量传感部件广泛应用于城市智能交通等系统，也可以单独使用（单机版），以用于定点车流量检测或临时性交通车流量检测。

目前主要的车流量检测手段有微波雷达、地感线圈以及视频。综合比较这些传感器，微波车流量检测雷达具有另外两种检测器的优点却克服了它们的主要缺点。具体说来，微波检测雷达具有以下优点：

- 安装简单（可装于道路边的电杆上，不需要破坏路面、中断交通，也不要装龙门架）；
- 寿命长且维护方便（维护时不需要破坏路面、中断交通）；
- 全天候工作（能抗雨、雾、雪、冰雹，高温、低温等各种恶劣气候环境）；
- 检测精度高且可同时检测多个车道；
- 信号传输方式灵活（可通过网络传输或通过无线模块传输，也可以储存于本机以定时读取）。

检测现场

检测点交通流状况实景

主要技术指标：

中心频率:24GHz　　调频宽度:15CMHz

输出功率:小于10mW　　信号射角:40度~45度

波形宽度(方位角):15度　　覆盖范围:3~60m

可检测车道:1~8个　　时间分辨率:25ms

采样周期:10~600s　　电源要求:220V 交流(市电)

温度范围:-25度~75度

湿度范围:0~95%RH

功耗(标准电源):小于10W

整机连续工作能力(hrs):大于90,000

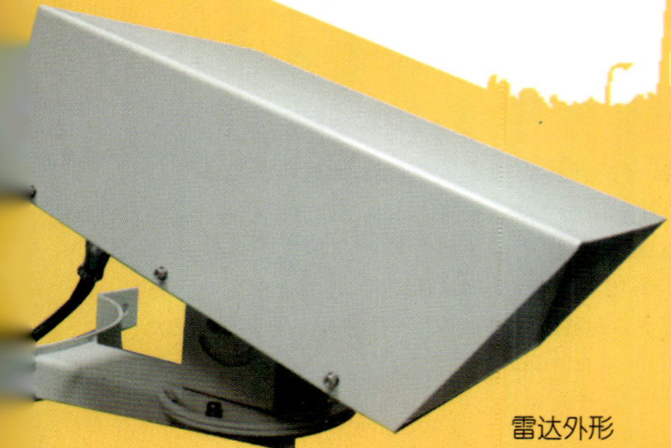

雷达外形

地址：上海市长宁路865号　邮编：200050　联系人：孙晓玮、余稳

联系电话：021-62511070-8942或8951

Email: yuwen@mail.sim.ac.cn

上海信息安全工程技术研究中心

上海信息安全工程技术研究中心隶属于上海市科学技术委员会，同时又是科技部批准组建的国家级信息安全工程技术研究中心。国家密码管理委员会办公室、国家保密局、公安部、国家安全部、信息产业部等部委及上海市相关部门指导信息安全工程技术研究中心开展工作。

上海信息安全工程技术研究中心是国家密码管理委员会批准的商用密码产品生产定点单位和商用密码产品销售许可单位；是国家保密局批准的涉及国家秘密的计算机信息系统集成单位；是国家信息安全标准化技术委员会的副主任委员及WG3、WG4工作组的骨干成员。

上海信息安全工程技术研究中心以国家信息安全为己任，以密码技术研究为核心，以密码技术的应用为主线，以关键密码设备的研发为重点，开展信息安全技术工程化研究工作。

上海信息安全工程技术研究中心为用户提供信息安全整体解决方案和技术咨询服务，并承担信息安全电子政务和电子商务工程项目建设。

上海信息安全工程技术研究中心按照〝服务性、独立性、公正性和科学性〞的原则，为用户提供信息安全电子政务和电子商务工程建设监理服务。

上海信息安全工程技术研究中心为用户提供信息系统安全性检测与评估服务。

地址：上海市浦东新区松涛路489号C座2层　联系电话：(021)50277162-216、(010)62596634

传真：(021)50277163、(010)62599531　电子信箱：hw@pki.org.cn、wk@pki.org.cn

PKI/CA体系应用模型

以PKI/CA为核心的信息安全基础设施是保障电子政务和电子商务信息安全的关键设备。上海信息安全工程技术研究中心在参与“十五”国家重大科技专项课题研究和国务院办公厅电子政务试点示范工程建设中，开发了一系列适应我国电子政务和电子商务应用需求的PKI体系信息安全产品，可为电子政务和电子商务应用提供完整的信息安全解决方案。

典型应用系统信息安全解决方案如右图所示。

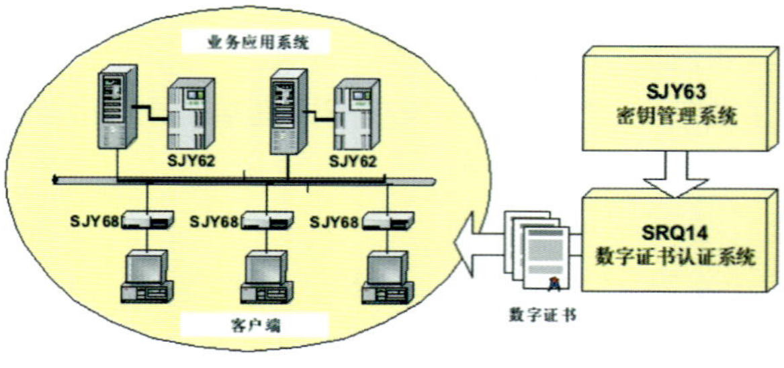

应用系统

主要PKI体系信息安全产品

SJY62综合服务器密码机

SJY62综合服务器密码机是为应用系统的服务器端提供高性能密码服务的设备。该机能为应用系统提供统一的、高性能、多密码算法、与具体协议和设备无关的密码作业服务，为管理系统提供统一的、基于设备证书的设备管理接口。SJY62综合服务器密码机已通过国家密码管理委员会办公室的安全性审查。（如下图）

SJY68门卫式客户端密码机

SJY68门卫式客户端密码机是集客户端VPN、客户端密码服务与电子密码钥匙应用服务为一体的客户端密码设备。该设备以门卫式的连接方式串接在客户机与网络之间，当客户机与网络通信时，该密码系统充当VPN，以安全模式或隧道模式提供透明的通信加密服务；当客户机运行应用软件时，以命令/响应方式为客户机提供各种密码服务。（如下图）

SJY63密钥管理系统

SJY63密钥管理系统是PKI体系中的重要组成部分，负责向数字证书认证系统提供加密密钥管理服务。该系统严格按照国家相关技术标准及规范设计，具有对加密证书密钥对进行全过程管理的功能，包括密钥生成、密钥存储、密钥分发、密钥备份、密钥更新、密钥撤消、密钥归档、密钥恢复以及安全管理等。系统具有可靠的容灾备份措施，安全的防护体系和完善的审计功能，能有效地保障系统自身的安全。SJY63密钥管理系统已通过国家密码管理委员会办公室的技术鉴定。

SRQ14数字证书认证系统

SRQ14数字证书认证系统是PKI体系中重要的基础设施。该系统执行双证书体制，严格按照国家和国际相关技术标准及规范设计，具有数字证书的申请、审核、生成、签发、存储、发布、更新、注销、撤消、作废、挂起与恢复等功能。数字证书符合ITU X.509V3标准和国家X.509CV3标准，并可进行定制。系统具有可靠的容灾备份措施，安全的防护体系和完善的审计功能，能有效地保障系统自身的安全。SRQ14系统已通过国家密码管理委员会办公室的技术鉴定。

中心产品

洋山港综合信息服务平台项目简介

应急处置中心视频监控屏幕

集装箱车辆进出卡口

洋山港综合信息服务平台是2005年上海洋山深水港工程建设的重要配套工程，也是上海市政府投资的信息化基础设施建设项目，是上海国际航运中心洋山深水港区工程建设和运营的重要基础信息环境支持。该平台建设项目总投资为6,126万元。

为积极配合上海洋山深水港区一期工程竣工并投入正式运转，按照上海口岸信息化建设要求，上海市港口管理局和上海市信息化委员会牵头组织“上海洋山港综合信息服务平台”（以下简称“信息平台”）为核心的上海洋山深水港区信息化工程建设，在有效管理和监控港口运作的同时，为广大港航企业提供相关政务、物流、商务、环境、安全等权威的公共信息服务，畅通港口信息流，以方便企业组织生产经营活动。

信息平台建设内容主要包括基础设施、应用系统和应急处置中心。其中，洋山港业务支持系统中的14个子系统应用于管理部门，以实现高效、一流的政府监管。公共信息服务系统中的洋山深水港区综合信息服务门户网站及其声讯中心，为政府有关部门和企业提供洋山深水港区运行的各类信息服务。应急处置中心通过对港区包括视频监控信号在内的多种信息资源的统一管理和调度，确保一旦有重大事件发生时，港口管理局实时掌控各种紧急状态组织协调各联单位快速响应、迅速决策，发挥应急处置能力。2005年11月23日，上海市港口管理局在洋山港区现场成功组织了2005年上海港口设施保安演习暨洋山一期和东海大桥船港、港桥联动保安演习，应急处置中心系统发挥了重要作用。

信息平台的建设，为港航企业和相关单位降低了运营和管理成本，改善了上海国际航运中心及洋山深水港区的服务环境，对促进区域经济发展和上海口岸的进出口贸易有着极大的经济利益和社会效益。信息平台于2005年12月10日基本建成。

“洋山港综合信息服务平台”被评为上海市信息化优秀项目（2003~2005年）。

上海市社会保障和市民服务信息中心
上海市社会保障卡服务中心

上海市社会保障卡服务中心是上海市信息化委员会的直属事业单位，于1999年2月5日成立，主要承担上海市社会保障和市民服务信息系统主体工程的建设。

经过几年的建设和应用，目前建立了可联接10个业务系统（包括劳动保障、公安、民政、医疗保险、公积金管理等部门）的市级信息交换平台和可存储2,000万人员基础信息的共享数据库，截至2005年12月底，上海市已有963万市民持有社会保障卡。市民服务信息系统获2002年上海市科学技术进步奖一等奖、第四届上海国际工业博览会金奖、上海市信息化优秀应用项目等奖项。

建成识别卡个人化制作系统，年制卡能力达900万张。全市19个区县建立起24个区（县）社会保障卡服务中心、200多个街道（乡、镇）社会保障卡服务站，为市民办理社会保障卡申领、发放、补换等日常事务。

相继出台了《上海市社会保障和市民服务信息系统管理办法》《上海市社会保障卡管理办法》《上海市社会保障卡管理办法实施细则》等一系列法规规章，建立了法律保障体系。

2005年6月，中心进一步扩大了居住证试点的工作，累计发放居住证达32万张，并将逐步达到“整合各部门分条建立的人口信息资源，统一数据标准、管理载体和共享平台，形成集居住、就业、保险、治安、计划生育、卫生和统计等管理功能于一体的来沪人员综合管理信息系统”的目标。

张惠芬主任在国外介绍社保卡工程建设情况。

无锡市劳动和社会保障局局长钱宗建与中心主任张惠芬签署无锡社会保障卡工程建设合同。

由市信息委牵头，市卫生局、市医保局、人民银行上海分行、中国银联、市社保卡中心、上海银联共同参与，联合启动了“上海市社保卡与银行卡绑定支付项目”。社保卡与银行卡实施绑定后，看病就医的自费部分可从已被绑定的银行卡账户内扣除；无需携带大量现金，安全省力；不接触现金，可避免交叉感染；一次交易仅3~5秒，方便快捷。

本着“立足上海、服务全国”的宗旨，中心先后与无锡市、广州市达成了合作意向。2005年12月，由中心承建的无锡社保卡系统顺利上线，无锡市社保卡系统12333声讯台顺利开通，为两地社保卡的互连互通奠定了坚实的基础。同时，中心积极向外拓展，2005年5月由中心共同参加的联合项目组，与埃及签订了"埃及食品补给IC卡系统项目"合同。

中心开发了冷僻汉字处理软件，该软件使用外挂技术，实现未包括在GBK字符集内汉字的输入、显示、打印以及传输。目前，该软件支持7,000多个标准字符集外的冷僻汉字，并可按需扩充1,000个新字。

成果展示厅展现了社保卡在各个领域拓展应用的前景。同时作为“上海市科普教育基地”，中心至今已接待了中国浦东干部学院5批176名学员，联合国、埃及、日本等国内外12批计200多名人员。

2005年9月，中心通过了上海质量体系审核中心质量监督审核。

在市民服务信息系统建设的过程中，市民服务信息中心和相关的产业单位形成了一批自主知识产权。

地址：桂平路471号6号楼5F　联系电话：64853301（总机）

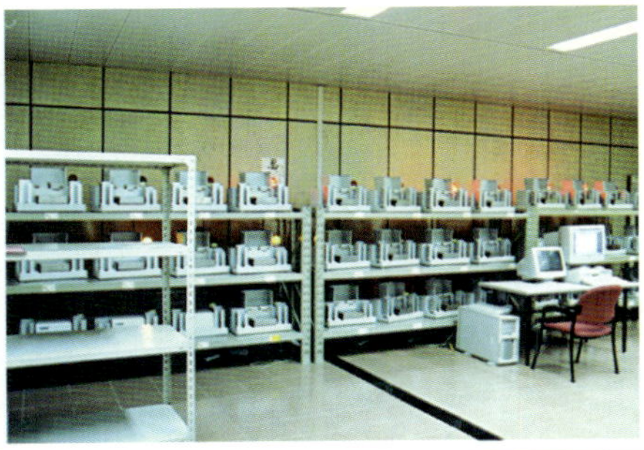

卡片个人化设备

分拣设备

復旦大學 校园信息化建设新进展

校园一卡通

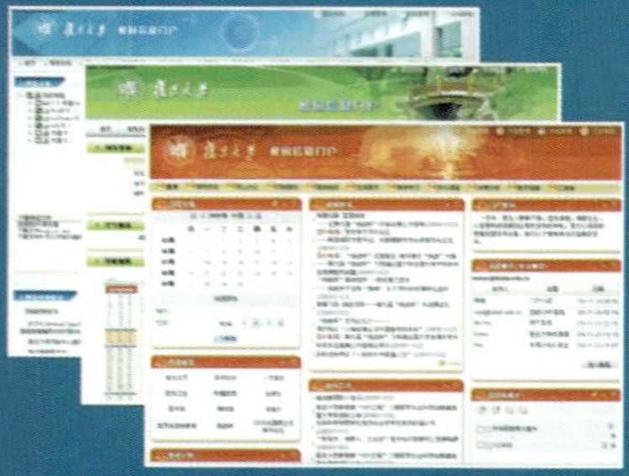

校园信息门户（Portal）

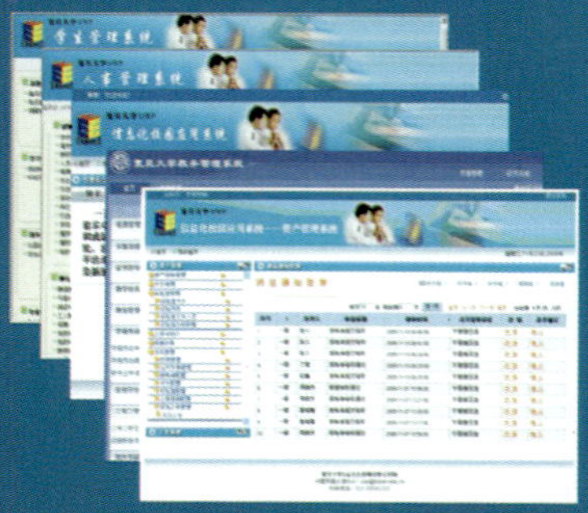

URP应用系统

良好的运行环境

简 介

近年来，按照全校整体规划、分布实施的建设思路，遵循“硬件集群、数据集中、应用集成”的技术原则，复旦大学校园信息化建设取得了显著成效，一个完整统一、技术先进、高效稳定、安全可靠的基于Internet/Intranet的信息化校园体系已初显规模。

2005年，教务、资产、招生、流媒体平台、无线校园网、校园一卡通和校园信息门户（Portal）等系统陆续投入使用，并建成12个基于IPv6的演示应用系统。建设中，复旦大学进一步加强了资源整合和应用集成的力度。新一代“校园一卡通”以软件架构为中心，充分与信息化校园建设相结合，消费与管理功能有机结合，并强化了管理平台的能力，使校园一卡通既成为校园信息化数据采集的基础工程之一，同时又具备了辅助学校管理和决策支持的功能。首页Portal则通过深入的应用集成，已将电子邮件、OA、虚拟校园、人事、学工、教务、资产、共享库、档案、就业等系统整合在一起，为全校师生访问校园信息服务提供了方便快捷的统一入口。

此外，复旦大学还强化了“立足服务，规范管理”的信息化建设理念，信息办在规范机房建设、内部日常运作管理的基础上，通过成立运行培训中心这样一支专业的用户服务队伍，制定统一的服务流程及服务标准，建立服务管理与服务信息发布平台，搭建网络、应用系统及机房远程监控系统，强化系统保障和故障预警能力等一系列措施来规范服务管理，保证服务质量，为师生提供更优质的校园信息化服务。

档案管理系统

IPv6建设

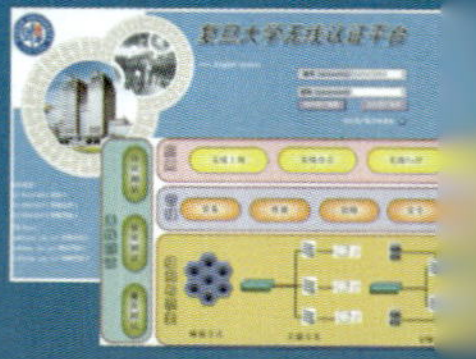

无线校园网

招生网

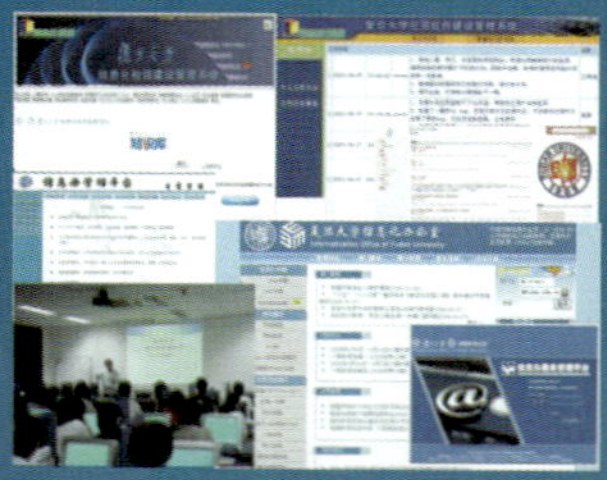

立足服务，规范管理

华东理工大学

建设具有国际先进水平的万兆可管控IPv6校园网

我校迄今已建成了主干具有万兆宽带、全网支持IPv6技术、可对所有校内IP提供QoS管理控制的具有国际先进水平的校园网，为学校的教学、管理、办公、信息交流和通信等提供了一个先进、稳定、可靠、安全的综合网络应用环境，可以满足目前以及今后三到五年内各种网络应用的需求。校园网核心设备为Cisco公司目前性能最高的7609路由交换机，该交换机配置2块Supervisor720引擎，提供400Mpps转发速率，支持720G的背板宽带。汇聚交换机为3台Cisco 4507R、一台Cisco 4506和一台Foundry RX-4，其中4507R配置高性能的Supervisor V-10G引擎模块。汇聚到核心采用千兆或万兆方式连接，每台汇聚交换机负责汇聚6~10栋大楼，1,000~2,000用户的流量，各大楼通过楼宇交换机连接到汇聚交换机。新的网络拓扑结构支持IPv4/IPv6双栈运行，校园网出口路由为华为NE40路由器，该产品硬件支持IPv6，处理能力达到16Mpps，以1Gb速率连接CERNET和CERNET2。

2005年还在学校的主要教学楼宇等场所安置无线接入点（AP），实现了无线网络接入，进一步扩大全校师生访问网络的途径和范围。

应用系统建设初见成效

我校正在进行公共数据库平台（华东理工大学数字化校园建设工程一期）的建设。该项目的目标是建立共享数据库平台、信息门户系统和统一身份认证系统；以办公自动化系统和人事管理系统的开发作为开发信息应用系统的试点，形成建设学校信息应用系统的相关标准和规范；整合学校现有信息应用系统和信息系统，逐步建立起学校数字化校园的基本框架，为进一步的系统完善以及其它信息应用系统的开发或集成提供必要的支撑环境和平台。该项目经过一年时间的建设，目前已经投入试运行。

1、统一身份认证系统启用； 2、信息服务门户系统已见雏形； 3、办公自动化系统推广应用顺利进行； 4、人事管理系统上线运行； 5、建设数据交互中心。

采用北塔BT_NM网管软件实现了网络的有效管理

我校从2005年开始采用北塔BT_NM网管软件，实现对核心节点、汇聚节点和接入节点的有效管理。该平台能够与任何厂商全线可网管设备的网络管理软件相兼容，可实现对目前校园网上设备的详细管理，最大限度地保障校园网的正常运转。通过这种高效的监控、分析和配置工具，可以大大降低网络管理成本，减少网络宕机时间。

构建网络的安全防御体系

我校基本完成了校园网络安全防范体系和计费体系建设，建立了校园网络电子邮件系统、病毒方法体系与防垃圾邮件系统，实现了校园网络上网行为的全面监控。目前邮件系统可以容纳3万用户、内嵌有杀毒功能；同时，我校采购了Symantee企业版防病毒服务器；建立了SMG反垃圾邮件系统，以防止越来越多的垃圾邮件；建立了集病毒防护、入侵检测、漏洞扫描、邮件过滤、日志审计、信息加速、灾难恢复及防火墙于一体的网络安全防护体系。这些都是保证校园网安全可靠运行的保障。

网络实验平台开发成功

在建设IPv4/IPv6双栈校园网的基础上，开展了一系列应用开发。例如，我校化工实验中心和网络中心以IP网络为平台，开发研制了“单釜于三釜混返远程实验系统”，该系统采用网络虚拟实验室技术，是异地进行远程实验教学方面的一个创举。其成功开发不仅实现了实验教学的异地远程化，而且使实验装备的应用水平上了一个新的台阶，受到了有关领导和参观人员的关注和好评。

数字化校园对我校师生的工作和学习起到了积极的作用

随着数字化校园的建设，我校目前正在开发教学评估系统、档案管理系统、领导查询系统、学生工作管理系统等系统，这些系统的上线运行将使我校数字化校园的建设更趋完善。信息在网络上及时有效的传输，将对学校的教学、科研、管理起到积极的作用，为领导的科学决策提供重要依据，为师生提供良好的信息沟通和交流的环境和平台。

上海海事大学

www.shmtu.edu.cn

上海海事大学数字化校园建设

国家明确提出建设上海国际航运中心任务之后，上海市政府决定将上海海事大学整体迁至临港新城，上海海事大学以新校区建设为契机，围绕学校“十一五”规划的要求，以技术、资源、管理和服务为要素，努力构建数字化的教学、科研、管理和服务环境，提高学校信息化水平。

- 新校区弱电系统建设：临港新城新校区弱电系统共分13个子系统，消防报警自动化、综合布线、安防及有线电视、背景音响及紧急广播、机房工程和一卡通等六个弱电子系统一期工程基本完成。其它子系统的建设工作即将启动。
- 校园网建设：新校区万兆高速光纤主干网和无线网络在建设中。项目建成后，数据点达4万多个，语音点7千多个，先进的网络设施将全面满足学校基于网络的数据、语音、视频的应用，为学校广大师生构建一个高速、开放的多媒体综合信息服务平台。
- 数字化校园总体规划：总体规划给出了数字化校园建设的目标与整体思路。
- 信息化标准建设：结合学校信息的特点，形成一套全面、统一的、具有学校特色的教育管理数据标准。
- 公用数据平台建设：整合学校现有离散的数据库，建设公共数据库系统。开发一个统一身份认证与校园门户系统，为校园各应用系统开发提供一个公用的基础平台。

中国---新加坡经贸合作网站信息采编中心

- 2005年9月，吴仪副总理与新加坡黄根成副总理共同开通了“中国—新加坡经贸合作网站”。这是中国政府与亚洲国家合作建立的第一个经贸合作网站。该网站的建设已纳入中新双边合作联委会的工作框架，两国建立了双边协调的工作机制。
- 2005年12月，“中新经贸合作网站信息采编中心”在上海海事大学正式成立。商务部副部长廖晓淇、上海市副市长严隽琪等领导出席了开通仪式。
- 该网站利用现代信息技术，为加强中新经贸合作发挥“桥梁”、“渠道”和“窗口”的重要作用。

上海国际海事信息与研究中心

作为上海市高校高水平特色建设项目，该中心正在成为拥有亚洲领先的海事文献信息资源、高水平的海事专家和情报队伍以及一流技术设施的国际海事信息与研究中心，为国内外海事界提供全方位的专业服务。

5个信息高地

- 航运经济
- 海事法
- 港航物流
- 商船
- 海洋环境与安全工程

6大服务项目

- 海事文献传递
- 海事信息咨询
- 海事情报研究与报道
- 海事资源共享
- 海事研究咨询
- 海事科技查新

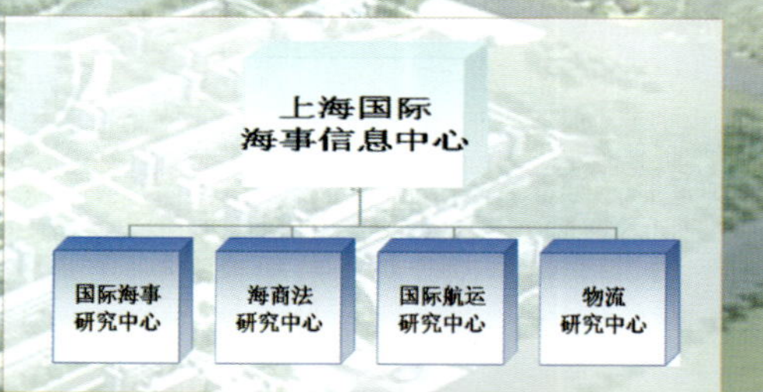

地址:上海市浦东大道1550号　邮编:200135　电话:(021)58855200　网址:http://www.shmtu.edu.c

2004年，英国e-Science计划首席科学家、英国皇家科学院院士（现微软公司副总裁）Tony Hey考察本中心

2004年，上海交通大学网格计算中心主办IEEE第一届服务计算国际会议(SCC2004)

上海交通大学网格计算中心

中心的IBM高性能计算机P690和高性能计算机群E1350

上海交通大学网格计算中心成立于2002年10月，拥有超级计算机、机群、服务器和工作站等设备，可以提供0.3TFlops的聚合计算能力和9TB的聚合存储空间。中心的总体建设目标为“围绕网格计算，整合优势资源，凝聚各类人才，建成创新乐园”。中心的工作思路为“用网格理念建设网格中心”。

上海交通大学网格计算中心是目前中国领先和活跃的网格研究机构之一。在中国教育部的中国教育科研网格（ChinaGrid）项目中，它被指定为12个主结点之一，并且在许多国家和上海市的重大科研和技术项目当中扮演重要的角色，包括ChinaGrid的CFD 网格应用平台建设，上海市科委2003年重大科技攻关项目：信息网格及其典型应用研究，以及许多其他国际领域合作研究项目。

到目前为止，上海交通大学网格计算中心已经有超过100篇的论文在国际会议中发表，同时还主办了许多国际性学术会议，其中包括有：第二届国际网格与协同计算研讨会（GCC2003）、第一届IEEE 国际服务计算会议（SCC2004）、第七届亚太Web会议（APWeb2005）等。2006年，将承办第十一届亚太计算机系统结构国际会议（ACSAC2006）。目前，我们已经开发并部署了校园网格，建成了上海网格系统软件SHGOS系列和“计算流体力学网格”平台，并成功地在国际会议第三届国际网格与协同计算研讨会（GCC2004）上进行了展示。展望未来，我们将积极参与国家及上海的信息化建设，为2010年上海世博会作出贡献，为将“上海交通大学网格计算中心”建设成为国内一流、国际知名的网格计算研发中心而努力奋斗。

地址：上海市华山路1954号，浩然大厦11楼　　电话：021-62933849　　邮编：200030

E-mail：mlli@sjtu.edu.cn　　网址：http://grid.sjtu.edu.cn/

中心主任：李明禄

上海交通大学网格计算中心

上海交通大学信息安全工程学院

上海市信息安全综合管理技术研究重点实验室

上海市信息安全综合管理技术研究重点实验室于2002年12月经上海市科委批准，依托上海交通大学和上海格尔软件股份有限公司共同组建。实验室的研究方向是信息安全设备管理接口标准、安全设备的联动反应、网络安全态势评估技术、网络媒体内容监管技术等。实验室近几年来申请国家自然基金、国家863计划、国防预研等科研项目10多项。形成网络安全综合管理平台、个人终端安全防护系统等产品。实验室主任李建华教授，同时也担任了上海交通大学信息安全工程学院常务副院长、国家863计划信息安全技术主题专家组成员等重要职务。

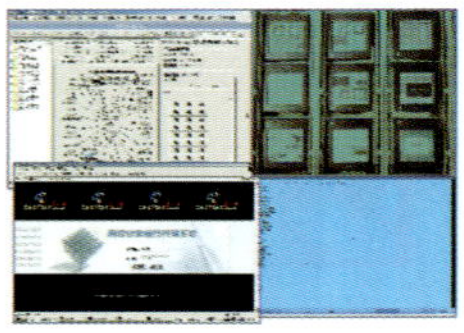

大规模网络安全综合管理与监控平台，提出了“管理、控制、检测、响应”系统架构，实现对安全资源的集中管理和全网安全态势评估，成果已应用至国家多个相关部门，取得显著的经济和社会效益。

网络安全综合管理与监控平台部分功能界面

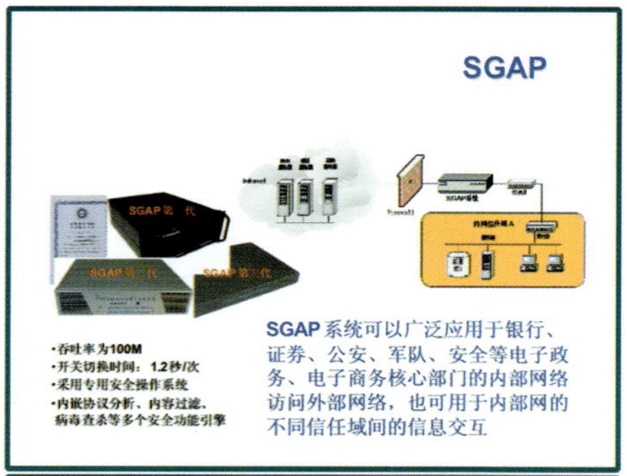

上海交通大学电子政务与信息安全工程技术研究中心

上海交通大学电子政务与信息安全工程技术研究中心于2001年4月成立，目标是研究国家电子政务建设过程中遇到的信息安全方面的共性关键技术，该中心在国家信息安全应用示范工程（S219工程）、国家电子政务应用示范工程、上海市公务网建设、上海市政务网建设等国家和地区重大工程的建设规划中作出过不少贡献。该中心致力于向国家有关部门献计献策的同时，也积极从事相关的技术攻关工作，目前已形成安全隔离与信息交换系统、统一权限管理平台、电子签章系统、集中数据交换平台等实用化成果。

同济大学软件学院

IBM大型机捐赠签字仪式

同济大学软件学院是教育部和国家发展计划委员会于2001年批准成立的首批国家示范性软件学院之一。学院主体位于同济大学嘉定校区，院舍面积6000平方米。目前各类在校学生达1340人。

坚持“推进国内外合作办学与中外合作办学，推动产学研紧密结合的办学模式”，给同济大学软件学院的发展带来了勃勃生机。在过去的一年中，学院的教学实验平台建设上了一个新台阶。学院实验中心建有“同济大学IBM技术中心”（IBM公司为该中心捐赠了一套型号为IBM eServer zSeries z900的大型机以及相应的软件系统，软硬件总价值超过一千万美元）、“同济大学苹果开发技术实验室”（亚太地区第一家）、“Win CE嵌入式实验室”等一批专业技术实验室、以及机房（配备高档DELL PC机近600台）、多媒体教室，研发中心等。学院实现了无线网络全覆盖，为教学科研以及学生的专业知识学习提供了一个良好的平台。

我院学生参加WWDC2005会议

学院在对外合作与交流上也颇有特色。学院与IBM、HP、微软亚洲研究院、SAP、思科、Intel、苹果、Autodesk等知名IT企业建立了良好的合作关系，双方在项目研发、学生实习、课程建设等方面深入合作并取得良好成果。学院先后有4位教师获得IBM、微软等精品课程的资助；学生依托“同济大学苹果开发技术实验室”的平台，获得“Apple Dashboard Widget Challenge 2005年大赛”主要奖项，并应邀赴美国旧金山苹果电脑公司(Apple Computer Inc.)总部参加WWDC 2005会议。2005年，我院共派出赴美、日、欧等国实习、交流的学生25人，派出4位专业老师赴国外大学进修学习；2005年学院还接受了6名欧洲学生来学院做研究。

学院始终坚持教学与科研并重。学院在我国著名计算机体系结构专家、中国科学院院士周兴铭院长的带领下，积聚优秀的人力资源，以航天计算、嵌入式系统开发、汽车电子、企业计算等作为我院科研工作的重点。目前，作为学院的科研起步，我院与航天项目合作已步入轨道，并将不断推进、深化。在三年的合作中，双方互信合作、相互支持，在已完成或正在进行的航天图像压缩、数据挖掘等几个项目及十一五预研项目选题申报过程中进行了紧密、有效的合作。

在教育部对示范性软件学院的中期评估中，同济大学软件学院崭露头角。如今，学院全体软件人正在以十二分的热情，积极迎接教育部对示范性软件学院的终期评估，以自己的实力换取更宽广的发展空间。

地址：上海曹安公路4800号同济大学软件学院　　邮编：201804

电话：86-21-69589585　　传真：86-21-69589332

网页：http://sse.tongji.edu.cn

上海市申信信息技术专修学院

上海市申信信息技术专修学院是经上海市政府教育部门批准，以“上海市信息技术开放实验室”为基础创办的专业性培训机构，旨在培养适应上海市信息化建设和信息产业发展所需要的信息技术专业和管理人才，为信息化建设服务。

学院拥有一流的教育设施、良好的实习环境、雄厚的师资力量和先进的管理水平，致力于创新和不断开拓新的培训领域。目前开展的项目有“信产部系统集成项目经理培训”、“IBM软件人才高级职业教育合作项目”、“上海市劳动局灰领培训”、上海市紧缺人才培训（GIS、信息安全、电子政务、ERP、信息主管、CMM）。学院的培训领域紧跟国内外最新技术进展，在上海地区推广实施最新的培训项目。

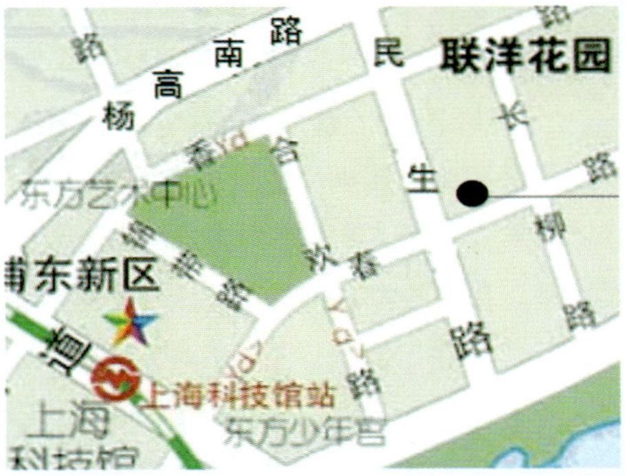

地址：浦东民生路1399号信息城（太平人寿大厦）5楼（地铁2号线上海科技馆站 ） 邮编：200135
电话：68544276（总机）、68541465转819
传真：68544276 邮箱：sitc@it.sh.cn
网址：www.it.sh.cn

计算机信息系统集成项目经理	根据信息产业部颁发的《计算机信息系统集成项目经理资质管理办法（试行）》（信部规[2002]382号）的精神，为促进计算机信息系统集成项目管理水平的提高，信息产业部决定在计算机信息系统集成行业推行项目经理制度，要求从事计算机信息系统集成的单位具有一定数量的项目经理。
上海市IBM软件人才高级职业教育合作项目	本项目是上海市和IBM公司软件人才培训的重点合作项目。根据社会对软件人才素质、知识、技能的需求，选用当今软件人才培训中最具优势的课程体系和方法论。其目标是：培养合格的软件工程师和软件高级程序员。
上海市劳动局灰领培训项目（这些项目是根据再就业工程和不断提高劳动者职业素质的需要开设的，可享受政府补贴）	计算机网络技术人员、程序员（VB）、电子商务员、数据库管理员（SQL）、微软双认证、软件开发技术人员、计算机网络与系统管理员
上海市紧缺人才培训工程项目	信息安全工程师、软件企业CMM实践、城市地理信息系统理论与实践、ERP管理与应用能力、信息技术主管、电子政务

以上为申信学院部分培训项目，详细可参见www.it.sh.cn

上海市曹杨第二中学

上海市曹杨二中是上海市重点中学，2005年被首批命名为上海市实验性示范性高中，2005年成为首批上海市普教系统名校长培养基地。学校现有45个教学班，在校学生2,226人，教职工202人，学校建有教学大楼两座，另有实验楼、艺术楼、计算机房、演播中心、体育馆、400m塑胶跑道操场等设施。学校教学设备现代信息技术含量高，校园环境幽雅整洁。在“文理相通，人文见长”办学理念引导下，校风学风优良，人文氛围浓郁，质量形象卓著。

现任校长王志刚，上海市特级校长、特级教师，上海市普教系统首批名校长培训基地主持人，兼任上海市重点中学校长联谊会会长、上海市教育学会高中教育管理专业委员会主任。

学校弘扬“勤奋进取、求实创新”的学校精神，树魂立根，积极实施“两纲”教育，学生行为规范教育与养成获得显著成果（首批“上海市中小学行为规范标兵校”）。学校以“课堂、课改”为主题词，以“规范和超越”为工作要求，以“好课、名师、强势（特色）学科建设”为主线，以教师专业发展为依托，以项目行动研究为抓手，紧紧围绕学生发展、教师发展、学校发展，不断提高教育教学有效性，推进教育教学改革和发展。

为拓展优质教育资源，上海市普陀区政府正着手建设“曹杨二中优质教育园区”，园区将成为普陀区教育人才培养的高地、教师成长的基地、创新实验的特区，园区所属学校将成为具有开放式、人文化、国际化、信息化特征，品质优异的现代学校。

校长王志刚

二中女子足球队

校园广场画

学生全神贯注听讲

亿通国际 E&P INTERNATIONAL

上海亿通国际股份有限公司
Shanghai E&P International,INC.

董事长 刘亚东

常务副总经理 朱艺恺

创新科技
真诚服务

立足于开发上海及长江流域市场，
并致力于走向全国，开拓国际市场，
逐步发展成为拥有一流技术和管理水平的口岸物流及电子商务平台运营商；
成为国际经贸领域专业化的软件开发和系统集成商；
成为国际化的物流信息及应用服务提供商。

资质与荣誉

1. 上海市高新技术企业
2. CMM3资质
3. 全国信息产业系统先进集体
4. 现代物流优秀典型模式

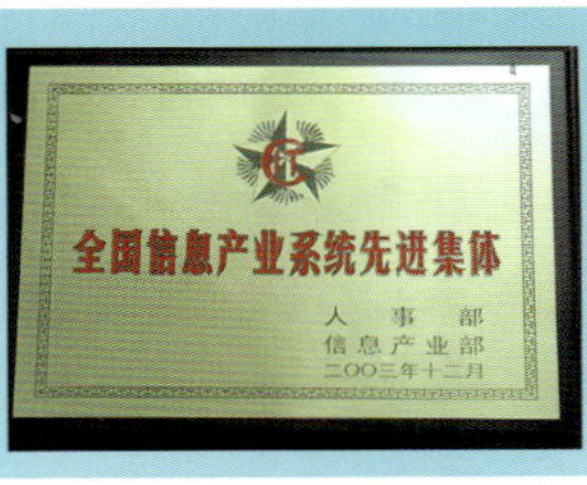

公司介绍

上海亿通国际股份有限公司(Shanghai E&P International,INC.)成立于2001年7月28日，注册资本1亿元人民币。公司总部位于上海浦东陆家嘴滨江地区的上海信息大楼，并在上海各海港口岸、空港口岸和主要物流集散地设有服务机构。

经国家口岸管理部门和上海市政府授权，亿通公司作为上海大口岸物流信息系统和电子商务统一平台以及上海国际航运中心信息网络的建设者和运营商，形成了以“大通关”电子平台为基础，以贯穿“交易”、“监管”、“物流”、“支付”四大业务环节的系统为支持，以高质量全方位服务为特色的经营模式，提供增值服务、通关及物流信息化整体解决方案、信息技术咨询与培训等业务。作为中国大陆沿海口岸电子数据传输领域的龙头企业，亿通公司于2003年被国家信息产业部和人事部联合授予全国信息产业系统先进集体称号。2004年被科技部评为现代物流优秀典型模式，获得“2004年度中国信息产业新锐精英企业”称号。

地址:上海市浦东新区世纪大道211号上海信息大楼12、37楼 邮编：200120
Add: 37F Shanghai Information Tower,211 Century Avenue,Pudong New District, Shanghai,China 200120
Tel: +86-21-58775890 Fax: +86-21-58777200 http:// www.easipass.com

要产品与服务

- 海关通关申报系统
- 加工贸易联网监管系统
- 出口加工区联网监管系统
- 海运出口集装箱十联单电子化
- 海运进口集装箱提货单电子化
- 运单证电子化
- 江集装箱多式联运
- 海口岸电子支付平台

晨讯科技集团有限公司
SIM Technology Group Limited

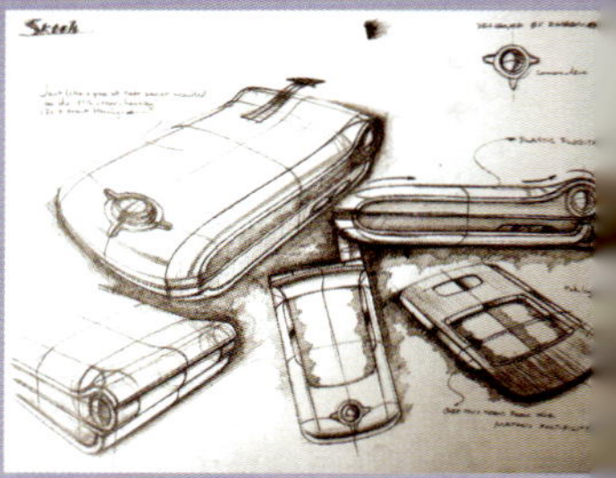

www.sim.cor

晨讯科技集团有限公司（简称“晨讯科技”或“集团”，股票代码： 2000)是中国领先的移动手机及无线通信模块开发商及液晶显示模块制造商。集团的财务总部设于香港，并在上海建立了运营总部。集团在上海有两家手机研发公司，分别是上海希姆通和上海思必得；集团在上海还拥有一家液晶显示多模块生产工厂——上海晨兴。集团拥有从第2代、2.5代、2.75代到第3代无线通信终端的多平台设计能力，现有员工约2000名。

集团的研发公司——上海希姆通和上海思必得拥有一支掌握了当今无线通信核心技术的研发队伍。2004年以来，集团平均每年为国内外手机行业设计开发并协助客户推出100多款移动手机，这些新颖时尚的手机具有摄像、MP3及MPEG4等多媒体功能，被国内外知名厂商采用。上海希姆通是上海市高新技术企业、上海市出口型明星软件企业、国家级重点软件企业。2005年3月，上海希姆通被信息产业部属下中国电子信息产业发展研究院和赛迪顾问评为“2004年度中国移动通信终端市场年度成长最快企业”。

晨讯科技是中国本土最大的移动手机设计公司之一。2005年，集团凭借过去三年705%的收入增长率，位列首届“德勤高科技、高成长中国50强”第15名，“德勤亚太地区高科技、高成长500强”第62名。集团2005年业绩继续表现强劲，销售额达到港币27.19亿元，较上年同期增长73.55%，纯利达到港币2.9亿元，较上年同期增长86.88%。

作为国内首家以移动通信设计开发为主要业务在香港主板上市的企业，晨讯科技集团将不断加大对新技术研发的投入，大力开拓国际市场，在巩固其中国市场领先地位的同时，致力成为世界级的手机及智能手持终端开发商，为中国信息产业的发展创造更多的辉煌。

联系方式：
地址：上海市宜山路700号晨讯科技大楼　电话：+86 21 5427 8900　传真：+86 21 5427 8901

打造民族品牌　实现和谐共赢

中国银联24小时客服热线：95516

2005年，中国银联上海分公司在上海市政府、人民银行上海总部和中国银联总公司的领导下，认真贯彻总公司提出的"提升素质，增强实力，为全面建设我国民族品牌而努力"的指导思想，以品牌建设为中心，深入推进联网通用，扩大银联标准卡的发行，开展银联卡差异化服务，加快产品和支付渠道创新，全面提升服务水平。

截至2005年底，全市联网ATM5,134台，联网商户21,673家，联网POS机具58,315台。2005年，共实现跨行交易笔数2.5亿笔， 跨行交易金额突破1,600亿元。通过中国银联总中心将银行卡通用网络覆盖至全国各联网城市，并相继拓展了网上支付、网上转账、外币卡在ATM上取人民币业务、房产契税缴纳、私车上牌缴费、支付易、移动POS支付、财政非税缴费银行卡支付、购买基金缴款等增值服务。中国银联上海分公司推荐的“公共支付平台”项目获得上海市（2003-2005）信息化优秀项目。

中国银联上海分公司将继续秉承中国银联“自强不息、追求卓越”的企业精神，以创建民族品牌、扩大联网通用、实现和谐多赢为己任，将国家意志、民族品牌和便民工程三者紧密结合，继续做好本市的银行卡联网通用工作，为上海国际金融中心的早日建成作出应有的贡献。

中国银联
CHINA UNIONPAY

中国银联成员公司
（上海地区）

中国银联上海分公司

上海银联商务有限公司

银联电子支付服务有限公司

银联数据服务有限公司

上海卡友信息服务有限公司

上海银商资讯有限公司

中国标准　民族品牌

银联标准卡 — 卡号前四位为”622×”，正面印有”　”标识的银行卡。

- 符合中国及国际标准，可在境内外带有”　”标识的ATM、POS机上使用。
- 已发行逾亿张，拥有遍布全国的联网特约商户37万家和ATM自助终端8.2万台。
- 境外使用可节省汇兑及交易手续费用。

上海华申智能卡应用系统有限公司

公司地址：上海市长乐路1219号
邮　　编：200031
电　　话：021-54033336（总机）
传　　真：021-64371378
网　　址：www.hsic.com.cn

公司简介

上海华申智能卡应用系统有限公司，是上海市政府及有关部门认定的上海市软件企业、高新技术企业和市文明单位。目前主要业务是社会保障卡和其他面向社会的IC卡、智能钥匙（USB key）、电子标签等应用系统开发和系统集成；标签后封装读写机具的生产制造。此外，公司还从事商业连锁管理、现代物流管理等的应用系统的开发。近年来在电子标签、IC卡及其操作系统开发方面取得多项成果，承担有多项国家IC卡和电子标签重点科研攻关项目，其中电子标签技术开发，获得七项专利，一项上海市科技进步奖二等奖，一项高新技术成果转化。目前，公司开发的产品和技术已成功应用于电子政务、电子商务、社会保障卡系统、商品防伪、危险化学品安全管理以及商业零售业系统。

电子标签应用项目简介

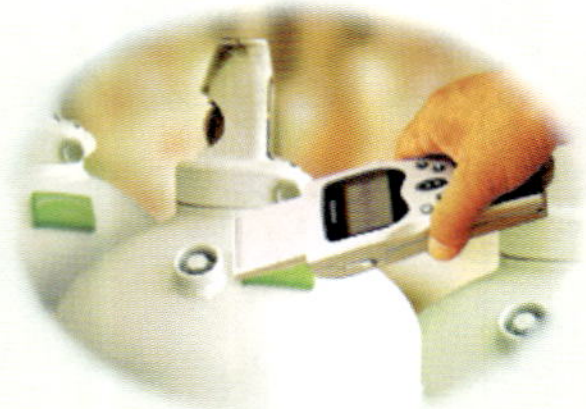

在烟花爆竹防伪中的应用

对符合质量进行防伪识别，即在烟花爆竹外包装箱上粘贴经过加密处理的电子标签，箱内小包装采用隐形加密防伪标识，箱外电子标签记录信息与箱内防伪码信息一一对应，以此控制不合格的或通过非法渠道流入市场的烟花爆竹。从去年开始，上海市内销售和出口的近百万箱烟花爆竹已全部实施电子标签管理。

在危险化学品气瓶安全管理中的应用

以电子标签为载体，对充装危险化学气体的气瓶进行惟一标识，通过电子标签对气瓶的充装、检验、使用和运输等信息的自动处理，实现对这类气瓶的安全状态和物理位置的全过程监控。该应用已被列入2006年上海市政府实事项目，计划年内在100万个气瓶上，2~3年内在全市400万气瓶上实现电子标签标识，本项目由市质监局、市科委负责，由我公司承担项目总集成。

在国际大师杯网球赛票务管理中的应用

2005年11月在上海举行的国际网球大师赛，首次在20万张球票上采用电子标签技术实现赛场系统信息与球票电子标签的快速校从而有效地杜绝了大师杯赛假票的出现，而实现了一票多次进出场使用，大大提高了赛服务水平和工作效率。

在出租车计价器检定中应用

出租车计价器是一种随车装置的计量器其主要功能是通过对车辆的行驶和停车等待的综合计量，计算出乘客应付的车资。电子签在出租车计价器上应用，可实现对计价器法性的认证，同时对检定数据进行自动采集从而大大提高检定工作效率。目前，上海所出租车计价器已全部实现电子标签管理。我司负责该系统总集成。

技术标准

我公司起草的《动物电子标识》上海市方标准，已于2004年底发布；《危险化学品瓶电子标识代码》、《危险化学品气瓶内电标签第一部分：通用技术要求　第二部分：写器特殊要求　第三部分：应用系统数据接上海市地方标准，已通过审定，即将由上海质量技术监督局发布。

危险化学品气瓶安全监管项目大记事

我公司通过多年的努力，在气瓶危险化学品电子标签安全监管应用研发中取得了重大技术突破，先后申请了7项技术专利，2项软件著作权，荣获上海市科学技术进步二等奖。

2001年5月20日，《数字签名加密的智能标签防伪技术》通过国家质量监督检验检疫总局鉴定，该项目成果提出了基于智能标签和数字签名的智能标签防伪技术，为气瓶的真伪的鉴别提出了新的有效手段。

2002年4月，《基于电子标签的气瓶安全监管系统》上海市科技发展基金项目通过上海市科委鉴定，该项目成果为电子标签在气瓶安全监管中的全面应用奠定了技术基础。

2003年4月14日，《智能标签在特种设备（气瓶）的安全管理和物流跟踪中的应用研究》被批准为国家质量监督检验检疫总局科技项目，2003年8月27日通过项目鉴定。

2005年4月12日，上海市质量技术监督系统科技项目《气瓶安全管理系统应用软件开发》获验收通过，

2005年8月27日，国家质检总局、国家安全生产监管总局、国家环保总局联合发文，启动开展全国危险化学品气瓶专项整治，要求采用电子标签等新技术对危险化学品气瓶实施安全监管。

2005年12月26日，完成100万个危险化学品气瓶的电子标签标识被列为上海市2006年市政府实事项目，由上海市质量技术监督局、上海市科学技术委员会等组织实施，我公司是该项目系统总集成商。

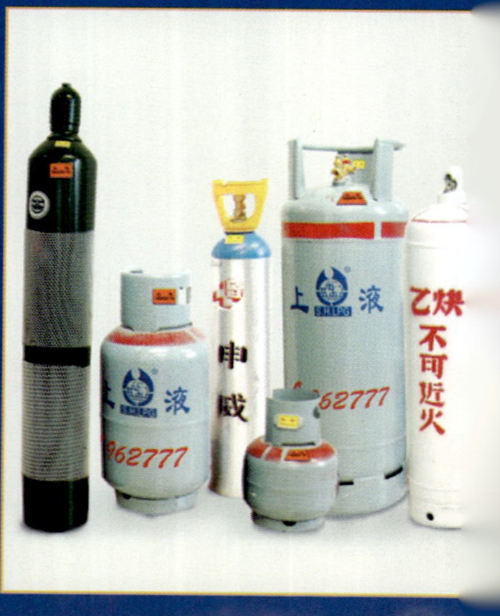

上海美斯恩网络通讯技术有限公司

Shanghai MSN Network Communications Technology Co., Ltd

上海美斯恩网络通讯技术有限公司是由微软公司与上海联和投资有限公司共同投资成立的中外合资有限责任公司。公司在2005年3月30日取得了中国信息产业部颁发的增值电信业务经营许可证，并于2005年4月8日正式成立。公司的业务范围包括：在全国范围内开展网上信息和数据库检索（包括因特网信息服务，提供电子邮件服务，为移动电话经营商提供内容服务）；设计、创作网上内容；软件研发和经营；从事营销业务；提供咨询服务。

自成立至今，上海美斯恩网络通讯技术有限公司取得了诸多成绩：

2005年5月：MSN中国门户网站：www.msn.com.cn 正式发布
2005年6月：网络浏览页面量增加40%
2005年7月：Hotmail个人信箱扩容至250兆
2005年8月：MSN Messenger 7.5 发布
2005年9月：MSN Messenger7.5用户达到900万
2005年9月15日：MSN移动服务推出

上海美斯恩网络通讯技术有限公司和国内许多知名公司合作。公司的线上产品包括资讯娱乐、社区、投资理财、汽车、数码、购物、房产、图铃下载和英语课堂等服务。公司还提供MSN Messenger（即时通讯工具），MSN Hotmail（邮箱），MSN Mobile（MSN无线服务）和MSN Spaces（共享空间）等服务，致力于为用户提供高品质、高质量、本地化的体验。

Shanghai MSN Network Communications Technology Co., Ltd is a limited liability Sino-foreign joint venture co-funded by Microsoft and Shanghai Alliance Investment Co., Ltd. The company's business license for a value-added telecom business was issued by the Ministry of Information Industry on March 30, 2005 and it was officially founded on April 8, 2004. The business scope of the company includes: nationwide online information and database search (including Internet Information Service, Email service and content service for mobile phone operator), design and creation of online content; software R&D and operation; business operation; and consulting services.

Here are some of the company's accomplishments since it was established:

May 2005: MSN's China portal website www.msn.com.cn formally launched
June 2005: The website page views increased 40%
July 2005: Hotmail mailbox storage expanded to 250 MB for each user
August 2005: MSN Messenger 7.5 launched
September 2005: MSN Messenger 7.5 users reached 9 million
September 15, 2005: MSN mobile service launched

Shanghai MSN Network Communications Technology Co., Ltd has partnerships with many well-known companies. The company's online products include information & entertainment, community, investment and financing, auto, digital, shopping, real estate, picture and ring tone download and English lesson. It also offers such services as MSN Messenger, MSN Hotmail, MSN Mobile and MSN Spaces and is dedicated to offering users high-quality localized experiences.

msn

晶晨半导体（上海）有限公司

晶晨半导体（上海）有限公司是一家在中国大陆居于领先地位的IC设计公司，1995年创立于美国加州，现在上海和深圳分别设有公司和办公室，员工逾100人。

公司业务专注在家庭影视消费性集成电路领域，主要产品包括DVD、HVD和数字电视相关芯片（流媒体芯片、STB、数字电视主控芯片）。公司是中国自主知识产权的下一代高清影碟机标准——HVD联盟的主导者和核心芯片提供商，同时也是2005年热销的流媒体电视专用芯片和Total Solution的全球惟一提供商。

经过十年在音视频编解码（MPEG1/2/4）领域的积累，公司拥有了众多的IP、自主的AmRisc、DSP内核、光盘伺服技术、数字接口技术等。依据多年丰富的设计经验、大量的优质客户、良好的上下游产业链关系、Cost-down和数模混合设计的能力以及完整的业务团队，使公司成为中国在消费性电子领域最具有成长潜力的公司之一。

上海蓝信软件技术有限公司

地址：上海市闵行区东川路 555 号紫竹科学园信息数码港 4 号楼 101
邮编：200241　　总机：021-34054688

关 于 蓝 信

公司于2005年3月正式成立，前身是上海高清中间件项目组。股东包括ST意法半导体（65%）上海高清（35%），ST作为全球领先的半导体生产商之一以及面向数字机顶盒（STB）与整合数字电视集成电路最大供应商,在数字家庭娱乐方案方面处于顶尖地位；上海高清在中国数字电视技术研发方面处于领先地位，对数字电视整个产业以及发展有很好认识，核心研发团队承担过许多国家级重大科研项目。

蓝信专注于数字电视中间件系统的研发，在国内市场开发的同时，致力于国际市场的开发。提供世界一流的DTV中间件系统软件及增值应用，帮助DTV运营商获得增值收益。

商用端到端交互电视解决方案——媒体烽火台

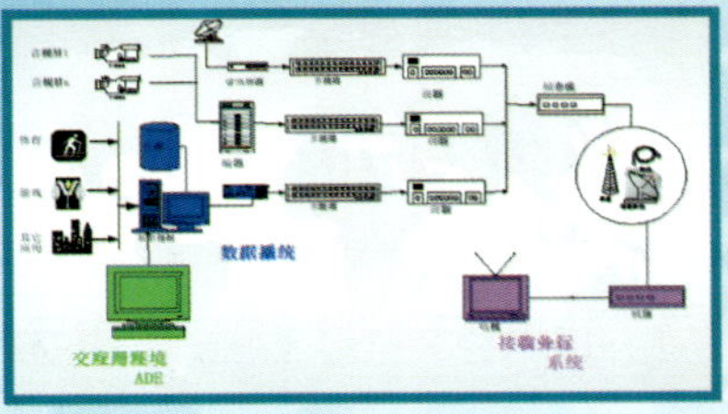

媒体烽火台系统（MBT）是为运营商开展数字电视增值业务而开发的一套端到端的业务支撑平台，该系统采用模块型架构、具有开放性，能够适应不同的业务需求，可被用于有线、卫星和地面数字广播电视及数据广播网络。

媒体烽火台系统（MBT）由以下几个子系统组成：

接收端业务运行系统（Application Execution System）、数据广播系统（Data Broadcast System）、交互应用开发环境（ADE）

MBT系统通过与前端的其他系统和设备集成、以及与终端接收机驱动层联结，为运营商提供了一套完整的业务运行平台，在此平台基础上运营商可以方便地开展EPG以及其他增值业务。

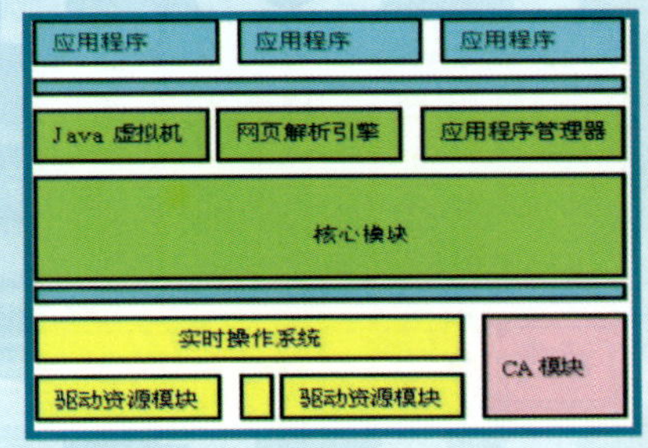

■ 媒体烽火台——业务运行系统

媒体烽火台业务运行系统（MBT Application Execution System, MBT AES）是嵌入在数字电视机顶盒中进行业务运行与控制的系统，它执行与管理交互应用、装载与处理数据，是MBT系统的核心。

■ 媒体烽火台——数据广播系统

媒体烽火台数据广播系统（MBT Data Broadcast System）是根据大多数数字电视商和数据广播服务商的实际需要设计、开发的，它包括数据库服务器、TS生成与播发服务器、DSM-CC数据轮播发生器、EPG编辑器、SI表格编辑器等一系列数据与应用广播所需要的软件平台。

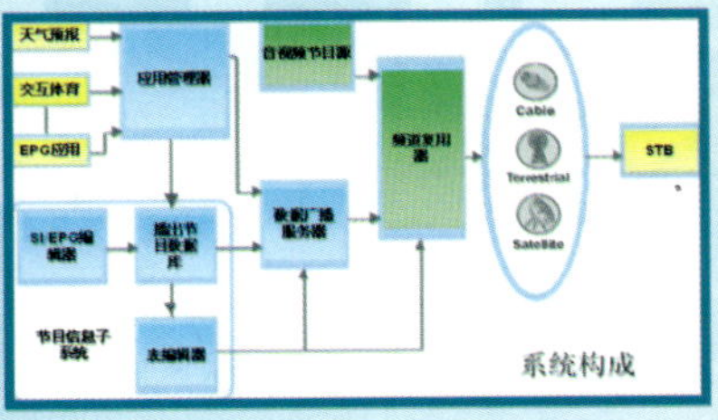

数据广播系统是由相对独立的软、硬件产品组合，具体包括节目信息子系统、应用管理器、数据广播服务器等几个部分。

媒体烽火台主要特征

1）符合标准化，完全开放。

符合国际中间件的发展潮流、符合国家数字电视中间件标准、符合国际和行业标准

2）支持增值业务的扩展：采用Java技术，支持应用下载，使网络运营商方便地扩展业务。

3）系统搭建方便，实施灵活。

4）投资少，运营成本低。

5）全面技术支持，零距离服务。

上海城市地理信息系统发展有限公司

Shanghai City GIS Developing Co., Ltd.

上海城市地理信息系统发展有限公司于1993年7月组建，是由上海城市发展信息研究中心控股的有限责任公司。公司注册资金500万元，主要业务范围为地理信息系统（GIS）工程的应用开发与系统集成，同时在全球定位系统（GPS）、遥感技术（RS）、多媒体技术、以及管理信息系统（MIS）和办公自动化系统（OA）等领域保持强大的竞争优势。公司下设技术开发部、应用服务部、数据处理部、项目管理部、系统集成部、质量保证部、客户服务部、多媒体事业部等部门，拥有完善的管理、运营与服务体系。此外，独立的产品研发中心的成立使公司拥有了强大的技术研发和创新能力。

自1996年起至今，公司连续被认定为高新技术企业；　2001年被认定为软件企业，2004年顺利通过ISO9001：2000认证；2005年又轻松通过了CMM3国际标准认证和“涉及国家机 密的计算机信息系统集成”乙级资质 认证。

上海城地公司自1993年成立至今已完成了近160个GIS项目，其中60%以上项目属省级科技项目，积累了丰富的GIS项目工程实施经验。在多年实践基础上，本着务实进取的态度，随着对客户需求的理解不断深入，对客户管理的思想不断提炼、升华，更加上在技术方面的精益求精，上海城地公司目前已成为为GIS行业提供专家级管理解决方案的专业公司。在政府管理、公共安全、城市建设管理、公用设施管理、城市交通、邮电通信、防汛防灾、环卫环保、遥感信息处理等领域的信息化建设过程中均取得了卓越的业绩。

遥感图

上海城地公司建立了严格的质量控制体系和软件过程改进规范，对所有客户提供全方位、完善的服务保证。正因为如此，依靠软件产品自身的优良品质和完善的售后服务，公司赢得了客户的广泛好评，知名度迅速提高，在行业内有着举足轻重的地位。

公司自1997年 研制自主版权的GIS专业软件产品“CityGIS”，产品已获得软件产品和著作权认定，2002年获得国家科技创新基金的支持。经过8年的应用推广，CityGIS完成了65个项目，逐渐形成实用、灵活、高效、可靠的特点，具有良好的性价比，成为众多单位信息化建设的首选软件。

历经多年的砺练，公司在系统集成、网络集成、GIS软件开发、系统服务等方面积累了大量丰富的经验，拥有一支高素质的专业技术队伍，其中高等学历人数超过85%，博、硕士学历占30%以上，公司核心骨干人员从事GIS行业5年以上，公司领导层和主要咨询顾问均有10年以上从业经验。此外，公司还与多家著名高等学府以及国内外著名GIS咨询公司保持密切合作，并聘请相关行业高级专业技术资深人士担任咨询顾问，公司还是中国GIS协会理事单位之一。

三维绿化场景漫游

公司始终追求“以人为本、以诚为本”的企业精神，弘扬“求真、务实、开拓、进取”的企业风貌。我们全体员工以达到客户满意为奋斗目标，以满足应用需求为开发内容，以赢得客户信任为服务宗旨，在当今国民经济和社会信息化飞速发展的进程中，与您携手同进，共创美好未来。

业务领域

市政工程：静安区市政综合信息管理系统、普陀区市政综合信息管理系统等

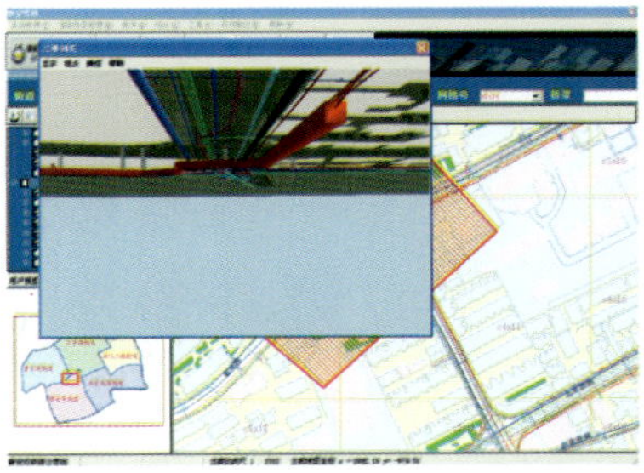

三维浏览

数字城管综合管理业务系统：

上海市浦东新区城管综合管理业务系统

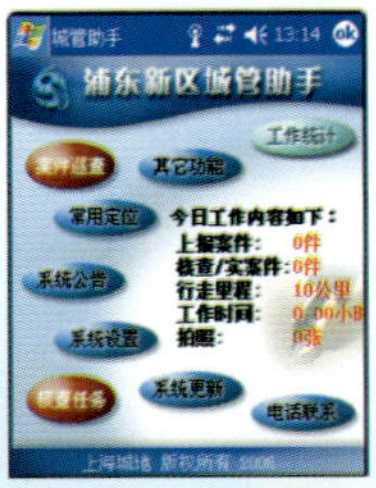

手机工作界面

昆明西山区城管综合管理业务系统等

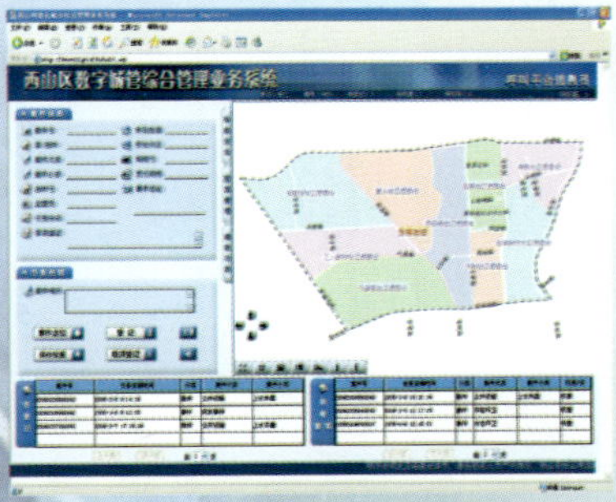

网格化信息员工作界面

民防指挥：国家人防办指挥自动化软件二次开发系统、宝山区人防指挥自动化应用软件开发等

电信管理：电信设施采集、转换、建库和维护系统等

城市绿化：上海市绿化信息系统（一、二期）、长宁绿化管理综合信息系统等

防汛防灾：浦东新区防汛辅助决策指挥系统、宝山区防汛辅助决策指挥系统等

燃气管网：上海市天然气主干网GIS系统、浦东燃气管网GIS系统等

轨道交通：上海市中心区道路交通信息采集系统共享平台、上海市公安局城市轨道交通分局综合信息系统等

农业信息化：上海市林业GIS应用系统等

地址：中国上海市宛平南路75号建科大厦16楼
电话：86-21-64035062 54524500-1660、1666
传真：86-21-64038873
邮编：200032
网址：http://www.china-gis.com
E-mail：citygis@china-gis.com

CHANGXING
Intelligent System
公司主要业务领域
地理信息 / 智能交通系统集成
面向移动终端的位置服务（LBS）技术开发
导航软件开发、导航仪测试
金融系统和公共管理系统设计及开发
智能化楼宇系统设计及开发
海外导航地图数据制作

新相微电子（上海）有限公司

新相微电子（上海）有限公司是由具备业内多年工作经验的核心团队创建于2004年12月,公司位于上海漕河泾高科技产业园区内。公司致力于提供领先的LCD驱动芯片及相关消费电子产品，并专注于国内的IC市场和IC业务。

公司的使命是：致力于为本土企业提供领先的IC产品，客户的发展是我们的期望，与客户共同成长是我们的追求。

公司的愿景是：成为国内领先的驱动、IC提供商成为国内IC设计业的领先者、成为国际IC设计业的成功者

公司在国内建立了从硅片生产到封装、测试的完整产业链：公司将利用本地半导体厂商SMIC and HHNEC的加工能力进行生产。 SMIC 是本地最大的半导体合约供应商。HHNEC是另一家高质量的本地半导体加工厂。

公司也和本地的封测企业包括南茂、矽品、长电以及未来的飞信、福宝等著名厂商建立积极、友好的合作关系。

公司的相关技术人员都具备多年的行业工作经验，在混合电路设计以及Layout等方面都具有多年的工作基础，并积累了众多的IP和专利。总经理肖宏博士毕业于加州伯克里大学，从事多年的微电子设计工作，曾作为Ultrachip上海和美国公司的总经理，并创建过两家业内著名公司；技术总监Jeff Wang博士毕业于斯坦福大学，亦有多年的IC设计经验，尤其在LCD驱动产品领域有多年的技术积累。

公司顾问亦为行业内知名人士。同时在此基础上，公司核心团队也建立了众多良好的客户关系。

公司总部立足本土，在美国硅谷设立了研发中心，同时在台湾和北京都建有办事处。在立足自主开发以及多年产品量产经验的基础上，未来公司研发产品将主要涉及TFT-LCD小Panel、大Panel以及CMOS Sensor三个领域。公司产品已经从目前的0.35um工艺发展到0.18um，在工艺发展的同时，产品将向更高集成度的整合SOC产品发展。产品应用领域将涉及到监视器、笔记本电脑、手机、照相机以及相关的多种便携式设备。

作为本土化企业，新相微电子将会建立更加高效和便利的客户服务体系，同时利用多年的技术积累，为客户提供从产品到系统以及应用的全方位技术支持和新产品建议，提供客户更加快捷的产品供应周期和响应。

客户的追求就是我们的努力，期望新相微电子和客户共同成长！

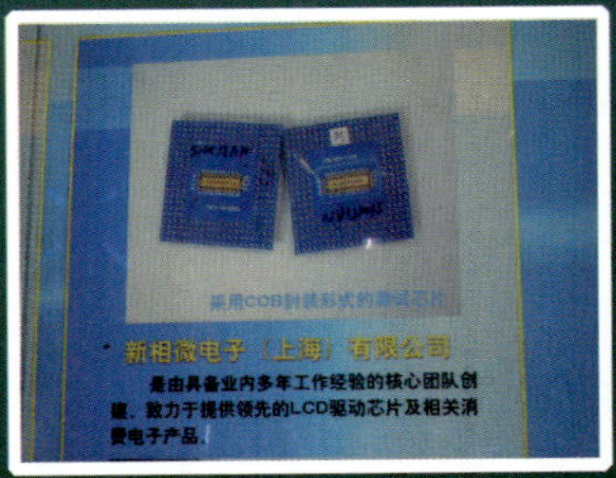

New Vision

中诚信证券评估有限公司

中国诚信信用管理有限公司

中国诚信信用管理有限公司（原中国诚信证券评估有限公司）是于1992经中国人民银行总行批准、在国家工商行政管理总局登记注册成立的首家全国性信用评级机构，是目前我国注册资本大、营业网络广的国际化、社会化、市场化和独立公正的综合性信用管理机构。

中诚信证券评估有限公司

中诚信证券评估有限公司　（原上海中诚信证券评估投资有限公司）成立于1997年，注册资本5,000万元，是经中国人民银行上海分行核准从事信用评级等业务的具有独立法人资格的信用管理机构，隶属中国诚信信用管理有限公司。公司业务范围涵盖企业债券评级、金融机构评级、贷款企业评级、投资银行及企业征信、商账管理。同时，公司也开展地区和产业的信用评价，并承担区域和行业社会信用体系建设的方案设计、实施和咨询等工作。

公司目前在上海地区的评级客户已达3,000余家。最近两年连续获得中国人民银行上海分行授予的“上海市借款企业资信等级评估工作先进单位”称号，并连任上海市借款企业评级总经理联席会主席，成为行业翘楚。

从业资格

- 中国人民银行核发，经营金融业务许可证，银金管字08-0709号
- 中国证监会核准，证券投资咨询业务资格，证监机构字[1999]12号
- 中国人民银行核发，信用评级资格，银发[1997]547号
- 中国保监会认可的信用评级机构（《保险公司投资企业债券管理暂行办法》）
- 中国人民银行上海分行认定的贷款企业评级资格（上海银发[2004]50号）

公司地址：上海市黄浦区西藏南路760号安基大厦8楼　　邮编：200011

总机：51019090、51019033　　传真：51019030　　网址：http://www.ccxsh.com　　邮箱：shzcx@ccx.cn

上海市自来水市北有限公司
杨 树 浦 水 厂

始建于公元1881年8月，建成于1883年8月1日正式向外供水的杨树浦水厂隶属于上海市自来水市北有限公司。它位于上海市区东部，杨浦大桥浦西段西侧，占地面积12.9万平方米，是全国供水行业建厂最早，生产能力最大的地面水厂之一。

杨树浦水厂拥有4条制水生产线，其中包括11座沉淀池，7座64格快滤池，49台进、出水机组，最大供水能力从解放初的30万立方米/日发展到现在的148万立方米/日，年供水量超过4亿立方米，约占上海供水总量的四分之一左右，满足了杨浦、虹口、普陀、闸北、宝山等五个区近200万市民的生活用水和工业用水。

为适应上海国际化大都市发展，全面提高城市饮用水水质，杨树浦水厂进行了大规模设备及工艺技术的更新改造，选用了先进的在线水质仪器仪表等各种现代化生产检测手段，加强水质全过程检验与控制，并配合新型助凝剂的开发与使用，使35项常规水质指标均达到国家饮用水标准，成为国内首批通过ISO9002质量体系认证的制水企业。

厂区内英国古典城堡式建筑群是上海市近代优秀建筑文物，也是全市仅有的，建于企业单位的近代建筑，其深厚的历史背景和丰富的文化底蕴被上海市人民政府列为浦江两岸综合开发重点保护、保留单位。

随着上海经济的快速发展，杨树浦水厂面临着前所未有的发展机遇，不久的将来，一个四横二纵集工艺合理化、生产自动化和管理信息化的现代化水厂将展示在世人的眼前。

上海市社会团体管理局

2005年，上海市社会团体管理局信息化工作取得了较好成绩。主要有以下几点做法：

- 推进政务网站建设。市社团局把政务网站作为本部门的宣传窗口、接待窗口和办事平台，本年度分别从信息公开、网上办事、便民服务和互动渠道等4个方面加强网站建设，实现了“局长信箱”、“在线咨询”、“网上年检”等特色功能，并且行政许可事项全部实现网上受理。在2005年度上海市政府部门、区县政府网站评比中，我局政务网站在50个政府部门中位列第15名，处于优秀水平。
- 启动我局信息化项目——上海民间组织业务信息管理系统的建设工作。通过该系统建设，建立上海民间组织法人信息库，为每个民间组织设立了电子档案，其中包括行政许可、行政检查和行政处罚信息记录，为将来构筑全市民间组织诚信评估体系奠定了数据基础。
- 开展全市民间组织基本情况网上普查工作。本市93.4%的民间组织参加了本次网上调查。通过本次普查，为了解本市各类民间组织的基本情况和存在问题，探索民间组织长效管理的体制机制，推进本市民间组织发展和管理工作提供了决策依据。
- 利用政务网站平台建立“上海市群众活动团队信息管理系统”。该系统采用四级联动方式运行，掌握了全市1.8万家群众活动团队的基本情况，为市委、市政府提供了决策依据。

上海市微型电脑应用学会

上海市微型电脑应用学会是上海市计算机应用科技工作者组成的学术团体、是直属上海市科协的市级学会。学会成立于1983年6月16日，现有团体会员单位和会刊理事单位385个。

建会以来，学会主办过16次全国性、全市性的大型学术会议，参加交流的论文约2,000多篇，出版了11册《学术论文集》。学会创办的《微型电脑应用》期刊，截至2006年3月，共出版了155期，刊登论文3,765篇，计2,257万字。

学会配合上海市政府大力开展计算机应用知识普及教育，1989、1990年起连续举办两届业大学生计算机应用知识的等级考试制度，并荣获国家级优秀教学成果奖二等奖； 2004年3月学会与上海市教委联合主办“上海市高校学生网站网页设计竞赛活动”；2005年1~6月由上海市微型电脑应用学会主办，中国计算机学会微机专业委员会、台湾嵌入式暨单晶片系统发展协会协办的“上海市高校学生嵌入式系统创新设计竞赛”活动获得了圆满成功。

学会推荐的席裕庚教授、高敦岳教授、黄道教授分别荣获上海市第一、二、五届科技精英称号。学会荣获上海市科学技术协会第二届一星级学会、第三届二星级学会、2001~2003年度二星级学会、2004~2005年度三星级学会。在第十二届全国“星火杯”创造发明优秀项目表彰大会上，学会开发的“基于GIS的城市配电网工程管理决策支持系统研制”项目，荣获第十二届全国“星火杯”创造发明优秀项目金奖。2001年、2004年分别荣获第三届上海市科协先进工作者和第一届上海市期刊优秀工作者称号。

2005年12月31日上海市微型电脑应用学会第六届会员代表大会选举产生了学会第六届理事会，理事49名，常务理事15名。

理事长：何友声　法定代表人：朱仲英　副理事长：(按姓氏笔划排序）朱仲英、刘煜海、邵世煌、黄道、蒋昌俊　秘书长：朱仲英(兼)　副秘书长：马伯文、田作华、华建新、高毓乾、黄国兴、敬忠良、汪镭

学会设秘书处、办公室、10个工作委员会、10个专业委员会、《微型电脑应用》期刊理事会、编委会、编辑部、咨询部等组织机构。学会还创办了上海新通高科技有限公司。

地址：上海市华山路1954号上海交通大学内西大楼303室(邮编：200030)　电话/传真：021-62933230

网址：www.wxdnyy.org；www.smcaa.biz.sh.cn；wxdnyy.periodical.net.cn

Email：smcaa@online.sh.cn；smcaa@sjtu.edu.cn

上海新产业光电技术有限公司

上海新产业光电技术有限公司是中科院长春光机所新产业光电技术有限公司与张江创业投资有限公司，张江高科技园区股份有限公司于2000年11月13日合资创建的集研发与生产为一体的高新技术企业。

公司的主导产品是光学薄膜干涉滤光片，包括多种窄带带通和宽带带通，多种长波通，短波通截止滤光片、各种金属全介高反射膜，多种分光镜，波长范围从紫外区到中远外区。本公司产品广泛用于生物化学分析，医疗诊断的仪器中，以及激光技术区域，红外技术和光电传感领域。

本公司的光学薄膜产品膜层牢固，光学损耗小，不受外界环境因素的影响而改变其性能，可为广大新老用户提供精良的产品和优质的服务。

地址：浦东新区张江高科技园区郭守敬路351号

电话：021-50801785　　传真：021-50803592

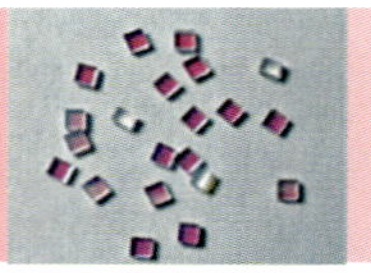

金桥信息

上海金桥信息工程有限公司成立于1994年8月，注册在浦东张江高科技园区，注册资金2,200万元，本公司25名员工持有全部股权。现有员工121人。

近三年来信息系统集成项目合同金额32,005.80万元，已完成27,449.60万元。其中500万元以上项目20项，已完成17项；50万元以上项目111项，已完成94项。

公司连年被评为上海市高新技术企业、上海市明星软件企业、建设行业信用AAA级单位，2002年通过ISO9001：2000质量体系认证，曾荣获“鲁班奖”，上海市科技进步二等奖，上海市高新技术成果转化项目 4 项，获国家科技创新基金资助，具有多项信息系统集成资质和国际品牌产品代理证书。

公司主要从事数字会议、信息网络、安全保密、智能楼宇等信息系统集成项目，成功实施了上海市委、市政府会议及指挥系统等七百多项信息系统工程，积累了系统集成的丰富经验和良好信誉。

公司从事信息系统和安全保密系统集成已十一年，凝聚了100多名中高级管理和技术工程人员，成功实施了上海市委、市政府会议及支持系统等七百多项信息系统工程，积累了丰富的经验，获得了用户和业界的好评。

公司开发应用的的可视化综合步线管理系统、企业级宽带IP统一多媒体应用平台系统、智能法庭信息系统被评定为上海市高新技术成果转化项目，以及数字化多会场集中控制软件、多媒体资源管理平台软件、应急指挥系统技术、边缘融合拼接投影技术等，在工程项目实施中，得到很好的发挥，实现了控制自动化、网络宽带化、信息多媒体化、管理职能化、处于国内同行领先水平。

院士学术报告

院长姚福生院士，动力机械与虚拟制造专家

“科学与艺术”获奖

远程虚拟装配与维护手册

虚拟企业——发电厂模拟运转

亚士帝科技公司

亚士帝科技公司（Application Solutions & Technologies Inc. 简称 ASTI）是一家跨国性以从事行业应用软件开发及定制、企业信息化服务和软件工具产品研发的专业软件公司。1990年注册成立于美国，总部设在美国马里兰州的洛克维尔郡(Rockville)，在中国的上海和北京设有两家分公司，在中国古城西安设有一个分部。公司于2000年通过ISO9001 质量管理体系认证，并是中国第一家采纳国际软件工程职业道德规范标准的软件公司。

多年来，亚士帝凭借其先进的技术、卓越的研发能力、成功的产品和优质的服务吸引了海内外企业，所提供的开发和服务主要有：应用解决方案和软件产品研制、应用系统开发和测试、软件本地化开发和测试、软件外包服务和新技术咨询、培训及传播等；应用行业覆盖了金融业、外企服务／人力资源外包服务业、制造业、电信业和政府部门等，主要客户包括中国大陆、台湾地区、美国和日本，其中不乏有世界500强企业，如：Fannie Mae，Morgan Stanley，IBM，Microsoft，Chinfon和中国宝钢等。

为推进软件出口，亚士帝多次作为会议协办单位配合上海市外经贸委先后发起和参与组织召开了国际IT 外包高层会议。并作为主席单位筹划和建立了上海软件质量联盟、上海SPIN 和QAI分会组织，以此带动和推进中国的软件外包服务和软件开发质量。2006年，将配合上海市信息委，参与策划和组织召开了国际软件界最高学术级别的第28届国际软件工程大会。在上海市政府和信息委支持下所推出的"一门式" IT技术信息资源网站："IT 之源（www.ITURLs.com）"已成为广受IT界欢迎并在国际上颇有影响的技术推动和传播中心。

亚士帝将坚持以行业为依托，以技术为支撑，以质量为保证，贯彻以客户为中心的方针，为客户提供优质的产品和值得信赖的服务，满足或超越客户的要求。

>>>
居华教授访问欧洲期间，与著名软件工程专家 Tom Gilb 促膝长谈，接受赠书

亚士帝上海分公司——
上海亚士帝信息工程有限公司
地址：上海市桂平路471号10号楼5层
邮编：200233
电话：+86-21-64852743
邮箱：astiinfo@asti.com.cn

上海申通轨道研究咨询有限公司

公司简介

上海申通轨道研究咨询有限公司是国内首家轨道交通网络综合技术专业研究咨询机构，具备国家甲级工程咨询资格。公司是上海城市轨道交通专业学科中心挂靠单位，不断跟踪国际城市轨道交通投资、建设和运营管理前沿技术，联合高校、设计、制造企业、科研院所的科研技术力量，搭建和构筑轨道交通技术综合研究平台和研究基地，公司集聚上海轨道交通投资、规划、设计、建设和管理方面的专业人才，依托轨道交通网络总体技术、网络优化技术、网络运行组织技术、机电集成专业技术和轨道交通建设技术管理的丰富经验，专业从事城市轨道交通工程项目前期研究、专项研究、规划咨询、评估咨询和管理咨询，为政府和业主的决策提供技术支持服务。

上海城市轨道交通“一票换乘”

项目概况

上海城市轨道交通经过20年的建设和发展，目前已有5条线路、117公里投入运营，2005年日均客流为175万人次。到2012年将建成13条线路、410公里的网络，日均客流将达到600万人次。最终将形成18条线路、810公里的网络，将承担全市约50%的公交客运量。

要实现网络化运营管理和乘客在换乘车站收费区内直接进行线路间的换乘（简称“一票换乘”），就必须有一套强大的信息系统提供支撑。上海申通地铁集团有限公司联合各研究生产单位，按“需求导向——引进吸收——自主研发——集成创新”的模式，建立了自主创新、本地化生产的轨道交通自动售检票系统，并于2005年底实现了上海轨道交通1、2、3、4、5号线的“一票换乘”。

主要内容

- 构建网络化系统架构
- 制订功能规范及接口标准
- 研发薄型非接触式IC票卡
- 开发应用软件和研制终端设备
- 设立网络清分系统
- 按统一标准改造既有线路系统

重大节点

- 2005年2月25日，完成“一票换乘”实施方案及有关标准制订；
- 2005年9月28日，完成3号线既有系统的改造，成功启用新标准系统；
- 2005年10月20日，1、2号线改造完毕，成功启用新标准系统；
- 2005年12月25日，票务清分系统和5号线自动售检票系统投入使用；
- 2005年12月30日，4号线自动售检票系统与线路同步开通启用。

项目特点

技术水平领先：首创建立在线票务数据实时集中处理；实现兼容公共交通卡；自主产权薄型IC卡；国内首套技术标准。

经济效益显著：与进口同比节约投资297万元/站（上海全网络可减少投资约12.5亿元）；降低维修成本三分之一；形成年产值几亿元的相关产业链。

社会效益卓越：节省乘客出行时间和费用（同比降低约13%）；提升了服务质量；创造了近千人的就业岗位；培养了大量的专业人才。

系统性能良好：按计划节点平稳有序启用。经过5个月日均200万人次使用验证，性能达到设计要求，应用良好。